中国经济普查年鉴

China Economic Census Yearbook

2013

第二产业卷｜上

国务院第三次全国经济普查领导小组办公室　编

中国统计出版社
China Statistics Press

图书在版编目（CIP）数据

中国经济普查年鉴. 2013 / 国务院第三次全国经济普查领导小组办公室编著. -- 北京 ：中国统计出版社, 2015.7
ISBN 978-7-5037-7466-9

Ⅰ. ①中… Ⅱ. ①国… Ⅲ. ①经济－普查－中国－2013－年鉴 Ⅳ. ①F123-54

中国版本图书馆 CIP 数据核字（2015）第 147899 号

中国经济普查年鉴—2013/第二产业卷（上）

作　者/国务院第三次全国经济普查领导小组办公室
责任编辑/王振宇
封面设计/黄俊杰　李雪燕
出版发行/中国统计出版社
通信地址/北京市丰台区西三环南路甲 6 号　邮政编码/100073
电　话/邮购（010）63376909　书店（010）68783171
网　址/http://www.zgtjcbs.com/
印　刷/河北天普润印刷厂
经　销/新华书店
开　本/880mm×1230mm　1/16
字　数/928 千字
印　张/29.5
版　别/2015 年 8 月第 1 版
版　次/2015 年 8 月第 1 次印刷
定　价/880.00 元（全四册附光盘）

本书附同版本 CD-ROM 一张，光盘内容以书面文字为准。
如有印装差错，由本社发行部调换。

编辑委员会

第二产业卷（上） 目录

第一篇 工业企业生产经营及财务状况

A. 行业部分

1-A-1 全部工业企业主要经济指标 …… 3
1-A-2 按注册类型分组的规模以上工业企业主要经济指标 …… 4
1-A-3 按行业分组的规模以上工业企业主要经济指标(大、中、小类行业) …… 10
1-A-4 按行业分组的规模以上国有控股工业企业主要经济指标(大、中类行业) …… 106
1-A-5 按行业分组的规模以上私营工业企业主要经济指标(大、中类行业) …… 136
1-A-6 按行业分组的规模以上外商投资和港澳台商投资工业企业主要经济指标(大、中类行业) …… 166
1-A-7 按行业分组的大中型工业企业主要经济指标(大、中类行业) …… 196

B. 地区部分

1-B-1 按地区分组的规模以上工业企业主要经济指标 …… 226
1-B-2 按地区分组的国有控股工业企业主要经济指标 …… 230
1-B-3 按地区分组的集体工业企业主要经济指标 …… 234
1-B-4 按地区分组的有限责任公司工业企业主要经济指标 …… 238
1-B-5 按地区分组的股份有限公司工业企业主要经济指标 …… 242
1-B-6 按地区分组的私营工业企业主要经济指标 …… 246
1-B-7 按地区分组的港澳台商投资工业企业主要经济指标 …… 250
1-B-8 按地区分组的外商投资工业企业主要经济指标 …… 254
1-B-9 按地区分组的大型工业企业主要经济指标 …… 258
1-B-10 按地区分组的中型工业企业主要经济指标 …… 262
1-B-11 按地区分组的小型工业企业主要经济指标 …… 266
1-B-12 按地区分组的采矿业主要经济指标 …… 270
1-B-13 按地区分组的煤炭开采和洗选业主要经济指标 …… 274
1-B-14 按地区分组的石油和天然气开采业主要经济指标 …… 278
1-B-15 按地区分组的黑色金属矿采选业主要经济指标 …… 282
1-B-16 按地区分组的有色金属矿采选业主要经济指标 …… 286
1-B-17 按地区分组的非金属矿采选业主要经济指标 …… 290
1-B-18 按地区分组的开采辅助活动主要经济指标 …… 294
1-B-19 按地区分组的其他采矿业主要经济指标 …… 298
1-B-20 按地区分组的制造业主要经济指标 …… 302
1-B-21 按地区分组的农副食品加工业主要经济指标 …… 306
1-B-22 按地区分组的食品制造业主要经济指标 …… 310
1-B-23 按地区分组的酒、饮料和精制茶制造业主要经济指标 …… 314

1-B-24 按地区分组的烟草制品业主要经济指标……318
1-B-25 按地区分组的纺织业主要经济指标……322
1-B-26 按地区分组的纺织服装、服饰业主要经济指标……326
1-B-27 按地区分组的皮革、毛皮、羽毛及其制品和制鞋业主要经济指标……330
1-B-28 按地区分组的木材加工和木、竹、藤、棕、草制品业主要经济指标……334
1-B-29 按地区分组的家具制造业主要经济指标……338
1-B-30 按地区分组的造纸和纸制品业主要经济指标……342
1-B-31 按地区分组的印刷和记录媒介复制业主要经济指标……346
1-B-32 按地区分组的文教、工美、体育和娱乐用品制造业主要经济指标……350
1-B-33 按地区分组的石油加工、炼焦和核燃料加工业主要经济指标……354
1-B-34 按地区分组的化学原料和化学制品制造业主要经济指标……358
1-B-35 按地区分组的医药制造业主要经济指标……362
1-B-36 按地区分组的化学纤维制造业主要经济指标……366
1-B-37 按地区分组的橡胶和塑料制品业主要经济指标……370
1-B-38 按地区分组的非金属矿制品业主要经济指标……374
1-B-39 按地区分组的黑色金属冶炼和压延加工业主要经济指标……378
1-B-40 按地区分组的有色金属冶炼和压延加工业主要经济指标……382
1-B-41 按地区分组的金属制品业主要经济指标……386
1-B-42 按地区分组的通用设备制造业主要经济指标……390
1-B-43 按地区分组的专用设备制造业主要经济指标……394
1-B-44 按地区分组的汽车制造业主要经济指标……398
1-B-45 按地区分组的铁路、船舶、航空航天和其他运输设备制造业主要经济指标……402
1-B-46 按地区分组的电气机械和器材设备制造业主要经济指标……406
1-B-47 按地区分组的计算机、通讯和其他电子设备制造业主要经济指标……410
1-B-48 按地区分组的仪器仪表制造业主要经济指标……414
1-B-49 按地区分组的其他制造业主要经济指标……418
1-B-50 按地区分组的废弃资源综合利用业主要经济指标……422
1-B-51 按地区分组的金属制品、机械和设备修理业主要经济指标……426
1-B-52 按地区分组的电力、燃气和水的生产和供应业主要经济指标……430
1-B-53 按地区分组的电力、热力生产和供应业主要经济指标……434
1-B-54 按地区分组的燃气生产和供应业主要经济指标……438
1-B-55 按地区分组的水的生产和供应业主要经济指标……442

第二篇 主要工业产品产量

2-1 2013 年全国工业主要产品产量……448
2-2 2013 年分地区工业主要产品产量……454
2-3 2013 年全国规模以上工业主要产品生产能力……464

第1篇

工业企业生产经营及财务状况

A. 行业部分

1-A-1　全部工业企业主要经济指标

单位：亿元

行　　业	企　业单位数（个）	资产总计	实收资本	主营业务收　入	主营业务税金及附加	从业人员（万人）
总　　计	**2409533**	**1051993.43**	**250674.08**	**1138348.34**	**17925.31**	**14025.80**
煤炭开采和洗选业	18688	56624.67	8526.36	34563.03	525.91	611.30
石油和天然气开采业	479	20702.23	7561.92	12027.62	1176.73	80.10
黑色金属矿采选业	14549	12191.32	2727.09	10780.50	193.69	98.56
有色金属矿采选业	9747	6412.49	1577.28	6593.85	81.26	76.21
非金属矿采选业	41473	5536.12	1730.85	6628.52	151.15	124.91
开采辅助活动	2531	3839.42	1754.99	2257.22	49.41	39.67
其他采矿业	1609	208.31	97.16	87.25	3.26	4.18
农副食品加工业	103838	34652.45	8752.00	64450.18	378.50	584.13
食品制造业	47124	13949.12	3709.03	20271.00	164.00	289.50
酒、饮料和精制茶制造业	38027	15271.76	3976.67	16467.42	568.95	219.28
烟草制品业	383	8039.84	994.80	8345.45	4436.57	21.77
纺织业	108035	27736.55	6504.35	40774.50	253.75	663.67
纺织服装、服饰业	120786	15604.41	4141.82	24449.19	210.56	750.78
皮革、毛皮、羽毛及其制品和制鞋业	55910	8815.65	2641.80	15199.23	118.20	441.92
木材加工和木、竹、藤、棕、草制品业	70065	7652.48	2305.66	14830.96	148.75	265.43
家具制造业	45946	5996.57	1931.55	8237.97	74.35	199.11
造纸和纸制品业	53676	15161.65	9010.87	14751.68	98.61	219.77
印刷和记录媒介复制业	66693	7200.36	2216.93	8337.59	87.37	195.06
文教、工美、体育和娱乐用品制造业	75044	10239.82	7565.30	15953.77	120.96	371.57
石油加工、炼焦和核燃料加工业	6815	25067.37	6021.80	41628.38	3118.56	105.66
化学原料和化学制品制造业	101556	74972.54	17165.62	80736.91	679.01	655.27
医药制造业	18851	20507.18	4859.98	21207.70	170.20	242.74
化学纤维制造业	5937	6770.14	1521.82	7322.63	22.03	56.25
橡胶和塑料制品业	138963	24664.32	7481.91	33028.54	246.50	547.08
非金属矿物制品业	213276	54617.08	15479.26	60567.72	612.01	987.79
黑色金属冶炼和压延加工业	37315	68623.19	10723.44	78467.00	260.25	471.80
有色金属冶炼和压延加工业	25932	34927.35	6313.63	48453.92	172.64	243.54
金属制品业	190566	30818.87	8317.84	40315.71	322.26	663.86
通用设备制造业	216621	47336.15	11315.79	51597.56	422.76	789.36
专用设备制造业	143241	43047.80	10579.90	38208.35	297.92	580.23
汽车制造业	54079	51988.36	9549.49	62948.65	1429.11	529.20
铁路、船舶、航空航天和其他运输设备制造业	26055	22306.96	4233.00	17575.25	108.31	236.65
电气机械和器材制造业	138012	57200.98	13499.20	66962.47	374.31	844.20
计算机、通信和其他电子设备制造业	73461	57324.05	13761.71	81789.96	278.08	1028.31
仪器仪表制造业	29781	8081.41	2002.67	8650.01	63.77	157.67
其他制造业	22912	3744.53	963.15	3162.50	31.45	78.31
废弃资源综合利用业	9395	2265.77	554.89	3826.85	25.83	29.87
金属制品、机械和设备修理业	13345	1771.81	518.64	1355.72	16.92	40.04
电力、热力生产和供应业	44766	119890.90	22898.99	58885.16	369.98	370.13
燃气生产和供应业	5823	7196.54	2035.80	4503.42	30.20	34.64
水的生产和供应业	18228	13034.89	3149.13	2147.01	31.25	76.30

注：“全部工业企业”指规模以上工业企业和规模以下工业企业的总和。“规模以上工业企业”指年主营业务收入在2000万元及以上的工业企业。“规模以下工业企业”指年主营业务收入在2000万元以下的工业企业。

1-A-2 按注册类型分组的

分组	企业单位数(个)	工业销售产值(当年价格)	出口交货值	资产总计	固定资产合计
总计	**369813**	**1019405.30**	**112824.03**	**870751.07**	**316231.10**
一、按登记注册类型分组					
内资企业	312445	778132.13	36888.99	682089.65	257473.32
国有企业	3957	50358.04	734.29	69825.76	31361.28
中央企业	899	35584.91	512.53	51543.27	22787.27
地方企业	3058	14773.14	221.76	18282.49	8574.01
集体企业	3777	7504.11	293.79	4213.94	1124.85
股份合作企业	1422	1649.70	93.33	1270.11	284.54
联营企业	232	718.71	25.72	400.46	202.79
国有联营企业	28	398.53	12.79	268.71	154.26
集体联营企业	88	123.89	4.90	47.52	19.11
国有与集体联营企业	45	54.42	0.82	29.70	7.08
其他联营企业	71	141.86	7.21	54.54	22.34
有限责任公司	82310	274279.80	12121.97	301474.92	118446.73
国有独资公司	2846	42121.51	1329.97	70377.51	28835.76
其他有限责任公司	79464	232158.28	10791.99	231097.41	89610.97
股份有限公司	10308	97971.87	6419.96	114741.98	39081.88
私营企业	208409	341836.32	17084.72	187704.40	65738.61
私营独资企业	18644	23985.21	628.58	8478.09	3642.44
私营合伙企业	3408	3969.27	113.25	1678.23	708.24
私营有限责任公司	177467	290159.55	14938.49	160847.35	55885.46
私营股份有限公司	8890	23722.30	1404.40	16700.72	5502.47
其他企业	2030	3813.59	115.21	2458.08	1232.64
港澳台商投资企业	26455	88351.20	29132.59	73052.56	22281.06
合资经营企业(港或澳、台资)	8384	30868.37	5790.50	27792.60	9025.38
合作经营企业(港或澳、台资)	784	2204.65	534.22	1668.84	541.40
港澳台商独资经营企业	16758	51434.47	22202.80	39306.63	11553.81
港澳台商投资股份有限公司	494	3730.50	577.94	4203.30	1133.09
其他港澳台商投资企业	35	113.22	27.13	81.19	27.38
外商投资企业	30913	152921.96	46802.46	115608.86	36476.71
中外合资经营企业	11248	69953.49	11279.06	54086.41	16927.30
中外合作经营企业	789	3174.34	666.48	2509.45	858.69
外资企业	18308	74061.35	33102.24	52770.93	16366.15
外商投资股份有限公司	496	5297.63	1734.93	5962.54	2217.84
其他外商投资企业	72	435.16	19.74	279.53	106.73
二、在总计中：亏损企业	**41711**	**85322.72**	**9548.54**	**127032.76**	**50124.78**
在总计中：国有控股企业	18574	240315.31	8791.96	343985.88	146122.27
在总计中：大型企业	9806	399055.09	63464.08	419709.73	153704.59
中型企业	55708	246868.94	27239.04	207021.79	75862.22
小型企业	304299	373481.26	22120.91	244019.55	86664.28

注：本表统计范围为规模以上工业企业(以下各表同)。“国有控股企业”即为原“国有及国有控股企业”（下同）。

规模以上工业企业主要经济指标

单位：亿元

固定资产原价	累计折旧	流动资产合计	应收账款	存货	产成品	负债合计	流动负债合计
499404.09	**208700.07**	**413490.92**	**97402.73**	**97119.22**	**34535.80**	**505694.32**	**380845.89**
396765.68	161678.33	304720.69	64942.02	72720.16	26145.93	399496.99	291205.42
49547.12	21045.99	20686.24	2856.56	4983.57	1126.13	41658.23	24831.20
36788.87	15793.77	13668.72	1999.06	3695.33	761.69	30017.06	17163.86
12758.25	5252.22	7017.53	857.50	1288.24	364.44	11641.18	7667.34
2056.89	1018.20	2587.80	502.68	459.60	223.42	2381.62	1954.60
489.00	230.36	605.32	173.65	138.43	61.68	719.23	598.76
397.59	200.99	140.43	37.02	43.63	18.74	234.95	197.47
285.65	134.44	73.20	15.82	26.87	10.09	166.56	143.53
26.65	9.11	24.49	6.58	6.41	4.05	23.20	17.61
17.60	10.68	17.54	6.93	5.05	2.03	19.47	16.38
67.69	46.77	25.20	7.68	5.31	2.58	25.72	19.95
172060.04	65446.50	130143.52	26787.37	31483.37	10391.28	190618.20	133373.05
43575.82	17171.52	24738.21	4488.13	6001.79	1552.34	44637.86	28444.93
128484.22	48274.98	105405.31	22299.24	25481.58	8838.94	145980.34	104928.12
67044.94	29499.34	50312.60	9730.95	12324.77	4147.35	61295.25	44906.53
103175.81	43358.32	99272.00	24676.23	23118.89	10101.74	101333.98	84505.99
5669.86	2332.10	3860.84	942.55	710.30	370.58	3361.97	2533.42
1008.36	359.30	731.35	160.89	112.97	59.28	738.47	555.92
88376.10	37553.81	85910.68	21529.77	20347.42	8815.70	89056.01	74924.84
8121.49	3113.12	8769.13	2043.02	1948.20	856.18	8177.53	6491.82
1994.28	878.63	972.78	177.57	167.91	75.59	1255.52	837.81
37866.53	16775.27	42275.75	12002.60	9576.44	3340.90	41957.58	35592.46
14536.17	6041.93	15130.08	3599.03	3348.08	1253.69	16741.60	13857.32
1165.94	671.25	983.51	211.37	196.30	54.27	878.16	728.34
20285.54	9294.03	23901.47	7615.03	5422.73	1879.59	22176.39	19205.43
1834.36	748.67	2225.55	563.29	598.78	149.79	2118.16	1770.14
44.52	19.40	35.15	13.88	10.56	3.57	43.27	31.22
64771.88	30246.46	66494.47	20458.11	14822.61	5048.97	64239.76	54048.01
28483.91	12481.44	30499.92	8154.15	6438.92	2342.72	31233.06	26095.65
1753.32	968.05	1343.71	360.66	319.06	91.59	1417.99	1068.08
30758.92	15182.55	31923.10	11246.98	7460.95	2426.21	28582.00	24690.73
3604.82	1547.71	2585.63	640.30	577.56	178.65	2871.93	2073.04
170.90	66.71	142.12	56.01	26.13	9.81	134.78	120.52
72443.60	**27842.29**	**55186.24**	**11428.65**	**15028.61**	**5149.01**	**95730.30**	**71428.60**
226435.38	91660.49	124529.35	22513.92	31551.63	8458.42	214230.57	140376.51
251389.38	109983.99	186767.41	38390.72	45154.92	13654.75	250741.21	184720.94
117614.10	47922.30	102221.68	24906.87	23834.10	9236.82	119968.06	93531.43
130400.61	50793.78	124501.82	34105.13	28130.19	11644.23	134985.05	102593.51

1-A-2 续表 1

分 组	应付账款	所有者权益合计	实收资本	国家资本	集体资本
总 计	**104105.91**	**361263.38**	**173673.36**	**34694.96**	**3383.92**
一、按登记注册类型分组					
内资企业	70924.32	279418.25	125110.30	32187.45	3015.06
国有企业	6801.87	27426.00	9751.10	6940.54	82.56
中央企业	5195.46	20811.52	7151.13	5274.91	3.77
地方企业	1606.41	6614.48	2599.98	1665.62	78.79
集体企业	494.28	1791.69	669.50	7.33	365.13
股份合作企业	107.13	544.86	186.06	1.83	18.23
联营企业	45.45	163.80	73.73	11.73	3.83
国有联营企业	25.27	102.02	40.83	6.96	
集体联营企业	5.59	23.06	9.53	0.03	1.83
国有与集体联营企业	7.16	10.02	8.24	3.30	1.72
其他联营企业	7.44	28.70	15.14	1.45	0.28
有限责任公司	32560.71	110130.68	55635.23	16459.95	1453.84
国有独资公司	7375.45	25681.08	11267.11	7271.90	37.07
其他有限责任公司	25185.26	84449.60	44368.13	9188.05	1416.77
股份有限公司	12467.02	53242.81	21696.07	8573.79	668.15
私营企业	18168.08	84938.19	36729.07	150.78	413.74
私营独资企业	556.50	4993.34	2040.13	7.14	12.72
私营合伙企业	113.31	909.60	410.24	1.62	7.00
私营有限责任公司	16127.32	70601.78	31270.28	126.87	345.09
私营股份有限公司	1370.95	8433.46	3008.42	15.15	48.92
其他企业	279.78	1180.24	369.53	41.50	9.58
港澳台商投资企业	12172.48	30731.91	18879.07	637.88	147.64
合资经营企业(港或澳、台资)	3404.77	10968.56	6103.37	480.35	122.11
合作经营企业(港或澳、台资)	174.55	784.99	383.68	58.30	4.83
港澳台商独资经营企业	7999.02	16861.68	11499.85	67.36	16.81
港澳台商投资股份有限公司	587.02	2079.89	875.36	30.19	3.85
其他港澳台商投资企业	7.12	36.79	16.81	1.68	0.03
外商投资企业	21009.11	51113.22	29683.99	1869.64	221.22
中外合资经营企业	9144.18	22733.10	11986.31	1442.00	170.25
中外合作经营企业	354.58	1082.91	645.71	86.83	9.27
外资企业	10816.04	24080.11	15648.46	96.66	39.78
外商投资股份有限公司	652.05	3072.48	1355.37	243.38	1.84
其他外商投资企业	42.26	144.62	48.13	0.77	0.09
二、在总计中：亏损企业	**16952.72**	**31075.09**	**33949.98**	**7268.58**	**686.78**
在总计中：国有控股企业	38826.69	128655.24	63390.89	33129.26	940.65
在总计中：大型企业	56034.69	168048.24	66511.33	23137.33	1076.74
中型企业	23476.47	86524.99	43926.95	6615.43	847.86
小型企业	24594.75	106690.15	63235.07	4942.20	1459.32

单位：亿元

法人资本	个人资本	港澳台资本	外商资本	主营业务收入	主营业务成本	主营业务税金及附加	销售费用
61044.70	**38806.07**	**12366.09**	**22153.57**	**1038659.45**	**880679.68**	**15835.24**	**25945.22**
51880.11	35706.03	543.79	720.64	795695.29	673423.94	13627.33	18113.00
2296.76	98.06	6.01	13.03	53126.18	45184.09	2141.93	714.99
1511.19	51.20	0.02	2.91	37373.02	31550.86	1760.30	484.96
785.56	46.86	5.99	10.12	15753.16	13633.23	381.63	230.03
137.13	147.47	6.76	2.52	7717.20	6527.88	59.00	227.55
64.47	100.84	0.40	0.26	1660.01	1397.61	13.32	35.18
41.66	15.03	1.00		524.37	451.06	3.76	10.48
33.09	0.78			213.56	190.59	1.30	2.49
3.67	2.88	1.00		118.98	100.63	1.33	3.88
1.04	2.05			50.67	43.45	0.23	0.95
3.86	9.32			141.17	116.40	0.90	3.16
27048.55	9745.97	220.80	341.19	285143.14	240928.56	5728.91	6459.30
3554.05	109.58	67.99	107.25	47394.67	40376.46	1924.68	759.47
23494.50	9636.40	152.81	233.94	237748.46	200552.10	3804.23	5699.83
7920.41	4094.73	176.32	217.96	101784.95	82118.07	3307.45	3423.58
14208.00	21366.54	125.20	138.53	342002.60	293764.75	2323.30	7161.74
787.21	1172.56	5.52	4.79	23840.87	20126.33	225.66	469.31
135.41	258.66	2.71	0.01	3931.64	3203.28	52.38	99.61
12065.14	18264.01	85.07	119.72	290754.52	250661.16	1893.34	5984.39
1220.25	1671.31	31.90	14.01	23475.57	19773.99	151.92	608.44
163.12	137.37	7.30	7.15	3736.85	3051.90	49.64	80.18
3465.79	2242.31	10493.84	1849.28	88811.39	76536.83	548.15	2440.56
2225.55	439.51	2201.27	616.27	30475.40	26025.44	178.45	832.61
90.63	22.11	190.61	17.09	2167.78	1794.15	12.48	43.55
792.74	1645.15	7773.92	1180.09	52280.86	45497.58	243.53	1433.33
354.83	132.74	321.48	32.13	3770.98	3117.74	113.39	127.61
2.04	2.81	6.55	3.70	116.37	101.92	0.29	3.46
5698.80	857.73	1328.47	19583.64	154152.77	130718.91	1659.76	5391.66
4162.23	554.34	459.12	5140.36	70618.65	58537.30	1257.05	2520.18
158.70	19.17	40.79	330.96	3151.42	2619.18	62.65	88.84
1073.61	169.26	772.04	13430.63	74541.95	64645.79	292.67	2563.40
289.40	110.01	54.17	656.57	5367.61	4507.76	44.72	202.94
14.86	4.94	2.34	25.12	473.15	408.88	2.68	16.30
11716.82	**5859.92**	**2501.67**	**5523.03**	**87352.01**	**81694.34**	**1904.03**	**2142.73**
24617.45	1790.25	578.62	1827.18	257816.87	213204.73	10732.38	5201.24
22950.05	6039.76	4361.22	8635.91	418215.09	352336.92	10901.80	11167.45
16397.25	9030.70	4198.49	6682.84	247068.24	208738.86	2137.30	6421.96
21697.40	23735.61	3806.38	6834.81	373376.13	319603.91	2796.14	8355.81

1-A-2 续表 2

分 组	管理费用	税金	财务费用	利息收入	利息支出
总 计	**39431.90**	**2116.41**	**12008.26**	**1668.02**	**12346.02**
一、按登记注册类型分组					
内资企业	29553.58	1672.84	10565.24	1179.45	10492.75
国有企业	2009.25	92.40	767.77	92.66	855.72
中央企业	1210.94	56.38	552.95	48.63	610.53
地方企业	798.32	36.02	214.82	44.03	245.19
集体企业	294.25	18.54	49.04	4.10	40.75
股份合作企业	71.69	3.91	13.61	13.37	23.73
联营企业	23.21	0.79	5.65	0.87	7.70
国有联营企业	8.04	0.37	4.04	0.78	6.32
集体联营企业	5.71	0.17	0.57	0.06	0.47
国有与集体联营企业	3.16	0.07	0.21	0.02	0.16
其他联营企业	6.29	0.18	0.83	0.01	0.76
有限责任公司	11508.01	620.31	4877.19	536.43	5011.58
国有独资公司	2200.87	117.81	956.55	127.12	1064.67
其他有限责任公司	9307.14	502.50	3920.64	409.31	3946.91
股份有限公司	4773.77	252.14	1340.96	322.88	1554.12
私营企业	10719.69	671.17	3471.55	204.37	2965.57
私营独资企业	661.38	50.95	159.86	3.36	118.93
私营合伙企业	146.76	9.18	30.86	0.58	22.36
私营有限责任公司	9056.72	559.62	3004.66	169.55	2578.58
私营股份有限公司	854.83	51.41	276.17	30.88	245.70
其他企业	153.70	13.58	39.45	4.78	33.57
港澳台商投资企业	3500.33	157.15	710.20	187.65	800.43
合资经营企业(港或澳、台资)	1176.29	59.05	380.94	68.23	403.95
合作经营企业(港或澳、台资)	107.80	3.77	18.03	3.20	18.95
港澳台商独资经营企业	2023.27	87.30	274.58	105.00	330.07
港澳台商投资股份有限公司	188.85	6.62	34.74	11.15	45.71
其他港澳台商投资企业	4.11	0.40	1.91	0.06	1.74
外商投资企业	6378.00	286.42	732.82	300.92	1052.84
中外合资经营企业	2756.94	132.91	430.82	154.30	571.57
中外合作经营企业	122.88	5.92	28.31	4.17	33.92
外资企业	3279.37	137.04	215.90	127.88	378.78
外商投资股份有限公司	209.37	10.00	54.82	14.09	65.21
其他外商投资企业	9.44	0.55	2.98	0.49	3.36
二、在总计中：亏损企业	**4943.81**	**241.33**	**2386.53**	**161.36**	**2325.69**
在总计中：国有控股企业	11567.94	597.95	4513.20	727.22	5197.98
在总计中：大型企业	15788.17	846.85	4862.24	1045.73	5748.61
中型企业	10359.73	556.15	3135.85	360.55	3128.22
小型企业	13283.99	713.40	4010.17	261.73	3469.19

单位：亿元

投资收益（损失以“-”号记）	营业利润	利润总额	亏损企业亏损额	应交增值税	应交所得税	从业人员平均人数（万人）
776.22	**68355.21**	**68378.91**	**5571.32**	**33460.27**	**9476.42**	**9791.46**
638.99	52623.14	52576.32	4126.14	26366.97	6830.72	7255.39
377.71	2766.84	2944.29	352.17	2079.24	544.04	363.06
352.72	2170.99	2286.03	197.71	1465.05	416.49	196.41
24.99	595.85	658.27	154.46	614.19	127.55	166.65
-13.78	577.76	579.67	18.70	212.07	62.14	91.50
-5.80	131.58	135.67	3.48	50.18	10.76	20.65
0.24	30.90	29.21	6.95	18.55	1.91	7.71
0.31	6.79	7.40	6.51	10.95	0.90	3.61
0.16	7.08	6.58	0.13	3.85	0.44	1.95
-0.24	2.53	2.68	0.17	1.47	0.22	0.61
0.02	14.50	12.55	0.14	2.27	0.35	1.53
-26.92	16946.73	17216.45	2064.42	9809.55	2575.72	2590.60
202.55	1754.58	1934.21	441.00	1879.31	387.77	429.63
-229.46	15192.15	15282.23	1623.42	7930.23	2187.96	2160.97
893.20	7812.24	8042.91	927.14	4096.28	1028.93	786.70
-579.79	24038.21	23327.08	744.33	9961.18	2584.46	3359.39
-33.73	2038.67	1988.04	17.71	767.16	206.73	232.05
-12.26	352.50	340.83	7.07	150.75	38.62	53.11
-542.81	19770.78	19200.80	664.52	8350.38	2150.09	2861.41
9.01	1876.26	1797.42	55.03	692.90	189.03	212.81
-5.88	318.89	301.04	8.94	139.92	22.75	35.79
-20.28	5387.86	5455.83	482.81	2599.88	822.23	1206.28
-41.95	1992.38	1978.16	151.82	932.88	293.14	315.64
1.29	194.00	196.90	7.57	78.11	32.59	26.93
6.75	2971.25	3032.43	258.87	1472.13	460.07	828.17
13.63	226.00	243.87	64.25	112.58	36.06	33.45
	4.23	4.48	0.31	4.18	0.37	2.09
157.51	10344.21	10346.75	962.36	4493.42	1823.47	1329.80
103.70	5565.87	5589.37	329.90	2415.97	950.74	446.77
0.75	242.08	242.68	13.88	138.78	42.31	27.85
3.57	4090.04	4068.41	597.53	1771.48	769.94	812.20
46.21	408.36	412.10	20.26	153.30	56.10	39.63
3.28	37.85	34.19	0.80	13.89	4.38	3.35
-149.33	**-5686.50**	**-5571.32**	**5571.32**	**2036.84**	**40.11**	**1266.05**
1561.14	15152.88	15917.68	2792.46	10835.46	2736.80	1889.49
1462.87	26242.64	26557.40	2280.02	14542.68	4123.10	3415.17
-186.35	17393.73	17449.82	1589.94	8289.53	2411.40	3042.08
-500.30	24718.84	24371.68	1701.36	10628.06	2941.92	3334.22

1-A-3 按行业分组的规模以上工业企业

行　　业	企　业 单位数 (个)	工业销售 产　值 (当年价格)	出口交货值	资产总计	固定资产 合　计
总　计	**369813**	**1019405.30**	**112824.03**	**870751.07**	**316231.10**
采矿业	**17711**	**62615.49**	**192.87**	**88145.48**	**36664.09**
煤炭开采和洗选业	7929	28886.79	112.56	49059.47	18107.70
烟煤和无烟煤开采洗选	7678	25914.11	78.43	45888.70	17161.04
褐煤开采洗选	216	2895.32	34.08	3069.87	912.24
其他煤炭采选	35	77.36	0.05	100.90	34.42
石油和天然气开采业	144	11320.41	17.35	18971.94	11702.55
石油开采	108	10350.36	0.54	17520.31	11174.83
天然气开采	36	970.05	16.82	1451.63	527.72
黑色金属矿采选业	3614	9521.46	0.09	9382.60	2834.22
铁矿采选	3359	9100.32	0.09	9092.54	2725.88
锰矿、铬矿采选	192	263.98		192.05	58.23
其他黑色金属矿采选	63	157.17		98.01	50.11
有色金属矿采选业	2108	6114.82	16.81	4727.51	1790.45
常用有色金属矿采选	1311	2979.22	12.68	2534.38	933.65
铜矿采选	322	749.30	0.76	908.27	358.22
铅锌矿采选	586	1431.84	0.49	1094.07	377.35
镍钴矿采选	27	56.03		88.51	27.07
锡矿采选	54	103.91		84.76	25.69
锑矿采选	32	47.39		26.09	11.31
铝矿采选	75	211.71		140.53	63.35
镁矿采选	100	191.40	11.42	62.12	22.25
其他常用有色金属矿采选	115	187.63	0.01	130.03	48.40
贵金属矿采选	477	2400.80	0.13	1502.37	573.53
金矿采选	443	2307.93	0.13	1446.82	550.34
银矿采选	31	87.37		49.20	18.81
其他贵金属矿采选	3	5.50		6.36	4.37
稀有稀土金属矿采选	320	734.81	4.01	690.75	283.28
钨钼矿采选	261	610.53	0.93	537.51	229.71
稀土金属矿采选	21	72.57		66.59	20.25
放射性金属矿采选	6	11.42	3.02	25.88	11.64
其他稀有金属矿采选	32	40.29	0.07	60.77	21.68
非金属矿采选业	3717	4951.26	30.04	3167.30	1164.97
土砂石开采	2679	3322.47	11.08	1420.28	627.28
石灰石、石膏开采	719	897.46		374.92	168.78
建筑装饰用石开采	612	698.88	3.32	305.56	132.86
耐火土石开采	319	354.15	2.85	181.97	85.19
粘土及其他土砂石开采	1029	1371.99	4.92	557.83	240.45
化学矿开采	346	539.89	1.86	639.27	140.79
采盐	134	345.36	1.32	761.27	265.72
石棉及其他非金属矿采选	558	743.53	15.79	346.48	131.18
石棉、云母矿采选	17	25.26	0.02	16.04	8.17
石墨、滑石采选	130	212.37	2.98	135.76	40.13
宝石、玉石采选	7	5.47		14.90	3.11
其他未列明非金属矿采选	404	500.42	12.78	179.78	79.76

主要经济指标(大、中、小类行业)

单位：亿元

固定资产原价	累计折旧	流动资产合计	应收账款	存货		负债合计	流动负债合计
					产成品		
499404.09	**208700.07**	**413490.92**	**97402.73**	**97119.22**	**34535.80**	**505694.32**	**380845.89**
55365.40	**23809.89**	**29626.74**	**5398.95**	**3893.74**	**1610.61**	**51304.46**	**33197.46**
23770.06	9278.74	18563.00	3239.27	2219.16	888.46	31775.22	20404.70
22320.93	8605.20	16801.14	2518.93	1965.43	831.32	29451.73	18592.88
1409.14	666.70	1718.90	717.01	247.81	52.19	2240.37	1785.60
39.98	6.84	42.96	3.33	5.93	4.95	83.12	26.23
21938.51	10875.72	2651.99	327.57	289.46	110.79	8884.92	4704.46
21237.89	10646.39	2430.60	254.13	262.76	108.74	7872.19	4017.58
700.62	229.33	221.39	73.43	26.70	2.05	1012.73	686.89
3872.39	1418.91	3823.43	680.99	543.05	278.71	5220.70	3665.13
3735.78	1379.85	3703.72	651.06	503.13	251.49	5072.96	3552.52
79.18	28.02	83.50	22.45	23.71	16.44	91.20	66.97
57.43	11.05	36.21	7.47	16.21	10.79	56.54	45.64
2282.31	750.28	1854.53	240.85	407.49	203.02	2355.79	1823.61
1165.11	371.91	1004.68	169.70	195.92	97.86	1295.52	1013.32
469.26	148.45	279.56	36.17	62.53	27.61	472.83	353.11
466.93	164.15	481.36	84.92	80.13	45.58	539.90	425.03
35.07	8.70	32.88	7.66	7.66	1.68	52.78	39.33
32.65	13.15	39.33	8.98	8.01	2.31	36.31	32.71
15.41	4.87	9.23	2.75	2.12	1.70	10.05	8.45
68.03	14.41	62.67	10.14	14.58	8.55	64.82	47.30
29.76	9.04	31.93	10.26	5.13	2.57	28.11	28.25
48.01	9.13	67.73	8.82	15.77	7.86	90.73	79.14
754.17	252.42	591.70	38.72	128.23	54.01	696.76	544.27
724.90	242.98	565.91	37.64	122.39	51.37	664.91	524.98
25.38	9.00	25.13	1.04	5.61	2.63	28.18	15.72
3.89	0.44	0.66	0.04	0.22	0.01	3.68	3.56
363.03	125.94	258.15	32.43	83.34	51.15	363.51	266.03
275.39	86.43	194.63	26.15	59.38	38.71	285.48	216.07
26.58	7.02	34.74	3.79	14.68	7.33	24.14	22.96
16.16	7.81	5.82	0.60	1.68	0.26	20.84	4.57
44.91	24.69	22.97	1.89	7.60	4.84	33.05	22.44
1701.03	662.81	1309.10	242.29	212.47	120.10	1534.99	1134.67
960.34	392.67	562.12	130.26	92.86	56.85	598.36	448.70
321.26	166.38	143.81	34.64	17.75	11.24	170.12	135.99
197.96	78.13	117.48	26.83	22.00	13.34	120.73	79.85
109.00	28.89	71.29	15.40	13.33	7.87	71.66	58.60
332.12	119.27	229.54	53.39	39.78	24.40	235.85	174.25
195.76	66.65	296.25	49.91	52.11	25.78	379.41	288.37
359.30	134.09	318.33	34.29	34.65	18.65	396.50	277.38
185.64	69.40	132.40	27.83	32.86	18.82	160.73	120.22
21.77	14.04	6.97	0.66	2.27	1.11	8.09	6.68
52.76	19.56	48.91	9.77	11.54	4.22	63.41	43.09
3.22	0.69	8.23	0.53	4.09	3.87	7.07	6.65
107.89	35.12	68.30	16.87	14.95	9.62	82.16	63.81

1-A-3 续表 1

行 业	企业单位数（个）	工业销售产值（当年价格）	出口交货值	资产总计	固定资产合计
开采辅助活动	180	1798.42	16.02	2821.94	1055.00
煤炭开采和洗选辅助活动	14	11.22		8.33	3.74
石油和天然气开采辅助活动	160	1783.58	16.02	2811.80	1050.70
其他开采辅助活动	6	3.62		1.81	0.56
其他采矿业	19	22.32		14.71	9.20
制造业	**343584**	**895412.20**	**112433.85**	**667608.78**	**209870.79**
农副食品加工业	23963	59643.06	3091.21	27717.15	9452.21
谷物磨制	6088	11429.92	35.67	4100.65	1654.37
饲料加工	3804	10000.28	61.40	3375.35	1123.89
植物油加工	2234	10278.67	82.30	5558.82	1248.60
食用植物油加工	2089	10039.38	77.08	5453.87	1220.42
非食用植物油加工	145	239.29	5.23	104.94	28.19
制糖业	312	1091.52	0.47	1590.49	417.31
屠宰及肉类加工	3811	12001.26	286.29	5525.95	2130.77
牲畜屠宰	1350	5031.26	60.43	2209.90	839.52
禽类屠宰	859	3234.95	115.71	1347.42	572.19
肉制品及副产品加工	1602	3735.06	110.15	1968.63	719.07
水产品加工	2139	5024.67	1638.95	2609.52	839.98
水产品冷冻加工	1457	3851.61	1484.59	2016.27	664.62
鱼糜制品及水产品干腌制加工	365	613.37	120.99	264.79	91.10
水产饲料制造	175	328.40	1.42	205.65	48.43
鱼油提取及制品制造	12	16.90	1.26	8.68	3.16
其他水产品加工	130	214.39	30.68	114.13	32.67
蔬菜、水果和坚果加工	3140	4437.35	727.51	2091.16	789.85
蔬菜加工	2125	2910.57	537.37	1276.83	532.35
水果和坚果加工	1015	1526.79	190.15	814.32	257.51
其他农副食品加工	2435	5379.38	258.61	2865.21	1247.44
淀粉及淀粉制品制造	863	3235.29	86.83	1729.56	797.36
豆制品制造	457	586.28	20.67	296.51	130.06
蛋品加工	173	224.76	4.90	85.87	37.85
其他未列明农副食品加工	942	1333.06	146.21	753.27	282.17
食品制造业	7871	18039.24	1042.66	11609.77	4039.02
焙烤食品制造	1275	2144.36	35.07	1167.75	452.54
糕点、面包制造	615	812.13	12.74	495.00	171.72
饼干及其他焙烤食品制造	660	1332.23	22.32	672.75	280.82
糖果、巧克力及蜜饯制造	763	1475.22	98.48	936.03	326.22
糖果、巧克力制造	378	1011.27	58.41	687.98	245.15
蜜饯制作	385	463.95	40.07	248.05	81.07
方便食品制造	1285	3159.51	74.38	1732.02	651.72
米、面制品制造	533	738.66	14.55	320.88	135.40
速冻食品制造	365	679.96	39.86	434.62	151.57
方便面及其他方便食品制造	387	1740.90	19.97	976.52	364.76
乳制品制造	653	2813.59	9.26	2100.58	604.04
罐头食品制造	864	1505.35	356.51	810.37	294.07
肉、禽类罐头制造	92	208.28	22.79	98.78	42.27
水产品罐头制造	44	81.19	19.12	43.51	10.99
蔬菜、水果罐头制造	673	1103.30	311.11	613.35	215.58
其他罐头食品制造	55	112.58	3.49	54.73	25.23

单位：亿元

固定资产原价	累计折旧	流动资产合计	应收账款	存货	产成品	负债合计	流动负债合计
1789.84	821.10	1420.49	666.48	221.53	9.24	1528.19	1461.97
5.52	1.78	3.09	0.94	0.76	0.39	4.26	3.68
1783.61	819.18	1416.22	665.15	220.56	8.76	1522.77	1457.68
0.70	0.14	1.19	0.38	0.20	0.09	1.16	0.61
11.27	2.34	4.18	1.51	0.58	0.29	4.65	2.90
337387.34	**145123.84**	**364516.62**	**88640.66**	**91781.97**	**32787.09**	**379501.44**	**313389.38**
17510.58	8920.10	15086.67	2142.34	4435.25	1979.45	14915.12	12321.73
3555.18	2062.29	2035.66	285.32	800.15	245.69	1746.56	1401.90
2177.66	1149.60	1778.55	273.83	513.23	154.67	1663.56	1368.72
2618.13	1456.74	3914.44	327.75	1117.71	517.88	3813.45	3388.08
2581.16	1444.33	3850.78	320.45	1096.32	504.98	3756.48	3339.67
36.97	12.41	63.66	7.30	21.39	12.90	56.97	48.41
717.04	352.87	1027.94	109.36	147.17	90.84	1206.62	1045.30
3411.19	1472.84	2573.53	383.98	644.89	348.98	2729.48	2170.81
1257.87	496.26	1025.76	151.64	209.25	142.36	1121.22	860.58
940.54	413.07	636.21	86.50	198.44	92.68	706.32	585.29
1212.78	563.51	911.57	145.84	237.21	113.93	901.95	724.95
1638.16	871.89	1453.76	312.55	476.00	257.31	1387.50	1121.72
1313.70	702.24	1110.30	248.50	381.48	213.62	1087.32	874.08
179.48	100.13	148.56	29.56	49.67	24.77	131.85	102.85
83.36	38.37	125.69	21.01	20.54	6.90	111.29	95.74
15.03	12.45	4.91	1.19	2.00	1.09	7.47	6.62
46.60	18.71	64.30	12.29	22.30	10.92	49.57	42.45
1307.41	593.50	1030.98	219.97	320.80	146.77	908.75	718.20
833.96	351.53	601.52	138.71	186.34	93.77	523.65	413.80
473.45	241.97	429.46	81.26	134.47	53.00	385.09	304.39
2085.80	960.38	1271.82	229.58	415.29	217.32	1459.19	1106.99
1228.73	515.49	700.58	113.54	227.49	116.91	947.58	702.17
207.70	88.35	135.59	23.57	36.66	14.53	140.28	109.18
72.24	37.94	38.79	9.87	11.18	7.24	32.21	24.46
577.12	318.59	396.85	82.61	139.97	78.65	339.13	271.18
6157.33	2444.50	5944.04	1172.04	1268.41	553.85	5639.13	4661.46
718.75	308.13	551.00	122.24	109.01	43.16	494.26	428.33
233.17	82.00	225.20	54.48	40.31	13.70	213.38	184.08
485.58	226.14	325.80	67.76	68.70	29.47	280.88	244.24
495.05	190.64	502.07	113.14	111.45	49.44	391.55	348.03
380.94	151.72	377.63	82.82	78.08	35.62	297.38	270.32
114.11	38.93	124.44	30.32	33.37	13.82	94.17	77.70
936.48	327.77	845.13	209.57	173.86	66.75	758.20	606.32
190.35	62.44	142.61	25.33	40.93	16.59	132.32	110.41
198.67	65.99	221.49	52.42	68.01	24.59	193.10	159.16
547.46	199.35	481.03	131.82	64.93	25.57	432.78	336.75
1004.78	442.04	1136.15	194.00	163.75	62.63	1143.40	1005.49
476.63	201.84	429.55	88.42	156.36	98.21	457.97	383.23
56.46	15.22	43.40	8.30	14.30	6.70	39.48	30.93
17.01	7.16	28.65	5.19	10.63	6.71	25.22	21.52
340.92	141.98	336.72	70.74	124.74	81.98	362.90	302.94
62.24	37.48	20.78	4.20	6.69	2.82	30.36	27.83

1-A-3 续表 2

行　业	企　业 单位数 (个)	工业销售 产　值 (当年价格)	出口交货值	资产总计	固定资产 合　计
调味品、发酵制品制造	1105	2320.05	111.97	1910.51	772.23
味精制造	79	418.96	15.02	435.40	162.16
酱油、食醋及类似制品制造	402	804.14	14.42	547.37	213.38
其他调味品、发酵制品制造	624	1096.95	82.52	927.74	396.69
其他食品制造	1926	4621.16	356.99	2952.51	938.19
营养食品制造	225	373.91	17.96	245.19	75.91
保健食品制造	261	1243.34	22.66	692.56	152.45
冷冻饮品及食用冰制造	191	387.12	2.49	176.03	83.32
盐加工	66	115.09	0.71	114.59	52.64
食品及饲料添加剂制造	860	1859.61	237.82	1405.77	469.99
其他未列明食品制造	323	642.10	75.36	318.36	103.88
酒、饮料和精制茶制造业	5894	15149.36	246.92	13119.56	4199.19
酒的制造	2636	8313.38	60.97	8568.62	2462.13
酒精制造	150	752.23	6.18	622.14	271.40
白酒制造	1518	4973.02	34.11	4962.32	1124.75
啤酒制造	488	1811.54	14.57	2103.69	816.61
黄酒制造	91	157.58	2.29	209.90	54.45
葡萄酒制造	220	373.67	3.48	415.55	138.52
其他酒制造	169	245.34	0.35	255.02	56.39
饮料制造	1790	5321.18	109.33	3731.22	1466.11
碳酸饮料制造	175	693.94	1.47	437.90	192.58
瓶(罐)装饮用水制造	559	1041.15	0.69	634.90	290.57
果菜汁及果菜汁饮料制造	520	1190.99	90.73	1009.41	413.68
含乳饮料和植物蛋白饮料制造	230	876.00	2.66	575.40	208.97
固体饮料制造	101	489.25	10.70	291.78	64.08
茶饮料及其他饮料制造	205	1029.86	3.07	781.83	296.23
精制茶加工	1468	1514.80	76.62	819.73	270.95
烟草制品业	130	8722.41	35.98	7979.59	1236.24
烟叶复烤	43	176.53		289.56	86.62
卷烟制造	54	8431.16	30.05	7562.91	1119.23
其他烟草制品制造	33	114.72	5.93	127.12	30.39
纺织业	21166	35446.74	3922.84	22350.05	7934.12
棉纺织及印染精加工	11251	22532.98	1667.67	13664.38	5202.16
棉纺纱加工	5860	13662.99	494.41	7745.61	3182.53
棉织造加工	3654	5439.47	591.92	3501.54	1154.06
棉印染精加工	1737	3430.52	581.34	2417.23	865.57
毛纺织及染整精加工	1219	2241.62	285.07	1580.42	453.37
毛条和毛纱线加工	679	1072.98	99.91	779.23	195.23
毛织造加工	368	961.39	164.88	662.82	200.83
毛染整精加工	172	207.25	20.28	138.37	57.30
麻纺织及染整精加工	299	514.79	49.63	330.30	122.51
麻纤维纺前加工和纺纱	124	257.66	14.56	150.21	57.33
麻织造加工	166	248.35	34.60	171.97	61.15
麻染整精加工	9	8.77	0.47	8.13	4.03
丝绢纺织及印染精加工	947	1224.14	127.77	706.89	195.75
缫丝加工	472	715.61	55.51	367.42	104.92
绢纺和丝织加工	407	435.41	65.66	269.36	72.89
丝印染精加工	68	73.12	6.60	70.12	17.93

单位：亿元

固定资产原　价	累计折旧	流动资产合　计	应收账款	存货	产成品	负债合计	流动负债合　计
1096.42	400.09	840.46	141.13	217.58	82.06	951.33	765.21
216.43	66.97	174.11	37.91	41.66	13.25	232.77	173.79
289.42	88.57	247.65	33.18	67.18	20.80	255.46	222.79
590.57	244.55	418.70	70.04	108.74	48.01	463.10	368.63
1429.22	573.99	1639.69	303.55	336.40	151.60	1442.43	1124.86
111.52	40.04	129.72	25.07	36.34	14.78	97.88	69.62
225.59	89.71	465.60	71.01	58.79	30.63	344.74	297.61
134.49	53.88	72.62	13.62	17.83	8.08	95.78	81.13
92.57	44.09	48.59	12.86	9.02	5.48	71.15	35.37
727.80	299.29	738.29	139.89	163.85	75.00	684.39	506.21
137.25	46.96	184.86	41.10	50.58	17.63	148.49	134.91
6086.44	2311.67	6988.83	805.87	2098.58	717.89	6253.80	5360.10
3516.58	1356.04	4860.57	387.71	1589.06	477.69	4090.02	3541.23
346.62	116.88	297.81	27.29	89.33	30.03	413.72	364.23
1425.23	481.52	3258.37	239.76	1020.67	331.67	2197.79	1903.69
1384.61	610.03	808.01	78.05	275.00	47.58	1061.43	937.28
82.75	35.48	113.49	8.89	75.50	33.14	97.69	72.47
203.59	85.83	214.42	25.89	104.00	26.81	189.05	142.66
73.79	26.29	168.47	7.83	24.55	8.46	130.34	120.90
2243.48	856.86	1696.34	316.75	360.14	162.31	1823.90	1559.70
370.89	183.85	194.59	30.51	53.84	28.57	256.73	232.92
457.41	184.74	263.59	59.18	39.28	16.44	342.45	293.55
581.85	200.82	438.28	72.61	130.26	73.58	456.57	361.55
290.45	93.26	287.86	40.68	56.39	13.65	248.91	226.55
104.68	42.65	150.63	26.84	32.29	8.82	114.20	80.33
438.21	151.55	361.39	86.93	48.08	21.25	405.03	364.81
326.38	98.77	431.92	101.41	149.39	77.89	339.87	259.17
2296.41	1337.15	5606.47	407.55	3376.74	215.92	2025.08	1988.58
153.39	81.02	176.43	17.89	50.84	47.52	45.39	44.51
2098.29	1237.61	5342.40	358.15	3298.11	156.52	1922.26	1887.92
44.73	18.52	87.64	31.50	27.79	11.88	57.42	56.14
12770.92	5563.38	11815.85	2362.75	3466.14	1463.95	12406.29	10295.62
8391.59	3645.70	6965.76	1200.68	2067.19	863.26	7538.26	6114.06
4835.53	1969.46	3728.28	497.07	1240.07	489.38	4213.86	3236.10
1972.63	903.95	1931.79	388.88	525.12	256.73	1911.87	1620.85
1583.43	772.30	1305.70	314.72	301.99	117.15	1412.53	1257.11
685.68	298.42	926.95	184.11	362.74	147.04	876.03	755.87
295.84	131.49	506.72	103.57	221.32	97.30	471.94	426.60
295.03	127.77	350.57	63.75	116.53	41.92	328.25	262.17
94.81	39.17	69.67	16.79	24.89	7.82	75.83	67.10
169.86	61.03	170.98	33.61	59.51	30.07	157.21	129.87
82.77	28.85	77.89	12.95	24.75	9.36	68.46	55.58
80.74	29.47	89.46	19.92	33.34	20.04	84.26	70.01
6.35	2.70	3.64	0.74	1.42	0.67	4.48	4.29
332.42	152.40	403.24	84.10	139.35	62.21	383.40	325.97
181.85	86.11	206.34	36.79	81.59	32.82	207.72	174.38
115.91	48.24	158.32	40.58	50.61	25.92	135.49	119.07
34.66	18.05	38.58	6.73	7.15	3.47	40.18	32.52

1-A-3 续表 3

行业	企业单位数(个)	工业销售产值(当年价格)	出口交货值	资产总计	固定资产合计
化纤织造及印染精加工	1239	1061.62	124.76	1034.47	332.72
化纤织造加工	1084	899.55	111.82	840.54	256.39
化纤织物染整精加工	155	162.07	12.94	193.93	76.33
针织或钩针编织物及其制品制造	2487	3067.07	637.28	2158.36	684.30
针织或钩针编织物织造	1848	2272.19	526.56	1601.28	489.34
针织或钩针编织物印染精加工	192	304.27	36.61	230.20	69.90
针织或钩针编织品制造	447	490.61	74.10	326.89	125.06
家用纺织制成品制造	1898	2472.31	601.27	1424.34	422.79
床上用品制造	992	1228.41	313.55	713.44	184.90
毛巾类制品制造	312	639.63	109.06	326.45	116.44
窗帘、布艺类产品制造	216	225.43	94.33	147.47	40.22
其他家用纺织制成品制造	378	378.84	84.34	236.98	81.23
非家用纺织制成品制造	1826	2332.21	429.39	1450.89	520.52
非织造布制造	852	1213.07	203.31	684.19	257.19
绳、索、缆制造	229	216.02	39.31	95.23	42.89
纺织带和帘子布制造	257	465.10	58.05	357.49	125.54
篷、帆布制造	183	179.18	65.79	110.05	25.06
其他非家用纺织制成品制造	305	258.84	62.93	203.93	69.84
纺织服装、服饰业	15710	19382.34	4728.30	11181.59	3105.79
机织服装制造	11356	15062.73	3241.62	8543.12	2383.45
针织或钩针编织服装制造	3310	3406.38	1215.45	2052.20	551.28
服饰制造	1044	913.23	271.23	586.28	171.06
皮革、毛皮、羽毛及其制品和制鞋业	8467	12526.52	3129.20	6852.86	1757.38
皮革鞣制加工	658	1608.74	99.04	770.73	211.60
皮革制品制造	2353	2894.36	841.84	1386.64	415.64
皮革服装制造	340	622.79	99.49	290.74	119.24
皮箱、包(袋)制造	1394	1371.34	525.96	649.54	184.99
皮手套及皮装饰制品制造	252	243.30	92.98	97.87	33.81
其他皮革制品制造	367	656.94	123.41	348.48	77.59
毛皮鞣制及制品加工	547	822.00	107.09	921.81	177.18
毛皮鞣制加工	143	274.46	11.62	99.95	37.27
毛皮服装加工	192	302.02	47.00	102.66	26.67
其他毛皮制品加工	212	245.52	48.47	719.19	113.25
羽毛(绒)加工及制品制造	487	794.48	155.51	408.67	85.01
羽毛(绒)加工	234	369.25	33.68	167.63	40.58
羽毛(绒)制品加工	253	425.23	121.84	241.04	44.43
制鞋业	4422	6406.94	1925.71	3365.01	867.96
纺织面料鞋制造	542	730.16	200.52	330.21	133.95
皮鞋制造	2636	4203.08	1289.01	2370.42	528.74
塑料鞋制造	569	601.63	177.20	210.40	65.22
橡胶鞋制造	511	642.14	149.99	348.89	110.01
其他制鞋业	164	229.93	108.98	105.09	30.04
木材加工和木、竹、藤、棕、草制品业	8879	12054.22	789.66	5246.37	2099.71
木材加工	1444	1664.22	32.75	637.62	269.04
锯材加工	647	795.15	11.57	290.06	132.06
木片加工	450	507.90	8.95	181.27	86.00
单板加工	270	293.94	7.87	132.64	36.89
其他木材加工	77	67.23	4.36	33.64	14.09

单位：亿元

固定资产原价	累计折旧	流动资产合计	应收账款	存货	产成品	负债合计	流动负债合计
500.10	189.09	602.09	140.08	138.75	72.25	681.28	636.89
386.25	145.41	511.71	119.22	121.43	66.52	543.89	505.03
113.85	43.68	90.37	20.87	17.32	5.73	137.39	131.86
1105.91	495.49	1147.36	316.61	283.39	117.88	1220.53	998.14
839.36	401.66	878.24	247.12	225.73	93.19	944.68	763.37
98.98	40.69	99.55	18.86	18.76	7.25	102.41	85.03
167.57	53.13	169.57	50.62	38.90	17.45	173.44	149.74
721.84	340.52	839.77	187.68	227.49	92.06	819.65	704.32
298.27	126.87	436.90	117.25	112.80	48.26	371.45	344.18
256.82	148.25	177.68	21.73	50.82	19.05	178.31	155.49
59.49	21.65	94.64	19.16	26.88	10.11	89.03	81.65
107.26	43.75	130.55	29.53	36.97	14.63	180.81	123.00
863.52	380.72	759.70	215.88	187.73	79.18	729.93	630.50
466.23	224.86	352.93	110.78	84.53	34.04	329.80	283.29
60.55	20.50	46.23	14.02	12.58	5.99	41.30	33.28
193.50	77.03	175.88	40.43	40.64	19.24	193.44	168.01
41.40	18.87	73.26	15.81	24.35	8.58	65.24	62.70
101.84	39.47	111.40	34.84	25.64	11.32	100.14	83.22
5065.05	2215.71	6788.75	1616.29	1874.99	919.18	5552.87	4736.14
3911.09	1724.22	5134.67	1187.96	1403.92	735.83	4109.32	3421.61
890.99	388.12	1303.76	334.39	375.14	145.14	1135.95	1046.23
262.97	103.37	350.31	93.95	95.93	38.20	307.11	268.30
2701.53	1152.91	4392.20	1085.12	993.91	350.86	3098.76	2631.88
332.91	134.43	461.52	86.82	173.30	50.94	370.79	300.66
574.10	183.09	841.84	202.90	222.61	67.38	688.50	606.52
143.32	28.58	142.37	32.82	42.45	19.18	135.21	125.47
273.35	99.58	394.94	102.45	109.37	33.10	366.96	314.61
51.52	20.39	53.89	14.83	19.71	5.44	45.01	37.30
105.91	34.54	250.64	52.80	51.09	9.66	141.31	129.14
137.87	50.02	718.14	26.82	68.92	23.58	202.68	114.46
47.77	14.34	56.39	7.70	14.78	4.14	30.99	26.71
51.31	26.50	66.20	11.92	25.63	10.17	46.18	39.86
38.79	9.17	595.55	7.20	28.50	9.28	125.51	47.89
143.62	67.71	283.13	78.69	78.88	28.84	236.47	218.14
69.33	34.43	113.00	32.22	34.55	15.70	90.51	83.02
74.29	33.28	170.13	46.46	44.33	13.14	145.95	135.12
1513.02	717.66	2087.57	689.90	450.19	180.10	1600.32	1392.09
213.24	86.47	158.92	43.89	38.95	15.89	145.65	119.61
920.05	443.86	1536.95	534.96	316.23	127.82	1103.46	980.61
162.98	99.97	125.07	42.50	29.23	8.93	115.69	98.50
177.00	75.57	202.34	49.89	52.76	23.81	179.60	152.17
39.77	11.79	64.30	18.67	13.03	3.66	55.92	41.20
3512.42	1561.34	2486.56	480.99	754.09	335.35	2329.49	1798.85
470.87	219.18	303.30	60.35	86.44	42.01	255.92	191.97
227.22	103.73	136.00	28.63	40.23	18.95	115.82	84.32
137.15	55.92	70.43	15.19	20.60	10.69	60.91	44.20
88.68	55.13	80.58	12.22	21.23	10.62	64.97	51.52
17.82	4.39	16.29	4.30	4.38	1.75	14.22	11.94

1-A-3 续表 4

行　　业	企　业单位数（个）	工业销售产　　值（当年价格）	出口交货值	资产总计	固定资产合　　计
人造板制造	4777	7104.13	296.61	3074.53	1307.27
胶合板制造	3267	4374.37	246.02	1248.71	524.40
纤维板制造	554	1454.79	14.93	1143.48	465.31
刨花板制造	262	355.86	3.75	246.57	115.17
其他人造板制造	694	919.10	31.91	435.77	202.39
木制品制造	1926	2578.86	313.56	1243.13	415.53
建筑用木料及木材组件加工	456	687.11	87.53	269.92	103.54
木门窗、楼梯制造	293	317.30	17.67	188.92	70.99
地板制造	420	759.25	98.08	436.65	116.94
木制容器制造	262	262.84	13.50	129.68	37.46
软木制品及其他木制品制造	495	552.36	96.77	217.96	86.59
竹、藤、棕、草等制品制造	732	707.00	146.74	291.09	107.87
竹制品制造	584	579.35	117.46	235.04	86.10
藤制品制造	29	19.61	4.70	5.54	1.60
棕制品制造	10	4.29	0.25	3.16	0.85
草及其他制品制造	109	103.75	24.33	47.35	19.32
家具制造业	5078	6618.17	1452.47	4176.54	1271.40
木质家具制造	3242	4201.22	736.98	2534.79	799.31
竹、藤家具制造	77	112.56	27.59	75.43	16.13
金属家具制造	961	1286.11	412.50	945.00	270.51
塑料家具制造	84	93.20	41.85	57.16	17.08
其他家具制造	714	925.07	233.55	564.16	168.36
造纸和纸制品业	7063	12976.59	570.08	12847.48	5133.92
纸浆制造	50	133.54	0.18	314.02	151.54
木竹浆制造	30	90.74		227.68	121.19
非木竹浆制造	20	42.80	0.18	86.34	30.35
造纸	3056	7590.06	321.92	9255.86	3871.64
机制纸及纸板制造	2711	7202.04	310.88	8929.20	3781.33
手工纸制造	56	58.36	2.07	43.63	13.33
加工纸制造	289	329.66	8.97	283.04	76.98
纸制品制造	3957	5252.99	247.98	3277.59	1110.74
纸和纸板容器制造	2463	3229.30	118.26	1871.24	624.00
其他纸制品制造	1494	2023.68	129.73	1406.35	486.74
印刷和记录媒介复制业	5070	6063.27	394.70	4606.26	1575.13
印刷	4885	5875.57	373.04	4447.85	1515.97
书、报刊印刷	793	980.53	69.21	865.03	332.46
本册印制	219	344.97	60.91	200.30	70.67
包装装潢及其他印刷	3873	4550.08	242.92	3382.52	1112.84
装订及印刷相关服务	136	131.12	7.69	89.79	30.44
记录媒介复制	49	56.57	13.97	68.62	28.72
文教、工美、体育和娱乐用品制造业	8139	12693.76	3914.86	6410.78	1649.44
文教办公用品制造	744	804.71	192.03	469.92	133.46
文具制造	350	391.74	109.26	253.06	65.93
笔的制造	248	251.24	70.30	126.33	39.76
教学用模型及教具制造	75	105.79	4.96	55.74	15.71
墨水、墨汁制造	12	14.91	0.40	7.25	2.56
其他文教办公用品制造	59	41.03	7.10	27.54	9.49

单位：亿元

固定资产原价	累计折旧	流动资产合计	应收账款	存货	产成品	负债合计	流动负债合计
2160.47	945.60	1373.80	232.82	404.72	192.35	1347.44	994.05
947.76	460.49	575.36	119.09	171.21	78.09	446.54	345.35
719.45	295.58	526.59	58.66	157.40	76.20	624.12	448.52
186.69	76.30	98.90	16.14	31.18	17.74	125.03	87.24
306.58	113.23	172.95	38.92	44.93	20.31	151.75	112.94
739.27	351.02	661.09	147.75	217.61	79.25	593.90	509.91
194.94	98.21	124.74	22.89	45.33	17.92	125.45	107.06
97.67	34.03	92.97	25.23	26.96	8.18	89.97	77.83
204.25	95.10	265.19	50.53	96.08	36.35	213.75	191.15
59.27	22.94	70.80	21.91	14.97	4.84	65.03	53.50
183.14	100.74	107.41	27.18	34.27	11.97	99.70	80.37
141.82	45.55	148.36	40.06	45.32	21.74	132.24	102.92
113.81	37.79	118.37	35.58	39.54	18.96	113.17	89.14
2.45	0.88	3.45	0.77	0.92	0.37	2.56	2.33
1.20	0.37	2.14	0.46	1.02	0.48	1.17	0.65
24.37	6.51	24.40	3.26	3.84	1.93	15.33	10.79
2062.61	885.10	2378.88	526.21	658.86	247.57	2132.39	1852.87
1328.84	590.13	1388.95	279.16	424.35	177.39	1252.39	1069.57
20.09	6.19	49.66	6.62	10.20	2.79	51.87	47.54
400.36	144.16	575.94	151.83	126.40	35.55	495.13	439.54
27.05	10.85	32.41	9.23	8.80	3.31	30.59	27.62
286.26	133.77	331.91	79.37	89.12	28.53	302.39	268.60
7785.27	3051.91	5854.84	1409.48	1153.99	448.89	7398.12	5555.32
213.56	87.94	86.59	5.73	23.56	9.31	206.58	150.07
160.61	65.25	67.23	2.69	15.60	4.71	155.32	109.31
52.95	22.69	19.36	3.04	7.95	4.60	51.27	40.76
5771.58	2189.75	3958.85	811.81	763.78	299.27	5464.54	3934.39
5629.14	2132.68	3774.79	765.26	731.62	285.08	5297.41	3811.44
16.17	4.75	26.66	5.41	5.23	2.41	27.67	22.97
126.27	52.31	157.39	41.14	26.94	11.77	139.47	99.99
1800.13	774.22	1809.41	591.94	366.65	140.31	1726.99	1470.86
1097.27	514.38	1036.37	361.52	203.39	70.32	975.12	851.68
702.86	259.84	773.03	230.42	163.26	69.99	751.87	619.18
2723.61	1255.27	2446.18	709.04	484.45	187.13	2217.49	1896.53
2610.67	1198.71	2361.13	685.60	470.69	182.17	2146.89	1839.15
621.32	309.92	429.44	117.32	91.91	33.68	446.21	370.64
126.04	61.44	97.06	27.16	17.88	7.47	98.47	81.94
1863.31	827.35	1834.64	541.13	360.91	141.03	1602.21	1386.57
51.48	23.99	49.70	13.14	8.08	2.98	44.44	35.22
61.46	32.57	35.35	10.30	5.68	1.98	26.16	22.16
2614.88	1082.26	4105.44	1046.63	1441.11	667.79	3411.83	2982.13
219.46	101.23	281.69	69.01	76.81	34.09	239.80	219.36
102.44	46.60	156.39	39.40	41.70	19.41	140.76	129.07
68.71	31.45	73.56	15.92	25.47	10.09	69.75	65.57
30.07	15.44	32.86	9.52	5.26	2.72	16.00	13.49
6.47	3.92	4.40	0.83	1.01	0.39	1.98	1.92
11.77	3.83	14.47	3.34	3.38	1.48	11.31	9.30

1-A-3 续表 5

行业	企业单位数(个)	工业销售产值(当年价格)	出口交货值	资产总计	固定资产合计
乐器制造	227	299.20	90.84	196.79	59.74
中乐器制造	31	35.66	8.64	11.98	5.54
西乐器制造	123	161.64	51.64	140.43	41.16
电子乐器制造	28	59.95	26.08	27.07	7.71
其他乐器及零件制造	45	41.96	4.48	17.31	5.32
工艺美术品制造	4555	8349.91	2249.98	3961.68	928.31
雕塑工艺品制造	664	805.47	89.13	340.68	112.00
金属工艺品制造	413	461.55	103.93	273.28	85.71
漆器工艺品制造	130	173.89	34.86	103.46	37.81
花画工艺品制造	159	212.28	88.09	75.30	31.83
天然植物纤维编织工艺品制造	618	690.37	282.23	205.60	83.05
抽纱刺绣工艺品制造	647	861.88	253.19	399.07	138.60
地毯、挂毯制造	345	568.40	128.34	344.07	116.33
珠宝首饰及有关物品制造	431	3176.81	762.52	1595.48	121.66
其他工艺美术品制造	1148	1399.26	507.69	624.74	201.32
体育用品制造	977	1144.78	479.43	670.44	206.52
球类制造	138	151.82	38.28	83.50	24.32
体育器材及配件制造	261	326.89	146.41	199.47	64.39
训练健身器材制造	255	291.16	116.35	175.09	45.84
运动防护用具制造	117	115.59	55.69	54.27	14.75
其他体育用品制造	206	259.32	122.70	158.10	57.22
玩具制造	1422	1751.31	806.32	891.68	256.63
游艺器材及娱乐用品制造	214	343.85	96.26	220.26	64.78
露天游乐场所游乐设备制造	72	91.35	25.33	81.24	27.71
游艺用品及室内游艺器材制造	78	147.61	44.29	68.75	17.17
其他娱乐用品制造	64	104.90	26.64	70.28	19.90
石油加工、炼焦和核燃料加工业	2081	40168.42	553.42	23169.70	8927.19
精炼石油产品制造	1387	34308.69	530.09	15662.04	6250.51
原油加工及石油制品制造	1327	34218.60	530.09	15612.17	6235.30
人造原油制造	60	90.09		49.87	15.21
炼焦	689	5712.17	23.33	7276.31	2539.49
化学原料和化学制品制造业	25040	75771.09	3984.60	61317.66	24558.44
基础化学原料制造	6073	22781.73	927.08	19415.62	8563.15
无机酸制造	489	1007.52	41.65	670.25	280.73
无机碱制造	255	1665.54	58.51	2395.62	1250.13
无机盐制造	1212	2425.04	99.58	2284.52	971.01
有机化学原料制造	2830	14949.03	626.73	11482.77	4859.58
其他基础化学原料制造	1287	2734.61	100.62	2582.46	1201.70
肥料制造	2418	8326.86	121.23	9718.35	4187.60
氮肥制造	353	2606.20	47.61	4600.40	2361.99
磷肥制造	231	799.20	55.28	1047.75	444.00
钾肥制造	60	265.90		924.42	326.01
复混肥料制造	1209	3864.60	15.35	2685.74	895.17
有机肥料及微生物肥料制造	484	672.17	1.52	381.85	114.57
其他肥料制造	81	118.78	1.47	78.19	45.87

单位：亿元

固定资产原价	累计折旧	流动资产合计	应收账款	存货	产成品	负债合计	流动负债合计
100.09	43.57	116.85	21.05	46.56	13.09	82.68	63.88
7.57	2.77	6.34	1.11	2.99	1.08	4.81	4.24
66.81	27.27	82.07	12.81	34.26	8.48	60.33	43.71
14.90	7.79	18.16	4.65	5.98	2.33	9.87	9.62
10.81	5.73	10.27	2.48	3.32	1.20	7.67	6.30
1451.31	588.00	2638.23	671.21	989.19	504.23	2196.09	1901.97
184.79	82.02	181.05	34.79	61.22	25.58	129.98	98.52
112.36	36.14	162.50	40.33	56.58	28.67	145.00	126.72
45.67	9.58	56.35	10.53	21.58	9.66	40.61	37.22
65.00	36.03	32.18	7.54	7.55	3.37	28.32	21.28
134.84	56.35	106.10	31.03	23.98	11.90	84.55	73.90
242.15	112.35	216.85	50.72	49.51	20.36	210.95	189.54
190.88	81.58	195.33	43.18	62.05	29.32	187.77	162.05
193.72	78.44	1327.57	369.36	590.43	339.06	1083.60	946.54
281.89	95.52	360.29	83.74	116.30	36.30	285.31	246.21
326.54	135.70	409.06	118.26	124.21	45.71	343.49	304.23
36.38	13.55	48.74	11.90	19.70	7.57	36.44	30.47
92.34	31.75	121.17	34.82	39.89	14.56	97.66	84.66
73.81	32.45	115.50	35.94	24.78	8.47	99.81	91.34
32.10	18.82	35.80	11.61	13.80	5.01	30.84	28.24
91.91	39.12	87.86	24.00	26.05	10.10	78.75	69.52
429.48	188.42	540.28	144.11	168.16	59.01	438.85	389.42
87.99	25.33	119.33	23.00	36.17	11.66	110.92	103.27
34.40	7.74	42.76	8.75	10.85	2.35	40.40	38.57
27.00	10.13	37.38	7.01	13.47	4.05	35.36	32.84
26.59	7.46	39.20	7.24	11.85	5.27	35.15	31.87
15122.87	6894.85	10626.29	1199.76	4073.82	1112.57	15299.92	12353.12
11406.20	5503.10	6983.07	656.14	3265.08	750.45	9494.03	7700.29
11389.39	5499.67	6960.32	652.56	3258.10	746.90	9473.21	7684.30
16.81	3.44	22.76	3.59	6.98	3.55	20.83	16.00
3557.63	1329.72	3556.68	528.97	757.80	333.81	5621.37	4574.32
38379.55	15766.29	27382.19	5568.16	5965.54	2535.52	35600.54	27029.55
13153.18	5215.49	7767.85	1232.87	1619.01	626.70	11795.42	8765.43
447.17	194.86	302.39	55.75	66.54	26.54	359.92	299.62
1677.41	531.84	750.90	104.15	134.35	47.71	1626.19	1170.67
1296.36	471.67	996.64	154.98	221.42	106.47	1390.03	1045.84
7905.52	3277.16	4745.82	713.98	1005.58	368.88	6963.29	5246.80
1826.72	739.96	972.11	204.00	191.13	77.09	1455.98	1002.50
5955.99	2395.31	3802.26	418.65	947.34	413.61	6244.68	4329.69
3145.26	1175.27	1480.99	116.50	281.13	106.16	3061.59	2121.04
525.63	174.53	430.35	68.89	117.19	69.39	719.51	560.85
368.66	98.71	283.03	21.38	70.12	31.03	595.55	263.83
1662.11	842.20	1343.23	142.35	424.15	178.15	1668.24	1225.03
199.44	93.97	239.41	64.55	44.42	25.02	155.68	127.59
54.90	10.64	25.24	4.98	10.34	3.87	44.11	31.35

1-A-3 续表 6

行业	企业单位数(个)	工业销售产值(当年价格)	出口交货值	资产总计	固定资产合计
农药制造	857	2803.86	375.35	1951.40	642.70
化学农药制造	724	2524.71	365.18	1781.01	575.81
生物化学农药及微生物农药制造	133	279.15	10.17	170.39	66.89
涂料、油墨、颜料及类似产品制造	3306	5609.90	299.03	3832.75	1051.81
涂料制造	2012	3470.03	108.34	2163.36	548.90
油墨及类似产品制造	343	349.15	29.35	294.39	65.80
颜料制造	409	740.99	75.15	555.30	207.31
染料制造	340	814.34	76.63	649.99	178.25
密封用填料及类似品制造	202	235.40	9.55	169.71	51.55
合成材料制造	2800	13697.14	771.75	10578.92	4384.99
初级形态塑料及合成树脂制造	1712	8194.35	484.77	6615.17	2907.50
合成橡胶制造	360	1283.57	59.77	767.65	274.10
合成纤维单(聚合)体制造	212	3260.57	161.68	2438.04	940.91
其他合成材料制造	516	958.66	65.54	758.06	262.49
专用化学产品制造	6821	16891.83	982.93	12121.41	4622.98
化学试剂和助剂制造	2619	5471.27	246.32	3335.98	1106.52
专项化学用品制造	2088	6840.48	300.30	3798.02	1408.86
林产化学产品制造	513	703.22	39.48	299.10	101.88
信息化学品制造	504	2102.43	307.45	3338.94	1581.03
环境污染处理专用药剂材料制造	212	323.62	28.87	223.65	44.22
动物胶制造	71	111.71	2.92	60.30	27.10
其他专用化学产品制造	814	1339.10	57.58	1065.43	353.37
炸药、火工及焰火产品制造	1363	1875.66	233.41	1223.10	455.75
炸药及火工产品制造	268	597.72	13.01	871.80	281.73
焰火、鞭炮产品制造	1095	1277.94	220.40	351.30	174.01
日用化学产品制造	1402	3784.10	273.82	2476.11	649.46
肥皂及合成洗涤剂制造	374	1510.48	53.61	877.11	219.82
化妆品制造	362	1064.98	97.90	742.03	171.09
口腔清洁用品制造	48	160.69	20.25	152.96	31.77
香料、香精制造	348	547.10	80.01	445.35	129.09
其他日用化学产品制造	270	500.86	22.06	258.66	97.69
医药制造业	6839	20129.16	1184.17	18450.01	5370.51
化学药品原料药制造	1250	3618.03	572.73	3629.65	1250.18
化学药品制剂制造	1116	5502.69	151.72	5517.46	1382.40
中药饮片加工	866	1299.33	25.54	811.92	262.69
中成药生产	1555	4969.50	48.22	4551.00	1169.79
兽用药品制造	492	938.60	33.27	519.49	192.54
生物药品制造	889	2414.74	194.14	2447.80	720.06
卫生材料及医药用品制造	671	1386.26	158.56	972.69	392.85
化学纤维制造业	2002	6974.78	479.24	6205.37	2122.89
纤维素纤维原料及纤维制造	362	1994.08	185.79	1869.82	710.94
化纤浆粕制造	79	202.06	7.80	198.49	68.38
人造纤维(纤维素纤维)制造	283	1792.02	178.00	1671.33	642.56
合成纤维制造	1640	4980.70	293.45	4335.55	1411.95
锦纶纤维制造	176	648.18	39.48	579.47	197.09

单位：亿元

固定资产原价	累计折旧	流动资产合计	应收账款	存货	产成品	负债合计	流动负债合计
1192.54	585.67	961.71	188.51	275.41	132.53	1059.58	903.10
1096.72	549.57	888.22	175.14	256.25	123.75	977.38	838.81
95.82	36.11	73.49	13.38	19.16	8.78	82.20	64.28
1803.65	844.93	2315.55	775.59	485.72	211.97	1869.92	1631.55
1023.63	512.41	1351.60	487.13	251.62	103.45	1042.66	920.99
113.19	51.01	191.94	77.77	38.26	15.73	122.90	111.45
331.15	143.80	275.42	66.76	74.26	38.52	307.37	257.28
258.94	107.92	403.26	112.01	100.10	46.62	315.19	271.23
76.74	29.79	93.33	31.91	21.48	7.66	81.80	70.60
7229.10	3056.21	4694.08	1021.94	1073.82	424.38	6517.57	4810.60
4495.93	1739.99	2805.54	668.17	623.21	264.03	4042.23	2873.86
668.61	417.80	371.02	78.90	75.10	33.64	434.74	329.87
1679.25	768.22	1137.62	156.76	289.43	90.02	1645.83	1314.66
385.31	130.20	379.90	118.11	86.07	36.69	394.76	292.21
7351.18	2957.61	5794.35	1424.96	1176.12	538.50	6451.89	5178.99
1856.12	871.93	1802.83	474.06	356.14	164.29	1728.19	1450.09
2127.91	831.01	1883.34	417.31	447.54	203.75	1972.65	1502.43
146.39	59.05	156.07	34.30	51.59	31.47	131.92	108.47
2231.44	764.76	1328.83	313.11	202.32	84.31	1969.46	1557.57
95.74	53.52	147.51	51.82	19.34	7.90	121.89	99.59
43.89	18.80	26.50	4.78	10.88	4.81	26.63	18.26
849.69	358.55	449.26	129.59	88.31	41.98	501.14	442.58
597.68	199.19	513.54	112.75	97.92	46.42	502.13	389.15
369.38	132.04	383.15	69.64	65.52	24.98	393.28	324.57
228.30	67.14	130.39	43.11	32.40	21.44	108.85	64.58
1096.22	511.88	1532.84	392.88	290.19	141.43	1159.36	1021.05
430.38	235.08	550.74	111.43	92.27	42.89	429.91	371.13
265.43	113.83	486.53	152.18	86.56	43.45	360.64	315.77
58.96	27.93	94.94	19.49	17.98	10.03	61.24	57.48
183.11	66.24	264.83	73.90	61.19	28.73	188.25	169.67
158.34	68.79	135.81	35.88	32.19	16.34	119.31	107.01
8218.48	3500.51	9965.17	2233.95	2240.20	971.56	8112.30	6529.79
1958.93	854.44	1740.44	385.89	429.53	196.66	1824.32	1424.44
2034.56	819.18	3264.42	768.53	687.70	309.80	2516.15	2117.98
395.77	161.71	448.40	145.56	129.12	59.65	368.88	296.30
1844.26	815.87	2540.69	526.46	602.39	234.56	1893.69	1530.80
330.02	155.38	250.04	54.96	49.13	23.96	200.37	154.46
1175.70	545.61	1255.96	221.51	242.13	89.13	908.34	680.31
479.25	148.32	465.23	131.04	100.21	57.80	400.55	325.50
3306.75	1411.71	3143.15	436.46	789.99	403.73	3942.19	3312.88
1094.09	470.54	907.95	115.49	266.72	107.04	1238.38	997.83
107.24	53.94	101.39	16.36	33.07	17.73	150.23	132.48
986.85	416.60	806.56	99.12	233.65	89.31	1088.14	865.35
2212.67	941.16	2235.20	320.97	523.27	296.69	2703.81	2315.05
281.92	105.67	325.39	53.25	71.41	40.03	376.04	287.77

1-A-3 续表 7

行业	企业单位数（个）	工业销售产值（当年价格）	出口交货值	资产总计	固定资产合计
涤纶纤维制造	798	3541.37	209.17	2954.10	900.35
腈纶纤维制造	18	76.85	0.98	135.06	50.45
维纶纤维制造	9	31.47	5.71	79.10	43.18
丙纶纤维制造	62	60.22	3.94	43.15	10.28
氨纶纤维制造	56	212.88	24.59	302.04	139.50
其他合成纤维制造	521	409.74	9.58	242.62	71.09
橡胶和塑料制品业	17659	27639.65	3713.67	18641.13	6482.12
橡胶制品业	3199	8783.06	1537.71	6236.20	2557.72
轮胎制造	574	5207.67	1153.84	4044.23	1812.59
橡胶板、管、带制造	836	1179.46	76.15	806.67	267.26
橡胶零件制造	707	881.11	121.43	564.47	210.11
再生橡胶制造	175	235.62	1.94	103.54	43.62
日用及医用橡胶制品制造	239	432.12	88.51	194.88	67.81
其他橡胶制品制造	668	847.09	95.84	522.41	156.33
塑料制品业	14460	18856.59	2175.96	12404.93	3924.40
塑料薄膜制造	1566	2400.77	259.92	1851.44	619.92
塑料板、管、型材制造	2777	4605.00	223.47	3058.54	950.80
塑料丝、绳及编织品制造	1982	2524.88	108.65	1097.97	421.02
泡沫塑料制造	807	830.24	43.78	446.09	138.96
塑料人造革、合成革制造	528	1155.66	84.54	752.83	225.49
塑料包装箱及容器制造	1473	1584.88	125.85	1476.30	497.30
日用塑料制品制造	1533	1503.12	467.78	903.03	274.74
塑料零件制造	1330	1460.39	340.96	1047.99	280.08
其他塑料制品制造	2464	2791.64	521.01	1770.74	516.10
非金属矿物制品业	32174	52253.06	1785.89	41451.58	16778.62
水泥、石灰和石膏制造	4312	10691.38	20.23	13246.80	6589.63
水泥制造	3680	9957.55	19.59	12877.67	6431.12
石灰和石膏制造	632	733.83	0.64	369.13	158.51
石膏、水泥制品及类似制品制造	8058	9956.34	30.44	7776.66	2334.13
水泥制品制造	6340	7651.61	13.04	6207.24	1716.74
砼结构构件制造	749	963.56	4.07	688.80	229.73
石棉水泥制品制造	83	219.76	0.14	126.92	60.30
轻质建筑材料制造	587	815.21	8.12	563.67	244.11
其他水泥类似制品制造	299	306.20	5.06	190.02	83.25
砖瓦、石材等建筑材料制造	8886	12424.10	348.13	6425.99	2713.73
粘土砖瓦及建筑砌块制造	3250	3091.12	4.19	1378.61	663.31
建筑陶瓷制品制造	1463	3983.43	99.44	2078.33	937.30
建筑用石加工	2219	2825.80	185.93	1349.40	528.79
防水建筑材料制造	490	786.08	7.56	422.38	126.58
隔热和隔音材料制造	549	637.48	14.98	396.55	174.67
其他建筑材料制造	915	1100.19	36.04	800.72	283.08
玻璃制造	636	1332.74	116.01	2007.40	752.52
平板玻璃制造	229	749.45	43.13	1506.87	577.77
其他玻璃制造	407	583.30	72.88	500.54	174.75
玻璃制品制造	2080	3584.33	367.13	2898.70	1041.79
技术玻璃制品制造	476	1068.37	109.05	1133.87	398.62

单位：亿元

固定资产原价	累计折旧	流动资产合计	应收账款	存货	产成品	负债合计	流动负债合计
1405.57	602.59	1512.24	194.12	361.96	210.30	1836.77	1612.92
93.84	44.86	59.17	5.79	16.53	9.49	106.49	89.93
59.34	25.26	22.75	2.71	7.17	3.50	50.24	33.01
14.40	5.57	29.85	6.64	5.69	2.22	27.95	24.12
249.34	117.24	139.57	21.45	31.12	15.05	146.07	123.44
108.27	39.97	146.24	37.03	29.37	16.11	160.26	143.86
10485.57	4629.19	10069.50	2870.31	2373.21	1003.67	9490.53	7898.65
4090.26	1786.59	3064.10	857.71	734.02	348.07	3250.17	2569.52
2714.16	1069.27	1862.08	444.62	471.59	226.94	2248.28	1727.40
408.09	162.46	448.54	154.38	85.49	41.25	366.41	321.93
391.74	219.41	310.51	114.53	70.92	28.41	237.25	171.16
63.99	25.29	47.25	12.49	12.70	6.96	48.35	41.29
262.25	199.95	104.01	23.92	34.26	16.20	99.83	81.33
250.03	110.21	291.71	107.78	59.07	28.30	250.05	226.41
6395.31	2842.60	7005.40	2012.59	1639.18	655.60	6240.36	5329.12
1005.93	464.37	998.38	224.17	212.36	83.13	977.55	802.23
1484.19	641.88	1709.61	462.97	392.23	200.67	1456.95	1202.31
665.91	276.11	568.98	146.69	125.55	56.30	490.46	394.23
223.57	95.05	261.34	94.84	51.37	24.71	232.96	201.00
369.73	161.05	449.65	102.74	106.18	33.01	455.42	417.13
855.02	386.92	753.96	216.66	202.75	45.15	668.67	568.56
481.01	224.10	518.86	147.70	136.72	48.39	477.27	413.94
523.54	257.65	669.96	256.27	147.15	64.92	564.46	518.42
786.40	335.47	1074.67	360.57	264.89	99.32	916.63	811.29
24588.60	9016.54	19241.15	5253.59	3838.01	1674.95	22711.80	17924.21
9026.04	2874.08	4782.84	770.80	854.43	238.30	7992.23	5811.83
8754.24	2746.85	4619.14	718.04	829.60	225.69	7800.21	5651.12
271.80	127.23	163.70	52.76	24.83	12.60	192.02	160.71
3650.97	1489.99	4742.23	2090.60	635.67	266.76	4722.57	4209.57
2743.70	1158.73	3967.06	1850.91	495.00	199.94	3911.91	3509.38
364.83	148.62	395.57	143.61	77.42	37.63	411.22	359.13
103.03	43.43	54.52	4.00	3.81	1.67	52.46	45.86
327.60	103.37	232.41	51.31	43.68	21.33	245.53	205.90
111.81	35.84	92.67	40.77	15.76	6.19	101.45	89.31
4229.57	1708.13	2888.89	687.09	746.75	417.78	2844.06	2213.29
1000.53	389.38	537.77	130.42	99.49	56.32	510.86	373.92
1618.94	744.64	893.46	152.26	317.63	196.22	1056.38	823.33
738.94	241.45	608.75	131.91	179.45	92.65	522.35	397.27
199.27	85.21	237.69	80.36	41.55	20.18	201.81	173.59
242.62	79.79	179.56	52.22	37.49	18.05	153.27	124.99
429.26	167.67	431.67	139.92	71.14	34.36	399.40	320.20
1133.50	431.73	841.27	100.86	197.26	86.02	1211.77	883.17
871.95	331.78	602.45	43.66	140.87	63.40	948.40	674.00
261.54	99.95	238.82	57.20	56.38	22.63	263.37	209.17
1672.86	693.11	1425.09	373.66	351.95	148.83	1545.06	1271.87
555.92	183.07	562.15	177.56	134.83	39.85	610.06	486.88

1-A-3 续表 8

行业	企业单位数（个）	工业销售产值（当年价格）	出口交货值	资产总计	固定资产合计
光学玻璃制造	252	455.84	123.04	391.84	138.52
玻璃仪器制造	68	149.69	3.65	63.04	25.35
日用玻璃制品制造	519	651.49	73.79	429.97	158.44
玻璃包装容器制造	354	713.02	15.56	431.39	179.49
玻璃保温容器制造	46	49.66	7.40	42.10	14.87
制镜及类似品加工	71	74.71	7.50	71.31	21.15
其他玻璃制品制造	294	421.55	27.14	335.18	105.35
玻璃纤维和玻璃纤维增强塑料制品制造	1188	2059.76	133.34	1698.15	770.79
玻璃纤维及制品制造	761	1320.32	108.60	1221.30	621.07
玻璃纤维增强塑料制品制造	427	739.43	24.73	476.85	149.72
陶瓷制品制造	2062	3188.22	427.89	1685.20	673.30
卫生陶瓷制品制造	323	516.39	75.62	382.90	142.30
特种陶瓷制品制造	611	1201.34	65.32	626.06	257.27
日用陶瓷制品制造	711	931.84	169.56	444.00	172.95
园林、陈设艺术及其他陶瓷制品制造	417	538.64	117.40	232.24	100.78
耐火材料制品制造	2351	4595.95	182.99	2572.82	804.37
石棉制品制造	121	151.53	1.43	65.21	35.71
云母制品制造	50	55.94	4.79	18.79	7.72
耐火陶瓷制品及其他耐火材料制造	2180	4388.48	176.78	2488.81	760.94
石墨及其他非金属矿物制品制造	2601	4420.25	159.71	3139.87	1098.36
石墨及碳素制品制造	952	1990.76	95.08	1507.44	530.47
其他非金属矿物制品制造	1649	2429.49	64.64	1632.43	567.90
黑色金属冶炼和压延加工业	11010	72197.85	2308.04	64725.45	24965.19
炼铁	413	3112.40	11.07	2648.06	943.52
炼钢	242	8469.96	265.06	9506.71	3932.87
黑色金属铸造	3972	6415.63	297.37	3207.34	1337.08
钢压延加工	4845	49770.20	1695.94	46451.59	17602.39
铁合金冶炼	1538	4429.67	38.60	2911.76	1149.33
有色金属冶炼和压延加工业	7343	42667.56	1226.85	32337.92	10906.05
常用有色金属冶炼	1602	14541.88	216.65	15655.95	5629.04
铜冶炼	278	5288.19	74.70	4066.23	1003.83
铅锌冶炼	456	2564.48	67.87	2127.85	654.40
镍钴冶炼	102	1102.35	25.14	2376.78	677.29
锡冶炼	64	359.32	9.45	549.94	156.96
锑冶炼	71	248.02	18.30	129.21	66.71
铝冶炼	301	4017.47	8.23	5375.98	2709.21
镁冶炼	125	281.41	8.31	291.49	115.16
其他常用有色金属冶炼	205	680.64	4.66	738.46	245.47
贵金属冶炼	317	2534.30	39.74	1672.88	387.67
金冶炼	190	1966.02	1.18	1412.35	317.34
银冶炼	91	463.65	38.15	218.06	54.01
其他贵金属冶炼	36	104.63	0.41	42.47	16.31
稀有稀土金属冶炼	446	1789.32	94.79	1391.61	329.32
钨钼冶炼	159	783.84	52.78	604.04	157.11
稀土金属冶炼	180	726.34	24.03	522.02	92.75
其他稀有金属冶炼	107	279.14	17.99	265.55	79.47

单位：亿元

固定资产原价	累计折旧	流动资产合计	应收账款	存货	产成品	负债合计	流动负债合计
237.59	96.67	204.72	49.78	43.20	19.58	215.20	183.46
61.45	37.12	29.36	6.55	5.46	3.09	28.81	23.86
254.85	106.17	216.28	43.92	55.16	28.49	242.12	195.42
346.01	180.71	204.94	38.45	72.14	37.37	252.24	210.71
15.99	4.34	19.49	4.66	6.04	2.90	23.89	16.39
25.99	10.52	44.01	9.98	8.03	4.56	37.52	34.67
175.05	74.51	144.15	42.78	27.09	12.99	135.22	120.48
1159.21	445.62	731.16	217.06	134.10	71.08	837.80	627.18
894.44	321.53	459.04	128.20	92.99	51.64	607.94	424.55
264.76	124.09	272.12	88.86	41.11	19.45	229.85	202.63
1003.67	379.94	774.75	186.48	223.08	116.32	722.18	555.14
219.51	86.63	194.00	40.14	60.93	27.70	189.90	168.80
404.51	163.21	268.76	80.71	65.74	32.66	223.46	162.70
245.12	88.35	202.68	42.18	66.28	37.75	208.53	146.81
134.53	41.75	109.31	23.46	30.13	18.21	100.29	76.83
1177.47	432.01	1441.21	446.95	286.95	161.26	1195.87	1011.20
43.95	10.43	25.61	7.80	5.64	2.56	17.75	14.37
10.04	3.06	8.13	2.46	3.18	1.51	8.35	6.48
1123.49	418.52	1407.47	436.69	278.13	157.20	1169.77	990.34
1535.32	561.94	1613.72	380.09	407.82	168.60	1640.26	1340.96
787.32	320.40	788.09	170.35	227.83	92.07	794.76	650.76
747.99	241.54	825.63	209.75	179.99	76.53	845.50	690.20
41721.40	18759.59	28092.00	3009.20	8572.88	2782.87	43674.87	35768.71
1428.68	540.40	1108.32	199.02	303.29	92.74	1809.87	1485.64
6459.33	2663.75	3756.08	352.51	1300.48	465.48	6543.91	5638.11
2235.95	980.02	1516.55	426.56	350.99	172.39	1553.46	1292.33
29892.70	13900.92	20218.39	1765.38	6148.41	1831.80	31773.42	25710.74
1704.74	674.51	1492.65	265.74	469.71	220.45	1994.20	1641.88
15431.84	5659.05	16550.50	2387.12	5306.56	1567.95	20748.08	15944.85
7942.33	2862.92	7509.89	635.52	2964.56	747.64	11267.35	8147.17
1610.07	722.91	2495.72	161.94	1000.87	147.20	2664.17	2111.61
867.58	341.72	1065.02	71.46	485.75	144.59	1578.85	1237.81
881.32	221.22	1245.03	96.65	618.95	236.22	1662.74	1169.99
205.86	50.16	288.96	23.62	115.82	44.43	412.90	351.10
76.52	17.72	52.15	10.92	16.83	8.79	49.47	42.11
3889.37	1419.38	1823.46	205.42	556.68	122.67	4178.61	2747.99
139.33	33.43	145.80	23.70	34.11	17.67	203.22	162.80
272.29	56.39	393.75	41.82	135.54	26.07	517.39	323.77
516.43	186.52	872.23	57.77	272.38	66.17	981.62	799.23
432.49	163.18	708.92	47.76	195.89	43.24	810.68	664.94
65.62	19.72	142.27	5.10	68.32	19.52	147.90	117.36
18.32	3.62	21.04	4.91	8.17	3.40	23.04	16.93
475.28	163.73	776.57	145.94	307.39	154.91	635.17	481.95
225.75	76.36	271.85	51.84	75.07	36.78	292.93	180.37
140.53	54.85	353.16	72.93	173.55	96.17	197.81	175.95
109.00	32.51	151.57	21.17	58.77	21.96	144.44	125.63

1-A-3 续表 9

行　业	企　业单位数(个)	工业销售产　值(当年价格)	出口交货值	资产总计	固定资产合　计
有色金属合金制造	897	3034.12	133.77	2051.64	605.92
有色金属铸造	162	240.58	10.90	167.14	49.91
有色金属压延加工	3919	20527.36	730.99	11398.70	3904.19
铜压延加工	1365	9509.21	296.87	3735.68	987.20
铝压延加工	1740	8669.02	300.77	6223.39	2562.91
贵金属压延加工	82	283.65	29.44	146.63	23.30
稀有稀土金属压延加工	216	642.89	33.63	578.41	153.98
其他有色金属压延加工	516	1422.58	70.28	714.60	176.81
金属制品业	20118	33207.42	3589.29	22235.49	7011.32
结构性金属制品制造	6181	10612.37	474.55	6962.59	1919.63
金属结构制造	4545	8232.70	380.02	5473.45	1481.68
金属门窗制造	1636	2379.68	94.53	1489.14	437.95
金属工具制造	1798	2090.56	508.69	1266.06	438.95
切削工具制造	526	635.31	86.13	571.95	192.15
手工具制造	426	428.35	113.37	209.28	64.59
农用及园林用金属工具制造	193	199.95	51.06	95.60	31.32
刀剪及类似日用金属工具制造	207	307.15	167.52	112.41	42.93
其他金属工具制造	446	519.80	90.61	276.81	107.95
集装箱及金属包装容器制造	1353	2770.42	574.32	2058.93	567.44
集装箱制造	86	660.71	478.14	381.94	83.74
金属压力容器制造	505	835.53	33.27	738.48	190.24
金属包装容器制造	762	1274.18	62.90	938.51	293.46
金属丝绳及其制品制造	1445	3027.28	216.26	2034.75	685.58
建筑、安全用金属制品制造	2368	3301.23	571.78	2399.02	1068.52
建筑、家具用金属配件制造	914	1144.16	234.91	578.71	166.82
建筑装饰及水暖管道零件制造	999	1592.39	283.64	1450.98	766.34
安全、消防用金属制品制造	218	295.63	25.43	182.74	67.87
其他建筑、安全用金属制品制造	237	269.06	27.79	186.59	67.49
金属表面处理及热处理加工	1398	2330.38	99.57	1473.64	418.31
搪瓷制品制造	169	233.03	34.30	129.51	44.89
生产专用搪瓷制品制造	41	54.96	1.80	34.45	12.72
建筑装饰搪瓷制品制造	8	16.28	2.63	18.99	3.87
搪瓷卫生洁具制造	46	67.84	11.75	39.56	15.69
搪瓷日用品及其他搪瓷制品制造	74	93.95	18.12	36.50	12.60
金属制日用品制造	1836	2201.44	537.38	1264.02	338.09
金属制厨房用器具制造	269	370.96	62.78	228.85	53.07
金属制餐具和器皿制造	745	907.59	309.80	547.00	150.69
金属制卫生器具制造	116	112.49	29.58	96.35	19.10
其他金属制日用品制造	706	810.40	135.23	391.82	115.24
其他金属制品制造	3570	6640.71	572.44	4646.98	1529.92
锻件及粉末冶金制品制造	1741	3502.28	197.27	1983.57	674.71
交通及公共管理用金属标牌制造	93	114.78	2.44	74.80	20.96
通用设备制造业	23992	43314.80	4969.76	36067.21	9201.48
锅炉及原动设备制造	1713	4922.99	291.09	5866.63	1286.11
锅炉及辅助设备制造	838	1848.00	91.90	1790.86	329.66
内燃机及配件制造	647	2288.62	135.39	2621.15	719.34

单位：亿元

固定资产原价	累计折旧	流动资产合计	应收账款	存货	产成品	负债合计	流动负债合计
839.48	269.94	1089.18	291.22	320.39	114.27	1249.52	980.29
76.45	33.56	101.14	24.10	28.33	12.95	104.30	93.26
5581.88	2142.38	6201.49	1232.57	1413.52	472.01	6510.11	5442.95
1452.50	563.27	2350.36	560.86	510.20	172.41	2377.74	2136.19
3562.34	1341.24	2997.62	499.25	672.89	216.05	3391.70	2688.03
28.84	10.60	115.11	16.05	29.95	4.75	95.48	85.33
260.07	113.05	309.17	44.09	62.18	27.07	221.59	174.14
278.11	114.22	429.22	112.32	138.29	51.73	423.60	359.26
10682.01	4281.53	12658.41	3553.00	3197.47	1205.45	11770.21	10065.41
2877.64	1114.14	4118.33	1180.60	1050.10	373.52	3841.60	3221.58
2216.12	849.20	3229.21	952.72	816.82	305.79	3058.69	2570.99
661.52	264.94	889.12	227.88	233.28	67.72	782.90	650.59
739.74	334.39	703.27	200.05	201.45	80.93	605.81	522.75
343.56	165.00	316.24	86.89	100.42	41.78	275.69	233.74
114.84	55.71	124.04	34.36	36.37	15.38	105.67	92.73
40.19	12.91	56.13	14.05	13.14	5.41	52.92	49.34
75.81	35.27	57.53	16.89	12.19	5.15	46.63	41.30
165.34	65.50	149.33	47.86	39.33	13.22	124.90	105.65
889.54	373.60	1250.85	365.21	325.38	97.08	1110.44	974.30
129.65	52.27	257.78	80.05	76.91	22.62	202.13	186.41
287.55	120.83	460.60	133.00	127.11	37.20	430.54	385.91
472.35	200.50	532.47	152.16	121.35	37.26	477.77	401.98
1069.33	444.95	1115.94	313.98	259.07	134.62	1109.11	921.26
1472.52	464.11	1121.62	331.37	281.20	108.70	944.14	854.70
268.79	120.79	337.25	106.33	96.52	33.43	303.26	266.21
1017.42	278.22	603.46	167.93	141.40	54.77	479.52	450.07
83.80	23.11	92.72	29.18	21.31	10.25	67.03	58.80
102.51	41.99	88.19	27.93	21.98	10.25	94.33	79.62
632.81	268.31	910.98	237.00	185.16	78.66	925.33	843.90
90.61	48.26	70.91	20.26	19.99	9.45	73.59	64.80
18.03	6.57	18.69	8.09	5.68	2.47	18.80	18.06
7.71	3.84	10.80	3.09	2.81	1.45	8.95	8.29
25.59	10.23	19.42	4.64	5.33	2.58	27.13	22.81
39.28	27.61	22.00	4.43	6.17	2.94	18.70	15.65
643.55	339.77	775.42	191.09	206.24	73.24	692.43	615.11
141.73	98.89	162.03	33.97	39.46	14.84	136.68	127.72
273.08	136.72	319.50	73.40	89.30	32.11	293.87	253.29
29.46	12.01	52.11	13.96	18.75	3.86	68.53	65.02
199.29	92.15	241.78	69.76	58.72	22.42	193.35	169.08
2266.27	893.99	2591.10	713.44	668.88	249.26	2467.76	2047.01
1054.34	441.12	1104.48	310.69	276.50	124.22	1041.73	849.94
45.10	27.95	43.05	9.59	7.53	2.89	33.38	30.50
14541.42	6173.22	22292.14	6968.69	5762.92	1996.28	19670.94	16989.25
1944.85	810.16	3850.55	1082.56	1091.90	265.78	3534.70	3139.40
567.75	264.56	1293.08	437.90	352.62	83.26	1175.20	1073.26
1018.07	385.15	1493.37	312.74	324.07	145.04	1308.79	1079.96

1-A-3 续表 10

行　业	企　业 单位数 (个)	工业销售 产　值 (当年价格)	出口交货值	资产总计	固定资产 合　计
汽轮机及辅机制造	102	536.89	52.88	1133.00	155.41
水轮机及辅机制造	46	80.07	5.32	103.33	30.94
风能原动设备制造	56	137.93	5.60	204.47	45.88
其他原动设备制造	24	31.48		13.82	4.88
金属加工机械制造	3392	5158.03	224.31	4361.14	1274.94
金属切削机床制造	753	1600.56	65.57	1951.33	504.24
金属成形机床制造	566	780.65	43.97	625.31	178.58
铸造机械制造	633	887.91	24.30	458.40	164.32
金属切割及焊接设备制造	352	422.41	54.80	367.60	76.29
机床附件制造	407	521.41	12.17	320.72	135.63
其他金属加工机械制造	681	945.08	23.49	637.77	215.88
物料搬运设备制造	2157	6311.71	617.25	5889.44	1141.22
轻小型起重设备制造	272	456.16	102.32	407.13	110.13
起重机制造	805	2645.37	253.24	2831.33	621.78
生产专用车辆制造	133	397.85	69.09	301.29	73.56
连续搬运设备制造	278	348.66	16.36	303.90	73.53
电梯、自动扶梯及升降机制造	546	2260.55	147.33	1873.55	221.32
其他物料搬运设备制造	123	203.13	28.91	172.23	40.90
泵、阀门、压缩机及类似机械制造	4947	8136.78	867.04	6264.50	1680.95
泵及真空设备制造	1332	2006.01	227.44	1547.51	424.41
气体压缩机械制造	484	1796.29	196.49	1417.10	355.92
阀门和旋塞制造	1807	2454.25	348.88	1824.65	453.99
液压和气压动力机械及元件制造	1324	1880.22	94.23	1475.25	446.63
轴承、齿轮和传动部件制造	2905	4322.37	364.18	3409.22	1166.95
轴承制造	1747	2530.25	207.31	1920.47	651.28
齿轮及齿轮减、变速箱制造	869	1406.27	91.31	1167.45	409.22
其他传动部件制造	289	385.85	65.56	321.30	106.45
烘炉、风机、衡器、包装等设备制造	2962	5746.44	826.45	4967.80	1076.93
烘炉、熔炉及电炉制造	235	242.58	14.70	315.55	53.80
风机、风扇制造	477	870.70	53.31	862.35	172.61
气体、液体分离及纯净设备制造	478	845.77	81.01	778.24	209.35
制冷、空调设备制造	861	2281.63	194.97	1743.94	401.20
风动和电动工具制造	412	961.12	413.46	833.78	135.73
喷枪及类似器具制造	93	85.63	23.07	71.83	17.19
衡器制造	141	175.32	22.98	103.98	28.75
包装专用设备制造	265	283.69	22.94	258.13	58.29
文化、办公用机械制造	480	1959.76	1287.15	1147.78	237.20
电影机械制造	11	30.18	6.60	21.37	1.60
幻灯及投影设备制造	42	79.77	27.61	51.03	10.28
照相机及器材制造	128	600.18	458.96	345.46	88.68
复印和胶印设备制造	135	710.20	540.59	352.67	92.29
计算器及货币专用设备制造	105	472.64	222.16	312.51	33.14
其他文化、办公用机械制造	59	66.77	31.22	64.74	11.21
通用零部件制造	4526	5542.51	435.16	3242.42	1074.40
金属密封件制造	416	808.87	81.01	368.80	132.97
紧固件制造	1126	1233.74	175.72	867.96	258.02

单位：亿元

固定资产原价	累计折旧	流动资产合计	应收账款	存货	产成品	负债合计	流动负债合计
240.33	118.40	873.29	262.30	361.67	21.57	852.35	810.42
54.44	27.05	53.78	14.18	17.54	2.92	47.52	37.30
59.01	14.17	129.57	53.49	33.78	11.91	143.97	132.48
5.24	0.83	7.45	1.95	2.22	1.07	6.86	5.97
2043.53	915.13	2589.28	649.27	815.63	267.20	2372.29	1992.52
805.81	382.59	1214.89	289.68	427.43	133.92	1197.32	994.21
292.25	129.54	384.18	93.43	125.39	39.65	344.46	304.13
263.35	113.60	245.68	67.39	65.86	31.07	246.70	217.27
113.90	45.56	244.53	64.15	60.97	21.45	160.99	141.58
245.69	121.84	144.06	40.94	39.85	15.35	129.79	102.57
322.54	121.99	355.94	93.69	96.12	25.76	293.03	232.76
1786.61	721.53	3894.14	1251.25	939.98	312.96	3516.71	2987.81
136.30	44.32	258.31	81.39	64.41	22.84	234.84	208.90
1033.30	437.85	1699.48	586.58	448.84	127.55	1725.61	1315.82
118.97	55.03	193.60	53.67	61.27	23.00	150.46	135.83
101.07	33.68	189.18	68.23	48.25	15.09	161.23	141.12
337.05	130.54	1445.49	427.78	285.70	112.05	1159.14	1109.10
59.92	20.11	108.08	33.60	31.51	12.43	85.44	77.04
2663.16	1137.74	3747.43	1239.46	948.33	376.57	3063.93	2682.71
644.12	253.16	920.01	307.38	236.35	81.27	761.18	677.73
642.09	322.97	834.96	276.77	225.59	106.43	769.75	692.82
679.94	272.57	1143.54	406.21	273.07	108.59	858.37	741.13
697.01	289.03	848.93	249.11	213.33	80.28	674.63	571.03
1792.27	719.04	1817.83	591.77	480.17	212.45	1704.02	1428.24
992.70	400.48	1008.43	334.86	269.93	132.89	955.86	800.53
637.49	256.12	624.30	197.02	166.33	63.12	595.12	501.28
162.08	62.44	185.09	59.89	43.91	16.44	153.04	126.43
1646.59	669.04	3179.54	1021.60	723.07	258.56	2737.96	2419.89
85.19	33.50	217.39	60.33	63.21	10.11	166.88	149.76
253.85	103.50	593.47	217.35	117.48	37.33	479.80	431.55
276.04	100.95	475.73	156.34	100.58	39.60	438.39	391.71
625.38	252.52	1119.84	358.34	266.28	117.18	923.77	804.52
213.85	81.76	498.53	155.79	93.40	26.54	506.01	442.32
30.07	14.05	45.43	14.08	11.46	3.98	44.18	41.72
42.64	16.22	63.79	20.50	16.43	5.10	41.92	36.95
119.56	66.52	165.37	38.87	54.24	18.71	137.01	121.37
481.00	251.54	822.60	300.76	213.44	75.49	564.97	520.05
2.90	1.36	18.95	5.58	5.67	3.03	12.76	12.73
22.87	13.44	37.35	12.37	9.25	3.63	25.74	22.04
188.45	102.28	221.31	69.43	55.82	15.57	146.88	137.63
186.11	98.25	242.39	105.31	58.76	22.27	171.76	152.44
58.14	24.73	254.35	89.31	70.69	26.40	169.45	160.22
22.52	11.49	48.26	18.76	13.25	4.60	38.37	35.00
1713.07	725.62	1821.03	610.16	416.07	188.64	1669.19	1397.89
199.91	82.39	196.81	73.98	43.36	18.85	141.55	108.70
429.41	197.52	514.51	185.06	140.35	70.81	463.51	422.58

1-A-3 续表 11

行　业	企　业单位数(个)	工业销售产　值(当年价格)	出口交货值	资产总计	固定资产合　计
弹簧制造	261	275.67	30.12	169.75	48.04
机械零部件加工	1907	2311.23	62.61	1231.18	465.64
其他通用零部件制造	816	913.00	85.70	604.75	169.74
其他通用设备制造业	910	1214.22	57.13	918.28	262.79
专用设备制造业	16717	32467.75	2994.31	30704.89	7612.51
采矿、冶金、建筑专用设备制造	4885	14549.08	1070.01	15474.74	3654.77
矿山机械制造	1876	3731.10	84.65	3379.19	921.21
石油钻采专用设备制造	876	2896.33	287.55	2644.35	754.81
建筑工程用机械制造	890	4655.78	319.69	5466.27	913.52
海洋工程专用设备制造	52	782.71	304.66	1075.76	269.29
建筑材料生产专用机械制造	612	1198.73	25.09	838.71	214.80
冶金专用设备制造	579	1284.44	48.37	2070.47	581.15
化工、木材、非金属加工专用设备制造	3296	4211.81	533.52	3848.35	1017.92
炼油、化工生产专用设备制造	503	858.45	29.73	876.65	204.33
橡胶加工专用设备制造	153	313.05	19.19	282.09	67.56
塑料加工专用设备制造	408	497.97	86.37	527.59	113.45
木材加工机械制造	158	185.09	17.77	97.94	30.93
模具制造	1966	2213.39	371.97	1992.65	580.88
其他非金属加工专用设备制造	108	143.85	8.49	71.43	20.77
食品、饮料、烟草及饲料生产专用设备制造	729	977.97	56.32	658.30	186.67
食品、酒、饮料及茶生产专用设备制造	238	243.28	31.09	188.23	44.92
农副食品加工专用设备制造	369	531.11	20.49	290.26	98.63
烟草生产专用设备制造	66	117.97	2.46	151.00	31.69
饲料生产专用设备制造	56	85.62	2.28	28.81	11.42
印刷、制药、日化及日用品生产专用设备制造	932	1311.28	100.35	1151.47	298.34
制浆和造纸专用设备制造	230	363.30	13.66	258.23	89.02
印刷专用设备制造	315	388.37	46.55	323.22	79.70
日用化工专用设备制造	48	42.14	1.93	30.75	7.81
制药专用设备制造	117	141.12	10.19	160.37	32.87
照明器具生产专用设备制造	71	73.10	7.36	35.50	13.19
玻璃、陶瓷和搪瓷制品生产专用设备制造	104	227.13	15.27	293.82	64.29
其他日用品生产专用设备制造	47	76.12	5.39	49.59	11.46
纺织、服装和皮革加工专用设备制造	1093	1595.46	198.20	1341.08	317.65
纺织专用设备制造	771	1142.75	79.24	961.51	235.45
皮革、毛皮及其制品加工专用设备制造	43	53.49	5.90	40.42	9.41
缝制机械制造	266	384.69	112.26	329.09	70.97
洗涤机械制造	13	14.53	0.81	10.05	1.82
电子和电工机械专用设备制造	849	1396.30	172.55	1272.25	363.27
电工机械专用设备制造	330	430.18	25.12	370.69	98.27
电子工业专用设备制造	519	966.12	147.43	901.57	265.00
农、林、牧、渔专用机械制造	1473	2516.59	184.90	1624.12	520.36
拖拉机制造	195	576.52	27.01	491.44	138.57
机械化农业及园艺机具制造	667	1140.45	132.84	746.06	232.91
营林及木竹采伐机械制造	7	11.75		8.18	3.88
畜牧机械制造	81	108.35	9.67	48.34	10.50
渔业机械制造	17	20.44	1.78	8.19	3.09

单位：亿元

固定资产原　　价	累计折旧	流动资产合　　计	应收账款	存　货	产成品	负债合计	流动负债合　　计
81.81	36.35	103.18	38.95	23.08	12.36	89.84	79.40
722.43	287.33	648.16	205.56	135.06	52.86	640.83	507.03
279.51	122.03	358.37	106.61	74.23	33.76	333.47	280.18
470.33	223.44	569.74	221.86	134.32	38.62	507.16	420.75
11772.78	4833.43	19245.56	6432.44	4753.36	1606.48	16994.26	13958.46
5592.34	2297.34	9997.55	3779.54	2381.81	820.43	9242.43	7268.96
1354.01	524.07	2114.59	792.08	505.75	158.73	1928.64	1624.41
1278.74	661.51	1702.80	693.19	398.16	142.07	1412.35	1156.25
1415.51	557.92	3627.62	1372.11	802.19	343.94	3270.33	2358.27
418.81	154.63	699.24	268.14	168.65	33.67	755.52	578.85
321.17	117.59	554.80	186.32	136.12	38.44	488.22	430.16
804.10	281.60	1298.50	467.70	370.94	103.58	1387.37	1121.03
1747.58	799.74	2392.48	733.15	654.54	199.78	2058.73	1834.04
309.75	120.16	561.71	180.58	147.80	44.13	510.28	459.48
160.83	97.61	182.96	51.13	62.52	18.34	175.94	148.97
183.31	82.66	350.66	92.98	99.94	33.16	252.16	240.46
77.56	50.00	55.74	7.31	22.31	7.95	57.27	48.57
982.91	435.55	1200.75	388.92	311.23	92.77	1027.31	907.11
33.22	13.76	40.67	12.23	10.75	3.43	35.77	29.46
288.69	119.27	403.97	102.09	117.84	36.32	299.64	254.91
69.74	29.55	121.48	35.91	32.72	10.14	95.39	87.12
151.95	60.32	160.80	32.52	46.57	16.55	124.56	96.57
48.40	22.00	106.40	30.07	34.61	8.34	67.03	59.45
18.59	7.41	15.30	3.60	3.94	1.30	12.66	11.77
472.03	199.75	664.92	167.01	190.20	58.39	602.40	499.78
124.79	46.44	141.79	31.90	38.07	10.82	154.20	126.59
133.73	61.02	205.65	56.23	60.55	19.91	154.33	136.78
10.83	3.40	17.86	3.65	6.41	1.68	16.40	13.20
42.78	13.84	111.31	28.30	31.93	10.90	80.72	75.70
32.59	19.92	19.61	5.60	5.24	1.88	18.57	15.23
102.35	40.73	134.46	35.27	36.49	10.31	151.12	106.89
24.94	14.41	34.25	6.06	11.50	2.90	27.06	25.38
507.87	229.17	842.56	207.10	223.46	81.54	752.13	663.29
373.35	169.53	592.13	132.78	141.07	44.97	553.71	491.15
17.65	8.84	24.16	6.48	9.55	3.51	22.00	15.20
113.57	49.27	218.87	65.30	71.33	32.33	171.79	152.82
3.30	1.53	7.40	2.54	1.51	0.74	4.63	4.11
619.23	293.94	709.55	216.02	154.05	55.21	608.27	451.80
134.78	42.33	204.39	60.75	48.76	16.84	183.06	148.83
484.45	251.60	505.16	155.27	105.28	38.37	425.21	302.97
747.04	267.62	917.43	218.92	274.73	137.52	859.99	712.61
193.59	73.55	284.60	71.57	80.79	40.69	301.92	251.93
333.16	114.25	438.57	91.30	135.06	68.64	373.67	312.28
3.70	0.83	3.78	2.43	0.91	0.29	5.30	5.11
19.52	9.92	27.55	9.31	7.89	3.04	29.11	20.08
5.40	2.38	4.25	1.36	1.35	0.80	3.69	3.14

1-A-3 续表 12

行　业	企　业 单位数 (个)	工业销售 产　值 (当年价格)	出口交货值	资产总计	固定资产 合　计
农林牧渔机械配件制造	348	483.45	10.38	206.55	90.57
棉花加工机械制造	16	15.55	0.88	23.71	7.29
其他农、林、牧、渔业机械制造	142	160.07	2.35	91.66	33.55
医疗仪器设备及器械制造	1084	1836.74	445.22	1575.81	364.15
医疗诊断、监护及治疗设备制造	264	594.41	167.92	596.74	107.60
口腔科用设备及器具制造	47	31.55	9.09	33.47	8.25
医疗实验室及医用消毒设备和器具制造	51	76.60	3.59	50.38	15.21
医疗、外科及兽医用器械制造	331	676.27	170.28	457.46	132.97
机械治疗及病房护理设备制造	103	121.53	21.96	117.11	26.76
假肢、人工器官及植(介)入器械制造	67	82.38	26.14	141.95	26.09
其他医疗设备及器械制造	221	254.01	46.25	178.70	47.27
环保、社会公共服务及其他专用设备制造	2376	4072.51	233.23	3758.77	889.38
环境保护专用设备制造	1238	2158.94	66.91	1921.81	379.79
地质勘查专用设备制造	24	40.53	1.26	65.95	17.31
邮政专用机械及器材制造	9	11.20	0.01	8.81	1.41
商业、饮食、服务专用设备制造	33	32.40	4.30	25.60	5.91
社会公共安全设备及器材制造	247	420.60	56.57	357.11	82.77
交通安全、管制及类似专用设备制造	58	120.43	0.68	78.37	12.07
水资源专用机械制造	126	170.66	4.64	114.48	34.07
其他专用设备制造	641	1117.76	98.85	1186.64	356.06
汽车制造业	12528	58552.74	2753.19	46873.54	11204.92
汽车整车制造	366	29536.74	799.55	24720.51	5074.76
改装汽车制造	560	2278.08	79.80	1931.96	493.64
低速载货汽车制造	27	193.80	0.77	95.91	17.54
电车制造	58	66.90	0.55	50.89	21.76
汽车车身、挂车制造	298	804.88	32.12	498.49	150.17
汽车零部件及配件制造	11219	25672.34	1840.40	19575.78	5447.05
铁路、船舶、航空航天和其他运输设备制造业	4933	16824.64	3443.22	20091.20	4978.47
铁路运输设备制造	766	3359.28	146.76	3789.12	840.28
铁路机车车辆及动车组制造	46	1471.35	113.36	1743.02	398.73
窄轨机车车辆制造	22	29.63		19.62	4.70
铁路机车车辆配件制造	354	992.65	26.91	1072.60	231.82
铁路专用设备及器材、配件制造	299	672.98	6.07	751.72	145.22
其他铁路运输设备制造	45	192.68	0.43	202.15	59.81
城市轨道交通设备制造	36	109.57	0.60	141.79	29.90
船舶及相关装置制造	1416	6227.76	2251.39	8783.93	2373.46
金属船舶制造	671	4895.83	2104.70	7577.45	1996.55
非金属船舶制造	48	64.50	11.10	67.01	20.38
娱乐船和运动船制造	58	49.43	8.23	40.17	12.21
船用配套设备制造	548	927.66	99.19	858.06	258.73
船舶改装与拆除	87	287.54	28.17	239.17	84.97
航标器材及其他相关装置制造	4	2.79		2.07	0.62
航空、航天器及设备制造	269	2498.65	236.92	4335.39	968.36
飞机制造	126	1995.20	216.47	3620.09	734.97
航天器制造	29	172.20	0.77	355.72	116.18
航空、航天相关设备制造	88	262.78	14.37	299.90	95.07
其他航空航天器制造	26	68.46	5.31	59.68	22.14

单位：亿元

固定资产原价	累计折旧	流动资产合计	应收账款	存货	产成品	负债合计	流动负债合计
126.94	41.26	99.86	27.61	28.90	14.64	87.54	74.45
9.06	2.01	13.93	4.54	4.85	3.67	12.84	10.33
55.68	23.42	44.90	10.79	14.99	5.75	45.92	35.29
543.54	210.02	951.16	244.05	203.68	72.76	614.64	537.69
162.77	61.96	385.32	101.01	77.81	23.76	232.47	211.51
11.80	3.80	22.72	6.29	5.01	1.24	20.59	15.14
33.24	19.31	30.08	6.81	7.54	3.92	22.58	18.19
195.69	75.26	258.18	68.73	58.78	23.75	191.40	165.87
36.14	12.20	69.40	15.62	12.68	4.82	47.09	38.43
37.39	11.99	77.93	23.56	16.02	6.25	34.60	29.11
66.50	25.50	107.52	22.02	25.84	9.03	65.92	59.43
1254.48	416.59	2365.94	764.55	553.04	144.51	1956.04	1735.37
563.51	214.20	1250.12	407.11	272.26	70.98	1009.51	894.25
20.17	4.77	44.91	11.59	9.58	4.46	31.18	20.15
2.54	1.15	5.95	1.52	1.76	1.55	4.34	3.53
11.09	5.52	18.10	5.92	5.54	1.10	16.62	14.86
113.37	34.32	234.86	69.90	50.59	17.75	180.76	161.12
24.64	13.33	53.02	15.43	13.56	6.26	36.80	35.18
40.88	11.84	67.38	17.76	19.49	3.30	57.29	50.92
478.28	131.46	691.60	235.31	180.24	39.12	619.54	555.36
17858.13	7543.82	27105.67	7029.55	4763.75	2014.23	26885.89	22938.59
8041.62	3350.32	14083.59	2478.04	2002.80	853.08	14429.49	12237.88
844.83	427.75	1152.53	301.48	289.01	89.36	1236.08	1023.09
33.38	16.43	55.30	6.40	18.92	3.20	54.07	47.69
28.30	8.21	23.26	3.54	5.65	2.30	19.04	16.14
220.96	83.77	295.56	67.65	60.20	23.14	246.59	215.96
8689.04	3657.34	11495.43	4172.44	2387.18	1043.14	10900.62	9397.83
7104.81	2727.57	12269.31	2779.26	3315.24	500.98	13151.57	10856.31
1267.64	595.92	2559.75	1026.75	663.81	160.30	2385.64	2125.27
518.87	214.32	1159.72	504.43	289.45	29.32	1169.66	1041.39
9.75	5.31	12.74	3.95	5.26	1.97	10.77	9.99
435.15	238.01	741.62	266.06	180.17	59.44	610.97	548.29
242.82	116.24	525.97	195.33	162.80	58.90	441.94	405.09
61.05	22.03	119.69	56.98	26.12	10.68	152.30	120.51
39.94	10.31	101.40	45.87	18.72	3.63	81.22	78.36
3163.44	1004.61	5156.77	767.75	1288.66	102.59	6200.73	4805.65
2609.89	802.64	4502.43	597.52	1090.28	59.54	5490.65	4249.00
26.09	7.08	40.02	9.58	13.74	3.91	36.30	31.11
14.79	4.29	24.16	6.95	9.46	3.50	22.72	20.13
401.39	158.56	464.70	133.52	131.10	24.10	496.33	374.19
110.48	31.85	124.12	19.36	43.94	11.50	153.77	130.26
0.81	0.19	1.34	0.81	0.14	0.03	0.96	0.96
1398.25	587.47	2599.91	431.39	971.09	86.48	2777.08	2325.30
1129.71	476.05	2173.53	324.21	804.60	74.24	2352.96	1992.28
106.58	49.55	224.71	34.62	114.79	3.01	228.21	178.70
131.98	51.64	169.76	62.23	41.52	8.28	161.95	127.81
29.97	10.23	31.91	10.33	10.19	0.95	33.96	26.51

1-A-3 续表 13

行业	企业单位数（个）	工业销售产值（当年价格）	出口交货值	资产总计	固定资产合计
摩托车制造	1374	2975.29	486.06	1988.25	500.08
摩托车整车制造	208	1471.23	390.32	995.76	228.54
摩托车零部件及配件制造	1166	1504.05	95.74	992.49	271.54
自行车制造	868	1304.34	259.58	865.51	207.42
脚踏自行车及残疾人座车制造	446	606.56	221.44	507.46	101.02
助动自行车制造	422	697.78	38.14	358.05	106.40
非公路休闲车及零配件制造	86	131.59	22.54	77.19	26.64
潜水救捞及其他未列明运输设备制造	118	218.17	39.37	110.02	32.33
潜水及水下救捞装备制造	11	14.43	10.75	7.95	2.81
其他未列明运输设备制造	107	203.74	28.62	102.07	29.52
电气机械和器材制造业	22585	61442.08	9376.47	47487.70	10627.10
电机制造	2739	7673.95	1213.39	6918.16	1350.34
发电机及发电机组制造	887	3782.90	407.53	4240.23	713.67
电动机制造	905	1826.96	233.18	1402.77	337.26
微电机及其他电机制造	947	2064.08	572.68	1275.15	299.41
输配电及控制设备制造	7512	17490.99	2042.87	15662.43	3678.90
变压器、整流器和电感器制造	1864	4063.99	403.04	3465.44	812.11
电容器及其配套设备制造	258	412.62	35.61	279.00	76.39
配电开关控制设备制造	2753	5571.95	261.91	4666.05	836.03
电力电子元器件制造	1235	1761.71	445.64	1391.08	378.51
光伏设备及元器件制造	622	3709.54	825.74	4271.26	1307.14
其他输配电及控制设备制造	780	1971.18	70.93	1589.59	268.73
电线、电缆、光缆及电工器材制造	4744	14430.13	1039.19	8953.54	2007.64
电线、电缆制造	3841	12096.01	844.19	7116.07	1601.99
光纤、光缆制造	227	1366.04	79.68	1197.24	221.17
绝缘制品制造	399	564.01	69.28	417.75	106.78
其他电工器材制造	277	404.07	46.04	222.48	77.70
电池制造	1239	4020.03	847.10	3134.97	831.81
锂离子电池制造	494	1478.71	473.49	1384.43	390.42
镍氢电池制造	126	387.77	131.24	233.78	87.69
其他电池制造	619	2153.55	242.38	1516.77	353.70
家用电力器具制造	2718	12563.74	3148.59	9125.21	1714.41
家用制冷电器具制造	284	3102.19	506.49	2350.55	469.01
家用空气调节器制造	238	4334.63	1038.13	3627.28	570.73
家用通风电器具制造	230	423.48	148.54	306.59	75.63
家用厨房电器具制造	696	1739.66	642.52	1044.19	197.47
家用清洁卫生电器具制造	228	1319.75	355.52	820.63	153.62
家用美容、保健电器具制造	185	296.34	160.76	203.93	47.56
家用电力器具专用配件制造	425	765.05	66.12	419.25	108.70
其他家用电力器具制造	432	582.63	230.52	352.79	91.69
非电力家用器具制造	642	1123.03	109.19	872.38	268.35
燃气、太阳能及类似能源家用器具制造	565	1038.23	81.58	822.39	250.08
其他非电力家用器具制造	77	84.79	27.61	49.99	18.27
照明器具制造	2580	3663.97	940.87	2460.78	686.98
电光源制造	586	999.61	277.09	647.32	185.90
照明灯具制造	1710	2360.65	538.09	1627.46	450.02
灯用电器附件及其他照明器具制造	284	303.70	125.70	186.01	51.06

单位：亿元

固定资产原价	累计折旧	流动资产合计	应收账款	存货	产成品	负债合计	流动负债合计
852.18	389.53	1243.45	342.03	221.20	92.85	1130.01	1000.06
402.44	186.29	648.55	159.66	99.83	35.85	588.46	521.24
449.74	203.24	594.90	182.36	121.37	56.99	541.55	478.81
291.35	99.80	511.62	134.84	123.51	47.26	475.65	432.29
161.90	70.20	313.15	85.76	75.78	29.62	277.80	254.01
129.45	29.60	198.46	49.09	47.73	17.64	197.86	178.28
45.30	22.00	41.37	12.41	10.00	3.69	38.28	36.33
46.71	17.93	55.05	18.22	18.25	4.18	62.96	53.04
3.50	0.87	4.04	0.48	1.49	0.15	2.97	2.72
43.21	17.06	51.01	17.74	16.77	4.03	59.99	50.32
17677.46	7879.33	30729.25	10398.69	6130.90	2619.22	27371.48	23951.83
2448.45	1222.74	4693.29	1708.30	1087.77	320.86	4054.46	3547.21
1278.84	636.20	2960.32	1146.45	695.79	166.35	2654.30	2281.30
649.66	350.36	908.08	283.61	220.87	82.14	714.97	646.45
519.95	236.18	824.90	278.24	171.11	72.37	685.19	619.46
5807.22	2415.05	9847.69	3889.08	1789.68	713.10	8921.08	7590.81
1284.48	539.78	2214.19	815.00	456.17	201.43	1893.13	1587.62
120.23	57.18	172.64	60.44	32.85	12.72	130.08	110.91
1432.63	668.50	3180.43	1224.27	609.45	234.69	2404.55	2151.09
612.11	257.65	868.41	368.69	175.38	60.90	679.97	576.23
1920.32	708.12	2316.17	980.98	305.15	129.41	2889.09	2343.59
437.45	183.82	1095.85	439.71	210.69	73.96	924.26	821.37
3381.56	1553.59	5917.72	2303.64	1083.83	513.59	4926.98	4353.95
2708.65	1253.02	4772.89	1887.61	848.37	407.87	3964.49	3532.18
377.86	174.22	749.54	269.16	158.65	73.30	672.83	573.57
172.18	77.80	272.48	98.72	53.03	22.68	187.94	166.39
122.86	48.56	122.81	48.14	23.78	9.74	101.73	81.82
1250.40	502.92	1895.80	485.30	403.83	166.29	1839.53	1490.00
555.14	212.13	849.48	234.93	196.90	90.65	832.68	718.95
132.43	46.27	125.12	34.91	33.11	11.80	115.06	105.51
562.83	244.52	921.21	215.45	173.82	63.84	891.79	665.55
3187.37	1562.48	6182.40	1322.04	1262.93	713.21	5815.31	5389.66
884.13	434.71	1585.48	300.83	312.15	200.08	1564.99	1354.71
1185.69	623.57	2560.47	455.84	479.16	311.42	2365.46	2304.88
121.35	53.34	197.40	40.20	59.81	29.82	191.71	179.49
315.96	144.79	688.45	202.76	162.93	67.43	639.76	582.83
304.96	159.15	542.41	138.17	99.35	48.09	485.02	449.57
68.56	24.05	129.30	35.99	30.75	9.67	105.66	95.50
162.10	62.57	262.15	85.83	56.40	25.27	256.27	234.31
144.62	60.29	216.74	62.42	62.38	21.43	206.45	188.37
377.40	123.72	495.77	143.86	95.96	39.41	412.33	342.80
351.25	115.11	469.77	137.38	87.85	36.74	388.43	322.15
26.15	8.61	26.00	6.47	8.11	2.67	23.90	20.65
1048.96	398.97	1472.67	475.41	352.61	132.07	1216.16	1083.81
321.76	144.39	384.11	123.02	83.97	33.25	304.83	270.14
647.70	223.53	978.81	315.54	233.86	89.84	816.87	731.06
79.51	31.05	109.75	36.85	34.78	8.98	94.46	82.62

1-A-3 续表 14

行业	企业单位数（个）	工业销售产值（当年价格）	出口交货值	资产总计	固定资产合计
其他电气机械及器材制造	411	476.25	35.26	360.23	88.68
电气信号设备装置制造	124	179.96	16.31	123.06	24.99
其他未列明电气机械及器材制造	287	296.29	18.95	237.17	63.69
计算机、通信和其他电子设备制造业	13550	78318.64	44915.73	52287.18	12836.46
计算机制造	1325	21621.86	16877.96	10358.62	2403.44
计算机整机制造	167	13424.79	10524.75	5855.36	1528.16
计算机零部件制造	510	4682.63	3990.60	2340.94	466.03
计算机外围设备制造	441	2568.02	1875.41	1451.71	254.78
其他计算机制造	207	946.43	487.19	710.62	154.48
通信设备制造	1449	17065.62	8102.93	12084.27	1428.25
通信系统设备制造	756	6563.31	2547.69	6548.83	689.99
通信终端设备制造	693	10502.31	5555.24	5535.44	738.25
广播电视设备制造	624	1559.73	574.95	1252.93	272.94
广播电视节目制作及发射设备制造	57	87.03	4.36	100.13	13.65
广播电视接收设备及器材制造	387	885.97	341.97	679.38	168.80
应用电视设备及其他广播电视设备制造	180	586.73	228.62	473.42	90.50
雷达及配套设备制造	58	417.06	91.28	523.29	104.25
视听设备制造	1039	7327.60	3295.22	4223.64	628.98
电视机制造	192	3839.10	895.40	2542.70	293.00
音响设备制造	558	1193.35	671.00	650.79	141.14
影视录放设备制造	289	2295.15	1728.82	1030.15	194.83
电子器件制造	2593	13705.58	8411.77	12228.18	4458.28
电子真空器件制造	103	201.73	52.06	407.28	86.19
半导体分立器件制造	328	781.06	407.59	839.19	294.78
集成电路制造	438	2685.77	1706.28	3168.82	1495.24
光电子器件及其他电子器件制造	1724	10037.02	6245.84	7812.89	2582.06
电子元件制造	5367	13620.56	6308.97	9642.25	3020.15
电子元件及组件制造	4476	10338.61	4446.97	6873.52	2083.51
印制电路板制造	891	3281.94	1862.01	2768.74	936.64
其他电子设备制造	1095	3000.63	1252.66	1974.00	520.18
仪器仪表制造业	4091	7521.52	1156.12	6482.51	1446.05
通用仪器仪表制造	2351	4623.28	414.34	3925.59	770.94
工业自动控制系统装置制造	1121	2905.10	205.80	2498.02	504.53
电工仪器仪表制造	361	537.46	55.97	506.81	78.70
绘图、计算及测量仪器制造	174	194.42	29.01	133.95	39.74
实验分析仪器制造	213	238.48	37.05	175.34	33.07
试验机制造	103	103.80	7.38	91.99	15.58
供应用仪表及其他通用仪器制造	379	644.02	79.15	519.48	99.31
专用仪器仪表制造	836	1655.07	227.17	1431.08	356.13
环境监测专用仪器仪表制造	91	163.75	26.88	127.78	27.50
运输设备及生产用计数仪表制造	201	568.84	72.12	413.96	118.78
导航、气象及海洋专用仪器制造	78	175.00	40.93	205.43	45.58
农林牧渔专用仪器仪表制造	13	31.03	0.48	8.73	3.91
地质勘探和地震专用仪器制造	64	158.19	7.34	156.23	35.54

单位：亿元

固定资产原价	累计折旧	流动资产合计	应收账款	存货	产成品	负债合计	流动负债合计
176.09	99.87	223.91	71.06	54.30	20.69	185.63	153.58
51.21	27.75	84.36	29.07	17.94	6.42	63.28	57.88
124.88	72.12	139.54	41.99	36.35	14.27	122.35	95.70
24678.34	12312.15	34152.85	12666.63	6909.79	2148.58	30565.84	26538.52
4676.10	2335.27	7070.98	2943.18	1298.99	350.89	7005.14	6431.49
2923.21	1427.18	3830.90	1584.71	669.34	177.85	4291.84	3825.78
936.16	492.60	1685.64	747.20	337.16	87.45	1551.92	1508.74
503.21	255.00	1064.93	425.97	192.70	57.47	784.29	745.54
313.52	160.50	489.51	185.29	99.79	28.12	377.09	351.43
2661.08	1282.83	9492.77	3304.64	1870.28	486.87	7874.76	7055.34
1270.51	605.58	5133.61	1757.39	1003.09	309.64	4067.93	3414.16
1390.57	677.25	4359.16	1547.25	867.19	177.23	3806.83	3641.17
490.57	232.43	850.78	328.69	179.71	58.89	636.68	551.19
21.77	8.65	65.53	16.28	14.63	3.66	43.88	42.39
261.45	100.86	448.63	182.38	85.25	27.69	351.71	292.62
207.35	122.92	336.62	130.03	79.83	27.53	241.09	216.17
129.43	51.08	359.48	89.81	124.82	14.33	346.49	285.67
1146.38	547.54	3152.04	1017.08	748.01	303.82	2699.12	2448.98
511.93	231.19	1944.86	536.57	451.37	204.17	1714.41	1550.65
258.62	126.10	444.54	177.95	118.42	39.03	380.59	331.32
375.83	190.25	762.64	302.57	178.22	60.62	604.12	567.02
8295.36	3968.25	6277.55	2260.64	1217.29	408.94	6204.21	4605.55
148.71	80.50	225.77	44.66	32.26	12.24	201.82	128.66
527.90	258.86	448.03	138.90	91.81	34.96	373.24	304.63
3421.86	1948.62	1312.99	420.85	255.89	71.68	1373.44	922.46
4196.89	1680.27	4290.76	1656.22	837.34	290.06	4255.71	3249.80
6196.08	3311.67	5708.73	2282.64	1176.58	421.27	4837.46	4311.70
4188.36	2202.97	4114.07	1573.81	886.24	325.26	3406.73	3014.97
2007.72	1108.70	1594.66	708.83	290.34	96.01	1430.73	1296.73
1083.34	583.08	1240.51	439.95	294.13	103.57	961.98	848.59
2321.02	977.50	4202.88	1396.91	995.24	309.34	3117.09	2774.88
1209.53	492.79	2629.89	879.11	618.64	178.79	1889.11	1692.55
764.52	290.93	1683.78	546.44	408.53	102.94	1253.88	1118.34
134.11	60.23	347.79	132.12	68.60	26.69	254.51	233.31
62.99	25.40	80.08	22.78	25.75	10.85	61.66	54.05
52.33	20.73	122.06	36.03	28.29	8.22	64.19	57.96
22.53	8.68	64.74	23.31	18.28	4.80	49.81	45.23
173.05	86.83	331.44	118.43	69.21	25.29	205.06	183.66
574.32	242.18	889.12	312.52	188.15	66.01	676.01	597.83
48.90	23.47	87.14	30.52	15.75	4.22	51.02	45.72
207.69	97.76	249.56	96.66	50.40	22.13	208.98	185.73
68.23	27.91	126.57	42.19	38.28	11.52	116.87	102.20
6.13	2.28	4.23	1.07	1.69	0.94	3.85	3.12
58.36	23.56	98.36	48.31	19.49	4.90	63.68	58.94

1-A-3 续表 15

行业	企业单位数（个）	工业销售产值（当年价格）	出口交货值	资产总计	固定资产合计
教学专用仪器制造	62	50.23	0.88	39.38	7.29
核子及核辐射测量仪器制造	12	16.34	0.15	51.02	32.72
电子测量仪器制造	158	255.71	42.19	212.34	48.62
其他专用仪器制造	157	236.00	36.23	216.22	36.19
钟表与计时仪器制造	237	304.64	152.15	211.90	44.13
光学仪器及眼镜制造	527	754.65	306.18	800.71	246.47
光学仪器制造	296	515.68	208.78	571.56	173.31
眼镜制造	231	238.96	97.40	229.15	73.17
其他仪器仪表制造业	140	183.88	56.27	113.23	28.38
其他制造业	1697	2324.28	482.64	2095.31	624.62
日用杂品制造	1073	1236.84	409.17	765.72	219.47
鬃毛加工、制刷及清扫工具制造	293	401.96	106.71	176.13	65.17
其他日用杂品制造	780	834.88	302.46	589.60	154.31
煤制品制造	114	228.03	3.03	202.51	76.70
废弃资源综合利用业	1366	3384.61	5.09	1702.83	385.02
金属废料和碎屑加工处理	869	2886.76	1.97	1348.77	259.06
非金属废料和碎屑加工处理	497	497.85	3.12	354.05	125.95
金属制品、机械和设备修理业	429	936.47	193.30	1184.10	378.26
金属制品修理	48	67.78	1.50	26.49	12.82
通用设备修理	48	65.82	0.01	39.74	10.04
专用设备修理	46	72.03	8.03	80.93	17.35
铁路、船舶、航空航天等运输设备修理	217	647.21	182.72	971.10	316.36
铁路运输设备修理	15	65.30	0.08	90.89	17.91
船舶修理	147	273.21	49.51	491.57	186.88
航空航天器修理	49	276.99	133.13	339.67	99.63
其他运输设备修理	6	31.71		48.96	11.94
电气设备修理	22	25.61	0.25	19.82	5.50
仪器仪表修理	3	1.08		1.50	0.27
其他机械和设备修理业	45	56.94	0.79	44.52	15.92
电力、热力、燃气及水生产和供应业	**8518**	**61377.61**	**197.31**	**114996.81**	**69696.21**
电力、热力生产和供应业	6010	55938.99	135.32	102468.39	63792.39
电力生产	3525	18399.65	54.41	55153.96	38334.03
火力发电	1214	14463.97	12.74	28244.95	19403.21
水力发电	1366	2471.35	3.72	17487.77	12879.70
核力发电	9	382.55	37.75	2565.89	1233.97
风力发电	594	728.20	0.20	5376.67	3887.30
太阳能发电	103	85.18		574.54	414.89
其他电力生产	239	268.40		904.13	514.96
电力供应	1540	36225.99	77.22	43360.72	23503.74
热力生产和供应	945	1313.35	3.70	3953.71	1954.61
燃气生产和供应业	1132	3965.28	28.08	5008.06	2138.81
水的生产和供应业	1376	1473.34	33.91	7520.36	3765.01
自来水生产和供应	1071	1108.00	3.58	6093.53	3146.50
污水处理及其再生利用	283	304.75	0.42	1160.34	515.85
其他水的处理、利用与分配	22	60.59	29.91	266.50	102.66

单位：亿元

固定资产原价	累计折旧	流动资产合计	应收账款	存货	产成品	负债合计	流动负债合计
9.78	2.96	25.97	8.73	4.71	1.28	17.32	16.03
37.26	4.68	14.32	3.81	3.79	1.76	38.93	35.62
87.59	42.38	141.10	39.40	25.06	7.25	83.21	70.29
50.38	17.17	141.88	41.83	28.98	12.00	92.16	80.18
76.37	35.81	145.49	36.10	61.64	22.78	105.60	92.52
403.38	179.03	472.11	149.15	112.40	37.23	389.08	340.92
286.96	130.92	338.14	103.07	72.13	18.98	273.05	237.21
116.43	48.11	133.97	46.08	40.27	18.25	116.02	103.71
57.42	27.69	66.27	20.03	14.40	4.54	57.29	51.06
911.64	369.33	1184.92	257.32	389.90	91.87	1223.38	957.77
352.14	148.40	446.55	113.47	123.58	43.06	358.85	331.82
103.84	43.48	94.10	29.08	26.07	9.72	84.29	76.89
248.30	104.91	352.45	84.39	97.50	33.34	274.56	254.93
109.63	34.36	64.94	12.33	10.99	5.28	151.54	89.20
751.77	410.99	1068.93	243.32	262.51	130.61	1104.86	953.40
557.48	331.12	901.06	201.98	224.45	114.74	907.82	809.42
194.29	79.87	167.86	41.34	38.06	15.87	197.03	143.99
545.85	195.96	642.08	192.02	134.17	23.40	685.33	562.01
20.83	8.42	12.29	3.61	2.95	1.12	13.09	9.53
26.53	18.17	24.28	7.02	4.87	1.80	16.49	13.51
23.37	7.14	55.37	23.79	10.96	2.36	38.09	34.47
438.11	145.98	511.16	146.11	107.81	15.43	584.20	475.04
21.49	10.66	59.06	41.56	8.38	0.79	71.18	56.76
230.55	58.58	216.49	27.96	24.11	5.87	302.59	243.24
167.52	70.05	201.09	73.11	67.87	8.54	184.54	151.71
18.56	6.69	34.51	3.48	7.45	0.23	25.90	23.34
10.27	5.41	12.23	4.45	1.55	0.36	15.17	15.03
0.51	0.23	1.04	0.42	0.04	0.02	0.41	0.35
26.22	10.61	25.70	6.63	5.99	2.30	17.87	14.09
106651.35	**39766.34**	**19347.56**	**3363.12**	**1443.50**	**138.10**	**74888.42**	**34259.04**
98642.02	37044.96	15322.45	2885.20	1213.18	85.48	67772.25	30035.06
55917.96	17977.39	8473.35	2220.67	953.19	68.96	38776.40	15347.02
32010.69	12240.92	5647.78	1629.66	688.76	55.81	19971.50	9776.84
16652.35	4085.77	1399.06	208.06	29.49	4.15	12381.08	3379.30
1744.17	735.74	363.79	39.21	184.37		1909.56	540.92
4457.14	740.02	754.36	265.36	16.89	4.10	3538.09	1169.98
429.81	27.26	101.91	32.21	1.15	0.35	426.00	198.05
623.80	147.69	206.45	46.17	32.53	4.55	550.18	281.94
39983.10	18090.10	5361.54	512.26	117.57	10.22	26087.02	12777.75
2740.97	977.47	1487.56	152.27	142.42	6.30	2908.83	1910.29
2691.58	723.96	1774.51	251.54	156.09	43.07	2883.92	2102.46
5317.75	1997.42	2250.60	226.38	74.23	9.55	4232.24	2121.52
4523.80	1744.79	1852.41	165.51	64.01	6.71	3496.62	1835.18
684.65	213.25	320.23	54.78	8.96	2.33	569.33	260.56
109.30	39.37	77.95	6.08	1.26	0.51	166.29	25.79

1-A-3 续表 16

行业	应付账款	所有者权益合计	实收资本	国家资本	集体资本
总　计	**104105.91**	**361263.38**	**173673.36**	**34694.96**	**3383.92**
采矿业	**8428.66**	**36631.06**	**17789.91**	**8257.32**	**388.63**
煤炭开采和洗选业	4530.83	17275.67	6085.69	2294.95	240.10
烟煤和无烟煤开采洗选	3758.60	16430.10	5784.56	2166.47	235.34
褐煤开采洗选	770.90	828.09	293.30	127.67	1.67
其他煤炭采选	1.33	17.48	7.83	0.81	3.09
石油和天然气开采业	2001.41	10014.34	7102.05	4486.94	0.85
石油开采	1828.06	9580.21	6042.83	4378.63	0.65
天然气开采	173.36	434.12	1059.22	108.32	0.20
黑色金属矿采选业	747.44	4104.44	1708.51	654.51	23.21
铁矿采选	719.56	3963.63	1660.45	651.16	22.95
锰矿、铬矿采选	18.18	99.35	35.23	3.32	0.26
其他黑色金属矿采选	9.69	41.47	12.83	0.03	0.01
有色金属矿采选业	279.62	2349.62	972.57	173.47	87.39
常用有色金属矿采选	156.46	1226.44	543.66	95.80	18.88
铜矿采选	49.73	434.41	194.98	62.32	9.81
铅锌矿采选	70.49	548.83	226.93	21.84	8.08
镍钴矿采选	5.21	35.72	18.73	2.32	0.02
锡矿采选	3.71	48.30	28.35	3.86	0.02
锑矿采选	0.87	16.06	9.73	2.80	0.14
铝矿采选	9.17	74.38	32.48	0.88	0.73
镁矿采选	5.19	30.19	15.76		0.06
其他常用有色金属矿采选	12.10	38.54	16.69	1.78	0.02
贵金属矿采选	76.27	803.69	258.29	49.60	62.18
金矿采选	75.15	780.09	249.64	49.11	59.73
银矿采选	1.00	20.92	8.08	0.49	2.45
其他贵金属矿采选	0.13	2.68	0.57		
稀有稀土金属矿采选	46.89	319.49	170.62	28.07	6.32
钨钼矿采选	38.36	244.86	114.10	19.52	6.27
稀土金属矿采选	4.92	42.45	31.83	6.89	
放射性金属矿采选	0.61	5.04	2.37	1.08	
其他稀有金属矿采选	3.00	27.15	22.32	0.59	0.05
非金属矿采选业	178.66	1585.92	677.06	119.24	22.62
土砂石开采	95.56	787.60	363.28	13.87	8.64
石灰石、石膏开采	34.52	203.57	94.51	4.91	2.67
建筑装饰用石开采	14.82	173.54	83.01	2.52	2.06
耐火土石开采	14.04	108.12	45.56	2.60	0.20
粘土及其他土砂石开采	32.18	302.36	140.20	3.84	3.71
化学矿开采	34.66	257.06	111.37	41.65	4.10
采盐	28.08	363.02	117.33	57.75	8.14
石棉及其他非金属矿采选	20.37	178.24	85.08	5.98	1.74
石棉、云母矿采选	0.42	7.95	5.27	1.80	0.65
石墨、滑石采选	5.42	69.51	28.87	2.40	0.61
宝石、玉石采选	0.11	7.59	4.88	0.58	
其他未列明非金属矿采选	14.41	93.20	46.06	1.20	0.48

单位：亿元

法人资本	个人资本	港澳台资本	外商资本	主营业务收入	主营业务成本	主营业务税金及附加	销售费用
61044.70	**38806.07**	**12366.09**	**22153.57**	**1038659.45**	**880679.68**	**15835.24**	**25945.22**
6603.98	**1952.72**	**79.35**	**97.23**	**67563.60**	**50285.84**	**1942.99**	**1323.94**
2322.88	942.81	43.45	48.93	32949.89	26055.30	459.23	856.52
2210.88	917.33	27.20	35.27	29798.59	23536.77	422.33	808.03
109.56	23.99	16.24	13.66	3083.11	2465.90	35.85	46.46
2.44	1.49			68.19	52.63	1.05	2.03
2389.78	11.75	1.87	12.91	11590.08	5550.03	1144.29	48.52
1447.25	11.56	0.54	6.25	10511.48	4787.24	1114.27	43.47
942.54	0.19	1.33	6.65	1078.60	762.80	30.02	5.05
593.36	427.68	5.11	4.16	9851.79	7879.43	151.63	149.22
568.19	411.68	5.11	0.91	9440.83	7538.90	147.40	140.76
15.55	12.83		3.25	259.74	210.30	3.06	7.50
9.63	3.17			151.22	130.22	1.17	0.96
406.26	278.69	10.70	12.91	6195.79	4999.28	66.22	82.25
264.19	150.71	7.59	5.21	2936.57	2304.19	43.79	49.76
77.25	37.85	4.09	3.66	736.21	557.83	17.60	11.50
132.37	61.71	1.52	1.08	1425.06	1114.46	19.40	21.06
12.18	2.64	1.58		52.72	43.02	0.47	0.86
5.63	18.85			102.13	78.63	1.09	1.48
4.58	2.09			46.88	39.12	0.43	0.46
20.62	9.75	0.39	0.10	210.04	172.03	2.17	3.19
4.04	10.79		0.36	187.41	152.38	1.29	7.13
7.53	7.04	0.01		176.12	146.71	1.35	4.09
53.95	85.10	1.10	6.35	2522.66	2087.82	13.33	25.68
49.77	83.57	1.10	6.35	2430.27	2028.40	12.32	24.69
3.63	1.51			87.06	55.09	0.95	0.97
0.55	0.02			5.32	4.34	0.06	0.03
88.12	42.88	2.01	1.35	736.56	607.27	9.11	6.81
51.17	33.48	2.01	1.11	618.01	511.98	6.91	4.81
15.84	8.60			74.50	59.49	1.64	0.79
0.47				11.51	9.70	0.07	0.11
20.63	0.80		0.24	32.54	26.09	0.49	1.10
225.76	268.51	7.22	17.15	4915.45	3912.02	86.30	180.16
129.23	182.81	3.52	9.30	3307.75	2676.91	50.11	108.83
33.81	49.58	0.18	2.84	892.14	727.57	14.85	29.85
28.53	46.09	0.56	2.87	696.17	563.87	10.03	20.53
16.03	26.73	0.01		355.22	284.48	5.62	11.32
50.87	60.41	2.76	3.59	1364.22	1100.99	19.61	47.12
32.47	31.64	0.24	1.20	533.19	392.08	16.96	18.79
30.85	14.05	2.11	4.44	356.10	270.98	8.03	22.78
33.21	40.01	1.36	2.22	718.41	572.05	11.20	29.75
1.63	0.97		0.22	21.00	17.88	0.20	0.97
15.59	9.18	0.93	0.10	198.77	151.33	2.57	9.03
1.85	2.46			5.21	3.14	0.21	0.34
14.14	27.40	0.42	1.89	493.44	399.69	8.22	19.42

1-A-3 续表 17

行业	应付账款	所有者权益合计	实收资本	国家资本	集体资本
开采辅助活动	690.25	1291.01	1237.61	528.06	14.40
煤炭开采和洗选辅助活动	1.53	4.08	4.20		0.16
石油和天然气开采辅助活动	688.55	1286.31	1232.88	528.06	14.24
其他开采辅助活动	0.16	0.62	0.53		
其他采矿业	0.45	10.06	6.43	0.14	0.06
制造业	**87596.65**	**285305.45**	**135069.11**	**14661.69**	**2712.14**
农副食品加工业	2253.26	12647.96	6700.60	181.18	113.14
谷物磨制	191.81	2416.44	1118.36	35.51	18.36
饲料加工	326.74	1670.37	674.11	6.91	11.63
植物油加工	743.18	1710.45	802.44	69.06	12.83
食用植物油加工	736.24	1664.96	778.06	66.55	12.64
非食用植物油加工	6.93	45.50	24.38	2.51	0.20
制糖业	122.14	365.78	159.55	17.11	4.41
屠宰及肉类加工	353.02	2734.28	1044.05	20.90	30.47
牲畜屠宰	120.60	1057.92	389.13	13.99	14.37
禽类屠宰	88.66	626.62	256.81	2.97	4.31
肉制品及副产品加工	143.77	1049.74	398.11	3.94	11.79
水产品加工	204.40	1207.84	456.72	2.53	18.93
水产品冷冻加工	164.76	919.03	328.76	2.39	14.45
鱼糜制品及水产品干腌制加工	19.19	131.44	61.88	0.13	1.98
水产饲料制造	10.62	94.12	43.90		2.11
鱼油提取及制品制造	0.90	1.15	2.15		
其他水产品加工	8.92	62.09	20.03	0.01	0.39
蔬菜、水果和坚果加工	129.41	1165.22	422.45	7.16	4.73
蔬菜加工	67.68	736.59	277.39	4.10	4.17
水果和坚果加工	61.73	428.63	145.06	3.06	0.56
其他农副食品加工	182.56	1377.56	2022.91	22.01	11.78
淀粉及淀粉制品制造	100.87	767.47	1771.28	18.43	6.47
豆制品制造	20.69	151.23	66.28	1.42	1.06
蛋品加工	4.85	52.82	26.14	0.17	3.16
其他未列明农副食品加工	56.15	406.04	159.21	1.99	1.10
食品制造业	1078.30	5897.51	2581.50	91.86	48.61
焙烤食品制造	115.08	663.86	331.76	2.67	2.15
糕点、面包制造	46.65	278.39	136.41	2.32	1.10
饼干及其他焙烤食品制造	68.42	385.47	195.35	0.35	1.05
糖果、巧克力及蜜饯制造	68.98	540.13	236.77	0.81	2.74
糖果、巧克力制造	49.93	389.13	190.32	0.41	2.41
蜜饯制作	19.04	151.00	46.45	0.41	0.33
方便食品制造	174.76	955.29	413.88	10.31	9.66
米、面制品制造	18.89	185.64	87.45	4.92	0.31
速冻食品制造	53.54	238.95	111.29	1.12	1.77
方便面及其他方便食品制造	102.33	530.69	215.13	4.27	7.58
乳制品制造	288.24	950.43	421.65	17.82	10.41
罐头食品制造	78.56	347.83	189.52	7.19	4.54
肉、禽类罐头制造	10.06	59.21	35.80	2.03	0.51
水产品罐头制造	3.21	18.26	9.77		0.22
蔬菜、水果罐头制造	60.63	245.98	131.67	5.16	3.65
其他罐头食品制造	4.66	24.37	12.28		0.17

单位：亿元

法人资本	个人资本	港澳台资本	外商资本	主营业务收入	主营业务成本	主营业务税金及附加	销售费用
665.74	17.24	11.01	1.17	2038.53	1872.98	35.09	6.04
0.36	2.13	1.54		11.27	9.32	0.15	0.31
665.01	14.94	9.47	1.17	2023.63	1860.79	34.91	5.61
0.37	0.16			3.63	2.87	0.03	0.12
0.19	6.03			22.07	16.80	0.23	1.23
47834.93	**36267.90**	**11534.44**	**21371.11**	**909452.71**	**776358.80**	**13551.72**	**24248.99**
1899.28	3564.48	236.78	576.82	60117.42	53220.82	296.01	1281.20
330.86	553.79	19.95	40.63	11520.88	10197.58	69.31	219.15
305.57	262.41	25.18	59.61	10048.44	8955.16	33.29	227.75
248.15	264.53	33.87	174.00	10503.05	9641.16	42.11	159.62
239.71	256.68	33.29	169.20	10256.30	9424.41	40.91	155.01
8.44	7.86	0.58	4.80	246.75	216.75	1.20	4.61
81.94	36.29	4.70	15.10	1186.44	1011.66	8.73	24.02
419.63	396.82	79.58	92.12	12069.05	10614.62	58.82	257.33
164.07	161.37	9.96	25.44	4986.84	4378.41	25.48	97.74
95.39	112.32	17.89	23.92	3144.81	2821.05	14.05	51.91
160.17	123.13	51.73	42.76	3937.41	3415.16	19.29	107.67
166.49	187.14	27.33	54.19	4972.97	4360.13	30.16	87.38
108.82	141.96	16.08	45.01	3811.37	3360.56	21.78	59.28
22.74	25.10	4.92	7.02	611.52	521.92	3.64	16.78
24.41	13.09	3.84	0.37	318.84	279.97	1.67	6.28
1.53	0.21		0.41	16.76	14.43	0.10	0.44
8.98	6.78	2.49	1.38	214.48	183.25	2.96	4.61
150.51	181.49	25.90	51.36	4420.47	3736.10	24.64	127.84
96.53	122.50	11.05	37.81	2920.90	2472.38	15.76	82.41
53.97	58.99	14.85	13.56	1499.57	1263.72	8.88	45.43
196.14	1682.01	20.27	89.80	5396.11	4704.40	28.96	178.12
83.35	1579.65	14.32	68.91	3268.50	2901.19	14.69	111.97
30.95	24.26	0.31	8.29	582.21	484.97	4.52	22.78
8.19	11.46	0.06	2.80	224.70	188.75	1.58	7.26
73.65	66.64	5.58	9.80	1320.71	1129.50	8.18	36.11
982.67	716.44	247.59	489.90	18546.36	14617.09	123.77	1375.51
84.69	95.45	62.00	84.40	2218.25	1756.26	14.42	147.54
42.00	45.34	19.60	25.89	818.08	633.36	4.99	61.60
42.70	50.11	42.40	58.51	1400.18	1122.90	9.42	85.95
92.01	52.96	25.71	62.49	1567.25	1170.01	11.01	139.61
72.91	29.71	24.80	60.09	1101.64	786.81	8.22	123.30
19.10	23.25	0.91	2.40	465.61	383.20	2.79	16.31
151.03	107.26	65.51	69.72	3140.87	2563.81	16.71	210.75
31.19	33.85	9.68	7.48	745.75	634.51	4.89	26.01
43.32	35.06	13.16	16.49	670.25	563.52	3.37	23.73
76.52	38.34	42.67	45.74	1724.87	1365.77	8.45	161.02
204.68	82.45	21.10	84.25	3078.89	2428.05	14.91	342.43
84.42	64.64	11.69	17.09	1528.62	1304.98	9.15	51.06
21.85	5.93	2.42	3.05	216.13	191.78	1.57	5.19
3.58	2.67	0.49	2.81	87.75	72.10	0.34	4.10
55.14	50.20	6.32	11.20	1112.91	950.52	6.57	38.58
3.84	5.84	2.45	0.03	111.84	90.57	0.68	3.19

1-A-3 续表 18

行业	应付账款	所有者权益合计	实收资本	国家资本	集体资本
调味品、发酵制品制造	137.16	947.23	358.58	24.58	4.59
味精制造	24.38	198.50	74.35	14.68	0.30
酱油、食醋及类似制品制造	39.99	289.84	93.54	3.85	3.08
其他调味品、发酵制品制造	72.79	458.89	190.69	6.05	1.20
其他食品制造	215.52	1492.74	629.34	28.48	14.51
营养食品制造	15.19	142.54	70.78	1.14	3.41
保健食品制造	52.35	346.86	102.26	0.20	3.37
冷冻饮品及食用冰制造	26.03	77.84	70.61	2.00	1.56
盐加工	7.82	42.59	31.94	13.71	
食品及饲料添加剂制造	81.39	714.71	290.02	10.80	5.13
其他未列明食品制造	32.74	168.20	63.74	0.62	1.04
酒、饮料和精制茶制造业	1005.52	6799.22	3024.67	192.18	256.03
酒的制造	557.74	4450.28	1755.58	170.45	231.52
酒精制造	60.35	202.86	73.16	17.43	0.04
白酒制造	279.86	2765.17	555.21	88.47	14.92
啤酒制造	170.53	1036.61	1005.58	57.05	214.03
黄酒制造	14.89	111.77	24.11	3.64	0.05
葡萄酒制造	20.89	210.05	68.12	3.74	2.25
其他酒制造	11.22	123.82	29.40	0.13	0.25
饮料制造	389.56	1878.07	1081.13	19.11	21.47
碳酸饮料制造	68.81	173.79	123.05	3.84	0.68
瓶(罐)装饮用水制造	69.60	284.98	271.07	4.16	2.44
果菜汁及果菜汁饮料制造	67.46	547.04	297.51	5.38	6.59
含乳饮料和植物蛋白饮料制造	58.71	319.57	125.94	0.81	3.26
固体饮料制造	19.04	176.45	93.57	2.93	1.39
茶饮料及其他饮料制造	105.94	376.25	170.00	1.98	7.10
精制茶加工	58.22	470.87	187.96	2.62	3.04
烟草制品业	852.41	5952.19	973.26	373.62	2.29
烟叶复烤	8.04	241.85	160.04	104.69	0.11
卷烟制造	818.60	5640.64	793.37	263.35	0.34
其他烟草制品制造	25.77	69.70	19.86	5.58	1.85
纺织业	1749.89	9859.74	4630.77	98.43	54.85
棉纺织及印染精加工	1007.17	6059.39	2855.18	71.10	30.71
棉纺纱加工	499.02	3504.83	1603.16	55.42	20.44
棉织造加工	239.47	1561.81	693.57	12.35	5.22
棉印染精加工	268.68	992.75	558.44	3.34	5.05
毛纺织及染整精加工	149.31	694.18	313.83	10.75	7.77
毛条和毛纱线加工	87.46	301.58	150.29	6.70	4.70
毛织造加工	48.40	330.96	127.94	3.55	3.04
毛染整精加工	13.44	61.63	35.60	0.50	0.04
麻纺织及染整精加工	23.67	170.98	63.71	5.77	0.92
麻纤维纺前加工和纺纱	12.24	81.35	23.85	0.02	0.20
麻织造加工	10.60	86.04	37.92	5.27	0.63
麻染整精加工	0.83	3.59	1.93	0.47	0.09
丝绢纺织及印染精加工	52.81	318.48	114.68	2.07	2.06
缫丝加工	22.09	157.81	52.96	1.81	0.96
绢纺和丝织加工	26.89	131.15	51.19	0.16	1.08
丝印染精加工	3.83	29.52	10.53	0.10	0.02

单位：亿元

法人资本	个人资本	港澳台资本	外商资本	主营业务收入	主营业务成本	主营业务税金及附加	销售费用
120.96	120.15	25.10	63.07	2328.15	1870.04	15.56	112.75
21.01	22.49	2.56	13.31	426.69	356.22	2.71	19.36
32.52	29.54	6.99	17.50	799.55	614.09	5.40	46.68
67.43	68.13	15.55	32.27	1101.91	899.73	7.44	46.70
244.86	193.53	36.48	108.89	4684.33	3523.94	42.01	371.36
37.69	18.43	3.12	5.39	366.51	288.25	2.16	24.90
26.72	30.60	11.82	29.17	1244.95	731.24	20.39	190.91
24.76	17.87	4.07	20.34	417.73	324.50	2.97	39.81
11.71	6.42			122.33	97.03	1.64	6.90
120.27	100.12	10.92	42.28	1907.58	1593.94	10.72	60.61
23.71	20.08	6.55	11.71	625.21	488.97	4.14	48.23
959.46	771.83	245.66	591.87	15327.37	11197.63	531.01	1230.06
507.40	552.32	82.39	205.07	8467.63	5908.19	486.82	603.38
15.41	28.86	3.26	7.37	763.99	654.98	18.87	12.55
181.47	255.08	4.03	6.77	5109.63	3368.44	321.79	383.49
254.32	232.74	65.72	180.70	1795.90	1296.39	120.96	152.12
9.89	6.36	3.42	0.75	153.84	110.11	3.89	9.77
34.30	16.55	5.95	5.19	406.75	303.97	12.88	27.18
12.01	12.73		4.29	237.52	174.30	8.43	18.27
359.81	139.93	155.38	384.22	5350.56	4104.86	30.01	564.68
30.82	17.76	12.65	57.29	776.64	571.08	4.27	130.78
74.34	35.27	18.70	136.09	1023.76	767.90	6.47	108.71
113.38	43.11	61.43	66.87	1150.01	927.49	6.80	63.33
39.56	22.92	6.90	52.29	908.08	700.32	5.08	57.44
58.15	6.18	1.88	22.90	480.81	388.43	3.46	36.54
43.56	14.69	53.82	48.78	1011.26	749.64	3.94	167.90
92.24	79.57	7.89	2.59	1509.18	1184.57	14.18	62.00
594.36	1.78	0.14	1.06	8308.08	2128.02	4425.20	154.20
54.75	0.08		0.42	180.04	125.37	2.72	7.62
529.40	0.28			8011.67	1926.69	4421.12	143.40
10.22	1.42	0.14	0.64	116.36	75.96	1.37	3.19
1355.82	1954.66	645.49	505.36	36076.62	31788.31	177.91	506.27
824.93	1280.36	370.39	265.83	22941.84	20374.51	109.99	269.40
453.03	857.99	122.65	86.98	13923.43	12384.48	67.69	161.14
251.46	266.35	98.48	59.53	5550.50	4922.63	26.37	68.43
120.44	156.01	149.27	119.31	3467.91	3067.40	15.93	39.84
111.31	110.63	47.64	25.61	2297.49	2024.71	9.27	26.71
49.35	61.01	20.25	8.27	1090.53	952.66	4.27	11.92
58.20	34.37	15.66	13.01	995.57	889.97	3.86	10.56
3.76	15.25	11.72	4.33	211.40	182.07	1.13	4.23
20.64	24.40	8.17	3.81	514.00	441.65	4.33	10.53
12.94	7.97	0.77	1.94	260.14	217.54	2.66	5.78
7.62	16.42	6.11	1.87	244.33	215.74	1.64	4.69
0.08	0.01	1.28		9.54	8.37	0.04	0.06
34.58	54.67	12.47	8.83	1224.63	1076.48	7.49	14.65
19.83	29.64	0.66	0.05	714.14	632.62	4.51	8.34
11.21	21.70	8.92	8.13	434.94	376.96	2.63	5.50
3.53	3.33	2.90	0.65	75.54	66.89	0.35	0.80

1-A-3 续表 19

行业	应付账款	所有者权益合计	实收资本		
				国家资本	集体资本
化纤织造及印染精加工	66.00	352.01	210.57	0.74	0.90
化纤织造加工	51.38	295.50	174.83	0.74	0.26
化纤织物染整精加工	14.62	56.50	35.74		0.64
针织或钩针编织物及其制品制造	177.70	918.48	405.80	1.48	4.28
针织或钩针编织物织造	124.62	644.87	301.53	0.88	2.61
针织或钩针编织物印染精加工	22.74	123.37	28.26	0.20	0.95
针织或钩针编织品制造	30.34	150.23	76.01	0.41	0.73
家用纺织制成品制造	141.23	632.71	310.29	0.27	4.75
床上用品制造	76.49	340.37	155.50	0.15	0.50
毛巾类制品制造	23.63	147.06	78.40	0.01	0.79
窗帘、布艺类产品制造	14.17	56.32	28.98		0.06
其他家用纺织制成品制造	26.94	88.96	47.41	0.11	3.40
非家用纺织制成品制造	132.00	713.52	356.73	6.25	3.44
非织造布制造	65.98	350.58	167.51	0.34	1.33
绳、索、缆制造	6.50	52.93	24.87	0.39	0.41
纺织带和帘子布制造	19.36	163.47	69.64	4.94	1.27
篷、帆布制造	18.61	44.25	28.49	0.43	
其他非家用纺织制成品制造	21.55	102.28	66.22	0.15	0.43
纺织服装、服饰业	1260.54	5558.47	2370.62	22.20	22.60
机织服装制造	918.10	4373.48	1828.08	18.97	18.80
针织或钩针编织服装制造	279.07	908.28	406.55	2.85	3.28
服饰制造	63.37	276.71	135.99	0.38	0.52
皮革、毛皮、羽毛及其制品和制鞋业	706.27	3690.53	1852.26	4.54	18.22
皮革鞣制加工	65.01	387.88	146.81	0.31	2.13
皮革制品制造	179.52	681.10	259.47	0.16	3.14
皮革服装制造	18.87	155.01	46.04	0.01	0.26
皮箱、包(袋)制造	111.91	274.77	133.12	0.15	2.42
皮手套及皮装饰制品制造	10.44	51.66	25.47		0.19
其他皮革制品制造	38.30	199.66	54.84		0.27
毛皮鞣制及制品加工	21.51	714.05	606.99	0.81	1.17
毛皮鞣制加工	5.03	68.89	22.47	0.10	
毛皮服装加工	8.68	55.19	21.62	0.71	0.37
其他毛皮制品加工	7.80	589.98	562.90		0.79
羽毛(绒)加工及制品制造	34.85	168.87	78.41	0.18	0.43
羽毛(绒)加工	12.32	74.43	33.24	0.08	0.14
羽毛(绒)制品加工	22.53	94.45	45.17	0.10	0.29
制鞋业	405.38	1738.62	760.57	3.08	11.35
纺织面料鞋制造	37.96	182.67	99.75	0.53	0.14
皮鞋制造	287.78	1247.50	507.14	0.90	8.96
塑料鞋制造	26.20	93.03	44.50	0.14	1.01
橡胶鞋制造	40.27	167.19	70.61	1.49	1.07
其他制鞋业	13.17	48.22	38.57	0.02	0.17
木材加工和木、竹、藤、棕、草制品业	324.86	2828.46	1268.31	17.68	14.31
木材加工	41.50	371.95	168.37	3.62	2.16
锯材加工	23.29	171.69	67.41	1.85	1.84
木片加工	8.52	114.00	51.63	1.13	0.21
单板加工	7.11	66.93	41.23	0.63	
其他木材加工	2.59	19.33	8.10	0.01	0.11

单位：亿元

法人资本	个人资本	港澳台资本	外商资本	主营业务收入	主营业务成本	主营业务税金及附加	销售费用
59.96	77.78	43.97	27.20	1068.53	947.82	4.51	12.55
53.47	63.32	36.91	20.10	905.18	807.46	3.50	9.91
6.49	14.46	7.05	7.10	163.34	140.36	1.01	2.64
104.50	174.73	73.97	42.80	3082.11	2648.37	15.48	55.93
76.77	114.85	64.30	38.12	2286.57	2001.11	10.92	37.00
8.90	15.51	0.96	1.71	304.15	229.18	1.60	10.59
18.83	44.37	8.70	2.97	491.38	418.08	2.95	8.34
97.77	127.68	35.56	44.23	2534.68	2201.53	13.81	62.79
42.12	74.69	19.86	18.17	1252.01	1076.02	6.19	38.30
36.47	28.99	5.11	6.99	668.58	587.31	4.30	10.74
7.44	8.07	5.85	7.56	230.37	204.44	1.14	4.04
11.73	15.92	4.73	11.51	383.72	333.76	2.19	9.71
102.13	104.42	53.32	87.04	2413.33	2073.25	13.04	53.70
46.98	51.16	25.37	42.32	1217.38	1036.68	6.45	30.09
7.03	9.01	1.35	6.69	217.78	181.58	1.51	4.77
18.30	19.54	13.64	11.95	536.12	479.05	2.57	6.77
11.29	9.40	4.71	2.57	182.92	157.19	1.10	5.09
18.54	15.31	8.25	23.52	259.14	218.75	1.41	6.98
779.39	748.49	471.51	318.75	19454.61	16419.39	118.93	661.80
644.10	577.77	344.65	221.84	15126.13	12708.83	93.33	554.53
99.67	120.75	105.79	68.82	3409.81	2926.85	20.45	79.08
35.62	49.98	21.07	28.09	918.67	783.70	5.16	28.19
330.03	956.68	294.21	244.43	12643.39	10785.57	71.94	312.07
42.85	60.98	13.66	26.88	1600.99	1366.74	7.90	24.94
55.00	95.52	59.02	46.40	2982.89	2535.45	17.37	67.95
5.41	32.49	4.09	3.78	708.80	575.09	3.40	18.08
31.57	33.09	38.35	27.53	1370.83	1181.16	9.43	31.66
5.02	9.81	5.59	4.86	245.47	210.37	1.50	5.06
13.00	20.14	10.99	10.22	657.79	568.84	3.04	13.16
20.77	568.62	10.26	5.37	821.55	717.28	3.55	9.09
8.34	10.10	0.44	3.48	271.43	236.33	1.37	3.37
5.07	11.91	2.71	0.84	306.79	267.24	1.13	2.95
7.36	546.61	7.10	1.04	243.33	213.72	1.05	2.77
24.31	34.01	8.73	10.75	795.48	702.04	3.10	14.01
9.15	20.89	1.50	1.48	374.00	328.48	1.32	5.55
15.16	13.12	7.23	9.27	421.48	373.56	1.77	8.45
187.10	197.54	202.55	155.03	6442.49	5464.05	40.03	196.07
30.32	30.65	20.63	17.46	726.64	623.93	5.03	14.69
111.86	122.37	144.76	114.15	4232.15	3523.91	26.00	151.57
18.12	12.83	8.39	3.87	601.30	538.66	3.71	12.13
15.70	26.41	16.77	9.56	654.97	575.78	3.87	13.29
11.09	5.29	12.00	9.99	227.43	201.77	1.41	4.39
470.83	633.61	68.11	59.45	12004.82	10274.05	83.07	279.14
60.49	74.08	23.27	4.53	1640.05	1390.31	13.48	36.33
30.55	29.13	2.06	1.97	777.07	651.90	5.96	17.76
19.09	25.68	4.14	1.20	506.91	432.84	4.69	9.96
9.22	16.19	15.04	0.12	287.67	248.36	2.45	7.08
1.63	3.09	2.02	1.23	68.40	57.22	0.38	1.52

1-A-3 续表 20

行业	应付账款	所有者权益合计	实收资本	国家资本	集体资本
人造板制造	160.65	1668.25	767.20	7.78	9.47
胶合板制造	73.20	771.30	300.27	0.75	3.33
纤维板制造	53.97	513.04	258.66	5.59	5.01
刨花板制造	11.68	117.79	59.96	0.99	0.85
其他人造板制造	21.80	266.12	148.30	0.45	0.27
木制品制造	102.71	633.66	270.73	5.55	2.48
建筑用木料及木材组件加工	15.75	142.65	64.59	3.60	0.64
木门窗、楼梯制造	15.94	97.30	41.65	0.30	0.02
地板制造	32.13	221.42	89.44	1.33	0.83
木制容器制造	18.97	59.12	24.49	0.02	0.27
软木制品及其他木制品制造	19.91	113.16	50.56	0.30	0.72
竹、藤、棕、草等制品制造	20.00	154.59	62.01	0.73	0.19
竹制品制造	17.69	118.00	54.08	0.55	0.12
藤制品制造	0.56	2.93	1.13	0.17	0.03
棕制品制造	0.33	1.99	0.73		
草及其他制品制造	1.43	31.67	6.07		0.04
家具制造业	496.36	2017.19	1096.08	8.19	9.35
木质家具制造	237.94	1266.06	652.87	4.35	6.40
竹、藤家具制造	19.46	22.38	14.66	0.20	1.15
金属家具制造	151.94	444.32	305.69	3.27	1.41
塑料家具制造	7.47	26.25	12.94	0.02	
其他家具制造	79.55	258.19	109.92	0.35	0.39
造纸和纸制品业	1250.17	5393.84	3132.42	220.85	74.96
纸浆制造	29.99	97.02	88.92	0.92	0.05
木竹浆制造	20.77	62.37	55.93	0.92	0.05
非木竹浆制造	9.22	34.66	32.99		
造纸	800.36	3772.76	2218.74	194.15	58.95
机制纸及纸板制造	772.52	3614.07	2130.92	188.27	50.48
手工纸制造	3.92	15.74	10.03	0.68	
加工纸制造	23.91	142.95	77.79	5.21	8.47
纸制品制造	419.82	1524.06	824.76	25.78	15.97
纸和纸板容器制造	227.55	881.64	473.25	2.29	13.36
其他纸制品制造	192.27	642.42	351.51	23.49	2.61
印刷和记录媒介复制业	518.33	2364.40	1139.07	106.91	19.22
印刷	506.29	2276.74	1083.47	105.27	18.05
书、报刊印刷	100.17	412.00	228.98	43.26	3.09
本册印制	19.78	101.38	44.30	1.36	0.35
包装装潢及其他印刷	386.34	1763.35	810.19	60.65	14.61
装订及印刷相关服务	7.12	45.21	23.70	0.89	1.13
记录媒介复制	4.93	42.46	31.90	0.75	0.04
文教、工美、体育和娱乐用品制造业	924.57	2955.23	1348.79	44.42	13.26
文教办公用品制造	52.50	225.88	109.59	2.07	0.60
文具制造	30.82	110.87	62.22	0.02	0.08
笔的制造	13.71	55.85	27.03	1.16	0.20
教学用模型及教具制造	3.28	39.63	9.98		0.07
墨水、墨汁制造	0.83	5.23	1.57		0.08
其他文教办公用品制造	3.86	14.30	8.80	0.90	0.17

单位：亿元

				主营业务收入	主营业务成本	主营业务税金及附加	销售费用
法人资本	个人资本	港澳台资本	外商资本				
290.68	407.72	27.02	22.32	7093.32	6117.48	47.01	152.54
84.73	195.12	7.36	9.01	4372.78	3787.27	31.02	77.82
148.33	79.55	9.68	8.26	1434.69	1237.47	8.25	39.24
27.16	26.35	1.24	3.36	353.57	302.23	2.30	10.99
30.46	106.69	8.74	1.68	932.28	790.51	5.44	24.48
96.75	117.95	15.82	30.28	2560.55	2169.28	17.36	72.47
27.76	27.07	1.44	3.88	667.61	568.51	3.78	16.96
12.87	23.48	1.39	3.59	320.77	265.35	2.34	9.59
32.92	31.37	6.84	15.06	752.48	630.67	5.95	24.62
4.82	15.69	2.59	1.11	261.91	224.20	1.73	7.74
18.37	20.33	3.58	6.64	557.78	480.54	3.55	13.55
22.92	33.86	2.00	2.32	710.89	596.98	5.22	17.79
20.57	29.50	1.77	1.57	583.47	487.64	4.69	15.40
0.25	0.33	0.09	0.25	19.58	17.34	0.11	0.25
0.04	0.65	0.04		4.20	3.36	0.02	0.13
2.06	3.38	0.09	0.50	103.63	88.64	0.41	2.01
318.54	439.47	157.75	158.47	6641.74	5572.08	43.75	231.61
208.33	257.52	97.09	74.96	4210.68	3533.74	29.27	142.83
6.37	3.86	1.14	1.94	111.75	92.97	0.91	3.21
71.74	138.45	32.38	58.41	1290.94	1077.31	8.15	44.87
2.93	3.93	4.78	1.28	101.67	89.15	0.37	2.49
29.17	35.71	22.36	21.88	926.70	778.92	5.05	38.21
852.89	560.17	419.06	956.06	12891.85	11067.93	64.55	354.14
75.33	7.89	3.35	1.37	130.85	109.64	0.64	3.47
44.11	6.87	2.60	1.37	90.02	75.76	0.43	2.81
31.22	1.02	0.75		40.82	33.88	0.21	0.67
579.55	332.95	277.46	776.77	7529.81	6530.03	32.27	179.10
551.19	314.19	270.28	758.16	7136.68	6193.60	30.39	168.61
3.17	2.21	3.40	0.58	56.74	48.41	0.26	1.51
25.20	16.55	3.79	18.04	336.38	288.02	1.62	8.98
198.01	219.32	138.25	177.92	5231.20	4428.26	31.64	171.57
116.42	127.42	63.02	110.36	3210.87	2750.39	20.31	80.34
81.59	91.90	75.24	67.56	2020.32	1677.87	11.33	91.23
415.96	311.65	167.63	115.86	6014.77	4987.25	41.45	151.62
393.81	301.84	153.95	109.66	5827.02	4831.95	40.05	145.41
80.66	52.12	39.18	10.40	982.28	834.64	7.50	20.13
10.89	21.42	5.60	4.68	338.33	282.58	2.90	8.20
302.26	228.30	109.17	94.57	4506.41	3714.73	29.65	117.08
8.37	5.80	3.91	3.55	127.33	105.17	0.95	3.88
13.79	4.01	9.77	2.65	60.42	50.14	0.45	2.32
363.34	419.88	284.01	222.42	12935.36	11275.73	67.90	278.19
33.05	31.72	18.92	23.22	800.19	670.93	4.47	28.24
16.56	15.52	14.68	15.36	384.72	327.63	2.34	13.46
8.50	8.30	2.88	5.99	252.47	213.95	1.30	7.93
4.10	5.51	0.03	0.28	106.66	82.99	0.48	5.22
1.01	0.38	0.02	0.08	15.44	12.23	0.10	0.29
2.89	2.01	1.30	1.52	40.89	34.13	0.24	1.34

1-A-3 续表 21

行业	应付账款	所有者权益合计	实收资本	国家资本	集体资本
乐器制造	22.60	113.04	69.87	23.21	0.41
中乐器制造	1.09	7.16	2.61		0.08
西乐器制造	14.04	79.19	53.10	23.07	0.20
电子乐器制造	5.82	17.19	8.82	0.12	
其他乐器及零件制造	1.65	9.50	5.35	0.02	0.13
工艺美术品制造	551.51	1743.61	663.59	16.34	6.85
雕塑工艺品制造	24.68	202.84	79.60	0.65	0.66
金属工艺品制造	34.26	127.44	55.58	11.76	0.39
漆器工艺品制造	4.18	62.24	19.41		0.41
花画工艺品制造	5.88	46.91	25.23	0.10	
天然植物纤维编织工艺品制造	15.47	119.36	49.96	0.61	0.50
抽纱刺绣工艺品制造	26.87	186.21	71.43	0.36	0.69
地毯、挂毯制造	38.26	153.26	72.69	0.61	1.25
珠宝首饰及有关物品制造	350.98	509.09	149.61	2.15	2.03
其他工艺美术品制造	50.94	336.27	140.07	0.09	0.91
体育用品制造	124.71	321.17	190.29	2.52	0.77
球类制造	10.46	47.27	27.98		0.40
体育器材及配件制造	46.22	99.58	67.25	0.94	0.19
训练健身器材制造	30.20	74.67	47.64	0.35	0.12
运动防护用具制造	14.82	22.71	18.90	1.23	
其他体育用品制造	23.02	76.94	28.52		0.07
玩具制造	147.09	443.07	260.13	0.01	3.77
游艺器材及娱乐用品制造	26.15	108.46	55.32	0.27	0.86
露天游乐场所游乐设备制造	6.70	40.27	24.45	0.27	0.84
游艺用品及室内游艺器材制造	11.28	33.24	13.69		
其他娱乐用品制造	8.17	34.95	17.18		0.02
石油加工、炼焦和核燃料加工业	3210.40	7793.25	5347.36	2031.68	58.47
精炼石油产品制造	2176.69	6106.82	3833.37	1895.55	24.53
原油加工及石油制品制造	2174.54	6079.19	3817.55	1895.25	24.42
人造原油制造	2.14	27.63	15.82	0.30	0.11
炼焦	1008.14	1639.60	1483.61	105.90	33.94
化学原料和化学制品制造业	5793.15	25547.85	13598.64	1797.95	287.33
基础化学原料制造	1645.66	7580.29	4386.56	527.88	90.09
无机酸制造	57.31	308.44	147.08	16.23	5.50
无机碱制造	225.24	768.42	408.08	114.11	22.89
无机盐制造	232.84	880.37	451.23	42.97	8.16
有机化学原料制造	941.09	4510.35	2771.20	313.93	39.51
其他基础化学原料制造	189.19	1112.71	608.98	40.65	14.04
肥料制造	801.30	3465.41	1730.90	495.36	26.23
氮肥制造	353.76	1546.17	857.49	343.49	10.88
磷肥制造	86.60	327.69	149.16	84.08	6.94
钾肥制造	67.88	328.20	76.83	10.65	0.56
复混肥料制造	264.58	1007.91	514.83	50.01	6.22
有机肥料及微生物肥料制造	21.16	221.36	111.84	1.47	1.10
其他肥料制造	7.31	34.08	20.74	5.66	0.53

单位：亿元

法人资本	个人资本	港澳台资本	外商资本	主营业务收入	主营业务成本	主营业务税金及附加	销售费用
12.35	7.76	3.89	22.24	300.02	255.14	1.80	6.52
0.68	1.14	0.01	0.70	36.15	30.92	0.27	0.90
8.95	2.11	1.78	16.97	160.20	137.27	0.76	3.87
2.01	1.09	1.78	3.82	62.86	51.93	0.53	1.22
0.71	3.42	0.32	0.74	40.81	35.02	0.23	0.53
201.61	282.41	86.58	69.80	8579.07	7560.19	43.32	168.93
20.60	46.72	5.45	5.51	807.88	658.95	6.72	21.89
13.43	18.52	4.16	7.32	466.36	395.95	3.33	11.38
5.81	11.73	1.26	0.20	179.43	150.06	1.51	5.27
3.71	10.53	8.39	2.51	214.13	182.97	1.75	3.95
22.15	24.15	0.40	2.15	697.34	587.96	5.42	23.61
20.90	31.12	8.86	9.49	865.02	740.40	5.27	11.56
20.62	24.79	9.05	16.38	593.36	515.09	2.19	17.47
56.45	37.85	34.81	16.32	3357.76	3137.75	7.31	39.78
37.93	77.00	14.21	9.93	1397.79	1191.06	9.82	34.01
49.29	35.27	51.90	50.54	1147.45	985.60	6.88	25.83
9.03	3.60	10.40	4.55	156.26	136.89	1.02	3.05
24.67	9.72	12.93	18.80	327.09	275.50	1.91	7.95
8.80	13.01	14.10	11.26	290.21	249.51	1.60	7.29
1.99	2.78	7.52	5.39	113.12	96.31	0.82	2.54
4.80	6.17	6.95	10.54	260.77	227.40	1.53	5.01
49.77	45.48	116.44	43.22	1759.36	1514.08	9.72	38.19
17.27	17.23	6.29	13.41	349.27	289.78	1.71	10.48
12.47	7.73	1.44	1.70	92.18	76.98	0.42	2.06
2.63	4.86	2.22	3.98	148.75	120.05	0.65	3.82
2.17	4.64	2.62	7.73	108.33	92.76	0.64	4.60
1964.81	936.53	79.49	162.31	40980.89	35615.47	3111.03	333.43
1300.86	311.80	52.49	134.19	35095.87	30303.97	3089.83	184.22
1290.89	306.42	52.42	134.19	35004.04	30226.32	3088.81	182.81
9.96	5.38	0.07		91.83	77.65	1.02	1.41
663.95	624.59	27.00	28.13	5782.32	5226.22	20.83	149.12
5198.91	2845.95	942.53	2463.81	76645.34	65871.88	585.75	2081.34
2009.93	733.27	264.28	758.33	23196.93	20412.97	228.53	408.43
66.29	43.50	3.09	12.45	1000.73	867.75	6.84	21.66
166.03	45.31	53.23	4.73	1746.64	1548.40	7.15	35.75
238.51	140.34	4.10	17.21	2385.63	2042.41	15.23	68.77
1315.73	401.10	153.78	546.18	15203.16	13528.90	183.46	216.40
223.37	103.01	50.08	177.77	2860.76	2425.51	15.85	65.85
808.73	337.71	25.94	34.77	8655.45	7516.16	49.01	244.06
387.94	98.07	2.66	14.25	2762.76	2461.76	5.61	55.06
37.33	19.66	0.06	0.87	901.72	801.40	6.64	23.03
35.07	21.13	4.58	4.35	248.41	148.85	11.94	25.92
282.05	157.33	9.04	9.44	3947.94	3451.73	19.18	108.53
63.05	30.26	9.60	5.85	673.75	547.75	4.61	29.25
3.28	11.27			120.86	104.68	1.03	2.27

1-A-3 续表 22

行业	应付账款	所有者权益合计	实收资本	国家资本	集体资本
农药制造	170.29	881.97	354.36	21.35	6.47
化学农药制造	160.59	794.60	307.36	19.60	6.31
生物化学农药及微生物农药制造	9.70	87.37	47.00	1.74	0.16
涂料、油墨、颜料及类似产品制造	491.42	1947.95	769.75	24.44	14.64
涂料制造	296.86	1112.42	427.73	15.32	4.97
油墨及类似产品制造	40.25	170.30	76.85	2.90	0.44
颜料制造	63.04	244.98	117.11	2.17	4.09
染料制造	68.68	333.23	105.84	0.45	4.97
密封用填料及类似品制造	22.59	87.02	42.22	3.60	0.17
合成材料制造	1159.12	4044.35	2563.82	493.00	64.81
初级形态塑料及合成树脂制造	718.92	2566.42	1493.06	276.48	10.36
合成橡胶制造	75.66	326.94	174.15	23.08	9.29
合成纤维单(聚合)体制造	279.99	791.39	690.43	186.71	43.15
其他合成材料制造	84.55	359.60	206.17	6.74	2.01
专用化学产品制造	1117.59	5605.00	2903.28	170.84	75.30
化学试剂和助剂制造	276.65	1591.59	707.82	38.98	18.45
专项化学用品制造	350.45	1808.84	798.39	39.91	19.51
林产化学产品制造	24.41	164.40	68.93	2.21	2.11
信息化学品制造	342.20	1349.24	938.00	82.71	29.72
环境污染处理专用药剂材料制造	19.42	101.16	39.52	1.22	0.57
动物胶制造	3.62	33.39	18.20	0.35	
其他专用化学产品制造	100.84	556.38	332.42	5.47	4.94
炸药、火工及焰火产品制造	77.33	714.16	248.06	48.09	4.68
炸药及火工产品制造	57.88	475.79	140.64	46.13	3.53
焰火、鞭炮产品制造	19.45	238.37	107.41	1.96	1.15
日用化学产品制造	330.44	1308.73	641.91	16.99	5.10
肥皂及合成洗涤剂制造	123.51	446.78	230.84	10.62	3.55
化妆品制造	98.31	376.99	213.33	0.49	0.01
口腔清洁用品制造	22.84	91.44	31.68	2.57	0.29
香料、香精制造	60.74	254.98	87.40	1.20	0.38
其他日用化学产品制造	25.05	138.53	78.66	2.11	0.87
医药制造业	1434.32	10251.13	3859.54	283.42	108.80
化学药品原料药制造	307.34	1782.01	787.04	61.42	36.05
化学药品制剂制造	508.53	2986.47	979.11	88.47	27.02
中药饮片加工	89.82	433.66	166.50	10.12	3.37
中成药生产	311.61	2633.95	1044.64	34.63	25.43
兽用药品制造	27.39	315.18	128.47	5.43	1.88
生物药品制造	113.84	1532.19	560.92	80.33	13.61
卫生材料及医药用品制造	75.78	567.66	192.87	3.02	1.43
化学纤维制造业	492.22	2256.47	1256.77	70.66	8.32
纤维素纤维原料及纤维制造	179.16	629.70	306.39	43.47	3.42
化纤浆粕制造	28.69	48.05	30.19	3.00	2.14
人造纤维(纤维素纤维)制造	150.47	581.65	276.19	40.47	1.28
合成纤维制造	313.06	1626.77	950.38	27.19	4.90
锦纶纤维制造	34.21	202.27	149.65	3.47	0.40

单位：亿元

法人资本	个人资本	港澳台资本	外商资本	主营业务收入	主营业务成本	主营业务税金及附加	销售费用
141.38	157.45	7.36	20.32	2833.76	2382.00	12.58	71.03
121.10	134.88	5.99	19.45	2546.32	2143.39	9.60	62.48
20.28	22.57	1.37	0.87	287.44	238.61	2.98	8.54
250.09	209.64	85.89	184.27	5619.77	4626.57	28.79	221.80
138.33	113.61	50.05	104.78	3453.80	2815.62	18.79	161.91
17.11	20.42	11.76	24.21	350.93	282.74	1.86	14.02
41.90	32.57	7.88	28.39	743.85	633.26	3.61	18.23
47.14	29.33	9.94	14.01	828.66	692.37	3.63	18.95
5.61	13.71	6.27	12.88	242.52	202.59	0.89	8.69
956.52	357.28	137.35	542.99	13536.04	12159.19	85.57	209.96
501.63	246.94	96.28	349.68	8013.44	7144.45	28.60	142.88
75.09	27.64	8.16	30.91	1312.57	1151.76	5.16	19.24
320.53	39.70	11.99	88.34	3252.90	3046.92	46.69	25.85
59.27	42.99	20.92	74.06	957.13	816.06	5.13	21.99
828.29	813.92	323.65	647.21	17081.21	14677.30	97.33	347.28
239.66	244.18	31.80	134.27	5523.22	4700.22	29.81	127.14
210.25	219.40	110.81	201.50	6887.65	5935.76	45.07	126.35
30.82	28.97	1.09	3.72	707.82	599.21	4.37	14.39
270.54	119.05	167.67	268.41	2126.18	1882.16	7.19	29.81
12.08	10.53	1.16	13.70	325.56	262.54	1.98	10.62
4.78	7.91		5.16	110.17	90.58	1.21	2.53
60.17	183.87	11.12	20.44	1400.61	1206.82	7.70	36.45
93.80	98.31	0.33	2.85	1846.14	1402.45	50.42	74.27
58.47	29.86	0.01	2.65	598.95	422.01	5.65	33.11
35.33	68.45	0.32	0.20	1247.19	980.44	44.78	41.16
110.17	138.38	97.73	273.06	3876.04	2695.24	33.52	504.51
38.26	32.25	59.35	86.63	1610.32	1105.76	13.49	247.79
28.02	49.04	25.22	110.54	1039.23	662.89	11.49	168.48
8.96	6.46	1.03	12.37	167.73	96.54	1.42	36.42
20.05	25.07	9.77	30.68	559.50	434.91	3.66	20.15
14.88	25.56	2.37	32.84	499.26	395.14	3.46	31.67
1648.99	1078.21	226.16	496.46	20484.22	14461.95	152.67	2357.13
231.72	292.00	75.29	89.95	3772.72	3026.79	21.97	185.70
403.19	176.79	55.56	225.04	5661.12	3477.66	43.10	1076.62
74.96	64.09	6.67	4.90	1296.28	1054.47	9.64	54.58
615.54	281.90	44.42	33.84	5022.59	3322.78	40.16	749.75
52.50	58.91	0.49	9.26	940.04	744.80	7.27	40.07
212.54	128.87	31.22	91.94	2403.74	1759.32	18.41	164.76
58.53	75.65	12.52	41.53	1387.73	1076.12	12.11	85.66
416.92	328.63	283.58	142.22	7055.20	6441.77	19.45	68.35
134.70	74.35	15.19	35.26	2056.87	1851.76	7.29	28.91
14.02	8.95	1.36	0.72	203.32	182.12	0.74	2.86
120.68	65.40	13.83	34.54	1853.55	1669.64	6.56	26.06
282.22	254.28	268.39	106.96	4998.33	4590.00	12.16	39.44
31.83	31.26	74.99	7.69	634.37	554.60	1.63	5.64

1-A-3 续表 23

行 业	应付账款	所有者权益合计	实收资本	国家资本	集体资本
涤纶纤维制造	212.94	1113.88	609.72	4.26	3.76
腈纶纤维制造	8.63	28.58	25.58	8.09	
维纶纤维制造	4.84	28.85	21.89	6.72	
丙纶纤维制造	3.59	15.28	8.12	0.14	
氨纶纤维制造	33.78	155.98	82.63	3.25	0.47
其他合成纤维制造	15.06	81.93	52.79	1.25	0.27
橡胶和塑料制品业	1926.93	9041.54	4904.21	126.06	65.02
橡胶制品业	641.20	2969.25	1803.41	71.56	29.22
轮胎制造	402.86	1792.61	770.38	61.33	14.45
橡胶板、管、带制造	75.94	437.52	197.03	3.49	2.80
橡胶零件制造	63.65	323.09	121.43	1.21	8.28
再生橡胶制造	8.94	53.33	20.80	0.20	0.15
日用及医用橡胶制品制造	21.47	93.71	49.88	0.14	1.03
其他橡胶制品制造	68.34	269.00	643.89	5.18	2.51
塑料制品业	1285.73	6072.30	3100.80	54.50	35.80
塑料薄膜制造	142.71	865.77	438.39	17.94	4.02
塑料板、管、型材制造	227.00	1558.94	739.87	19.36	15.80
塑料丝、绳及编织品制造	78.71	597.51	280.31	2.59	4.06
泡沫塑料制造	64.01	211.01	92.34	0.28	0.71
塑料人造革、合成革制造	78.76	296.55	143.29	0.80	1.00
塑料包装箱及容器制造	111.78	793.82	471.39	1.91	2.58
日用塑料制品制造	117.99	419.23	220.15	3.49	2.06
塑料零件制造	194.73	480.09	289.51	2.80	2.60
其他塑料制品制造	270.04	849.38	425.55	5.33	2.97
非金属矿物制品业	4324.30	18424.87	9082.82	773.99	219.05
水泥、石灰和石膏制造	1137.62	5191.79	2705.59	506.12	104.43
水泥制造	1093.33	5017.01	2606.52	497.99	99.42
石灰和石膏制造	44.29	174.78	99.07	8.13	5.01
石膏、水泥制品及类似制品制造	1309.54	2992.11	1640.28	85.00	32.34
水泥制品制造	1136.52	2245.58	1288.69	65.52	23.31
砼结构构件制造	103.54	273.22	148.15	12.33	6.49
石棉水泥制品制造	3.08	68.73	11.88	0.02	0.24
轻质建筑材料制造	39.37	316.99	138.64	5.77	1.95
其他水泥类似制品制造	27.03	87.59	52.92	1.37	0.36
砖瓦、石材等建筑材料制造	544.12	3498.05	1526.45	21.24	31.02
粘土砖瓦及建筑砌块制造	84.80	839.20	376.02	5.86	7.68
建筑陶瓷制品制造	211.29	1005.34	396.02	0.15	8.60
建筑用石加工	104.10	807.95	349.49	2.10	9.95
防水建筑材料制造	42.72	211.09	91.86	1.36	2.05
隔热和隔音材料制造	32.96	240.68	139.89	7.06	0.32
其他建筑材料制造	68.25	393.79	173.17	4.72	2.42
玻璃制造	156.76	772.43	525.63	29.58	4.24
平板玻璃制造	115.17	535.94	394.81	18.83	3.74
其他玻璃制造	41.60	236.49	130.83	10.76	0.49
玻璃制品制造	312.89	1341.37	635.73	34.14	8.11
技术玻璃制品制造	133.66	518.64	236.49	29.24	4.30

单位：亿元

法人资本	个人资本	港澳台资本	外商资本	主营业务收入	主营业务成本	主营业务税金及附加	销售费用
209.56	174.04	153.87	57.79	3556.06	3308.24	7.83	22.62
3.61	3.71	10.16	0.02	76.97	72.16	0.36	1.73
1.29	12.58		1.30	45.79	39.38	0.15	1.19
2.39	2.84	1.89	0.86	61.49	54.18	0.30	1.24
14.28	12.35	19.78	32.49	214.25	177.93	0.78	4.41
19.26	17.49	7.69	6.82	409.42	383.52	1.12	2.60
1905.63	1268.28	571.58	956.87	27848.79	23847.35	156.14	657.32
825.00	329.00	102.28	446.31	8670.81	7362.92	50.77	227.85
180.29	103.14	73.99	337.17	5116.13	4372.28	28.56	144.79
50.75	100.65	5.06	34.27	1171.39	976.41	7.41	28.19
27.68	43.02	6.71	34.52	866.47	721.43	5.14	20.82
6.19	13.25	0.39	0.62	233.59	197.58	1.66	5.53
20.71	10.52	8.93	8.55	434.36	374.55	2.35	9.50
539.38	58.43	7.21	31.18	848.87	720.68	5.65	19.02
1080.63	939.28	469.30	510.56	19177.98	16484.43	105.37	429.46
139.81	111.24	78.76	86.27	2410.69	2115.61	10.82	46.16
280.17	310.08	47.77	63.45	4578.27	3879.70	27.95	117.48
124.48	128.73	8.75	10.84	2541.31	2195.94	17.27	46.31
22.14	35.13	13.30	20.72	823.28	712.74	4.22	18.48
29.63	66.26	37.22	8.23	1159.49	1017.95	4.10	15.64
267.90	72.80	52.70	71.92	1883.80	1612.07	9.48	37.38
43.22	65.31	56.19	49.79	1509.14	1281.46	8.90	45.87
64.86	58.27	62.05	94.92	1470.96	1268.50	7.84	33.94
108.43	91.47	112.57	104.42	2801.04	2400.46	14.79	68.21
3580.66	3041.76	567.74	761.03	51967.15	43570.12	391.21	1412.88
1097.74	564.29	201.41	227.93	10484.03	8689.08	73.82	276.53
1064.37	519.84	200.85	220.51	9759.67	8070.72	67.03	256.80
33.37	44.45	0.56	7.42	724.35	618.36	6.79	19.73
550.16	713.83	60.40	74.82	9910.88	8406.65	77.62	297.61
433.38	570.47	43.25	31.44	7566.20	6450.50	58.31	230.61
54.01	60.17	11.37	2.51	983.21	839.25	7.88	23.88
3.00	8.50	0.12		233.95	188.60	1.60	7.26
39.02	53.27	5.17	33.20	815.67	670.53	6.76	26.34
20.74	21.41	0.48	7.67	311.86	257.78	3.08	9.51
628.19	698.50	78.78	64.47	12333.95	10351.12	110.36	305.11
136.88	216.68	1.94	5.08	3062.24	2547.47	32.76	82.36
174.83	164.17	32.53	14.42	3959.19	3393.50	25.71	90.42
143.45	157.42	16.52	19.64	2817.21	2337.78	26.52	60.23
40.35	41.13	4.31	2.66	791.49	665.79	6.43	22.49
63.29	48.94	6.33	13.59	628.71	517.71	4.42	17.58
69.38	70.16	17.16	9.07	1075.11	888.88	14.53	32.03
231.29	106.82	68.24	85.46	1327.83	1117.94	7.11	33.78
185.74	61.49	50.27	74.72	742.50	637.79	3.87	15.11
45.54	45.33	17.97	10.74	585.33	480.14	3.24	18.67
212.53	186.25	84.81	104.63	3588.36	3020.14	23.30	99.65
65.96	56.10	49.98	30.65	1077.62	897.69	7.16	30.50

1-A-3 续表 24

行　业	应付账款	所有者权益合计	实收资本	国家资本	集体资本
光学玻璃制造	56.66	175.34	102.14	0.19	1.25
玻璃仪器制造	4.06	34.06	12.28	0.80	0.03
日用玻璃制品制造	29.27	185.90	100.68	0.01	0.73
玻璃包装容器制造	49.43	177.42	81.32	2.23	1.19
玻璃保温容器制造	3.85	18.15	7.47		0.07
制镜及类似品加工	8.67	33.64	16.11	0.05	
其他玻璃制品制造	27.28	198.23	79.24	1.62	0.53
玻璃纤维和玻璃纤维增强塑料制品制造	133.58	851.49	411.83	20.40	4.78
玻璃纤维及制品制造	86.70	609.11	313.92	18.42	3.81
玻璃纤维增强塑料制品制造	46.88	242.38	97.91	1.98	0.97
陶瓷制品制造	124.42	953.04	510.46	18.57	6.76
卫生陶瓷制品制造	34.30	194.47	100.71	4.63	0.20
特种陶瓷制品制造	49.05	397.57	232.67	10.38	1.68
日用陶瓷制品制造	25.97	232.44	120.99	3.37	4.18
园林、陈设艺术及其他陶瓷制品制造	15.11	128.57	56.09	0.20	0.70
耐火材料制品制造	286.34	1357.82	460.38	20.53	9.47
石棉制品制造	3.60	46.95	17.47	0.01	0.14
云母制品制造	2.08	10.32	4.02		
耐火陶瓷制品及其他耐火材料制造	280.66	1300.55	438.89	20.52	9.33
石墨及其他非金属矿物制品制造	319.02	1466.77	666.45	38.40	17.89
石墨及碳素制品制造	127.04	703.77	307.61	15.43	12.03
其他非金属矿物制品制造	191.98	763.00	358.84	22.98	5.87
黑色金属冶炼和压延加工业	7990.98	20889.99	9605.75	1759.43	447.59
炼铁	446.13	827.41	457.86	22.85	20.80
炼钢	1247.59	2959.69	728.21	240.09	3.69
黑色金属铸造	295.59	1625.57	729.01	16.45	10.34
钢压延加工	5548.31	14587.81	7086.21	1446.25	396.35
铁合金冶炼	453.37	889.50	604.46	33.80	16.42
有色金属冶炼和压延加工业	3134.81	11487.99	5298.62	1248.72	67.37
常用有色金属冶炼	1815.01	4365.44	2157.44	790.66	24.99
铜冶炼	435.68	1393.52	441.62	252.38	4.13
铅锌冶炼	283.44	553.00	346.12	57.20	6.88
镍钴冶炼	301.74	710.62	328.53	143.70	0.40
锡冶炼	36.02	136.85	42.08	13.21	1.32
锑冶炼	6.48	79.16	24.43	9.22	0.22
铝冶炼	640.16	1187.16	836.66	307.05	9.72
镁冶炼	32.54	85.71	53.59	1.37	2.25
其他常用有色金属冶炼	78.95	219.42	84.40	6.54	0.08
贵金属冶炼	94.89	689.95	181.34	41.14	7.07
金冶炼	82.68	601.47	146.22	33.28	6.91
银冶炼	8.32	69.22	20.95	3.50	
其他贵金属冶炼	3.90	19.26	14.17	4.35	0.16
稀有稀土金属冶炼	101.01	750.03	242.71	49.68	1.83
钨钼冶炼	30.89	306.49	81.42	22.81	0.10
稀土金属冶炼	46.23	322.43	94.60	13.29	0.36
其他稀有金属冶炼	23.90	121.11	66.68	13.58	1.37

单位：亿元

法人资本	个人资本	港澳台资本	外商资本	主营业务收入	主营业务成本	主营业务税金及附加	销售费用
29.91	18.24	15.65	36.90	458.28	393.55	2.87	9.07
4.09	5.85		1.51	149.38	128.30	1.05	3.88
42.03	34.54	6.64	16.40	646.65	544.47	4.46	20.09
32.36	29.92	4.08	8.54	707.28	597.74	4.06	23.27
3.25	3.56	0.20	0.39	45.15	38.07	0.24	1.39
5.79	5.61	1.47	3.23	74.70	63.72	0.45	1.46
29.13	32.44	6.79	7.00	429.30	356.62	3.02	10.00
193.70	117.07	25.02	50.86	2093.10	1775.70	14.08	47.84
160.10	69.66	19.15	42.78	1341.30	1137.62	9.72	31.81
33.60	47.40	5.86	8.08	751.80	638.08	4.35	16.03
220.25	170.41	26.16	67.94	3160.04	2599.45	25.11	90.72
32.62	27.00	9.93	26.09	506.09	418.10	3.39	17.72
110.63	72.47	6.30	31.21	1200.00	958.23	8.81	28.79
56.05	45.65	7.74	3.90	919.91	775.76	7.62	28.87
20.96	25.30	2.19	6.74	534.03	447.37	5.30	15.35
144.61	239.29	10.26	35.43	4584.51	3787.52	31.19	150.85
4.23	12.91	0.18		142.10	121.91	0.98	4.14
1.19	1.89	0.62	0.32	55.23	46.02	0.49	1.29
139.19	224.49	9.46	35.12	4387.18	3619.60	29.73	145.41
302.20	245.29	12.66	49.50	4484.46	3822.51	28.61	110.78
155.13	92.72	3.45	28.46	2029.18	1734.61	11.47	48.78
147.06	152.57	9.21	21.04	2455.28	2087.90	17.14	62.01
4327.57	2227.99	290.91	551.75	76096.64	69987.96	228.37	749.14
263.42	118.63	2.67	28.19	3042.97	2840.86	10.58	27.87
237.82	168.14	46.70	31.69	9227.84	8601.37	14.41	69.64
312.10	285.48	21.32	84.79	6378.28	5521.55	42.96	117.11
3220.61	1476.37	210.23	336.50	53018.03	49005.99	140.52	456.92
293.63	179.37	9.99	70.57	4429.52	4018.19	19.90	77.61
2156.40	1169.69	355.80	297.72	47192.14	43481.25	152.89	386.26
962.80	278.04	62.88	36.80	18802.11	17653.38	56.71	157.74
123.83	49.35	10.64	1.30	7807.13	7455.67	16.50	29.75
185.94	91.39	1.07	2.40	2742.12	2481.65	11.68	24.84
158.91	17.18	5.15	3.17	2469.58	2339.68	4.70	10.52
20.02	6.72	0.14	0.67	403.68	375.16	1.32	4.02
4.98	9.76	0.25		246.93	207.28	4.66	2.45
394.20	56.35	44.71	24.64	4161.35	3942.51	11.31	67.91
27.39	21.27	0.76	0.55	284.63	253.43	2.06	6.23
47.52	26.02	0.16	4.08	686.69	598.01	4.48	12.03
71.09	43.37	10.45	7.42	2640.96	2384.33	9.99	11.84
60.89	27.47	9.50	7.38	2062.85	1887.00	6.76	8.62
3.15	13.98	0.32		474.31	396.95	2.79	1.61
7.05	1.93	0.64	0.04	103.80	100.38	0.44	1.60
99.38	70.38	3.37	18.07	1828.79	1570.42	14.91	15.67
34.12	17.56	2.46	4.36	788.61	695.74	5.66	4.77
27.66	41.06	0.60	11.63	738.42	608.63	7.64	6.63
37.60	11.76	0.31	2.07	301.75	266.05	1.61	4.27

1-A-3 续表 25

行业	应付账款	所有者权益合计	实收资本	国家资本	集体资本
有色金属合金制造	209.01	792.88	446.19	145.03	5.21
有色金属铸造	32.32	61.96	37.73	4.56	1.05
有色金属压延加工	882.56	4827.73	2233.22	217.66	27.23
铜压延加工	381.65	1336.64	793.98	61.49	6.68
铝压延加工	365.51	2800.69	1147.68	100.44	17.53
贵金属压延加工	33.73	49.34	22.61	2.27	0.03
稀有稀土金属压延加工	32.36	357.81	103.50	46.32	1.74
其他有色金属压延加工	69.31	283.26	165.44	7.15	1.24
金属制品业	2337.12	10303.23	4663.15	363.40	80.02
结构性金属制品制造	765.38	3059.08	1452.06	67.92	28.76
金属结构制造	590.84	2380.56	1134.31	63.02	24.47
金属门窗制造	174.55	678.52	317.76	4.90	4.29
金属工具制造	135.13	656.29	284.60	17.06	6.85
切削工具制造	46.14	295.20	124.22	13.61	3.56
手工具制造	24.04	101.86	47.14	0.83	0.23
农用及园林用金属工具制造	13.34	42.63	23.75	0.05	0.35
刀剪及类似日用金属工具制造	16.36	64.08	19.07	1.42	
其他金属工具制造	35.26	152.52	70.42	1.15	2.71
集装箱及金属包装容器制造	235.49	917.55	469.33	27.30	7.02
集装箱制造	62.96	175.34	94.18	4.95	0.80
金属压力容器制造	72.94	300.80	146.26	10.34	3.21
金属包装容器制造	99.59	441.41	228.89	12.00	3.01
金属丝绳及其制品制造	171.25	917.08	411.96	20.81	7.94
建筑、安全用金属制品制造	197.78	1440.31	487.76	18.09	5.40
建筑、家具用金属配件制造	73.97	267.87	128.60	0.46	2.38
建筑装饰及水暖管道零件制造	87.66	966.62	264.88	17.14	1.22
安全、消防用金属制品制造	16.52	114.24	55.03	0.27	0.11
其他建筑、安全用金属制品制造	19.63	91.58	39.25	0.22	1.70
金属表面处理及热处理加工	155.15	540.13	274.50	9.05	6.60
搪瓷制品制造	17.64	55.50	31.52	0.60	0.33
生产专用搪瓷制品制造	6.31	15.57	12.65		0.14
建筑装饰搪瓷制品制造	1.08	10.04	4.27	0.60	
搪瓷卫生洁具制造	6.71	12.43	6.78		0.03
搪瓷日用品及其他搪瓷制品制造	3.54	17.46	7.81		0.15
金属制日用品制造	125.23	560.51	288.63	0.46	1.19
金属制厨房用器具制造	23.00	89.34	45.88	0.01	0.55
金属制餐具和器皿制造	48.40	249.00	128.65	0.04	0.52
金属制卫生器具制造	7.41	27.86	16.64	0.15	0.01
其他金属制日用品制造	46.41	194.31	97.46	0.27	0.11
其他金属制品制造	534.06	2156.77	962.78	202.11	15.94
锻件及粉末冶金制品制造	194.22	929.75	402.89	35.58	6.51
交通及公共管理用金属标牌制造	6.15	40.34	13.55	0.15	0.31
通用设备制造业	5089.06	16256.13	6967.16	523.31	131.04
锅炉及原动设备制造	929.01	2323.02	871.91	155.86	30.46
锅炉及辅助设备制造	303.36	610.93	258.70	28.40	7.74
内燃机及配件制造	364.08	1308.53	439.79	102.49	19.40

单位：亿元

法人资本	个人资本	港澳台资本	外商资本	主营业务收　　入	主营业务成　　本	主营业务税金及附加	销售费用
124.44	106.11	18.67	46.48	3094.02	2818.61	10.56	36.55
12.85	7.53	5.76	5.98	239.87	213.26	0.91	3.57
885.85	664.26	254.66	182.96	20586.39	18841.25	59.80	160.89
296.77	339.01	41.05	48.87	9692.75	9047.82	21.70	44.58
503.79	234.67	201.14	89.74	8581.32	7697.86	25.30	91.73
8.61	7.47	0.01	4.23	297.28	280.51	0.73	2.32
22.79	22.00	2.12	8.53	637.17	567.78	3.79	6.42
53.88	61.11	10.34	31.59	1377.87	1247.28	8.28	15.84
1480.31	1620.97	473.31	634.06	33228.95	28674.16	195.89	669.35
528.86	627.24	84.91	109.39	10630.57	9116.99	75.42	216.38
423.02	477.97	52.61	88.71	8270.90	7113.29	55.26	160.12
105.84	149.26	32.30	20.68	2359.67	2003.70	20.17	56.26
72.99	82.69	32.88	72.12	2103.02	1737.26	14.83	54.80
30.07	31.63	13.68	31.67	622.97	505.91	4.33	19.69
14.23	16.15	6.26	9.43	433.46	359.47	3.74	10.14
6.29	9.77	5.94	1.35	201.99	169.53	1.61	5.65
3.73	5.16	2.82	5.94	322.76	259.03	1.66	8.03
18.67	19.97	4.18	23.74	521.85	443.33	3.50	11.28
158.14	99.37	84.54	89.96	2776.97	2406.84	12.33	66.31
42.73	5.14	15.91	24.65	659.06	587.43	1.86	15.42
55.46	54.90	5.50	16.28	822.60	695.08	4.09	22.66
59.95	39.33	63.13	49.03	1295.32	1124.33	6.38	28.23
114.12	160.08	49.29	59.71	3057.83	2699.05	14.44	53.70
177.35	167.60	41.34	77.95	3292.23	2830.37	17.91	74.49
32.26	41.74	20.23	31.51	1156.61	1002.85	6.39	21.71
117.61	78.97	14.26	35.68	1579.71	1357.36	7.06	36.85
19.26	29.59	2.20	3.60	293.92	243.95	2.67	9.73
8.23	17.30	4.64	7.16	262.00	226.21	1.79	6.20
70.38	105.53	36.94	45.76	2343.20	2074.05	10.59	31.17
14.13	10.26	1.35	4.85	234.83	199.59	1.46	6.39
9.43	3.06		0.01	55.25	47.84	0.32	1.47
0.58	2.84	0.26		15.66	13.14	0.11	0.39
0.83	1.84	0.90	3.18	68.17	58.04	0.35	1.88
3.29	2.52	0.19	1.66	95.74	80.56	0.68	2.66
87.26	79.58	55.73	61.93	2175.11	1876.37	11.17	59.31
11.11	16.08	6.81	11.17	359.63	310.05	1.38	14.18
52.28	35.44	20.76	19.56	899.49	770.57	4.45	23.95
4.00	4.13	3.49	4.56	112.79	100.13	0.50	2.58
19.87	23.93	24.68	26.63	803.21	695.62	4.84	18.59
257.07	288.63	86.33	112.39	6615.19	5733.63	37.74	106.80
108.73	191.03	13.84	47.22	3479.80	3033.91	22.99	51.67
3.37	8.76	0.73	0.23	111.34	95.35	0.80	2.12
2270.75	2253.43	404.68	1378.60	43575.01	36389.03	271.58	1245.28
350.81	187.09	19.55	127.89	5005.41	4091.44	32.12	144.91
91.18	99.67	5.84	25.89	1818.10	1508.70	10.52	46.57
164.84	60.64	9.98	82.45	2340.23	1887.67	16.44	78.08

1-A-3 续表 26

行业	应付账款	所有者权益合计	实收资本	国家资本	集体资本
汽轮机及辅机制造	192.80	280.64	110.09	19.00	2.24
水轮机及辅机制造	15.21	55.61	27.75	0.75	0.15
风能原动设备制造	52.11	60.38	31.35	5.22	0.87
其他原动设备制造	1.46	6.93	4.22		0.06
金属加工机械制造	487.78	1967.24	822.90	90.54	18.14
金属切削机床制造	231.66	750.05	324.83	64.87	8.69
金属成形机床制造	71.51	279.36	120.90	5.43	2.51
铸造机械制造	51.60	204.33	98.02	2.68	1.88
金属切割及焊接设备制造	38.84	206.24	74.06	0.67	1.56
机床附件制造	25.08	186.45	75.47	2.08	0.73
其他金属加工机械制造	69.08	340.81	129.62	14.81	2.77
物料搬运设备制造	875.48	2357.34	987.56	75.03	13.05
轻小型起重设备制造	50.45	170.77	65.18	9.64	0.35
起重机制造	388.34	1098.11	429.44	56.28	7.44
生产专用车辆制造	57.96	150.14	63.97	4.51	0.07
连续搬运设备制造	39.85	141.65	72.38	2.67	1.02
电梯、自动扶梯及升降机制造	315.54	710.82	314.27	1.56	3.52
其他物料搬运设备制造	23.33	85.84	42.32	0.36	0.65
泵、阀门、压缩机及类似机械制造	857.15	3173.14	1425.51	71.75	22.26
泵及真空设备制造	219.85	781.72	321.55	18.20	4.73
气体压缩机械制造	271.50	640.93	297.18	29.08	10.11
阀门和旋塞制造	212.42	957.88	457.39	3.18	4.13
液压和气压动力机械及元件制造	153.39	792.61	349.39	21.29	3.28
轴承、齿轮和传动部件制造	378.48	1694.10	825.79	34.03	16.08
轴承制造	211.35	956.87	494.39	28.31	9.62
齿轮及齿轮减、变速箱制造	130.16	569.29	251.12	5.12	4.33
其他传动部件制造	36.97	167.94	80.28	0.59	2.13
烘炉、风机、衡器、包装等设备制造	746.22	2214.50	901.42	41.31	15.52
烘炉、熔炉及电炉制造	41.55	146.75	52.06	1.49	0.65
风机、风扇制造	170.59	381.59	134.66	22.16	0.67
气体、液体分离及纯净设备制造	100.99	337.58	139.99	2.97	0.69
制冷、空调设备制造	297.38	812.16	381.14	9.75	11.76
风动和电动工具制造	80.98	326.85	101.17	0.99	0.41
喷枪及类似器具制造	11.65	27.79	13.99	0.07	0.66
衡器制造	12.33	61.91	26.98	0.85	0.20
包装专用设备制造	30.74	119.87	51.42	3.02	0.49
文化、办公用机械制造	301.15	567.83	267.85	4.66	0.86
电影机械制造	4.37	8.62	3.36	0.03	
幻灯及投影设备制造	13.49	25.25	15.75	0.32	
照相机及器材制造	65.62	198.24	101.29	1.93	0.85
复印和胶印设备制造	97.35	167.56	73.36	0.04	0.01
计算器及货币专用设备制造	103.38	142.66	57.93	0.78	
其他文化、办公用机械制造	16.93	25.50	16.16	1.56	
通用零部件制造	390.03	1552.88	681.47	39.42	12.37
金属密封件制造	32.08	223.08	83.37	0.12	1.81
紧固件制造	109.97	399.25	198.54	6.82	3.34

单位：亿元

法人资本	个人资本	港澳台资本	外商资本	主营业务收入	主营业务成本	主营业务税金及附加	销售费用
62.93	9.39	2.62	13.93	606.09	493.25	3.72	13.79
12.26	11.10		3.24	79.46	64.21	0.41	2.17
17.39	4.76	1.12	1.95	132.00	111.43	0.54	3.89
2.21	1.52		0.43	29.53	26.19	0.49	0.41
301.31	266.57	49.71	96.37	5154.91	4311.59	33.50	152.87
125.10	72.66	20.81	32.74	1565.54	1323.67	7.43	51.98
34.76	47.77	9.13	21.20	769.78	642.38	4.59	22.84
39.72	40.05	5.41	8.27	866.81	727.20	7.17	23.02
26.11	28.62	3.74	13.19	434.76	341.73	2.33	15.90
23.06	29.98	6.03	13.60	528.19	439.72	4.04	12.13
52.57	47.49	4.59	7.38	989.83	836.89	7.94	27.00
303.38	384.54	47.24	164.68	6393.64	5285.81	33.43	209.94
15.12	28.10	2.40	9.55	470.37	395.26	2.50	14.79
126.89	188.05	8.58	42.45	2694.91	2293.26	13.51	67.08
19.41	18.80	1.26	20.05	416.81	350.26	1.67	14.04
20.70	36.46	4.83	6.68	345.19	284.08	1.77	14.39
108.98	97.54	22.57	80.10	2263.30	1797.59	12.31	91.67
12.27	15.59	7.61	5.84	203.07	165.36	1.66	7.95
445.95	500.31	62.74	322.16	8187.03	6773.38	49.59	272.15
101.51	138.29	7.86	50.78	2013.59	1619.67	14.15	78.47
111.77	35.99	14.01	96.21	1853.83	1578.44	8.38	56.76
151.66	217.04	25.96	55.37	2468.29	2039.19	14.69	84.52
81.02	108.98	14.91	119.80	1851.31	1536.07	12.38	52.40
240.19	280.53	41.69	213.31	4333.79	3641.87	38.53	91.19
125.36	187.40	19.81	123.92	2554.88	2160.71	28.79	48.36
92.87	70.87	16.69	61.23	1399.36	1159.83	7.74	32.62
21.96	22.25	5.19	28.16	379.56	321.33	2.01	10.21
336.56	271.76	55.40	176.45	5744.30	4704.48	35.07	189.89
20.75	17.65	4.02	5.44	242.50	195.54	2.26	8.05
48.06	46.06	2.71	13.82	826.58	658.31	5.88	29.23
55.05	51.00	5.70	24.58	862.96	703.29	6.25	30.14
166.08	84.06	25.11	83.20	2309.18	1896.56	12.66	77.70
19.17	33.59	13.83	33.18	948.94	803.90	4.60	19.86
4.88	4.09	0.24	4.05	87.42	68.25	0.71	5.00
4.62	15.57	0.38	5.36	178.92	144.65	0.99	6.00
17.95	19.73	3.41	6.80	287.80	233.97	1.72	13.90
41.36	31.09	53.03	136.84	2015.41	1802.72	6.22	43.94
0.82	0.03	1.87	0.61	30.78	24.51	0.08	0.96
3.87	2.89	2.56	6.11	79.24	69.69	0.37	1.70
6.31	3.24	24.04	64.91	646.29	603.57	1.87	5.36
12.27	6.71	10.99	43.33	710.17	633.52	2.08	14.69
15.53	13.58	10.38	17.67	482.35	415.81	1.48	18.61
2.56	4.64	3.18	4.22	66.57	55.62	0.34	2.61
195.88	260.78	65.13	107.42	5552.06	4770.93	36.32	110.21
29.46	31.01	10.62	10.35	807.66	678.43	7.63	17.67
42.74	63.24	29.91	52.12	1235.04	1063.40	6.08	27.39

1-A-3 续表 27

行业	应付账款	所有者权益合计	实收资本	国家资本	集体资本
弹簧制造	23.78	78.74	38.83	4.29	0.27
机械零部件加工	146.94	583.68	254.13	26.35	6.01
其他通用零部件制造	77.26	268.13	106.59	1.83	0.95
其他通用设备制造业	123.76	406.08	182.76	10.71	2.31
专用设备制造业	4385.91	13595.68	6016.23	724.52	84.03
采矿、冶金、建筑专用设备制造	2449.85	6188.41	2630.68	578.79	28.07
矿山机械制造	551.58	1441.19	656.52	167.36	7.49
石油钻采专用设备制造	488.22	1218.94	625.37	112.45	7.18
建筑工程用机械制造	655.89	2181.92	682.70	77.42	9.84
海洋工程专用设备制造	222.46	320.23	198.15	82.23	
建筑材料生产专用机械制造	128.54	345.15	145.04	12.47	0.80
冶金专用设备制造	403.17	680.98	322.90	126.86	2.75
化工、木材、非金属加工专用设备制造	509.85	1771.24	863.02	32.64	17.15
炼油、化工生产专用设备制造	90.04	362.57	176.41	22.03	5.76
橡胶加工专用设备制造	50.58	105.77	38.89	1.58	0.02
塑料加工专用设备制造	84.52	274.84	101.98	0.40	1.43
木材加工机械制造	10.30	39.40	22.47	1.78	0.12
模具制造	264.32	953.24	508.22	6.85	9.45
其他非金属加工专用设备制造	10.08	35.42	15.06		0.36
食品、饮料、烟草及饲料生产专用设备制造	73.60	352.43	150.61	7.26	1.58
食品、酒、饮料及茶生产专用设备制造	23.66	92.54	43.20	2.94	0.45
农副食品加工专用设备制造	21.74	160.10	65.35	1.26	0.37
烟草生产专用设备制造	24.59	83.65	35.62	2.94	0.76
饲料生产专用设备制造	3.61	16.14	6.44	0.12	
印刷、制药、日化及日用品生产专用设备制造	141.48	543.81	229.40	12.26	7.56
制浆和造纸专用设备制造	33.19	103.32	45.45	1.33	3.84
印刷专用设备制造	44.01	166.90	73.09	2.92	1.21
日用化工专用设备制造	2.32	14.31	7.22	0.15	0.48
制药专用设备制造	15.30	79.28	24.34	1.44	
照明器具生产专用设备制造	4.17	15.27	14.81	0.50	0.54
玻璃、陶瓷和搪瓷制品生产专用设备制造	36.65	142.55	54.74	5.42	0.31
其他日用品生产专用设备制造	5.84	22.16	9.73	0.50	1.18
纺织、服装和皮革加工专用设备制造	201.68	581.41	268.34	14.89	3.63
纺织专用设备制造	144.70	402.75	180.39	11.10	2.11
皮革、毛皮及其制品加工专用设备制造	3.07	18.46	5.73	0.12	0.37
缝制机械制造	52.81	154.77	78.53	3.66	1.15
洗涤机械制造	1.09	5.43	3.69		
电子和电工机械专用设备制造	146.64	658.85	337.46	31.21	3.50
电工机械专用设备制造	46.71	186.18	82.95	17.16	1.21
电子工业专用设备制造	99.93	472.68	254.52	14.06	2.29
农、林、牧、渔专用机械制造	227.32	750.47	415.21	16.24	5.66
拖拉机制造	87.50	182.50	118.27	7.08	2.08
机械化农业及园艺机具制造	93.26	368.75	216.27	7.99	2.39
营林及木竹采伐机械制造	2.36	2.88	1.02		
畜牧机械制造	7.03	18.90	10.00		0.09
渔业机械制造	0.90	4.39	2.43		

单位：亿元

法人资本	个人资本	港澳台资本	外商资本	主营业务收入	主营业务成本	主营业务税金及附加	销售费用
5.95	11.54	6.84	9.94	279.51	233.62	1.20	6.98
91.52	104.44	10.83	14.87	2317.49	2018.64	16.03	39.37
26.21	50.55	6.92	20.13	912.36	776.84	5.39	18.80
55.31	70.77	10.17	33.49	1188.47	1006.81	6.81	30.18
2169.44	1668.15	407.54	957.39	32714.72	27225.69	195.15	980.60
995.71	618.73	86.02	321.58	14699.02	12464.76	79.97	423.29
227.07	180.86	4.06	68.79	3858.46	3267.37	21.06	104.65
255.40	153.91	28.73	67.55	2872.22	2432.27	16.45	57.65
269.54	156.09	36.21	132.97	4719.94	3987.73	25.26	192.38
65.15	10.72	10.54	29.52	762.65	649.21	2.76	13.93
61.29	58.55	3.59	8.24	1209.21	1019.85	6.71	27.24
117.26	58.62	2.89	14.51	1276.54	1108.33	7.73	27.44
239.92	207.99	152.42	211.72	4201.90	3474.55	25.30	104.85
72.13	54.16	4.16	18.15	860.94	702.88	6.76	20.31
16.07	12.86	1.75	6.49	307.86	261.21	2.02	6.89
17.32	21.75	44.23	16.83	515.43	405.84	2.79	23.58
5.77	8.00	1.35	4.68	181.44	150.68	1.30	4.17
123.47	104.80	100.50	162.91	2202.80	1840.35	11.66	46.80
5.16	6.41	0.42	2.65	133.43	113.60	0.78	3.10
67.62	57.47	2.56	13.89	973.28	796.24	7.71	31.18
17.84	13.66	0.88	7.43	247.01	199.90	1.59	9.93
19.00	37.55	0.90	6.18	527.06	436.22	4.87	14.92
28.08	3.01	0.78	0.05	113.82	87.36	0.78	4.52
2.70	3.25		0.23	85.40	72.76	0.48	1.81
67.31	85.73	18.30	38.22	1311.71	1058.95	8.07	48.16
10.72	13.24	0.86	15.45	367.71	305.94	1.98	10.63
24.67	19.74	8.86	15.68	392.57	313.18	2.82	17.42
2.45	3.76	0.22	0.16	41.12	34.79	0.31	0.85
8.66	11.89	0.06	2.29	144.12	106.31	0.89	7.81
2.48	3.51	7.60	0.18	74.41	64.00	0.47	1.50
15.47	31.04	0.19	2.30	219.14	176.04	1.16	6.94
2.84	2.54	0.50	2.16	72.65	58.68	0.44	3.00
80.72	92.06	23.46	53.59	1630.18	1367.46	11.64	43.37
53.35	73.32	19.69	20.82	1173.44	978.77	9.08	32.20
1.34	2.64	0.30	0.95	50.91	42.69	0.54	1.32
25.95	15.39	3.32	29.06	390.52	333.44	2.00	9.33
0.07	0.70	0.16	2.76	15.31	12.56	0.02	0.51
122.67	63.06	19.74	97.19	1376.86	1142.76	10.38	35.49
29.45	24.41	2.27	8.35	431.77	351.02	2.91	15.92
93.22	38.64	17.47	88.84	945.09	791.74	7.46	19.57
187.66	145.52	14.29	45.32	2585.46	2182.18	13.04	75.94
64.31	24.92	0.04	19.58	640.77	552.40	2.07	15.33
91.24	80.95	12.10	21.50	1146.50	952.91	5.59	40.50
0.13	0.89			6.13	5.20	0.04	0.12
2.47	4.01	1.87	1.56	101.56	83.47	0.62	3.72
0.38	1.90	0.15		22.23	19.05	0.05	0.29

1-A-3 续表 28

行业	应付账款	所有者权益合计	实收资本	国家资本	集体资本
农林牧渔机械配件制造	23.02	117.68	39.21	0.08	0.08
棉花加工机械制造	4.31	10.87	3.63		0.37
其他农、林、牧、渔业机械制造	8.95	44.50	24.39	1.08	0.65
医疗仪器设备及器械制造	172.19	956.68	375.55	5.33	7.20
医疗诊断、监护及治疗设备制造	81.05	363.32	126.00	3.36	0.28
口腔科用设备及器具制造	5.41	12.87	7.04	0.01	
医疗实验室及医用消毒设备和器具制造	3.73	27.34	10.23	0.68	0.29
医疗、外科及兽医用器械制造	42.82	264.45	108.53	0.55	6.00
机械治疗及病房护理设备制造	10.82	69.88	34.87	0.28	0.33
假肢、人工器官及植(介)入器械制造	8.40	106.81	40.83	0.23	
其他医疗设备及器械制造	19.95	112.00	48.04	0.22	0.30
环保、社会公共服务及其他专用设备制造	463.30	1792.38	745.95	25.91	9.68
环境保护专用设备制造	222.38	907.17	403.28	10.07	5.30
地质勘查专用设备制造	6.65	34.77	9.55	1.38	0.30
邮政专用机械及器材制造	1.13	3.28	2.54	1.91	
商业、饮食、服务专用设备制造	5.11	8.87	5.36		
社会公共安全设备及器材制造	47.27	174.16	50.54	1.49	0.35
交通安全、管制及类似专用设备制造	10.97	40.99	13.52	0.71	0.31
水资源专用机械制造	9.22	56.18	33.20	1.92	0.76
其他专用设备制造	160.57	566.96	227.97	8.43	2.66
汽车制造业	9336.78	19871.89	7620.44	1063.19	157.04
汽车整车制造	5259.96	10262.48	3391.56	808.35	21.48
改装汽车制造	278.92	690.62	340.82	49.24	8.99
低速载货汽车制造	5.82	40.71	21.47	1.66	
电车制造	4.30	31.83	15.37	0.30	
汽车车身、挂车制造	59.03	246.62	89.75	6.19	1.64
汽车零部件及配件制造	3728.75	8599.62	3761.47	197.45	124.94
铁路、船舶、航空航天和其他运输设备制造业	3118.53	6895.63	3408.99	1071.35	46.96
铁路运输设备制造	951.96	1400.17	695.98	283.79	8.80
铁路机车车辆及动车组制造	497.84	571.90	335.29	173.42	1.57
窄轨机车车辆制造	3.04	8.65	4.84	0.50	0.13
铁路机车车辆配件制造	231.36	460.88	164.12	56.05	2.87
铁路专用设备及器材、配件制造	165.12	309.02	153.27	30.39	3.52
其他铁路运输设备制造	54.60	49.71	38.47	23.43	0.71
城市轨道交通设备制造	33.86	59.72	41.11	11.35	
船舶及相关装置制造	1060.17	2552.48	1313.06	276.85	10.98
金属船舶制造	932.72	2062.59	1028.24	217.26	6.49
非金属船舶制造	7.55	30.53	10.84	0.35	0.31
娱乐船和运动船制造	4.68	16.86	13.18	0.14	0.05
船用配套设备制造	96.20	356.09	209.40	44.61	4.01
船舶改装与拆除	18.93	85.30	50.94	14.49	0.12
航标器材及其他相关装置制造	0.09	1.11	0.46		
航空、航天器及设备制造	620.60	1555.38	738.47	474.52	15.28
飞机制造	554.63	1266.61	620.19	419.12	7.94
航天器制造	26.09	125.24	34.87	21.49	
航空、航天相关设备制造	35.38	137.81	70.98	28.40	7.34
其他航空航天器制造	4.51	25.72	12.44	5.51	0.01

单位：亿元

法人资本	个人资本	港澳台资本	外商资本	主营业务收　入	主营业务成　本	主营业务税金及附加	销售费用
13.09	23.18	0.04	2.62	486.81	420.11	2.99	10.47
1.82	1.35	0.09		15.68	11.76	0.07	1.03
14.22	8.32		0.06	165.78	137.29	1.62	4.48
107.23	99.11	54.31	101.47	1853.60	1408.59	11.58	94.07
47.83	23.01	21.09	29.53	618.49	445.96	4.20	41.98
1.58	2.06	0.49	2.90	35.70	29.25	0.21	2.06
4.91	2.61	0.64	1.10	77.10	64.53	0.34	2.90
22.79	35.93	17.36	25.91	665.34	533.91	3.87	21.26
7.70	13.23	5.11	8.23	120.11	95.34	0.79	5.65
9.74	6.12	4.36	20.38	84.86	43.92	0.69	8.78
12.68	16.15	5.26	13.43	251.98	195.69	1.47	11.44
300.60	298.48	36.44	74.41	4082.71	3330.20	27.46	124.27
169.40	179.25	14.90	24.24	2169.23	1789.54	14.29	53.98
5.43	2.42	0.02		36.52	26.35	0.53	1.38
	0.43		0.20	11.15	10.03	0.11	0.38
1.66	1.53	1.73	0.45	32.52	26.48	0.26	1.31
15.84	17.76	5.85	9.25	419.28	333.19	2.61	17.40
2.22	9.94	0.13	0.21	120.89	101.86	1.41	3.23
7.68	18.51	0.54	3.79	163.17	134.40	1.24	5.84
98.38	68.65	13.26	36.28	1129.95	908.34	7.00	40.75
2955.95	998.06	354.62	2076.88	59692.60	49312.52	1359.42	1942.59
1490.18	130.89	138.52	798.84	30345.62	24329.71	1227.27	1291.04
195.87	74.66	2.82	9.24	2273.21	1999.95	11.95	54.00
10.05	2.25		7.50	193.93	174.12	0.37	3.31
6.66	8.11	0.09	0.22	67.96	58.00	0.29	1.68
25.76	41.82	7.53	6.81	795.29	696.58	3.69	14.90
1227.42	740.31	205.67	1254.28	26016.60	22054.16	115.85	577.66
1348.41	481.81	157.32	308.56	16362.54	14110.52	87.27	273.33
305.74	70.36	3.57	23.63	3336.57	2733.44	19.37	80.99
148.71	6.24	0.33	5.03	1438.02	1201.29	8.01	30.10
1.92	2.24		0.06	26.91	22.09	0.19	0.68
59.05	31.34	1.94	12.81	1010.76	813.42	6.33	27.05
84.56	28.94	0.15	5.67	672.09	530.47	4.06	19.82
11.50	1.61	1.15	0.06	188.79	166.18	0.77	3.34
23.31	2.69		3.76	114.80	97.60	0.60	2.69
648.38	172.23	84.06	120.50	5678.89	5051.20	25.69	50.63
531.71	119.97	58.43	94.33	4396.23	3938.33	17.54	30.90
4.10	3.40	0.19	2.48	63.01	52.57	0.59	1.72
4.67	2.38	3.34	2.60	48.96	41.35	0.51	1.35
93.45	34.26	13.61	19.46	900.53	782.10	5.81	14.61
14.26	11.94	8.50	1.63	267.71	234.93	1.23	1.93
0.18	0.28			2.44	1.92	0.02	0.12
185.05	16.58	14.83	38.11	2575.00	2203.84	7.03	30.42
150.27	6.12	11.56	31.08	2071.67	1789.00	3.74	23.00
11.94	1.43			183.51	151.40	0.31	1.31
21.76	6.89	2.60	4.00	246.61	207.25	2.45	4.20
1.08	2.13	0.67	3.03	73.21	56.19	0.54	1.91

1-A-3 续表 29

行业	应付账款	所有者权益合计	实收资本	国家资本	集体资本
摩托车制造	285.26	855.16	321.91	17.26	7.59
摩托车整车制造	156.22	405.25	144.28	11.99	0.77
摩托车零部件及配件制造	129.04	449.91	177.63	5.27	6.82
自行车制造	133.33	387.15	250.72	2.73	3.94
脚踏自行车及残疾人座车制造	78.96	229.32	121.50	2.19	0.17
助动自行车制造	54.38	157.84	129.21	0.54	3.77
非公路休闲车及零配件制造	14.50	38.88	21.11	0.08	0.13
潜水救捞及其他未列明运输设备制造	18.85	46.67	26.62	4.77	0.23
潜水及水下救捞装备制造	0.67	4.96	2.93	0.54	
其他未列明运输设备制造	18.18	41.71	23.69	4.23	0.23
电气机械和器材制造业	7714.86	19928.34	9701.79	509.53	202.73
电机制造	1284.85	2857.88	1223.74	132.37	14.37
发电机及发电机组制造	862.92	1581.84	717.55	110.26	7.09
电动机制造	204.40	683.80	246.66	20.41	3.87
微电机及其他电机制造	217.52	592.24	259.54	1.71	3.41
输配电及控制设备制造	2537.65	6671.68	3611.20	249.49	69.61
变压器、整流器和电感器制造	507.87	1560.05	735.62	26.06	15.23
电容器及其配套设备制造	38.86	147.33	64.84	3.96	1.17
配电开关控制设备制造	725.54	2225.06	1208.64	64.48	25.20
电力电子元器件制造	238.57	708.30	319.94	12.57	3.61
光伏设备及元器件制造	706.10	1370.07	979.11	73.82	14.88
其他输配电及控制设备制造	320.71	660.88	303.05	68.61	9.51
电线、电缆、光缆及电工器材制造	926.10	3968.96	2060.21	56.35	62.60
电线、电缆制造	723.61	3112.92	1683.05	45.74	51.01
光纤、光缆制造	123.90	523.03	230.93	7.72	9.25
绝缘制品制造	48.98	216.93	92.66	2.73	0.99
其他电工器材制造	29.61	116.08	53.58	0.17	1.35
电池制造	438.04	1287.27	693.73	18.27	10.33
锂离子电池制造	220.59	547.13	327.20	4.87	3.47
镍氢电池制造	28.36	118.62	72.13	1.24	0.15
其他电池制造	189.08	621.52	294.40	12.16	6.71
家用电力器具制造	1968.64	3283.78	1066.15	34.15	36.56
家用制冷电器具制造	416.06	778.53	254.94	12.61	10.46
家用空气调节器制造	863.19	1260.16	246.00	16.25	18.31
家用通风电器具制造	55.41	113.83	46.34	0.17	0.20
家用厨房电器具制造	262.58	402.73	195.09	0.08	4.67
家用清洁卫生电器具制造	185.49	324.81	131.47	4.36	0.49
家用美容、保健电器具制造	46.61	96.80	36.97	0.08	0.02
家用电力器具专用配件制造	73.68	161.68	69.50	0.28	1.52
其他家用电力器具制造	65.62	145.24	85.84	0.31	0.89
非电力家用器具制造	100.26	456.40	212.14	4.95	3.16
燃气、太阳能及类似能源家用器具制造	94.50	431.11	203.47	4.95	3.10
其他非电力家用器具制造	5.76	25.30	8.67		0.06
照明器具制造	400.12	1230.50	642.25	11.55	5.19
电光源制造	115.99	337.85	186.15	3.11	0.93
照明灯具制造	249.72	802.78	410.66	3.97	3.95
灯用电器附件及其他照明器具制造	34.40	89.87	45.44	4.48	0.30

单位：亿元

法人资本	个人资本	港澳台资本	外商资本	主营业务收入	主营业务成本	主营业务税金及附加	销售费用
125.11	102.41	16.42	52.80	2973.15	2551.02	26.94	65.21
64.94	36.50	8.89	21.18	1479.18	1273.26	18.15	32.05
60.17	65.91	7.53	31.62	1493.97	1277.76	8.79	33.16
45.87	108.63	32.55	56.98	1329.54	1160.74	5.42	36.67
22.11	17.43	27.98	51.61	619.14	541.85	2.44	15.75
23.76	91.20	4.58	5.37	710.39	618.88	2.97	20.92
4.29	2.82	4.97	8.82	132.57	114.15	0.58	2.79
10.66	6.09	0.91	3.96	222.02	198.53	1.63	3.94
0.70	0.13	0.57	0.99	14.22	11.60	0.07	0.21
9.96	5.96	0.34	2.98	207.80	186.93	1.55	3.74
3278.90	3467.25	764.07	1473.18	61553.59	52253.90	281.57	2133.19
476.14	330.96	79.58	189.26	7494.64	6372.30	39.11	181.08
353.78	148.99	22.92	74.35	3639.69	3088.14	19.83	97.87
71.17	97.05	10.76	43.40	1818.49	1550.66	8.38	45.67
51.19	84.92	45.90	71.51	2036.47	1733.50	10.89	37.54
1280.08	1285.66	209.49	512.46	17573.79	14832.99	86.28	515.74
315.02	235.20	41.97	100.22	4102.51	3436.48	20.79	148.04
17.69	22.10	6.85	12.91	411.77	342.30	2.08	9.27
368.39	654.36	28.36	67.42	5557.62	4562.18	32.29	206.26
78.46	94.92	43.43	85.48	1769.86	1502.87	8.34	42.59
403.90	171.14	81.14	234.11	3713.20	3287.60	9.17	53.90
96.62	107.95	7.75	12.32	2018.83	1701.57	13.60	55.69
646.13	950.97	135.79	215.07	14326.63	12510.35	50.00	297.99
521.85	811.03	97.26	163.18	11975.80	10488.02	41.15	250.68
75.91	91.12	16.90	29.94	1383.64	1198.99	3.80	24.94
33.01	31.88	10.90	13.15	560.07	476.42	2.70	13.38
15.36	16.94	10.74	8.79	407.13	346.92	2.34	8.99
218.14	197.03	116.75	129.72	4014.05	3536.06	16.08	77.04
121.44	73.39	53.92	68.18	1508.99	1319.34	5.72	23.84
22.58	28.88	10.04	9.22	376.07	331.86	1.63	6.08
74.12	94.76	52.78	52.32	2128.99	1884.86	8.72	47.13
364.03	221.29	134.84	273.28	12890.72	10653.17	61.07	883.72
90.96	54.25	2.35	84.31	3248.97	2692.87	18.57	218.16
95.62	37.04	11.75	66.93	4594.04	3678.17	21.41	457.47
15.17	7.65	18.06	4.94	416.48	345.29	2.15	23.75
65.48	52.76	40.21	31.85	1710.16	1464.87	6.37	67.32
52.22	14.97	16.42	43.01	1277.64	1037.11	5.56	83.30
8.92	11.05	6.65	10.26	298.05	256.62	0.95	7.21
25.17	19.34	9.64	13.54	768.35	687.09	3.62	11.03
10.48	24.24	29.77	18.44	577.01	491.16	2.44	15.49
104.26	73.19	13.03	12.31	1112.15	913.28	6.84	48.76
101.55	69.70	11.89	11.06	1029.09	845.23	6.40	46.48
2.71	3.49	1.14	1.25	83.06	68.05	0.43	2.28
160.49	282.08	71.74	110.58	3664.71	3055.08	19.21	112.95
40.19	93.36	19.75	28.81	1006.47	839.59	4.69	28.09
107.02	180.90	47.41	66.81	2354.64	1957.69	12.88	77.21
13.27	7.82	4.58	14.96	303.60	257.81	1.63	7.64

1-A-3 续表 30

行　业	应付账款	所有者权益合计	实收资本	国家资本	集体资本
其他电气机械及器材制造	59.22	171.86	192.35	2.39	0.92
电气信号设备装置制造	23.95	59.45	24.26	1.18	0.59
其他未列明电气机械及器材制造	35.27	112.41	168.09	1.22	0.33
计算机、通信和其他电子设备制造业	13245.78	21507.70	11321.78	677.73	67.08
计算机制造	4181.75	3249.32	1197.74	26.84	7.24
计算机整机制造	2631.37	1462.65	366.53	16.36	1.53
计算机零部件制造	963.63	786.53	361.38	1.08	0.70
计算机外围设备制造	423.41	666.51	325.29	6.72	3.51
其他计算机制造	163.34	333.63	144.53	2.67	1.49
通信设备制造	3232.99	4184.43	1754.73	150.96	11.89
通信系统设备制造	1241.18	2471.07	1042.03	129.22	6.63
通信终端设备制造	1991.81	1713.36	712.70	21.74	5.26
广播电视设备制造	219.15	617.58	282.81	6.19	1.41
广播电视节目制作及发射设备制造	17.21	56.64	23.33	1.23	0.37
广播电视接收设备及器材制造	118.79	327.41	145.44	0.70	0.72
应用电视设备及其他广播电视设备制造	83.15	233.54	114.04	4.25	0.32
雷达及配套设备制造	82.38	174.05	45.63	14.13	0.50
视听设备制造	1095.75	1520.77	601.35	32.54	3.07
电视机制造	645.94	826.60	256.55	22.23	1.97
音响设备制造	163.82	269.55	152.96	0.46	0.14
影视录放设备制造	285.99	424.61	191.83	9.85	0.97
电子器件制造	2084.20	5997.93	4180.72	391.19	12.93
电子真空器件制造	34.00	205.02	142.10	6.98	0.11
半导体分立器件制造	109.60	464.44	281.47	6.77	4.69
集成电路制造	360.54	1796.10	1372.58	54.70	1.28
光电子器件及其他电子器件制造	1580.06	3532.36	2384.56	322.74	6.86
电子元件制造	1951.27	4758.03	2734.29	48.78	24.81
电子元件及组件制造	1360.76	3432.36	1885.14	38.76	23.39
印制电路板制造	590.51	1325.67	849.16	10.02	1.42
其他电子设备制造	398.29	1005.59	524.53	7.12	5.23
仪器仪表制造业	949.82	3344.64	1293.24	92.82	11.30
通用仪器仪表制造	580.09	2021.81	714.76	55.76	7.35
工业自动控制系统装置制造	374.56	1240.94	418.62	45.23	2.52
电工仪器仪表制造	91.37	251.20	117.39	5.14	3.14
绘图、计算及测量仪器制造	14.39	71.53	26.72	0.01	0.55
实验分析仪器制造	22.31	110.53	43.07	1.42	0.39
试验机制造	12.58	42.12	16.73	1.44	0.12
供应用仪表及其他通用仪器制造	64.88	305.49	92.23	2.53	0.63
专用仪器仪表制造	198.23	752.83	293.31	28.63	1.45
环境监测专用仪器仪表制造	13.06	76.57	27.48	0.33	0.32
运输设备及生产用计数仪表制造	72.44	204.55	72.01	3.75	0.17
导航、气象及海洋专用仪器制造	25.61	88.36	50.72	8.20	0.37
农林牧渔专用仪器仪表制造	1.63	4.88	1.77		0.06
地质勘探和地震专用仪器制造	28.47	91.87	45.13	4.26	0.04

单位：亿元

法人资本	个人资本	港澳台资本	外商资本	主营业务收入	主营业务成本	主营业务税金及附加	销售费用
29.62	126.08	2.85	30.50	476.91	380.66	2.99	15.90
6.29	8.60	0.83	6.78	184.17	146.26	1.35	7.25
23.33	117.47	2.02	23.72	292.73	234.40	1.64	8.65
3071.38	1167.36	2182.11	4091.20	78817.80	69792.49	233.98	1761.03
295.17	131.26	286.83	449.32	22021.64	20554.67	25.51	248.34
104.55	29.24	61.10	152.80	13893.48	13083.14	8.51	152.05
67.20	28.95	121.89	141.43	4661.72	4349.37	7.69	27.42
77.79	32.94	92.24	112.09	2505.58	2313.03	5.71	37.30
45.64	40.13	11.60	43.00	960.86	809.13	3.61	31.56
729.80	233.28	224.76	402.43	17018.94	14145.34	65.56	754.97
608.89	126.54	62.77	107.36	6504.46	4668.26	44.54	490.62
120.91	106.74	161.99	295.07	10514.48	9477.07	21.01	264.36
110.55	64.29	61.86	38.43	1554.00	1300.64	7.27	45.62
12.21	3.35	1.76	4.40	90.33	73.43	0.97	4.63
60.29	44.50	18.03	21.10	884.49	742.26	4.50	23.35
38.04	16.44	42.07	12.93	579.18	484.95	1.79	17.64
25.66	4.12	0.19	1.01	444.16	374.11	1.62	11.21
178.87	70.93	147.78	167.44	7560.71	6701.90	21.47	241.85
98.28	38.59	48.01	47.47	4070.17	3549.60	11.89	182.97
38.28	15.58	35.06	63.31	1175.67	1046.27	4.23	20.36
42.30	16.76	64.70	56.66	2314.87	2106.03	5.36	38.52
1136.23	277.23	643.67	1707.36	13560.64	12086.79	45.42	172.40
82.61	25.46	10.84	12.85	205.05	173.72	1.30	6.41
55.96	24.77	43.09	146.05	793.91	694.43	2.95	11.88
212.54	46.72	227.92	828.19	2683.76	2337.89	5.63	26.33
785.12	180.28	361.81	720.27	9877.92	8880.76	35.54	127.77
479.81	305.25	734.31	1137.54	13613.89	11986.06	56.12	215.89
364.30	250.08	435.59	769.70	10304.39	8999.17	46.33	173.21
115.51	55.16	298.72	367.84	3309.49	2986.89	9.79	42.68
115.29	81.01	82.71	187.66	3043.83	2643.00	11.02	70.74
407.40	410.79	120.40	248.88	7567.75	6099.27	45.02	267.43
220.01	269.83	43.67	117.99	4639.49	3718.83	28.21	174.23
121.11	148.80	25.60	75.20	2955.78	2391.20	17.08	98.86
46.94	49.66	5.27	7.25	526.50	410.36	3.36	25.98
8.43	8.68	3.94	5.11	197.78	159.94	1.31	8.10
11.66	15.75	4.26	9.59	239.77	182.38	1.54	12.81
4.83	5.49	0.61	4.25	104.91	79.41	0.74	5.34
27.04	41.45	3.98	16.59	614.74	495.54	4.19	23.15
103.46	98.33	9.01	51.07	1668.41	1339.07	10.50	57.87
9.73	12.93	1.24	2.48	163.25	130.61	1.04	6.75
15.87	17.12	3.10	32.00	579.46	468.23	3.39	15.27
22.94	14.69	0.14	3.48	168.70	146.24	0.63	3.90
0.40	1.31			30.25	25.22	0.09	0.43
25.68	12.31		2.84	153.23	121.82	1.22	3.94

1-A-3 续表 31

行业	应付账款	所有者权益合计	实收资本	国家资本	集体资本
教学专用仪器制造	3.99	21.90	12.40	0.11	0.23
核子及核辐射测量仪器制造	2.59	12.09	3.18	1.13	
电子测量仪器制造	25.60	128.79	39.80	7.70	0.26
其他专用仪器制造	24.83	123.82	40.81	3.17	
钟表与计时仪器制造	32.74	105.42	63.09	0.61	1.15
光学仪器及眼镜制造	119.33	408.85	197.02	7.61	0.81
光学仪器制造	86.95	297.46	127.55	6.90	0.81
眼镜制造	32.38	111.39	69.46	0.71	
其他仪器仪表制造业	19.43	55.73	25.06	0.21	0.54
其他制造业	284.83	858.97	413.76	42.23	3.85
日用杂品制造	69.18	401.96	191.31	0.41	0.23
鬃毛加工、制刷及清扫工具制造	14.35	91.07	35.97	0.02	0.06
其他日用杂品制造	54.83	310.90	155.34	0.39	0.17
煤制品制造	18.70	50.05	40.14	2.39	2.54
废弃资源综合利用业	252.81	587.37	310.45	20.69	9.55
金属废料和碎屑加工处理	219.38	432.09	225.99	16.73	7.73
非金属废料和碎屑加工处理	33.43	155.28	84.46	3.95	1.83
金属制品、机械和设备修理业	153.57	498.04	280.05	118.94	9.74
金属制品修理	2.93	13.35	6.79	0.29	0.03
通用设备修理	5.81	23.05	8.35	1.09	0.50
专用设备修理	10.96	42.84	15.97	3.24	0.17
铁路、船舶、航空航天等运输设备修理	121.86	385.79	231.03	113.33	5.47
铁路运输设备修理	31.42	19.68	15.42	10.80	0.01
船舶修理	25.77	187.93	131.59	79.85	0.09
航空航天器修理	53.97	155.13	78.57	17.57	5.25
其他运输设备修理	10.71	23.05	5.45	5.11	0.11
电气设备修理	5.64	4.66	6.63	0.36	2.08
仪器仪表修理	0.14	1.08	0.51		
其他机械和设备修理业	6.21	27.26	10.78	0.62	1.49
电力、热力、燃气及水生产和供应业	**8080.60**	**39326.88**	**20814.34**	**11775.96**	**283.15**
电力、热力生产和供应业	7454.27	33948.31	17756.63	10302.61	219.92
电力生产	2935.69	16318.77	11918.83	5968.42	193.78
火力发电	2176.25	8244.64	6812.51	3558.06	75.62
水力发电	271.65	5081.69	2929.24	1511.86	52.34
核力发电	63.72	656.34	471.23	262.26	
风力发电	309.22	1827.11	1345.15	572.21	59.51
太阳能发电	62.48	147.39	120.99	30.14	2.53
其他电力生产	52.37	361.61	239.71	33.89	3.78
电力供应	4155.36	16591.42	5183.33	4121.23	8.18
热力生产和供应	363.22	1038.11	654.47	212.96	17.96
燃气生产和供应业	398.53	2115.71	1180.09	357.34	26.77
水的生产和供应业	227.80	3262.85	1877.61	1116.01	36.46
自来水生产和供应	184.66	2575.17	1420.75	895.94	28.73
污水处理及其再生利用	38.28	587.57	389.16	219.16	7.73
其他水的处理、利用与分配	4.85	100.12	67.70	0.90	

单位：亿元

法人资本	个人资本	港澳台资本	外商资本	主营业务收入	主营业务成本	主营业务税金及附加	销售费用
2.97	9.10			50.19	39.59	0.31	2.47
1.78	0.27		0.01	18.64	16.04	0.05	0.64
10.83	9.85	3.69	7.47	261.15	202.28	1.70	12.71
13.26	20.76	0.84	2.79	243.53	189.04	2.06	11.77
13.63	6.37	29.80	11.52	305.75	247.80	1.74	11.90
63.05	26.49	34.54	64.37	769.99	635.01	3.76	18.65
51.60	16.09	19.16	32.84	517.88	432.39	2.36	9.13
11.45	10.41	15.38	31.53	252.12	202.62	1.40	9.51
7.25	9.77	3.38	3.93	184.11	158.57	0.80	4.78
147.07	90.75	69.55	60.26	2345.15	1983.53	14.84	59.68
40.20	46.31	60.38	43.79	1250.95	1065.46	8.32	33.58
10.13	11.36	3.11	11.30	403.82	348.72	2.52	9.90
30.07	34.96	57.27	32.49	847.12	716.75	5.80	23.69
27.47	7.74			235.08	195.66	2.71	6.69
119.52	103.00	32.12	25.10	3443.83	3139.41	18.06	35.52
79.94	76.54	23.29	21.73	2942.79	2709.32	13.83	23.60
39.58	26.46	8.83	3.37	501.04	430.09	4.23	11.92
63.36	30.15	13.00	44.37	918.01	766.67	5.95	19.31
2.96	3.02	0.08	0.40	68.45	56.60	0.82	1.75
2.96	2.69	0.20	0.91	62.84	56.95	0.23	0.54
6.82	3.00	1.30	1.42	69.76	52.86	0.49	2.68
40.40	19.21	10.73	41.39	632.91	530.17	3.41	12.49
3.75	0.33		0.52	70.60	61.89	0.19	1.26
21.96	14.85	5.42	9.40	258.19	216.14	2.41	8.59
14.48	4.00	5.31	31.46	278.15	232.34	0.72	2.34
0.22	0.02			25.96	19.80	0.09	0.30
3.69	0.48		0.02	25.26	22.22	0.40	0.45
0.43			0.08	1.07	0.64	0.01	0.11
6.09	1.74	0.68	0.15	57.73	47.23	0.59	1.28
6605.80	**585.45**	**752.30**	**685.23**	**61643.15**	**54035.04**	**340.53**	**372.29**
5677.99	488.30	541.26	409.67	56080.66	49428.85	302.75	166.08
4331.14	389.75	528.74	393.82	18264.12	13823.18	139.11	49.90
2402.63	126.11	397.59	227.89	14425.09	11600.65	92.49	30.82
1031.69	159.19	53.56	42.81	2395.78	1322.12	30.92	10.30
200.65		8.32		382.24	228.19	5.20	0.80
484.51	73.96	45.55	105.43	705.29	403.47	2.81	4.60
69.20	9.80	1.09	1.00	84.04	52.27	0.17	0.34
142.45	20.69	22.63	16.70	271.67	216.48	7.53	3.04
1032.63	17.64	0.07	3.30	36451.57	34336.09	156.52	100.74
314.22	80.91	12.46	12.55	1364.97	1269.58	7.11	15.44
468.24	46.83	127.73	144.44	4059.32	3455.14	21.60	115.52
459.57	50.32	83.31	131.13	1503.17	1151.06	16.19	90.69
341.51	32.68	59.82	61.84	1121.94	871.92	13.57	86.03
115.11	16.17	18.08	12.31	319.82	245.38	1.91	3.71
2.94	1.47	5.41	56.98	61.41	33.76	0.71	0.94

1-A-3 续表 32

行业	管理费用	税金	财务费用	利息收入	利息支出
总计	**39431.90**	**2116.41**	**12008.26**	**1668.02**	**12346.02**
采矿业	**4066.94**	**267.00**	**1188.15**	**151.34**	**1225.06**
煤炭开采和洗选业	2245.17	135.27	776.01	65.35	787.61
烟煤和无烟煤开采洗选	2131.47	125.13	732.26	61.97	744.83
褐煤开采洗选	109.76	9.75	41.27	3.19	40.21
其他煤炭采选	3.94	0.39	2.48	0.19	2.57
石油和天然气开采业	826.25	61.86	140.75	62.01	188.27
石油开采	791.50	60.92	119.13	56.98	167.18
天然气开采	34.75	0.94	21.62	5.03	21.09
黑色金属矿采选业	378.69	29.47	141.07	6.40	127.30
铁矿采选	361.76	28.41	136.05	6.02	122.78
锰矿、铬矿采选	13.62	0.95	2.67	0.36	2.57
其他黑色金属矿采选	3.31	0.11	2.35	0.02	1.95
有色金属矿采选业	300.33	17.73	58.80	6.91	59.28
常用有色金属矿采选	161.47	9.27	31.61	1.93	29.69
铜矿采选	48.92	2.08	12.03	0.89	11.97
铅锌矿采选	84.12	5.96	12.59	0.88	12.26
镍钴矿采选	3.24	0.04	1.23	0.01	0.81
锡矿采选	5.34	0.09	1.21	0.03	1.14
锑矿采选	3.86	0.10	0.33		0.29
铝矿采选	4.25	0.25	1.14	0.05	0.84
镁矿采选	5.56	0.54	1.24		0.88
其他常用有色金属矿采选	6.18	0.21	1.84	0.07	1.49
贵金属矿采选	103.70	6.89	17.54	4.20	20.46
金矿采选	98.80	6.69	17.01	4.17	19.96
银矿采选	4.55	0.20	0.41	0.03	0.36
其他贵金属矿采选	0.34		0.12	0.01	0.15
稀有稀土金属矿采选	35.17	1.56	9.64	0.78	9.13
钨钼矿采选	28.63	1.24	8.14	0.67	7.71
稀土金属矿采选	2.65	0.17	0.36	0.01	0.36
放射性金属矿采选	1.24	0.02	0.22	0.01	0.15
其他稀有金属矿采选	2.65	0.14	0.93	0.09	0.91
非金属矿采选业	215.57	15.23	53.77	2.29	42.08
土砂石开采	119.24	9.46	25.86	0.73	18.25
石灰石、石膏开采	31.41	3.03	6.90	0.36	4.70
建筑装饰用石开采	26.88	1.76	6.47	0.13	4.38
耐火土石开采	11.93	0.56	2.27	0.03	1.63
粘土及其他土砂石开采	49.01	4.11	10.22	0.22	7.54
化学矿开采	37.92	1.70	11.25	0.27	10.00
采盐	30.11	1.26	9.78	1.00	9.25
石棉及其他非金属矿采选	28.30	2.81	6.87	0.30	4.59
石棉、云母矿采选	1.13	0.02	0.16	0.06	0.15
石墨、滑石采选	8.14	0.91	1.16	0.03	0.78
宝石、玉石采选	0.74	0.03	0.29	-0.01	0.29
其他未列明非金属矿采选	18.28	1.84	5.27	0.23	3.36

单位：亿元

投资收益（损失以"-"号记）	营业利润	利润总额	亏损企业亏损额	应交增值税	应交所得税	从业人员平均人数（万人）
776.22	**68355.21**	**68378.91**	**5571.32**	**33460.27**	**9476.42**	**9791.46**
108.78	**8666.53**	**8554.52**	**659.55**	**4218.79**	**1078.62**	**820.22**
120.80	2748.63	2680.19	430.44	2143.47	511.65	529.68
116.46	2360.81	2317.30	413.12	1884.91	475.49	511.42
4.34	373.86	357.10	17.10	252.67	34.98	17.13
	13.97	5.79	0.22	5.89	1.17	1.14
-10.98	3671.20	3644.28	81.96	1048.67	268.51	77.52
-12.19	3448.78	3416.64	78.95	958.96	242.86	75.89
1.21	222.42	227.65	3.00	89.71	25.65	1.63
1.00	1172.31	1136.64	34.81	519.44	165.39	71.04
6.47	1131.75	1097.17	30.68	499.01	163.75	65.85
-3.57	25.03	23.93	3.74	13.62	1.35	3.26
-1.90	15.53	15.54	0.38	6.81	0.29	1.92
-0.95	670.69	666.30	30.76	206.78	73.91	55.36
-5.46	335.83	332.45	19.83	148.12	40.98	31.20
-1.77	91.72	90.51	5.77	42.28	14.88	9.64
-0.22	161.78	160.21	10.97	68.49	18.78	14.92
-0.49	3.42	2.65	0.54	2.53	0.11	0.50
-1.89	10.20	10.06	1.24	6.08	1.03	1.51
-0.57	3.23	3.32	0.03	2.75	0.62	0.72
0.04	25.60	25.54	0.08	9.39	1.46	1.33
0.01	22.39	22.42	0.35	9.94	3.15	1.08
-0.56	17.49	17.75	0.86	6.65	0.96	1.50
3.47	267.16	263.95	3.62	18.33	22.21	15.44
3.47	257.08	254.24	3.29	15.12	20.04	14.72
	9.71	9.42	0.33	2.75	2.10	0.66
	0.37	0.29		0.46	0.07	0.06
1.05	67.71	69.90	7.31	40.32	10.71	8.72
0.54	57.57	59.06	6.27	33.55	8.91	7.44
0.46	7.25	7.59	0.02	4.40	1.35	0.40
	0.94	1.18		0.12	0.07	0.19
0.04	1.95	2.08	1.02	2.26	0.38	0.69
-5.78	438.54	425.78	12.78	209.10	42.81	54.00
-5.55	298.04	285.79	5.19	133.15	27.31	32.88
0.16	72.39	69.51	1.50	37.24	5.76	10.46
-1.18	64.39	63.06	0.80	24.77	5.21	6.65
-0.73	30.32	29.04	1.25	15.84	3.18	3.37
-3.80	130.94	124.17	1.64	55.30	13.16	12.40
0.26	56.30	56.27	4.31	30.08	8.10	6.44
1.21	17.93	23.34	1.40	15.31	3.29	7.62
-1.69	66.27	60.37	1.89	30.56	4.11	7.06
0.06	1.20	1.55	0.11	1.30	0.05	0.52
-0.06	23.01	19.43	0.61	10.87	1.64	2.08
	0.93	0.92		0.23	0.06	0.08
-1.69	41.14	38.47	1.17	18.16	2.36	4.38

1-A-3 续表 33

行业	管理费用	税金	财务费用	利息收入	利息支出
开采辅助活动	99.03	7.26	17.55	8.37	20.33
煤炭开采和洗选辅助活动	0.50	0.01	0.14		0.04
石油和天然气开采辅助活动	98.37	7.24	17.39	8.37	20.27
其他开采辅助活动	0.16	0.01	0.01		0.01
其他采矿业	1.90	0.18	0.20	0.02	0.19
制造业	**33940.59**	**1754.23**	**8576.83**	**1415.72**	**8833.00**
农副食品加工业	1430.27	102.74	493.05	51.97	473.12
谷物磨制	247.64	21.41	96.74	1.78	81.21
饲料加工	240.09	13.15	50.69	7.05	48.00
植物油加工	168.21	14.55	48.77	24.34	83.60
食用植物油加工	160.86	14.12	46.85	24.19	81.76
非食用植物油加工	7.35	0.43	1.92	0.16	1.84
制糖业	58.88	3.18	35.14	2.47	34.70
屠宰及肉类加工	296.31	19.65	98.95	11.97	95.10
牲畜屠宰	126.02	7.26	44.78	5.55	45.19
禽类屠宰	64.93	5.46	27.83	0.73	24.49
肉制品及副产品加工	105.36	6.93	26.34	5.69	25.42
水产品加工	144.89	9.82	62.26	1.54	47.79
水产品冷冻加工	113.24	8.30	50.83	1.17	38.61
鱼糜制品及水产品干腌制加工	15.51	0.71	5.93	0.19	4.53
水产饲料制造	9.78	0.56	3.35	0.13	2.91
鱼油提取及制品制造	0.73	0.03	0.24		0.24
其他水产品加工	5.62	0.23	1.91	0.05	1.50
蔬菜、水果和坚果加工	127.83	9.31	41.47	1.13	30.74
蔬菜加工	83.65	6.78	27.62	0.58	19.21
水果和坚果加工	44.18	2.53	13.84	0.55	11.53
其他农副食品加工	146.42	11.67	59.03	1.70	51.98
淀粉及淀粉制品制造	75.19	6.79	38.26	1.14	35.28
豆制品制造	20.69	1.17	4.89	0.16	4.07
蛋品加工	6.76	0.50	1.89	0.01	1.46
其他未列明农副食品加工	43.78	3.21	13.98	0.40	11.17
食品制造业	701.50	40.48	122.20	30.94	133.41
焙烤食品制造	84.92	5.16	13.41	3.01	12.72
糕点、面包制造	36.08	2.17	5.85	0.52	4.88
饼干及其他焙烤食品制造	48.84	2.99	7.56	2.49	7.84
糖果、巧克力及蜜饯制造	67.96	2.98	7.17	2.85	8.70
糖果、巧克力制造	53.13	2.26	3.10	2.69	5.38
蜜饯制作	14.83	0.72	4.07	0.17	3.32
方便食品制造	90.88	6.97	12.88	4.50	17.62
米、面制品制造	27.20	1.67	5.65	0.28	4.94
速冻食品制造	18.55	0.89	4.67	0.26	4.61
方便面及其他方便食品制造	45.13	4.41	2.56	3.96	8.07
乳制品制造	101.59	5.41	7.14	9.41	15.94
罐头食品制造	55.19	3.38	18.38	1.86	16.35
肉、禽类罐头制造	4.58	0.28	1.73	0.02	1.37
水产品罐头制造	4.31	0.14	1.55	0.04	1.37
蔬菜、水果罐头制造	42.45	2.42	13.87	1.82	12.68
其他罐头食品制造	3.85	0.53	1.22	-0.02	0.92

单位：亿元

投资收益（损失以“－”号记）	营业利润	利润总额	亏损企业亏损额	应交增值税	应交所得税	从业人员平均人数（万人）
4.63	-36.61	-0.11	68.79	90.48	16.10	32.35
	0.80	0.80		0.42	0.19	0.15
4.63	-37.89	-1.40	68.78	90.00	15.90	32.15
	0.48	0.49	0.01	0.06	0.01	0.04
0.06	1.77	1.44	0.01	0.86	0.25	0.27
164.78	**55551.10**	**55400.63**	**4453.78**	**26681.50**	**7665.43**	**8613.56**
-161.91	3593.71	3473.53	122.23	1269.61	319.18	418.15
-25.51	709.98	681.81	13.46	217.00	44.61	62.99
-8.66	564.87	555.85	11.14	172.75	50.04	55.65
-49.88	494.86	486.28	22.29	224.90	48.36	33.69
-50.25	479.63	471.93	22.00	219.62	46.78	32.49
0.37	15.23	14.34	0.29	5.28	1.58	1.21
-28.19	60.75	64.78	26.75	41.74	5.90	14.63
-20.96	775.90	720.74	23.61	223.55	67.73	105.56
-12.39	347.17	300.78	7.62	77.88	22.58	32.65
-9.57	156.33	155.06	9.73	55.17	12.29	34.77
1.00	272.39	264.90	6.26	90.51	32.86	38.15
-0.36	314.98	313.34	8.27	157.85	38.48	55.36
-1.88	236.85	237.42	5.19	128.90	31.43	43.58
-0.89	41.48	40.15	1.17	15.12	3.46	7.27
3.57	20.40	20.37	1.27	7.26	2.10	1.87
	0.65	0.67	0.06	0.45	0.07	0.15
-1.15	15.60	14.73	0.57	6.12	1.43	2.50
-11.34	361.07	353.47	3.62	111.44	36.69	47.69
-10.74	243.25	236.07	2.84	74.17	22.99	32.75
-0.61	117.82	117.40	0.78	37.28	13.70	14.94
-17.00	311.30	297.26	13.10	120.36	27.37	42.56
-10.60	167.49	156.06	9.97	71.02	14.70	19.60
-0.43	37.78	37.39	0.54	16.23	4.24	8.70
-0.20	17.31	16.36	0.10	5.16	1.29	2.07
-5.77	88.72	87.45	2.49	27.95	7.15	12.21
-8.13	1635.64	1646.98	57.10	649.27	218.38	200.94
0.69	191.80	192.67	5.89	74.76	25.06	34.55
1.86	76.57	77.35	4.47	26.72	7.11	16.14
-1.17	115.23	115.31	1.43	48.04	17.95	18.41
1.24	159.83	159.75	1.29	65.61	27.74	19.92
1.17	118.30	120.16	0.81	51.71	22.39	12.96
0.07	41.53	39.59	0.48	13.90	5.34	6.96
-0.98	242.61	248.43	4.74	101.79	29.17	37.77
0.04	49.42	48.49	0.69	19.68	4.29	8.61
-0.67	53.55	54.41	1.00	17.95	5.33	10.12
-0.35	139.63	145.52	3.05	64.15	19.56	19.04
2.12	202.76	205.07	12.85	98.94	24.04	25.48
-4.87	99.29	97.73	9.30	54.09	10.22	21.14
-1.70	11.16	11.07	1.67	10.13	1.13	1.90
0.03	7.73	5.13	0.37	3.77	0.74	1.08
-2.42	67.67	68.57	6.97	36.22	6.84	17.18
-0.79	12.73	12.96	0.30	3.98	1.51	0.98

1-A-3 续表 34

行　业	管理费用	税金	财务费用	利息收入	利息支出
调味品、发酵制品制造	106.80	8.33	28.29	2.04	26.72
味精制造	15.32	1.39	7.94	0.53	7.56
酱油、食醋及类似制品制造	41.41	3.21	6.36	0.61	6.15
其他调味品、发酵制品制造	50.07	3.72	13.98	0.90	13.00
其他食品制造	194.18	8.26	34.95	7.27	35.37
营养食品制造	15.09	0.64	2.58	0.14	2.10
保健食品制造	56.27	1.03	1.12	4.13	3.64
冷冻饮品及食用冰制造	17.48	0.93	2.09	0.28	2.05
盐加工	6.34	0.24	1.78	0.04	1.57
食品及饲料添加剂制造	71.80	3.87	23.80	1.79	22.43
其他未列明食品制造	27.19	1.53	3.58	0.89	3.57
酒、饮料和精制茶制造业	683.02	51.85	102.86	41.82	129.22
酒的制造	433.76	34.65	55.23	32.23	80.91
酒精制造	21.46	2.55	12.71	0.22	12.06
白酒制造	264.73	22.24	24.03	22.58	41.85
啤酒制造	112.03	7.27	11.44	6.73	18.76
黄酒制造	8.93	0.53	2.74	0.05	2.43
葡萄酒制造	13.83	1.10	3.97	0.16	3.46
其他酒制造	12.78	0.96	0.33	2.50	2.36
饮料制造	177.75	12.93	31.40	8.32	33.53
碳酸饮料制造	31.33	2.35	2.90	0.59	3.03
瓶(罐)装饮用水制造	37.93	2.21	5.67	1.35	5.44
果菜汁及果菜汁饮料制造	40.33	3.79	13.90	1.48	11.69
含乳饮料和植物蛋白饮料制造	23.09	1.28	1.13	2.07	2.95
固体饮料制造	15.69	0.71	5.18	0.25	5.36
茶饮料及其他饮料制造	29.38	2.58	2.61	2.57	5.06
精制茶加工	71.51	4.27	16.23	1.27	14.78
烟草制品业	445.15	17.45	-11.40	23.74	12.42
烟叶复烤	15.74	1.19	-2.83	2.81	-0.02
卷烟制造	418.79	16.06	-9.29	20.76	11.37
其他烟草制品制造	10.61	0.20	0.72	0.17	1.06
纺织业	946.58	63.45	494.15	40.79	464.18
棉纺织及印染精加工	544.30	37.78	322.30	25.21	307.31
棉纺纱加工	291.95	21.76	206.63	13.44	196.17
棉织造加工	138.07	8.66	70.27	5.54	65.90
棉印染精加工	114.27	7.36	45.40	6.23	45.24
毛纺织及染整精加工	56.90	3.36	30.17	2.38	28.73
毛条和毛纱线加工	25.10	1.42	15.93	1.38	15.52
毛织造加工	24.42	1.29	12.18	0.83	11.39
毛染整精加工	7.37	0.66	2.06	0.16	1.81
麻纺织及染整精加工	16.21	1.11	7.12	0.42	6.29
麻纤维纺前加工和纺纱	8.93	0.68	4.06	0.23	3.46
麻织造加工	6.92	0.39	2.74	0.18	2.50
麻染整精加工	0.36	0.04	0.32	0.02	0.33
丝绢纺织及印染精加工	34.51	2.64	14.77	1.30	13.99
缫丝加工	19.03	1.64	8.25	0.84	7.97
绢纺和丝织加工	12.49	0.85	5.39	0.43	4.99
丝印染精加工	2.99	0.16	1.13	0.03	1.03

单位：亿元

投资收益(损失以"–"号记)	营业利润	利润总额	亏损企业亏损额	应交增值税	应交所得税	从业人员平均人数(万人)
-9.62	202.06	205.47	12.40	82.43	29.83	24.53
-7.00	29.27	30.05	0.19	13.59	5.61	4.62
0.18	91.81	92.07	0.88	31.13	13.37	8.54
-2.79	80.98	83.36	11.33	37.72	10.85	11.38
3.30	537.30	537.87	10.62	171.63	72.33	37.54
1.31	34.52	34.35	0.35	13.35	3.29	3.71
4.45	258.62	259.17	1.57	64.41	40.43	5.95
-2.87	30.28	29.42	0.96	15.69	3.11	4.38
0.04	8.49	9.11	0.48	3.80	1.72	2.06
2.33	155.63	153.61	6.56	50.74	18.83	14.26
-1.97	49.77	52.21	0.69	23.64	4.95	7.18
-2.78	1714.19	1716.90	69.92	656.07	308.62	157.81
1.41	1087.57	1087.63	42.82	422.72	219.19	88.35
-10.85	46.34	43.90	2.57	19.60	4.58	4.57
9.66	823.33	821.06	8.67	279.30	171.85	51.90
2.10	124.14	127.78	28.89	90.35	25.24	24.27
0.34	18.32	19.05	0.02	6.82	3.31	2.16
-0.16	44.05	44.59	2.38	14.83	8.21	2.83
0.33	31.40	31.25	0.29	11.82	5.99	2.62
-4.24	466.00	470.99	26.60	185.90	75.01	48.86
-0.97	37.98	38.11	3.81	30.71	7.34	8.96
-1.22	95.69	94.55	4.88	33.93	13.74	9.52
-0.33	96.36	99.48	5.77	33.76	9.55	9.53
-0.16	120.92	124.07	1.15	35.11	20.59	7.75
3.93	37.02	35.49	0.54	13.33	5.36	4.59
-5.49	78.03	79.29	10.45	39.07	18.45	8.50
0.05	160.62	158.28	0.50	47.45	14.42	20.60
55.29	1230.09	1222.61	0.33	1031.00	298.47	19.86
0.07	32.99	34.01	0.15	16.20	7.49	3.16
55.73	1172.84	1162.28	0.08	1008.07	288.02	15.50
-0.51	24.26	26.32	0.09	6.73	2.96	1.21
-12.62	2150.21	2155.63	92.82	947.13	288.54	486.34
8.25	1321.80	1344.09	59.81	606.63	183.77	294.32
6.52	810.70	832.52	38.44	361.42	111.23	174.26
-0.91	317.86	317.03	12.98	142.88	46.60	68.19
2.65	193.24	194.55	8.39	102.33	25.95	51.87
-20.09	150.61	145.20	6.80	51.43	18.88	28.79
-1.39	75.39	70.78	3.33	22.48	6.63	11.72
-18.69	61.62	61.02	2.77	23.71	10.21	13.69
-0.01	13.60	13.39	0.70	5.25	2.04	3.37
-0.20	33.42	32.20	1.06	15.47	3.05	10.39
-0.48	21.68	19.99	0.14	8.26	1.88	4.00
0.28	11.44	11.88	0.90	7.06	1.13	6.18
	0.31	0.32	0.02	0.15	0.04	0.21
-0.22	79.75	77.61	1.80	36.24	7.63	19.03
-0.48	43.12	41.81	0.74	23.87	4.48	11.98
0.13	32.88	31.40	0.71	10.84	2.77	5.79
0.13	3.75	4.41	0.35	1.53	0.38	1.27

1-A-3 续表 35

行业	管理费用	税金	财务费用	利息收入	利息支出
化纤织造及印染精加工	31.08	1.98	22.17	1.90	18.86
化纤织造加工	23.46	1.56	17.88	1.57	15.17
化纤织物染整精加工	7.62	0.43	4.29	0.33	3.69
针织或钩针编织物及其制品制造	99.70	6.23	46.74	3.95	43.78
针织或钩针编织物织造	70.04	4.41	37.08	3.37	35.07
针织或钩针编织物印染精加工	13.82	0.37	2.48	0.25	2.42
针织或钩针编织品制造	15.84	1.45	7.18	0.33	6.29
家用纺织制成品制造	76.71	5.14	25.83	2.44	22.10
床上用品制造	40.89	2.61	12.58	1.22	10.79
毛巾类制品制造	14.33	1.48	5.61	0.34	4.81
窗帘、布艺类产品制造	7.73	0.43	3.19	0.41	2.70
其他家用纺织制成品制造	13.77	0.63	4.44	0.46	3.80
非家用纺织制成品制造	87.17	5.21	25.05	3.19	23.12
非织造布制造	46.03	3.14	12.70	0.96	11.23
绳、索、缆制造	6.40	0.24	1.90	0.05	1.61
纺织带和帘子布制造	13.61	0.77	5.58	1.46	5.90
篷、帆布制造	8.37	0.33	2.40	0.24	1.90
其他非家用纺织制成品制造	12.77	0.72	2.47	0.48	2.49
纺织服装、服饰业	833.61	39.54	161.74	21.09	138.82
机织服装制造	635.14	31.09	121.02	17.29	106.93
针织或钩针编织服装制造	161.65	6.96	30.85	2.70	23.87
服饰制造	36.82	1.49	9.87	1.10	8.02
皮革、毛皮、羽毛及其制品和制鞋业	475.00	24.40	106.90	11.58	95.84
皮革鞣制加工	47.74	2.15	16.53	1.42	16.92
皮革制品制造	113.18	4.51	31.06	3.01	27.20
皮革服装制造	23.60	0.66	12.77	0.20	12.38
皮箱、包(袋)制造	60.38	2.57	12.52	0.57	8.51
皮手套及皮装饰制品制造	9.58	0.46	2.39	0.08	1.92
其他皮革制品制造	19.62	0.82	3.38	2.15	4.40
毛皮鞣制及制品加工	15.20	0.92	4.39	0.16	3.20
毛皮鞣制加工	3.58	0.23	1.42	0.03	1.12
毛皮服装加工	4.40	0.28	1.43	0.10	1.14
其他毛皮制品加工	7.22	0.41	1.54	0.04	0.93
羽毛(绒)加工及制品制造	19.95	0.97	9.39	0.73	8.65
羽毛(绒)加工	8.95	0.51	4.35	0.14	3.95
羽毛(绒)制品加工	11.00	0.46	5.04	0.59	4.70
制鞋业	278.93	15.85	45.53	6.26	39.86
纺织面料鞋制造	30.71	2.28	4.89	0.29	4.12
皮鞋制造	193.89	10.11	28.29	5.12	26.63
塑料鞋制造	18.21	1.19	4.84	0.32	2.94
橡胶鞋制造	24.21	1.25	6.14	0.43	5.19
其他制鞋业	11.92	1.02	1.37	0.09	0.97
木材加工和木、竹、藤、棕、草制品业	375.51	20.51	108.62	2.93	87.73
木材加工	48.62	2.16	9.59	0.27	8.03
锯材加工	20.90	0.95	4.23	0.10	3.18
木片加工	14.27	0.77	4.33	0.06	2.70
单板加工	11.31	0.33	0.50	0.08	1.69
其他木材加工	2.15	0.10	0.52	0.03	0.46

单位：亿元

投资收益（损失以“-”号记）	营业利润	利润总额	亏损企业亏损额	应交增值税	应交所得税	从业人员平均人数（万人）
1.14	51.55	50.73	2.70	24.82	7.82	17.71
0.75	42.89	42.74	2.34	18.84	6.71	13.27
0.39	8.65	8.00	0.37	5.98	1.10	4.44
5.98	210.60	205.71	3.59	73.87	26.95	46.69
5.69	127.82	122.84	2.19	50.80	14.93	35.20
0.13	44.81	44.94	0.83	12.05	7.90	4.39
0.15	37.98	37.93	0.56	11.02	4.11	7.10
-0.02	157.04	154.31	6.27	72.43	21.80	37.80
-0.19	78.25	77.20	3.22	36.24	11.44	19.08
0.07	46.44	45.32	0.46	18.45	5.95	9.38
-0.10	11.66	11.42	0.51	6.68	1.54	3.10
0.19	20.69	20.37	2.09	11.05	2.86	6.23
-7.45	145.43	145.78	10.78	66.25	18.63	31.61
0.43	83.14	82.52	1.37	34.46	9.03	14.51
-0.01	14.60	14.31	0.29	7.32	1.83	3.13
-7.68	21.35	21.64	7.46	12.56	3.72	5.39
-0.18	9.33	9.50	0.64	5.04	1.31	3.86
	17.00	17.80	1.02	6.87	2.74	4.72
38.90	1272.20	1272.73	49.00	581.02	185.53	455.14
38.83	1033.33	1035.62	34.71	463.06	148.59	342.14
0.28	183.88	182.82	11.04	90.95	27.71	91.42
-0.20	54.99	54.29	3.24	27.02	9.23	21.58
-14.71	912.16	890.04	21.82	361.72	86.83	296.90
-2.05	149.35	127.05	2.64	45.00	7.39	15.11
-1.16	213.05	212.89	5.07	71.16	17.24	62.29
-0.44	73.83	73.96	0.67	9.87	2.05	6.64
-0.65	75.39	75.15	2.70	34.39	9.21	40.83
	16.28	16.45	0.19	7.87	1.46	6.33
-0.08	47.55	47.33	1.50	19.04	4.52	8.48
-0.09	72.55	72.62	0.29	18.08	5.72	8.07
	25.76	25.87	0.14	9.01	2.78	2.30
0.01	30.17	30.10	0.06	3.93	1.28	2.49
-0.10	16.62	16.65	0.09	5.14	1.65	3.28
-0.81	44.48	43.17	1.20	22.70	5.23	8.33
-0.73	21.48	20.73	0.47	10.53	2.26	2.59
-0.09	23.00	22.44	0.73	12.18	2.97	5.74
-10.60	432.73	434.32	12.63	204.77	51.25	203.11
-4.25	46.09	45.68	2.53	21.17	4.74	22.53
0.87	317.10	320.27	7.23	137.99	40.11	137.10
-2.68	26.96	24.93	0.24	18.39	2.11	14.01
-2.81	34.14	32.48	2.06	19.96	3.32	17.96
-1.73	8.44	10.97	0.57	7.26	0.97	11.51
-20.34	876.39	868.48	18.32	350.29	91.40	138.06
-8.22	133.79	126.87	1.73	44.75	10.39	18.98
-2.51	71.86	69.35	1.15	18.61	4.28	9.11
-2.35	39.30	37.40	0.30	16.47	3.89	5.55
-3.17	16.52	14.32	0.25	8.02	1.54	3.45
-0.19	6.11	5.80	0.02	1.66	0.68	0.87

1-A-3 续表 36

行业	管理费用	税金	财务费用	利息收入	利息支出
人造板制造	201.23	10.90	69.61	1.73	55.88
胶合板制造	104.43	6.29	29.50	0.43	21.00
纤维板制造	50.55	2.57	26.65	1.03	23.71
刨花板制造	14.02	0.78	4.52	0.10	3.70
其他人造板制造	32.22	1.26	8.93	0.17	7.47
木制品制造	100.60	5.73	22.04	0.73	17.68
建筑用木料及木材组件加工	24.86	1.72	4.10	0.07	3.30
木门窗、楼梯制造	13.89	0.86	3.64	0.08	2.88
地板制造	32.34	1.86	8.36	0.45	7.33
木制容器制造	9.53	0.30	1.49	0.09	1.04
软木制品及其他木制品制造	19.97	0.99	4.45	0.04	3.13
竹、藤、棕、草等制品制造	25.05	1.73	7.38	0.19	6.14
竹制品制造	21.67	1.31	6.50	0.18	5.59
藤制品制造	0.38	0.04	0.14	0.01	0.04
棕制品制造	0.19		0.03		0.03
草及其他制品制造	2.81	0.38	0.72		0.49
家具制造业	301.37	13.93	68.67	5.44	56.94
木质家具制造	190.41	9.10	42.03	2.55	35.50
竹、藤家具制造	4.75	0.31	2.67	0.27	1.67
金属家具制造	59.77	2.69	14.49	1.86	13.00
塑料家具制造	3.65	0.21	0.89	0.08	0.60
其他家具制造	42.77	1.62	8.59	0.69	6.18
造纸和纸制品业	456.83	31.77	211.21	27.76	227.08
纸浆制造	13.36	0.58	6.34	0.23	6.30
木竹浆制造	10.54	0.43	5.35	0.23	5.36
非木竹浆制造	2.83	0.15	0.99	0.01	0.94
造纸	249.56	19.71	160.88	23.58	179.30
机制纸及纸板制造	233.83	17.54	157.17	23.27	176.05
手工纸制造	2.33	0.58	0.86	0.10	0.84
加工纸制造	13.40	1.60	2.84	0.21	2.41
纸制品制造	193.90	11.48	44.00	3.95	41.48
纸和纸板容器制造	114.66	7.17	30.04	2.06	26.20
其他纸制品制造	79.24	4.31	13.96	1.89	15.28
印刷和记录媒介复制业	315.21	14.50	58.65	6.99	51.98
印刷	304.78	14.08	56.10	6.74	49.64
书、报刊印刷	58.23	3.04	9.51	1.10	8.50
本册印制	14.67	0.69	4.12	0.22	3.25
包装装潢及其他印刷	231.87	10.34	42.48	5.42	37.89
装订及印刷相关服务	6.46	0.27	1.16	0.18	1.14
记录媒介复制	3.97	0.15	1.39	0.06	1.20
文教、工美、体育和娱乐用品制造业	442.52	22.20	108.49	12.87	90.83
文教办公用品制造	41.72	2.04	8.35	1.76	8.26
文具制造	19.37	1.03	4.30	1.54	4.82
笔的制造	12.08	0.65	2.54	0.19	2.13
教学用模型及教具制造	6.34	0.13	1.11	0.01	1.03
墨水、墨汁制造	1.34		0.04	0.02	0.02
其他文教办公用品制造	2.60	0.22	0.35	0.01	0.27

单位：亿元

投资收益（损失以“-”号记）	营业利润	利润总额	亏损企业亏损额	应交增值税	应交所得税	从业人员平均人数（万人）
-8.43	511.91	513.90	12.81	218.78	59.00	77.86
-3.98	337.07	332.03	2.03	137.47	42.57	49.62
-0.43	79.79	89.11	7.96	46.24	6.88	13.76
-2.46	20.66	20.90	2.44	10.62	2.44	4.60
-1.55	74.40	71.86	0.37	24.46	7.11	9.89
-3.46	174.70	173.51	3.36	64.62	18.39	29.34
-0.47	49.36	47.87	0.59	13.63	4.88	6.19
-0.98	25.51	25.63	0.58	8.73	2.79	4.50
-0.12	46.96	48.01	1.41	18.39	6.05	6.97
0.01	19.00	18.24	0.12	7.80	1.63	2.91
-1.91	33.87	33.76	0.66	16.07	3.05	8.78
-0.23	55.99	54.20	0.42	22.15	3.61	11.89
-0.23	45.64	43.98	0.38	19.25	3.21	9.57
	1.52	1.49	0.02	0.41	0.09	0.48
	0.40	0.37	0.01	0.11	0.01	0.10
	8.43	8.36	0.02	2.39	0.30	1.74
3.97	433.86	431.97	17.60	193.51	54.37	115.83
-2.95	271.28	269.08	11.74	129.31	33.42	73.51
	7.54	7.84	0.16	4.39	0.59	1.77
6.69	98.26	98.31	2.82	35.27	13.53	22.82
0.01	4.87	5.08	0.16	1.88	0.57	1.61
0.23	51.91	51.67	2.72	22.66	6.26	16.12
-9.25	777.29	775.94	59.76	374.20	107.80	140.35
-0.14	0.43	1.64	7.76	6.72	0.66	1.66
-0.15	2.43	3.71	4.59	5.11	0.64	1.16
	-2.00	-2.07	3.17	1.61	0.01	0.50
3.72	408.14	410.42	37.40	218.78	58.87	74.43
2.81	382.54	384.26	36.28	206.69	55.47	69.91
-0.57	3.36	3.48	0.11	1.46	0.40	0.76
1.48	22.24	22.68	1.01	10.63	3.00	3.76
-12.83	368.72	363.88	14.60	148.70	48.27	64.26
-6.78	214.36	213.32	7.62	93.21	27.57	40.18
-6.05	154.36	150.56	6.98	55.49	20.71	24.08
6.19	483.55	487.14	17.59	196.61	69.03	92.26
7.11	471.68	474.99	15.99	190.87	67.75	89.04
0.97	57.12	59.74	4.34	27.63	7.16	18.29
0.68	26.45	26.70	1.23	8.43	2.48	4.62
5.46	388.12	388.56	10.42	154.81	58.11	66.13
-0.95	8.86	8.81	0.23	4.21	0.92	2.44
0.03	3.01	3.33	1.37	1.53	0.36	0.77
-4.85	760.98	744.12	21.46	321.70	92.21	222.86
-0.29	48.63	49.74	2.37	20.83	5.51	15.44
-1.39	19.39	19.78	1.51	9.39	1.93	8.29
1.09	15.29	15.92	0.46	5.80	1.94	5.10
0.01	10.15	10.15	0.01	3.94	0.93	1.11
	1.45	1.45		0.76	0.37	0.11
	2.34	2.43	0.40	0.95	0.34	0.83

1-A-3 续表 37

行　业	管理费用	税金	财务费用	利息收入	利息支出
乐器制造	15.07	0.75	2.38	0.21	1.98
中乐器制造	1.26	0.07	0.16	0.01	0.11
西乐器制造	8.40	0.49	1.15	0.18	1.03
电子乐器制造	3.86	0.10	0.83	0.02	0.63
其他乐器及零件制造	1.55	0.09	0.24		0.21
工艺美术品制造	225.23	12.91	72.37	8.37	62.27
雕塑工艺品制造	24.97	1.86	7.04	0.22	5.13
金属工艺品制造	18.13	1.02	5.15	0.39	4.31
漆器工艺品制造	6.21	0.31	2.02	0.10	1.66
花画工艺品制造	6.43	0.34	1.78	0.06	1.35
天然植物纤维编织工艺品制造	21.85	2.37	6.94	0.25	3.66
抽纱刺绣工艺品制造	26.36	2.05	7.77	0.71	6.93
地毯、挂毯制造	22.00	0.98	5.91	0.50	5.19
珠宝首饰及有关物品制造	54.12	1.42	20.83	5.47	22.79
其他工艺美术品制造	45.14	2.55	14.92	0.70	11.24
体育用品制造	52.84	2.32	10.48	0.91	7.43
球类制造	5.40	0.28	0.99	0.07	0.81
体育器材及配件制造	14.42	0.61	2.68	0.17	1.83
训练健身器材制造	12.92	0.62	2.43	0.50	2.08
运动防护用具制造	6.08	0.24	0.98	0.03	0.59
其他体育用品制造	14.01	0.57	3.39	0.14	2.12
玩具制造	92.47	3.61	11.55	1.28	8.18
游艺器材及娱乐用品制造	15.19	0.57	3.37	0.33	2.70
露天游乐场所游乐设备制造	4.23	0.21	1.25	0.14	1.11
游艺用品及室内游艺器材制造	6.60	0.21	1.39	0.14	1.17
其他娱乐用品制造	4.36	0.16	0.73	0.05	0.42
石油加工、炼焦和核燃料加工业	911.80	41.91	375.24	28.56	376.46
精炼石油产品制造	774.34	29.29	220.71	19.05	239.87
原油加工及石油制品制造	772.19	29.18	220.12	19.04	239.42
人造原油制造	2.14	0.10	0.59	0.01	0.44
炼焦	131.91	12.48	150.81	9.32	132.90
化学原料和化学制品制造业	2751.11	153.36	987.12	100.68	988.70
基础化学原料制造	724.78	47.67	327.75	30.17	317.86
无机酸制造	36.01	2.76	9.98	0.44	8.49
无机碱制造	78.28	4.71	48.71	2.76	41.14
无机盐制造	88.06	8.77	41.48	3.06	31.87
有机化学原料制造	410.96	25.89	184.21	20.69	196.12
其他基础化学原料制造	111.47	5.54	43.38	3.22	40.23
肥料制造	329.70	19.17	182.22	13.75	189.07
氮肥制造	142.43	7.53	94.63	8.17	98.55
磷肥制造	33.49	1.62	21.70	0.05	22.69
钾肥制造	12.11	0.40	13.32	0.17	12.61
复混肥料制造	113.99	7.99	43.90	4.87	48.02
有机肥料及微生物肥料制造	24.39	1.21	7.59	0.48	6.32
其他肥料制造	3.29	0.43	1.08	0.02	0.89

单位：亿元

投资收益 (损失以“-”号记)	营业利润	利润总额	亏损企业 亏 损 额	应交增值税	应交所得税	从业人员 平均人数 (万人)
0.15	18.12	18.34	1.64	8.59	2.17	6.46
0.03	2.77	2.80		1.19	0.44	0.63
0.15	8.38	8.50	1.59	4.98	1.04	4.13
-0.04	3.82	3.90	0.04	1.33	0.42	1.05
	3.15	3.13		1.09	0.26	0.65
-9.44	509.60	491.72	8.06	207.40	60.85	104.30
-2.15	83.54	82.38	0.60	25.46	6.87	11.95
-0.14	31.25	31.53	1.42	14.39	2.96	8.66
-1.05	15.62	13.67	0.02	4.83	1.88	2.71
-0.60	13.85	13.44	0.38	6.31	1.49	3.97
0.05	48.93	48.40	0.08	22.61	5.47	11.95
-0.07	69.55	69.00	0.95	28.27	11.33	12.82
-2.06	35.16	35.58	0.85	16.05	3.22	8.23
-1.04	112.40	97.76	2.36	44.25	15.75	17.39
-2.38	99.29	99.96	1.41	45.24	11.87	26.63
2.82	58.50	61.45	3.94	33.30	9.11	27.02
0.36	8.70	8.67	0.76	3.97	0.90	3.52
0.07	17.83	17.61	0.60	10.84	3.37	8.13
-0.20	15.67	16.23	1.05	8.46	2.86	4.72
0.02	5.31	5.13	0.78	2.91	0.90	4.23
2.57	10.99	13.82	0.75	7.13	1.07	6.41
0.15	95.04	93.48	5.02	41.78	11.68	64.71
1.74	31.09	29.40	0.44	9.79	2.89	4.92
-0.30	7.52	7.78	0.01	3.29	0.89	1.40
0.05	16.40	14.37	0.18	3.55	1.24	1.89
2.00	7.16	7.25	0.25	2.95	0.76	1.64
-24.73	677.59	636.16	504.93	1551.45	149.94	94.51
-26.99	520.77	495.31	399.33	1417.45	123.85	53.53
-26.99	515.60	489.45	398.99	1414.36	123.37	53.09
	5.17	5.86	0.34	3.10	0.48	0.44
1.90	148.87	132.87	105.60	131.75	25.00	40.26
46.69	4502.22	4522.41	714.13	2123.19	671.86	494.91
25.25	1099.16	1114.27	269.95	633.65	166.87	129.55
1.51	63.17	62.64	5.45	28.64	6.72	7.82
1.75	28.40	39.91	46.52	43.70	7.66	16.14
6.31	132.20	138.55	25.23	69.33	16.82	23.69
18.70	696.81	698.13	165.98	403.68	111.25	62.57
-3.02	178.59	175.05	26.78	88.30	24.42	19.33
6.56	422.19	436.84	98.22	162.09	58.85	72.43
14.84	62.09	73.27	64.71	55.15	17.90	29.90
-0.99	30.38	25.66	5.37	14.40	4.12	7.28
0.78	29.24	44.52	3.84	14.78	8.55	3.17
-7.68	232.56	225.51	23.16	62.56	21.01	26.11
-0.01	59.97	60.18	0.13	12.32	6.35	5.12
-0.38	7.95	7.70	1.00	2.88	0.92	0.85

1-A-3 续表 33

行业	管理费用	税金	财务费用	利息收入	利息支出
农药制造	112.89	6.54	30.95	3.62	28.39
化学农药制造	102.25	6.09	27.13	3.44	25.30
生物化学农药及微生物农药制造	10.63	0.44	3.82	0.17	3.09
涂料、油墨、颜料及类似产品制造	279.90	12.90	46.95	6.56	47.28
涂料制造	177.83	8.21	23.61	4.00	25.51
油墨及类似产品制造	22.53	0.74	2.40	0.46	2.51
颜料制造	32.78	2.15	9.26	0.74	7.93
染料制造	35.69	1.57	9.40	1.28	9.15
密封用填料及类似品制造	11.07	0.23	2.28	0.09	2.18
合成材料制造	410.04	23.59	180.27	19.10	197.87
初级形态塑料及合成树脂制造	253.25	15.99	113.15	11.85	124.42
合成橡胶制造	38.16	2.32	17.25	1.14	11.89
合成纤维单(聚合)体制造	78.73	3.58	40.85	5.28	52.58
其他合成材料制造	39.89	1.70	9.02	0.84	8.99
专用化学产品制造	548.15	29.71	182.25	19.48	171.11
化学试剂和助剂制造	188.35	10.05	54.35	3.90	46.15
专项化学用品制造	169.87	10.22	66.13	7.33	64.23
林产化学产品制造	21.32	0.85	5.84	0.17	4.52
信息化学品制造	98.83	5.38	43.27	6.23	44.12
环境污染处理专用药剂材料制造	16.02	0.56	1.54	0.51	1.65
动物胶制造	3.91	0.21	1.02	0.12	1.00
其他专用化学产品制造	49.85	2.43	10.10	1.21	9.42
炸药、火工及焰火产品制造	118.78	4.97	18.49	1.80	16.33
炸药及火工产品制造	69.54	2.17	7.80	1.64	8.87
焰火、鞭炮产品制造	49.24	2.81	10.69	0.16	7.46
日用化学产品制造	226.86	8.81	18.25	6.20	20.78
肥皂及合成洗涤剂制造	76.28	2.43	6.09	2.43	7.78
化妆品制造	87.79	3.66	4.45	1.99	5.40
口腔清洁用品制造	10.49	0.42	0.47	0.52	0.71
香料、香精制造	31.20	1.02	3.96	1.03	3.97
其他日用化学产品制造	21.11	1.29	3.28	0.23	2.92
医药制造业	1278.19	47.71	194.93	38.93	193.23
化学药品原料药制造	218.86	8.84	50.57	8.34	46.46
化学药品制剂制造	426.61	12.61	43.29	13.57	48.42
中药饮片加工	49.53	2.42	10.80	0.74	9.27
中成药生产	330.98	13.38	48.11	7.19	47.53
兽用药品制造	45.41	2.67	7.67	0.86	7.18
生物药品制造	141.96	4.44	19.88	7.27	23.11
卫生材料及医药用品制造	64.83	3.36	14.61	0.95	11.26
化学纤维制造业	187.96	9.96	113.84	19.09	125.70
纤维素纤维原料及纤维制造	54.89	2.98	37.33	6.05	40.50
化纤浆粕制造	7.11	0.46	4.86	0.20	4.53
人造纤维(纤维素纤维)制造	47.78	2.52	32.47	5.84	35.97
合成纤维制造	133.07	6.99	76.51	13.04	85.20
锦纶纤维制造	21.40	0.85	11.22	1.27	11.61

单位：亿元

投资收益(损失以“-”号记)	营业利润	利润总额	亏损企业亏损额	应交增值税	应交所得税	从业人员平均人数(万人)
4.01	248.36	248.61	4.61	69.39	30.74	19.88
3.01	224.31	224.52	4.35	57.51	28.27	17.74
1.00	24.05	24.09	0.26	11.88	2.48	2.14
2.22	414.61	413.83	10.78	183.91	60.62	44.37
2.42	253.33	256.02	4.48	119.14	38.86	25.15
0.03	28.61	29.33	0.47	11.60	4.61	3.82
-1.78	47.43	48.19	3.66	23.47	5.11	7.02
1.71	69.81	64.79	0.69	23.81	10.46	6.25
-0.18	15.43	15.50	1.48	5.89	1.58	2.13
4.93	530.31	524.21	202.48	300.65	81.97	57.77
6.10	349.50	349.09	84.83	193.16	52.67	34.75
-1.46	74.88	72.94	18.75	36.54	9.21	6.99
0.81	38.39	34.24	92.79	49.72	10.64	9.05
-0.52	67.55	67.94	6.11	21.22	9.46	6.97
-17.69	1193.34	1194.45	103.65	479.83	171.79	97.72
-4.77	417.40	417.50	15.69	152.29	57.78	32.07
-11.19	506.22	504.01	21.39	212.45	75.99	30.16
-3.39	57.87	57.69	1.62	19.57	3.86	5.36
1.49	71.94	84.64	57.01	49.06	16.28	17.56
1.57	33.57	32.55	2.81	10.51	5.69	2.32
	10.24	10.28	0.98	2.90	0.73	0.89
-1.40	96.09	87.77	4.15	33.05	11.47	9.35
10.29	189.14	191.44	6.29	92.71	22.02	39.92
10.58	74.08	78.92	3.58	34.57	12.57	13.11
-0.29	115.06	112.52	2.70	58.14	9.45	26.81
11.11	405.11	398.76	18.14	200.95	79.00	33.27
6.08	170.39	168.83	6.66	93.27	38.80	11.29
3.77	107.22	101.95	9.04	62.00	20.30	10.15
1.76	25.50	26.18	0.40	10.38	4.42	2.11
0.32	64.45	65.20	1.29	18.31	10.14	4.28
-0.81	37.55	36.61	0.75	16.99	5.34	5.44
50.72	2091.58	2132.71	60.50	990.29	297.60	208.55
11.35	274.68	286.93	19.83	126.50	40.91	39.27
10.81	630.83	649.09	18.72	358.38	107.30	52.93
-4.52	110.45	110.38	1.02	41.49	10.98	10.90
28.86	559.40	562.62	10.42	277.55	71.15	59.20
-2.02	92.62	93.23	1.15	31.18	11.76	8.99
5.50	290.48	296.14	7.01	108.06	41.63	19.54
0.74	133.12	134.33	2.36	47.12	13.87	17.72
4.60	261.74	274.24	42.80	153.33	35.45	48.51
2.06	94.09	96.33	11.70	64.23	15.17	17.10
0.21	7.58	8.03	3.07	6.45	1.34	2.11
1.85	86.51	88.30	8.63	57.78	13.84	14.98
2.54	167.65	177.92	31.10	89.11	20.27	31.42
-0.50	40.29	41.34	2.37	8.88	4.74	3.45

1-A-3 续表 39

行　业	管理费用	税金	财务费用	利息收入	利息支出
涤纶纤维制造	84.97	4.78	48.84	10.57	57.20
腈纶纤维制造	3.56	0.30	4.72	0.35	4.67
维纶纤维制造	3.78	0.13	2.08	0.02	1.95
丙纶纤维制造	1.72	0.10	0.84	-0.01	0.69
氨纶纤维制造	9.85	0.43	3.61	0.51	4.32
其他合成纤维制造	7.80	0.41	5.20	0.34	4.75
橡胶和塑料制品业	1069.63	60.99	277.88	24.75	252.83
橡胶制品业	320.56	18.44	103.97	5.15	100.15
轮胎制造	163.95	9.12	71.35	3.26	72.53
橡胶板、管、带制造	48.16	3.33	10.79	0.59	8.75
橡胶零件制造	44.93	2.93	6.35	0.52	5.48
再生橡胶制造	9.06	0.57	2.75	0.09	2.36
日用及医用橡胶制品制造	16.67	0.80	4.63	0.14	3.99
其他橡胶制品制造	37.79	1.69	8.10	0.56	7.05
塑料制品业	749.08	42.55	173.91	19.60	152.68
塑料薄膜制造	81.16	4.21	28.06	5.32	29.26
塑料板、管、型材制造	170.42	12.02	43.52	4.39	37.50
塑料丝、绳及编织品制造	72.15	4.22	19.87	0.87	15.37
泡沫塑料制造	28.35	1.28	5.82	0.55	5.19
塑料人造革、合成革制造	40.08	4.11	11.02	1.90	11.30
塑料包装箱及容器制造	76.01	6.37	17.71	1.31	14.55
日用塑料制品制造	69.26	2.69	14.70	1.64	12.31
塑料零件制造	82.39	3.30	10.26	2.03	9.22
其他塑料制品制造	129.26	4.35	22.95	1.58	17.98
非金属矿物制品业	1895.95	119.29	677.20	44.80	616.70
水泥、石灰和石膏制造	440.97	32.12	253.59	16.51	246.22
水泥制造	422.38	30.38	246.98	15.93	240.93
石灰和石膏制造	18.58	1.74	6.61	0.57	5.29
石膏、水泥制品及类似制品制造	360.77	19.32	109.35	6.85	95.07
水泥制品制造	277.97	14.18	86.80	4.56	75.48
砼结构构件制造	33.16	1.91	10.01	0.81	8.49
石棉水泥制品制造	8.03	0.43	0.82	0.01	0.74
轻质建筑材料制造	30.02	2.38	8.45	1.42	7.86
其他水泥类似制品制造	11.59	0.42	3.28	0.05	2.49
砖瓦、石材等建筑材料制造	408.48	26.74	100.32	5.92	81.55
粘土砖瓦及建筑砌块制造	105.24	7.44	27.42	0.51	19.64
建筑陶瓷制品制造	105.75	6.96	29.14	2.29	26.30
建筑用石加工	93.83	6.26	19.98	1.13	15.81
防水建筑材料制造	24.38	1.34	7.99	0.20	5.60
隔热和隔音材料制造	24.46	1.12	5.13	0.20	4.45
其他建筑材料制造	54.82	3.61	10.66	1.60	9.74
玻璃制造	69.73	4.90	31.26	2.40	29.32
平板玻璃制造	40.16	3.57	24.36	1.78	23.27
其他玻璃制造	29.57	1.33	6.90	0.62	6.05
玻璃制品制造	153.00	7.20	40.67	3.47	40.41
技术玻璃制品制造	51.35	2.93	16.44	1.61	18.48

单位：亿元

投资收益(损失以"-"号记)	营业利润	利润总额	亏损企业亏损额	应交增值税	应交所得税	从业人员平均人数(万人)
1.77	99.94	106.90	20.34	67.22	11.55	21.29
0.06	-4.45	-3.12	3.86	1.30	0.18	1.05
0.11	-0.95	-0.15	0.88	0.65	0.03	0.76
	2.78	2.82	0.27	1.09	0.49	0.58
1.26	19.67	19.90	1.15	5.18	2.05	1.49
-0.17	10.38	10.23	2.24	4.79	1.24	2.80
-2.87	1913.37	1900.58	94.36	724.38	254.09	334.90
2.58	633.03	628.61	31.49	230.12	97.58	84.90
3.18	365.07	364.16	19.20	119.88	64.21	37.39
-1.90	97.18	95.03	3.47	33.78	12.38	13.79
0.36	66.52	67.95	2.11	32.66	8.77	13.58
-1.04	17.57	16.62	0.19	7.33	2.12	2.35
	26.71	27.07	2.27	13.48	2.72	5.71
1.98	59.98	57.79	4.25	22.99	7.37	12.08
-5.45	1280.34	1271.97	62.87	494.26	156.51	250.00
-0.36	136.07	141.11	14.72	55.07	19.97	21.09
-3.93	346.27	337.40	12.64	121.05	36.28	42.11
-13.66	182.67	177.57	2.27	78.38	17.55	34.13
0.02	56.11	55.30	1.74	19.95	6.90	9.98
0.55	86.63	86.10	1.99	33.63	10.32	12.52
12.78	144.29	145.19	5.42	44.30	18.85	20.92
-0.25	89.01	88.75	4.91	37.06	12.57	28.96
-1.46	70.38	71.08	10.69	37.90	11.96	32.30
0.86	168.92	169.46	8.49	66.93	22.13	47.98
-0.81	3972.50	4040.14	222.75	1911.68	515.73	568.55
0.40	772.59	855.50	80.46	461.69	142.76	93.98
3.01	726.17	810.72	78.47	438.33	138.96	87.16
-2.61	46.42	44.77	1.99	23.36	3.80	6.82
3.83	657.46	657.49	34.32	367.40	85.64	94.07
0.17	466.64	468.80	26.45	290.90	63.98	71.07
-0.63	64.43	64.45	3.94	29.96	7.84	9.30
0.06	28.16	28.11	0.03	10.86	4.93	2.02
4.46	74.18	73.36	3.18	23.39	6.53	8.84
-0.23	24.05	22.78	0.73	12.29	2.36	2.84
-8.90	1025.46	1017.63	16.62	393.09	81.81	142.01
-4.94	243.40	242.19	3.18	91.93	23.07	38.30
0.95	319.64	315.74	4.74	122.07	17.71	52.43
-0.76	265.26	264.42	1.70	101.88	20.95	29.12
-0.36	62.78	62.54	0.49	26.76	5.86	5.04
-0.77	48.62	48.29	2.77	15.91	4.70	6.95
-3.02	85.75	84.45	3.74	34.55	9.52	10.17
0.80	95.57	92.53	16.83	43.14	11.47	17.78
-0.91	46.61	44.68	14.42	25.92	6.81	10.34
1.71	48.96	47.86	2.41	17.21	4.66	7.44
3.64	244.95	248.89	24.26	110.37	33.50	57.25
-0.06	70.63	74.47	9.70	29.02	10.20	11.63

1-A-3 续表 40

行业	管理费用	税金	财务费用	利息收入	利息支出
光学玻璃制造	22.53	1.04	4.95	0.59	4.79
玻璃仪器制造	4.87	0.18	0.64	0.04	0.53
日用玻璃制品制造	23.27	1.21	6.95	0.35	5.99
玻璃包装容器制造	25.47	0.99	6.33	0.41	5.81
玻璃保温容器制造	2.25	0.07	0.70	0.01	0.54
制镜及类似品加工	3.63	0.16	0.77	0.20	0.87
其他玻璃制品制造	19.63	0.61	3.87	0.25	3.38
玻璃纤维和玻璃纤维增强塑料制品制造	72.37	4.18	30.70	2.25	29.27
玻璃纤维及制品制造	47.30	2.85	24.64	1.93	23.86
玻璃纤维增强塑料制品制造	25.07	1.33	6.06	0.32	5.41
陶瓷制品制造	118.15	6.82	24.26	1.19	20.92
卫生陶瓷制品制造	20.75	1.20	4.46	0.56	3.60
特种陶瓷制品制造	37.23	2.38	7.40	0.31	7.46
日用陶瓷制品制造	31.74	1.87	7.47	0.19	6.08
园林、陈设艺术及其他陶瓷制品制造	28.43	1.38	4.94	0.14	3.78
耐火材料制品制造	130.42	8.90	35.83	2.59	29.57
石棉制品制造	4.47	0.22	1.10	0.01	0.95
云母制品制造	1.61	0.10	0.35	0.01	0.29
耐火陶瓷制品及其他耐火材料制造	124.34	8.57	34.38	2.57	28.33
石墨及其他非金属矿物制品制造	142.07	9.11	51.24	3.62	44.39
石墨及碳素制品制造	70.08	4.70	27.53	2.23	25.56
其他非金属矿物制品制造	72.00	4.41	23.71	1.39	18.83
黑色金属冶炼和压延加工业	1836.27	143.08	1002.82	152.41	1120.46
炼铁	53.65	4.30	47.12	3.21	45.28
炼钢	273.51	16.85	134.35	25.22	174.07
黑色金属铸造	196.99	12.56	58.03	2.07	48.95
钢压延加工	1194.16	100.47	709.23	110.98	793.21
铁合金冶炼	117.96	8.90	54.08	10.92	58.95
有色金属冶炼和压延加工业	899.88	66.34	576.72	84.66	598.03
常用有色金属冶炼	346.47	28.12	300.83	44.20	327.26
铜冶炼	84.42	5.52	60.15	12.47	73.29
铅锌冶炼	67.28	6.37	49.80	1.11	48.62
镍钴冶炼	47.00	3.06	27.33	17.83	47.25
锡冶炼	22.30	0.94	14.31	0.39	13.92
锑冶炼	8.24	0.75	5.16	0.03	4.81
铝冶炼	86.33	9.23	123.18	11.45	122.99
镁冶炼	7.56	0.60	5.81	0.11	5.29
其他常用有色金属冶炼	23.33	1.65	15.08	0.81	11.08
贵金属冶炼	67.31	4.25	21.61	8.55	26.90
金冶炼	57.95	3.43	16.13	8.11	22.32
银冶炼	6.53	0.74	4.24	0.41	3.44
其他贵金属冶炼	2.82	0.07	1.24	0.03	1.14
稀有稀土金属冶炼	52.75	5.25	19.48	1.98	18.31
钨钼冶炼	20.37	3.41	8.98	0.87	8.66
稀土金属冶炼	21.36	1.17	5.37	0.75	5.01
其他稀有金属冶炼	11.02	0.68	5.13	0.35	4.65

单位：亿元

投资收益(损失以“-”号记)	营业利润	利润总额	亏损企业亏损额	应交增值税	应交所得税	从业人员平均人数(万人)
0.70	23.37	24.02	5.93	16.22	5.31	10.49
0.12	10.13	10.15	0.48	4.26	1.15	1.33
-0.83	46.06	45.20	2.95	20.28	5.27	13.00
2.56	50.51	50.84	3.93	24.07	6.57	11.71
	2.76	2.79	0.02	1.66	0.29	1.66
0.02	5.12	5.32	0.09	2.22	0.81	1.05
1.12	36.37	36.11	1.17	12.63	3.91	6.38
-1.20	148.94	151.21	10.00	83.07	17.51	21.49
-1.21	86.84	88.23	8.19	50.23	11.88	14.84
0.01	62.10	62.98	1.81	32.83	5.63	6.65
0.37	269.46	268.16	10.22	120.02	30.74	65.62
-0.07	39.43	39.19	2.53	17.06	5.61	12.18
0.85	131.55	129.46	3.73	45.19	15.87	14.96
-0.43	60.63	61.14	2.19	37.56	5.37	25.95
0.02	37.85	38.38	1.78	20.21	3.89	12.54
-6.21	429.55	426.75	7.75	182.42	65.61	38.12
0.06	11.80	11.71	0.15	4.14	1.42	1.39
	5.72	5.81	0.12	1.50	0.37	0.53
-6.27	412.03	409.23	7.48	176.78	63.83	36.21
6.46	328.53	321.98	22.28	150.50	46.68	38.22
7.45	144.65	142.57	12.41	65.64	18.86	16.35
-0.98	183.87	179.40	9.88	84.85	27.82	21.87
-274.91	2184.06	2060.63	416.25	1622.80	252.53	415.99
1.24	75.78	82.62	27.12	69.29	12.15	20.32
-21.33	117.46	111.83	21.73	187.63	17.39	47.36
-14.20	437.75	424.92	14.79	181.62	45.29	61.16
-224.33	1402.93	1280.90	306.32	1064.17	159.80	253.38
-16.29	150.13	160.36	46.29	120.08	17.89	33.77
-88.85	1974.04	1789.98	323.63	1013.08	193.01	204.91
-38.10	469.32	422.48	206.15	421.76	49.61	85.21
-6.79	270.95	174.63	29.72	179.11	18.37	17.01
-1.55	74.45	170.56	31.25	71.37	6.50	18.17
2.17	43.40	34.73	3.44	22.37	7.30	7.12
-1.94	-16.14	-12.91	22.79	10.62	0.18	6.05
-7.69	14.63	13.95	0.24	12.96	1.98	1.80
-21.09	35.08	-6.11	107.55	93.80	9.62	26.07
-1.43	9.47	9.15	3.26	9.28	1.36	4.06
0.22	37.49	38.47	7.92	22.26	4.30	4.94
12.48	132.76	128.94	25.07	48.57	19.28	10.13
12.52	110.03	112.20	16.03	23.29	17.90	8.24
-0.04	22.23	16.26	3.61	20.50	0.95	1.42
	0.51	0.48	5.42	4.78	0.43	0.47
10.20	170.31	161.23	5.92	70.30	15.94	10.57
8.57	66.41	59.39	0.90	23.03	5.87	4.23
1.08	88.57	84.23	2.35	36.31	7.58	4.06
0.54	15.32	17.61	2.67	10.95	2.48	2.28

1-A-3 续表 41

行　业	管理费用	税金	财务费用	利息收入	利息支出
有色金属合金制造	87.15	3.55	30.40	2.36	28.75
有色金属铸造	10.38	0.42	2.50	0.15	2.26
有色金属压延加工	335.82	24.76	201.91	27.43	194.55
铜压延加工	97.42	7.98	67.54	13.57	70.05
铝压延加工	175.55	12.41	115.14	9.26	102.59
贵金属压延加工	5.89	0.48	1.93	0.51	2.46
稀有稀土金属压延加工	23.61	1.67	3.13	3.11	5.96
其他有色金属压延加工	33.35	2.21	14.17	0.98	13.48
金属制品业	1256.38	71.80	329.67	30.74	292.93
结构性金属制品制造	371.83	20.71	111.48	9.48	97.57
金属结构制造	279.86	15.05	85.25	8.24	75.59
金属门窗制造	91.97	5.66	26.23	1.24	21.99
金属工具制造	103.64	4.31	21.53	1.20	16.48
切削工具制造	40.40	1.63	9.83	0.49	7.65
手工具制造	20.88	0.88	4.09	0.30	2.97
农用及园林用金属工具制造	7.45	0.25	2.08	0.14	1.44
刀剪及类似日用金属工具制造	13.29	0.30	1.29	0.02	1.20
其他金属工具制造	21.62	1.24	4.26	0.25	3.23
集装箱及金属包装容器制造	111.62	6.90	26.17	3.67	23.17
集装箱制造	19.45	1.44	5.17	1.29	3.52
金属压力容器制造	44.25	2.62	9.44	0.47	8.10
金属包装容器制造	47.92	2.84	11.57	1.91	11.54
金属丝绳及其制品制造	88.45	7.09	36.47	3.26	35.26
建筑、安全用金属制品制造	120.20	6.26	30.21	1.99	25.22
建筑、家具用金属配件制造	40.87	1.96	9.42	0.37	7.38
建筑装饰及水暖管道零件制造	57.17	3.48	15.18	1.38	13.16
安全、消防用金属制品制造	12.94	0.44	2.97	0.10	2.47
其他建筑、安全用金属制品制造	9.22	0.37	2.64	0.13	2.20
金属表面处理及热处理加工	73.63	3.83	21.22	2.64	20.29
搪瓷制品制造	9.79	0.59	2.16	0.11	1.72
生产专用搪瓷制品制造	2.91	0.15	0.24	0.02	0.21
建筑装饰搪瓷制品制造	0.96	0.03	0.29	0.04	0.24
搪瓷卫生洁具制造	2.24	0.11	0.51	0.04	0.40
搪瓷日用品及其他搪瓷制品制造	3.69	0.30	1.12	0.02	0.87
金属制日用品制造	82.01	3.28	19.70	1.36	15.75
金属制厨房用器具制造	12.18	0.43	3.85	0.37	3.26
金属制餐具和器皿制造	35.11	1.50	9.48	0.71	7.62
金属制卫生器具制造	4.80	0.18	1.42	0.07	1.09
其他金属制日用品制造	29.92	1.17	4.94	0.20	3.79
其他金属制品制造	295.20	18.85	60.73	7.03	57.47
锻件及粉末冶金制品制造	125.30	12.64	34.73	2.98	31.40
交通及公共管理用金属标牌制造	3.70	0.15	0.72	0.10	0.65
通用设备制造业	2221.25	101.38	386.45	62.09	384.84
锅炉及原动设备制造	305.57	11.10	37.42	13.81	47.09
锅炉及辅助设备制造	101.94	3.83	15.74	3.31	16.85
内燃机及配件制造	135.07	4.89	17.15	8.00	22.07

单位：亿元

投资收益 (损失以"-"号记)	营业利润	利润总额	亏损企业 亏损额	应交增值税	应交所得税	从业人员 平均人数 (万人)
-9.60	132.40	135.39	21.20	71.99	16.38	17.32
-0.99	11.37	11.39	1.66	6.92	1.50	2.60
-62.84	1057.88	930.55	63.63	393.54	90.29	79.08
-23.25	473.94	352.24	22.73	191.38	28.97	20.21
-38.25	489.03	483.39	31.25	152.22	48.84	46.93
-1.88	3.78	3.73	4.21	3.03	-0.61	0.98
0.35	30.44	30.20	2.20	15.91	4.59	3.84
0.19	60.69	60.99	3.23	31.01	8.50	7.11
-104.48	2194.07	2096.40	87.78	886.27	265.72	371.97
-68.86	704.00	687.40	25.09	278.28	73.15	104.19
-66.62	536.78	525.24	19.69	220.62	57.34	75.97
-2.23	167.22	162.16	5.40	57.66	15.81	28.23
-2.20	169.47	169.86	4.18	73.21	22.66	32.40
-1.66	45.23	47.20	1.33	21.68	7.61	10.52
0.46	31.08	31.43	0.98	13.72	2.90	6.75
-0.08	17.20	15.62	0.46	7.12	1.57	2.76
0.15	39.32	39.78	0.02	14.55	5.51	5.30
-1.07	36.63	35.82	1.39	16.14	5.07	7.07
-8.84	175.65	175.92	8.37	79.84	27.49	28.90
0.16	39.99	40.32	1.19	18.77	6.73	5.89
0.20	50.19	49.63	3.51	25.05	7.77	9.98
-9.20	85.48	85.97	3.68	36.01	13.00	13.03
-1.58	170.97	170.10	10.19	82.94	25.63	24.38
-1.28	214.14	212.85	6.72	81.40	29.22	41.20
-0.47	68.91	68.63	3.04	30.86	9.21	17.44
0.16	106.30	105.80	2.32	36.55	15.74	17.15
-0.35	22.49	21.88	0.34	8.00	2.25	3.60
-0.62	16.45	16.55	1.02	6.00	2.02	3.01
-14.55	120.23	121.06	6.90	49.60	15.63	24.96
-0.02	15.11	14.82	1.02	7.29	2.09	3.81
	2.52	2.37	0.84	2.66	0.48	1.14
	0.81	0.83		0.37	0.09	0.16
-0.03	5.24	5.09	0.09	1.63	0.69	0.86
	6.54	6.53	0.08	2.63	0.83	1.65
-0.39	136.70	134.54	5.70	59.20	14.89	38.95
-0.01	17.38	16.78	0.91	9.99	1.67	5.51
-0.57	67.46	66.34	2.10	23.15	6.54	18.48
0.09	3.99	4.02	1.00	3.00	0.86	2.04
0.10	47.87	47.40	1.68	23.05	5.83	12.93
-6.75	487.79	409.84	19.60	174.51	54.95	73.17
-8.27	231.89	219.89	9.57	96.86	28.77	27.79
-0.41	8.10	8.00	0.28	2.76	1.20	1.02
6.35	3077.23	3071.03	173.16	1295.75	432.79	476.14
17.67	368.42	365.86	34.89	164.06	52.14	49.34
-0.56	131.59	120.74	5.62	50.80	17.25	16.82
6.12	184.74	191.18	20.39	79.74	27.57	25.34

1-A-3 续表 42

行　业	管理费用	税金	财务费用	利息收入	利息支出
汽轮机及辅机制造	54.05	1.68	2.02	2.18	5.28
水轮机及辅机制造	5.22	0.12	0.84	0.22	0.92
风能原动设备制造	8.41	0.56	1.57	0.09	1.90
其他原动设备制造	0.87	0.02	0.10	0.01	0.07
金属加工机械制造	268.89	14.90	61.04	5.22	57.68
金属切削机床制造	99.98	5.82	30.12	1.42	30.27
金属成形机床制造	41.42	1.95	6.35	1.48	7.26
铸造机械制造	36.89	2.71	8.07	0.42	6.36
金属切割及焊接设备制造	27.62	0.66	2.83	1.16	3.21
机床附件制造	22.35	1.48	4.29	0.18	3.54
其他金属加工机械制造	40.63	2.28	9.40	0.56	7.04
物料搬运设备制造	338.08	14.31	52.53	16.45	63.48
轻小型起重设备制造	24.66	1.88	5.32	0.26	4.56
起重机制造	117.13	6.31	42.06	3.10	43.42
生产专用车辆制造	21.40	1.52	2.39	0.52	2.35
连续搬运设备制造	20.98	0.96	3.84	0.26	3.69
电梯、自动扶梯及升降机制造	141.49	3.05	-3.37	11.99	7.32
其他物料搬运设备制造	12.41	0.58	2.28	0.33	2.14
泵、阀门、压缩机及类似机械制造	442.93	20.57	68.35	8.11	65.01
泵及真空设备制造	121.49	5.74	18.92	2.22	17.89
气体压缩机械制造	105.28	3.25	11.71	2.16	11.16
阀门和旋塞制造	120.51	5.58	25.62	1.71	22.24
液压和气压动力机械及元件制造	95.66	6.00	12.10	2.02	13.72
轴承、齿轮和传动部件制造	192.23	9.64	48.81	3.92	44.80
轴承制造	102.43	5.19	26.74	2.45	24.19
齿轮及齿轮减、变速箱制造	69.87	3.54	17.13	1.05	16.13
其他传动部件制造	19.93	0.92	4.94	0.43	4.48
烘炉、风机、衡器、包装等设备制造	310.92	12.59	49.04	8.87	47.24
烘炉、熔炉及电炉制造	19.52	0.55	2.17	0.95	2.97
风机、风扇制造	57.50	2.28	5.31	2.40	5.92
气体、液体分离及纯净设备制造	45.96	2.00	9.14	0.90	8.66
制冷、空调设备制造	116.48	5.04	19.04	2.44	16.80
风动和电动工具制造	35.01	1.21	8.95	1.59	9.02
喷枪及类似器具制造	6.60	0.27	0.88	0.07	0.77
衡器制造	9.22	0.28	1.16	0.23	1.01
包装专用设备制造	20.64	0.94	2.38	0.30	2.10
文化、办公用机械制造	78.16	2.89	5.17	1.94	5.31
电影机械制造	1.44	0.03	0.08	0.05	0.10
幻灯及投影设备制造	4.33	0.08	0.08	0.09	0.19
照相机及器材制造	25.14	0.90	1.80	0.72	1.34
复印和胶印设备制造	21.72	1.13	2.37	0.57	1.96
计算器及货币专用设备制造	20.73	0.61	0.02	0.42	1.19
其他文化、办公用机械制造	4.79	0.14	0.83	0.10	0.54
通用零部件制造	230.35	13.31	52.27	3.21	43.56
金属密封件制造	31.81	2.87	7.31	0.37	5.69
紧固件制造	54.73	2.56	14.99	1.53	13.18

单位：亿元

投资收益 (损失以"-"号记)	营业利润	利润总额	亏损企业 亏损额	应交增值税	应交所得税	从业人员 平均人数 (万人)
13.07	37.04	39.12	7.18	27.14	5.50	4.98
0.02	5.06	5.44	0.19	2.49	0.67	0.91
-0.98	8.83	8.18	1.26	3.24	1.03	1.03
	1.15	1.20	0.26	0.64	0.13	0.26
-1.31	312.42	324.15	30.24	158.33	42.96	61.72
0.67	56.30	65.94	20.01	49.90	9.75	21.80
-0.64	54.29	54.50	2.19	24.10	7.85	9.02
-1.27	60.42	60.57	2.08	28.29	6.79	9.02
0.44	39.98	39.69	1.05	11.71	4.69	5.15
-0.32	38.21	38.96	1.19	15.85	4.82	6.15
-0.20	63.22	64.49	3.73	28.47	9.06	10.59
7.65	479.55	491.44	15.11	183.50	75.73	52.85
0.35	29.32	30.18	1.10	16.60	3.20	5.83
6.08	167.34	168.15	8.93	69.88	20.91	21.77
0.88	23.80	25.64	0.82	8.46	3.57	2.97
-0.18	21.72	22.16	1.10	11.13	2.92	4.07
0.57	224.84	232.04	2.83	71.37	43.03	15.84
-0.05	12.53	13.27	0.33	6.06	2.11	2.37
-3.15	615.64	613.37	25.46	253.81	82.14	92.66
-0.67	159.69	159.66	4.14	64.03	20.62	24.38
0.93	118.80	119.11	4.98	49.10	15.55	15.98
-2.62	197.74	196.31	3.33	78.15	25.27	30.31
-0.79	139.41	138.28	13.02	62.52	20.70	21.99
-1.09	325.73	310.35	22.72	122.01	34.09	55.03
-0.64	192.96	181.32	14.68	68.99	14.60	33.63
-1.26	108.61	104.87	6.64	42.02	15.78	16.12
0.80	24.16	24.17	1.39	11.00	3.71	5.28
-0.96	438.52	445.56	16.92	178.43	69.55	60.47
-0.82	15.87	17.05	1.50	7.13	2.59	2.99
1.69	61.48	63.70	2.45	30.68	9.43	9.56
2.45	67.66	67.87	1.93	29.68	10.01	8.35
0.28	175.07	176.37	8.58	70.46	27.33	21.86
-5.65	78.57	78.13	0.93	24.84	13.75	9.97
-0.07	6.12	6.25	0.50	3.14	1.18	1.40
0.45	16.69	17.12	0.27	4.48	2.63	2.30
0.70	17.05	19.07	0.74	8.02	2.63	4.04
-6.11	81.04	84.20	7.59	35.40	17.63	26.78
0.04	3.92	3.74	0.09	1.11	0.87	0.17
-0.01	3.16	3.12	0.67	1.27	0.63	0.90
0.33	10.60	11.40	4.77	9.26	2.90	10.85
0.39	34.17	34.27	0.98	8.93	7.58	8.19
-6.70	27.32	29.91	0.57	13.45	5.26	5.15
-0.17	1.87	1.76	0.50	1.39	0.38	1.52
-3.58	376.37	358.37	15.31	168.54	48.45	64.85
-0.72	66.32	64.41	0.57	30.60	8.62	7.14
-1.73	73.61	73.82	3.23	36.16	11.41	15.06

1-A-3 续表 43

行 业	管理费用	税金	财务费用	利息收入	利息支出
弹簧制造	13.44	0.56	2.65	0.15	2.20
机械零部件加工	88.20	5.55	16.82	0.73	13.56
其他通用零部件制造	42.16	1.77	10.50	0.43	8.93
其他通用设备制造业	54.13	2.08	11.80	0.55	10.66
专用设备制造业	1733.64	78.68	324.65	58.85	331.55
采矿、冶金、建筑专用设备制造	690.49	35.52	159.89	36.82	179.62
矿山机械制造	187.77	10.13	42.17	4.66	39.55
石油钻采专用设备制造	124.79	5.24	25.37	4.54	25.17
建筑工程用机械制造	202.83	9.68	43.54	20.61	66.69
海洋工程专用设备制造	37.33	1.64	11.67	3.54	12.28
建筑材料生产专用机械制造	44.14	2.48	8.34	0.74	7.87
冶金专用设备制造	93.63	6.35	28.78	2.73	28.07
化工、木材、非金属加工专用设备制造	252.10	10.46	45.92	5.31	39.80
炼油、化工生产专用设备制造	50.28	3.23	12.47	0.79	10.35
橡胶加工专用设备制造	17.63	0.67	3.70	0.31	3.20
塑料加工专用设备制造	35.46	1.22	3.89	1.62	4.24
木材加工机械制造	7.44	0.35	1.70	0.11	1.21
模具制造	135.82	4.82	23.41	2.44	20.30
其他非金属加工专用设备制造	5.48	0.18	0.75	0.04	0.51
食品、饮料、烟草及饲料生产专用设备制造	51.16	1.78	7.64	0.73	6.59
食品、酒、饮料及茶生产专用设备制造	15.45	0.36	1.81	0.29	1.53
农副食品加工专用设备制造	19.89	0.80	4.11	0.26	3.32
烟草生产专用设备制造	13.06	0.42	1.08	0.17	1.19
饲料生产专用设备制造	2.76	0.20	0.64	0.01	0.55
印刷、制药、日化及日用品生产专用设备制造	80.39	4.28	9.65	1.85	9.64
制浆和造纸专用设备制造	17.57	1.46	3.34	0.15	2.95
印刷专用设备制造	23.36	0.96	2.50	0.57	2.34
日用化工专用设备制造	1.78	0.10	0.25	0.01	0.24
制药专用设备制造	13.57	0.62	0.63	0.74	1.14
照明器具生产专用设备制造	3.71	0.08	0.48	0.01	0.45
玻璃、陶瓷和搪瓷制品生产专用设备制造	16.82	0.95	2.13	0.29	2.17
其他日用品生产专用设备制造	3.58	0.11	0.32	0.08	0.36
纺织、服装和皮革加工专用设备制造	89.68	4.13	17.13	2.59	16.09
纺织专用设备制造	65.07	3.26	12.15	2.05	11.11
皮革、毛皮及其制品加工专用设备制造	2.25	0.07	0.58	0.02	0.60
缝制机械制造	21.63	0.78	4.27	0.52	4.25
洗涤机械制造	0.73	0.02	0.13	0.01	0.14
电子和电工机械专用设备制造	79.05	3.57	13.06	1.62	12.81
电工机械专用设备制造	26.06	1.15	4.36	0.93	4.49
电子工业专用设备制造	52.99	2.42	8.70	0.69	8.32
农、林、牧、渔专用机械制造	117.97	7.01	20.45	1.87	19.06
拖拉机制造	38.38	3.19	6.22	0.66	6.21
机械化农业及园艺机具制造	51.41	2.04	8.34	0.86	8.01
营林及木竹采伐机械制造	0.36	0.04	0.09		0.07
畜牧机械制造	4.02	0.31	0.49	0.06	0.38
渔业机械制造	0.55	0.04	0.12	0.02	0.08

单位：亿元

投资收益（损失以“-”号记）	营业利润	利润总额	亏损企业亏损额	应交增值税	应交所得税	从业人员平均人数（万人）
0.03	19.68	19.40	0.56	8.45	2.39	3.91
-0.72	158.90	142.52	8.41	66.91	17.48	26.71
-0.45	57.87	58.21	2.55	26.42	8.55	12.02
-2.77	79.53	77.73	4.92	31.67	10.11	12.42
26.42	2301.51	2333.98	219.92	987.74	317.12	352.10
11.24	897.42	906.11	144.82	452.95	120.01	126.77
-0.24	242.54	230.33	32.52	118.00	32.62	41.15
4.53	227.66	224.72	12.60	83.71	26.96	21.92
9.68	282.46	296.75	41.05	143.89	34.46	30.64
0.26	32.47	30.62	1.56	30.65	5.53	5.30
-1.10	100.43	101.01	4.25	39.81	10.11	10.52
-1.88	11.86	22.68	52.85	36.89	10.33	17.24
-1.37	306.29	306.68	21.47	125.00	46.12	64.07
-2.04	66.36	66.73	4.86	27.63	9.99	9.09
-0.34	16.62	15.75	0.89	7.97	2.44	2.94
0.98	46.52	48.60	1.55	15.51	6.63	6.39
-1.04	13.30	13.55	0.43	4.72	1.19	2.24
1.06	153.31	151.64	13.11	65.33	25.27	42.08
	10.17	10.42	0.63	3.83	0.60	1.33
1.65	79.87	79.30	1.15	30.72	10.45	11.68
1.62	21.48	21.14	0.48	7.42	3.09	3.23
-0.41	44.39	43.69	0.30	15.51	5.93	6.01
0.44	7.55	8.03	0.36	5.41	0.95	1.68
	6.45	6.44		2.39	0.49	0.76
0.19	107.33	110.47	6.68	40.91	12.99	15.95
0.14	26.90	27.00	0.67	12.38	2.83	3.68
-0.25	32.59	33.88	4.03	11.58	4.59	5.27
0.04	2.61	2.33	0.17	1.05	0.24	0.45
0.44	17.16	17.82	0.13	5.44	2.32	1.97
	3.37	3.64	1.44	1.92	0.26	1.02
-0.21	18.65	19.56	0.03	6.38	1.98	2.71
0.03	6.05	6.24	0.22	2.16	0.77	0.84
2.86	108.27	115.49	5.30	50.48	19.28	20.54
2.23	82.80	86.79	4.55	37.37	15.53	13.75
0.04	3.48	3.51	0.05	1.65	0.26	0.69
0.80	20.75	23.97	0.70	10.78	3.21	5.92
-0.21	1.24	1.22		0.68	0.28	0.18
3.68	96.61	99.72	12.66	40.07	12.53	16.78
1.65	32.54	32.56	4.26	11.68	3.69	4.92
2.03	64.07	67.16	8.40	28.39	8.85	11.87
1.70	170.19	168.94	8.07	53,16	17.80	27.71
2.50	26.96	30.21	4.81	9.44	3.88	6.84
-0.59	83.56	80.19	2.16	21.93	8.15	12.53
	0.42	0.44		0.22	0.02	0.10
0.11	8.01	8.04	0.41	2.78	0.77	0.97
	2.26	2.18	0.01	0.27	0.42	0.20

1-A-3 续表 44

行　业	管理费用		财务费用		
		税金		利息收入	利息支出
农林牧渔机械配件制造	13.33	0.79	3.49	0.06	2.87
棉花加工机械制造	1.87	0.08	0.25	0.01	0.30
其他农、林、牧、渔业机械制造	8.05	0.53	1.45	0.20	1.14
医疗仪器设备及器械制造	146.11	3.75	10.80	4.11	11.76
医疗诊断、监护及治疗设备制造	61.63	1.06	2.79	1.84	3.59
口腔科用设备及器具制造	2.97	0.06	0.37	0.04	0.30
医疗实验室及医用消毒设备和器具制造	3.83	0.10	0.35	0.06	0.32
医疗、外科及兽医用器械制造	38.30	1.35	4.92	0.84	4.79
机械治疗及病房护理设备制造	7.87	0.28	0.81	0.49	1.09
假肢、人工器官及植(介)入器械制造	12.54	0.18	0.21	0.37	0.35
其他医疗设备及器械制造	18.96	0.72	1.36	0.49	1.30
环保、社会公共服务及其他专用设备制造	226.68	8.17	40.11	3.95	36.18
环境保护专用设备制造	109.49	4.39	25.57	2.06	22.49
地质勘查专用设备制造	4.57	0.19	-0.03	0.16	0.11
邮政专用机械及器材制造	0.85	0.01	0.14		0.09
商业、饮食、服务专用设备制造	2.39	0.05	0.20	0.04	0.16
社会公共安全设备及器材制造	26.21	0.78	2.93	0.37	2.75
交通安全、管制及类似专用设备制造	4.35	0.12	0.64	0.06	0.47
水资源专用机械制造	7.93	0.26	1.38	0.16	1.25
其他专用设备制造	70.90	2.37	9.26	1.10	8.86
汽车制造业	2780.80	115.29	227.14	144.75	354.92
汽车整车制造	1324.71	56.73	11.36	99.95	117.20
改装汽车制造	92.59	4.52	21.16	3.29	21.44
低速载货汽车制造	7.94	0.36	0.60	0.40	1.39
电车制造	2.10	0.07	0.52		0.42
汽车车身、挂车制造	23.86	1.63	6.45	0.33	5.94
汽车零部件及配件制造	1329.60	51.99	187.05	40.77	208.53
铁路、船舶、航空航天和其他运输设备制造业	934.41	36.31	130.61	74.76	193.68
铁路运输设备制造	274.65	8.66	23.78	5.96	27.51
铁路机车车辆及动车组制造	135.41	3.39	9.01	4.15	11.51
窄轨机车车辆制造	1.11	0.16	0.22		0.19
铁路机车车辆配件制造	75.29	2.72	8.58	1.03	9.03
铁路专用设备及器材、配件制造	48.77	1.71	4.42	0.67	5.19
其他铁路运输设备制造	14.08	0.67	1.54	0.11	1.60
城市轨道交通设备制造	6.05	0.24	0.49	0.35	0.72
船舶及相关装置制造	254.76	12.50	34.24	52.17	90.54
金属船舶制造	198.61	9.78	22.23	50.92	76.69
非金属船舶制造	3.28	0.14	0.47	0.04	0.40
娱乐船和运动船制造	2.39	0.10	0.62	0.03	0.55
船用配套设备制造	42.77	2.00	5.60	0.74	7.84
船舶改装与拆除	7.63	0.49	5.32	0.44	5.06
航标器材及其他相关装置制造	0.08		0.01		
航空、航天器及设备制造	199.55	2.72	33.41	7.89	38.50
飞机制造	156.91	1.91	29.09	6.30	32.98
航天器制造	17.62	0.18	1.11	0.81	1.84
航空、航天相关设备制造	19.75	0.55	1.69	0.70	2.14
其他航空航天器制造	5.28	0.07	1.53	0.08	1.53

单位：亿元

投资收益（损失以“-”号记）	营业利润	利润总额	亏损企业亏损额	应交增值税	应交所得税	从业人员平均人数（万人）
-0.54	34.64	34.12	0.24	13.23	3.31	4.81
0.02	0.90	1.07	0.05	0.39	0.15	0.31
0.20	13.44	12.69	0.38	4.90	1.12	1.94
2.46	196.37	201.11	6.42	62.49	31.12	28.38
3.80	68.66	73.26	1.80	20.46	14.21	7.20
0.06	1.17	1.32	0.53	0.72	0.23	0.76
-0.14	8.78	8.82	0.28	2.46	0.35	1.00
-2.73	65.37	64.16	1.45	22.52	9.06	11.28
-0.51	9.84	10.22	0.89	4.13	1.05	1.95
0.33	19.00	19.77	0.75	5.14	2.98	2.16
1.67	23.56	23.56	0.73	7.05	3.25	4.04
4.01	339.16	346.16	13.34	131.98	46.82	40.21
3.48	171.97	172.14	4.59	68.53	23.70	20.55
0.30	4.03	4.59	0.69	1.33	0.81	0.71
0.03	-0.36	-0.33	0.72	0.43	0.06	0.11
0.02	1.78	1.94	0.12	1.25	0.25	0.46
-0.38	39.46	41.01	1.11	13.63	5.34	4.64
0.17	8.14	8.76	0.04	2.98	1.01	0.84
-0.01	12.75	12.48	0.50	5.14	1.38	1.97
0.41	101.40	105.58	5.57	38.68	14.26	10.92
587.85	5144.13	5230.37	234.56	1994.95	832.90	426.03
531.11	3039.17	3087.06	110.68	1136.25	501.81	114.00
-4.17	107.34	126.94	18.70	56.11	13.31	19.08
-2.43	5.94	6.15	3.27	1.16	1.65	1.60
-0.10	5.29	5.31	0.33	1.86	0.66	0.91
0.37	53.22	52.43	2.48	24.43	7.29	7.72
63.08	1933.16	1952.48	99.11	775.13	308.19	282.72
8.65	888.10	928.23	115.07	462.16	140.83	187.53
5.83	245.40	251.54	9.72	143.03	34.99	33.75
2.58	87.19	90.31	2.59	69.76	12.98	12.02
0.04	1.93	1.99	0.08	0.69	0.18	0.34
4.15	91.22	91.38	2.97	39.60	13.03	11.40
-1.26	61.03	62.84	2.35	27.69	8.12	6.92
0.34	4.03	5.03	1.72	5.29	0.68	3.07
0.01	7.89	8.10	0.44	3.65	1.38	0.85
13.21	261.50	268.96	79.91	150.84	55.76	60.32
12.75	187.72	194.70	68.62	107.28	42.38	45.91
0.01	4.71	4.57	0.08	2.46	0.69	0.87
0.03	2.30	2.29	0.65	1.11	0.30	0.77
0.24	49.05	50.09	8.36	30.27	9.77	10.03
0.19	17.44	17.03	2.20	9.56	2.58	2.68
	0.28	0.29		0.16	0.04	0.05
-1.97	99.40	122.44	10.89	30.83	15.86	30.47
-2.60	66.26	86.50	9.01	22.27	11.45	23.74
0.47	12.88	13.96		0.65	1.35	2.77
0.14	12.82	14.94	1.87	5.04	2.04	3.22
0.02	7.44	7.04		2.87	1.02	0.75

1-A-3 续表 45

行　　业	管理费用	税金	财务费用	利息收入	利息支出
摩托车制造	143.03	9.92	26.43	6.27	25.49
摩托车整车制造	76.74	6.31	11.89	3.99	11.04
摩托车零部件及配件制造	66.30	3.61	14.53	2.28	14.45
自行车制造	45.35	1.81	10.03	1.99	9.12
脚踏自行车及残疾人座车制造	24.32	0.90	5.97	1.30	5.34
助动自行车制造	21.03	0.91	4.06	0.68	3.77
非公路休闲车及零配件制造	4.74	0.17	0.56	0.08	0.37
潜水救捞及其他未列明运输设备制造	6.28	0.29	1.67	0.05	1.43
潜水及水下救捞装备制造	0.74	0.03	0.06		0.05
其他未列明运输设备制造	5.54	0.27	1.61	0.05	1.38
电气机械和器材制造业	2665.96	120.80	597.61	103.52	583.66
电机制造	358.00	13.30	82.73	15.07	81.13
发电机及发电机组制造	165.55	7.17	43.63	10.98	46.64
电动机制造	85.42	3.40	21.70	1.44	19.63
微电机及其他电机制造	107.02	2.73	17.40	2.65	14.86
输配电及控制设备制造	872.53	31.12	219.81	30.99	218.67
变压器、整流器和电感器制造	236.12	7.83	53.91	11.28	57.10
电容器及其配套设备制造	16.07	0.79	4.96	0.22	3.62
配电开关控制设备制造	296.41	10.53	52.04	6.82	50.48
电力电子元器件制造	102.12	3.26	14.61	1.48	12.94
光伏设备及元器件制造	136.57	6.25	77.08	8.06	76.71
其他输配电及控制设备制造	85.23	2.45	17.21	3.12	17.83
电线、电缆、光缆及电工器材制造	436.86	22.12	154.29	12.31	142.76
电线、电缆制造	345.68	18.08	130.89	9.91	119.13
光纤、光缆制造	44.83	2.08	14.73	1.75	16.22
绝缘制品制造	28.97	1.44	4.95	0.62	4.13
其他电工器材制造	17.38	0.52	3.72	0.04	3.28
电池制造	157.68	7.19	37.64	7.25	39.82
锂离子电池制造	72.12	2.82	13.58	3.89	14.68
镍氢电池制造	13.16	0.48	3.20	0.25	2.78
其他电池制造	72.40	3.89	20.87	3.11	22.36
家用电力器具制造	562.05	36.89	57.28	31.58	62.80
家用制冷电器具制造	140.20	14.30	13.56	5.68	15.32
家用空气调节器制造	174.88	12.20	7.31	19.81	17.80
家用通风电器具制造	23.72	0.88	2.73	0.66	2.83
家用厨房电器具制造	77.07	2.47	11.31	2.09	8.36
家用清洁卫生电器具制造	58.01	4.38	6.55	1.18	5.06
家用美容、保健电器具制造	18.97	0.59	1.89	0.52	1.36
家用电力器具专用配件制造	38.87	1.30	8.18	1.14	7.29
其他家用电力器具制造	30.34	0.77	5.75	0.49	4.78
非电力家用器具制造	51.53	2.06	10.84	2.08	9.78
燃气、太阳能及类似能源家用器具制造	47.88	1.92	10.08	2.02	9.12
其他非电力家用器具制造	3.65	0.15	0.76	0.06	0.66
照明器具制造	194.28	6.77	31.17	4.22	25.95
电光源制造	49.27	1.65	8.04	1.08	5.60
照明灯具制造	128.32	4.43	20.83	2.87	18.44
灯用电器附件及其他照明器具制造	16.69	0.69	2.30	0.27	1.91

单位：亿元

投资收益 (损失以"–"号记)	营业利润	利润总额	亏损企业 亏损额	应交增值税	应交所得税	从业人员 平均人数 (万人)
-6.12	178.81	180.49	7.75	88.33	19.68	38.17
1.98	79.01	80.26	5.34	39.24	8.36	11.84
-8.11	99.80	100.23	2.41	49.09	11.32	26.33
-2.33	76.21	76.89	4.85	34.27	10.27	20.06
-1.13	29.01	29.51	2.36	15.88	4.63	12.20
-1.20	47.20	47.37	2.49	18.39	5.64	7.86
0.01	9.50	9.97	0.44	4.80	1.87	1.95
0.02	9.40	9.84	1.07	6.42	1.03	1.97
0.01	1.03	1.05	0.04	0.59	0.09	0.36
0.01	8.37	8.78	1.03	5.83	0.93	1.61
42.77	3869.06	3822.89	316.51	1717.68	523.43	623.21
10.30	494.77	496.22	49.69	211.52	68.61	78.43
6.84	231.67	232.37	37.09	105.76	31.75	24.62
2.68	118.08	118.96	5.04	46.04	17.23	21.94
0.78	145.02	144.89	7.57	59.73	19.64	31.87
30.68	1083.89	1072.30	170.51	534.84	168.16	173.51
18.10	193.27	186.65	78.90	119.62	34.38	43.86
0.22	36.42	37.31	0.43	11.83	4.06	4.50
14.95	432.28	439.11	12.02	183.43	68.15	54.16
2.22	112.16	109.61	9.62	41.62	17.26	30.37
-7.48	157.11	151.54	63.55	106.50	19.44	25.72
2.66	152.65	148.09	5.97	71.84	24.88	14.90
-45.13	892.81	834.25	28.14	338.89	98.23	96.80
-45.91	731.10	671.96	21.93	267.14	78.19	76.46
1.39	99.96	100.77	3.09	47.75	11.77	8.16
-0.77	31.80	32.51	2.51	14.54	4.69	7.68
0.15	29.95	29.01	0.62	9.46	3.59	4.49
4.87	203.99	205.65	24.49	98.31	24.91	52.29
0.64	74.88	78.76	11.73	32.74	9.27	24.96
0.28	23.11	21.11	1.57	11.46	2.20	5.68
3.94	106.01	105.78	11.18	54.11	13.44	21.65
37.67	819.64	836.71	23.04	390.11	117.20	137.95
-3.12	178.34	192.40	4.27	86.19	30.25	23.94
39.18	364.25	369.57	7.09	159.48	51.42	32.37
0.64	24.19	22.86	1.23	16.72	2.98	9.28
1.56	89.68	88.77	3.40	47.34	11.96	30.48
-2.06	89.99	88.93	2.64	42.28	11.45	11.39
0.02	13.53	13.72	1.52	5.10	1.61	7.64
1.09	33.86	34.27	1.32	19.38	3.46	9.81
0.36	25.81	26.20	1.56	13.64	4.05	13.05
1.21	77.28	79.23	4.86	30.21	9.12	13.06
1.21	70.18	72.24	4.78	27.01	7.93	11.66
	7.10	6.99	0.08	3.19	1.20	1.40
3.96	264.43	265.86	11.77	100.83	32.95	64.94
-0.14	79.20	79.49	2.37	29.47	8.45	18.36
3.54	169.22	169.97	8.45	65.50	22.23	39.91
0.57	16.01	16.40	0.95	5.86	2.27	6.67

1-A-3 续表 46

行业	管理费用		财务费用		
		税金		利息收入	利息支出
其他电气机械及器材制造	33.05	1.34	3.86	0.04	2.76
电气信号设备装置制造	13.17	0.72	1.71	0.07	1.22
其他未列明电气机械及器材制造	19.88	0.62	2.15	-0.03	1.54
计算机、通信和其他电子设备制造业	3334.62	118.20	243.81	147.22	349.53
计算机制造	457.45	17.15	-10.73	39.20	47.59
计算机整机制造	221.88	7.62	-15.29	25.24	29.45
计算机零部件制造	114.51	5.02	-1.80	6.85	6.59
计算机外围设备制造	74.91	3.04	3.83	5.44	7.89
其他计算机制造	46.16	1.48	2.53	1.68	3.66
通信设备制造	985.47	21.25	86.66	39.25	74.70
通信系统设备制造	666.52	7.32	91.82	20.37	52.49
通信终端设备制造	318.95	13.92	-5.16	18.87	22.21
广播电视设备制造	93.95	2.53	14.90	2.27	13.03
广播电视节目制作及发射设备制造	7.61	0.30	1.22	0.13	1.30
广播电视接收设备及器材制造	49.40	1.43	8.89	1.08	7.47
应用电视设备及其他广播电视设备制造	36.94	0.79	4.79	1.06	4.26
雷达及配套设备制造	29.46	0.65	2.89	1.47	4.50
视听设备制造	269.60	21.87	18.67	12.28	34.85
电视机制造	129.37	16.73	6.97	10.63	23.78
音响设备制造	63.56	1.76	6.04	0.59	4.08
影视录放设备制造	76.67	3.38	5.66	1.06	7.00
电子器件制造	654.11	21.09	50.54	25.97	87.97
电子真空器件制造	15.16	0.96	2.35	0.59	2.88
半导体分立器件制造	47.22	1.61	5.72	2.59	7.19
集成电路制造	163.56	4.09	7.78	5.58	16.81
光电子器件及其他电子器件制造	428.17	14.44	34.69	17.21	61.08
电子元件制造	641.66	22.56	68.88	24.07	75.06
电子元件及组件制造	503.79	16.57	51.08	17.00	55.54
印制电路板制造	137.87	5.99	17.80	7.08	19.53
其他电子设备制造	202.93	11.10	11.98	2.71	11.82
仪器仪表制造业	501.95	14.20	55.27	12.96	54.85
通用仪器仪表制造	291.82	8.70	33.26	7.93	33.83
工业自动控制系统装置制造	170.44	5.48	19.49	5.10	21.59
电工仪器仪表制造	39.03	0.96	5.37	1.09	4.84
绘图、计算及测量仪器制造	11.55	0.40	1.71	0.17	1.40
实验分析仪器制造	22.07	0.54	1.03	0.33	0.94
试验机制造	9.61	0.23	0.66	0.05	0.70
供应用仪表及其他通用仪器制造	39.12	1.09	4.99	1.19	4.37
专用仪器仪表制造	120.35	3.28	12.61	2.62	12.80
环境监测专用仪器仪表制造	8.98	0.40	1.65	0.28	1.56
运输设备及生产用计数仪表制造	40.85	1.30	3.95	0.72	4.01
导航、气象及海洋专用仪器制造	15.04	0.30	1.68	0.24	1.54
农林牧渔专用仪器仪表制造	1.70	0.01	0.17		0.17
地质勘探和地震专用仪器制造	9.96	0.25	0.96	0.23	1.10

单位：亿元

投资收益（损失以"-"号记）	营业利润	利润总额	亏损企业亏损额	应交增值税	应交所得税	从业人员平均人数（万人）
-0.78	32.25	32.67	4.00	12.97	4.24	6.23
-0.94	12.81	12.57	0.25	5.80	1.44	2.50
0.16	19.44	20.10	3.75	7.17	2.80	3.73
15.54	3650.13	3826.33	315.80	1835.13	522.24	880.50
-14.73	761.79	746.24	31.06	274.53	64.66	177.22
-10.13	421.20	412.38	7.21	163.91	20.69	71.70
-9.34	179.74	165.26	7.70	56.98	19.44	62.22
3.87	95.04	100.18	13.48	35.81	14.98	30.73
0.87	65.80	68.42	2.67	17.84	9.55	12.58
2.45	805.81	897.16	65.97	743.24	152.61	138.73
42.22	473.69	535.49	22.46	371.81	71.68	44.13
-39.76	332.12	361.67	43.51	371.43	80.92	94.61
-4.05	100.43	106.69	5.33	37.81	14.36	21.89
-4.73	4.72	5.31	0.51	2.65	0.56	1.11
1.22	62.24	63.68	2.45	22.70	9.17	15.06
-0.54	33.47	37.70	2.37	12.45	4.63	5.72
0.45	25.67	28.32	0.52	8.25	4.06	5.06
2.40	362.58	379.53	21.38	169.75	42.51	71.08
-1.01	227.94	248.13	7.74	106.79	19.15	22.88
2.13	41.31	41.60	6.73	22.63	5.62	26.22
1.28	93.33	89.80	6.91	40.33	17.73	21.98
26.56	737.25	797.43	100.62	228.73	103.69	162.46
1.62	9.22	15.55	3.67	6.60	4.06	3.40
2.02	34.77	33.68	13.11	13.36	7.83	12.79
6.23	155.81	164.66	30.66	63.35	17.58	29.45
16.69	537.45	583.53	53.17	145.42	74.22	116.82
1.09	699.60	704.07	77.31	297.73	112.55	260.42
1.39	564.39	568.05	53.15	242.04	89.59	199.97
-0.29	135.22	136.02	24.16	55.70	22.95	60.45
1.37	157.00	166.89	13.61	75.09	27.79	43.65
11.23	634.93	663.37	21.50	263.04	100.49	104.56
9.27	410.25	430.53	11.03	172.06	64.13	50.29
5.73	265.96	276.92	5.80	110.27	41.69	27.02
1.51	41.81	45.58	2.13	18.26	7.04	7.22
0.05	15.67	16.26	0.93	5.62	2.63	3.30
0.38	21.26	23.00	1.04	9.47	3.59	3.42
-0.09	9.05	9.45	0.17	4.13	1.22	1.47
1.69	56.50	59.33	0.95	24.31	7.95	7.86
2.33	142.37	147.25	3.73	59.43	22.83	19.73
0.50	15.29	15.94	0.11	6.82	1.57	1.77
0.79	49.32	48.25	1.01	18.92	9.30	6.07
0.28	7.40	8.75	2.02	4.49	1.46	2.65
-0.31	2.25	2.32		0.93	0.26	0.25
-0.23	15.75	16.79	0.08	7.57	2.50	1.75

1-A-3 续表 47

行　业	管理费用	税金	财务费用	利息收入	利息支出
教学专用仪器制造	3.09	0.13	0.54	0.01	0.44
核子及核辐射测量仪器制造	1.72	0.03	0.18	0.04	0.18
电子测量仪器制造	22.17	0.53	1.30	0.55	1.54
其他专用仪器制造	16.84	0.33	2.19	0.55	2.28
钟表与计时仪器制造	20.77	0.37	2.39	0.53	2.01
光学仪器及眼镜制造	59.54	1.52	6.08	1.76	5.46
光学仪器制造	42.26	0.94	3.46	1.48	3.28
眼镜制造	17.28	0.58	2.62	0.28	2.19
其他仪器仪表制造业	9.47	0.32	0.93	0.11	0.75
其他制造业	121.90	4.84	21.18	3.19	20.23
日用杂品制造	52.63	2.89	11.13	1.22	9.56
鬃毛加工、制刷及清扫工具制造	12.26	0.62	3.02	0.10	2.55
其他日用杂品制造	40.36	2.27	8.11	1.12	7.01
煤制品制造	6.70	0.55	3.26	0.07	3.02
废弃资源综合利用业	76.06	4.20	19.60	3.61	21.84
金属废料和碎屑加工处理	55.36	3.20	15.05	3.13	18.15
非金属废料和碎屑加工处理	20.70	1.00	4.55	0.48	3.69
金属制品、机械和设备修理业	76.27	3.05	9.93	2.24	11.28
金属制品修理	2.76	0.09	0.65		0.50
通用设备修理	2.63	0.08	0.19	0.01	0.16
专用设备修理	5.90	0.13	0.51	0.13	0.52
铁路、船舶、航空航天等运输设备修理	58.03	2.48	7.99	1.94	9.53
铁路运输设备修理	5.71	0.31	0.65	0.04	0.69
船舶修理	19.14	1.00	5.27	1.07	5.53
航空航天器修理	29.64	1.07	2.13	0.51	3.04
其他运输设备修理	3.53	0.10	-0.06	0.33	0.27
电气设备修理	2.37	0.05	0.10	0.01	0.10
仪器仪表修理	0.19		0.01		0.01
其他机械和设备修理业	4.40	0.22	0.48	0.14	0.47
电力、热力、燃气及水生产和供应业	**1424.37**	**95.17**	**2243.28**	**100.96**	**2287.96**
电力、热力生产和供应业	1076.61	78.12	2127.83	81.69	2149.48
电力生产	510.01	57.80	1548.04	54.33	1567.39
火力发电	355.55	49.32	850.01	36.99	875.20
水力发电	101.20	5.31	465.75	8.24	463.90
核力发电	16.44	1.08	46.37	1.04	50.16
风力发电	19.84	1.01	147.75	6.64	146.33
太阳能发电	2.99	0.17	15.49	0.25	14.40
其他电力生产	13.98	0.92	22.68	1.18	17.40
电力供应	470.37	15.90	527.01	22.41	530.13
热力生产和供应	96.23	4.42	52.78	4.95	51.96
燃气生产和供应业	163.03	6.96	39.66	10.48	47.90
水的生产和供应业	184.73	10.09	75.79	8.78	90.59
自来水生产和供应	154.49	8.93	55.62	9.04	67.01
污水处理及其再生利用	20.54	1.03	12.10	0.43	12.71
其他水的处理、利用与分配	9.71	0.13	8.07	-0.69	10.87

单位：亿元

投资收益 (损失以"-"号记)	营业利润	利润总额	亏损企业 亏 损 额	应交增值税	应交所得税	从业人员 平均人数 (万人)
	4.25	4.28	0.06	1.98	0.69	0.72
0.56	0.51	0.93		0.17	0.08	0.27
0.18	24.66	25.41	0.38	9.51	4.55	3.30
0.55	22.93	24.58	0.06	9.05	2.42	2.94
-2.06	20.96	21.79	1.79	7.46	2.38	11.15
2.06	51.15	52.74	4.24	15.71	9.12	21.00
2.01	31.76	34.61	3.03	9.88	6.15	11.55
0.05	19.39	18.13	1.21	5.84	2.96	9.45
-0.37	10.20	11.06	0.71	8.37	2.02	2.40
3.27	149.52	154.95	10.72	66.42	19.94	41.56
-0.91	83.28	82.79	2.46	40.90	11.63	26.54
-1.34	25.25	24.41	0.53	14.78	4.56	6.16
0.43	58.03	58.38	1.92	26.11	7.07	20.37
0.02	14.13	13.33	1.87	6.76	1.25	1.53
-14.40	178.73	180.77	22.03	127.05	11.86	17.72
-12.47	148.80	147.54	20.90	111.08	8.26	12.83
-1.94	29.93	33.24	1.13	15.98	3.60	4.88
1.98	46.31	49.37	9.44	22.97	7.55	16.90
-0.04	5.49	4.58	0.13	2.22	0.83	0.72
0.05	3.91	3.38	0.17	1.84	0.26	1.37
0.03	7.33	8.57	0.17	3.62	1.11	1.35
1.94	24.70	28.18	8.26	11.75	4.77	11.64
-0.03	0.74	0.91	0.32	1.35	0.17	1.43
0.26	6.86	7.82	6.02	6.48	1.76	6.42
1.54	14.31	16.83	1.92	3.61	2.78	3.49
0.17	2.79	2.62		0.31	0.07	0.30
	0.13	0.39	0.40	1.28	0.13	0.76
	0.11	0.13		0.08	0.01	0.02
	4.65	4.13	0.31	2.18	0.44	1.05
502.66	**4137.58**	**4423.76**	**457.99**	**2559.98**	**732.37**	**357.68**
428.03	3701.74	3943.88	381.44	2397.34	635.96	294.09
133.48	2469.68	2603.36	252.19	1216.97	452.30	98.68
88.41	1755.14	1782.52	174.70	860.79	357.27	68.87
27.17	459.10	498.71	60.12	268.88	71.08	23.55
3.31	89.28	129.32		46.81	12.00	0.68
13.00	135.38	149.83	9.24	29.20	8.53	2.38
	11.70	13.44	1.05	1.18	0.12	0.32
1.59	19.10	29.53	7.08	10.12	3.30	2.89
285.07	1272.71	1303.34	82.80	1156.16	172.15	173.34
9.48	-40.66	37.18	46.46	24.21	11.50	22.07
38.29	362.49	375.75	22.88	99.03	70.19	23.92
36.34	73.35	104.13	53.67	63.61	26.22	39.67
32.47	19.45	47.14	48.98	56.65	17.76	35.90
3.68	38.57	41.60	4.17	6.06	4.72	3.32
0.18	15.33	15.38	0.52	0.90	3.74	0.45

1-A-4 按行业分组的规模以上

行　　业	企　业单位数（个）	工业销售产　　值（当年价格）	出口交货值	资产总计	固定资产合　　计
总　　计	**18574**	**240315.31**	**8791.96**	**343985.88**	**146122.27**
采矿业	**1795**	**30217.78**	**82.57**	**62230.72**	**28094.40**
煤炭开采和洗选业	1032	15223.07	59.97	34424.86	13777.25
烟煤和无烟煤开采洗选	980	14515.46	59.92	33141.22	13157.93
石油和天然气开采业	76	9927.48	0.54	17891.42	11214.03
石油开采	56	9772.65	0.54	16875.83	10736.44
天然气开采	20	154.83		1015.59	477.60
黑色金属矿采选业	164	1334.77		4418.44	1140.41
铁矿采选	147	1306.16		4349.58	1122.26
锰矿、铬矿采选	13	16.53		54.69	12.72
其他黑色金属矿采选	4	12.07		14.16	5.43
有色金属矿采选业	274	1737.91	3.24	2043.45	770.17
常用有色金属矿采选	128	694.63	0.15	944.70	378.60
贵金属矿采选	82	845.78		796.02	267.79
稀有稀土金属矿采选	64	197.50	3.08	302.73	123.78
非金属矿采选业	198	512.36	3.12	984.74	306.61
土砂石开采	96	198.39	0.33	138.55	49.27
化学矿开采	31	93.78		227.21	47.72
采盐	49	176.16	1.29	564.51	193.91
石棉及其他非金属矿采选	22	44.03	1.51	54.47	15.71
开采辅助活动	50	1481.11	15.70	2465.86	885.14
石油和天然气开采辅助活动	50	1481.11	15.70	2465.86	885.14
制造业	**11713**	**155186.68**	**8563.82**	**180765.23**	**55987.47**
农副食品加工业	638	3276.67	58.29	2266.75	573.72
谷物磨制	227	548.20	6.43	359.01	127.73
饲料加工	64	165.65	1.53	80.62	25.93
植物油加工	75	1538.08	2.04	1020.24	153.13
制糖业	46	212.44		247.93	86.71
屠宰及肉类加工	143	563.97	7.41	320.75	77.54
水产品加工	23	84.86	36.60	56.68	15.68
蔬菜、水果和坚果加工	25	64.62	1.71	57.15	25.21
其他农副食品加工	35	98.85	2.57	124.36	61.78
食品制造业	289	937.86	40.82	1123.67	293.86
方便食品制造	33	58.93	1.08	36.78	13.59
乳制品制造	73	503.47		631.75	133.21
罐头食品制造	29	51.26	17.52	81.70	30.17
调味品、发酵制品制造	37	99.88	8.70	181.01	49.37
其他食品制造	87	192.19	13.20	162.88	61.06
酒、饮料和精制茶制造业	279	2337.60	53.25	3367.76	755.28
酒的制造	199	2162.25	43.95	3225.25	729.30
饮料制造	47	140.12	8.90	124.84	19.36
精制茶加工	33	35.23	0.41	17.68	6.62

国有控股工业企业主要经济指标(大、中类行业)

单位：亿元

固定资产原价	累计折旧	流动资产合计	应收账款	存货	产成品	负债合计	流动负债合计
226435.38	**91660.49**	**124529.35**	**22513.92**	**31551.63**	**8458.42**	**214230.57**	**140376.51**
43164.65	**19165.04**	**17477.93**	**2938.01**	**2295.44**	**822.26**	**36067.00**	**21768.88**
17930.14	7226.82	11243.43	1668.14	1430.71	533.47	22436.52	13652.79
17194.03	6949.27	10893.16	1579.56	1387.67	520.48	21651.77	13151.91
20941.68	10313.16	2492.80	254.47	253.21	104.07	8054.71	4104.32
20299.90	10141.15	2308.80	190.22	237.70	103.46	7414.64	3689.81
641.78	172.01	184.00	64.25	15.52	0.61	640.07	414.51
1449.24	472.30	1421.93	266.66	158.45	61.82	2558.63	1462.22
1425.77	463.99	1402.15	263.98	152.13	57.60	2524.48	1436.95
20.09	7.77	15.66	1.77	3.65	2.17	21.74	17.92
3.38	0.53	4.13	0.91	2.66	2.04	12.41	7.35
936.95	316.03	650.85	84.13	184.99	88.43	1119.68	852.64
455.58	142.76	274.32	55.24	65.40	29.74	503.35	378.54
337.38	119.08	274.52	16.92	78.81	36.22	455.14	373.59
144.00	54.20	102.01	11.97	40.79	22.47	161.18	100.51
395.75	128.76	403.68	54.53	61.27	28.51	523.15	375.09
67.97	21.66	53.28	11.73	8.15	6.09	66.73	53.64
74.87	26.67	94.55	19.15	21.52	7.00	141.61	89.24
231.02	72.36	234.72	22.25	24.27	12.44	284.51	211.03
21.88	8.08	21.14	1.39	7.33	2.97	30.30	21.19
1509.96	707.83	1264.84	610.08	206.61	5.93	1373.15	1320.65
1509.96	707.83	1264.84	610.08	206.61	5.93	1373.15	1320.65
87103.31	**36055.98**	**91773.77**	**16888.96**	**28073.81**	**7537.86**	**112200.78**	**89177.66**
919.85	391.10	1527.89	136.26	481.13	237.83	1599.16	1453.51
202.95	91.80	206.72	25.91	109.01	50.13	237.87	209.34
32.82	9.99	43.18	6.26	12.66	4.42	40.06	32.65
282.93	137.58	811.58	44.29	227.87	100.61	844.41	797.72
144.52	60.32	141.14	21.96	33.73	22.76	172.96	145.75
104.52	33.00	198.77	14.01	43.03	26.15	190.76	166.35
30.86	15.80	36.91	5.58	18.98	10.62	35.46	31.64
31.21	11.56	28.90	7.46	8.04	3.05	27.80	23.33
90.04	31.05	60.69	10.78	27.81	20.08	49.84	46.73
492.73	217.45	583.49	106.27	91.42	42.09	626.30	553.71
20.28	7.08	19.42	4.04	5.47	2.58	27.30	25.17
226.68	101.30	352.62	52.88	29.29	10.80	318.97	300.53
54.98	23.91	44.77	14.82	19.30	12.76	70.31	65.76
62.85	21.62	71.79	9.55	17.95	7.38	96.10	80.88
117.87	59.87	80.03	19.72	17.49	7.89	101.71	70.39
1093.02	433.81	2130.47	101.07	619.79	169.00	1299.39	1143.77
1048.41	413.68	2038.59	91.35	591.21	150.03	1208.06	1061.45
33.80	15.28	82.66	8.34	24.07	16.90	82.21	75.09
10.81	4.84	9.22	1.38	4.51	2.07	9.13	7.23

1-A-4 续表 1

行业	企业单位数（个）	工业销售产值（当年价格）	出口交货值	资产总计	固定资产合计
烟草制品业	105	8663.72	35.96	7903.40	1219.11
烟叶复烤	40	173.46		286.12	85.13
卷烟制造	50	8421.74	30.05	7554.46	1117.89
其他烟草制品制造	15	68.53	5.91	62.82	16.09
纺织业	239	696.15	115.32	1055.15	380.97
棉纺织及印染精加工	138	452.47	74.16	796.51	309.51
毛纺织及染整精加工	25	85.58	8.02	50.27	11.34
麻纺织及染整精加工	11	17.91	7.31	12.50	3.25
丝绢纺织及印染精加工	10	29.49	1.54	39.65	6.42
针织或钩针编织物及其制品制造	22	52.01	16.18	46.07	17.22
非家用纺织制成品制造	23	51.28	4.77	102.13	30.57
纺织服装、服饰业	167	181.33	20.68	252.41	59.18
机织服装制造	145	161.16	19.26	219.74	53.58
针织或钩针编织服装制造	16	16.89	0.89	28.93	4.35
服饰制造	6	3.27	0.52	3.73	1.25
皮革、毛皮、羽毛及其制品和制鞋业	33	85.92	2.67	54.26	10.91
毛皮鞣制及制品加工	4	5.15	0.52	6.44	0.54
制鞋业	25	79.21	2.09	47.35	10.19
木材加工和木、竹、藤、棕、草制品业	112	208.53	13.83	216.01	81.92
木材加工	29	41.12	1.33	34.89	13.35
人造板制造	56	128.34	0.09	142.80	59.00
木制品制造	23	35.31	10.80	35.76	8.17
竹、藤、棕、草等制品制造	4	3.76	1.62	2.56	1.40
家具制造业	20	87.56	16.42	85.92	10.32
木质家具制造	12	9.59	3.76	8.98	1.59
金属家具制造	4	71.63	12.66	69.90	7.51
造纸和纸制品业	118	698.82	40.71	1640.82	663.60
纸浆制造	9	42.99		160.44	89.77
造纸	70	604.50	34.97	1440.04	559.03
纸制品制造	39	51.33	5.74	40.34	14.80
印刷和记录媒介复制业	312	509.73	12.59	687.47	252.32
印刷	294	497.13	9.94	667.25	245.82
装订及印刷相关服务	6	3.03		4.99	1.06
记录媒介复制	12	9.56	2.65	15.24	5.44
文教、工美、体育和娱乐用品制造业	80	425.58	17.58	225.66	33.44
文教办公用品制造	11	8.80	1.86	12.08	1.69
乐器制造	9	22.10	2.73	39.29	9.10
工艺美术品制造	47	381.89	11.24	165.65	21.18
体育用品制造	6	6.67	0.45	3.81	0.86
玩具制造	4	3.44	1.31	1.88	0.37
游艺器材及娱乐用品制造	3	2.68		2.95	0.24
石油加工、炼焦和核燃料加工业	224	27227.21	405.88	12769.56	5677.66
精炼石油产品制造	153	26035.33	386.42	11055.47	4911.73
炼焦	67	1048.67	19.46	1482.96	628.84

单位：亿元

固定资产原价	累计折旧	流动资产合计	应收账款	存货	产成品	负债合计	流动负债合计
2271.16	1327.07	5554.79	385.81	3362.58	211.88	1988.99	1953.16
150.75	79.87	174.53	17.33	50.75	47.50	45.03	44.19
2095.39	1236.04	5335.50	356.65	3295.31	155.12	1918.56	1884.24
25.02	11.16	44.77	11.83	16.52	9.25	25.40	24.74
610.49	253.18	524.47	62.41	164.57	86.17	663.28	523.88
483.66	193.03	387.53	35.23	128.16	67.28	512.07	397.90
22.98	12.76	30.12	6.68	13.85	7.29	31.28	28.06
5.76	2.99	7.50	0.64	3.32	1.74	6.07	5.11
9.55	3.30	23.38	2.08	3.41	1.61	23.43	18.44
25.94	9.98	23.42	5.38	5.85	3.03	26.24	17.75
58.86	29.98	48.15	10.99	8.42	4.33	59.64	52.38
89.06	37.63	175.30	15.11	40.38	18.90	139.95	119.93
79.60	32.48	149.84	12.72	35.03	15.84	121.73	102.98
7.46	4.39	23.06	2.27	5.23	3.06	16.67	15.68
2.01	0.76	2.39	0.13	0.12	0.01	1.56	1.28
17.47	9.97	36.93	2.76	14.14	8.54	25.87	18.64
1.12	0.58	4.74	0.55	1.71	0.36	3.49	2.35
16.07	9.25	31.91	2.17	12.29	8.17	22.19	16.11
162.15	89.54	99.77	17.30	32.22	15.84	151.89	103.82
20.26	10.10	17.86	4.37	3.82	3.19	22.89	14.04
96.86	43.07	59.91	8.46	20.72	10.35	102.79	68.37
43.76	35.75	21.02	4.01	7.56	2.24	25.28	20.79
1.26	0.62	0.97	0.46	0.13	0.07	0.93	0.61
17.87	7.68	52.72	25.45	7.53	3.57	50.21	48.09
2.83	1.38	6.59	1.66	3.19	1.26	5.39	5.53
12.85	5.33	41.30	23.00	2.79	1.15	41.97	39.71
1006.20	413.54	684.76	127.05	166.68	53.32	1097.79	753.85
115.15	50.22	36.33	3.98	10.08	2.79	118.38	76.21
866.92	353.65	626.28	118.64	149.44	46.86	958.04	658.42
24.12	9.67	22.15	4.43	7.16	3.66	21.37	19.22
533.08	291.50	349.46	75.15	76.44	27.92	249.91	220.84
516.59	281.31	337.20	71.22	74.64	27.54	244.26	215.83
2.89	2.48	3.83	0.71	0.27	0.12	1.57	1.54
13.59	7.71	8.43	3.22	1.53	0.27	4.09	3.48
50.94	20.95	168.16	22.68	87.58	41.24	133.23	118.96
2.60	0.91	8.74	1.43	2.17	0.81	6.55	6.50
14.73	6.26	20.99	4.13	9.73	3.12	12.66	8.55
30.26	11.90	132.43	15.33	73.43	36.73	109.68	99.70
1.76	0.90	2.50	0.66	0.83	0.35	1.58	1.55
0.64	0.27	1.16	0.20	0.40	0.02	0.98	0.91
0.95	0.70	2.33	0.92	1.02	0.21	1.78	1.75
10006.79	4597.10	4890.99	451.44	2714.54	549.18	7849.77	6328.88
9055.30	4306.22	4223.89	326.91	2500.31	454.97	6476.76	5315.23
792.59	228.90	580.65	109.89	163.30	65.91	1188.51	935.14

1-A-4 续表 2

行业	企业单位数(个)	工业销售产值(当年价格)	出口交货值	资产总计	固定资产合计
化学原料和化学制品制造业	1185	12297.40	550.96	17493.45	8595.61
基础化学原料制造	355	5231.29	214.60	6452.71	3332.01
肥料制造	204	2644.42	75.61	5149.32	2505.59
农药制造	46	372.96	104.54	430.72	128.15
涂料、油墨、颜料及类似产品制造	75	144.29	12.69	187.67	56.25
合成材料制造	142	2227.39	64.91	3080.68	1804.79
专用化学产品制造	216	1237.44	57.79	1525.11	539.08
炸药、火工及焰火产品制造	111	325.20	9.34	516.76	199.16
日用化学产品制造	36	114.42	11.48	150.48	30.57
医药制造业	416	1950.74	177.67	3210.84	847.13
化学药品原料药制造	73	437.44	111.12	823.89	286.26
化学药品制剂制造	112	596.33	44.45	940.36	249.49
中药饮片加工	31	76.37	0.23	83.81	15.53
中成药生产	134	550.56	6.86	898.94	179.28
兽用药品制造	14	18.44	0.03	29.72	10.73
生物药品制造	42	198.06	6.76	385.87	88.66
卫生材料及医药用品制造	10	73.54	8.22	48.25	17.18
化学纤维制造业	49	451.74	44.05	669.46	277.50
纤维素纤维原料及纤维制造	24	320.08	34.84	412.96	160.76
合成纤维制造	25	131.67	9.20	256.50	116.74
橡胶和塑料制品业	283	1282.95	221.79	1469.88	472.45
橡胶制品业	83	835.49	199.97	963.97	335.14
塑料制品业	200	447.45	21.82	505.91	137.31
非金属矿物制品业	1471	4841.86	93.72	7839.65	3474.84
水泥、石灰和石膏制造	656	3071.21	8.67	5085.42	2650.49
石膏、水泥制品及类似制品制造	436	844.29	0.16	1091.49	226.05
砖瓦、石材等建筑材料制造	112	156.36	4.30	191.56	53.84
玻璃制造	26	76.21	2.57	179.76	53.63
玻璃制品制造	43	109.96	8.82	208.82	85.88
玻璃纤维和玻璃纤维增强塑料制品制造	31	186.71	42.87	487.71	227.64
陶瓷制品制造	40	54.28	8.66	118.98	33.11
耐火材料制品制造	48	132.28	4.66	150.54	32.45
石墨及其他非金属矿物制品制造	79	210.55	13.02	325.37	111.75
黑色金属冶炼和压延加工业	395	21692.89	1122.00	32508.59	12691.09
炼铁	17	847.57		1208.85	406.72
炼钢	15	3762.44	197.91	5837.14	1963.57
黑色金属铸造	68	218.21	5.33	254.01	84.73
钢压延加工	243	16519.11	914.84	24876.03	10123.65
铁合金冶炼	52	345.56	3.92	332.56	112.41
有色金属冶炼和压延加工业	508	11180.32	296.18	13292.14	4552.87
常用有色金属冶炼	163	6437.26	104.85	9145.67	3402.93
贵金属冶炼	83	1297.65	0.07	968.77	183.79
稀有稀土金属冶炼	59	579.18	46.12	731.59	158.72
有色金属合金制造	56	515.63	22.45	710.09	248.00
有色金属铸造	7	42.46	2.56	43.10	14.99
有色金属压延加工	140	2308.14	120.13	1692.91	544.43

单位：亿元

固定资产原价	累计折旧	流动资产合计	应收账款	存货	产成品	负债合计	流动负债合计
12546.62	4563.50	5525.52	716.04	1422.34	567.96	11414.96	7811.88
5213.56	2056.08	1933.78	226.61	475.36	153.40	3979.76	2804.66
3296.92	1212.80	1604.58	159.60	398.63	171.46	3582.21	2353.89
210.33	88.68	218.49	34.59	63.73	24.05	281.58	235.49
84.32	38.92	90.60	23.60	23.50	10.93	95.74	82.36
2571.54	857.88	812.74	97.31	220.26	89.15	2094.66	1261.94
854.30	189.75	569.26	120.82	180.59	91.39	1056.09	812.07
251.46	87.20	208.30	38.43	42.18	18.37	237.97	183.58
64.18	32.20	87.78	15.09	18.10	9.21	86.95	77.89
1179.33	462.28	1696.39	310.20	405.45	153.56	1494.87	1167.09
349.10	137.46	356.59	62.58	85.87	37.97	431.32	288.34
386.02	160.52	517.01	100.82	104.84	39.60	468.99	394.29
16.58	4.33	59.89	28.26	18.66	7.04	41.90	38.72
272.26	108.85	556.55	69.51	142.88	49.53	357.69	295.87
14.13	4.13	13.78	3.82	3.93	1.61	11.24	9.32
113.87	37.01	164.20	35.85	42.95	12.99	169.85	127.38
27.36	9.97	28.37	9.36	6.31	4.82	13.88	13.16
488.60	255.48	277.22	21.21	100.58	41.21	402.93	324.12
293.06	142.65	191.90	13.15	76.60	27.82	243.62	208.17
195.53	112.84	85.33	8.06	23.97	13.38	159.31	115.94
695.22	305.95	790.30	156.54	219.86	111.07	897.73	680.49
451.27	189.51	498.20	94.26	125.84	69.87	638.96	474.88
243.95	116.44	292.10	62.29	94.02	41.20	258.77	205.62
4780.45	1499.28	3102.74	831.66	588.41	208.35	4935.42	3572.14
3590.46	1050.38	1638.75	268.88	319.26	74.66	3149.43	2119.85
333.05	121.40	730.35	376.00	81.95	38.94	757.06	693.93
88.61	37.47	108.47	29.52	18.02	8.01	105.68	89.67
82.93	38.31	68.63	7.66	16.27	8.71	118.68	91.45
126.45	35.34	76.21	17.73	21.40	11.52	127.52	81.25
315.66	123.41	180.50	52.36	33.02	20.70	303.00	198.61
46.87	16.41	53.19	10.77	17.06	9.72	76.67	54.25
48.95	18.44	92.44	29.47	21.66	12.17	98.52	93.52
147.47	58.11	154.21	39.26	59.77	23.92	198.85	149.62
20918.90	9192.50	11891.13	1009.44	4408.43	1188.15	22681.75	18403.39
563.38	171.30	388.44	54.31	125.51	14.48	829.41	700.99
3361.10	1419.70	2295.57	174.98	880.62	314.13	4070.72	3528.91
127.16	50.71	139.95	37.44	46.93	20.31	185.91	154.72
16707.80	7493.78	8914.02	720.62	3289.88	808.27	17351.05	13802.34
159.47	57.02	153.15	22.08	65.48	30.97	244.65	216.44
6583.53	2422.10	6111.01	576.93	2589.61	694.89	8982.86	6426.08
5006.64	1926.35	4147.84	273.17	1956.04	482.02	6592.09	4646.87
236.64	85.47	465.28	39.46	100.80	16.12	538.31	429.34
227.45	73.01	389.92	75.13	153.86	80.07	315.46	203.74
340.91	98.89	287.17	65.79	115.55	33.66	440.29	296.66
23.26	9.67	23.71	6.60	9.96	4.83	29.76	28.55
748.61	228.72	797.09	116.78	253.39	78.19	1066.95	820.91

1-A-4 续表 3

行业	企业单位数(个)	工业销售产值(当年价格)	出口交货值	资产总计	固定资产合计
金属制品业	466	2144.88	159.90	2925.78	800.26
结构性金属制品制造	177	507.48	33.36	719.62	138.72
金属工具制造	25	71.72	10.53	100.03	31.83
集装箱及金属包装容器制造	62	290.87	53.02	285.44	70.15
金属丝绳及其制品制造	23	116.59	4.99	235.33	63.99
建筑、安全用金属制品制造	14	79.30	2.38	73.37	16.45
金属表面处理及热处理加工	21	63.77	0.74	71.30	15.12
其他金属制品制造	137	981.81	50.71	1434.69	462.38
通用设备制造业	758	4767.73	351.85	8220.74	1531.75
锅炉及原动设备制造	133	1541.50	114.53	2945.53	501.88
金属加工机械制造	135	585.81	31.30	1087.46	285.03
物料搬运设备制造	83	1004.12	68.60	1579.70	196.72
泵、阀门、压缩机及类似机械制造	126	527.89	64.77	759.23	179.90
轴承、齿轮和传动部件制造	71	253.71	16.87	395.42	107.90
烘炉、风机、衡器、包装等设备制造	86	566.34	39.51	896.08	132.60
文化、办公用机械制造	13	40.50	9.34	83.57	9.70
通用零部件制造	79	163.97	5.64	284.17	80.54
其他通用设备制造业	32	83.88	1.30	189.58	37.49
专用设备制造业	728	5341.24	548.72	8946.49	1803.39
采矿、冶金、建筑专用设备制造	344	4147.89	489.47	6960.30	1412.10
化工、木材、非金属加工专用设备制造	70	222.03	11.27	449.49	99.72
食品、饮料、烟草及饲料生产专用设备制造	26	95.91	2.51	133.47	24.76
印刷、制药、日化及日用品生产专用设备制造	31	71.56	4.09	170.90	46.64
纺织、服装和皮革加工专用设备制造	34	95.64	15.63	177.75	33.46
电子和电工机械专用设备制造	34	131.69	2.67	193.00	33.82
农、林、牧、渔专用机械制造	54	201.56	11.14	298.71	64.85
医疗仪器设备及器械制造	28	54.84	3.47	139.59	22.83
环保、社会公共服务及其他专用设备制造	107	320.12	8.47	423.28	65.20
汽车制造业	688	24144.21	623.74	22430.30	4528.67
汽车整车制造	138	20635.33	489.79	18605.05	3629.11
改装汽车制造	110	533.67	35.27	711.06	166.60
低速载货汽车制造	5	17.00		27.09	6.28
电车制造	3	1.02	0.01	5.07	1.26
汽车车身、挂车制造	14	108.55	3.01	65.35	22.75
汽车零部件及配件制造	418	2848.64	95.66	3016.68	702.68
铁路、船舶、航空航天和其他运输设备制造业	507	6557.23	1321.16	11385.57	2556.44
铁路运输设备制造	153	2147.35	122.17	2662.21	628.71
城市轨道交通设备制造	9	55.32		88.71	20.77
船舶及相关装置制造	147	2098.72	1002.18	4348.66	1052.15
航空、航天器及设备制造	144	1938.16	144.49	3986.18	793.20
摩托车制造	36	278.88	49.20	239.50	55.04
自行车制造	9	23.58	2.98	35.55	4.10

单位：亿元

固定资产原　价	累计折旧	流动资产合　计	应收账款	存　货	产成品	负债合计	流动负债合　计
1079.82	389.69	1684.87	426.68	515.70	186.49	1779.70	1500.94
199.17	62.93	434.28	156.98	141.34	51.59	468.04	377.65
62.27	30.88	56.07	14.81	22.80	11.49	49.80	43.08
103.00	35.41	185.43	51.23	49.92	10.88	176.09	161.16
50.19	14.23	145.97	21.64	53.81	41.93	173.81	161.90
27.66	11.62	52.41	15.15	12.09	3.76	41.93	40.47
20.88	6.83	34.51	6.29	8.83	3.11	42.55	38.25
613.97	226.35	772.09	159.97	225.55	63.41	823.95	674.94
2187.22	886.83	5561.86	1749.49	1524.31	490.52	5232.64	4424.60
701.56	278.62	2089.71	595.88	603.47	100.43	1845.87	1673.80
378.28	155.11	695.69	181.99	246.45	75.07	723.55	585.15
304.65	116.21	1066.08	398.53	242.05	133.64	1085.95	813.91
256.21	109.77	499.75	166.95	130.31	59.61	438.48	376.69
162.90	70.31	214.72	68.67	74.15	36.60	222.45	179.30
189.93	83.66	640.62	212.75	133.54	51.16	564.56	498.80
17.09	8.09	62.47	16.09	14.81	10.40	37.63	34.43
124.11	49.74	170.33	48.76	48.80	19.05	171.70	144.46
52.48	15.32	122.49	59.88	30.74	4.56	142.45	118.06
2477.75	936.20	6110.66	2296.07	1564.50	480.62	5678.62	4582.53
1890.28	701.15	4867.81	1921.87	1210.37	371.49	4527.37	3610.18
146.04	50.15	273.64	98.75	85.41	20.04	281.70	245.96
39.61	18.60	94.19	25.26	33.12	6.85	59.17	53.51
70.43	26.06	85.40	21.81	22.11	6.05	103.82	73.09
50.71	25.63	120.34	19.35	36.76	11.77	116.89	100.95
57.72	24.98	97.26	28.70	24.64	11.09	106.97	71.21
94.86	40.48	182.47	43.39	51.91	24.04	184.25	152.15
32.30	11.76	79.12	17.41	19.88	7.58	46.98	44.16
95.81	37.39	310.43	119.52	80.31	21.71	251.47	231.31
7375.88	3228.95	12828.47	2130.95	1965.48	849.22	13038.90	10946.42
5971.49	2654.61	10524.26	1420.15	1459.61	619.49	10590.55	8920.03
233.02	86.30	432.11	105.95	106.22	31.98	513.27	412.67
9.79	3.87	16.08	4.80	3.63	1.81	23.33	19.57
1.54	0.29	1.33	0.37	0.62	0.11	2.72	2.06
32.32	11.58	36.17	11.45	9.66	3.09	37.38	33.59
1127.72	472.31	1818.53	588.23	385.74	192.74	1871.66	1558.50
3544.54	1367.85	7210.12	1628.16	2062.57	200.18	7856.31	6450.35
851.41	371.04	1743.77	744.36	457.76	102.16	1717.10	1532.57
27.25	6.53	62.00	27.67	12.30	0.59	53.53	52.40
1389.59	431.81	2771.12	408.71	628.07	11.28	3288.37	2517.61
1155.51	496.59	2464.66	392.66	929.66	73.48	2622.47	2193.68
111.39	59.01	133.43	40.60	28.98	10.71	140.58	126.95
6.49	2.42	21.68	7.31	3.72	1.24	17.79	11.52

1-A-4 续表 4

行业	企业单位数（个）	工业销售产值（当年价格）	出口交货值	资产总计	固定资产合计
电气机械和器材制造业	595	4933.51	443.54	7040.87	1079.91
电机制造	117	1183.06	52.77	2093.47	287.73
输配电及控制设备制造	250	1406.23	71.85	2265.35	437.28
电线、电缆、光缆及电工器材制造	92	660.07	22.28	498.30	103.66
电池制造	45	218.36	55.33	287.44	88.65
家用电力器具制造	31	1281.40	220.22	1668.49	110.16
非电力家用器具制造	15	74.04	13.69	130.88	33.38
照明器具制造	31	94.03	7.28	78.39	17.79
其他电气机械及器材制造	14	16.32	0.13	18.55	1.26
计算机、通信和其他电子设备制造业	600	6509.52	1684.49	8766.02	2007.41
计算机制造	49	745.53	230.62	768.71	101.94
通信设备制造	134	1986.90	597.45	2495.68	332.76
广播电视设备制造	21	41.41	2.83	79.23	14.37
雷达及配套设备制造	26	349.15	85.98	457.79	96.33
视听设备制造	31	1466.18	251.89	1464.57	181.29
电子器件制造	186	1530.93	404.37	2953.63	1157.27
电子元件制造	130	343.74	107.23	435.03	108.55
其他电子设备制造	23	45.69	4.13	111.38	14.89
仪器仪表制造业	246	801.65	23.36	1162.56	223.00
通用仪器仪表制造	136	505.34	12.32	606.68	60.69
专用仪器仪表制造	68	159.98	1.34	280.74	77.05
钟表与计时仪器制造	5	10.51	0.39	11.22	0.83
光学仪器及眼镜制造	33	121.72	9.26	252.99	83.53
其他仪器仪表制造业	4	4.11	0.05	10.93	0.89
其他制造业	70	431.77	12.58	917.36	283.97
日用杂品制造	4	1.38		2.12	0.44
煤制品制造	5	34.80		118.99	47.43
废弃资源综合利用业	49	208.76	0.47	134.01	40.70
金属废料和碎屑加工处理	30	189.52		103.82	29.40
非金属废料和碎屑加工处理	19	19.24	0.47	30.19	11.30
金属制品、机械和设备修理业	83	311.60	53.63	702.67	208.19
通用设备修理	11	7.50		7.60	1.61
专用设备修理	10	13.07		18.24	5.25
铁路、船舶、航空航天等运输设备修理	50	275.44	53.63	655.18	194.82
电气设备修理	6	7.59		8.43	3.11
电力、热力、燃气及水生产和供应业	**5066**	**54910.85**	**145.57**	**100989.93**	**62040.41**
电力、热力生产和供应业	3908	52038.25	134.84	92228.48	57700.88
电力生产	2062	15222.37	54.27	46420.47	32958.13
电力供应	1468	36106.53	77.22	43241.02	23443.75
热力生产和供应	378	709.34	3.35	2566.99	1299.00
燃气生产和供应业	323	1867.27	8.56	2632.67	1183.63
水的生产和供应业	835	1005.33	2.18	6128.78	3155.90
自来水生产和供应	741	880.61	1.76	5370.07	2772.38

单位：亿元

固定资产原价	累计折旧	流动资产合计	应收账款	存货	产成品	负债合计	流动负债合计
1841.09	882.35	5109.21	1659.37	1096.89	410.26	4852.15	4190.44
526.99	283.07	1558.69	621.56	439.90	83.15	1479.26	1244.75
633.88	219.44	1565.66	679.25	320.72	113.83	1494.78	1203.79
288.69	206.72	328.63	143.26	81.10	38.91	314.11	256.19
102.86	34.29	171.55	54.07	45.46	30.08	174.38	149.89
211.60	110.35	1330.19	112.56	174.82	125.82	1251.27	1225.57
43.38	13.13	91.00	24.59	16.85	9.12	82.86	56.78
31.59	14.48	47.02	16.76	13.70	8.83	42.53	40.70
2.10	0.86	16.47	7.33	4.35	0.52	12.96	12.77
3085.23	1173.78	5312.20	1375.08	1239.79	397.73	5243.87	3904.29
155.33	59.50	463.44	99.06	83.89	33.35	416.15	356.92
547.93	226.94	1810.12	559.11	428.81	101.25	1584.38	1345.86
18.97	5.62	52.69	18.99	19.81	3.85	43.26	39.85
119.27	47.00	311.58	80.37	117.35	12.13	306.81	251.62
303.43	130.94	1086.80	198.37	288.21	124.52	940.31	796.33
1732.67	604.16	1249.75	318.15	222.43	90.33	1620.85	836.06
184.88	91.63	265.62	76.39	59.08	25.66	274.68	234.68
22.76	7.99	72.19	24.63	20.22	6.63	57.42	42.97
339.74	136.54	792.07	268.75	189.09	47.01	643.25	563.51
101.35	46.52	467.56	174.13	112.84	27.01	341.92	305.14
118.85	44.09	164.30	53.82	42.05	12.20	145.53	127.91
1.96	1.29	10.20	1.80	5.17	2.23	4.44	4.43
115.74	43.70	145.43	37.87	28.21	5.56	144.60	121.54
1.84	0.95	4.57	1.13	0.82	0.01	6.75	4.49
381.07	154.45	507.79	74.98	214.61	27.52	647.17	438.60
0.71	0.27	1.63	0.22	0.11	0.03	0.70	0.66
63.48	16.43	24.46	4.10	3.68	1.52	93.06	40.47
41.66	10.83	73.32	25.94	10.90	3.26	93.20	72.59
26.21	6.77	65.00	24.09	9.80	2.89	75.86	63.78
15.45	4.05	8.32	1.84	1.10	0.37	17.33	8.82
285.86	96.90	409.68	102.72	96.30	14.37	448.69	377.15
2.64	1.31	5.20	1.84	1.02	0.33	4.68	3.42
8.62	3.49	11.23	3.08	2.39	0.31	10.24	8.48
263.47	87.47	379.41	94.99	88.40	12.79	420.24	352.18
5.93	2.82	4.21	1.82	0.88	0.13	7.51	7.46
96167.42	**36439.48**	**15277.66**	**2686.95**	**1182.38**	**98.31**	**65962.79**	**29429.97**
90169.75	34316.52	12556.17	2418.50	1031.45	72.15	60975.91	26635.91
48479.31	15631.72	6299.87	1823.84	818.15	58.07	33088.19	12698.17
39888.21	18052.27	5315.94	506.70	116.21	9.55	26018.95	12735.92
1802.23	632.54	940.36	87.96	97.10	4.54	1868.78	1201.82
1523.78	430.86	897.69	105.36	93.71	20.47	1541.42	1058.34
4473.89	1692.09	1823.80	163.09	57.21	5.68	3445.47	1735.72
3976.16	1543.67	1623.77	133.67	54.84	4.99	3076.33	1589.37

1-A-4 续表 5

行　　业	应付账款	所有者权益合计	实收资本	国家资本	集体资本
总　　计	**38826.69**	**128655.24**	**63390.89**	**33129.26**	**940.65**
采矿业	**5958.04**	**26089.44**	**13561.14**	**8177.36**	**98.13**
煤炭开采和洗选业	2950.52	11984.47	3967.38	2241.24	75.97
烟煤和无烟煤开采洗选	2856.75	11485.89	3760.22	2112.78	75.80
石油和天然气开采业	1897.33	9769.90	7047.50	4482.51	0.36
石油开采	1765.15	9394.39	6013.75	4374.20	0.36
天然气开采	132.18	375.52	1033.75	108.32	
黑色金属矿采选业	303.35	1857.63	843.92	651.73	4.42
铁矿采选	301.23	1822.93	828.65	648.44	4.42
锰矿、铬矿采选	1.62	32.96	14.56	3.29	
其他黑色金属矿采选	0.49	1.75	0.72		
有色金属矿采选业	132.66	923.50	361.86	162.21	9.20
常用有色金属矿采选	56.32	441.26	211.47	90.60	3.80
贵金属矿采选	60.40	340.88	74.12	47.22	2.12
稀有稀土金属矿采选	15.95	141.36	76.27	24.39	3.27
非金属矿采选业	41.58	461.90	167.42	111.71	7.62
土砂石开采	9.09	72.14	27.32	10.71	1.04
化学矿开采	9.93	85.60	49.03	41.35	0.16
采盐	21.19	280.00	85.05	55.84	6.23
石棉及其他非金属矿采选	1.37	24.17	6.02	3.81	0.19
开采辅助活动	632.48	1091.23	1172.96	527.86	0.57
石油和天然气开采辅助活动	632.48	1091.23	1172.96	527.86	0.57
制造业	**25725.35**	**68302.89**	**32136.64**	**13591.24**	**681.59**
农副食品加工业	345.50	642.17	307.55	130.20	5.01
谷物磨制	23.65	111.56	66.94	22.15	3.92
饲料加工	5.89	39.87	20.91	3.80	0.11
植物油加工	262.20	165.67	91.30	59.40	0.13
制糖业	25.80	72.01	31.32	13.81	
屠宰及肉类加工	12.58	127.98	48.90	12.78	0.46
水产品加工	4.24	21.21	8.50	1.87	0.02
蔬菜、水果和坚果加工	4.24	29.35	11.99	3.86	0.30
其他农副食品加工	6.89	74.51	27.70	12.52	0.07
食品制造业	117.96	497.32	208.33	68.28	4.75
方便食品制造	4.13	9.41	13.83	9.41	
乳制品制造	77.55	312.93	101.26	16.01	2.24
罐头食品制造	4.59	11.39	14.57	5.97	0.21
调味品、发酵制品制造	12.28	84.83	22.95	13.33	0.32
其他食品制造	16.04	61.16	42.68	21.26	1.83
酒、饮料和精制茶制造业	194.85	2058.63	654.51	158.71	209.46
酒的制造	182.43	2007.60	623.46	149.94	209.02
饮料制造	10.59	42.51	27.85	6.86	0.38
精制茶加工	1.83	8.52	3.21	1.92	0.06

单位：亿元

法人资本	个人资本	港澳台资本	外商资本	主营业务收　　入	主营业务成　　本	主营业务税金及附加	销售费用
24617.45	**1790.25**	**578.62**	**1827.18**	**257816.87**	**213204.73**	**10732.38**	**5201.24**
4863.60	**174.20**	**6.24**	**27.13**	**35125.77**	**24652.31**	**1431.88**	**606.81**
1475.74	140.68	3.00	15.88	19193.05	15231.44	265.28	484.53
1402.18	136.19	3.00	15.39	18496.01	14715.90	250.02	456.17
2358.44	2.90		5.35	10157.34	4545.22	1081.53	42.28
1433.01	2.89		5.35	9880.57	4394.78	1073.51	39.28
925.43	0.01			276.77	150.45	8.03	3.01
174.56	13.18	0.01	0.01	1693.38	1367.71	23.09	34.31
166.36	9.41	0.01	0.01	1664.51	1345.31	22.30	33.86
7.49	3.77			16.79	13.36	0.24	0.43
0.72				12.07	9.04	0.55	0.01
170.69	10.65	3.18	4.35	1843.77	1492.13	18.81	13.23
107.06	6.01	3.18	0.54	674.14	501.36	11.23	8.02
19.18	2.04		3.56	963.69	829.70	3.65	4.09
44.45	2.60		0.24	205.94	161.06	3.92	1.12
41.02	5.62	0.05	1.34	519.95	380.69	14.56	30.74
15.12	0.43			197.08	151.56	5.49	9.39
6.47	0.47	0.05	0.50	102.93	68.27	3.71	3.72
18.14	4.07		0.77	175.90	131.56	4.69	13.57
1.29	0.65		0.07	44.04	29.29	0.67	4.06
643.16	1.17		0.20	1717.26	1634.54	28.61	1.69
643.16	1.17		0.20	1717.26	1634.54	28.61	1.69
14479.69	**1405.01**	**319.56**	**1479.11**	**167561.89**	**139716.77**	**9002.75**	**4329.74**
140.20	24.70	0.42	7.05	3427.07	3175.68	25.61	75.07
28.97	10.74	0.21	0.97	615.82	562.64	2.18	16.40
14.14	2.69	0.16		168.24	151.11	0.35	5.79
26.48	2.54		2.73	1600.48	1548.82	12.00	13.82
13.13	4.37			229.27	204.70	1.12	7.23
34.76	0.61		0.29	559.37	488.85	9.02	21.71
4.39	1.39		0.83	85.40	75.11	0.42	1.68
6.55	1.28			65.24	52.68	0.26	4.09
11.77	1.06	0.05	2.23	103.26	91.76	0.25	4.36
88.34	36.32	2.85	7.70	1069.44	845.54	7.16	113.33
2.43	0.18	0.73	1.08	58.21	46.29	0.26	4.80
47.48	30.22		5.30	596.91	462.04	3.23	80.75
7.94	0.29	0.09	0.08	59.23	51.59	0.27	4.14
6.06	2.89		0.34	115.38	94.73	1.30	8.47
14.63	2.34	2.00	0.52	208.00	167.86	1.85	12.53
146.22	128.11	4.73	7.00	2629.70	1604.52	163.24	254.52
125.96	126.94	4.52	6.79	2423.40	1447.63	161.25	205.92
19.41	0.85	0.21	0.15	170.53	127.75	1.75	47.09
0.85	0.32		0.05	35.77	29.14	0.25	1.50

1-A-4 续表 6

行业	应付账款	所有者权益合计	实收资本	国家资本	集体资本
烟草制品业	833.73	5912.09	965.05	373.61	0.46
烟叶复烤	8.01	238.77	158.36	104.69	0.10
卷烟制造	816.96	5635.91	792.95	263.35	0.30
其他烟草制品制造	8.76	37.42	13.74	5.57	0.05
纺织业	77.03	391.63	193.36	82.08	1.78
棉纺织及印染精加工	59.75	284.31	143.37	60.09	1.24
毛纺织及染整精加工	8.79	18.87	14.94	8.94	0.10
麻纺织及染整精加工	1.16	6.43	5.79	5.22	0.13
丝绢纺织及印染精加工	1.34	16.22	1.66	0.64	0.16
针织或钩针编织物及其制品制造	2.68	19.83	5.99	1.02	0.14
非家用纺织制成品制造	2.65	42.49	20.56	6.08	
纺织服装、服饰业	22.73	111.24	43.55	14.78	0.47
机织服装制造	19.92	96.89	36.96	13.77	0.28
针织或钩针编织服装制造	2.72	12.20	5.96	0.87	0.17
服饰制造	0.09	2.15	0.63	0.15	0.02
皮革、毛皮、羽毛及其制品和制鞋业	5.65	28.38	9.16	2.99	0.19
毛皮鞣制及制品加工	0.98	2.95	0.95	0.81	
制鞋业	4.62	25.16	7.92	2.11	0.18
木材加工和木、竹、藤、棕、草制品业	15.79	63.05	42.83	12.23	1.81
木材加工	2.19	11.99	5.44	3.00	0.08
人造板制造	8.51	38.95	26.00	4.06	1.73
木制品制造	4.86	10.48	10.26	4.50	
竹、藤、棕、草等制品制造	0.22	1.62	1.13	0.67	
家具制造业	24.56	35.71	13.24	3.95	0.12
木质家具制造	1.42	3.59	2.69	1.01	
金属家具制造	22.44	27.93	7.41	2.62	
造纸和纸制品业	126.62	531.63	353.37	188.01	15.06
纸浆制造	12.68	32.06	44.76	0.19	
造纸	108.76	480.67	299.74	184.84	14.26
纸制品制造	5.18	18.90	8.87	2.98	0.81
印刷和记录媒介复制业	58.62	436.94	247.74	100.86	0.36
印刷	57.04	422.39	239.99	99.42	0.36
装订及印刷相关服务	0.42	3.42	0.80	0.74	
记录媒介复制	1.17	11.14	6.95	0.71	
文教、工美、体育和娱乐用品制造业	44.10	92.12	53.01	33.12	1.48
文教办公用品制造	0.63	5.53	3.48	1.79	
乐器制造	4.46	26.63	18.88	14.03	
工艺美术品制造	37.58	55.66	27.43	16.16	0.92
体育用品制造	0.42	2.23	1.92	0.86	0.51
玩具制造	0.30	0.90	0.41	0.01	
游艺器材及娱乐用品制造	0.72	1.16	0.89	0.27	0.04
石油加工、炼焦和核燃料加工业	1990.44	4883.96	3551.52	1980.16	11.75
精炼石油产品制造	1760.10	4547.37	3222.19	1861.46	3.78
炼焦	204.78	289.96	299.10	88.47	7.97

单位：亿元

法人资本	个人资本	港澳台资本	外商资本	主营业务收入	主营业务成本	主营业务税金及附加	销售费用
590.53	0.03		0.42	8245.01	2088.38	4424.69	152.61
53.15			0.42	175.90	122.20	2.70	7.53
529.30				8001.29	1919.48	4421.06	142.96
8.09	0.03			67.82	46.70	0.92	2.13
83.44	19.53	3.88	2.54	894.98	827.39	2.51	11.40
60.52	15.46	3.76	2.17	562.57	526.13	1.75	7.15
5.05	0.70	0.07	0.09	90.88	79.69	0.21	1.09
0.01	0.44			17.03	15.69	0.08	0.30
0.74	0.12			31.79	29.10	0.10	0.25
4.25	0.48	0.05	0.04	58.22	50.39	0.12	0.88
11.95	2.30		0.23	126.15	119.12	0.19	1.57
26.29	0.51	0.73	0.47	207.42	162.95	1.31	8.02
21.24	0.50	0.73	0.45	186.22	146.19	1.17	7.62
4.89	0.01		0.02	18.05	14.86	0.10	0.34
0.16				3.14	1.90	0.04	0.06
4.80	0.19	0.03	0.96	105.95	92.82	0.50	2.35
0.03	0.11			7.93	6.81	0.01	0.19
4.56	0.09	0.03	0.96	96.46	84.89	0.47	2.13
22.68	4.11	0.91		190.85	169.39	1.42	6.29
1.71	0.65			42.70	37.88	0.32	0.66
16.08	2.53	0.50		118.93	105.56	0.87	4.77
4.43	0.92	0.41		25.49	22.86	0.18	0.75
0.46				3.73	3.10	0.04	0.12
5.82	0.24	2.76	0.34	88.49	66.65	0.14	2.67
1.19		0.15	0.34	9.65	7.78	0.06	0.37
2.13	0.04	2.62		72.35	54.14	0.05	1.85
112.06	12.22	1.49	24.52	724.53	634.54	2.96	25.32
43.82		0.75		39.77	35.31	0.13	1.56
63.54	12.04	0.60	24.47	632.09	554.23	2.42	22.39
4.70	0.19	0.14	0.05	52.67	44.99	0.41	1.37
131.40	7.41	3.42	4.07	515.98	390.55	3.64	11.24
125.52	7.39	3.36	3.71	503.20	380.88	3.49	10.29
0.01		0.05		3.12	2.32	0.11	0.09
5.87	0.02		0.35	9.66	7.35	0.04	0.86
16.85	0.88	0.23	0.45	517.72	472.42	1.54	7.14
1.49		0.10	0.10	9.88	7.92	0.02	0.27
4.82			0.03	21.60	17.07	0.15	1.13
9.27	0.75	0.05	0.29	470.19	434.19	1.30	5.30
0.42	0.12		0.01	10.44	8.80	0.03	0.24
0.28	0.01	0.09	0.03	3.01	2.32	0.01	0.14
0.58				2.60	2.12	0.03	0.07
1238.66	83.90	38.34	85.04	27868.47	23831.49	2909.81	123.36
1051.07	72.05	38.34	81.82	26652.95	22719.28	2906.75	96.14
187.59	11.86		3.21	1117.18	1031.05	2.72	27.15

1-A-4 续表 7

行业	应付账款	所有者权益合计	实收资本	国家资本	集体资本
化学原料和化学制品制造业	1537.66	6070.02	3961.06	1682.09	57.28
基础化学原料制造	565.98	2472.58	1584.30	479.69	25.75
肥料制造	389.41	1572.29	921.50	485.20	11.54
农药制造	37.09	148.86	58.95	19.48	0.15
涂料、油墨、颜料及类似产品制造	18.89	91.81	44.47	20.56	0.03
合成材料制造	282.48	985.78	856.71	470.60	8.71
专用化学产品制造	178.48	456.65	363.13	145.02	7.08
炸药、火工及焰火产品制造	43.70	278.51	89.15	47.47	0.69
日用化学产品制造	21.64	63.53	42.85	14.06	3.32
医药制造业	272.65	1712.41	806.56	242.97	10.83
化学药品原料药制造	51.02	392.49	120.32	49.01	3.92
化学药品制剂制造	104.86	470.38	200.64	75.94	3.25
中药饮片加工	16.29	40.27	13.45	7.80	0.04
中成药生产	70.45	541.21	347.83	30.49	2.44
兽用药品制造	1.13	18.49	8.37	3.63	
生物药品制造	18.60	215.88	109.20	74.06	1.19
卫生材料及医药用品制造	10.30	33.69	6.74	2.04	
化学纤维制造业	51.59	266.53	147.95	68.72	0.68
纤维素纤维原料及纤维制造	32.43	169.34	80.95	43.47	0.21
合成纤维制造	19.17	97.19	66.99	25.25	0.47
橡胶和塑料制品业	157.19	569.46	307.85	104.38	14.29
橡胶制品业	115.45	324.35	172.15	62.45	11.53
塑料制品业	41.73	245.11	135.70	41.93	2.76
非金属矿物制品业	818.46	2880.85	1678.45	660.24	31.83
水泥、石灰和石膏制造	382.44	1918.61	1059.10	437.36	17.94
石膏、水泥制品及类似制品制造	251.05	332.29	170.90	70.40	2.45
砖瓦、石材等建筑材料制造	23.65	85.61	49.60	14.72	0.42
玻璃制造	21.30	61.08	58.65	24.05	0.16
玻璃制品制造	19.03	81.34	57.80	32.51	0.53
玻璃纤维和玻璃纤维增强塑料制品制造	44.05	184.71	128.68	14.37	2.42
陶瓷制品制造	11.26	41.79	34.42	15.70	
耐火材料制品制造	24.46	51.87	35.25	17.78	1.85
石墨及其他非金属矿物制品制造	41.22	123.54	84.07	33.35	6.06
黑色金属冶炼和压延加工业	4069.82	9818.92	4813.04	1726.34	208.59
炼铁	191.21	379.07	244.98	18.52	0.70
炼钢	616.34	1765.42	352.53	237.98	0.12
黑色金属铸造	46.32	68.10	52.20	12.80	0.05
钢压延加工	3186.02	7518.40	4091.12	1424.18	207.52
铁合金冶炼	29.91	87.93	72.21	32.86	0.20
有色金属冶炼和压延加工业	1258.94	4293.13	2101.53	1183.44	18.88
常用有色金属冶炼	957.58	2550.23	1277.34	751.48	14.15
贵金属冶炼	45.88	430.30	99.77	38.52	1.19
稀有稀土金属冶炼	39.33	411.14	105.94	40.40	0.12
有色金属合金制造	83.02	268.47	184.77	143.41	0.09
有色金属铸造	11.36	13.34	7.88	4.56	
有色金属压延加工	121.76	619.66	425.82	205.08	3.32

单位：亿元

法人资本	个人资本	港澳台资本	外商资本	主营业务收　入	主营业务成　本	主营业务税金及附加	销售费用
1789.41	127.90	21.32	236.16	13097.02	11615.84	190.63	277.70
858.21	26.58	11.25	182.82	5495.12	4997.30	112.61	84.15
372.71	37.64	7.59	6.64	2873.84	2499.10	18.32	88.00
24.01	11.54	1.17	2.61	397.73	326.85	0.70	9.85
20.62	2.54	0.12	0.59	145.48	121.57	0.77	5.45
316.30	21.56	0.21	39.14	2396.63	2156.93	46.70	40.14
145.23	16.24	0.99	2.34	1365.49	1207.17	8.77	19.85
35.33	4.23		1.43	308.23	227.12	2.09	14.86
17.00	7.57		0.60	114.51	79.80	0.68	15.39
437.01	75.12	10.26	28.94	2295.57	1593.93	15.59	282.08
46.12	17.70	0.03	3.55	496.05	387.45	2.31	39.77
83.17	15.89	1.92	20.46	778.35	558.84	4.82	96.19
2.00	1.15	2.41	0.05	77.00	57.07	0.59	5.00
274.60	29.56	5.90	3.41	660.85	420.17	5.59	108.40
2.36	1.27		1.11	16.04	7.68	0.15	3.04
26.83	6.78		0.35	195.49	111.90	1.25	24.40
1.92	2.77			71.79	50.81	0.87	5.26
28.85	30.18	6.68	6.39	482.26	409.33	3.43	7.99
15.21	10.85	6.43	4.78	345.61	286.17	2.99	4.75
13.64	19.33	0.25	1.61	136.65	123.16	0.44	3.24
145.72	23.81	6.25	13.39	1272.23	1092.48	6.78	52.24
76.89	10.57	1.11	9.61	822.79	704.79	4.61	37.27
68.84	13.25	5.14	3.79	449.44	387.69	2.17	14.97
859.50	89.24	9.03	28.21	4829.75	3942.85	31.63	172.43
517.87	62.64	5.65	18.33	3049.27	2428.04	20.19	109.02
85.90	9.65	0.72	0.99	845.52	721.20	6.07	30.18
30.71	1.64	0.28	1.51	155.04	127.52	1.26	6.16
32.43	0.34	1.66	0.01	67.17	57.15	0.34	2.25
20.42	2.72	0.42	1.20	108.18	93.84	0.47	4.48
108.14	0.23		3.52	197.06	164.01	1.21	6.74
12.91	4.46	0.29	1.06	52.85	42.82	0.32	3.06
12.11	2.56		0.94	140.88	123.53	0.50	4.40
39.00	5.00		0.65	213.77	184.74	1.26	6.12
2585.54	210.08	29.60	52.90	24782.53	23227.24	56.61	266.90
212.13	13.63			784.17	756.58	1.45	6.94
109.92	4.51			4482.03	4226.71	2.40	32.67
35.17	3.20	0.05	0.93	222.46	199.78	0.68	3.65
2195.74	183.94	29.54	50.21	18953.98	17731.05	50.85	217.20
32.57	4.81	0.01	1.76	339.88	313.13	1.24	6.44
773.30	88.22	12.63	23.04	15618.30	14964.90	35.58	90.26
454.12	41.50	2.14	12.74	10671.64	10331.95	20.94	58.91
38.91	13.86	6.49		1392.03	1305.65	3.70	2.33
39.99	19.27	2.22	3.94	597.07	511.20	5.82	3.09
39.22	1.12		0.93	568.45	520.33	1.68	10.58
2.52			0.80	42.54	36.99	0.10	0.91
198.54	12.48	1.78	4.63	2346.57	2258.78	3.34	14.45

1-A-4 续表 8

行业	应付账款	所有者权益合计	实收资本		
				国家资本	集体资本
金属制品业	450.09	1143.03	611.68	331.95	10.25
结构性金属制品制造	127.75	249.54	145.33	56.95	0.79
金属工具制造	9.85	49.95	26.73	15.00	2.57
集装箱及金属包装容器制造	39.14	109.35	57.70	24.25	0.24
金属丝绳及其制品制造	49.55	61.68	46.75	18.76	0.40
建筑、安全用金属制品制造	12.60	31.44	25.74	16.93	
金属表面处理及热处理加工	8.31	28.67	18.72	7.47	0.04
其他金属制品制造	202.13	609.94	288.71	192.24	6.18
通用设备制造业	1462.22	2977.51	1044.98	456.45	7.97
锅炉及原动设备制造	506.29	1098.74	321.70	134.31	1.31
金属加工机械制造	160.67	361.13	158.76	84.59	1.97
物料搬运设备制造	299.04	492.49	118.45	60.29	0.85
泵、阀门、压缩机及类似机械制造	145.81	316.80	152.95	66.08	0.53
轴承、齿轮和传动部件制造	59.90	173.02	80.50	27.48	1.19
烘炉、风机、衡器、包装等设备制造	196.05	330.27	106.79	33.87	1.62
文化、办公用机械制造	10.87	45.94	12.88	3.89	
通用零部件制造	49.22	112.47	68.30	37.75	0.29
其他通用设备制造业	34.37	46.65	24.64	8.19	0.21
专用设备制造业	1712.21	3252.16	1595.50	688.38	12.64
采矿、冶金、建筑专用设备制造	1385.25	2421.64	1187.86	562.49	5.80
化工、木材、非金属加工专用设备制造	62.51	166.66	89.66	28.35	4.50
食品、饮料、烟草及饲料生产专用设备制造	24.49	74.27	34.11	6.25	0.62
印刷、制药、日化及日用品生产专用设备制造	18.93	66.79	29.53	11.23	
纺织、服装和皮革加工专用设备制造	38.58	60.86	37.16	14.40	0.09
电子和电工机械专用设备制造	16.04	85.91	49.55	29.53	
农、林、牧、渔专用机械制造	51.38	114.43	61.95	11.55	0.72
医疗仪器设备及器械制造	15.70	92.04	32.62	3.55	0.02
环保、社会公共服务及其他专用设备制造	99.33	169.54	73.06	21.03	0.89
汽车制造业	4644.95	9354.98	3163.94	975.70	12.33
汽车整车制造	3824.27	7988.56	2492.15	757.73	3.52
改装汽车制造	125.00	197.11	118.05	47.52	3.11
低速载货汽车制造	3.69	3.76	16.78	1.66	
电车制造	0.51	2.35	2.31	0.30	
汽车车身、挂车制造	13.82	27.98	11.52	5.79	0.07
汽车零部件及配件制造	677.66	1135.22	523.13	162.69	5.63
铁路、船舶、航空航天和其他运输设备制造业	2028.90	3510.08	1962.97	1039.32	17.79
铁路运输设备制造	738.85	943.32	536.70	272.06	2.45
城市轨道交通设备制造	26.07	35.18	32.74	11.35	
船舶及相关装置制造	608.16	1045.78	680.48	261.25	3.38
航空、航天器及设备制造	594.50	1360.92	655.95	473.64	11.75
摩托车制造	50.26	98.87	43.68	14.76	0.21
自行车制造	4.34	17.77	5.85	1.48	

单位：亿元

法人资本	个人资本	港澳台资本	外商资本	主营业务收入	主营业务成本	主营业务税金及附加	销售费用
226.43	20.78	6.68	12.50	2262.37	1977.85	9.77	41.04
72.94	7.90	0.59	3.36	542.89	476.04	3.53	10.27
8.48	0.38		0.30	68.52	54.14	0.49	2.55
27.36	0.79	0.50	4.48	291.59	250.93	1.30	6.98
27.08	0.31	0.01		169.29	157.47	0.35	4.12
4.65	1.04	1.85	1.27	81.18	70.30	0.32	2.38
9.30		1.65	0.26	73.01	67.41	0.15	0.77
75.28	10.23	2.08	2.69	1002.30	870.99	3.55	13.71
447.65	63.60	3.20	65.77	5056.24	4143.22	29.69	168.89
137.81	17.49		30.75	1606.64	1249.11	13.40	45.37
61.38	9.68	0.05	1.08	589.15	505.26	3.05	23.35
42.35	7.88	0.95	6.12	1095.34	911.83	4.98	37.14
67.73	8.09		10.52	586.31	492.70	1.79	17.80
45.01	6.08	0.18	0.57	275.64	243.26	1.10	8.56
46.46	7.57	1.57	15.69	563.03	447.30	3.75	23.18
4.74	4.25			63.63	47.89	0.37	4.95
27.23	1.64	0.45	0.65	197.25	180.51	0.85	4.67
14.93	0.91		0.40	79.26	65.35	0.40	3.88
761.78	57.39	18.92	55.65	5574.54	4745.36	28.47	183.70
517.11	42.39	15.40	43.92	4299.44	3706.95	21.55	138.01
46.89	4.25	1.03	4.64	231.97	188.34	1.15	5.51
27.11	0.13			92.65	72.30	0.70	3.61
16.61	1.27	0.27	0.16	71.54	58.28	0.44	3.72
17.67	0.54	1.56	2.89	94.24	79.13	0.48	3.88
18.97	0.92	0.13		120.15	98.84	0.91	2.56
48.35	1.27		0.06	259.84	226.53	0.72	8.69
21.49	4.60		2.97	78.91	55.61	0.44	8.15
47.59	2.02	0.53	1.01	325.80	259.39	2.09	9.57
1353.94	97.34	92.79	631.84	25789.52	20942.18	957.28	1077.47
990.27	77.55	90.28	572.80	21950.72	17609.75	944.29	978.50
60.10	5.79	0.01	1.51	568.23	509.76	1.69	17.95
7.60	0.02		7.50	17.49	16.60	0.02	0.56
2.00	0.01			1.15	0.92		0.06
3.75	0.92	0.24	0.75	114.65	104.09	0.18	1.53
290.22	13.05	2.25	49.28	3137.30	2701.05	11.09	78.88
826.47	22.85	10.75	51.70	6467.38	5568.48	27.26	98.52
245.19	7.18	0.48	9.34	2158.51	1779.83	12.33	49.84
18.66			2.74	58.80	53.16	0.24	1.43
375.70	3.65	7.89	28.61	1924.69	1726.75	4.18	13.30
165.78	5.84	2.28	2.55	2012.08	1739.14	5.67	24.39
16.40	5.45	0.10	6.75	271.84	233.52	4.76	8.63
1.96	0.70		1.72	26.28	22.31	0.03	0.68

1-A-4 续表 9

行业	应付账款	所有者权益合计	实收资本	国家资本	集体资本
电气机械和器材制造业	1581.19	2185.61	997.20	433.05	13.25
电机制造	495.81	613.44	324.20	127.39	0.82
输配电及控制设备制造	460.66	771.30	367.87	201.72	6.34
电线、电缆、光缆及电工器材制造	59.21	182.34	90.06	49.39	2.94
电池制造	42.90	113.06	71.75	14.24	2.06
家用电力器具制造	467.32	416.22	88.32	26.27	0.98
非电力家用器具制造	24.57	48.03	29.48	4.54	0.01
照明器具制造	24.48	35.66	20.45	7.38	0.09
其他电气机械及器材制造	6.24	5.58	5.05	2.12	0.01
计算机、通信和其他电子设备制造业	1298.90	3508.34	1758.09	588.10	10.67
计算机制造	93.35	352.54	111.87	25.26	2.38
通信设备制造	426.60	907.22	253.77	94.30	1.97
广播电视设备制造	11.35	35.97	19.66	5.79	0.19
雷达及配套设备制造	75.40	148.23	31.55	14.07	
视听设备制造	272.67	524.26	115.20	25.06	0.45
电子器件制造	302.99	1326.20	1106.98	381.17	3.55
电子元件制造	100.86	159.97	106.64	39.89	0.84
其他电子设备制造	15.68	53.96	12.40	2.57	1.28
仪器仪表制造业	218.93	517.77	220.91	84.50	1.50
通用仪器仪表制造	141.09	263.31	110.78	52.16	1.17
专用仪器仪表制造	43.29	135.11	72.56	26.39	0.30
钟表与计时仪器制造	0.98	6.79	1.63	0.13	
光学仪器及眼镜制造	32.23	108.38	34.74	5.71	0.03
其他仪器仪表制造业	1.34	4.17	1.20	0.10	
其他制造业	172.56	263.26	129.39	41.37	0.10
日用杂品制造	0.19	1.41	0.46	0.28	
煤制品制造	10.69	25.93	22.88	2.39	
废弃资源综合利用业	27.78	40.65	33.59	17.60	0.02
金属废料和碎屑加工处理	26.15	27.95	25.90	15.02	0.02
非金属废料和碎屑加工处理	1.63	12.71	7.69	2.58	
金属制品、机械和设备修理业	103.72	253.32	158.73	117.67	
通用设备修理	2.10	2.92	1.75	1.09	
专用设备修理	2.65	8.00	3.70	3.17	
铁路、船舶、航空航天等运输设备修理	94.77	234.29	148.93	112.30	
电气设备修理	2.08	0.93	3.21	0.30	
电力、热力、燃气及水生产和供应业	**7143.30**	**34262.91**	**17693.11**	**11360.66**	**160.93**
电力、热力生产和供应业	6771.57	30515.89	15452.23	9974.40	141.82
电力生产	2401.40	13282.86	9852.31	5654.27	131.99
电力供应	4146.39	16540.12	5163.12	4116.43	4.42
热力生产和供应	223.78	692.92	436.80	203.69	5.41
燃气生产和供应业	194.51	1085.03	711.43	306.72	2.44
水的生产和供应业	177.22	2661.98	1529.45	1079.54	16.67
自来水生产和供应	151.90	2272.71	1235.05	863.27	15.94

单位：亿元

法人资本	个人资本	港澳台资本	外商资本	主营业务收入	主营业务成本	主营业务税金及附加	销售费用
452.10	66.97	11.43	20.05	5212.85	4288.67	23.46	390.52
170.28	17.02	6.35	2.34	1071.51	922.87	4.60	38.11
132.56	17.57	3.89	5.79	1366.23	1123.54	6.87	66.16
28.70	2.52	0.91	5.61	636.79	544.87	1.97	15.53
53.29	1.32	0.08	0.50	218.54	194.85	0.69	6.40
31.80	26.38		2.79	1726.60	1339.79	8.62	257.24
23.30	1.53		0.10	80.62	67.97	0.37	2.65
9.62	0.40	0.14	2.82	95.94	80.13	0.28	3.90
2.54	0.23	0.07	0.08	16.61	14.65	0.06	0.53
951.02	91.39	15.26	94.17	6581.62	5354.54	34.92	389.12
60.31	18.08		5.00	737.09	616.06	2.82	47.03
135.16	16.73	1.29	3.53	1863.83	1406.42	15.59	150.74
12.45	0.96	0.15	0.12	45.89	34.20	0.15	1.79
16.54	0.86		0.07	376.26	319.78	1.33	8.89
63.66	17.51	4.29	4.22	1672.63	1416.27	8.68	128.33
603.76	33.89	7.69	73.05	1490.15	1234.48	4.57	40.06
51.47	2.65	1.75	8.07	336.98	283.36	1.40	8.02
7.67	0.69	0.09	0.10	58.78	43.96	0.38	4.26
117.71	10.36	1.35	4.14	780.07	636.38	4.32	27.56
43.11	9.30	1.14	3.89	493.16	404.16	2.91	20.39
43.71	0.65		0.16	149.33	122.42	0.97	4.42
1.44	0.05		0.01	9.69	6.19	0.13	0.66
28.35	0.35	0.21	0.08	123.78	100.07	0.29	1.95
1.10				4.10	3.53	0.02	0.14
76.87	10.39	0.01	0.64	427.23	367.56	1.19	5.29
0.18				1.31	0.93	0.02	0.06
20.49				43.69	40.84	0.49	0.58
14.32	1.11		0.53	236.55	221.44	0.64	1.52
9.62	1.01		0.22	217.01	206.91	0.41	0.80
4.70	0.10		0.31	19.53	14.53	0.23	0.72
24.79	0.14	3.59	12.54	310.25	262.20	1.00	3.17
0.59	0.02		0.05	7.20	6.13	0.07	0.02
0.53				12.35	10.42	0.04	0.09
20.43	0.12	3.59	12.49	275.18	232.53	0.73	2.79
2.91				7.42	6.46	0.09	0.23
5274.15	**211.04**	**252.83**	**320.95**	**55129.21**	**48835.65**	**297.75**	**264.69**
4635.70	194.47	164.16	235.02	52169.63	46346.92	277.56	129.18
3399.31	168.48	162.45	231.75	15092.99	11392.78	118.43	27.08
1024.86	14.11	0.03	2.99	36333.31	34231.39	155.89	95.54
211.54	11.88	1.69	0.28	743.33	722.74	3.24	6.55
281.55	2.93	59.58	53.09	1926.88	1673.67	8.65	57.40
356.91	13.65	29.09	32.84	1032.70	815.06	11.55	78.11
285.31	12.02	27.95	30.41	895.01	705.67	10.98	77.20

1-A-4 续表 10

行　　业	管理费用	税金	财务费用	利息收入	利息支出
总　　计	**11567.94**	**597.95**	**4513.20**	**727.22**	**5197.98**
采矿业	**2771.28**	**159.49**	**745.29**	**131.52**	**845.89**
煤炭开采和洗选业	1617.78	82.45	520.13	52.61	558.81
烟煤和无烟煤开采洗选	1558.25	76.30	503.63	51.09	541.83
石油和天然气开采业	801.23	58.33	127.53	61.93	183.84
石油开采	774.43	57.47	113.50	56.92	165.14
天然气开采	26.79	0.86	14.03	5.00	18.70
黑色金属矿采选业	116.44	5.72	50.00	3.00	49.11
铁矿采选	113.27	5.57	49.13	2.69	48.19
锰矿、铬矿采选	2.73	0.15	0.53	0.31	0.79
其他黑色金属矿采选	0.44		0.34		0.12
有色金属矿采选业	119.67	5.18	21.74	5.07	25.66
常用有色金属矿采选	53.71	2.25	10.92	0.86	11.28
贵金属矿采选	50.62	2.20	7.52	3.67	10.97
稀有稀土金属矿采选	15.34	0.73	3.29	0.53	3.41
非金属矿采选业	44.04	1.77	11.82	0.66	11.42
土砂石开采	12.23	0.51	1.30	0.04	1.27
化学矿开采	8.17	0.27	4.37	0.17	4.17
采盐	20.70	0.90	5.76	0.36	5.54
石棉及其他非金属矿采选	2.94	0.10	0.39	0.08	0.44
开采辅助活动	72.04	6.04	14.03	8.25	17.00
石油和天然气开采辅助活动	72.04	6.04	14.03	8.25	17.00
制造业	**7661.50**	**358.36**	**1809.16**	**516.52**	**2345.35**
农副食品加工业	76.43	4.95	28.97	9.36	37.49
谷物磨制	16.30	0.84	10.04	0.43	8.78
饲料加工	6.50	0.34	0.89	0.15	0.77
植物油加工	13.60	2.12	4.85	3.94	10.53
制糖业	13.26	0.42	6.73	0.25	6.86
屠宰及肉类加工	16.73	0.77	3.35	4.11	7.24
水产品加工	3.47	0.25	1.14	0.13	1.17
蔬菜、水果和坚果加工	3.20	0.06	0.47	0.16	0.57
其他农副食品加工	3.37	0.14	1.51	0.19	1.57
食品制造业	51.55	2.44	7.77	3.27	10.02
方便食品制造	6.24	0.20	0.36	0.12	0.47
乳制品制造	22.94	1.24	0.52	2.62	3.03
罐头食品制造	2.81	0.19	1.75	0.05	1.50
调味品、发酵制品制造	6.17	0.34	2.66	0.30	2.59
其他食品制造	11.21	0.42	2.39	0.14	2.35
酒、饮料和精制茶制造业	159.44	9.24	2.37	20.53	21.17
酒的制造	150.74	8.89	0.29	19.93	19.29
饮料制造	6.89	0.30	1.65	0.59	1.52
精制茶加工	1.81	0.05	0.42	0.02	0.36

单位：亿元

投资收益(损失以“-”号记)	营业利润	利润总额	亏损企业亏损额	应交增值税	应交所得税	从业人员平均人数(万人)
1561.14	**15152.88**	**15917.68**	**2792.46**	**10835.46**	**2736.80**	**1889.49**
149.10	**4915.72**	**4956.79**	**461.83**	**2484.72**	**622.67**	**517.66**
134.13	1283.77	1307.19	292.42	1282.33	334.17	369.01
131.01	1216.60	1252.22	279.04	1227.66	324.77	356.90
-11.02	3351.47	3322.59	79.82	933.36	210.43	75.71
-12.19	3277.66	3244.35	77.15	926.36	201.95	74.48
1.17	73.81	78.24	2.67	7.00	8.48	1.23
16.78	126.66	121.75	8.50	92.84	25.99	17.14
18.35	125.56	121.20	6.26	90.15	25.88	16.61
-1.57	-0.66	-1.21	2.24	1.19	0.11	0.42
	1.77	1.77		1.50		0.11
6.71	185.08	193.05	8.62	60.65	33.17	18.07
1.67	94.69	100.18	4.43	42.29	14.88	7.92
4.66	69.06	69.15	2.21	5.28	13.62	6.82
0.38	21.33	23.71	1.98	13.08	4.67	3.34
-1.44	42.11	48.19	3.96	33.78	7.12	8.76
-2.72	16.20	15.60	1.53	13.75	1.46	1.86
0.04	14.81	15.29	1.09	7.25	2.83	1.32
1.18	4.46	9.93	1.09	9.10	2.02	4.76
0.06	6.64	7.37	0.24	3.68	0.82	0.82
3.95	-73.62	-36.23	68.51	81.64	11.73	28.96
3.95	-73.62	-36.23	68.51	81.64	11.73	28.96
950.77	**6802.91**	**7289.63**	**1938.29**	**6040.22**	**1504.35**	**1062.81**
-23.47	108.04	106.23	16.64	49.10	11.83	19.51
1.49	18.02	18.42	5.97	9.25	1.07	3.29
0.24	4.81	5.12	0.14	2.52	0.62	1.14
-24.53	52.08	45.91	2.41	10.83	5.12	2.46
-1.27	-1.23	3.30	4.96	9.53	1.12	3.39
1.22	22.97	23.01	0.83	11.29	2.57	5.60
-0.59	3.47	4.20	0.18	0.84	0.71	1.79
-0.07	5.47	4.13	0.39	2.75	0.31	0.97
0.05	2.47	2.14	1.76	2.10	0.31	0.88
10.00	58.31	64.36	11.25	40.93	8.38	13.34
0.05	2.13	2.30	1.25	1.76	0.72	1.13
9.30	39.50	43.14	1.84	23.13	4.12	5.88
	-2.25	-1.79	3.89	2.52	0.33	1.07
0.41	3.63	4.22	2.81	5.61	0.79	1.69
0.23	12.01	13.18	1.43	6.17	2.08	2.68
5.32	520.06	525.43	13.58	178.18	123.24	26.67
6.25	514.20	518.52	10.20	169.66	121.62	24.48
-0.93	3.04	4.07	3.32	7.10	1.25	1.57
	2.82	2.84	0.06	1.42	0.37	0.62

1-A-4 续表 11

行 业	管理费用		财务费用		
		税金		利息收入	利息支出
烟草制品业	438.99	17.27	-12.02	23.61	11.61
烟叶复烤	15.41	1.17	-2.82	2.80	-0.03
卷烟制造	417.52	15.99	-9.37	20.76	11.30
其他烟草制品制造	6.05	0.11	0.17	0.06	0.34
纺织业	40.07	2.28	14.83	1.76	15.60
棉纺织及印染精加工	26.78	1.58	11.46	0.57	11.53
毛纺织及染整精加工	3.18	0.10	0.34	0.04	0.44
麻纺织及染整精加工	0.96	0.03	0.18		0.17
丝绢纺织及印染精加工	1.29	0.09	0.47	0.06	0.48
针织或钩针编织物及其制品制造	3.57	0.24	0.99	0.24	1.06
非家用纺织制成品制造	3.73	0.23	1.36	0.85	1.89
纺织服装、服饰业	25.74	0.41	0.18	1.26	1.21
机织服装制造	23.36	0.38	0.29	1.25	1.13
针织或钩针编织服装制造	1.46	0.03	-0.09	0.01	0.07
服饰制造	0.92		-0.03		
皮革、毛皮、羽毛及其制品和制鞋业	4.61	0.21	0.63	0.06	0.52
毛皮鞣制及制品加工	0.39	0.01	0.09		0.09
制鞋业	4.08	0.20	0.51	0.07	0.39
木材加工和木、竹、藤、棕、草制品业	13.57	0.55	4.79	0.12	4.26
木材加工	1.78	0.05	0.53		0.48
人造板制造	9.99	0.34	3.85	0.05	3.55
木制品制造	1.66	0.15	0.31	0.05	0.17
竹、藤、棕、草等制品制造	0.14		0.09	0.02	0.07
家具制造业	9.27	0.18	0.51	0.08	0.23
木质家具制造	0.72	0.03	0.13		0.07
金属家具制造	8.05	0.13	0.38	0.09	0.14
造纸和纸制品业	50.43	2.60	32.21	6.91	39.53
纸浆制造	8.11	0.23	4.17	0.13	4.12
造纸	38.72	2.23	27.41	6.69	34.85
纸制品制造	3.60	0.13	0.63	0.09	0.57
印刷和记录媒介复制业	60.50	1.77	1.28	1.32	2.40
印刷	58.73	1.73	1.20	1.23	2.26
装订及印刷相关服务	0.48		-0.05	0.05	0.01
记录媒介复制	1.29	0.04	0.13	0.03	0.13
文教、工美、体育和娱乐用品制造业	9.87	0.36	2.77	0.24	2.66
文教办公用品制造	1.49	0.01	0.04	0.03	0.02
乐器制造	1.96	0.11	0.17	0.05	0.17
工艺美术品制造	5.28	0.21	2.51	0.16	2.43
体育用品制造	0.37	0.01	0.04		0.03
玩具制造	0.45	0.01	0.02		0.01
游艺器材及娱乐用品制造	0.31	0.01			
石油加工、炼焦和核燃料加工业	672.75	23.50	174.79	14.09	197.70
精炼石油产品制造	635.16	19.46	141.00	11.28	164.96
炼焦	32.07	3.89	30.09	2.62	29.05

单位：亿元

投资收益（损失以“-”号记）	营业利润	利润总额	亏损企业亏损额	应交增值税	应交所得税	从业人员平均人数（万人）
55.14	1215.20	1206.68	0.32	1026.84	297.53	19.01
0.07	32.43	33.52	0.15	15.89	7.39	3.03
55.71	1171.54	1160.99	0.08	1007.33	287.70	15.38
-0.64	11.24	12.17	0.08	3.62	2.45	0.60
-3.07	-2.18	12.28	17.39	17.97	3.91	18.90
4.00	-5.92	7.58	8.33	13.27	2.51	14.00
0.08	6.72	7.29	1.41	1.26	0.07	1.29
0.01	-0.67	-0.51	0.59	0.45	0.22	0.52
0.26	1.80	1.79		0.70	0.18	0.50
-0.52	1.99	1.98	0.09	1.55	0.31	1.31
-6.90	-6.26	-6.03	6.94	0.52	0.62	1.04
-0.22	8.98	12.30	1.86	8.95	1.26	8.37
-0.22	7.98	11.51	1.18	7.76	1.13	7.63
	0.76	0.54	0.67	0.88	0.12	0.63
	0.24	0.25		0.32	0.01	0.10
-0.79	5.25	5.37	0.26	2.65	1.09	2.55
	0.47	0.51	0.01	0.02	0.09	0.15
-0.79	4.61	4.69	0.25	2.55	1.00	2.37
0.13	2.17	5.60	2.44	5.53	0.57	4.92
-0.67	1.80	1.74	0.07	1.38	0.05	1.42
0.79	0.20	2.44	1.81	3.72	0.46	2.68
0.01	-0.12	1.20	0.52	0.25	0.03	0.73
	0.30	0.22	0.04	0.18	0.03	0.08
5.76	18.20	18.64	0.01	3.32	1.93	1.19
	0.63	0.91	0.01	0.20	0.20	0.36
5.76	16.79	16.89		2.74	1.63	0.72
7.19	1.84	13.87	16.48	23.88	4.94	9.48
-0.20	-2.19	-1.27	4.99	2.52	0.54	0.46
7.23	2.54	13.42	9.83	19.72	3.79	7.63
0.17	1.50	1.72	1.66	1.65	0.62	1.38
1.76	57.26	61.72	2.82	24.85	11.79	10.19
1.74	56.74	60.90	2.72	24.28	11.66	9.92
	0.22	0.23		0.27	0.04	0.07
0.02	0.30	0.59	0.10	0.30	0.09	0.20
3.20	23.12	24.19	1.94	8.99	3.71	2.15
1.05	1.28	1.79	0.33	0.31	0.26	0.24
0.05	1.47	1.65	0.59	0.83	0.33	0.63
2.09	19.78	20.14	1.00	7.49	3.01	0.96
0.01	0.42	0.41		0.18	0.04	0.08
	0.13	0.12	0.02	0.06	0.05	0.17
	0.04	0.07		0.12	0.02	0.07
-9.61	117.10	97.88	399.35	1265.01	73.91	44.59
-10.89	112.43	91.77	375.56	1239.42	70.81	35.66
0.93	-3.13	-1.73	23.79	23.37	2.04	8.24

1-A-4 续表 12

行　业	管理费用	税金	财务费用	利息收入	利息支出
化学原料和化学制品制造业	652.14	32.34	318.59	23.25	333.82
基础化学原料制造	237.39	13.18	107.53	8.88	108.64
肥料制造	152.52	7.92	99.79	6.01	111.14
农药制造	16.82	1.19	7.39	0.93	7.30
涂料、油墨、颜料及类似产品制造	12.68	0.37	2.21	0.16	2.09
合成材料制造	127.94	5.74	70.89	3.48	73.23
专用化学产品制造	53.33	2.34	24.38	2.61	24.24
炸药、火工及焰火产品制造	42.74	0.99	4.06	0.97	4.65
日用化学产品制造	8.73	0.61	2.33	0.19	2.53
医药制造业	188.34	7.46	22.45	7.43	26.86
化学药品原料药制造	42.94	1.92	9.12	1.12	8.86
化学药品制剂制造	63.24	2.33	4.47	3.73	7.69
中药饮片加工	5.01	0.10	0.79	0.08	0.85
中成药生产	49.42	1.73	4.42	1.34	6.02
兽用药品制造	3.86	0.14	0.33	0.03	0.35
生物药品制造	20.71	1.11	1.87	0.85	2.58
卫生材料及医药用品制造	3.16	0.14	1.45	0.27	0.51
化学纤维制造业	27.04	1.62	13.79	1.32	14.04
纤维素纤维原料及纤维制造	16.60	1.09	7.24	1.06	7.79
合成纤维制造	10.44	0.53	6.55	0.26	6.26
橡胶和塑料制品业	60.78	3.22	20.49	1.60	20.17
橡胶制品业	35.44	1.97	15.65	0.54	14.68
塑料制品业	25.34	1.25	4.84	1.06	5.49
非金属矿物制品业	275.24	16.63	149.76	11.25	151.14
水泥、石灰和石膏制造	171.44	11.54	105.80	6.56	106.86
石膏、水泥制品及类似制品制造	39.12	1.42	13.88	1.95	14.41
砖瓦、石材等建筑材料制造	9.25	0.32	1.92	0.36	2.00
玻璃制造	6.81	0.47	2.36	0.33	1.91
玻璃制品制造	8.29	0.42	4.33	0.25	4.31
玻璃纤维和玻璃纤维增强塑料制品制造	14.49	0.91	12.38	0.98	12.29
陶瓷制品制造	5.80	0.34	1.38	0.12	1.40
耐火材料制品制造	6.78	0.52	1.86	0.23	1.98
石墨及其他非金属矿物制品制造	13.26	0.69	5.84	0.47	5.98
黑色金属冶炼和压延加工业	880.68	66.99	469.58	83.44	594.41
炼铁	16.00	1.80	16.47	2.39	17.68
炼钢	175.92	10.39	76.98	17.72	116.86
黑色金属铸造	12.06	0.60	3.27	0.38	3.38
钢压延加工	662.50	53.38	365.12	62.72	448.98
铁合金冶炼	14.19	0.82	7.74	0.24	7.51
有色金属冶炼和压延加工业	308.64	24.37	216.65	46.06	260.14
常用有色金属冶炼	182.99	14.79	158.41	31.69	193.37
贵金属冶炼	33.58	1.55	7.84	7.21	13.91
稀有稀土金属冶炼	25.04	3.67	8.90	1.24	9.21
有色金属合金制造	18.30	0.80	9.41	0.42	8.65
有色金属铸造	3.97	0.07	0.66	0.02	0.63
有色金属压延加工	44.77	3.50	31.42	5.47	34.36

单位：亿元

投资收益（损失以“-”号记）	营业利润	利润总额	亏损企业亏损额	应交增值税	应交所得税	从业人员平均人数（万人）
49.72	132.36	181.48	413.16	297.26	79.86	96.57
11.15	-6.53	2.56	172.40	123.45	28.29	33.20
13.55	70.02	87.41	70.19	59.62	21.17	25.60
0.50	34.11	35.82	1.77	7.49	4.23	3.30
2.41	5.77	6.67	1.93	4.43	0.93	1.96
8.57	-41.87	-35.30	131.87	46.13	10.05	14.12
3.00	31.68	38.95	27.91	32.00	7.57	8.11
9.04	30.06	35.10	3.27	18.18	5.10	8.43
1.48	9.13	10.26	3.82	5.96	2.51	1.86
29.98	220.72	232.06	8.63	121.04	33.90	31.11
4.71	19.91	23.82	2.48	19.45	3.38	7.71
6.49	56.96	61.70	1.51	37.12	10.85	10.18
-0.02	8.67	8.44	0.50	3.82	1.33	0.62
15.23	88.22	89.45	2.83	47.04	12.63	9.24
0.08	1.03	1.29	0.39	1.01	0.24	0.38
3.49	35.76	37.16	0.91	9.14	5.38	2.26
	10.17	10.22		3.46	0.10	0.72
3.33	30.41	34.18	8.76	12.65	7.16	7.12
1.46	35.10	36.33	2.94	10.07	6.62	5.09
1.88	-4.69	-2.15	5.82	2.57	0.54	2.03
3.37	50.19	53.71	8.99	30.90	10.00	16.05
1.84	29.57	31.35	4.61	16.54	5.93	9.94
1.53	20.62	22.36	4.38	14.36	4.08	6.11
18.91	296.19	368.00	59.01	224.52	74.34	50.82
10.42	235.44	288.72	29.68	161.26	59.67	24.42
6.43	42.80	46.95	4.20	31.40	7.07	8.85
-0.97	10.61	11.93	1.25	5.24	1.83	2.51
1.01	0.78	3.68	1.78	3.83	0.51	1.55
0.19	-3.09	-0.09	5.24	3.02	0.58	2.37
0.19	-0.41	3.25	5.61	8.22	0.84	3.52
0.92	0.57	1.00	1.80	2.03	0.43	2.29
0.33	3.93	5.50	2.59	3.67	0.92	1.94
0.40	5.55	7.07	6.86	5.84	2.48	3.37
52.86	-31.66	34.23	244.38	505.93	40.00	140.48
3.27	-6.66	1.68	8.73	8.27	2.37	3.98
7.72	-11.70	9.53	3.39	83.57	2.51	21.10
-5.22	3.86	4.45	2.33	4.97	0.50	3.18
47.12	-20.79	13.48	217.79	397.72	31.81	108.91
-0.02	3.63	5.10	12.15	11.41	2.81	3.31
-10.93	174.62	204.66	203.12	239.93	43.18	67.14
-4.87	39.00	56.57	147.64	156.60	20.89	45.22
14.27	59.47	60.95	15.34	7.18	8.22	4.79
10.11	57.24	61.28	2.27	25.37	7.06	3.80
-0.24	7.67	7.34	13.26	9.97	0.03	3.75
	0.20	1.68	0.46	0.92	0.27	0.50
-30.21	11.05	16.84	24.15	39.89	6.71	9.09

1-A-4 续表 13

行　业	管理费用	税金	财务费用	利息收入	利息支出
金属制品业	151.58	6.01	25.41	5.80	28.60
结构性金属制品制造	33.37	1.75	6.35	1.01	6.82
金属工具制造	8.69	0.40	1.15	0.05	1.14
集装箱及金属包装容器制造	13.08	1.07	2.95	0.57	2.68
金属丝绳及其制品制造	5.89	0.32	1.84	1.22	2.94
建筑、安全用金属制品制造	4.67	0.18	0.75	0.15	0.86
金属表面处理及热处理加工	2.83	0.10	1.00	0.11	0.81
其他金属制品制造	82.49	2.12	11.35	2.66	13.30
通用设备制造业	399.42	14.51	47.07	21.31	65.26
锅炉及原动设备制造	127.82	4.19	2.46	9.50	11.74
金属加工机械制造	59.02	3.29	13.23	1.83	14.97
物料搬运设备制造	64.31	2.07	15.38	4.26	19.42
泵、阀门、压缩机及类似机械制造	45.42	1.37	4.26	1.49	5.19
轴承、齿轮和传动部件制造	21.35	0.97	3.06	0.42	3.60
烘炉、风机、衡器、包装等设备制造	53.28	1.66	2.54	2.95	3.99
文化、办公用机械制造	5.44	0.09	0.13	0.21	0.47
通用零部件制造	15.24	0.58	2.19	0.47	1.97
其他通用设备制造业	7.53	0.30	3.82	0.20	3.90
专用设备制造业	377.78	17.20	74.70	31.44	94.62
采矿、冶金、建筑专用设备制造	258.73	11.75	58.40	27.46	76.48
化工、木材、非金属加工专用设备制造	21.82	0.92	4.93	0.57	5.18
食品、饮料、烟草及饲料生产专用设备制造	11.48	0.22	0.54	0.17	0.73
印刷、制药、日化及日用品生产专用设备制造	7.67	0.33	2.02	0.42	1.93
纺织、服装和皮革加工专用设备制造	11.42	0.46	0.67	0.62	1.09
电子和电工机械专用设备制造	11.79	0.50	2.33	0.52	2.67
农、林、牧、渔专用机械制造	20.06	2.03	3.25	0.54	3.28
医疗仪器设备及器械制造	7.52	0.17	0.28	0.50	0.68
环保、社会公共服务及其他专用设备制造	27.29	0.82	2.29	0.62	2.58
汽车制造业	1269.59	48.70	7.06	96.33	118.85
汽车整车制造	1022.41	40.01	-16.88	88.56	89.88
改装汽车制造	35.81	1.78	5.56	1.49	6.47
低速载货汽车制造	1.14	0.08	-0.12	0.09	0.45
电车制造	0.37	0.04	0.02		0.02
汽车车身、挂车制造	2.75	0.12	0.30	0.26	0.55
汽车零部件及配件制造	207.11	6.68	18.18	5.93	21.48
铁路、船舶、航空航天和其他运输设备制造业	533.89	13.92	42.88	48.92	98.68
铁路运输设备制造	203.40	5.49	15.51	4.02	18.69
城市轨道交通设备制造	3.07	0.18	0.10	0.27	0.29
船舶及相关装置制造	123.59	5.25	-3.42	36.09	42.87
航空、航天器及设备制造	179.64	2.31	28.72	7.51	34.24
摩托车制造	20.63	0.61	1.52	0.98	2.10
自行车制造	2.43	0.05	0.30	0.05	0.34

单位：亿元

投资收益（损失以“-”号记）	营业利润	利润总额	亏损企业亏损额	应交增值税	应交所得税	从业人员平均人数（万人）
-3.71	144.99	86.65	15.40	58.28	14.86	30.60
-0.86	17.97	20.71	5.48	13.78	2.49	6.82
	2.86	4.18	0.10	3.19	0.77	1.85
0.12	16.78	17.60	0.95	9.00	3.14	2.71
-0.03	-0.29	1.15	0.42	3.99	0.35	1.63
0.02	2.90	2.83	0.43	2.64	0.40	0.50
-0.95	1.04	1.17	0.67	1.63	0.32	0.48
-2.05	101.97	37.20	7.21	22.05	7.11	16.43
27.98	277.22	315.79	42.84	160.64	46.78	61.69
17.32	141.97	147.99	11.44	62.72	18.42	14.89
-0.18	-4.86	4.63	12.73	17.02	2.25	12.52
0.74	63.99	71.90	3.65	28.77	10.24	8.10
2.16	26.94	32.29	2.19	12.96	4.27	7.77
0.25	2.63	5.46	3.79	5.86	1.27	5.82
6.77	39.89	43.85	2.26	22.63	8.28	6.17
0.15	5.09	7.30	0.67	2.52	0.92	1.03
0.67	2.67	1.96	4.23	5.39	0.79	4.10
0.10	-1.10	0.41	1.88	2.78	0.33	1.29
7.56	163.46	195.39	108.71	171.70	37.36	61.80
-3.81	105.32	124.20	91.24	137.58	24.73	42.13
0.04	11.12	12.55	4.07	8.12	2.61	4.01
2.03	6.58	7.06	0.24	4.16	0.88	1.24
0.14	-0.50	1.14	3.38	1.48	0.32	1.66
0.80	0.10	2.80	1.68	2.96	0.64	2.23
2.53	3.68	4.18	3.71	2.35	0.77	1.68
2.68	3.41	6.68	1.72	3.15	1.37	4.06
1.50	8.36	9.61	0.25	3.02	2.34	1.36
1.66	25.40	27.18	2.42	8.88	3.71	3.44
548.59	2427.78	2464.28	102.22	899.47	425.83	117.06
520.85	2226.84	2248.09	76.47	800.46	392.83	77.92
-2.87	0.38	8.85	11.64	12.54	1.38	6.21
-2.53	-3.19	-3.07	3.18	0.07	0.57	0.26
-0.10	-0.20	-0.18	0.19	0.02		0.03
0.10	6.61	7.18	0.35	4.55	1.32	0.79
33.15	197.34	203.42	10.40	81.83	29.73	31.84
20.12	222.71	264.62	61.80	148.13	48.06	70.11
5.28	134.73	141.62	7.68	100.29	19.40	20.50
	1.28	1.21	0.19	2.12	0.16	0.41
3.44	33.80	41.02	40.04	21.65	15.44	17.55
9.82	44.66	71.15	9.72	14.23	11.43	27.30
1.43	7.07	8.10	3.65	9.21	1.42	3.80
0.14	1.07	1.51	0.03	0.30	0.14	0.43

1-A-4 续表 14

行　业	管理费用		财务费用		
		税金		利息收入	利息支出
电气机械和器材制造业	290.84	12.49	60.46	24.34	76.28
电机制造	80.69	2.81	19.53	4.21	22.04
输配电及控制设备制造	104.95	4.46	36.87	3.75	38.98
电线、电缆、光缆及电工器材制造	23.18	0.96	7.48	0.47	7.61
电池制造	13.00	0.53	3.14	0.36	3.06
家用电力器具制造	55.26	3.45	-8.45	14.99	2.49
非电力家用器具制造	5.43	0.16	1.44	0.44	1.72
照明器具制造	7.19	0.10	0.34	0.12	0.28
其他电气机械及器材制造	1.13	0.02	0.10		0.10
计算机、通信和其他电子设备制造业	472.79	23.28	65.25	25.90	98.72
计算机制造	55.82	0.94	4.28	3.24	9.75
通信设备制造	141.32	1.65	36.55	3.70	30.99
广播电视设备制造	7.17	0.09	0.98	0.12	1.08
雷达及配套设备制造	24.97	0.57	2.50	1.20	3.86
视听设备制造	81.27	15.14	4.52	7.03	16.98
电子器件制造	121.43	3.18	13.37	8.85	31.41
电子元件制造	30.74	1.52	2.53	1.65	4.00
其他电子设备制造	10.06	0.20	0.51	0.10	0.65
仪器仪表制造业	74.75	1.43	4.85	1.97	6.06
通用仪器仪表制造	36.17	0.74	3.26	0.81	3.72
专用仪器仪表制造	20.31	0.33	0.74	0.49	0.87
钟表与计时仪器制造	0.85		0.10	0.03	0.12
光学仪器及眼镜制造	16.85	0.33	0.69	0.61	1.26
其他仪器仪表制造业	0.57	0.03	0.07	0.02	0.08
其他制造业	42.55	0.94	3.75	1.83	5.46
日用杂品制造	0.50	0.01	-0.02	0.03	
煤制品制造	1.55	0.20	1.20	0.01	1.21
废弃资源综合利用业	4.35	0.51	2.72	0.16	1.66
金属废料和碎屑加工处理	2.51	0.45	2.45	0.14	1.38
非金属废料和碎屑加工处理	1.84	0.05	0.27	0.02	0.28
金属制品、机械和设备修理业	37.88	1.00	4.62	1.56	6.19
通用设备修理	0.85	0.01	0.01		0.01
专用设备修理	1.12		-0.02	0.03	0.01
铁路、船舶、航空航天等运输设备修理	33.77	0.95	4.72	1.38	6.11
电气设备修理	1.12	0.02	0.06		0.06
电力、热力、燃气及水生产和供应业	**1135.16**	**80.10**	**1958.74**	**79.18**	**2006.75**
电力、热力生产和供应业	918.22	68.63	1890.78	63.76	1917.49
电力生产	392.44	50.54	1331.51	38.86	1354.17
电力供应	465.14	15.58	525.42	22.31	528.55
热力生产和供应	60.64	2.50	33.84	2.60	34.77
燃气生产和供应业	76.95	3.01	16.49	6.57	24.08
水的生产和供应业	140.00	8.46	51.48	8.85	65.18
自来水生产和供应	131.05	7.92	45.71	8.60	58.01

单位：亿元

投资收益(损失以"–"号记)	营业利润	利润总额	亏损企业亏损额	应交增值税	应交所得税	从业人员平均人数(万人)
83.75	224.24	224.95	119.62	167.42	37.08	40.65
9.76	10.36	14.47	28.46	29.82	2.36	10.11
18.71	-1.63	6.53	83.33	52.71	12.71	13.37
-0.77	45.29	25.56	1.40	14.28	3.48	4.15
0.29	1.57	3.28	3.85	6.47	1.01	3.42
54.40	159.75	164.51	0.13	59.52	16.31	7.89
0.68	3.08	4.43	1.16	2.11	0.34	0.75
0.68	5.72	5.93	0.62	1.99	0.71	0.76
	0.09	0.23	0.67	0.52	0.16	0.22
56.64	266.63	381.84	43.09	289.36	47.08	63.93
13.76	37.86	40.97	0.23	10.71	3.59	5.83
25.99	60.53	99.05	6.61	152.13	12.74	18.68
0.93	2.58	3.14	0.91	1.03	0.53	0.69
0.42	19.43	21.92	0.46	6.34	3.17	4.22
-1.98	45.26	60.63	2.45	72.38	10.47	10.74
14.99	86.75	135.15	26.30	35.46	12.68	15.44
1.22	13.29	16.45	5.79	9.20	3.30	7.36
1.31	0.94	4.53	0.34	2.11	0.60	0.97
6.24	49.64	60.54	3.82	30.26	8.39	11.54
4.35	35.18	41.70	2.95	22.26	5.84	5.25
0.84	7.71	10.04	0.16	6.25	1.26	3.04
	1.69	1.82		0.28	0.12	0.16
1.05	5.30	7.18	0.36	1.39	1.16	3.02
	-0.24	-0.19	0.35	0.08	0.02	0.07
4.32	11.47	18.97	3.97	6.13	3.52	7.54
	-0.12	-0.01	0.03	0.15		0.05
0.02	-0.13	-0.09	0.65	0.55	0.09	0.38
0.18	5.31	7.18	0.34	14.94	0.92	0.96
0.02	3.34	4.72	0.33	13.83	0.53	0.66
0.16	1.97	2.46	0.01	1.11	0.39	0.30
0.50	3.24	6.52	6.10	5.45	1.93	6.76
0.05	0.38	0.41	0.10	0.37	0.08	0.43
	0.78	0.82		0.29	0.10	0.52
0.45	1.78	4.93	5.70	3.80	1.65	5.25
	-0.13	-0.12	0.23	0.56	0.03	0.32
461.26	**3434.25**	**3671.26**	**392.35**	**2310.52**	**609.78**	**309.02**
415.09	3279.51	3479.71	324.60	2219.29	560.98	264.47
120.76	2063.99	2173.27	211.59	1055.38	384.97	78.59
284.77	1267.46	1298.11	81.50	1151.46	171.38	172.16
9.56	-51.94	8.33	31.51	12.45	4.63	13.72
14.16	147.01	156.80	18.55	42.18	33.78	11.74
32.02	7.73	34.75	49.20	49.05	15.02	32.81
30.27	-3.89	20.65	45.52	47.19	13.52	31.09

1-A-5 按行业分组的规模以上私营

行　业	企　业 单位数 （个）	工业销售 产　值 （当年价格）	出口交货值	资产总计	固定资产 合　计
总　计	**208409**	**341836.32**	**17084.72**	**187704.40**	**65738.61**
采矿业	**10556**	**17694.88**	**41.66**	**11155.44**	**3766.69**
煤炭开采和洗选业	4484	6730.20	17.40	5550.71	1650.62
烟煤和无烟煤开采洗选	4401	6489.44	17.40	5423.71	1614.55
褐煤开采洗选	64	217.80		121.09	33.74
其他煤炭采选	19	22.96		5.91	2.33
石油和天然气开采业	11	38.57		28.82	17.10
黑色金属矿采选业	2571	5761.77		3134.64	1124.74
铁矿采选	2416	5583.28		3053.53	1101.73
锰矿、铬矿采选	123	136.40		60.87	15.22
其他黑色金属矿采选	32	42.09		20.23	7.80
有色金属矿采选业	1061	2218.77	11.66	1191.07	449.67
常用有色金属矿采选	740	1439.42	11.53	802.72	271.55
贵金属矿采选	153	406.65	0.13	181.40	92.60
稀有稀土金属矿采选	168	372.70		206.95	85.52
非金属矿采选业	2373	2876.09	12.60	1193.54	502.49
土砂石开采	1798	2126.08	7.78	829.46	372.81
化学矿开采	165	194.21	0.08	134.90	31.88
采盐	31	61.02		65.14	19.99
石棉及其他非金属矿采选	379	494.78	4.75	164.04	77.81
开采辅助活动	44	52.61		48.71	16.74
煤炭开采和洗选辅助活动	4	1.15		0.85	0.05
石油和天然气开采辅助活动	35	48.04		46.26	16.14
其他开采辅助活动	5	3.42		1.61	0.55
其他采矿业	12	16.88		7.97	5.34
制造业	**196806**	**323049.75**	**17043.03**	**174332.47**	**60788.48**
农副食品加工业	14996	29292.57	1178.44	11022.66	4343.75
谷物磨制	4383	7760.38	13.35	2332.76	978.00
饲料加工	2168	4847.29	25.16	1458.72	574.25
植物油加工	1357	3319.85	24.97	1315.28	445.21
制糖业	108	220.87	0.09	355.83	84.60
屠宰及肉类加工	2363	5837.83	97.80	2400.93	1016.64
水产品加工	1206	2399.07	630.28	1094.52	372.72
蔬菜、水果和坚果加工	1932	2531.30	304.35	1034.17	420.25
其他农副食品加工	1479	2375.98	82.44	1030.46	452.09
食品制造业	4210	6409.05	366.60	3176.34	1265.02
焙烤食品制造	709	948.79	14.22	402.15	172.58
糖果、巧克力及蜜饯制造	454	574.06	21.55	268.83	90.83
方便食品制造	701	1048.90	10.70	452.30	186.74
乳制品制造	229	461.32	2.79	281.65	116.70
罐头食品制造	477	782.10	175.05	339.94	136.23
调味品、发酵制品制造	615	887.50	28.20	538.20	226.16
其他食品制造	1025	1706.36	114.09	893.28	335.78
酒、饮料和精制茶制造业	3055	4666.61	73.96	2570.70	969.85
酒的制造	1362	2470.85	4.05	1472.01	539.77
饮料制造	769	1269.28	15.79	644.12	275.54
精制茶加工	924	926.48	54.12	454.57	154.54

工业企业主要经济指标(大、中类行业)

单位：亿元

固定资产原价	累计折旧	流动资产合计	应收账款	存货	产成品	负债合计	流动负债合计
103175.81	**43358.32**	**99272.00**	**24676.23**	**23118.89**	**10101.74**	**101333.98**	**84505.99**
5217.53	**1852.72**	**5444.60**	**975.86**	**760.12**	**414.45**	**6209.84**	**4854.00**
2209.98	728.47	2836.95	519.54	314.10	157.92	3428.50	2614.58
2157.51	707.58	2775.10	511.55	308.06	153.63	3365.90	2576.79
49.19	19.84	58.73	7.49	5.17	3.65	59.66	35.80
3.28	1.05	3.11	0.50	0.87	0.63	2.94	1.99
29.26	13.22	7.98	1.58	1.67	0.43	16.66	11.90
1572.35	579.82	1493.52	242.13	240.35	138.03	1666.50	1371.78
1541.15	569.73	1449.22	228.09	227.69	129.26	1623.36	1339.63
21.88	8.34	35.78	11.79	10.25	7.46	33.26	23.86
9.31	1.75	8.53	2.25	2.41	1.31	9.88	8.29
602.97	209.96	580.78	90.34	115.42	63.71	583.50	470.92
353.52	121.89	427.67	74.04	72.30	37.09	405.75	331.27
126.85	43.79	67.53	5.24	13.65	4.16	56.55	33.59
122.59	44.28	85.59	11.07	29.47	22.47	121.20	106.06
773.30	313.27	494.87	104.92	85.86	53.73	487.30	360.58
593.31	250.37	331.27	73.97	54.34	32.20	324.34	244.15
44.86	15.70	74.36	12.20	12.08	7.48	74.73	62.79
26.15	7.51	26.48	2.87	4.77	3.40	26.35	7.55
108.98	39.70	62.75	15.88	14.68	10.65	61.88	46.09
23.52	6.94	28.21	16.84	2.42	0.40	25.09	23.08
0.10	0.05	0.71	0.10	0.12	0.07	0.23	0.15
22.72	6.74	26.52	16.38	2.15	0.27	23.91	22.52
0.70	0.14	0.99	0.36	0.16	0.06	0.96	0.40
6.15	1.05	2.29	0.51	0.30	0.22	2.29	1.16
96424.85	**41051.04**	**93169.08**	**23598.04**	**22312.19**	**9680.50**	**93672.74**	**78837.30**
8133.04	4209.85	5486.28	909.42	1722.48	772.13	4957.82	3963.01
2466.22	1583.40	1116.38	168.70	403.69	114.92	862.08	679.30
1011.80	476.62	711.37	124.16	213.07	64.46	655.06	522.48
817.14	413.40	735.46	81.98	288.32	133.36	634.94	521.06
136.59	62.20	242.33	27.53	32.45	21.08	287.49	251.31
1621.27	705.81	1106.07	170.91	271.11	149.64	1090.49	850.65
640.51	303.72	617.37	133.51	196.07	118.19	554.45	462.60
666.79	285.85	485.15	111.40	160.77	81.42	428.04	332.64
772.73	378.86	472.16	91.23	156.99	89.06	445.26	342.95
1924.30	774.33	1481.46	276.03	415.52	191.10	1408.13	1092.89
256.74	100.64	170.38	32.48	42.76	16.49	166.26	131.53
123.98	39.52	133.76	36.23	42.80	20.41	120.55	99.90
250.25	77.59	195.35	38.71	54.60	23.52	179.22	143.41
249.65	144.36	123.42	26.78	28.32	10.42	146.11	123.19
203.61	78.00	168.92	31.41	63.02	39.45	161.25	125.56
374.90	168.81	234.11	34.66	65.64	27.82	218.30	162.29
465.17	165.41	455.52	75.76	118.38	52.97	416.43	307.01
1349.49	479.87	1275.91	206.13	387.53	186.90	1249.44	1001.36
754.03	276.05	778.28	94.78	237.66	108.79	777.23	638.93
404.32	148.41	263.39	54.37	70.11	33.53	286.31	224.09
191.14	55.41	234.24	56.98	79.76	44.58	185.91	138.34

1-A-5 续表 1

行　　业	企　业 单位数 (个)	工业销售 产　　值 (当年价格)	出口交货值	资产总计	固定资产 合　　计
烟草制品业	3	11.75		20.87	7.58
其他烟草制品制造	3	11.75		20.87	7.58
纺织业	14269	19103.34	1407.23	10374.52	3711.54
棉纺织及印染精加工	7824	12185.10	541.69	6366.50	2430.01
毛纺织及染整精加工	791	992.32	31.27	613.41	173.86
麻纺织及染整精加工	181	304.06	19.73	145.68	56.93
丝绢纺织及印染精加工	648	796.22	79.53	401.65	113.83
化纤织造及印染精加工	908	656.07	70.04	556.12	168.28
针织或钩针编织物及其制品制造	1673	1741.29	235.42	1130.60	381.82
家用纺织制成品制造	1139	1201.54	247.66	569.53	169.17
非家用纺织制成品制造	1105	1226.74	181.88	591.02	217.64
纺织服装、服饰业	8650	9264.32	1460.21	4495.66	1385.99
机织服装制造	6123	7133.15	964.95	3377.40	1046.08
针织或钩针编织服装制造	1933	1680.59	399.55	861.66	256.93
服饰制造	594	450.57	95.71	256.59	82.98
皮革、毛皮、羽毛及其制品和制鞋业	4752	5629.49	877.57	2300.59	743.02
皮革鞣制加工	355	706.16	22.55	292.05	98.49
皮革制品制造	1268	1509.74	266.44	577.28	229.61
毛皮鞣制及制品加工	392	560.78	59.04	184.00	58.27
羽毛(绒)加工及制品制造	335	453.89	43.09	212.80	44.46
制鞋业	2402	2398.92	486.44	1034.46	312.19
木材加工和木、竹、藤、棕、草制品业	6527	8297.08	396.06	2986.03	1262.14
木材加工	1051	1158.33	16.83	359.91	163.81
人造板制造	3624	4972.82	176.80	1728.29	770.10
木制品制造	1337	1700.06	120.85	719.91	260.99
竹、藤、棕、草等制品制造	515	465.87	81.58	177.92	67.22
家具制造业	3019	3426.21	469.38	1908.92	685.66
木质家具制造	1936	2293.11	203.48	1188.99	421.59
竹、藤家具制造	47	50.43	6.60	18.43	4.70
金属家具制造	578	610.07	172.53	417.80	153.28
塑料家具制造	42	33.46	8.91	22.37	6.91
其他家具制造	416	439.14	77.87	261.33	99.18
造纸和纸制品业	4190	5262.75	94.97	2939.48	1125.26
纸浆制造	21	28.90	0.04	37.07	16.62
造纸	1843	2530.15	45.65	1637.56	632.44
纸制品制造	2326	2703.69	49.28	1264.85	476.20
印刷和记录媒介复制业	2869	2912.91	73.13	1695.96	641.22
印刷	2784	2825.67	68.05	1644.73	621.71
装订及印刷相关服务	76	72.73	4.39	40.72	14.72
记录媒介复制	9	14.52	0.69	10.51	4.79
文教、工美、体育和娱乐用品制造业	4397	5961.33	1394.05	2691.19	752.12
文教办公用品制造	414	454.02	57.28	243.29	72.52
乐器制造	107	123.97	20.42	49.22	20.96
工艺美术品制造	2641	4176.18	1052.29	1864.19	478.93
体育用品制造	455	433.08	68.99	210.42	76.70
玩具制造	653	614.54	166.53	218.63	73.91
游艺器材及娱乐用品制造	127	159.54	28.53	105.43	29.10

单位：亿元

固定资产原价	累计折旧	流动资产合计	应收账款	存货	产成品	负债合计	流动负债合计
8.27	1.40	10.54	2.55	6.62	0.88	17.87	17.87
8.27	1.40	10.54	2.55	6.62	0.88	17.87	17.87
5963.61	2534.08	5579.63	1240.62	1522.87	703.21	5848.32	4999.76
3929.97	1676.82	3279.64	630.43	875.10	404.07	3494.34	2925.64
285.83	122.10	389.23	92.06	155.08	67.37	363.89	334.57
72.30	23.65	74.15	17.24	25.55	13.59	70.70	56.08
196.80	92.69	224.00	48.09	80.07	35.99	218.67	189.40
258.51	99.49	337.87	90.01	74.37	38.80	389.94	370.58
552.96	212.68	628.91	178.51	149.77	73.02	661.19	574.31
307.55	146.88	335.15	89.61	89.19	40.04	338.43	274.98
359.69	159.77	310.68	94.67	73.73	30.33	311.16	274.20
2195.47	908.42	2593.26	614.05	720.46	353.18	2283.21	1952.16
1674.71	697.89	1930.64	441.12	527.34	272.34	1645.66	1372.44
398.16	167.10	520.79	136.73	155.99	65.65	491.58	449.71
122.60	43.43	141.83	36.20	37.13	15.20	145.98	130.01
1187.01	498.13	1310.58	374.09	330.74	131.65	1176.13	1023.30
131.19	41.24	151.01	29.88	46.31	16.33	135.21	111.82
287.80	68.35	298.11	69.18	80.22	32.64	295.04	258.00
87.69	36.44	113.61	22.09	32.31	12.02	77.61	68.74
82.16	41.93	146.32	44.88	41.95	18.05	126.84	116.85
598.16	310.18	601.53	208.07	129.94	52.61	541.43	467.89
2053.44	868.39	1363.94	280.18	415.71	184.12	1242.93	945.33
264.73	111.79	163.68	34.47	45.61	21.62	127.75	91.83
1257.84	531.29	744.77	141.50	214.97	101.00	692.83	501.69
442.77	197.42	366.67	77.12	125.83	46.43	337.98	290.36
88.11	27.90	88.83	27.09	29.30	15.07	84.37	61.46
1033.46	395.68	986.29	203.72	262.48	112.68	920.32	774.46
671.19	279.71	595.68	113.54	180.16	84.42	566.24	472.57
5.26	1.21	10.34	2.31	2.91	1.01	8.29	7.31
202.55	56.50	233.20	53.93	44.11	14.69	201.05	167.92
10.94	4.41	11.11	2.89	2.97	1.48	12.27	10.75
143.52	53.85	135.96	31.04	32.33	11.09	132.46	115.90
1738.95	715.21	1495.24	427.70	302.86	135.76	1618.94	1356.94
27.22	11.23	15.60	-3.90	5.01	2.26	23.67	19.75
957.98	390.69	826.07	220.30	162.78	77.43	917.75	758.72
753.75	313.29	653.57	211.30	135.07	56.07	677.52	578.47
987.12	399.19	861.03	268.06	172.67	67.11	922.42	770.08
958.19	388.44	836.68	262.38	168.48	65.52	890.82	744.41
21.07	7.65	19.40	4.51	3.32	1.15	25.00	19.69
7.86	3.10	4.95	1.17	0.87	0.44	6.60	5.99
1135.75	441.46	1648.49	466.95	496.97	236.38	1555.22	1382.74
100.64	39.48	141.17	31.49	34.73	18.14	134.82	123.97
33.21	13.63	24.58	4.91	7.55	2.88	25.08	15.07
735.71	290.54	1193.96	361.54	381.10	183.22	1107.81	992.79
105.93	35.16	117.82	29.34	31.89	14.89	117.51	101.30
119.35	49.40	115.20	30.58	31.34	13.39	115.38	99.64
40.91	13.25	55.75	9.10	10.35	3.86	54.62	49.96

1-A-5 续表 2

行业	企业单位数(个)	工业销售产值(当年价格)	出口交货值	资产总计	固定资产合计
石油加工、炼焦和核燃料加工业	1100	5788.31	36.49	5105.85	1505.57
精炼石油产品制造	763	3620.05	36.48	2163.91	566.49
炼焦	337	2168.26	0.01	2941.95	939.09
化学原料和化学制品制造业	13626	27605.27	910.88	14734.81	5541.48
基础化学原料制造	3297	7729.19	167.23	4159.89	1670.90
肥料制造	1278	2752.83	11.48	1840.29	712.62
农药制造	473	1092.37	48.06	509.71	185.25
涂料、油墨、颜料及类似产品制造	1702	2429.04	65.20	1331.95	422.26
合成材料制造	1416	3974.23	155.71	2264.83	768.14
专用化学产品制造	3896	7498.74	221.44	3670.65	1433.25
炸药、火工及焰火产品制造	856	1035.54	176.92	327.37	155.85
日用化学产品制造	708	1093.34	64.84	630.12	193.21
医药制造业	2929	5939.03	186.49	3694.15	1295.66
化学药品原料药制造	564	1205.85	73.44	678.80	285.75
化学药品制剂制造	340	977.30	8.65	833.66	235.10
中药饮片加工	457	693.03	14.61	332.15	132.37
中成药生产	552	1242.29	4.19	747.22	242.22
兽用药品制造	288	536.23	6.17	192.71	88.52
生物药品制造	402	816.45	56.73	647.04	207.33
卫生材料及医药用品制造	326	467.88	22.70	262.58	104.37
化学纤维制造业	1408	2968.29	154.48	2145.88	733.99
纤维素纤维原料及纤维制造	211	1037.60	102.26	770.28	320.04
合成纤维制造	1197	1930.68	52.22	1375.60	413.95
橡胶和塑料制品业	10029	13521.02	945.24	6966.84	2555.00
橡胶制品业	1874	4085.40	447.71	2098.99	838.38
塑料制品业	8155	9435.63	497.53	4867.85	1716.62
非金属矿物制品业	19186	26824.33	530.46	15320.03	6237.97
水泥、石灰和石膏制造	2097	3543.90	4.81	2856.86	1350.11
石膏、水泥制品及类似制品制造	4776	5514.11	7.52	3602.20	1172.39
砖瓦、石材等建筑材料制造	5806	7675.11	133.93	3427.50	1570.53
玻璃制造	363	560.17	9.27	598.13	211.86
玻璃制品制造	1222	1833.41	78.85	1046.26	412.64
玻璃纤维和玻璃纤维增强塑料制品制造	810	1277.34	26.35	655.42	321.18
陶瓷制品制造	1212	1733.74	177.16	686.67	308.99
耐火材料制品制造	1427	2419.21	40.23	1210.44	428.46
石墨及其他非金属矿物制品制造	1473	2267.34	52.34	1236.56	461.81
黑色金属冶炼和压延加工业	7304	24944.43	285.50	13487.17	5547.70
炼铁	265	1043.76	2.93	560.41	207.11
炼钢	140	2163.33	4.72	1757.34	1044.35
黑色金属铸造	2935	4532.86	123.92	1848.69	832.69
钢压延加工	3031	15065.85	138.39	8198.32	3051.09
铁合金冶炼	933	2138.63	15.54	1122.41	412.47
有色金属冶炼和压延加工业	4275	15372.19	243.51	7792.09	2577.95
常用有色金属冶炼	942	3664.40	51.59	2456.58	799.37
贵金属冶炼	143	630.48	26.60	263.15	65.13
稀有稀土金属冶炼	235	697.57	16.21	328.25	89.11
有色金属合金制造	514	1192.28	34.30	589.44	174.63
有色金属铸造	88	96.30	2.61	49.09	13.22
有色金属压延加工	2353	9091.16	112.19	4105.59	1436.50

单位：亿元

固定资产原价	累计折旧	流动资产合计	应收账款	存货	产成品	负债合计	流动负债合计
2218.66	923.60	2849.21	339.84	588.94	269.84	3782.56	3064.37
897.28	406.31	1298.33	140.45	324.86	145.64	1444.24	1198.27
1321.38	517.28	1550.88	199.39	264.09	124.20	2338.32	1866.10
8759.83	3790.43	7419.48	1678.78	1604.27	749.63	7939.13	6436.01
2535.26	1061.04	1981.20	368.66	394.21	181.23	2486.75	1965.37
1136.11	516.08	930.31	142.27	229.98	110.20	1046.98	780.84
326.17	157.52	258.03	51.43	72.94	39.44	251.98	216.50
805.15	404.67	739.84	244.99	162.66	70.24	688.29	590.20
1142.76	455.07	1192.13	308.94	261.29	112.91	1342.55	1144.00
2289.80	991.99	1823.97	456.25	384.59	181.99	1761.03	1454.97
209.64	63.88	121.33	35.67	26.81	17.93	103.53	67.68
314.94	140.20	372.68	70.57	71.78	35.70	258.02	216.46
2094.10	905.78	1877.69	422.47	385.36	177.01	1641.38	1264.03
407.52	146.13	316.39	85.21	76.04	36.44	310.71	263.98
388.10	172.17	461.97	89.37	65.96	31.90	429.11	311.51
197.46	77.79	166.50	54.49	46.70	23.47	145.65	111.58
415.08	194.02	380.99	90.03	100.59	40.41	331.97	265.98
160.92	77.54	79.34	18.27	19.22	9.09	69.16	52.99
374.63	186.17	351.35	49.73	51.35	22.02	245.94	174.75
150.38	51.96	121.16	35.38	25.50	13.67	108.84	83.25
1042.30	403.43	1167.77	193.80	266.98	137.49	1457.42	1203.56
438.46	177.23	364.58	52.44	98.57	40.49	524.25	382.33
603.84	226.20	803.19	141.36	168.41	97.00	933.18	821.23
4144.67	1871.29	3718.07	1071.98	780.64	371.03	3516.57	2994.02
1476.85	717.93	1099.42	280.88	219.66	114.94	1015.43	875.87
2667.81	1153.36	2618.65	791.10	560.98	256.09	2501.14	2118.15
9369.26	3630.97	7336.39	2207.56	1464.67	678.37	7854.42	6432.23
1885.65	668.60	1149.04	239.36	219.03	70.63	1770.40	1400.77
1898.50	811.83	2137.79	954.75	308.08	125.17	2112.58	1857.36
2397.79	949.63	1447.78	365.51	376.51	213.27	1378.37	1046.91
305.71	104.74	289.28	39.18	62.22	19.48	367.50	265.16
689.93	311.63	505.66	124.69	113.41	54.78	570.83	482.63
485.08	177.17	275.77	80.27	46.72	24.34	253.62	209.40
466.02	175.09	290.46	71.65	82.12	44.59	266.56	202.28
596.10	196.55	614.49	186.42	113.10	66.24	483.60	414.52
644.48	235.73	626.12	145.73	143.48	59.86	650.96	553.18
9333.58	4217.94	6481.19	895.52	1706.38	729.08	8292.32	7352.27
387.19	192.17	287.88	50.00	86.73	42.10	381.31	332.88
1508.43	537.57	589.51	36.06	177.37	70.86	1159.31	1015.21
1419.82	629.19	844.08	243.32	183.27	92.22	843.87	712.22
5257.79	2480.64	4160.65	458.18	1071.85	440.98	5141.68	4629.99
760.35	378.37	599.07	107.97	187.15	82.93	766.15	661.97
3641.94	1392.77	4329.85	800.24	1177.47	429.28	4603.29	3699.05
1021.44	316.77	1322.97	152.10	411.34	136.88	1724.40	1261.18
80.13	23.14	160.41	7.55	62.46	24.55	176.48	141.56
120.20	38.95	192.65	35.20	73.59	34.83	174.10	152.68
251.40	93.12	342.17	108.73	85.60	37.89	333.38	269.96
23.40	11.24	31.47	10.09	8.46	4.01	32.08	25.68
2145.38	909.55	2280.18	486.57	536.01	191.11	2162.84	1847.99

1-A-5 续表 3

行业	企业单位数(个)	工业销售产值(当年价格)	出口交货值	资产总计	固定资产合计
金属制品业	12297	17770.23	1115.87	9807.06	3327.95
结构性金属制品制造	3947	6284.73	158.55	3438.30	1019.66
金属工具制造	1088	1162.22	219.40	523.09	199.51
集装箱及金属包装容器制造	687	945.36	87.41	589.76	177.37
金属丝绳及其制品制造	953	1729.89	81.20	801.30	230.89
建筑、安全用金属制品制造	1480	1950.12	195.23	1426.42	771.48
金属表面处理及热处理加工	845	1292.14	16.16	749.79	209.81
搪瓷制品制造	105	136.46	14.33	61.75	26.39
金属制日用品制造	1071	1136.75	226.34	636.69	174.01
其他金属制品制造	2121	3132.55	117.25	1579.96	518.84
通用设备制造业	14316	19012.80	828.62	10498.06	3472.15
锅炉及原动设备制造	968	1628.40	39.61	974.68	329.83
金属加工机械制造	2053	2770.05	76.47	1428.95	553.34
物料搬运设备制造	1226	1868.21	66.21	1199.25	317.37
泵、阀门、压缩机及类似机械制造	2905	3805.19	193.51	2121.47	672.28
轴承、齿轮和传动部件制造	1867	2468.51	95.93	1367.38	492.01
烘炉、风机、衡器、包装等设备制造	1607	2178.06	156.94	1235.20	379.87
文化、办公用机械制造	153	186.59	34.46	140.74	30.10
通用零部件制造	2956	3353.17	150.94	1621.32	562.47
其他通用设备制造业	581	754.61	14.55	409.08	134.89
专用设备制造业	9382	13131.37	491.68	7847.17	2637.80
采矿、冶金、建筑专用设备制造	2848	4864.01	116.28	2896.18	1040.64
化工、木材、非金属加工专用设备制造	1709	1990.41	94.16	1254.04	383.36
食品、饮料、烟草及饲料生产专用设备制造	439	544.85	24.10	287.84	94.44
印刷、制药、日化及日用品生产专用设备制造	522	624.95	32.23	337.86	102.66
纺织、服装和皮革加工专用设备制造	674	760.57	34.57	446.13	144.86
电子和电工机械专用设备制造	457	572.94	20.63	348.08	109.53
农、林、牧、渔专用机械制造	926	1164.63	38.45	521.79	221.49
医疗仪器设备及器械制造	508	663.02	71.30	423.72	119.42
环保、社会公共服务及其他专用设备制造	1299	1945.99	59.96	1331.51	421.39
汽车制造业	6224	9423.16	366.18	5798.23	1880.37
汽车整车制造	80	622.17	32.90	648.68	172.86
改装汽车制造	220	763.94	12.86	460.77	138.92
低速载货汽车制造	11	27.24	0.09	7.24	2.53
电车制造	39	44.67	0.51	29.70	15.31
汽车车身、挂车制造	188	309.03	3.44	157.80	51.42
汽车零部件及配件制造	5686	7656.10	316.39	4494.03	1499.33
铁路、船舶、航空航天和其他运输设备制造业	2642	4952.43	435.54	3128.77	959.70
铁路运输设备制造	326	546.75	2.77	414.57	105.63
城市轨道交通设备制造	14	28.04		17.54	3.53
船舶及相关装置制造	783	1768.09	126.82	1215.06	417.11
航空、航天器及设备制造	53	234.62	41.92	137.64	51.49
摩托车制造	872	1621.03	201.00	968.30	277.51
自行车制造	490	646.33	57.30	321.22	82.17
非公路休闲车及零配件制造	35	31.04	2.37	20.86	5.16
潜水救捞及其他未列明运输设备制造	69	76.52	3.36	33.58	17.12

单位：亿元

固定资产原　价	累计折旧	流动资产合　计	应收账款	存　货	产成品	负债合计	流动负债合　计
5094.34	2025.25	5379.30	1457.29	1251.90	507.21	5162.34	4433.38
1548.88	616.30	2010.23	526.92	473.86	184.27	1893.10	1568.75
344.05	159.92	268.11	70.87	72.70	30.39	260.78	228.17
279.14	117.59	339.11	97.14	90.94	30.29	324.37	288.54
395.56	173.40	446.29	131.47	102.74	46.78	413.72	355.24
1046.82	316.11	537.58	157.42	127.57	55.23	493.52	440.36
296.12	115.95	473.92	110.18	98.69	43.23	498.14	456.86
61.67	36.12	30.15	8.08	8.46	3.24	36.30	31.62
289.10	137.92	382.61	88.31	85.18	33.89	387.69	341.17
833.00	351.95	891.29	266.90	191.75	79.89	854.73	722.67
5530.93	2355.70	5757.83	1851.27	1363.80	557.39	5272.47	4542.09
506.79	205.07	527.78	157.13	138.27	52.22	493.48	428.05
945.33	433.03	704.79	207.66	197.34	72.46	661.79	541.74
540.80	254.91	726.05	229.75	163.10	53.55	603.06	533.35
1058.22	451.55	1197.75	405.91	278.20	116.48	1038.01	909.00
731.85	283.90	687.64	224.62	162.91	82.57	665.58	572.92
557.33	211.26	695.34	199.66	171.37	65.79	643.58	573.50
49.52	22.50	91.79	25.74	26.72	9.54	82.57	74.15
884.30	360.91	881.95	297.75	185.50	87.87	861.03	725.69
256.77	132.56	244.74	103.05	40.39	16.90	223.38	183.68
4207.14	1761.22	4360.15	1324.29	1042.72	391.05	3912.21	3345.22
1717.40	749.04	1585.72	542.27	372.97	140.14	1452.39	1207.37
650.06	300.59	714.35	211.83	174.94	64.64	698.23	616.32
133.48	48.55	158.78	36.86	46.20	15.09	133.13	107.36
182.01	88.41	197.62	48.30	52.23	17.99	171.66	150.11
217.69	92.24	254.00	73.19	64.00	24.85	244.10	223.75
200.52	96.71	199.38	64.26	39.55	15.67	148.80	130.67
330.48	120.79	252.07	60.02	69.15	30.03	225.62	181.45
179.61	68.44	244.81	64.70	58.48	23.46	197.30	167.39
595.89	196.46	753.40	222.85	165.21	59.18	640.97	560.80
2930.14	1234.37	3205.99	964.08	727.38	328.48	3357.83	2911.46
249.83	94.55	359.14	68.26	62.78	31.35	510.65	442.54
172.63	65.11	251.86	54.07	73.00	26.01	238.94	195.23
3.46	0.97	3.25	0.46	0.68	0.37	2.29	1.56
21.02	7.33	12.75	2.41	3.96	1.63	11.40	9.42
69.07	21.79	84.12	17.26	16.20	6.15	74.20	59.92
2414.12	1044.62	2494.87	821.63	570.75	262.98	2520.35	2202.79
1463.09	582.78	1778.02	489.87	398.10	126.32	1884.53	1564.45
204.37	109.79	261.39	93.30	56.97	23.91	236.28	197.08
5.65	2.13	11.69	5.83	1.98	0.48	10.14	9.27
566.70	181.62	622.62	132.69	172.55	33.74	782.85	613.80
95.55	45.52	58.97	18.34	18.63	9.03	67.47	53.65
457.31	202.33	599.75	177.18	98.60	39.95	550.60	472.76
103.61	30.51	198.17	55.30	42.28	16.67	203.57	190.60
7.29	3.14	11.93	2.76	3.54	1.47	13.44	13.20
22.61	7.73	13.51	4.47	3.57	1.07	20.18	14.10

1-A-5 续表 4

行　　业	企　业 单位数 (个)	工业销售 产　　值 (当年价格)	出口交货值	资产总计	固定资产 合　　计
电气机械和器材制造业	12283	22005.27	1428.62	13136.21	3379.00
电机制造	1548	2640.18	304.19	1695.09	364.34
输配电及控制设备制造	3996	6471.41	232.83	4317.91	1126.15
电线、电缆、光缆及电工器材制造	2719	7019.41	142.69	3751.85	932.65
电池制造	634	1329.95	67.53	762.34	225.11
家用电力器具制造	1413	2290.66	417.11	1270.81	308.67
非电力家用器具制造	371	483.14	35.61	263.30	95.66
照明器具制造	1401	1570.37	221.40	938.53	290.52
其他电气机械及器材制造	201	200.15	7.25	136.38	35.90
计算机、通信和其他电子设备制造业	5107	7793.74	966.34	5565.74	1349.66
计算机制造	416	703.80	106.85	431.53	89.29
通信设备制造	552	1271.56	157.63	903.33	140.50
广播电视设备制造	302	483.13	56.83	330.39	62.18
雷达及配套设备制造	19	30.47	0.52	18.50	4.99
视听设备制造	404	553.05	145.77	341.88	63.00
电子器件制造	919	1549.52	219.03	1494.14	422.93
电子元件制造	2059	2643.82	231.44	1647.55	457.88
其他电子设备制造	436	558.39	48.28	398.42	108.89
仪器仪表制造业	1925	2933.15	147.15	1833.66	514.21
通用仪器仪表制造	1184	2057.56	76.99	1253.83	333.94
专用仪器仪表制造	412	610.39	16.39	378.97	115.86
钟表与计时仪器制造	62	48.87	17.31	37.91	7.89
光学仪器及眼镜制造	199	143.64	34.84	123.31	44.30
其他仪器仪表制造业	68	72.68	1.61	39.65	12.22
其他制造业	924	996.26	168.76	438.18	144.55
日用杂品制造	595	636.05	157.82	275.17	86.27
煤制品制造	75	125.28	1.46	41.89	18.92
废弃资源综合利用业	760	1578.18	1.86	718.57	178.10
金属废料和碎屑加工处理	463	1292.73	0.26	559.63	115.48
非金属废料和碎屑加工处理	297	285.45	1.61	158.95	62.62
金属制品、机械和设备修理业	152	252.88	7.75	131.07	56.51
金属制品修理	24	35.04	0.15	12.20	6.83
通用设备修理	18	37.70		15.08	5.06
专用设备修理	13	24.93	0.42	18.78	4.32
铁路、船舶、航空航天等运输设备修理	80	130.60	6.73	71.91	35.38
电气设备修理	4	7.84	0.25	1.17	0.30
其他机械和设备修理业	13	16.75	0.21	11.92	4.62
电力、热力、燃气及水生产和供应业	**1047**	**1091.69**	**0.03**	**2216.48**	**1183.44**
电力、热力生产和供应业	678	645.89	0.02	1775.46	1004.24
电力生产	402	376.94		1282.82	768.38
电力供应	17	22.86		20.45	3.68
热力生产和供应	259	246.09	0.02	472.19	232.18
燃气生产和供应业	240	335.09	0.01	283.04	112.08
水的生产和供应业	129	110.71		157.98	67.11
自来水生产和供应	53	35.65		75.84	27.52
污水处理及其再生利用	68	68.92		75.35	36.47
其他水的处理、利用与分配	8	6.14		6.80	3.13

单位：亿元

固定资产原　价	累计折旧	流动资产合　计	应收账款	存　货	产成品	负债合计	流动负债合　计
5419.63	2314.52	8075.36	2868.61	1603.40	696.29	7054.67	6174.44
644.02	304.29	1095.78	364.53	236.76	86.08	978.27	866.06
1841.25	821.43	2612.52	984.32	450.64	195.29	2261.49	1976.38
1496.34	635.92	2390.59	956.57	421.78	205.94	1878.06	1660.27
329.07	121.82	457.19	130.04	121.36	49.51	432.91	349.15
472.42	191.82	782.05	206.51	208.57	93.57	838.20	765.08
133.72	43.40	139.55	36.47	29.46	13.39	130.06	103.28
408.86	132.79	522.12	164.55	119.42	48.40	466.03	404.78
93.94	63.07	75.56	25.62	15.41	4.11	69.66	49.44
2078.59	840.74	3535.07	1227.78	766.64	281.68	3140.49	2746.05
113.64	44.13	303.37	111.55	70.89	25.52	236.94	219.10
215.20	90.94	669.80	232.42	149.94	51.83	597.51	540.52
147.69	88.77	218.53	86.61	44.27	17.98	179.59	160.86
5.15	1.75	11.93	3.92	3.69	1.41	11.59	8.35
98.61	38.53	233.46	92.07	50.96	20.14	218.02	194.72
591.28	202.63	866.90	253.00	201.78	64.85	796.54	629.60
750.78	319.06	994.65	366.38	192.90	79.41	908.27	824.58
156.26	54.93	236.41	81.84	52.20	20.53	192.04	168.31
783.52	314.52	1090.21	352.55	246.56	94.15	911.78	807.34
523.08	220.56	757.99	246.32	173.84	63.06	614.84	547.37
173.10	64.07	217.43	74.73	42.91	16.53	184.34	160.53
10.38	3.73	26.04	5.76	8.23	4.57	24.03	21.22
60.30	21.56	65.50	19.53	16.83	8.28	71.25	62.95
16.65	4.60	23.25	6.20	4.75	1.71	17.31	15.27
223.42	91.62	243.40	75.51	61.00	25.03	217.98	195.69
142.27	62.47	158.17	48.04	41.55	16.71	139.26	127.34
31.10	13.01	19.69	6.24	4.47	2.11	22.81	20.12
291.19	130.90	410.51	88.17	108.04	52.55	412.68	348.48
176.01	75.38	340.65	68.63	90.30	44.44	331.48	286.18
115.18	55.52	69.86	19.54	17.74	8.11	81.20	62.31
88.63	37.19	60.95	18.94	11.04	3.54	57.90	43.26
10.89	4.19	5.11	1.64	1.23	0.56	4.79	3.43
19.11	14.34	8.77	2.18	1.18	0.80	4.34	3.05
4.13	0.78	12.27	5.41	2.37	0.18	7.06	6.43
45.32	13.53	27.27	7.50	4.54	0.59	37.47	26.40
0.46	0.16	0.85	0.14	0.14	0.09	0.69	0.69
8.72	4.19	6.70	2.06	1.58	1.31	3.55	3.26
1533.44	**454.57**	**658.32**	**102.32**	**46.58**	**6.80**	**1451.39**	**814.70**
1307.63	386.82	494.44	77.54	32.47	2.15	1180.37	665.00
965.53	258.10	295.07	47.84	13.96	1.41	820.12	404.50
5.53	2.29	13.42	1.63	0.03		13.65	9.99
336.58	126.44	185.95	28.06	18.48	0.74	346.60	250.51
136.86	39.07	106.95	14.38	7.79	2.61	180.35	104.72
88.95	28.67	56.93	10.40	6.31	2.04	90.68	44.98
39.35	13.72	28.63	3.31	1.55	0.73	52.48	22.38
46.04	14.49	25.72	6.08	4.45	1.13	35.72	20.27
3.55	0.46	2.58	1.01	0.32	0.18	2.48	2.32

1-A-5 续表 5

行业	应付账款	所有者权益合计	实收资本	国家资本	集体资本
总　　计	**18168.08**	**84938.19**	**36729.07**	**150.78**	**413.74**
采矿业	**897.23**	**4879.80**	**2145.86**	**8.89**	**29.75**
煤炭开采和洗选业	459.24	2141.65	1021.99	6.95	15.77
烟煤和无烟煤开采洗选	453.46	2078.08	1002.67	6.95	15.73
褐煤开采洗选	5.04	60.64	17.61		0.04
其他煤炭采选	0.73	2.93	1.71		
石油和天然气开采业	4.85	11.06	6.66		
黑色金属矿采选业	262.67	1430.87	559.64	0.10	5.91
铁矿采选	254.77	1393.84	546.87	0.10	5.83
锰矿、铬矿采选	6.57	26.68	9.59		0.09
其他黑色金属矿采选	1.33	10.35	3.18		
有色金属矿采选业	82.81	595.88	253.56	1.13	3.25
常用有色金属矿采选	57.44	387.86	165.00	0.29	1.91
贵金属矿采选	2.90	123.71	46.33	0.18	1.28
稀有稀土金属矿采选	22.47	84.31	42.23	0.66	0.07
非金属矿采选业	75.51	671.17	291.34	0.72	4.76
土砂石开采	49.25	476.46	217.87	0.65	3.01
化学矿开采	14.39	59.41	23.78		1.40
采盐	0.87	38.15	8.30		0.10
石棉及其他非金属矿采选	10.99	97.15	41.39	0.06	0.25
开采辅助活动	11.96	23.48	9.30		0.06
煤炭开采和洗选辅助活动	0.07	0.62	0.46		
石油和天然气开采辅助活动	11.73	22.24	8.31		0.06
其他开采辅助活动	0.16	0.63	0.53		
其他采矿业	0.19	5.68	3.38		
制造业	**17092.37**	**79299.49**	**34154.44**	**133.48**	**361.97**
农副食品加工业	655.72	5899.16	2218.92	9.05	35.27
谷物磨制	97.08	1431.50	593.78	1.86	3.97
饲料加工	125.01	778.69	312.25	0.55	5.28
植物油加工	63.76	666.05	246.53	2.32	4.22
制糖业	23.51	66.62	34.60		1.35
屠宰及肉类加工	138.48	1270.48	440.84	0.95	10.49
水产品加工	83.12	532.16	189.69	0.23	3.17
蔬菜、水果和坚果加工	65.13	588.90	198.42	1.08	1.49
其他农副食品加工	59.63	564.77	202.81	2.06	5.30
食品制造业	213.87	1729.06	708.10	4.19	9.82
焙烤食品制造	28.35	228.60	96.09	0.08	0.36
糖果、巧克力及蜜饯制造	20.76	145.40	53.31	0.13	0.38
方便食品制造	30.55	267.81	115.13	0.21	0.49
乳制品制造	24.91	132.79	67.96	0.21	0.22
罐头食品制造	23.75	175.05	87.01	0.68	1.18
调味品、发酵制品制造	27.97	313.57	94.36	0.43	2.81
其他食品制造	57.59	465.84	194.24	2.45	4.38
酒、饮料和精制茶制造业	158.48	1308.36	503.43	2.11	8.05
酒的制造	85.78	693.17	255.47	1.52	1.94
饮料制造	42.73	350.97	148.26	0.26	4.03
精制茶加工	29.98	264.22	99.70	0.33	2.09

单位：亿元

				主营业务收入	主营业务成本	主营业务税金及附加	销售费用
法人资本	个人资本	港澳台资本	外商资本				
14208.00	**21366.54**	**125.20**	**138.53**	**342002.60**	**293764.75**	**2323.30**	**7161.74**
800.30	**1178.74**	**3.91**	**1.23**	**17522.64**	**14098.41**	**254.57**	**379.39**
369.55	504.92	2.68	0.53	6613.18	5282.43	92.28	179.67
355.99	499.19	2.68	0.53	6370.86	5135.38	89.38	173.99
12.92	4.65			219.58	129.05	2.60	4.46
0.63	1.07			22.73	18.00	0.30	1.22
0.60	6.06			28.67	24.37	0.29	0.82
224.00	329.51	0.03	0.03	5756.63	4595.68	92.84	76.54
216.95	323.88	0.03	0.03	5580.98	4451.27	91.06	70.56
4.50	5.00			134.93	108.04	1.53	5.56
2.56	0.62			40.72	36.37	0.25	0.43
100.70	146.77	0.64	0.22	2199.68	1828.46	26.33	32.12
68.99	92.74	0.03	0.22	1424.99	1171.22	20.73	23.50
12.93	31.34	0.60		407.83	339.48	2.35	5.00
18.78	22.68			366.86	317.75	3.24	3.63
102.21	182.11	0.56	0.46	2854.59	2313.00	41.84	88.58
78.62	134.23	0.56	0.32	2119.43	1725.89	28.91	64.10
7.68	14.66			186.46	145.29	4.48	6.55
3.79	4.41			67.53	52.62	1.01	2.70
12.12	28.82		0.14	481.16	389.20	7.45	15.23
3.05	6.18			53.01	41.87	0.83	0.53
0.34	0.12			1.19	0.99	0.01	0.01
2.35	5.91			48.38	38.21	0.79	0.41
0.37	0.16			3.43	2.67	0.03	0.12
0.19	3.19			16.89	12.60	0.16	1.12
13161.71	**20036.76**	**120.70**	**137.10**	**323380.27**	**278772.03**	**2060.69**	**6763.59**
819.55	1338.62	8.93	6.17	29220.14	25553.37	169.59	599.10
192.55	395.75	0.33	0.06	7770.41	6843.89	50.94	143.11
139.57	165.24	0.06		4879.24	4327.06	20.67	103.63
83.61	156.14	0.01	0.23	3316.27	2929.56	16.34	60.07
20.30	12.47	0.48		235.27	205.73	1.42	4.65
156.50	269.01	2.18	1.82	5740.73	5026.96	30.94	113.63
72.20	108.38	4.51	1.20	2386.35	2088.09	18.01	39.33
74.67	117.33	1.07	2.58	2512.52	2118.28	15.69	70.59
80.14	114.31	0.29	0.28	2379.33	2013.81	15.57	64.10
336.03	348.08	4.81	3.76	6407.47	5351.38	44.31	223.25
46.60	48.43	0.60	0.04	955.64	785.25	7.04	37.69
16.48	36.27		0.05	594.82	478.71	4.73	24.53
55.25	56.78	2.52	0.01	1051.78	899.31	6.82	31.66
45.07	22.33		0.08	454.35	378.49	2.72	24.00
45.24	39.91			787.43	682.11	4.65	16.18
45.33	45.02	0.65	0.01	884.63	719.87	6.69	36.28
82.08	99.33	1.04	3.56	1678.82	1407.64	11.65	52.90
204.97	279.00	0.68	4.72	4637.48	3718.61	127.10	169.83
93.65	153.55	0.02	0.93	2475.45	1990.08	109.39	71.52
66.91	72.68	0.55	3.80	1243.49	1003.93	8.15	62.11
44.41	52.77	0.11		918.54	724.59	9.56	36.20

1-A-5 续表 6

行业	应付账款	所有者权益合计	实收资本	国家资本	集体资本
烟草制品业	10.31	2.99	1.40		0.40
其他烟草制品制造	10.31	2.99	1.40		0.40
纺织业	743.42	4472.65	2028.13	3.64	13.19
棉纺织及印染精加工	410.43	2812.51	1311.85	1.77	7.71
毛纺织及染整精加工	55.95	243.85	111.66	0.05	2.96
麻纺织及染整精加工	8.32	73.96	26.73	0.07	0.18
丝绢纺织及印染精加工	33.72	180.02	55.36	0.91	0.60
化纤织造及印染精加工	36.47	165.58	88.29	0.26	0.02
针织或钩针编织物及其制品制造	83.36	459.78	200.31	0.45	0.79
家用纺织制成品制造	60.72	262.90	123.93	0.12	0.13
非家用纺织制成品制造	54.45	274.05	110.01	0.01	0.80
纺织服装、服饰业	481.60	2179.16	840.02	2.36	5.83
机织服装制造	341.71	1703.76	656.08	1.72	4.06
针织或钩针编织服装制造	109.33	365.88	136.12	0.63	1.39
服饰制造	30.56	109.52	47.81	0.01	0.37
皮革、毛皮、羽毛及其制品和制鞋业	238.75	1092.28	401.25	0.65	5.75
皮革鞣制加工	21.53	153.62	49.76		0.55
皮革制品制造	58.48	271.72	88.90	0.13	0.32
毛皮鞣制及制品加工	12.19	102.78	36.00		0.25
羽毛(绒)加工及制品制造	20.98	84.62	33.46	0.18	0.06
制鞋业	125.56	479.55	193.14	0.34	4.57
木材加工和木、竹、藤、棕、草制品业	166.12	1690.52	672.60	1.32	3.00
木材加工	17.03	224.76	93.93	0.51	0.36
人造板制造	87.24	999.18	401.75	0.25	2.06
木制品制造	52.05	376.74	138.31	0.52	0.54
竹、藤、棕、草等制品制造	9.80	89.85	38.60	0.04	0.04
家具制造业	174.80	971.38	488.19	3.73	2.96
木质家具制造	96.70	612.69	264.17	3.26	2.36
竹、藤家具制造	1.34	8.97	4.55	0.20	
金属家具制造	44.74	213.15	175.72	0.22	0.52
塑料家具制造	2.60	9.92	3.87	0.02	
其他家具制造	29.42	126.65	39.89	0.03	0.08
造纸和纸制品业	272.61	1293.75	587.18	0.19	14.38
纸浆制造	3.86	13.40	8.35		
造纸	131.56	710.89	317.11	0.13	11.10
纸制品制造	137.19	569.46	261.72	0.07	3.27
印刷和记录媒介复制业	174.94	761.95	314.95	0.60	1.97
印刷	171.11	742.63	305.46	0.45	1.97
装订及印刷相关服务	3.41	15.59	6.90	0.15	
记录媒介复制	0.42	3.73	2.59		
文教、工美、体育和娱乐用品制造业	402.65	1117.03	446.83	0.43	3.23
文教办公用品制造	27.28	104.59	42.99	0.02	0.10
乐器制造	3.30	23.68	7.89	0.02	
工艺美术品制造	300.52	746.29	281.50	0.05	2.60
体育用品制造	35.87	91.49	51.48	0.35	0.10
玩具制造	25.12	100.99	44.82		0.43
游艺器材及娱乐用品制造	10.56	49.99	18.15		

单位：亿元

法人资本	个人资本	港澳台资本	外商资本	主营业务收入	主营业务成本	主营业务税金及附加	销售费用
	1.00			13.54	10.93	0.08	0.48
	1.00			13.54	10.93	0.08	0.48
612.65	1379.80	9.08	4.21	19237.35	16880.26	108.31	270.71
392.99	896.12	5.58	2.27	12302.92	10850.29	68.30	149.89
38.77	67.53	0.73	1.51	1004.84	877.79	4.89	12.00
7.99	18.38	0.10		303.21	263.00	3.02	5.42
15.31	38.43	0.05	0.05	793.36	694.50	4.73	9.68
26.89	60.52	0.60		657.20	586.69	2.92	6.62
53.83	144.16	0.77	0.28	1750.34	1527.58	10.24	29.07
38.36	84.83	0.39	0.10	1201.59	1035.61	6.96	30.34
38.51	69.81	0.85		1223.87	1044.80	7.25	27.70
322.53	495.21	5.08	3.31	9296.35	7932.66	59.50	249.55
265.10	377.83	4.04	2.48	7173.99	6119.20	46.14	199.03
40.55	87.43	1.02	0.26	1672.29	1424.24	10.69	38.16
16.88	29.94	0.02	0.57	450.07	389.23	2.66	12.36
141.80	248.68	1.34	2.82	5622.13	4797.39	34.04	122.39
13.61	35.56		0.04	701.98	591.17	4.44	17.13
26.06	61.41	0.15	0.81	1512.01	1271.57	7.65	33.50
13.98	21.69		0.08	561.31	488.33	2.47	5.79
11.78	21.39	0.05		452.71	401.77	2.06	7.30
76.37	108.62	1.13	1.89	2394.12	2044.54	17.43	58.67
238.00	427.57	0.38	0.51	8298.88	7116.37	58.97	175.12
38.16	54.65		0.08	1141.64	966.46	9.81	25.57
131.51	266.64	0.03	0.37	4989.41	4316.55	33.93	93.25
53.00	83.18	0.32	0.03	1698.10	1437.96	11.58	44.48
15.34	23.10	0.04	0.04	469.73	395.40	3.65	11.83
169.18	309.86	1.21	1.17	3442.47	2881.25	23.89	117.12
104.23	153.16	0.44	0.72	2304.85	1932.35	17.34	74.01
1.21	3.14			49.48	40.30	0.43	1.51
48.22	126.24	0.15	0.33	611.31	507.40	4.00	26.46
1.43	2.42			33.86	28.37	0.18	1.06
14.10	24.89	0.62	0.12	442.96	372.83	1.94	14.09
207.19	321.63	3.37	2.48	5258.37	4538.74	33.98	117.44
1.00	7.35			27.33	24.47	0.15	0.58
126.05	177.82	2.75	1.46	2546.46	2214.09	15.00	49.67
80.14	136.46	0.62	1.03	2684.58	2300.18	18.83	67.18
111.16	199.08	1.23	0.40	2896.83	2439.76	21.24	70.49
108.57	192.38	1.23	0.40	2811.50	2369.80	20.47	67.92
1.80	4.91			70.30	57.68	0.53	2.27
0.80	1.79			15.04	12.28	0.24	0.31
166.78	272.39	1.44	2.31	6009.36	5223.42	35.15	129.48
18.13	24.36	0.06	0.32	449.47	378.86	2.76	15.19
2.94	4.87		0.04	122.49	106.41	0.81	2.30
97.00	179.73	1.17	0.94	4219.82	3704.51	23.96	81.55
27.81	22.75	0.02	0.44	434.62	362.51	2.93	11.00
16.26	27.23	0.13	0.57	622.43	537.66	3.78	14.16
4.63	13.45	0.07		160.52	133.48	0.91	5.28

1-A-5 续表 7

行业	应付账款	所有者权益合计	实收资本	国家资本	集体资本
石油加工、炼焦和核燃料加工业	526.19	1291.62	988.69	1.12	10.60
精炼石油产品制造	155.49	693.21	265.20		6.92
炼焦	370.70	598.41	723.49	1.12	3.67
化学原料和化学制品制造业	1248.27	6709.56	2807.40	14.60	34.58
基础化学原料制造	316.88	1658.36	792.27	1.36	12.92
肥料制造	157.10	776.73	309.43	3.86	2.85
农药制造	44.53	252.07	109.13	0.03	1.55
涂料、油墨、颜料及类似产品制造	147.34	637.31	243.22	0.26	5.08
合成材料制造	239.29	913.78	364.66	3.52	3.80
专用化学产品制造	283.16	1882.87	770.61	4.90	6.89
炸药、火工及焰火产品制造	14.62	218.85	99.24	0.07	0.42
日用化学产品制造	45.35	369.59	118.83	0.61	1.05
医药制造业	260.34	2011.99	823.29	3.75	11.75
化学药品原料药制造	61.82	350.64	215.03	0.42	2.95
化学药品制剂制造	49.06	401.57	142.99	0.53	1.34
中药饮片加工	31.57	180.84	68.35	0.15	0.80
中成药生产	58.53	408.25	183.16	1.25	3.93
兽用药品制造	9.16	122.16	53.12	0.94	0.38
生物药品制造	31.50	396.98	103.87	0.15	1.50
卫生材料及医药用品制造	18.68	151.54	56.76	0.31	0.86
化学纤维制造业	134.05	686.75	341.65	1.13	1.07
纤维素纤维原料及纤维制造	61.63	245.90	112.19		0.67
合成纤维制造	72.42	440.85	229.46	1.13	0.40
橡胶和塑料制品业	616.47	3387.09	1785.44	2.40	11.53
橡胶制品业	181.19	1073.95	803.73	0.36	2.11
塑料制品业	435.28	2313.14	981.71	2.03	9.42
非金属矿物制品业	1588.86	7315.67	3408.54	18.66	34.39
水泥、石灰和石膏制造	298.58	1072.93	550.01	9.58	7.26
石膏、水泥制品及类似制品制造	569.96	1442.81	855.61	2.95	10.65
砖瓦、石材等建筑材料制造	252.82	2001.13	868.04	2.61	9.42
玻璃制造	44.73	228.48	115.36	0.46	0.08
玻璃制品制造	78.72	471.66	202.28	0.07	0.37
玻璃纤维和玻璃纤维增强塑料制品制造	42.94	398.12	135.65	0.11	0.34
陶瓷制品制造	37.66	412.49	197.61	0.01	0.77
耐火材料制品制造	135.74	717.30	232.28	0.89	1.90
石墨及其他非金属矿物制品制造	127.71	570.76	251.70	1.99	3.62
黑色金属冶炼和压延加工业	1689.91	5079.89	2243.69	4.16	15.33
炼铁	134.43	174.32	105.65	0.04	2.16
炼钢	341.45	596.76	191.42		0.74
黑色金属铸造	151.81	980.85	411.83	0.77	3.40
钢压延加工	857.65	2993.55	1308.41	3.15	7.51
铁合金冶炼	204.57	334.41	226.38	0.20	1.52
有色金属冶炼和压延加工业	636.39	3139.95	1122.93	14.05	18.84
常用有色金属冶炼	267.63	726.48	321.00	10.98	3.93
贵金属冶炼	17.93	86.32	25.53	0.38	1.85
稀有稀土金属冶炼	37.75	153.30	57.88	1.79	0.40
有色金属合金制造	44.30	251.22	111.21	0.17	1.50
有色金属铸造	7.64	16.68	7.79		0.36
有色金属压延加工	261.13	1905.95	599.52	0.73	10.80

单位：亿元

法人资本	个人资本	港澳台资本	外商资本	主营业务收入	主营业务成本	主营业务税金及附加	销售费用
318.42	658.21	0.13		5874.39	5297.73	37.64	88.45
88.28	169.75	0.13		3687.11	3325.95	27.68	37.81
230.14	488.45			2187.28	1971.78	9.96	50.63
1176.93	1562.19	6.51	11.90	27657.03	23783.01	186.15	588.68
371.09	402.69	3.64	0.92	7678.78	6699.65	44.23	132.34
154.11	146.91	0.22	0.94	2790.77	2395.86	19.56	70.62
47.27	59.05	0.22	0.99	1096.57	936.98	6.68	22.45
113.20	122.72	0.60	1.29	2421.36	2053.34	13.77	61.34
146.87	209.10	0.12	1.25	3999.63	3531.96	17.04	62.25
265.34	485.11	1.60	6.34	7481.00	6408.68	46.31	145.64
37.13	61.58	0.02	0.02	1014.08	785.12	30.27	38.59
41.92	75.04	0.11	0.14	1174.85	971.41	8.30	55.44
357.95	444.23	0.86	3.12	5894.47	4711.71	45.47	271.02
50.04	159.80	0.04	1.35	1211.64	999.17	8.42	30.43
87.94	52.28	0.47		969.11	736.65	6.55	63.66
30.69	36.71			690.73	582.01	5.80	18.10
84.89	91.73		0.60	1224.09	914.27	9.78	102.48
20.50	31.29	0.01		539.60	448.34	4.10	16.77
56.27	45.23	0.34	0.39	812.55	662.24	7.06	25.53
27.62	27.20		0.77	446.75	369.03	3.76	14.05
162.13	172.25	2.67	2.41	2991.54	2753.96	7.93	24.97
67.80	41.92	0.18	1.61	1059.07	976.71	2.60	11.20
94.32	130.33	2.48	0.81	1932.47	1777.25	5.33	13.77
957.17	809.53	1.00	1.08	13478.80	11595.74	79.82	270.85
590.81	209.75	0.53	0.15	4034.03	3476.62	24.55	76.16
366.37	599.78	0.47	0.93	9444.77	8119.12	55.27	194.69
1352.20	1863.50	6.05	7.04	26727.34	22591.35	213.28	651.07
231.72	297.15	0.65	0.26	3506.36	3006.93	25.13	72.00
256.13	463.72	0.61	1.11	5494.04	4652.83	45.76	158.27
359.83	489.86	1.02	3.28	7599.98	6375.27	70.78	173.92
76.77	38.06			557.45	472.27	3.52	12.27
89.48	110.51	0.76	1.14	1828.20	1554.22	12.84	42.68
45.77	89.33		0.10	1294.86	1107.28	8.86	25.23
86.51	106.43	2.92	0.71	1713.14	1428.78	15.43	44.32
79.32	149.58	0.03	0.01	2417.48	2000.80	17.37	69.26
126.67	118.87	0.06	0.42	2315.82	1992.98	13.59	53.12
878.29	1336.67	3.40	7.92	25303.50	22880.85	97.51	267.44
31.42	70.80			1039.06	955.91	4.29	9.00
90.76	99.67	0.17		2204.02	2041.20	6.36	24.12
188.12	219.31	1.10	0.73	4492.65	3881.83	32.45	84.13
461.76	828.09	2.09	7.09	15426.98	14073.22	44.00	112.79
106.23	118.80	0.04	0.10	2140.80	1928.69	10.41	37.39
510.08	557.49	20.08	2.43	15483.61	13887.20	66.36	144.07
141.92	145.83	18.79		3718.41	3295.63	18.79	40.69
7.93	15.37			630.46	538.12	3.09	6.47
25.66	29.94	0.08		718.47	617.22	4.53	7.60
43.95	64.65		0.94	1179.75	1056.70	5.63	11.29
3.17	4.26			98.52	88.74	0.43	0.93
287.44	297.45	1.21	1.49	9138.00	8290.78	33.88	77.09

1-A-5 续表 8

行业	应付账款	所有者权益合计	实收资本	国家资本	集体资本
金属制品业	798.37	4580.89	1770.90	7.75	24.93
结构性金属制品制造	290.98	1525.06	680.14	5.68	12.52
金属工具制造	45.76	260.83	93.78	0.07	2.72
集装箱及金属包装容器制造	54.20	259.49	109.41	0.95	1.47
金属丝绳及其制品制造	48.92	380.84	146.43	0.01	1.49
建筑、安全用金属制品制造	75.82	923.80	230.65	0.20	2.31
金属表面处理及热处理加工	64.11	247.07	117.15	0.72	0.25
搪瓷制品制造	7.92	25.15	9.59		
金属制日用品制造	49.98	242.60	109.51	0.04	0.57
其他金属制品制造	160.68	716.05	274.25	0.09	3.60
通用设备制造业	1114.39	5160.31	2165.91	10.87	28.39
锅炉及原动设备制造	110.16	475.46	181.70	3.22	11.54
金属加工机械制造	134.54	755.34	286.40	0.67	2.32
物料搬运设备制造	142.91	592.26	313.06	0.25	3.02
泵、阀门、压缩机及类似机械制造	232.00	1071.59	469.67	2.44	3.37
轴承、齿轮和传动部件制造	130.18	694.48	286.69	0.21	4.67
烘炉、风机、衡器、包装等设备制造	128.69	583.78	253.11	1.35	1.14
文化、办公用机械制造	24.82	57.76	27.53	0.03	0.60
通用零部件制造	164.48	745.67	266.28	0.60	0.87
其他通用设备制造业	46.61	183.97	81.46	2.09	0.85
专用设备制造业	821.39	3873.34	1564.36	11.46	12.81
采矿、冶金、建筑专用设备制造	341.56	1426.95	520.84	4.94	3.68
化工、木材、非金属加工专用设备制造	137.97	544.87	234.02	0.29	2.18
食品、饮料、烟草及饲料生产专用设备制造	23.12	149.48	59.87		0.06
印刷、制药、日化及日用品生产专用设备制造	36.21	163.79	70.01	0.51	2.54
纺织、服装和皮革加工专用设备制造	53.08	198.32	69.05	0.33	1.09
电子和电工机械专用设备制造	40.34	195.52	92.92	1.58	0.87
农、林、牧、渔专用机械制造	44.68	285.06	129.57	2.94	0.57
医疗仪器设备及器械制造	39.46	224.69	76.62	0.47	0.53
环保、社会公共服务及其他专用设备制造	104.97	684.66	311.46	0.40	1.28
汽车制造业	726.33	2405.22	908.07	2.91	10.26
汽车整车制造	97.33	137.68	68.28	1.78	0.18
改装汽车制造	38.62	220.66	67.56	0.05	0.63
低速载货汽车制造	0.41	3.82	1.44		
电车制造	2.84	18.28	7.04		
汽车车身、挂车制造	10.61	79.29	34.10	0.01	0.18
汽车零部件及配件制造	576.52	1945.49	729.64	1.06	9.27
铁路、船舶、航空航天和其他运输设备制造业	363.12	1228.34	525.17	0.79	6.06
铁路运输设备制造	62.50	177.16	64.14	0.36	0.89
城市轨道交通设备制造	3.31	7.40	1.41		
船舶及相关装置制造	121.59	426.34	195.85	0.30	2.08
航空、航天器及设备制造	9.14	70.15	31.83		1.93
摩托车制造	111.59	411.11	113.42	0.03	0.78
自行车制造	48.08	115.62	104.54	0.10	0.37
非公路休闲车及零配件制造	3.80	7.42	4.61		
潜水救捞及其他未列明运输设备制造	3.12	13.14	9.37		

单位：亿元

法人资本	个人资本	港澳台资本	外商资本	主营业务收入	主营业务成本	主营业务税金及附加	销售费用
610.90	1106.53	7.11	11.96	17750.50	15289.80	110.07	343.34
228.66	426.33	2.23	4.40	6288.20	5363.79	43.90	129.39
32.69	56.97	0.07	1.24	1163.16	967.46	9.14	25.35
37.48	66.25	0.01	2.66	948.43	819.05	5.29	21.22
34.60	104.57	2.50	3.26	1724.97	1521.79	8.33	26.91
96.73	130.89	0.45	0.06	1920.78	1659.07	10.89	40.97
35.44	80.44	0.24	0.06	1313.85	1157.81	6.19	16.59
2.88	6.71			137.50	117.79	0.82	3.28
52.70	54.19	1.38	0.10	1126.46	973.59	5.92	29.21
89.73	180.18	0.21	0.18	3127.14	2709.46	19.58	50.42
752.27	1366.27	4.25	2.33	18814.46	15842.32	138.45	447.26
64.07	101.41	0.36	0.87	1645.27	1393.61	9.88	34.52
113.85	168.72	0.57	0.30	2727.94	2282.92	19.65	66.32
113.20	194.93	1.43	0.23	1809.14	1515.15	10.27	52.81
169.80	293.08	0.48	0.45	3755.74	3144.24	27.43	105.13
71.43	210.13	0.14	0.16	2440.79	2059.94	27.74	40.76
86.88	161.51	1.02	0.01	2177.36	1805.98	15.73	59.62
12.26	14.63			187.88	148.14	1.09	8.71
96.66	167.48	0.25	0.30	3337.24	2861.41	22.31	65.57
24.12	54.38		0.01	733.09	630.93	4.36	13.81
634.49	894.72	4.26	5.31	13133.33	11002.43	87.53	320.58
195.03	312.16	2.65	1.54	4886.73	4133.84	29.20	111.47
100.61	128.66	0.53	1.65	1965.40	1654.97	13.66	41.38
22.84	36.47	0.29	0.13	545.40	456.41	5.06	14.15
27.33	39.04	0.58	0.02	626.27	517.97	3.64	16.87
20.31	47.08		0.24	761.48	639.89	7.32	16.48
55.05	34.79		0.63	575.26	483.00	4.07	13.07
57.44	68.25	0.04	0.16	1165.90	979.65	7.36	29.06
28.66	46.79	0.17		667.67	519.64	4.42	31.37
127.22	181.48		0.95	1939.21	1617.08	12.80	46.73
365.08	519.55	1.79	3.08	9348.95	8025.22	54.88	189.94
42.60	21.04		0.18	619.20	544.69	7.52	11.95
37.53	29.24		0.10	742.14	654.04	5.05	15.94
0.59	0.86			27.03	22.68	0.28	0.62
2.16	4.88			45.78	38.65	0.23	1.14
5.83	28.04	0.04		307.84	266.08	1.98	5.93
276.36	435.50	1.75	2.80	7606.97	6499.07	39.82	154.36
180.71	316.07	6.15	15.06	4910.87	4232.97	29.36	91.01
25.53	37.35		0.01	554.65	455.36	3.24	12.57
0.51	0.90			28.33	24.30	0.18	0.34
74.91	117.49	0.13	0.94	1716.13	1509.34	11.45	22.47
3.96	7.10	4.96	13.87	235.68	190.84	0.64	2.18
53.49	57.56	1.03	0.20	1608.86	1387.65	10.00	31.07
15.47	88.54	0.02	0.04	658.71	574.90	2.64	19.64
2.07	2.53			32.19	26.34	0.18	0.92
4.76	4.60			76.31	64.23	1.03	1.82

1-A-5 续表 9

行 业	应付账款	所有者权益合计	实收资本	国家资本	集体资本
电气机械和器材制造业	1589.98	6007.79	2906.85	5.10	25.38
电机制造	219.97	711.38	265.38	0.16	4.48
输配电及控制设备制造	556.79	2040.77	988.88	2.80	8.77
电线、电缆、光缆及电工器材制造	311.65	1843.26	922.60	0.21	9.26
电池制造	105.26	325.45	158.69	1.47	0.41
家用电力器具制造	233.32	427.56	167.34	0.05	0.46
非电力家用器具制造	28.62	131.53	64.82	0.20	0.13
照明器具制造	117.72	462.98	210.44		1.73
其他电气机械及器材制造	16.63	64.86	128.70	0.20	0.14
计算机、通信和其他电子设备制造业	945.52	2400.41	1005.38	3.98	9.01
计算机制造	107.42	193.38	77.54	0.08	1.96
通信设备制造	157.51	302.26	146.66	0.74	0.13
广播电视设备制造	57.69	152.61	57.16		0.11
雷达及配套设备制造	2.61	6.91	3.44		0.50
视听设备制造	62.32	122.96	51.45	1.00	0.49
电子器件制造	224.68	693.01	300.41	0.06	2.38
电子元件制造	272.68	724.11	279.88	0.38	2.47
其他电子设备制造	60.63	205.17	88.83	1.72	0.99
仪器仪表制造业	200.64	913.72	342.27	2.21	1.31
通用仪器仪表制造	137.16	633.37	225.81	1.10	0.25
专用仪器仪表制造	40.79	193.64	74.29	0.75	0.36
钟表与计时仪器制造	4.92	13.77	6.27		0.49
光学仪器及眼镜制造	14.16	50.66	25.80	0.35	0.12
其他仪器仪表制造业	3.61	22.28	10.09		0.10
其他制造业	41.81	218.79	86.01	0.19	0.69
日用杂品制造	24.46	134.58	51.11	0.04	0.09
煤制品制造	4.93	18.57	10.68		0.60
废弃资源综合利用业	88.17	297.13	122.94	0.09	1.18
金属废料和碎屑加工处理	75.56	220.08	82.32	0.03	1.03
非金属废料和碎屑加工处理	12.61	77.05	40.62	0.06	0.15
金属制品、机械和设备修理业	8.89	72.72	23.98		
金属制品修理	0.61	7.41	2.60		
通用设备修理	1.18	10.70	2.23		
专用设备修理	2.18	11.73	3.01		
铁路、船舶、航空航天等运输设备修理	3.47	34.02	13.89		
电气设备修理	0.13	0.48	0.30		
其他机械和设备修理业	1.34	8.37	1.95		
电力、热力、燃气及水生产和供应业	**178.49**	**758.91**	**428.76**	**8.40**	**22.01**
电力、热力生产和供应业	152.84	592.94	334.69	7.08	13.28
电力生产	92.40	460.78	263.81	6.72	11.24
电力供应	0.59	6.78	3.37		
热力生产和供应	59.86	125.38	67.51	0.37	2.04
燃气生产和供应业	16.47	101.78	54.81	0.42	1.87
水的生产和供应业	9.18	64.19	39.27	0.90	6.86
自来水生产和供应	5.51	23.34	15.89	0.17	2.88
污水处理及其再生利用	3.31	36.62	21.41	0.73	3.98
其他水的处理、利用与分配	0.37	4.23	1.97		

单位：亿元

法人资本	个人资本	港澳台资本	外商资本	主营业务收入	主营业务成本	主营业务税金及附加	销售费用
924.36	1911.81	11.89	26.06	22011.42	18867.86	109.69	504.15
88.64	170.51	0.68	0.91	2599.07	2211.33	13.55	54.31
342.06	608.91	10.34	14.71	6520.16	5558.58	35.81	153.21
270.91	638.78	0.18	2.72	7030.81	6108.54	27.56	139.47
50.57	98.63	0.20	7.39	1347.39	1172.24	6.90	23.56
60.32	106.33	0.11	0.07	2273.18	1955.08	11.20	62.93
36.40	27.94	0.05	0.08	479.52	400.74	3.59	14.75
61.51	146.49	0.16	0.17	1567.47	1302.04	9.70	48.22
13.96	114.22	0.17	0.02	193.83	159.32	1.37	7.70
445.10	537.57	5.63	2.43	7894.00	6666.28	40.81	186.17
28.56	44.96	0.67	1.17	764.48	653.95	3.00	21.32
58.34	86.93	0.11	0.16	1297.16	1121.07	4.51	31.99
22.00	34.90	0.07		489.79	403.94	3.14	15.58
1.41	1.53			30.22	25.76	0.21	0.91
21.17	28.31	0.11	0.23	557.42	486.55	2.21	9.71
161.13	134.52	2.12	0.20	1555.68	1297.30	8.36	33.32
106.19	167.86	1.35	0.63	2636.28	2213.01	16.17	56.28
46.29	38.57	1.20	0.05	562.98	464.70	3.20	17.06
114.62	222.95	0.54	0.65	2925.32	2417.54	19.36	80.50
71.55	152.02	0.49	0.40	2052.86	1703.80	13.19	54.01
29.42	43.54	0.05	0.18	610.91	496.67	4.41	19.07
1.50	4.29			48.54	40.17	0.35	1.95
9.56	15.71		0.07	141.08	117.97	0.99	3.44
2.59	7.39		0.01	71.93	58.93	0.41	2.03
33.94	49.80	0.06	1.32	1003.97	847.12	8.57	26.61
18.89	30.76		1.32	640.52	546.92	5.30	16.82
5.66	4.43			127.11	102.15	1.66	5.09
49.77	69.94	0.79	1.13	1593.33	1428.26	9.71	17.14
27.44	52.06	0.59	1.13	1306.17	1182.44	6.96	9.86
22.33	17.88	0.20		287.16	245.82	2.75	7.28
7.44	16.53			243.07	206.53	1.95	5.37
1.10	1.50			35.30	29.50	0.27	0.66
0.46	1.77			34.77	33.03	0.04	0.16
0.82	2.19			23.50	19.28	0.18	0.58
3.69	10.20			125.71	105.40	1.11	3.35
0.08	0.22			7.81	6.92	0.18	0.20
1.29	0.65			15.98	12.40	0.16	0.42
246.00	**151.05**	**0.59**	**0.20**	**1099.69**	**894.31**	**8.03**	**18.76**
196.06	117.25	0.29	0.20	647.61	517.75	4.55	6.62
165.32	79.77	0.29		372.27	273.58	3.00	3.65
2.68	0.69			22.11	19.76	0.10	0.13
28.05	36.80		0.20	253.23	224.41	1.45	2.84
34.74	17.79			341.23	289.01	2.35	8.88
15.20	16.00	0.30		110.85	87.55	1.13	3.26
5.61	7.24			33.76	25.33	0.33	1.05
8.85	7.55	0.30		70.66	57.10	0.71	1.99
0.74	1.22			6.42	5.12	0.09	0.22

1-A-5 续表 10

行业	管理费用	税金	财务费用	利息收入	利息支出
总计	**10719.69**	**671.17**	**3471.55**	**204.37**	**2965.57**
采矿业	**653.55**	**62.76**	**203.53**	**7.05**	**166.15**
煤炭开采和洗选业	297.65	28.93	98.44	3.43	80.20
烟煤和无烟煤开采洗选	282.90	28.20	96.99	3.47	78.89
褐煤开采洗选	13.28	0.70	1.30	-0.03	1.18
其他煤炭采选	1.47	0.02	0.15		0.13
石油和天然气开采业	1.46	0.09	0.53		0.22
黑色金属矿采选业	168.69	18.96	61.22	2.10	52.38
铁矿采选	161.76	18.32	59.37	2.05	50.77
锰矿、铬矿采选	6.27	0.56	1.46	0.04	1.25
其他黑色金属矿采选	0.66	0.08	0.39	0.01	0.36
有色金属矿采选业	82.22	5.97	17.27	0.63	14.92
常用有色金属矿采选	57.73	4.92	11.73	0.48	10.03
贵金属矿采选	13.59	0.64	1.95	0.03	1.79
稀有稀土金属矿采选	10.90	0.41	3.59	0.12	3.10
非金属矿采选业	99.65	8.48	25.31	0.85	17.70
土砂石开采	70.15	5.83	17.31	0.32	11.67
化学矿开采	11.28	0.79	2.26	0.04	1.95
采盐	2.96	0.08	1.13	0.33	1.19
石棉及其他非金属矿采选	15.25	1.78	4.61	0.15	2.90
开采辅助活动	2.27	0.16	0.61	0.02	0.58
煤炭开采和洗选辅助活动	0.05				
石油和天然气开采辅助活动	2.07	0.15	0.60	0.02	0.58
其他开采辅助活动	0.15	0.01	0.01		0.01
其他采矿业	1.62	0.18	0.15	0.01	0.14
制造业	**10011.97**	**605.20**	**3221.10**	**196.69**	**2760.86**
农副食品加工业	713.12	53.50	248.51	8.04	203.20
谷物磨制	169.00	14.31	58.42	0.90	47.99
饲料加工	109.89	6.49	27.26	1.50	22.69
植物油加工	80.10	5.24	28.60	1.68	25.41
制糖业	10.17	0.59	8.12	0.57	7.88
屠宰及肉类加工	135.75	10.63	47.66	1.39	38.55
水产品加工	62.03	4.86	28.92	0.76	22.22
蔬菜、水果和坚果加工	74.40	5.32	24.78	0.44	17.82
其他农副食品加工	71.78	6.06	24.76	0.78	20.65
食品制造业	231.53	15.39	58.85	2.51	49.21
焙烤食品制造	34.97	2.52	8.54	1.23	6.80
糖果、巧克力及蜜饯制造	26.35	1.69	5.85	0.11	4.52
方便食品制造	30.41	1.67	7.52	0.25	7.02
乳制品制造	14.87	0.84	3.99	0.09	3.56
罐头食品制造	28.57	1.21	8.32	0.16	6.57
调味品、发酵制品制造	38.77	4.19	8.71	0.44	7.67
其他食品制造	57.59	3.27	15.91	0.24	13.07
酒、饮料和精制茶制造业	164.67	11.90	43.85	2.69	38.08
酒的制造	75.09	5.34	24.41	1.14	21.69
饮料制造	46.65	3.47	9.07	0.46	6.93
精制茶加工	42.94	3.10	10.37	1.10	9.46

单位：亿元

投资收益（损失以“–”号记）	营业利润	利润总额	亏损企业亏损额	应交增值税	应交所得税	从业人员平均人数（万人）
-579.79	**24038.21**	**23327.08**	**744.33**	**9961.18**	**2584.46**	**3359.39**
-30.96	**1841.07**	**1737.13**	**89.10**	**839.28**	**207.50**	**167.44**
-9.77	628.23	566.56	58.31	341.66	72.80	85.31
-10.49	574.23	515.46	56.49	333.19	64.13	83.87
0.72	52.21	49.34	1.66	7.02	8.44	1.28
	1.79	1.75	0.16	1.46	0.23	0.16
	1.60	0.98	0.13	1.10	0.14	0.32
-13.01	741.65	721.31	18.60	308.01	95.45	35.03
-12.66	725.14	705.22	17.98	297.51	94.59	33.08
-0.35	13.68	13.18	0.49	9.27	0.65	1.55
	2.84	2.91	0.14	1.24	0.22	0.40
-4.21	204.20	198.09	8.81	76.95	17.81	19.32
-3.84	133.84	129.10	5.65	54.87	12.27	13.82
-1.11	44.73	43.29	0.48	5.56	2.62	2.75
0.74	25.62	25.70	2.68	16.51	2.92	2.76
-4.04	256.38	242.46	3.18	109.75	20.05	26.59
-3.28	191.11	181.69	2.02	79.38	15.63	19.59
0.02	15.78	15.13	0.74	10.77	1.65	2.26
-0.09	5.64	5.56	0.02	2.14	0.23	0.78
-0.68	43.86	40.07	0.39	17.46	2.55	3.96
0.01	7.72	6.75	0.06	1.09	1.07	0.67
	0.14	0.14		0.06		0.03
0.01	7.09	6.11	0.06	0.99	1.06	0.59
	0.49	0.49		0.05	0.01	0.04
0.06	1.30	0.97	0.01	0.71	0.19	0.20
-550.11	**22115.79**	**21500.07**	**643.56**	**9088.10**	**2367.10**	**3180.91**
-68.03	1942.42	1871.39	26.41	658.90	153.67	211.63
-23.25	511.12	489.38	1.23	155.49	32.86	41.72
-7.99	285.90	280.14	3.02	92.62	22.87	27.67
-2.02	219.50	213.52	2.80	80.22	15.35	16.41
-2.84	8.32	8.98	6.41	9.21	0.76	3.44
-14.24	383.41	362.74	7.41	119.28	30.32	48.36
0.28	157.28	156.44	2.64	82.03	19.09	25.51
-5.81	205.41	198.85	0.94	64.42	19.65	26.49
-12.16	171.49	161.34	1.94	55.62	12.77	22.02
-7.03	486.83	479.05	7.98	184.37	45.53	76.84
-0.70	76.86	76.99	0.63	28.10	9.20	14.48
0.30	48.84	46.51	0.55	16.27	5.11	8.58
-0.34	73.64	73.48	0.56	26.98	6.09	12.97
-1.69	32.48	32.25	1.62	9.66	2.17	5.04
-2.62	50.17	49.40	1.48	26.47	3.93	10.32
0.20	75.81	75.91	1.40	30.19	8.94	9.66
-2.19	129.03	124.50	1.74	46.70	10.09	15.79
-10.77	407.12	396.14	5.59	142.74	46.25	47.02
-8.19	203.61	195.32	4.14	78.81	24.72	21.78
-2.61	110.98	109.89	1.26	36.11	13.20	12.45
0.04	92.52	90.93	0.19	27.82	8.33	12.78

1-A-5 续表 11

行 业	管理费用		财务费用		
		税金		利息收入	利息支出
烟草制品业	0.99	0.04	0.44	0.07	0.51
其他烟草制品制造	0.99	0.04	0.44	0.07	0.51
纺织业	469.56	31.09	244.78	13.62	213.16
棉纺织及印染精加工	269.50	17.25	153.10	7.68	133.42
毛纺织及染整精加工	24.68	1.70	13.74	0.82	12.42
麻纺织及染整精加工	8.11	0.65	3.93	0.19	3.38
丝绢纺织及印染精加工	20.88	1.32	8.92	0.85	8.25
化纤织造及印染精加工	16.32	1.01	12.61	0.91	10.22
针织或钩针编织物及其制品制造	48.62	3.37	27.35	1.67	24.86
家用纺织制成品制造	37.98	3.03	11.52	0.74	8.98
非家用纺织制成品制造	43.48	2.76	13.62	0.77	11.63
纺织服装、服饰业	348.06	18.90	79.20	5.30	64.72
机织服装制造	263.04	15.48	58.00	4.20	48.32
针织或钩针编织服装制造	69.10	2.78	16.14	0.81	12.43
服饰制造	15.92	0.65	5.06	0.29	3.98
皮革、毛皮、羽毛及其制品和制鞋业	180.03	8.62	56.75	2.26	49.24
皮革鞣制加工	28.19	1.01	9.38	0.24	8.99
皮革制品制造	46.05	1.50	18.63	0.28	16.46
毛皮鞣制及制品加工	7.57	0.60	3.14	0.10	2.37
羽毛(绒)加工及制品制造	10.60	0.59	5.25	0.11	4.63
制鞋业	87.62	4.91	20.35	1.54	16.79
木材加工和木、竹、藤、棕、草制品业	240.41	12.92	62.88	1.31	48.25
木材加工	31.80	1.51	5.83	0.17	5.05
人造板制造	128.24	7.18	38.30	0.64	28.25
木制品制造	63.70	3.14	13.63	0.42	10.60
竹、藤、棕、草等制品制造	16.67	1.09	5.12	0.08	4.36
家具制造业	137.66	6.44	36.78	2.07	29.84
木质家具制造	93.95	4.54	23.06	1.16	18.36
竹、藤家具制造	2.23	0.18	0.68		0.61
金属家具制造	20.53	0.95	8.23	0.69	7.38
塑料家具制造	1.47	0.11	0.32	0.05	0.26
其他家具制造	19.48	0.66	4.49	0.16	3.21
造纸和纸制品业	165.83	11.70	57.20	3.98	52.11
纸浆制造	1.11	0.10	0.59	-0.01	0.58
造纸	78.27	6.05	31.62	3.01	30.98
纸制品制造	86.45	5.55	24.99	0.98	20.55
印刷和记录媒介复制业	115.74	6.42	33.25	2.10	27.93
印刷	111.53	6.27	31.68	2.02	26.58
装订及印刷相关服务	3.28	0.14	0.83	0.07	0.77
记录媒介复制	0.93	0.02	0.74	0.01	0.58
文教、工美、体育和娱乐用品制造业	173.52	10.56	55.29	5.75	45.69
文教办公用品制造	21.67	1.08	4.43	1.50	5.14
乐器制造	3.90	0.23	0.90	0.04	0.78
工艺美术品制造	101.95	6.79	38.89	3.64	31.44
体育用品制造	16.55	0.73	4.68	0.21	3.49
玩具制造	22.68	1.46	5.00	0.21	3.77
游艺器材及娱乐用品制造	6.77	0.27	1.40	0.15	1.07

单位：亿元

投资收益（损失以“-”号记）	营业利润	利润总额	亏损企业亏损额	应交增值税	应交所得税	从业人员平均人数（万人）
	0.62	0.63		0.30	0.13	0.13
	0.62	0.63		0.30	0.13	0.13
-7.55	1221.16	1195.91	28.37	521.15	141.34	247.53
-6.14	778.91	768.99	20.62	337.67	93.87	151.77
-3.12	66.67	60.29	1.93	23.98	6.35	13.26
0.05	20.83	19.33	0.06	9.83	1.18	5.90
-0.27	57.64	55.50	0.75	24.49	5.42	11.63
0.59	31.62	30.94	1.04	13.92	5.39	10.04
1.77	104.32	101.37	1.84	40.41	10.74	21.05
0.27	79.37	77.73	1.41	35.00	10.48	18.06
-0.71	81.80	81.76	0.72	35.84	7.92	15.82
1.84	613.55	606.58	9.12	267.28	80.46	193.00
2.72	488.62	482.48	5.51	209.39	65.04	146.27
-0.95	98.99	98.16	2.77	44.01	12.87	37.02
0.07	25.94	25.94	0.84	13.88	2.55	9.71
-1.18	420.54	417.47	4.61	159.89	37.94	101.30
-0.67	56.75	56.55	1.09	24.90	3.97	7.64
-0.17	130.17	130.04	1.26	29.71	7.92	23.67
-0.22	50.87	50.81	0.02	13.27	3.64	4.26
-0.40	23.72	23.51	0.68	12.77	2.87	4.66
0.28	159.03	156.56	1.56	79.24	19.55	61.07
-13.87	634.78	624.33	6.42	246.08	67.18	90.98
-1.99	97.61	93.25	0.65	30.83	7.92	12.21
-8.87	377.28	374.43	4.94	156.35	44.53	53.48
-2.90	124.18	122.21	0.69	43.48	12.44	17.48
-0.11	35.72	34.45	0.14	15.42	2.29	7.82
1.82	238.08	237.20	5.07	102.31	27.76	54.09
1.89	159.45	158.39	2.99	72.91	17.42	35.81
	4.43	4.42	0.03	1.50	0.34	0.87
0.14	44.88	45.14	0.80	15.73	6.99	10.28
	2.63	2.54	0.07	0.92	0.15	0.52
-0.20	26.69	26.71	1.18	11.25	2.87	6.61
-8.99	344.53	338.23	8.53	148.99	36.20	61.13
	0.23	0.52	0.60	1.08	0.08	0.41
-1.55	160.98	158.40	5.73	75.47	17.01	29.41
-7.43	183.33	179.31	2.20	72.45	19.11	31.31
-3.51	210.74	208.01	4.30	80.08	23.05	38.06
-3.08	204.60	201.94	4.19	77.93	22.67	36.60
-0.43	4.42	4.34	0.02	1.78	0.38	1.30
	1.73	1.73	0.09	0.37		0.17
-3.34	380.85	360.72	3.51	166.23	43.73	78.57
1.10	27.25	27.88	0.25	12.92	3.02	7.56
0.07	7.81	7.80	0.06	4.11	0.65	1.94
-6.45	261.72	241.03	2.01	111.68	28.89	46.72
-0.28	29.30	29.37	0.70	14.90	4.24	6.42
0.07	39.54	39.31	0.40	17.27	4.88	13.70
2.15	15.22	15.33	0.10	5.34	2.04	2.23

1-A-5 续表 12

行　业	管理费用	税金	财务费用	利息收入	利息支出
石油加工、炼焦和核燃料加工业	116.40	7.88	99.09	5.28	86.48
精炼石油产品制造	69.68	4.43	35.89	2.55	30.59
炼焦	46.72	3.46	63.21	2.73	55.89
化学原料和化学制品制造业	811.86	55.45	286.93	14.26	253.07
基础化学原料制造	197.87	17.86	81.15	2.62	69.41
肥料制造	81.79	4.72	37.95	1.20	34.33
农药制造	40.51	1.77	9.29	0.51	8.16
涂料、油墨、颜料及类似产品制造	93.04	5.83	24.86	1.02	22.24
合成材料制造	104.74	6.39	43.85	4.15	42.89
专用化学产品制造	206.32	13.68	72.65	3.93	62.48
炸药、火工及焰火产品制造	45.23	2.84	9.24	0.39	6.61
日用化学产品制造	42.36	2.37	7.94	0.43	6.95
医药制造业	263.12	12.67	58.49	7.45	50.55
化学药品原料药制造	47.44	1.88	13.29	0.64	9.53
化学药品制剂制造	49.36	1.59	10.94	2.02	11.55
中药饮片加工	22.00	1.04	4.97	0.10	3.83
中成药生产	72.46	4.69	14.45	1.00	11.21
兽用药品制造	21.53	1.65	3.99	0.23	3.47
生物药品制造	33.43	1.03	6.24	3.32	7.76
卫生材料及医药用品制造	16.90	0.80	4.61	0.14	3.21
化学纤维制造业	53.11	3.31	44.90	5.97	47.53
纤维素纤维原料及纤维制造	14.27	0.93	15.91	2.86	18.22
合成纤维制造	38.84	2.38	28.99	3.11	29.30
橡胶和塑料制品业	416.94	26.24	135.59	7.39	114.31
橡胶制品业	106.68	8.04	45.57	1.72	40.70
塑料制品业	310.26	18.20	90.02	5.67	73.61
非金属矿物制品业	835.28	56.38	267.18	11.45	217.67
水泥、石灰和石膏制造	109.32	8.65	59.79	3.29	49.28
石膏、水泥制品及类似制品制造	183.89	10.65	56.44	2.06	46.97
砖瓦、石材等建筑材料制造	241.94	17.06	59.98	1.95	46.75
玻璃制造	21.66	1.60	12.96	0.65	11.41
玻璃制品制造	62.72	3.41	17.78	0.88	15.81
玻璃纤维和玻璃纤维增强塑料制品制造	33.04	1.66	8.80	0.18	7.25
陶瓷制品制造	56.46	3.43	12.22	0.29	9.10
耐火材料制品制造	62.80	5.04	16.55	0.65	12.87
石墨及其他非金属矿物制品制造	63.47	4.87	22.66	1.51	18.22
黑色金属冶炼和压延加工业	474.52	38.64	227.91	17.74	210.53
炼铁	16.92	0.98	8.86	0.09	7.91
炼钢	42.18	2.57	20.66	2.10	21.48
黑色金属铸造	124.46	7.95	39.14	0.73	31.22
钢压延加工	229.84	23.30	135.83	14.36	130.90
铁合金冶炼	61.12	3.84	23.43	0.46	19.02
有色金属冶炼和压延加工业	278.60	17.45	152.25	13.69	130.53
常用有色金属冶炼	75.52	4.77	55.28	2.30	44.02
贵金属冶炼	9.96	1.31	5.13	0.46	4.90
稀有稀土金属冶炼	12.46	0.69	6.39	0.28	5.63
有色金属合金制造	34.58	1.52	10.52	0.51	9.47
有色金属铸造	2.65	0.12	1.07	0.05	0.93
有色金属压延加工	143.43	9.04	73.86	10.09	65.58

单位：亿元

投资收益(损失以“-”号记)	营业利润	利润总额	亏损企业亏损额	应交增值税	应交所得税	从业人员平均人数(万人)
-8.72	281.02	260.34	60.61	115.48	30.37	24.76
-11.32	223.87	203.52	9.65	58.76	21.65	8.29
2.60	57.15	56.82	50.96	56.72	8.72	16.47
-13.01	1997.99	1960.46	70.63	796.06	227.73	187.53
3.80	523.17	522.01	31.31	224.91	55.60	44.66
-6.07	194.38	191.98	9.83	47.88	17.45	20.68
-1.78	87.00	85.51	0.53	29.62	11.88	7.52
-2.55	164.01	166.35	2.29	75.62	21.19	19.35
-2.69	257.49	245.31	6.99	109.88	29.65	19.01
-8.71	581.83	561.93	17.48	223.12	71.33	43.61
-0.15	100.69	98.88	1.01	50.99	9.06	21.74
5.15	89.42	88.48	1.19	34.04	11.57	10.97
-9.94	525.87	527.52	9.78	235.44	59.33	53.77
-3.01	106.94	106.26	3.79	40.01	12.82	9.35
-6.34	96.00	99.13	1.72	53.96	11.55	9.72
-0.76	55.01	54.83	0.20	20.29	4.91	5.27
-0.56	110.97	109.44	2.40	56.65	13.17	13.13
0.34	44.34	44.30	0.23	17.28	4.52	4.64
0.29	74.92	74.94	1.32	31.92	8.93	5.78
0.09	37.69	38.63	0.11	15.33	3.44	5.87
-0.63	112.90	114.01	11.49	73.31	13.89	19.34
-1.01	39.36	38.96	3.88	40.44	5.30	6.25
0.38	73.55	75.05	7.61	32.87	8.59	13.09
-19.60	978.34	964.68	13.35	369.09	109.68	138.77
-1.25	315.44	309.73	2.83	113.77	40.51	31.58
-18.35	662.90	654.95	10.53	255.32	69.17	107.19
-9.00	2084.68	2057.71	54.12	929.82	222.44	281.90
-2.57	225.51	229.71	19.88	123.50	30.04	33.28
-0.80	380.39	373.80	13.09	203.35	44.57	50.72
-8.13	650.40	646.58	5.35	243.92	50.36	83.82
-0.98	39.76	32.38	1.36	16.36	3.48	6.36
0.14	133.02	131.80	4.08	57.58	15.09	25.83
-0.25	105.98	104.34	0.96	55.97	11.96	10.82
-0.14	149.32	148.65	1.78	66.76	15.49	34.52
-3.52	231.14	228.31	1.08	89.51	32.96	19.12
7.24	169.17	162.12	6.53	72.87	18.49	17.43
-145.01	1312.99	1179.71	78.31	588.42	121.51	145.54
-1.44	45.44	43.73	8.96	26.61	6.19	7.97
-13.20	67.50	42.66	16.59	50.92	6.20	14.15
-6.50	330.25	318.99	5.39	133.09	33.60	39.71
-112.31	782.50	685.29	28.57	319.01	67.21	66.40
-11.56	87.30	89.04	18.80	58.79	8.32	17.31
-33.97	917.56	837.79	47.82	398.57	64.56	69.52
-14.62	185.03	181.50	26.50	115.55	12.92	20.11
-0.49	31.16	26.42	3.14	32.01	1.23	2.10
0.29	70.86	63.28	1.17	27.03	3.73	3.34
-7.88	73.45	74.39	1.49	31.05	7.79	6.64
-1.00	4.53	4.97	0.44	2.83	0.62	0.94
-10.27	552.53	487.23	15.08	190.11	38.27	36.39

1-A-5 续表 13

行　业	管理费用	税金	财务费用	利息收入	利息支出
金属制品业	554.84	34.16	181.09	10.52	151.74
结构性金属制品制造	198.20	11.07	67.13	4.87	56.37
金属工具制造	47.56	2.10	12.30	0.53	8.88
集装箱及金属包装容器制造	35.85	2.60	12.05	0.55	9.62
金属丝绳及其制品制造	40.90	4.08	18.26	0.82	16.26
建筑、安全用金属制品制造	58.31	3.65	17.18	0.58	14.75
金属表面处理及热处理加工	35.62	2.19	14.05	0.96	12.32
搪瓷制品制造	4.17	0.21	1.40	0.03	1.08
金属制日用品制造	36.71	1.70	12.47	0.58	10.18
其他金属制品制造	97.52	6.56	26.26	1.60	22.29
通用设备制造业	748.63	41.79	183.13	9.16	154.07
锅炉及原动设备制造	62.18	2.71	16.55	0.67	14.22
金属加工机械制造	108.44	6.79	24.51	0.95	19.26
物料搬运设备制造	79.53	4.97	18.11	1.03	15.72
泵、阀门、压缩机及类似机械制造	161.75	8.78	35.47	1.93	30.15
轴承、齿轮和传动部件制造	78.11	4.77	24.13	1.57	20.55
烘炉、风机、衡器、包装等设备制造	93.76	4.04	24.69	1.49	21.30
文化、办公用机械制造	12.17	0.33	2.53	0.12	2.19
通用零部件制造	125.74	8.44	31.56	1.31	26.16
其他通用设备制造业	26.94	0.96	5.57	0.10	4.51
专用设备制造业	542.98	30.01	122.63	6.27	100.43
采矿、冶金、建筑专用设备制造	173.96	11.75	41.93	2.33	35.72
化工、木材、非金属加工专用设备制造	91.92	4.57	22.82	1.16	17.85
食品、饮料、烟草及饲料生产专用设备制造	21.23	0.94	4.59	0.26	3.67
印刷、制药、日化及日用品生产专用设备制造	32.95	2.28	4.34	0.09	3.66
纺织、服装和皮革加工专用设备制造	34.35	1.58	8.79	0.65	7.14
电子和电工机械专用设备制造	27.51	1.52	4.47	-0.02	3.13
农、林、牧、渔专用机械制造	38.03	2.25	10.12	0.38	7.90
医疗仪器设备及器械制造	42.62	1.50	6.42	0.55	5.61
环保、社会公共服务及其他专用设备制造	80.42	3.61	19.16	0.88	15.75
汽车制造业	357.55	21.72	101.56	5.54	86.72
汽车整车制造	24.74	4.26	6.19	0.91	6.19
改装汽车制造	23.59	1.17	6.24	0.72	5.86
低速载货汽车制造	1.15	0.08	0.11		0.11
电车制造	1.22	0.02	0.38		0.29
汽车车身、挂车制造	8.36	0.69	3.47	0.05	2.91
汽车零部件及配件制造	298.49	15.49	85.17	3.86	71.36
铁路、船舶、航空航天和其他运输设备制造业	188.02	13.12	45.09	4.70	41.79
铁路运输设备制造	27.53	1.76	5.06	0.30	4.23
城市轨道交通设备制造	0.89	0.02	0.10	0.01	0.11
船舶及相关装置制造	57.81	3.22	14.28	1.41	15.05
航空、航天器及设备制造	8.48	0.19	2.60	0.23	2.36
摩托车制造	68.94	6.92	17.29	2.17	14.95
自行车制造	20.18	0.88	5.01	0.52	4.49
非公路休闲车及零配件制造	1.85	0.06	0.30	0.04	0.26
潜水救捞及其他未列明运输设备制造	2.34	0.08	0.44	0.02	0.35

单位：亿元

投资收益（损失以“−”号记）	营业利润	利润总额	亏损企业亏损额	应交增值税	应交所得税	从业人员平均人数（万人）
-77.32	1202.09	1175.58	26.46	481.19	133.97	176.27
-55.15	434.06	426.26	10.05	162.96	44.50	57.39
-2.35	95.10	93.29	0.93	39.99	10.84	15.65
-0.25	60.62	58.12	1.86	29.81	6.63	10.81
-2.18	111.86	107.72	3.32	50.38	13.95	11.86
-1.32	128.69	128.14	1.69	46.55	15.50	20.50
-12.93	67.44	67.33	2.69	25.62	7.72	12.69
0.05	9.71	9.40	0.09	4.56	1.16	1.69
0.21	70.22	69.63	1.68	31.39	7.34	18.11
-3.40	224.39	215.71	4.15	89.94	26.34	27.56
-16.92	1415.80	1361.36	26.29	578.18	153.67	196.92
-2.80	122.93	114.84	1.76	47.57	14.96	16.42
-1.30	202.53	199.12	5.11	87.85	22.86	27.29
-3.04	130.22	127.14	3.97	53.29	16.88	17.71
-2.05	288.92	282.18	4.41	119.90	29.20	41.09
-1.44	209.61	191.33	2.77	66.97	14.96	26.56
-0.46	162.98	158.70	3.31	70.38	21.02	23.61
-1.07	13.51	14.08	0.51	7.18	1.97	2.59
-2.24	233.12	224.80	3.65	105.96	27.10	34.74
-2.53	51.98	49.18	0.80	19.08	4.72	6.91
-8.44	1034.82	1012.68	19.74	400.92	113.94	133.31
-2.31	394.43	382.21	10.51	147.15	42.52	40.59
-0.35	137.23	135.32	2.83	58.12	15.23	24.49
-0.47	43.18	42.20	0.20	16.30	4.89	5.74
-0.24	48.02	48.25	0.33	20.19	4.43	6.67
0.07	56.28	56.19	1.30	26.02	8.42	8.63
-0.49	41.42	42.16	0.77	16.39	4.43	6.32
-1.98	96.01	88.39	0.70	30.51	7.01	12.11
0.74	64.53	65.89	1.01	25.07	8.21	9.83
-3.41	153.72	152.08	2.08	61.16	18.79	18.93
-8.83	633.45	627.94	18.44	268.55	79.84	108.28
-0.23	25.14	24.45	8.18	17.59	5.20	5.67
-0.92	48.73	50.46	1.15	21.64	6.96	5.30
	2.16	2.15	0.02	0.88	0.09	0.22
	4.25	4.25		1.27	0.51	0.61
0.04	21.49	21.39	0.46	8.32	2.63	2.98
-7.72	531.68	525.24	8.63	218.85	64.44	93.51
-21.08	331.84	321.30	14.00	149.10	36.99	55.98
-0.76	50.05	46.94	1.29	17.27	4.87	5.53
	2.56	2.52	0.01	0.96	0.56	0.21
0.14	111.14	103.98	8.77	60.69	14.67	19.67
-11.69	19.16	16.74	0.19	4.61	2.81	1.44
-8.86	100.13	101.70	1.34	45.62	9.51	19.55
0.02	41.25	41.39	2.09	15.21	4.03	8.24
	2.19	2.60	0.11	1.00	0.26	0.59
0.07	5.36	5.44	0.20	3.74	0.27	0.74

1-A-5 续表 14

行 业	管理费用		财务费用		
		税金		利息收入	利息支出
电气机械和器材制造业	779.63	36.28	225.61	17.97	197.57
电机制造	97.56	4.21	32.25	2.58	27.96
输配电及控制设备制造	266.03	11.01	65.24	5.77	59.30
电线、电缆、光缆及电工器材制造	171.19	10.04	71.23	4.58	61.67
电池制造	43.47	1.89	12.42	0.71	10.35
家用电力器具制造	99.89	4.50	21.79	2.86	19.51
非电力家用器具制造	20.12	1.05	5.19	0.21	4.38
照明器具制造	70.67	2.76	15.51	1.43	13.04
其他电气机械及器材制造	10.70	0.82	1.97	-0.16	1.35
计算机、通信和其他电子设备制造业	420.98	12.94	69.21	5.58	58.36
计算机制造	41.45	0.86	4.02	0.31	3.17
通信设备制造	69.87	1.58	7.99	0.66	6.53
广播电视设备制造	26.58	0.95	5.50	0.28	4.48
雷达及配套设备制造	1.69	0.02	0.11	0.01	0.11
视听设备制造	29.83	0.72	5.80	0.40	4.67
电子器件制造	90.95	3.32	15.64	1.60	14.46
电子元件制造	124.74	4.12	25.37	1.94	21.33
其他电子设备制造	35.88	1.38	4.78	0.37	3.62
仪器仪表制造业	146.92	5.15	24.80	2.92	21.96
通用仪器仪表制造	96.61	3.32	15.11	2.23	13.30
专用仪器仪表制造	34.26	1.31	6.77	0.21	5.94
钟表与计时仪器制造	2.92	0.08	0.70	0.29	0.87
光学仪器及眼镜制造	8.96	0.39	1.81	0.14	1.56
其他仪器仪表制造业	4.16	0.05	0.41	0.04	0.29
其他制造业	34.43	2.17	8.84	0.31	7.20
日用杂品制造	22.19	1.62	5.69	0.17	4.64
煤制品制造	3.59	0.26	1.29	0.01	1.08
废弃资源综合利用业	38.01	1.95	7.57	0.66	7.28
金属废料和碎屑加工处理	27.01	1.31	5.37	0.42	5.59
非金属废料和碎屑加工处理	11.00	0.64	2.20	0.24	1.69
金属制品、机械和设备修理业	9.01	0.39	1.44	0.14	1.12
金属制品修理	1.46	0.04	0.28		0.24
通用设备修理	0.39	0.03	0.07		0.04
专用设备修理	0.76	0.04	0.06	0.03	0.08
铁路、船舶、航空航天等运输设备修理	5.39	0.18	0.94	0.11	0.68
电气设备修理	0.25		0.03		0.03
其他机械和设备修理业	0.76	0.11	0.06		0.06
电力、热力、燃气及水生产和供应业	**54.17**	**3.20**	**46.93**	**0.63**	**38.57**
电力、热力生产和供应业	33.17	1.78	38.91	0.44	32.71
电力生产	19.85	1.03	31.05	0.34	26.27
电力供应	0.57	0.02	0.23		0.17
热力生产和供应	12.75	0.73	7.63	0.11	6.27
燃气生产和供应业	13.71	1.16	4.07	0.14	3.10
水的生产和供应业	7.30	0.26	3.94	0.05	2.75
自来水生产和供应	2.99	0.07	1.85	0.02	1.05
污水处理及其再生利用	3.94	0.17	1.86	0.03	1.46
其他水的处理、利用与分配	0.37	0.01	0.23		0.24

单位：亿元

投资收益（损失以“-”号记）	营业利润	利润总额	亏损企业亏损额	应交增值税	应交所得税	从业人员平均人数（万人）
-49.80	1467.42	1427.07	41.76	616.80	178.71	209.58
-2.08	185.50	181.43	4.26	76.91	23.75	26.74
-4.44	437.34	415.93	21.30	190.05	59.19	60.33
-38.82	471.92	456.68	4.85	185.09	48.94	39.43
-1.96	84.29	85.19	3.07	36.01	7.62	16.66
-2.35	121.86	121.28	4.08	62.41	17.11	31.71
0.03	32.12	32.38	1.57	13.89	4.03	5.48
-0.23	120.75	120.94	2.35	46.20	16.97	26.70
0.04	13.63	13.26	0.28	6.24	1.11	2.51
-2.68	482.11	498.04	30.31	208.01	64.70	119.65
-0.79	40.73	44.05	3.32	17.02	6.07	12.09
-1.74	45.56	48.31	16.72	25.37	7.54	13.16
-4.90	35.49	36.85	0.46	11.73	3.99	5.98
-0.01	1.55	1.61	0.06	1.04	0.19	0.47
0.73	23.10	23.45	1.58	12.79	2.82	9.10
2.84	112.44	119.52	3.13	42.00	15.47	25.53
1.20	189.24	189.83	3.69	82.43	23.74	44.72
-0.02	34.00	34.42	1.37	15.64	4.88	8.61
-3.78	234.07	237.03	4.68	105.05	36.93	32.56
-3.16	169.82	171.96	2.00	75.41	26.69	19.64
-0.53	48.22	48.01	1.85	21.77	7.57	6.66
0.04	2.52	2.58	0.06	1.01	0.39	1.24
0.05	7.92	8.23	0.61	4.17	1.08	3.96
-0.17	5.60	6.25	0.16	2.69	1.19	1.07
-0.55	82.27	81.05	0.90	32.44	7.27	14.63
-0.77	46.16	45.63	0.49	21.65	5.15	10.85
	11.73	11.53	0.09	4.67	0.82	0.74
-0.15	101.70	103.08	4.70	55.18	6.30	8.15
-0.09	85.17	86.43	4.08	45.04	4.51	5.33
-0.06	16.53	16.66	0.62	10.14	1.78	2.83
-0.04	17.62	17.05	0.22	8.17	2.04	4.16
-0.04	2.74	2.30	0.03	1.16	0.48	0.31
	1.18	1.21		0.64	0.08	0.22
	2.38	2.67		1.39	0.37	0.16
	8.91	8.45	0.19	3.97	0.81	3.21
	0.23	0.23		0.36		0.05
	2.19	2.19		0.65	0.30	0.20
1.28	**81.36**	**89.89**	**11.67**	**33.80**	**9.87**	**11.04**
0.96	47.58	56.79	9.11	22.69	6.69	7.30
0.81	40.56	42.62	3.76	17.63	4.23	4.15
0.15	1.46	1.69	0.13	0.77	0.05	0.10
	5.56	12.48	5.22	4.29	2.41	3.05
0.22	24.60	23.79	1.46	7.62	2.63	2.23
0.10	9.18	9.30	1.10	3.49	0.55	1.50
	2.40	2.55	0.88	1.38	0.14	0.69
-0.08	6.24	6.16	0.21	1.84	0.40	0.54
0.18	0.54	0.59	0.01	0.26	0.02	0.28

1-A-6 按行业分组的规模以上外商投资和港澳台商

行业	企业单位数（个）	工业销售产值（当年价格）	出口交货值	资产总计	固定资产合计
总计	**57368**	**241273.17**	**75935.04**	**188661.42**	**58757.77**
采矿业	**239**	**2934.07**	**40.05**	**3535.59**	**1307.56**
煤炭开采和洗选业	43	1572.18	17.75	2066.87	673.58
烟煤和无烟煤开采洗选	35	388.50		1068.77	538.58
石油和天然气开采业	12	665.73	16.82	783.48	342.84
石油开采	5	392.12		410.87	304.81
天然气开采	7	273.61	16.82	372.60	38.03
黑色金属矿采选业	38	286.10		228.51	85.85
铁矿采选	31	190.59		171.18	51.84
有色金属矿采选业	58	157.25	0.70	214.72	75.67
常用有色金属矿采选	42	119.92	0.63	137.24	52.71
贵金属矿采选	9	26.96		57.31	15.68
稀有稀土金属矿采选	7	10.37	0.07	20.17	7.28
非金属矿采选业	79	125.83	4.78	108.54	42.92
土砂石开采	48	43.17	1.41	37.74	13.29
化学矿开采	3	3.64	0.82	3.41	1.69
采盐	3	31.24	0.03	43.60	19.33
石棉及其他非金属矿采选	25	47.78	2.52	23.79	8.61
开采辅助活动	9	126.98		133.48	86.70
制造业	**56162**	**233251.36**	**75799.26**	**175033.71**	**51483.20**
农副食品加工业	1953	10273.32	1224.18	5878.67	1506.27
谷物磨制	101	405.82	14.34	284.50	102.01
饲料加工	354	1647.15	26.40	665.92	172.88
植物油加工	131	3309.54	49.88	2175.96	314.95
制糖业	29	191.27		261.62	84.71
屠宰及肉类加工	215	1415.13	82.95	867.30	272.87
水产品加工	448	1237.60	600.23	686.84	190.89
蔬菜、水果和坚果加工	472	854.53	332.41	437.82	132.65
其他农副食品加工	203	1212.29	117.97	498.70	235.31
食品制造业	1220	5320.12	402.64	4087.12	1228.32
焙烤食品制造	253	692.44	19.08	510.81	183.46
糖果、巧克力及蜜饯制造	111	534.64	59.58	409.55	142.62
方便食品制造	188	1146.35	59.33	806.68	275.79
乳制品制造	95	1085.43	5.03	791.57	202.69
罐头食品制造	145	274.99	79.91	163.12	50.56
调味品、发酵制品制造	138	471.80	52.29	431.88	159.89
其他食品制造	290	1114.47	127.42	973.51	213.32
酒、饮料和精制茶制造业	790	3896.88	99.68	3385.02	1359.61
酒的制造	253	1089.39	15.11	1212.23	463.20
饮料制造	489	2734.11	76.39	2126.50	886.22
精制茶加工	48	73.39	8.18	46.29	10.19
纺织业	3064	5888.46	1678.74	4794.07	1503.26
棉纺织及印染精加工	1261	3036.97	707.27	2554.74	846.62
毛纺织及染整精加工	186	529.36	160.78	423.78	110.00
麻纺织及染整精加工	43	72.79	11.60	62.85	19.19

投资工业企业主要经济指标(大、中类行业)

单位：亿元

固定资产原价	累计折旧	流动资产合计	应收账款	存货	产成品	负债合计	流动负债合计
102638.41	**47021.73**	**108770.23**	**32460.71**	**24399.05**	**8389.88**	**106197.33**	**89640.47**
2080.76	**973.05**	**1490.14**	**621.77**	**225.53**	**78.45**	**2527.27**	**1938.29**
968.28	437.98	1147.28	526.79	149.63	55.62	1487.18	1142.37
535.84	137.44	309.75	57.75	31.67	21.24	544.89	284.27
677.19	382.99	84.04	36.60	31.95	5.67	758.97	559.03
638.87	336.07	60.01	31.05	21.34	4.30	399.31	291.42
38.32	46.92	24.04	5.55	10.61	1.36	359.66	267.61
112.65	27.11	105.79	32.35	10.60	4.72	80.59	71.58
68.59	16.79	90.12	27.91	6.36	1.99	65.30	57.92
96.85	26.83	70.91	5.95	18.11	6.57	101.10	83.65
66.13	17.05	44.25	5.45	11.06	2.32	68.37	55.18
21.68	6.81	16.06	0.31	5.92	3.78	29.91	26.61
9.04	2.97	10.60	0.19	1.13	0.46	2.82	1.86
68.83	27.34	46.62	9.96	9.12	4.25	62.54	51.83
22.47	10.03	16.46	4.12	4.40	1.93	16.98	14.38
2.48	0.79	1.56	0.66	0.42	0.15	2.03	2.03
32.79	13.45	15.83	2.08	1.48	0.33	29.53	24.02
11.09	3.06	12.77	3.09	2.81	1.85	14.00	11.40
156.97	70.81	35.48	10.12	6.14	1.62	36.89	29.82
90685.17	**41882.42**	**104627.52**	**31272.43**	**23960.47**	**8292.87**	**98091.33**	**84482.55**
3340.14	1934.45	3805.33	482.87	1008.01	423.29	3743.11	3247.96
145.96	47.97	161.70	21.22	72.72	18.04	166.98	133.51
393.98	241.18	402.29	54.62	109.21	30.31	371.99	314.73
1023.64	718.66	1786.18	139.09	405.56	174.58	1692.12	1554.04
121.08	46.43	173.13	13.70	31.03	23.52	200.39	173.67
547.52	284.04	390.34	58.19	99.52	47.63	439.25	383.40
382.20	210.82	420.67	89.42	133.68	65.41	359.66	295.07
258.94	139.73	241.48	53.74	77.96	29.07	189.53	161.43
466.81	245.61	229.54	52.90	78.33	34.72	323.18	232.12
1992.80	847.74	2359.52	552.06	432.53	184.11	2056.80	1805.21
327.68	158.02	274.31	68.25	43.71	19.32	232.45	214.82
244.48	112.15	237.52	54.76	45.91	20.67	179.63	172.49
438.32	180.87	424.63	138.98	75.79	23.19	375.69	292.69
312.14	122.78	462.67	76.21	71.01	30.36	461.37	404.06
83.57	35.92	92.99	23.46	34.04	20.35	101.66	90.80
238.85	89.22	203.89	54.18	54.49	20.23	226.78	182.01
347.77	148.77	663.50	136.22	107.59	49.99	479.23	448.34
2287.11	977.11	1528.82	262.67	402.45	116.80	1725.52	1569.09
839.59	397.47	535.81	59.86	203.74	29.82	644.98	589.98
1432.59	574.24	964.09	195.55	190.25	84.64	1066.34	966.60
14.93	5.40	28.93	7.27	8.47	2.35	14.19	12.50
2638.91	1246.28	2732.55	610.18	809.86	316.11	2437.93	2147.91
1534.67	729.01	1408.45	303.87	424.51	174.47	1276.93	1130.23
152.21	66.69	244.47	38.24	81.26	27.58	197.14	161.51
34.30	15.79	33.84	8.20	13.16	6.89	32.56	26.95

1-A-6 续表 1

行业	企业单位数(个)	工业销售产值(当年价格)	出口交货值	资产总计	固定资产合计
丝绢纺织及印染精加工	70	85.14	23.31	87.64	24.37
化纤织造及印染精加工	214	234.10	44.97	320.23	94.79
针织或钩针编织物及其制品制造	474	724.19	285.02	459.09	124.64
家用纺织制成品制造	429	652.94	252.74	416.89	122.55
非家用纺织制成品制造	387	552.96	193.05	468.84	161.09
纺织服装、服饰业	4439	6114.31	2625.54	3965.81	1000.03
机织服装制造	3248	4683.51	1861.57	2980.06	766.08
针织或钩针编织服装制造	921	1095.03	610.17	747.55	177.47
服饰制造	270	335.78	153.80	238.20	56.49
皮革、毛皮、羽毛及其制品和制鞋业	2258	4546.02	1885.07	2663.12	607.46
皮革鞣制加工	136	395.99	64.72	259.01	53.85
皮革制品制造	779	1014.35	518.23	506.93	128.23
毛皮鞣制及制品加工	62	151.89	42.38	69.59	20.15
羽毛(绒)加工及制品制造	72	177.89	71.00	115.32	19.74
制鞋业	1209	2805.91	1188.74	1712.27	385.50
木材加工和木、竹、藤、棕、草制品业	533	1019.99	273.88	667.91	199.13
木材加工	47	83.70	11.48	81.19	21.82
人造板制造	183	404.08	81.00	271.91	94.96
木制品制造	212	441.31	139.30	277.02	72.25
竹、藤、棕、草等制品制造	91	90.90	42.11	37.80	10.11
家具制造业	998	1733.01	781.63	1327.27	306.94
木质家具制造	537	849.61	383.72	661.39	173.48
竹、藤家具制造	13	41.81	20.99	50.90	9.37
金属家具制造	246	475.87	215.53	393.10	74.54
塑料家具制造	20	39.08	25.77	23.23	6.68
其他家具制造	182	326.65	135.62	198.64	42.88
造纸和纸制品业	1023	3422.14	369.90	5290.87	2067.82
纸浆制造	8	19.03	0.14	48.81	15.06
造纸	342	2008.66	208.95	3939.29	1660.59
纸制品制造	673	1394.45	160.82	1302.77	392.18
印刷和记录媒介复制业	690	1238.66	274.94	1184.93	345.21
印刷	645	1190.47	266.12	1126.32	323.25
装订及印刷相关服务	27	24.10	2.97	24.91	7.66
记录媒介复制	18	24.09	5.86	33.70	14.29
文教、工美、体育和娱乐用品制造业	2345	4310.34	2108.94	2293.21	550.17
文教办公用品制造	210	208.04	123.44	146.05	38.11
乐器制造	79	128.46	65.52	94.94	25.67
工艺美术品制造	1008	2361.20	907.60	1107.46	222.54
体育用品制造	405	568.97	366.66	336.60	95.72
玩具制造	596	903.02	582.01	534.06	148.86
游艺器材及娱乐用品制造	47	140.65	63.72	74.10	19.26
石油加工、炼焦和核燃料加工业	176	4800.64	257.36	2650.55	991.48
精炼石油产品制造	134	3997.26	253.17	1845.17	712.57
炼焦	42	803.38	4.19	805.38	278.92
化学原料和化学制品制造业	3589	17427.64	1770.01	15149.80	5624.52
基础化学原料制造	691	5154.50	307.06	4656.06	2132.85

单位：亿元

固定资产原价	累计折旧	流动资产合计	应收账款	存货	产成品	负债合计	流动负债合计
48.96	27.08	53.65	16.90	17.01	6.01	41.68	35.19
152.02	62.86	196.48	38.42	47.29	23.86	195.18	184.66
227.30	111.72	286.54	71.97	80.90	24.07	248.86	226.10
199.98	97.14	257.59	57.68	75.52	26.64	223.01	196.00
289.47	135.99	251.54	74.92	70.22	26.59	222.57	187.27
1794.54	848.53	2611.46	634.11	730.97	354.25	1869.04	1627.98
1384.31	658.66	1942.24	451.14	536.71	283.38	1364.02	1162.73
308.86	141.53	512.15	141.94	144.75	51.91	387.86	360.07
101.37	48.33	157.07	41.04	49.50	18.96	117.16	105.18
1057.27	489.77	1748.40	538.73	460.47	141.57	1268.25	1134.25
106.26	53.54	176.12	33.96	76.43	20.80	135.71	122.88
211.63	91.81	329.08	103.99	100.57	24.89	271.81	243.94
26.88	9.30	44.44	0.93	26.16	8.78	37.25	33.45
30.70	12.38	85.79	16.56	22.11	4.63	74.97	72.18
681.80	322.73	1112.97	383.29	235.20	82.47	748.51	661.80
395.20	215.49	399.94	80.99	130.45	53.73	332.27	290.70
32.84	11.61	51.15	6.22	11.93	4.72	40.97	36.46
196.53	114.32	158.07	26.98	55.03	27.85	133.11	113.84
152.55	84.85	169.96	42.06	57.43	18.37	137.10	121.02
13.29	4.71	20.76	5.73	6.06	2.79	21.09	19.38
544.12	261.17	875.31	218.22	252.58	80.71	756.93	697.54
291.19	130.38	424.10	90.93	135.41	50.44	373.79	334.22
12.18	4.04	35.55	3.99	5.02	0.88	38.99	36.20
131.41	61.58	266.25	81.52	66.19	16.50	223.76	213.96
9.76	3.21	14.56	3.93	4.32	1.48	12.87	11.72
99.59	61.96	134.85	37.84	41.64	11.41	107.52	101.45
3189.00	1206.14	2370.29	561.97	405.62	143.11	2957.80	2170.45
23.52	8.48	14.54	3.94	2.49	1.58	25.87	21.93
2524.49	924.47	1576.09	294.73	255.70	91.58	2250.60	1572.68
640.99	273.19	779.67	263.30	147.43	49.95	681.33	575.84
665.74	338.64	727.55	232.73	134.58	52.43	531.96	483.93
617.06	311.05	692.83	222.33	129.62	50.46	511.26	466.40
15.68	8.84	16.19	5.31	2.34	0.84	10.20	9.04
33.01	18.75	18.53	5.09	2.62	1.13	10.51	8.49
1001.34	485.79	1552.64	422.28	595.99	263.51	1122.28	979.13
81.23	45.21	92.33	25.25	31.34	10.99	72.30	66.69
46.21	21.66	63.34	10.83	25.87	5.65	38.54	34.65
405.05	197.57	788.84	209.58	324.06	176.43	552.23	455.61
175.69	85.58	217.03	70.14	76.01	22.36	154.41	141.57
265.30	126.77	348.45	96.65	120.45	41.13	268.04	246.13
27.86	8.99	42.66	9.84	18.28	6.96	36.77	34.48
1780.29	837.42	1287.74	185.37	560.15	117.55	1903.18	1490.59
1330.23	646.00	902.41	133.62	480.36	92.90	1316.22	1007.72
450.06	191.42	385.34	51.74	79.78	24.64	586.96	482.87
9628.17	4151.74	7495.55	1945.93	1560.24	630.59	8271.01	6623.61
3567.14	1500.92	1831.64	343.00	389.81	142.21	2565.75	1873.92

1-A-6 续表 2

行 业	企 业 单位数 (个)	工业销售 产 值 (当年价格)	出口交货值	资产总计	固定资产 合 计
肥料制造	126	597.08	19.73	602.79	193.99
农药制造	67	312.84	73.81	200.83	49.98
涂料、油墨、颜料及类似产品制造	725	1628.47	162.71	1323.15	288.97
合成材料制造	642	4229.12	491.49	3010.55	1112.68
专用化学产品制造	966	3632.75	548.87	4149.12	1551.63
炸药、火工及焰火产品制造	25	30.20	4.11	9.35	4.02
日用化学产品制造	347	1842.68	162.23	1197.95	290.40
医药制造业	953	4362.10	501.57	4501.61	1278.80
化学药品原料药制造	157	758.47	208.85	1010.44	389.02
化学药品制剂制造	221	1981.17	69.58	1875.42	407.81
中药饮片加工	46	98.91	2.96	90.00	22.23
中成药生产	163	629.95	22.33	607.02	184.70
兽用药品制造	33	66.58	9.37	61.93	18.78
生物药品制造	168	526.23	90.10	614.43	170.80
卫生材料及医药用品制造	155	300.79	98.39	242.37	85.47
化学纤维制造业	300	2131.28	185.39	2023.86	752.54
纤维素纤维原料及纤维制造	59	333.84	25.83	368.60	140.02
合成纤维制造	241	1797.44	159.56	1655.25	612.52
橡胶和塑料制品业	3472	7052.58	2126.83	6158.23	2080.53
橡胶制品业	569	2284.86	673.25	2165.83	971.45
塑料制品业	2903	4767.72	1453.57	3992.41	1109.08
非金属矿物制品业	2328	5407.26	796.15	6309.53	2554.82
水泥、石灰和石膏制造	202	1104.35	5.16	1978.26	1036.47
石膏、水泥制品及类似制品制造	436	786.16	16.10	746.78	212.25
砖瓦、石材等建筑材料制造	472	1086.89	147.41	887.99	288.77
玻璃制造	101	436.27	94.10	708.38	308.90
玻璃制品制造	304	671.67	214.15	738.74	262.59
玻璃纤维和玻璃纤维增强塑料制品制造	111	205.63	56.29	326.16	145.89
陶瓷制品制造	333	495.56	157.14	378.96	142.40
耐火材料制品制造	155	317.99	54.77	261.68	65.24
石墨及其他非金属矿物制品制造	214	302.75	51.02	282.60	92.32
黑色金属冶炼和压延加工业	792	8541.47	657.13	6607.48	2722.00
炼铁	14	320.80	5.51	214.01	63.48
炼钢	13	765.75	53.43	530.06	257.84
黑色金属铸造	234	470.69	128.38	463.55	182.53
钢压延加工	478	6507.17	449.25	4803.31	1896.57
铁合金冶炼	53	477.05	20.57	596.55	321.57
有色金属冶炼和压延加工业	741	5216.45	470.30	4655.55	1528.69
常用有色金属冶炼	92	1223.22	15.01	1771.79	658.37
贵金属冶炼	20	82.86		106.78	35.68
稀有稀土金属冶炼	28	111.88	21.89	91.95	26.25
有色金属合金制造	116	501.30	63.68	301.03	87.12
有色金属铸造	30	69.30	6.00	66.51	17.75
有色金属压延加工	455	3227.90	363.72	2317.49	703.52

单位：亿元

固定资产原价	累计折旧	流动资产合计	应收账款	存货	产成品	负债合计	流动负债合计
309.42	139.40	294.48	34.09	73.49	33.85	338.18	245.97
104.86	58.32	127.83	41.78	41.00	18.43	111.60	101.41
517.79	251.84	918.88	345.67	181.36	76.37	629.71	572.61
1998.80	924.96	1542.63	416.30	384.35	155.14	1705.25	1331.39
2603.12	1008.41	1989.27	522.54	353.34	143.62	2346.72	1981.06
5.93	1.98	4.44	1.65	1.04	0.55	3.18	2.46
521.11	265.92	786.38	240.91	135.85	60.42	570.64	514.80
1980.86	834.02	2640.20	630.63	677.39	278.57	2067.78	1737.93
583.47	225.45	476.89	114.26	127.59	60.76	560.85	421.92
625.20	267.13	1253.82	333.62	353.62	152.48	890.60	816.39
33.28	11.70	56.42	21.37	17.91	4.06	37.40	34.40
256.48	97.40	346.02	54.12	76.74	25.88	271.67	213.74
38.62	20.35	35.70	9.80	8.07	3.27	23.08	20.78
319.52	170.51	343.16	63.86	66.73	22.46	180.71	145.91
124.30	41.48	128.19	33.60	26.73	9.67	103.47	84.79
1227.50	528.91	1006.73	143.26	257.36	120.00	1199.88	1012.00
233.90	103.62	178.53	22.09	49.75	15.72	216.85	182.71
993.60	425.29	828.20	121.17	207.61	104.27	983.02	829.29
3568.61	1644.87	3463.21	1053.43	876.05	340.45	3140.97	2648.31
1526.95	639.82	988.99	341.45	286.52	120.07	1107.47	828.41
2041.66	1005.05	2474.22	711.98	589.54	220.38	2033.50	1819.90
3963.87	1530.82	3001.27	767.28	628.37	272.75	3348.20	2580.96
1425.13	443.89	712.30	74.44	90.81	22.27	1029.50	695.03
353.06	151.19	480.17	223.89	56.93	26.08	447.29	408.61
545.23	263.13	479.62	105.52	148.17	82.36	485.06	421.28
470.10	181.30	257.70	39.58	68.25	33.42	374.73	260.41
411.27	155.83	395.38	109.13	94.77	37.52	378.07	317.29
260.42	118.43	151.43	53.16	28.58	16.22	177.79	127.15
228.41	95.83	196.45	52.46	63.24	27.74	169.34	135.51
106.10	43.65	165.94	67.97	37.29	14.54	151.21	97.90
164.15	77.58	162.29	41.14	40.34	12.60	135.19	117.78
4307.04	1778.09	3159.96	434.53	1025.96	288.61	4298.44	3555.75
99.73	38.04	78.85	19.05	38.85	6.00	179.07	173.20
393.35	137.61	230.76	23.47	71.35	19.99	348.56	286.80
281.43	108.95	244.39	64.97	59.31	23.84	238.42	193.76
3141.33	1368.87	2353.88	291.52	782.74	209.20	3178.45	2649.34
391.20	124.63	252.08	35.52	73.71	29.58	353.94	252.66
2313.98	866.94	2665.12	553.27	584.24	165.10	3025.38	2349.09
863.98	254.74	907.83	141.51	189.13	29.24	1298.39	892.50
42.80	12.49	53.02	0.98	15.47	5.38	51.80	36.56
42.27	16.20	59.70	14.45	26.51	14.30	41.50	38.05
130.59	47.85	184.98	56.99	56.39	18.01	166.25	154.08
29.34	13.61	41.85	8.64	11.59	5.81	39.97	38.23
1205.00	522.05	1417.73	330.70	285.15	92.35	1427.48	1189.68

1-A-6 续表 3

行业	企业单位数（个）	工业销售产值（当年价格）	出口交货值	资产总计	固定资产合计
金属制品业	3054	6278.21	1992.57	4841.57	1401.67
结构性金属制品制造	563	1167.31	251.28	963.51	226.88
金属工具制造	344	436.10	196.48	381.33	121.38
集装箱及金属包装容器制造	284	1268.51	471.07	975.54	257.56
金属丝绳及其制品制造	174	433.16	92.71	430.24	174.48
建筑、安全用金属制品制造	438	670.93	289.50	477.54	115.89
金属表面处理及热处理加工	220	469.42	69.67	370.69	123.41
搪瓷制品制造	23	36.95	14.34	33.09	9.86
金属制日用品制造	444	675.43	266.63	440.41	109.52
其他金属制品制造	564	1120.40	340.88	769.23	262.70
通用设备制造业	3779	10760.45	3316.50	10003.25	2327.64
锅炉及原动设备制造	171	1052.62	122.00	1281.57	311.11
金属加工机械制造	454	644.25	81.74	673.96	164.01
物料搬运设备制造	325	2180.23	380.80	2176.78	352.55
泵、阀门、压缩机及类似机械制造	826	1979.84	483.05	1922.44	490.60
轴承、齿轮和传动部件制造	417	680.82	193.23	834.04	313.80
烘炉、风机、衡器、包装等设备制造	662	1728.25	552.02	1469.14	280.48
文化、办公用机械制造	234	1623.98	1228.26	800.10	160.88
通用零部件制造	573	698.61	238.65	658.39	201.48
其他通用设备制造业	117	171.85	36.73	186.81	52.74
专用设备制造业	2724	6247.64	1785.54	7060.59	1549.97
采矿、冶金、建筑专用设备制造	412	2356.84	573.29	2952.00	599.17
化工、木材、非金属加工专用设备制造	938	1215.36	384.48	1438.95	345.82
食品、饮料、烟草及饲料生产专用设备制造	76	95.85	24.41	99.79	19.85
印刷、制药、日化及日用品生产专用设备制造	173	269.18	49.58	287.48	76.67
纺织、服装和皮革加工专用设备制造	205	412.02	112.90	444.34	79.98
电子和电工机械专用设备制造	166	323.25	127.66	326.26	134.48
农、林、牧、渔专用机械制造	118	295.18	101.50	250.86	58.89
医疗仪器设备及器械制造	282	588.68	289.08	550.63	134.37
环保、社会公共服务及其他专用设备制造	354	691.28	122.65	710.29	100.74
汽车制造业	2721	27883.92	1493.48	19394.46	4826.20
汽车整车制造	93	16621.81	202.20	10487.70	2388.98
改装汽车制造	32	160.71	15.99	113.93	26.69
汽车车身、挂车制造	25	205.58	25.55	147.28	38.07
汽车零部件及配件制造	2568	10880.23	1249.72	8625.13	2367.06
铁路、船舶、航空航天和其他运输设备制造业	730	3321.36	1402.85	3804.04	990.50
铁路运输设备制造	69	330.15	20.18	421.11	43.74
城市轨道交通设备制造	7	36.43	0.60	50.24	9.25
船舶及相关装置制造	200	1596.85	948.90	2327.38	668.05
航空、航天器及设备制造	46	294.45	56.30	202.36	107.83
摩托车制造	125	542.43	138.25	373.97	71.61
自行车制造	221	382.12	185.82	354.94	62.41
非公路休闲车及零配件制造	39	91.12	19.94	50.17	20.40
潜水救捞及其他未列明运输设备制造	23	47.82	32.87	23.88	7.21
电气机械和器材制造业	4270	16447.24	5842.25	12435.31	2882.64
电机制造	518	2143.50	695.31	1880.18	390.95

单位：亿元

固定资产原价	累计折旧	流动资产合计	应收账款	存货	产成品	负债合计	流动负债合计
2426.65	1127.75	2976.88	927.13	789.87	250.45	2389.26	2116.55
397.70	181.77	607.34	179.86	151.95	42.33	496.48	449.71
211.04	99.78	231.23	67.01	71.63	23.22	171.39	149.46
397.67	160.48	599.58	179.37	156.31	43.79	495.07	431.37
317.23	151.76	230.11	82.44	50.55	21.50	219.13	181.31
199.22	94.62	325.39	108.97	97.29	30.80	230.50	210.18
204.93	99.76	227.58	67.50	45.24	18.01	202.98	181.92
16.43	6.73	17.95	6.39	5.11	2.64	19.96	18.45
278.23	175.37	284.73	74.13	90.98	25.73	213.27	198.54
404.20	157.48	452.97	161.46	120.84	42.43	340.49	295.60
3900.65	1701.62	6761.24	2093.77	1787.45	541.07	5218.78	4740.56
473.82	194.58	848.66	219.29	225.64	50.42	764.96	704.63
253.91	103.20	463.50	126.03	149.16	41.00	306.23	280.27
544.76	200.08	1601.14	441.09	419.70	106.30	1403.15	1297.70
850.83	388.95	1216.52	376.84	337.91	117.84	846.00	763.00
486.68	190.86	446.90	143.88	126.31	40.43	396.01	324.47
487.52	221.98	1073.81	371.52	227.46	79.50	782.23	703.68
370.14	208.39	595.65	240.43	152.34	47.74	376.24	360.25
346.77	159.39	392.19	139.81	107.85	49.14	265.98	240.76
86.22	34.19	122.86	34.89	41.08	8.70	77.97	65.79
2688.69	1202.97	4802.22	1624.61	1251.67	396.08	3916.09	3404.38
1060.73	477.28	2077.76	783.41	507.44	174.94	1824.80	1544.48
621.84	290.70	977.52	311.80	268.52	72.94	685.12	640.15
32.47	14.68	69.23	22.18	18.71	6.06	46.80	45.49
121.04	51.44	191.29	57.05	52.82	13.65	159.95	136.10
147.47	71.91	299.34	71.67	88.13	29.92	248.05	209.55
227.13	93.10	166.10	55.70	43.04	12.23	179.62	123.42
86.62	32.15	161.27	43.05	67.34	35.48	157.31	136.90
211.74	88.25	329.37	86.81	80.26	22.88	213.72	197.01
179.66	83.47	530.35	192.93	125.39	27.98	400.72	371.28
7961.25	3479.72	11887.16	3830.52	1873.19	755.80	11283.00	10035.87
3957.83	1759.07	6313.30	1530.12	783.03	334.93	6575.54	5886.56
38.63	13.87	74.19	22.43	19.93	6.26	72.50	56.79
53.48	21.04	99.20	23.71	21.62	6.00	71.56	67.10
3903.37	1683.21	5388.72	2249.84	1046.14	407.20	4546.03	4010.63
1512.26	585.55	2267.16	397.98	593.26	105.21	2224.38	1770.46
71.63	29.71	354.44	111.84	102.80	14.53	272.43	244.07
11.86	2.82	38.85	14.17	8.67	1.02	32.60	32.10
955.74	331.71	1265.01	117.65	335.92	32.96	1443.01	1064.02
151.60	51.15	80.30	28.39	23.83	3.44	73.40	63.36
163.39	95.13	264.75	56.21	49.11	26.38	187.23	165.66
110.15	52.24	223.10	55.86	62.17	24.19	179.97	167.76
36.30	18.11	25.97	8.75	5.58	1.77	21.01	19.43
11.59	4.68	14.75	5.10	5.20	0.91	14.73	14.07
5147.08	2440.26	8307.48	3083.65	1641.83	599.94	7184.80	6404.62
789.43	424.82	1300.13	497.48	291.68	88.15	970.13	867.89

1-A-6 续表 4

行　业	企　业 单位数 （个）	工业销售 产　值 （当年价格）	出口交货值	资产总计	固定资产 合　计
输配电及控制设备制造	1238	4607.28	1440.45	3992.65	996.19
电线、电缆、光缆及电工器材制造	811	2760.35	798.37	1943.88	415.57
电池制造	273	1623.20	673.58	1421.76	332.93
家用电力器具制造	679	3882.86	1647.19	2121.14	483.64
非电力家用器具制造	63	157.40	27.61	160.41	26.08
照明器具制造	607	1160.92	534.41	810.39	211.93
其他电气机械及器材制造	81	111.72	25.33	104.91	25.34
计算机、通信和其他电子设备制造业	5603	56036.77	40210.67	30896.36	8557.96
计算机制造	662	19655.37	16443.04	8636.85	2150.64
通信设备制造	446	10077.78	5972.31	5243.38	680.11
广播电视设备制造	171	650.29	383.55	440.55	93.02
雷达及配套设备制造	5	18.05	4.20	29.26	0.67
视听设备制造	458	4687.32	2680.06	1974.71	326.22
电子器件制造	1072	9650.20	7696.60	7010.33	2837.78
电子元件制造	2400	9253.56	5848.87	6433.66	2124.70
其他电子设备制造	389	2044.20	1182.05	1127.62	344.83
仪器仪表制造业	967	2253.90	849.15	1874.22	395.34
通用仪器仪表制造	437	1006.08	257.99	972.38	173.23
专用仪器仪表制造	161	554.86	169.00	397.58	88.84
钟表与计时仪器制造	136	222.68	129.91	141.66	30.85
光学仪器及眼镜制造	207	393.37	239.20	337.50	94.86
其他仪器仪表制造业	26	76.92	53.05	25.09	7.56
其他制造业	409	523.11	239.89	419.58	119.75
日用杂品制造	322	419.76	197.05	328.21	92.59
煤制品制造	3	9.59		8.28	3.42
废弃资源综合利用业	169	528.57	2.35	351.99	55.47
金属废料和碎屑加工处理	131	477.62	1.36	304.14	37.30
非金属废料和碎屑加工处理	38	50.95	0.99	47.85	18.17
金属制品、机械和设备修理业	71	265.26	174.11	355.82	167.54
金属制品修理	6	5.65	0.75	3.53	0.74
通用设备修理	4	1.99	0.01	2.62	0.50
专用设备修理	9	11.99	6.47	12.56	2.43
铁路、船舶、航空航天等运输设备修理	42	240.30	166.29	332.23	162.32
其他机械和设备修理业	7	4.67	0.59	4.06	1.35
电力、热力、燃气及水生产和供应业	**967**	**5087.74**	**95.73**	**10092.12**	**5967.01**
电力、热力生产和供应业	506	3197.34	37.75	6753.56	4366.22
电力生产	459	3079.79	37.75	6520.15	4242.15
电力供应	5	23.88		26.90	9.92
热力生产和供应	42	93.67		206.50	114.15
燃气生产和供应业	312	1644.15	28.07	2205.09	1008.44
水的生产和供应业	149	246.25	29.91	1133.48	592.36
自来水生产和供应	93	143.96		666.46	430.36
污水处理及其再生利用	50	50.91		224.48	73.23
其他水的处理、利用与分配	6	51.38	29.91	242.53	88.76

单位：亿元

固定资产原价	累计折旧	流动资产合计	应收账款	存货	产成品	负债合计	流动负债合计
1645.86	718.96	2557.95	1050.92	434.54	158.61	2358.84	2056.68
772.13	376.07	1371.96	601.48	262.12	98.64	1199.22	1088.22
543.54	233.49	891.85	208.05	146.03	51.95	886.54	714.29
950.12	486.36	1474.43	476.68	326.72	145.69	1223.06	1159.59
39.52	16.63	112.44	45.01	21.14	6.17	82.41	78.37
370.44	168.26	527.08	185.33	139.94	41.62	417.97	395.54
36.04	15.66	71.63	18.70	19.67	9.12	46.64	44.04
18105.16	9761.25	20229.68	8373.64	3973.23	1132.28	18311.79	16511.33
4326.02	2205.78	5948.96	2616.35	1069.78	265.34	6088.20	5628.01
1399.31	732.65	4253.25	1585.85	841.02	185.40	3516.59	3364.27
193.56	102.46	321.81	119.00	69.74	17.06	215.81	198.75
1.37	0.80	23.02	1.63	2.00	0.53	21.39	21.09
664.67	351.88	1514.03	624.69	343.06	130.27	1274.80	1211.44
5941.09	3174.49	3627.45	1522.06	672.50	207.24	3443.68	2729.96
4753.24	2702.52	3844.64	1637.83	800.20	263.30	3181.23	2844.60
825.91	490.67	696.52	266.22	174.94	63.14	570.10	513.21
746.55	362.90	1297.98	434.45	336.03	92.50	833.80	766.17
297.79	129.79	700.03	219.66	168.63	37.92	440.37	407.65
171.66	87.56	278.19	108.53	62.25	19.28	176.13	160.45
54.07	25.34	95.44	26.01	43.09	13.94	65.72	58.40
197.00	103.91	212.56	77.25	57.40	20.01	137.49	125.97
26.03	16.29	11.77	3.00	4.66	1.35	14.08	13.71
201.59	88.95	247.07	67.00	73.82	23.23	192.98	175.64
152.61	66.68	193.73	48.26	61.07	18.77	149.69	140.33
3.47	0.04	2.61	0.23	0.10	0.01	5.52	1.62
91.44	37.75	273.35	63.49	75.49	46.32	259.08	246.72
60.15	24.36	248.24	59.64	69.12	43.98	236.19	227.69
31.29	13.39	25.11	3.85	6.37	2.34	22.89	19.03
226.06	69.31	144.83	65.29	31.23	6.77	219.94	157.15
1.52	0.78	2.52	1.09	0.31	0.07	2.87	1.74
1.01	0.51	1.98	0.37	0.16	0.01	0.50	0.50
4.02	1.61	8.38	3.62	2.84	1.02	6.19	5.40
216.78	65.21	129.08	59.22	27.33	5.61	208.12	147.34
2.43	1.09	2.26	0.90	0.52	0.05	1.93	1.85
9872.47	**4166.27**	**2652.57**	**566.51**	**213.05**	**18.55**	**5578.73**	**3219.63**
7878.04	3593.78	1625.53	382.36	152.49	4.82	3792.40	1983.31
7692.85	3522.73	1539.60	371.11	145.63	4.23	3639.63	1889.63
15.64	6.74	15.42	2.01	0.65	0.58	16.48	14.49
169.55	64.31	70.51	9.24	6.21	0.01	136.28	79.19
1193.75	274.00	746.50	133.75	51.79	13.48	1172.27	938.03
800.68	298.48	280.54	50.40	8.77	0.26	614.07	298.29
626.07	233.91	147.00	32.33	6.53	0.18	334.18	216.41
81.83	28.08	61.99	13.65	1.66	0.06	128.07	67.32
92.78	36.49	71.56	4.42	0.59	0.02	151.82	14.56

1-A-6 续表 5

行　业	应付账款	所有者权益合计	实收资本	国家资本	集体资本
总　计	**33181.59**	**81845.13**	**48563.06**	**2507.52**	**368.86**
采矿业	**646.95**	**1004.42**	**345.25**	**42.16**	**6.70**
煤炭开采和洗选业	514.23	579.68	177.88	20.77	5.18
烟煤和无烟煤开采洗选	58.10	523.87	142.18	20.77	2.18
石油和天然气开采业	86.13	24.51	23.30	5.59	
石油开采	47.82	11.56	12.39	5.59	
天然气开采	38.30	12.94	10.91		
黑色金属矿采选业	19.02	144.47	54.32	3.03	
铁矿采选	15.04	102.44	49.57	3.00	
有色金属矿采选业	8.75	113.50	43.57	9.05	1.30
常用有色金属矿采选	5.61	68.80	29.43	9.05	0.02
贵金属矿采选	2.97	27.40	8.38	0.01	
稀有稀土金属矿采选	0.17	17.31	5.75		1.29
非金属矿采选业	5.79	45.66	32.43	3.52	0.02
土砂石开采	2.17	20.58	15.72		
化学矿开采	0.04	1.37	0.38		
采盐	2.15	14.06	7.57	1.79	
石棉及其他非金属矿采选	1.43	9.64	8.76	1.73	0.02
开采辅助活动	13.03	96.59	13.75	0.19	0.19
制造业	**31983.26**	**76341.43**	**45043.34**	**1551.43**	**331.34**
农副食品加工业	781.89	2106.91	2583.59	40.06	18.81
谷物磨制	23.56	117.33	90.86	10.39	0.19
饲料加工	76.31	291.18	131.75	2.69	0.84
植物油加工	437.60	471.98	254.78	16.21	2.16
制糖业	17.42	59.33	33.41	2.60	
屠宰及肉类加工	88.06	425.59	219.50	0.80	7.90
水产品加工	60.87	324.35	150.06	0.25	6.29
蔬菜、水果和坚果加工	30.76	244.21	109.90	1.04	0.87
其他农副食品加工	47.31	172.94	1593.33	6.08	0.57
食品制造业	520.60	2012.90	977.10	8.04	17.64
焙烤食品制造	68.52	277.97	171.33	0.76	0.70
糖果、巧克力及蜜饯制造	32.83	229.31	90.72	0.21	0.74
方便食品制造	113.66	420.15	181.24	1.23	7.01
乳制品制造	128.04	330.41	170.41	0.56	3.38
罐头食品制造	27.65	60.99	48.38	0.28	1.63
调味品、发酵制品制造	48.60	200.86	108.01	0.53	0.62
其他食品制造	101.30	493.21	207.02	4.46	3.57
酒、饮料和精制茶制造业	416.05	1642.98	1118.13	21.50	12.53
酒的制造	128.12	566.68	401.62	15.49	4.24
饮料制造	283.34	1045.28	704.35	5.94	8.26
精制茶加工	4.59	31.02	12.15	0.06	0.03
纺织业	493.46	2339.70	1504.06	7.37	13.17
棉纺织及印染精加工	271.39	1267.31	834.31	5.58	9.54
毛纺织及染整精加工	43.86	225.93	109.69	1.04	0.35
麻纺织及染整精加工	5.31	29.91	16.34	0.47	0.09

单位：亿元

法人资本	个人资本	港澳台资本	外商资本	主营业务收　入	主营业务成　本	主营业务税金及附加	销售费用
9164.60	**3100.04**	**11822.30**	**21432.92**	**242964.16**	**207255.74**	**2207.91**	**7832.22**
105.60	**30.35**	**72.77**	**87.26**	**3233.16**	**2438.46**	**75.65**	**45.20**
51.12	19.10	39.97	41.73	1841.10	1499.48	16.18	28.25
49.28	17.65	23.73	28.56	521.74	312.89	12.71	26.40
2.93		1.87	12.91	712.93	415.03	51.30	1.45
		0.54	6.25	453.56	252.17	29.93	0.71
2.93		1.33	6.65	259.37	162.86	21.37	0.74
36.74	5.36	5.07	4.12	268.94	226.43	2.41	2.74
35.58	5.06	5.07	0.86	176.36	146.98	2.11	2.40
8.51	3.46	8.49	12.69	157.36	111.32	2.14	1.80
6.13	3.19	5.99	4.99	120.28	86.85	1.74	1.72
1.34	0.19	0.50	6.35	26.66	15.78	0.27	0.05
1.04	0.08	2.00	1.35	10.43	8.70	0.12	0.03
5.08	2.43	6.36	14.67	121.20	89.96	1.74	9.78
3.30	0.31	2.79	8.96	42.16	33.61	0.55	1.69
0.19	0.05	0.11	0.03	3.65	2.15	0.05	0.67
		2.11	3.67	33.33	23.11	0.34	3.89
1.59	2.07	1.35	2.00	42.06	31.09	0.80	3.53
1.21		11.01	1.15	131.63	96.24	1.89	1.18
8181.41	**3041.59**	**11086.40**	**20712.12**	**234663.60**	**200826.16**	**2097.60**	**7721.98**
255.07	1524.78	220.15	523.08	10662.44	9643.52	30.28	276.42
17.54	3.07	19.42	40.26	422.76	389.34	1.32	13.56
34.78	10.25	24.79	58.40	1672.49	1489.78	3.09	47.97
33.00	6.06	28.47	168.87	3404.95	3213.72	5.30	50.69
11.43	0.06	4.22	15.10	222.41	169.65	1.30	5.49
56.51	6.27	76.28	71.11	1663.49	1482.52	5.34	43.55
43.51	27.87	22.47	49.63	1210.83	1067.37	5.43	20.37
28.07	9.34	24.54	45.09	851.53	715.08	3.73	26.90
30.24	1461.85	19.97	74.63	1213.98	1116.03	4.77	67.89
185.26	44.73	239.12	480.92	5738.69	4119.99	33.82	803.47
18.07	6.92	61.40	83.37	769.16	568.03	4.58	86.87
5.30	1.33	23.39	59.75	591.69	377.35	3.96	102.86
32.18	8.65	62.44	69.71	1116.08	867.18	3.62	142.75
54.33	7.59	21.10	82.72	1295.39	981.35	6.31	193.77
12.54	5.17	11.67	17.09	280.41	242.43	1.75	8.92
16.10	4.09	23.68	62.99	490.60	378.56	2.37	31.33
46.73	10.97	35.44	105.29	1195.36	705.09	11.23	236.97
237.86	29.95	243.19	573.11	3949.84	2856.28	97.20	501.49
93.63	12.51	80.62	195.13	1083.30	743.36	85.13	113.60
143.45	16.53	154.79	375.39	2793.73	2057.32	11.75	384.98
0.78	0.91	7.78	2.59	72.81	55.60	0.33	2.91
282.51	80.25	628.32	488.38	5953.59	5205.96	24.24	96.54
159.48	41.43	358.88	259.39	3042.44	2667.96	13.12	40.88
31.56	8.88	46.70	21.17	565.72	502.64	1.92	6.52
2.97	0.93	8.06	3.81	72.19	61.39	0.38	1.47

1-A-6 续表 6

行 业	应付账款	所有者权益合计	实收资本	国家资本	集体资本
丝绢纺织及印染精加工	8.00	45.38	27.00		0.10
化纤织造及印染精加工	17.36	124.73	103.35		0.64
针织或钩针编织物及其制品制造	48.63	208.52	141.60	0.07	0.68
家用纺织制成品制造	48.92	192.65	98.06	0.07	0.56
非家用纺织制成品制造	49.97	245.26	173.71	0.13	1.22
纺织服装、服饰业	490.39	2076.70	1035.70	3.62	5.27
机织服装制造	347.60	1597.84	764.97	3.21	4.73
针织或钩针编织服装制造	116.72	358.57	207.70	0.38	0.50
服饰制造	26.07	120.28	63.03	0.03	0.05
皮革、毛皮、羽毛及其制品和制鞋业	374.41	1378.38	686.88	0.54	6.15
皮革鞣制加工	31.32	121.63	63.96	0.12	1.23
皮革制品制造	103.68	232.07	131.66	0.02	1.02
毛皮鞣制及制品加工	6.46	31.65	19.59		
羽毛(绒)加工及制品制造	9.40	40.04	27.55		0.12
制鞋业	223.56	952.98	444.11	0.40	3.79
木材加工和木、竹、藤、棕、草制品业	65.53	328.34	197.11	3.74	1.54
木材加工	8.73	39.82	32.20		0.08
人造板制造	22.16	137.25	81.57	1.01	0.92
木制品制造	30.53	134.68	73.18	2.72	0.54
竹、藤、棕、草等制品制造	4.12	16.58	10.15	0.01	
家具制造业	236.06	567.12	396.32	3.63	3.12
木质家具制造	84.91	286.52	221.08	0.62	1.22
竹、藤家具制造	17.05	11.91	9.29		1.12
金属家具制造	91.18	168.73	107.11	3.02	0.67
塑料家具制造	3.88	10.24	6.32		
其他家具制造	39.03	89.73	52.53		0.12
造纸和纸制品业	581.94	2326.77	1731.52	70.22	15.30
纸浆制造	2.73	22.94	17.76	0.74	
造纸	384.78	1685.49	1304.48	47.10	13.48
纸制品制造	194.43	618.34	409.29	22.39	1.82
印刷和记录媒介复制业	187.10	648.51	385.43	9.35	5.48
印刷	183.36	611.20	353.78	9.17	5.09
装订及印刷相关服务	2.34	14.71	11.54	0.15	0.38
记录媒介复制	1.40	22.59	20.11	0.03	
文教、工美、体育和娱乐用品制造业	360.39	1159.86	630.51	10.90	4.53
文教办公用品制造	21.01	73.57	52.21	0.10	0.19
乐器制造	13.84	55.96	39.70	9.09	0.01
工艺美术品制造	133.68	552.08	211.41	0.40	1.10
体育用品制造	72.00	180.94	119.36	1.31	0.01
玩具制造	109.17	260.05	184.19		2.47
游艺器材及娱乐用品制造	10.68	37.26	23.64		0.75
石油加工、炼焦和核燃料加工业	485.66	745.57	558.60	39.10	11.74
精炼石油产品制造	370.29	527.27	416.80	36.55	1.06
炼焦	115.38	218.30	141.79	2.55	10.68
化学原料和化学制品制造业	1779.69	6848.04	4553.90	169.35	14.37
基础化学原料制造	397.22	2084.76	1505.15	125.65	6.46

单位：亿元

				主营业务收入	主营业务成本	主营业务税金及附加	销售费用
法人资本	个人资本	港澳台资本	外商资本				
3.88	1.83	12.42	8.77	87.54	76.52	0.41	1.76
22.14	9.99	43.35	27.20	238.65	212.62	0.56	2.97
20.93	6.81	71.65	37.46	724.89	628.83	2.59	11.92
13.18	5.81	34.91	43.53	665.86	581.08	2.75	15.93
28.38	4.58	52.34	87.04	556.29	474.91	2.51	15.09
185.25	77.07	454.05	309.56	6096.39	5102.79	33.19	260.13
148.36	62.62	328.96	216.57	4665.07	3867.23	25.25	224.37
27.64	9.06	104.08	65.70	1090.92	951.37	6.10	22.82
9.26	5.38	21.01	27.30	340.39	284.19	1.84	12.94
111.55	40.66	287.95	236.65	4578.91	3901.44	24.73	134.59
17.93	4.38	13.51	26.79	399.62	351.95	1.47	4.88
17.98	9.54	58.20	44.90	1014.79	870.71	6.79	22.24
3.13	0.91	10.26	5.29	152.25	134.69	0.36	1.75
7.23	0.87	8.58	10.75	180.82	159.70	0.57	3.05
65.28	24.95	197.40	148.92	2831.43	2384.38	15.54	102.67
54.42	15.34	63.43	58.56	1012.01	862.84	6.09	32.76
6.07	1.48	20.13	4.44	82.63	68.98	0.48	1.11
27.78	4.33	25.94	21.59	399.52	347.39	2.09	12.52
16.59	7.60	15.40	30.25	439.55	369.51	3.07	16.66
3.97	1.92	1.96	2.28	90.32	76.96	0.45	2.47
62.36	13.30	155.35	154.85	1725.48	1463.71	8.45	58.77
35.76	10.81	95.69	73.28	834.78	713.91	3.96	27.41
4.77	0.32	1.14	1.94	42.51	35.82	0.22	1.09
13.26	0.86	32.23	57.07	482.90	404.03	2.04	13.19
0.23	0.03	4.78	1.28	39.68	35.87	0.10	0.91
8.34	1.29	21.51	21.28	325.61	274.09	2.13	16.17
246.94	37.99	410.18	941.72	3391.60	2842.51	12.08	138.89
12.55		3.35	1.12	21.26	17.06	0.11	0.47
185.43	24.38	270.12	763.98	1985.16	1696.16	5.71	61.82
48.97	13.62	136.71	176.62	1385.18	1129.29	6.25	76.60
79.33	15.01	163.07	113.00	1218.36	990.18	6.61	36.74
69.26	13.79	149.42	106.85	1170.29	949.62	6.31	35.26
3.63		3.88	3.50	23.09	18.77	0.18	0.68
6.44	1.22	9.77	2.65	24.98	21.80	0.11	0.80
85.49	31.10	280.79	217.67	4370.54	3826.23	20.06	90.35
8.71	1.55	18.79	22.87	206.20	175.17	0.94	7.16
3.44	1.08	3.89	22.20	130.84	111.31	0.64	2.58
40.87	16.95	85.20	66.88	2422.43	2145.48	10.35	47.21
12.98	4.25	50.80	50.02	564.72	498.13	2.77	10.64
17.69	5.82	115.90	42.29	901.47	775.60	4.88	18.98
1.81	1.45	6.22	13.41	144.89	120.54	0.49	3.77
234.61	32.95	79.25	160.96	4583.28	3956.92	354.46	56.18
172.82	21.19	52.25	132.93	3829.39	3279.31	352.44	36.76
61.78	11.76	27.00	28.03	753.89	677.61	2.01	19.43
874.11	127.76	928.00	2393.30	17677.23	14954.52	68.80	787.14
331.81	34.27	259.00	747.97	5263.44	4680.79	13.68	99.78

1-A-6 续表 7

行 业	应付账款	所有者权益合计	实收资本	国家资本	集体资本
肥料制造	46.05	264.17	108.46	14.93	1.58
农药制造	24.39	88.79	37.27	0.81	
涂料、油墨、颜料及类似产品制造	219.51	688.42	324.56	2.94	2.11
合成材料制造	420.23	1302.04	941.86	7.90	2.90
专用化学产品制造	455.98	1790.34	1232.18	13.55	1.00
炸药、火工及焰火产品制造	1.08	6.06	3.08		
日用化学产品制造	215.24	623.45	401.32	3.57	0.33
医药制造业	448.77	2411.78	990.14	46.19	6.30
化学药品原料药制造	97.54	447.12	219.76	12.25	0.62
化学药品制剂制造	240.68	977.59	370.15	24.80	3.44
中药饮片加工	10.91	52.06	22.22	2.89	
中成药生产	45.03	325.97	115.21	1.08	1.04
兽用药品制造	3.94	38.53	17.41	1.46	0.13
生物药品制造	28.30	432.65	177.53	3.07	1.02
卫生材料及医药用品制造	22.37	137.86	67.87	0.63	0.05
化学纤维制造业	175.53	821.94	585.75	31.33	4.96
纤维素纤维原料及纤维制造	34.30	151.71	90.50	27.33	2.23
合成纤维制造	141.23	670.23	495.24	4.00	2.72
橡胶和塑料制品业	833.02	2999.73	1902.92	16.44	11.39
橡胶制品业	254.60	1055.53	674.56	5.66	5.01
塑料制品业	578.42	1944.20	1228.36	10.79	6.38
非金属矿物制品业	653.81	2927.56	1840.36	74.57	21.30
水泥、石灰和石膏制造	131.45	951.72	532.41	49.60	8.40
石膏、水泥制品及类似制品制造	129.34	297.09	177.03	2.70	1.11
砖瓦、石材等建筑材料制造	109.95	395.15	220.43	3.29	2.23
玻璃制造	51.66	316.63	267.19	10.95	2.62
玻璃制品制造	104.51	359.01	240.98	1.36	5.29
玻璃纤维和玻璃纤维增强塑料制品制造	27.22	148.33	116.37	0.68	0.06
陶瓷制品制造	36.16	210.90	135.06	3.13	0.89
耐火材料制品制造	30.34	110.27	65.23	1.31	0.71
石墨及其他非金属矿物制品制造	33.18	138.45	85.66	1.55	
黑色金属冶炼和压延加工业	851.46	2301.18	1305.05	80.63	13.63
炼铁	32.75	34.56	45.37		
炼钢	57.25	181.50	87.66		0.74
黑色金属铸造	46.42	223.89	137.95	0.72	0.51
钢压延加工	655.39	1619.25	853.22	76.43	12.37
铁合金冶炼	59.65	241.99	180.85	3.49	
有色金属冶炼和压延加工业	501.89	1629.65	875.87	58.23	7.90
常用有色金属冶炼	187.93	476.01	160.88	28.21	4.54
贵金属冶炼	4.68	54.47	15.17	0.15	1.20
稀有稀土金属冶炼	9.32	50.40	24.81	6.16	0.02
有色金属合金制造	39.98	134.11	84.50	3.19	0.40
有色金属铸造	17.96	26.54	15.72		0.07
有色金属压延加工	242.02	888.11	574.78	20.53	1.68

单位：亿元

法人资本	个人资本	港澳台资本	外商资本	主营业务收　入	主营业务成　本	主营业务税金及附加	销售费用
24.79	12.29	25.19	29.69	611.04	527.81	1.55	19.57
8.11	4.90	6.42	17.03	313.14	267.12	0.54	9.66
45.69	6.60	85.06	181.84	1638.37	1278.45	7.11	110.02
268.93	14.21	133.49	514.31	4279.95	3923.31	10.42	75.26
175.81	45.90	321.01	628.56	3711.63	3197.20	13.60	95.00
0.48	1.13	0.20	1.27	28.35	22.08	1.48	0.75
18.49	8.47	97.62	272.63	1831.32	1057.76	20.43	377.10
192.69	47.84	215.18	481.10	4538.87	2875.47	32.67	785.55
31.98	11.63	74.74	88.54	824.57	639.97	4.44	60.16
61.46	8.17	49.14	223.11	2095.70	1121.92	17.32	554.07
6.64	1.26	6.53	4.90	101.80	74.07	0.90	6.09
33.65	7.78	41.05	29.80	626.34	393.43	4.39	97.19
3.71	2.39	0.46	9.25	64.77	46.27	0.32	4.69
45.52	12.32	30.85	84.74	525.11	353.57	3.49	50.34
9.72	4.29	12.41	40.76	300.58	246.24	1.81	13.00
127.08	17.48	270.83	134.07	2144.38	1918.36	4.90	21.71
14.78	3.24	15.01	27.92	351.87	289.02	1.39	5.87
112.30	14.25	255.82	106.15	1792.51	1629.33	3.51	15.84
305.31	61.81	551.52	950.96	7002.66	5952.97	34.47	209.99
97.31	18.96	101.55	446.07	2246.08	1851.38	13.94	86.89
208.00	42.85	449.97	504.88	4756.58	4101.59	20.54	123.10
370.77	98.23	556.27	721.28	5394.01	4456.01	31.39	183.09
51.09	13.64	199.88	214.69	1043.87	816.43	8.00	30.96
37.20	7.89	58.50	68.35	788.70	678.94	4.44	25.56
58.64	19.14	76.45	59.45	1094.38	915.77	5.76	40.63
85.53	19.26	68.24	80.60	450.64	372.37	1.82	14.93
35.00	13.36	82.96	102.69	680.06	566.04	3.61	20.68
39.10	1.42	24.56	50.55	209.47	177.52	1.02	7.78
35.48	9.33	23.02	63.21	490.96	404.91	3.38	19.14
10.60	7.70	10.24	34.68	320.24	262.98	1.94	12.23
18.12	6.50	12.43	47.07	315.69	261.05	1.42	11.18
369.16	45.40	264.50	531.71	8240.68	7703.46	18.30	73.18
13.80	1.73	2.67	27.18	200.37	188.89	0.32	2.52
4.83	4.63	46.53	30.93	674.28	625.30	1.28	4.46
26.41	6.65	20.18	83.46	478.88	405.81	1.51	10.29
231.10	28.43	185.16	319.72	6415.99	6052.95	11.69	46.14
93.03	3.97	9.96	70.41	471.16	430.51	3.49	9.77
150.71	48.33	320.38	290.06	5260.68	4785.03	14.48	49.33
41.61	7.71	42.00	36.80	1259.97	1163.38	4.90	11.58
2.42	0.02	3.96	7.42	80.72	58.02	0.30	0.48
2.42	0.38	1.07	14.76	110.27	95.01	1.39	1.72
9.97	7.20	18.67	44.83	506.65	466.92	0.87	4.86
3.57	0.34	5.76	5.98	67.13	56.75	0.22	1.22
90.72	32.69	248.92	180.26	3235.94	2944.96	6.81	29.47

1-A-6 续表 8

行业	应付账款	所有者权益合计	实收资本	国家资本	集体资本
金属制品业	618.99	2411.69	1468.21	34.16	8.71
结构性金属制品制造	107.38	457.71	278.10	5.81	2.31
金属工具制造	53.33	209.81	122.49	1.93	0.26
集装箱及金属包装容器制造	130.67	459.74	263.74	8.45	1.40
金属丝绳及其制品制造	39.89	210.47	128.22	1.32	0.54
建筑、安全用金属制品制造	79.44	245.00	158.41	7.38	0.53
金属表面处理及热处理加工	48.46	166.18	98.33	2.15	1.14
搪瓷制品制造	5.41	13.08	13.22		
金属制日用品制造	53.44	225.68	147.70	0.03	0.05
其他金属制品制造	100.96	424.02	257.99	7.09	2.48
通用设备制造业	1712.29	4747.96	2385.32	73.67	36.08
锅炉及原动设备制造	210.71	515.47	216.11	21.08	4.34
金属加工机械制造	98.14	366.97	191.57	3.27	1.30
物料搬运设备制造	331.58	769.35	341.49	13.96	2.64
泵、阀门、压缩机及类似机械制造	310.30	1070.52	537.44	21.41	11.96
轴承、齿轮和传动部件制造	108.40	436.63	303.56	3.79	1.58
烘炉、风机、衡器、包装等设备制造	291.64	680.90	324.30	5.75	10.05
文化、办公用机械制造	244.66	410.58	203.65	0.74	0.25
通用零部件制造	89.28	389.68	217.27	2.95	3.85
其他通用设备制造业	27.58	107.86	49.93	0.73	0.12
专用设备制造业	1191.05	3119.00	1673.16	34.55	11.56
采矿、冶金、建筑专用设备制造	522.45	1113.42	513.86	27.18	5.75
化工、木材、非金属加工专用设备制造	229.94	751.61	436.92	2.77	2.46
食品、饮料、烟草及饲料生产专用设备制造	13.07	53.19	22.17	0.84	0.02
印刷、制药、日化及日用品生产专用设备制造	43.53	125.31	69.43	0.44	1.80
纺织、服装和皮革加工专用设备制造	74.86	193.88	100.56		0.60
电子和电工机械专用设备制造	52.80	145.81	128.46	0.38	0.10
农、林、牧、渔专用机械制造	54.13	93.35	70.28	0.40	0.03
医疗仪器设备及器械制造	79.86	335.79	182.85	0.64	0.05
环保、社会公共服务及其他专用设备制造	120.40	306.64	148.62	1.91	0.75
汽车制造业	4929.58	8090.70	3754.11	380.96	10.98
汽车整车制造	2838.55	3910.12	1755.05	337.02	0.54
改装汽车制造	15.90	40.69	24.24	0.39	2.03
汽车车身、挂车制造	24.15	75.73	18.38	0.24	0.09
汽车零部件及配件制造	2047.87	4061.10	1940.42	43.31	8.33
铁路、船舶、航空航天和其他运输设备制造业	468.94	1574.28	703.90	45.54	2.97
铁路运输设备制造	80.70	148.66	49.96	4.25	0.05
城市轨道交通设备制造	11.49	17.64	13.20	4.17	
船舶及相关装置制造	200.72	877.59	348.75	28.83	0.85
航空、航天器及设备制造	17.04	128.96	54.40	3.52	1.50
摩托车制造	77.56	188.10	107.05	4.05	0.33
自行车制造	66.19	175.04	108.24	0.72	0.24
非公路休闲车及零配件制造	9.61	29.13	15.58		
潜水救捞及其他未列明运输设备制造	5.62	9.15	6.72		
电气机械和器材制造业	2471.58	5204.17	3045.58	61.13	45.90
电机制造	411.82	908.35	390.83	2.87	4.13

单位：亿元

法人资本	个人资本	港澳台资本	外商资本	主营业务收入	主营业务成本	主营业务税金及附加	销售费用
286.26	75.79	440.96	617.31	6290.57	5443.31	30.12	150.60
70.29	33.85	60.23	104.86	1166.02	996.87	7.46	26.82
12.65	5.29	32.77	69.60	452.12	371.81	1.96	16.54
75.85	3.90	84.53	87.30	1290.42	1134.80	3.91	31.33
22.83	2.30	44.79	56.45	429.79	371.72	1.80	12.18
27.00	5.42	40.89	77.20	667.97	576.69	2.87	17.49
10.96	1.91	36.70	45.46	472.32	422.06	1.94	7.49
6.67	0.35	1.35	4.85	36.67	31.84	0.20	1.22
20.07	9.67	54.34	61.63	661.29	573.16	3.02	16.86
39.95	13.10	85.36	109.98	1113.97	964.37	6.96	20.67
425.82	113.03	385.46	1350.91	10946.34	9036.11	54.99	371.03
55.39	4.19	16.31	114.80	1044.84	815.22	10.40	31.87
35.91	7.26	48.48	95.35	660.50	536.70	3.68	29.36
75.31	41.80	45.38	163.16	2235.16	1797.81	12.07	86.69
107.59	16.88	60.27	319.33	2032.50	1646.25	9.12	79.09
39.06	8.57	40.10	210.47	687.18	571.20	3.40	18.29
64.81	18.09	53.60	170.90	1753.93	1435.27	7.47	72.11
11.52	1.26	53.03	136.84	1654.76	1517.99	4.04	26.06
31.48	14.25	58.12	106.63	700.58	574.17	3.96	19.79
4.75	0.72	10.17	33.44	176.89	141.50	0.86	7.76
243.18	65.95	385.10	932.80	6368.23	5178.47	29.49	230.28
89.60	15.41	68.66	307.25	2402.39	2003.45	10.51	77.12
49.72	20.16	151.77	210.05	1229.26	989.85	5.67	39.26
5.04	0.26	2.26	13.74	94.77	71.79	0.49	6.68
8.83	2.58	17.65	38.13	274.17	211.50	1.40	15.37
19.19	7.89	22.04	50.84	442.64	366.46	1.97	14.80
9.47	2.33	19.69	96.50	321.67	275.15	2.60	9.41
12.45	1.48	13.32	42.58	297.86	248.60	0.68	9.88
21.75	5.89	54.07	100.45	594.82	454.25	2.65	25.47
27.12	9.95	35.64	73.26	710.63	557.40	3.53	32.29
1091.58	52.26	273.85	1940.48	28307.08	22539.47	922.32	947.22
680.00	0.88	61.51	675.10	16823.57	12962.30	877.43	672.48
8.70	2.30	2.73	8.10	154.95	128.37	0.38	4.53
4.49	0.01	7.49	6.06	192.27	167.80	0.50	3.77
390.74	48.52	202.04	1243.51	11120.38	9266.06	44.00	265.89
204.86	17.12	148.85	284.52	3105.72	2682.58	20.65	51.54
22.17	2.24	3.49	17.77	291.17	221.10	1.75	10.87
5.28			3.76	37.55	32.53	0.16	1.34
108.08	8.26	83.93	118.74	1400.98	1249.41	7.24	9.03
15.30		9.87	24.21	297.55	251.85	0.52	2.10
34.66	2.50	13.27	52.23	554.36	466.85	8.87	13.94
15.71	4.02	32.52	55.03	384.62	337.70	1.42	11.52
1.88	0.04	4.85	8.82	91.46	80.71	0.35	1.67
1.79	0.06	0.91	3.96	48.04	42.43	0.35	1.08
606.11	187.35	736.11	1405.27	16321.97	14025.99	56.34	487.00
91.91	31.33	75.68	184.91	2126.44	1797.08	11.99	52.74

1-A-6 续表 9

行　业	应付账款	所有者权益合计	实收资本	国家资本	集体资本
输配电及控制设备制造	767.47	1607.39	1008.56	35.97	17.59
电线、电缆、光缆及电工器材制造	329.26	742.78	476.28	5.56	18.89
电池制造	213.09	531.40	324.79	2.56	1.33
家用电力器具制造	524.09	887.48	525.46	10.15	1.53
非电力家用器具制造	17.05	77.98	34.93	0.18	1.92
照明器具制造	186.71	390.92	244.97	3.63	0.48
其他电气机械及器材制造	22.09	57.87	39.77	0.20	0.03
计算机、通信和其他电子设备制造业	9865.53	12428.72	7357.97	201.29	10.45
计算机制造	3890.84	2445.59	895.48	5.80	2.10
通信设备制造	2025.55	1712.71	748.50	58.98	0.01
广播电视设备制造	92.93	223.99	121.98	0.69	0.02
雷达及配套设备制造	1.34	7.86	6.33		
视听设备制造	647.38	697.25	361.61	1.69	1.80
电子器件制造	1440.00	3559.15	2743.39	119.64	0.98
电子元件制造	1488.35	3227.64	2122.59	12.97	4.32
其他电子设备制造	279.15	554.54	358.08	1.50	1.22
仪器仪表制造业	339.96	1038.25	460.26	9.45	2.24
通用仪器仪表制造	167.69	531.68	206.65	7.16	0.62
专用仪器仪表制造	77.12	221.19	79.64	1.34	0.60
钟表与计时仪器制造	26.59	75.21	51.63	0.13	0.33
光学仪器及眼镜制造	60.99	199.16	114.69	0.82	0.69
其他仪器仪表制造业	7.57	11.01	7.66	0.01	
其他制造业	44.18	223.05	146.15	0.21	1.39
日用杂品制造	32.85	175.40	115.97	0.08	0.03
煤制品制造		2.75	1.64		1.36
废弃资源综合利用业	66.12	93.04	81.30	1.47	0.56
金属废料和碎屑加工处理	58.60	68.08	63.86	0.32	0.39
非金属废料和碎屑加工处理	7.52	24.96	17.43	1.16	0.17
金属制品、机械和设备修理业	37.26	135.76	107.86	14.17	5.33
金属制品修理	0.63	0.65	0.96		
通用设备修理	0.32	2.00	1.26		
专用设备修理	1.59	6.36	3.75		
铁路、船舶、航空航天等运输设备修理	33.89	124.11	99.87	14.12	5.33
其他机械和设备修理业	0.75	2.13	1.64	0.05	
电力、热力、燃气及水生产和供应业	**551.38**	**4499.28**	**3174.47**	**913.93**	**30.81**
电力、热力生产和供应业	336.35	2952.06	2288.34	761.50	18.19
电力生产	323.93	2871.51	2236.06	752.89	17.94
电力供应	3.16	10.42	5.18	0.48	
热力生产和供应	9.27	70.13	47.10	8.13	0.25
燃气生产和供应业	185.75	1028.72	534.43	79.53	12.02
水的生产和供应业	29.27	518.50	351.69	72.90	0.61
自来水生产和供应	19.17	331.44	235.80	72.14	0.61
污水处理及其再生利用	5.97	96.35	51.85	0.47	
其他水的处理、利用与分配	4.13	90.72	64.05	0.29	

单位：亿元

法人资本	个人资本	港澳台资本	外商资本	主营业务收入	主营业务成本	主营业务税金及附加	销售费用
214.95	58.55	195.87	484.43	4651.36	3966.66	16.35	109.12
90.71	19.32	133.52	207.50	2696.56	2390.74	6.65	46.66
42.31	40.63	116.39	121.58	1631.17	1467.56	4.41	25.26
119.33	7.80	127.47	257.47	3787.47	3211.13	11.34	209.06
5.79	1.83	12.98	12.23	143.21	114.55	0.68	10.74
34.84	27.70	71.53	106.75	1172.80	992.07	4.37	30.42
6.26	0.18	2.68	30.41	112.96	86.21	0.55	2.99
782.44	112.03	2152.75	4049.16	56131.57	51450.17	112.52	776.04
140.54	15.77	286.09	445.10	19911.83	18762.93	16.46	174.06
46.08	23.37	219.11	400.95	9977.53	8937.63	21.76	262.21
20.25	1.31	61.77	37.95	647.21	569.06	1.83	13.87
5.12		0.19	1.01	18.41	16.21	0.03	0.09
52.39	7.84	136.01	161.66	4719.31	4253.58	8.95	87.80
275.40	17.72	638.45	1687.65	9544.20	8720.77	28.03	79.68
207.05	39.97	729.64	1127.83	9259.84	8355.78	29.86	122.91
35.60	6.05	81.51	187.01	2053.24	1834.21	5.60	35.42
64.33	19.61	119.05	245.58	2331.88	1876.52	10.97	88.08
32.47	8.28	43.09	115.02	1050.19	820.65	4.76	49.68
11.45	6.43	8.97	50.86	570.94	460.95	2.90	18.37
8.52	1.51	29.64	11.51	224.85	183.15	1.13	8.60
11.55	3.38	33.98	64.26	408.36	339.03	2.09	10.30
0.35	0.01	3.38	3.92	77.53	72.72	0.08	1.14
13.64	3.12	69.48	58.31	527.50	441.12	2.37	15.46
10.41	2.62	60.37	42.46	423.66	361.00	1.82	10.88
	0.28			9.58	3.48		0.06
22.86	3.81	30.12	22.46	529.79	505.81	0.97	5.93
18.77	3.79	21.50	19.10	477.23	461.59	0.74	4.59
4.10	0.02	8.63	3.37	52.55	44.22	0.22	1.34
29.80	1.18	13.00	44.37	261.06	227.33	0.60	2.40
0.48		0.08	0.40	5.79	5.21	0.04	0.03
0.15		0.20	0.91	2.35	1.67	0.01	0.13
0.92	0.10	1.30	1.42	11.38	8.23	0.07	0.47
27.22	1.08	10.73	41.39	235.99	207.43	0.45	1.65
0.76		0.68	0.15	4.88	4.36	0.03	0.07
877.59	**28.09**	**663.13**	**633.54**	**5067.40**	**3991.12**	**34.66**	**65.04**
636.56	19.41	467.77	359.63	3162.46	2435.37	21.28	7.95
621.39	18.45	456.09	344.01	3044.88	2334.70	20.74	6.09
1.39		0.04	3.27	23.75	22.79	0.05	0.17
13.78	0.96	11.64	12.34	93.83	77.87	0.48	1.69
170.28	6.59	120.59	143.35	1659.40	1393.59	9.09	46.54
70.75	2.09	74.78	130.56	245.54	162.16	4.29	10.56
44.67	1.94	55.17	61.27	144.63	104.91	3.44	9.75
24.72	0.15	14.20	12.31	49.83	31.14	0.27	0.28
1.37		5.41	56.98	51.07	26.11	0.58	0.52

1-A-6 续表 10

行　业	管理费用	税金	财务费用	利息收入	利息支出
总　计	**9878.32**	**443.57**	**1443.03**	**488.57**	**1853.27**
采矿业	**104.24**	**8.66**	**48.48**	**3.73**	**39.52**
煤炭开采和洗选业	44.64	3.58	36.41	2.44	33.72
烟煤和无烟煤开采洗选	40.72	2.94	18.84	1.22	17.28
石油和天然气开采业	15.07	3.32	6.83	0.07	0.54
石油开采	8.93	3.28	3.16	0.05	0.09
天然气开采	6.14	0.04	3.67	0.02	0.45
黑色金属矿采选业	8.44	0.32	0.88	0.53	1.19
铁矿采选	7.25	0.27	0.65	0.52	1.00
有色金属矿采选业	11.75	0.72	1.60	0.35	1.63
常用有色金属矿采选	6.44	0.29	1.46	0.22	1.43
贵金属矿采选	4.91	0.39	0.12	0.12	0.18
稀有稀土金属矿采选	0.40	0.04	0.02		0.01
非金属矿采选业	8.00	0.67	2.08	0.32	1.77
土砂石开采	2.14	0.12	0.26	0.03	0.24
化学矿开采	0.09		0.08		0.07
采盐	2.48	0.11	1.42	0.26	1.22
石棉及其他非金属矿采选	3.29	0.44	0.33	0.02	0.24
开采辅助活动	16.34	0.04	0.68	0.03	0.67
制造业	**9591.79**	**423.76**	**1221.65**	**463.46**	**1630.13**
农副食品加工业	217.58	15.93	47.84	26.45	77.41
谷物磨制	7.91	0.86	4.21	0.13	4.45
饲料加工	47.69	2.19	5.13	3.93	9.20
植物油加工	33.04	3.21	-7.34	17.08	22.61
制糖业	13.79	0.49	6.23	-0.13	5.78
屠宰及肉类加工	37.58	2.21	7.88	4.56	11.26
水产品加工	31.86	3.11	15.45	0.48	11.34
蔬菜、水果和坚果加工	25.37	2.15	6.67	0.11	4.58
其他农副食品加工	20.34	1.70	9.62	0.28	8.22
食品制造业	253.66	12.63	7.33	21.08	29.98
焙烤食品制造	34.62	1.87	2.10	1.62	3.60
糖果、巧克力及蜜饯制造	30.34	0.67	-1.45	2.61	1.84
方便食品制造	30.80	4.07	-2.54	4.00	3.69
乳制品制造	42.44	1.78	-1.10	6.28	5.94
罐头食品制造	9.44	0.85	3.34	0.12	2.52
调味品、发酵制品制造	28.31	1.14	5.11	0.82	5.90
其他食品制造	77.72	2.26	1.88	5.65	6.49
酒、饮料和精制茶制造业	164.44	11.69	11.18	10.10	22.26
酒的制造	76.04	4.51	2.81	3.74	7.88
饮料制造	84.98	7.08	8.11	6.33	14.12
精制茶加工	3.42	0.10	0.27	0.03	0.27
纺织业	209.01	13.48	70.75	10.72	69.57
棉纺织及印染精加工	105.82	7.78	35.31	5.48	35.18
毛纺织及染整精加工	14.19	0.80	7.07	1.28	8.11
麻纺织及染整精加工	3.12	0.21	0.89	0.13	0.87

单位：亿元

投资收益（损失以“–”号记）	营业利润	利润总额	亏损企业亏损额	应交增值税	应交所得税	从业人员平均人数（万人）
137.24	**15732.07**	**15802.58**	**1445.18**	**7093.30**	**2645.70**	**2536.07**
4.22	**549.56**	**540.28**	**4.56**	**240.91**	**91.63**	**12.69**
5.37	240.43	231.55	1.99	174.24	25.00	6.06
5.37	118.90	116.94	1.98	48.73	24.06	4.47
0.04	222.43	224.98	0.78	36.46	55.41	0.56
	158.65	159.81	0.56	23.81	38.62	0.28
0.04	63.78	65.17	0.22	12.65	16.79	0.29
-0.22	31.29	28.57	0.29	11.40	3.45	2.47
-0.22	20.45	17.40	0.28	8.01	3.36	1.04
-1.35	29.95	31.06	0.56	10.24	4.80	1.55
-1.35	22.50	22.69	0.49	9.57	2.70	1.06
	6.86	7.78		0.37	2.05	0.3
	0.60	0.59	0.07	0.30	0.05	0.19
	9.92	8.63	0.94	6.05	1.47	1.76
	3.41	3.38	0.41	2.38	0.61	0.51
	0.62	0.62		0.25	0.16	0.03
	2.40	2.69		1.05	0.60	0.69
	3.49	1.93	0.53	2.37	0.10	0.53
0.38	15.54	15.49		2.52	1.51	0.29
77.51	**14430.98**	**14471.59**	**1406.18**	**6604.14**	**2405.73**	**2498.92**
-23.50	546.92	544.03	38.42	247.64	63.41	61.07
0.18	8.15	9.14	3.72	3.28	0.82	1.79
-4.31	80.53	81.06	4.36	29.27	10.86	7.85
-12.83	132.56	130.08	10.91	83.71	14.57	4.82
-9.26	26.52	27.10	4.72	7.64	1.04	2.07
4.75	96.11	98.69	8.20	32.26	14.91	15.86
-0.30	78.40	77.65	2.10	42.95	8.06	14.85
-1.11	76.48	76.30	0.92	21.45	8.32	8.79
-0.63	48.16	44.02	3.48	27.08	4.84	5.04
5.33	540.97	548.46	30.84	265.01	96.01	54.88
1.14	67.71	68.00	4.48	33.71	11.15	12
0.61	73.80	75.73	0.55	35.08	17.79	6.42
-2.10	78.53	83.49	2.27	49.10	16.79	13.07
1.33	79.37	77.14	8.22	46.70	12.95	7.07
-1.96	18.42	18.75	3.25	8.77	2.53	4.29
-2.08	48.59	48.47	7.43	16.38	7.82	4.03
8.38	174.55	176.87	4.63	75.27	26.98	7.99
3.34	343.72	354.26	40.53	166.08	65.53	37.65
3.82	78.98	83.52	20.31	57.10	18.92	13.28
-0.49	251.94	257.74	20.14	106.81	45.93	23.24
	12.80	13.00	0.09	2.17	0.67	1.13
-10.95	357.26	356.18	26.19	156.39	53.21	96.03
5.11	186.49	189.76	14.63	82.69	26.19	48.08
-16.41	37.69	36.27	2.27	13.71	5.99	6.57
0.08	4.07	3.95	0.31	1.25	0.47	1.4

1-A-6 续表 11

行业	管理费用	税金	财务费用	利息收入	利息支出
丝绢纺织及印染精加工	3.33	0.23	1.20	0.28	1.30
化纤织造及印染精加工	8.45	0.61	6.02	0.85	5.34
针织或钩针编织物及其制品制造	26.32	1.50	9.06	0.59	8.13
家用纺织制成品制造	22.13	1.08	6.11	1.26	5.86
非家用纺织制成品制造	25.64	1.26	5.08	0.86	4.79
纺织服装、服饰业	302.40	13.93	48.23	9.33	41.13
机织服装制造	225.22	10.35	34.34	7.37	30.31
针织或钩针编织服装制造	62.34	2.99	10.06	1.19	7.47
服饰制造	14.85	0.59	3.84	0.77	3.35
皮革、毛皮、羽毛及其制品和制鞋业	212.18	10.92	32.32	6.28	29.29
皮革鞣制加工	14.18	0.61	3.73	1.09	5.05
皮革制品制造	51.02	2.51	10.57	0.67	7.23
毛皮鞣制及制品加工	3.16	0.25	0.82	0.01	0.55
羽毛(绒)加工及制品制造	6.18	0.29	2.65	0.56	2.69
制鞋业	137.64	7.25	14.55	3.96	13.76
木材加工和木、竹、藤、棕、草制品业	39.33	2.57	10.71	0.43	9.80
木材加工	2.27	0.11	0.42	0.07	0.56
人造板制造	12.22	0.81	4.76	0.11	4.30
木制品制造	21.84	1.40	4.39	0.18	4.09
竹、藤、棕、草等制品制造	3.00	0.25	1.15	0.07	0.86
家具制造业	95.32	4.50	16.34	2.65	12.93
木质家具制造	45.06	2.37	7.91	1.22	7.18
竹、藤家具制造	1.49	0.12	1.72	0.26	0.85
金属家具制造	31.57	1.33	3.58	0.85	3.01
塑料家具制造	1.26	0.08	0.31	0.02	0.18
其他家具制造	15.95	0.60	2.82	0.29	1.70
造纸和纸制品业	137.94	9.58	61.14	11.58	78.36
纸浆制造	1.25	0.10	0.30	0.05	0.36
造纸	69.40	6.27	53.91	9.36	67.28
纸制品制造	67.29	3.21	6.93	2.18	10.72
印刷和记录媒介复制业	77.18	3.08	8.96	2.15	8.11
印刷	73.98	2.92	8.36	2.10	7.53
装订及印刷相关服务	1.74	0.07	0.20	0.04	0.18
记录媒介复制	1.46	0.09	0.40	0.01	0.40
文教、工美、体育和娱乐用品制造业	193.84	8.08	30.77	3.36	23.70
文教办公用品制造	12.47	0.48	2.66	0.12	1.93
乐器制造	7.90	0.38	0.99	0.12	0.72
工艺美术品制造	80.24	3.96	16.24	1.65	13.93
体育用品制造	27.54	1.27	3.84	0.62	2.35
玩具制造	59.23	1.74	5.30	0.68	3.30
游艺器材及娱乐用品制造	6.46	0.25	1.74	0.17	1.47
石油加工、炼焦和核燃料加工业	83.91	4.03	32.91	3.88	47.06
精炼石油产品制造	69.99	2.84	12.70	2.80	29.78
炼焦	13.92	1.19	20.21	1.08	17.29
化学原料和化学制品制造业	655.75	28.82	127.88	34.62	184.18
基础化学原料制造	122.57	6.59	49.43	9.07	69.22

单位：亿元

投资收益(损失以"-"号记)	营业利润	利润总额	亏损企业亏损额	应交增值税	应交所得税	从业人员平均人数(万人)
0.06	3.82	3.90	0.29	1.61	0.50	1.31
0.32	9.65	9.16	1.46	4.49	1.31	4.04
-0.10	42.88	41.12	1.35	18.64	6.91	14.72
-0.02	40.96	39.66	3.11	20.52	5.97	10.61
0.01	31.71	32.35	2.77	13.48	5.87	9.31
30.64	368.04	373.11	33.45	189.19	61.20	178.52
31.37	299.75	305.64	24.36	151.72	46.46	130.53
-0.42	46.22	46.08	6.76	27.34	8.72	39.28
-0.30	22.07	21.38	2.33	10.13	6.01	8.72
-6.31	296.67	299.46	15.12	138.38	36.35	148.35
-0.35	23.84	23.63	1.37	11.05	1.65	4.33
-0.38	54.83	54.29	3.45	27.96	7.08	32
0.16	12.23	12.18	0.21	2.51	1.37	2.68
-0.49	8.56	8.09	0.47	6.42	1.89	2.23
-5.25	197.21	201.27	9.62	90.44	24.36	107.11
-6.43	57.41	62.13	5.05	26.75	8.73	12.98
-4.54	8.40	8.55	0.08	1.52	0.42	1.05
-2.21	20.52	24.47	3.05	11.62	4.44	4.51
0.43	22.61	23.27	1.69	11.22	3.55	5.56
-0.12	5.87	5.84	0.24	2.39	0.33	1.86
4.56	99.21	97.51	9.91	44.64	13.57	36.66
-2.40	39.99	38.76	6.76	20.97	6.20	19.05
	2.24	2.51	0.03	2.28	0.18	0.64
6.52	39.40	39.00	1.72	13.91	5.07	9.46
	1.32	1.23	0.07	0.44	0.19	0.8
0.43	16.26	16.00	1.33	7.04	1.93	6.71
1.25	222.89	221.85	22.97	103.95	39.28	32.25
	2.03	2.09	0.90	1.75	0.02	0.39
0.36	106.55	105.37	13.57	58.53	18.03	14.26
0.88	114.31	114.39	8.50	43.67	21.22	17.6
2.53	112.18	113.52	9.12	46.08	22.50	24.11
3.04	109.47	110.81	7.96	44.28	22.07	23.17
-0.52	2.07	2.05	0.20	1.28	0.27	0.63
0.01	0.64	0.66	0.96	0.52	0.17	0.31
-3.65	212.67	210.47	14.07	98.34	31.36	107.59
-2.48	7.98	7.87	1.69	3.86	1.44	5.69
-0.01	6.47	6.48	0.99	2.81	0.92	3.26
-0.61	128.35	129.35	3.95	57.53	19.72	34.79
0.12	21.27	21.29	2.94	13.56	3.74	17.79
-0.29	36.85	35.63	4.21	17.91	5.11	44.02
-0.38	11.76	9.86	0.29	2.67	0.43	2.03
-2.17	96.85	109.09	45.20	207.68	26.22	7.96
0.81	74.22	82.60	36.02	193.24	21.60	3.95
-2.98	22.63	26.49	9.18	14.44	4.62	4.02
-1.80	1091.02	1089.23	156.09	547.21	207.04	74.25
0.75	271.57	267.53	31.41	156.29	49.07	13.18

1-A-6 续表 12

行　业	管理费用	税金	财务费用	利息收入	利息支出
肥料制造	17.63	1.30	6.24	1.61	10.06
农药制造	10.59	0.56	2.24	0.43	1.89
涂料、油墨、颜料及类似产品制造	109.87	3.36	5.66	3.47	9.49
合成材料制造	100.01	5.47	20.64	6.79	41.11
专用化学产品制造	156.68	6.79	42.57	8.56	47.67
炸药、火工及焰火产品制造	0.87	0.09	0.14		0.13
日用化学产品制造	137.52	4.66	0.95	4.69	4.62
医药制造业	338.10	11.33	36.94	11.44	38.96
化学药品原料药制造	56.59	2.42	11.13	3.89	13.15
化学药品制剂制造	163.93	4.18	11.77	4.44	11.01
中药饮片加工	6.23	0.14	1.38	0.05	1.41
中成药生产	47.23	2.91	7.11	1.04	7.35
兽用药品制造	4.41	0.25	0.66	0.09	0.54
生物药品制造	43.00	0.89	2.23	1.50	3.41
卫生材料及医药用品制造	16.72	0.52	2.65	0.42	2.09
化学纤维制造业	76.01	2.82	30.17	8.77	38.88
纤维素纤维原料及纤维制造	16.71	0.71	5.95	1.91	7.92
合成纤维制造	59.31	2.11	24.21	6.86	30.96
橡胶和塑料制品业	371.40	16.79	57.33	11.64	64.23
橡胶制品业	117.91	5.86	20.93	2.02	25.65
塑料制品业	253.49	10.92	36.41	9.62	38.59
非金属矿物制品业	270.03	16.42	65.79	11.98	76.84
水泥、石灰和石膏制造	54.18	4.66	22.96	3.27	28.03
石膏、水泥制品及类似制品制造	33.71	1.56	8.03	1.37	8.52
砖瓦、石材等建筑材料制造	42.52	2.47	10.25	2.77	11.38
玻璃制造	29.41	1.96	6.35	0.78	6.53
玻璃制品制造	40.52	1.51	3.51	1.14	7.26
玻璃纤维和玻璃纤维增强塑料制品制造	13.71	0.76	5.38	1.13	6.06
陶瓷制品制造	24.43	1.46	3.00	0.59	3.64
耐火材料制品制造	15.73	1.25	2.53	0.61	2.23
石墨及其他非金属矿物制品制造	15.82	0.78	3.79	0.31	3.19
黑色金属冶炼和压延加工业	170.59	13.32	104.53	21.24	111.33
炼铁	3.92	0.32	1.35	0.03	1.06
炼钢	23.48	1.20	9.45	0.82	9.00
黑色金属铸造	25.63	1.70	6.68	0.67	6.64
钢压延加工	104.47	8.33	82.23	10.61	78.39
铁合金冶炼	13.08	1.77	4.82	9.11	16.23
有色金属冶炼和压延加工业	130.49	10.85	83.17	12.23	86.83
常用有色金属冶炼	29.24	2.21	38.80	6.36	42.01
贵金属冶炼	8.64	0.76	1.21	0.38	1.50
稀有稀土金属冶炼	5.12	0.36	1.01	0.08	0.92
有色金属合金制造	13.00	0.55	2.72	0.47	3.47
有色金属铸造	4.64	0.15	0.60	0.05	0.53
有色金属压延加工	69.85	6.82	38.84	4.88	38.40

单位：亿元

投资收益（损失以"-"号记）	营业利润	利润总额	亏损企业亏损额	应交增值税	应交所得税	从业人员平均人数（万人）
0.07	38.91	41.95	1.74	7.40	6.03	3.73
2.80	35.45	35.36	0.29	4.68	3.60	1.78
0.83	130.98	132.09	5.45	62.06	23.46	11
-2.44	151.58	149.41	58.65	83.79	25.28	11.48
-5.46	218.34	226.64	46.64	97.45	44.37	19.35
0.09	2.99	2.15	0.01	1.63	0.41	0.6
1.54	241.20	234.09	11.89	133.92	54.82	13.13
5.87	501.08	504.32	26.12	271.43	91.93	42.46
3.04	58.03	60.70	6.98	25.82	8.30	8.89
1.90	246.58	247.89	13.01	168.27	52.88	15.8
-0.14	13.18	13.22	0.08	5.48	1.78	0.88
-0.23	77.35	75.14	1.73	35.90	11.71	6.41
0.19	8.43	7.88	0.03	1.97	1.10	0.67
0.95	74.68	76.38	2.50	24.14	12.98	4.71
0.16	22.85	23.11	1.79	9.84	3.20	5.1
0.47	106.19	108.11	13.45	40.41	13.93	11.86
0.85	39.07	39.61	2.67	12.68	6.76	2.28
-0.39	67.12	68.50	10.78	27.73	7.17	9.58
20.89	427.68	433.27	60.06	170.48	74.70	114.03
5.86	169.75	169.50	21.03	58.83	33.23	26.96
15.03	257.93	263.76	39.03	111.64	41.46	87.07
2.65	412.09	426.42	63.93	210.51	63.97	70.61
0.02	115.46	124.04	10.10	52.77	21.52	8.3
0.19	40.65	44.34	7.30	35.79	7.83	7.28
1.52	84.07	83.55	5.91	35.13	5.67	13.9
1.35	44.76	44.62	10.44	13.92	5.25	5.49
0.72	42.98	44.38	11.70	21.19	8.56	14.08
-0.18	4.69	5.73	6.57	7.40	1.44	2.78
-0.76	32.69	32.63	4.86	18.03	5.13	13.3
-0.40	27.07	27.02	2.64	15.87	4.81	2.56
0.18	19.71	20.11	4.40	10.42	3.76	2.91
-4.52	219.18	203.75	67.21	148.21	31.27	37.62
0.03	5.08	5.12	2.62	2.02	0.50	1.38
0.59	17.33	20.43	0.60	15.05	2.65	2.71
-0.14	29.41	28.30	5.07	9.95	4.51	6.55
-4.92	156.09	133.87	56.42	108.00	20.58	24.4
-0.07	11.28	16.03	2.49	13.19	3.04	2.58
3.88	256.01	188.41	34.85	124.85	28.42	22.11
1.93	32.27	35.08	10.94	51.79	2.67	4.37
0.45	12.40	12.40	0.08	2.12	2.90	0.49
0.12	6.02	5.75	1.03	3.44	1.07	0.75
-0.02	20.10	19.95	5.42	12.67	4.53	2.95
0.01	4.14	4.35	0.17	2.86	0.64	0.93
1.39	181.08	110.86	17.22	51.97	16.60	12.62

1-A-6 续表 13

行　业	管理费用	税金	财务费用	利息收入	利息支出
金属制品业	306.82	16.71	49.08	8.25	45.25
结构性金属制品制造	50.72	1.78	10.16	1.32	8.86
金属工具制造	26.63	1.02	4.12	0.44	3.22
集装箱及金属包装容器制造	46.70	2.48	8.56	2.67	8.57
金属丝绳及其制品制造	24.08	1.34	6.35	0.53	6.15
建筑、安全用金属制品制造	33.92	1.18	5.86	0.96	4.54
金属表面处理及热处理加工	19.09	0.81	2.07	0.91	3.38
搪瓷制品制造	2.66	0.16	0.20	0.02	0.14
金属制日用品制造	31.25	1.11	4.70	0.55	3.70
其他金属制品制造	71.77	6.83	7.06	0.85	6.68
通用设备制造业	664.49	22.98	41.02	25.48	64.56
锅炉及原动设备制造	74.63	2.02	5.31	2.91	9.64
金属加工机械制造	45.18	1.89	1.23	0.82	4.05
物料搬运设备制造	145.65	4.12	1.97	12.80	15.71
泵、阀门、压缩机及类似机械制造	136.13	4.71	7.55	3.10	10.71
轴承、齿轮和传动部件制造	47.64	1.71	7.51	0.86	7.89
烘炉、风机、衡器、包装等设备制造	106.31	4.52	8.81	2.47	8.92
文化、办公用机械制造	53.38	2.16	1.15	1.51	1.44
通用零部件制造	44.89	1.52	6.78	0.85	5.40
其他通用设备制造业	10.67	0.34	0.70	0.17	0.79
专用设备制造业	447.46	15.45	53.67	14.94	64.42
采矿、冶金、建筑专用设备制造	135.96	6.39	31.16	7.47	37.52
化工、木材、非金属加工专用设备制造	96.84	2.84	8.64	2.57	8.46
食品、饮料、烟草及饲料生产专用设备制造	9.08	0.17	0.51	0.20	0.55
印刷、制药、日化及日用品生产专用设备制造	21.45	0.88	1.64	0.32	1.72
纺织、服装和皮革加工专用设备制造	28.30	1.05	2.79	0.95	3.42
电子和电工机械专用设备制造	21.46	0.90	2.21	0.46	3.06
农、林、牧、渔专用机械制造	23.26	0.69	1.17	0.20	2.40
医疗仪器设备及器械制造	58.29	1.25	1.24	1.64	2.30
环保、社会公共服务及其他专用设备制造	52.83	1.28	4.31	1.12	4.99
汽车制造业	1319.22	48.06	12.01	44.94	82.71
汽车整车制造	660.64	26.44	-18.43	30.78	24.62
改装汽车制造	5.14	0.26	0.76	0.35	1.02
汽车车身、挂车制造	6.22	0.48	0.86	-0.12	0.72
汽车零部件及配件制造	646.22	20.81	28.92	13.90	55.92
铁路、船舶、航空航天和其他运输设备制造业	137.66	6.22	12.43	17.72	28.08
铁路运输设备制造	16.82	0.77	-0.78	1.38	1.83
城市轨道交通设备制造	2.24	0.06	0.05	0.20	0.19
船舶及相关装置制造	50.42	3.00	8.43	12.84	20.29
航空、航天器及设备制造	11.46	0.30	0.89	0.13	0.95
摩托车制造	35.69	1.25	0.09	1.91	1.48
自行车制造	16.94	0.65	3.16	1.20	3.01
非公路休闲车及零配件制造	2.30	0.11	0.21	0.03	0.06
潜水救捞及其他未列明运输设备制造	1.80	0.09	0.37	0.03	0.26
电气机械和器材制造业	769.32	28.46	131.39	28.52	129.56
电机制造	112.67	2.60	15.56	6.72	17.23

单位：亿元

投资收益（损失以“-”号记）	营业利润	利润总额	亏损企业亏损额	应交增值税	应交所得税	从业人员平均人数（万人）
-8.05	371.09	372.41	33.50	169.69	59.13	87.66
2.00	81.70	81.61	4.72	38.40	9.95	13.27
-0.19	34.89	35.30	2.75	14.23	6.20	8.99
-9.17	81.53	83.00	4.33	33.89	14.91	10.78
0.49	17.35	17.54	5.25	10.79	2.99	4.15
0.05	30.39	30.64	3.33	17.14	5.49	12.56
-0.40	20.33	20.95	2.94	11.11	4.46	6.03
-0.08	0.68	0.67	0.78	1.01	0.32	1.04
-0.74	41.15	40.24	3.60	14.77	4.79	14.36
-0.02	63.07	62.45	5.81	28.33	10.02	16.48
8.24	793.16	809.28	78.87	301.17	161.04	112.54
1.20	79.08	80.92	18.70	42.82	14.55	7.28
-0.52	48.62	51.38	3.91	21.30	9.71	7.72
10.26	195.36	203.45	6.43	62.34	39.62	13.13
-0.05	166.09	166.69	15.48	62.00	30.90	21.67
0.78	42.42	43.54	12.87	19.20	10.96	10.16
1.22	137.03	138.64	8.40	45.80	27.07	18.29
-5.23	55.46	55.43	5.95	22.41	13.77	20.88
0.60	53.70	53.44	5.34	20.22	10.78	11.42
-0.02	15.39	15.80	1.80	5.08	3.67	2
8.30	471.48	480.46	83.55	175.70	89.47	74.53
2.22	154.32	154.09	45.47	69.08	26.20	15.75
1.21	100.30	102.63	11.91	35.49	20.71	25.17
1.51	10.18	10.31	0.60	2.33	1.81	1.16
0.79	25.18	26.16	2.81	7.37	4.83	3.45
1.62	32.34	34.10	1.37	11.21	6.41	5.66
0.65	13.07	13.31	7.53	6.81	2.92	4.57
0.02	10.96	11.67	4.50	5.19	3.49	2.84
-1.40	58.09	58.93	4.44	13.89	10.66	9.43
1.68	67.03	69.27	4.93	24.33	12.42	6.51
99.47	2841.89	2859.26	92.91	1098.10	512.24	145.96
73.27	1858.89	1854.62	23.80	730.06	328.10	41.17
	14.91	18.77	0.45	3.11	1.09	1.07
	13.47	13.60	0.35	6.81	1.82	2.04
28.73	957.61	975.18	65.13	357.89	180.59	101.52
15.70	228.05	229.17	31.91	108.44	39.67	35.87
0.50	44.86	45.39	0.13	14.88	7.68	2.25
	1.21	1.22	0.43	1.26	0.37	0.22
14.13	95.60	96.78	25.52	50.83	20.07	14.87
0.08	30.61	31.34	0.93	11.55	1.16	1.74
0.53	32.39	30.83	1.75	14.91	5.27	6.38
0.45	15.23	15.39	2.50	10.60	3.33	8.47
0.01	6.49	6.47	0.29	3.33	1.54	1.2
0.01	1.68	1.75	0.35	1.09	0.25	0.72
12.07	944.61	935.24	126.89	409.75	147.94	205.34
3.05	169.04	165.41	26.82	46.31	24.26	24.91

1-A-6 续表 14

行业	管理费用	税金	财务费用	利息收入	利息支出
输配电及控制设备制造	211.29	6.43	49.74	7.12	47.67
电线、电缆、光缆及电工器材制造	110.08	4.43	24.64	2.87	24.71
电池制造	67.24	2.77	14.58	5.61	19.01
家用电力器具制造	170.52	9.41	18.54	4.32	14.26
非电力家用器具制造	8.67	0.26	0.77	0.24	0.76
照明器具制造	76.70	2.32	6.91	1.54	5.59
其他电气机械及器材制造	12.15	0.24	0.64	0.09	0.34
计算机、通信和其他电子设备制造业	1716.67	68.21	14.60	96.29	137.69
计算机制造	329.19	14.26	-23.31	34.11	30.10
通信设备制造	303.29	13.28	-10.46	21.28	17.70
广播电视设备制造	29.88	0.80	3.48	1.27	2.59
雷达及配套设备制造	0.87	0.01	0.07	0.30	0.39
视听设备制造	127.34	5.37	6.64	3.43	10.25
电子器件制造	388.30	12.48	10.55	15.19	36.86
电子元件制造	406.93	13.04	22.59	19.48	34.10
其他电子设备制造	130.87	8.97	5.04	1.24	5.71
仪器仪表制造业	163.87	3.99	10.30	4.54	10.70
通用仪器仪表制造	79.18	2.14	4.01	2.54	5.37
专用仪器仪表制造	40.89	0.80	2.07	0.94	2.50
钟表与计时仪器制造	14.28	0.24	1.25	0.20	0.82
光学仪器及眼镜制造	27.68	0.63	2.82	0.83	1.88
其他仪器仪表制造业	1.84	0.18	0.15	0.03	0.12
其他制造业	28.42	1.00	5.77	0.33	4.24
日用杂品制造	21.98	0.82	4.58	0.39	3.31
煤制品制造	0.14		0.17		0.17
废弃资源综合利用业	13.27	0.65	2.54	2.25	6.94
金属废料和碎屑加工处理	10.69	0.56	2.11	2.07	6.26
非金属废料和碎屑加工处理	2.59	0.09	0.43	0.18	0.69
金属制品、机械和设备修理业	25.22	1.26	4.52	0.23	5.09
金属制品修理	0.47	0.01	0.02		0.04
通用设备修理	0.27		-0.03	-0.01	
专用设备修理	1.69	0.04	0.14	0.01	0.08
铁路、船舶、航空航天等运输设备修理	22.45	1.19	4.35	0.23	4.94
其他机械和设备修理业	0.21	0.02	0.03		0.03
电力、热力、燃气及水生产和供应业	**182.29**	**11.16**	**172.89**	**21.38**	**183.61**
电力、热力生产和供应业	81.98	7.29	144.78	15.33	144.58
电力生产	75.86	6.96	142.22	13.57	141.53
电力供应	0.88	0.06	0.15	0.10	0.24
热力生产和供应	5.25	0.26	2.41	1.66	2.81
燃气生产和供应业	69.25	2.47	12.28	6.01	19.15
水的生产和供应业	31.06	1.40	15.84	0.04	19.88
自来水生产和供应	17.95	1.10	6.18	0.82	6.33
污水处理及其再生利用	4.17	0.21	2.17	-0.07	3.26
其他水的处理、利用与分配	8.95	0.08	7.49	-0.71	10.30

单位：亿元

投资收益（损失以“-”号记）	营业利润	利润总额	亏损企业亏损额	应交增值税	应交所得税	从业人员平均人数（万人）
5.30	319.34	319.36	48.39	138.62	51.07	53.83
-1.58	128.98	123.30	13.97	51.60	21.16	31.24
5.46	60.25	61.84	10.54	29.57	10.13	19.77
-1.17	186.08	185.07	16.99	112.99	30.47	49.52
0.34	8.06	8.89	1.63	3.91	1.22	1.97
0.37	68.21	66.83	6.10	24.91	8.54	22.48
0.31	4.63	4.53	2.45	1.84	1.10	1.62
-69.60	2268.71	2294.83	216.67	1038.30	322.63	608.74
-26.22	651.95	626.81	25.97	231.92	51.53	152.08
-43.85	364.72	397.87	34.02	376.63	80.35	89.91
-0.16	29.21	31.03	3.11	13.64	4.61	9.36
	1.12	1.13		0.23	0.19	0.12
1.29	272.16	272.24	13.46	73.25	25.74	43.55
6.82	480.27	495.00	66.00	130.41	68.62	103.64
-7.19	373.19	372.17	63.67	167.04	73.24	181.93
-0.29	96.09	98.58	10.44	45.20	18.35	28.15
1.53	197.21	200.60	8.95	66.24	35.57	38.42
2.78	96.40	100.52	3.95	32.45	17.85	11.65
0.71	53.70	53.53	0.60	16.70	9.68	5.78
-2.07	15.53	16.04	1.32	5.46	1.72	8.51
0.10	28.99	27.93	2.98	7.30	5.90	11.92
0.01	2.58	2.57	0.10	4.33	0.41	0.57
-0.49	28.30	27.90	3.42	15.95	5.46	13.73
-0.50	23.17	23.22	1.76	12.44	4.33	11.78
	0.22	0.22		0.13	0.04	0.04
-12.12	12.96	10.68	11.39	13.79	1.30	2.1
-12.20	8.86	6.45	11.28	12.85	0.72	1.72
0.08	4.10	4.23	0.11	0.93	0.58	0.38
0.39	4.61	7.33	5.54	3.59	2.46	3
	0.06	0.07	0.03	0.04		0.08
0.03	0.33	0.34	0.03	0.07	0.09	0.05
0.01	0.93	0.97	0.08	0.35	0.21	0.16
0.35	3.05	5.74	5.35	2.81	2.12	2.58
	0.19	0.16	0.02	0.28	0.03	0.11
55.50	**751.53**	**790.71**	**34.43**	**248.25**	**148.34**	**24.46**
25.18	518.54	546.96	26.92	192.80	101.58	11.6
24.94	512.69	537.70	25.76	189.14	99.11	10.64
0.04	-0.10	0.08	0.49	0.55	0.16	0.14
0.20	5.94	9.18	0.67	3.11	2.30	0.82
28.00	191.47	198.03	4.10	46.01	36.54	9.15
2.32	41.52	45.72	3.42	9.44	10.22	3.71
2.28	16.15	19.97	2.65	7.57	4.60	3.12
0.04	10.94	11.47	0.34	1.36	1.97	0.48
	14.43	14.28	0.43	0.51	3.65	0.11

1-A-7 按行业分组的大中型工业企业

行业	企业单位数(个)	工业销售产值(当年价格)	出口交货值	资产总计	固定资产合计
总计	**65514**	**645924.03**	**90703.12**	**626731.52**	**229566.82**
采矿业	**3513**	**41381.01**	**148.68**	**74840.96**	**32071.15**
煤炭开采和洗选业	2182	20377.77	105.37	42707.72	16136.67
烟煤和无烟煤开采洗选	2100	18022.67	71.24	39878.95	15316.01
褐煤开采洗选	75	2306.39	34.08	2735.51	789.58
其他煤炭采选	7	48.71	0.05	93.26	31.07
石油和天然气开采业	52	11065.54	17.35	18527.34	11518.61
石油开采	39	10151.47	0.54	17250.64	11050.38
天然气开采	13	914.07	16.82	1276.70	468.23
黑色金属矿采选业	462	4044.49	0.08	6775.66	1884.59
铁矿采选	431	3870.99	0.08	6607.49	1815.84
锰矿、铬矿采选	23	75.21		113.47	33.50
其他黑色金属矿采选	8	98.29		54.70	35.25
有色金属矿采选业	438	2969.95	0.75	2870.40	1079.76
常用有色金属矿采选	254	1362.85	0.68	1478.23	550.12
贵金属矿采选	102	1231.64		980.17	360.97
稀有稀土金属矿采选	82	375.46	0.07	412.00	168.67
非金属矿采选业	318	1271.23	9.11	1285.09	455.02
土砂石开采	192	700.93	0.68	287.91	141.97
化学矿开采	41	210.41	0.04	306.10	73.22
采盐	49	224.13	1.32	576.21	210.73
石棉及其他非金属矿采选	36	135.76	7.08	114.88	29.10
开采辅助活动	59	1645.88	16.02	2672.26	995.08
石油和天然气开采辅助活动	59	1645.88	16.02	2672.26	995.08
制造业	**59500**	**555237.83**	**90381.08**	**469077.57**	**147835.89**
农副食品加工业	3046	26744.52	1867.00	15219.27	4809.68
谷物磨制	363	2814.85	4.97	1249.93	496.97
饲料加工	362	3208.86	29.05	1325.49	413.21
植物油加工	245	5628.21	61.07	3586.08	668.20
制糖业	200	948.19	0.22	1424.75	369.31
屠宰及肉类加工	785	7343.03	213.25	3715.10	1384.38
水产品加工	478	2659.56	1180.72	1616.05	507.76
蔬菜、水果和坚果加工	321	1310.11	253.71	782.52	251.06
其他农副食品加工	292	2831.71	124.01	1519.36	718.78
食品制造业	1569	10956.83	590.28	7571.81	2503.23
焙烤食品制造	306	1254.72	19.91	735.80	279.03
糖果、巧克力及蜜饯制造	152	868.56	67.68	644.46	212.52
方便食品制造	267	2103.04	26.19	1205.64	432.11
乳制品制造	207	2134.50	2.28	1660.02	444.33
罐头食品制造	195	787.01	226.02	411.70	148.76
调味品、发酵制品制造	182	1360.99	68.22	1284.76	519.20
其他食品制造	260	2448.02	179.97	1629.43	467.28
酒、饮料和精制茶制造业	1103	9474.05	137.04	9256.04	2729.75
酒的制造	619	5628.26	49.12	6690.20	1780.57
饮料制造	348	3356.62	68.48	2307.64	866.21
精制茶加工	136	489.17	19.44	258.20	82.97

主要经济指标(大、中类行业)

单位：亿元

固定资产原价	累计折旧	流动资产合计	应收账款	存货	产成品	负债合计	流动负债合计
369003.48	**157906.29**	**288989.10**	**63297.60**	**68989.02**	**22891.58**	**370709.27**	**278252.37**
48903.06	**21379.54**	**23477.20**	**4141.35**	**2939.82**	**1082.27**	**43809.15**	**27507.94**
21091.70	8294.37	15484.06	2576.17	1839.03	696.63	27749.84	17409.71
19796.99	7654.84	13887.46	1880.54	1596.03	645.66	25596.79	15692.12
1259.38	634.18	1557.42	693.09	238.05	46.69	2073.78	1694.23
35.33	5.35	39.18	2.54	4.95	4.28	79.28	23.36
21635.50	10747.08	2502.56	270.21	282.87	109.09	8697.57	4597.96
21006.60	10531.61	2338.89	206.11	258.48	107.90	7775.04	3967.72
628.90	215.46	163.67	64.10	24.40	1.19	922.53	630.24
2440.49	816.93	2607.52	467.87	289.02	127.13	3748.12	2484.35
2349.34	790.70	2548.61	453.61	268.94	111.88	3670.34	2419.90
49.28	18.12	41.57	10.53	11.73	8.88	47.20	37.74
41.86	8.11	17.34	3.73	8.35	6.36	30.59	26.71
1352.74	450.85	1006.62	121.94	232.26	106.93	1482.81	1132.40
694.36	230.21	512.16	83.14	96.03	41.35	771.28	575.76
464.38	158.76	349.11	20.40	88.12	38.23	511.12	414.55
194.00	61.88	145.35	18.40	48.11	27.36	200.41	142.10
671.93	271.89	526.43	74.96	79.68	34.65	666.20	478.23
224.44	94.45	107.05	23.78	13.84	7.71	104.84	71.68
109.44	41.01	113.55	20.87	27.32	8.71	180.00	135.28
290.36	115.53	265.24	25.02	28.96	15.03	322.35	228.51
47.68	20.89	40.59	5.30	9.56	3.19	59.02	42.76
1708.95	798.10	1348.94	630.09	216.88	7.78	1464.19	1404.87
1708.95	798.10	1348.94	630.09	216.88	7.78	1464.19	1404.87
239664.11	**103972.12**	**252351.57**	**56940.55**	**65015.84**	**21711.63**	**274069.15**	**225254.36**
9282.55	4904.26	8681.88	1020.89	2322.80	1042.24	8995.26	7517.37
1359.34	925.32	621.42	68.18	247.32	71.50	570.87	446.15
816.62	436.14	709.08	82.73	191.74	61.81	687.97	563.95
1532.74	897.68	2738.49	189.05	719.34	313.61	2667.47	2425.17
635.84	315.16	932.92	95.30	129.05	82.27	1081.25	941.43
2346.76	1086.00	1759.78	243.46	445.85	226.48	1948.35	1553.67
1012.41	540.36	888.30	175.97	280.69	148.18	854.64	671.60
393.20	169.37	408.21	75.62	110.76	45.32	329.03	278.04
1185.64	534.23	623.68	90.58	198.04	93.08	855.69	637.37
3839.25	1528.73	3945.26	753.33	731.23	310.32	3747.04	3117.25
469.47	216.35	347.39	72.17	64.86	27.43	303.58	271.08
329.06	128.62	360.67	77.71	70.31	35.23	275.26	256.03
629.55	219.63	596.55	157.90	106.97	37.10	543.58	440.24
759.55	343.40	928.48	151.12	116.94	44.35	885.83	787.08
235.71	96.40	217.18	44.57	76.06	47.89	226.40	183.83
706.46	246.31	552.55	84.71	136.85	49.57	686.39	553.09
709.46	278.03	942.44	165.16	159.23	68.75	826.02	625.90
3985.15	1555.25	5156.57	488.42	1521.67	453.26	4357.70	3787.73
2531.10	991.51	3952.56	276.87	1265.82	336.79	3090.41	2701.12
1361.89	535.43	1071.01	188.69	209.06	94.80	1159.84	1012.21
92.16	28.31	133.00	22.86	46.80	21.67	107.45	74.41

1-A-7 续表 1

行　　业	企　业 单位数 (个)	工业销售 产　　值 (当年价格)	出口交货值	资产总计	固定资产 合　　计
烟草制品业	86	8161.22	35.63	7568.31	1155.61
烟叶复烤	28	114.03		203.99	61.00
卷烟制造	44	7984.18	29.70	7306.42	1081.93
其他烟草制品制造	14	63.02	5.93	57.90	12.67
纺织业	3774	19538.06	2529.23	13564.38	4935.74
棉纺织及印染精加工	2358	13646.08	1278.22	9144.97	3530.44
毛纺织及染整精加工	217	1298.31	240.10	1042.83	298.31
麻纺织及染整精加工	102	290.65	30.44	227.50	82.51
丝绢纺织及印染精加工	152	541.01	65.90	333.22	91.46
化纤织造及印染精加工	114	357.01	52.84	373.83	142.99
针织或钩针编织物及其制品制造	330	1269.32	342.21	1038.60	322.88
家用纺织制成品制造	258	1158.82	281.61	801.15	230.25
非家用纺织制成品制造	243	976.86	237.91	602.29	236.91
纺织服装、服饰业	3943	10972.84	2972.27	7161.09	1879.90
机织服装制造	3046	8796.82	2099.26	5733.85	1498.97
针织或钩针编织服装制造	737	1825.55	746.61	1179.40	313.89
服饰制造	160	350.47	126.40	247.84	67.04
皮革、毛皮、羽毛及其制品和制鞋业	2364	7633.13	2302.71	4124.20	1049.13
皮革鞣制加工	132	908.21	65.82	434.13	112.64
皮革制品制造	551	1502.67	562.17	816.51	228.66
毛皮鞣制及制品加工	49	302.01	47.15	122.84	41.32
羽毛(绒)加工及制品制造	75	289.03	95.22	190.01	31.64
制鞋业	1557	4631.22	1532.35	2560.70	634.87
木材加工和木、竹、藤、棕、草制品业	914	3412.97	400.13	1857.77	718.17
木材加工	96	258.13	10.82	175.48	65.52
人造板制造	523	2176.29	164.85	1142.88	471.98
木制品制造	207	769.68	155.55	437.21	143.48
竹、藤、棕、草等制品制造	88	208.87	68.90	102.20	37.18
家具制造业	968	3264.30	918.69	2376.85	669.49
木质家具制造	610	1953.88	469.28	1409.09	400.85
竹、藤家具制造	12	58.96	19.02	51.02	10.20
金属家具制造	207	693.76	265.33	569.70	147.66
塑料家具制造	10	33.81	19.11	18.06	4.53
其他家具制造	129	523.91	145.95	328.97	106.26
造纸和纸制品业	1013	6832.47	410.46	9036.08	3777.71
纸浆制造	23	98.09	0.14	266.18	137.23
造纸	537	4862.88	277.26	7394.41	3192.75
纸制品制造	453	1871.50	133.06	1375.49	447.73
印刷和记录媒介复制业	662	2238.16	281.45	2079.67	682.80
印刷	640	2185.02	274.97	2035.03	668.15
装订及印刷相关服务	18	37.33	4.83	30.65	8.47
记录媒介复制	4	15.80	1.65	13.98	6.18
文教、工美、体育和娱乐用品制造业	1765	6621.11	2298.25	3471.27	842.14
文教办公用品制造	115	336.18	102.17	236.44	59.09
乐器制造	49	151.91	63.34	121.95	32.61
工艺美术品制造	847	4279.88	1138.42	1999.75	440.72
体育用品制造	217	559.22	324.36	381.41	113.54
玩具制造	502	1095.82	602.10	614.24	164.02
游艺器材及娱乐用品制造	35	198.11	67.86	117.48	32.16

单位：亿元

固定资产原价	累计折旧	流动资产合计	应收账款	存货	产成品	负债合计	流动负债合计
2158.00	1273.63	5341.46	371.43	3229.53	184.94	1934.04	1899.13
112.37	61.62	128.57	15.02	26.37	24.06	30.61	29.78
2025.88	1202.48	5172.44	346.67	3185.38	151.70	1871.31	1837.85
19.75	9.53	40.45	9.74	17.78	9.18	32.12	31.50
7972.79	3551.62	6966.96	1143.71	2134.05	849.93	7410.68	5971.25
5686.42	2496.54	4615.15	661.57	1411.50	559.68	5044.53	3998.13
435.69	197.69	582.20	94.29	237.45	91.65	554.27	464.72
114.79	42.00	117.49	20.68	41.30	21.06	107.82	91.10
157.79	71.22	185.27	36.69	62.40	26.15	176.41	146.50
209.65	76.89	192.39	29.96	45.79	23.68	232.94	209.86
567.90	287.90	504.39	131.79	124.05	43.09	567.44	416.32
412.27	210.84	471.75	92.74	131.83	51.52	436.77	396.88
388.28	168.54	298.32	75.99	79.74	33.10	290.51	247.74
3048.86	1329.53	4421.13	992.45	1247.24	650.22	3454.20	2968.86
2415.16	1051.08	3516.30	770.68	975.47	540.21	2713.40	2278.91
526.11	233.24	753.50	182.63	222.78	90.94	619.24	584.07
107.59	45.20	151.34	39.15	48.99	19.07	121.57	105.89
1722.38	745.02	2618.02	748.24	649.28	223.83	1924.07	1701.62
184.84	76.98	269.14	45.80	102.73	26.94	203.11	164.74
313.89	97.00	525.90	123.61	128.48	34.78	388.97	359.77
56.57	17.43	71.65	1.19	34.21	9.48	46.17	41.35
63.62	35.09	134.50	37.44	35.14	10.98	120.94	111.40
1103.46	518.52	1616.82	540.21	348.72	141.66	1164.88	1024.36
1236.04	577.12	902.85	155.08	275.89	119.87	908.07	704.08
101.40	40.02	91.66	14.02	25.54	12.10	85.37	60.62
842.18	412.37	529.69	87.32	158.24	73.74	567.62	422.48
247.96	114.27	227.31	40.56	76.42	25.65	208.64	182.12
44.50	10.46	54.19	13.18	15.69	8.38	46.44	38.87
1091.71	468.97	1377.62	298.32	378.31	140.28	1261.56	1126.56
662.38	291.95	790.00	152.45	239.61	103.08	731.26	637.37
11.25	2.50	35.15	3.97	7.04	1.54	38.47	35.49
227.99	86.19	356.85	100.14	79.05	18.96	317.07	291.93
6.83	2.44	11.77	4.02	3.65	1.21	9.59	9.25
183.28	85.89	183.84	37.74	48.96	15.49	165.18	152.52
5678.49	2195.01	3820.39	767.78	741.69	274.91	5277.01	3746.61
185.81	73.83	71.66	3.78	19.34	7.42	181.91	127.82
4731.54	1773.07	2993.72	533.39	572.39	207.64	4386.12	3041.00
761.14	348.11	755.01	230.61	149.96	59.85	708.98	577.80
1253.71	612.75	1079.42	304.45	226.76	89.31	914.76	793.28
1224.62	597.16	1054.76	298.11	222.16	87.78	889.39	772.51
14.33	6.98	17.84	4.25	3.14	1.16	19.95	15.74
14.76	8.61	6.82	2.09	1.46	0.36	5.41	5.04
1354.53	562.44	2295.56	485.00	895.18	411.29	1783.62	1537.61
90.45	39.71	147.55	32.81	41.08	20.11	119.48	111.41
60.40	28.15	74.85	13.01	29.72	8.66	48.48	38.94
692.56	274.58	1378.78	252.14	604.78	303.54	1062.38	888.53
175.73	70.90	239.70	73.68	72.93	26.57	197.34	176.05
291.92	136.82	391.12	103.48	126.88	45.56	293.62	263.90
43.47	12.27	63.55	9.88	19.79	6.86	62.33	58.78

1-A-7 续表 2

行业	企业单位数(个)	工业销售产值(当年价格)	出口交货值	资产总计	固定资产合计
石油加工、炼焦和核燃料加工业	596	35314.35	516.44	20665.48	8145.02
精炼石油产品制造	210	30077.94	494.74	13717.03	5669.70
炼焦	383	5113.20	21.70	6745.72	2344.95
化学原料和化学制品制造业	3417	41828.59	2522.02	41500.79	17729.44
基础化学原料制造	823	13183.52	597.54	13449.74	6172.92
肥料制造	488	5570.69	112.53	8163.55	3690.30
农药制造	165	1710.50	326.43	1350.77	454.26
涂料、油墨、颜料及类似产品制造	305	2216.18	157.70	1810.91	481.28
合成材料制造	383	8511.72	494.83	7584.22	3402.19
专用化学产品制造	615	7257.65	558.96	6743.46	2843.45
炸药、火工及焰火产品制造	411	930.27	133.23	859.93	309.38
日用化学产品制造	227	2448.05	140.81	1538.22	375.66
医药制造业	1539	12590.46	903.28	13075.91	3627.27
化学药品原料药制造	295	2244.63	467.91	2742.52	912.36
化学药品制剂制造	395	4300.39	136.01	4417.67	1080.19
中药饮片加工	64	301.23	6.10	266.18	84.91
中成药生产	411	3222.39	31.70	3164.63	742.74
兽用药品制造	79	375.56	27.98	236.33	83.05
生物药品制造	170	1400.86	117.27	1647.60	471.13
卫生材料及医药用品制造	125	745.40	116.32	600.99	252.90
化学纤维制造业	301	5014.86	408.23	4690.15	1694.85
纤维素纤维原料及纤维制造	93	1631.04	171.68	1636.42	632.71
合成纤维制造	208	3383.83	236.55	3053.73	1062.14
橡胶和塑料制品业	2316	12957.99	2648.60	9616.91	3549.11
橡胶制品业	551	5982.57	1379.85	4691.20	1998.20
塑料制品业	1765	6975.42	1268.76	4925.72	1550.91
非金属矿物制品业	4322	20494.80	1128.08	21328.30	9075.23
水泥、石灰和石膏制造	901	5668.04	10.15	8800.02	4479.08
石膏、水泥制品及类似制品制造	409	2035.44	9.49	1719.67	550.65
砖瓦、石材等建筑材料制造	998	4221.41	145.36	2537.66	1095.36
玻璃制造	163	871.26	104.32	1559.49	624.95
玻璃制品制造	487	1885.15	268.93	1944.43	671.16
玻璃纤维和玻璃纤维增强塑料制品制造	150	812.23	87.30	996.53	463.24
陶瓷制品制造	723	1773.70	309.82	1049.44	412.40
耐火材料制品制造	230	1678.97	107.17	1197.28	294.92
石墨及其他非金属矿物制品制造	261	1548.59	85.55	1523.79	483.47
黑色金属冶炼和压延加工业	1769	56464.49	1958.92	55916.26	22452.24
炼铁	141	2678.56	9.48	2338.92	835.21
炼钢	111	8128.57	264.92	9283.64	3839.43
黑色金属铸造	392	1983.59	155.19	1343.49	561.49
钢压延加工	862	41149.40	1509.99	40956.60	16351.23
铁合金冶炼	263	2524.36	19.35	1993.61	864.89
有色金属冶炼和压延加工业	1262	27362.36	814.21	25725.74	9167.88
常用有色金属冶炼	413	12042.50	200.09	14409.46	5283.48
贵金属冶炼	89	1559.78	12.68	1286.96	281.17
稀有稀土金属冶炼	70	859.58	53.82	960.09	213.23
有色金属合金制造	114	1623.84	75.01	1231.80	381.53
有色金属铸造	21	80.46	5.88	84.24	24.40
有色金属压延加工	555	11196.21	466.73	7753.21	2984.06

单位：亿元

固定资产原价	累计折旧	流动资产合计	应收账款	存货	产成品	负债合计	流动负债合计
14034.57	6470.08	9195.23	899.87	3698.09	944.16	13840.06	11109.15
10579.58	5166.52	5817.38	422.84	2961.70	623.96	8403.44	6746.41
3305.34	1244.11	3312.33	475.37	692.09	295.40	5270.09	4294.65
27312.02	10901.70	17087.19	2823.16	3687.52	1494.65	25382.67	18781.47
9294.71	3534.49	5070.94	674.27	1063.86	371.87	8491.05	6207.95
5087.29	1970.28	2999.99	278.37	712.26	308.61	5458.53	3716.73
915.40	475.19	628.25	118.34	177.34	86.06	745.43	632.58
830.28	397.36	1085.93	314.00	219.05	95.14	896.80	785.43
5647.32	2385.72	3035.40	532.77	695.01	257.78	4865.28	3436.89
4443.48	1667.42	2932.54	614.42	586.66	260.24	3836.77	3052.89
410.92	144.59	355.11	66.09	69.46	28.86	381.06	302.53
682.63	326.65	979.02	224.89	163.88	86.08	707.75	646.46
5477.43	2327.30	7138.98	1572.30	1542.43	650.07	5665.24	4534.86
1427.18	629.73	1303.16	287.73	310.82	140.56	1387.27	1055.77
1575.54	633.73	2628.96	622.46	556.83	242.46	1958.47	1650.59
116.29	39.13	144.76	50.74	42.27	15.97	105.83	81.29
1154.52	503.68	1820.76	359.42	404.41	154.33	1251.11	1017.74
121.14	43.61	116.99	26.45	18.92	9.63	92.25	73.28
805.45	398.58	842.09	142.75	146.44	46.62	609.70	446.39
277.31	78.84	282.25	82.75	62.74	40.49	260.62	209.79
2656.56	1123.14	2229.36	253.02	596.49	297.09	2976.27	2441.66
963.77	414.40	777.72	86.48	235.97	91.36	1114.14	887.19
1692.79	708.74	1451.65	166.54	360.52	205.73	1862.13	1554.48
5762.72	2585.42	5042.82	1327.50	1212.69	517.59	4909.38	4016.89
3225.19	1423.07	2247.33	595.08	559.86	263.24	2508.80	1934.18
2537.53	1162.35	2795.49	732.42	652.83	254.35	2400.58	2082.71
13224.62	4755.73	9151.76	1914.57	1925.25	827.83	11906.24	9235.99
6098.27	1898.44	3006.81	426.29	474.05	118.92	5153.36	3730.68
865.73	354.19	996.73	350.52	131.47	63.04	971.79	873.76
1774.62	742.69	1174.31	236.40	336.17	196.21	1238.54	1012.09
942.53	358.51	624.77	61.92	148.02	65.01	948.49	733.96
1074.31	436.40	959.29	250.37	240.42	93.46	1042.16	862.67
657.70	237.82	410.10	113.84	73.86	41.66	554.80	398.76
639.10	248.28	485.75	115.16	150.08	77.35	472.12	360.42
461.22	195.26	700.51	204.59	157.46	93.19	625.45	529.50
711.14	284.15	793.48	155.48	213.71	78.99	899.52	734.16
37679.49	17028.78	22921.13	2062.31	7394.46	2241.91	38046.67	31463.15
1248.85	461.27	957.54	163.78	256.45	72.70	1607.77	1318.91
6334.64	2616.71	3659.08	332.04	1271.79	449.80	6385.62	5516.52
908.68	383.57	616.24	151.53	149.53	64.86	695.18	573.86
27932.42	13087.16	16747.63	1271.54	5423.30	1527.73	28023.66	22963.75
1254.89	480.08	940.64	143.42	293.39	126.83	1334.43	1090.10
12952.56	4730.16	12468.93	1420.45	4286.78	1144.57	16620.13	12450.41
7451.42	2688.62	6784.73	508.57	2752.38	659.85	10424.31	7477.80
361.10	116.90	666.24	41.89	206.47	37.69	722.97	592.50
315.87	109.80	501.42	101.77	190.85	100.22	409.20	289.81
521.24	156.76	597.13	138.57	193.70	64.37	764.32	585.72
39.98	17.92	50.90	11.43	15.38	6.69	55.86	54.17
4262.96	1640.15	3868.52	618.22	928.02	275.75	4243.48	3450.41

1-A-7 续表 3

行 业	企 业 单位数 (个)	工业销售产 值 (当年价格)	出口交货值	资产总计	固定资产合 计
金属制品业	2601	14441.25	2262.15	11557.26	3644.47
结构性金属制品制造	711	4547.88	260.89	3477.94	904.30
金属工具制造	243	722.18	248.67	573.67	193.52
集装箱及金属包装容器制造	214	1459.89	530.98	1134.13	286.70
金属丝绳及其制品制造	147	1432.10	114.11	1243.41	456.50
建筑、安全用金属制品制造	314	1268.51	321.31	1059.93	497.47
金属表面处理及热处理加工	166	922.44	66.28	575.53	186.03
搪瓷制品制造	30	100.21	18.20	63.53	22.45
金属制日用品制造	320	928.98	310.86	598.31	164.56
其他金属制品制造	456	3059.05	390.85	2830.82	932.94
通用设备制造业	3266	22328.51	3647.47	22859.41	5205.67
锅炉及原动设备制造	333	3253.54	233.86	4675.83	917.24
金属加工机械制造	397	2022.17	126.04	2461.12	650.52
物料搬运设备制造	372	4391.54	514.80	4427.73	771.81
泵、阀门、压缩机及类似机械制造	682	4055.20	516.97	3612.70	937.18
轴承、齿轮和传动部件制造	433	1757.44	249.54	1868.55	616.07
烘炉、风机、衡器、包装等设备制造	407	3077.19	598.72	3157.62	578.75
文化、办公用机械制造	177	1627.46	1167.36	926.59	194.68
通用零部件制造	395	1719.14	217.21	1289.24	426.58
其他通用设备制造业	70	424.83	22.97	440.03	112.85
专用设备制造业	2425	17372.88	2198.56	20358.35	4693.42
采矿、冶金、建筑专用设备制造	774	9449.41	912.96	12101.20	2595.60
化工、木材、非金属加工专用设备制造	493	1641.20	341.53	2046.51	501.31
食品、饮料、烟草及饲料生产专用设备制造	69	360.93	16.34	303.00	75.54
印刷、制药、日化及日用品生产专用设备制造	110	541.69	52.99	663.02	152.88
纺织、服装和皮革加工专用设备制造	141	708.43	141.40	749.81	155.76
电子和电工机械专用设备制造	119	701.72	124.15	738.24	247.14
农、林、牧、渔专用机械制造	182	1083.69	113.84	899.58	272.47
医疗仪器设备及器械制造	248	1064.21	346.53	981.87	214.79
环保、社会公共服务及其他专用设备制造	289	1821.60	148.82	1875.11	477.93
汽车制造业	2759	46779.91	2277.25	39217.84	8959.55
汽车整车制造	250	28436.45	789.84	24304.34	4966.28
改装汽车制造	186	1610.88	68.08	1427.53	367.41
低速载货汽车制造	7	163.18	0.68	77.10	12.38
电车制造	5	10.51		9.81	4.59
汽车车身、挂车制造	51	490.83	25.83	290.58	83.87
汽车零部件及配件制造	2260	16068.05	1392.82	13108.48	3525.03
铁路、船舶、航空航天和其他运输设备制造业	1113	12387.40	3133.63	15914.44	3951.12
铁路运输设备制造	171	2658.80	135.62	3183.66	712.30
城市轨道交通设备制造	8	55.97		87.92	13.82
船舶及相关装置制造	339	4831.99	2155.97	7426.47	1946.43
航空、航天器及设备制造	113	1891.57	213.33	3157.49	782.64
摩托车制造	300	2027.41	397.22	1453.55	355.92
自行车制造	154	742.53	183.28	524.86	112.60
非公路休闲车及零配件制造	19	88.84	17.58	44.79	16.81
潜水救捞及其他未列明运输设备制造	9	90.28	30.63	35.71	10.60

单位：亿元

固定资产原价	累计折旧	流动资产合计	应收账款	存货	产成品	负债合计	流动负债合计
5324.55	2024.78	6545.78	1713.84	1739.09	632.24	6186.85	5229.48
1297.26	450.68	2073.22	567.27	576.44	190.34	1970.59	1626.18
329.97	153.29	319.63	81.83	99.42	37.99	273.33	237.38
458.29	196.44	712.18	204.95	194.28	50.47	611.46	553.33
679.63	273.96	662.30	167.47	150.44	86.24	682.28	546.32
643.38	169.26	476.31	133.97	118.76	41.00	372.71	341.94
246.54	95.67	333.87	81.44	67.04	31.22	381.52	348.99
36.47	14.68	37.35	11.02	11.09	5.40	40.01	35.41
278.84	133.78	357.66	84.13	100.67	36.03	313.61	282.00
1354.16	537.03	1573.26	381.76	420.96	153.54	1541.34	1257.94
8257.45	3533.92	14588.29	4437.60	3847.19	1293.42	12994.22	11249.18
1393.42	590.63	3193.81	875.52	920.36	206.35	2873.85	2584.65
937.34	381.12	1531.00	339.59	513.84	162.52	1459.58	1225.25
1244.75	508.66	2987.25	959.09	714.43	242.08	2762.05	2335.07
1487.00	635.91	2125.66	672.66	568.16	237.57	1775.98	1548.60
995.26	424.74	1000.89	321.85	282.99	126.42	917.77	763.73
896.67	378.28	2067.43	667.00	447.65	167.82	1801.84	1598.47
394.95	205.05	671.55	257.82	175.19	61.60	449.48	417.60
677.03	288.68	723.62	211.86	160.16	75.70	667.97	547.34
231.04	120.87	287.10	132.20	64.42	13.36	285.70	228.47
7231.53	2972.52	13091.76	4495.48	3197.33	1053.51	11669.62	9351.66
3973.73	1656.06	8077.80	3125.01	1905.03	639.02	7495.47	5770.61
862.21	388.02	1316.01	406.29	367.45	112.09	1109.53	991.71
112.77	44.89	204.59	49.72	61.30	16.00	139.39	115.75
218.59	80.13	375.27	91.97	105.89	29.04	350.87	283.47
249.95	110.91	473.33	105.28	121.96	44.97	424.44	371.48
416.74	197.25	391.23	107.24	81.12	28.69	323.07	222.85
371.73	121.45	527.09	118.54	154.68	79.98	506.15	410.90
320.88	128.42	594.57	146.00	117.65	40.45	354.52	315.30
704.94	245.39	1131.86	345.42	282.26	63.28	966.19	869.58
14496.15	6217.22	22834.11	5528.71	3805.44	1606.74	22657.03	19379.62
7886.88	3296.21	13835.15	2366.32	1970.24	840.63	14195.81	12053.04
702.81	388.38	865.68	220.00	211.03	64.86	953.18	791.99
25.40	13.08	45.34	5.03	16.04	1.77	43.33	39.59
6.14	1.55	5.15	0.57	0.79	0.23	2.74	2.66
123.63	47.49	178.39	47.29	36.06	15.24	151.83	137.26
5751.29	2470.50	7904.39	2889.51	1571.27	684.00	7310.14	6355.08
5683.57	2205.22	9696.23	2153.37	2570.11	335.17	10485.81	8611.89
1047.82	493.71	2146.30	844.55	568.78	125.33	2053.30	1825.99
20.75	6.93	70.86	32.98	13.46	1.01	53.16	53.01
2654.23	839.80	4419.14	611.55	1052.10	44.72	5303.95	4133.61
1123.60	491.79	1796.01	338.99	702.43	69.29	1937.59	1586.94
626.62	292.61	914.56	235.23	147.54	62.15	813.48	718.20
164.49	58.45	306.15	78.22	71.57	29.79	281.04	255.15
27.76	13.87	22.42	6.84	5.45	1.98	19.78	18.39
18.28	8.07	20.81	5.00	8.77	0.90	23.51	20.61

1-A-7 续表 4

行　业	企　业 单位数 (个)	工业销售 产　值 (当年价格)	出口交货值	资产总计	固定资产 合　计
电气机械和器材制造业	4410	39625.72	7737.69	33012.33	7196.22
电机制造	585	4920.77	904.56	5044.08	939.71
输配电及控制设备制造	1258	10508.57	1717.17	10525.34	2541.95
电线、电缆、光缆及电工器材制造	719	7543.51	721.98	4875.03	1039.14
电池制造	428	3091.11	781.62	2432.66	627.40
家用电力器具制造	752	10711.33	2852.66	8131.35	1473.97
非电力家用器具制造	91	531.47	82.53	498.86	154.70
照明器具制造	529	2138.67	659.08	1393.29	391.38
其他电气机械及器材制造	48	180.29	18.09	111.72	27.97
计算机、通信和其他电子设备制造业	4806	67259.21	42134.62	43516.69	11229.16
计算机制造	557	20840.02	16580.89	9696.92	2303.30
通信设备制造	538	13584.81	6825.85	8963.56	1168.21
广播电视设备制造	170	1106.55	510.23	914.20	202.74
雷达及配套设备制造	25	358.61	86.19	451.20	95.09
视听设备制造	418	6689.19	3104.91	3785.40	547.30
电子器件制造	966	12128.27	8122.81	10756.56	4048.84
电子元件制造	1853	10398.66	5750.25	7549.86	2485.91
其他电子设备制造	279	2153.09	1153.49	1399.00	377.78
仪器仪表制造业	843	4292.02	853.54	4078.24	917.84
通用仪器仪表制造	387	2490.33	277.87	2366.59	444.12
专用仪器仪表制造	171	983.80	181.39	927.14	240.90
钟表与计时仪器制造	100	201.20	109.94	159.13	33.77
光学仪器及眼镜制造	163	511.73	233.85	587.30	186.38
其他仪器仪表制造业	22	104.97	50.49	38.09	12.67
其他制造业	322	1255.44	350.89	1392.63	419.69
日用杂品制造	236	730.54	301.12	488.79	139.27
煤制品制造	7	22.02		36.28	25.32
废弃资源综合利用业	96	1000.10		444.09	119.75
金属废料和碎屑加工处理	79	932.00		378.30	95.15
非金属废料和碎屑加工处理	17	68.09		65.79	24.60
金属制品、机械和设备修理业	130	617.83	142.35	919.99	304.61
金属制品修理	6	24.41	0.15	7.85	4.88
通用设备修理	8	27.92		16.32	3.82
专用设备修理	13	35.45	1.67	57.01	11.05
铁路、船舶、航空航天等运输设备修理	80	496.46	140.53	802.91	272.51
电气设备修理	11	11.90		11.20	2.26
其他机械和设备修理业	12	21.68		24.69	10.09
电力、热力、燃气及水生产和供应业	**2501**	**49305.19**	**173.36**	**82812.99**	**49659.78**
电力、热力生产和供应业	1975	46728.74	131.06	74921.11	45816.07
电力生产	792	12633.70	50.50	32171.33	21898.17
电力供应	1000	33487.62	77.21	40605.22	22803.46
热力生产和供应	183	607.42	3.35	2144.56	1114.44
燃气生产和供应业	188	1778.76	10.64	2923.67	1310.38
水的生产和供应业	338	797.70	31.67	4968.21	2533.33
自来水生产和供应	316	672.46	1.76	4210.75	2220.00
污水处理及其再生利用	19	81.42		544.62	246.17
其他水的处理、利用与分配	3	43.82	29.91	212.84	67.16

单位：亿元

固定资产原价	累计折旧	流动资产合计	应收账款	存货	产成品	负债合计	流动负债合计
12196.71	5499.27	21439.76	7038.36	4296.17	1869.88	19517.67	17056.89
1635.63	778.99	3453.32	1257.02	814.87	235.33	2969.60	2560.87
4032.08	1677.15	6515.71	2630.65	1160.30	456.66	6183.71	5187.85
1851.28	893.45	3235.39	1265.07	612.91	288.32	2788.80	2478.11
977.46	407.68	1494.42	377.15	310.91	125.13	1423.42	1144.73
2788.47	1380.51	5538.02	1138.53	1113.42	656.09	5206.31	4847.30
215.97	67.08	282.97	65.44	53.97	22.39	220.72	180.92
635.99	261.07	847.69	280.07	211.80	79.06	665.88	603.36
59.83	33.35	72.24	24.43	17.99	6.90	59.22	53.76
21922.32	11066.62	28115.68	10605.04	5747.13	1745.64	25658.04	22408.85
4503.63	2255.37	6606.03	2785.27	1201.60	320.97	6673.91	6133.68
2183.46	1049.48	7022.82	2489.76	1477.88	359.24	5895.32	5446.19
364.38	173.10	625.80	254.11	135.32	43.45	464.91	391.90
118.60	47.87	309.22	79.17	115.76	13.15	303.04	250.65
1020.86	499.06	2874.62	916.24	678.38	283.35	2438.13	2227.51
7679.21	3737.87	5420.68	1987.47	1034.75	334.69	5451.19	4007.37
5204.03	2821.44	4393.76	1773.39	901.13	319.88	3764.43	3354.57
848.16	482.44	862.75	319.64	202.31	70.90	667.10	596.98
1455.82	590.85	2620.57	829.26	632.37	195.58	1943.66	1724.66
678.42	261.54	1588.07	495.87	383.87	110.99	1116.45	994.63
383.48	152.17	561.11	193.38	117.86	42.19	441.69	389.74
57.34	25.21	108.82	25.75	47.97	18.12	79.51	70.94
303.30	133.35	349.95	110.80	78.79	23.32	285.47	251.60
33.27	18.58	12.62	3.47	3.87	0.96	20.54	17.76
605.28	251.91	804.02	151.55	300.25	57.84	827.59	649.83
223.25	93.29	276.02	67.11	74.27	26.01	211.25	202.73
37.98	12.88	8.65	2.71	2.43	1.62	31.02	18.96
339.52	237.42	271.98	46.61	77.74	36.70	273.93	237.52
301.19	216.82	239.25	38.42	71.61	35.99	230.17	206.59
38.34	20.60	32.73	8.19	6.13	0.71	43.77	30.93
427.76	145.76	500.85	138.45	105.71	16.66	540.05	449.83
7.04	2.16	2.72	0.70	0.93	0.22	3.32	2.47
8.40	4.86	11.44	2.19	2.33	0.80	6.62	5.32
15.64	5.57	40.18	16.72	7.19	1.16	26.99	24.58
376.11	125.01	425.95	113.53	91.15	13.83	486.00	403.52
5.13	2.74	7.74	3.01	0.95	0.05	6.98	6.91
15.44	5.42	12.82	2.30	3.15	0.59	10.14	7.03
80436.31	**32554.63**	**13160.32**	**2215.70**	**1033.36**	**97.68**	**52830.96**	**25490.08**
75102.60	30682.88	10802.74	1949.73	892.88	67.47	48406.76	22934.51
34615.55	12437.09	5076.99	1393.37	706.73	53.99	22638.99	9543.13
38898.97	17666.09	4938.05	482.98	108.32	9.36	24173.54	12337.30
1588.08	579.70	787.70	73.38	77.84	4.12	1594.23	1054.08
1650.58	436.26	966.01	126.33	97.30	25.21	1722.41	1216.16
3683.14	1435.49	1391.57	139.64	43.18	5.00	2701.80	1339.41
3274.54	1304.34	1182.04	108.61	40.66	3.88	2355.83	1249.18
341.03	98.26	143.62	29.87	2.22	1.11	216.22	81.75
67.57	32.89	65.91	1.16	0.30	0.02	129.75	8.47

1-A-7 续表 5

行业	应付账款	所有者权益合计	实收资本	国家资本	集体资本
总　计	**79511.17**	**254573.24**	**110438.29**	**29752.76**	**1924.60**
采矿业	**7193.54**	**30903.79**	**14013.15**	**7999.85**	**264.81**
煤炭开采和洗选业	3850.40	14935.03	4724.22	2191.35	197.10
烟煤和无烟煤开采洗选	3106.23	14259.84	4471.42	2077.16	192.74
褐煤开采洗选	743.63	661.49	247.06	113.39	1.36
其他煤炭采选	0.54	13.71	5.75	0.80	3.00
石油和天然气开采业	1947.86	9766.85	6145.90	4407.74	0.29
石油开采	1807.24	9417.46	5954.98	4314.89	0.29
天然气开采	140.62	349.39	190.92	92.85	
黑色金属矿采选业	511.47	2999.91	1208.92	642.96	14.14
铁矿采选	495.26	2909.52	1181.98	639.94	14.14
锰矿、铬矿采选	10.92	66.27	22.70	3.02	
其他黑色金属矿采选	5.29	24.11	4.23		
有色金属矿采选业	168.33	1382.11	520.27	145.29	32.65
常用有色金属矿采选	86.35	705.40	302.32	82.96	13.36
贵金属矿采选	62.06	469.00	110.69	41.91	13.83
稀有稀土金属矿采选	19.93	207.71	107.26	20.42	5.46
非金属矿采选业	49.82	611.29	210.53	87.74	6.81
土砂石开采	15.52	177.19	51.49	2.33	3.78
化学矿开采	9.39	125.53	47.90	25.01	1.21
采盐	22.30	253.86	89.21	55.91	1.40
石棉及其他非金属矿采选	2.61	54.71	21.94	4.49	0.42
开采辅助活动	665.55	1206.52	1202.45	524.78	13.82
石油和天然气开采辅助活动	665.55	1206.52	1202.45	524.78	13.82
制造业	**65850.67**	**194001.27**	**82371.23**	**12921.27**	**1593.62**
农副食品加工业	1320.29	6125.35	2272.55	107.87	67.80
谷物磨制	62.07	659.54	273.45	10.46	7.63
饲料加工	123.72	626.96	239.05	1.18	5.37
植物油加工	556.29	902.51	351.27	40.96	5.48
制糖业	108.47	327.68	124.98	16.47	3.07
屠宰及肉类加工	218.24	1749.61	650.89	15.93	24.34
水产品加工	112.99	752.97	241.79	2.07	12.95
蔬菜、水果和坚果加工	45.57	448.79	132.40	4.02	1.46
其他农副食品加工	92.95	657.29	258.72	16.77	7.51
食品制造业	745.22	3806.81	1496.78	68.57	30.12
焙烤食品制造	79.97	429.21	198.42	1.22	0.20
糖果、巧克力及蜜饯制造	47.35	368.48	160.32	0.17	1.47
方便食品制造	142.12	660.07	256.18	8.50	8.62
乳制品制造	230.27	770.77	306.89	14.22	7.38
罐头食品制造	29.91	182.56	81.31	2.72	1.18
调味品、发酵制品制造	96.28	593.21	210.80	23.72	2.73
其他食品制造	119.31	802.52	282.86	18.01	8.53
酒、饮料和精制茶制造业	710.57	4876.91	1482.57	164.82	24.94
酒的制造	424.56	3592.79	924.84	153.12	20.58
饮料制造	271.64	1136.80	515.75	10.49	3.81
精制茶加工	14.38	147.32	41.98	1.21	0.55

单位：亿元

法人资本	个人资本	港澳台资本	外商资本	主营业务收入	主营业务成本	主营业务税金及附加	销售费用
39347.30	**15070.46**	**8559.71**	**15318.76**	**665283.32**	**561075.77**	**13039.10**	**17589.41**
4672.71	**727.03**	**62.54**	**63.00**	**46555.29**	**33051.48**	**1639.98**	**846.48**
1770.92	452.54	40.63	46.98	24576.82	19169.63	350.22	646.40
1682.98	436.13	24.39	33.32	22057.43	17040.37	324.23	611.15
86.18	16.22	16.24	13.66	2479.68	2099.28	25.32	34.67
1.75	0.20			39.72	29.98	0.67	0.58
1532.51	7.41			11348.68	5381.80	1126.49	44.73
1434.44	7.41			10318.92	4650.71	1097.90	40.61
98.07				1029.76	731.09	28.59	4.12
400.12	144.01	3.80	3.58	4402.70	3312.83	74.63	71.02
385.31	138.17	3.80	0.33	4237.89	3172.96	73.29	68.49
10.98	5.44		3.25	70.80	60.43	0.85	2.36
3.83	0.40			94.01	79.44	0.49	0.17
254.10	72.60	8.62	6.74	3072.22	2445.51	33.87	31.14
155.77	42.66	6.62	0.67	1332.00	1011.25	23.58	18.20
28.01	21.13		5.82	1353.88	1125.91	5.65	10.30
70.33	8.81	2.00	0.24	386.34	308.35	4.64	2.64
67.61	42.68	0.02	5.68	1266.55	975.42	25.56	49.55
22.38	22.98	0.02		701.30	561.58	11.13	20.16
10.53	9.98		1.17	206.71	149.51	7.45	5.04
22.09	5.38		4.44	226.57	166.01	4.91	17.72
12.60	4.35		0.07	131.98	98.33	2.08	6.62
647.43	6.93	9.47	0.02	1882.34	1761.69	29.16	3.44
647.43	6.93	9.47	0.02	1882.34	1761.69	29.16	3.44
30445.28	**14142.32**	**8083.23**	**14921.22**	**569179.45**	**483806.50**	**11135.13**	**16471.28**
849.63	696.58	156.34	390.04	27159.47	24143.62	121.48	633.10
94.74	128.47	8.30	23.83	2889.30	2557.34	15.00	57.95
118.74	73.90	12.69	27.04	3228.22	2856.79	9.04	78.10
101.78	68.11	24.16	110.79	5784.06	5367.95	22.40	91.87
62.19	25.37	2.84	15.05	1018.71	861.92	7.87	20.16
260.83	188.03	75.37	82.42	7426.65	6556.43	34.34	171.98
82.35	98.32	6.32	39.78	2630.52	2315.20	15.13	47.48
49.87	37.92	12.04	26.90	1317.58	1083.05	6.26	50.71
79.13	76.46	14.62	64.23	2864.43	2544.95	11.46	114.85
568.39	326.85	179.00	322.86	11446.59	8682.46	73.56	1139.84
39.97	46.84	44.33	65.84	1334.08	1021.72	7.42	117.78
72.15	21.31	20.41	44.80	941.78	664.24	6.29	119.01
89.30	43.07	52.26	54.43	2065.38	1647.12	9.64	182.31
145.08	48.38	19.86	71.24	2422.18	1859.84	11.69	320.99
49.27	19.59	1.35	7.27	801.89	692.54	4.13	28.51
63.56	69.66	19.69	31.43	1360.41	1071.88	8.07	78.89
109.06	78.00	21.10	47.85	2520.88	1725.13	26.31	292.34
544.71	270.88	152.85	321.53	9679.02	6638.88	386.77	1003.26
328.17	207.82	55.70	156.75	5796.89	3769.43	364.50	511.47
193.79	50.56	92.18	164.78	3390.18	2504.15	17.34	466.86
22.75	12.50	4.97		491.96	365.29	4.93	24.94

1-A-7 续表 6

行业	应付账款	所有者权益合计	实收资本	国家资本	集体资本
烟草制品业	812.09	5631.95	899.95	325.50	2.10
烟叶复烤	7.13	171.06	116.46	70.35	0.10
卷烟制造	792.58	5435.11	774.05	250.51	0.30
其他烟草制品制造	12.38	25.78	9.45	4.64	1.70
纺织业	1018.68	6150.12	2441.76	87.01	38.69
棉纺织及印染精加工	659.97	4100.94	1650.52	65.89	21.42
毛纺织及染整精加工	87.28	487.31	195.53	8.20	7.06
麻纺织及染整精加工	14.11	119.32	37.39	4.68	0.86
丝绢纺织及印染精加工	18.00	156.60	45.21	1.38	0.75
化纤织造及印染精加工	23.93	140.62	71.04	0.48	0.65
针织或钩针编织物及其制品制造	88.36	469.57	152.21	0.54	2.83
家用纺织制成品制造	73.81	364.43	160.42	0.08	4.08
非家用纺织制成品制造	53.22	311.33	129.43	5.75	1.03
纺织服装、服饰业	815.59	3694.41	1413.72	13.42	11.52
机织服装制造	621.58	3008.85	1128.83	11.97	9.94
针织或钩针编织服装制造	167.07	559.55	227.65	1.19	1.58
服饰制造	26.95	126.01	57.23	0.27	
皮革、毛皮、羽毛及其制品和制鞋业	478.24	2179.93	830.69	3.16	13.98
皮革鞣制加工	30.84	224.89	70.53		1.95
皮革制品制造	115.40	423.71	132.18		2.20
毛皮鞣制及制品加工	7.35	76.58	27.02	0.71	0.12
羽毛(绒)加工及制品制造	16.20	68.48	20.39	0.08	0.04
制鞋业	308.45	1386.27	580.58	2.38	9.66
木材加工和木、竹、藤、棕、草制品业	113.41	942.44	361.23	10.36	4.10
木材加工	12.99	89.99	49.11	2.05	0.12
人造板制造	61.04	569.73	217.52	4.72	3.65
木制品制造	33.78	227.86	80.74	3.43	0.34
竹、藤、棕、草等制品制造	5.60	54.85	13.87	0.17	
家具制造业	315.14	1111.46	509.31	6.27	4.97
木质家具制造	139.02	674.78	301.51	3.42	3.11
竹、藤家具制造	17.66	12.55	9.44		1.04
金属家具制造	108.07	252.62	139.11	2.60	0.66
塑料家具制造	3.45	8.46	6.02		
其他家具制造	46.94	163.04	53.23	0.26	0.16
造纸和纸制品业	834.92	3737.03	2183.93	190.22	56.68
纸浆制造	27.05	74.28	81.76	0.92	
造纸	625.11	3002.67	1791.12	167.44	49.76
纸制品制造	182.75	660.09	311.04	21.86	6.92
印刷和记录媒介复制业	240.91	1160.56	531.85	77.23	9.15
印刷	237.94	1141.47	516.31	77.23	9.06
装订及印刷相关服务	2.23	10.70	8.18		0.08
记录媒介复制	0.74	8.39	7.36		
文教、工美、体育和娱乐用品制造业	478.69	1672.01	699.98	18.34	7.80
文教办公用品制造	25.89	114.83	48.75	0.10	0.05
乐器制造	15.95	73.10	42.49	12.11	0.25
工艺美术品制造	220.31	932.21	289.45	4.71	3.72
体育用品制造	86.89	183.41	108.84	1.43	0.02
玩具制造	113.84	313.89	188.98		3.04
游艺器材及娱乐用品制造	15.81	54.56	21.46		0.73

单位：亿元

法人资本	个人资本	港澳台资本	外商资本	主营业务收　入	主营业务成　本	主营业务税金及附加	销售费用
571.72	0.21		0.42	7942.07	2007.03	4269.06	140.83
45.58			0.42	112.31	80.74	1.01	2.56
523.05	0.18			7764.96	1879.01	4267.19	135.73
3.08	0.03			64.80	47.29	0.86	2.55
786.02	842.96	384.85	292.05	20062.96	17689.71	87.53	275.64
517.40	598.64	254.42	186.66	13963.58	12428.45	58.37	152.19
75.80	65.38	26.61	12.49	1352.91	1192.79	4.97	16.36
11.98	13.82	4.94	1.11	289.88	246.46	2.04	6.75
15.55	17.57	7.26	2.70	544.59	476.36	3.21	6.81
22.58	17.19	17.96	12.18	362.53	318.72	1.50	4.69
44.85	42.91	33.34	23.74	1282.36	1072.22	5.82	27.61
54.90	63.99	17.43	19.93	1215.94	1046.15	6.02	37.74
42.94	23.47	22.89	33.25	1051.17	908.56	5.61	23.48
506.73	363.67	313.27	199.56	11056.97	9145.95	64.53	474.93
438.25	306.54	228.20	133.04	8867.07	7299.54	51.79	410.70
52.51	44.51	73.44	49.77	1836.61	1556.77	10.68	48.32
15.97	12.63	11.62	16.75	353.29	289.64	2.07	15.92
191.92	193.33	234.97	189.97	7750.82	6540.06	42.72	222.42
19.43	27.09	6.85	15.20	900.90	751.08	3.38	15.23
25.29	37.38	38.20	29.11	1594.37	1357.06	8.64	39.55
7.81	8.05	8.02	2.31	306.65	269.87	1.15	3.23
9.14	5.13	1.84	4.16	285.04	242.05	1.12	7.96
130.25	115.68	180.07	139.19	4663.86	3920.01	28.44	156.46
134.98	143.28	40.93	26.39	3418.06	2900.15	22.21	97.01
15.03	10.65	20.49	0.77	257.69	215.37	2.29	6.73
88.26	99.02	15.13	6.64	2183.48	1872.31	13.39	56.60
25.67	26.29	5.02	18.92	764.31	635.80	5.12	27.78
6.03	7.32	0.29	0.06	212.58	176.68	1.42	5.91
125.10	192.42	85.51	92.61	3266.49	2716.79	17.79	131.41
83.29	119.29	50.13	39.83	1951.27	1617.59	11.59	82.11
5.60	0.90	0.03	1.87	59.19	49.17	0.32	1.33
21.90	56.48	20.27	37.19	699.07	580.61	3.15	24.63
1.16	0.19	4.18	0.50	33.41	30.55	0.08	0.75
13.14	15.56	10.89	13.22	523.55	438.87	2.66	22.59
577.99	235.21	300.26	813.50	6763.45	5768.56	25.88	216.29
70.00	6.40	3.33	1.12	97.04	83.07	0.39	2.75
447.73	168.94	230.42	725.84	4795.63	4152.88	15.05	122.65
60.26	59.87	66.51	86.54	1870.78	1532.62	10.44	90.89
198.09	94.29	103.87	48.98	2219.06	1797.55	13.53	61.90
189.54	91.52	102.02	46.70	2166.77	1753.77	12.98	59.97
3.75	1.83	0.24	2.28	36.36	30.30	0.33	1.42
4.81	0.95	1.61		15.93	13.49	0.22	0.50
173.58	154.46	202.84	142.91	6752.06	5899.16	28.30	150.40
14.44	10.63	11.58	11.96	333.55	276.07	1.50	13.95
8.23	2.41	2.00	17.49	156.10	129.22	0.79	4.28
84.25	107.83	52.03	36.92	4398.43	3902.02	16.61	89.04
31.37	9.16	30.37	36.49	560.39	483.28	3.10	12.28
31.33	19.53	102.78	32.24	1101.16	940.99	5.49	24.32
3.96	4.89	4.07	7.82	202.43	167.57	0.83	6.53

1-A-7 续表 7

行　业	应付账款	所有者权益合计	实收资本	国家资本	集体资本
石油加工、炼焦和核燃料加工业	2941.37	6777.39	4526.20	2003.10	45.36
精炼石油产品制造	1979.32	5273.69	3455.46	1869.74	16.82
炼焦	940.61	1467.50	1041.51	104.12	28.54
化学原料和化学制品制造业	3821.25	16082.20	8319.55	1528.88	191.46
基础化学原料制造	1144.26	4950.95	2787.72	415.87	46.73
肥料制造	673.23	2706.35	1307.51	433.49	18.90
农药制造	121.07	600.24	207.98	18.65	4.25
涂料、油墨、颜料及类似产品制造	224.81	913.34	304.25	17.90	4.56
合成材料制造	803.73	2712.69	1714.75	468.82	58.73
专用化学产品制造	593.75	2893.06	1490.16	129.13	55.21
炸药、火工及焰火产品制造	55.72	476.61	144.56	36.62	2.67
日用化学产品制造	204.68	828.98	362.62	8.40	0.42
医药制造业	1002.87	7389.11	2197.05	243.26	71.84
化学药品原料药制造	234.34	1352.75	494.08	53.85	29.42
化学药品制剂制造	415.39	2456.07	681.88	79.04	20.18
中药饮片加工	24.00	159.02	45.67	6.38	0.07
中成药生产	203.35	1903.67	493.33	26.36	12.34
兽用药品制造	11.05	143.56	49.16	2.55	0.72
生物药品制造	70.79	1034.40	346.56	73.36	9.09
卫生材料及医药用品制造	43.95	339.64	86.37	1.73	0.03
化学纤维制造业	394.84	1711.19	875.88	59.24	4.89
纤维素纤维原料及纤维制造	159.61	520.88	239.78	38.55	1.06
合成纤维制造	235.23	1190.32	636.10	20.69	3.84
橡胶和塑料制品业	1032.38	4697.20	2464.28	88.89	32.21
橡胶制品业	473.31	2180.03	1417.34	64.08	21.85
塑料制品业	559.07	2517.16	1046.94	24.81	10.36
非金属矿物制品业	1964.28	9344.65	4245.53	551.87	108.78
水泥、石灰和石膏制造	667.56	3622.64	1767.54	381.25	71.35
石膏、水泥制品及类似制品制造	255.13	732.39	237.53	27.63	3.73
砖瓦、石材等建筑材料制造	238.85	1280.23	454.04	5.33	7.29
玻璃制造	128.72	608.44	395.12	28.31	1.30
玻璃制品制造	223.74	895.85	391.32	32.96	5.73
玻璃纤维和玻璃纤维增强塑料制品制造	77.94	440.55	230.88	16.19	3.95
陶瓷制品制造	79.90	577.41	308.36	17.44	3.30
耐火材料制品制造	137.43	571.00	174.93	13.82	4.20
石墨及其他非金属矿物制品制造	155.02	616.14	285.82	28.94	7.94
黑色金属冶炼和压延加工业	7220.57	17786.39	7767.48	1685.06	417.42
炼铁	399.50	725.63	396.40	18.57	17.90
炼钢	1215.91	2895.02	684.60	237.48	2.79
黑色金属铸造	141.33	646.81	284.27	12.13	1.93
钢压延加工	5175.46	12878.19	5965.96	1385.45	382.96
铁合金冶炼	288.37	640.74	436.25	31.44	11.85
有色金属冶炼和压延加工业	2471.61	9068.51	3769.01	1183.04	38.74
常用有色金属冶炼	1684.10	3972.33	1910.03	775.79	19.95
贵金属冶炼	58.83	563.44	124.36	33.01	5.04
稀有稀土金属冶炼	51.65	550.69	149.98	45.53	0.68
有色金属合金制造	135.54	466.66	243.27	134.05	1.19
有色金属铸造	21.99	28.15	17.79	4.05	0.39
有色金属压延加工	519.50	3487.24	1323.59	190.61	11.49

单位：亿元

法人资本	个人资本	港澳台资本	外商资本	主营业务收入	主营业务成本	主营业务税金及附加	销售费用
1752.29	425.20	66.24	120.36	36059.45	31219.32	3042.55	252.69
1154.81	167.38	40.34	92.71	30784.36	26452.34	3025.22	118.48
597.48	257.82	25.90	27.65	5196.74	4698.25	17.21	134.17
3397.80	1283.56	568.90	1290.90	42471.22	36520.21	371.73	1278.52
1397.66	322.48	175.47	429.42	13532.14	11957.75	179.26	222.91
634.06	186.37	18.61	15.91	5890.73	5142.17	30.33	164.46
79.97	91.97	1.49	11.64	1749.87	1459.34	5.74	45.13
124.05	65.77	21.59	70.39	2220.28	1799.76	9.43	111.39
697.20	171.93	54.12	252.57	8324.34	7514.53	64.81	117.09
351.47	331.42	222.31	354.26	7294.63	6333.29	37.45	127.92
58.99	44.73	0.03	1.53	919.94	689.54	20.79	46.07
54.41	68.89	75.28	155.19	2539.30	1623.84	23.90	443.54
865.54	529.13	168.99	312.04	13039.01	8645.70	96.38	1915.28
154.82	130.41	63.98	61.58	2371.59	1853.19	13.41	153.78
289.38	104.31	39.00	147.96	4480.21	2620.90	34.43	954.42
22.81	10.57	5.11	0.73	297.59	212.99	2.38	22.28
233.48	164.51	31.84	22.99	3346.60	2090.76	26.55	598.99
19.44	24.46	0.34	1.66	376.29	288.56	2.99	17.84
120.75	59.52	22.48	58.96	1397.91	1003.30	10.15	106.61
24.85	35.35	6.24	18.17	768.84	576.01	6.47	61.35
305.14	181.23	215.97	109.41	5119.27	4683.31	12.72	47.36
115.04	46.92	9.35	28.85	1692.93	1533.72	5.46	22.65
190.09	134.31	206.62	80.56	3426.34	3149.59	7.26	24.72
997.49	385.51	333.88	622.27	12894.21	10935.32	68.32	339.74
708.53	145.32	85.44	392.12	5888.34	4986.07	31.57	166.62
288.96	240.19	248.45	230.15	7005.88	5949.25	36.75	173.12
1762.01	973.42	411.51	435.53	20458.22	16910.51	141.37	590.41
693.66	263.10	179.74	180.85	5555.52	4424.82	39.67	159.27
107.23	71.83	20.77	6.22	2048.80	1732.27	15.69	53.93
217.24	158.65	41.81	23.71	4212.65	3520.13	32.42	112.90
173.55	72.50	63.28	56.17	868.56	723.76	4.00	22.29
118.77	92.64	67.44	69.08	1892.18	1576.97	12.01	60.37
137.33	29.24	18.35	25.83	832.48	699.93	5.12	21.09
123.74	93.38	18.09	52.40	1752.19	1430.26	13.29	60.74
47.53	97.25	0.57	11.57	1696.17	1420.44	10.89	60.39
142.96	94.82	1.46	9.70	1599.65	1381.95	8.27	39.43
3692.10	1346.53	205.99	421.15	60080.79	55591.29	154.95	541.89
241.44	90.85	2.63	25.02	2614.72	2457.10	7.72	22.18
214.62	152.94	45.08	31.69	8661.77	8072.34	12.62	65.65
125.01	70.97	11.68	62.55	1981.13	1720.13	8.85	39.19
2880.34	939.18	139.79	238.23	44281.54	41050.97	114.11	367.67
230.69	92.59	6.82	63.66	2541.62	2290.75	11.65	47.20
1584.03	529.26	268.21	163.94	31805.79	29406.02	87.68	265.89
857.07	175.20	51.57	28.75	16258.07	15400.29	40.48	129.99
47.46	25.46	8.67	4.70	1664.64	1513.88	5.91	7.50
50.98	38.16	0.04	14.59	883.95	735.57	8.36	7.45
52.42	33.38	9.90	12.33	1696.40	1559.64	5.11	21.44
4.90	0.61	4.74	3.11	76.86	66.54	0.23	1.40
571.20	256.45	193.30	100.46	11225.88	10130.09	27.58	98.11

1-A-7 续表 8

行业	应付账款	所有者权益合计	实收资本	国家资本	集体资本
金属制品业	1309.32	5311.03	2109.61	302.12	39.79
结构性金属制品制造	429.82	1476.06	574.23	40.54	13.74
金属工具制造	60.76	301.41	113.77	14.98	4.19
集装箱及金属包装容器制造	145.02	511.25	224.40	11.29	1.74
金属丝绳及其制品制造	97.25	557.14	211.42	20.30	6.01
建筑、安全用金属制品制造	90.52	683.74	195.78	16.51	2.75
金属表面处理及热处理加工	65.00	192.95	94.89	4.17	3.42
搪瓷制品制造	11.72	23.51	17.41	0.60	0.04
金属制日用品制造	61.07	282.85	125.73	0.01	0.46
其他金属制品制造	348.18	1282.10	551.98	193.72	7.45
通用设备制造业	3477.11	9816.04	3568.69	447.26	73.67
锅炉及原动设备制造	767.43	1799.16	591.34	142.98	23.80
金属加工机械制造	283.86	994.92	340.94	81.36	9.14
物料搬运设备制造	681.51	1658.10	534.02	66.92	3.76
泵、阀门、压缩机及类似机械制造	529.03	1823.82	720.62	60.51	13.82
轴承、齿轮和传动部件制造	211.43	949.94	424.89	24.82	5.32
烘炉、风机、衡器、包装等设备制造	508.97	1353.86	461.11	33.57	10.54
文化、办公用机械制造	261.69	463.55	201.16	3.31	0.26
通用零部件制造	166.21	618.70	234.68	29.02	6.81
其他通用设备制造业	66.98	153.98	59.93	4.78	0.24
专用设备制造业	3089.29	8646.37	3493.45	648.10	44.74
采矿、冶金、建筑专用设备制造	2016.98	4578.03	1820.49	541.68	14.71
化工、木材、非金属加工专用设备制造	280.29	933.25	394.23	28.18	12.14
食品、饮料、烟草及饲料生产专用设备制造	38.90	160.14	68.61	6.73	0.99
印刷、制药、日化及日用品生产专用设备制造	81.16	310.79	115.34	9.01	4.43
纺织、服装和皮革加工专用设备制造	124.06	324.74	147.51	13.55	1.95
电子和电工机械专用设备制造	68.87	414.81	198.62	21.04	1.81
农、林、牧、渔专用机械制造	139.05	392.80	235.68	10.81	0.92
医疗仪器设备及器械制造	110.87	625.06	209.77	3.25	5.78
环保、社会公共服务及其他专用设备制造	229.11	906.74	303.22	13.85	2.00
汽车制造业	8156.73	16503.07	5809.77	978.39	49.36
汽车整车制造	5197.85	10080.30	3273.39	786.20	21.13
改装汽车制造	218.47	471.58	216.28	36.47	5.17
低速载货汽车制造	4.13	33.77	17.46	0.62	
电车制造	0.57	7.07	1.89		
汽车车身、挂车制造	41.85	137.86	38.34	5.15	0.29
汽车零部件及配件制造	2693.86	5772.48	2262.42	149.94	22.77
铁路、船舶、航空航天和其他运输设备制造业	2532.73	5408.77	2512.20	895.92	18.45
铁路运输设备制造	823.54	1129.01	560.78	262.73	6.87
城市轨道交通设备制造	25.56	34.75	24.19	3.67	
船舶及相关装置制造	939.46	2107.70	1022.12	255.55	1.38
航空、航天器及设备制造	427.43	1219.40	552.13	357.54	3.50
摩托车制造	216.26	636.92	224.52	15.22	5.35
自行车制造	85.03	243.78	109.81	1.21	1.18
非公路休闲车及零配件制造	8.93	25.00	11.99		
潜水救捞及其他未列明运输设备制造	6.53	12.21	6.65		0.18

单位：亿元

法人资本	个人资本	港澳台资本	外商资本	主营业务收入	主营业务成本	主营业务税金及附加	销售费用
653.58	514.82	272.54	322.04	14513.53	12405.98	77.86	315.27
240.07	183.06	46.16	48.16	4595.97	3901.27	33.21	100.58
28.01	19.18	16.20	31.21	732.22	591.93	4.19	23.74
89.17	23.51	47.59	50.63	1456.58	1256.04	5.27	34.98
48.68	66.30	34.59	35.54	1463.06	1277.56	6.42	28.20
70.50	45.65	17.77	42.60	1281.06	1086.09	6.96	29.99
22.88	24.68	21.88	17.85	935.86	822.68	3.58	10.61
9.62	3.12	0.10	3.92	100.37	84.54	0.60	3.13
23.07	27.02	30.91	42.50	911.34	769.61	4.86	34.90
121.57	122.29	57.33	49.62	3037.07	2616.25	12.77	49.13
1198.98	794.39	196.07	855.34	22705.06	18803.83	119.10	723.53
251.31	86.43	10.35	76.47	3338.42	2674.40	21.62	106.57
114.87	80.56	16.95	38.06	2040.41	1708.34	10.61	68.67
150.80	159.10	29.79	123.79	4506.89	3697.82	22.50	153.18
218.60	188.07	31.46	208.17	4121.99	3395.66	19.80	158.89
153.83	97.03	7.48	136.42	1784.21	1479.07	9.05	46.44
191.89	92.37	27.97	101.66	3071.10	2488.77	17.87	106.72
24.25	13.29	36.33	123.73	1682.76	1516.81	4.68	35.63
75.33	60.96	32.01	30.57	1732.84	1476.85	11.33	37.11
18.10	16.59	3.74	16.48	426.44	366.11	1.65	10.31
1280.71	689.46	256.85	572.68	17655.03	14628.91	94.52	591.35
684.85	301.17	65.69	212.39	9630.36	8159.20	49.85	305.64
102.27	66.36	81.89	103.39	1650.89	1334.55	8.13	45.90
33.76	23.40	0.01	3.72	361.43	292.79	3.30	13.07
24.52	42.34	12.23	22.80	543.12	421.30	2.76	27.17
48.15	39.53	12.83	31.49	734.95	613.07	3.48	23.15
70.78	12.81	16.72	75.46	678.83	560.23	4.41	17.36
131.01	56.47	8.40	28.06	1151.04	965.26	3.81	39.85
57.74	35.09	41.22	65.79	1072.82	800.21	6.57	57.44
127.64	112.30	17.85	29.58	1831.60	1482.31	12.21	61.76
2362.56	491.67	252.06	1667.32	48262.30	39562.56	1270.91	1725.69
1440.56	114.39	138.07	769.74	29550.17	23740.29	1193.71	1286.37
129.94	36.06	1.72	6.91	1620.54	1419.97	8.62	40.07
8.30	1.03		7.50	163.63	147.20	0.19	2.89
1.77	0.12			11.15	10.31	0.03	0.13
10.13	11.13	6.70	4.94	486.57	432.61	1.68	7.93
771.84	328.94	105.58	878.23	16430.23	13812.18	66.68	388.30
1066.55	179.66	109.29	242.03	11992.86	10321.65	61.27	193.14
249.63	22.33	1.51	17.70	2620.91	2144.04	14.94	62.19
17.16	0.63		2.74	59.88	51.30	0.32	1.83
533.44	68.57	65.91	97.27	4349.62	3874.74	17.53	30.93
145.23	4.29	10.82	30.75	1985.45	1686.47	5.91	23.71
91.88	58.74	9.80	43.23	2034.83	1737.46	19.80	47.58
22.30	23.54	19.09	42.50	759.65	661.70	2.39	24.08
2.52	1.31	1.60	6.56	89.12	77.91	0.31	1.78
4.39	0.24	0.56	1.28	93.40	88.04	0.08	1.04

1-A-7 续表 9

行业	应付账款	所有者权益合计	实收资本	国家资本	集体资本
电气机械和器材制造业	5761.15	13424.09	5481.90	407.52	117.75
电机制造	940.90	2072.44	809.02	115.57	8.18
输配电及控制设备制造	1774.55	4307.18	1941.42	203.04	28.81
电线、电缆、光缆及电工器材制造	530.63	2080.26	882.38	35.71	36.62
电池制造	340.59	1004.95	493.17	8.59	7.75
家用电力器具制造	1819.62	2906.10	869.31	33.41	34.55
非电力家用器具制造	66.48	277.01	121.53	2.89	0.02
照明器具制造	262.74	723.66	343.91	7.00	1.82
其他电气机械及器材制造	25.65	52.50	21.15	1.30	
计算机、通信和其他电子设备制造业	11807.60	17711.96	8887.18	608.89	50.17
计算机制造	4025.18	2918.95	1000.31	20.19	6.44
通信设备制造	2747.35	3059.57	1073.20	134.99	10.89
广播电视设备制造	164.43	448.79	181.69	1.80	
雷达及配套设备制造	76.57	145.41	29.31	11.92	0.50
视听设备制造	1026.00	1347.21	490.19	30.71	2.01
电子器件制造	1871.63	5297.82	3642.42	367.27	7.77
电子元件制造	1582.45	3764.75	2142.65	37.05	19.29
其他电子设备制造	313.97	729.45	327.41	4.95	3.28
仪器仪表制造业	598.30	2129.90	720.11	68.29	3.63
通用仪器仪表制造	344.03	1247.65	358.07	42.75	2.26
专用仪器仪表制造	130.83	484.47	169.46	18.92	0.22
钟表与计时仪器制造	24.98	79.10	47.26	0.26	0.52
光学仪器及眼镜制造	91.26	301.20	137.64	6.36	0.58
其他仪器仪表制造业	7.21	17.49	7.68		0.05
其他制造业	211.59	556.75	243.55	35.74	0.79
日用杂品制造	42.31	275.87	120.69		0.05
煤制品制造	4.09	5.25	2.62	1.88	0.49
废弃资源综合利用业	54.42	168.09	50.40	1.01	5.10
金属废料和碎屑加工处理	46.86	146.18	45.53	1.01	4.24
非金属废料和碎屑加工处理	7.57	21.91	4.87		0.86
金属制品、机械和设备修理业	119.47	379.59	205.06	111.94	7.58
金属制品修理	1.12	4.53	0.92		
通用设备修理	2.46	9.70	2.50	0.79	0.44
专用设备修理	7.06	30.02	9.00	1.52	0.16
铁路、船舶、航空航天等运输设备修理	102.25	315.95	183.28	108.69	5.26
电气设备修理	3.57	4.22	3.09	0.36	0.60
其他机械和设备修理业	3.03	15.16	6.28	0.57	1.13
电力、热力、燃气及水生产和供应业	**6466.95**	**29668.18**	**14053.90**	**8831.64**	**66.17**
电力、热力生产和供应业	6136.94	26204.66	12046.57	7697.49	41.36
电力生产	1880.07	9497.49	6738.30	3614.54	32.78
电力供应	4069.69	16161.18	4970.25	3950.14	5.80
热力生产和供应	187.18	545.98	338.02	132.81	2.78
燃气生产和供应业	207.09	1198.48	655.11	241.05	9.86
水的生产和供应业	122.91	2265.04	1352.23	893.10	14.95
自来水生产和供应	113.54	1853.65	1053.21	708.60	12.90
污水处理及其再生利用	8.39	328.30	244.88	184.50	2.05
其他水的处理、利用与分配	0.98	83.09	54.14		

单位：亿元

法人资本	个人资本	港澳台资本	外商资本	主营业务收入	主营业务成本	主营业务税金及附加	销售费用
1918.96	1399.49	533.43	1099.30	39854.05	33515.09	171.55	1643.73
302.26	181.66	58.61	142.74	4871.00	4102.32	27.28	127.66
766.71	396.10	143.70	401.65	10565.75	8854.30	46.56	347.30
250.04	361.24	74.65	123.50	7435.15	6413.03	21.24	173.07
149.59	130.26	89.78	106.69	3091.86	2736.78	11.44	58.16
301.61	148.76	115.52	233.65	11048.32	9076.43	51.30	832.44
67.60	38.71	6.39	4.93	512.47	412.48	2.80	29.26
73.05	138.08	43.82	80.04	2140.04	1773.90	9.77	69.94
8.11	4.67	0.95	6.11	189.47	145.83	1.17	5.90
2022.37	660.85	1919.51	3611.27	67581.33	60811.27	170.18	1292.40
239.26	74.74	251.12	407.73	21199.40	19845.69	22.22	224.44
225.17	143.88	199.76	357.71	13412.26	11691.74	41.99	466.00
63.92	36.89	52.11	26.96	1096.64	914.36	4.24	29.07
14.38	1.63		0.88	385.65	328.43	1.37	9.21
131.29	47.77	128.89	148.84	6920.79	6127.56	19.22	230.48
940.04	168.35	570.60	1577.00	11980.19	10744.98	36.95	133.53
341.49	150.83	650.96	942.63	10401.62	9239.79	37.61	153.58
66.83	36.75	66.07	149.54	2184.78	1918.73	6.58	46.08
221.23	177.95	86.33	161.83	4286.87	3429.26	24.52	155.14
107.16	117.97	24.24	63.70	2471.61	1952.17	14.95	100.20
61.08	44.26	4.71	39.56	991.48	796.44	5.59	33.48
9.11	2.05	26.36	8.96	204.94	163.32	1.17	8.85
42.42	11.63	29.22	47.28	514.60	422.61	2.50	11.21
1.46	2.04	1.79	2.33	104.23	94.72	0.31	1.41
78.20	35.55	50.06	43.21	1258.74	1066.14	6.91	32.37
19.64	19.63	46.60	34.77	739.64	624.02	4.94	22.65
0.11	0.14			28.90	26.71	0.55	0.48
18.66	18.15	5.98	1.50	1022.43	918.09	6.09	6.68
16.82	16.18	5.78	1.50	951.53	856.08	5.18	4.96
1.84	1.97	0.20		70.89	62.01	0.91	1.72
38.24	12.33	6.70	28.28	602.26	502.09	3.17	13.16
0.37	0.55			24.46	20.56	0.16	0.39
1.13	0.14			24.58	23.86	0.11	0.09
5.23	2.04	0.04		35.09	24.20	0.25	1.94
25.69	9.38	5.98	28.28	484.92	405.61	2.31	10.08
1.99	0.14			11.79	10.77	0.14	
3.83	0.07	0.68		21.42	17.09	0.20	0.66
4229.31	**201.12**	**413.94**	**334.54**	**49548.59**	**44217.79**	**263.99**	**271.65**
3701.30	175.87	302.97	151.58	46874.60	42037.76	242.83	130.45
2527.57	147.74	300.18	140.83	12734.87	9879.21	91.34	34.85
998.16	12.85		3.27	33505.23	31542.46	148.94	89.70
175.57	15.29	2.79	7.48	634.50	616.08	2.55	5.89
241.61	7.32	63.58	90.49	1853.59	1547.35	11.02	73.38
286.40	17.93	47.39	92.46	820.40	632.68	10.14	67.82
234.63	14.97	43.16	38.95	687.67	546.24	8.95	66.89
51.15	2.96	4.23		88.90	66.11	0.62	0.38
0.62			53.51	43.83	20.33	0.57	0.56

1-A-7 续表 10

行业	管理费用	税金	财务费用	利息收入	利息支出
总 计	**26147.91**	**1403.01**	**7998.09**	**1406.29**	**8876.83**
采矿业	**3329.89**	**207.10**	**993.15**	**143.32**	**1067.45**
煤炭开采和洗选业	1941.78	113.98	691.50	61.77	719.01
烟煤和无烟煤开采洗选	1867.45	106.10	650.60	58.44	678.31
褐煤开采洗选	72.03	7.52	38.58	3.14	38.26
其他煤炭采选	2.29	0.37	2.32	0.19	2.43
石油和天然气开采业	812.59	61.38	137.73	61.11	184.96
石油开采	781.21	60.57	116.93	56.85	165.21
天然气开采	31.39	0.81	20.80	4.26	19.76
黑色金属矿采选业	223.34	11.08	95.33	4.69	89.63
铁矿采选	217.12	10.87	92.63	4.37	87.00
锰矿、铬矿采选	5.22	0.19	1.11	0.31	1.34
其他黑色金属矿采选	1.01	0.02	1.59		1.30
有色金属矿采选业	187.68	9.35	33.98	6.12	38.11
常用有色金属矿采选	91.65	5.32	17.15	1.40	17.54
贵金属矿采选	72.17	3.04	11.39	4.06	15.14
稀有稀土金属矿采选	23.87	0.99	5.44	0.65	5.43
非金属矿采选业	72.80	4.86	18.89	1.31	17.07
土砂石开采	26.45	2.65	4.42	0.27	3.38
化学矿开采	16.14	0.67	5.36	0.09	5.04
采盐	24.50	1.07	8.20	0.84	7.85
石棉及其他非金属矿采选	5.71	0.47	0.91	0.10	0.80
开采辅助活动	91.08	6.42	15.71	8.31	18.67
石油和天然气开采辅助活动	91.08	6.42	15.71	8.31	18.67
制造业	**21789.78**	**1125.58**	**5507.91**	**1192.96**	**6251.99**
农副食品加工业	659.12	50.61	248.79	41.50	272.22
谷物磨制	59.48	6.46	30.38	0.55	27.65
饲料加工	84.88	5.15	17.59	4.47	20.64
植物油加工	79.13	7.70	17.78	20.49	51.38
制糖业	52.47	2.55	31.96	2.48	32.12
屠宰及肉类加工	183.30	12.84	66.30	11.04	68.35
水产品加工	88.08	5.86	36.08	0.68	28.27
蔬菜、水果和坚果加工	43.57	4.31	14.06	0.77	10.83
其他农副食品加工	68.21	5.75	34.64	1.01	32.97
食品制造业	430.07	24.32	56.95	27.63	78.78
焙烤食品制造	51.95	2.71	6.46	2.62	7.47
糖果、巧克力及蜜饯制造	39.94	1.61	2.60	2.54	4.55
方便食品制造	54.17	4.99	4.20	4.30	10.76
乳制品制造	80.06	4.31	1.27	8.84	10.47
罐头食品制造	29.33	1.48	8.40	1.69	8.40
调味品、发酵制品制造	68.56	5.56	19.14	1.58	19.00
其他食品制造	106.06	3.67	14.88	6.06	18.14
酒、饮料和精制茶制造业	470.84	36.99	52.00	38.10	85.25
酒的制造	335.63	27.84	30.52	31.10	59.93
饮料制造	108.33	8.25	16.44	6.92	20.84
精制茶加工	26.88	0.90	5.04	0.08	4.49

单位：亿元

投资收益（损失以“-”号记）	营业利润	利润总额	亏损企业亏损额	应交增值税	应交所得税	从业人员平均人数（万人）
1276.52	**43636.37**	**44007.22**	**3869.96**	**22832.21**	**6534.50**	**6457.24**
155.63	**6724.60**	**6720.45**	**513.93**	**3354.62**	**863.91**	**662.58**
142.23	2034.03	2022.35	341.65	1775.75	420.57	458.53
137.92	1789.29	1797.68	326.39	1544.79	408.37	442.33
4.31	233.10	221.16	15.22	226.75	11.39	15.32
	11.65	3.50	0.05	4.21	0.81	0.89
-10.97	3639.36	3611.87	77.74	1036.68	263.51	76.44
-12.14	3426.59	3394.41	75.48	949.56	239.81	75.07
1.17	212.76	217.46	2.26	87.12	23.70	1.36
14.15	649.49	635.97	9.86	280.98	105.04	40.15
15.76	634.84	621.32	7.33	272.90	104.46	37.4
0.09	2.69	2.69	2.43	3.24	0.56	1.53
-1.70	11.96	11.96	0.10	4.84	0.02	1.23
7.34	344.87	351.26	12.17	108.64	48.26	33.33
1.49	178.51	183.62	7.38	78.40	24.38	18.2
4.72	122.60	122.31	1.24	10.00	16.53	9.39
1.14	43.76	45.33	3.55	20.25	7.34	5.75
-1.73	119.35	124.17	4.01	65.59	14.79	23.08
-2.99	65.64	64.54	1.07	33.78	6.70	11.14
0.24	25.22	25.53	2.07	12.69	4.31	3.1
0.96	10.58	16.17	0.38	10.74	2.63	6.47
0.06	17.91	17.93	0.49	8.38	1.15	2.37
4.55	-63.04	-25.72	68.51	86.70	11.60	30.96
4.55	-63.04	-25.72	68.51	86.70	11.60	30.96
663.11	**33860.51**	**34060.07**	**3067.90**	**17437.32**	**5123.30**	**5507.39**
-67.82	1589.87	1534.05	63.76	616.88	148.57	218.29
-4.37	180.91	180.80	6.52	62.51	13.01	20.05
0.77	204.03	203.34	3.29	63.53	18.65	22.34
-22.35	250.92	246.54	7.82	126.44	25.17	15.61
-27.27	57.45	60.98	21.58	38.10	4.97	12.87
1.10	466.51	427.42	13.65	128.54	42.67	72.5
0.77	166.76	166.21	2.68	97.86	17.94	35.59
-5.61	127.73	123.86	0.54	35.66	14.37	18.44
-10.87	135.55	124.90	7.70	64.25	11.80	20.89
4.81	1106.83	1123.01	30.07	451.44	161.39	127.79
2.34	124.11	126.41	3.24	49.74	17.12	22.68
1.46	106.16	106.74	0.22	48.94	21.80	12.35
1.10	169.63	176.29	2.65	74.33	21.86	25.94
9.60	155.27	157.48	9.06	83.11	20.08	19.78
-4.08	50.19	50.82	3.68	32.27	5.15	12.71
-8.57	124.56	127.94	9.13	51.14	22.07	14.77
2.95	376.92	377.34	2.09	111.91	53.30	19.57
11.10	1257.90	1260.43	40.61	488.67	253.20	106.77
10.60	892.30	890.59	24.87	338.02	195.77	65.29
0.59	301.90	306.67	15.74	133.40	52.26	32.7
-0.10	63.71	63.17		17.26	5.16	8.78

1-A-7 续表 11

行业	管理费用	税金	财务费用	利息收入	利息支出
烟草制品业	422.50	16.57	-10.43	22.35	11.83
烟叶复烤	9.83	0.90	-1.95	1.94	-0.01
卷烟制造	406.79	15.55	-8.98	20.29	11.25
其他烟草制品制造	5.89	0.12	0.49	0.12	0.59
纺织业	525.14	37.39	315.19	31.33	311.75
棉纺织及印染精加工	334.03	23.61	230.05	21.61	228.57
毛纺织及染整精加工	33.67	2.15	20.96	1.58	19.96
麻纺织及染整精加工	9.85	0.53	5.16	0.36	4.76
丝绢纺织及印染精加工	16.69	1.68	6.60	0.74	6.77
化纤织造及印染精加工	11.26	0.85	7.78	1.07	7.48
针织或钩针编织物及其制品制造	46.22	2.67	22.08	2.27	22.21
家用纺织制成品制造	38.15	3.16	12.49	1.64	11.72
非家用纺织制成品制造	35.27	2.74	10.08	2.07	10.28
纺织服装、服饰业	503.23	24.85	89.63	17.63	86.34
机织服装制造	393.33	20.23	71.81	15.00	71.23
针织或钩针编织服装制造	94.68	3.93	14.41	1.98	12.08
服饰制造	15.21	0.69	3.42	0.65	3.03
皮革、毛皮、羽毛及其制品和制鞋业	316.90	16.89	62.88	9.31	59.74
皮革鞣制加工	28.38	1.15	9.51	1.16	10.38
皮革制品制造	63.64	2.73	16.12	2.54	14.82
毛皮鞣制及制品加工	4.34	0.31	1.24	0.08	0.78
羽毛(绒)加工及制品制造	9.64	0.33	5.02	0.32	4.70
制鞋业	210.90	12.37	30.99	5.21	29.07
木材加工和木、竹、藤、棕、草制品业	130.13	7.01	40.49	1.58	37.09
木材加工	7.81	0.44	0.53	0.10	1.95
人造板制造	74.36	3.63	30.11	1.04	26.59
木制品制造	39.68	2.21	7.35	0.36	6.33
竹、藤、棕、草等制品制造	8.28	0.73	2.50	0.08	2.23
家具制造业	171.51	7.19	34.17	4.02	31.01
木质家具制造	106.03	4.56	20.44	1.68	19.50
竹、藤家具制造	1.75	0.10	1.86	0.24	1.00
金属家具制造	38.27	1.63	7.41	1.53	7.17
塑料家具制造	1.05	0.06	0.28	0.01	0.11
其他家具制造	24.41	0.83	4.18	0.56	3.24
造纸和纸制品业	243.93	17.85	147.14	22.30	168.41
纸浆制造	12.42	0.51	6.06	0.23	6.06
造纸	157.08	13.40	126.52	20.25	146.32
纸制品制造	74.44	3.94	14.55	1.81	16.02
印刷和记录媒介复制业	139.91	6.22	18.69	3.89	19.08
印刷	136.27	6.13	17.48	3.78	18.00
装订及印刷相关服务	2.46	0.06	0.45	0.09	0.49
记录媒介复制	1.18	0.03	0.76	0.01	0.59
文教、工美、体育和娱乐用品制造业	247.47	11.20	52.01	8.82	49.12
文教办公用品制造	17.88	0.85	3.57	1.55	4.44
乐器制造	9.77	0.46	1.45	0.18	1.30
工艺美术品制造	113.89	6.01	34.27	5.28	34.04
体育用品制造	28.52	1.12	4.27	0.62	3.11
玩具制造	68.49	2.41	6.56	0.94	4.66
游艺器材及娱乐用品制造	8.92	0.34	1.89	0.26	1.57

单位：亿元

投资收益（损失以“-”号记）	营业利润	利润总额	亏损企业亏损额	应交增值税	应交所得税	从业人员平均人数（万人）
52.58	1173.08	1165.19	0.10	989.43	287.97	18.57
0.04	21.71	21.70		9.89	4.70	2.77
53.07	1144.07	1135.25	0.08	976.52	281.84	14.93
-0.52	7.30	8.25	0.02	3.02	1.43	0.87
-9.86	1211.02	1233.94	54.20	532.61	174.70	294.52
9.39	791.53	817.57	37.38	366.45	116.13	189.59
-18.89	93.43	92.70	3.25	28.80	13.53	18.21
-0.32	20.61	19.86	0.77	9.04	2.09	7.81
0.39	38.64	37.34	0.43	18.41	4.05	9.9
0.41	19.02	19.14	0.92	10.36	2.57	8.03
6.70	108.44	107.83	0.92	34.16	15.87	25.27
-0.23	77.38	77.02	2.97	35.84	11.45	20.8
-7.31	61.99	62.48	7.58	29.57	9.01	14.9
40.53	810.77	819.17	24.83	346.16	130.27	289.65
39.69	674.77	683.79	18.36	284.36	106.59	223.52
0.80	110.15	109.80	5.48	50.64	17.70	55.8
0.04	25.84	25.58	0.99	11.16	5.98	10.33
-10.67	599.09	581.03	11.88	237.03	59.30	218.34
-1.21	101.22	79.13	0.96	26.30	4.37	9.24
0.79	110.62	111.45	2.23	40.39	9.08	38.44
0.01	29.42	29.60	0.05	6.91	2.67	3.83
-0.38	18.20	18.45	0.21	9.18	2.31	4.59
-9.89	339.63	342.41	8.44	154.25	40.87	162.24
-3.18	244.01	249.27	4.24	113.69	28.55	50.06
-1.50	22.93	22.80	0.05	9.78	1.83	5.75
-1.84	152.51	158.92	2.78	73.57	19.62	28.05
0.33	49.99	49.51	1.18	23.52	6.16	11.53
-0.17	18.58	18.05	0.23	6.82	0.94	4.74
6.50	216.70	216.53	8.31	96.43	28.70	66.6
-0.46	122.90	122.19	6.19	60.56	16.91	41.6
	4.54	4.81	0.08	2.91	0.25	0.95
6.44	56.87	56.99	1.10	20.74	7.35	13.87
	0.87	1.18	0.03	0.37	0.19	0.74
0.51	31.52	31.36	0.91	11.84	4.00	9.43
0.30	409.16	414.89	37.10	201.90	62.86	71.11
-0.20	-0.12	1.07	6.96	5.68	0.57	1.31
6.01	249.28	255.29	24.46	138.69	40.49	44.13
-5.51	160.00	158.53	5.68	57.54	21.80	25.66
8.30	211.18	214.63	5.20	82.69	33.37	43.38
8.83	208.25	211.45	4.50	81.31	33.26	42.09
-0.53	1.85	1.94	0.02	0.97	0.07	1.12
	1.09	1.23	0.67	0.41	0.04	0.18
-0.12	384.20	367.73	9.35	152.41	45.46	143.21
-0.14	22.81	23.27	0.73	7.58	2.48	7.85
0.19	10.52	10.75	1.04	3.88	1.40	3.89
-5.79	249.15	232.36	2.40	95.94	28.88	60.16
3.01	25.49	28.23	1.53	15.51	4.29	17.63
0.31	57.34	56.04	3.60	23.96	7.04	50.91
2.30	18.89	17.09	0.05	5.54	1.37	2.77

1-A-7 续表 12

行　　业	管理费用		财务费用		
		税金		利息收入	利息支出
石油加工、炼焦和核燃料加工业	820.03	35.44	341.72	25.81	346.50
精炼石油产品制造	697.15	23.88	194.61	16.34	216.45
炼焦	119.18	11.46	144.08	9.32	127.06
化学原料和化学制品制造业	1616.03	91.79	701.13	76.28	730.95
基础化学原料制造	448.45	32.24	237.78	22.31	238.85
肥料制造	249.64	14.23	155.75	12.50	167.30
农药制造	71.74	3.93	20.75	3.01	19.54
涂料、油墨、颜料及类似产品制造	120.60	5.87	20.82	4.17	23.62
合成材料制造	265.82	14.78	142.29	14.88	155.41
专用化学产品制造	225.70	12.54	102.56	12.96	102.12
炸药、火工及焰火产品制造	76.40	2.45	11.86	1.61	11.49
日用化学产品制造	157.67	5.76	9.32	4.85	12.60
医药制造业	875.73	29.39	126.02	33.39	135.89
化学药品原料药制造	156.40	6.51	36.31	7.12	35.83
化学药品制剂制造	340.71	9.30	32.35	12.58	37.08
中药饮片加工	14.66	0.47	2.90	0.56	3.13
中成药生产	224.66	7.53	30.56	5.82	32.69
兽用药品制造	20.52	0.69	3.49	0.65	3.55
生物药品制造	81.17	2.95	11.26	6.11	16.11
卫生材料及医药用品制造	37.62	1.94	9.15	0.55	7.50
化学纤维制造业	143.11	7.43	84.37	15.18	96.51
纤维素纤维原料及纤维制造	44.38	2.47	33.21	5.84	37.17
合成纤维制造	98.73	4.96	51.15	9.34	59.33
橡胶和塑料制品业	528.02	27.98	138.68	16.01	140.15
橡胶制品业	215.57	11.86	78.76	4.08	80.19
塑料制品业	312.45	16.12	59.92	11.93	59.96
非金属矿物制品业	863.38	56.81	359.27	33.01	349.26
水泥、石灰和石膏制造	266.06	20.06	170.43	13.65	170.35
石膏、水泥制品及类似制品制造	79.84	4.58	21.13	2.82	21.53
砖瓦、石材等建筑材料制造	150.36	10.55	35.55	4.27	34.07
玻璃制造	52.21	3.89	24.89	2.19	23.86
玻璃制品制造	90.23	4.08	26.65	2.69	25.27
玻璃纤维和玻璃纤维增强塑料制品制造	33.43	2.20	19.03	2.00	19.60
陶瓷制品制造	78.60	3.92	16.08	0.96	14.40
耐火材料制品制造	54.04	4.23	16.60	1.96	14.26
石墨及其他非金属矿物制品制造	58.60	3.32	28.91	2.48	25.94
黑色金属冶炼和压延加工业	1480.51	119.42	871.52	144.77	1008.39
炼铁	42.46	3.64	42.82	3.01	41.71
炼钢	265.72	16.35	129.46	25.01	169.64
黑色金属铸造	70.78	4.08	22.63	1.24	20.37
钢压延加工	1030.73	89.47	637.82	104.72	730.80
铁合金冶炼	70.83	5.88	38.78	10.78	45.88
有色金属冶炼和压延加工业	645.28	50.75	462.37	69.86	489.67
常用有色金属冶炼	296.87	24.67	276.00	42.62	305.37
贵金属冶炼	52.37	3.54	15.06	8.10	20.58
稀有稀土金属冶炼	32.90	4.42	12.73	1.56	12.07
有色金属合金制造	50.89	1.92	17.21	1.70	17.08
有色金属铸造	5.86	0.15	1.07	0.06	0.98
有色金属压延加工	206.39	16.05	140.30	15.83	133.61

单位：亿元

投资收益(损失以“–”号记)	营业利润	利润总额	亏损企业亏损额	应交增值税	应交所得税	从业人员平均人数(万人)
4.52	403.74	367.07	481.95	1431.64	112.48	81.54
2.28	272.73	251.94	385.81	1313.61	89.45	44.42
1.89	128.06	112.27	96.14	117.63	22.64	36.42
75.16	2229.19	2269.03	515.10	1211.10	376.23	285.97
32.53	515.15	531.42	203.60	376.85	86.94	78.05
13.17	234.12	252.36	87.93	111.67	41.36	53.44
5.17	169.51	169.95	2.07	41.83	20.66	12.11
4.05	167.24	171.34	3.29	84.91	26.54	17.64
5.42	267.80	270.21	145.56	184.99	44.97	35.38
-7.13	492.66	493.12	58.19	201.81	82.14	43.33
10.24	86.89	91.29	3.33	51.85	12.55	25.32
11.71	295.82	289.34	11.14	157.20	61.07	20.71
53.60	1435.61	1482.75	31.86	705.86	219.78	144.05
13.52	173.56	184.89	11.95	85.42	28.05	28.06
8.79	527.48	544.75	9.72	301.29	91.69	42.36
-4.45	37.78	38.14	0.37	12.09	5.01	3.26
27.84	399.43	409.53	5.65	199.91	53.76	43.69
-0.03	44.78	46.00	0.29	13.33	6.72	4.07
7.79	173.66	179.47	3.37	67.39	26.51	11.57
0.13	78.91	79.98	0.51	26.42	8.04	11.04
3.37	180.65	192.23	28.44	115.20	23.66	34.15
1.85	70.59	72.77	9.34	52.21	11.79	14.08
1.52	110.06	119.46	19.10	62.99	11.87	20.07
7.75	955.14	960.77	40.16	335.43	146.90	172.13
3.32	444.28	444.48	22.27	149.17	75.78	56
4.43	510.86	516.29	17.89	186.27	71.12	116.13
26.96	1692.80	1770.74	98.86	845.81	251.01	277.31
-0.31	526.93	592.88	34.31	302.96	104.71	53.09
8.81	161.88	167.54	2.78	79.57	26.62	23.94
1.50	371.71	367.87	4.96	139.71	28.74	62.27
1.02	72.15	69.35	12.88	30.76	9.28	12.51
5.50	124.80	130.29	15.28	60.25	17.96	36.56
0.26	57.79	61.47	5.72	36.32	5.99	10.59
1.04	141.64	141.94	7.09	67.23	17.73	46.55
0.02	132.35	133.41	3.50	70.40	24.47	16.13
9.11	103.55	105.99	12.35	58.62	15.50	15.66
-192.34	1412.06	1321.67	326.30	1282.23	174.16	321.22
3.61	55.10	64.26	20.60	57.91	10.19	16.49
-20.71	98.69	100.01	19.55	181.41	15.83	45.94
-9.24	132.66	129.00	4.13	53.11	13.24	23.41
-152.07	1026.80	918.66	260.10	913.75	123.20	215.98
-13.93	98.81	109.74	21.91	76.06	11.70	19.4
-24.58	1292.22	1149.46	257.16	665.96	129.03	145.66
-25.90	342.17	300.51	185.62	334.23	37.72	72.81
12.77	98.11	94.78	15.81	26.56	15.71	7.32
10.87	101.84	97.87	3.02	39.17	10.70	6.45
-2.10	58.89	62.33	16.99	44.09	7.28	9.7
0.01	2.52	4.06	1.01	2.96	0.61	1.23
-20.23	688.69	589.90	34.71	218.94	56.99	48.15

1-A-7 续表 13

行业	管理费用		财务费用		
		税金		利息收入	利息支出
金属制品业	611.29	32.95	155.19	22.04	149.80
结构性金属制品制造	173.94	9.98	51.70	7.39	49.60
金属工具制造	44.68	1.80	8.78	0.61	6.63
集装箱及金属包装容器制造	57.15	3.45	14.35	2.54	12.51
金属丝绳及其制品制造	49.04	4.44	20.81	2.42	21.55
建筑、安全用金属制品制造	51.02	2.29	10.94	1.25	10.01
金属表面处理及热处理加工	26.51	1.49	7.93	1.21	8.58
搪瓷制品制造	4.98	0.33	0.89	0.05	0.75
金属制日用品制造	39.87	1.62	7.95	0.99	6.67
其他金属制品制造	164.11	7.55	31.85	5.58	33.50
通用设备制造业	1268.30	53.69	192.90	50.43	225.09
锅炉及原动设备制造	227.24	7.45	20.27	12.93	30.93
金属加工机械制造	124.59	7.06	33.92	3.69	36.43
物料搬运设备制造	243.41	9.14	32.88	15.25	46.99
泵、阀门、压缩机及类似机械制造	238.48	10.81	29.37	5.79	32.36
轴承、齿轮和传动部件制造	102.36	5.30	23.62	2.40	23.99
烘炉、风机、衡器、包装等设备制造	172.36	6.25	24.82	6.78	27.48
文化、办公用机械制造	61.05	2.42	3.13	1.69	3.44
通用零部件制造	79.69	4.61	19.00	1.66	17.66
其他通用设备制造业	19.12	0.64	5.89	0.24	5.80
专用设备制造业	1003.09	43.06	190.54	50.51	222.73
采矿、冶金、建筑专用设备制造	483.37	23.08	116.75	34.77	144.40
化工、木材、非金属加工专用设备制造	117.74	4.54	20.15	3.52	19.98
食品、饮料、烟草及饲料生产专用设备制造	21.94	0.60	3.20	0.45	3.23
印刷、制药、日化及日用品生产专用设备制造	37.94	2.22	4.52	1.60	5.45
纺织、服装和皮革加工专用设备制造	46.35	2.15	8.06	1.65	7.94
电子和电工机械专用设备制造	39.85	1.55	6.57	1.30	7.52
农、林、牧、渔专用机械制造	65.66	3.54	9.43	1.32	10.01
医疗仪器设备及器械制造	89.45	2.00	4.56	3.10	6.42
环保、社会公共服务及其他专用设备制造	100.78	3.39	17.31	2.80	17.77
汽车制造业	2292.34	92.77	132.30	124.20	258.64
汽车整车制造	1304.07	55.63	9.14	99.50	115.01
改装汽车制造	65.92	3.00	15.69	2.54	16.64
低速载货汽车制造	7.34	0.32	0.42	0.38	1.22
电车制造	0.10		0.08		0.07
汽车车身、挂车制造	13.38	0.77	2.82	0.06	2.76
汽车零部件及配件制造	901.53	33.05	104.16	21.72	122.93
铁路、船舶、航空航天和其他运输设备制造业	729.52	28.57	90.33	69.09	154.96
铁路运输设备制造	233.80	6.67	18.41	5.45	22.63
城市轨道交通设备制造	3.39	0.14	0.17	0.28	0.36
船舶及相关装置制造	201.40	9.94	20.42	51.33	77.76
航空、航天器及设备制造	151.88	2.43	28.87	4.88	31.64
摩托车制造	109.77	8.21	17.14	5.55	17.40
自行车制造	25.40	0.95	4.59	1.54	4.60
非公路休闲车及零配件制造	2.34	0.10	0.12	0.06	0.04
潜水救捞及其他未列明运输设备制造	1.54	0.12	0.60	0.02	0.53

单位：亿元

投资收益(损失以“-”号记)	营业利润	利润总额	亏损企业亏损额	应交增值税	应交所得税	从业人员平均人数(万人)
-57.19	1067.73	998.48	34.60	397.85	134.30	189.48
-40.10	326.68	327.56	10.61	128.49	33.53	49.06
-1.57	63.38	64.76	1.18	28.06	9.65	14.85
-2.15	104.34	106.13	2.76	46.85	17.69	16.07
-1.27	91.03	90.17	4.89	42.77	14.63	13.63
0.75	96.05	95.72	1.30	33.53	13.99	19.56
-12.45	53.55	54.15	1.11	17.61	6.91	10.82
-0.08	6.21	6.05	0.76	3.35	1.33	2.08
2.94	62.17	62.42	2.04	26.54	7.50	21.32
-3.28	264.34	191.52	9.96	70.65	29.07	42.09
12.63	1622.71	1668.93	87.24	669.57	253.92	258.32
11.73	257.71	262.30	18.45	113.38	37.53	34.24
0.62	102.34	113.12	19.56	61.82	16.91	30.51
9.97	367.90	382.02	7.01	131.29	59.97	33.91
-3.18	318.03	320.14	12.79	124.07	44.57	47.44
0.49	127.54	128.39	10.57	51.67	18.69	28.14
0.47	243.50	253.98	5.04	94.97	41.35	32.21
-5.29	63.43	66.43	5.25	27.09	14.33	22.87
0.23	116.74	115.13	6.24	54.19	16.79	24.75
-2.40	25.52	27.43	2.32	11.10	3.76	4.25
31.95	1228.22	1279.69	150.36	557.68	183.83	197.86
15.08	545.13	566.04	117.05	314.86	78.50	83.96
1.14	139.40	141.51	8.67	51.58	23.94	31.7
-0.04	29.64	30.16	0.20	12.29	4.94	4.63
0.98	52.30	54.85	4.07	16.15	6.85	7.04
2.16	47.22	53.24	2.46	21.48	8.28	10.31
2.54	49.63	51.93	8.32	21.30	6.69	9.08
1.48	67.84	71.94	3.92	20.52	8.23	14.66
4.21	129.50	133.27	1.77	36.08	22.49	17.87
4.40	167.56	176.75	3.89	63.43	23.91	18.61
594.62	4315.20	4400.21	176.56	1669.43	735.71	311.33
530.74	2875.19	2923.13	102.77	1101.37	500.27	112.27
-2.56	73.53	91.08	13.23	40.42	9.18	14.29
-2.51	3.90	4.11	3.18	0.52	1.50	1.31
	0.50	0.50	0.12	0.12	0.05	0.24
0.25	32.00	30.76	1.34	15.78	4.55	4.88
68.69	1330.08	1350.64	55.92	511.20	220.16	178.35
13.69	650.34	688.63	83.20	345.10	103.89	142.53
7.37	188.92	195.11	7.13	118.11	26.47	26.52
	2.83	2.93	0.01	2.35	0.43	0.51
13.16	196.72	207.87	63.32	110.97	44.35	47.99
-3.31	84.33	102.11	5.34	25.48	11.74	28.88
-2.48	122.50	124.10	5.54	64.08	13.33	24.72
-1.06	46.51	47.16	1.55	19.33	5.78	11.92
	6.73	7.17	0.08	3.14	1.41	1.15
0.01	1.79	2.18	0.23	1.64	0.38	0.86

1-A-7 续表 14

行　　业	管理费用		财务费用		
		税金		利息收入	利息支出
电气机械和器材制造业	1785.43	84.08	379.90	89.01	398.39
电机制造	245.14	8.65	54.20	12.97	57.28
输配电及控制设备制造	545.98	19.02	155.50	26.21	162.50
电线、电缆、光缆及电工器材制造	241.34	11.22	81.66	8.27	81.04
电池制造	118.97	5.72	27.45	6.82	31.25
家用电力器具制造	479.20	34.17	40.29	29.73	48.26
非电力家用器具制造	24.04	0.82	5.11	1.85	4.93
照明器具制造	116.75	3.84	14.46	3.02	12.22
其他电气机械及器材制造	14.00	0.64	1.24	0.14	0.91
计算机、通信和其他电子设备制造业	2424.79	99.95	123.86	128.63	276.09
计算机制造	406.40	15.93	-16.56	38.31	43.53
通信设备制造	524.00	16.46	30.00	27.62	54.78
广播电视设备制造	65.87	1.69	10.82	1.78	9.73
雷达及配套设备制造	25.07	0.60	2.36	1.16	3.71
视听设备制造	238.20	20.78	13.12	11.77	30.41
电子器件制造	546.18	18.14	38.61	24.58	76.09
电子元件制造	470.66	17.10	40.01	21.51	51.24
其他电子设备制造	148.43	9.25	5.50	1.92	6.59
仪器仪表制造业	288.09	7.91	30.16	10.30	33.29
通用仪器仪表制造	154.94	4.63	17.23	6.22	19.85
专用仪器仪表制造	72.87	1.73	7.29	2.03	8.08
钟表与计时仪器制造	14.57	0.25	1.59	0.43	1.48
光学仪器及眼镜制造	42.03	1.08	3.67	1.60	3.58
其他仪器仪表制造业	3.68	0.22	0.37	0.01	0.29
其他制造业	79.27	2.77	9.87	2.77	10.97
日用杂品制造	32.25	1.80	6.00	1.06	5.67
煤制品制造	1.68	0.11	0.16	0.01	0.14
废弃资源综合利用业	17.14	1.48	3.33	1.32	5.60
金属废料和碎屑加工处理	14.08	1.40	2.94	1.10	5.24
非金属废料和碎屑加工处理	3.07	0.09	0.40	0.23	0.36
金属制品、机械和设备修理业	57.65	2.26	6.96	1.87	8.49
金属制品修理	0.53	0.02	0.07		0.07
通用设备修理	0.93	0.01	0.04	0.01	0.05
专用设备修理	3.59	0.08	0.32	0.12	0.40
铁路、船舶、航空航天等运输设备修理	49.32	2.04	6.24	1.59	7.57
电气设备修理	1.25	0.03	0.06	0.01	0.06
其他机械和设备修理业	2.04	0.08	0.23	0.14	0.33
电力、热力、燃气及水生产和供应业	**1028.23**	**70.33**	**1497.02**	**70.01**	**1557.39**
电力、热力生产和供应业	818.53	59.46	1435.34	56.40	1472.54
电力生产	331.44	43.80	901.77	33.52	932.79
电力供应	431.80	13.13	503.81	20.09	508.79
热力生产和供应	55.29	2.53	29.76	2.79	30.96
燃气生产和供应业	94.04	4.15	18.00	6.88	26.34
水的生产和供应业	115.65	6.72	43.68	6.73	58.51
自来水生产和供应	100.77	6.31	35.08	7.00	46.51
污水处理及其再生利用	6.22	0.35	2.21	0.44	2.79
其他水的处理、利用与分配	8.67	0.06	6.39	-0.71	9.21

单位：亿元

投资收益（损失以“-”号记）	营业利润	利润总额	亏损企业亏损额	应交增值税	应交所得税	从业人员平均人数（万人）
68.96	2637.58	2625.44	214.01	1172.76	370.76	422.23
9.14	337.79	344.85	36.02	147.28	50.07	53.87
31.64	658.74	664.25	137.69	335.21	107.44	106.2
-22.39	522.39	476.46	7.97	191.55	60.67	56.67
5.48	167.26	166.34	11.60	74.16	19.22	41.66
41.21	731.31	750.90	16.60	343.53	106.81	113.58
1.20	39.28	40.50	0.47	15.49	4.27	7.42
3.62	167.33	168.15	3.47	60.55	20.35	40.25
-0.94	13.48	14.00	0.19	4.99	1.95	2.57
-4.57	2973.00	3124.44	225.60	1472.76	409.50	761.98
-15.35	731.65	711.89	20.80	259.75	58.14	166.04
-18.52	498.40	578.03	55.17	569.21	102.35	126.86
0.28	78.76	84.27	2.10	27.20	10.99	16.04
0.45	20.02	22.48	0.02	6.40	3.14	4.53
3.03	346.67	361.23	12.75	157.42	39.10	62.54
25.58	662.07	718.56	72.18	187.58	90.32	140.71
-0.02	525.16	529.00	54.55	214.94	86.10	211.96
-0.03	110.27	118.97	8.03	50.27	19.36	33.31
12.69	386.41	403.81	9.98	151.25	62.04	66.67
9.41	248.69	262.04	3.81	96.25	38.73	28.08
1.70	84.19	86.71	1.81	34.80	14.00	12.34
0.36	13.31	14.16	1.31	5.54	1.89	9.06
1.22	35.93	36.56	2.65	9.12	6.52	16.05
0.01	4.29	4.34	0.40	5.54	0.89	1.14
4.21	72.21	79.89	6.64	37.75	13.20	26.41
-0.20	53.70	53.87	0.95	27.29	8.32	16.67
0.02	0.47	0.51	0.91	1.17	0.12	0.6
-1.40	69.73	69.63	3.87	48.06	3.85	6.84
-1.40	65.69	64.91	3.82	44.37	3.27	5.85
	4.04	4.72	0.05	3.69	0.58	0.99
0.64	22.14	27.31	6.36	12.51	4.68	13.4
	2.63	2.64		1.13	0.68	0.33
0.01	0.05	0.05	0.10	0.51	0.01	0.93
0.02	4.79	5.97		1.99	0.69	0.97
0.60	13.64	17.30	5.84	7.11	3.02	9.87
	-0.01	0.25	0.22	0.69	0.11	0.6
	1.05	1.10	0.20	1.07	0.17	0.7
457.78	**3051.26**	**3226.71**	**288.13**	**2040.27**	**547.29**	**287.28**
392.21	2845.71	2991.87	234.53	1942.62	492.35	245.25
107.55	1729.41	1783.14	135.45	851.29	323.92	72.54
280.20	1172.32	1210.23	72.45	1080.79	166.43	159.22
4.46	-56.03	-1.50	26.63	10.53	2.00	13.49
33.40	183.18	193.12	16.77	58.53	39.62	15.07
32.17	22.37	41.72	36.83	39.12	15.33	26.96
29.75	-5.81	12.93	34.94	36.77	10.01	25.34
2.23	13.67	14.42	1.89	2.16	1.73	1.33
0.18	14.51	14.37		0.18	3.58	0.29

B. 地区部分

1-B-1 按地区分组的规模以上

地区	企业单位数（个）	工业销售产值（当年价格）	出口交货值	资产总计	固定资产合计	固定资产原价	累计折旧	流动资产合计	应收账款
全国	**369813**	**1019405.30**	**112824.03**	**870751.07**	**316231.10**	**499404.09**	**208700.07**	**413490.92**	**97402.73**
北京	3641	17186.60	1506.72	30800.73	6060.28	10788.59	4745.26	12730.59	3315.13
天津	5511	26012.36	2743.50	22388.19	7993.28	12314.88	5147.02	12067.66	3140.06
河北	13968	45232.82	1523.47	37597.12	16764.62	24837.45	8571.78	15343.67	2864.09
山西	3979	16585.80	620.59	28339.90	11010.12	15339.42	6218.56	11312.49	1943.05
内蒙古	4404	20108.84	194.28	24376.40	11078.63	15102.34	5022.15	8500.30	1629.40
辽宁	17305	51734.67	3372.01	38665.07	15137.56	25688.13	11842.16	17432.94	3565.66
吉林	5376	21690.90	360.97	15677.96	6739.17	14290.03	7977.59	6792.23	1298.51
黑龙江	4398	13415.89	154.62	14215.77	6531.53	11215.05	5179.93	5916.16	1175.36
上海	9796	31945.81	7829.31	33595.79	8448.43	16476.35	8505.36	19650.61	5514.19
江苏	48787	132721.45	22846.91	94310.90	31249.18	54693.89	24411.75	51202.33	15212.05
浙江	39561	61280.59	11223.22	60436.24	16149.64	24447.22	9799.42	35053.39	9018.20
安徽	16193	32913.47	1629.19	25906.17	10681.91	15416.55	6192.32	11392.83	2971.35
福建	16120	33003.96	6448.29	24978.49	7930.44	11811.42	4482.96	12916.26	3353.06
江西	8126	24603.16	1582.38	14057.87	6055.81	9590.70	4127.46	6373.81	1173.76
山东	40467	128488.73	8283.11	81534.78	30512.77	52197.14	24919.42	39010.28	6908.56
河南	20573	58779.98	2610.00	43431.82	18603.16	23979.84	7455.94	20131.51	3508.71
湖北	14650	38107.78	1544.19	30633.98	12044.51	22158.39	10836.13	13838.57	3091.73
湖南	13598	32157.78	1251.75	20050.53	8531.09	12129.92	4212.46	8589.68	2333.93
广东	41184	106853.68	30205.44	79655.27	22385.82	39339.68	18362.55	46450.89	13749.95
广西	5495	17437.82	670.86	13349.56	5253.60	7335.63	2487.26	6183.63	1212.59
海南	388	1747.45	162.30	2288.03	924.33	1267.57	413.62	922.84	168.11
重庆	5559	15475.67	2276.75	13462.11	5156.25	7278.63	2648.47	6229.33	1622.51
四川	12998	34544.52	2996.29	36239.56	14505.83	20574.50	7470.83	14841.33	3407.07
贵州	3576	7650.47	100.00	10339.98	4326.55	5625.16	1689.01	4076.36	668.41
云南	3551	9831.22	130.91	15854.90	6764.19	8728.66	2541.85	5786.97	840.58
西藏	76	97.09	0.15	554.55	267.56	343.80	84.90	141.07	14.85
陕西	4751	18151.04	341.72	22807.15	8237.81	12642.41	4951.26	8699.13	1755.21
甘肃	1992	7460.39	67.68	10422.52	4716.27	6799.39	2624.92	4029.37	566.43
青海	522	2308.34	8.06	4793.88	2369.10	3250.50	1034.52	1422.32	203.34
宁夏	1044	3429.23	71.34	5654.60	2487.44	3306.02	1017.42	2119.53	343.65
新疆	2224	8447.80	68.01	14331.25	7314.22	10434.84	3725.84	4332.85	833.24

工业企业主要经济指标

单位：亿元

存货	产成品	负债合计	流动负债合计	应付账款	所有者权益合计	实收资本	国家资本	集体资本	法人资本
97119.22	**34535.80**	**505694.32**	**380845.89**	**104105.91**	**361263.38**	**173673.36**	**34694.96**	**3383.92**	**61044.70**
2218.18	686.89	16207.96	10318.63	3530.14	14591.63	6608.45	3055.32	18.92	2110.92
2738.46	930.38	14241.43	11900.87	3752.86	8125.19	4804.71	933.71	52.32	1619.15
3863.94	1369.43	22005.91	17235.81	4639.59	15394.51	6695.51	1522.45	87.73	2637.52
2051.76	794.08	20390.05	13611.04	3229.10	7922.49	4441.27	1400.64	127.00	1621.86
1582.57	614.61	15088.36	9242.29	2184.54	9204.62	5860.55	1710.51	167.70	1651.27
4396.53	1404.01	22396.73	16625.95	3937.30	16076.49	7662.33	1893.70	277.50	2678.29
1598.64	564.82	8560.22	6204.05	2093.89	7005.24	2922.82	597.52	248.90	1186.28
1662.40	559.52	8212.96	6053.99	1547.29	5974.25	2326.03	462.60	47.24	1114.45
4478.31	1381.50	17087.14	14983.79	6171.98	16441.44	7449.73	1195.16	119.51	2215.76
11410.03	4214.89	53475.49	45942.96	12196.29	40748.57	20691.02	1646.98	384.15	5495.70
7792.49	3079.07	36232.63	31629.00	6874.30	24094.27	11431.45	887.93	125.79	3778.32
2863.22	1044.13	15367.17	11153.29	2882.27	10428.50	4913.50	1120.79	65.62	1696.78
3232.27	1245.87	13591.05	10379.00	2727.11	11230.48	5668.78	548.44	70.84	1735.21
1687.77	648.20	7662.16	5907.49	1450.39	6264.29	3510.84	364.59	77.49	1753.61
8975.97	3374.64	46142.11	33897.35	7431.23	34465.68	12673.58	2230.53	360.77	4659.39
3659.74	1256.49	21050.58	15442.92	4011.20	22021.36	10296.35	1034.27	229.84	3747.40
3632.39	1375.49	17570.58	13340.58	3338.22	12904.96	5668.78	1572.25	102.60	1871.43
2324.16	747.26	11082.18	7595.11	1862.70	8894.81	4342.29	734.93	81.55	1884.24
11193.01	3787.52	46283.08	38305.07	13800.07	33092.80	16590.59	2075.52	178.94	5125.22
1637.59	688.10	8399.72	6219.68	1622.18	4899.61	2247.29	587.53	32.33	911.52
248.22	97.54	1218.72	897.29	247.88	1067.42	591.84	188.46	7.16	201.12
1338.85	492.36	8586.42	6542.33	2096.65	4802.13	2068.90	390.66	35.59	955.39
3526.71	1201.21	22204.87	13935.65	3547.51	13491.64	6439.83	951.85	182.11	3488.11
898.22	269.02	6742.06	4162.44	876.02	3605.59	2041.23	633.74	30.83	623.98
1979.12	518.55	10223.00	6183.80	1258.88	5627.01	2387.09	855.28	56.50	1024.45
18.88	4.44	198.51	109.04	37.25	357.17	127.26	49.25	2.16	60.59
2125.40	793.17	12996.26	8790.15	2605.79	9760.44	5265.28	2863.02	105.67	1472.23
1720.52	575.09	6686.88	4254.84	1167.06	3812.85	2348.91	1037.03	52.10	904.53
314.07	111.51	3228.41	1794.10	516.64	1560.25	732.05	284.58	10.86	372.81
624.53	230.16	3781.91	2431.98	619.04	1862.94	954.87	306.59	14.75	453.74
1325.27	475.82	8779.77	5755.40	1850.53	5534.74	3910.23	1559.15	29.46	1993.45

1-B-1 续表

地区	个人资本	港澳台资本	外商资本	主营业务收入	主营业务成本	主营业务税金及附加	销售费用	管理费用	税金
全国	**38806.07**	**12366.09**	**22153.57**	**1038659.45**	**880679.68**	**15835.24**	**25945.22**	**39431.90**	**2116.41**
北京	448.85	162.60	805.33	18688.63	15833.59	281.39	825.11	868.32	21.13
天津	684.33	239.18	1125.64	27078.43	23085.79	320.43	646.12	809.01	50.67
河北	1776.25	208.33	459.06	46340.92	40223.28	430.67	748.85	1309.48	71.05
山西	1008.30	64.09	153.70	18393.33	15539.93	160.52	546.10	1038.49	40.70
内蒙古	2087.61	93.02	112.38	20190.81	16047.25	280.91	516.57	802.69	98.85
辽宁	1561.89	358.75	886.57	51533.44	44185.02	882.60	1098.70	2027.02	151.16
吉林	643.46	56.51	172.66	22184.99	18641.65	494.13	839.47	950.13	57.86
黑龙江	511.25	45.01	141.22	13701.06	10769.37	673.46	303.25	635.67	33.06
上海	705.14	688.87	2525.28	34631.60	28684.46	908.43	1242.87	1960.46	37.28
江苏	4853.96	2433.42	5876.38	133605.91	115739.98	1138.24	2911.28	4579.69	185.06
浙江	3672.56	1388.65	1578.19	61305.77	52430.01	668.51	1510.63	2681.06	122.85
安徽	1552.99	160.98	316.34	33788.82	28867.56	427.44	824.76	1167.92	93.60
福建	1346.54	1074.20	892.50	33126.31	28251.14	400.12	873.64	1313.01	72.22
江西	851.84	268.09	196.90	27035.11	23502.37	274.95	435.08	611.53	35.10
山东	3604.77	409.59	1400.90	132130.34	113897.96	1495.83	2431.54	3642.26	269.20
河南	4798.24	208.72	255.21	59975.16	51549.68	640.78	1125.65	1426.95	72.49
湖北	1385.08	163.32	406.82	38183.39	32183.61	775.09	1169.77	1625.62	90.11
湖南	1305.83	118.38	216.87	31854.65	25797.74	884.40	924.69	1735.61	126.89
广东	1920.37	3678.95	3500.07	106361.21	90458.98	1160.99	3603.16	4585.49	174.04
广西	378.25	128.76	189.93	17121.91	14538.64	318.06	421.36	752.70	33.41
海南	42.13	14.41	137.39	1564.45	1244.04	80.03	60.31	56.55	1.96
重庆	403.65	133.52	147.78	15581.78	13301.89	224.25	435.38	662.44	39.31
四川	1152.81	115.87	327.98	35686.14	29660.84	594.44	1006.62	1498.64	77.58
贵州	423.86	13.38	37.46	7357.82	5653.41	290.17	256.96	389.07	19.79
云南	349.35	37.70	63.79	10040.21	7685.72	786.38	274.62	468.02	21.15
西藏	10.20	1.30	3.55	98.10	83.57	1.66	6.42	9.54	0.13
陕西	641.57	46.64	117.51	18151.91	13885.16	531.73	439.55	949.23	61.64
甘肃	179.01	10.52	36.71	8691.76	7538.03	264.89	133.34	287.57	16.53
青海	83.61	10.12	18.50	2091.02	1673.32	46.29	66.02	87.13	8.02
宁夏	148.18	4.51	25.66	3445.78	2931.02	68.57	73.40	132.11	9.56
新疆	274.17	28.69	25.31	8718.71	6794.68	329.88	193.98	368.47	24.00

单位：亿元

财务费用	利息收入	利息支出	投资收益（损失以“-”号记）	营业利润	利润总额	亏损企业亏损额	应交增值税	应交所得税	从业人员平均人数（万人）
12008.26	**1668.02**	**12346.02**	**776.22**	**68355.21**	**68378.91**	**5571.32**	**33460.27**	**9476.42**	**9791.46**
203.65	50.74	243.48	461.46	1161.12	1282.88	173.10	537.17	232.59	119.15
206.41	46.28	224.14	40.76	2233.71	2258.93	133.10	1145.89	366.63	163.15
588.82	42.61	587.46	-405.36	2731.57	2734.70	260.16	1169.76	330.23	369.72
553.23	42.21	558.27	18.20	615.25	614.59	372.37	752.18	165.57	218.32
405.54	37.21	399.21	-39.79	2369.21	2014.06	200.75	826.36	241.43	127.70
489.01	59.08	484.29	-55.78	2968.13	2976.15	372.84	1492.37	330.84	400.62
217.69	20.39	209.83	69.82	1291.56	1278.39	182.71	632.66	213.06	150.10
152.49	31.35	169.30	2.22	1180.16	1185.49	178.10	600.24	73.12	138.22
78.49	138.18	218.81	462.64	2268.55	2392.05	279.56	922.78	452.68	259.67
1203.05	217.49	1297.51	5.33	8513.02	8379.50	501.30	4295.61	1498.70	1150.76
1027.94	200.31	1137.49	204.73	3384.28	3561.26	234.01	1747.94	544.22	719.38
379.77	39.46	383.96	15.39	2249.35	2108.77	108.92	1023.47	241.70	314.68
355.51	48.54	369.66	-86.56	2243.36	2227.45	113.49	992.09	267.50	424.15
187.92	19.89	181.28	5.23	1816.53	1802.24	69.92	874.54	158.53	236.22
1457.51	134.58	1337.30	-8.81	8676.63	8715.36	279.35	3889.73	1158.03	948.23
643.00	63.59	619.70	29.63	4520.71	4543.07	251.07	1594.74	555.95	631.74
476.04	40.93	457.65	60.44	2466.15	2475.07	136.46	1181.37	288.59	346.29
347.39	33.32	332.63	-50.71	2115.46	2047.87	66.44	1311.26	211.49	330.32
700.12	159.62	727.26	225.15	6389.56	6496.42	379.15	3343.02	1024.14	1455.82
214.22	22.15	224.07	-108.95	1059.00	1014.24	120.32	583.21	91.00	165.60
23.41	3.31	26.69	7.14	116.05	123.16	13.89	65.26	23.38	12.69
192.53	23.87	199.76	-67.12	891.23	907.60	119.85	599.19	99.49	169.42
569.61	62.39	574.86	-27.00	2312.55	2328.99	321.41	1359.69	309.23	385.05
196.18	18.08	197.02	21.63	631.61	636.60	123.47	336.59	123.67	91.61
285.71	18.42	292.54	11.07	616.04	630.63	163.97	478.02	112.27	103.32
1.63	1.00	2.56	0.37	-3.81	7.34	13.41	8.28	2.85	1.91
278.07	36.17	291.92	7.08	2197.31	2151.37	96.57	938.66	208.89	171.01
160.21	28.62	190.58	11.40	253.40	300.46	86.26	197.46	40.85	61.77
100.86	3.54	91.02	-66.81	129.38	149.07	44.72	98.39	14.14	21.39
111.50	3.97	105.43	14.92	160.81	179.97	40.07	112.86	23.06	33.13
200.74	20.74	210.35	18.51	797.35	855.23	134.58	349.50	72.60	70.32

1-B-2 按地区分组的

地 区	企业单位数（个）	工业销售产值（当年价格）	出口交货值	资产总计	固定资产合计	固定资产原价	累计折旧	流动资产合计	应收账款
全 国	**18574**	**240315.31**	**8791.96**	**343985.88**	**146122.27**	**226435.38**	**91660.49**	**124529.35**	**22513.92**
北 京	775	9997.79	237.04	22785.56	4840.35	8640.40	3801.28	7342.66	1567.87
天 津	565	8557.98	181.80	10554.40	4676.82	7102.49	3034.85	4630.91	793.88
河 北	764	10321.51	365.93	15708.16	7592.96	12167.55	4367.17	5146.01	835.30
山 西	764	8266.39	173.86	17704.74	7693.04	10557.70	4369.01	5916.70	1020.87
内蒙古	629	6566.10	81.32	12833.43	6638.20	9352.92	3235.38	3664.27	853.46
辽 宁	653	12284.41	1177.50	17214.92	6634.78	11842.08	5603.60	7184.55	1277.83
吉 林	363	7857.48	82.99	8232.19	3611.46	5930.00	2512.10	3756.13	484.64
黑龙江	460	6387.16	96.53	9095.69	4620.14	8447.67	4081.90	3331.42	588.98
上 海	747	11930.88	745.56	15337.04	4622.71	9165.47	4878.71	7048.98	1124.71
江 苏	961	14463.54	781.32	16977.67	7096.06	12102.07	5123.31	6824.45	1672.64
浙 江	707	8927.70	296.74	9026.86	4344.53	7203.32	3261.51	3022.34	482.84
安 徽	678	9042.80	360.96	12146.48	6145.34	8309.26	3220.42	3990.33	690.61
福 建	457	4101.53	150.20	5906.31	2840.74	4135.11	1504.15	1695.98	267.64
江 西	486	4574.39	146.62	5203.70	2133.88	3392.24	1438.60	2546.40	286.35
山 东	1199	20024.81	626.99	23668.11	9034.80	14946.95	6675.40	8936.77	1561.67
河 南	803	10017.88	161.90	12799.42	6069.72	8526.28	3370.87	5084.89	931.65
湖 北	728	11109.57	434.08	14862.97	6443.02	10028.61	3833.60	5692.43	1067.09
湖 南	752	7170.25	173.96	8380.46	3522.23	5590.26	2303.19	3744.65	1023.52
广 东	1038	16974.75	1525.34	18225.11	7713.37	13129.02	5827.74	7161.63	1164.76
广 西	547	5308.85	87.82	5897.08	2665.85	3870.78	1373.36	2187.17	338.56
海 南	80	403.34	1.80	682.11	365.95	539.21	201.50	115.47	14.79
重 庆	482	4405.99	168.47	6341.35	2784.20	3780.56	1302.67	2448.28	479.61
四 川	917	8573.40	351.47	17354.52	7327.31	9389.37	2870.60	5642.11	1257.61
贵 州	497	3454.99	82.80	6522.79	3109.43	4263.17	1354.79	2139.26	305.69
云 南	571	5189.26	37.26	10227.91	4912.69	6291.73	1753.03	2985.68	380.89
西 藏	25	47.78		394.30	233.34	299.45	72.70	76.87	5.65
陕 西	719	10549.40	200.33	16811.48	5981.70	9133.50	3483.08	5907.01	1105.44
甘 肃	390	5456.21	35.62	8051.76	3880.13	5458.07	2010.99	2880.18	315.01
青 海	118	1147.08	0.24	3181.23	1676.82	2376.51	775.84	704.68	104.69
宁 夏	105	1622.69	9.22	2785.30	1570.88	2281.77	761.79	628.18	124.57
新 疆	594	5579.42	16.26	9072.87	5339.84	8181.84	3257.37	2092.96	385.09

国有控股工业企业主要经济指标

单位：亿元

存货	产成品	负债合计	流动负债合计	应付账款	所有者权益合计	实收资本	国家资本	集体资本	法人资本
31551.63	**8458.42**	**214230.57**	**140376.51**	**38826.69**	**128655.24**	**63390.89**	**33129.26**	**940.65**	**24617.45**
1044.47	289.19	11913.98	6489.03	1913.07	10871.58	4936.62	3049.70	3.65	1619.00
1172.73	410.83	7063.04	5687.08	1518.50	3484.50	2164.57	898.96	13.90	1028.79
1498.18	410.34	10223.35	7257.52	1900.62	5476.60	2844.26	1500.55	30.80	1195.03
1002.31	347.85	12709.90	7388.52	1806.10	4987.61	2497.24	1330.85	42.71	1011.58
732.99	225.48	8205.54	4634.35	1278.35	4594.17	2517.94	1675.91	45.53	621.15
2141.36	489.10	11650.59	8565.36	2018.47	5549.28	3264.41	1823.82	202.48	1041.99
804.39	267.31	5118.71	3650.32	1368.96	3104.16	1352.00	554.72	209.74	450.74
875.24	252.31	5274.08	3606.23	983.91	3810.70	1301.90	449.98	6.90	788.23
1504.41	326.76	6972.78	5698.35	2068.38	8321.73	2905.61	1108.59	45.43	1328.03
1564.39	396.70	10603.08	7970.41	2507.06	6373.31	3051.69	1508.30	23.65	1180.40
799.93	171.38	5117.50	3293.24	979.45	3908.16	1716.03	833.55	5.94	769.87
1019.83	255.35	8026.78	5128.78	1282.77	4111.50	1835.26	1073.00	7.19	639.09
548.53	110.59	3624.56	1974.42	509.39	2276.54	1210.60	520.37	14.36	533.49
652.63	151.16	3394.50	2560.57	593.97	1801.42	716.16	325.59	13.61	306.12
2078.62	686.12	15245.17	10194.91	2640.97	7978.63	3614.54	2106.66	33.85	1056.68
1310.35	347.18	8624.71	5904.81	1532.15	4096.14	1987.41	901.12	38.86	879.45
1671.51	490.31	9014.66	6794.01	1664.54	5816.93	2182.89	1514.77	15.04	406.87
1112.90	222.25	5436.07	3701.51	974.95	2930.58	1311.81	673.13	7.80	504.27
1602.04	368.19	10615.67	7360.64	2267.94	7596.16	4116.81	1980.06	46.87	1683.49
615.27	207.71	3865.61	2508.19	675.29	2008.49	1078.96	554.28	4.04	458.03
24.93	7.91	292.87	205.65	36.37	388.58	217.16	138.53	3.67	47.91
532.68	141.91	4196.82	2983.09	874.95	2117.46	1002.80	366.07	6.03	532.93
1584.48	359.40	11574.15	6094.54	1522.30	5492.29	3398.65	873.09	37.69	2182.46
555.13	126.46	4396.66	2446.31	529.47	2123.57	1078.45	619.71	8.45	317.42
1307.19	220.58	6574.65	3374.53	696.20	3649.88	1508.04	769.81	10.29	661.56
8.43	0.96	118.86	55.73	30.34	275.43	82.78	47.74		27.87
1415.32	464.44	9829.43	6383.46	1980.76	6980.36	3910.26	2825.91	28.71	939.40
1391.29	408.78	5292.66	3284.35	934.33	2751.09	1693.69	1012.06	9.90	630.39
148.58	46.82	2211.03	1074.60	362.79	968.90	397.38	268.52	5.32	162.84
166.55	55.53	1859.94	1024.07	328.22	926.45	473.18	302.08	7.95	158.17
664.96	199.54	5183.22	3081.94	1046.13	3883.04	3021.77	1521.83	10.28	1454.16

1-B-2 续表

地区	个人资本	港澳台资本	外商资本	主营业务收入	主营业务成本	主营业务税金及附加	销售费用	管理费用	税金
全国	**1790.25**	**578.62**	**1827.18**	**257816.87**	**213204.73**	**10732.38**	**5201.24**	**11567.94**	**597.95**
北京	69.88	22.55	171.85	10644.20	9351.75	246.22	234.74	386.97	11.88
天津	41.89	3.61	63.46	9275.43	7891.52	228.55	68.85	286.41	19.07
河北	66.91	14.02	36.11	11306.71	9899.21	248.73	138.16	497.78	21.93
山西	78.03	0.43	30.65	10285.81	8538.41	112.51	340.07	728.10	24.11
内蒙古	128.92	9.41	35.63	6556.98	5151.07	151.56	151.90	310.41	38.22
辽宁	75.61	8.28	112.23	12256.80	10589.55	502.75	171.62	662.78	42.49
吉林	117.82	0.74	9.80	8517.65	6983.80	389.05	322.82	388.37	19.51
黑龙江	24.23	4.42	26.10	6708.20	4759.29	624.03	107.31	399.13	20.53
上海	93.61	61.46	268.48	13814.05	11178.35	864.26	240.38	699.85	17.34
江苏	77.08	65.17	197.08	14764.40	12552.51	541.22	239.79	531.21	22.53
浙江	26.25	37.93	42.49	9017.52	7617.56	429.07	115.33	279.59	13.70
安徽	70.98	21.41	23.59	10241.64	8745.53	271.35	168.44	411.77	28.46
福建	26.69	18.22	97.47	4164.86	3484.81	242.77	65.91	146.42	8.13
江西	71.07	1.78	1.23	6025.13	5340.47	146.89	80.03	167.66	9.18
山东	122.56	102.61	192.17	22140.91	18542.45	763.30	355.39	1008.00	51.45
河南	110.42	28.39	27.25	11195.92	9712.17	365.54	149.95	494.54	27.29
湖北	102.14	2.67	92.60	11850.57	9821.70	540.41	310.83	561.00	22.72
湖南	41.27	43.00	42.15	7132.07	5608.59	578.79	158.67	354.75	15.83
广东	95.17	82.05	188.45	17097.70	14241.26	680.57	649.91	526.22	35.32
广西	29.02	3.91	22.56	5280.81	4528.66	243.53	109.22	216.38	9.28
海南	19.77	5.09	1.64	351.71	262.48	15.39	5.71	11.37	0.55
重庆	41.88	13.29	41.21	4441.61	3699.58	147.05	167.90	244.37	10.81
四川	66.46	2.90	27.88	9551.89	7719.30	288.04	250.77	535.89	25.13
贵州	22.35	0.41	8.27	3457.45	2578.80	228.89	84.21	192.27	7.87
云南	39.79	11.91	14.68	5401.36	3829.83	756.71	118.16	264.44	12.55
西藏	3.97	1.30	1.90	46.33	54.53	0.79	1.49	4.77	0.03
陕西	79.66	2.44	21.70	10783.70	7953.21	460.13	176.45	659.42	40.37
甘肃	7.01	5.57	23.47	6961.26	6056.44	251.60	80.39	221.33	12.98
青海	8.38		0.77	1096.49	802.38	37.00	29.28	46.93	4.99
宁夏	3.69		0.23	1631.76	1336.09	61.93	19.45	71.21	4.58
新疆	27.75	3.67	4.09	5815.95	4373.43	313.76	88.09	258.60	19.12

单位：亿元

财务费用	利息收入	利息支出	投资收益(损失以“-”号记)	营业利润	利润总额	亏损企业亏损额	应交增值税	应交所得税	从业人员平均人数(万人)
4513.20	**727.22**	**5197.98**	**1561.14**	**15152.88**	**15917.68**	**2792.46**	**10835.46**	**2736.80**	**1889.49**
172.32	32.08	194.43	391.24	641.20	714.24	114.17	291.01	127.07	51.67
113.15	28.24	125.08	7.20	733.14	750.84	60.65	374.97	163.79	38.62
265.19	21.09	290.11	25.39	267.29	311.34	135.78	376.33	70.47	89.96
322.04	31.76	351.95	59.86	336.71	357.11	207.08	483.77	113.99	123.58
211.43	13.63	213.99	22.30	834.49	721.91	128.31	318.44	98.79	50.11
217.08	40.20	265.86	22.84	94.80	239.86	237.48	402.39	58.64	113.60
98.18	15.83	114.63	61.76	504.60	550.79	143.60	331.82	143.45	56.73
84.55	27.52	105.90	11.08	753.55	757.41	132.75	399.01	32.85	73.32
-6.96	80.38	85.22	394.60	1218.42	1276.54	108.48	521.27	232.32	45.68
175.13	37.58	214.39	49.05	832.57	877.39	71.85	633.01	161.83	78.87
116.73	18.93	137.76	28.93	543.56	574.34	22.33	371.97	115.32	32.98
166.72	25.42	194.56	43.83	514.58	455.28	62.93	359.25	72.01	84.15
95.23	9.34	105.16	24.93	205.09	208.47	47.19	173.76	48.91	24.25
61.39	14.20	73.43	5.04	227.77	237.99	21.36	175.61	42.53	41.69
328.73	48.85	367.35	55.75	1239.77	1273.04	127.66	853.01	206.12	161.65
245.45	27.09	260.81	26.78	284.33	331.58	149.16	375.80	103.44	131.81
174.67	23.99	210.30	110.05	682.35	707.03	68.21	417.53	106.60	83.94
126.55	21.84	146.20	9.63	360.09	395.83	39.73	368.60	68.13	62.06
201.93	40.57	252.68	138.19	1014.41	1105.48	55.24	1012.16	203.85	81.85
100.61	11.58	111.11	-3.31	145.55	173.62	63.60	237.52	32.46	36.84
10.59	0.51	10.78	4.90	52.17	53.32	5.75	21.25	8.69	3.03
84.70	13.84	97.95	-3.25	167.78	191.52	84.61	191.58	24.09	43.01
245.77	40.17	278.44	13.22	469.53	507.43	239.93	421.65	110.14	98.35
133.92	15.38	143.93	11.52	288.53	301.39	78.41	187.43	84.03	43.57
184.63	13.12	196.42	29.45	320.56	330.95	116.98	323.97	77.75	39.92
1.26	0.61	1.80	0.37	-15.27	-5.06	12.27	3.18	0.89	1.12
200.66	31.00	224.93	10.66	1456.39	1438.03	62.51	626.59	125.59	93.15
124.22	25.83	158.01	-2.54	180.15	222.30	65.46	166.02	32.39	38.21
66.97	3.10	67.67	-10.67	98.04	107.45	18.64	72.47	8.99	12.46
61.01	1.91	60.76	13.61	101.79	104.77	16.58	79.31	15.05	13.02
129.35	11.65	136.37	8.71	598.94	645.51	93.76	264.81	46.64	40.27

1-B-3 按地区分组的集体

地区	企业单位数（个）	工业销售产值（当年价格）	出口交货值	资产总计	固定资产合计	固定资产原价	累计折旧	流动资产合计	应收账款
全国	**3777**	**7504.11**	**293.79**	**4213.94**	**1124.85**	**2056.89**	**1018.20**	**2587.80**	**502.68**
北京	52	35.45	0.70	40.25	8.92	16.47	7.95	29.20	6.04
天津	77	53.83	3.21	35.15	6.49	12.50	6.39	27.21	8.35
河北	169	377.21	2.44	149.90	44.31	59.19	19.57	68.48	19.01
山西	72	163.53	0.47	100.25	31.23	58.58	31.68	56.68	16.05
内蒙古	55	62.96	0.01	30.75	8.37	27.78	19.61	17.77	5.55
辽宁	529	856.22	12.12	298.56	119.35	234.86	129.55	160.18	48.65
吉林	49	69.75	0.48	32.74	13.59	53.71	40.35	15.59	4.16
黑龙江	80	93.80		80.33	18.59	35.08	17.60	56.55	22.76
上海	111	78.91	2.17	73.12	10.32	23.25	11.17	55.26	20.66
江苏	303	812.47	14.17	742.86	145.71	270.69	126.22	494.46	76.17
浙江	75	51.57	1.87	39.38	10.23	18.58	9.88	23.62	6.02
安徽	80	80.64	1.72	44.42	10.86	21.91	12.77	27.46	9.77
福建	140	129.59	4.65	55.03	14.31	26.32	12.55	33.12	9.57
江西	68	82.31		24.51	12.16	18.27	8.23	8.55	2.16
山东	344	1735.06	74.07	1321.35	234.37	456.57	235.03	931.49	126.36
河南	327	1265.07	6.59	482.26	178.32	308.00	145.11	264.77	43.59
湖北	128	145.06		51.61	18.43	33.49	18.00	28.53	9.47
湖南	288	381.68	0.28	104.50	63.05	90.80	32.30	27.82	6.50
广东	290	437.24	162.33	195.02	71.97	131.86	66.59	91.18	18.79
广西	119	174.57	6.46	56.00	18.70	25.64	8.51	30.68	6.81
海南	1	0.87		0.74	0.43	0.38	0.14	0.30	0.11
重庆	46	28.91		16.87	6.79	9.56	3.35	8.98	2.48
四川	136	145.71		51.66	17.54	23.81	9.10	28.88	8.75
贵州	27	21.01		10.46	2.36	3.32	1.21	6.53	2.23
云南	51	34.51	0.05	34.60	10.17	18.43	9.23	18.46	5.34
西藏	2	1.09		2.70	0.72	1.15	0.53	1.33	0.22
陕西	89	100.35		65.34	22.11	43.62	25.13	33.53	7.92
甘肃	55	71.63		63.86	23.97	30.24	8.98	33.76	6.51
青海	3	1.79		1.67	0.23	0.27	0.17	1.30	0.65
宁夏	2	0.22		0.52	0.07	0.16	0.10	0.45	0.31
新疆	9	11.09		7.55	1.19	2.41	1.22	5.68	1.71

工业企业主要经济指标

单位：亿元

存货	产成品	负债合计	流动负债合计	应付账款	所有者权益合计	实收资本	国家资本	集体资本	法人资本
459.60	**223.42**	**2381.62**	**1954.60**	**494.28**	**1791.69**	**669.50**	**7.33**	**365.13**	**137.13**
9.47	4.98	25.17	21.99	8.88	15.08	4.33		4.02	0.29
5.54	2.18	18.42	16.41	7.07	16.13	4.98		3.58	1.06
14.54	8.68	67.84	60.67	17.22	81.75	48.51		8.30	29.76
13.89	7.07	91.83	88.00	26.26	7.59	7.78	0.74	5.69	0.66
3.84	1.14	17.37	14.04	5.85	11.73	6.23		1.26	1.01
32.70	16.61	161.53	128.06	34.09	135.49	52.76	0.55	18.76	14.01
3.56	1.42	14.43	12.92	1.99	17.67	3.83	0.02	2.51	0.81
10.21	3.40	64.18	59.00	27.44	15.88	10.90	0.05	7.42	1.75
13.02	5.74	39.94	34.28	11.04	32.84	8.55	0.27	5.47	2.17
113.25	32.91	427.11	372.16	58.44	314.73	162.89	0.81	117.31	23.30
3.56	1.85	18.21	17.36	4.35	21.09	5.87	0.13	4.89	0.49
6.00	1.74	22.39	20.09	7.61	21.41	4.65	0.30	2.89	0.46
3.66	1.60	27.73	25.00	6.40	26.51	6.16	0.02	3.53	0.61
1.70	0.85	8.86	7.58	3.62	15.52	7.05	0.05	1.23	3.78
133.93	90.93	880.35	704.12	179.13	424.95	40.67	0.72	23.35	12.09
30.87	13.84	126.45	95.58	27.45	352.98	165.59	0.78	89.15	17.86
6.48	4.20	27.06	22.36	8.52	24.19	11.06	1.13	6.56	2.11
5.77	2.97	41.85	27.82	5.44	62.09	30.21	0.43	5.69	12.99
15.15	5.15	138.96	92.56	16.25	49.65	30.55	0.33	19.31	2.10
7.96	4.61	25.60	20.97	4.28	30.29	7.89		5.08	1.87
0.05	0.02	0.51	0.30	0.09	0.23	0.06		0.06	
3.06	1.40	10.74	9.92	2.48	5.93	5.08	0.13	1.56	0.19
5.14	2.89	28.27	23.66	6.20	22.65	5.91	0.02	2.61	0.92
1.77	0.69	6.20	5.16	1.72	3.59	1.73	0.27	0.82	0.45
2.84	1.01	19.75	18.40	4.66	14.85	5.24	0.25	3.36	1.14
0.27	0.05	0.66	0.63	0.13	2.04	0.61		0.61	
4.24	2.35	33.67	25.36	8.27	29.14	10.73	0.16	3.02	3.97
5.48	2.42	31.69	25.50	8.07	30.80	18.32	0.15	16.36	0.65
0.20	0.05	0.94	0.94	0.26	0.74	0.32		0.21	0.10
0.10	0.06	0.43	0.41	0.09	0.09	0.02			0.02
1.36	0.61	3.50	3.35	0.98	4.06	1.03		0.51	0.51

1-B-3 续表

地区				主营业务收入	主营业务成本	主营业务税金及附加	销售费用	管理费用	
	个人资本	港澳台资本	外商资本						税金
全　国	**147.47**	**6.76**	**2.52**	**7717.20**	**6527.88**	**59.00**	**227.55**	**294.25**	**18.54**
北　京	0.01			35.41	29.55	0.38	1.61	3.31	0.04
天　津	0.34			52.19	47.01	0.22	0.67	1.82	0.04
河　北	10.45			378.64	306.03	2.08	7.02	10.36	0.34
山　西	0.69			154.41	127.88	1.74	5.86	10.45	0.22
内蒙古	3.75			63.36	50.19	0.82	1.64	5.52	0.56
辽　宁	17.62			860.17	749.42	6.83	19.12	32.46	1.86
吉　林	0.49			68.58	59.83	0.54	1.26	3.74	0.44
黑龙江	1.53	0.13	0.02	89.05	79.02	1.26	0.58	5.54	0.14
上　海	0.64			79.88	70.17	0.34	2.04	5.67	0.03
江　苏	18.82	2.19	0.46	830.95	759.70	3.06	12.51	20.42	0.97
浙　江	0.35			51.86	44.45	0.40	1.60	2.73	0.25
安　徽	1.00			83.97	68.91	0.58	1.59	4.14	0.11
福　建	1.36			129.97	112.48	1.78	2.43	5.69	0.13
江　西	1.99			84.10	71.06	0.92	1.26	2.07	0.26
山　东	4.38	0.03	0.09	1935.40	1591.30	12.89	113.44	78.69	9.33
河　南	57.73		0.01	1255.94	1047.82	6.94	22.74	20.11	0.51
湖　北	1.26			137.46	122.33	3.03	3.07	7.58	0.50
湖　南	11.05	0.03	0.03	380.55	310.94	4.66	9.31	20.82	1.18
广　东	2.80	3.77	1.91	430.77	367.18	2.11	5.44	22.47	0.60
广　西	0.92	0.02		181.03	148.37	3.15	3.38	9.13	0.34
海　南				0.87	0.78	0.02	0.01	0.05	
重　庆	2.61	0.59		29.04	24.09	0.26	1.78	1.42	0.11
四　川	2.37			145.76	123.83	2.31	4.02	7.39	0.12
贵　州	0.17			20.30	16.28	0.14	0.39	1.52	0.04
云　南	0.49			34.37	26.68	0.64	1.82	2.75	0.10
西　藏				1.09	0.77	0.01	0.02	0.13	
陕　西	2.96			102.62	86.31	1.05	1.92	4.56	0.14
甘　肃	1.68			84.12	71.84	0.73	0.83	3.00	0.16
青　海	0.01			3.05	2.59	0.01	0.05	0.18	
宁　夏	0.01			0.68	0.62		0.02	0.02	
新　疆				11.60	10.45	0.09	0.11	0.50	0.01

单位：亿元

财务费用	利息收入	利息支出	投资收益（损失以“−”号记）	营业利润	利润总额	亏损企业亏损额	应交增值税	应交所得税	从业人员平均人数（万人）
49.04	**4.10**	**40.75**	**-13.78**	**577.76**	**579.67**	**18.70**	**212.07**	**62.14**	**91.50**
	0.15	0.14	0.34	1.28	1.83	0.24	1.78	0.34	0.87
0.22	-0.01	0.12		2.25	2.88	0.61	1.85	0.27	0.93
1.73	0.03	1.53	-4.52	48.00	46.70	1.10	13.81	6.79	3.01
2.65	0.02	1.92	-0.47	5.74	6.01	2.31	9.71	0.44	3.49
0.39	0.03	0.22	0.25	4.73	4.06	0.22	2.34	0.47	0.83
3.62	0.08	2.20	-0.99	49.34	45.84	3.33	23.64	3.66	10.35
0.32	0.02	0.28		3.13	3.11	0.23	2.00	0.24	0.88
0.18	0.03	0.19	0.05	6.07	2.80	0.60	3.85	0.35	2.41
0.72	0.17	1.32	0.21	1.49	2.43	0.48	3.36	0.50	1.82
11.13	0.36	10.31	-4.01	45.90	45.79	1.29	21.69	6.51	7.18
0.34	0.05	0.39	0.17	2.91	3.05	0.05	1.90	0.48	0.89
0.25	0.05	0.27		8.40	8.15	0.51	3.00	1.65	1.13
0.46	0.06	0.39	-0.20	7.50	7.25	0.21	6.18	0.82	2.18
0.25	0.01	0.19	0.01	5.15	5.24	1.75	3.34	0.41	1.25
10.85	2.66	8.42	0.23	133.41	144.00	1.19	45.80	22.04	10.66
5.23	0.03	4.93	-0.26	152.89	153.08	0.17	12.89	7.80	8.66
0.77	0.03	0.64	-0.18	10.59	10.71	0.29	6.85	1.15	2.45
3.07		1.45	-0.65	24.98	23.03	0.46	16.78	1.84	6.06
2.78	0.14	2.20	-0.04	21.65	21.84	1.23	6.46	2.11	15.58
0.87	0.01	0.72	-3.57	15.70	15.56	0.16	6.44	0.76	2.66
0.01		0.01		-0.01			0.01		0.03
0.13	0.01	0.07		1.26	1.39	0.24	1.31	0.14	0.93
1.34	0.01	1.25	-0.34	9.77	8.85	0.29	6.34	1.08	2.45
0.17		0.12		2.13	2.31	0.27	0.55	0.04	0.42
0.30	0.08	0.38	0.13	2.48	2.43	0.31	2.35	0.40	1.01
				0.19	0.18	0.04	0.12	0.03	0.04
0.61	-0.01	0.54	0.01	7.96	7.96	0.72	5.18	1.34	1.79
0.59	0.10	0.53	0.05	2.11	2.35	0.41	2.00	0.38	1.25
				0.21	0.27		0.03		0.08
				0.01	0.02		0.02		0.01
0.03	0.01	0.02		0.53	0.55	0.01	0.53	0.06	0.21

1-B-4 按地区分组的有限责任公司

地区	企业单位数(个)	工业销售产值(当年价格)	出口交货值	资产总计	固定资产合计	固定资产原价	累计折旧	流动资产合计	应收账款
全国	**82310**	**274279.80**	**12121.97**	**301474.92**	**118446.73**	**172060.04**	**65446.50**	**130143.52**	**26787.37**
北京	1233	4224.70	137.05	8097.91	2130.40	3489.97	1365.10	3697.38	1148.16
天津	1041	6171.95	185.29	6975.23	2392.67	3027.42	1144.27	3753.25	887.58
河北	3245	13753.93	454.47	15719.49	6702.35	9295.56	3250.09	6016.40	1113.86
山西	1184	7351.09	165.46	16523.72	6449.82	8281.60	3229.19	6208.51	1011.29
内蒙古	1924	9722.74	66.18	12660.43	6032.59	8449.07	2841.05	4213.94	913.29
辽宁	2657	10199.50	607.09	12765.54	4658.94	7018.12	2838.67	5767.72	1106.49
吉林	1822	4857.88	51.60	4214.23	1982.60	4077.55	2249.97	1392.90	370.59
黑龙江	1530	6518.65	80.24	8372.76	4093.25	7290.75	3357.76	3127.40	519.30
上海	1073	4989.21	459.71	6626.64	1569.31	2594.71	1130.12	3975.19	813.53
江苏	5049	20105.20	1211.91	18198.06	6382.57	10019.24	3848.82	9061.23	2374.29
浙江	5548	11899.83	1408.10	13454.28	4430.46	6607.59	2663.44	6852.96	1709.49
安徽	2954	8833.57	384.24	9389.29	4341.86	5433.47	1907.70	3498.22	859.62
福建	3043	7061.51	438.01	6221.56	2785.51	3800.40	1267.23	2262.75	459.38
江西	2572	7899.30	274.52	5134.66	2250.04	3435.35	1382.52	2284.84	385.72
山东	7980	36415.75	1443.59	31198.21	10918.52	17435.23	8021.19	15103.93	2116.76
河南	7607	21855.28	242.62	18416.98	7753.80	9803.49	2997.54	8592.22	1361.89
湖北	5081	11833.01	299.39	9468.78	3539.82	5831.08	2568.14	4708.26	1126.64
湖南	2461	7778.31	339.81	6491.47	2475.86	3616.08	1351.75	3056.98	983.09
广东	9201	23530.03	2733.34	19558.36	7265.92	11568.07	4818.51	8783.64	2239.19
广西	1450	5175.48	108.23	5101.59	2141.24	3049.01	1074.53	2120.46	394.03
海南	214	670.19	34.96	916.86	249.37	358.62	122.57	440.98	81.75
重庆	1381	4244.16	256.29	5219.77	2095.09	2921.01	1060.88	2282.08	549.83
四川	4204	12684.46	358.77	17039.93	7041.33	9756.77	3235.07	6956.20	1397.52
贵州	1463	3885.77	66.28	5602.52	2229.00	2775.81	781.22	2343.12	391.83
云南	1328	5138.81	58.63	9865.28	4515.65	5631.88	1409.54	3133.11	438.53
西藏	37	48.02		399.58	234.88	295.51	67.91	85.77	7.01
陕西	2489	9284.42	184.49	11866.45	4181.30	6010.71	2220.62	5241.89	1000.23
甘肃	979	2986.79	23.59	4789.63	2056.52	3114.12	1341.58	1817.79	326.44
青海	204	773.11	6.00	1973.85	1012.06	1373.62	433.10	549.48	104.96
宁夏	260	1193.44	28.68	2790.04	1337.92	1803.05	526.94	805.75	156.32
新疆	1096	3193.71	13.42	6421.83	3196.07	3895.18	939.48	2009.17	438.75

工业企业主要经济指标

单位：亿元

存货	产成品	负债合计	流动负债合计	应付账款	所有者权益合计	实收资本	国家资本	集体资本	法人资本
31483.37	**10391.28**	**190618.20**	**133373.05**	**32560.71**	**110130.68**	**55635.23**	**16459.95**	**1453.84**	**27048.55**
635.48	201.40	4709.17	3210.97	1116.90	3388.37	2102.07	781.51	8.72	1240.01
916.78	359.96	4884.36	4096.62	1221.13	2096.04	1372.15	340.13	18.33	891.64
1740.62	528.04	10376.15	7986.77	2002.34	5307.11	2798.04	957.18	62.73	1338.85
1039.91	389.79	12176.50	7663.90	1739.91	4327.14	2151.03	1052.78	73.37	768.19
673.52	252.29	8140.74	4762.89	1134.02	4502.31	2352.82	1141.79	59.17	871.08
1435.57	376.47	8749.16	6452.97	1396.87	3973.86	2021.99	712.90	16.40	969.32
428.25	119.01	2385.29	1717.03	452.13	1777.68	1333.25	331.69	211.60	484.24
818.05	266.10	4841.28	3480.73	890.46	3524.83	1356.06	251.58	19.28	902.60
983.94	209.26	3519.65	2775.35	926.36	3086.83	1557.34	517.99	58.63	937.79
2020.71	764.85	11612.73	8992.44	2073.24	6583.62	3018.11	765.71	93.61	1390.52
1611.43	547.30	8467.71	6673.27	1454.18	4973.91	2548.54	540.26	78.33	1265.93
878.90	303.86	6112.07	4064.52	974.91	3255.12	1728.47	803.50	32.39	657.47
669.94	231.16	3813.58	2483.79	590.86	2385.30	1286.88	279.81	34.38	630.23
618.31	223.62	3111.26	2379.17	591.46	1984.43	1074.48	176.03	22.16	587.61
3462.34	1208.45	19780.15	14180.90	2875.63	11286.09	3845.94	772.07	163.68	1795.92
1796.57	605.94	9502.87	6852.96	1578.51	8786.65	4523.95	574.70	56.87	1756.26
1376.79	482.87	5876.24	4378.38	1086.76	3533.51	1784.76	587.60	54.71	703.53
779.72	254.68	4109.84	2768.84	704.62	2364.02	1348.38	348.79	23.01	595.38
1976.92	692.92	11862.64	8549.72	2339.16	7652.54	3822.43	1126.40	47.59	2150.49
521.68	214.56	3381.23	2332.79	571.36	1699.58	807.51	353.21	12.80	346.07
117.37	62.84	505.04	368.77	114.71	411.53	224.57	84.13	5.05	117.91
464.56	173.02	3306.37	2466.50	588.63	1900.53	817.58	287.47	18.63	433.62
1812.82	518.21	11197.73	6796.63	1577.00	5778.56	3597.48	580.85	134.08	2444.19
603.81	161.73	3491.15	2357.86	526.05	2097.99	1112.02	409.34	17.11	361.25
1272.16	240.34	6366.56	3437.21	751.34	3496.16	1505.28	691.96	35.93	669.32
8.59	1.81	136.57	71.43	32.72	264.04	84.24	39.71	0.50	37.72
1344.66	460.88	7203.06	5061.49	1319.97	4629.39	2063.01	794.12	32.66	852.24
567.46	182.29	3141.63	2075.58	454.98	1750.87	1183.18	366.49	26.43	581.38
113.06	35.34	1486.93	747.60	210.28	483.80	358.02	166.65	8.61	209.41
224.98	92.03	1886.00	1130.52	306.72	899.25	470.65	202.38	6.01	220.25
568.44	230.23	4484.52	3055.48	957.50	1929.61	1385.01	421.19	21.05	838.15

1-B-4 续表

地 区	个人资本	港澳台资本	外商资本	主营业务收入	主营业务成本	主营业务税金及附加	销售费用	管理费用	税金
全 国	**9745.97**	**220.80**	**341.19**	**285143.14**	**240928.56**	**5728.91**	**6459.30**	**11508.01**	**620.31**
北 京	71.20	0.21	0.43	4797.89	4322.93	17.66	113.53	255.46	6.88
天 津	128.44	0.30	2.15	6763.57	6021.41	32.61	102.91	206.02	8.99
河 北	415.89	1.89	17.48	14575.26	12797.71	133.85	206.93	486.36	29.76
山 西	197.83		2.08	9334.74	7857.80	100.28	244.64	646.85	22.78
内蒙古	241.55	0.62	4.66	9412.93	7526.66	107.49	250.73	419.21	47.68
辽 宁	273.18	23.04	25.27	10433.44	9032.88	117.94	193.25	474.18	32.45
吉 林	290.32	1.83	4.31	5093.00	4419.82	79.44	121.89	219.13	18.13
黑龙江	176.76	2.15	2.99	6630.05	4791.31	472.18	95.09	337.64	16.24
上 海	40.51	0.14	2.28	5347.22	4055.93	547.52	123.12	308.85	6.09
江 苏	706.16	18.84	43.27	20600.58	17728.35	128.79	608.35	796.07	31.90
浙 江	648.83	8.70	6.50	11954.76	10126.70	213.87	259.24	528.13	27.15
安 徽	228.46	1.64	5.01	9874.90	8714.34	96.33	157.36	385.30	29.35
福 建	328.49	12.60	1.29	7027.56	6029.87	119.38	134.29	231.23	17.70
江 西	288.56	1.58	1.37	8329.91	7239.83	115.58	133.47	205.23	11.81
山 东	906.04	77.99	124.22	38901.52	33944.66	394.50	672.16	1146.02	78.15
河 南	2084.14	18.39	20.80	22738.81	19478.45	324.28	401.29	583.62	30.64
湖 北	416.76	1.81	14.06	12280.66	10310.78	406.58	333.51	503.49	24.62
湖 南	363.19	6.22	11.08	7642.41	6356.69	81.73	213.11	425.26	23.04
广 东	430.93	18.48	33.86	23463.90	19936.45	231.17	694.97	1003.14	33.28
广 西	84.77	0.07	1.44	5061.79	4312.87	124.06	115.96	213.37	10.79
海 南	12.78	3.36	0.28	563.38	453.24	19.46	33.77	26.51	1.05
重 庆	71.52	3.00	2.22	4209.99	3558.69	102.32	103.40	195.15	12.26
四 川	405.87	13.93	4.05	13295.11	10938.45	287.19	462.63	661.37	33.64
贵 州	217.34	0.59	1.16	3792.13	2779.25	237.11	129.78	207.10	8.73
云 南	103.59	0.21	4.28	5108.06	3474.01	754.95	117.83	240.47	12.05
西 藏	3.82	1.30	1.18	51.93	56.81	0.95	3.13	5.17	0.05
陕 西	362.06	1.06	3.29	9688.03	7791.37	305.73	231.07	427.37	24.94
甘 肃	80.21	0.50		3083.59	2643.52	95.63	71.16	142.80	6.63
青 海	21.79			700.19	580.57	4.82	20.14	26.77	1.45
宁 夏	40.93			1176.98	924.23	11.61	25.32	67.60	3.69
新 疆	104.05	0.37	0.20	3208.84	2722.97	63.92	85.27	133.13	8.39

单位：亿元

财务费用	利息收入	利息支出	投资收益（损失以“-”号记）	营业利润	利润总额	亏损企业亏损额	应交增值税	应交所得税	从业人员平均人数（万人）
4877.19	**536.43**	**5011.58**	**-26.92**	**16946.73**	**17216.45**	**2064.42**	**9809.55**	**2575.72**	**2590.60**
54.05	12.26	65.38	40.66	70.73	131.36	79.23	108.82	32.10	37.68
78.66	18.70	86.00	4.05	379.12	404.47	44.87	251.75	57.13	37.32
266.21	14.91	276.31	-211.98	549.32	582.52	65.26	360.32	86.83	120.54
329.40	32.11	354.84	53.49	203.47	229.36	232.56	393.02	85.87	121.89
237.10	13.13	222.94	-37.37	1072.52	893.99	135.70	395.52	130.61	61.63
178.81	32.17	195.25	2.34	486.94	600.62	64.92	314.84	72.54	101.44
74.68	2.02	64.30	5.83	209.89	233.03	48.90	114.88	29.89	47.56
80.36	25.77	96.31	0.26	872.08	876.58	82.40	375.82	23.39	70.85
22.72	29.78	53.42	48.37	304.99	347.46	91.98	251.53	83.29	34.59
284.84	37.29	308.90	26.37	1138.30	1190.00	54.36	653.13	204.28	155.31
235.64	39.72	263.75	39.48	678.80	738.86	56.11	370.94	124.89	119.29
144.99	12.82	157.53	13.34	558.78	467.44	63.20	307.26	62.22	92.99
114.19	5.78	111.19	-28.59	466.02	449.82	23.36	249.22	62.85	70.19
76.91	8.88	76.44	3.75	505.15	505.03	33.23	286.61	56.65	75.38
598.93	65.83	597.42	24.98	2025.58	2085.96	108.73	1114.97	326.68	286.02
302.71	24.37	291.53	21.05	1687.40	1662.32	100.39	584.50	228.70	244.41
160.35	15.60	152.96	-5.21	692.44	689.17	54.55	374.44	80.25	114.81
112.83	8.61	117.75	-1.97	471.82	463.31	23.39	300.89	51.06	75.93
296.61	32.03	267.24	52.00	1479.29	1507.79	53.76	839.03	218.08	216.19
94.38	7.41	96.97	-27.95	287.01	238.45	59.45	201.22	29.78	46.48
7.38	1.59	8.07	1.06	31.05	35.28	10.06	24.55	7.40	6.10
76.34	10.21	80.11	-51.50	208.92	227.63	45.88	190.15	31.65	52.36
292.04	35.82	303.57	-20.30	708.19	732.56	171.40	539.17	136.27	146.32
90.76	13.81	95.82	10.37	406.97	410.77	65.76	190.32	92.88	38.23
200.65	9.70	202.14	7.91	360.88	361.69	100.97	305.74	76.45	45.45
1.78	0.44	2.18	0.30	-14.84	-4.83	12.82	3.60	1.03	1.10
159.69	14.60	163.83	1.64	812.49	770.36	56.82	402.91	111.13	86.57
81.11	4.44	84.77	14.18	52.12	91.40	24.76	84.32	18.94	28.17
53.58	0.39	50.16	-34.60	15.54	18.72	21.08	29.31	3.55	6.65
57.86	2.34	56.36	12.40	108.41	118.32	10.57	60.85	14.82	14.16
111.63	3.88	108.16	8.72	117.31	157.00	67.94	129.93	34.49	34.99

1-B-5 按地区分组的股份有限公司

地　区	企　业单位数（个）	工业销售产　　值（当年价格）	出口交货值	资产总计	固定资产合　　计	固定资产原　　价	累计折旧	流动资产合　　计	应收账款
全　国	**10308**	**97971.87**	**6419.96**	**114741.98**	**39081.88**	**67044.94**	**29499.34**	**50312.60**	**9730.95**
北　京	215	2109.65	91.20	4007.41	454.65	940.40	480.36	2122.36	475.59
天　津	137	2683.14	66.02	3064.70	1735.34	3089.88	1416.90	941.52	138.39
河　北	369	3293.02	112.56	3981.46	1847.66	3948.90	1227.65	1599.37	243.09
山　西	123	1346.89	3.78	2500.24	1075.54	1684.16	689.89	798.54	115.94
内蒙古	195	2668.55	55.21	3472.33	1220.80	1883.58	791.05	1340.91	162.27
辽　宁	391	6097.20	336.47	4622.04	2175.06	4501.02	2377.66	1889.66	303.02
吉　林	306	3447.08	54.86	3128.48	1374.34	2497.19	1217.07	1297.37	284.19
黑龙江	223	1607.23	7.58	1612.40	634.04	1147.95	547.44	740.46	186.65
上　海	173	2443.08	231.06	4966.72	935.14	2555.19	1655.51	1960.20	365.18
江　苏	1056	8394.51	625.28	7813.17	2154.47	3661.45	1587.19	4215.39	1007.16
浙　江	703	5721.49	913.93	6386.54	1444.63	2096.69	809.90	3555.73	827.03
安　徽	338	3635.04	369.79	4704.71	1631.18	2442.78	1001.79	2195.68	364.11
福　建	269	1161.29	164.36	2120.83	489.06	722.85	269.75	1079.59	242.20
江　西	263	1769.98	84.73	1325.32	482.84	777.97	330.52	594.72	110.26
山　东	1004	11433.69	685.91	10605.80	4478.31	8003.64	3803.42	4499.23	812.48
河　南	888	5749.82	198.02	5566.57	2050.55	2943.70	1120.42	2685.98	566.08
湖　北	609	4048.95	148.01	4967.11	1343.95	2206.09	983.66	2407.35	494.33
湖　南	492	3674.59	95.40	3872.90	1397.69	1995.03	690.60	1903.58	579.16
广　东	721	8867.19	1851.43	9738.93	1793.07	3278.27	1543.33	6002.10	1208.82
广　西	214	1841.72	68.49	1847.24	746.92	1029.99	340.75	742.35	116.49
海　南	32	193.20	6.16	385.84	148.06	229.75	95.53	111.67	13.39
重　庆	161	992.80	28.18	1374.63	510.69	704.92	224.82	512.73	100.63
四　川	592	2667.57	97.30	4188.18	1341.12	2170.36	977.90	1611.27	360.18
贵　州	136	564.03	23.43	1098.61	483.90	676.11	243.44	385.36	75.22
云　南	150	1175.51	7.00	1915.41	607.70	751.42	262.77	793.22	85.39
西　藏	10	22.91		104.50	18.08	28.51	10.53	27.67	3.74
陕　西	272	3579.34	33.58	5540.20	1613.73	3074.89	1388.95	1217.83	216.91
甘　肃	107	2178.79	33.59	3022.01	1090.87	1570.77	534.23	1438.68	93.42
青　海	25	581.18	0.08	1465.76	661.65	927.41	314.62	376.89	37.83
宁　夏	29	592.87	14.52	544.13	311.89	460.39	169.53	185.84	22.32
新　疆	105	3429.57	12.03	4797.84	2828.95	5043.68	2392.16	1079.35	119.47

工业企业主要经济指标

单位：亿元

存货	产成品	负债合计	流动负债合计	应付账款	所有者权益合计	实收资本	国家资本	集体资本	法人资本
12324.77	**4147.35**	**61295.25**	**44906.53**	**12467.02**	**53242.81**	**21696.07**	**8573.79**	**668.15**	**7920.41**
389.65	129.09	1837.61	1455.83	419.75	2169.79	672.30	128.27	3.31	344.11
174.47	77.29	1738.55	1249.05	396.88	1326.54	644.03	388.20	3.51	193.16
316.51	137.95	2113.46	1336.63	454.68	1864.80	618.72	312.89	3.15	170.28
156.93	54.38	1453.18	936.98	274.12	1042.99	506.22	67.31	15.44	383.62
354.46	127.62	2101.02	1395.62	347.40	1358.34	487.25	131.68	87.31	153.81
773.40	196.51	2681.41	1974.04	488.73	1933.96	1157.06	755.20	207.94	102.39
333.21	96.91	1659.19	1220.91	308.40	1463.78	459.61	88.12	24.07	262.95
253.53	76.32	857.03	587.30	196.18	752.11	204.35	80.67	5.09	56.54
377.53	98.95	1699.04	1424.32	537.55	3267.52	721.00	219.79	7.75	328.69
1080.34	353.04	3951.51	3449.29	909.12	3860.77	1502.70	252.76	35.17	736.02
826.37	293.73	2985.27	2589.37	730.23	3400.54	1173.26	44.75	17.08	598.24
458.61	159.15	2748.81	1886.00	446.46	1961.26	641.24	141.20	9.67	293.97
213.91	76.89	1041.78	767.34	144.66	1075.32	336.54	77.67	7.20	126.95
177.55	71.62	773.07	609.96	152.07	547.39	273.02	36.27	43.10	91.29
1028.81	390.97	5939.39	4551.73	1096.31	4649.48	1918.46	1048.44	38.00	474.51
562.44	198.69	3035.60	2174.93	530.07	2483.98	942.04	204.00	9.26	416.35
475.15	166.30	2603.72	1978.82	392.51	2348.84	791.08	309.28	11.86	200.57
428.02	119.11	2312.42	1563.73	412.13	1549.86	639.57	180.30	13.92	285.21
1207.05	465.35	5269.71	4640.62	1510.72	4450.11	1359.19	362.78	26.58	458.50
200.15	71.72	1020.70	681.30	180.19	818.98	438.60	115.24	3.08	272.49
21.31	5.07	132.55	107.94	10.28	251.86	135.85	48.90	1.45	62.57
79.27	36.32	840.10	547.51	156.29	513.04	192.73	34.22	7.23	86.14
330.80	130.03	2217.67	1442.12	366.55	1966.69	567.52	105.69	18.30	270.85
91.21	31.36	669.00	426.52	70.02	425.02	173.34	77.02	3.42	59.48
237.52	54.44	1211.69	919.20	157.28	703.11	269.24	44.26	6.71	161.39
6.12	0.92	47.27	25.06	2.40	57.23	28.66	8.14		15.75
240.88	86.40	2786.87	1509.27	622.16	2750.81	2122.51	1876.92	43.29	122.72
935.68	282.58	1989.52	1393.64	445.46	1022.57	494.82	313.36	4.21	155.73
94.69	30.04	962.32	499.13	168.48	503.44	107.74	38.22	1.87	51.98
66.43	21.87	334.67	219.75	62.62	209.36	114.16	61.82	6.39	35.30
432.73	106.71	2281.11	1342.61	477.32	2513.30	2003.28	1020.44	2.80	948.84

1-B-5 续表

地区				主营业务收入	主营业务成本	主营业务税金及附加	销售费用	管理费用	
	个人资本	港澳台资本	外商资本						税金
全国	**4094.73**	**176.32**	**217.96**	**101784.95**	**82118.07**	**3307.45**	**3423.58**	**4773.77**	**252.14**
北京	186.16	3.47	0.48	2295.98	1837.03	86.88	116.45	157.43	3.41
天津	52.80		2.13	2757.67	1812.50	100.39	57.24	98.43	10.64
河北	120.20	10.56	1.64	3404.12	2720.03	118.31	74.09	163.74	5.53
山西	39.19	0.15		1358.03	942.00	19.92	152.04	96.13	3.31
内蒙古	109.54	0.32	4.20	2669.48	2045.64	88.95	70.89	94.27	10.64
辽宁	89.91	0.63	1.00	6115.25	5201.23	405.54	77.16	246.56	13.79
吉林	80.04		0.20	3219.60	2708.39	82.17	180.01	157.08	8.36
黑龙江	58.42	2.29	0.89	1627.64	1357.68	109.04	37.41	96.16	5.84
上海	140.29	8.22	16.26	3003.07	2558.78	80.31	122.65	182.74	4.41
江苏	429.59	7.11	42.04	8589.74	7184.16	188.92	254.94	344.91	13.05
浙江	498.23	6.08	8.88	5713.77	4694.92	138.18	166.88	277.46	10.67
安徽	166.11	23.82	6.48	3769.63	3206.23	47.96	167.05	165.21	13.55
福建	108.63	15.37	0.73	1233.79	1008.88	9.71	43.75	72.87	2.86
江西	100.61	1.00		1889.52	1615.95	55.10	32.40	52.30	3.42
山东	310.04	22.49	24.97	12137.84	9920.16	407.37	249.34	510.58	19.05
河南	286.36	3.69	20.01	5908.40	5047.67	120.26	145.64	244.73	12.95
湖北	265.88	0.26	1.79	3794.24	3106.98	97.13	183.08	235.33	14.04
湖南	92.05	41.05	27.04	3690.30	3083.06	92.91	120.48	174.68	7.35
广东	460.64	22.90	11.39	9038.95	6996.13	237.70	710.20	448.59	27.39
广西	44.09	0.88	0.65	1835.68	1504.05	119.57	67.60	73.24	3.43
海南	22.33		0.60	188.15	119.43	2.48	5.08	10.04	0.35
重庆	55.22	0.13	9.51	991.63	792.04	16.22	63.21	62.43	3.03
四川	143.62	1.63	26.01	2970.96	2434.01	48.03	85.76	140.33	7.53
贵州	33.42			533.99	407.72	9.41	38.56	38.60	1.64
云南	56.37	0.42	0.09	1384.87	1212.35	4.87	47.76	53.96	2.57
西藏	4.77			20.73	10.97	0.32	1.75	1.99	0.03
陕西	68.38	0.13	7.51	3348.55	1990.37	170.28	42.85	262.80	20.08
甘肃	20.41	0.43	0.67	3503.79	3236.82	106.93	28.27	91.05	4.30
青海	14.90		0.77	528.00	328.44	33.71	21.60	28.50	3.93
宁夏	10.65			604.19	521.93	51.22	11.33	18.10	1.50
新疆	25.89	3.29	2.02	3657.39	2512.51	257.68	48.09	173.54	13.48

单位：亿元

财务费用			投资收益（损失以“-”号记）	营业利润	利润总额	亏损企业亏损额	应交增值税	应交所得税	从业人员平均人数（万人）
	利息收入	利息支出							
1340.96	**322.88**	**1554.12**	**893.20**	**7812.24**	**8042.91**	**927.14**	**4096.28**	**1028.93**	**786.70**
22.03	16.05	34.96	97.07	169.60	190.24	27.54	75.73	21.94	18.21
31.90	5.06	27.61	5.72	665.54	664.52	8.52	138.43	130.20	11.35
63.99	8.75	70.30	27.60	247.31	256.14	80.51	138.18	35.07	28.01
35.13	2.81	37.82	13.17	131.53	129.12	13.85	97.89	33.41	16.91
47.26	5.89	47.79	14.63	344.23	337.53	13.36	151.98	28.70	14.43
65.39	5.91	72.09	6.61	90.96	82.67	146.53	173.59	19.92	30.99
56.09	2.13	51.88	8.07	58.55	51.22	93.31	80.07	13.51	28.01
23.78	1.31	23.94	6.15	5.92	6.06	56.85	53.47	17.11	16.24
-5.59	33.08	31.46	291.22	353.71	357.47	15.30	80.07	26.63	10.66
87.06	20.60	96.81	29.85	565.72	577.09	38.79	370.95	110.95	59.48
66.82	24.38	80.36	56.03	426.25	456.69	6.12	167.48	62.95	43.24
58.53	15.28	68.28	27.00	210.48	233.96	5.61	115.25	32.07	34.85
24.96	7.90	29.55	25.38	118.65	126.53	10.69	46.15	15.55	15.09
16.93	2.19	19.80	7.92	113.12	115.00	5.28	57.14	9.55	13.09
157.23	21.79	163.57	17.72	911.01	918.68	41.25	431.65	128.42	81.00
87.15	13.51	92.11	8.71	266.54	293.80	74.34	187.13	54.52	74.06
49.16	9.02	52.13	68.71	297.58	311.39	33.16	120.44	33.23	37.93
47.92	17.15	65.68	-3.18	187.83	201.30	14.83	141.72	22.72	25.20
67.94	32.51	84.16	115.82	684.49	731.66	14.77	564.03	104.62	79.01
24.92	4.44	27.84	-2.59	77.23	89.32	17.47	99.54	9.59	13.20
5.19	0.47	5.07	5.12	51.47	51.58	1.00	13.66	7.38	1.72
21.38	2.68	23.07	23.82	74.98	76.97	5.57	47.80	4.57	10.99
50.93	12.66	59.26	20.62	186.89	184.58	28.90	101.72	23.27	32.93
21.45	1.88	22.04	4.35	18.42	21.43	18.48	29.90	4.72	11.32
35.11	4.88	41.22	10.94	48.55	50.98	28.67	41.10	8.61	9.79
	0.35	0.34	0.07	5.09	5.44	0.17	2.71	0.77	0.41
54.34	12.80	64.21	1.54	893.22	888.28	18.53	293.55	30.04	26.80
36.21	19.81	61.74	-0.32	-5.91	-0.01	45.88	40.70	8.54	13.34
24.76	2.48	23.03	1.16	73.94	83.66	7.26	40.82	4.94	7.61
12.64	0.35	12.76	1.39	-10.55	-8.50	13.88	22.75	0.78	4.10
50.34	14.77	63.22	2.90	549.88	558.11	40.72	170.69	24.66	16.72

1-B-6 按地区分组的私营

地区	企业单位数（个）	工业销售产值（当年价格）	出口交货值	资产总计	固定资产合计	固定资产原价	累计折旧	流动资产合计	应收账款
全国	208409	341836.32	17084.72	187704.40	65738.61	103175.81	43358.32	99272.00	24676.23
北京	1079	888.37	38.53	1116.67	164.63	250.83	93.48	783.47	269.71
天津	2436	4186.24	213.14	2465.47	749.66	1007.58	312.87	1418.93	318.73
河北	9023	20492.17	426.72	10850.87	5109.46	6752.63	1970.40	4608.05	914.27
山西	2332	5260.71	55.19	5817.72	1750.44	2723.22	1151.18	3092.22	559.47
内蒙古	1865	5208.44	24.79	3456.83	1324.04	1679.06	507.33	1536.74	295.88
辽宁	11512	24112.55	589.99	9873.00	4685.08	7838.77	3674.92	4043.54	895.12
吉林	2683	5693.87	66.74	2178.02	1055.38	3706.60	2739.29	815.37	177.12
黑龙江	2126	3278.44	26.15	1623.84	609.09	911.55	371.37	846.74	216.24
上海	3934	3539.14	319.70	3557.45	661.76	972.51	372.32	2486.02	880.05
江苏	30583	51019.15	2712.21	27503.56	8204.11	13592.74	5740.47	16157.55	4957.55
浙江	26219	24941.22	4585.31	22286.98	5083.72	7267.26	2666.59	14281.78	3964.98
安徽	11806	13707.04	507.51	7004.99	2380.81	3779.35	1631.87	3767.75	1182.50
福建	8183	10567.86	1135.68	5455.12	1624.44	2210.95	753.90	3177.79	886.36
江西	4217	9745.74	361.17	3547.83	1612.40	2561.39	1118.44	1502.76	345.08
山东	25995	55252.76	2046.96	22791.46	9548.49	15406.62	6841.10	11015.29	2011.22
河南	10724	21993.01	148.81	11918.91	5642.63	6746.57	1599.78	5285.13	769.10
湖北	7686	12064.72	306.69	5305.56	2113.83	5841.67	3930.56	2640.30	610.37
湖南	9194	15367.17	322.79	5804.35	2783.29	3567.92	995.77	2138.32	517.26
广东	15883	20692.26	2575.49	11773.89	2885.49	5209.87	2619.23	7398.04	2228.54
广西	2970	5774.26	122.59	2807.50	927.59	1211.33	367.90	1591.29	414.51
海南	46	66.91	6.81	60.51	13.57	19.45	7.79	32.93	8.03
重庆	3548	5741.40	232.26	3250.13	1098.23	1702.58	736.95	1731.11	509.34
四川	7115	12181.55	123.46	6674.54	2346.87	4006.85	1893.60	3440.68	750.59
贵州	1639	1927.53	3.58	1631.37	465.78	517.11	119.54	874.00	137.27
云南	1666	2284.42	48.07	2258.11	638.05	839.41	293.03	1277.03	217.57
西藏	19	15.97	0.15	29.46	5.20	5.88	1.37	17.26	2.88
陕西	1448	2153.41	21.04	1468.26	601.34	846.99	297.65	671.94	153.64
甘肃	677	774.06	9.85	743.28	244.92	400.47	186.15	392.04	87.42
青海	242	596.10	1.98	708.17	311.93	398.27	113.08	320.60	47.99
宁夏	688	1104.33	15.75	1709.51	477.65	482.42	99.41	959.34	125.21
新疆	871	1205.53	35.63	2031.03	618.77	717.98	150.99	967.96	222.21

工业企业主要经济指标

单位：亿元

存货	产成品	负债合计	流动负债合计	应付账款	所有者权益合计	实收资本	国家资本	集体资本	法人资本
23118.89	**10101.74**	**101333.98**	**84505.99**	**18168.08**	**84938.19**	**36729.07**	**150.78**	**413.74**	**14208.00**
202.44	74.28	634.45	586.13	225.29	482.12	215.97			60.00
307.54	108.24	1456.74	1256.74	221.49	996.98	569.04	0.32	5.37	105.71
1069.25	476.14	5356.25	4612.14	1162.65	5339.03	2000.12	1.95	3.75	790.78
662.86	282.31	4336.15	3562.54	828.78	1472.84	1159.59	7.90	18.02	367.41
301.97	133.89	2108.59	1576.28	347.85	1320.46	589.31	3.15	5.41	329.71
897.27	427.19	4255.39	3166.54	643.73	5524.11	1946.92	6.75	27.47	805.12
229.66	106.99	954.92	693.69	206.80	1179.39	443.18	1.17	8.04	182.09
261.77	110.32	867.92	715.12	147.36	742.20	356.50	2.45	6.30	85.10
630.68	258.68	2095.74	1927.02	637.10	1455.18	676.59	0.88	12.97	243.45
3605.54	1534.30	16142.06	14711.57	2859.45	11303.19	5089.04	17.63	45.10	1645.97
3141.47	1400.79	14602.12	13522.69	2331.41	7634.60	3489.52	1.14	4.82	1135.11
990.17	437.35	3579.26	2960.48	714.69	3363.26	1617.88	3.88	17.19	470.20
847.19	406.66	2803.68	2332.70	542.56	2578.91	1216.15	4.34	16.08	396.91
434.66	220.86	1544.91	1180.67	266.58	1934.69	1352.45	7.48	5.43	921.34
2592.32	1101.87	10792.17	8403.32	1484.29	11719.82	3731.37	20.79	73.87	1440.67
725.37	316.28	3792.79	2800.88	521.07	7955.11	3606.98	9.56	37.92	1285.61
725.92	360.96	2504.80	1906.80	502.26	2737.83	1462.31	7.19	16.36	708.89
585.19	280.52	2576.10	1880.19	356.12	3189.16	1632.56	8.15	32.67	778.68
1988.27	728.54	7160.33	6091.17	1779.97	4528.85	1681.45	1.99	23.25	774.85
438.57	203.42	1721.66	1393.60	349.15	1095.92	366.15	1.62	7.25	135.36
9.43	4.95	41.80	39.99	9.75	18.56	8.61			4.17
373.93	177.67	1869.16	1492.91	380.94	1355.47	455.79	2.38	4.42	198.42
708.71	342.75	3633.93	2715.72	581.18	2940.89	1022.57	13.11	17.21	418.38
131.73	52.64	1024.55	738.45	136.02	634.34	467.09	7.41	5.02	118.70
314.87	152.84	1402.92	1219.87	214.15	853.94	311.61	4.50	4.61	125.84
2.56	1.11	7.34	6.57	0.95	22.22	6.89	0.17		4.92
163.48	81.85	709.76	555.74	139.74	746.22	332.45	0.94	4.01	139.30
120.13	64.01	412.13	310.54	77.64	322.14	167.49	1.80	3.95	87.50
85.26	39.70	435.18	338.88	74.59	270.99	143.21	0.92	0.17	95.78
293.82	98.62	1156.22	824.11	143.54	548.14	282.03	0.75	2.33	182.86
276.86	115.98	1354.95	982.93	281.00	671.63	328.26	10.44	4.75	169.16

1-B-6 续表

地区				主营业务收入	主营业务成本	主营业务税金及附加	销售费用	管理费用	
	个人资本	港澳台资本	外商资本						税金
全国	**21366.54**	**125.20**	**138.53**	**342002.60**	**293764.75**	**2323.30**	**7161.74**	**10719.69**	**671.17**
北京	155.90	0.06		946.22	753.31	4.00	61.15	81.56	1.13
天津	456.66	0.67	0.25	4369.28	3825.70	15.79	51.47	100.42	4.83
河北	1200.80	2.34	0.34	20395.77	17619.51	98.04	302.29	411.16	24.38
山西	754.28	1.30	0.34	5122.23	4587.45	23.93	109.51	149.88	9.42
内蒙古	244.40	1.45	2.82	5190.14	4192.67	40.78	89.42	168.89	29.83
辽宁	1100.44	2.33	2.84	23899.85	20694.06	191.61	433.80	741.06	66.23
吉林	249.59	0.20	0.89	5557.30	4764.17	45.91	143.08	220.35	13.73
黑龙江	260.91	0.10	0.76	3245.19	2837.21	23.44	57.53	91.56	3.95
上海	417.96	0.49	0.83	3686.12	3097.03	9.78	131.87	254.98	3.47
江苏	3290.12	34.68	55.55	51487.75	44861.05	274.07	937.38	1585.60	68.60
浙江	2332.72	10.18	5.56	24943.44	21604.19	117.79	546.28	1038.22	47.61
安徽	1109.59	1.74	15.27	13665.18	11767.30	80.78	340.68	389.77	29.50
福建	793.46	3.98	1.09	10561.55	9068.63	67.29	264.66	376.48	21.76
江西	416.64	0.96	0.31	10216.27	8798.41	66.76	171.40	191.02	11.27
山东	2157.47	12.91	25.28	55679.41	48150.53	391.83	912.96	1154.15	113.35
河南	2243.73	21.87	2.40	21819.98	18561.34	139.01	433.56	360.40	17.97
湖北	619.69	0.71	4.21	11892.61	10154.66	115.69	326.29	441.89	28.80
湖南	800.05	3.54	9.89	15300.40	12436.24	202.38	460.81	808.40	72.91
广东	840.17	19.80	6.38	20638.29	17946.02	95.70	478.51	801.79	24.56
广西	216.88	0.95	0.31	5622.49	4815.02	31.38	123.52	274.93	11.20
海南	4.44			68.61	62.76	0.24	1.68	3.24	0.11
重庆	247.41	1.15	1.09	5762.65	4866.81	47.35	150.31	231.23	17.22
四川	566.52	0.92	1.54	12216.31	10284.45	148.80	334.28	453.07	26.15
贵州	163.68	0.29	0.01	1792.30	1393.65	35.24	60.02	92.64	6.08
云南	176.50	0.13		2286.80	1935.06	15.02	64.21	96.18	4.24
西藏	1.61			15.47	8.75	0.30	0.35	1.48	0.04
陕西	185.86	2.38		2105.17	1671.70	23.94	63.88	79.94	5.56
甘肃	73.71	0.01	0.01	669.38	583.70	2.98	19.29	20.71	0.93
青海	46.29	0.06		504.96	444.41	4.65	16.48	21.87	1.82
宁夏	95.56		0.15	1120.69	986.48	3.29	30.03	31.35	2.78
新疆	143.50		0.41	1220.81	992.48	5.52	45.08	45.47	1.73

单位：亿元

财务费用	利息收入	利息支出	投资收益（损失以“-”号记）	营业利润	利润总额	亏损企业亏损额	应交增值税	应交所得税	从业人员平均人数（万人）
3471.55	**204.37**	**2965.57**	**-579.79**	**24038.21**	**23327.08**	**744.33**	**9961.18**	**2584.46**	**3359.39**
7.54	1.06	7.32	2.19	43.84	53.76	4.82	28.96	9.08	14.49
28.75	2.33	20.77	2.43	377.67	361.39	13.35	123.63	30.54	36.24
167.98	7.54	151.86	-213.42	1616.56	1569.64	48.35	479.70	142.87	153.99
127.47	3.52	111.23	-1.52	146.32	124.58	87.69	154.05	18.82	49.43
53.96	2.46	46.80	-23.35	619.87	454.07	28.24	150.39	41.03	32.13
134.64	3.30	99.01	-76.07	1768.00	1660.31	34.02	620.86	140.13	164.87
51.26	0.93	37.44	-0.37	320.39	281.63	3.99	117.14	22.07	35.36
24.40	0.43	20.68	-2.79	207.21	197.01	13.83	91.20	12.04	26.27
44.72	2.64	36.08	6.83	162.44	179.01	27.61	88.37	28.27	54.26
547.46	44.84	495.30	-40.46	3320.12	3204.77	87.59	1788.66	580.94	467.65
506.36	55.49	512.24	42.70	1222.56	1261.80	73.87	662.15	176.35	359.82
125.83	4.51	106.32	-4.54	988.04	967.52	13.85	344.02	89.86	141.96
107.34	5.22	92.82	-36.50	721.05	698.41	7.65	300.44	57.25	144.96
54.61	1.93	44.66	-6.11	821.53	805.06	17.62	366.99	50.43	86.63
485.59	19.72	369.38	-27.47	4099.01	4066.97	36.84	1618.31	480.76	387.87
162.90	3.71	129.64	-8.93	2068.43	2062.45	23.14	532.54	206.92	211.86
141.12	3.66	98.89	-9.80	844.78	820.05	12.92	341.47	66.61	112.60
134.77	5.17	104.26	-46.99	1085.28	1016.52	10.40	602.36	81.49	170.00
141.46	14.37	113.77	8.44	1169.96	1155.77	48.46	446.87	122.65	318.63
50.33	2.18	43.36	-61.94	373.72	370.83	18.57	144.54	20.64	63.42
0.97	0.02	0.90		0.39	0.29	1.28	1.59	0.24	1.12
58.06	7.58	54.09	-39.06	419.08	410.14	13.82	249.16	39.12	72.50
141.06	5.71	119.95	-24.94	880.29	837.86	20.27	414.13	87.92	136.34
26.46	0.58	21.61	1.29	168.67	163.65	23.97	68.08	19.41	24.69
36.44	1.53	34.07	-7.57	137.33	139.67	21.53	69.44	13.74	33.27
-0.17	0.21	0.03		4.86	5.01	0.21	1.26	0.76	0.20
23.95	0.92	18.94	-2.50	242.47	230.00	6.02	91.34	27.15	22.50
12.61	0.71	10.57	10.13	31.61	32.92	7.71	8.56	2.15	8.05
16.40	-0.28	11.90	-24.86	25.78	30.33	8.40	11.24	2.15	4.54
30.94	0.98	25.86	0.79	46.27	53.55	11.16	16.39	4.48	11.31
26.36	1.40	25.84	4.57	104.66	112.12	17.13	27.35	8.59	12.43

1-B-7 按地区分组的港澳台商

地区	企业单位数(个)	工业销售产值(当年价格)	出口交货值	资产总计	固定资产合计	固定资产原价	累计折旧	流动资产合计	应收账款
全国	**26455**	**88351.20**	**29132.59**	**73052.56**	**22281.06**	**37866.53**	**16775.27**	**42275.75**	**12002.60**
北京	223	1161.98	142.54	1466.86	186.00	367.49	183.81	1074.80	312.93
天津	333	2862.59	345.09	2540.96	626.79	1106.99	511.35	1795.29	691.07
河北	281	2156.76	175.19	2079.70	879.60	1332.48	538.40	967.37	165.76
山西	50	623.87	365.46	704.50	310.27	444.34	140.13	348.66	63.68
内蒙古	77	307.42	13.19	607.76	301.23	377.45	99.57	202.01	36.33
辽宁	464	2211.99	262.53	2174.27	651.93	1022.35	411.41	1253.35	186.31
吉林	73	917.34	45.35	428.82	219.06	351.30	147.52	172.27	50.76
黑龙江	70	314.21	4.40	444.34	225.18	294.02	115.64	194.40	30.37
上海	1205	5093.99	2278.95	3763.66	903.48	1991.29	1095.41	2450.67	817.68
江苏	4107	14531.42	4541.79	11791.97	4099.28	7569.30	3562.58	6391.39	1969.53
浙江	3298	7563.48	1833.36	7945.71	1761.63	2695.42	1067.35	5140.65	1139.41
安徽	308	1634.04	151.06	906.99	324.78	522.58	215.90	466.58	186.88
福建	2712	7287.63	2392.56	5822.23	1410.13	2328.77	991.58	3408.95	975.89
江西	524	1987.79	507.01	1053.33	463.26	673.37	267.58	408.99	111.77
山东	1080	3968.85	780.32	2832.17	1113.24	1857.53	823.12	1465.18	341.46
河南	264	3099.43	1875.15	2467.38	674.10	878.14	256.18	1587.49	478.20
湖北	374	1928.01	378.46	1252.81	542.18	1028.68	524.53	567.64	149.68
湖南	336	1164.66	146.02	778.77	340.22	466.28	150.52	321.31	66.09
广东	9784	23919.13	10214.99	18847.19	4837.35	9284.94	4701.45	11944.44	3679.58
广西	279	1138.94	277.98	802.55	333.99	485.39	173.78	360.64	93.48
海南	24	39.08	3.92	49.50	18.75	30.82	13.09	27.36	5.82
重庆	138	1647.23	934.04	1483.20	654.06	844.13	227.01	591.16	162.30
四川	203	2131.49	1433.44	1913.92	1007.71	1311.38	324.45	744.59	200.62
贵州	31	84.87	1.48	126.54	76.43	94.27	18.04	39.72	8.79
云南	85	207.98	6.64	281.70	106.79	165.42	61.45	150.11	35.00
西藏									
陕西	59	222.78	14.91	176.56	75.57	154.68	93.14	83.11	18.81
甘肃	20	33.88		88.45	56.73	76.93	27.60	22.55	5.99
青海	12	43.14		97.61	39.22	51.01	12.99	32.53	1.27
宁夏	11	25.40	2.83	53.09	11.54	14.29	4.19	27.26	6.78
新疆	30	41.82	3.92	70.02	30.55	45.48	15.50	35.28	10.37

投资工业企业主要经济指标

单位：亿元

存货	产成品	负债合计	流动负债合计	应付账款	所有者权益合计	实收资本	国家资本	集体资本	法人资本
9576.44	**3340.90**	**41957.58**	**35592.46**	**12172.48**	**30731.91**	**18879.07**	**637.88**	**147.64**	**3465.79**
245.38	54.72	917.37	841.87	398.12	549.49	272.56	5.48	0.32	96.07
318.77	133.78	1800.31	1571.74	684.17	738.51	423.18	6.71	10.00	98.93
267.93	84.29	1279.51	949.69	266.03	797.19	352.15	48.55	7.67	96.09
60.69	23.98	503.83	386.86	143.01	200.65	160.55	11.58		43.32
42.43	17.39	406.11	284.10	55.11	198.96	1610.62	28.95	4.04	38.88
223.98	73.29	1226.26	955.46	166.14	915.40	524.07	36.15	0.45	164.61
43.06	18.32	277.31	171.73	48.21	150.96	83.38	7.90	0.04	16.80
54.60	14.58	256.28	213.57	28.60	188.07	67.78	5.74	2.53	8.45
558.23	182.18	2105.67	1968.88	1048.51	1654.14	935.13	24.29	9.75	171.82
1400.04	486.54	6416.55	5560.24	1554.36	5367.39	3270.55	67.06	25.23	572.22
1069.83	437.91	4515.37	4108.91	947.01	3398.83	1936.41	35.02	9.51	426.34
110.12	39.00	538.08	464.74	179.98	363.44	234.26	6.18	0.18	70.73
722.73	295.86	2982.35	2499.37	715.50	2806.36	1460.28	14.73	6.94	266.22
102.59	46.92	499.89	379.51	128.29	540.04	357.69	25.16	1.24	60.14
356.59	150.26	1514.89	1230.12	281.81	1299.33	584.82	28.22	21.51	157.72
253.13	34.27	1673.08	1537.04	767.10	791.05	333.84	35.58	5.63	66.76
139.90	53.87	687.04	454.53	146.33	551.66	316.19	14.22	4.22	71.59
60.08	24.13	379.26	298.17	77.21	396.61	169.05	6.72	1.76	69.34
3054.50	1018.88	10911.26	9469.04	3652.65	7853.66	4858.35	141.41	23.33	689.95
95.37	33.74	462.74	365.03	120.38	334.32	169.59	4.33	2.76	33.98
4.97	1.28	18.44	17.51	5.90	31.06	15.15		0.13	4.54
168.52	32.41	1072.54	731.32	356.25	408.74	240.86	20.76	2.59	73.64
124.43	47.95	967.39	788.44	312.14	843.81	256.19	19.89	0.87	116.41
7.52	2.75	107.79	40.78	9.63	18.67	24.74	2.03	0.07	1.80
36.81	12.76	143.28	101.88	34.66	138.42	76.63	17.82	1.67	16.95
19.00	6.37	78.57	55.42	17.73	103.47	65.44	11.03	4.90	13.69
5.13	1.56	40.46	21.24	4.82	47.28	26.59	7.50		6.79
7.74	1.21	94.69	56.53	3.51	2.88	20.53	3.57		6.07
7.85	2.85	40.91	33.69	8.39	12.18	8.83	0.20		2.12
14.55	7.83	40.31	35.07	10.93	29.35	23.65	1.07	0.30	3.84

1-B-7 续表

地 区	个人资本	港澳台资本	外商资本	主营业务收入	主营业务成本	主营业务税金及附加	销售费用	管理费用	税金
全 国	**2242.31**	**10493.84**	**1849.28**	**88811.39**	**76536.83**	**548.15**	**2440.56**	**3500.33**	**157.15**
北 京	13.63	156.23	0.83	1508.10	1256.87	4.78	124.18	77.52	1.66
天 津	10.26	185.89	111.39	3007.55	2588.05	10.51	103.24	80.16	4.47
河 北	11.43	174.40	14.01	2270.36	1982.44	7.66	77.75	75.90	4.27
山 西	8.44	60.35	36.86	643.51	512.11	1.60	7.82	15.68	1.12
内蒙古	1460.71	62.05	15.06	314.03	260.48	3.89	8.93	10.94	1.67
辽 宁	19.83	248.37	54.67	2041.04	1772.35	7.99	45.28	63.42	5.33
吉 林	3.02	48.10	7.51	887.99	818.98	5.74	62.07	19.18	2.33
黑龙江	4.67	36.72	9.67	312.63	247.67	2.53	14.48	23.98	0.70
上 海	45.49	648.63	35.15	5149.64	4529.06	104.54	118.62	222.77	4.73
江 苏	177.57	2001.73	426.31	14473.66	12676.02	57.13	295.25	520.71	19.88
浙 江	100.94	1350.94	13.66	7573.08	6454.65	64.69	197.97	353.05	15.82
安 徽	23.82	117.21	16.14	1608.43	1359.69	10.45	28.60	50.16	4.66
福 建	56.47	942.07	173.82	7333.46	6219.81	35.39	227.43	300.35	17.42
江 西	27.03	216.02	28.10	2094.62	1795.99	8.51	35.83	46.76	3.00
山 东	50.09	246.11	81.18	3951.48	3366.26	22.64	112.51	140.62	10.67
河 南	42.90	136.46	45.82	3349.74	2986.38	7.57	54.01	71.28	3.15
湖 北	11.71	131.92	78.60	1775.52	1524.47	7.59	68.47	77.16	4.20
湖 南	13.20	58.86	18.97	1143.64	927.55	11.08	31.41	54.48	3.16
广 东	123.59	3249.35	592.34	23755.20	20412.52	152.43	721.97	1140.61	41.06
广 西	5.72	105.42	16.37	1087.27	942.57	8.73	17.75	41.03	2.04
海 南	1.31	8.75	0.31	39.54	24.58	0.40	4.27	2.11	0.07
重 庆	10.92	121.44	11.52	1678.01	1577.77	3.17	21.57	47.85	1.84
四 川	11.69	80.32	26.14	2159.09	1775.95	4.93	31.37	29.18	1.94
贵 州	0.46	11.36	9.02	78.52	60.02	0.64	3.20	3.09	0.28
云 南	3.92	21.29	14.98	209.38	157.57	1.45	9.56	12.41	0.41
西 藏									
陕 西	2.24	32.56	5.24	212.72	178.24	1.14	5.66	10.99	0.48
甘 肃	0.35	8.99	2.97	32.35	26.57	0.12	0.20	2.45	0.24
青 海	0.63	10.06	0.21	49.20	43.73	0.56	5.02	2.10	0.38
宁 夏		4.51	2.00	27.58	22.84	0.17	1.36	1.87	0.09
新 疆	0.26	17.76	0.42	44.04	35.64	0.11	4.79	2.52	0.08

单位：亿元

财务费用	利息收入	利息支出	投资收益(损失以"–"号记)	营业利润	利润总额	亏损企业亏损额	应交增值税	应交所得税	从业人员平均人数(万人)
710.20	**187.65**	**800.43**	**-20.28**	**5387.86**	**5455.83**	**482.81**	**2599.88**	**822.23**	**1206.28**
6.71	3.61	10.88	5.79	45.96	50.23	23.26	29.72	11.07	9.01
26.05	5.25	29.48	22.41	247.64	256.98	11.80	182.59	23.81	22.77
31.26	3.64	31.71	-8.80	94.84	99.88	12.31	59.96	18.52	18.01
13.20	0.97	10.04	-51.40	23.09	22.77	2.40	10.42	2.31	8.47
8.10	0.22	11.21	0.31	24.28	23.75	3.45	10.90	2.87	2.48
28.36	3.37	24.94	1.37	141.08	136.29	15.92	79.76	15.06	13.51
7.40	0.24	7.37	-0.66	25.26	23.05	8.16	27.57	3.17	3.34
3.14	-0.13	4.58	-0.08	21.69	23.01	3.38	7.98	2.06	3.15
3.51	25.16	31.00	21.33	213.19	227.71	23.97	88.01	38.97	41.23
110.29	37.08	136.36	-7.04	874.42	876.93	101.63	398.98	164.50	158.83
106.90	37.13	132.57	24.87	443.17	477.53	38.29	216.26	64.25	90.58
12.87	1.18	9.71	-10.79	155.40	110.07	4.29	48.27	10.96	13.29
65.75	17.07	74.88	-35.83	533.79	541.76	27.60	208.70	66.24	112.19
12.24	0.60	11.14	-1.68	165.06	163.33	3.79	65.45	11.08	30.31
44.71	5.66	38.39	-1.15	284.71	287.83	14.09	125.04	50.37	34.14
12.41	10.41	22.99	4.27	173.28	181.63	7.05	158.71	26.91	46.79
17.73	1.22	15.94	-5.53	108.38	114.09	4.58	52.24	14.02	18.95
8.15	0.57	8.01	-0.44	102.01	100.71	2.12	41.72	10.82	18.02
134.09	34.10	127.15	23.47	1320.87	1330.16	125.45	586.02	248.28	502.64
9.10	1.49	10.91	-1.17	90.40	91.02	6.79	36.41	7.92	16.42
0.23	0.05	0.21	0.15	8.32	9.38	0.22	3.42	1.94	0.54
23.43	-3.40	22.26	3.04	30.14	31.39	28.59	24.71	7.73	13.65
13.54	0.86	16.09	0.10	205.72	216.67	4.77	108.96	10.53	20.18
3.94	0.05	4.17	-0.19	7.47	8.17	0.08	3.68	1.07	0.68
3.34	0.43	3.58	-0.94	24.33	25.75	1.28	8.87	4.39	2.75
0.49	0.62	1.55	0.50	20.85	21.75	2.50	10.57	2.64	2.11
0.91	0.10	0.88	0.07	2.05	2.36	0.13	0.74	0.21	0.46
1.27		1.24	-2.25	-2.10	-2.01	3.25	2.42	0.13	0.48
0.52	0.02	0.46		1.43	1.72	0.48	0.55	0.13	0.42
0.57	0.06	0.73		1.13	1.92	1.17	1.28	0.24	0.89

1-B-8 按地区分组的外商投资

地区	企业单位数(个)	工业销售产值(当年价格)	出口交货值	资产总计	固定资产合计	固定资产原价	累计折旧	流动资产合计	应收账款
全国	**30913**	**152921.96**	**46802.46**	**115608.86**	**36476.71**	**64771.88**	**30246.46**	**66494.47**	**20458.11**
北京	665	5531.34	1089.31	4971.96	1018.54	1878.55	836.72	2883.19	778.09
天津	1326	7771.84	1900.28	4747.22	1541.51	2600.56	1177.71	2894.33	965.48
河北	632	3494.10	348.96	3042.13	1134.12	1869.44	835.05	1581.14	346.33
山西	95	524.11	29.81	1018.23	507.27	760.04	314.83	363.62	73.15
内蒙古	107	1131.84	34.89	1876.22	959.74	1046.74	276.18	663.25	105.97
辽宁	1411	6756.74	1473.13	5539.19	1854.86	3142.68	1396.13	2936.11	800.44
吉林	260	1783.28	113.32	1544.11	501.08	888.34	420.17	933.63	295.30
黑龙江	160	862.46	25.44	1012.97	417.19	697.84	299.15	499.09	100.71
上海	3087	14710.97	4524.85	12426.03	2840.53	5788.08	3033.33	8246.11	2553.14
江苏	7277	33184.90	13643.17	23411.73	7748.59	14798.74	7263.23	13419.67	4611.21
浙江	3246	7745.24	2448.32	7371.23	2091.62	3246.11	1343.17	4473.49	1314.30
安徽	477	2387.32	210.24	1552.37	565.73	991.89	462.05	810.01	254.01
福建	1552	6118.56	2233.55	4680.83	1382.16	2199.19	881.95	2700.82	752.84
江西	320	1728.38	322.18	1239.00	620.65	1016.03	463.63	525.12	117.70
山东	3285	14358.54	3177.69	8431.20	2834.17	6815.13	4200.05	4651.22	1327.40
河南	282	1862.12	122.89	1836.25	533.43	803.92	303.56	992.36	169.41
湖北	478	4282.74	161.57	3516.70	1056.07	1915.96	786.18	1912.86	438.40
湖南	262	1331.18	316.29	867.16	393.05	574.64	204.05	374.86	90.29
广东	4726	27675.50	12594.32	17938.45	4861.55	8756.09	4138.27	11502.05	4289.58
广西	212	1926.29	73.10	1662.37	573.39	789.38	269.34	900.32	119.72
海南	46	661.68	110.45	705.56	355.44	462.71	118.84	286.22	57.78
重庆	207	2670.74	824.37	1793.66	646.97	886.69	324.80	1003.23	279.72
四川	381	2698.48	937.29	2414.47	1137.35	1544.04	440.85	1084.92	446.42
贵州	40	133.47	5.16	225.72	63.46	77.62	21.80	121.37	18.12
云南	96	258.70	8.34	385.15	171.52	264.74	108.09	143.85	28.57
西藏	3	7.08		11.43	4.15	6.75	2.66	7.15	0.84
陕西	154	991.45	61.33	838.29	379.83	553.00	200.93	371.27	84.77
甘肃	31	101.46	0.40	177.35	100.75	152.63	53.97	62.25	9.06
青海	18	49.00		103.23	59.36	81.27	25.04	35.48	4.05
宁夏	29	65.60	8.99	96.42	37.54	58.25	21.39	50.25	12.44
新疆	48	116.86	2.82	172.24	85.10	104.81	23.34	65.25	12.86

工业企业主要经济指标

单位：亿元

存货	产成品	负债合计	流动负债合计	应付账款	所有者权益合计	实收资本	国家资本	集体资本	法人资本
14822.61	**5048.97**	**64239.76**	**54048.01**	**21009.11**	**51113.22**	**29683.99**	**1869.64**	**221.22**	**5698.80**
587.48	198.48	2551.01	2106.32	960.29	2420.29	1204.96	91.91	1.69	290.79
656.81	184.64	2542.70	2176.13	885.18	2195.47	1364.01	52.79	8.74	170.30
358.15	111.89	1756.19	1497.78	506.94	1286.36	632.10	50.62	0.21	122.83
60.76	21.47	632.71	469.95	107.88	384.57	242.03	71.55	13.51	35.64
129.83	60.89	1045.12	579.02	134.71	830.86	328.60	47.73	5.07	139.78
749.92	246.09	3251.94	2385.67	889.83	2273.41	1393.14	79.91	4.83	381.85
167.23	47.79	992.79	788.65	265.93	548.84	273.11	25.46	0.44	72.83
148.82	57.86	652.15	545.73	144.62	357.39	207.51	24.08	4.78	43.09
1850.13	609.32	6956.71	6274.73	2878.89	5457.46	3246.50	188.07	21.98	479.31
2880.15	991.37	12159.85	10688.05	4001.26	11236.75	7124.80	215.25	59.20	960.85
1002.10	378.07	3939.56	3576.71	1073.83	3418.42	2105.60	131.77	10.08	333.21
196.00	81.08	839.80	706.33	253.55	690.49	434.00	22.36	3.11	105.61
677.28	222.13	2620.00	2065.58	669.63	2037.43	1228.39	116.19	1.68	251.27
106.53	41.67	718.62	567.60	114.05	515.77	309.53	18.11	4.01	59.67
1057.17	337.34	4411.75	3528.69	1203.69	3971.17	2082.51	66.01	33.60	654.65
170.98	51.22	1151.78	869.42	260.76	681.82	314.19	8.58	4.07	74.32
322.10	143.34	2206.25	1915.87	656.76	1305.55	725.66	158.61	6.53	160.72
75.01	28.89	488.13	367.11	116.80	378.63	272.50	32.07	3.17	68.15
2655.87	835.51	10137.81	8911.84	4315.64	7766.08	4362.83	269.61	20.71	785.11
217.28	133.27	1061.14	918.16	308.81	583.36	324.35	36.19	0.82	74.12
88.67	21.51	399.04	288.03	91.05	306.51	191.93	39.80	0.47	11.92
222.80	62.82	1278.93	1144.50	585.87	503.22	286.32	30.38	1.10	111.54
217.20	92.34	1346.63	863.43	386.22	1058.84	455.93	10.24	4.16	142.63
18.19	6.23	123.50	111.04	15.35	101.81	63.99	8.86	0.01	25.98
40.52	11.48	230.95	175.37	39.21	154.20	123.44	26.56	3.62	31.55
0.64	0.09	3.06	3.06	0.41	8.37	4.58			2.21
104.22	49.19	447.78	339.23	92.02	388.91	195.90	21.43	3.10	54.70
14.54	5.12	89.16	41.48	11.77	83.94	65.40	10.67	0.48	20.27
6.36	1.28	53.91	22.66	7.14	49.27	35.19	13.09		4.56
19.48	6.46	54.41	44.43	14.95	42.30	31.70	0.89		6.45
20.40	10.14	96.36	75.44	16.07	75.71	53.28	0.83	0.02	22.90

1-B-8 续表

地区	个人资本	港澳台资本	外商资本	主营业务收入	主营业务成本	主营业务税金及附加	销售费用	管理费用	税金
全国	**857.73**	**1328.47**	**19583.64**	**154152.77**	**130718.91**	**1659.76**	**5391.66**	**6378.00**	**286.42**
北京	14.34	2.63	803.60	5822.54	4639.50	125.69	388.56	249.74	7.12
天津	25.03	52.33	1009.72	7768.00	6659.93	71.58	321.34	261.27	19.93
河北	15.35	17.86	425.22	3457.67	3110.26	10.90	71.55	97.84	5.08
山西	4.71	2.29	114.33	532.52	408.75	4.76	18.70	32.26	2.15
内蒙古	21.81	28.58	85.63	1507.06	1220.01	15.87	72.79	58.77	5.72
辽宁	42.15	84.33	800.05	6591.28	5408.44	135.08	289.95	305.91	19.18
吉林	7.41	6.37	158.25	1789.86	1488.07	33.36	55.84	100.88	4.55
黑龙江	4.60	3.60	126.87	992.31	788.82	8.89	90.32	46.30	3.04
上海	55.00	31.40	2470.75	16243.30	13325.42	162.44	738.39	950.90	17.76
江苏	214.20	368.63	5306.68	33073.79	28713.78	179.67	759.79	1205.79	47.29
浙江	74.18	12.76	1543.59	7715.54	6432.01	38.58	325.32	398.89	19.12
安徽	14.25	16.04	272.64	2212.72	1839.32	14.16	104.64	101.17	11.47
福建	47.76	95.97	715.52	6159.97	5293.16	87.29	193.46	300.04	10.91
江西	12.09	48.53	167.11	1797.69	1562.08	11.00	29.65	52.85	2.37
山东	140.60	48.64	1138.85	14126.74	12289.81	93.59	320.55	424.89	28.25
河南	32.86	27.72	165.98	1904.51	1687.77	9.53	45.17	58.17	2.94
湖北	14.79	28.58	305.84	4100.60	3224.70	131.81	210.08	189.54	8.78
湖南	10.90	8.47	149.73	1297.91	1096.60	14.78	47.21	105.07	9.59
广东	52.59	359.09	2853.79	27424.94	23596.74	273.21	961.92	1076.99	43.24
广西	18.12	21.43	171.17	1920.58	1574.05	22.57	80.12	77.48	3.38
海南	1.23	2.30	136.20	584.21	471.91	57.09	15.24	13.03	0.38
重庆	12.65	7.21	123.44	2759.12	2351.11	53.34	90.20	108.55	4.32
四川	9.21	18.92	270.25	2733.13	2267.67	84.35	56.67	75.66	4.14
贵州	1.14	0.73	27.27	118.80	83.46	1.65	10.85	10.07	0.46
云南	1.60	15.66	44.44	258.35	206.25	4.16	20.07	14.88	0.84
西藏			2.37	7.38	4.93	0.06	0.46	0.30	
陕西	7.47	10.51	98.50	928.43	731.25	9.84	53.81	44.89	3.29
甘肃	0.84	0.60	32.55	86.44	56.96	1.69	5.96	2.84	0.39
青海		0.01	17.53	46.46	33.69	0.42	0.82	3.28	0.21
宁夏	0.86		23.51	67.90	54.81	1.10	4.83	4.64	0.38
新疆		7.28	22.26	123.04	97.67	1.32	7.41	5.10	0.17

单位：亿元

财务费用			投资收益（损失以“-”号记）	营业利润	利润总额	亏损企业亏损额	应交增值税	应交所得税	从业人员平均人数（万人）
	利息收入	利息支出							
732.82	**300.92**	**1052.84**	**157.51**	**10344.21**	**10346.75**	**962.36**	**4493.42**	**1823.47**	**1329.80**
18.51	12.22	32.76	87.42	507.20	522.62	36.15	201.36	109.56	31.30
13.04	9.15	28.37	2.65	506.81	505.25	41.25	367.53	115.02	48.09
39.41	6.84	37.10	4.97	149.04	145.73	36.43	56.33	28.41	28.59
19.42	2.06	18.95	4.28	52.92	52.07	15.54	31.85	15.46	8.45
22.63	14.34	35.99	6.02	125.10	127.40	4.59	56.67	19.98	6.24
49.81	11.16	50.54	8.12	437.11	429.92	74.55	222.99	71.49	48.86
17.67	2.08	17.10	5.25	111.17	107.29	12.54	57.65	20.96	10.17
10.28	3.23	13.76	-1.52	42.19	49.33	10.33	34.74	11.17	9.19
11.44	44.29	61.89	84.39	1183.57	1220.46	117.00	371.57	264.33	111.31
130.43	65.12	206.48	-11.95	2302.23	2219.55	205.26	841.73	374.45	283.08
80.49	24.19	99.22	37.84	507.49	523.97	58.43	210.74	94.21	92.52
10.33	2.87	12.76	-6.92	157.46	150.28	11.71	85.26	24.48	16.86
33.53	11.99	51.48	-9.85	344.20	353.05	41.64	145.91	55.59	72.59
17.07	0.70	15.23	-0.97	119.18	113.01	6.59	44.83	10.42	17.64
105.97	15.64	106.81	-28.51	931.64	919.21	53.40	375.10	119.78	115.15
26.55	6.10	30.88	0.69	86.51	92.62	28.72	37.69	14.90	17.80
13.37	4.05	28.97	-26.13	344.52	314.74	19.01	162.46	58.77	28.74
12.41	1.01	8.86	-4.58	78.23	69.63	9.88	42.11	8.50	11.06
39.24	43.99	113.23	21.43	1618.50	1653.91	121.04	822.94	308.64	307.77
13.59	4.42	19.72	-11.64	167.11	171.92	11.82	49.69	18.83	12.69
5.17	1.04	7.91	0.76	23.55	25.18	1.32	18.26	5.85	1.97
8.64	6.30	15.76	-3.59	162.72	165.41	14.83	79.72	15.60	15.45
12.99	4.01	15.71	-2.89	251.56	272.57	11.73	110.52	37.67	17.40
1.18	0.11	1.36	2.72	13.39	14.31	0.72	5.00	2.19	1.88
5.94	0.71	6.39	0.08	10.79	13.75	4.14	10.47	2.79	2.63
				1.47	1.64		0.54	0.26	0.08
7.14	1.93	7.96	0.71	82.30	84.33	3.90	38.04	9.97	8.79
2.14	0.62	2.97	0.03	6.39	6.53	0.37	2.93	0.43	0.84
1.28	0.34	0.73	-2.17	6.92	7.26	3.68	2.22	0.97	0.61
0.76	0.04	1.26		1.68	2.11	3.71	2.40	0.96	1.03
2.38	0.35	2.68	0.89	11.26	11.70	2.07	4.20	1.84	1.02

1-B-9　按地区分组的

地　区	企　业单位数(个)	工业销售产　值(当年价格)	出口交货值	资产总计	固定资产合　计	固定资产原　价	累计折旧	流动资产合　计	应收账款
全　国	**9806**	**399055.09**	**63464.08**	**419709.73**	**153704.59**	**251389.38**	**109983.99**	**186767.41**	**38390.72**
北　京	164	10882.61	1112.05	21902.04	4640.73	8358.89	3712.21	6931.63	1346.06
天　津	222	14754.10	1836.48	12126.36	5008.48	8151.77	3608.94	6032.75	1709.13
河　北	386	18365.32	706.43	20669.93	9248.55	14732.64	5440.00	7844.00	1132.89
山　西	277	8675.65	560.38	15937.27	6005.05	8846.68	4072.31	6574.51	996.80
内蒙古	158	7136.56	138.04	11459.44	5079.93	6984.39	2416.37	3981.69	728.15
辽　宁	300	15367.96	1528.54	18904.64	6560.30	11858.63	5772.37	8538.56	1473.86
吉　林	114	9342.60	127.71	8244.07	3313.07	5762.79	2586.86	3822.15	567.86
黑龙江	134	6300.14	98.86	8639.43	4167.47	7847.30	3944.54	3330.57	548.32
上　海	311	17319.39	5309.54	18028.70	4966.77	10224.19	5585.78	9460.89	2134.87
江　苏	1250	51979.19	14867.22	41350.73	14097.84	26487.18	12803.44	21084.35	5489.19
浙　江	601	16408.98	3123.35	15837.33	4329.36	6899.86	2921.56	8520.69	1813.08
安　徽	284	11856.76	835.58	13265.96	5923.08	8159.45	3285.25	5155.19	1054.76
福　建	442	9481.51	2832.18	8205.86	2268.46	3338.08	1169.37	4248.29	1063.43
江　西	177	6212.08	579.34	5571.35	2382.54	3860.79	1727.22	2710.12	366.79
山　东	952	46942.60	4043.27	41048.12	15017.37	27301.91	13997.92	19670.12	3091.75
河　南	620	20941.84	2236.17	19029.04	7769.98	10806.26	4197.37	8911.94	1712.00
湖　北	344	15160.48	921.48	16681.44	6854.24	11421.93	4970.92	6897.94	1274.65
湖　南	215	9152.61	697.86	9321.01	3446.38	5373.80	2126.22	4495.02	1244.51
广　东	1462	46178.35	16698.26	35874.07	10712.79	18482.57	8269.81	19707.46	5839.58
广　西	187	5897.51	359.39	5201.04	2014.31	2976.50	1105.10	2375.72	366.16
海　南	13	379.80	27.79	698.24	353.76	453.15	118.82	265.38	51.42
重　庆	211	7435.98	2004.46	7018.37	2644.24	3749.13	1401.99	3195.42	726.72
四　川	375	13099.87	2389.22	17591.17	6874.10	9621.42	3550.77	7111.57	1604.43
贵　州	60	2507.78	79.05	4374.34	1730.47	2524.95	931.95	1741.23	194.09
云　南	112	4558.02	39.87	7097.91	2845.36	3819.59	1234.38	2642.65	288.97
西　藏	2	18.83		245.80	175.72	230.49	54.78	34.08	1.80
陕　西	200	9678.76	207.55	14739.96	4903.83	7795.36	3168.58	5253.51	864.85
甘　肃	65	4572.18	48.29	6455.12	2803.68	3899.16	1416.14	2509.42	209.32
青　海	25	1081.09	2.47	2586.59	1431.87	2109.50	749.20	566.10	57.75
宁　夏	46	1989.54	39.29	3285.03	1418.36	1997.98	688.18	1118.10	131.36
新　疆	97	5376.99	13.92	8319.37	4716.52	7313.04	2955.62	2036.37	306.18

大型工业企业主要经济指标

单位：亿元

存货	产成品	负债合计	流动负债合计	应付账款	所有者权益合计	实收资本	国家资本	集体资本	法人资本
45154.92	**13654.75**	**250741.21**	**184720.94**	**56034.69**	**168048.24**	**66511.33**	**23137.33**	**1076.74**	**22950.05**
910.32	270.42	11326.75	6116.64	1882.60	10575.29	4469.02	2859.48	2.57	1041.92
1363.81	500.61	7856.61	6582.53	2389.08	4263.26	2063.13	582.57	11.36	761.32
2019.22	530.09	13037.87	10196.43	2994.90	7575.63	2924.56	1117.42	22.64	1123.25
1156.33	418.06	11051.74	7164.75	1804.29	4874.89	1989.80	839.11	26.49	798.96
793.57	276.29	6943.52	4253.56	1090.80	4485.08	1947.87	978.82	88.76	621.87
2440.41	595.72	12174.99	9115.12	2265.43	6668.09	3376.20	1430.57	204.59	1067.67
775.44	264.75	4914.64	3661.63	1441.72	3323.28	983.73	410.25	15.08	456.26
913.94	271.90	4989.11	3689.61	997.93	3643.73	1142.57	285.11	7.14	752.15
2040.27	482.12	8875.68	7738.36	3392.14	9132.85	3118.50	734.17	5.16	1014.00
4795.33	1579.69	23785.21	19786.03	5987.39	17565.51	7149.18	922.50	197.43	1959.20
1839.77	697.05	8599.45	6992.38	2181.85	7237.50	2446.84	253.98	53.82	961.72
1277.65	388.41	8371.45	5710.74	1537.08	4866.05	1900.97	829.00	16.00	692.18
1229.11	383.34	4714.04	3455.22	1055.25	3482.52	1537.23	161.66	9.50	521.96
649.53	194.56	3447.72	2698.20	699.46	2119.20	893.32	163.96	37.41	328.88
4673.41	1572.72	24718.83	18718.39	4366.75	16243.92	4861.73	1681.87	134.18	1628.02
1969.21	557.91	11679.32	8870.46	2619.18	7303.99	2896.95	655.63	73.53	1243.80
1857.45	535.10	10089.44	7660.49	1881.01	6556.45	2159.52	1274.47	12.94	370.88
1319.95	296.55	5846.50	3955.63	1066.54	3466.90	1138.59	442.65	7.09	452.58
4501.03	1485.64	20788.49	17375.72	7034.46	15043.52	6318.31	1259.02	28.78	1830.46
646.53	249.50	3400.86	2662.22	752.59	1769.07	632.90	221.92	0.97	204.30
66.43	39.86	405.96	275.22	66.32	292.28	177.54	24.54	0.53	51.94
663.09	207.41	4627.88	3554.63	1350.14	2363.03	851.18	135.56	7.78	481.31
1842.53	480.01	10909.06	6725.22	1900.21	6304.73	2143.42	354.47	24.25	1207.34
456.89	95.64	2687.85	1613.33	317.42	1681.56	506.53	260.36	1.87	202.63
1232.59	172.66	4216.13	2588.05	587.22	2879.47	901.36	356.98	15.48	461.58
4.07		61.35	32.09	24.42	184.46	33.81	18.51		15.30
1265.84	410.07	8308.70	5554.51	1707.86	6422.30	3393.85	2520.41	49.48	657.62
1283.39	358.49	4119.54	2735.45	774.19	2332.31	1138.67	758.37	16.95	351.85
138.39	39.38	1750.69	788.32	295.20	835.86	305.57	181.01	0.67	145.29
336.92	107.80	2149.43	1369.22	391.16	1131.32	471.16	193.83	3.63	209.44
692.50	193.01	4892.42	3080.80	1180.08	3424.18	2637.29	1229.11	0.66	1334.35

1-B-9 续表

地　区				主营业务收　　入	主营业务成　　本	主营业务税金及附加	销售费用	管理费用	
	个人资本	港澳台资本	外商资本						税金
全　国	**6039.76**	**4361.22**	**8635.91**	**418215.09**	**352336.92**	**10901.80**	**11167.45**	**15788.17**	**846.85**
北　京	103.78	32.45	428.82	11774.80	10163.96	226.05	470.76	362.47	10.84
天　津	50.86	102.42	444.88	14948.22	12435.57	265.00	412.37	374.79	31.58
河　北	394.89	115.61	150.75	19444.45	17240.21	277.16	278.71	630.16	32.63
山　西	179.55	37.24	108.46	10760.61	8970.36	102.92	372.64	636.80	25.01
内蒙古	145.45	43.50	58.08	7206.72	5592.43	148.85	241.48	306.59	46.08
辽　宁	164.37	170.30	338.70	15353.29	13039.90	522.93	377.62	789.62	49.26
吉　林	30.84	24.61	46.69	9905.28	8159.06	390.89	484.21	413.29	19.02
黑龙江	37.19	6.23	54.75	6609.04	4655.61	623.32	123.49	382.74	20.78
上　海	143.85	261.18	960.15	19181.09	15852.09	867.01	556.23	887.34	18.69
江　苏	878.13	832.52	2359.40	52809.25	46155.96	662.64	1158.43	1568.78	70.53
浙　江	517.58	276.84	382.89	16505.74	13966.10	271.29	478.47	631.14	28.54
安　徽	170.67	71.91	121.22	12913.96	11138.61	304.52	308.93	510.67	43.57
福　建	153.66	377.05	313.40	9598.79	8070.73	231.15	313.61	441.07	16.53
江　西	133.34	119.94	109.79	7837.15	6852.66	157.76	150.09	210.45	11.54
山　东	711.37	159.48	540.81	50057.62	42990.73	804.19	996.85	1562.18	93.36
河　南	698.66	125.42	99.90	22451.16	19579.13	410.79	382.97	670.99	35.43
湖　北	281.11	57.60	162.42	15566.19	13019.64	572.72	498.38	667.00	36.32
湖　南	87.67	62.12	86.47	9119.94	7314.81	592.38	241.45	462.12	23.45
广　东	472.59	1281.75	1418.63	46032.26	38993.01	772.84	1927.31	1681.72	78.02
广　西	75.83	50.90	75.98	5821.86	4882.49	142.83	184.39	221.79	10.23
海　南	2.00		98.53	354.42	276.78	5.86	16.74	12.57	0.41
重　庆	75.88	83.03	67.62	7529.81	6530.67	159.85	205.36	311.49	18.64
四　川	167.24	40.08	150.47	14174.87	11636.01	356.89	394.81	618.73	33.27
贵　州	36.47	0.52	4.68	2610.11	1855.12	221.15	83.92	122.84	5.38
云　南	54.73	11.80	0.78	4737.95	3320.91	749.11	105.08	203.38	10.73
西　藏				18.83	35.50	0.09	0.05	0.46	
陕　西	119.04	3.91	41.49	9963.35	7397.78	404.51	195.45	587.34	39.16
甘　肃	6.40	0.43	4.68	6298.35	5504.77	249.51	68.93	187.02	10.78
青　海	21.10	5.94		1035.82	773.06	39.48	28.83	34.76	4.77
宁　夏	58.59	2.21	3.47	2012.09	1708.97	60.66	31.81	80.90	5.21
新　疆	66.93	4.22	2.02	5582.07	4224.25	307.45	78.08	216.97	17.10

单位：亿元

财务费用	利息收入	利息支出	投资收益（损失以“-”号记）	营业利润	利润总额	亏损企业亏损额	应交增值税	应交所得税	从业人员平均人数（万人）
4862.24	**1045.73**	**5748.61**	**1462.87**	**26242.64**	**26557.40**	**2280.02**	**14542.68**	**4123.10**	**3415.17**
150.40	31.07	171.98	405.78	813.52	842.83	67.23	323.48	139.84	53.31
103.93	29.88	121.13	41.89	1500.53	1492.05	26.74	793.74	263.46	76.37
320.33	28.63	339.83	-127.86	584.84	606.21	142.83	483.90	104.09	143.92
302.48	34.65	322.09	17.18	386.72	402.12	137.05	454.22	110.10	130.92
174.70	27.84	183.95	27.16	977.31	854.05	80.60	350.51	97.03	52.30
223.49	43.14	268.68	31.53	381.86	530.71	228.28	473.43	111.17	140.03
73.03	16.08	88.18	67.31	598.24	630.26	135.99	362.52	144.60	65.69
75.49	26.94	96.43	7.16	755.91	751.80	120.11	395.04	29.36	71.22
-34.73	107.90	98.13	397.39	1427.94	1483.49	96.01	547.72	261.91	92.47
420.37	124.51	542.79	16.52	3088.69	2992.08	118.92	1612.70	501.05	385.73
174.81	63.74	221.46	84.51	1111.21	1161.92	17.30	459.25	177.81	134.11
166.95	28.04	195.54	20.31	721.84	645.86	51.75	481.91	98.24	109.23
85.41	20.55	110.02	19.26	614.72	624.00	44.38	283.03	84.96	112.94
70.25	13.41	79.05	9.77	364.09	375.16	13.51	203.72	48.35	68.00
691.38	95.57	733.38	46.84	3076.42	3104.13	96.88	1415.52	468.92	333.38
309.21	48.05	328.45	32.20	1124.77	1132.41	148.54	677.49	195.11	243.16
202.90	28.33	238.88	97.12	903.42	915.43	65.21	502.46	132.92	118.80
121.43	24.24	152.94	8.48	477.91	509.30	30.76	421.18	79.15	72.76
203.10	84.96	283.59	188.65	2839.53	2905.92	105.35	1717.63	506.34	508.76
71.28	13.27	86.63	-8.77	367.65	326.21	25.43	202.08	40.45	48.85
9.87	1.36	11.76	0.48	34.50	35.13	2.49	18.49	7.03	2.80
76.33	12.70	89.34	-3.17	347.45	366.31	62.94	256.42	42.96	61.83
208.22	42.59	244.19	7.92	904.17	952.20	170.48	598.21	144.24	143.89
74.96	13.40	88.71	10.34	275.72	288.86	34.92	158.03	78.53	32.24
120.96	9.48	127.26	25.54	283.81	290.62	68.79	271.86	68.53	32.10
0.66	0.20	0.86		-18.06	-9.55	11.27	0.96	0.29	0.51
164.59	29.39	187.46	24.68	1355.88	1324.40	37.80	561.61	94.18	86.04
81.02	24.87	113.76	7.16	166.53	204.25	47.38	135.83	28.04	31.01
57.02	2.18	54.99	-14.01	88.09	100.56	10.34	67.03	7.63	11.15
56.40	2.49	52.16	11.31	87.63	99.91	14.67	72.13	15.54	18.08
105.98	16.27	114.98	10.23	599.82	618.78	66.08	240.60	41.26	33.56

1-B-10 按地区分组的

地区	企业单位数（个）	工业销售产值（当年价格）	出口交货值	资产总计	固定资产合计	固定资产原价	累计折旧	流动资产合计	应收账款
全国	**55708**	**246868.94**	**27239.04**	**207021.79**	**75862.22**	**117614.10**	**47922.30**	**102221.68**	**24906.87**
北京	613	2916.84	231.70	4610.18	788.20	1367.41	590.60	2908.10	982.72
天津	777	5565.89	549.81	4696.97	1530.65	2163.19	818.42	2595.56	533.25
河北	1814	10057.23	431.67	7530.38	3321.90	4806.15	1735.18	3403.20	657.60
山西	913	4243.39	31.07	8051.00	3299.13	4425.05	1571.15	2854.62	486.13
内蒙古	703	5531.05	29.82	6312.24	2881.96	4001.67	1385.83	2210.50	390.42
辽宁	1972	11107.94	1092.30	8424.63	3545.40	5394.47	2143.59	3972.36	859.23
吉林	533	2822.16	111.38	2614.71	1224.37	2532.30	1426.15	1033.15	281.14
黑龙江	514	2055.68	16.18	2188.72	934.38	1442.01	586.89	1002.43	235.76
上海	1439	6909.13	1397.34	7218.99	1580.52	2884.20	1376.37	4700.82	1559.93
江苏	6059	31341.85	4565.25	22789.42	7895.15	13392.95	5735.56	12363.96	3777.03
浙江	4612	18349.93	3665.90	17749.69	4649.66	6978.20	2779.45	10426.52	2536.36
安徽	1474	6833.20	422.97	4997.67	2064.80	3167.32	1246.09	2200.22	616.77
福建	3004	11133.65	2164.78	8812.92	3154.49	4951.23	2073.55	4367.39	1063.01
江西	1690	7892.37	599.05	3951.50	1863.23	2815.45	1126.49	1552.30	325.45
山东	4565	26622.90	2034.22	17219.86	6547.11	11181.38	5258.63	8754.51	1667.43
河南	4033	17351.86	208.75	11855.40	5457.69	6892.08	1891.35	5267.84	898.88
湖北	1935	8484.15	357.53	6188.42	2113.77	4385.31	2282.65	3133.88	754.63
湖南	2247	7520.41	317.12	4334.26	1969.57	2844.96	1020.21	1845.69	514.56
广东	9241	28130.46	7838.93	22390.50	6654.79	11768.97	5641.82	13106.00	3721.56
广西	1258	5921.91	217.90	4588.53	1872.88	2496.28	783.18	2116.31	397.17
海南	114	984.21	128.49	956.84	332.83	463.22	167.14	418.84	67.09
重庆	1047	3957.67	173.79	3304.41	1259.98	1910.40	767.82	1542.43	448.37
四川	2262	9262.85	472.64	8454.50	3151.12	5042.40	2152.26	3728.34	856.96
贵州	559	1980.23	5.71	2909.12	1372.22	1646.75	424.21	1030.60	157.83
云南	700	2322.90	40.63	3693.79	1532.06	2066.97	706.85	1453.08	248.23
西藏	13	35.15		173.19	43.22	49.58	12.72	43.03	3.15
陕西	785	3940.93	70.14	4516.30	2062.59	2981.13	1074.69	1698.72	394.96
甘肃	264	1017.24	11.18	1327.82	598.12	882.94	388.69	514.20	109.48
青海	100	562.41	1.10	1164.46	428.62	539.24	153.90	485.91	70.53
宁夏	143	750.20	21.01	1210.16	597.69	778.42	219.04	477.12	85.72
新疆	325	1263.15	30.67	2785.20	1134.11	1362.47	381.81	1014.04	205.53

中型工业企业主要经济指标

单位：亿元

存货	产成品	负债合计	流动负债合计	应付账款	所有者权益合计	实收资本	国家资本	集体资本	法人资本
23834.10	**9236.82**	**119968.06**	**93531.43**	**23476.47**	**86524.99**	**43926.95**	**6615.43**	**847.86**	**16397.25**
650.76	171.41	2480.11	2075.60	773.17	2130.07	1060.49	116.62	3.72	555.70
534.48	206.88	2955.45	2475.84	592.03	1728.77	1060.74	120.89	13.90	454.98
845.06	380.22	4233.66	3408.92	784.57	3259.13	1492.01	236.26	19.53	618.67
478.08	189.87	6149.41	4237.25	848.60	1901.57	1261.71	406.17	67.61	471.85
372.30	149.85	3983.23	2476.99	586.40	2305.26	1023.14	324.51	34.49	470.86
916.16	351.06	4856.51	3668.85	768.03	3538.19	1618.77	320.62	25.93	616.88
244.83	91.14	1420.37	1069.78	285.46	1187.69	539.33	133.60	18.42	203.09
288.96	110.60	1298.92	982.41	222.27	884.75	445.02	109.88	15.86	130.30
1068.94	376.62	3775.94	3369.73	1364.78	3440.17	1916.55	282.10	42.24	545.87
2870.59	1123.80	12765.18	10978.72	2887.00	10024.24	5357.26	436.97	69.34	1398.67
2388.99	950.52	10635.00	9603.12	1936.14	7100.09	3202.30	179.02	30.43	1153.35
559.21	224.48	2931.27	2187.51	535.01	2049.38	1063.14	192.97	23.22	394.16
977.40	411.37	4722.73	3746.75	900.47	4052.19	1981.29	258.84	22.86	563.00
468.12	218.77	1957.04	1455.29	332.92	1965.07	1414.62	118.89	9.23	883.15
2092.68	842.59	10207.70	8118.33	1624.69	6951.84	2925.77	362.37	95.35	1163.96
866.54	326.37	5268.14	3692.51	775.75	6559.36	3064.94	267.57	58.94	1105.01
811.81	378.27	3560.32	2737.87	730.35	2581.39	1305.32	164.69	41.02	564.32
425.15	190.16	2227.41	1563.17	390.29	2086.49	1105.22	187.67	19.91	494.05
3453.19	1150.09	12700.35	10458.28	3494.73	9650.16	5247.42	578.89	81.21	1456.39
560.42	223.33	2777.76	2115.74	516.35	1791.11	965.56	242.26	10.69	464.30
134.47	38.77	500.60	391.31	130.88	454.26	217.58	47.83	1.77	98.71
349.14	141.33	2063.70	1613.77	388.87	1231.07	617.15	138.68	16.33	251.09
856.84	332.39	4900.27	3502.80	902.06	3507.65	1539.23	261.20	36.89	756.94
190.97	66.04	2078.45	1269.76	266.36	821.50	534.83	226.30	9.48	193.72
342.08	138.85	2458.81	1663.23	316.32	1234.41	623.79	222.60	12.19	245.57
5.90	1.60	83.51	37.81	6.21	89.62	56.89	23.65		26.93
432.00	184.48	2733.70	1820.33	478.22	1776.12	986.67	263.18	30.70	443.61
169.41	75.56	861.85	564.77	130.16	450.86	287.08	99.54	16.72	123.21
89.38	29.79	793.42	531.32	127.38	370.73	218.68	65.58	2.56	113.44
132.04	49.43	839.42	537.66	104.80	371.18	232.02	58.78	3.72	133.30
258.19	111.18	1747.84	1175.98	276.22	1030.67	562.44	167.35	13.62	302.16

1-B-10 续表

地 区	个人资本	港澳台资本	外商资本	主营业务收入	主营业务成本	主营业务税金及附加	销售费用	管理费用	税金
全 国	**9030.70**	**4198.49**	**6682.84**	**247068.24**	**208738.86**	**2137.30**	**6421.96**	**10359.73**	**556.15**
北 京	117.01	65.95	194.99	3181.50	2501.56	40.58	204.54	255.53	5.44
天 津	117.75	59.30	289.98	5869.86	5113.35	28.47	106.45	182.18	10.25
河 北	370.70	57.35	186.51	10119.98	8485.83	56.48	185.69	306.08	15.26
山 西	261.57	19.39	24.79	4142.89	3538.27	36.13	79.08	290.75	10.65
内蒙古	150.66	25.62	17.01	5554.10	4456.60	67.73	137.47	240.82	32.85
辽 宁	293.81	106.63	254.90	10916.09	9206.01	156.13	269.80	470.84	32.53
吉 林	90.12	18.08	72.26	2764.37	2299.40	25.74	99.35	159.86	13.95
黑龙江	118.51	22.95	47.53	2066.36	1695.82	19.91	87.28	105.41	5.48
上 海	148.74	176.50	721.10	7290.68	5999.05	18.72	367.35	482.32	8.08
江 苏	1017.14	809.46	1625.68	31555.69	26806.11	175.39	784.51	1243.52	48.89
浙 江	949.01	423.91	466.58	18271.61	15723.01	111.16	465.93	845.65	38.86
安 徽	279.54	54.12	119.11	6752.04	5493.48	40.63	175.76	239.79	20.28
福 建	373.43	427.72	335.44	11162.52	9534.75	91.88	267.59	409.37	29.47
江 西	243.44	99.16	59.78	8270.70	7074.94	53.89	137.60	189.12	11.97
山 东	801.56	104.37	398.16	26898.30	23371.83	261.67	502.40	805.48	61.33
河 南	1463.36	52.34	115.71	17241.53	14817.86	95.18	329.72	382.26	17.79
湖 北	280.76	60.75	136.41	8401.40	7061.74	66.33	271.09	385.41	22.05
湖 南	264.44	39.06	100.08	7394.70	6012.95	81.49	259.16	504.19	42.46
广 东	600.80	1374.38	1114.67	27920.50	23779.83	221.40	734.48	1330.66	50.35
广 西	118.03	55.81	69.94	5821.53	4960.31	140.20	109.02	289.99	11.83
海 南	26.93	9.34	32.36	821.22	659.68	70.25	30.71	26.78	0.88
重 庆	128.76	31.95	49.43	3965.33	3352.61	28.68	116.37	180.17	11.15
四 川	327.05	34.56	114.40	9332.62	7783.20	96.98	285.66	421.61	23.27
贵 州	75.59	8.01	20.59	1827.38	1428.85	25.89	79.32	119.08	6.58
云 南	110.79	10.91	21.73	2314.28	1874.61	16.17	96.64	141.38	4.76
西 藏	4.41		1.90	33.35	18.89	0.93	1.05	4.05	0.04
陕 西	162.25	30.66	46.53	3772.91	2868.39	83.84	113.92	186.73	10.16
甘 肃	34.46	7.00	5.91	908.34	778.98	6.20	25.58	44.38	2.46
青 海	19.02	1.37	16.72	483.83	402.10	3.11	25.19	24.95	1.86
宁 夏	23.26	0.60	12.35	738.45	618.26	5.08	18.89	25.04	2.51
新 疆	57.81	11.23	10.28	1274.18	1020.57	11.06	54.37	66.31	2.71

单位：亿元

财务费用			投资收益（损失以“-”号记）	营业利润	利润总额	亏损企业亏损额	应交增值税	应交所得税	从业人员平均人数（万人）
	利息收入	利息支出							
3135.85	**360.55**	**3128.22**	**-186.35**	**17393.73**	**17449.82**	**1589.94**	**8289.53**	**2411.40**	**3042.08**
27.32	11.67	39.24	28.98	187.24	242.15	57.48	118.68	48.85	33.67
52.67	9.33	58.90	-1.15	430.93	444.76	42.89	189.84	54.32	42.67
114.79	9.28	112.45	-134.72	872.94	869.03	59.38	316.06	105.35	99.61
173.61	5.47	164.93	8.08	83.36	86.43	166.50	182.81	33.57	57.33
109.08	6.41	107.21	-1.24	615.01	538.33	56.51	270.56	70.10	37.00
110.48	9.93	109.17	-10.54	819.69	798.32	69.26	397.04	85.24	106.91
39.63	1.98	38.09	0.86	161.13	170.69	25.76	87.31	25.77	30.56
30.30	1.88	31.11	-5.13	133.26	142.83	26.07	73.91	20.40	30.42
44.57	17.92	51.97	34.02	439.65	469.22	79.03	173.90	95.83	78.17
302.30	53.77	320.42	1.39	2370.85	2351.70	135.21	1117.32	430.05	318.52
311.47	62.42	343.05	51.94	935.47	1003.69	68.23	532.13	153.18	234.31
82.65	6.50	79.48	-3.82	579.70	527.93	29.15	210.29	58.36	77.04
132.81	20.61	140.24	-55.01	851.43	840.50	35.45	381.85	103.57	163.84
58.10	3.43	52.60	-6.57	687.84	671.99	12.41	318.71	52.90	86.12
326.74	24.62	294.29	-6.81	1631.35	1651.64	97.62	778.12	229.60	243.48
178.23	11.86	166.32	6.03	1460.67	1473.13	60.80	430.51	163.45	198.62
108.21	9.21	97.04	-19.40	584.17	600.04	38.09	275.80	66.61	102.31
86.03	4.91	74.01	-15.87	539.77	522.25	19.36	323.63	48.87	117.61
245.94	43.42	254.32	11.00	1771.64	1796.32	112.91	806.85	278.62	569.05
74.45	7.23	77.83	-38.33	354.40	355.50	60.72	227.63	23.82	68.95
5.46	1.26	6.80	5.01	44.03	47.78	4.71	31.29	9.69	6.35
56.96	6.04	56.04	-25.66	257.26	252.88	33.28	181.59	26.60	56.03
151.18	13.40	146.21	-9.04	610.18	615.48	93.28	353.54	78.62	123.33
64.74	1.55	61.13	10.62	160.67	155.00	39.75	85.38	26.66	29.34
59.96	5.31	61.39	-12.36	155.83	159.06	44.87	96.33	23.35	39.59
0.59	0.42	0.99	0.12	7.32	8.11	0.17	3.31	0.99	0.63
65.39	4.64	64.55	4.83	471.59	454.55	34.24	199.90	65.23	44.31
25.45	1.15	25.55	3.83	23.32	27.56	17.94	26.46	5.68	15.12
24.65	1.16	20.30	-13.70	28.85	31.00	22.25	17.88	4.94	5.84
31.98	1.29	31.76	0.89	43.95	45.63	13.88	28.49	4.47	7.90
40.13	2.48	40.79	5.41	80.25	96.32	32.74	52.43	16.70	17.44

1-B-11 按地区分组的小型

地区	企业单位数（个）	工业销售产值（当年价格）	出口交货值	资产总计	固定资产合计	固定资产原价	累计折旧	流动资产合计	应收账款
全国	**304299**	**373481.26**	**22120.91**	**244019.55**	**86664.28**	**130400.61**	**50793.78**	**124501.82**	**34105.13**
北京	2864	3387.16	162.98	4288.51	631.35	1062.29	442.46	2890.86	986.35
天津	4512	5692.36	357.21	5564.86	1454.15	1999.92	719.65	3439.34	897.69
河北	11768	16810.28	385.36	9396.80	4194.17	5298.66	1396.59	4096.48	1073.60
山西	2789	3666.76	29.13	4351.63	1705.94	2067.69	575.09	1883.36	460.12
内蒙古	3543	7441.22	26.42	6604.72	3116.73	4116.28	1219.95	2308.11	510.83
辽宁	15033	25258.76	751.18	11335.81	5031.86	8435.03	3926.20	4922.02	1232.58
吉林	4729	9526.13	121.89	4819.18	2201.74	5994.94	3964.58	1936.93	449.52
黑龙江	3750	5060.07	39.58	3387.62	1429.67	1925.73	648.50	1583.17	391.28
上海	8046	7717.30	1122.43	8348.09	1901.14	3367.95	1543.21	5488.90	1819.40
江苏	41478	49400.40	3414.44	30170.76	9256.19	14813.76	5872.75	17754.02	5945.82
浙江	34348	26521.68	4433.97	26849.22	7170.62	10569.15	4098.40	16106.18	4668.76
安徽	14435	14223.52	370.63	7642.54	2694.03	4089.78	1660.98	4037.42	1299.81
福建	12674	12388.80	1451.33	7959.71	2507.49	3522.10	1240.04	4300.58	1226.63
江西	6259	10498.71	403.99	4535.02	1810.04	2914.47	1273.75	2111.39	481.52
山东	34950	54923.23	2205.62	23266.79	8948.29	13713.85	5662.87	10585.65	2149.37
河南	15920	20486.28	165.07	12547.38	5375.48	6281.50	1367.21	5951.72	897.83
湖北	12371	14463.15	265.18	7764.11	3076.49	6351.15	3582.56	3806.75	1062.45
湖南	11136	15484.76	236.77	6395.26	3115.13	3911.16	1066.02	2248.97	574.87
广东	30481	32544.87	5668.24	21390.69	5018.24	9088.15	4450.92	13637.43	4188.82
广西	4050	5618.40	93.56	3559.99	1366.42	1862.86	598.98	1691.60	449.25
海南	261	383.45	6.02	632.95	237.74	351.20	127.66	238.62	49.61
重庆	4301	4082.01	98.51	3139.33	1252.03	1619.10	478.66	1491.48	447.42
四川	10361	12181.80	134.43	10193.89	4480.62	5910.68	1767.79	4001.41	945.68
贵州	2957	3162.45	15.23	3056.51	1223.85	1453.46	332.85	1304.53	316.49
云南	2739	2950.29	50.40	5063.20	2386.78	2842.10	600.62	1691.24	303.38
西藏	61	43.11	0.15	135.56	48.63	63.73	17.40	63.96	9.91
陕西	3766	4531.34	64.03	3550.89	1271.39	1865.93	707.99	1746.89	495.39
甘肃	1663	1870.97	8.21	2639.58	1314.46	2017.29	820.09	1005.75	247.63
青海	397	664.85	4.49	1042.84	508.60	601.76	131.42	370.31	75.05
宁夏	855	689.50	11.04	1159.41	471.39	529.62	110.20	524.31	126.56
新疆	1802	1807.66	23.41	3226.68	1463.59	1759.33	388.41	1282.43	321.53

工业企业主要经济指标

单位：亿元

存货	产成品	负债合计	流动负债合计	应付账款	所有者权益合计	实收资本	国家资本	集体资本	法人资本
28130.19	**11644.23**	**134985.05**	**102593.51**	**24594.75**	**106690.15**	**63235.07**	**4942.20**	**1459.32**	**21697.40**
657.10	245.06	2401.11	2126.39	874.37	1886.27	1078.94	79.22	12.64	513.29
840.16	222.89	3429.37	2842.50	771.75	2133.16	1680.85	230.26	27.05	402.84
999.67	459.11	4734.38	3630.45	860.11	4559.76	2278.93	168.77	45.55	895.60
417.34	186.16	3188.91	2209.04	576.21	1146.02	1189.76	155.37	32.90	351.05
416.70	188.47	4161.62	2511.74	507.34	2414.27	2889.54	407.17	44.45	558.55
1039.96	457.23	5365.23	3841.98	903.84	5870.22	2667.36	142.50	46.98	993.74
578.37	208.93	2225.22	1472.63	366.71	2494.27	1399.77	53.68	215.40	526.94
459.50	177.02	1924.93	1381.96	327.10	1445.77	738.43	67.61	24.24	232.00
1369.10	522.77	4435.52	3875.70	1415.06	3868.42	2414.67	178.89	72.11	655.90
3744.12	1511.40	16925.10	15178.22	3321.90	13158.81	8184.58	287.51	117.38	2137.82
3563.74	1431.50	16998.19	15033.50	2756.31	9756.69	5782.31	454.94	41.54	1663.25
1026.35	431.24	4064.45	3255.03	810.18	3513.07	1949.39	98.81	26.39	610.44
1025.77	451.16	4154.29	3177.03	771.39	3695.76	2150.26	127.94	38.48	650.24
570.11	234.87	2257.39	1754.00	418.01	2180.03	1202.90	81.74	30.85	541.58
2209.88	959.34	11215.57	7060.63	1439.79	11269.92	4886.08	186.30	131.24	1867.40
823.99	372.21	4103.12	2879.95	616.26	8158.01	4334.45	111.07	97.37	1398.59
963.13	462.12	3920.81	2942.23	726.86	3767.12	2203.93	133.08	48.64	936.23
579.06	260.54	3008.28	2076.31	405.87	3341.42	2098.48	104.61	54.55	937.60
3238.78	1151.79	12794.24	10471.06	3270.89	8399.12	5024.87	237.62	68.95	1838.37
430.64	215.28	2221.10	1441.72	353.23	1339.43	648.83	123.35	20.67	242.92
47.33	18.91	312.16	230.75	50.69	320.88	196.73	116.09	4.87	50.47
326.61	143.63	1894.84	1373.93	357.64	1208.04	600.57	116.42	11.47	222.99
827.34	388.82	6395.55	3707.63	745.24	3679.26	2757.18	336.17	120.97	1523.83
250.36	107.35	1975.76	1279.36	292.24	1102.53	999.87	147.08	19.48	227.62
404.44	207.03	3548.06	1932.52	355.34	1513.13	861.93	275.70	28.83	317.29
8.91	2.83	53.66	39.14	6.63	83.09	36.56	7.09	2.16	18.36
427.56	198.62	1953.86	1415.30	419.71	1562.02	884.76	79.42	25.49	371.00
267.72	141.04	1705.48	954.62	262.71	1029.68	923.16	179.11	18.43	429.48
86.31	42.34	684.30	474.47	94.06	353.66	207.80	38.00	7.63	114.08
155.58	72.93	793.06	525.10	123.08	360.44	251.69	53.97	7.40	110.99
374.58	171.63	2139.50	1498.62	394.23	1079.89	710.50	162.69	15.19	356.94

1-B-11 续表

地 区	个人资本	港澳台资本	外商资本	主营业务收入	主营业务成本	主营业务税金及附加	销售费用	管理费用	税金
全 国	**23735.61**	**3806.38**	**6834.81**	**373376.13**	**319603.91**	**2796.14**	**8355.81**	**13283.99**	**713.40**
北 京	228.06	64.20	181.52	3732.34	3168.07	14.76	149.81	250.32	4.85
天 津	515.73	77.46	390.78	6260.35	5536.87	26.96	127.30	252.05	8.85
河 北	1010.67	35.37	121.80	16776.50	14497.23	97.03	284.45	373.25	23.17
山 西	567.18	7.47	20.45	3489.83	3031.29	21.48	94.38	110.94	5.04
内蒙古	1791.50	23.90	37.28	7429.98	5998.22	64.33	137.63	255.27	19.92
辽 宁	1103.71	81.81	292.97	25264.05	21939.12	203.54	451.28	766.56	69.37
吉 林	522.50	13.82	53.72	9515.34	8183.19	77.50	255.91	376.98	24.89
黑龙江	355.56	15.82	38.93	5025.66	4417.93	30.23	92.49	147.51	6.80
上 海	412.55	251.19	844.03	8159.83	6833.31	22.71	319.28	590.80	10.52
江 苏	2958.70	791.45	1891.30	49240.97	42777.91	300.21	968.34	1767.39	65.64
浙 江	2205.97	687.89	728.72	26528.43	22740.90	286.05	566.23	1204.27	55.45
安 徽	1102.78	34.96	76.01	14122.82	12235.47	82.30	340.08	417.46	29.75
福 建	819.46	269.43	243.65	12365.00	10645.66	77.09	292.43	462.57	26.22
江 西	475.07	48.99	27.33	10927.26	9574.76	63.30	147.39	211.96	11.59
山 东	2091.84	145.74	461.93	55174.43	47535.40	429.96	932.29	1274.60	114.51
河 南	2636.21	30.96	39.59	20282.46	17152.70	134.81	412.96	373.70	19.27
湖 北	823.22	44.97	107.99	14215.80	12102.23	136.04	400.30	573.21	31.74
湖 南	953.72	17.19	30.32	15340.02	12469.98	210.53	424.08	769.30	60.98
广 东	846.98	1022.82	966.76	32408.45	27686.15	166.74	941.38	1573.11	45.67
广 西	184.40	22.05	44.01	5478.52	4695.83	35.04	127.95	240.92	11.35
海 南	13.20	5.07	6.50	388.80	307.57	3.92	12.86	17.20	0.67
重 庆	199.00	18.53	30.73	4086.64	3418.60	35.72	113.65	170.79	9.52
四 川	658.52	41.23	63.12	12178.64	10241.62	140.57	326.15	458.30	21.04
贵 州	311.81	4.84	12.18	2920.32	2369.44	43.12	93.72	147.14	7.83
云 南	183.82	14.99	41.28	2987.98	2490.20	21.11	72.90	123.26	5.66
西 藏	5.79	1.30	1.65	45.92	29.17	0.63	5.32	5.03	0.09
陕 西	360.27	12.08	29.49	4415.65	3618.99	43.39	130.18	175.15	12.32
甘 肃	138.15	3.10	26.11	1485.07	1254.28	9.18	38.83	56.17	3.29
青 海	43.48	2.82	1.79	571.37	498.16	3.70	12.00	27.42	1.39
宁 夏	66.34	1.69	9.84	695.24	603.78	2.82	22.69	26.18	1.83
新 疆	149.44	13.24	13.01	1862.45	1549.86	11.37	61.53	85.19	4.19

单位：亿元

财务费用	利息收入	利息支出	投资收益（损失以"-"号记）	营业利润	利润总额	亏损企业亏损额	应交增值税	应交所得税	从业人员平均人数（万人）
4010.17	**261.73**	**3469.19**	**-500.30**	**24718.84**	**24371.68**	**1701.36**	**10628.06**	**2941.92**	**3334.22**
25.93	8.01	32.26	26.70	160.36	197.90	48.39	95.00	43.90	32.17
49.80	7.07	44.10	0.02	302.25	322.11	63.47	162.31	48.85	44.12
153.71	4.69	135.18	-142.77	1273.79	1259.47	57.95	369.80	120.78	126.18
77.14	2.08	71.25	-7.05	145.17	126.04	68.83	115.15	21.89	30.07
121.77	2.96	108.05	-65.71	776.89	621.68	63.64	205.29	74.30	38.41
155.04	6.02	106.44	-76.76	1766.58	1647.12	75.30	621.90	134.43	153.68
105.02	2.34	83.55	1.65	532.18	477.44	20.96	182.83	42.69	53.85
46.70	2.52	41.76	0.19	290.99	290.85	31.93	131.28	23.36	36.58
68.66	12.36	68.71	31.22	400.96	439.34	104.52	201.16	94.94	89.02
480.39	39.21	434.30	-12.58	3053.48	3035.73	247.16	1565.59	567.60	446.51
541.67	74.15	572.98	68.28	1337.60	1395.65	148.49	756.57	213.24	350.96
130.17	4.91	108.94	-1.09	947.80	934.98	28.02	331.27	85.10	128.41
137.29	7.38	119.40	-50.81	777.21	762.95	33.66	327.21	78.97	147.36
59.57	3.04	49.63	2.03	764.61	755.09	44.00	352.11	57.28	82.10
439.39	14.39	309.63	-48.84	3968.86	3959.59	84.85	1696.09	459.51	371.37
155.56	3.68	124.93	-8.59	1935.28	1937.54	41.73	486.73	197.39	189.96
164.93	3.39	121.72	-17.28	978.56	959.59	33.17	403.12	89.07	125.19
139.93	4.18	105.67	-43.32	1097.79	1016.32	16.32	566.45	83.47	139.95
251.08	31.24	189.36	25.49	1778.40	1794.18	160.90	818.54	239.19	378.00
68.49	1.64	59.61	-61.85	336.95	332.53	34.16	153.50	26.73	47.80
8.08	0.69	8.13	1.66	37.52	40.25	6.69	15.48	6.66	3.54
59.24	5.13	54.38	-38.29	286.53	288.41	23.63	161.18	29.93	51.56
210.21	6.40	184.46	-25.88	798.20	761.31	57.65	407.95	86.36	117.82
56.48	3.12	47.18	0.67	195.22	192.74	48.79	93.18	18.48	30.03
104.80	3.63	103.90	-2.11	176.39	180.96	50.31	109.84	20.39	31.63
0.38	0.38	0.71	0.24	6.93	8.78	1.98	4.02	1.56	0.78
48.09	2.14	39.91	-22.43	369.84	372.42	24.53	177.15	49.48	40.66
53.74	2.59	51.26	0.41	63.55	68.66	20.95	35.17	7.12	15.65
19.20	0.20	15.73	-39.10	12.45	17.50	12.12	13.48	1.57	4.40
23.12	0.19	21.51	2.72	29.23	34.43	11.52	12.24	3.05	7.15
54.63	1.99	54.58	2.87	117.28	140.13	35.76	56.47	14.65	19.32

1-B-12 按地区分组的

地区	工业销售产值(当年价格)	出口交货值	资产总计	固定资产合计	固定资产原价	累计折旧	流动资产合计	应收账款	存货
全　国	**62615.49**	**192.87**	**88145.48**	**36664.09**	**55365.40**	**23809.89**	**29626.74**	**5398.95**	**3893.74**
北　京	1094.27	30.84	2883.39	509.63	741.53	225.55	1071.20	334.14	72.79
天　津	2988.17	34.22	3063.66	1417.35	3018.52	1608.39	1466.25	653.17	204.04
河　北	4409.82	1.53	4616.86	1888.95	2799.37	1205.72	1851.13	369.04	250.11
山　西	6713.24	46.79	14331.00	4999.27	6122.74	2473.13	5475.77	762.36	537.48
内蒙古	5741.26	10.81	7161.44	2743.83	3691.74	1277.45	2723.05	555.26	325.04
辽　宁	3578.18	28.60	3155.40	1424.60	2785.06	1511.86	1171.82	204.64	247.79
吉　林	1312.27	0.04	1779.68	1144.57	2104.55	1034.08	469.78	100.45	54.40
黑龙江	2718.84	0.06	3951.18	2503.80	4834.77	2354.58	960.86	77.03	100.89
上　海	9.43		35.86	0.08	0.24	0.16	28.49	1.02	1.10
江　苏	716.39	0.75	1167.97	603.76	925.82	369.28	337.11	60.74	53.44
浙　江	178.78	0.34	158.58	37.34	52.04	22.88	71.14	10.76	9.52
安　徽	1616.20	0.38	3660.04	2006.03	2088.70	759.38	800.40	107.63	116.46
福　建	510.12	3.79	316.65	128.21	175.81	62.90	113.20	16.23	16.74
江　西	933.06	4.60	627.08	288.27	358.81	124.03	224.64	34.96	48.65
山　东	6027.86	2.98	9029.56	3595.59	6282.44	2946.66	2969.02	316.41	456.98
河　南	4681.44		5064.37	2283.54	2771.92	967.49	1959.76	259.63	247.56
湖　北	1283.82	1.28	804.74	409.22	703.73	345.21	291.85	70.66	49.33
湖　南	1897.46	2.41	849.46	480.75	573.30	153.42	227.42	39.73	44.73
广　东	1224.44	16.98	1066.37	391.44	765.66	432.50	237.28	66.98	62.27
广　西	721.01	2.09	476.61	129.33	168.57	54.61	200.63	51.32	35.21
海　南	54.28		139.40	48.03	55.19	21.29	35.39	1.86	10.83
重　庆	486.57	0.26	628.39	259.82	283.18	98.13	185.95	32.93	26.04
四　川	2556.43	0.81	4088.49	1601.78	1842.42	748.62	1383.73	349.66	172.77
贵　州	1593.58	0.12	2170.07	633.20	803.08	239.80	952.12	157.95	63.29
云　南	1045.30	1.21	1706.16	549.80	660.76	241.85	730.62	121.41	120.96
西　藏	25.31		174.70	41.06	44.92	10.50	42.60	1.92	4.60
陕　西	4519.24	1.48	7594.21	2462.82	4024.49	1634.47	1832.24	284.80	185.19
甘　肃	928.94		1303.98	704.97	1008.89	360.80	360.72	54.20	81.02
青　海	504.55		817.79	347.56	539.48	210.80	320.72	23.65	35.13
宁　夏	460.63		1189.45	458.01	696.11	241.05	298.30	48.59	96.80
新　疆	2084.61	0.49	4132.93	2571.47	4441.56	2073.30	833.52	229.84	162.60

采矿业主要经济指标

单位：亿元

产成品	负债合计	流动负债合计	应付账款	所有者权益合计	实收资本	国家资本	集体资本	法人资本	个人资本
1610.61	**51304.46**	**33197.46**	**8428.66**	**36631.06**	**17789.91**	**8257.32**	**388.63**	**6603.98**	**1952.72**
12.13	1564.48	720.78	271.98	1318.91	630.22	292.66	0.04	322.38	5.11
47.74	2184.80	1786.76	871.06	878.82	496.43	340.61	3.20	118.51	4.67
131.49	2653.56	1864.26	429.62	1934.64	853.08	383.86	4.00	291.72	167.30
215.46	10109.45	6479.32	1359.38	4215.31	1799.83	634.36	55.58	802.09	211.46
140.26	3691.84	2124.63	462.74	3451.26	1172.68	518.44	82.14	371.90	162.45
86.54	1706.01	1145.54	300.04	1434.65	777.86	589.01	6.47	67.31	108.94
15.99	950.88	584.40	223.90	823.45	310.92	169.87	2.71	75.24	61.17
61.27	1557.19	949.13	305.66	2389.55	591.89	45.74	3.29	506.83	34.07
0.50	6.35	2.81	0.10	29.51	9.00			9.00	
23.66	650.18	468.02	116.34	517.32	256.25	113.73	8.84	110.00	17.70
5.36	102.59	90.33	9.70	56.60	35.52	4.84	0.05	8.70	16.99
44.51	2510.13	1495.88	252.20	1147.58	486.18	357.13	0.66	66.97	59.22
9.27	137.20	108.31	13.35	177.68	67.47	19.08	1.18	17.97	26.71
32.28	322.55	200.14	33.78	299.37	134.28	26.71	2.39	58.82	41.88
186.02	5405.89	3288.62	696.22	3605.48	1188.15	934.49	17.80	147.49	81.26
104.44	2759.12	1875.08	410.86	2221.37	898.18	169.24	84.91	439.78	196.52
27.80	437.75	363.63	71.02	359.95	324.18	160.38	6.65	47.96	48.40
20.48	355.32	235.77	38.49	488.57	291.81	28.54	8.34	123.20	128.55
22.59	860.61	649.14	108.87	193.39	59.93	6.48	5.35	29.87	16.53
18.43	237.65	173.56	33.69	235.67	58.73	13.41	0.89	20.67	13.72
2.11	30.41	20.43	5.70	108.94	47.58	28.40		17.67	1.40
14.35	312.51	205.37	30.78	312.08	125.50	16.78	0.75	76.49	30.52
44.07	2338.06	1690.01	490.66	1743.61	1581.34	47.82	6.21	1224.96	100.12
30.44	1440.27	995.19	170.67	773.26	385.52	70.70	12.04	130.46	118.84
49.97	1017.39	861.75	105.04	688.06	306.08	167.18	5.82	80.26	47.16
2.13	85.40	40.60	5.54	90.52	62.18	20.61	1.55	33.48	6.54
74.25	3773.05	2186.83	720.86	3801.52	2406.95	1934.93	50.53	246.47	156.79
51.46	727.59	447.01	112.00	574.04	426.10	326.24	16.70	48.94	34.74
21.80	434.59	291.40	110.28	381.90	98.33	46.40	0.27	36.05	14.84
51.80	741.66	488.92	149.37	446.35	132.34	50.60	0.03	71.04	9.75
62.03	2199.96	1363.83	518.77	1931.70	1775.41	739.07	0.25	1001.79	29.36

1-B-12 续表

地区	港澳台资本	外商资本	主营业务收入	主营业务成本	主营业务税金及附加	销售费用	管理费用	税金
全国	**79.35**	**97.23**	**67563.60**	**50285.84**	**1942.99**	**1323.94**	**4066.94**	**267.00**
北京	9.42	0.62	1389.56	1316.54	7.81	6.57	30.90	1.10
天津	15.97	13.46	3123.77	2281.52	45.79	3.17	42.91	10.34
河北	3.38	2.81	5219.08	4130.67	75.24	59.13	219.26	8.07
山西	1.53	34.33	7642.92	5977.39	97.75	318.97	620.56	21.84
内蒙古	16.95	5.09	5977.98	4283.44	107.65	195.83	285.81	35.63
辽宁	3.47	2.09	3637.80	2940.92	74.48	43.54	199.69	20.83
吉林	0.08	0.36	1342.73	1058.76	36.29	23.13	92.78	6.29
黑龙江	1.56	0.35	2731.92	1242.07	420.48	21.99	218.42	8.22
上海			9.43	5.65	0.95	0.02	0.53	0.01
江苏	4.43	1.55	721.10	561.35	28.78	14.13	74.93	1.77
浙江	0.89	4.06	182.52	148.96	3.82	3.55	10.83	0.48
安徽	0.55	1.64	2146.65	1839.40	22.12	30.86	157.01	11.84
福建	2.19	0.33	510.12	411.16	9.36	15.91	32.43	2.43
江西	2.93	0.41	959.00	806.08	14.49	14.47	32.59	1.59
山东	3.38	3.73	7309.98	5627.67	307.88	80.68	478.30	31.41
河南	0.60	3.14	5339.31	4427.14	96.61	63.30	227.78	10.74
湖北	0.39	0.12	1274.25	1035.52	38.00	30.27	79.80	2.97
湖南	0.56	2.34	1900.42	1477.37	27.59	52.31	108.99	10.66
广东	0.57	1.13	1257.21	833.90	59.94	17.84	42.30	4.69
广西	0.26	8.67	696.34	539.56	8.16	19.50	43.08	3.13
海南		0.10	55.62	23.75	3.23	1.41	4.50	0.32
重庆	0.61	0.34	489.36	389.79	8.30	16.16	34.78	1.73
四川	0.25	3.06	3032.39	2454.01	48.47	65.05	191.31	7.44
贵州	0.64		1406.18	1004.09	41.04	47.56	119.44	5.90
云南	2.10	3.56	1100.20	832.49	21.31	41.49	86.57	3.26
西藏			24.98	13.37	0.92	0.54	3.89	0.04
陕西	3.23	0.67	4287.32	2433.14	150.45	75.83	367.63	30.89
甘肃	0.01	0.01	752.27	451.85	22.93	10.90	37.36	4.07
青海		0.77	392.08	214.89	28.24	7.32	26.39	3.83
宁夏		0.91	442.65	313.42	7.59	12.12	42.02	1.86
新疆	3.38	1.57	2208.49	1210.00	127.32	30.41	154.14	13.63

单位：亿元

财务费用	利息收入	利息支出	投资收益（损失以“-”号记）	营业利润	利润总额	亏损企业亏损额	应交增值税	应交所得税	从业人员平均人数（万人）
1188.15	**151.34**	**1225.06**	**108.78**	**8666.53**	**8554.52**	**659.55**	**4218.79**	**1078.62**	**820.22**
16.60	3.49	18.14	20.12	27.31	20.11	12.95	22.59	6.61	6.79
35.57	4.27	28.60	1.78	719.55	715.43	11.20	242.69	121.99	7.75
81.67	6.33	79.86	-5.39	652.27	654.03	19.28	290.10	91.66	42.11
268.33	26.51	276.85	54.63	419.61	395.81	170.06	488.71	119.76	108.42
92.91	5.02	85.94	6.78	975.07	939.80	48.46	407.72	122.68	36.64
41.68	5.79	43.32	0.91	309.23	318.38	28.51	214.76	41.29	50.72
25.96	3.58	26.10	-1.15	93.13	94.11	33.59	64.97	7.61	20.36
10.04	19.70	28.49	-0.20	803.11	789.48	29.41	300.84	15.66	40.72
-0.52	0.71	0.06		1.42	1.42		0.50	0.16	0.02
12.01	2.59	12.34	2.35	37.04	39.01	6.81	49.34	11.10	15.19
2.79	0.20	2.88	0.18	13.29	13.73	0.52	7.90	2.13	1.65
62.93	2.98	65.16	22.12	56.43	53.41	38.44	118.97	13.38	37.12
3.50	0.25	3.26	-3.05	37.96	38.11	0.96	26.48	4.93	8.91
6.13	0.24	5.53	0.33	83.83	79.97	10.94	49.05	10.46	15.36
120.24	16.54	134.55	31.64	718.53	717.14	19.34	394.22	120.64	88.66
76.14	9.14	80.10	4.99	436.91	436.41	47.27	203.30	66.72	78.00
16.09	0.44	12.57	0.13	79.75	78.78	16.27	50.55	9.73	16.07
13.55	0.37	10.37	-12.30	166.24	152.77	4.23	100.81	15.14	33.30
12.22	0.28	4.25	-2.69	290.78	291.72	1.15	63.58	63.54	4.93
5.93	0.56	5.23	-2.50	82.50	82.58	3.73	26.16	5.44	7.83
0.60	-0.02	0.30	0.25	18.39	18.28	0.58	5.20	4.55	0.76
7.98	1.27	6.73	0.25	31.49	35.06	4.49	38.05	3.18	17.42
53.38	10.61	60.66	2.61	177.96	187.26	51.03	131.48	29.39	44.63
39.47	0.75	33.71	4.81	145.45	132.84	38.35	82.04	24.93	31.66
25.70	1.08	25.07	-0.31	92.14	94.44	14.81	74.43	14.47	22.82
0.52	0.62	1.13	0.12	5.57	5.95	0.90	2.79	0.77	0.48
74.84	15.04	84.20	5.86	1280.21	1253.65	7.77	456.05	87.67	38.26
15.72	2.96	17.91	-13.01	177.19	176.11	4.95	57.98	10.69	10.66
7.60	2.59	9.51	-13.92	91.45	88.61	6.82	37.86	2.75	4.76
15.79	0.73	14.69	1.21	53.21	56.18	3.84	29.16	10.33	7.20
42.80	6.73	47.56	2.23	589.53	593.92	22.88	180.50	39.28	21.05

1-B-13 按地区分组的煤炭开采

地区	工业销售产值(当年价格)	出口交货值	资产总计	固定资产合计	固定资产原价	累计折旧	流动资产合计	应收账款	存货
全国	**28886.79**	**112.56**	**49059.47**	**18107.70**	**23770.06**	**9278.74**	**18563.00**	**3239.27**	**2219.16**
北京	713.77	15.23	286.98	6.14	19.80	13.66	171.99	86.42	6.05
天津	1488.16	34.08	1265.03	160.87	501.14	340.28	1081.47	596.48	170.89
河北	1313.01	1.40	1859.52	650.40	856.54	383.65	793.46	168.53	110.96
山西	6291.28	46.79	13679.49	4793.51	5868.98	2395.18	5243.67	720.71	475.17
内蒙古	3741.34	10.50	5827.21	2172.68	2858.47	964.30	2224.74	428.98	233.12
辽宁	411.94	0.47	1048.70	354.07	617.37	319.65	409.32	49.26	125.38
吉林	314.79		308.55	184.17	396.34	218.41	92.07	17.91	11.17
黑龙江	533.84	0.06	854.60	357.50	655.19	316.51	295.71	55.19	57.15
上海									
江苏	287.77		626.51	311.64	415.67	150.44	185.40	31.09	33.19
浙江	0.42		0.23	0.06	0.07	0.06	0.16	0.08	0.04
安徽	918.35		2919.55	1786.09	1796.63	646.17	575.03	70.56	87.59
福建	119.52		105.43	34.83	52.54	19.94	39.86	5.23	3.16
江西	194.65		195.20	119.92	135.08	48.01	52.28	8.58	4.88
山东	2752.72	1.43	5759.97	1596.97	2390.29	981.84	2178.86	184.12	322.41
河南	2083.15		3333.68	1492.08	1820.76	633.68	1255.04	140.58	142.26
湖北	112.91		68.90	35.73	41.81	10.86	26.08	3.35	4.55
湖南	870.05		363.16	237.99	297.93	85.61	90.52	13.57	13.72
广东	3.18		4.92	0.87	1.35	0.48	3.83	1.18	1.75
广西	37.97		119.73	18.53	26.96	11.90	28.83	5.87	4.12
海南									
重庆	364.64	0.26	536.53	229.43	242.13	82.92	148.04	23.39	18.87
四川	928.35	0.01	932.79	366.62	559.90	259.26	416.55	59.96	30.13
贵州	1410.07	0.07	2055.00	607.89	772.19	232.13	895.62	146.91	54.18
云南	567.52	1.20	661.31	219.08	274.34	92.16	289.79	60.50	33.30
西藏									
陕西	2272.61	1.06	3460.09	1336.95	1724.45	548.24	1223.45	238.55	103.19
甘肃	301.48		490.47	208.72	353.70	185.29	172.02	27.61	31.03
青海	165.38		332.13	63.79	41.26	11.99	178.91	13.82	13.05
宁夏	453.60		1178.28	456.44	694.24	240.73	291.33	46.36	95.24
新疆	234.34		785.49	304.73	354.92	85.40	198.99	34.48	32.62

和洗选业主要经济指标

单位：亿元

产成品	负债合计	流动负债合计	应付账款	所有者权益合计	实收资本	国家资本	集体资本	法人资本	个人资本
888.46	**31775.22**	**20404.70**	**4530.83**	**17275.67**	**6085.69**	**2294.95**	**240.10**	**2322.88**	**942.81**
5.85	142.30	127.89	79.97	144.68	69.13			64.87	4.26
33.99	1213.75	1123.12	642.07	51.29	34.94		3.00		2.80
53.56	1258.44	841.05	181.59	600.30	233.22	124.25	1.72	75.93	30.46
181.08	9715.77	6209.44	1276.16	3957.86	1609.67	567.83	51.73	724.18	177.57
103.05	3069.58	1687.46	360.91	2751.58	810.56	357.23	68.90	269.38	96.35
40.25	672.54	450.28	71.00	376.07	91.57	72.21	0.72	9.12	9.50
4.71	221.15	155.27	33.83	87.88	49.63	27.14	1.43	12.75	6.81
32.77	661.65	540.92	112.92	189.78	88.43	44.06	1.12	16.12	26.69
17.02	365.18	237.13	70.19	261.33	56.59	44.42	0.56	10.45	1.17
0.04	0.28	0.28	0.01	-0.05	0.05				0.05
27.68	2101.35	1195.84	200.75	821.33	313.81	269.03	0.20	32.05	12.53
2.02	49.74	39.95	4.00	55.53	22.90	10.62	0.75	1.76	7.88
2.18	137.64	70.87	9.11	56.89	50.56	17.98	0.30	21.53	10.74
124.93	3842.07	2056.78	395.63	1915.97	301.26	167.28	6.28	93.74	28.38
54.81	2047.22	1298.02	259.77	1282.97	476.69	107.44	29.70	270.75	63.22
2.56	33.63	26.95	5.25	34.88	77.00	1.19	1.48	6.61	7.16
7.80	144.58	98.31	18.53	216.36	127.66	11.95	7.74	42.93	64.97
1.74	4.28	3.88	1.62	0.64	0.50			0.50	
2.64	53.86	34.03	2.81	65.86	5.99	1.32	0.04	2.47	2.17
10.00	264.26	164.58	24.16	269.37	110.06	10.75	0.64	72.24	25.81
11.35	639.71	435.22	68.24	287.72	123.80	5.71	1.49	64.87	51.06
25.94	1384.19	947.51	160.29	715.20	364.02	67.19	11.17	122.02	111.29
12.24	392.10	328.05	38.01	268.69	90.59	30.69	3.53	27.45	28.91
32.28	1620.32	1108.16	233.33	1820.89	510.10	187.74	46.42	126.59	132.03
16.31	308.27	241.94	43.24	180.95	84.26	59.05	1.10	7.08	17.56
11.44	176.66	134.30	31.28	154.48	63.36	37.70		22.96	2.70
51.60	736.00	483.43	147.26	440.88	129.57	50.60		70.66	8.31
18.63	518.67	364.04	58.89	266.35	189.78	21.59	0.10	153.87	12.42

1-B-13 续表

地 区	港澳台资本	外商资本	主营业务收入	主营业务成本	主营业务税金及附加	销售费用	管理费用	税金
全 国	**43.45**	**48.93**	**32949.89**	**26055.30**	**459.23**	**856.52**	**2245.17**	**135.27**
北 京			715.18	687.52	2.74	5.04	6.70	0.49
天 津	15.97	13.17	1647.64	1478.71	4.40	0.55	3.37	0.57
河 北		0.86	2083.04	1889.59	12.15	30.98	90.09	3.53
山 西	0.20	27.68	7232.00	5648.46	92.00	315.73	596.72	19.96
内蒙古	16.82	1.33	3965.48	2678.46	80.65	172.25	222.32	29.80
辽 宁			434.40	313.24	7.97	6.29	75.32	3.16
吉 林			296.74	256.90	3.26	4.85	36.88	0.75
黑龙江	0.07	0.33	532.43	463.44	7.95	6.33	60.40	4.12
上 海								
江 苏			291.02	234.32	5.88	4.88	37.06	1.21
浙 江			0.70	0.58		0.06	0.02	
安 徽			1456.78	1282.03	12.77	9.64	118.79	9.25
福 建	1.90		121.71	93.97	2.16	3.76	13.38	1.22
江 西	0.01		186.72	151.86	2.62	2.90	10.09	0.47
山 东	3.17	2.40	3811.79	3179.34	44.80	47.28	278.64	22.90
河 南		2.45	2842.03	2410.68	29.16	30.12	134.34	7.05
湖 北	0.39		113.04	88.27	3.09	2.84	6.89	0.54
湖 南	0.03	0.03	878.27	681.95	13.11	23.03	42.34	2.22
广 东			3.28	3.17		0.32	0.08	0.01
广 西			28.68	20.69	0.68	0.75	7.38	0.37
海 南								
重 庆	0.61		369.87	298.57	5.79	9.26	27.81	1.21
四 川			909.19	760.08	10.17	19.53	56.80	2.36
贵 州	0.10		1224.44	876.24	36.38	41.22	105.71	5.42
云 南			627.89	483.11	10.20	24.95	45.25	1.44
西 藏								
陕 西	2.38	0.67	2157.45	1318.23	52.49	64.84	174.42	12.79
甘 肃			218.78	166.07	3.19	6.00	21.28	0.51
青 海			129.10	105.41	1.92	3.24	7.60	0.35
宁 夏			434.93	307.86	7.40	11.42	41.64	1.86
新 疆	1.80		237.30	176.56	6.27	8.47	23.84	1.69

单位：亿元

财务费用			投资收益(损失以“-”号记)	营业利润	利润总额	亏损企业亏损额	应交增值税	应交所得税	从业人员平均人数(万人)
	利息收入	利息支出							
776.01	**65.35**	**787.61**	**120.80**	**2748.63**	**2680.19**	**430.44**	**2143.47**	**511.65**	**529.68**
1.29	1.26	2.13	4.63	17.80	17.87		9.02	4.76	1.56
21.35	1.87	20.77		154.99	148.10		160.84	0.54	1.82
37.13	1.93	35.62	-2.31	23.89	33.29	8.83	66.27	11.32	20.39
253.85	26.25	262.87	62.08	389.42	364.91	165.32	470.53	114.93	104.15
72.67	4.53	69.75	7.54	719.51	698.27	41.91	277.15	100.53	26.34
16.44	2.22	18.23	1.29	7.47	16.70	3.29	37.07	4.91	20.47
5.86	0.34	5.21	-0.23	-8.22	-6.77	18.49	13.99	1.46	10.00
11.97	0.41	11.46	-0.54	-5.79	-5.09	28.91	46.31	6.55	26.85
5.29	1.79	6.64	1.91	9.33	10.27	0.81	26.68	3.98	9.13
0.04		0.04		0.01					
53.14	2.14	55.64	21.19	-7.02	0.91	36.98	89.54	7.39	30.42
0.83	0.06	0.82	-1.37	7.99	8.07	0.42	10.04	1.14	4.54
1.85		1.54	0.06	17.74	13.41	3.78	11.49	2.56	8.49
89.48	8.53	98.58	25.58	227.33	227.06	16.64	199.19	51.70	57.91
58.93	6.94	63.18	5.25	189.41	190.47	9.98	137.58	49.32	53.91
0.65	0.12	0.61	0.02	12.24	11.47	1.04	6.85	1.70	3.29
4.88	0.14	3.65	-2.34	94.38	84.92	2.68	50.94	7.93	21.01
0.97		0.97		0.20	0.20		0.03	0.05	0.02
1.18	0.47	1.42	0.01	-0.81	-0.14	1.33	1.80	0.30	1.70
5.93	1.18	4.84	0.34	23.47	27.03	3.60	31.33	2.69	15.52
17.02	0.57	17.07	0.33	48.21	51.53	8.27	47.33	7.87	27.47
37.84	0.68	32.45	4.67	115.43	102.79	38.01	73.43	21.84	29.79
7.82	0.48	7.73	-1.50	50.00	51.88	7.01	43.20	5.72	14.94
36.71	1.14	33.80	5.05	572.20	543.70	6.71	246.54	83.13	20.37
4.74	0.72	5.29	-0.06	14.46	14.88	2.13	21.87	1.93	5.26
3.61	0.44	3.75	-11.80	8.50	7.83	5.43	10.91	1.39	1.15
15.72	0.73	14.64	1.21	52.35	55.31	3.49	28.89	10.23	7.07
8.84	0.41	8.90	-0.22	14.15	11.31	15.36	24.66	5.78	6.11

1-B-14 按地区分组的石油和

地区	工业销售产值(当年价格)	出口交货值	资产总计	固定资产合计	固定资产原价	累计折旧	流动资产合计	应收账款	存货
全国	**11320.41**	**17.35**	**18971.94**	**11702.55**	**21938.51**	**10875.72**	**2651.99**	**327.57**	**289.46**
北京	7.19		130.17	11.58	13.48	1.89	17.84	0.14	0.77
天津	1297.80		1318.26	1140.28	2346.23	1205.95	126.61	5.15	21.24
河北	293.68		673.21	545.07	1069.29	540.82	70.51	2.07	7.41
山西	36.64		229.89	100.92	111.78	21.71	61.27	19.65	8.21
内蒙古	629.75		279.08	130.24	283.23	160.82	103.08	72.95	3.60
辽宁	369.22		620.74	513.95	1226.94	740.41	106.78	1.39	6.17
吉林	418.00		916.00	675.34	1133.15	498.79	208.04	34.14	5.57
黑龙江	1892.67		2769.53	1939.96	3861.92	1922.03	583.97	5.50	34.03
上海	9.43		35.86	0.08	0.24	0.16	28.49	1.02	1.10
江苏	88.94		254.54	173.53	341.55	168.03	37.06	9.17	3.15
浙江									
安徽									
福建									
江西									
山东	1233.05		1722.22	1414.15	3088.24	1676.54	216.93	48.65	19.69
河南	330.15		399.26	201.21	228.47	123.17	88.82	14.82	13.54
湖北	82.85	0.54	205.34	173.71	295.58	151.71	31.62	3.42	2.12
湖南									
广东	630.00	16.82	712.90	292.50	625.59	374.81	49.64	6.95	31.31
广西	19.80		11.68	11.45	11.45	1.90	0.23		
海南	14.01		33.50	20.59	33.55	12.95	1.30	0.02	0.31
重庆	9.54		4.52	1.40	3.88	2.94	1.96	0.33	0.16
四川	115.60		1617.06	763.02	677.95	242.21	147.35	43.58	11.56
贵州									
云南									
西藏									
陕西	1817.13		3596.93	953.57	2042.25	983.98	366.18	7.83	45.96
甘肃	379.98		529.88	392.69	432.12	39.76	56.60	0.86	6.14
青海	260.53		339.76	235.67	415.89	161.26	75.18	0.50	7.28
宁夏	3.11		4.36	0.54	0.59	0.05	2.53	0.64	0.05
新疆	1381.37		2567.26	2011.09	3695.13	1843.83	269.99	48.79	60.07

天然气开采业主要经济指标

单位：亿元

产成品	负债合计	流动负债合计	应付账款	所有者权益合计	实收资本	国家资本	集体资本	法人资本	个人资本
110.79	**8884.92**	**4704.46**	**2001.41**	**10014.34**	**7102.05**	**4486.94**	**0.85**	**2389.78**	**11.75**
	66.50	22.51	13.44	63.67	19.80	9.80		10.00	
10.21	698.45	394.71	167.77	619.82	323.11	323.11			
3.07	260.18	64.71	63.20	413.03	223.46	223.46			
0.12	136.45	103.98	44.87	93.44	86.07	25.32		52.77	
1.57	61.15	30.02	17.08	212.05	125.31	113.20		9.97	2.15
	305.46	72.76	64.01	315.28	315.28	315.28			
3.22	410.30	154.57	134.72	505.69	22.84	2.26	0.36	12.52	7.70
25.10	784.26	323.85	164.20	1985.27	476.58	0.04		475.00	1.00
0.50	6.35	2.81	0.10	29.51	9.00			9.00	
0.42	123.76	113.38	21.29	130.79	134.40	41.61		92.79	
9.07	730.89	552.77	148.09	982.68	690.17	684.53	0.20	5.35	0.10
9.54	176.41	153.74	48.70	158.20	87.09		0.29	86.79	
0.99	100.50	85.97	12.63	104.84	115.34	115.34			
5.37	692.57	523.69	77.05	20.33	1.50	1.50			
	0.77			10.91	10.91	5.56			
0.06	5.72	4.61	3.06	27.77	27.27	27.27			
0.01	1.31	1.29	0.28	3.21	1.05	0.24		0.81	
0.80	814.12	501.85	159.09	809.45	1059.61	8.17		853.48	0.01
20.14	1896.93	872.32	429.62	1699.99	1740.38	1739.87		0.21	0.30
2.03	264.43	76.00	50.92	265.44	261.80	261.55		0.25	
3.06	171.93	84.30	65.05	167.83					
0.04	0.95	0.95	0.08	3.41	1.41				0.50
15.46	1175.53	563.67	316.18	1391.73	1369.68	588.85		780.84	

1-B-14 续表

地区	港澳台资本	外商资本	主营业务收入	主营业务成本	主营业务税金及附加	销售费用	管理费用	税金
全国	**1.87**	**12.91**	**11590.08**	**5550.03**	**1144.29**	**48.52**	**826.25**	**61.86**
北京			4.82	3.64	0.09		3.84	0.05
天津			1267.74	608.04	39.38	2.13	28.40	8.59
河北			295.75	134.36	15.34	0.44	37.62	0.37
山西	1.33	6.65	46.52	33.32	0.33	0.52	5.37	0.23
内蒙古			621.45	499.96	5.94	1.61	6.97	0.97
辽宁			350.12	217.91	16.57	1.61	32.50	3.93
吉林			420.93	276.38	22.74	5.96	20.93	2.74
黑龙江	0.54		1904.14	560.72	405.53	11.59	134.57	3.70
上海			9.43	5.65	0.95	0.02	0.53	0.01
江苏			88.94	39.09	18.53	0.61	21.13	0.07
浙江								
安徽								
福建								
江西								
山东			1303.49	599.25	239.78	3.45	107.76	0.79
河南			244.95	147.05	50.94	2.23	35.51	0.57
湖北			82.98	51.40	15.36	1.31	21.63	0.11
湖南								
广东			676.64	390.41	50.57	1.02	14.41	3.30
广西		5.35	19.80	13.13	0.55	0.01	0.05	
海南			14.01	4.14	1.80	0.01	0.53	0.17
重庆			10.01	8.17	0.14	0.18	0.44	0.02
四川			515.28	348.82	14.78	5.21	61.70	2.13
贵州								
云南								
西藏								
陕西			1686.55	752.31	89.61	1.83	168.75	16.82
甘肃			338.79	128.91	16.91	0.57	7.31	3.15
青海			186.25	57.93	25.21	0.67	11.55	3.18
宁夏		0.91	3.11	1.92	0.17		0.23	
新疆			1498.39	667.53	113.07	7.54	104.52	10.95

单位：亿元

财务费用	利息收入	利息支出	投资收益（损失以“-”号记）	营业利润	利润总额	亏损企业亏损额	应交增值税	应交所得税	从业人员平均人数（万人）
140.75	**62.01**	**188.27**	**-10.98**	**3671.20**	**3644.28**	**81.96**	**1048.67**	**268.51**	**77.52**
0.20	0.29	0.46		-2.60	-1.53	2.26	0.58	-0.11	0.19
11.19	1.29	5.59		564.05	559.48		74.71	117.69	1.97
5.86	2.72	8.59	0.17	99.45	94.68		29.88	0.14	2.94
3.46	0.06	3.34	0.62	4.31	7.35	0.68	2.44	1.23	0.44
4.67		2.68		100.60	100.33	1.70	78.28	0.05	0.62
7.24	2.76	10.00		61.65	61.05		30.15	0.35	4.88
7.95	3.13	10.75	0.34	79.06	75.50	1.38	29.71	0.88	3.75
-4.42	19.27	14.65	0.03	774.93	761.17	0.20	240.45	5.52	11.43
-0.52	0.71	0.06		1.42	1.42		0.50	0.16	0.02
1.53	0.24	1.75		7.11	7.52	4.09	7.35	2.78	2.12
8.15	3.20	11.26		320.54	319.69		130.14	42.76	12.73
1.00	1.13	2.11	0.25	-9.78	-10.35	24.99	24.71	4.40	6.04
1.48	0.05	1.53		-8.38	-8.58	8.58	3.35	0.27	1.89
6.18	0.12			213.63	215.49	0.07	35.95	54.78	0.44
0.08				5.98	5.98		0.01		0.01
0.02	0.04	0.06	-0.05	3.82	3.83		0.48	0.84	0.01
			0.02	1.10	1.11		0.28	0.07	0.13
19.03	5.61	27.33	0.71	30.75	30.02	37.79	5.79	8.21	3.53
36.19	11.21	46.69	0.05	676.64	672.37		185.32	-0.02	11.64
5.98	2.26	8.22	-13.17	150.20	148.68		29.39	7.20	2.62
2.11	2.04	4.15	-0.03	70.99	68.27		20.24		2.58
				0.80	0.80	0.23	0.12	0.05	0.03
23.39	5.87	29.06	0.07	524.95	530.02		118.81	21.28	7.54

1-B-15 按地区分组的黑色

地区	工业销售产值（当年价格）	出口交货值	资产总计	固定资产合计	固定资产原价	累计折旧	流动资产合计	应收账款	存货
全国	**9521.46**	**0.09**	**9382.60**	**2834.22**	**3872.39**	**1418.91**	**3823.43**	**680.99**	**543.05**
北京	165.52		1961.69	373.13	475.35	102.06	628.05	144.36	30.35
天津	90.04		171.72	49.60	56.11	11.50	54.76	2.24	5.55
河北	2637.10		1957.43	629.63	786.12	252.57	941.12	190.07	120.28
山西	360.69		381.25	89.20	120.41	45.24	147.95	19.63	44.54
内蒙古	524.83		471.04	188.09	236.73	70.13	209.30	34.20	50.09
辽宁	1808.97		841.79	291.01	525.79	260.06	356.44	61.14	50.21
吉林	249.44		190.35	79.71	216.01	144.20	48.93	9.10	6.62
黑龙江	48.87		34.28	23.56	33.91	10.69	5.98	1.93	1.28
上海									
江苏	80.98		47.59	11.34	18.95	8.14	27.75	5.35	3.49
浙江	15.44		16.79	3.42	6.14	3.12	9.95	0.69	1.03
安徽	420.51		556.07	152.38	188.81	67.18	142.63	22.08	15.92
福建	124.06		83.85	38.79	44.51	15.35	26.67	3.24	4.57
江西	198.94		72.82	37.09	49.92	16.32	27.80	6.03	2.50
山东	471.29	0.08	487.79	171.04	231.04	77.02	181.23	19.46	20.79
河南	203.04		149.53	50.53	64.82	23.08	75.13	15.81	10.98
湖北	427.17		127.96	56.73	83.51	30.63	57.53	14.74	16.81
湖南	194.30		74.36	47.17	53.74	10.22	23.34	3.83	4.76
广东	162.85		127.08	37.20	42.08	15.94	66.27	7.09	10.51
广西	181.51		92.85	29.77	36.88	9.58	47.69	11.87	11.96
海南	35.07		52.58	24.43	18.03	7.05	28.14	0.95	8.22
重庆	13.64		20.85	7.61	6.81	1.54	9.74	1.70	2.55
四川	519.76		497.62	138.26	137.88	34.87	256.12	33.27	23.77
贵州	34.90		18.16	3.43	5.35	2.11	10.53	2.81	2.12
云南	184.46		379.14	125.71	136.23	60.71	174.62	19.65	25.42
西藏	3.90		35.56	5.21	6.74	2.23	11.25	1.50	0.99
陕西	111.00		125.41	46.62	82.54	43.42	48.32	7.84	9.93
甘肃	83.16		79.15	25.27	83.58	61.25	41.01	7.37	15.02
青海	23.24		35.84	15.11	18.81	5.08	16.26	1.24	3.48
宁夏	2.47		4.53	0.75	0.89	0.13	2.49	0.09	1.38
新疆	144.31		287.50	82.43	104.72	27.48	146.45	31.70	37.92

金属矿采选业主要经济指标

单位：亿元

产成品	负债合计	流动负债合计	应付账款	所有者权益合计	实收资本	国家资本	集体资本	法人资本	个人资本
278.71	**5220.70**	**3665.13**	**747.44**	**4104.44**	**1708.51**	**654.51**	**23.21**	**593.36**	**427.68**
5.02	1144.92	375.79	108.56	816.77	286.28	282.82	0.04	2.83	0.60
0.66	92.68	91.42	13.79	79.00	15.91		0.01	14.03	1.87
68.12	1062.77	911.30	176.53	872.69	372.85	31.43	1.64	205.21	131.69
28.99	223.01	135.16	33.48	157.92	98.56	40.95	3.65	21.64	32.32
16.96	262.81	197.42	54.17	204.51	116.44	41.76	1.53	43.96	29.10
28.91	407.87	337.47	49.30	426.39	105.25	7.54	3.20	39.07	54.28
2.42	100.13	73.13	24.32	87.90	45.29	4.85	0.03	24.76	15.65
0.44	16.51	8.27	1.80	17.74	5.76	0.01		3.57	2.18
1.19	29.65	26.32	11.38	17.94	6.21	0.78		0.92	3.92
0.70	5.42	5.40	0.66	11.38	2.32	1.76		0.50	0.06
7.85	318.44	230.49	38.70	233.32	128.42	84.31	0.28	17.59	25.73
2.35	41.02	26.23	2.90	42.79	16.19	5.08	0.21	3.86	6.83
1.60	37.17	20.74	3.94	34.95	13.90	0.33	0.04	4.17	9.16
10.86	238.86	197.01	37.54	246.09	99.00	40.36	1.99	30.22	26.44
6.86	65.44	50.67	6.73	76.90	28.65	0.93	3.04	7.40	17.05
10.00	71.52	59.92	20.77	55.37	33.69	14.15	2.01	9.73	7.80
1.49	32.24	23.44	6.30	41.70	30.90	0.02	0.33	15.99	14.56
4.46	60.30	40.07	5.90	64.71	16.81	0.27		12.49	4.06
5.69	47.38	35.62	8.52	45.06	10.85	0.40	0.12	2.57	4.40
1.72	16.79	8.92	0.89	35.80	17.03			17.02	0.01
1.17	15.70	12.87	1.64	5.21	2.86	1.88		0.60	0.37
14.41	320.66	264.16	45.37	175.54	75.62	6.46	1.97	55.26	11.73
0.92	10.15	6.99	2.73	7.39	1.85	0.03	0.01	0.94	0.86
14.72	219.66	198.99	24.31	159.30	93.39	74.61	1.20	14.60	2.79
0.87	8.62	8.20	0.53	28.16	8.58	2.99			5.60
7.52	78.97	60.78	13.56	45.66	13.62	1.52	1.87	5.63	4.54
13.46	53.88	46.77	8.75	24.90	10.18	0.01	0.01	5.06	5.09
0.45	27.76	23.93	4.64	7.81	6.63		0.05	6.16	0.42
0.13	3.24	3.08	1.20	1.29	1.11			0.28	0.83
18.77	207.13	184.61	38.53	80.30	44.34	9.26		27.32	7.76

1-B-15 续表

地 区	港澳台资本	外商资本	主营业务收 入	主营业务成 本	主营业务税金及附加	销售费用	管理费用	税金
全 国	**5.11**	**4.16**	**9851.79**	**7879.43**	**151.63**	**149.22**	**378.69**	**29.47**
北 京			457.96	427.19	1.85	0.44	11.70	0.48
天 津			91.36	73.27	0.58	0.31	2.92	0.42
河 北	2.41	0.46	2682.28	1980.23	46.07	23.87	81.84	3.96
山 西			341.25	276.07	5.14	2.04	17.00	1.28
内蒙古	0.01	0.01	536.81	443.57	5.93	7.69	18.68	1.32
辽 宁	1.11	0.02	1875.64	1575.67	38.03	12.16	54.42	9.94
吉 林			242.57	200.59	2.50	4.37	11.71	0.69
黑龙江			52.59	41.80	0.32	1.63	2.30	0.07
上 海								
江 苏	0.59		81.59	73.64	0.33	0.62	2.85	0.07
浙 江			15.53	13.22	0.14	0.31	1.11	0.03
安 徽	0.51		411.60	340.04	4.50	7.66	25.05	1.75
福 建	0.20		125.35	104.39	1.69	3.62	6.79	0.75
江 西		0.21	204.16	169.55	3.92	2.39	4.26	0.28
山 东			479.88	377.61	9.20	5.76	20.35	1.02
河 南			205.24	169.89	1.97	2.58	6.12	0.35
湖 北			423.53	376.21	3.66	9.63	17.48	0.67
湖 南			191.49	149.68	2.30	6.47	11.59	3.11
广 东			156.17	110.28	2.75	5.03	8.46	0.23
广 西		3.25	171.72	142.35	1.27	3.59	7.59	0.90
海 南			34.76	13.91	1.37	0.78	3.57	0.09
重 庆			13.73	7.74	0.26	3.14	2.66	0.03
四 川	0.20		509.09	398.90	6.09	20.55	24.57	0.57
贵 州			34.69	24.92	0.44	0.63	2.02	0.15
云 南		0.20	185.76	141.73	4.19	9.03	13.77	0.55
西 藏			3.83	2.37	0.13	0.25	0.93	0.01
陕 西	0.07		89.85	74.09	2.02	2.35	4.79	0.19
甘 肃	0.01	0.01	61.62	53.50	0.64	2.15	2.30	0.12
青 海			19.96	16.71	0.26	1.03	2.13	0.02
宁 夏			2.54	2.47	0.01	0.06	0.12	
新 疆			149.23	97.86	4.07	9.09	9.63	0.43

单位：亿元

财务费用			投资收益（损失以“–”号记）	营业利润	利润总额	亏损企业亏损额	应交增值税	应交所得税	从业人员平均人数（万人）
	利息收入	利息支出							
141.07	**6.40**	**127.30**	**1.00**	**1172.31**	**1136.64**	**34.81**	**519.44**	**165.39**	**71.04**
12.00	0.79	11.71	13.60	17.77	11.34		10.42	0.82	2.61
2.40	0.02	1.96		12.78	12.81		4.92	0.87	1.28
37.73	1.63	34.75	-2.55	513.28	508.05	9.80	185.98	78.35	16.58
10.66	0.16	10.37	-8.08	23.45	21.48	3.69	14.40	3.44	3.40
7.24	0.11	5.96	-2.52	53.99	50.33	1.56	24.19	8.62	3.58
10.73	0.29	9.27	-0.58	192.23	185.59	2.74	97.05	26.12	10.33
4.93	-0.13	3.83	-0.02	18.57	17.36	0.26	9.21	2.39	1.80
0.58		0.54	0.09	5.12	5.12	0.05	3.40	0.10	0.39
0.52	0.18	0.60		3.59	3.60	0.43	4.11	0.85	0.67
0.12	0.03	0.14	0.04	0.70	0.74		0.48	0.08	0.18
6.28	0.65	6.57	0.82	38.81	30.51	0.80	18.70	3.55	3.38
1.02	0.10	1.06	-0.03	7.93	7.91	0.21	4.86	1.05	1.11
0.62		0.57		19.67	19.73	0.24	7.97	2.19	1.52
6.31	0.61	6.23	1.96	55.74	55.02	0.34	27.07	8.62	4.35
2.32	0.18	1.94	0.21	21.56	21.37	1.22	5.92	2.02	1.78
3.56	0.04	3.00	0.04	18.62	17.93	0.73	10.02	1.93	2.89
2.29	0.03	1.57	-1.93	12.82	12.41	0.16	10.58	0.94	1.94
2.71	0.04	1.71		27.21	26.69	0.19	11.74	3.02	0.99
1.18	0.05	0.66	-3.29	15.46	15.33	0.17	3.48	0.66	1.21
0.46	-0.06	0.15	0.30	14.85	14.77	0.12	4.42	3.70	0.57
0.67	0.03	0.70		-0.18	-0.08	0.78	1.68	0.09	0.53
10.20	0.62	8.35	0.66	46.17	46.07	0.95	22.36	5.38	3.56
0.26	0.01	0.10	0.09	7.83	8.01	0.01	1.34	0.36	0.48
7.27	0.40	7.13	0.09	11.13	11.06	4.67	10.29	2.53	2.21
0.06	0.29	0.35	0.07	-0.18	-0.33	0.80	0.65	0.08	0.13
1.59	0.08	1.14	0.01	6.22	5.90	0.34	6.64	0.67	1.34
1.67	-0.02	1.54	0.02	1.40	1.43	1.07	1.37	0.42	0.61
0.69		0.45	0.03	-0.71	-0.49	0.95	1.64		0.18
0.05		0.03		-0.13	-0.13	0.13	0.02		0.07
4.94	0.28	4.94	1.97	26.61	27.13	2.40	14.49	6.52	1.38

1-B-16　按地区分组的

地区	工业销售产值(当年价格)	出口交货值	资产总计	固定资产合计	固定资产原价	累计折旧	流动资产合计	应收账款	存货
全国	**6114.82**	**16.81**	**4727.51**	**1790.45**	**2282.31**	**750.28**	**1854.53**	**240.85**	**407.49**
北京									
天津									
河北	56.79		46.86	29.34	36.89	10.52	12.36	0.86	4.34
山西	19.29		30.09	13.98	19.47	10.47	14.53	0.66	8.70
内蒙古	619.31	0.07	472.93	208.19	262.83	68.32	132.74	9.20	26.37
辽宁	342.25	11.80	161.60	65.25	94.83	35.43	75.45	18.38	17.80
吉林	137.14		110.77	59.32	105.62	50.94	26.83	1.49	3.77
黑龙江	30.66		55.46	13.53	18.64	6.96	19.96	0.47	4.67
上海									
江苏	10.28		12.88	4.86	7.12	2.28	5.85	0.32	0.60
浙江	29.84		26.10	3.80	5.42	3.18	12.28	1.29	2.89
安徽	88.16		75.85	24.17	46.43	28.32	39.55	2.94	4.91
福建	83.53		42.65	19.36	27.61	9.63	17.25	2.23	3.16
江西	368.51	3.85	234.03	81.33	99.63	33.26	100.68	14.32	31.16
山东	868.32	0.15	678.76	245.50	304.37	102.76	241.19	9.32	70.94
河南	1483.44		740.40	301.22	359.90	91.82	363.16	35.05	57.05
湖北	83.02		49.68	18.21	27.42	13.99	25.19	3.88	4.62
湖南	474.96	0.93	252.89	125.45	136.90	36.82	70.65	12.82	17.99
广东	129.72	0.01	69.48	18.20	36.74	19.46	38.37	17.87	7.17
广西	307.37		168.57	38.93	54.98	19.39	86.12	26.73	13.82
海南	2.91		5.32	1.47	1.58	0.12	3.05	0.69	2.01
重庆	4.76		4.04	0.68	0.63	0.27	3.00	0.29	1.46
四川	318.95		312.30	107.46	134.80	43.31	135.13	14.33	25.35
贵州	30.14		25.80	6.10	7.76	2.01	11.80	1.40	3.54
云南	201.35	0.01	461.95	155.02	169.47	56.42	183.97	24.96	34.54
西藏	21.17		138.43	35.81	38.09	8.21	31.14	0.40	3.60
陕西	207.08		145.38	55.41	70.46	24.42	61.06	11.28	15.49
甘肃	90.14		153.38	57.83	83.17	38.49	63.44	14.50	25.01
青海	43.40		81.83	24.53	36.54	13.32	35.56	6.76	5.62
宁夏									
新疆	62.32		170.08	75.50	94.99	20.15	44.25	8.39	10.91

有色金属矿采选业主要经济指标

单位：亿元

产成品	负债合计	流动负债合计	应付账款	所有者权益合计	实收资本	国家资本	集体资本	法人资本	个人资本
203.02	**2355.79**	**1823.61**	**279.62**	**2349.62**	**972.57**	**173.47**	**87.39**	**406.26**	**278.69**
2.41	29.96	20.78	3.03	16.90	9.56	3.23	0.62	3.67	1.07
4.88	24.73	21.59	3.16	5.30	3.86	0.27	0.20	3.22	0.17
12.53	232.06	155.38	28.52	238.46	84.07	5.63	11.63	41.39	21.68
8.60	71.69	62.77	10.91	85.63	37.15	2.94	0.90	8.13	21.28
1.58	42.35	34.92	3.63	66.79	32.12	2.56	0.21	10.00	19.35
1.48	27.14	15.29	3.80	28.32	12.62	0.88	1.29	9.36	1.09
0.34	9.20	8.54	0.48	3.68	1.45	0.45		0.77	0.24
2.07	14.94	14.55	0.75	10.81	4.67	0.69	0.01	0.40	3.57
3.36	37.35	32.56	4.09	38.32	15.55	1.28	0.15	4.69	9.32
1.84	18.14	16.37	2.23	24.20	11.97	1.45	0.02	6.02	4.39
23.47	101.47	77.42	14.72	131.03	41.10	6.38	0.63	16.82	13.49
31.16	387.14	316.89	51.89	291.39	53.11	32.08	6.22	11.17	3.10
28.96	256.70	186.83	31.72	477.24	189.68	12.32	51.76	48.15	76.19
2.44	24.64	22.25	2.80	24.84	8.78	4.21	0.06	2.25	2.16
7.53	103.54	65.02	6.09	147.87	80.86	15.49	0.19	28.32	34.07
3.86	43.64	34.51	4.63	25.97	8.17	1.49	3.51	2.03	1.14
6.65	85.20	66.38	8.68	80.97	17.42	3.92	0.02	9.18	3.67
0.18	4.95	4.83	1.71	0.37	0.69	0.40		0.20	0.08
1.41	3.49	3.49		0.52	0.11			0.01	0.10
7.89	174.23	149.92	20.98	137.90	75.83	5.95	2.05	47.38	20.15
1.79	14.23	11.66	3.77	11.75	8.04	3.34	0.73	1.44	1.63
12.70	272.24	240.96	32.01	189.71	87.98	35.52	0.92	34.11	11.97
1.26	76.47	32.19	5.04	61.96	53.46	17.60	1.55	33.48	0.83
10.19	89.69	69.26	10.88	55.59	25.67	2.73	2.24	12.03	8.62
17.53	82.28	66.13	6.82	70.58	47.49	3.39	2.38	34.87	6.84
2.02	41.47	33.32	8.06	40.31	21.41	6.67	0.07	5.90	8.77
4.89	86.86	59.80	9.22	83.21	39.73	2.61	0.02	31.26	3.73

1-B-16 续表

地　区	港澳台资本	外商资本	主营业务收　　入	主营业务成　　本	主营业务税金及附加	销售费用	管理费用	税金
全　国	**10.70**	**12.91**	**6195.79**	**4999.28**	**66.22**	**82.25**	**300.33**	**17.73**
北　京								
天　津								
河　北	0.97		52.41	40.14	0.54	0.35	4.15	0.10
山　西			17.81	15.22	0.20	0.52	1.26	0.36
内蒙古		3.74	617.81	469.60	13.20	6.72	29.66	3.01
辽　宁	2.01	1.37	341.94	282.09	3.14	8.78	15.33	0.81
吉　林			133.86	103.66	1.45	2.80	12.24	0.48
黑龙江			30.19	20.73	0.77	0.24	2.19	0.02
上　海								
江　苏			10.32	8.49	0.13	0.24	0.94	0.03
浙　江			31.66	26.94	0.37	0.22	1.63	0.06
安　徽		0.11	88.94	66.58	1.21	3.22	5.70	0.23
福　建	0.03	0.05	80.97	66.58	1.37	1.44	4.13	0.06
江　西	2.49	0.20	390.44	339.89	4.69	3.40	12.47	0.58
山　东		0.55	988.20	855.72	4.20	6.38	41.65	3.28
河　南	0.60	0.62	1471.28	1216.02	8.73	19.12	30.07	1.12
湖　北		0.10	81.14	63.11	1.33	0.85	4.33	0.20
湖　南	0.53	2.27	479.72	376.66	5.97	8.36	34.99	2.54
广　东			128.70	103.33	1.49	1.23	4.84	0.23
广　西			309.30	242.30	3.31	3.51	19.63	1.17
海　南			4.61	3.99	0.01	0.29	0.10	
重　庆			4.92	3.89	0.07	0.09	0.13	
四　川			308.09	241.24	3.12	5.58	23.26	1.59
贵　州	0.39		29.40	21.15	0.69	1.46	2.58	0.09
云　南	2.10	3.36	190.02	144.87	3.37	2.85	19.35	0.68
西　藏			20.92	10.87	0.78	0.29	2.92	0.03
陕　西			205.39	159.53	3.25	1.83	11.98	0.47
甘　肃			70.25	55.73	1.02	0.96	4.63	0.19
青　海			44.04	26.13	0.67	0.68	3.41	0.23
宁　夏								
新　疆	1.58	0.54	63.47	34.84	1.16	0.87	6.77	0.18

单位：亿元

财务费用	利息收入	利息支出	投资收益（损失以“-”号记）	营业利润	利润总额	亏损企业亏损额	应交增值税	应交所得税	从业人员平均人数（万人）
58.80	**6.91**	**59.28**	**-0.95**	**670.69**	**666.30**	**30.76**	**206.78**	**73.91**	**55.36**
0.49	0.01	0.48		7.79	7.64	0.28	3.64	1.33	0.45
0.02	0.04	0.05		2.24	1.87	0.15	1.16	0.12	0.35
6.15	0.34	5.95	1.75	78.09	78.96	1.40	20.37	12.18	4.20
2.26		1.78	0.76	35.34	33.22	1.79	17.01	4.90	4.49
1.30	0.10	0.76	-0.62	12.36	11.46	0.49	5.67	1.77	1.66
1.15	0.01	1.06	0.21	5.28	5.32	0.18	1.90	1.10	0.36
0.02	0.04	0.06		0.94	0.94	0.16	0.47	0.18	0.17
0.45	0.04	0.47	0.05	2.09	2.08	0.02	1.59	0.27	0.31
1.93	0.15	1.66	0.07	9.48	8.00	0.42	3.68	1.17	1.24
0.57	0.04	0.57	-1.30	6.96	6.97	0.04	3.29	1.31	0.93
2.41	0.20	2.36	0.22	29.55	30.89	6.40	19.87	5.02	3.70
8.69	3.80	11.98	4.28	74.03	73.77	0.50	5.49	12.38	5.23
9.61	0.72	9.58	-0.40	186.99	186.98	6.99	13.59	5.76	7.88
0.38	0.07	0.35		12.63	12.64	0.10	4.29	2.49	1.03
3.10	0.14	2.62	-6.85	33.22	30.75	0.29	25.97	3.67	6.20
0.65	0.04	0.50		15.60	16.04	0.62	6.44	1.80	0.89
1.98	-0.07	1.98	1.40	40.60	40.61	1.36	13.05	2.98	2.96
0.07		0.07		-0.06	-0.06	0.12	0.14		0.03
				0.74	0.71		0.43		0.10
4.33	0.49	4.25	0.43	29.74	29.79	3.11	17.41	3.67	3.52
0.34	0.04	0.31	0.04	4.49	4.44	0.07	1.64	0.21	0.35
5.83	0.10	5.49	1.08	17.45	17.41	2.75	13.17	3.35	4.31
0.45	0.34	0.78	0.05	5.71	6.24	0.10	2.10	0.68	0.33
1.36	0.14	1.32	-0.02	22.91	23.34	0.54	10.55	2.07	2.10
2.68	-0.01	2.32	0.02	5.75	5.80	1.35	3.10	0.85	1.27
0.72	0.08	0.73	-2.17	12.28	12.26	0.35	4.21	1.24	0.39
1.88	0.06	1.79	0.03	18.49	18.22	1.19	6.54	3.39	0.90

1-B-17 按地区分组的

地区	工业销售产值(当年价格)	出口交货值	资产总计	固定资产合计	固定资产原价	累计折旧	流动资产合计	应收账款	存货
全国	**4951.26**	**30.04**	**3167.30**	**1164.97**	**1701.03**	**662.81**	**1309.10**	**242.29**	**212.47**
北京	2.29		5.58	0.61	0.79	0.19	3.49	1.14	0.31
天津	12.47	0.14	153.15	11.22	18.76	8.69	111.14	2.21	3.51
河北	109.24	0.13	79.84	34.52	50.53	18.15	33.69	7.51	7.12
山西	5.33		10.27	1.66	2.11	0.53	8.34	1.70	0.87
内蒙古	216.01	0.25	106.55	42.65	48.23	13.55	51.52	9.83	11.53
辽宁	512.60	16.33	212.50	114.93	142.96	64.06	75.24	16.74	14.33
吉林	115.95	0.04	32.47	18.58	46.86	31.82	10.49	2.28	2.13
黑龙江	44.94		25.23	10.62	11.92	3.23	12.49	3.36	2.50
上海									
江苏	243.70	0.75	222.25	99.96	138.68	38.97	79.30	14.02	12.41
浙江	133.08	0.34	115.46	30.06	40.40	16.52	48.75	8.70	5.55
安徽	187.36	0.38	107.75	43.28	56.53	17.51	42.49	11.94	7.97
福建	183.02	3.79	84.71	35.23	51.15	17.98	29.42	5.52	5.84
江西	170.96	0.74	125.03	49.92	74.18	26.45	43.87	6.03	10.10
山东	504.59	1.31	218.59	94.29	133.56	46.13	90.78	15.21	13.87
河南	415.80		275.52	149.84	170.95	33.69	100.30	9.89	6.60
湖北	513.84	0.65	275.92	83.83	192.63	116.89	129.71	32.34	17.30
湖南	355.46	1.48	158.13	69.53	83.91	20.55	42.60	9.34	8.23
广东	260.28	0.16	120.95	37.99	51.12	17.71	53.42	15.31	11.36
广西	173.31	2.09	83.38	30.30	37.94	11.84	37.71	6.82	5.28
海南	2.30		48.00	1.53	2.03	1.17	2.90	0.20	0.29
重庆	93.98		62.45	20.70	29.73	10.47	23.21	7.23	3.01
四川	345.19	0.81	245.05	69.84	112.33	49.84	101.94	20.24	14.08
贵州	118.47	0.06	71.11	15.78	17.78	3.55	34.18	6.84	3.46
云南	91.77		203.56	50.00	80.71	32.56	82.04	16.27	27.65
西藏	0.23		0.72	0.04	0.09	0.05	0.21	0.02	0.01
陕西	63.94	0.42	38.96	17.80	21.16	4.63	16.35	3.64	3.47
甘肃	42.16		23.81	10.97	44.72	33.90	10.94	2.25	3.59
青海	11.47		28.04	8.45	26.97	19.15	14.73	1.31	5.62
宁夏	1.45		2.28	0.28	0.39	0.14	1.95	1.50	0.13
新疆	20.07	0.17	30.04	10.57	11.89	2.87	15.89	2.91	4.35

非金属矿采选业主要经济指标

单位：亿元

产成品	负债合计	流动负债合计		所有者权益合计	实收资本				
			应付账款			国家资本	集体资本	法人资本	个人资本
120.10	**1534.99**	**1134.67**	**178.66**	**1585.92**	**677.06**	**119.24**	**22.62**	**225.76**	**268.51**
0.17	3.19	3.19	0.82	2.39	0.62	0.04		0.33	0.26
2.64	89.98	89.44	2.98	63.17	18.72	17.50		1.22	
4.32	42.21	26.43	5.27	31.73	13.98	1.48	0.02	6.91	4.08
0.39	9.47	9.15	1.72	0.80	1.68		0.01	0.27	1.40
6.07	64.71	52.87	1.90	41.58	35.17	0.53	0.08	7.20	12.15
7.51	71.28	50.94	13.39	138.42	37.91	3.20	1.37	9.80	22.47
1.54	8.62	4.33	1.07	23.12	9.76	0.15	0.36	4.21	4.61
1.41	13.27	10.67	1.86	11.55	4.76	0.37	0.11	1.31	2.07
4.40	119.02	79.73	11.63	102.76	56.05	26.48	8.28	5.06	12.38
2.54	81.96	70.11	8.27	34.46	28.47	2.39	0.04	7.79	13.30
5.58	52.78	36.85	8.53	54.02	28.00	2.52	0.03	12.28	11.60
3.06	28.30	25.76	4.21	55.16	16.41	1.93	0.21	6.32	7.61
5.02	46.26	31.11	6.00	76.50	28.72	2.02	1.42	16.30	8.49
9.83	92.93	52.12	9.54	121.13	36.82	3.25	3.11	6.92	22.55
3.97	89.81	64.60	9.51	183.62	68.03	1.99	0.11	26.64	38.63
11.66	148.50	110.85	16.02	122.03	59.46	0.81	3.05	24.36	31.11
3.64	74.82	48.87	7.58	81.86	51.74	1.09	0.08	35.95	14.30
7.15	45.55	33.98	11.43	64.98	30.19	0.97	1.85	14.66	11.24
3.43	50.35	37.43	13.60	32.56	13.25	2.22	0.71	6.15	3.48
0.14	2.95	2.08	0.04	45.00	2.59	0.73		0.45	1.31
1.77	27.75	23.14	4.70	33.78	11.42	3.90	0.10	2.84	4.24
9.59	140.48	92.11	12.86	98.18	46.24	13.96	0.70	11.66	16.82
1.79	31.71	29.03	3.89	38.92	11.61	0.13	0.12	6.06	5.07
10.28	133.19	93.54	10.70	70.37	34.11	26.36	0.17	4.10	3.48
	0.31	0.21	-0.03	0.40	0.13	0.02			0.11
2.03	16.08	11.33	2.33	23.07	11.41	2.57		1.48	6.58
2.08	11.30	9.15	1.92	12.35	5.35	0.04	0.51	0.66	4.14
4.76	16.68	15.47	1.25	11.36	6.83	2.02	0.15	1.04	2.86
0.03	1.47	1.47	0.83	0.77	0.25		0.03	0.10	0.12
3.29	20.08	18.73	4.85	9.89	7.34	0.58		3.69	2.04

1-B-17 续表

地 区			主营业务收 入	主营业务成 本	主营业务税金及附加	销售费用	管理费用	
	港澳台资本	外商资本						税金
全 国	**7.22**	**17.15**	**4915.45**	**3912.02**	**86.30**	**180.16**	**215.57**	**15.23**
北 京			3.48	2.92	0.03	0.04	0.30	
天 津			11.74	10.42	0.26	0.13	3.40	0.09
河 北		1.49	105.59	86.36	1.14	3.49	5.56	0.12
山 西			5.33	4.32	0.07	0.16	0.21	0.01
内蒙古	0.12		226.56	184.44	1.86	7.05	7.22	0.48
辽 宁	0.36	0.70	502.37	419.46	5.96	13.99	15.04	1.85
吉 林	0.08	0.36	113.46	98.75	0.92	3.62	4.19	0.19
黑龙江	0.90		43.66	35.36	0.43	2.09	2.14	0.04
上 海								
江 苏	2.30	1.55	244.51	202.07	3.86	7.73	12.64	0.40
浙 江	0.89	4.06	134.63	108.22	3.31	2.96	8.07	0.39
安 徽	0.04	1.53	187.46	149.15	3.62	10.31	7.41	0.60
福 建	0.07	0.28	182.09	146.21	4.14	7.09	8.14	0.40
江 西	0.44		177.67	144.78	3.26	5.78	5.76	0.27
山 东	0.21	0.79	522.31	426.68	7.53	17.65	18.73	2.63
河 南		0.07	413.12	338.68	4.04	8.93	7.17	0.40
湖 北		0.02	493.05	380.82	12.75	15.59	22.16	0.62
湖 南		0.04	348.23	267.34	6.19	14.08	19.74	2.79
广 东	0.57	0.90	254.00	199.37	4.15	9.77	12.75	0.90
广 西	0.26	0.07	165.78	120.46	2.35	11.63	8.42	0.68
海 南		0.10	2.24	1.71	0.05	0.33	0.30	0.06
重 庆		0.34	90.83	71.42	2.04	3.50	3.74	0.48
四 川	0.05	3.06	345.56	273.03	9.30	13.98	17.06	0.64
贵 州	0.15		117.65	81.78	3.54	4.25	9.13	0.24
云 南			96.33	62.58	3.55	4.67	8.19	0.59
西 藏			0.23	0.13	0.01		0.05	
陕 西	0.78		59.93	45.40	0.95	4.65	3.48	0.22
甘 肃			34.13	28.53	0.31	0.90	0.87	0.07
青 海		0.77	12.21	8.20	0.18	1.71	1.69	0.04
宁 夏			2.07	1.16	0.01	0.64	0.04	
新 疆		1.03	19.24	12.24	0.47	3.44	1.96	0.06

单位：亿元

财务费用			投资收益(损失以“–”号记)	营业利润	利润总额	亏损企业亏损额	应交增值税	应交所得税	从业人员平均人数(万人)
	利息收入	利息支出							
53.77	**2.29**	**42.08**	**-5.78**	**438.54**	**425.78**	**12.78**	**209.10**	**42.81**	**54.00**
-0.01	0.02	0.01		0.19	0.21		0.11	0.05	0.03
0.03	0.18	0.21	0.27	0.65	0.80		0.60	0.07	0.77
0.46	0.03	0.42	-0.70	7.87	10.36	0.37	4.32	0.52	1.75
0.35		0.22		0.20	0.20	0.22	0.17	0.04	0.08
2.11	0.03	1.53	-0.06	22.00	11.04	1.89	7.26	1.08	1.82
2.94	0.11	1.90	-0.86	42.24	40.92	0.17	19.88	3.24	4.52
0.73	0.01	0.30		4.97	4.76		3.24	0.33	0.71
0.14	0.01	0.14		3.60	3.21	0.05	1.88	0.17	0.56
4.61	0.33	3.26	0.43	15.53	16.14	1.33	10.49	3.13	3.08
2.17	0.13	2.24	0.09	10.50	10.90	0.50	5.82	1.78	1.16
1.57	0.04	1.29	0.03	14.99	13.82	0.25	6.99	1.27	2.05
1.08	0.04	0.80	-0.35	15.09	15.16	0.29	8.29	1.42	2.33
1.25	0.03	1.06	0.04	16.86	15.94	0.52	9.72	0.70	1.65
4.45	0.39	3.67	-0.28	42.14	41.91	0.35	18.93	4.45	5.19
3.10	0.03	2.34	-0.33	47.97	47.24	0.69	14.32	4.83	4.33
8.79	0.14	6.01	0.11	50.23	50.66	0.41	21.82	3.21	4.96
3.27	0.06	2.52	-1.18	25.44	24.63	1.10	13.23	2.60	4.10
1.76	0.05	1.07	-2.69	25.79	24.80	0.27	9.38	2.75	2.46
1.51	0.12	1.16	-0.62	20.85	20.40	0.87	7.82	1.50	1.92
0.05		0.02		-0.21	-0.26	0.34	0.16	0.01	0.15
1.38	0.05	1.19	-0.11	6.37	6.29	0.10	4.33	0.34	1.15
4.29	0.30	3.50	0.31	25.56	25.99	0.91	19.29	2.51	4.50
1.02	0.03	0.85	0.01	17.70	17.60	0.26	5.63	2.52	1.04
4.77	0.11	4.72	0.03	13.56	14.10	0.37	7.75	2.86	1.35
0.01		0.01		0.04	0.04		0.04	0.01	0.01
0.73	0.01	0.57		4.41	4.46	0.10	3.39	0.81	0.92
0.45	0.01	0.34		2.80	2.74	0.37	1.67	0.02	0.45
0.47	0.03	0.43	0.06	0.39	0.73	0.09	0.85	0.12	0.45
0.02		0.03		0.20	0.20		0.13	0.05	0.03
0.27	0.01	0.30	0.03	0.63	0.78	0.96	1.60	0.42	0.48

1-B-18　按地区分组的

地　区	工业销售产值(当年价格)	出口交货值	资产总计	固定资产合计	固定资产原价	累计折旧	流动资产合计	应收账款	存货
全　国	**1798.42**	**16.02**	**2821.94**	**1055.00**	**1789.84**	**821.10**	**1420.49**	**666.48**	**221.53**
北　京	205.50	15.60	498.96	118.16	232.11	107.74	249.83	102.08	35.31
天　津	99.70		155.49	55.39	96.27	41.98	92.27	47.09	2.85
河　北									
山　西									
内蒙古									
辽　宁	132.10		269.49	85.31	177.02	92.20	148.11	57.33	33.89
吉　林	75.12		217.04	123.35	201.39	88.84	83.04	35.43	24.97
黑龙江	167.86		212.09	158.64	253.18	95.15	42.76	10.58	1.27
上　海									
江　苏	4.72		4.19	2.43	3.85	1.42	1.76	0.78	0.60
浙　江									
安　徽	1.82		0.82	0.11	0.30	0.20	0.70	0.12	0.08
福　建									
江　西									
山　东	194.19		160.52	72.47	133.65	62.04	59.59	39.55	9.24
河　南	165.85		165.98	88.66	127.02	62.05	77.31	43.48	17.12
湖　北	62.65	0.10	75.98	40.77	62.47	21.05	21.15	12.39	3.93
湖　南									
广　东	38.42		31.05	4.68	8.77	4.09	25.76	18.58	0.17
广　西	1.05		0.40	0.35	0.35		0.05	0.03	0.03
海　南									
重　庆									
四　川	327.00		482.24	155.57	218.29	118.90	326.34	178.17	67.86
贵　州									
云　南	0.20		0.20		0.01		0.20	0.03	0.05
西　藏									
陕　西	47.48		227.46	52.47	83.63	29.78	116.88	15.67	7.16
甘　肃	32.03		27.28	9.49	11.60	2.11	16.70	1.60	0.22
青　海	0.53		0.18	0.01	0.01		0.08		0.07
宁　夏									
新　疆	242.19	0.32	292.56	87.15	179.92	93.57	157.96	103.57	16.72

开采辅助活动主要经济指标

单位：亿元

产成品	负债合计	流动负债合计	应付账款	所有者权益合计	实收资本	国家资本	集体资本	法人资本	个人资本
9.24	**1528.19**	**1461.97**	**690.25**	**1291.01**	**1237.61**	**528.06**	**14.40**	**665.74**	**17.24**
1.09	207.57	191.41	69.20	291.39	254.39			244.35	
0.26	89.95	88.07	44.44	65.55	103.75		0.19	103.26	
1.26	176.72	170.90	91.29	92.76	190.65	187.84	0.26	1.15	1.40
2.35	167.75	162.12	26.34	48.16	147.38	132.92	0.32	10.99	3.14
0.07	54.36	50.13	21.08	156.90	3.74	0.38	0.78	1.47	1.04
0.29	3.36	2.93	1.38	0.82	1.54				
0.04	0.22	0.14	0.13	0.60	0.40			0.36	0.03
0.14	113.51	112.57	53.45	47.01	7.72	7.00		0.08	0.64
0.30	123.54	121.23	54.43	42.45	48.04	46.56		0.06	1.42
0.15	58.41	57.68	13.55	17.58	29.65	24.63		5.01	0.01
0.01	14.27	13.01	8.24	16.76	2.76	2.25		0.18	0.10
0.03	0.10	0.09	0.09	0.31	0.31			0.31	
0.01	247.95	246.42	184.06	234.29	199.85	7.57		192.18	0.10
0.03	0.21	0.21			0.01				0.01
2.09	71.07	64.98	31.13	156.32	105.77	0.51	0.01	100.52	4.73
0.05	7.44	7.03	0.35	19.82	17.02	2.20	12.69	1.02	1.11
0.07	0.08	0.08		0.10	0.10				0.10
0.98	191.69	172.97	91.10	100.22	124.53	116.18	0.14	4.80	3.41

1-B-18 续表

地区			主营业务收入	主营业务成本	主营业务税金及附加	销售费用	管理费用	
	港澳台资本	外商资本						税金
全国	**11.01**	**1.17**	**2038.53**	**1872.98**	**35.09**	**6.04**	**99.03**	**7.26**
北京	9.42	0.62	208.13	195.27	3.10	1.05	8.37	0.08
天津		0.29	105.29	111.08	1.17	0.04	4.82	0.68
河北								
山西								
内蒙古								
辽宁			132.23	131.64	2.74	0.70	7.04	1.14
吉林			133.32	121.36	5.40	1.25	6.56	1.43
黑龙江	0.05	0.02	168.91	120.01	5.48	0.12	16.81	0.25
上海								
江苏	1.54		4.72	3.73	0.04	0.05	0.30	
浙江								
安徽			1.87	1.60	0.02	0.03	0.07	
福建								
江西								
山东			200.74	185.87	2.34	0.15	11.15	0.79
河南			162.71	144.83	1.77	0.32	14.57	1.25
湖北			79.27	74.86	1.79	0.04	7.08	0.72
湖南								
广东		0.23	38.43	27.34	0.98	0.47	1.76	0.03
广西			1.05	0.63				
海南								
重庆								
四川			443.42	430.37	5.00	0.17	7.86	0.14
贵州								
云南			0.20	0.20			0.01	
西藏								
陕西			88.16	83.59	2.13	0.34	4.21	0.41
甘肃			28.70	19.12	0.85	0.31	0.97	0.03
青海			0.53	0.52			0.01	
宁夏								
新疆			240.86	220.97	2.27	1.01	7.42	0.32

单位：亿元

财务费用			投资收益（损失以“-”号记）	营业利润	利润总额	亏损企业亏损额	应交增值税	应交所得税	从业人员平均人数（万人）
	利息收入	利息支出							
17.55	**8.37**	**20.33**	**4.63**	**-36.61**	**-0.11**	**68.79**	**90.48**	**16.10**	**32.35**
3.13	1.13	3.83	1.90	-5.86	-7.78	10.69	2.46	1.08	2.38
0.59	0.91	0.07	1.51	-12.92	-5.75	11.20	1.62	2.82	1.91
2.07	0.41	2.14	0.29	-29.78	-19.16	20.52	13.60	1.76	5.99
5.17	0.12	5.22	-0.62	-13.72	-8.31	12.98	2.98	0.79	2.42
0.63	0.01	0.63		19.97	19.76	0.02	6.89	2.21	1.13
0.06		0.04		0.54	0.54		0.23	0.18	0.03
				0.18	0.18		0.06		0.04
3.15	0.02	2.82	0.10	-1.56	-0.61	1.50	13.31	0.69	3.21
1.18	0.14	0.95	0.01	0.75	0.70	3.40	7.18	0.40	4.06
1.21	0.02	1.07	-0.04	-5.61	-5.37	5.40	4.21	0.13	1.98
-0.04	0.03			8.36	8.50		0.05	1.14	0.14
				0.41	0.41				0.02
-1.54	3.02	0.10	0.16	-2.50	3.85		19.28	1.74	2.04
				-0.01	-0.01	0.01	0.02		
-1.74	2.45	0.68	0.78	-2.17	3.89	0.08	3.60	1.01	1.89
0.20		0.20	0.19	2.58	2.59	0.03	0.58	0.27	0.45
3.48	0.09	2.56	0.36	4.70	6.46	2.97	14.40	1.88	4.65

1-B-19 按地区分组的

地 区	工业销售产值(当年价格)	出口交货值	资产总计	固定资产合计	固定资产原价	累计折旧	流动资产合计	应收账款	存货
全 国	**22.32**		**14.71**	**9.20**	**11.27**	**2.34**	**4.18**	**1.51**	**0.58**
北 京									
天 津									
河 北									
山 西									
内蒙古	10.03		4.62	1.97	2.26	0.33	1.67	0.12	0.32
辽 宁	1.10		0.57	0.09	0.14	0.06	0.48	0.40	0.01
吉 林	1.84		4.49	4.11	5.18	1.08	0.38	0.09	0.16
黑龙江									
上 海									
江 苏									
浙 江									
安 徽									
福 建									
江 西									
山 东	3.70		1.72	1.17	1.29	0.34	0.45	0.09	0.06
河 南									
湖 北	1.38		0.96	0.24	0.32	0.07	0.57	0.53	
湖 南	2.69		0.92	0.60	0.81	0.22	0.31	0.16	0.02
广 东									
广 西									
海 南									
重 庆									
四 川	1.59		1.44	1.02	1.26	0.25	0.31	0.11	0.02
贵 州									
云 南									
西 藏									
陕 西									
甘 肃									
青 海									
宁 夏									
新 疆									

其他采矿业主要经济指标

单位：亿元

产成品	负债合计	流动负债合计	应付账款	所有者权益合计	实收资本	国家资本	集体资本	法人资本	个人资本
0.29	**4.65**	**2.90**	**0.45**	**10.06**	**6.43**	**0.14**	**0.06**	**0.19**	**6.03**
0.09	1.54	1.48	0.16	3.08	1.12	0.10			1.02
	0.46	0.42	0.14	0.11	0.06		0.01	0.05	
0.16	0.58	0.06		3.90	3.90				3.90
0.03	0.49	0.49	0.08	1.23	0.06			0.01	0.05
	0.54	0.01		0.41	0.25	0.04	0.06		0.15
0.01	0.13	0.13		0.78	0.65				0.65
	0.91	0.32	0.06	0.54	0.38			0.13	0.25

1-B-19 续表

地区	港澳台资本	外商资本	主营业务收入	主营业务成本	主营业务税金及附加	销售费用	管理费用	税金
全国			**22.07**	**16.80**	**0.23**	**1.23**	**1.90**	**0.18**
北京								
天津								
河北								
山西								
内蒙古			9.85	7.41	0.08	0.51	0.96	0.04
辽宁			1.09	0.91	0.07		0.05	0.01
吉林			1.84	1.12	0.02	0.29	0.26	0.02
黑龙江								
上海								
江苏								
浙江								
安徽								
福建								
江西								
山东			3.58	3.20	0.04	0.01	0.02	
河南								
湖北			1.24	0.84		0.02	0.22	0.12
湖南			2.72	1.74	0.02	0.37	0.33	
广东								
广西								
海南								
重庆								
四川			1.76	1.57	0.01	0.04	0.06	
贵州								
云南								
西藏								
陕西								
甘肃								
青海								
宁夏								
新疆								

单位：亿元

财务费用			投资收益（损失以“−”号记）	营业利润	利润总额	亏损企业亏损额	应交增值税	应交所得税	从业人员平均人数（万人）
	利息收入	利息支出							
0.20	**0.02**	**0.19**	**0.06**	**1.77**	**1.44**	**0.01**	**0.86**	**0.25**	**0.27**
0.08	0.01	0.07	0.06	0.88	0.87		0.47	0.21	0.08
				0.06	0.06				0.04
0.04	0.01	0.04		0.11	0.11		0.17		0.01
0.01		0.01		0.30	0.30		0.10	0.04	0.05
				0.02	0.02		0.01		0.03
0.01		0.01		0.38	0.06		0.10		0.04
0.06		0.06		0.01	0.01	0.01	0.02		0.02

1-B-20 按地区分组的

地区	工业销售产值(当年价格)	出口交货值	资产总计	固定资产合计	固定资产原价	累计折旧	流动资产合计	应收账款	存货
全国	**895412.20**	**112433.85**	**667608.78**	**209870.79**	**337387.34**	**145123.84**	**364516.62**	**88640.66**	**91781.97**
北京	12080.17	1475.88	14957.17	2449.31	4423.72	1996.65	9454.04	2659.82	2129.42
天津	22139.58	2709.29	17468.69	5411.36	7540.35	2852.34	10217.73	2433.07	2492.08
河北	37803.85	1521.93	29113.08	12114.29	16558.74	5442.60	12826.31	2390.00	3548.36
山西	8178.97	573.80	11154.18	3991.86	6158.21	2544.49	5348.93	1056.89	1466.63
内蒙古	12036.45	183.47	11515.08	4511.85	6012.53	1939.72	4734.81	828.68	1206.76
辽宁	46355.38	3343.41	31567.61	11272.26	19030.91	8828.75	15540.02	3237.74	4082.08
吉林	19422.11	360.93	12155.27	4312.43	10090.94	6082.97	6084.73	1138.74	1519.28
黑龙江	9410.67	149.55	7899.69	2545.29	4061.26	1901.78	4408.42	993.19	1469.06
上海	30590.58	7829.31	30651.87	6361.09	12905.94	6842.13	19204.60	5437.29	4433.46
江苏	127052.96	22828.71	85825.97	26122.05	46235.88	21001.81	49341.11	14891.04	11248.71
浙江	56427.19	11222.10	54752.39	12801.55	18735.45	7172.69	33816.53	8862.94	7664.26
安徽	28728.26	1628.81	19402.63	6498.09	10059.55	4179.71	10248.64	2760.56	2714.66
福建	30404.05	6444.50	21203.32	5696.09	8473.93	3181.97	12177.60	3235.23	3167.10
江西	22567.43	1577.77	12122.37	4841.48	7856.44	3470.34	5885.33	1104.31	1622.70
山东	117913.04	8280.13	66787.15	24303.52	41838.68	20291.03	34917.70	6403.59	8432.49
河南	51124.22	2610.00	34685.27	13644.24	17217.82	4969.46	17375.18	3093.19	3335.57
湖北	35157.67	1542.91	25816.59	8397.30	16871.59	8948.05	13129.27	2938.63	3548.98
湖南	28732.71	1249.35	16446.24	6029.37	8381.61	2833.01	8027.35	2224.91	2248.71
广东	98891.58	30106.59	68214.34	15904.00	28364.55	13422.60	44142.30	13375.27	10955.41
广西	15459.74	665.11	10545.83	3555.35	4828.93	1616.12	5592.79	1094.70	1572.55
海南	1495.18	162.30	1798.82	602.63	839.25	261.66	846.26	161.23	233.17
重庆	14182.33	2199.61	11061.67	3715.46	5280.71	1963.60	5737.38	1559.93	1296.87
四川	29685.70	2991.74	24545.40	8491.57	13185.20	5458.66	12651.48	2930.57	3306.01
贵州	4759.77	99.87	5610.14	1860.63	2241.80	672.40	2796.87	451.68	811.35
云南	7465.52	129.70	8728.59	2516.44	3552.15	1322.79	4576.29	651.40	1832.22
西藏	56.69	0.15	116.81	34.98	50.42	17.23	66.14	11.51	10.97
陕西	12323.30	340.24	12750.71	4050.12	5973.80	2345.79	6423.12	1378.14	1874.19
甘肃	5685.78	60.09	6988.99	2422.82	3699.37	1558.02	3305.38	416.87	1625.37
青海	1474.62	8.06	2804.11	1131.83	1487.02	483.03	975.54	148.26	277.23
宁夏	2283.81	71.02	3150.25	1114.66	1378.63	411.36	1590.44	241.06	511.40
新疆	5522.92	67.52	7768.57	3166.87	4051.98	1111.05	3074.33	530.22	1144.94

制造业主要经济指标

单位：亿元

产成品	负债合计	流动负债合计	应付账款	所有者权益合计	实收资本	国家资本	集体资本	法人资本	个人资本
32787.09	**379501.44**	**313389.38**	**87596.65**	**285305.45**	**135069.11**	**14661.69**	**2712.14**	**47834.93**	**36267.90**
673.36	8212.23	7037.17	2743.91	6743.80	3246.26	429.95	18.51	1475.02	441.08
881.25	10911.95	9428.58	2755.64	6535.58	3988.93	490.38	46.85	1322.45	675.05
1227.68	16891.22	13941.67	3759.93	12053.65	5085.32	709.22	48.38	2123.09	1590.18
576.51	8044.13	6361.47	1631.50	3092.18	2093.64	423.36	70.68	646.44	783.74
468.20	7245.39	5388.42	1257.07	4199.44	3641.07	603.41	64.54	942.54	1860.87
1312.20	18039.49	13929.22	3271.80	13357.91	6015.86	882.96	267.15	2265.83	1418.59
547.90	6417.01	4984.58	1674.85	5634.10	2293.68	221.95	244.73	1027.74	569.05
474.51	4941.99	4151.80	1020.89	2935.53	1412.95	300.83	38.58	463.66	440.70
1371.25	15981.17	14215.90	6024.70	14628.26	6917.69	910.72	84.02	2032.35	698.98
4184.64	48100.57	42482.64	11338.31	37639.03	19242.57	938.43	362.11	5065.35	4796.09
3069.73	32916.15	29849.01	6406.75	21727.08	10361.75	240.98	120.69	3472.73	3637.72
996.82	10816.48	8456.12	2291.68	8480.84	3956.19	487.76	62.74	1467.04	1491.16
1235.19	11230.09	9241.83	2461.63	9820.18	4880.70	194.36	53.28	1468.76	1307.28
614.99	6374.09	5165.83	1302.97	5623.13	3171.67	246.21	73.91	1596.49	805.24
3181.37	36820.50	28708.27	6426.88	29475.85	10559.52	838.75	320.97	4198.07	3481.57
1143.53	15567.75	12184.50	3210.73	18850.19	8803.14	516.92	134.40	3165.36	4585.90
1345.55	14724.40	11620.26	3038.61	10953.63	4717.76	1017.37	92.13	1700.75	1283.77
723.98	8623.16	6463.78	1643.64	7754.46	3607.08	519.99	60.82	1623.76	1150.77
3754.67	39867.48	34949.12	13060.67	28081.20	13953.80	879.58	149.53	4003.68	1868.36
667.92	6580.88	5408.50	1473.25	3918.47	1819.53	341.40	27.98	811.96	359.59
95.19	958.44	720.64	220.48	838.55	479.15	114.13	7.16	169.42	40.73
477.07	7099.50	5727.61	1948.58	3893.10	1698.07	229.39	32.83	795.99	365.97
1150.60	14152.94	10913.64	2928.77	10141.73	3779.11	402.57	153.16	1798.88	997.92
236.05	3190.66	2412.92	533.51	2385.38	1252.95	366.81	12.89	405.04	303.20
466.44	4987.03	4275.80	1018.97	3738.45	1352.61	314.44	38.58	658.41	273.97
2.30	44.22	35.80	6.55	72.50	31.51	10.94	0.61	11.24	3.67
706.30	7325.29	5610.50	1540.58	5399.40	2409.28	699.65	49.96	1037.31	466.23
522.17	4375.89	3204.74	852.18	2695.50	1510.86	523.99	29.94	686.13	135.67
89.84	1949.13	1218.42	327.91	852.08	476.07	115.91	9.36	259.22	65.73
177.49	2125.58	1625.92	356.70	1016.37	578.79	94.41	10.78	308.31	135.65
412.39	4986.64	3674.75	1067.00	2767.89	1731.61	594.92	24.87	831.88	233.47

1-B-20 续表

地 区	港澳台资本	外商资本	主营业务收入	主营业务成本	主营业务税金及附加	销售费用	管理费用	税金
全 国	**11534.44**	**21371.11**	**909452.71**	**776358.80**	**13551.72**	**24248.99**	**33940.59**	**1754.23**
北 京	146.40	728.80	13270.94	10713.89	254.34	814.62	799.55	18.11
天 津	206.28	1097.54	23058.70	19976.90	269.85	639.04	746.50	39.50
河 北	185.69	425.10	38115.19	33374.82	338.48	681.65	1026.12	60.32
山 西	61.18	105.17	9031.87	8082.08	54.23	220.80	351.17	16.40
内蒙古	59.30	88.34	11873.18	9939.28	162.79	284.33	425.19	44.92
辽 宁	330.47	845.78	46088.93	39610.21	798.94	1043.75	1774.61	126.32
吉 林	48.11	166.68	19893.81	16706.89	452.26	806.35	824.35	49.84
黑龙江	37.87	129.57	9613.35	8243.71	247.91	273.17	385.01	21.56
上 海	677.89	2513.73	33224.69	27405.12	902.09	1232.09	1937.43	36.12
江 苏	2260.16	5820.01	127891.17	110814.62	1085.87	2861.98	4434.13	177.87
浙 江	1350.47	1539.16	56460.41	48130.70	642.81	1489.85	2558.58	115.32
安 徽	147.35	300.14	29117.00	24960.38	394.83	786.09	967.67	79.32
福 建	992.37	863.59	30525.26	26035.67	348.51	844.12	1232.87	66.71
江 西	256.75	195.86	24936.68	21692.64	254.87	414.43	558.61	32.78
山 东	361.80	1350.72	120116.17	104116.04	1169.40	2333.11	3034.64	231.48
河 南	166.88	218.55	51629.66	44366.88	533.19	1040.36	1127.15	58.81
湖 北	128.01	390.08	35230.27	29777.36	723.73	1124.64	1508.91	84.75
湖 南	70.73	180.80	28443.05	23025.37	846.28	860.31	1568.59	112.45
广 东	3585.56	3396.88	98388.86	83715.27	1068.10	3540.42	4416.48	160.18
广 西	109.94	155.93	15173.90	12887.21	303.71	394.60	664.89	27.70
海 南	11.04	135.51	1305.66	1048.66	75.76	57.64	49.50	1.57
重 庆	128.74	143.94	14273.56	12173.16	211.48	413.60	607.29	36.19
四 川	94.40	314.40	30342.92	25404.22	530.45	919.51	1249.41	67.45
贵 州	12.30	30.29	4739.82	3553.61	243.99	200.56	239.26	12.64
云 南	19.69	47.50	7642.14	5808.09	755.75	223.49	334.19	16.42
西 藏	1.30	3.55	58.52	36.15	0.73	5.37	4.63	0.08
陕 西	40.55	111.27	12504.95	10293.35	370.66	353.35	550.67	28.08
甘 肃	4.60	9.25	7167.63	6416.98	238.40	118.90	239.03	11.60
青 海	9.32	16.53	1353.72	1175.60	15.30	58.40	56.22	4.07
宁 夏	4.51	24.75	2315.21	2026.55	57.38	59.70	76.50	6.27
新 疆	24.77	21.69	5665.48	4847.38	199.63	152.75	191.45	9.38

单位：亿元

财务费用			投资收益(损失以“-”号记)	营业利润	利润总额	亏损企业亏损额	应交增值税	应交所得税	从业人员平均人数(万人)
	利息收入	利息支出							
8576.83	**1415.72**	**8833.00**	**164.78**	**55551.10**	**55400.63**	**4453.78**	**26681.50**	**7665.43**	**8613.56**
71.64	42.99	112.47	161.04	804.84	883.45	148.55	394.28	172.96	104.02
149.41	39.40	172.96	36.87	1484.34	1507.06	107.87	863.83	234.56	151.22
433.36	33.98	432.90	-405.58	1929.88	1915.43	229.82	776.26	208.66	309.47
207.36	14.73	201.31	-39.53	84.20	106.78	177.64	181.37	26.36	103.17
176.63	28.96	185.27	-51.66	1050.03	718.65	110.22	313.67	81.48	76.82
385.81	49.96	380.94	-58.12	2614.80	2597.81	316.99	1207.62	272.98	333.76
146.04	16.08	138.64	69.66	1209.19	1180.13	124.22	532.93	204.11	118.10
98.65	9.15	96.21	-2.66	379.09	387.26	127.32	256.84	53.02	83.04
57.74	135.21	194.93	443.91	2172.39	2287.13	266.67	864.71	429.91	255.18
1079.22	203.74	1161.47	-16.76	8023.78	7877.61	489.11	4035.38	1398.12	1120.72
925.64	193.98	1028.90	197.27	3054.34	3215.88	222.43	1550.72	475.86	704.72
263.84	34.40	263.41	-9.24	2007.06	1881.11	65.95	830.82	205.69	266.88
286.28	43.02	295.27	-88.98	2035.74	2021.45	105.48	874.45	226.37	407.26
150.71	19.39	143.07	3.74	1671.96	1655.34	57.25	777.65	138.39	207.95
1231.93	114.44	1102.83	-58.81	7655.53	7683.83	238.53	3339.42	1000.50	835.92
466.37	46.75	435.16	18.43	3990.28	4005.74	180.17	1296.63	470.35	531.03
369.41	38.16	352.83	30.98	2185.25	2192.64	110.35	1022.08	241.88	315.99
256.36	32.50	246.04	-40.17	1864.62	1794.80	55.84	1130.76	181.65	281.08
501.27	145.73	518.87	176.13	5555.59	5627.89	357.30	3000.78	846.75	1423.41
143.84	20.25	153.85	-107.17	945.05	882.18	101.12	488.62	75.76	144.97
13.05	2.74	16.25	6.21	81.09	87.38	12.48	50.07	17.43	10.30
150.61	19.66	154.90	-71.06	828.50	831.88	105.96	522.63	90.50	145.52
358.67	47.52	359.62	-35.01	1905.14	1915.30	246.40	1090.44	260.47	315.64
68.35	9.46	71.55	11.77	469.77	483.67	71.40	203.56	95.09	47.61
129.74	15.35	137.05	9.88	443.89	458.92	105.26	321.53	89.01	71.59
0.23	0.19	0.36	0.24	11.16	13.02	0.78	5.42	2.07	0.99
143.17	18.40	148.51	-3.26	804.47	777.67	80.96	409.10	98.90	122.38
87.78	23.67	114.78	23.55	44.19	90.51	71.36	108.17	26.01	44.33
55.72	0.71	44.88	-53.63	19.34	40.68	36.79	38.50	9.20	15.06
55.58	2.40	50.88	2.93	51.57	70.20	33.96	54.90	9.33	22.71
112.41	12.81	116.87	13.79	174.02	209.25	95.65	138.35	22.07	42.71

1-B-21 按地区分组的

地区	工业销售产值(当年价格)	出口交货值	资产总计	固定资产合计	固定资产原价	累计折旧	流动资产合计	应收账款	存货
全国	**59643.06**	**3091.21**	**27717.15**	**9452.21**	**17510.58**	**8920.10**	**15086.67**	**2142.34**	**4435.25**
北京	373.69	9.46	342.34	43.25	70.47	27.76	238.22	30.00	52.07
天津	820.61	12.17	700.61	83.90	111.83	31.77	560.38	41.59	66.62
河北	2056.63	88.60	969.15	335.18	416.53	120.16	503.66	57.49	156.39
山西	354.34	2.23	227.53	91.50	111.96	34.88	111.85	16.64	43.33
内蒙古	1617.40	2.50	577.63	216.72	356.45	157.39	252.22	38.45	81.63
辽宁	4707.18	529.49	1823.03	783.60	1486.55	763.45	837.46	117.60	239.67
吉林	3093.77	84.64	1048.17	539.28	1301.95	796.40	388.90	76.65	144.41
黑龙江	2755.12	17.69	1410.51	423.17	632.32	255.24	878.09	84.65	335.03
上海	362.42	7.94	282.05	41.55	63.92	24.89	214.72	35.06	48.36
江苏	3787.83	98.65	1582.21	540.09	1037.26	507.77	852.99	152.15	247.16
浙江	1017.97	161.80	737.77	177.17	237.83	80.28	462.47	91.60	147.63
安徽	2514.06	37.94	970.30	315.65	523.07	236.15	522.13	89.25	197.49
福建	2088.14	437.37	1111.36	258.45	342.79	107.62	752.25	145.33	208.36
江西	1402.04	28.95	454.05	180.58	315.76	163.19	217.30	27.73	81.85
山东	11391.00	1041.54	4852.30	1744.53	4033.82	2422.43	2559.05	329.61	788.78
河南	4801.05	24.28	2479.40	1076.89	1224.09	275.33	1100.56	109.96	207.47
湖北	3884.31	125.74	1416.22	553.46	2038.98	1531.46	691.56	108.26	277.95
湖南	2403.16	24.09	797.78	415.72	595.24	223.61	303.89	54.59	111.68
广东	2705.12	201.71	1621.62	280.42	449.41	197.09	1176.99	168.13	246.67
广西	1866.56	60.10	1351.64	373.64	552.98	226.34	873.55	112.62	189.46
海南	132.89	28.72	98.23	23.02	35.60	14.43	64.72	17.13	21.40
重庆	650.90	11.43	249.39	103.22	137.79	47.66	117.46	19.52	33.90
四川	2491.42	7.71	968.73	336.63	640.94	339.79	495.20	74.32	146.39
贵州	208.70	0.31	107.66	36.72	38.72	7.58	55.02	10.27	19.89
云南	469.05	34.27	408.68	125.66	183.63	71.01	213.43	44.38	45.64
西藏	2.33		5.90	1.77	1.98	0.41	2.85	0.78	1.37
陕西	834.21	2.72	327.68	110.41	164.20	64.35	183.70	25.61	81.95
甘肃	329.16	4.19	302.93	92.91	220.61	137.89	168.66	27.07	69.76
青海	46.40	0.12	42.78	18.46	18.62	2.92	22.12	4.18	10.36
宁夏	103.86	1.75	88.33	34.73	33.89	7.10	45.44	9.25	20.73
新疆	371.77	3.07	361.18	93.95	131.38	43.74	219.83	22.48	111.82

农副食品加工业主要经济指标

单位：亿元

产成品	负债合计	流动负债合计	应付账款	所有者权益合计	实收资本	国家资本	集体资本	法人资本	个人资本
1979.45	**14915.12**	**12321.73**	**2253.26**	**12647.96**	**6700.60**	**181.18**	**113.14**	**1899.28**	**3564.48**
25.56	209.93	191.76	29.83	132.42	60.73	5.69	0.51	38.11	6.39
19.42	585.82	534.85	100.75	120.53	92.02	6.56	0.41	28.81	12.54
77.75	514.27	430.42	72.32	423.84	179.95	2.69	0.44	68.77	89.09
22.25	122.26	104.35	12.59	104.41	33.48	1.87	0.38	11.64	19.54
46.94	240.42	178.51	20.15	326.13	1562.35	4.23	0.68	35.79	1513.97
103.53	848.35	603.06	146.42	961.83	380.12	6.67	3.61	148.04	166.05
71.85	503.75	350.97	80.09	522.71	209.88	6.89	2.27	60.47	83.95
137.96	928.80	820.37	97.19	480.52	263.44	26.95	3.90	77.31	120.53
22.74	159.61	143.40	31.08	122.23	58.84	2.51	0.63	13.51	7.21
92.73	956.90	817.50	235.81	624.18	279.66	18.06	5.34	72.23	102.21
82.53	459.95	414.01	68.00	274.51	124.02	1.08	1.64	39.37	60.91
63.81	480.05	415.45	77.50	481.98	180.68	5.38	2.91	51.67	95.69
102.75	669.04	602.63	88.85	435.31	199.00	1.58	6.28	71.16	72.68
32.58	222.91	178.36	41.47	220.51	97.26	4.20	3.75	43.60	39.40
328.25	2533.81	2045.65	341.99	2273.01	746.20	7.94	32.01	288.96	294.96
88.39	808.13	610.10	100.72	1642.11	694.29	12.05	7.31	220.68	381.81
132.45	666.91	498.35	87.85	721.28	281.12	9.68	7.20	103.48	137.70
42.69	329.00	228.47	43.78	455.02	214.77	3.32	5.05	133.59	69.47
101.38	1113.65	1011.69	186.14	501.23	227.59	6.52	4.95	104.29	37.33
96.64	884.30	794.69	172.91	438.60	167.33	14.68	4.81	74.07	30.69
11.78	74.28	68.76	14.16	22.51	17.66		2.17	8.92	4.40
14.73	120.36	98.27	27.45	126.36	51.38	11.82	0.11	17.49	17.90
76.80	513.16	360.63	58.65	449.56	155.24	2.56	1.31	61.11	74.17
8.35	63.06	48.79	8.70	45.44	18.25	0.78	1.32	7.11	9.01
22.88	270.32	224.99	25.68	138.36	49.58	0.74	0.99	21.96	23.93
0.13	1.84	1.43	0.10	3.92	1.57			0.33	1.25
36.04	171.77	148.36	24.08	150.12	61.47	1.54	2.21	22.59	29.69
42.41	160.08	126.75	24.05	260.98	191.75	3.62	9.03	31.61	26.37
5.61	21.52	16.63	1.80	21.18	7.99	0.30	0.16	2.90	4.64
8.30	47.58	37.29	5.01	39.36	18.23	1.20	0.48	5.56	9.59
60.24	233.31	215.23	28.14	127.79	74.74	10.07	1.28	34.18	21.42

1-B-21 续表

地区	港澳台资本	外商资本	主营业务收入	主营业务成本	主营业务税金及附加	销售费用	管理费用	税金
全国	**236.78**	**576.82**	**60117.42**	**53220.82**	**296.01**	**1281.20**	**1430.27**	**102.74**
北京	1.33	8.70	411.00	347.97	7.78	25.76	16.74	0.36
天津	5.31	38.39	785.50	742.34	2.64	13.38	11.55	0.63
河北	3.19	15.78	2087.81	1863.98	5.69	42.36	36.00	1.94
山西	0.04		349.63	312.07	0.22	4.32	5.80	0.21
内蒙古	4.98	2.70	1602.55	1338.20	7.62	26.07	43.18	3.66
辽宁	19.52	36.24	4635.09	4094.92	25.31	87.74	107.68	9.75
吉林	13.37	42.11	3039.60	2746.81	14.76	107.84	76.77	5.06
黑龙江	5.42	29.15	2834.74	2583.73	20.79	48.33	50.62	3.28
上海	13.92	21.05	429.30	381.69	0.40	22.53	12.83	0.48
江苏	33.15	48.68	3794.13	3367.94	18.88	69.76	71.57	3.04
浙江	6.66	14.36	1041.74	941.19	2.60	23.47	28.25	1.75
安徽	8.63	16.40	2501.97	2259.55	7.47	52.00	47.10	4.03
福建	17.11	30.08	2084.12	1849.70	6.37	41.57	45.05	3.87
江西	2.76	3.54	1452.52	1305.36	6.55	25.34	28.03	2.32
山东	19.10	103.23	11608.86	10324.89	57.69	189.75	233.83	19.67
河南	23.19	47.65	4973.19	4316.37	25.99	95.07	71.95	4.07
湖北	3.87	18.69	3882.59	3425.67	22.64	92.06	113.67	7.99
湖南	2.77	1.32	2402.17	1999.06	23.09	76.07	122.44	12.62
广东	26.56	43.44	2747.35	2502.25	6.71	49.72	59.10	3.20
广西	15.69	27.16	1878.14	1653.66	6.65	36.88	74.16	3.95
海南	0.67	1.51	127.19	121.94	0.15	1.85	3.88	0.25
重庆	1.03	3.02	649.48	562.95	4.34	21.56	17.17	1.02
四川	5.57	9.94	2494.06	2173.10	14.75	64.96	87.47	6.62
贵州	0.03		204.08	181.08	1.23	5.39	6.95	0.36
云南	0.30	1.66	469.93	400.79	1.57	17.80	18.43	0.62
西藏			2.33	1.88	0.01	0.05	0.21	0.02
陕西	0.25	4.06	802.50	696.50	3.01	15.51	15.76	1.05
甘肃	0.49	0.63	292.54	261.66	0.35	7.27	7.93	0.30
青海			40.30	36.42	0.06	0.81	1.23	0.05
宁夏	0.86	0.54	106.80	94.95	0.25	2.48	3.05	0.18
新疆	1.02	6.78	386.20	332.20	0.46	13.49	11.91	0.39

单位：亿元

财务费用			投资收益（损失以“–”号记）	营业利润	利润总额	亏损企业亏损额	应交增值税	应交所得税	从业人员平均人数（万人）
	利息收入	利息支出							
493.05	**51.97**	**473.12**	**-161.91**	**3593.71**	**3473.53**	**122.23**	**1269.61**	**319.18**	**418.15**
3.75	4.08	7.55	2.54	12.76	15.77	2.53	5.37	3.00	3.46
3.93	1.41	5.54	-2.21	19.33	20.64	5.42	18.19	4.85	2.60
11.46	2.18	16.19	-34.18	101.81	104.06	5.62	31.64	5.43	12.99
4.33	0.15	4.06	0.03	24.32	25.60	1.56	2.81	0.32	2.94
11.46	0.54	10.85	-29.49	159.84	111.14	1.64	25.69	12.63	7.66
29.44	1.46	21.57	-25.98	303.95	301.82	10.11	98.45	15.38	29.72
22.03	0.25	17.51	1.66	136.06	115.05	2.67	42.77	3.54	12.90
24.55	1.05	22.75	-3.01	136.68	123.35	11.72	51.61	7.67	14.18
1.54	0.92	2.69	1.01	12.67	14.53	0.71	4.24	2.60	3.02
22.00	6.82	28.03	10.81	262.02	259.84	4.51	111.92	43.17	20.94
14.41	1.30	15.65	1.09	34.63	38.77	1.95	14.15	4.33	9.40
19.17	0.66	17.79	-1.11	128.92	131.33	4.09	36.72	8.05	15.86
19.01	4.98	21.43	-1.12	131.72	132.67	2.45	76.03	9.67	19.51
7.67	0.30	6.63	5.17	82.86	81.88	0.55	25.49	4.99	7.63
105.78	5.89	92.44	-44.05	633.84	627.62	14.84	261.30	79.39	85.95
31.80	5.11	30.87	-2.52	431.63	403.86	4.13	88.23	37.72	43.23
36.81	0.82	29.40	-1.50	265.57	261.40	1.67	80.46	17.64	23.45
24.33	0.47	18.22	-0.21	147.32	133.34	1.69	76.88	10.70	19.15
16.84	3.96	19.04	3.50	132.96	134.12	8.99	43.71	15.98	17.21
20.02	6.08	27.37	-24.62	113.19	116.95	14.60	44.16	7.67	14.06
2.66	0.02	2.14	0.06	-2.04	-2.04	4.26	1.21	0.23	2.02
2.61	0.79	2.77	-10.31	39.58	37.60	0.92	23.45	4.16	6.42
25.11	1.25	22.66	-2.72	151.22	147.01	2.93	62.55	10.53	22.28
2.65	0.11	2.00	0.01	9.53	9.94	1.43	3.15	0.96	1.74
9.95	0.53	9.35	-1.97	25.83	26.01	4.52	10.67	2.12	6.21
0.02		0.02		0.16	0.18	0.03	0.02		0.07
6.68	0.15	6.23	-4.30	56.03	54.06	0.79	18.63	4.63	6.23
4.52	0.19	3.89	3.21	11.14	12.49	1.52	1.44	1.09	2.87
0.53	0.01	0.30	-2.19	0.81	1.01	0.44	0.31	0.07	0.39
1.64	0.08	1.58	0.01	4.62	5.66	0.73	2.34	0.20	0.92
6.35	0.39	6.60	0.50	24.74	27.87	3.22	6.01	0.49	3.14

1-B-22 按地区分组的

地 区	工业销售产值(当年价格)	出口交货值	资产总计	固定资产合计	固定资产原价	累计折旧	流动资产合计	应收账款	存货
全 国	**18039.24**	**1042.66**	**11609.77**	**4039.02**	**6157.33**	**2444.50**	**5944.04**	**1172.04**	**1268.41**
北 京	249.51	14.80	306.77	68.21	119.71	52.74	186.04	45.92	37.65
天 津	1131.55	32.10	486.81	200.24	300.92	109.45	257.56	77.20	31.02
河 北	800.95	20.91	453.75	186.90	239.15	67.65	189.57	48.11	46.32
山 西	117.10	2.05	99.13	38.45	49.41	15.95	49.07	11.25	17.93
内蒙古	604.53	14.64	779.89	176.55	254.38	85.30	427.85	25.54	31.82
辽 宁	737.21	57.24	420.02	176.79	287.39	125.95	205.10	33.36	36.13
吉 林	370.52	7.50	225.40	92.25	195.62	118.04	94.18	11.32	32.20
黑龙江	525.55	6.04	342.35	135.45	214.61	95.38	177.21	44.79	44.76
上 海	607.33	31.56	612.54	149.58	237.74	100.28	374.33	123.24	77.49
江 苏	707.48	86.64	574.15	182.22	258.23	90.54	311.62	72.04	70.19
浙 江	517.80	77.51	518.35	143.41	195.61	65.28	307.42	96.54	77.20
安 徽	484.90	23.35	236.84	89.26	132.81	49.58	106.79	24.56	34.11
福 建	931.45	140.17	543.97	143.17	215.18	85.38	274.63	60.37	79.73
江 西	404.54	54.93	169.80	77.55	130.54	60.88	65.82	11.41	19.15
山 东	2338.57	194.83	1275.82	503.99	893.18	427.88	628.22	98.53	142.04
河 南	1925.22	34.19	1070.58	432.35	511.71	111.74	523.78	79.38	81.70
湖 北	837.44	63.99	432.46	168.82	422.37	264.47	205.19	43.01	52.60
湖 南	788.43	3.75	296.38	132.45	174.15	49.13	123.62	20.12	31.78
广 东	1681.53	83.64	1128.06	285.22	459.47	191.26	703.25	110.79	126.72
广 西	270.88	14.59	178.47	71.39	92.55	24.61	83.42	21.38	19.69
海 南	43.19	0.68	42.57	10.95	13.01	5.89	27.66	2.68	3.77
重 庆	164.67	5.04	118.96	39.12	45.93	11.56	60.71	11.80	12.70
四 川	775.63	23.44	426.05	177.27	231.35	71.49	183.25	27.57	54.04
贵 州	91.32	0.47	56.53	14.72	15.70	3.81	35.54	2.95	5.99
云 南	158.22	14.54	126.78	47.58	57.81	14.92	59.61	10.77	17.16
西 藏	1.39		4.68	0.80	1.02	0.28	2.61	0.27	0.27
陕 西	362.75	4.18	156.09	56.69	92.89	40.70	75.75	19.45	18.32
甘 肃	79.61	1.50	113.98	19.88	51.57	34.12	41.01	6.29	12.28
青 海	20.55	0.06	19.92	11.21	12.66	1.76	7.48	1.03	3.72
宁 夏	124.75	8.56	108.86	51.45	64.85	17.11	45.52	6.25	11.11
新 疆	184.66	19.71	283.81	155.10	185.79	51.35	110.26	24.10	38.83

食品制造业主要经济指标

单位：亿元

产成品	负债合计	流动负债合计	应付账款	所有者权益合计	实收资本	国家资本	集体资本	法人资本	个人资本
553.85	**5639.13**	**4661.46**	**1078.30**	**5897.51**	**2581.50**	**91.86**	**48.61**	**982.67**	**716.44**
17.70	196.87	180.85	26.49	109.90	101.40	4.58	0.43	16.83	10.08
11.54	268.27	163.51	61.26	218.12	79.32	1.29	2.24	27.48	8.24
19.07	199.55	180.16	46.93	253.00	99.63	0.54	0.55	52.42	23.96
7.09	47.25	38.14	8.09	50.47	19.42	0.35	1.44	10.58	5.89
17.29	431.50	368.66	53.71	347.57	98.03	0.40	2.58	37.33	39.71
13.76	179.13	117.36	39.01	238.48	95.66	0.34	1.34	61.90	19.40
10.65	111.24	69.61	16.65	111.43	46.22	0.34	0.16	16.12	16.15
18.61	177.53	157.77	46.85	164.51	86.02	5.72	3.14	35.13	13.97
39.78	374.01	360.14	100.34	238.48	160.22	8.84	3.54	29.33	10.55
31.31	317.98	294.11	62.95	256.17	135.45	6.30	9.76	34.28	24.46
32.93	266.98	251.56	53.44	250.44	102.34	3.50	0.98	23.87	31.72
13.44	111.88	92.35	30.78	123.13	56.73	1.86	0.90	9.15	27.39
39.79	241.58	215.07	46.30	300.14	136.87	6.24	0.60	34.47	62.59
9.95	64.18	48.93	11.08	102.70	47.56	3.69	0.04	14.54	21.86
57.74	603.91	439.10	79.69	659.20	276.88	6.06	3.31	125.54	75.11
29.56	388.59	316.15	60.96	670.73	301.40	14.17	4.95	161.21	110.21
29.51	186.76	124.14	31.49	239.01	111.78	10.68	0.50	52.89	30.51
13.09	114.85	84.87	22.04	177.45	63.55	1.31	2.28	36.24	19.64
48.87	497.84	463.76	137.31	628.71	219.03	2.94	2.99	57.61	37.93
10.10	88.76	74.05	17.30	89.22	38.10	0.38	0.20	16.62	10.24
2.04	23.53	22.75	3.85	19.05	5.13		0.66	1.47	0.87
4.87	60.36	47.22	15.14	47.83	14.94	0.97	0.61	5.62	7.18
21.04	184.08	136.76	34.23	234.67	86.45	0.70	1.16	40.45	28.43
3.08	31.23	23.68	2.97	24.83	7.20	0.23	0.44	1.49	4.94
10.03	61.96	53.74	9.37	64.83	29.67	0.09	0.05	9.24	16.42
0.02	0.66	0.56	0.13	4.02	1.57	0.52		0.56	0.49
8.98	64.90	50.67	16.92	91.50	37.53	0.27	1.34	15.36	10.26
6.28	74.11	40.62	4.43	39.73	20.18	0.76	1.08	7.86	10.49
1.45	8.50	7.72	0.10	11.36	3.94	0.24	0.21	2.47	1.02
4.78	63.14	51.14	7.64	45.39	26.87	0.14	0.02	20.99	4.85
19.52	198.02	186.29	30.83	85.46	72.40	8.40	1.11	23.61	31.88

1-B-22 续表

地区	港澳台资本	外商资本	主营业务收入	主营业务成本	主营业务税金及附加	销售费用	管理费用	税金
全国	**247.59**	**489.90**	**18546.36**	**14617.09**	**123.77**	**1375.51**	**701.50**	**40.48**
北京	6.67	62.81	407.14	270.30	2.48	95.95	24.22	0.58
天津	18.97	21.10	1078.35	784.07	14.32	90.13	27.64	2.17
河北	12.52	9.64	836.55	681.87	3.22	61.74	21.67	1.20
山西	0.75	0.33	121.51	99.68	0.36	6.79	4.62	0.18
内蒙古	0.32	17.34	841.28	699.03	3.74	63.07	26.11	2.37
辽宁	6.74	5.94	762.34	640.22	5.12	25.49	29.70	2.24
吉林	9.29	3.99	363.49	313.43	1.87	15.88	14.30	1.04
黑龙江	8.56	19.43	513.09	398.82	2.53	51.24	14.50	1.05
上海	28.27	79.69	700.17	445.69	3.57	158.69	52.11	1.04
江苏	24.18	36.47	728.10	580.04	4.36	54.68	31.26	1.55
浙江	10.32	31.95	548.90	435.51	2.55	37.67	24.90	1.46
安徽	2.24	15.20	492.57	406.23	3.23	25.85	13.97	0.82
福建	18.23	14.70	920.09	757.08	4.21	47.69	35.96	2.56
江西	3.22	3.89	428.23	349.17	2.39	14.93	12.12	0.69
山东	8.63	58.23	2366.13	1979.44	17.21	73.21	64.29	4.62
河南	3.53	6.89	1951.20	1637.21	11.18	50.41	30.65	1.85
湖北	4.41	12.78	821.84	667.17	6.78	47.23	40.87	3.23
湖南	0.44	3.64	774.56	629.51	8.19	36.71	54.46	4.26
广东	55.84	60.97	1664.78	1061.78	12.84	271.75	85.20	2.96
广西	3.13	7.05	266.67	212.34	1.53	15.76	13.36	0.70
海南	0.60	1.54	44.37	30.53	0.33	10.88	1.49	0.08
重庆	0.49	0.07	174.10	136.26	1.84	12.16	7.67	0.40
四川	10.73	4.55	768.92	627.82	5.65	44.01	28.59	1.42
贵州		0.09	87.91	67.45	0.58	3.09	2.83	0.24
云南	2.41	1.44	156.34	121.33	0.52	12.22	7.93	0.25
西藏			1.38	0.96	0.01	0.45	0.15	
陕西	2.29	6.71	346.43	274.56	1.94	20.77	14.61	0.61
甘肃			72.79	60.58	0.17	4.44	3.28	0.09
青海			14.01	10.74	0.08	0.81	0.94	0.20
宁夏		0.87	119.11	98.55	0.39	10.16	4.95	0.39
新疆	4.81	2.59	174.00	139.73	0.58	11.62	7.18	0.24

单位：亿元

财务费用			投资收益(损失以“-”号记)	营业利润	利润总额	亏损企业亏损额	应交增值税	应交所得税	从业人员平均人数(万人)
	利息收入	利息支出							
122.20	**30.94**	**133.41**	**-8.13**	**1635.64**	**1646.98**	**57.10**	**649.27**	**218.38**	**200.94**
1.19	1.01	1.99	1.35	15.40	17.64	3.68	20.52	4.59	5.19
-0.87	0.63	2.07	-1.29	176.57	176.62	1.68	40.26	30.72	6.07
4.69	0.27	4.64	-1.23	65.91	67.11	1.89	23.11	6.56	8.18
1.90	0.04	1.70		8.69	9.11	0.44	2.76	0.94	1.89
0.60	6.63	6.77	1.83	59.87	56.66	1.23	25.94	3.78	5.20
3.09	0.41	2.49	-1.72	56.45	54.58	1.24	18.46	4.54	6.53
5.95	0.03	5.08	-0.55	13.41	11.21	6.64	8.67	1.23	2.67
2.21	0.81	2.81	-6.30	41.39	46.60	1.92	16.57	5.95	4.39
0.53	1.64	2.26	5.94	43.81	45.33	9.84	39.57	12.40	7.73
6.67	1.31	6.89	1.04	55.54	59.24	1.83	25.39	13.33	8.87
6.11	2.31	7.94	5.32	49.14	51.48	3.02	20.64	7.75	7.06
3.27	0.18	2.94	0.15	37.50	37.50	0.58	12.20	3.74	6.23
8.45	0.70	7.71	-2.52	69.61	70.16	2.53	30.09	8.21	13.88
2.37	0.11	1.82	-1.67	40.00	37.57	0.28	15.50	2.57	4.41
23.39	1.34	20.43	-5.91	174.77	177.36	2.31	71.93	24.47	20.43
13.44	0.64	11.98	2.17	202.62	202.81	0.69	48.36	18.92	23.96
9.87	2.51	9.50	-3.71	57.39	55.61	3.11	31.13	4.72	9.50
7.30	0.55	6.09	-2.33	52.99	50.93	0.37	27.72	4.64	9.59
-0.45	7.26	5.62	1.16	239.95	238.75	2.80	96.39	38.22	19.91
2.74	0.12	2.23	-3.39	21.50	22.41	1.11	9.20	2.42	3.71
-0.11	0.17	0.07	-0.06	2.72	2.76	0.01	2.81	0.82	0.61
2.36	0.14	2.11	-0.73	14.22	14.16	0.74	7.40	2.11	2.35
6.29	0.41	6.30	5.56	61.81	61.66	1.04	28.92	7.89	9.69
0.57	0.19	0.58	0.03	13.78	13.78	0.33	4.25	1.70	1.09
2.57	0.06	2.54	-0.34	11.21	12.24	1.19	3.67	1.25	2.88
				-0.19	0.30		0.08	0.03	0.04
0.45	0.98	1.62	-1.32	30.47	30.77	0.07	8.23	2.32	3.80
1.81	0.07	1.42	0.03	2.52	2.72	0.70	0.72	0.14	1.34
0.08		0.05	-0.41	1.52	1.30		0.21	0.03	0.24
2.32	0.10	2.25	0.04	3.22	5.09	0.26	3.00	0.53	1.08
3.39	0.31	3.50	0.71	11.88	13.50	5.57	5.53	1.85	2.40

1-B-23 按地区分组的酒、饮料和

地区	工业销售产值(当年价格)	出口交货值	资产总计	固定资产合计	固定资产原价	累计折旧	流动资产合计	应收账款	存货
全　国	**15149.36**	**246.92**	**13119.56**	**4199.19**	**6086.44**	**2311.67**	**6988.83**	**805.87**	**2098.58**
北　京	208.57	1.87	381.84	66.64	132.88	62.75	166.09	16.08	31.97
天　津	148.01	0.73	152.59	67.44	115.33	49.28	63.32	22.39	20.09
河　北	447.16	5.23	442.86	137.69	190.53	68.42	226.16	21.72	75.83
山　西	143.16	0.34	211.76	58.67	77.81	25.55	119.80	7.66	52.49
内蒙古	286.29		244.43	86.39	116.09	39.61	98.27	9.23	39.46
辽　宁	498.58	11.34	274.59	140.15	242.61	112.78	100.64	15.17	34.23
吉　林	468.75	0.48	280.15	140.18	274.95	149.99	100.11	16.17	37.08
黑龙江	312.53	0.01	267.36	136.96	194.13	72.22	106.94	14.38	44.71
上　海	105.63	7.02	116.07	42.46	85.04	43.19	64.02	17.88	19.82
江　苏	938.19	2.68	893.36	298.76	419.39	138.87	451.02	46.45	181.17
浙　江	499.94	41.04	554.74	171.11	268.44	110.15	290.94	41.35	112.24
安　徽	530.07	9.77	418.34	129.60	179.62	57.86	227.45	25.65	93.51
福　建	692.04	12.05	413.55	131.24	196.91	77.26	226.75	45.90	56.92
江　西	255.52	1.92	213.30	109.08	145.62	46.73	81.33	6.61	27.46
山　东	1313.05	48.32	892.97	318.03	435.78	150.47	397.10	42.93	139.19
河　南	1191.94	17.97	862.39	354.69	382.35	103.32	409.26	43.69	86.89
湖　北	1269.88	3.27	1001.73	237.13	326.88	124.86	650.32	73.34	111.66
湖　南	563.15	9.87	251.57	130.11	171.72	55.63	91.60	11.28	35.32
广　东	970.82	10.54	716.27	228.88	441.76	221.67	385.41	87.33	75.22
广　西	376.77	1.57	240.19	110.98	147.03	49.48	105.80	18.69	33.25
海　南	18.70	0.02	33.88	11.17	16.92	6.48	20.15	2.58	4.44
重　庆	157.01	1.97	129.34	49.46	75.97	29.48	62.09	9.98	23.44
四　川	2334.80	20.55	2095.73	514.43	728.01	287.08	1370.93	127.14	334.02
贵　州	515.16	12.44	1071.76	202.71	249.66	61.06	677.07	17.98	216.36
云　南	185.40	5.83	237.90	67.37	89.71	30.38	132.54	19.25	55.02
西　藏	13.23		33.20	10.68	14.53	4.25	21.91	1.29	1.37
陕　西	392.65	16.42	287.68	107.42	159.38	57.47	147.42	22.04	62.68
甘　肃	152.07	3.65	173.63	56.75	99.95	47.12	77.18	11.46	35.34
青　海	32.81		37.87	16.66	18.77	2.74	17.69	1.72	4.88
宁　夏	26.86	0.02	52.06	17.00	20.90	4.81	28.28	3.24	13.00
新　疆	100.60		136.48	49.37	67.77	20.74	71.24	5.28	39.51

精制茶制造业主要经济指标

单位：亿元

产成品	负债合计	流动负债合计	应付账款	所有者权益合计	实收资本	国家资本	集体资本	法人资本	个人资本
717.89	**6253.80**	**5360.10**	**1005.52**	**6799.22**	**3024.67**	**192.18**	**256.03**	**959.46**	**771.83**
10.32	172.78	159.26	29.23	209.06	85.19	1.59	0.37	22.42	1.63
8.83	94.09	89.81	23.54	58.53	55.36	3.99	3.86	6.70	0.97
28.33	248.08	216.48	37.46	192.81	97.18	4.65	0.71	44.73	23.12
25.92	101.75	89.71	13.36	109.99	41.82	12.23	2.32	12.17	9.59
8.76	133.21	106.61	21.33	110.83	55.80	7.99	0.68	25.95	16.29
11.53	121.90	102.01	29.27	152.03	79.00	3.52	0.31	28.23	13.65
10.27	133.77	112.98	15.12	136.16	348.33	5.96	204.74	24.18	102.16
15.12	157.91	138.59	29.50	109.22	70.73	3.52	1.95	19.02	19.31
3.82	56.98	54.46	13.31	59.09	71.04	2.02	0.01	18.45	1.52
30.48	391.92	330.62	59.57	501.06	189.17	5.32	1.98	102.66	22.08
41.00	282.43	249.37	53.06	268.95	116.32	4.45	0.43	37.47	15.68
35.35	207.14	184.57	31.20	209.39	79.99	12.59	0.54	28.10	22.72
27.63	173.88	154.75	40.44	236.86	89.68	0.12	0.50	31.61	28.31
14.38	129.41	109.20	15.83	82.96	42.22	0.53	5.00	23.56	5.86
50.93	380.67	321.14	64.96	496.54	164.82	12.41	5.50	62.47	41.51
30.49	398.88	330.28	59.08	458.29	175.18	7.16	2.38	77.81	68.22
46.82	631.32	570.59	82.45	363.00	167.06	3.56	3.00	42.97	85.33
12.54	98.95	64.00	14.50	151.31	86.41	7.36	3.77	47.25	19.46
24.23	371.43	326.69	94.34	341.71	303.61	4.21	4.76	50.68	18.92
15.00	139.39	113.37	24.84	109.07	62.26	7.17	1.79	32.74	10.73
1.53	15.25	13.52	4.59	18.62	17.51	0.60	0.47	5.64	0.15
7.46	69.51	63.62	8.03	59.49	21.96	2.21	0.37	7.08	5.98
138.37	935.96	791.91	143.93	1155.56	191.96	13.16	7.17	70.28	82.39
33.90	270.51	232.95	27.55	797.23	208.74	50.61	0.42	36.94	118.25
18.96	132.39	110.80	20.20	105.51	36.67	0.45	1.25	17.84	9.75
0.50	16.25	14.24	1.03	16.95	9.17	0.07		3.94	0.31
33.06	148.19	117.17	20.76	137.45	60.63	4.87	0.38	22.74	14.98
15.19	101.51	79.47	13.38	64.30	41.73	1.57	1.29	27.46	7.45
2.72	22.69	22.14	2.32	15.19	9.24			7.00	0.43
6.21	28.32	26.68	2.95	22.95	9.52	0.70		2.50	0.49
8.25	87.35	63.11	8.40	49.13	36.40	7.61	0.10	18.86	4.57

1-B-23 续表

地区	港澳台资本	外商资本	主营业务收入	主营业务成本	主营业务税金及附加	销售费用	管理费用	税金
全国	**245.66**	**591.87**	**15327.37**	**11197.63**	**531.01**	**1230.06**	**683.02**	**51.85**
北京	32.12	27.07	228.07	160.41	9.06	39.81	13.01	0.41
天津	7.46	32.39	188.15	152.54	2.14	25.12	6.92	0.69
河北	2.80	21.16	441.64	326.87	20.46	30.68	15.06	1.22
山西	1.75	3.60	199.53	131.90	14.45	23.27	11.28	1.02
内蒙古	0.21	2.08	276.46	202.81	9.98	13.36	13.41	0.73
辽宁	4.02	29.26	485.21	389.11	11.54	23.82	16.37	1.57
吉林	2.79	8.50	465.12	381.52	13.82	20.28	20.44	3.09
黑龙江	2.36	24.57	308.76	247.61	10.59	18.62	15.26	1.05
上海	15.81	33.23	120.54	81.55	2.56	20.58	8.45	0.21
江苏	17.54	39.58	927.62	664.43	27.00	59.24	35.67	1.92
浙江	20.54	37.75	490.68	353.12	11.22	64.44	18.94	1.66
安徽	3.84	12.21	506.98	342.67	35.43	47.46	22.37	1.70
福建	11.04	18.10	750.76	568.28	12.32	58.35	36.31	1.64
江西	2.91	4.35	263.22	200.73	8.56	15.57	9.78	0.50
山东	12.84	30.09	1360.65	1072.38	45.40	87.04	40.08	3.01
河南	4.55	13.51	1208.06	987.09	20.14	43.31	26.99	1.74
湖北	15.35	16.68	1229.67	906.21	29.72	122.37	63.11	9.14
湖南	1.55	7.00	544.29	421.65	8.33	32.66	38.63	4.45
广东	64.06	160.99	942.66	638.75	21.12	181.98	42.22	2.31
广西	2.35	4.91	342.10	257.76	10.98	17.93	19.92	0.68
海南	0.02	10.43	19.65	14.51	0.68	1.94	1.74	0.03
重庆	2.86	3.46	160.05	114.43	5.23	14.48	9.53	0.59
四川	1.05	17.91	2439.22	1797.07	125.42	156.94	111.61	6.84
贵州	0.13	2.38	563.26	180.74	45.91	41.07	42.82	3.02
云南	1.38	6.00	184.93	127.21	4.07	15.29	9.18	0.48
西藏	1.30	3.55	13.50	8.28	0.13	0.70	0.78	0.01
陕西	9.94	7.35	381.24	272.84	10.13	27.18	20.14	1.28
甘肃	0.01	3.95	133.29	94.26	5.53	10.59	5.45	0.49
青海	1.38	0.43	27.98	19.08	2.48	4.69	1.80	0.13
宁夏	0.44	5.39	24.16	14.46	1.26	2.95	1.78	0.14
新疆	1.26	4.01	99.93	67.36	5.35	8.34	3.97	0.12

单位：亿元

财务费用	利息收入	利息支出	投资收益（损失以"–"号记）	营业利润	利润总额	亏损企业亏损额	应交增值税	应交所得税	从业人员平均人数（万人）
102.86	**41.82**	**129.22**	**-2.78**	**1714.19**	**1716.90**	**69.92**	**656.07**	**308.62**	**157.81**
1.59	2.93	4.73	1.49	7.50	9.96	5.52	13.67	2.71	3.32
0.91	0.29	1.09	-1.63	-1.35	-1.35	5.16	6.96	0.78	1.51
3.60	0.88	4.25	-1.10	45.32	48.46	1.43	17.75	6.82	4.12
1.31	0.76	1.84	0.06	17.63	17.32	1.24	10.88	0.97	2.37
2.63	0.14	2.12	-12.67	31.98	25.79	1.19	8.26	2.51	3.04
1.63	0.24	1.77	-1.29	43.04	40.47	1.69	13.61	4.31	3.90
4.56	0.08	3.83	-0.17	25.26	21.54	1.19	12.11	2.27	4.01
2.19	0.30	2.16	-0.02	12.39	13.63	6.62	11.21	3.21	3.41
0.21	0.49	0.86	2.81	10.33	10.45	1.60	4.94	2.33	1.48
5.12	3.31	8.84	12.15	148.90	150.65	2.75	44.81	32.36	8.75
4.35	1.19	5.47	6.84	48.72	51.03	3.12	22.10	9.91	5.03
2.79	0.97	3.39	0.03	60.73	60.41	1.73	27.20	11.25	6.75
3.75	1.20	4.42	0.38	72.67	72.48	0.80	26.06	6.82	10.45
2.44	0.13	2.48	-1.38	23.21	23.67	1.44	11.13	4.20	3.02
9.90	1.93	9.69	6.81	115.71	118.06	2.88	49.41	19.07	12.04
13.68	0.17	11.00	-0.58	111.99	113.06	3.19	27.57	15.42	12.95
10.93	3.92	13.36	-11.61	118.42	119.09	1.25	44.45	20.02	10.85
4.92	0.18	3.87	0.51	33.13	30.67	1.69	19.55	3.61	5.83
3.13	1.78	4.92	1.87	72.83	73.81	8.45	45.88	17.22	8.66
3.01	0.83	3.00	-7.64	41.02	41.93	1.48	10.66	2.45	4.28
-0.11	0.18	0.06		0.95	1.09	0.23	0.86	0.30	0.47
2.04	1.06	3.06	0.06	15.75	15.89	0.20	9.03	1.64	2.17
8.26	12.50	19.32	0.73	299.08	299.85	5.36	124.22	67.23	22.18
-0.80	4.56	2.84	0.48	258.86	257.22	0.40	57.24	59.50	5.52
3.40	0.34	3.42	0.02	26.10	27.13	0.88	5.53	2.67	4.08
0.06	0.04	0.05		3.39	4.06		1.37	0.61	0.13
2.90	0.87	2.94	-0.49	45.96	44.83	2.59	18.63	4.69	3.59
2.53	0.24	2.38		5.10	5.75	1.01	3.50	0.82	1.69
-0.01	0.16	0.03	1.00	1.73	1.00	2.54	1.64	0.43	0.47
0.66	0.02	0.66		3.28	3.58	1.08	1.34	0.56	0.43
1.28	0.11	1.34	0.55	14.59	15.36	1.19	4.50	1.90	1.29

1-B-24　按地区分组的

地　区	工业销售产值(当年价格)	出口交货值	资产总计	固定资产合计	固定资产原价	累计折旧	流动资产合计	应收账款	存货
全　国	**8722.41**	**35.98**	**7979.59**	**1236.24**	**2296.41**	**1337.15**	**5606.47**	**407.55**	**3376.74**
北　京	46.96	1.16	35.76	14.29	23.33	9.04	19.97	2.22	11.30
天　津	48.90		33.32	15.59	22.80	7.46	15.58	2.24	3.22
河　北	174.28	0.02	110.13	29.85	54.44	27.09	79.03	12.74	50.98
山　西	41.35		28.73	8.27	13.58	5.66	20.18	1.98	3.70
内蒙古	85.60		63.38	15.84	26.06	10.22	45.34	13.56	12.17
辽　宁	75.27	0.13	50.23	24.39	30.90	12.04	25.81	2.80	19.39
吉　林	126.70		124.30	26.97	45.87	20.26	92.39	15.80	62.63
黑龙江	114.16		90.18	12.43	28.56	148.85	55.89	6.42	24.58
上　海	851.83	8.87	1123.01	47.68	103.79	56.11	862.54	18.63	227.01
江　苏	480.22		485.01	52.53	104.83	53.97	375.32	10.31	145.51
浙　江	379.45	2.93	346.84	48.76	94.91	46.22	242.98	16.92	173.01
安　徽	319.15	0.33	269.37	62.19	104.11	48.59	190.60	7.17	150.83
福　建	244.97	0.18	230.47	68.86	118.20	52.79	141.10	5.22	124.84
江　西	156.10		137.29	16.70	37.48	20.89	102.93	19.16	56.81
山　东	517.94	0.14	308.56	52.22	115.54	64.55	189.20	11.72	136.66
河　南	449.99		349.01	87.22	112.07	66.96	260.73	8.68	177.02
湖　北	503.55	1.34	417.90	32.55	81.79	49.63	329.11	31.20	253.85
湖　南	778.30	2.96	695.62	80.77	180.95	102.92	505.56	18.86	341.41
广　东	525.66	3.58	485.15	68.44	132.95	65.35	355.75	21.11	238.40
广　西	188.65		148.66	47.46	55.88	30.83	101.01	29.39	49.24
海　南	24.51		23.24	9.92	10.76	2.51	12.14	3.42	1.82
重　庆	156.27		92.26	20.84	35.15	21.32	68.15	14.57	38.66
四　川	254.46	0.03	142.22	48.99	79.40	33.81	87.17	1.29	83.89
贵　州	343.29	0.04	248.26	56.19	104.85	51.81	171.39	13.36	124.41
云　南	1463.26	13.71	1657.66	215.04	472.12	274.75	1066.02	98.60	753.32
西　藏									
陕　西	195.74	0.55	145.01	34.43	65.74	31.31	95.21	10.85	57.88
甘　肃	137.42		92.25	17.51	26.99	14.29	71.50	7.25	45.51
青　海									
宁　夏	0.22		0.28	0.03	0.06	0.03	0.25		0.19
新　疆	38.21		45.48	20.29	13.32	7.89	23.62	2.07	8.49

烟草制品业主要经济指标

单位：亿元

产成品	负债合计	流动负债合计	应付账款	所有者权益合计	实收资本	国家资本	集体资本	法人资本	个人资本
215.92	**2025.08**	**1988.58**	**852.41**	**5952.19**	**973.26**	**373.62**	**2.29**	**594.36**	**1.78**
0.13	9.12	9.11	0.88	26.64	9.30			9.30	
0.42	33.32	33.32	0.77						
2.34	30.65	30.30	11.76	79.49	13.16	1.15		12.02	
0.97	3.30	3.30	2.49	25.43	6.13			6.13	
2.16	17.70	17.69	16.03	45.68	13.46	12.33		1.13	
1.36	48.46	47.85	8.43	1.77	1.66	1.62	0.03		
1.33	61.94	61.93	20.51	62.36	18.59	0.68	0.01	17.91	
1.39	17.08	16.88	9.92	73.10	16.16	15.08		0.82	0.26
17.28	146.18	145.93	30.88	976.83	20.30	17.40		2.90	
3.63	54.45	54.15	28.94	430.56	15.82	11.92		3.90	
7.22	61.48	61.46	39.46	285.36	10.32			9.82	0.36
5.14	79.10	76.71	24.96	190.27	38.48	1.04	0.82	36.62	
3.67	75.14	75.14	43.77	155.33	37.40	18.43		18.97	
3.92	30.67	30.67	12.75	106.62	21.71	21.07			
3.54	92.12	89.15	29.13	216.44	79.04	77.52	0.15	1.34	0.03
6.81	108.44	107.82	40.25	240.57	60.50	3.19	0.27	56.52	0.10
25.93	203.20	202.58	63.69	214.70	23.29	0.13		23.15	
18.60	141.61	141.58	36.46	554.01	46.97	43.92	0.16	2.89	
13.00	155.14	155.14	89.09	330.00	150.04	3.15	0.40	145.49	1.00
2.39	24.02	23.73	14.47	124.65	51.71	47.45		4.25	
0.58	7.69	5.76	3.49	15.55	4.71			4.71	
4.24	45.89	34.44	14.97	46.37	11.65	8.20	0.15	3.31	
4.68	70.61	68.14	26.75	71.61	22.40	0.80	0.01	21.60	
6.82	69.34	69.00	35.61	178.93	66.68	30.78		35.90	
73.70	377.40	366.94	217.17	1277.94	168.37	47.17	0.30	120.87	0.03
3.26	31.69	31.69	14.65	113.31	26.27	8.50		17.77	
0.51	17.35	16.28	6.37	74.90	37.23	0.20		37.03	
0.19	0.17	0.16	0.02	0.11	0.02	0.02			
0.69	11.82	11.72	8.73	33.66	1.87	1.87			

1-B-24 续表

地 区			主营业务收 入	主营业务成 本	主营业务税金及附加	销售费用	管理费用	
	港澳台资本	外商资本						税金
全 国	**0.14**	**1.06**	**8308.08**	**2128.02**	**4425.20**	**154.20**	**445.15**	**17.45**
北 京			46.94	16.54	23.30	1.29	3.00	0.11
天 津			48.90	15.89	21.46	0.71	2.99	0.13
河 北			164.02	55.66	78.14	1.14	11.31	0.24
山 西			40.41	13.08	17.57	0.42	2.51	0.08
内蒙古			82.04	24.66	42.12	0.84	4.79	0.21
辽 宁			74.74	23.04	38.88	0.90	7.60	0.31
吉 林			124.24	36.13	56.35	3.20	9.29	0.36
黑龙江			114.30	39.69	51.43	1.26	7.32	0.19
上 海			849.54	91.31	534.18	5.12	34.71	0.84
江 苏			474.30	96.11	271.65	5.69	17.46	0.56
浙 江	0.14		377.10	71.59	236.77	11.73	16.97	0.60
安 徽			318.63	94.50	161.45	6.98	19.35	0.63
福 建			236.66	69.61	129.73	2.00	12.49	0.55
江 西		0.64	155.65	47.60	68.97	2.52	8.86	0.30
山 东			322.85	107.83	145.26	9.66	21.35	0.62
河 南		0.42	448.38	131.05	202.34	11.24	25.69	0.76
湖 北			489.63	108.21	279.26	16.08	24.45	0.49
湖 南			778.67	153.42	459.60	11.66	43.55	1.41
广 东			399.51	128.84	192.91	11.19	25.28	0.91
广 西			188.65	57.37	93.89	3.34	9.14	0.31
海 南			24.51	8.99	11.14	0.15	1.29	0.05
重 庆			145.54	49.88	73.81	0.29	8.13	0.27
四 川			255.61	82.56	142.60	0.31	12.37	0.48
贵 州			339.47	93.84	171.94	6.77	21.49	0.67
云 南			1438.12	396.28	734.27	34.12	77.22	5.52
西 藏								
陕 西			193.74	64.48	89.37	3.46	11.21	0.52
甘 肃			137.48	36.75	79.89	1.68	3.40	0.27
青 海								
宁 夏			0.23	0.12		0.01	0.05	
新 疆			38.21	12.99	16.92	0.46	1.87	0.07

单位：亿元

财务费用			投资收益（损失以“－”号记）	营业利润	利润总额	亏损企业亏损额	应交增值税	应交所得税	从业人员平均人数（万人）
	利息收入	利息支出							
-11.40	**23.74**	**12.42**	**55.29**	**1230.09**	**1222.61**	**0.33**	**1031.00**	**298.47**	**19.86**
0.14	0.06	0.20	0.02	3.17	3.16		5.53	0.79	0.09
-0.10	0.10			7.89	7.89		5.67	1.98	0.10
-0.01	0.01			17.84	17.78		18.68	4.68	0.59
-0.22	0.22			7.06	7.01		4.84	1.75	0.10
-0.25	0.25			9.87	9.74		9.51	2.52	0.29
-0.25	0.03			4.76	4.81		8.23	1.35	0.22
1.21	0.02	1.17	0.10	16.92	16.29		13.04	4.09	0.40
-0.09	0.16	0.06	0.02	14.79	15.01		12.65	3.53	0.59
-9.05	9.05		18.04	212.03	211.85		153.39	48.62	0.41
-5.46	5.46		0.86	89.93	90.93		62.38	22.74	0.62
-0.55	0.71	0.12	3.39	43.85	41.89		48.26	9.60	0.13
0.34	0.45	0.76	0.06	35.84	35.36	0.08	33.98	9.19	1.10
0.84	0.11	0.95	0.53	23.60	23.13		25.98	6.76	0.48
0.27	0.21	0.53		27.57	27.51		17.56	4.33	0.53
0.28	0.12	0.41	-0.12	39.23	38.51	0.22	33.78	9.00	1.32
0.02	0.56	0.57	0.54	78.92	78.29		50.48	19.69	2.01
3.15	0.26	3.51	5.45	57.25	56.03		60.59	12.56	0.81
-1.52	0.02	-1.55	5.62	116.26	118.52		99.50	28.60	1.56
1.12	0.19	1.30	2.80	48.95	45.65		41.49	12.00	0.82
-0.64	0.65	0.01	0.91	27.56	27.12		22.74	7.19	0.33
0.08	0.01	0.09		2.85	3.26		2.54	0.82	0.06
0.96	0.09	1.05	0.04	12.51	12.38		16.84	3.42	0.42
0.73	0.01	0.73	0.21	17.40	17.34	0.01	27.57	4.75	0.53
-0.39	0.50	0.09	0.13	46.17	45.08		40.65	12.25	1.06
-2.15	4.20	2.01	16.53	220.72	221.52		172.12	54.61	3.84
0.03	0.19	0.21	0.15	25.33	24.93		22.99	6.24	1.00
0.16	0.02	0.18	0.01	15.66	15.48	0.02	15.79	3.87	0.33
				0.04	0.04		0.02		
-0.07	0.07			6.11	6.09		4.18	1.52	0.10

1-B-25 按地区分组的

地 区	工业销售产值(当年价格)	出口交货值	资产总计	固定资产合计	固定资产原价	累计折旧	流动资产合计	应收账款	存货
全 国	**35446.74**	**3922.84**	**22350.05**	**7934.12**	**12770.92**	**5563.38**	**11815.85**	**2362.75**	**3466.14**
北 京	34.15	5.83	61.91	12.04	19.36	7.17	38.99	7.91	8.75
天 津	89.81	18.18	131.51	51.88	77.12	23.19	69.54	7.59	27.92
河 北	1572.27	78.77	645.73	312.22	395.41	110.95	279.92	46.49	105.05
山 西	41.98	7.39	63.63	15.66	24.97	10.51	40.20	5.99	9.56
内蒙古	435.44	32.18	353.74	76.20	118.23	62.06	141.53	39.83	40.12
辽 宁	485.06	35.59	228.98	95.41	148.74	65.63	100.23	21.29	25.29
吉 林	128.84	5.34	82.93	51.36	192.99	144.05	29.13	9.32	6.45
黑龙江	81.40	3.38	58.58	20.36	31.22	14.03	29.51	6.24	13.30
上 海	233.11	49.10	260.84	45.64	99.16	54.58	159.77	48.80	46.57
江 苏	6336.52	798.43	4186.92	1391.35	2396.71	1048.03	2371.30	564.89	689.07
浙 江	5684.13	1189.14	5241.82	1344.95	2164.26	916.82	3270.06	749.57	763.27
安 徽	818.16	114.52	526.75	189.24	300.28	128.70	232.79	55.43	81.46
福 建	1786.31	121.59	1195.90	399.85	576.95	212.00	637.92	136.40	170.23
江 西	744.36	38.19	279.73	139.68	207.73	82.37	115.93	27.47	41.25
山 东	8179.46	618.07	3689.38	1674.40	2527.64	1079.29	1665.12	192.61	538.68
河 南	2204.95	29.76	1529.62	680.60	914.24	310.31	689.27	69.92	152.67
湖 北	1881.02	125.75	823.32	367.20	844.69	501.46	388.91	66.55	134.40
湖 南	566.17	19.34	268.48	115.84	168.82	59.69	111.68	18.70	52.65
广 东	2392.25	549.85	1343.32	467.48	906.84	474.25	748.74	176.33	269.08
广 西	204.10	2.89	120.94	36.93	44.70	10.83	70.27	10.66	31.83
海 南	2.67	1.59	11.84	1.47	4.05	2.58	4.63	0.22	0.36
重 庆	183.80	24.00	83.44	40.81	46.52	19.60	39.44	6.48	11.25
四 川	826.17	18.69	421.86	176.71	284.28	127.86	173.46	29.55	55.06
贵 州	10.56		9.48	2.60	1.95	0.31	5.90	1.02	1.26
云 南	18.30	4.49	43.02	7.80	10.55	4.21	19.92	4.07	7.26
西 藏	0.72		1.54	0.25	0.32	0.07	1.28	0.15	0.29
陕 西	193.05	7.41	120.97	50.93	75.08	29.91	54.11	6.09	26.58
甘 肃	23.53	0.60	24.18	7.32	10.57	5.04	14.12	4.32	5.09
青 海	28.80	0.64	22.92	9.78	12.49	3.23	12.28	1.88	4.19
宁 夏	140.89	18.29	263.10	45.50	34.77	8.74	185.60	29.89	99.07
新 疆	118.76	3.86	253.69	102.66	130.30	45.92	114.29	17.11	48.14

纺织业主要经济指标

单位：亿元

产成品	负债合计	流动负债合计	应付账款	所有者权益合计	实收资本	国家资本	集体资本	法人资本	个人资本
1463.95	**12406.29**	**10295.62**	**1749.89**	**9859.74**	**4630.77**	**98.43**	**54.85**	**1355.82**	**1954.66**
5.71	33.41	25.73	8.86	28.49	23.26	1.60	0.08	19.34	1.24
17.51	83.17	69.29	6.78	48.31	32.03	19.99	0.15	1.96	4.03
49.46	284.31	227.46	38.48	352.57	173.98	1.98	0.62	45.93	120.57
3.68	47.88	44.60	3.98	15.62	11.18	0.77	0.12	2.94	7.28
12.50	210.95	139.19	30.48	140.23	31.38	0.73	0.70	16.68	7.22
11.76	109.12	86.23	25.56	117.39	51.56	0.42	4.04	12.86	24.83
2.81	45.88	22.81	8.32	36.40	7.45	0.01	0.11	1.92	4.19
7.13	28.56	23.66	6.11	29.85	9.13			3.07	4.25
19.43	109.87	98.59	36.88	151.03	73.93	0.08	0.65	23.44	16.14
304.73	2522.43	2284.72	395.33	1660.26	846.78	11.95	10.75	212.94	329.49
367.60	3356.04	3082.65	425.72	1866.28	929.69	2.60	5.36	274.93	371.14
35.30	276.50	212.25	44.64	247.20	101.92	5.72	0.57	41.93	40.19
81.08	596.99	501.94	86.56	589.36	336.26	0.84	2.88	61.56	146.99
24.40	138.45	107.00	21.71	136.85	61.29	1.04	0.50	20.51	33.02
164.94	1886.16	1295.53	204.22	1776.36	492.89	9.36	13.48	204.96	188.39
55.87	621.67	476.70	54.98	902.87	542.84	8.60	2.87	99.13	426.29
64.52	400.15	311.67	53.88	417.00	185.05	5.59	2.29	82.27	82.88
27.81	150.12	120.79	19.77	117.22	54.42	4.22	1.59	28.23	18.15
77.99	707.21	596.25	174.42	622.05	404.98	2.84	1.62	69.52	46.71
11.54	110.17	65.04	10.40	45.96	26.83	1.05	0.46	13.26	6.26
0.13	3.51	0.96	0.34	8.33	5.41	0.03		5.38	
5.86	33.41	19.77	5.78	49.20	14.47	0.90	0.01	6.14	6.18
26.26	198.92	136.82	24.09	215.95	58.85	2.05	1.48	25.92	28.32
0.76	5.61	5.00	1.47	3.79	1.34	0.12	0.05	0.01	1.16
3.46	26.45	19.43	1.89	16.58	7.36	0.51	0.04	4.36	2.31
0.01	0.93	0.25	0.05	0.60	0.64			0.21	0.43
11.26	68.78	56.15	7.50	51.85	34.04	6.10	0.34	17.04	8.75
1.58	12.41	9.29	1.94	11.46	6.35	0.26	0.18	2.88	3.04
2.22	12.82	8.78	0.63	10.10	3.51			2.03	1.48
47.23	155.11	135.37	14.67	107.24	36.46	0.05		19.78	16.02
19.40	169.31	111.71	34.47	83.34	65.50	9.02	3.91	34.68	7.72

1-B-25 续表

地 区	港澳台资本	外商资本	主营业务收入	主营业务成本	主营业务税金及附加	销售费用	管理费用	税金
全 国	**645.49**	**505.36**	**36076.62**	**31788.31**	**177.91**	**506.27**	**946.58**	**63.45**
北 京	0.08	0.92	46.92	40.97	0.17	1.01	3.62	0.12
天 津	0.08	5.83	102.45	87.56	0.53	2.21	4.70	0.31
河 北	1.77	3.10	1622.21	1431.21	6.71	21.11	28.34	2.21
山 西	0.06		41.69	37.74	0.07	0.61	1.19	0.08
内蒙古	0.40	5.53	432.35	329.16	1.16	9.16	11.97	0.66
辽 宁	0.36	9.04	491.94	429.07	4.25	7.33	13.36	3.03
吉 林	0.40	0.78	119.24	104.33	0.63	2.47	9.21	0.98
黑龙江	1.54	0.27	78.87	70.35	0.19	1.30	2.40	0.11
上 海	14.67	18.97	243.70	205.02	0.60	10.43	16.30	0.09
江 苏	114.27	167.38	6404.39	5715.23	28.43	86.26	174.85	8.83
浙 江	174.42	101.23	5716.89	5055.99	25.95	68.60	180.69	10.37
安 徽	5.54	7.96	828.53	731.43	3.78	12.71	21.63	2.23
福 建	91.49	32.52	1780.57	1570.60	5.94	24.65	57.08	3.29
江 西	4.19	2.04	811.83	711.97	3.31	8.10	12.67	1.15
山 东	19.87	50.83	8485.39	7548.98	41.88	80.26	132.01	13.40
河 南	1.55	4.18	2276.26	1982.26	13.07	38.37	36.85	2.18
湖 北	10.67	1.22	1885.96	1625.95	15.78	45.84	79.28	4.45
湖 南	2.24		562.27	479.99	5.39	16.43	28.55	2.57
广 东	186.49	88.38	2375.58	2079.56	9.90	43.23	79.23	3.67
广 西	5.55	0.04	198.82	174.56	0.86	2.07	10.03	0.94
海 南			2.59	2.13		0.15	0.38	0.02
重 庆		1.24	187.09	162.50	1.02	2.44	3.39	0.37
四 川	0.92	0.10	826.31	725.04	6.12	14.15	22.73	1.47
贵 州			8.89	8.22	0.01	0.08	0.31	0.01
云 南		0.14	21.18	17.88	0.25	0.16	1.13	0.08
西 藏			0.63	0.51		0.06	0.05	
陕 西	0.86	0.95	189.03	158.53	1.24	1.98	4.32	0.38
甘 肃			22.26	20.08	0.10	0.58	1.02	0.02
青 海			22.60	20.87	0.01	0.28	0.87	0.06
宁 夏		0.62	157.09	133.54	0.14	1.17	3.48	0.26
新 疆	8.06	2.10	133.07	127.08	0.42	3.07	4.95	0.10

单位：亿元

财务费用			投资收益（损失以“–”号记）	营业利润	利润总额	亏损企业亏损额	应交增值税	应交所得税	从业人员平均人数（万人）
	利息收入	利息支出							
494.15	**40.79**	**464.18**	**-12.62**	**2150.21**	**2155.63**	**92.82**	**947.13**	**288.54**	**486.34**
0.67	0.05	0.63	0.24	1.04	1.22	0.53	0.64	0.32	0.59
1.42	0.19	1.72	0.09	6.15	6.50	0.48	3.66	1.17	1.76
11.45	0.16	9.90	-4.31	121.42	118.16	4.53	32.17	8.21	20.72
1.35	0.05	1.03	-0.63	0.58	0.59	0.69	1.17	0.25	0.97
7.63	1.31	8.56	3.64	63.43	54.00	0.66	9.38	6.89	2.62
3.15	0.19	2.36	-2.23	37.99	35.51	1.53	14.93	2.96	5.44
0.76		0.69	0.01	3.58	3.77	0.22	1.16	0.27	2.99
0.65		0.57		3.71	3.79	0.45	2.13	0.30	3.19
1.73	0.51	1.71	1.58	11.44	12.52	2.59	5.61	1.78	4.28
82.52	6.16	75.30	2.40	328.98	326.96	18.39	197.61	62.14	89.58
125.66	15.94	129.09	11.87	272.64	276.80	12.90	149.27	37.55	79.06
9.15	0.24	8.13	3.98	51.53	56.35	1.74	17.84	6.25	13.96
25.19	1.15	21.93	-4.92	113.28	114.40	2.26	35.06	6.43	22.33
4.67	0.08	3.97	1.04	60.98	60.27	1.09	24.76	3.14	9.79
119.65	9.80	118.36	-15.16	524.84	531.81	8.35	229.29	84.59	81.06
21.72	1.13	20.18	-6.63	162.40	163.55	14.61	44.41	21.67	33.51
29.77	0.40	18.63	-2.94	110.68	111.90	3.80	52.27	10.95	29.03
7.17	0.19	4.95	-0.13	25.76	23.09	2.13	20.83	2.53	9.49
13.08	1.92	11.37	1.49	139.69	140.31	5.88	51.50	23.25	43.76
2.21	0.07	2.12	-0.01	10.53	10.45	1.22	5.06	0.09	4.76
0.09	0.15	0.23		-0.11	-0.08	0.09	0.01		0.07
1.40	0.09	1.36	-0.04	13.10	12.72	0.50	11.03	1.21	2.57
9.45	0.28	8.39	2.12	51.63	49.01	1.49	25.56	4.26	12.93
0.09		0.05		0.26	0.52	0.27	0.11	0.01	0.25
1.00	0.02	0.97	0.10	0.96	0.94	0.42	0.54	0.35	0.70
				0.01	0.01				0.01
2.46	0.09	2.33	0.09	19.83	21.44	1.38	6.94	0.77	5.48
0.21	0.01	0.18	-0.01	0.26	0.32	0.43	0.20	0.04	0.62
0.95		0.30	-4.42	0.79	0.87	0.10	0.02		0.28
6.48	0.57	6.71		15.08	16.74	0.02	1.32	0.94	0.97
2.38	0.05	2.44	0.12	-2.26	1.18	4.08	2.66	0.21	3.56

1-B-26 按地区分组的纺织服装、

地区	工业销售产值(当年价格)	出口交货值	资产总计	固定资产合计	固定资产原价	累计折旧	流动资产合计	应收账款	存货
全国	**19382.34**	**4728.30**	**11181.59**	**3105.79**	**5065.05**	**2215.71**	**6788.75**	**1616.29**	**1874.99**
北京	136.65	30.06	171.06	21.49	37.97	17.31	130.03	23.68	61.80
天津	314.00	71.93	193.03	19.58	31.84	12.65	169.42	19.12	58.68
河北	383.24	57.15	162.28	62.99	85.49	26.52	86.48	20.16	25.19
山西	19.06		17.29	4.62	7.37	2.77	9.35	2.32	3.33
内蒙古	76.58	6.51	50.59	10.28	30.38	20.94	35.48	5.45	18.91
辽宁	860.59	206.64	274.60	109.02	181.02	79.65	137.85	20.65	37.83
吉林	96.47	29.37	44.48	11.74	132.85	122.94	28.14	4.22	11.36
黑龙江	29.25	0.30	15.23	5.89	13.40	7.58	5.84	1.67	1.32
上海	425.87	144.96	408.56	60.47	119.47	60.51	300.34	90.26	97.69
江苏	3742.18	919.88	2229.63	609.55	943.48	394.15	1265.06	285.84	351.80
浙江	2291.85	993.77	2216.98	443.12	657.25	250.70	1458.20	346.39	345.63
安徽	719.07	115.80	287.57	102.20	139.47	45.87	151.74	48.12	38.49
福建	1506.88	463.60	1037.53	249.32	360.33	122.28	693.76	207.84	160.94
江西	979.63	150.13	284.96	120.84	243.37	131.90	137.54	36.39	39.65
山东	2107.94	485.01	895.64	379.18	641.76	290.43	429.46	100.80	121.10
河南	757.34	22.69	437.12	216.30	260.51	59.64	175.41	25.95	28.02
湖北	809.71	89.61	396.74	126.10	262.59	145.05	234.39	38.73	50.32
湖南	263.15	9.80	98.40	47.96	57.07	13.96	40.88	11.20	8.62
广东	3387.28	905.80	1701.43	419.85	743.95	373.32	1151.98	285.19	368.54
广西	99.63	8.14	46.99	11.92	15.54	5.57	30.90	12.09	8.53
海南	0.25		0.19	0.05	0.06	0.02	0.14	0.12	0.01
重庆	93.61	10.52	47.18	15.70	19.74	5.26	27.90	7.60	12.35
四川	186.05	3.32	88.81	36.88	47.59	13.01	41.45	10.03	9.89
贵州	11.58	0.20	7.12	2.40	3.13	1.00	4.12	0.62	1.03
云南	7.39	0.79	12.13	2.28	2.43	0.67	8.68	1.05	1.40
西藏									
陕西	44.39	0.06	27.17	7.48	15.47	8.31	16.54	3.82	7.82
甘肃	6.40		3.05	0.91	0.81	0.17	1.70	0.39	0.48
青海	20.80	0.93	12.88	5.71	7.90	2.27	5.94	2.52	1.25
宁夏	1.46	0.10	6.69	0.75	1.24	0.49	5.88	3.36	1.69
新疆	4.03	1.23	6.25	1.20	1.57	0.76	4.15	0.70	1.33

服饰业主要经济指标

单位：亿元

产成品	负债合计	流动负债合计	应付账款	所有者权益合计	实收资本	国家资本	集体资本	法人资本	个人资本
919.18	**5552.87**	**4736.14**	**1260.54**	**5558.47**	**2370.62**	**22.20**	**22.60**	**779.39**	**748.49**
36.04	106.51	98.84	31.99	64.55	32.19	0.45	1.22	13.60	9.73
52.80	47.01	44.00	11.22	145.81	21.86	0.03	0.08	1.91	7.72
12.63	76.58	64.66	20.20	84.63	35.53	1.13	0.40	11.92	21.16
1.87	8.37	7.97	2.17	8.91	3.22	0.42	0.21	1.33	1.26
8.61	30.76	23.59	8.64	19.00	10.94	0.58	0.05	4.71	5.09
21.79	116.11	91.14	17.09	156.79	55.50	0.50	2.06	20.13	22.82
7.80	25.96	16.90	5.88	18.50	8.48		0.06	3.14	2.54
0.18	4.15	3.73	0.43	11.07	2.28	0.02	0.86	0.50	0.88
65.51	227.98	198.22	77.43	179.98	102.36	0.43	3.62	27.80	12.22
158.02	1229.41	1051.38	268.39	997.63	404.88	4.85	2.93	126.72	165.71
160.66	1266.56	1176.32	265.50	943.12	412.61	1.23	2.08	120.80	124.93
16.53	146.96	121.14	29.95	137.18	64.97	0.49	1.26	22.22	29.49
85.81	407.85	334.78	90.14	619.72	217.14	1.98	1.44	53.77	46.35
26.29	105.23	85.48	24.84	170.52	69.26	0.69	0.32	27.80	26.67
47.94	409.09	303.63	81.89	478.63	189.27	1.20	2.85	89.29	53.98
10.42	126.54	89.20	14.06	300.65	135.97	0.26	0.56	61.23	69.97
26.62	184.66	154.54	30.59	211.32	125.00	0.73	0.77	78.56	37.36
4.84	36.89	25.23	4.45	60.87	25.74	0.09	0.11	9.44	14.14
149.82	874.74	747.71	251.25	815.26	404.52	0.86	1.57	87.57	75.97
5.95	27.81	25.56	5.04	18.16	7.26	0.10	0.09	2.31	2.90
	0.14	0.14	0.05	0.05	0.05			0.04	0.02
8.00	21.07	17.62	4.18	25.70	6.80	0.14		2.56	2.61
5.66	31.01	21.56	6.42	57.00	19.39	4.03	0.06	5.57	8.48
0.50	2.67	1.51	0.51	4.46	3.41	0.25		2.10	0.69
1.07	7.46	6.32	0.94	4.66	2.57	0.25		0.13	2.20
1.29	13.17	9.24	3.57	13.92	4.53	0.22		1.54	2.77
0.40	1.52	1.30	0.56	1.42	0.73		0.02	0.56	0.15
0.35	6.87	5.71	0.45	5.78	2.45	0.72		1.23	0.50
1.08	4.91	4.70	2.27	1.76	0.11	0.08			0.01
0.69	4.86	4.04	0.44	1.39	1.61	0.48		0.94	0.19

1-B-26 续表

地区	港澳台资本	外商资本	主营业务收入	主营业务成本	主营业务税金及附加	销售费用	管理费用	税金
全 国	**471.51**	**318.75**	**19454.61**	**16419.39**	**118.93**	**661.80**	**833.61**	**39.54**
北 京	2.77	4.42	156.23	106.61	0.92	23.24	15.09	0.24
天 津	10.55	1.58	313.29	217.88	0.96	67.27	12.42	0.96
河 北	0.26	0.66	396.06	350.07	1.60	7.28	8.23	0.35
山 西			15.91	13.15	0.05	0.35	1.15	0.03
内蒙古	0.10	0.40	75.88	61.14	0.21	2.59	4.13	0.22
辽 宁	2.53	7.47	831.60	711.31	5.06	19.26	32.60	2.62
吉 林		2.74	95.09	86.69	0.25	2.39	2.86	0.14
黑龙江		0.02	29.19	25.14	0.05	0.31	0.46	0.01
上 海	12.55	45.74	440.26	358.71	1.05	39.53	36.35	0.35
江 苏	44.42	60.26	3839.06	3279.69	23.59	104.95	145.69	5.14
浙 江	102.02	61.54	2273.50	1906.90	13.12	85.94	124.34	5.14
安 徽	6.70	4.80	718.04	617.32	5.10	15.48	25.46	1.98
福 建	84.33	29.27	1499.38	1244.34	9.00	54.33	59.27	3.67
江 西	10.75	2.91	1034.41	887.51	4.56	24.32	27.83	1.51
山 东	8.58	33.36	2095.87	1784.18	16.03	47.76	84.73	5.94
河 南	1.56	1.62	765.42	654.20	5.14	14.34	16.07	0.75
湖 北	5.75	1.32	789.53	678.68	6.99	25.50	32.90	2.97
湖 南	1.67	0.30	259.47	212.88	3.10	10.31	19.58	1.25
广 东	172.89	59.53	3352.80	2840.33	18.29	99.09	155.22	4.74
广 西	1.42	0.45	99.55	75.31	0.88	1.70	12.29	0.95
海 南			0.20	0.16		0.03	0.02	
重 庆	1.32	0.17	94.97	74.98	1.17	5.89	4.25	0.24
四 川	0.96	0.19	181.68	152.00	1.18	7.19	7.85	0.20
贵 州	0.37		10.63	9.27	0.04	0.23	0.60	0.01
云 南			7.33	5.83	0.06	0.21	0.68	0.01
西 藏								
陕 西			48.85	39.25	0.44	1.47	1.67	0.01
甘 肃			6.71	5.55	0.03	0.31	0.37	0.01
青 海			17.71	15.49	0.05	0.23	0.82	0.08
宁 夏		0.03	1.46	1.11	0.01	0.14	0.14	0.01
新 疆			4.52	3.69	0.02	0.14	0.53	0.01

单位：亿元

财务费用	利息收入	利息支出	投资收益（损失以“－”号记）	营业利润	利润总额	亏损企业亏损额	应交增值税	应交所得税	从业人员平均人数（万人）
161.74	**21.09**	**138.82**	**38.90**	**1272.20**	**1272.73**	**49.00**	**581.02**	**185.53**	**455.14**
1.26	0.11	1.24	0.46	10.00	10.50	2.27	7.70	2.06	4.92
0.53	0.82	1.05	24.52	38.18	42.24	0.50	16.13	2.64	11.07
2.59	0.13	2.03	-0.83	27.17	27.08	0.33	6.68	2.36	6.63
0.21	0.01	0.22		1.05	1.77		0.39	0.32	0.49
0.60	0.01	0.42	-1.09	4.94	2.93	0.18	0.90	0.38	1.34
5.28	0.12	2.49	-0.56	55.38	53.52	1.27	18.62	3.07	13.93
0.49		0.42	0.02	1.55	3.12	0.09	0.71	0.11	1.35
0.08		0.07		3.13	3.06		0.49	0.04	0.30
4.28	0.59	3.57	4.06	7.10	8.66	9.76	10.37	3.07	12.06
34.71	4.86	32.23	4.05	260.51	257.94	8.09	134.75	47.75	75.97
36.88	8.29	38.92	10.18	121.20	124.31	11.00	77.50	23.91	61.03
4.02	0.27	3.33	-0.08	43.13	41.69	0.82	16.62	3.77	20.93
10.19	2.58	9.82	-0.42	129.77	130.12	1.04	49.05	17.62	39.30
5.36	0.12	3.21	-0.43	72.87	70.16	0.49	32.60	7.01	17.40
15.63	0.64	11.06	-0.16	139.00	138.44	3.14	61.24	20.72	37.76
6.36	0.04	5.39	-0.23	63.46	63.04	0.85	17.07	7.55	16.85
7.81	0.64	6.19	-0.38	50.03	49.92	0.83	21.46	4.96	16.66
2.64	0.02	2.14	-0.20	17.93	17.26	0.19	11.91	1.31	5.48
18.26	1.72	12.10	0.89	187.14	186.84	7.36	82.42	33.69	100.92
0.52	0.02	0.43		8.56	7.99	0.17	3.07	0.39	2.64
							0.02		0.02
1.21	0.02	0.58	0.44	8.14	9.29	0.20	2.55	0.91	2.48
1.53	0.03	1.07		14.32	14.27	0.27	6.23	1.36	3.12
0.03	0.01	0.03		0.53	0.60	0.01	0.10		0.27
0.20	0.01	0.21	0.01	0.44	0.47	0.07	0.13	0.09	0.34
0.73	0.01	0.44	-0.13	5.05	5.67	0.05	1.40	0.28	0.91
0.03		0.03		0.42	0.43	0.01	0.31	0.09	0.28
0.16		0.05	-1.22	0.95	0.97		0.45	0.02	0.40
0.03		0.02		0.02	0.03		0.07		0.12
0.11		0.04		0.24	0.40		0.09	0.04	0.20

1-B-27 按地区分组的皮革、毛皮、

地区	工业销售产值(当年价格)	出口交货值	资产总计	固定资产合计	固定资产原价	累计折旧	流动资产合计	应收账款	存货
全国	**12526.52**	**3129.20**	**6852.86**	**1757.38**	**2701.53**	**1152.91**	**4392.20**	**1085.12**	**993.91**
北京	12.15	2.57	9.59	0.98	1.71	0.73	7.77	1.51	3.93
天津	53.48	34.36	30.66	5.44	9.15	3.90	21.19	4.48	7.83
河北	1140.44	62.74	282.50	130.41	151.03	23.80	106.22	18.55	31.91
山西	6.97		1.30	0.22	0.33	0.10	0.86	0.26	0.29
内蒙古	22.77	1.50	8.46	3.19	3.16	0.68	3.77	1.22	0.88
辽宁	267.25	16.28	89.42	38.48	59.96	24.38	43.85	9.07	17.49
吉林	20.31	1.77	5.90	3.24	23.18	19.96	2.58	0.54	0.72
黑龙江	53.39		12.91	1.44	2.75	1.31	11.00	4.62	3.18
上海	183.09	47.40	190.83	17.74	31.50	15.20	166.14	27.46	29.29
江苏	803.89	201.07	318.50	81.40	153.94	73.13	200.70	50.97	54.99
浙江	1468.21	575.37	1105.51	215.00	298.64	105.89	771.82	211.57	188.58
安徽	325.00	53.01	185.37	51.06	62.38	20.03	108.27	36.32	29.16
福建	2618.12	847.58	1468.65	305.49	479.02	187.91	951.17	336.52	186.68
江西	409.16	120.45	137.97	75.52	105.86	37.87	52.01	15.52	12.32
山东	946.64	122.64	347.42	124.79	236.45	124.75	187.48	33.67	61.02
河南	1090.52	52.24	1157.62	338.67	288.04	56.66	777.01	20.96	55.82
湖北	125.51	39.32	63.49	26.44	42.56	20.58	28.82	5.75	10.42
湖南	341.24	39.24	99.45	52.39	67.60	17.74	33.83	8.04	11.11
广东	2013.82	816.77	1058.88	210.24	475.96	274.76	755.63	259.11	225.85
广西	120.33	42.95	44.27	13.11	18.74	6.03	23.23	8.40	7.82
海南	0.95		0.41	0.07	0.09	0.04	0.27	0.03	0.10
重庆	143.78	6.01	35.13	9.91	105.11	95.21	20.97	6.18	6.07
四川	275.16	42.81	127.71	39.77	71.22	37.61	65.56	16.38	21.00
贵州	24.30		13.10	4.22	4.43	1.35	8.21	0.75	2.63
云南	5.26	1.38	4.78	2.57	0.74	0.25	1.80	0.20	1.27
西藏									
陕西	10.99		7.34	0.80	0.96	0.40	4.64	0.48	1.17
甘肃	25.64	0.02	32.17	1.39	3.21	1.82	27.96	3.65	18.51
青海									
宁夏	11.08	1.70	7.95	2.58	2.66	0.36	4.76	1.43	1.75
新疆	7.08		5.56	0.81	1.12	0.44	4.65	1.49	2.12

羽毛及其制品和制鞋业主要经济指标

单位：亿元

产成品	负债合计	流动负债合计	应付账款	所有者权益合计	实收资本	国家资本	集体资本	法人资本	个人资本
350.86	**3098.76**	**2631.88**	**706.27**	**3690.53**	**1852.26**	**4.54**	**18.22**	**330.03**	**956.68**
1.56	5.51	5.39	1.24	4.08	1.34	0.06	0.02	0.44	0.50
1.54	22.20	20.67	5.64	8.45	5.55	0.08	0.04	0.36	2.97
13.56	94.32	81.01	8.97	185.10	33.59	1.24	0.26	12.10	18.73
0.16	0.04	0.04	0.04	1.26	0.36				0.36
0.38	2.59	1.93	0.29	5.87	2.49			0.44	1.79
9.91	29.42	21.59	6.78	59.22	23.35	0.10	0.02	6.05	12.64
0.47	3.03	2.62	0.33	2.85	0.54			0.14	0.30
0.85	7.19	5.39	1.81	5.42	0.66			0.09	0.17
7.93	64.48	62.01	19.46	124.34	22.34	0.03	0.82	5.34	2.79
17.30	170.95	156.67	33.57	146.55	82.10	0.10	0.65	15.07	30.71
65.00	703.43	683.54	130.44	398.83	201.91		1.88	45.68	108.03
12.24	87.81	70.44	17.19	95.93	31.76	0.08	0.25	10.74	14.85
75.32	681.49	589.00	162.80	775.91	291.65	0.42	6.12	76.84	56.70
6.57	47.15	34.22	11.36	87.65	45.49		0.04	9.76	12.65
22.08	169.02	130.74	29.16	173.36	68.78	0.44	1.84	24.54	21.76
23.03	202.76	97.61	15.77	937.31	682.29		0.64	54.14	618.34
5.68	34.85	26.87	6.49	27.82	20.98		0.20	5.21	8.10
5.33	39.70	24.12	6.42	59.53	31.90	0.70	0.08	14.68	9.53
61.49	569.74	513.24	218.80	482.40	267.55	0.35	5.19	35.30	19.97
3.89	23.15	15.82	5.74	20.36	8.81		0.02	1.15	1.86
0.10	0.22	0.22	0.13	0.18	0.14				0.14
4.16	16.19	11.11	2.63	18.40	3.73			2.13	1.55
6.80	79.78	58.18	16.36	47.65	18.00	0.10	0.06	6.81	9.53
1.51	7.54	3.64	0.69	6.82	1.71		0.01	0.58	0.83
0.95	2.44	1.61	0.31	2.34	0.26			0.25	0.01
0.65	4.08	3.03	0.37	3.24	1.64			0.67	0.97
0.95	22.05	4.53	1.68	3.90	1.31	0.83	0.04	0.17	0.27
1.05	3.46	2.86	0.66	4.38	1.35		0.05	0.85	0.46
0.39	4.18	3.76	1.13	1.38	0.66			0.50	0.16

1-B-27 续表

地区	港澳台资本	外商资本	主营业务收入	主营业务成本	主营业务税金及附加	销售费用	管理费用	税金
全国	**294.21**	**244.43**	**12643.39**	**10785.57**	**71.94**	**312.07**	**475.00**	**24.40**
北京	0.01	0.32	13.56	11.71	0.04	0.42	0.66	0.02
天津	0.44	1.66	54.45	46.02	0.32	1.44	2.17	0.09
河北	0.82	0.45	1145.70	941.99	4.65	27.61	39.15	0.88
山西			6.97	6.76	0.06	0.02	0.03	
内蒙古		0.26	22.76	15.04	0.10	0.45	1.08	0.06
辽宁	0.40	4.14	264.95	219.62	1.01	2.94	4.18	0.27
吉林	0.03	0.07	20.58	17.98	0.09	0.57	1.56	0.01
黑龙江		0.40	57.13	51.51	0.25	0.10	0.38	0.02
上海	4.96	8.41	184.54	154.17	0.73	8.46	11.34	0.09
江苏	14.54	21.02	804.91	703.67	4.45	17.83	29.90	0.94
浙江	21.03	25.29	1460.74	1259.84	7.29	38.18	65.29	2.90
安徽	2.52	3.32	323.57	281.90	1.24	6.14	8.60	0.75
福建	100.40	51.14	2651.81	2209.93	18.25	98.41	114.35	8.47
江西	15.42	7.62	426.16	363.76	1.64	6.70	9.76	0.63
山东	1.80	18.39	1037.47	905.31	7.24	17.46	30.08	2.29
河南	8.11	0.83	1075.98	905.42	5.22	13.96	13.37	0.78
湖北	0.74	3.29	120.41	104.06	1.07	2.33	6.31	0.60
湖南	5.70	1.21	339.15	281.69	4.75	11.06	16.72	0.90
广东	113.23	93.40	2004.49	1763.05	10.10	46.19	101.06	3.79
广西	3.45	2.34	116.25	102.93	0.89	1.54	3.47	0.24
海南			0.92	0.83		0.10	0.04	
重庆	0.04		143.11	120.48	0.70	3.98	4.57	0.23
四川	0.59	0.90	269.60	230.86	1.56	4.91	8.71	0.33
贵州			38.84	36.45	0.09	0.33	0.53	0.03
云南			4.82	4.00	0.01	0.22	0.22	0.01
西藏								
陕西			10.87	9.52	0.11	0.23	0.31	0.02
甘肃			26.76	21.40	0.05	0.38	0.94	0.01
青海								
宁夏			9.47	8.64	0.02	0.05	0.17	0.01
新疆			7.41	7.05	0.02	0.04	0.05	

单位：亿元

财务费用			投资收益（损失以“-”号记）	营业利润	利润总额	亏损企业亏损额	应交增值税	应交所得税	从业人员平均人数（万人）
	利息收入	利息支出							
106.90	**11.58**	**95.84**	**-14.71**	**912.16**	**890.04**	**21.82**	**361.72**	**86.83**	**296.90**
0.07	0.02	0.08		0.66	0.71	0.02	0.35	0.21	0.25
0.51	0.01	0.36		2.84	2.82	0.32	2.07	0.23	1.20
15.12	0.09	14.47	0.10	114.29	113.68	0.73	22.71	3.87	10.62
0.01		0.01		0.10	0.10		0.04	0.02	0.03
0.11	0.02	0.09	0.07	2.60	2.60		0.49	0.15	0.29
0.76	0.01	0.61		37.46	37.58		2.57	1.10	1.58
0.10		0.05	-0.03	1.01	0.99	0.02	0.34	0.16	0.19
0.01		0.01		4.77	4.77	0.02	1.20	0.40	0.19
-0.01	2.04	1.65	0.36	10.39	10.63	0.87	7.40	0.74	3.71
6.08	0.34	5.20	-0.10	43.34	42.85	2.95	31.19	9.44	15.83
24.51	3.60	24.52	1.71	69.36	71.02	3.05	49.36	10.79	39.74
2.83	0.07	2.52	-0.12	22.35	23.88	0.74	8.95	1.97	5.63
20.45	3.50	18.18	-13.83	213.16	208.63	3.78	84.59	23.05	66.05
1.24	0.03	0.89	-0.09	40.66	39.72	0.99	16.24	2.40	12.33
7.56	0.13	5.96	-0.98	64.15	65.64	1.43	26.52	5.47	13.06
6.60	0.06	5.65	-0.83	135.37	112.90	0.48	25.50	9.75	15.63
1.64	0.09	1.54	0.04	5.14	5.32	0.12	3.22	0.28	3.42
3.23	0.02	2.71	-2.28	21.04	18.94	0.52	12.94	1.67	9.56
10.12	1.38	6.44	2.50	79.51	83.23	5.10	48.57	11.83	82.96
0.62	0.01	0.44	-0.44	6.58	6.63	0.35	3.97	0.39	3.82
							0.03		0.01
0.59	0.03	0.49	-0.14	12.49	12.57		4.38	0.76	2.78
3.48	0.06	2.93	-0.68	18.14	18.29	0.19	7.29	1.66	6.59
0.09	0.01	0.08		1.46	1.43	0.05	0.73	0.15	0.46
0.04		0.04		0.33	0.40		0.06	0.05	0.31
0.06		0.04	0.01	0.71	0.71	0.01	0.38	0.13	0.18
0.93	0.06	0.72		2.78	2.88	0.06	0.37	0.14	0.33
0.09	0.01	0.10	0.01	1.22	0.89		0.14	0.06	0.10
0.05		0.05		0.22	0.24	0.02	0.12		0.05

1-B-28 按地区分组的木材加工和

地区	工业销售产值(当年价格)	出口交货值	资产总计	固定资产合计	固定资产原价	累计折旧	流动资产合计	应收账款	存货
全国	**12054.22**	**789.66**	**5246.37**	**2099.71**	**3512.42**	**1561.34**	**2486.56**	**480.99**	**754.09**
北京	13.33	0.74	16.90	5.15	10.36	4.75	9.61	2.42	2.54
天津	15.45	1.34	11.71	2.53	4.41	1.96	8.67	2.65	2.66
河北	228.06	2.01	120.99	61.55	78.93	19.96	46.50	9.08	15.12
山西	12.82		52.66	14.09	14.24	2.13	22.48	2.23	4.45
内蒙古	233.19	0.04	90.56	30.70	56.75	28.82	53.01	6.12	8.31
辽宁	813.75	41.48	237.42	105.81	193.94	94.32	96.98	18.47	34.29
吉林	801.20	93.90	353.54	182.03	491.04	317.87	105.45	16.64	35.84
黑龙江	435.85	5.10	179.90	86.08	176.78	95.70	83.60	16.31	30.61
上海	74.68	12.26	79.30	16.62	28.90	13.00	55.25	15.26	19.18
江苏	1944.92	186.54	686.82	250.18	417.94	171.38	364.02	78.58	102.29
浙江	449.44	82.97	302.95	72.46	99.99	34.48	191.98	43.87	72.23
安徽	559.77	39.55	221.91	87.03	117.25	38.67	114.78	29.71	44.04
福建	706.29	49.76	291.31	91.08	138.66	56.91	165.69	40.58	57.14
江西	350.06	34.36	164.77	77.40	122.22	49.02	61.78	14.41	22.35
山东	1894.86	105.44	530.22	237.06	491.36	265.81	240.68	40.57	62.03
河南	744.10	2.88	413.72	215.05	270.73	73.11	157.60	15.95	28.21
湖北	345.40	1.60	205.06	82.91	150.69	69.76	98.35	12.11	26.41
湖南	613.19	7.78	165.38	100.93	124.89	29.29	50.89	10.27	13.84
广东	615.15	88.44	413.56	109.74	181.05	83.65	225.82	46.22	63.60
广西	644.21	30.46	286.17	110.62	131.74	41.67	143.49	30.92	52.67
海南	8.08		9.47	3.58	4.87	1.37	4.75	0.54	2.22
重庆	35.18	1.30	24.83	11.58	12.28	2.98	9.49	2.15	3.89
四川	291.72	1.61	229.18	94.79	122.25	39.81	97.44	14.28	23.83
贵州	109.62		33.94	8.76	10.08	2.53	20.39	3.78	5.75
云南	57.49	0.10	68.28	21.54	32.45	12.35	32.51	4.83	13.20
西藏	0.55		3.24	1.17	1.45	0.69	2.07	1.35	0.20
陕西	42.19	0.01	38.47	13.34	19.82	7.21	16.55	0.83	4.24
甘肃	0.61		1.67	0.79	0.83	0.12	0.64	0.20	0.40
青海									
宁夏	5.75		2.96	1.71	1.98	0.40	1.13	0.37	0.37
新疆	7.32		9.49	3.42	4.56	1.63	4.96	0.28	2.17

木、竹、藤、棕、草制品业主要经济指标

单位：亿元

产成品	负债合计	流动负债合计	应付账款	所有者权益合计	实收资本	国家资本	集体资本	法人资本	个人资本
335.35	2329.49	1798.85	324.86	2828.46	1268.31	17.68	14.31	470.83	633.61
0.58	9.30	8.88	2.18	7.59	7.94			3.29	1.50
0.46	7.32	6.92	1.70	4.34	3.85			0.85	2.02
7.67	54.82	40.95	7.32	65.45	25.61	0.01		11.08	12.44
0.74	32.78	27.65	0.44	19.85	3.75		0.02	3.16	0.56
4.11	24.11	18.53	2.38	64.83	12.44	0.06	0.67	1.69	7.14
9.44	92.21	66.03	10.77	141.71	56.73	0.53	1.09	28.24	19.66
18.98	144.85	93.97	15.28	193.01	107.88	4.71	1.88	22.44	74.34
17.66	83.97	67.19	15.55	94.63	49.21	2.47	0.05	16.07	30.32
6.24	46.05	41.60	11.26	32.56	20.08		0.02	6.61	5.28
44.55	300.02	264.13	54.21	373.47	151.22	0.01	1.70	41.79	88.11
29.00	173.93	162.60	27.13	127.72	64.13		0.08	18.98	26.40
19.97	105.61	79.77	13.49	114.13	45.47	0.63	1.25	12.80	30.30
28.09	141.61	113.58	26.55	145.81	76.01	0.33	0.44	23.77	45.78
13.58	73.82	55.79	8.27	83.09	37.23	0.59	0.23	18.53	15.02
30.26	209.68	154.78	20.83	312.16	109.53	0.13	0.70	49.24	55.68
12.79	93.29	57.23	7.96	305.55	145.68	0.13	0.84	38.07	106.21
11.42	81.42	51.96	10.70	122.82	60.85	0.72	0.15	39.71	20.03
7.68	53.52	32.63	5.72	110.17	51.32	0.15	0.46	25.98	23.89
23.67	232.42	188.60	33.46	177.60	93.93	0.64	0.91	35.64	14.18
24.69	154.11	124.11	26.56	129.17	52.09	3.25	0.60	28.00	18.64
1.14	5.45	3.63	0.74	4.02	3.15			1.58	1.57
1.54	12.30	9.76	2.96	11.80	3.77		0.12	0.73	2.92
10.66	116.65	75.63	12.25	112.10	51.13	0.47	1.84	32.69	11.57
1.40	17.46	10.15	2.05	13.75	9.28	0.51	0.65	2.31	5.78
5.83	38.02	29.86	3.51	30.25	14.55	1.76	0.58	3.77	8.42
0.20	0.73	0.33		2.51	0.56	0.56			
1.37	17.33	6.59	0.83	20.96	6.70			2.78	2.69
0.13	0.27	0.25	0.02	1.40	1.22			0.14	1.08
0.16	1.30	1.21	0.13	1.66	0.96		0.04	0.36	0.56
1.30	5.17	4.57	0.59	4.32	2.06			0.53	1.52

1-B-28 续表

地区			主营业务收入	主营业务成本	主营业务税金及附加	销售费用	管理费用	
	港澳台资本	外商资本						税金
全国	**68.11**	**59.45**	**12004.82**	**10274.05**	**83.07**	**279.14**	**375.51**	**20.51**
北京	3.15		14.10	12.25	0.05	0.89	0.93	0.02
天津	0.15	0.82	16.69	14.07	0.06	0.42	0.85	0.03
河北	0.91	1.17	228.96	195.61	0.85	5.89	6.04	0.39
山西			16.97	15.10	0.06	0.17	0.64	0.02
内蒙古	1.49	1.36	229.88	178.30	0.78	2.45	5.78	0.56
辽宁	0.81	6.39	804.58	686.75	4.12	21.11	33.83	1.86
吉林	1.58	0.75	774.96	655.04	4.93	27.05	36.64	1.62
黑龙江	0.20	0.10	425.43	375.09	1.62	9.05	9.05	0.22
上海	2.63	5.54	77.04	64.68	0.39	4.66	5.02	0.12
江苏	4.17	15.45	1955.99	1674.11	13.63	45.73	49.14	1.73
浙江	11.58	7.09	444.40	382.77	3.85	11.54	15.69	0.92
安徽	0.27	0.23	561.61	498.12	3.15	11.99	12.59	0.91
福建	2.98	2.70	704.76	608.24	4.23	16.35	23.55	1.22
江西	2.66	0.20	367.40	317.82	1.90	6.30	8.14	0.59
山东	0.30	3.48	1912.62	1665.98	13.21	31.59	31.42	3.87
河南	0.06	0.25	728.17	613.91	5.73	14.65	12.94	0.91
湖北	0.10	0.14	341.23	285.51	4.63	8.67	9.83	0.94
湖南	0.20	0.64	614.50	514.03	7.49	15.67	33.53	1.54
广东	32.47	9.22	611.30	509.80	4.03	16.63	23.20	0.94
广西	0.93	0.42	620.63	536.44	3.53	12.83	33.30	0.76
海南			7.70	7.29	0.06	0.21	0.26	0.01
重庆	0.01		34.53	29.00	0.42	0.88	1.42	0.13
四川	0.41	3.50	289.71	245.83	2.03	8.64	12.73	0.75
贵州			110.25	95.03	1.65	3.02	4.58	0.24
云南	0.02		60.38	50.05	0.35	1.54	2.66	0.09
西藏			0.55	0.31	0.04	0.02	0.13	
陕西	1.05		36.75	31.46	0.23	0.82	1.04	0.11
甘肃			0.59	0.49			0.08	
青海								
宁夏			5.61	4.66		0.30	0.14	0.01
新疆			7.55	6.31	0.03	0.09	0.37	0.01

单位：亿元

财务费用	利息收入	利息支出	投资收益（损失以“-”号记）	营业利润	利润总额	亏损企业亏损额	应交增值税	应交所得税	从业人员平均人数（万人）
108.62	**2.93**	**87.73**	**-20.34**	**876.39**	**868.48**	**18.32**	**350.29**	**91.40**	**138.06**
0.09	0.01	0.09		-0.08	0.47	0.25	0.51	0.08	0.25
0.13		0.05		1.16	1.20	0.09	0.54	0.12	0.31
2.71	0.04	2.58	-1.41	17.96	17.90	0.75	4.77	1.11	2.13
1.05	0.03	0.85		0.34	0.46	0.92	0.14		0.20
0.61	0.03	0.76	-4.11	38.18	32.78	0.30	4.19	1.58	1.68
3.03	0.07	2.15	-0.81	57.34	52.98	1.02	12.37	4.13	5.95
9.49	0.09	7.32	0.16	42.33	39.95	0.29	14.55	2.10	7.52
2.29	0.05	2.11	-0.01	25.89	21.78	2.02	13.99	1.60	4.01
0.89	0.09	0.83	0.28	2.06	3.28	0.81	1.86	0.59	1.07
19.58	1.04	14.73	-0.21	152.86	154.09	1.50	81.76	29.87	19.24
7.59	0.50	7.31	0.67	24.33	25.25	0.64	11.57	2.93	6.07
4.97	0.06	4.18	0.33	33.12	33.92	1.01	12.53	2.63	5.58
6.80	0.15	6.11	-6.18	42.54	42.96	0.50	19.04	3.58	9.71
2.38	0.05	2.19	-0.04	28.70	28.53	0.36	12.39	2.31	4.46
14.16	0.25	9.23	0.44	142.48	142.86	1.01	51.42	17.90	18.67
4.99	0.07	3.82	0.02	69.15	69.40		15.66	6.67	10.47
4.04	0.05	2.82	0.09	26.07	27.16	0.10	11.64	2.18	3.84
4.53	0.05	2.69	0.04	46.89	44.47	0.09	22.90	2.98	8.12
4.92	0.06	5.56	0.08	49.55	50.87	3.22	19.05	3.56	8.91
6.34	0.14	5.61	-10.82	40.93	41.17	1.84	19.80	1.79	11.22
0.17		0.17		0.04	0.30	0.18	0.42	0.11	0.29
0.39		0.31	0.05	2.27	2.27	0.04	1.10	0.21	0.71
4.12	0.05	3.35	1.11	19.26	20.21	0.26	8.39	2.30	3.92
0.77	0.02	0.66	0.15	4.96	5.03	0.27	4.86	0.30	1.57
1.59	0.01	1.53	0.01	4.25	5.05	0.74	2.21	0.56	1.50
				0.08	0.09		0.08		0.09
0.76	0.01	0.55	0.01	2.83	3.05	0.03	2.23	0.17	0.43
0.01		0.01			0.01	0.01	0.01		0.01
0.04		0.03	-0.21	0.28	0.23		0.06	0.03	0.04
0.15		0.14	0.01	0.60	0.76	0.06	0.29		0.11

1-B-29 按地区分组的家具

地 区	工业销售产值（当年价格）	出口交货值	资产总计	固定资产合计	固定资产原价	累计折旧	流动资产合计	应收账款	存货
全 国	**6618.17**	**1452.47**	**4176.54**	**1271.40**	**2062.61**	**885.10**	**2378.88**	**526.21**	**658.86**
北 京	75.31	4.45	86.14	17.67	24.89	7.57	55.22	14.71	16.10
天 津	86.68	28.16	72.78	22.10	35.46	15.95	41.97	8.38	14.06
河 北	194.09	12.36	105.26	58.49	94.47	38.69	35.43	5.82	11.06
山 西	5.75		7.44	1.22	1.37	0.25	5.00	0.13	3.08
内蒙古	17.69		5.96	2.88	4.60	1.75	2.38	0.40	0.45
辽 宁	403.03	68.52	159.68	72.26	145.48	76.59	73.18	12.21	22.78
吉 林	112.45	9.96	37.80	22.17	64.11	43.32	11.90	3.11	3.61
黑龙江	70.44	7.88	64.95	21.96	41.11	21.98	39.09	5.37	20.18
上 海	269.11	76.57	231.00	32.03	54.18	22.81	168.00	61.24	41.09
江 苏	279.47	75.82	191.54	59.70	134.39	76.08	109.82	29.91	32.80
浙 江	731.05	391.89	746.76	161.83	220.91	75.29	501.92	106.73	119.57
安 徽	202.34	6.67	83.02	29.40	49.35	21.04	43.97	12.66	13.33
福 建	330.40	123.15	226.55	44.22	65.17	24.40	145.45	29.76	34.83
江 西	137.38	25.50	51.19	15.71	26.21	13.30	31.70	7.80	8.01
山 东	785.60	113.64	349.87	147.56	242.93	106.45	165.81	28.31	44.45
河 南	461.07	14.47	279.85	162.61	188.68	30.20	102.18	9.51	13.12
湖 北	114.33	1.02	79.77	43.21	107.73	73.27	31.02	5.88	8.40
湖 南	233.40		76.43	41.97	51.76	12.58	23.40	7.04	7.67
广 东	1487.78	484.51	912.91	187.67	318.14	146.10	581.20	135.48	193.65
广 西	104.37	4.44	50.65	10.33	13.46	3.94	32.13	4.63	10.39
海 南	2.39	0.46	2.12	0.33	0.73	0.39	1.78	0.39	0.69
重 庆	84.32	0.88	55.71	10.08	12.46	3.63	38.17	14.86	4.86
四 川	387.14	0.21	245.22	97.85	153.30	65.12	119.65	17.78	29.15
贵 州	13.88		6.39	1.19	1.33	0.31	3.98	0.87	1.77
云 南	1.55		4.05	0.85	1.39	0.56	2.65	0.20	0.98
西 藏									
陕 西	16.17		7.61	2.86	3.71	1.32	3.98	0.87	1.11
甘 肃	1.13		1.29	0.69	0.82	0.13	0.58	0.17	0.26
青 海	1.25		0.24	0.18	0.09		0.06	0.04	0.02
宁 夏	4.77		1.61	0.72	0.98	0.26	0.63	0.29	0.27
新 疆	3.84	1.89	32.77	1.64	3.38	1.79	6.64	1.66	1.13

制造业主要经济指标

单位：亿元

产成品	负债合计	流动负债合计	应付账款	所有者权益合计	实收资本	国家资本	集体资本	法人资本	个人资本
247.57	**2132.39**	**1852.87**	**496.36**	**2017.19**	**1096.08**	**8.19**	**9.35**	**318.54**	**439.47**
7.46	48.14	42.65	11.35	38.00	19.67		0.08	8.31	9.06
4.13	50.96	40.87	7.00	21.78	15.77	0.09		4.50	5.35
3.77	42.62	27.96	6.82	61.97	19.46			8.90	8.43
0.35	4.22	4.22	0.02	3.15	2.44			0.31	2.13
0.23	2.92	2.06	0.32	3.04	0.44			0.27	0.17
11.66	53.43	47.37	12.34	105.87	23.68	0.30	0.22	8.67	4.29
1.91	13.99	12.29	3.03	25.07	5.76		0.04	2.74	2.62
10.76	41.22	37.17	6.08	23.64	12.17	0.50	0.42	3.19	7.68
15.83	140.78	136.49	62.21	89.63	42.59	2.69	0.26	8.82	9.57
10.45	95.78	87.85	23.05	94.96	65.35		0.02	16.68	13.66
36.20	494.98	466.72	108.40	250.36	161.33		2.47	43.80	44.59
6.78	40.56	35.48	10.59	42.15	24.14		0.05	10.05	13.68
12.31	123.19	104.60	20.51	98.94	67.88		0.12	19.66	24.29
2.93	25.02	22.27	9.13	25.70	12.95	0.22	0.68	4.62	6.12
17.86	162.70	121.18	18.06	182.95	71.11	0.09	1.51	32.78	30.32
6.91	38.12	26.31	9.05	238.89	156.74	0.20	0.51	16.54	139.48
3.90	31.65	25.48	6.77	47.58	11.80	0.25	0.01	4.86	5.85
4.64	23.90	10.99	2.58	52.35	32.63		0.03	23.53	7.19
61.78	488.36	431.94	131.75	420.08	279.66	0.01	1.92	80.49	62.16
7.34	33.47	26.66	4.11	16.10	8.11			4.28	3.06
	0.97	0.97	0.03	1.16	1.05			0.01	0.02
1.85	34.06	29.52	16.89	21.33	6.69	0.40		3.24	2.43
15.62	123.08	96.51	23.70	117.52	40.54	0.55	0.71	8.73	30.49
1.43	3.47	2.71	0.67	2.26	1.65	0.26	0.12	0.35	0.86
0.23	2.84	2.41	0.07	1.22	0.89			0.65	0.24
0.59	2.90	2.75	0.85	4.71	3.34		0.05	1.73	1.55
0.15	0.48	0.48	0.05	0.75	0.32		0.14	0.09	0.10
0.01	0.18	0.18		0.06	0.06			0.01	
0.14	0.52	0.52	0.05	1.08	0.85			0.75	0.10
0.36	7.88	6.28	0.86	24.89	7.02	2.63			3.98

1-B-29 续表

地区								
	港澳台资本	外商资本	主营业务收入	主营业务成本	主营业务税金及附加	销售费用	管理费用	税金
全国	**157.75**	**158.47**	**6641.74**	**5572.08**	**43.75**	**231.61**	**301.37**	**13.93**
北京	0.50	1.72	71.72	56.35	0.46	5.64	5.94	0.24
天津	0.23	5.61	87.83	74.70	0.37	2.47	3.88	0.30
河北	0.49	1.64	191.25	167.71	0.51	3.88	4.34	0.30
山西			5.88	5.16	0.02	0.23	0.15	0.01
内蒙古			17.58	14.86	0.08	0.27	0.29	0.02
辽宁	1.70	8.51	392.52	339.98	1.53	7.59	21.45	0.66
吉林	0.05	0.31	109.81	90.97	2.05	4.01	4.08	0.15
黑龙江	0.24	0.13	70.88	60.22	0.27	2.90	3.46	0.23
上海	4.73	16.52	272.80	220.34	0.51	9.44	22.57	0.17
江苏	12.42	22.56	279.03	243.85	1.93	8.30	11.36	0.59
浙江	27.69	42.78	730.44	606.92	3.85	32.49	38.50	2.32
安徽	0.22	0.15	201.21	167.65	1.61	6.58	7.72	0.63
福建	16.10	7.72	329.54	275.66	2.20	12.43	15.76	0.91
江西	0.75	0.55	145.89	127.45	0.78	2.73	3.29	0.19
山东	1.32	5.04	812.09	687.47	6.75	17.61	21.84	2.03
河南			466.87	381.09	4.15	18.12	6.72	0.34
湖北	0.04	0.34	112.50	94.19	1.14	4.06	5.53	0.21
湖南	1.88		233.46	188.86	3.24	8.22	16.98	0.89
广东	88.12	43.20	1487.73	1277.95	7.43	47.65	71.77	2.44
广西	0.10	0.67	104.65	88.05	0.90	2.35	3.97	0.10
海南	1.02		2.47	2.39	0.01	0.05	0.03	
重庆		0.62	93.22	74.81	0.63	3.91	5.99	0.18
四川	0.07		381.07	292.83	3.05	28.80	23.40	0.91
贵州			13.02	10.36	0.06	0.64	0.95	0.04
云南			1.54	1.26	0.01	0.11	0.08	
西藏								
陕西			16.38	12.35	0.13	0.66	0.48	0.03
甘肃			0.86	0.64		0.06	0.09	
青海	0.06		0.90	0.67		0.02	0.01	
宁夏			4.69	3.82	0.02	0.19	0.23	0.04
新疆		0.41	3.93	3.54	0.06	0.20	0.54	-0.01

单位：亿元

财务费用	利息收入	利息支出	投资收益（损失以“-”号记）	营业利润	利润总额	亏损企业亏损额	应交增值税	应交所得税	从业人员平均人数（万人）
68.67	**5.44**	**56.94**	**3.97**	**433.86**	**431.97**	**17.60**	**193.51**	**54.37**	**115.83**
0.74	0.13	0.68	0.72	3.75	4.22	0.32	2.93	0.63	1.53
1.06	0.05	0.80	0.05	5.71	5.97	1.23	2.07	0.69	1.72
0.68	0.01	0.56	0.04	14.25	14.14	0.09	3.14	1.28	2.72
0.15		0.14		0.17	0.20		0.04	0.03	0.07
0.03		0.03	-0.48	1.59	1.59	0.01	0.34	0.10	0.13
1.76	0.03	1.14	-0.66	22.63	22.23	0.46	7.81	2.74	4.06
1.98	0.11	1.83	-0.04	6.88	7.08	0.01	3.14	0.58	0.94
0.93	0.01	0.60		3.25	3.10	0.28	1.79	0.42	1.70
1.41	0.43	0.95	5.55	28.27	28.14	1.33	7.26	3.56	4.45
2.66	0.26	1.86	0.10	11.47	11.26	2.81	7.79	3.01	5.26
16.69	2.98	15.60	0.78	33.19	33.60	3.81	24.08	4.94	17.09
1.52	0.07	1.10	-0.04	14.67	14.67	0.04	4.64	1.10	2.35
4.11	0.14	3.05	-0.18	21.68	21.87	0.45	9.09	2.26	6.19
0.74	0.01	0.59		10.16	9.88	0.02	3.87	0.84	2.49
8.74	0.07	6.16	-0.19	59.86	58.89	1.25	28.38	6.79	8.29
3.47	0.02	3.27	0.50	50.91	51.33		10.47	6.60	6.71
1.08	0.01	0.94	-0.50	6.43	6.41	0.06	4.79	0.93	1.58
2.31	0.04	1.75	0.26	16.63	16.24		9.72	1.47	2.54
9.51	0.55	7.45	-0.59	75.02	74.07	4.91	42.04	10.80	34.15
1.36	0.04	0.96	-0.24	10.04	10.01	0.08	2.52	0.36	1.22
0.03		0.03		-0.03	-0.02	0.03	0.06		0.07
0.65	0.05	0.62	-0.17	8.00	8.02		3.18	0.90	1.22
6.64	0.44	6.47	-1.00	26.21	26.29	0.05	13.33	4.11	8.55
0.06		0.05		0.98	0.98	0.02	0.35	0.09	0.20
0.05		0.04		0.03	0.03		0.04	0.01	0.08
0.11		0.11	0.05	1.76	1.71		0.52	0.08	0.31
0.03		0.03		0.02	0.02		0.02		0.04
				0.20	0.20			0.05	
0.04		0.04		0.54	0.16		0.05	0.01	0.07
0.13		0.09	0.01	-0.40	-0.31	0.35	0.07	0.01	0.12

1-B-30 按地区分组的造纸和

地 区	工业销售产值(当年价格)	出口交货值	资产总计	固定资产合计	固定资产原价	累计折旧	流动资产合计	应收账款	存货
全 国	**12976.59**	**570.08**	**12847.48**	**5133.92**	**7785.27**	**3051.91**	**5854.84**	**1409.48**	**1153.99**
北 京	63.12	4.80	61.95	17.13	34.57	17.48	37.88	12.98	9.68
天 津	201.52	7.91	253.65	118.34	139.36	26.91	122.81	31.24	18.20
河 北	505.22	3.81	302.83	149.37	178.46	57.60	129.19	24.90	33.96
山 西	19.75		21.70	8.98	12.19	3.67	9.66	2.35	2.22
内蒙古	92.61		49.31	24.19	42.38	19.77	22.25	3.97	7.25
辽 宁	430.29	7.52	173.73	80.35	139.44	63.71	62.46	17.14	13.23
吉 林	116.58	0.09	128.93	62.90	77.93	45.33	41.83	9.98	6.67
黑龙江	82.89	0.92	93.89	44.24	70.84	34.52	39.98	11.16	11.90
上 海	287.78	23.08	288.91	89.30	161.87	74.95	176.45	68.90	37.80
江 苏	1301.01	111.80	1720.08	624.00	1127.01	526.10	761.52	176.47	122.48
浙 江	1181.08	70.98	1496.89	416.74	643.15	249.72	871.01	246.98	136.66
安 徽	258.07	3.21	262.75	99.48	130.69	37.01	84.13	20.38	18.83
福 建	791.94	31.65	741.45	213.62	328.70	131.12	423.73	97.07	74.25
江 西	264.22	14.88	173.94	64.04	99.59	40.74	60.43	16.38	20.15
山 东	2350.73	78.00	2237.29	977.31	1407.74	519.40	933.83	169.94	163.94
河 南	902.62	9.83	645.88	314.23	426.40	134.41	284.40	43.89	51.46
湖 北	453.00	4.02	276.92	105.77	329.39	231.39	132.38	42.32	29.64
湖 南	593.40	5.80	506.10	255.10	347.06	106.74	199.16	33.81	78.67
广 东	1674.81	171.28	1719.33	683.83	1058.53	422.92	861.79	252.13	191.64
广 西	362.84	2.60	494.65	202.50	253.35	62.63	152.75	25.55	27.33
海 南	115.88	6.56	355.76	203.33	242.95	39.62	112.46	17.39	16.17
重 庆	199.59	5.06	206.13	98.98	132.14	35.66	71.93	20.20	14.28
四 川	454.32	6.18	299.39	121.26	174.35	67.64	131.41	36.33	28.30
贵 州	40.99		46.13	31.45	28.68	5.46	12.95	2.32	3.55
云 南	61.14		98.46	36.58	54.81	30.08	50.40	9.88	12.60
西 藏	0.87		1.81	0.72	0.16	0.06	1.07	0.20	0.34
陕 西	102.91		56.31	24.50	57.14	36.21	27.03	9.97	8.93
甘 肃	20.37		17.54	8.39	9.91	2.10	7.26	0.96	3.93
青 海									
宁 夏	17.88		69.74	34.39	55.25	21.19	14.52	2.05	4.85
新 疆	29.17	0.10	46.02	22.90	21.22	7.78	18.19	2.63	5.06

纸制品业主要经济指标

单位：亿元

产成品	负债合计	流动负债合计	应付账款	所有者权益合计	实收资本	国家资本	集体资本	法人资本	个人资本
448.89	**7398.12**	**5555.32**	**1250.17**	**5393.84**	**3132.42**	**220.85**	**74.96**	**852.89**	**560.17**
2.52	32.91	31.27	10.41	29.04	19.32	0.18	0.51	3.40	2.72
7.71	173.94	129.81	35.55	79.48	58.53	2.55	0.57	11.29	8.19
14.52	142.64	112.18	28.82	158.76	79.60	14.25	0.67	32.23	27.02
0.97	14.21	8.56	2.65	7.43	5.49	0.04	0.14	2.00	3.31
2.06	21.76	21.12	4.27	27.47	11.24	0.74	0.17	1.52	2.87
7.15	80.39	55.51	13.37	92.23	40.34	0.32	0.26	16.45	17.51
2.26	59.40	38.03	7.60	65.52	45.82	0.44	4.95	29.33	11.10
4.90	48.17	37.88	8.20	44.24	23.71	2.17	1.97	6.22	5.66
16.03	144.04	130.59	53.05	144.48	80.52	0.58	3.80	5.74	13.57
46.46	905.98	686.83	128.77	811.80	612.74	3.38	0.26	83.98	43.42
59.81	944.75	816.56	131.95	547.90	299.53	1.46	2.56	100.42	110.87
9.17	124.09	81.50	18.13	138.06	79.76	0.68	10.52	50.89	10.36
35.15	461.54	345.95	97.65	276.91	143.32	10.65	1.97	37.64	42.71
8.20	85.84	52.70	9.40	86.73	47.26	7.26	0.27	16.96	8.35
66.28	1325.18	930.87	180.34	903.41	288.48	4.94	5.84	113.31	64.09
23.29	285.79	214.67	36.46	356.12	144.65	16.89	11.13	67.42	48.77
11.55	147.62	114.93	27.71	129.71	107.05	1.49	1.80	29.44	23.43
17.33	304.70	210.19	29.57	190.24	121.17	48.60	0.73	41.99	16.55
63.98	987.26	763.45	229.56	728.95	485.51	78.45	21.88	77.48	36.38
10.24	336.68	226.02	69.93	156.84	145.69	1.26	0.17	62.30	27.16
2.65	228.40	150.51	34.26	127.21	104.39			6.84	0.35
5.02	108.64	60.09	20.26	96.65	70.15	0.04	0.04	8.69	3.36
12.03	185.64	134.70	28.14	108.64	49.90	2.16	1.74	23.61	16.91
1.64	33.47	20.35	4.26	12.39	2.93	0.30	0.04	1.05	1.44
4.85	66.61	50.15	15.05	31.84	20.12	0.01	1.86	13.06	3.24
0.24	0.47	0.47	0.01	1.34	0.32	0.10		0.19	0.03
6.41	28.16	21.82	10.26	27.11	12.79		1.12	4.66	6.00
2.23	10.68	8.14	1.59	6.75	3.27	0.12		1.25	1.89
1.31	78.03	74.69	7.42	-8.29	22.71	20.49		0.61	1.61
2.92	31.14	25.77	5.54	14.88	6.11	1.33		2.90	1.27

1-B-30 续表

地 区	港澳台资本	外商资本	主营业务收 入	主营业务成 本	主营业务税金及附加	销售费用	管理费用	税金
全 国	**419.06**	**956.06**	**12891.85**	**11067.93**	**64.55**	**354.14**	**456.83**	**31.77**
北 京	3.11	9.39	73.68	59.06	0.29	2.34	3.54	0.13
天 津	2.42	33.50	208.34	176.18	0.54	5.24	8.16	0.43
河 北	1.35	4.08	491.51	425.26	2.10	8.54	13.70	0.65
山 西			20.12	17.83	0.06	0.28	0.46	0.06
内蒙古	3.67	5.03	86.58	67.69	0.43	1.92	4.96	0.70
辽 宁	2.88	2.92	425.04	367.77	2.02	8.25	12.29	0.78
吉 林			108.73	88.92	0.46	3.33	5.34	0.29
黑龙江	4.99	2.69	90.29	76.75	0.35	3.08	3.75	0.33
上 海	23.96	32.87	296.74	236.45	0.86	30.89	17.20	0.38
江 苏	57.12	424.58	1296.27	1115.70	4.89	45.48	46.28	2.68
浙 江	34.02	50.21	1126.02	960.31	5.31	27.88	47.00	2.85
安 徽	1.64	5.69	255.65	225.13	0.81	6.43	7.78	0.58
福 建	31.91	18.31	783.52	663.23	4.32	23.50	31.15	2.89
江 西	6.74	7.67	280.01	239.35	1.44	3.81	6.42	0.40
山 东	23.08	77.23	2410.09	2092.74	12.78	52.05	61.24	6.27
河 南	0.21	0.18	900.91	777.82	3.97	18.87	14.66	0.78
湖 北	0.78	9.93	447.22	388.44	3.40	15.78	15.76	1.07
湖 南	0.52	12.79	588.74	489.93	7.40	18.67	41.46	3.56
广 东	156.10	105.61	1633.30	1439.24	5.35	40.95	60.98	2.92
广 西	2.89	51.91	344.26	293.39	1.51	9.18	17.88	0.91
海 南		97.20	99.73	80.68	0.50	5.09	1.43	0.03
重 庆	57.51	0.51	200.44	165.80	1.24	5.79	6.28	1.23
四 川	1.99	2.33	455.99	396.20	2.84	9.14	16.60	1.24
贵 州	0.05		42.39	34.96	0.35	1.19	2.10	0.08
云 南	1.15	0.81	60.23	48.25	0.29	3.02	4.38	0.15
西 藏			1.00	0.87			0.02	
陕 西	0.55	0.45	102.61	85.98	0.85	2.19	2.58	0.25
甘 肃			18.50	16.08	0.03	0.31	0.68	0.02
青 海								
宁 夏			15.19	14.16	0.05	0.31	1.20	0.09
新 疆	0.43	0.17	28.74	23.78	0.08	0.61	1.58	0.03

单位：亿元

财务费用	利息收入	利息支出	投资收益（损失以"–"号记）	营业利润	利润总额	亏损企业亏损额	应交增值税	应交所得税	从业人员平均人数（万人）
211.21	**27.76**	**227.08**	**-9.25**	**777.29**	**775.94**	**59.76**	**374.20**	**107.80**	**140.35**
-0.02	0.22	0.20	0.19	9.02	10.66	0.19	3.07	2.57	0.62
4.65	0.21	4.06		13.70	14.52	0.92	6.82	2.88	2.21
3.61	0.12	3.23	-3.30	35.31	34.22	0.98	15.21	2.76	4.79
0.56	0.02	0.53		0.92	0.94	0.14	0.34	0.08	0.38
0.15	0.07	0.18	0.06	11.40	11.09	0.70	4.88	1.59	0.60
1.88	0.06	1.50	-1.02	34.15	31.18	0.19	9.89	1.64	3.75
1.55	0.01	1.36		7.92	11.07	0.75	3.49	1.06	1.51
1.86	0.04	1.81	0.01	4.60	4.35	1.47	2.70	0.62	1.16
1.29	0.64	2.11	0.72	12.42	13.42	2.44	6.50	2.93	3.38
17.95	4.61	21.26	2.59	73.85	71.93	7.83	38.83	14.99	11.23
34.33	5.70	39.09	0.57	55.37	58.66	3.78	32.14	7.15	13.01
4.36	0.28	4.59	1.00	13.60	14.13	2.15	8.12	2.53	2.83
10.42	2.71	11.68	-3.72	68.39	69.86	1.78	28.18	6.61	9.90
2.44	0.09	2.12	-0.18	23.17	22.01	0.11	8.80	1.03	2.77
47.22	7.22	50.48	-0.01	138.98	134.55	2.88	63.76	22.28	18.59
8.89	0.62	8.24	0.08	74.37	74.10	3.47	23.63	10.63	10.73
5.61	0.39	4.71	0.28	25.30	21.74	2.43	12.75	2.83	4.67
14.68	1.22	14.97	0.08	26.85	29.71	2.46	22.41	2.44	6.68
19.55	2.08	23.23	0.82	68.01	70.05	6.11	39.42	11.26	23.43
11.07	0.08	10.88	-8.15	10.62	10.34	9.53	9.06	0.77	4.48
4.86	0.64	6.65		6.64	6.75	0.07	4.02	1.67	0.66
2.40	0.21	3.13	-0.32	20.27	17.72	0.10	7.70	2.52	1.96
6.18	0.22	5.63	-0.03	27.96	26.94	3.66	14.26	2.81	5.90
1.23	0.07	0.92	0.05	0.26	0.56	1.93	1.91	0.22	0.47
1.20	0.16	1.31	0.27	3.55	3.76	1.49	2.27	0.90	1.25
	0.01	0.01		0.10	0.10		0.02	0.02	0.02
1.25	0.02	1.18	0.19	9.10	8.95	0.10	2.50	0.67	1.74
0.33		0.31	0.01	0.57	0.61	0.04	0.29	0.02	0.49
1.11		1.08	0.56	-0.99	-0.87	1.27	0.53	0.08	0.61
0.63	0.03	0.61	0.01	1.90	2.89	0.77	0.68	0.27	0.54

1-B-31 按地区分组的印刷和

地区	工业销售产值（当年价格）	出口交货值	资产总计	固定资产合计	固定资产原价	累计折旧	流动资产合计	应收账款	存货
全国	**6063.27**	**394.70**	**4606.26**	**1575.13**	**2723.61**	**1255.27**	**2446.18**	**709.04**	**484.45**
北京	123.28	0.98	194.55	64.23	147.10	83.53	106.67	19.60	25.94
天津	80.44	2.50	70.74	25.73	47.51	23.35	34.77	11.61	6.87
河北	287.07	0.56	160.47	73.03	114.56	45.50	69.12	17.17	16.58
山西	16.77	0.17	26.88	9.74	15.26	7.17	12.65	3.40	2.89
内蒙古	16.74		9.03	3.36	4.36	1.33	3.34	0.88	1.01
辽宁	167.06	3.79	102.63	38.58	70.36	36.15	53.33	9.94	5.19
吉林	59.91	0.36	63.33	14.38	26.56	13.37	16.38	4.86	3.29
黑龙江	24.24		25.24	7.20	14.26	7.36	14.86	3.86	2.93
上海	178.56	18.47	217.67	73.03	153.99	83.05	124.43	36.48	24.50
江苏	668.14	61.37	587.73	210.56	354.20	151.51	315.11	103.48	56.26
浙江	358.36	42.52	448.11	128.16	206.88	88.65	264.01	83.60	36.11
安徽	317.86	2.38	194.34	68.54	107.25	47.04	108.70	37.24	26.46
福建	213.90	11.49	143.13	43.59	66.30	26.61	78.01	22.95	15.45
江西	229.88	5.33	131.41	63.77	97.42	41.88	52.50	12.44	9.49
山东	722.57	11.85	288.95	122.84	180.08	69.11	130.01	33.40	28.42
河南	349.34	0.16	216.79	87.50	114.88	33.37	102.26	18.11	18.48
湖北	252.33	2.23	156.61	48.85	102.80	55.78	85.78	26.09	22.18
湖南	310.36	0.13	133.19	59.28	87.46	33.82	61.53	17.92	17.35
广东	1046.49	225.02	910.14	233.02	460.07	239.65	551.76	184.56	101.21
广西	99.55	1.25	57.87	25.40	44.60	19.74	24.80	9.55	5.62
海南	2.77		10.48	4.41	5.57	1.21	4.35	0.13	0.51
重庆	106.20	2.60	75.92	30.80	47.61	19.68	34.73	9.12	7.81
四川	251.86	1.42	179.83	67.94	121.32	59.23	92.61	18.80	22.29
贵州	18.17		16.98	6.36	11.52	5.39	9.48	2.87	2.08
云南	62.53		80.66	19.98	49.98	31.86	47.17	12.09	12.07
西藏	1.99		2.34	0.75	1.18	0.47	1.00	0.30	0.47
陕西	76.19	0.10	69.36	30.88	49.11	20.84	31.71	4.69	8.45
甘肃	6.03		12.45	4.35	8.46	4.33	5.77	1.09	2.06
青海	4.96		5.16	2.79	3.43	0.64	2.37	1.28	0.26
宁夏	5.45		6.20	2.51	3.42	1.03	3.16	0.91	1.18
新疆	4.27		8.09	3.58	6.13	2.62	3.78	0.59	1.07

记录媒介复制业主要经济指标

单位：亿元

产成品	负债合计	流动负债合计	应付账款	所有者权益合计	实收资本	国家资本	集体资本	法人资本	个人资本
187.13	**2217.49**	**1896.53**	**518.33**	**2364.40**	**1139.07**	**106.91**	**19.22**	**415.96**	**311.65**
9.76	81.04	70.53	23.87	113.51	66.42	9.75	1.86	38.96	7.80
1.78	44.19	38.19	10.61	26.55	24.57	1.76	0.80	4.11	9.61
7.47	68.87	50.56	14.51	91.26	41.63	2.80	0.12	24.59	11.84
0.80	14.01	11.97	3.29	12.85	5.05	1.18	0.04	2.79	0.80
0.16	3.20	2.63	0.71	5.76	1.53	0.72		0.43	0.35
1.83	55.05	46.76	6.23	47.11	22.54	2.75	0.35	9.80	7.18
1.37	23.30	20.64	3.08	39.76	9.66	0.07	1.20	4.45	2.44
0.89	12.09	10.81	3.68	12.88	6.56	2.99		1.05	2.32
8.56	90.72	82.90	31.21	126.57	71.33	16.96	1.40	23.88	6.37
24.18	313.07	275.58	62.20	274.46	136.90	4.49	2.08	44.60	38.43
13.34	270.14	249.59	50.10	177.38	87.98	2.99	0.35	30.21	39.76
10.68	93.63	74.83	21.94	98.59	38.23	0.85	1.80	9.51	22.58
5.52	77.12	64.47	13.60	64.84	33.56	1.38	0.29	12.59	14.44
3.66	39.34	33.54	7.29	91.78	43.55	18.56	0.28	14.34	7.98
11.53	128.67	101.79	25.21	158.02	68.12	1.73	0.86	24.14	24.16
7.93	74.16	60.46	12.46	137.09	58.15	1.08	1.39	22.76	31.74
9.09	79.28	60.01	16.72	75.27	33.01	3.91	1.07	13.62	12.40
7.57	57.71	45.09	14.26	74.44	29.18	0.82	0.27	16.60	9.94
32.85	468.23	410.42	141.88	437.07	225.48	5.65	1.64	49.77	36.51
2.40	26.33	21.68	6.94	31.19	12.51	1.81		4.40	5.29
0.17	0.69	0.69	0.14	9.79	1.35	1.30		0.05	
3.77	42.57	29.46	8.83	33.11	17.02	0.46	1.61	9.82	3.07
9.22	75.62	62.69	16.94	102.78	49.13	1.00	0.90	35.98	8.04
0.74	5.80	5.02	1.69	11.17	4.33	0.10		2.75	0.29
5.81	32.06	29.80	10.89	48.60	20.20	3.98	0.05	6.68	4.61
0.26	0.51	0.49	0.31	1.83	0.47	0.23			0.24
3.39	25.75	23.20	6.37	43.19	24.16	14.44	0.85	6.29	2.24
1.09	4.68	4.03	1.41	7.76	2.35	1.34		0.49	0.25
0.18	2.40	2.29	0.73	2.76	0.64	0.07		0.57	
0.51	3.54	3.42	0.50	2.64	1.75	0.62		0.35	0.78
0.63	3.69	3.00	0.73	4.39	1.70	1.10		0.41	0.19

1-3-31 续表

地区	港澳台资本	外商资本	主营业务收入	主营业务成本	主营业务税金及附加	销售费用	管理费用	税金
全国	**167.63**	**115.86**	**6014.77**	**4987.25**	**41.45**	**151.62**	**315.21**	**14.50**
北京	4.55	3.50	129.84	97.91	0.93	4.16	16.34	0.43
天津	2.36	5.93	80.53	67.63	0.47	1.95	4.50	0.20
河北	1.03	1.26	279.34	238.68	1.16	4.00	8.37	0.36
山西		0.26	18.51	14.91	0.10	0.72	1.65	0.08
内蒙古			17.03	13.00	0.11	0.26	0.68	0.02
辽宁	0.13	2.34	165.90	137.30	0.86	4.27	8.61	0.51
吉林		1.50	58.25	42.63	2.59	2.54	3.82	0.13
黑龙江		0.19	25.08	21.68	0.09	0.33	1.66	0.05
上海	9.17	13.55	188.52	149.28	0.77	5.86	19.56	0.30
江苏	18.07	29.23	662.09	549.58	3.92	20.28	32.56	1.30
浙江	9.50	5.18	357.69	303.31	1.68	8.36	19.65	0.75
安徽	1.30	2.18	313.26	258.79	1.57	8.98	14.33	0.84
福建	3.10	1.76	213.16	180.64	1.17	4.77	9.14	0.51
江西	1.55	0.84	240.27	198.50	1.80	4.05	8.35	0.31
山东	2.88	14.16	724.89	619.35	5.72	14.19	27.50	2.00
河南	0.35	0.74	336.36	283.81	2.11	7.21	9.91	0.43
湖北	0.92	0.17	238.29	199.38	1.63	7.47	17.94	1.30
湖南	0.83	0.52	306.68	245.57	3.95	8.44	14.47	0.74
广东	102.74	29.10	1030.43	867.36	5.22	27.91	55.74	2.19
广西	0.95	0.03	100.00	82.10	0.61	1.85	4.93	0.20
海南			2.77	1.69	0.05	0.06	0.29	0.02
重庆	0.74	1.33	103.37	86.84	0.81	2.40	4.29	0.19
四川	2.40	0.80	249.92	201.92	2.43	6.83	14.14	0.91
贵州	1.18		14.67	10.74	0.10	0.29	0.90	0.05
云南	3.57	1.31	60.92	42.73	0.43	1.23	5.96	0.21
西藏			1.52	1.26	0.01	0.01	0.13	
陕西	0.26		73.87	54.03	0.97	2.26	6.82	0.38
甘肃	0.04		7.97	5.69	0.16	0.62	1.40	0.01
青海			3.97	2.85	0.03	0.12	0.52	0.04
宁夏			5.42	4.77	0.01	0.08	0.33	0.03
新疆			4.23	3.31	0.02	0.10	0.72	0.02

单位：亿元

财务费用			投资收益（损失以"–"号记）	营业利润	利润总额	亏损企业亏损额	应交增值税	应交所得税	从业人员平均人数（万人）
	利息收入	利息支出							
58.65	**6.99**	**51.98**	**6.19**	**483.55**	**487.14**	**17.59**	**196.61**	**69.03**	**92.26**
0.14	0.70	0.78	0.09	12.56	12.95	1.75	6.84	3.28	2.69
0.67	0.05	0.73	0.02	5.33	5.76	0.42	2.56	0.97	1.38
1.43	0.11	1.24	0.08	26.00	26.16	0.14	8.05	2.98	2.92
0.44	0.02	0.41		0.77	1.25	0.07	0.36	0.08	0.53
0.08		0.09	0.04	3.20	2.59	0.01	0.21	0.02	0.21
1.30	0.08	0.63	-0.65	15.36	13.86	0.65	3.42	0.80	1.47
2.36	0.25	2.12	1.97	5.70	5.83	0.11	1.95	0.53	0.56
0.26	0.02	0.15		1.12	1.22	0.49	0.88	0.20	0.48
1.19	0.45	1.40	1.37	14.45	16.60	2.06	8.02	2.99	3.22
8.91	0.72	7.35	0.96	49.83	50.23	3.22	22.44	10.10	10.69
7.77	1.22	8.57	0.74	19.20	20.20	0.79	11.39	3.28	6.53
2.58	0.37	2.26	0.14	27.82	26.61	0.21	8.28	2.83	3.63
2.39	0.17	2.19	-0.46	16.54	16.96	0.51	6.80	2.14	3.54
1.36	0.08	0.85		21.21	21.04	0.01	7.49	2.48	2.39
4.60	0.24	3.41	-0.89	50.38	50.66	0.53	21.36	6.08	6.42
3.36	0.10	2.96	0.08	30.65	30.68	0.04	9.80	3.37	5.58
2.22	0.12	1.81	-0.07	15.76	15.80	0.86	8.01	2.06	3.04
2.22	0.14	1.76	-0.93	31.68	30.37	0.06	11.57	3.84	2.98
8.33	1.23	6.96	4.26	69.27	70.32	4.19	29.89	12.01	24.14
1.50	0.02	1.18	-0.54	10.17	10.18	0.20	2.91	0.68	1.26
-0.02	0.03	0.01		0.71	0.76		0.23	0.19	0.07
1.36	0.09	1.28	0.12	7.90	8.18	0.33	4.13	0.90	1.42
2.34	0.22	2.14	-0.61	24.62	24.78	0.55	11.26	3.81	3.71
0.08	0.01	0.09	0.16	2.70	2.75	0.02	0.74	0.22	0.23
0.44	0.17	0.58	0.27	10.48	10.63	0.21	3.76	2.02	1.05
0.01		0.01		0.12	0.11		0.05	0.02	0.05
0.87	0.29	0.69	0.08	8.78	8.79	0.04	3.57	1.03	1.21
0.06	0.02	0.07		0.12	0.39	0.12	0.20	0.03	0.43
0.16	0.05	0.05		0.79	0.87	0.01	0.26		0.09
0.18	0.01	0.18		0.17	0.26		0.10	0.03	0.19
0.06	0.01	0.06		0.17	0.37		0.08	0.04	0.14

1-B-32　按地区分组的文教、工美、

地　区	工业销售产值(当年价格)	出口交货值	资产总计	固定资产合计	固定资产原价	累计折旧	流动资产合计	应收账款	存货
全　国	**12693.76**	**3914.86**	**6410.78**	**1649.44**	**2614.88**	**1082.26**	**4105.44**	**1046.63**	**1441.11**
北　京	87.66	8.35	89.51	11.79	18.57	6.80	71.23	14.23	36.69
天　津	328.26	70.28	134.19	32.37	54.37	24.17	82.67	17.87	26.88
河　北	271.05	34.64	123.80	64.32	85.83	24.87	49.26	11.59	18.44
山　西	10.84	0.27	20.06	5.18	5.67	0.84	13.25	2.20	5.83
内蒙古	34.60	2.57	3.81	0.71	1.07	0.36	3.00	0.22	0.98
辽　宁	202.79	29.37	59.78	27.07	61.89	36.42	25.74	3.69	10.15
吉　林	28.44	1.41	6.55	3.23	15.09	12.11	2.87	0.86	1.27
黑龙江	54.03	0.49	13.85	7.54	17.18	9.83	5.33	1.06	2.21
上　海	398.13	68.53	213.25	31.19	54.00	26.75	159.75	23.77	79.70
江　苏	1583.99	416.41	727.75	231.64	395.54	171.36	412.20	111.31	112.10
浙　江	1183.71	479.29	946.70	214.57	291.98	99.51	610.35	131.90	172.93
安　徽	296.96	121.56	131.80	46.95	68.57	26.32	75.12	22.56	21.32
福　建	1081.36	465.42	495.00	118.11	168.75	59.44	317.77	81.33	103.09
江　西	371.59	93.58	137.20	68.95	96.70	33.60	52.31	13.59	17.88
山　东	1837.97	435.34	649.31	263.65	456.97	209.45	336.19	69.49	92.69
河　南	610.19	145.28	356.62	130.70	153.91	31.61	192.61	27.73	57.92
湖　北	140.33	11.87	74.73	19.72	54.66	36.64	45.42	5.60	18.51
湖　南	181.13	6.33	51.31	29.09	33.44	7.91	18.87	5.12	6.81
广　东	3637.34	1475.29	2003.98	279.58	503.65	246.08	1542.16	478.99	627.44
广　西	80.73	17.03	22.82	7.82	9.41	2.47	13.46	5.22	3.64
海　南	1.11		1.24	0.01	0.01	0.01	0.95	0.01	0.36
重　庆	54.09	2.74	41.11	20.87	23.98	3.73	14.73	1.89	3.34
四　川	89.28	10.10	32.91	13.11	18.55	6.67	15.31	2.56	3.02
贵　州	6.91	0.47	6.07	1.18	1.29	0.13	4.15	0.24	0.63
云　南	57.55	0.28	26.33	4.70	6.02	1.72	16.30	1.22	11.45
西　藏	1.07	0.12	2.30	0.86	0.91	0.07	1.25	0.12	0.03
陕　西	21.96	14.34	13.73	2.12	2.43	0.62	11.50	9.57	0.87
甘　肃	3.85		2.36	1.09	1.45	0.49	0.90	0.30	0.24
青　海	28.84	2.39	19.72	10.26	11.75	1.95	8.94	2.08	3.56
宁　夏									
新　疆	8.00	1.11	2.97	1.05	1.25	0.32	1.82	0.30	1.14

体育和娱乐用品制造业主要经济指标

单位：亿元

产成品	负债合计	流动负债合计	应付账款	所有者权益合计	实收资本	国家资本	集体资本	法人资本	个人资本
667.79	**3411.83**	**2982.13**	**924.57**	**2955.23**	**1348.79**	**44.42**	**13.26**	**363.34**	**419.88**
26.35	55.96	52.29	23.40	33.55	21.17	12.63	0.07	6.64	0.77
7.82	79.72	62.83	18.76	54.01	28.49		0.14	7.96	7.03
9.44	47.41	36.81	11.20	75.62	30.21		0.12	10.23	19.28
3.26	15.18	12.76	2.99	4.89	3.14		0.01	1.71	1.42
0.78	1.32	1.01	0.37	2.49	0.44			0.16	0.28
5.66	20.22	16.12	3.31	39.23	18.76	0.02	0.58	7.05	8.27
0.48	2.68	1.98	0.61	3.87	1.31	0.02		1.00	0.24
1.13	5.36	4.10	0.69	8.47	5.00	0.21		2.63	1.69
30.58	119.61	115.95	44.82	93.45	43.56	3.73	1.34	14.86	6.16
46.81	385.26	363.21	79.56	342.04	173.10	0.48	4.33	35.99	67.40
80.62	562.37	515.95	85.95	381.97	171.30	0.34	0.25	48.24	63.25
10.13	65.15	55.43	13.72	65.80	24.42	0.10	0.13	8.18	13.83
37.93	237.92	206.90	70.15	253.60	112.83		0.69	19.81	45.71
8.13	47.63	37.02	7.07	86.87	30.78		0.05	11.51	7.16
37.56	291.92	239.87	80.98	349.08	137.81	9.32	1.83	55.30	43.81
13.77	117.13	85.02	14.26	229.20	100.03	0.03	0.43	34.90	59.57
6.64	42.43	36.43	4.65	31.41	13.94	0.93	0.10	6.21	4.54
5.11	20.14	14.88	3.07	30.74	13.39	0.40	0.24	5.93	5.56
323.32	1214.07	1062.19	440.33	779.71	391.84	13.93	2.82	77.31	51.69
1.61	10.43	8.48	1.88	11.80	5.46	0.02	0.03	1.87	1.95
0.36	0.87	0.77		0.37	0.03				0.03
2.45	17.22	15.55	1.84	23.01	4.60			1.16	1.63
1.85	15.10	8.99	2.22	17.43	5.56	2.25	0.11	1.31	1.88
0.36	4.03	3.04	0.23	2.02	1.42	0.01		0.18	1.09
1.72	6.35	4.56	1.05	19.97	4.40			0.39	3.55
	1.16	1.05	0.56	1.14	0.54			0.34	0.20
0.41	10.17	10.17	9.00	3.56	1.33			0.27	0.73
0.12	0.77	0.57	0.10	1.53	1.05			0.10	0.95
2.85	12.52	6.57	1.52	7.15	2.04			1.89	0.15
0.54	1.72	1.64	0.27	1.24	0.85			0.21	0.05

1-B-32 续表

地区			主营业务收入	主营业务成本	主营业务税金及附加	销售费用	管理费用	
	港澳台资本	外商资本						税金
全国	**284.01**	**222.42**	**12935.36**	**11275.73**	**67.90**	**278.19**	**442.52**	**22.20**
北京	0.28	0.78	101.76	94.11	0.19	2.71	4.84	0.15
天津	1.06	12.30	348.26	298.15	1.13	7.34	8.39	0.37
河北	0.06	0.51	267.80	232.28	1.22	5.30	5.06	0.36
山西			8.06	6.99	0.03	0.46	0.69	0.05
内蒙古			34.49	23.95	0.08	0.21	0.37	0.03
辽宁	0.23	2.63	204.08	179.49	1.52	2.93	4.93	0.58
吉林	0.05		28.33	24.43	0.17	0.69	0.87	0.03
黑龙江		0.47	52.72	47.13	0.15	0.88	1.03	0.02
上海	3.02	14.45	490.58	445.81	1.11	10.39	14.23	0.36
江苏	22.25	42.64	1602.44	1375.44	9.14	36.44	63.22	2.21
浙江	28.88	30.33	1182.26	1012.79	5.58	31.46	50.49	2.36
安徽	0.65	1.52	291.57	245.34	2.28	10.06	11.46	1.45
福建	26.75	19.87	1082.22	918.77	7.29	31.48	39.97	1.87
江西	9.44	2.63	390.08	327.37	2.93	6.84	8.47	0.73
山东	5.79	21.61	1857.96	1585.79	15.13	40.60	56.49	5.65
河南	4.19	0.81	611.42	508.63	3.38	17.44	16.54	0.67
湖北	1.65	0.49	141.49	118.02	1.22	4.78	6.01	0.30
湖南	0.69	0.58	181.77	140.68	2.76	5.23	8.65	0.98
广东	175.28	69.60	3708.34	3398.59	10.64	53.05	125.79	3.57
广西	1.08	0.51	81.46	70.34	0.35	2.39	2.88	0.13
海南			1.11	1.04		0.06		
重庆	1.81		55.56	44.34	0.32	1.06	1.54	0.17
四川	0.01		88.54	77.66	0.61	2.19	2.39	0.08
贵州	0.14		6.48	5.53	0.04	0.08	0.16	0.01
云南	0.17	0.29	56.33	37.54	0.26	2.87	6.44	0.02
西藏			1.07	0.85	0.06		0.07	0.03
陕西	0.33		18.95	17.36	0.06	0.16	0.23	
甘肃			3.70	3.24	0.01	0.06	0.06	
青海			28.55	26.65	0.15	0.31	0.70	0.03
宁夏								
新疆	0.20	0.39	7.99	7.41	0.07	0.74	0.56	

单位：亿元

财务费用			投资收益（损失以“–”号记）	营业利润	利润总额	亏损企业亏损额	应交增值税	应交所得税	从业人员平均人数（万人）
	利息收入	利息支出							
108.49	**12.87**	**90.83**	**-4.85**	**760.98**	**744.12**	**21.46**	**321.70**	**92.21**	**222.86**
1.10	0.04	0.99	0.12	-0.92	0.03	1.42	1.15	0.07	0.78
1.07	0.19	1.07	2.09	30.86	12.59	0.53	8.79	1.33	3.45
1.28	0.03	1.02	-0.03	22.57	22.44	0.16	5.71	1.87	4.11
0.06		0.05	-0.31	0.41	0.51	0.11	0.39	0.01	0.32
0.06		0.06		9.81	9.60		0.23	0.17	0.22
1.36	0.07	0.75	-1.17	13.83	13.24	0.22	5.91	1.04	1.93
0.35		0.26		2.43	1.75		0.87	0.23	0.31
0.25		0.21		2.72	2.77		1.18	0.29	0.73
2.95	0.27	2.46	3.77	20.80	22.93	1.32	4.52	3.88	3.64
12.26	1.00	9.73	0.56	109.03	108.19	2.46	57.99	22.16	26.34
22.19	3.40	21.89	2.06	64.10	63.47	3.28	26.71	7.68	21.19
3.11	0.09	2.47	-0.07	19.36	19.62	0.09	7.01	2.09	5.55
9.10	0.79	7.09	-10.30	79.54	77.91	0.87	24.18	6.55	21.01
2.08	0.03	1.60	-0.15	38.32	36.94	0.13	16.00	2.65	5.73
17.23	0.60	11.22	0.29	124.84	125.05	2.07	71.64	16.77	21.53
7.57	0.19	6.03	0.15	58.07	60.40	0.08	15.82	4.62	11.85
1.84	0.03	1.64	0.04	8.84	8.99	0.81	4.23	0.88	1.97
1.16	0.02	0.99	-0.64	15.06	14.12	0.05	6.27	1.59	2.38
21.39	5.92	19.83	1.50	110.80	112.83	7.58	52.34	16.39	82.45
0.64	0.01	0.35		5.23	5.04	0.03	2.34	0.15	3.70
0.01		0.01					0.01		0.01
0.11	0.08	0.17	0.54	8.57	8.84	0.03	4.15	0.44	0.87
0.74	0.08	0.54		3.76	4.05		2.16	0.36	1.13
0.04		0.03		0.55	0.47	0.08	0.06	0.03	0.14
0.19		0.16	0.02	9.06	9.06	0.12	1.71	0.90	0.75
-0.01	0.02			0.19	0.08		0.02		0.02
0.05	0.01	0.04		1.28	1.28	0.01	0.13	0.01	0.15
0.06		0.06		0.17	0.18		0.03		0.11
0.24		0.12	-3.33	0.64	0.65	0.01	0.09		0.45
0.03		0.02		1.04	1.09		0.06	0.06	0.07

1-B-33 按地区分组的石油加工、

地区	工业销售产值(当年价格)	出口交货值	资产总计	固定资产合计	固定资产原价	累计折旧	流动资产合计	应收账款	存货
全国	**40168.42**	**553.42**	**23169.70**	**8927.19**	**15122.87**	**6894.85**	**10626.29**	**1199.76**	**4073.82**
北京	769.19		295.83	84.76	277.40	192.58	134.21	15.79	79.58
天津	1378.78	0.61	539.49	174.80	400.91	203.54	318.03	83.20	142.00
河北	1903.50	10.24	1079.98	464.78	730.86	326.53	505.49	66.61	167.39
山西	1266.62	0.16	2361.17	654.35	1133.15	560.84	1230.86	175.62	234.77
内蒙古	687.62		905.49	431.65	521.54	97.61	329.58	66.11	76.86
辽宁	4322.42	306.86	1843.37	841.22	1460.47	615.97	861.57	75.13	406.61
吉林	213.35		71.78	36.20	110.66	75.46	28.76	3.11	9.23
黑龙江	1403.89	0.35	718.72	407.84	762.95	379.02	251.90	20.40	136.84
上海	1760.32	50.53	544.94	243.59	608.53	370.36	225.52	29.85	159.98
江苏	2213.51	58.70	722.30	245.70	488.83	243.23	387.21	67.91	158.60
浙江	1666.39	1.71	552.50	255.77	377.91	187.53	270.20	55.44	96.16
安徽	412.24		183.93	124.91	223.17	93.30	53.27	10.78	28.90
福建	648.53	0.12	497.49	228.54	327.23	99.53	170.20	10.36	127.75
江西	544.18	16.92	322.06	118.60	168.05	65.78	148.76	32.63	43.83
山东	6847.55	8.88	3515.08	1221.16	2352.66	1338.10	1982.63	173.35	669.37
河南	1281.18		652.03	212.00	349.95	131.44	335.47	34.84	84.83
湖北	846.40		220.55	121.50	197.73	84.70	86.26	16.77	44.35
湖南	850.76		277.88	167.38	273.00	113.50	98.46	23.03	45.56
广东	3614.70	3.02	1289.39	499.18	989.60	514.17	625.89	78.43	345.75
广西	870.74	1.20	409.11	191.38	243.77	52.64	143.71	5.79	82.95
海南	467.24	93.83	200.68	106.87	146.99	49.19	91.74	11.22	61.10
重庆	50.51		26.70	9.53	13.53	6.23	14.67	2.43	5.59
四川	550.18		623.23	128.72	187.34	68.69	155.55	15.68	62.86
贵州	95.40		77.02	25.28	29.53	7.14	33.52	11.40	7.33
云南	275.31	0.13	338.38	120.45	168.12	53.75	152.91	29.52	26.35
西藏									
陕西	1838.26		2484.22	651.31	827.99	245.92	949.78	50.76	171.11
甘肃	1161.74	0.13	685.23	363.01	546.00	246.91	333.11	3.88	250.99
青海	19.43		57.12	26.90	36.02	9.13	23.82	3.44	9.18
宁夏	496.43	0.01	671.34	253.16	268.08	78.07	299.09	9.15	50.65
新疆	1712.03		1002.67	516.65	900.91	383.98	384.12	17.12	287.37

炼焦和核燃料加工业主要经济指标

单位：亿元

产成品	负债合计	流动负债合计	应付账款	所有者权益合计	实收资本	国家资本	集体资本	法人资本	个人资本
1112.57	**15299.92**	**12353.12**	**3210.40**	**7793.25**	**5347.36**	**2031.68**	**58.47**	**1964.81**	**936.53**
20.55	171.94	171.61	74.35	123.90	8.69	2.43		4.64	0.74
32.08	333.41	312.85	140.31	205.42	175.76	29.70	1.41	14.01	4.35
39.49	811.09	716.84	194.43	266.98	170.41	45.97	0.89	65.91	43.24
104.83	2019.30	1676.09	399.04	335.86	636.08	30.65	18.59	171.35	401.18
31.65	554.72	408.69	123.16	320.80	224.42	94.58		110.04	19.80
94.66	1235.96	921.88	228.09	606.00	288.05	190.85	7.17	46.52	34.70
3.92	41.59	36.77	7.35	27.96	12.94	2.43	1.96	5.05	3.42
54.45	461.14	363.17	100.10	257.67	122.81	45.98	2.38	52.70	20.85
20.91	304.84	295.04	117.50	240.06	202.25	0.90	2.38	144.22	18.24
30.39	464.61	414.83	107.83	256.84	169.04	83.72	2.20	32.93	37.32
17.33	314.99	307.52	148.61	237.09	237.91		0.07	226.20	3.16
11.60	116.93	112.06	14.72	66.99	101.36	85.15		3.69	2.27
16.59	394.14	168.83	64.67	103.21	157.65	0.54	0.06	75.15	7.55
18.33	240.89	222.60	37.48	80.75	79.76	7.53	2.10	11.99	56.74
229.53	2488.34	2107.40	426.31	1008.28	515.08	159.12	8.57	254.39	89.62
25.97	412.00	290.72	51.96	237.30	170.95	4.83	1.47	117.21	44.92
14.69	131.64	117.49	15.29	88.85	129.33	113.32	0.04	2.88	3.15
15.38	156.90	140.09	17.51	120.96	92.61	38.90		47.03	3.46
51.21	928.08	898.25	331.83	362.04	367.69	299.29	0.95	48.06	7.91
21.34	161.91	123.59	78.31	247.20	232.94	54.91	0.22	175.94	1.67
16.14	127.37	101.66	44.76	73.31	42.76	29.90		2.39	0.33
2.84	14.61	13.96	1.91	12.04	4.25			1.37	2.88
10.88	320.24	194.54	84.39	299.61	148.34	20.37	0.05	114.62	12.82
3.30	54.67	37.59	7.41	21.31	15.57	0.09	0.21	12.80	2.39
8.70	241.71	184.75	40.75	96.24	41.24	9.34		23.25	7.85
97.42	1338.62	903.63	158.00	1144.44	309.05	179.58	5.29	64.25	57.77
30.94	455.80	364.05	59.29	228.85	24.17	18.14		5.57	0.46
4.73	31.96	21.20	5.79	24.17	9.88			0.63	7.30
21.33	490.02	322.09	55.07	181.31	156.21	53.79		86.37	16.05
61.40	480.52	403.32	74.20	517.83	500.16	429.66	2.47	43.63	24.40

1-B-33 续表

地 区			主营业务收入	主营业务成本	主营业务税金及附加	销售费用	管理费用	税金
	港澳台资本	外商资本						
全 国	**79.49**	**162.31**	**40980.89**	**35615.47**	**3111.03**	**333.43**	**911.80**	**41.91**
北 京	0.63	0.24	818.63	731.79	61.30	6.86	24.13	0.32
天 津		12.63	1375.70	1191.30	112.34	5.98	35.23	0.43
河 北	8.92	5.48	2170.09	1967.07	111.34	15.13	38.64	1.78
山 西	5.36	8.95	1322.77	1223.78	4.01	54.62	39.52	2.55
内蒙古			675.02	561.75	51.83	9.55	20.36	2.05
辽 宁	1.31	7.51	4253.23	3738.40	361.77	26.06	115.68	5.42
吉 林		0.08	208.49	184.46	7.38	2.36	7.10	1.50
黑龙江	0.78		1452.26	1268.85	139.58	7.30	57.12	3.26
上 海	35.16	1.35	1770.91	1532.47	171.26	10.80	43.41	1.26
江 苏	3.61	9.26	2223.24	1935.89	150.07	14.44	32.03	0.77
浙 江	4.63	3.85	1665.28	1419.90	154.25	3.62	20.32	1.20
安 徽	10.05	0.20	432.02	378.61	44.88	1.69	9.56	0.32
福 建	0.52	73.83	650.91	580.53	53.73	3.29	15.62	0.42
江 西		1.40	558.71	477.77	49.31	7.21	11.85	1.65
山 东	1.52	1.86	7088.53	6335.62	297.69	42.40	115.85	6.00
河 南	0.90	1.61	1227.85	1069.51	61.71	16.15	19.94	1.12
湖 北		9.91	836.98	720.62	97.78	2.79	11.89	0.33
湖 南	0.07	3.15	819.53	699.21	84.36	4.44	20.22	0.79
广 东	4.02	7.46	3626.49	3135.65	323.68	18.32	46.23	1.62
广 西	0.06		867.21	749.99	114.34	5.21	10.89	0.26
海 南		10.14	414.16	347.79	56.10	0.75	4.02	0.13
重 庆			51.31	42.98	0.56	1.64	2.04	0.10
四 川		0.47	561.23	475.43	26.72	6.16	32.99	2.59
贵 州	0.01	0.08	79.83	68.68	0.86	2.11	1.70	0.16
云 南		0.80	274.11	246.64	0.74	3.96	6.89	0.34
西 藏								
陕 西		2.06	2159.58	1668.55	218.44	33.40	58.54	2.70
甘 肃			1124.94	931.10	138.93	6.08	47.27	0.91
青 海	1.95		23.36	22.02	0.09	0.59	1.19	0.09
宁 夏			494.95	414.80	51.17	3.57	12.37	0.83
新 疆			1753.57	1494.30	164.85	16.95	49.18	1.02

单位：亿元

财务费用	利息收入	利息支出	投资收益（损失以“-”号记）	营业利润	利润总额	亏损企业亏损额	应交增值税	应交所得税	从业人员平均人数（万人）
375.24	**28.56**	**376.46**	**-24.73**	**677.59**	**636.16**	**504.93**	**1551.45**	**149.94**	**94.51**
2.70	0.16	2.85	-2.31	-10.40	-11.81	18.50	16.13	2.83	1.56
6.65	0.77	7.52	1.01	37.35	44.83	1.64	43.72	3.53	1.69
25.45	0.97	22.40	-5.59	7.87	11.97	20.84	51.16	5.89	6.11
58.75	2.54	51.57	4.79	-41.77	-40.33	62.32	27.52	1.31	12.28
15.04	1.12	13.55	0.29	18.50	17.70	5.62	20.68	1.92	3.22
32.83	1.61	35.53	-9.08	-12.14	-19.16	98.21	129.32	3.44	10.01
1.42	0.08	1.30	-0.30	7.01	6.90	1.01	3.38	1.06	0.86
14.56	0.29	13.81	0.64	-41.27	-46.18	54.94	34.24	0.53	5.52
1.93	0.92	6.82	0.81	14.04	20.09	11.66	56.19	5.78	2.03
6.60	3.33	8.38	-4.82	78.09	80.85	3.71	172.37	16.60	2.97
3.89	1.53	5.41	2.19	66.30	69.23	4.06	66.90	17.59	1.03
4.07	0.06	4.02	-2.29	-2.89	-2.81	8.36	8.88	0.82	0.66
7.36	0.25	12.64		-15.13	-15.65	20.70	14.33	0.12	0.76
5.01	0.73	5.82	0.22	4.30	5.96	0.58	16.03	2.46	2.17
75.08	5.31	71.22	1.22	224.03	214.96	27.40	201.01	27.82	12.44
11.94	0.59	10.60	-0.33	48.50	48.09	13.05	23.94	5.58	3.98
2.77	0.27	2.86		0.23	0.22	3.33	17.32	0.78	1.18
4.91	0.40	5.19	0.31	7.36	7.61	5.66	36.81	2.15	2.16
6.53	1.76	10.70	-0.70	109.01	83.75	9.37	343.62	16.03	2.61
2.60	0.42	2.91	-0.01	-14.45	-14.07	18.67	58.89	0.72	0.51
0.07	0.12	0.67	0.23	7.11	8.94	0.14	9.44	2.05	0.14
0.50	0.06	0.40	-0.99	2.28	2.21	0.49	1.71	0.51	0.50
6.69	0.04	2.79	-0.02	5.36	5.48	28.29	23.64	2.98	1.98
1.67	0.04	1.51		3.22	3.21	0.47	0.97	0.10	0.61
8.48	1.05	7.89	0.90	10.65	12.67	1.74	5.86	0.80	1.60
34.95	1.61	34.70	-11.87	166.88	145.95	9.68	85.18	23.35	5.71
11.49	1.67	13.01	0.19	-14.57	-16.05	28.96	26.55	0.30	3.02
1.33	-0.01	1.23	-0.06	1.85	2.17		1.16	0.04	0.30
6.86	0.64	6.88	0.40	7.85	8.57	2.78	15.27	1.12	2.43
13.11	0.24	12.29	0.43	2.43	0.88	42.73	39.20	1.71	4.46

1-B-34　按地区分组的化学原料和

地　区	工业销售产值(当年价格)	出口交货值	资产总计	固定资产合计	固定资产原价	累计折旧	流动资产合计	应收账款	存货
全　国	**75771.09**	**3984.60**	**61317.66**	**24558.44**	**38379.55**	**15766.29**	**27382.19**	**5568.16**	**5965.54**
北　京	345.45	11.68	500.71	108.91	237.03	128.49	301.30	69.64	45.91
天　津	1285.77	74.78	1390.31	714.95	888.35	243.09	528.76	156.74	134.80
河　北	2308.93	90.33	1797.18	730.81	954.28	323.65	826.97	148.54	160.62
山　西	654.31	8.49	1226.50	624.35	825.41	268.14	451.91	67.06	104.22
内蒙古	1723.87	20.14	2248.27	1141.72	1378.95	278.56	660.18	97.74	127.18
辽　宁	3170.32	62.59	2351.92	1040.75	1444.11	556.24	1108.00	155.36	200.83
吉　林	1609.65	7.83	810.94	439.49	1203.92	732.95	268.31	41.23	89.69
黑龙江	531.25	2.60	376.11	152.83	226.82	85.67	180.80	41.42	44.74
上　海	2606.34	288.92	2399.03	806.21	1556.89	770.76	1261.57	389.76	295.46
江　苏	14732.83	1067.81	9786.77	3583.09	6489.00	3009.92	4817.19	1238.00	1078.14
浙　江	5479.04	466.85	4963.02	1486.15	2099.99	750.59	2783.12	582.37	533.38
安　徽	1926.28	73.62	1530.80	621.70	864.89	289.37	674.20	170.35	155.34
福　建	1278.26	96.34	1187.82	286.87	562.54	300.11	543.58	128.37	136.83
江　西	1859.53	199.02	1294.06	595.07	1110.23	596.32	531.83	90.84	98.60
山　东	14385.03	474.03	8516.58	3360.90	5680.37	2654.30	3976.11	592.72	822.99
河　南	3090.39	45.71	2651.29	1361.28	1683.63	505.79	1013.79	119.55	179.54
湖　北	3270.48	123.56	2531.73	1027.26	2256.86	1134.34	1001.54	166.64	263.36
湖　南	2700.40	161.57	1129.04	521.04	740.10	264.78	420.51	100.06	121.66
广　东	5300.97	469.08	3611.66	1025.15	1885.15	919.36	2125.70	597.81	440.30
广　西	879.77	40.50	719.68	265.38	376.57	129.98	361.83	61.79	106.46
海　南	128.57	0.72	298.49	39.95	90.69	49.58	98.87	9.93	27.54
重　庆	740.92	19.33	866.36	444.26	585.25	205.36	295.65	43.22	76.55
四　川	2229.18	77.64	2344.39	1056.35	1402.20	531.90	906.37	158.55	198.69
贵　州	607.35	40.51	1116.61	445.18	494.11	154.45	409.50	71.95	91.89
云　南	783.28	17.38	1124.51	413.66	577.59	215.28	530.93	69.71	128.97
西　藏	2.02		4.84	1.18	1.32	0.16	2.63	0.23	0.09
陕　西	643.10	25.46	1159.05	525.96	769.64	240.01	335.74	66.67	68.07
甘　肃	331.67	3.39	365.91	181.32	224.34	87.26	153.04	19.57	45.65
青　海	244.94		1122.62	467.96	492.04	101.75	316.71	27.53	74.59
宁　夏	300.21	12.97	369.84	180.20	230.16	65.96	155.46	25.02	37.71
新　疆	621.01	1.77	1521.61	908.51	1047.12	172.14	340.09	59.79	75.74

化学制品制造业主要经济指标

单位：亿元

产成品	负债合计	流动负债合计	应付账款	所有者权益合计	实收资本	国家资本	集体资本	法人资本	个人资本
2535.52	**35600.54**	**27029.55**	**5793.15**	**25547.85**	**13598.64**	**1797.95**	**287.33**	**5198.91**	**2845.95**
18.34	285.79	252.45	51.03	214.92	167.68	7.97	0.18	107.54	19.25
51.98	852.33	598.32	190.49	534.92	330.72	51.99	0.90	102.97	22.16
73.34	1026.33	786.68	155.20	761.51	357.26	57.88	3.72	142.26	104.20
39.47	889.95	672.53	130.47	334.67	220.11	62.55	13.92	78.95	42.89
57.07	1571.48	962.60	193.00	674.41	506.01	162.10	18.41	237.44	49.06
84.29	1519.87	1210.71	124.33	826.67	584.55	189.89	3.93	234.94	72.50
27.24	364.26	273.59	69.16	441.66	250.60	2.17	2.98	207.25	29.70
19.75	222.15	188.73	51.18	152.09	95.50	31.52	2.21	38.36	20.10
114.74	1167.52	938.26	365.52	1229.73	890.29	88.25	2.32	232.48	52.03
444.12	5350.03	4544.89	989.92	4435.05	2471.59	119.38	43.38	779.61	447.19
219.48	2842.27	2436.87	553.66	2118.10	978.82	54.84	44.88	326.89	210.23
78.16	887.54	656.39	167.86	644.71	296.74	37.03	2.89	119.71	90.06
46.23	675.58	487.06	133.30	507.28	318.94	22.59	1.03	108.38	60.83
48.77	750.93	565.47	91.86	532.60	314.61	17.35	2.81	80.02	54.14
350.09	4932.73	3673.68	577.83	3525.24	1335.51	81.16	42.57	570.82	507.24
71.38	1390.83	1044.70	190.78	1254.32	699.65	97.04	6.86	207.97	368.42
114.91	1594.01	1103.07	219.37	927.34	439.04	37.00	16.36	181.42	102.18
63.46	534.41	399.24	70.60	590.16	341.88	56.81	7.45	150.81	119.00
178.21	1812.46	1525.03	455.52	1787.65	865.69	85.17	14.68	193.38	145.32
51.02	441.34	337.70	60.31	275.75	118.09	13.87	2.81	62.88	31.32
2.92	110.02	75.25	15.85	188.40	121.34	52.35	0.09	47.40	19.14
36.23	543.27	413.38	61.67	322.42	190.33	45.39	4.35	93.30	22.20
94.92	1300.37	980.00	174.67	1030.66	439.44	51.77	10.92	239.41	99.54
58.98	774.60	571.01	82.92	341.64	208.40	136.82	1.44	51.03	17.44
51.31	762.58	676.35	155.24	361.83	220.12	84.11	4.42	100.21	23.78
0.04	1.63	1.33	0.03	3.21	1.58	1.38		0.20	
35.77	799.25	438.48	92.29	356.47	252.76	42.67	14.56	147.10	38.44
21.50	191.76	138.36	35.88	171.30	85.35	26.29	4.97	39.17	10.84
28.49	779.04	366.89	106.07	343.18	123.95	33.70	4.03	44.45	27.46
18.21	249.67	202.51	43.07	115.77	55.52	2.65	5.90	28.87	17.05
35.13	976.54	507.98	184.08	544.21	316.61	44.25	2.37	243.69	22.21

1-B-34 续表

地区	港澳台资本	外商资本	主营业务收入	主营业务成本	主营业务税金及附加	销售费用	管理费用	税金
全国	**942.53**	**2463.81**	**76645.34**	**65871.88**	**585.75**	**2081.34**	**2751.11**	**153.36**
北京	5.44	27.31	368.18	307.23	1.94	26.36	27.85	0.45
天津	11.36	141.24	1344.25	1192.27	4.15	25.46	54.71	1.94
河北	18.50	30.70	2312.22	1981.78	8.74	55.05	82.25	4.66
山西	15.86	5.94	780.43	708.25	2.02	18.35	41.06	2.09
内蒙古	15.63	11.26	1401.92	1133.40	6.50	45.54	70.62	7.47
辽宁	42.47	38.98	3196.35	2816.77	78.18	52.59	110.62	7.70
吉林	0.30	8.31	1590.75	1398.13	71.52	26.83	76.58	6.97
黑龙江	0.11	2.77	523.88	446.99	3.24	7.49	18.75	1.21
上海	54.32	460.89	2763.34	2313.54	7.22	163.66	148.23	2.66
江苏	344.35	737.67	14864.98	12991.93	89.80	287.96	473.97	19.93
浙江	93.02	248.96	5721.61	5007.20	20.66	141.68	212.96	9.78
安徽	4.90	42.15	1879.97	1574.98	8.85	61.79	84.17	5.29
福建	21.08	105.03	1288.22	1101.29	5.06	34.71	41.96	2.90
江西	81.86	78.43	1929.35	1656.70	16.80	29.73	44.05	1.98
山东	28.22	105.49	14719.24	12828.25	90.71	223.48	316.46	26.00
河南	8.12	10.18	3175.99	2793.58	15.07	59.38	81.30	4.92
湖北	6.33	51.53	3347.22	2883.92	22.78	104.19	115.09	6.77
湖南	3.78	4.02	2635.55	2125.76	52.23	89.08	149.51	12.63
广东	162.35	263.64	5292.94	4241.04	29.53	371.35	238.84	8.58
广西	1.60	5.50	872.13	734.01	5.83	27.65	37.23	1.83
海南	2.00	0.36	96.75	65.03	0.80	2.31	4.68	0.19
重庆	1.68	23.39	728.88	637.89	5.61	25.50	43.22	2.35
四川	16.15	21.65	2250.78	1922.18	11.16	64.27	99.32	5.88
贵州		1.62	695.70	610.32	5.36	16.32	30.22	1.39
云南	0.69	6.91	765.87	659.36	2.84	34.31	41.56	1.85
西藏			1.51	0.77	0.02	0.10	0.18	
陕西	0.74	8.55	658.25	542.45	2.69	23.57	38.49	1.83
甘肃		3.57	285.54	260.93	1.51	6.99	16.59	0.70
青海		14.31	224.85	153.84	9.00	23.69	14.25	0.46
宁夏	0.24	0.80	290.37	265.41	0.65	6.66	9.51	0.91
新疆	1.42	2.66	638.31	516.70	5.27	25.32	26.86	2.03

单位：亿元

财务费用			投资收益（损失以“-”号记）	营业利润	利润总额	亏损企业亏损额	应交增值税	应交所得税	从业人员平均人数（万人）
	利息收入	利息支出							
987.12	**100.68**	**988.70**	**46.69**	**4502.22**	**4522.41**	**714.13**	**2123.19**	**671.86**	**494.91**
4.62	0.75	5.43	0.58	0.58	1.26	18.77	11.54	2.96	3.59
21.48	2.23	19.56	0.82	44.30	45.31	7.99	36.91	8.75	6.06
31.35	1.93	27.93	-0.35	155.57	156.04	13.60	42.16	20.95	19.24
28.51	1.94	28.34	0.71	-15.15	-12.19	38.46	12.31	3.72	10.23
48.35	2.87	44.92	-5.65	87.38	73.58	42.86	34.72	11.09	9.73
33.94	2.75	36.15	-5.81	122.07	119.27	69.10	94.98	12.08	16.83
12.14	0.49	10.92	-1.93	1.72	-1.92	60.13	35.27	6.57	9.07
4.50	0.25	4.29	-0.69	35.26	34.82	6.37	10.93	4.05	4.15
12.70	5.09	21.48	17.81	133.67	142.84	35.09	69.08	28.79	11.84
147.96	20.58	159.05	-3.49	915.81	904.58	81.56	447.64	165.80	71.08
69.25	18.54	90.17	26.83	329.34	348.08	22.91	123.22	53.57	25.64
24.95	1.30	23.60	1.30	144.60	133.02	4.33	43.89	14.35	13.89
17.88	1.14	25.78	-1.90	51.55	52.85	13.50	38.47	7.35	9.43
15.52	0.38	12.20	-0.84	143.27	139.63	16.55	55.53	9.11	15.50
170.06	15.79	145.41	-4.74	1018.84	1030.44	41.23	395.41	129.96	66.40
42.62	3.21	38.34	0.84	196.88	205.41	28.76	58.28	25.20	28.68
49.86	1.89	45.27	2.20	221.01	213.44	13.22	87.84	18.24	21.72
30.61	1.12	24.21	-6.34	178.09	169.51	13.42	102.39	13.82	35.94
21.47	7.30	28.86	4.83	401.88	401.07	26.16	196.23	73.59	34.33
10.47	0.94	11.04	-8.47	55.07	60.42	6.31	23.00	5.89	9.57
0.26	0.08	0.34	4.81	29.00	29.25	1.42	5.35	5.35	0.43
18.20	1.24	18.17	-4.01	11.72	7.98	24.55	36.28	2.30	8.28
45.04	3.19	42.49	-0.34	121.22	122.58	36.72	63.46	20.89	22.74
21.86	0.45	23.43	9.32	29.88	35.05	14.94	11.98	4.36	5.92
25.26	1.53	25.56	2.27	16.34	19.06	21.77	17.35	4.58	8.03
0.01		0.01	0.24	0.69	0.70	0.01	0.17	0.08	0.04
16.65	1.77	19.47	1.95	15.85	17.02	18.28	17.01	3.70	7.90
4.17	0.71	4.46	2.97	-0.60	2.21	7.67	5.06	1.22	4.26
22.84	-0.13	17.50	11.31	10.78	21.44	17.26	10.71	5.14	3.80
6.28	0.25	5.82	0.14	2.13	3.30	4.73	7.35	1.08	3.71
28.30	1.13	28.52	2.32	43.45	46.36	6.47	28.67	7.31	6.91

1-B-35 按地区分组的医药

地区	工业销售产值(当年价格)	出口交货值	资产总计	固定资产合计	固定资产原价	累计折旧	流动资产合计	应收账款	存货
全国	**20129.16**	**1184.17**	**18450.01**	**5370.51**	**8218.48**	**3500.51**	**9965.17**	**2233.95**	**2240.20**
北京	593.04	5.98	907.50	124.89	198.16	75.91	569.61	128.68	131.91
天津	451.84	31.61	676.05	168.85	239.49	84.36	339.20	90.05	92.56
河北	663.06	75.70	804.37	251.86	340.11	126.19	416.15	80.70	79.30
山西	148.74	16.29	265.01	118.07	124.69	32.35	106.08	20.82	31.46
内蒙古	256.04	10.79	263.25	155.98	195.46	51.56	87.63	17.40	17.20
辽宁	711.80	16.59	542.70	177.41	252.84	99.45	285.16	61.70	64.07
吉林	1304.03	8.92	951.67	236.72	592.30	375.61	472.75	120.33	103.91
黑龙江	320.03	7.03	444.18	123.85	210.51	99.67	267.35	61.16	69.18
上海	554.55	45.35	764.16	145.64	233.92	105.87	481.16	111.44	142.54
江苏	2672.72	202.37	1766.36	529.56	783.03	302.00	1011.95	336.08	212.09
浙江	1001.04	261.28	1387.70	351.07	462.66	175.64	763.88	172.42	188.78
安徽	505.51	20.05	384.41	119.06	152.67	56.91	215.40	80.90	53.18
福建	214.20	20.67	226.37	62.46	94.21	42.90	128.65	28.48	34.98
江西	844.69	20.50	431.22	148.15	272.62	138.73	208.57	50.50	46.48
山东	3139.91	214.22	2276.68	880.03	1387.17	648.73	1099.38	197.98	209.40
河南	1317.54	19.04	916.02	343.42	529.23	212.15	448.57	82.86	86.48
湖北	820.79	65.35	710.41	227.70	344.85	134.98	341.80	74.82	72.66
湖南	667.72	11.38	355.79	146.57	182.16	53.30	160.89	32.35	36.51
广东	1156.80	74.46	1376.48	269.83	429.71	179.25	823.72	156.80	175.81
广西	312.87	9.01	260.19	91.46	126.70	45.89	143.17	24.57	34.77
海南	99.85	0.45	190.21	36.92	46.19	15.06	122.68	21.71	18.71
重庆	306.55	15.45	383.74	114.22	141.07	42.30	187.32	31.36	37.74
四川	972.64	11.61	879.46	213.40	373.44	189.53	529.87	102.87	103.93
贵州	254.16	0.23	251.10	49.19	55.26	18.65	165.01	38.53	32.71
云南	233.75	4.44	351.22	58.22	81.96	27.73	233.73	37.50	60.69
西藏	9.74	0.03	26.51	3.90	4.80	1.05	15.16	3.69	3.13
陕西	399.74	5.51	290.04	85.40	194.94	123.66	165.85	36.09	48.60
甘肃	93.86	0.27	155.05	35.86	45.41	13.61	85.69	19.18	22.99
青海	54.17	0.15	93.03	50.54	57.53	7.19	37.20	4.57	10.96
宁夏	25.21	8.84	74.38	40.95	54.23	16.37	24.44	3.40	6.45
新疆	22.55	0.60	44.76	9.33	11.17	3.93	27.14	5.01	11.03

制造业主要经济指标

单位：亿元

产成品	负债合计	流动负债合计	应付账款	所有者权益合计	实收资本	国家资本	集体资本	法人资本	个人资本
971.56	**8112.30**	**6529.79**	**1434.32**	**10251.13**	**3859.54**	**283.42**	**108.80**	**1648.99**	**1078.21**
54.45	406.19	341.34	102.33	501.31	168.29	12.20	0.58	70.88	33.94
21.76	275.65	230.45	58.51	400.11	247.59	10.34	3.02	72.77	94.22
34.83	425.04	326.85	88.62	379.04	172.55	6.30	3.14	60.42	59.95
14.96	159.05	112.88	18.62	105.21	50.13	8.80	0.91	24.88	11.39
6.90	156.38	142.00	26.20	106.25	71.76	1.77	0.49	29.78	12.89
32.77	249.53	195.98	38.90	291.60	109.62	13.34	0.48	44.64	36.85
51.56	345.79	282.68	53.39	603.63	171.57	12.25	3.44	84.14	52.98
20.16	200.27	180.54	55.15	243.42	82.41	17.02	0.94	17.99	23.64
62.31	345.16	298.96	106.56	417.60	205.31	59.49	1.90	50.66	21.39
80.19	717.58	635.51	152.94	1041.23	341.43	10.44	17.61	91.40	77.15
82.28	664.62	548.12	96.90	718.20	226.68	16.85	3.20	91.73	64.97
22.37	187.93	152.28	38.29	192.80	82.76	9.50	2.29	27.58	39.65
13.70	87.53	72.12	12.27	137.17	48.75	2.22	1.14	16.51	13.02
24.83	187.65	152.72	35.52	239.58	85.01	6.72	2.11	41.97	29.95
108.03	902.41	681.16	116.11	1344.98	314.40	10.23	9.08	117.32	126.85
37.33	354.96	277.42	44.10	554.87	230.62	6.57	24.90	101.89	92.23
34.40	346.43	252.36	49.93	360.79	147.14	12.48	5.83	70.96	41.35
17.07	134.70	105.58	26.99	218.08	87.63	6.32	0.90	45.11	33.97
88.30	561.97	440.80	84.30	813.22	282.31	8.62	7.56	122.24	70.84
13.87	125.11	100.71	19.27	131.83	47.88	0.57	1.05	24.18	13.58
9.98	78.29	63.48	27.02	111.92	35.76	1.06	0.75	17.99	5.90
15.04	211.16	165.44	28.18	171.07	57.53	5.87	4.59	29.89	16.92
45.63	421.36	304.62	59.38	454.34	128.09	5.70	2.22	72.73	38.36
13.80	100.83	90.46	13.71	148.96	43.36	0.55	0.51	23.27	16.03
20.71	167.91	145.63	35.05	183.31	56.97	10.82	2.32	29.85	9.50
0.53	7.66	5.56	1.57	18.85	7.54	2.36	0.05	5.00	0.13
22.83	123.10	104.29	20.10	165.95	69.02	2.89	2.92	24.47	19.57
9.91	71.22	50.97	13.76	80.53	244.71	18.70	2.63	211.70	11.61
4.19	25.41	16.87	0.33	67.54	22.15	1.00	2.14	18.91	0.10
3.27	44.41	31.71	7.24	29.97	12.60	0.06		4.56	7.62
3.58	27.02	20.27	3.05	17.74	7.96	2.41	0.09	3.58	1.67

1-B-35 续表

地区	港澳台资本	外商资本	主营业务收入	主营业务成本	主营业务税金及附加	销售费用	管理费用	税金
全国	**226.16**	**496.46**	**20484.22**	**14461.95**	**152.67**	**2357.13**	**1278.19**	**47.71**
北京	12.20	34.07	609.69	279.27	6.15	166.34	61.82	0.96
天津	0.82	66.43	512.50	317.61	4.13	97.69	41.47	1.05
河北	29.08	13.62	835.84	672.65	4.20	65.65	36.31	1.83
山西	0.33	3.52	148.56	99.50	1.10	19.98	14.88	0.46
内蒙古	21.91	0.10	255.55	195.93	1.00	11.08	13.33	0.96
辽宁	3.74	10.52	769.46	571.41	6.91	67.74	45.37	2.04
吉林	2.88	12.39	1245.95	869.00	7.42	188.35	77.77	3.45
黑龙江	3.12	19.71	414.14	279.50	2.82	57.17	33.52	1.43
上海	15.27	56.60	580.18	330.91	2.92	127.53	57.02	0.69
江苏	31.70	113.13	2683.07	1779.67	19.53	426.15	190.91	4.45
浙江	17.04	32.88	999.63	649.28	7.12	136.66	101.40	3.76
安徽	1.49	2.26	532.58	427.57	2.77	27.43	25.82	1.46
福建	7.58	8.28	209.98	142.98	1.44	22.17	16.28	0.71
江西	0.77	3.50	892.25	689.26	5.86	80.10	37.22	1.49
山东	3.49	47.43	3124.50	2350.77	27.73	222.34	129.04	6.04
河南	1.80	3.01	1334.45	1094.21	7.06	49.19	38.53	1.74
湖北	13.71	2.64	816.59	625.01	5.69	63.15	49.31	2.85
湖南	0.58	0.75	663.00	504.41	7.93	47.41	45.48	2.49
广东	37.76	34.47	1144.59	765.45	7.45	134.48	81.35	2.21
广西	3.76	4.73	309.92	197.62	2.61	45.67	20.45	0.86
海南	2.48	7.58	99.53	54.51	0.83	20.37	10.63	0.19
重庆	0.11	0.16	308.20	222.20	2.00	27.98	22.02	0.94
四川	1.86	6.70	967.70	712.09	9.17	79.51	61.62	2.94
贵州	0.40	2.61	228.35	120.52	2.52	57.45	13.82	0.40
云南	2.69	1.79	237.57	142.43	1.66	40.37	16.86	0.55
西藏			11.84	4.05	0.17	3.22	1.47	0.02
陕西	9.59	7.31	377.24	248.29	3.36	56.15	20.64	0.90
甘肃		0.08	85.59	56.30	0.55	6.25	5.90	0.30
青海			41.72	26.44	0.33	5.95	3.25	0.38
宁夏			24.59	20.65	0.10	0.60	2.72	0.13
新疆		0.22	19.48	12.44	0.12	2.99	1.99	0.03

单位：亿元

财务费用	利息收入	利息支出	投资收益（损失以"-"号记）	营业利润	利润总额	亏损企业亏损额	应交增值税	应交所得税	从业人员平均人数（万人）
194.93	**38.93**	**193.23**	**50.72**	**2091.58**	**2132.71**	**60.50**	**990.29**	**297.60**	**208.55**
8.47	2.65	5.14	14.78	105.86	109.93	5.12	51.51	18.47	6.98
5.04	1.44	4.77	4.70	57.69	59.87	3.78	41.30	8.11	4.42
6.91	2.46	8.40	1.49	51.82	56.13	2.12	23.02	7.68	8.60
3.35	0.29	3.18	0.17	10.17	10.84	1.80	7.62	1.65	3.19
2.00	0.06	1.59	-9.35	26.91	27.18	1.47	15.87	2.26	2.81
5.66	0.55	4.70	0.97	72.49	71.26	3.28	36.29	9.98	5.38
8.70	0.48	7.25	7.59	109.81	100.63	4.17	50.62	9.50	13.28
1.40	0.95	2.54	0.50	38.51	40.48	0.44	21.91	7.17	5.41
3.22	2.17	4.57	5.34	70.31	74.49	4.95	33.65	12.50	6.26
11.49	3.98	14.40	4.04	266.86	272.88	6.21	147.37	47.24	18.94
15.91	3.27	17.95	10.27	102.51	108.76	5.91	56.27	19.44	12.89
4.40	0.76	4.10	0.10	45.51	46.92	0.51	16.07	3.81	5.79
2.90	0.22	2.69	0.48	26.44	26.26	0.35	8.53	3.71	3.01
6.05	0.76	5.77	1.42	62.52	65.06	0.91	35.90	7.16	8.59
34.48	4.45	30.83	4.64	320.25	327.59	3.12	133.86	49.54	22.59
15.62	1.38	12.88	0.77	131.38	132.36	1.69	33.57	15.92	16.26
11.75	0.87	10.99	2.63	71.38	73.56	1.39	35.34	8.96	10.47
4.82	0.42	3.94	-0.31	59.11	57.84	2.00	29.25	3.81	6.59
7.13	5.87	11.77	-8.15	146.07	150.13	3.35	55.23	21.86	11.81
3.23	0.17	2.96	-1.26	41.29	41.70	1.26	16.72	4.69	3.99
0.81	0.53	1.21	0.50	12.82	13.68	0.39	6.97	1.94	1.28
5.52	0.75	5.44	-0.27	30.80	31.31	0.59	19.68	3.27	4.41
12.42	2.61	13.30	0.77	98.80	98.11	1.22	48.82	12.48	12.53
2.53	0.44	2.62	0.49	26.76	27.49	1.30	13.87	3.66	3.15
2.82	0.64	3.08	8.27	39.66	38.31	0.73	16.69	4.98	2.55
	0.06	0.06		2.90	3.26	0.12	1.32	0.50	0.15
3.79	0.28	2.75	-0.02	42.93	43.26	0.90	25.37	4.25	4.45
1.54	0.24	1.48	0.02	13.73	14.24	0.17	3.66	1.87	1.32
0.58		0.49		5.92	7.68		2.28	0.86	0.50
1.82	0.14	1.80	0.11	-1.03	-0.24	1.12	0.67	0.12	0.55
0.58	0.05	0.58	0.04	1.42	1.73	0.11	1.05	0.19	0.42

1-B-36 按地区分组的化学

地 区	工业销售产值（当年价格）	出口交货值	资产总计	固定资产合计	固定资产原价	累计折旧	流动资产合计	应收账款	存货
全 国	**6974.78**	**479.24**	**6205.37**	**2122.89**	**3306.75**	**1411.71**	**3143.15**	**436.46**	**789.99**
北 京	1.98	0.89	3.63	1.68	2.33	0.65	1.67	0.30	0.76
天 津	16.73	0.75	5.61	1.78	2.89	1.28	3.68	1.11	1.62
河 北	76.51	2.74	66.59	22.32	36.93	17.17	26.28	2.80	9.52
山 西	0.19		0.58	0.05	0.05	0.01	0.35	0.07	0.02
内蒙古	0.58		0.51	0.13	0.14	0.04	0.38	0.18	0.16
辽 宁	48.49	2.18	38.21	12.77	20.59	8.45	16.94	2.49	5.94
吉 林	63.77	0.01	102.88	47.08	84.25	66.62	37.15	4.11	11.50
黑龙江	0.89		34.05	12.58	0.49	0.05	16.34	1.13	0.42
上 海	42.19	11.12	53.15	14.87	35.00	20.74	32.32	5.80	6.57
江 苏	2690.67	203.07	2189.43	782.64	1222.15	509.17	1090.13	166.69	306.11
浙 江	2384.78	141.88	2084.44	547.76	829.47	343.95	1166.05	153.99	242.57
安 徽	71.00	7.36	102.52	49.58	64.17	23.84	39.82	3.83	14.09
福 建	680.77	38.84	660.82	268.73	398.92	144.77	313.56	41.00	69.04
江 西	61.44	2.03	79.56	35.54	51.23	16.72	36.28	3.98	6.41
山 东	223.80	14.85	203.72	84.70	140.90	71.98	88.69	10.17	23.63
河 南	83.88	10.35	89.87	38.07	64.22	29.29	36.66	7.20	12.26
湖 北	75.79	2.84	47.14	17.77	36.26	19.21	20.76	3.73	6.29
湖 南	25.80		15.23	7.56	9.70	2.27	5.51	0.48	1.57
广 东	131.33	22.22	119.26	43.21	101.03	55.65	60.05	17.57	13.13
广 西	0.58		0.59	0.08	0.12	0.04	0.48	0.02	0.08
海 南	0.50		3.28	1.99	6.73	1.99	1.00	0.79	0.20
重 庆	4.93	0.01	2.77	0.71	1.00	0.31	1.44	0.08	0.20
四 川	162.59	15.98	160.14	69.97	95.88	35.79	78.27	2.88	27.39
贵 州									
云 南	14.96		10.44	1.57	6.22	4.66	8.66	0.40	1.93
西 藏									
陕 西	15.69		10.05	3.63	7.91	4.28	5.02	0.54	1.64
甘 肃	4.94		4.03	1.31	13.18	11.89	2.68	0.71	0.85
青 海									
宁 夏									
新 疆	89.99	2.13	116.90	54.80	75.02	20.94	52.99	4.42	26.08

纤维制造业主要经济指标

单位：亿元

产成品	负债合计	流动负债合计	应付账款	所有者权益合计	实收资本	国家资本	集体资本	法人资本	个人资本
403.73	**3942.19**	**3312.88**	**492.22**	**2256.47**	**1256.77**	**70.66**	**8.32**	**416.92**	**328.63**
0.46	1.08	0.87	0.15	2.55	0.98			0.92	0.06
0.91	3.25	3.21	1.74	2.35	2.01			1.54	0.12
4.59	36.43	26.94	5.54	30.15	16.28	4.44	0.02	2.13	9.45
0.02	0.46	0.46	0.08	0.12	0.12				0.12
0.12	0.46	0.15	0.11	0.05	0.02	0.02			
4.86	22.51	16.82	2.35	15.69	8.40		0.01	3.35	1.62
6.27	77.50	61.14	7.32	25.39	17.23	8.09		1.67	1.02
0.16	20.22	19.74	0.24	13.82	2.35				2.35
3.34	25.93	24.08	3.04	27.21	21.38		1.12	4.08	1.98
154.12	1390.00	1144.20	148.70	799.38	455.52	27.58	3.29	171.97	146.94
132.50	1324.58	1204.53	181.79	757.76	331.95	5.91	0.31	119.05	95.59
6.84	65.65	48.59	10.33	36.81	22.01	4.52		5.62	11.62
35.88	415.33	309.60	27.58	243.10	207.46	3.44		30.62	25.99
1.63	57.85	40.18	20.82	20.53	11.48			2.11	0.25
11.16	127.46	107.57	21.90	76.13	43.02	0.49	0.49	23.68	11.82
7.70	45.77	35.54	7.88	44.17	11.47	3.44		2.71	4.90
2.56	25.87	20.46	3.83	21.27	17.51			7.75	2.43
0.83	5.13	4.16	0.29	10.10	5.62			4.91	0.46
6.77	59.53	47.88	13.24	59.27	35.75	3.06	0.89	11.50	6.39
0.07	0.56	0.56	0.07	0.03	0.01				0.01
0.10	4.16	4.16	0.84	-0.88	3.13	3.13			
0.02	1.52	1.50	0.45	1.24	0.28			0.10	0.18
7.15	126.18	110.10	10.79	33.86	14.57	0.72	2.20	6.13	1.99
0.45	2.07	2.07	1.64	8.36	4.14	2.86			0.05
0.53	2.17	2.12	1.10	7.87	5.70	1.74		3.04	0.18
0.55	2.75	2.59	0.99	1.16	0.58			0.28	0.30
14.15	97.74	73.65	19.41	18.94	17.80	1.20		13.77	2.83

1-B-36 续表

地区			主营业务收入	主营业务成本	主营业务税金及附加	销售费用	管理费用	
	港澳台资本	外商资本						税金
全国	**283.58**	**142.22**	**7055.20**	**6441.77**	**19.45**	**68.35**	**187.96**	**9.96**
北京			1.95	1.50	0.01	0.06	0.25	0.01
天津		0.36	16.49	13.71	0.17	0.42	0.59	0.02
河北		0.24	76.35	69.23	0.30	1.25	2.75	0.15
山西			0.22	0.20			0.01	
内蒙古			0.48	0.44		0.01	0.02	
辽宁	2.63	0.81	53.23	48.60	0.06	0.32	1.85	0.09
吉林			51.15	48.57	0.17	1.41	3.59	0.26
黑龙江			0.88	0.70	0.01	0.05	0.13	
上海	9.76	4.44	42.72	36.00	0.04	2.16	2.92	0.02
江苏	62.54	43.20	2712.49	2506.25	7.18	25.90	56.24	3.06
浙江	63.70	47.39	2384.90	2214.93	5.47	10.64	44.01	3.53
安徽	0.25		85.08	73.45	0.23	1.87	3.54	0.21
福建	134.70	12.71	686.85	600.77	1.12	5.66	39.93	0.97
江西	0.24	8.88	75.94	65.37	0.17	0.80	1.57	0.07
山东	2.09	4.45	231.21	204.39	1.01	4.06	7.07	0.55
河南		0.41	86.84	75.64	0.36	1.49	2.69	0.24
湖北		7.34	75.39	68.23	0.38	1.18	5.03	0.04
湖南	0.25		25.18	21.49	0.49	0.37	0.71	0.14
广东	7.18	6.73	130.32	111.92	0.60	2.02	5.73	0.22
广西			0.34	0.31		0.01	0.03	
海南			0.50	0.57			0.16	0.01
重庆			4.75	4.49	0.04	0.01	0.04	
四川	0.26	3.27	182.52	162.64	1.32	4.38	4.80	0.27
贵州								
云南		1.23	14.96	10.37	0.09	0.05	0.72	0.01
西藏								
陕西		0.74	15.61	13.20	0.08	0.12	0.43	0.02
甘肃			4.29	4.08		0.02	0.05	
青海								
宁夏								
新疆			94.55	84.72	0.15	4.12	3.11	0.07

单位：亿元

财务费用			投资收益（损失以“–”号记）	营业利润	利润总额	亏损企业亏损额	应交增值税	应交所得税	从业人员平均人数（万人）
	利息收入	利息支出							
113.84	**19.09**	**125.70**	**4.60**	**261.74**	**274.24**	**42.80**	**153.33**	**35.45**	**48.51**
0.04		0.03		0.11	0.15		0.08	0.03	0.06
0.08		0.06		1.77	1.76	0.10	0.95	0.32	0.10
0.91	0.05	0.75	0.05	1.74	1.63	3.13	1.96	0.23	1.42
0.01		0.01							0.01
0.01		0.01		-0.01					0.01
1.05	0.01	0.91	0.01	0.31	0.45	1.10	1.87	0.08	0.67
3.72	0.16	3.46	0.01	-5.18	-4.01	4.13	1.10	0.12	0.88
0.02		0.02		0.01	0.01	0.02	0.02		0.07
0.51	-0.01	0.44	0.83	2.40	2.62	0.75	0.52	0.54	0.40
41.21	7.89	47.31	1.30	85.86	88.12	16.13	71.57	15.04	18.20
34.08	8.50	41.57	2.13	86.06	89.94	6.24	41.12	9.67	12.13
2.22	0.06	2.14	0.11	3.65	4.12	0.56	1.82	0.29	1.10
13.02	1.05	12.01	-1.83	30.55	32.39	6.00	10.04	3.05	3.53
1.29	0.12	1.48		6.17	6.51	0.01	2.50	0.16	0.49
4.64	0.08	3.82	0.30	11.23	11.45	0.45	5.43	1.54	2.09
2.02	0.08	1.77	1.57	5.96	5.83	0.44	1.00	0.27	1.80
0.98	0.11	1.00	0.05	4.66	4.60	1.43	1.67	0.09	0.85
0.18	0.01	0.13	0.02	1.40	1.22		0.91	0.11	0.30
1.20	0.18	1.37	0.01	9.26	9.62	1.24	3.75	1.79	1.43
0.01		0.01							
				-0.23	-0.23	0.23	0.02		0.04
0.04		0.03		0.38	0.39	0.01	0.18		0.09
3.69	0.53	4.39	0.04	7.31	8.60	0.07	3.31	1.17	1.78
-0.15	0.15			3.89	3.90		0.84	0.58	0.04
0.02	0.01	0.03		2.31	2.37	0.03	0.63	0.28	0.12
0.05		0.05		0.06	0.04		0.05		0.04
2.99	0.09	2.86		2.10	2.78	0.73	1.99	0.07	0.88

1-B-37 按地区分组的橡胶和

地区	工业销售产值(当年价格)	出口交货值	资产总计	固定资产合计	固定资产原价	累计折旧	流动资产合计	应收账款	存货
全国	**27639.65**	**3713.67**	**18641.13**	**6482.12**	**10485.57**	**4629.19**	**10069.50**	**2870.31**	**2373.21**
北京	110.17	14.19	166.09	31.76	57.35	25.99	92.97	26.13	19.78
天津	448.40	43.80	389.94	165.21	241.23	99.44	194.50	68.19	49.98
河北	1105.99	38.38	620.10	240.32	336.57	111.90	310.03	110.87	70.24
山西	81.25	5.52	91.75	25.12	35.67	11.51	52.45	15.96	16.34
内蒙古	127.42		71.10	26.71	46.48	18.99	31.76	7.02	5.35
辽宁	1705.99	54.95	1052.53	490.54	735.64	311.00	432.76	88.91	88.71
吉林	265.12	2.34	439.42	194.67	333.79	146.34	200.19	64.90	108.10
黑龙江	189.43	1.69	127.68	44.55	73.38	32.41	75.21	19.90	20.80
上海	901.54	220.05	962.50	235.21	463.21	238.32	599.17	200.01	128.25
江苏	2450.37	404.86	1813.19	636.46	1091.27	470.36	1008.35	386.29	233.77
浙江	2714.13	520.20	2462.59	627.93	914.33	381.08	1522.15	403.96	291.37
安徽	1131.03	105.20	718.59	250.20	401.91	182.09	387.27	129.15	94.72
福建	1327.09	196.71	901.88	267.47	410.02	163.33	505.94	130.37	122.43
江西	474.24	22.32	154.83	67.24	109.82	48.90	67.61	18.97	17.32
山东	5447.92	873.54	2885.90	1208.19	1832.17	724.90	1451.49	294.30	331.00
河南	1445.30	38.24	808.26	387.45	478.51	111.06	363.60	59.69	43.58
湖北	922.23	8.12	478.47	173.02	551.70	399.64	252.03	69.82	64.05
湖南	507.01	3.15	189.68	98.33	121.76	29.90	68.46	18.53	19.74
广东	4111.83	1108.33	2824.96	802.97	1364.43	659.52	1664.47	540.36	431.10
广西	237.46	2.66	182.18	67.93	42.03	14.03	100.84	28.18	24.31
海南	20.10	1.19	17.08	7.00	6.95	1.42	8.18	1.67	2.87
重庆	387.35	21.18	223.64	99.14	213.66	122.20	101.89	32.96	31.84
四川	754.27	4.15	428.62	148.50	252.32	118.79	226.75	64.24	52.45
贵州	134.82	19.31	140.79	31.50	53.30	23.17	74.34	21.61	17.70
云南	125.50		78.51	15.96	29.55	14.89	49.54	11.15	14.49
西藏									
陕西	299.19	1.89	196.08	77.32	200.53	137.22	95.10	22.45	26.81
甘肃	58.44		59.78	15.17	22.04	7.65	37.73	12.31	11.51
青海	3.32		3.04	0.77	0.70	0.10	1.98	0.67	0.44
宁夏	34.98	0.05	39.81	12.89	23.78	11.42	25.38	7.16	6.67
新疆	117.75	1.67	112.15	32.58	41.45	11.62	67.36	14.59	27.49

塑料制品业主要经济指标

单位：亿元

产成品	负债合计	流动负债合计	应付账款	所有者权益合计	实收资本	国家资本	集体资本	法人资本	个人资本
1003.67	**9490.53**	**7898.65**	**1926.93**	**9041.54**	**4904.21**	**126.06**	**65.02**	**1905.63**	**1268.28**
10.27	83.31	70.94	19.53	82.78	44.69	2.13	0.38	20.67	8.81
23.03	229.66	177.65	44.86	160.12	118.16	15.97	2.37	17.12	20.55
33.47	268.20	214.99	43.63	347.84	166.89	0.73	0.25	63.16	89.54
9.90	55.50	40.46	8.96	35.36	19.53	0.73	0.37	8.70	6.58
3.29	24.96	18.44	3.62	45.38	20.68	1.31	0.71	10.25	7.38
43.78	472.42	320.31	70.70	574.06	264.16	0.53	2.60	103.56	60.16
6.65	162.36	145.54	21.10	269.31	199.68	1.06	0.43	179.59	8.22
6.62	73.30	64.95	18.90	54.08	21.94	1.78	0.97	4.85	9.50
52.45	483.68	416.18	133.41	477.57	272.05	7.90	10.01	50.62	41.56
100.95	836.23	749.93	196.05	973.67	568.30	11.50	9.24	96.00	125.72
130.43	1514.04	1387.67	226.75	945.61	421.85	5.93	1.69	99.73	197.38
37.50	340.15	254.81	67.44	375.51	169.57	5.29	0.91	56.52	62.78
50.76	432.88	373.88	94.28	460.73	228.74	1.37	1.40	59.10	55.46
10.35	60.63	48.96	12.47	88.62	539.33	0.10	0.08	512.86	18.77
154.78	1528.52	1247.00	241.82	1343.86	365.59	11.10	13.40	132.54	154.37
23.50	267.37	200.24	51.71	532.81	243.29	4.27	1.84	82.37	150.38
32.98	227.62	184.04	44.87	247.33	114.44	3.20	5.03	45.38	54.58
11.60	78.65	57.72	13.44	110.61	71.68	0.61	1.30	30.93	21.62
147.42	1511.22	1276.33	456.79	1296.10	733.64	9.73	5.02	191.65	74.42
12.15	98.59	70.23	20.70	80.10	21.00	4.18	0.75	5.97	7.55
1.86	10.80	9.38	4.05	6.25	4.94		1.70	3.13	0.07
18.53	134.60	91.90	28.79	87.84	46.59	2.36	0.91	20.58	11.10
27.25	222.75	175.54	29.96	203.85	101.33	2.15	1.67	55.49	38.30
4.01	85.59	67.33	15.90	43.07	19.56	2.74	0.02	6.00	8.86
9.01	46.42	42.56	6.19	31.94	16.53	0.20	0.49	7.89	6.71
14.98	115.64	84.62	23.51	79.17	53.59	20.88	0.36	20.00	12.29
7.70	34.53	29.50	5.41	24.27	15.24	1.16	0.78	5.45	7.04
0.32	2.04	1.41	0.51	1.00	0.56		0.02	0.23	0.31
4.06	26.12	25.26	9.68	13.31	12.37	0.10	0.01	1.52	3.83
14.05	62.77	50.88	11.89	49.38	28.33	7.05	0.29	13.75	4.46

1-B-37 续表

地区			主营业务收入	主营业务成本	主营业务税金及附加	销售费用	管理费用	
	港澳台资本	外商资本						税金
全国	**571.58**	**956.87**	**27848.79**	**23847.35**	**156.14**	**657.32**	**1069.63**	**60.99**
北京	1.26	11.43	133.57	113.21	0.55	4.24	8.88	0.23
天津	27.96	34.18	450.55	383.08	2.66	9.71	19.03	1.05
河北	5.55	7.65	1084.68	929.27	4.38	18.09	25.02	1.27
山西	0.02	3.14	87.03	76.29	0.27	2.25	2.54	0.11
内蒙古		1.13	128.75	99.81	1.19	2.77	5.61	0.63
辽宁	1.61	95.71	1699.98	1456.91	10.38	41.03	78.92	5.24
吉林	10.02	0.26	555.36	495.61	2.39	5.42	19.59	4.34
黑龙江	0.52	4.28	190.17	167.33	0.78	3.24	5.36	0.44
上海	35.57	126.38	925.56	768.37	1.77	34.49	67.26	2.44
江苏	70.12	255.71	2481.56	2120.38	12.93	64.96	114.36	4.45
浙江	52.54	64.58	2694.14	2317.22	12.45	67.77	110.74	5.21
安徽	4.07	40.00	1092.76	927.05	5.73	28.44	40.92	3.25
福建	63.82	47.58	1332.73	1126.26	8.13	33.43	53.09	4.50
江西	1.38	6.15	492.53	431.59	2.37	6.30	7.68	0.56
山东	9.66	43.85	5362.13	4629.83	31.59	106.32	126.33	9.50
河南	3.76	0.35	1442.17	1216.15	11.08	30.04	26.91	1.33
湖北	2.31	2.07	906.08	763.84	7.13	25.40	35.33	2.04
湖南	1.02	16.18	501.10	416.68	5.84	13.94	35.30	2.33
广东	270.91	175.35	4111.50	3563.60	20.13	95.58	192.37	6.40
广西	1.61	0.27	242.14	204.62	1.39	4.67	9.03	0.28
海南	0.03	0.01	20.14	17.87	0.02	0.54	0.80	0.02
重庆	2.75	8.88	386.28	325.39	3.68	10.19	14.73	1.09
四川	2.66	0.93	762.44	641.79	4.71	26.61	33.41	1.33
贵州	0.96	0.65	134.37	110.81	1.05	6.02	6.98	0.35
云南		1.23	126.08	114.47	0.33	2.19	4.03	0.17
西藏								
陕西			291.86	247.06	2.41	7.25	17.08	1.97
甘肃	0.70		51.23	44.22	0.24	1.77	2.05	0.08
青海			3.22	2.82	0.03	0.09	0.11	
宁夏		6.90	35.87	32.25	0.23	1.15	1.55	0.15
新疆	0.77	2.02	122.82	103.57	0.30	3.42	4.61	0.21

单位：亿元

财务费用			投资收益（损失以“－”号记）	营业利润	利润总额	亏损企业亏损额	应交增值税	应交所得税	从业人员平均人数（万人）
	利息收入	利息支出							
277.88	**24.75**	**252.83**	**-2.87**	**1913.37**	**1900.58**	**94.36**	**724.38**	**254.09**	**334.90**
1.87	0.22	2.00	0.30	6.65	7.46	1.39	4.00	1.65	2.06
4.17	0.37	4.38	0.08	30.81	32.28	3.98	13.79	3.35	6.31
9.18	0.25	7.51	-3.96	95.82	93.18	3.43	26.46	7.22	10.45
1.81	0.07	1.68	0.08	4.14	4.44	0.16	0.88	0.72	1.15
0.61	-0.01	0.56	-3.82	12.69	11.00	0.48	3.37	0.92	1.03
12.67	1.92	11.28	-2.50	105.88	106.10	10.98	39.80	7.16	14.99
4.01	0.12	2.21	0.06	30.97	27.37	0.77	4.62	4.92	2.16
1.27	-0.39	1.63		11.74	11.60	0.43	5.14	0.88	1.96
9.10	2.05	9.24	2.30	58.07	60.25	8.28	21.89	12.05	14.10
20.27	2.61	20.54	0.06	153.44	154.72	13.39	76.79	32.17	34.57
46.98	8.17	51.05	21.00	166.10	168.19	8.92	70.05	24.81	34.35
11.86	0.43	10.11	-0.17	79.14	80.57	3.52	28.53	10.52	12.14
9.63	1.66	10.75	-1.75	124.40	126.95	2.33	43.93	16.52	17.26
2.22	0.07	1.79	-1.46	38.26	38.40	0.02	13.68	2.43	4.72
66.70	2.07	57.08	-1.28	396.40	392.30	6.72	136.77	59.74	35.81
10.13	0.19	8.13	-1.23	144.69	141.65	2.31	35.43	15.63	14.95
11.00	0.42	8.40	0.25	67.78	66.22	0.82	28.58	7.18	9.96
3.67	0.11	2.85	-0.34	30.89	28.87	0.27	17.83	2.25	4.80
26.51	3.01	19.39	5.33	216.28	215.33	18.22	89.65	30.70	85.46
1.86	0.14	1.53	-12.04	13.61	11.98	0.82	6.03	0.70	3.09
0.17		0.11		0.38	0.11	0.30	0.73	0.14	0.19
4.72	0.12	4.48	-2.48	28.51	28.16	0.98	16.46	2.28	4.55
7.99	0.42	7.12	-1.26	55.62	49.41	2.04	23.42	5.41	9.27
3.09	0.07	2.57	0.16	6.07	6.98	0.45	3.38	0.43	1.83
1.59	0.17	1.69	0.03	3.61	3.83	1.16	1.62	0.51	1.98
1.91	0.32	1.97	-0.13	21.36	21.78	0.30	7.79	2.66	2.88
1.08	0.01	0.91	-0.05	1.40	1.52	0.51	0.77	0.24	0.90
0.10		0.10	-0.01	0.10	0.17	0.03	0.07		0.08
0.42	0.01	0.46	-0.04	0.33	0.46	1.09	0.79	0.19	0.56
1.29	0.12	1.34	0.01	8.24	9.32	0.29	2.14	0.74	1.34

1-B-38 按地区分组的非金属

地区	工业销售产值(当年价格)	出口交货值	资产总计	固定资产合计	固定资产原价	累计折旧	流动资产合计	应收账款	存货
全国	**52253.06**	**1785.89**	**41451.58**	**16778.62**	**24588.60**	**9016.54**	**19241.15**	**5253.59**	**3838.01**
北京	489.61	13.23	839.31	112.15	209.51	97.27	590.91	297.37	107.43
天津	320.72	8.73	489.05	188.78	258.11	78.33	263.31	99.87	46.54
河北	1899.01	50.40	2121.39	1029.48	1367.98	390.30	808.63	175.64	184.57
山西	383.05	20.55	657.63	302.62	397.90	125.56	283.55	88.41	82.07
内蒙古	770.23	3.80	826.01	405.61	525.42	165.89	318.46	69.27	76.35
辽宁	3676.97	155.19	1948.02	786.72	1209.18	523.08	884.83	255.89	188.39
吉林	1469.10	5.46	1003.89	387.59	972.40	601.05	470.55	81.19	122.29
黑龙江	535.52	4.62	574.55	204.95	237.96	75.53	269.84	76.56	57.71
上海	557.97	71.37	765.75	155.29	277.98	147.08	540.02	224.39	100.32
江苏	4119.80	154.16	3385.59	1134.89	1876.66	768.55	1910.74	691.38	292.52
浙江	1863.70	105.86	2374.03	632.11	956.43	370.96	1375.37	456.00	237.27
安徽	1892.24	28.35	1614.27	692.50	998.59	359.71	738.27	242.02	129.71
福建	2266.75	312.89	1616.08	533.30	758.14	256.68	787.95	206.71	210.80
江西	2075.17	44.88	1181.03	598.09	852.10	310.46	448.98	94.26	101.31
山东	6941.80	161.68	3994.98	1721.30	2599.29	1014.41	1770.46	396.44	350.14
河南	6888.44	44.04	4601.35	1976.91	2423.02	583.97	2162.38	366.11	301.30
湖北	2505.27	25.68	1619.44	741.84	1187.55	490.69	654.28	164.12	136.05
湖南	2366.82	47.55	1235.45	656.56	878.65	261.89	419.66	128.04	89.50
广东	3884.72	437.45	2944.00	1104.17	1911.54	857.39	1453.50	337.22	380.64
广西	1219.33	35.75	816.43	406.37	527.66	153.50	325.33	89.53	70.95
海南	124.07	0.52	172.47	66.19	91.06	25.75	74.34	15.64	9.56
重庆	814.51	16.03	939.60	390.94	531.83	171.74	417.79	114.16	58.99
四川	2262.62	17.47	1898.01	825.15	1287.47	500.94	799.94	198.85	174.42
贵州	594.26	7.23	651.29	327.45	357.77	65.36	247.77	63.24	44.04
云南	425.89	0.47	646.08	300.79	399.27	130.33	249.61	49.85	58.39
西藏	21.05		28.47	12.75	22.48	9.62	12.60	3.02	2.35
陕西	910.43	1.17	626.57	342.03	522.95	210.77	229.54	64.28	63.37
甘肃	360.48	8.23	493.50	196.14	275.02	94.04	222.37	62.62	51.01
青海	106.32	0.01	209.34	78.14	93.34	22.97	68.20	17.44	14.40
宁夏	134.44	3.10	205.55	86.62	117.79	42.18	104.93	35.32	22.36
新疆	372.77		972.45	381.19	463.55	110.57	337.07	88.78	73.27

矿制品业主要经济指标

单位：亿元

产成品	负债合计	流动负债合计	应付账款	所有者权益合计	实收资本	国家资本	集体资本	法人资本	个人资本
1674.95	**22711.80**	**17924.21**	**4324.30**	**18424.87**	**9082.82**	**773.99**	**219.05**	**3580.66**	**3041.76**
24.97	518.83	485.39	214.82	320.48	152.87	10.01	4.07	86.52	39.72
18.99	273.71	228.84	65.30	205.36	135.06	9.34	1.70	41.81	35.00
80.36	1255.77	937.88	200.67	857.46	425.03	45.00	21.71	172.45	142.00
34.56	471.32	366.57	90.77	184.42	168.48	29.43	6.93	66.58	55.61
29.02	490.48	411.04	82.50	325.67	149.49	9.97	11.24	87.51	34.19
91.72	1034.67	796.56	193.55	896.16	408.22	22.60	6.11	154.28	168.16
34.65	586.17	343.46	65.26	409.14	139.16	5.98	1.24	65.73	61.78
16.60	369.48	275.46	61.55	195.22	97.35	9.85	2.91	34.19	44.38
42.34	466.39	444.70	175.76	298.96	194.87	20.20	0.73	49.45	40.54
121.95	2061.64	1872.81	370.65	1321.47	779.29	36.35	9.93	230.53	271.90
117.51	1492.30	1271.85	302.51	859.08	467.62	32.40	3.70	216.35	140.88
51.88	847.12	659.55	170.03	756.73	381.74	89.37	3.51	103.38	142.13
105.51	788.22	670.30	165.24	810.44	391.31	10.42	8.77	147.66	147.72
55.29	561.50	440.95	96.89	604.00	345.33	15.84	5.97	198.15	94.96
146.94	2015.53	1547.06	367.43	1934.42	780.20	61.31	24.74	275.68	327.57
145.05	1803.58	1363.94	260.09	2753.08	1014.53	65.79	11.72	408.79	494.17
74.44	838.83	614.90	151.65	765.35	362.91	14.35	11.65	162.61	135.88
46.86	577.62	403.55	97.21	652.74	347.37	30.15	12.92	168.48	121.72
166.55	1701.58	1364.44	362.86	1231.21	606.60	27.86	11.40	205.16	121.92
29.49	406.71	317.21	102.92	400.76	177.22	15.15	6.24	64.02	37.53
2.21	93.36	65.90	21.30	79.53	34.44	23.21	0.20	4.86	5.10
26.47	610.76	458.34	88.72	327.31	170.64	16.82	8.78	79.72	40.08
85.04	1063.25	788.93	169.26	801.36	370.41	41.31	12.96	133.43	124.34
17.95	432.27	290.08	66.48	213.74	278.41	22.75	3.72	62.91	47.00
23.40	443.81	379.25	78.25	202.18	138.83	30.55	6.15	53.06	31.02
0.22	10.46	8.22	1.99	18.06	7.31	5.72	0.56	0.25	0.58
27.08	350.65	262.92	71.41	278.27	160.46	12.27	7.55	56.78	63.91
19.34	268.81	210.39	55.87	217.86	112.99	19.45	3.28	71.08	18.67
3.91	161.07	95.88	28.52	47.78	43.04	4.66	0.01	31.53	6.84
8.72	115.20	107.21	33.40	89.99	44.23	0.45	0.89	31.81	8.21
25.94	600.73	440.63	111.42	366.66	197.44	35.44	7.73	115.90	38.23

1-B-38 续表

地 区			主营业务收 入	主营业务成 本	主营业务税金及附加	销售费用	管理费用	
	港澳台资本	外商资本						税金
全 国	**567.74**	**761.03**	**51967.15**	**43570.12**	**391.21**	**1412.88**	**1895.95**	**119.29**
北 京	3.27	9.26	531.35	451.67	2.55	23.99	34.54	0.68
天 津	21.86	25.35	340.15	289.72	2.38	8.94	17.93	0.77
河 北	12.11	28.44	1885.69	1600.99	11.86	51.20	77.99	3.70
山 西	2.02	7.92	372.10	316.44	2.16	14.42	22.02	0.96
内蒙古	2.12	0.25	774.55	621.31	6.46	17.36	41.44	4.06
辽 宁	16.43	40.32	3686.89	3136.47	28.30	84.53	116.43	10.93
吉 林	1.09	3.13	1413.57	1214.65	11.97	36.77	60.48	4.26
黑龙江	0.45	4.92	531.59	441.89	3.50	12.96	26.04	1.55
上 海	24.68	59.27	590.86	498.68	2.31	24.75	40.74	0.81
江 苏	73.13	157.45	4122.22	3526.06	25.87	103.21	152.49	5.88
浙 江	38.90	35.39	1884.94	1580.40	10.70	69.12	78.58	4.36
安 徽	26.79	16.56	1873.16	1538.69	14.22	60.02	70.93	6.60
福 建	44.60	31.99	2276.39	1902.00	19.68	69.42	91.02	5.97
江 西	27.65	2.72	2134.38	1761.41	12.16	39.76	45.90	2.41
山 东	31.54	59.37	7054.20	5986.04	53.55	140.54	177.93	15.50
河 南	3.17	26.46	6826.85	5700.62	42.82	172.94	137.94	5.98
湖 北	4.85	32.47	2422.95	1989.91	28.47	84.54	99.33	6.52
湖 南	2.61	10.97	2304.03	1841.26	31.06	82.94	136.96	10.54
广 东	153.91	82.68	3825.19	3266.92	22.01	98.82	153.74	8.86
广 西	42.20	12.64	1164.87	942.20	8.79	35.50	56.92	3.40
海 南	0.48	0.30	115.09	100.11	0.67	4.12	4.65	0.20
重 庆	11.66	13.59	815.12	674.93	7.19	24.01	36.72	2.62
四 川	8.41	45.48	2268.54	1910.73	22.69	63.20	86.01	4.35
贵 州	8.09	13.66	553.64	440.29	5.48	17.79	26.37	2.00
云 南	4.72	13.32	409.54	341.92	2.19	12.45	20.62	1.00
西 藏			21.40	14.63	0.27	0.75	1.32	
陕 西	0.52	24.10	864.14	729.89	6.84	21.57	31.23	2.29
甘 肃	0.50		310.58	253.76	2.51	11.75	17.13	1.09
青 海			83.33	65.35	0.39	3.69	4.63	0.63
宁 夏		2.86	134.15	111.75	0.56	7.79	6.10	0.55
新 疆		0.15	375.70	319.46	1.59	14.01	21.81	0.81

单位：亿元

财务费用	利息收入	利息支出	投资收益（损失以"－"号记）	营业利润	利润总额	亏损企业亏损额	应交增值税	应交所得税	从业人员平均人数（万人）
677.20	**44.80**	**616.70**	**-0.81**	**3972.50**	**4040.14**	**222.75**	**1911.68**	**515.73**	**568.55**
7.37	1.63	7.83	5.90	13.69	22.02	6.28	10.71	4.03	5.96
5.19	0.30	4.57	-0.22	16.17	18.19	6.51	10.59	3.75	3.81
41.38	1.25	39.40	-10.09	101.95	113.84	18.82	60.30	15.89	24.03
13.11	0.19	11.81	0.28	5.20	8.19	12.81	15.25	2.63	9.28
12.18	0.57	12.78	-3.83	73.84	59.03	10.44	28.86	5.17	6.71
28.83	1.68	22.93	-10.89	276.51	263.26	8.86	128.23	35.83	25.33
25.82	0.26	23.44	4.53	69.75	70.18	4.91	29.43	10.14	8.08
9.63	0.40	7.37	-0.04	36.75	40.88	5.65	19.57	4.46	5.42
6.44	1.39	6.20	3.48	26.55	29.06	8.54	18.60	5.43	6.69
59.02	5.80	52.14	3.42	259.24	267.44	22.38	168.09	54.31	39.66
42.77	6.69	47.36	5.50	111.38	122.68	8.34	73.36	20.28	20.39
23.35	1.40	20.94	1.38	167.21	169.86	4.19	78.51	25.82	20.62
27.32	1.82	24.67	-5.28	189.07	189.66	6.19	70.73	16.16	33.42
15.79	2.03	15.09	0.45	215.80	215.60	2.29	76.94	18.49	22.07
76.62	4.39	62.95	2.29	562.05	574.11	11.85	274.81	65.79	58.95
59.51	2.02	51.05	-0.83	700.67	713.16	6.87	239.16	98.28	66.17
35.34	1.25	29.07	-0.63	195.00	197.93	5.10	94.23	19.34	24.72
27.61	1.50	22.72	-8.35	167.79	163.19	2.70	103.00	21.45	31.52
27.49	2.20	27.89	6.96	268.44	270.44	12.34	115.53	28.42	59.16
11.25	0.62	10.63	0.25	121.20	119.53	3.08	52.05	10.43	17.72
2.51	0.06	2.38	0.01	4.72	5.38	3.32	6.12	1.93	1.01
17.56	2.02	16.69	-1.78	59.04	55.08	11.07	41.67	6.64	11.31
36.16	1.45	34.25	-4.55	149.37	148.52	7.93	84.01	17.42	30.81
12.51	0.23	11.58	0.21	50.74	52.77	3.93	19.93	6.14	6.14
11.25	0.39	10.75	-0.12	21.26	23.01	7.73	17.31	2.80	6.36
0.16	0.06	0.19		3.85	4.28	0.46	2.26	0.79	0.35
10.38	0.50	9.66	0.32	63.19	65.06	4.82	35.09	7.23	9.53
8.00	0.50	7.87	11.23	25.33	29.66	3.18	12.08	3.04	4.58
4.63	0.01	2.81	-2.90	2.57	4.82	0.85	3.07	0.79	1.09
3.30	0.24	3.35		5.43	8.33	2.33	5.43	1.45	1.69
14.75	1.97	16.35	2.48	8.74	14.99	8.98	16.75	1.39	5.94

1-B-39 按地区分组的黑色金属冶炼和

地区	工业销售产值（当年价格）	出口交货值	资产总计	固定资产合计	固定资产原价	累计折旧	流动资产合计	应收账款	存货
全国	**72197.85**	**2308.04**	**64725.45**	**24965.19**	**41721.40**	**18759.59**	**28092.00**	**3009.20**	**8572.88**
北京	150.77	9.26	269.60	88.94	202.14	112.28	62.67	16.26	23.80
天津	3940.38	92.74	3934.14	1385.88	1494.96	482.91	2153.03	127.53	519.84
河北	11789.57	375.74	10719.83	4768.24	6941.02	2491.15	3965.61	292.60	1326.45
山西	2668.21	96.52	2815.67	1080.29	2007.07	950.61	1117.47	107.10	395.69
内蒙古	1662.39	49.89	2239.69	696.56	1085.23	507.91	897.29	146.01	295.04
辽宁	5339.53	353.37	5818.17	1866.74	4058.05	2306.60	2209.73	214.73	782.00
吉林	898.97	2.00	711.02	263.64	635.79	421.83	219.41	20.69	58.25
黑龙江	327.51	11.10	505.75	161.73	219.23	70.92	229.19	30.26	97.66
上海	1529.54	127.18	2232.03	718.74	1999.76	1359.32	817.85	177.46	270.18
江苏	10356.03	440.27	6873.35	2688.95	4498.50	1885.74	3406.66	429.47	930.55
浙江	2621.24	93.32	2042.08	553.11	854.03	345.36	1262.93	201.89	336.31
安徽	2051.75	43.17	1569.61	725.04	1282.60	650.01	678.52	66.84	207.09
福建	1677.15	19.72	1145.37	411.57	569.43	175.98	527.72	71.11	188.38
江西	1177.59	38.70	795.58	389.10	632.91	251.96	343.76	28.82	108.56
山东	5540.35	150.73	5095.06	1827.23	3474.94	1939.84	2846.37	138.03	506.61
河南	3294.95	21.10	2189.11	993.70	1364.79	470.44	948.69	89.24	240.12
湖北	3047.10	67.88	3414.68	1515.57	2651.67	1167.95	1133.54	150.24	482.16
湖南	1610.37	73.34	1515.81	682.32	1022.77	373.18	484.20	50.11	166.30
广东	2540.55	179.96	1550.91	638.44	1101.91	512.55	707.03	126.13	242.65
广西	2170.48	5.58	1108.23	404.95	561.46	167.39	563.25	61.46	227.68
海南	7.57		8.96	0.68	0.93	0.27	4.24	0.35	1.36
重庆	733.99		684.69	310.46	399.32	102.18	242.61	20.11	116.29
四川	2412.72	39.75	2444.88	904.98	2013.91	1136.67	1063.57	196.12	257.16
贵州	599.39	0.09	433.18	140.58	215.77	89.64	233.45	36.00	58.16
云南	1083.25	0.84	961.81	388.16	522.15	149.21	444.12	57.09	151.74
西藏	1.10		0.47	0.04	0.05	0.02	0.44		0.35
陕西	840.11	6.48	623.91	277.55	323.64	98.61	323.44	43.59	91.38
甘肃	941.33	0.70	1484.36	482.67	806.08	323.07	568.97	32.31	235.81
青海	209.12	0.47	312.47	139.83	199.41	63.39	102.28	10.53	41.52
宁夏	277.76	5.80	304.20	88.39	107.18	25.82	159.99	22.02	54.54
新疆	697.07	2.34	920.82	371.10	474.70	126.76	374.00	45.08	159.24

压延加工业主要经济指标

单位：亿元

产成品	负债合计	流动负债合计	应付账款	所有者权益合计	实收资本	国家资本	集体资本	法人资本	个人资本
2782.87	**43674.87**	**35768.71**	**7990.98**	**20889.99**	**9605.75**	**1759.43**	**447.59**	**4327.57**	**2227.99**
7.98	157.29	69.62	28.78	111.64	65.19	1.48		46.17	13.32
272.36	3034.74	2712.66	403.00	911.53	518.24	36.95	8.02	344.87	107.61
316.42	7173.16	6015.96	1630.96	3487.90	1408.00	337.88	2.55	652.78	320.89
141.00	1966.29	1479.61	357.51	847.44	305.75	92.77	2.81	70.95	134.47
113.02	1596.43	1227.65	375.11	636.99	393.69	149.96	0.83	146.91	73.81
255.60	3642.22	2884.39	372.05	2160.87	954.99	118.07	201.29	472.27	129.99
16.45	518.90	409.13	160.59	188.16	165.25	8.72	8.56	141.07	5.28
38.69	414.20	355.19	65.11	91.30	53.72	9.12	0.17	23.22	21.03
55.06	994.49	858.38	346.82	1237.32	433.17	209.92	11.74	120.73	31.15
350.06	4516.20	3898.44	740.04	2356.77	1005.53	16.24	106.74	358.14	281.24
120.07	1420.59	1343.92	207.31	620.92	380.66	35.30	7.90	143.15	138.26
63.23	976.84	706.62	157.46	590.42	223.59	55.49	0.89	52.97	80.68
73.15	747.27	631.98	97.48	381.28	244.18	32.06	4.69	92.08	57.61
32.14	541.51	481.70	130.73	248.85	161.21	6.48	32.58	101.37	18.72
179.23	3636.28	2650.51	606.86	1445.56	435.27	78.64	24.37	188.74	126.89
85.18	1148.24	992.38	231.33	1028.90	458.56	50.49	2.22	263.33	133.59
129.87	2266.56	1740.93	316.66	1145.89	397.70	197.21	3.46	71.25	86.86
30.02	1093.70	961.88	137.59	420.75	291.94	30.54	1.50	124.82	133.57
75.11	1083.50	936.16	187.69	460.80	275.66	2.72	1.01	124.02	26.20
57.74	773.97	683.13	138.20	321.32	131.91	39.98	1.58	30.12	52.39
0.62	6.31	3.81	1.00	2.65	2.69	0.90		0.43	1.36
19.02	508.86	364.35	141.05	173.82	84.07	3.71	0.46	45.78	28.69
75.38	1758.45	1274.47	281.56	682.47	369.94	75.80	4.58	238.52	49.31
21.84	308.92	274.07	93.31	123.62	99.42	9.81	0.39	67.62	20.78
56.78	666.54	606.89	146.44	295.27	160.84	43.67	13.64	56.40	42.97
0.13	0.53	0.53		-0.05	0.03			0.03	
45.43	496.87	439.33	115.99	124.56	151.81	3.80	0.69	96.06	50.88
56.74	1023.91	737.87	200.61	459.19	168.97	107.39	1.61	55.30	4.67
9.84	247.15	202.86	50.55	65.25	54.64			52.05	2.59
20.87	241.10	206.67	58.19	62.92	48.64	0.24	0.69	19.23	26.58
63.85	713.86	617.60	210.96	205.70	160.50	4.11	2.61	127.18	26.59

1-B-39 续表

地 区			主营业务收入	主营业务成本	主营业务税金及附加	销售费用	管理费用	
	港澳台资本	外商资本						税金
全 国	**290.91**	**551.75**	**76096.64**	**69987.96**	**228.37**	**749.14**	**1836.27**	**143.08**
北 京	0.11	4.13	161.76	153.81	0.25	4.73	3.62	0.27
天 津	2.20	18.58	4491.95	4184.11	3.85	12.58	60.29	4.15
河 北	43.01	50.88	11570.65	10706.24	15.56	56.75	207.78	17.93
山 西	0.20	3.51	3270.97	3085.82	4.73	33.12	79.68	4.24
内蒙古	1.50	20.46	1665.33	1487.09	11.19	28.01	51.87	8.77
辽 宁	10.31	21.95	5305.78	4729.64	24.91	69.60	225.40	21.95
吉 林		1.62	738.14	702.93	1.41	5.37	17.19	2.26
黑龙江		0.19	322.68	294.86	0.68	6.81	8.67	1.17
上 海	4.52	55.11	1980.74	1839.42	2.99	12.77	70.36	3.45
江 苏	109.99	133.19	10811.59	9910.06	30.90	103.75	208.63	18.12
浙 江	29.88	26.16	2647.31	2453.97	7.31	19.71	62.30	4.73
安 徽	18.46	15.09	2319.98	2136.53	10.35	21.52	34.99	4.73
福 建	3.73	54.02	1672.80	1525.28	5.21	16.04	32.47	2.68
江 西	0.55	1.51	1392.36	1289.98	4.17	9.17	25.90	2.15
山 东	8.02	8.51	6052.91	5564.86	19.45	50.17	101.11	8.98
河 南	0.66	8.68	3330.97	3008.84	17.12	35.62	59.10	4.53
湖 北	2.32	36.60	3454.16	3193.43	6.31	40.59	142.75	7.43
湖 南	0.04	1.43	1635.55	1458.32	16.28	26.55	66.88	3.80
广 东	45.58	75.78	2437.64	2250.76	7.31	28.34	41.49	3.48
广 西	2.52	4.98	2125.31	1875.95	8.72	22.13	68.41	2.44
海 南			7.54	7.44	0.02	0.04	0.15	0.01
重 庆	5.38	0.05	726.52	672.80	5.05	10.44	13.58	1.23
四 川	0.04	2.24	2661.31	2468.39	12.72	43.84	101.46	5.89
贵 州	0.38	0.36	596.36	573.65	1.87	7.24	14.88	1.16
云 南		4.17	1135.42	1082.34	0.93	13.74	25.59	1.44
西 藏			1.14	1.11			0.05	
陕 西		2.18	906.59	813.89	2.55	11.59	26.23	1.13
甘 肃			1436.99	1343.36	3.45	33.92	54.97	2.31
青 海			202.45	187.57	1.08	5.72	6.29	0.47
宁 夏	1.51	0.38	287.40	271.18	0.54	4.99	6.09	0.72
新 疆			746.35	714.34	1.48	14.31	18.10	1.46

单位：亿元

财务费用			投资收益（损失以“–”号记）	营业利润	利润总额	亏损企业亏损额	应交增值税	应交所得税	从业人员平均人数（万人）
	利息收入	利息支出							
1002.82	**152.41**	**1120.46**	**-274.91**	**2184.06**	**2060.63**	**416.25**	**1622.80**	**252.53**	**415.99**
2.09	0.21	2.55	3.04	0.75	1.18	4.12	1.81	0.87	0.95
56.62	13.07	66.14	1.44	221.85	222.49	9.86	133.75	17.92	15.97
166.48	14.88	176.94	-258.13	217.64	179.47	43.54	143.61	18.42	61.20
47.84	6.15	51.70	2.07	20.01	23.04	30.60	53.39	4.61	19.41
32.61	11.46	38.47	2.72	56.04	51.20	11.79	49.38	6.48	12.08
82.71	8.05	92.83	-4.70	193.11	186.79	26.75	124.25	19.88	40.43
8.57	0.72	4.42	-0.49	-2.46	-2.91	16.03	8.18	1.39	4.89
11.19	1.20	10.70	1.87	1.52	6.76	3.52	8.72	0.26	3.27
-9.57	16.49	16.08	12.28	76.51	69.85	14.56	25.85	13.54	4.48
116.10	17.23	135.91	-12.82	470.93	384.52	20.45	251.96	65.71	42.67
36.18	13.27	46.38	3.15	75.60	77.53	7.31	44.17	8.45	15.38
22.74	3.65	23.14	0.10	112.06	116.55	1.45	77.16	5.21	11.58
20.31	2.18	17.62	1.92	68.92	56.23	5.70	73.01	3.58	9.91
13.60	4.95	18.43	0.07	46.37	49.40	0.46	35.27	3.30	7.27
84.57	11.60	90.00	2.38	177.94	177.31	22.43	102.18	23.70	33.18
33.92	4.13	34.34	0.70	175.66	180.26	4.23	81.19	21.97	20.83
53.80	5.35	66.16	-2.70	26.45	46.71	7.51	66.10	5.98	18.84
20.11	3.11	26.67	7.66	66.19	68.10	0.97	59.11	3.48	13.18
24.21	1.53	25.82	1.84	110.72	104.67	5.56	50.55	7.87	11.71
18.73	2.08	21.60	-6.25	86.31	65.83	8.19	61.25	4.38	8.68
0.05				-0.15	-0.14	0.31	0.16	0.04	0.09
12.74	2.11	14.82	-6.72	12.41	10.69	26.65	35.43	2.15	4.77
60.93	4.38	54.88	-21.72	-13.48	-16.72	70.46	60.81	6.78	21.87
4.91	0.81	6.02	-0.40	-4.52	1.09	16.33	12.52	0.61	5.23
15.90	1.43	15.73	0.38	1.05	3.39	11.25	13.47	1.46	7.78
				-0.02	-0.02	0.02	0.03		0.01
9.00	0.42	7.87	0.03	44.50	12.33	11.48	19.00	0.66	5.13
24.76	1.27	27.63	5.98	-36.44	-9.24	11.11	11.74	3.94	4.87
7.25	0.10	6.20	-10.77	-5.56	-1.14	4.14	4.65	0.64	2.48
5.74	0.15	4.33	0.04	-0.55	2.80	4.82	3.87	0.26	3.01
18.72	0.43	17.08	2.09	-15.28	-7.39	14.64	10.20	-1.04	4.86

1-B-40 按地区分组的有色金属冶炼和

地区	工业销售产值(当年价格)	出口交货值	资产总计	固定资产合计	固定资产原价	累计折旧	流动资产合计	应收账款	存货
全国	**42667.56**	**1226.85**	**32337.92**	**10906.05**	**15431.84**	**5659.05**	**16550.50**	**2387.12**	**5306.56**
北京	67.19	15.38	68.43	9.62	15.85	6.27	47.31	13.69	12.88
天津	867.25	14.49	273.13	55.14	72.01	23.45	190.26	43.89	42.69
河北	561.07	5.66	333.30	114.47	161.92	57.32	166.58	40.77	52.20
山西	486.15	2.20	734.21	342.77	531.08	206.03	288.41	26.81	118.77
内蒙古	1766.51	6.20	1292.60	540.72	685.77	231.24	503.90	85.40	167.52
辽宁	1372.36	31.37	993.97	330.48	507.74	221.41	589.79	53.98	103.81
吉林	167.06	2.77	543.82	232.64	266.33	70.47	288.31	54.71	46.55
黑龙江	42.09	0.97	73.83	10.35	21.94	11.80	24.10	6.70	9.54
上海	473.16	56.17	339.12	88.84	134.49	52.43	224.98	58.72	69.29
江苏	3654.97	134.11	1718.94	405.10	646.94	248.91	1140.52	312.58	234.67
浙江	2280.79	136.75	1473.34	227.42	321.83	119.72	988.79	193.87	239.34
安徽	1741.73	53.15	1066.11	259.39	348.55	129.04	562.80	80.39	243.24
福建	896.60	72.98	955.98	238.54	317.77	86.72	453.97	55.60	143.71
江西	4246.67	70.05	2350.88	792.35	1308.61	580.31	1400.46	174.09	437.59
山东	5540.97	37.41	3434.78	1416.26	1966.78	811.07	1796.82	203.38	531.17
河南	4185.25	47.95	3362.00	1268.64	1783.63	630.48	1606.57	243.63	384.22
湖北	973.35	30.74	549.36	147.57	229.20	92.27	317.66	39.14	92.72
湖南	2627.28	57.26	1095.51	425.88	581.46	190.26	532.79	57.65	189.19
广东	2948.08	253.02	1762.63	604.99	1016.99	452.77	1005.42	257.37	284.82
广西	885.89	68.66	1076.73	447.68	607.73	185.74	460.57	50.14	164.13
海南	2.58		4.73	2.20	2.93	0.77	0.52		0.03
重庆	546.61	10.43	463.39	198.12	253.47	68.38	182.59	33.88	51.93
四川	743.37	46.65	549.91	151.66	235.92	96.15	294.17	38.42	80.31
贵州	392.90	1.27	534.74	288.00	326.05	88.92	154.45	19.55	47.63
云南	1380.86	12.51	1738.99	515.08	606.67	178.55	792.07	43.86	324.07
西藏									
陕西	1180.94	23.23	1163.62	360.69	485.03	138.01	581.58	60.96	221.61
甘肃	1233.89	9.76	2130.85	679.38	921.36	280.11	1003.95	48.29	670.74
青海	565.34	3.16	735.80	252.78	475.57	250.71	297.83	51.85	86.08
宁夏	379.89	8.85	594.44	187.77	265.06	81.06	312.54	17.71	125.90
新疆	456.77	13.71	922.80	311.52	333.15	68.66	340.79	20.07	130.22

压延加工业主要经济指标

单位：亿元

产成品	负债合计	流动负债合计	应付账款	所有者权益合计	实收资本	国家资本	集体资本	法人资本	个人资本
1567.95	**20748.08**	**15944.85**	**3134.81**	**11487.99**	**5298.62**	**1248.72**	**67.37**	**2156.40**	**1169.69**
4.80	30.08	28.56	10.97	38.25	12.15	2.29	0.03	5.73	3.13
12.86	181.43	171.33	27.10	85.16	62.23	10.67	0.51	18.67	21.90
19.28	225.81	185.93	44.33	105.20	96.24	19.91	0.04	23.12	18.59
34.79	565.67	373.86	78.17	167.43	117.93	55.38	4.89	41.38	15.17
56.93	818.91	561.32	95.87	472.38	248.70	59.03	12.84	122.85	32.45
31.70	564.30	414.20	57.61	426.64	209.48	18.18	1.11	46.27	50.60
16.11	403.61	294.63	33.25	140.11	30.23	1.12	0.02	6.01	8.10
1.88	49.80	29.39	6.61	23.63	19.49	16.10	0.04	1.91	0.93
21.42	207.31	191.43	41.16	131.22	84.13	0.83	2.38	36.62	12.44
84.04	1089.38	1003.19	170.40	623.24	382.77	10.60	0.96	97.07	139.66
83.41	991.57	913.97	142.99	475.97	251.95	0.69	2.24	101.96	115.72
33.42	763.43	551.93	89.41	301.30	132.69	49.08	0.05	34.49	46.45
52.94	520.98	391.85	87.50	434.63	171.51	32.22	1.20	55.00	51.18
122.31	1231.58	969.03	205.77	1106.95	400.05	65.79	1.17	149.47	178.29
86.01	1748.54	1500.59	194.66	1667.11	396.58	50.88	11.75	228.07	85.75
92.36	2222.16	1586.87	345.42	1126.37	488.81	81.39	5.03	231.49	116.18
23.24	373.77	291.16	47.59	172.51	89.53	56.26	1.11	13.00	16.89
58.77	616.06	438.21	63.64	475.04	210.57	14.51	3.36	124.26	64.37
97.13	1229.15	1030.31	252.96	527.47	272.49	18.41	0.77	82.31	40.98
57.03	853.60	671.36	115.99	226.31	166.96	65.04	3.54	81.88	12.65
0.01	3.20	3.17	0.17	1.53	0.42			0.32	0.10
18.17	344.07	254.52	25.96	116.39	94.70	13.23	0.01	67.26	13.43
26.41	394.64	331.58	81.08	152.36	88.03	17.01	0.04	48.92	17.86
11.89	405.53	240.65	50.11	122.29	97.14	63.33	2.29	16.54	11.79
94.10	1206.25	957.86	132.73	532.74	224.34	36.84	3.80	134.02	45.80
69.92	642.08	470.84	98.18	518.90	210.46	108.50	3.59	67.73	28.76
270.86	1392.23	954.48	288.87	737.27	403.97	285.05	0.04	111.22	5.96
17.89	558.11	400.24	116.03	177.32	169.46	72.44	1.34	83.59	4.35
14.46	416.89	264.10	61.39	177.52	71.92	9.46	2.04	58.26	1.31
53.82	697.92	468.27	168.89	224.74	93.70	14.46	1.19	66.98	8.88

1-B-40 续表

地区			主营业务收入	主营业务成本	主营业务税金及附加	销售费用	管理费用	
	港澳台资本	外商资本						税金
全国	**355.80**	**297.72**	**47192.14**	**43481.25**	**152.89**	**386.26**	**899.88**	**66.34**
北京	0.15	0.81	75.72	65.45	1.39	1.24	4.46	0.10
天津	4.62	5.86	942.26	875.00	1.96	3.11	10.47	0.57
河北	3.56	31.02	557.01	487.41	1.14	4.10	11.50	0.69
山西	0.25	0.86	514.72	479.80	1.92	7.32	13.29	1.15
内蒙古	4.55	16.98	1754.98	1585.21	11.59	19.66	39.03	5.39
辽宁	88.35	4.96	1360.19	1175.33	9.41	16.79	46.35	3.31
吉林		14.99	196.35	170.07	1.07	3.05	8.06	0.39
黑龙江		0.51	42.43	36.79	0.34	0.72	3.19	0.22
上海	5.97	25.89	482.22	447.20	0.34	5.28	15.15	0.28
江苏	34.47	100.00	3685.73	3405.20	9.55	33.87	64.45	2.88
浙江	21.84	9.50	2286.31	2136.69	4.29	11.81	39.70	2.61
安徽	0.64	1.98	2199.88	2062.24	4.12	8.14	23.81	2.37
福建	23.58	8.32	951.00	857.69	3.88	9.44	26.08	1.78
江西	1.39	3.84	5605.05	5205.21	23.16	21.77	58.33	4.41
山东	10.11	10.01	5683.33	5161.48	13.42	32.69	57.68	4.84
河南	40.84	13.69	4317.34	4028.69	12.74	36.14	74.71	7.50
湖北	0.09	2.08	1473.16	1416.17	2.44	7.97	23.75	1.14
湖南	3.11	0.97	2672.18	2248.56	23.61	29.83	90.93	7.25
广东	94.88	34.86	2910.44	2726.44	5.47	27.14	55.00	4.82
广西	2.44	0.16	868.49	819.31	2.92	11.80	44.21	1.39
海南			2.58	1.76			0.40	0.02
重庆	0.76		535.84	499.83	2.18	6.99	9.42	0.89
四川	2.64	1.47	763.40	712.85	1.66	7.16	15.55	0.91
贵州	0.19	2.91	363.22	346.30	1.21	10.57	13.70	0.93
云南	0.76	3.11	1560.93	1456.66	2.54	13.02	48.43	2.14
西藏								
陕西	0.05	1.04	1349.12	1228.43	4.94	10.66	31.10	1.99
甘肃	1.68		2633.20	2547.54	3.31	14.66	38.37	3.29
青海	5.94	1.80	551.78	526.28	1.24	9.06	12.37	1.10
宁夏	0.85		410.62	379.23	0.96	7.68	8.13	1.09
新疆	2.09	0.09	442.67	392.44	0.13	14.56	12.24	0.91

单位：亿元

财务费用	利息收入	利息支出	投资收益（损失以“-”号记）	营业利润	利润总额	亏损企业亏损额	应交增值税	应交所得税	从业人员平均人数（万人）
576.72	**84.66**	**598.03**	**-88.85**	**1974.04**	**1789.98**	**323.63**	**1013.08**	**193.01**	**204.91**
0.82	0.18	0.66	0.05	2.58	3.88	0.09	1.40	0.52	0.57
5.85	0.72	5.12	-0.04	49.40	52.10	0.68	26.48	3.67	1.83
7.01	0.24	5.54	-15.79	33.25	32.26	4.57	9.18	3.16	3.35
17.78	0.25	16.74	0.14	-0.55	-0.98	10.94	12.30	0.80	6.01
25.09	1.76	25.36	10.71	129.83	89.71	18.16	42.73	11.83	7.12
16.52	0.82	16.02	-0.79	89.60	182.10	3.57	34.44	13.24	6.69
12.48	0.07	9.91	4.47	7.06	7.38	0.23	2.55	1.12	1.17
0.96	0.01	0.95		0.58	1.13	0.28	0.72	0.22	0.84
4.83	0.39	5.00	-0.05	10.15	11.60	1.22	3.52	2.27	2.43
27.28	7.93	29.64	1.49	156.48	137.34	14.66	79.90	21.47	14.59
27.40	7.38	35.65	3.45	64.39	72.97	5.03	29.61	7.86	9.23
17.23	3.85	22.10	-1.30	188.19	47.07	2.22	25.45	4.55	5.61
11.49	3.56	14.50	4.98	73.50	56.83	3.99	12.42	5.61	4.85
27.43	3.39	24.92	-0.68	277.55	268.31	18.28	188.71	22.29	14.06
71.88	6.59	62.11	0.26	331.27	331.63	11.17	127.97	28.83	16.24
81.91	11.30	81.49	7.28	91.64	101.54	62.58	62.57	16.64	20.62
10.52	3.32	8.79	-16.78	19.43	20.14	5.71	13.92	2.13	5.11
23.12	1.54	21.25	-6.03	130.66	123.38	2.18	109.52	9.20	13.16
25.90	3.05	25.70	0.81	123.92	99.07	17.40	55.23	7.27	16.30
19.81	0.89	19.71	1.22	60.36	7.70	19.51	33.02	-0.20	6.20
0.01		0.01		0.40	0.79		0.44	0.18	0.05
10.20	1.08	10.93	-35.04	14.00	14.30	6.88	17.06	1.17	2.89
10.83	0.78	10.50	-0.77	24.91	25.38	10.40	15.37	2.90	4.71
7.04	0.79	7.08	0.47	2.99	-0.05	16.51	8.39	1.16	3.45
37.50	3.60	41.63	-10.86	5.10	5.10	46.26	31.23	4.74	11.68
14.75	3.07	17.27	0.74	69.42	71.78	2.72	27.43	10.26	7.76
19.22	17.20	42.94	-1.44	5.12	8.78	13.90	16.39	6.84	8.43
15.96	0.42	14.83	-37.18	-4.36	-2.85	10.88	12.46	1.01	3.45
15.39	0.22	12.54	1.44	-2.48	1.09	9.82	7.04	0.70	3.26
10.48	0.27	9.13	0.41	19.63	20.50	3.81	5.65	1.59	3.27

1-B-41 按地区分组的

地区	工业销售产值（当年价格）	出口交货值	资产总计	固定资产合计	固定资产原价	累计折旧	流动资产合计	应收账款	存货
全国	**33207.42**	**3589.29**	**22235.49**	**7011.32**	**10682.01**	**4281.53**	**12658.41**	**3553.00**	**3197.47**
北京	302.82	19.35	470.94	74.65	128.85	55.08	289.05	73.90	81.41
天津	1146.48	84.30	883.66	237.92	281.56	92.57	510.44	116.84	114.54
河北	2403.49	118.12	1632.57	909.21	1090.76	215.62	618.08	146.04	165.94
山西	244.22	16.71	313.08	108.96	147.80	57.32	181.04	43.99	50.64
内蒙古	438.08	18.21	454.60	134.85	165.50	52.15	272.00	39.65	68.35
辽宁	1963.59	91.77	1129.48	468.72	680.86	284.48	538.38	159.44	136.33
吉林	299.35	0.78	160.21	71.97	206.90	148.58	72.40	20.58	22.03
黑龙江	182.62	2.29	113.29	44.83	76.71	36.88	61.53	20.62	16.23
上海	966.94	269.74	966.75	220.91	377.53	168.75	647.13	206.52	160.68
江苏	5335.62	545.02	3453.04	956.25	1582.87	669.83	2111.95	717.31	513.75
浙江	2304.91	619.38	2175.35	498.47	684.99	231.20	1428.37	384.15	335.76
安徽	1074.97	29.50	664.72	178.01	317.64	159.69	409.65	130.48	103.44
福建	743.77	131.24	505.62	129.43	187.97	71.99	306.85	88.15	75.33
江西	514.90	25.29	209.21	92.04	135.88	53.60	87.06	23.13	26.32
山东	4953.87	278.78	2460.41	824.03	1359.52	601.39	1398.09	299.74	324.87
河南	1305.11	3.63	743.68	335.02	396.71	83.90	358.09	64.88	63.71
湖北	1196.94	28.40	841.71	286.92	573.99	303.23	460.45	119.49	160.25
湖南	842.98	28.67	396.52	148.65	182.12	55.64	173.91	54.75	41.01
广东	4804.07	1226.90	2764.45	760.89	1354.63	651.79	1650.65	532.23	453.17
广西	266.69	8.44	172.00	40.10	58.65	21.67	66.62	16.47	16.94
海南	28.19	2.15	22.17	4.96	10.06	5.74	16.33	4.31	4.72
重庆	364.55	20.41	321.80	103.71	138.61	47.59	171.94	44.85	39.35
四川	899.36	7.60	650.32	176.86	258.21	101.69	390.13	100.13	93.32
贵州	100.92	2.78	98.26	25.27	34.58	11.20	57.92	15.78	18.44
云南	72.38	2.45	103.00	22.05	24.98	5.17	61.09	20.73	16.51
西藏	0.01		0.24	0.05	0.12	0.07	0.18	0.01	0.02
陕西	228.34	5.38	287.76	88.52	133.27	57.94	179.43	66.15	48.87
甘肃	82.53	1.50	82.82	17.98	39.03	22.42	53.49	19.50	16.84
青海	12.84		16.67	8.64	5.32	1.13	7.52	1.69	1.01
宁夏	34.79		46.61	12.89	18.03	6.03	25.51	5.20	13.42
新疆	92.12	0.50	94.55	28.60	28.35	7.15	53.10	16.28	14.27

金属制品业主要经济指标

单位：亿元

产成品	负债合计	流动负债合计	应付账款	所有者权益合计	实收资本	国家资本	集体资本	法人资本	个人资本
1205.45	**11770.21**	**10065.41**	**2337.12**	**10303.23**	**4663.15**	**363.40**	**80.02**	**1480.31**	**1620.97**
26.65	244.31	215.72	68.28	226.63	109.07	27.48	0.44	33.65	29.09
39.52	535.66	434.46	89.88	341.91	175.09	8.44	2.31	63.94	66.78
78.93	613.12	550.29	115.05	1009.68	275.75	11.25	0.65	129.94	111.51
17.42	189.00	150.71	34.50	124.00	47.41	6.13	1.19	25.58	13.91
16.83	301.30	259.73	65.06	152.28	78.61	55.43	5.66	10.56	5.00
40.48	533.01	424.59	123.33	564.54	230.14	17.18	5.85	62.53	77.67
6.69	81.87	64.52	13.08	74.46	36.51	9.40	0.72	10.09	15.69
5.75	66.02	58.14	17.39	46.73	25.20	6.74	1.29	6.00	10.00
57.40	517.56	470.79	164.11	447.22	229.51	21.76	4.76	66.81	38.56
200.94	1904.10	1767.99	349.36	1538.55	807.66	25.02	11.58	201.43	312.09
132.11	1344.28	1225.22	192.61	831.80	408.31	4.27	0.58	105.45	196.27
50.42	361.50	307.79	79.92	300.54	128.66	13.85	11.34	39.44	57.09
25.99	233.35	200.81	56.85	259.06	140.61	0.14	1.56	34.15	36.06
11.19	76.18	61.72	18.15	127.45	54.68	3.39	0.82	24.55	18.35
135.06	1306.96	1033.53	174.81	1132.23	464.14	7.45	14.19	164.49	208.09
29.85	243.14	201.26	40.81	491.53	218.41	1.53	2.66	65.83	143.89
79.67	470.76	375.21	104.33	366.89	190.30	43.17	4.00	61.08	71.85
17.51	175.18	136.20	36.19	220.10	88.71	10.88	1.68	50.12	25.36
131.63	1474.50	1244.21	358.07	1257.17	613.25	21.16	2.90	180.59	78.70
6.10	89.52	44.94	13.40	81.72	38.03	1.96	0.41	27.29	6.41
1.28	12.54	11.99	5.39	9.63	3.37		0.35	1.95	
15.34	188.71	159.43	38.76	131.41	41.34	13.07	0.65	13.94	10.78
37.50	370.21	310.86	62.30	276.54	107.09	7.04	1.13	45.66	44.86
8.42	52.35	43.93	10.73	46.06	22.96	11.20	0.29	7.02	4.44
6.72	76.17	70.16	18.20	26.83	15.14	5.99	0.30	2.73	5.80
0.02	0.14	0.14		0.10	0.01	0.01			
13.74	172.22	132.76	54.01	114.92	58.30	17.58	0.85	26.43	11.06
3.77	44.69	35.19	9.47	37.35	14.21	4.30	0.45	3.54	5.52
0.29	6.63	4.58	1.65	10.04	7.37		0.64	0.40	6.33
2.80	25.05	19.43	6.00	21.54	8.69	0.57		3.63	4.48
5.43	60.20	49.11	15.44	34.32	24.60	7.01	0.76	11.49	5.34

1-B-41 续表

地 区	港澳台资本	外商资本	主营业务收入	主营业务成本	主营业务税金及附加	销售费用	管理费用	税金
全 国	**473.31**	**634.06**	**33228.95**	**28674.16**	**195.89**	**669.35**	**1256.38**	**71.80**
北 京	7.67	10.74	332.39	277.89	1.58	11.53	26.11	0.50
天 津	4.97	28.65	1220.98	1067.17	5.09	15.90	36.04	2.12
河 北	6.00	16.29	2399.97	2078.33	7.01	38.59	51.02	3.70
山 西		0.10	241.84	211.86	0.67	4.02	19.07	0.37
内蒙古	0.86	1.10	430.50	382.35	2.34	5.88	21.34	0.98
辽 宁	31.10	35.73	1955.36	1685.63	15.82	37.46	75.76	6.82
吉 林	0.62		291.19	247.54	2.56	7.03	12.78	0.52
黑龙江	0.74	0.44	178.83	158.77	0.79	1.87	8.49	0.52
上 海	22.55	75.06	1003.94	851.34	3.02	29.17	69.79	0.97
江 苏	70.77	186.35	5343.54	4637.29	25.59	103.29	190.13	9.70
浙 江	62.76	38.99	2289.59	1963.63	11.43	50.71	103.32	5.50
安 徽	2.13	4.82	1091.47	947.26	6.86	20.88	37.17	2.86
福 建	27.47	41.24	750.85	656.19	3.89	14.94	27.18	1.28
江 西	4.00	3.56	538.50	466.09	5.55	7.73	12.69	0.61
山 东	20.25	49.67	4952.11	4281.70	37.48	82.76	144.40	14.96
河 南	0.60	3.51	1307.72	1133.04	6.74	23.73	24.79	1.19
湖 北	7.59	2.58	1164.39	995.77	10.33	34.83	52.70	2.12
湖 南	0.51	0.15	845.75	691.93	9.84	23.78	49.26	4.21
广 东	197.53	127.86	4730.51	4103.97	24.28	97.61	191.69	8.56
广 西	0.53	1.30	269.80	228.54	1.43	11.24	21.25	0.38
海 南		1.07	25.45	21.96	0.05	1.03	0.65	0.03
重 庆	1.40	0.61	375.68	309.89	3.24	7.44	15.07	0.99
四 川	2.51	2.32	900.78	766.09	6.73	24.15	36.65	1.46
贵 州			94.65	81.45	0.62	3.40	4.94	0.27
云 南		0.32	75.91	66.10	0.34	1.44	3.48	0.11
西 藏			0.01	0.02			0.03	
陕 西	0.74	1.61	230.88	198.65	1.69	5.12	12.37	0.53
甘 肃			61.80	53.06	0.37	1.12	2.33	0.22
青 海			5.59	4.72	0.02	0.58	0.71	0.05
宁 夏			34.68	29.88	0.20	0.89	1.76	0.11
新 疆			84.30	76.06	0.33	1.21	3.42	0.15

单位：亿元

财务费用			投资收益（损失以“-”号记）	营业利润	利润总额	亏损企业亏损额	应交增值税	应交所得税	从业人员平均人数（万人）
	利息收入	利息支出							
329.67	**30.74**	**292.93**	**-104.48**	**2194.07**	**2096.40**	**87.78**	**886.27**	**265.72**	**371.97**
3.14	0.94	3.76	4.14	18.54	20.04	3.23	7.40	3.22	4.42
9.07	1.98	8.12	-1.22	92.44	90.81	5.80	32.52	9.83	10.06
16.42	0.96	14.17	-72.29	144.31	139.40	4.04	41.37	12.83	18.00
4.32	0.36	4.22	0.61	3.78	7.09	1.29	3.22	0.99	5.13
3.54	1.05	4.28	0.23	99.03	15.58	0.79	8.09	2.17	3.83
16.27	1.14	12.02	-7.54	126.54	119.01	4.60	51.14	10.43	17.69
4.29	0.03	3.68	-3.79	18.89	16.63	1.59	6.71	1.54	2.30
1.19	0.05	0.90	0.01	8.00	9.33	1.01	3.84	1.10	2.38
9.21	0.45	7.50	2.83	54.23	57.06	6.80	22.41	12.60	15.56
62.47	7.09	58.49	-3.91	340.75	339.82	12.87	182.89	60.34	52.78
48.76	5.41	47.92	3.93	120.37	123.62	8.14	57.89	16.69	35.92
10.85	0.56	9.61	0.35	68.83	68.58	1.61	26.57	8.42	13.01
5.14	1.10	5.31	-15.30	48.30	48.82	1.18	18.42	5.91	9.07
2.39	0.05	1.86	0.05	36.94	35.85	1.10	13.90	2.23	4.49
48.11	3.04	38.51	-4.19	341.10	333.82	7.56	133.77	43.62	35.44
9.58	0.23	8.36	-1.36	106.43	107.05	1.40	24.52	12.51	14.40
14.06	0.54	12.03	-2.37	67.72	65.03	4.10	30.36	7.20	11.48
6.26	0.29	4.94	-2.32	59.82	55.84	0.68	28.23	4.43	8.28
26.98	3.77	21.62	2.13	311.96	311.66	11.73	122.01	34.95	80.05
2.28	0.08	1.94	0.01	12.62	12.27	0.54	8.30	0.81	2.73
-0.05	0.01	0.24		1.85	1.85		0.39	0.38	0.14
4.42	0.24	3.82	-0.71	32.11	32.13	0.24	18.71	2.83	5.22
12.71	0.81	11.68	-3.97	55.95	57.81	3.62	29.78	6.86	9.99
1.26	0.08	1.21	0.03	3.05	3.34	0.60	1.84	0.44	1.69
0.97	0.08	1.00	0.04	3.17	3.16	0.68	1.88	0.45	1.32
				-0.03	-0.03	0.03			
2.66	0.16	2.73	0.60	11.29	12.86	0.86	6.65	1.65	4.06
1.20	0.09	0.98	-0.02	2.36	2.56	0.38	1.83	0.42	0.97
0.03	0.01	0.02	-0.63	-0.17	-0.10	0.29	0.07	0.01	0.17
0.76		0.70	0.01	1.59	1.74	0.17	0.60	0.28	0.50
1.41	0.13	1.33	0.17	2.28	3.77	0.84	0.98	0.57	0.89

1-B-42 按地区分组的通用

地区	工业销售产值（当年价格）	出口交货值	资产总计	固定资产合计	固定资产原价	累计折旧	流动资产合计	应收账款	存货
全国	**43314.80**	**4969.76**	**36067.21**	**9201.48**	**14541.42**	**6173.22**	**22292.14**	**6968.69**	**5762.92**
北京	509.31	78.27	844.21	112.29	194.31	85.92	616.60	159.81	186.91
天津	967.05	180.31	900.03	213.64	310.67	112.01	571.70	186.77	151.76
河北	1221.44	64.29	819.14	299.82	374.19	113.21	445.74	132.54	130.73
山西	206.19	1.37	225.21	57.55	68.54	23.68	144.43	48.65	46.07
内蒙古	200.92	0.87	139.85	50.60	65.18	17.78	71.38	18.12	20.89
辽宁	4427.38	221.47	2772.94	1059.23	1716.27	781.12	1472.86	479.83	412.68
吉林	398.65	0.22	166.85	64.02	319.59	259.23	88.29	27.59	21.13
黑龙江	341.13	23.05	690.98	105.87	163.72	67.47	509.99	189.11	149.77
上海	2502.86	500.24	3234.08	572.16	940.79	415.38	2281.11	700.25	635.52
江苏	7282.65	1071.48	6445.08	1545.94	2529.84	1035.68	3990.45	1401.57	939.74
浙江	4087.26	915.16	4525.32	919.07	1334.51	501.45	2893.49	864.84	679.69
安徽	1662.11	63.87	1236.61	338.23	574.73	260.79	715.70	208.68	197.27
福建	820.57	148.34	687.75	162.85	246.66	97.32	435.10	120.82	112.48
江西	542.13	50.41	299.18	108.28	161.66	76.82	165.77	40.42	42.95
山东	7014.89	323.53	3996.37	1396.68	1932.12	705.92	2073.64	499.09	506.83
河南	2370.38	13.41	1541.51	513.77	704.95	244.95	873.37	255.31	182.86
湖北	1136.39	35.14	1225.91	313.85	592.80	303.34	642.11	191.44	151.02
湖南	1298.23	15.46	754.04	247.31	315.59	92.45	431.49	171.77	103.10
广东	3147.10	1146.56	2312.42	427.03	796.04	397.01	1647.14	579.69	418.00
广西	309.48	3.82	324.96	61.82	105.22	45.97	225.52	42.13	47.71
海南	0.67		0.86	0.13	0.61	0.48	0.57	0.14	0.33
重庆	474.59	33.61	468.93	105.71	150.95	58.75	318.18	140.82	71.76
四川	1638.46	57.36	1516.68	301.63	564.98	295.00	1064.48	333.92	384.66
贵州	63.96	0.14	67.41	11.21	12.78	5.08	44.35	13.11	11.11
云南	76.53	2.56	89.02	20.11	32.42	14.16	58.67	15.51	20.32
西藏									
陕西	469.77	13.83	540.11	112.17	229.91	135.20	372.55	98.60	93.97
甘肃	65.24	4.01	111.07	42.67	50.46	9.09	57.89	14.21	20.41
青海	22.29	0.05	32.60	9.49	13.84	4.35	17.90	5.26	6.29
宁夏	38.14	0.82	71.74	23.09	33.45	12.00	42.45	19.44	11.54
新疆	19.04	0.11	26.35	5.25	4.62	1.63	19.22	9.25	5.43

设备制造业主要经济指标

单位：亿元

产成品	负债合计	流动负债合计	应付账款	所有者权益合计	实收资本	国家资本	集体资本	法人资本	个人资本
1996.28	**19670.94**	**16989.25**	**5089.06**	**16256.13**	**6967.16**	**523.31**	**131.04**	**2270.75**	**2253.43**
56.33	394.25	364.78	129.45	449.95	192.25	13.86	0.28	75.80	22.61
48.92	520.89	465.54	179.05	376.59	234.35	12.04	1.74	99.42	34.62
51.67	397.91	350.62	89.16	417.66	170.95	8.48	2.68	65.39	75.34
15.15	154.76	125.31	44.38	70.31	37.19	5.88	1.46	17.43	11.84
7.50	87.50	75.65	18.77	52.03	27.45	10.15	1.95	10.88	3.91
136.67	1395.66	1106.15	334.12	1360.13	549.00	47.81	7.12	152.02	200.06
9.53	85.15	65.55	19.99	80.19	37.80	8.57	2.52	10.26	12.75
23.24	492.45	451.42	152.87	198.92	90.60	35.88	5.55	28.07	20.68
157.66	1887.04	1734.25	536.16	1341.39	600.13	64.51	7.28	131.56	115.33
367.27	3485.30	3001.18	942.20	2955.87	1322.23	56.89	25.85	369.03	405.04
264.79	2605.34	2431.12	598.07	1917.23	853.09	8.73	11.17	250.13	362.06
91.47	671.37	507.58	160.12	556.49	234.58	25.86	2.85	100.06	87.69
49.36	321.98	259.33	73.70	360.35	162.93	5.86	0.77	48.69	48.78
22.09	153.76	134.69	41.71	144.10	74.21	8.20	1.86	44.37	14.46
206.56	1881.99	1492.14	374.21	2081.46	756.76	76.58	33.41	246.67	285.39
74.94	701.62	535.57	152.52	829.72	426.16	8.69	5.21	160.35	246.31
45.57	729.17	598.17	99.16	491.51	170.89	38.54	4.06	59.28	57.17
44.45	383.88	304.82	99.78	366.10	142.53	14.79	3.14	72.65	48.09
145.75	1288.14	1184.20	491.40	1000.98	438.61	2.09	5.28	129.23	71.07
22.14	194.52	172.42	52.74	130.18	33.02	6.31	1.17	10.51	7.77
0.16	0.62	0.62	0.17	0.24	0.06			0.06	
26.12	283.65	247.57	89.06	184.06	78.76	25.98	1.33	28.44	13.29
71.97	1013.91	922.30	253.52	493.56	187.45	8.36	1.38	97.27	70.83
4.11	41.93	35.38	11.44	25.40	12.99	3.15	0.55	4.96	4.45
8.17	51.89	46.67	15.97	37.13	16.05	3.36	0.30	3.94	4.23
30.28	294.83	256.35	86.60	244.36	76.34	13.94	1.45	38.62	20.10
5.57	70.78	53.13	14.12	40.28	14.44	6.17		5.69	2.35
2.86	18.30	13.45	3.37	14.24	4.69	0.50	0.67	1.93	1.59
4.24	43.03	35.33	13.85	28.71	16.01	1.48		4.70	3.93
1.72	19.31	17.96	11.40	6.98	5.65	0.65		3.32	1.67

1-B-42 续表

地区			主营业务收入	主营业务成本	主营业务税金及附加	销售费用	管理费用	
	港澳台资本	外商资本						税金
全国	**404.68**	**1378.60**	**43575.01**	**36389.03**	**271.58**	**1245.28**	**2221.25**	**101.38**
北京	8.33	69.31	563.02	444.49	2.62	32.59	44.84	1.05
天津	15.01	71.22	1010.82	838.82	3.85	32.90	59.40	2.25
河北	1.29	17.72	1209.07	1027.25	5.38	27.69	41.95	2.58
山西	0.02	0.57	197.31	166.10	0.48	5.37	12.54	0.31
内蒙古	0.01	0.50	201.31	164.19	1.06	3.24	8.68	1.21
辽宁	9.31	131.51	4368.07	3698.14	40.10	111.35	195.09	11.79
吉林		3.72	393.15	337.49	2.00	8.70	15.40	0.75
黑龙江		0.42	336.21	280.54	1.79	9.81	28.67	1.29
上海	43.21	238.23	2649.01	2150.16	8.47	112.81	213.67	4.51
江苏	85.87	379.54	7361.65	6130.09	39.43	220.08	394.24	12.85
浙江	95.23	125.77	4093.48	3374.48	20.16	115.73	262.80	9.06
安徽	6.64	11.49	1685.33	1453.55	9.62	37.42	68.71	5.80
福建	13.83	45.01	824.18	683.92	4.42	27.11	42.52	2.17
江西	1.53	3.78	577.85	491.91	3.19	10.41	20.70	1.15
山东	18.60	96.11	7068.52	5915.41	56.55	177.57	250.29	20.06
河南	2.22	3.33	2394.96	2059.17	11.85	42.78	58.20	3.07
湖北	2.88	7.35	1101.27	889.04	12.60	34.07	55.35	2.11
湖南	0.95	2.91	1287.85	1038.91	13.70	36.83	78.30	5.12
广东	93.68	137.06	3127.16	2688.27	14.30	91.26	161.87	4.52
广西	0.08	7.18	304.49	248.67	1.35	15.54	22.30	0.81
海南			0.54	0.47		0.02	0.06	
重庆	1.72	7.98	474.29	381.94	2.80	17.34	30.00	1.43
四川	2.69	7.08	1657.51	1360.51	11.82	49.73	98.96	4.50
贵州			59.33	46.12	0.73	1.90	5.04	0.11
云南	1.41	2.81	76.01	67.16	0.26	2.61	5.19	0.23
西藏								
陕西	0.19	1.89	418.38	342.96	2.63	14.07	35.61	1.85
甘肃		0.22	55.27	44.90	0.13	2.57	4.59	0.48
青海			19.01	15.39	0.09	0.88	2.04	0.09
宁夏		5.87	38.17	31.99	0.15	2.07	3.10	0.21
新疆			21.78	17.02	0.05	0.85	1.17	0.05

单位：亿元

财务费用			投资收益（损失以“–”号记）	营业利润	利润总额	亏损企业亏损额	应交增值税	应交所得税	从业人员平均人数（万人）
	利息收入	利息支出							
386.45	**62.09**	**384.84**	**6.35**	**3077.23**	**3071.03**	**173.16**	**1295.75**	**432.79**	**476.14**
0.53	2.68	4.67	0.85	41.81	43.98	10.69	19.49	9.93	5.86
5.07	2.16	5.74	-0.02	78.08	81.60	7.06	30.88	16.55	9.78
9.25	0.39	8.62	-2.82	96.10	97.94	3.55	29.82	9.72	14.05
2.52	0.09	2.26	0.19	10.36	11.04	1.39	3.17	0.75	3.41
1.64	0.01	1.63	0.19	28.77	11.50	0.46	4.87	1.38	1.95
34.99	1.97	31.69	-7.89	318.43	289.35	20.87	110.66	29.53	40.51
2.61	0.30	2.09	-0.09	27.82	25.33	0.85	7.83	3.24	2.86
2.40	1.09	2.90	0.48	11.51	12.49	9.07	9.70	2.19	5.16
13.30	9.36	20.71	21.63	171.33	181.82	13.50	69.02	32.65	23.85
74.11	9.49	73.78	-0.31	531.10	534.78	27.64	248.72	98.39	78.14
70.60	10.71	73.07	16.67	267.49	276.59	16.05	125.71	45.87	62.44
14.34	0.99	13.12	-4.12	109.65	115.87	3.20	46.82	12.99	17.04
8.78	0.98	8.62	-9.67	65.66	66.99	1.32	20.86	7.42	11.55
2.86	0.50	2.96	-0.12	41.96	42.37	1.22	13.39	2.85	6.23
58.80	5.99	48.45	-2.69	529.86	529.71	15.53	238.59	66.28	59.13
17.59	1.14	14.97	0.02	190.16	193.12	4.06	53.50	19.98	24.63
15.67	1.75	14.43	-6.25	71.92	77.47	5.89	30.33	7.24	11.59
9.48	0.88	8.42	-1.70	98.01	92.65	1.92	46.15	6.80	12.57
8.98	4.95	11.37	0.26	170.85	177.35	11.55	73.62	30.53	46.38
2.03	0.63	3.12	-1.82	18.81	19.64	1.01	8.90	2.77	3.43
0.02		0.02			0.01		0.04		0.04
5.90	0.47	5.48	-0.42	38.18	40.98	3.07	19.41	5.41	6.57
17.60	2.87	18.30	2.56	122.94	106.53	5.91	64.38	14.15	17.25
0.76	0.21	0.42	0.10	3.93	4.75	0.74	1.53	0.41	0.98
0.89	0.05	0.86	0.01	0.81	1.40	1.20	1.68	0.24	1.51
3.00	2.23	4.02	2.27	26.21	28.71	2.70	13.25	4.53	6.41
1.68	0.09	1.67		1.38	1.82	0.25	1.11	0.28	1.27
0.41	0.08	0.45	-0.97	-0.14	0.65		0.68	0.03	0.52
0.52	0.03	0.89		1.37	1.62	2.40	1.35	0.53	0.79
0.11	0.01	0.11		2.86	2.99	0.06	0.29	0.15	0.26

1-B-43 按地区分组的专用

地区	工业销售产值(当年价格)	出口交货值	资产总计	固定资产合计	固定资产原价	累计折旧	流动资产合计	应收账款	存货
全国	**32467.75**	**2994.31**	**30704.89**	**7612.51**	**11772.78**	**4833.43**	**19245.56**	**6432.44**	**4753.36**
北京	600.15	69.16	1388.58	105.81	170.65	65.96	918.51	253.50	178.93
天津	1068.79	73.35	1313.97	325.85	517.41	226.49	879.24	333.58	240.75
河北	1267.58	50.30	1245.74	468.81	571.44	135.79	658.88	212.62	177.62
山西	360.40	14.26	695.19	130.63	160.29	50.72	491.85	213.67	112.87
内蒙古	189.41	0.93	148.87	72.02	90.65	19.72	69.50	19.14	23.75
辽宁	2336.25	240.05	2111.59	645.51	990.80	389.28	1256.98	440.37	283.94
吉林	557.06	5.07	246.36	101.12	390.54	295.95	116.75	31.53	35.79
黑龙江	368.78	13.51	697.89	145.86	213.25	74.49	469.37	181.32	142.95
上海	1094.60	269.67	1530.81	233.39	381.28	155.32	1126.81	367.85	308.06
江苏	5036.21	776.08	4404.36	1091.90	1796.00	740.20	2858.17	984.93	710.18
浙江	1515.06	316.29	1797.34	394.95	558.87	201.94	1167.81	340.03	286.71
安徽	1117.13	29.54	778.16	230.62	353.62	138.21	446.60	151.56	106.74
福建	604.53	65.90	606.67	127.69	184.40	75.07	405.07	125.65	120.23
江西	372.30	20.71	171.15	68.64	117.39	53.51	72.74	24.23	20.57
山东	5411.21	245.08	3005.64	925.01	1596.12	795.06	1729.45	505.21	441.89
河南	2611.70	31.67	1954.61	631.35	776.32	203.94	1129.00	284.20	242.21
湖北	875.23	17.70	873.49	267.71	527.15	289.35	546.97	165.80	136.53
湖南	2602.16	111.36	2709.22	435.17	566.67	153.45	1747.61	737.59	323.14
广东	1790.70	452.04	1856.60	416.19	719.12	318.82	1183.09	368.23	317.45
广西	433.39	38.50	514.57	62.97	91.42	31.36	313.31	103.31	70.50
海南	2.23	0.08	3.84	0.58	0.84	0.28	1.52	0.26	0.59
重庆	271.11	12.78	217.51	55.08	86.22	36.27	128.11	52.91	32.77
四川	1104.30	89.43	1195.34	330.42	514.63	249.87	753.56	254.23	206.87
贵州	66.10	2.40	113.86	27.80	28.41	4.73	64.76	14.56	13.05
云南	91.00	2.92	92.84	13.96	25.59	12.59	67.39	32.07	19.80
西藏									
陕西	509.28	41.36	697.99	186.91	266.41	94.90	447.83	161.49	147.00
甘肃	107.74	4.14	204.11	82.66	38.02	12.21	111.70	41.18	33.44
青海	2.49		1.72	1.02	1.03	0.17	0.64	0.28	0.23
宁夏	46.43		63.56	12.66	14.53	3.58	45.52	19.21	9.52
新疆	54.43	0.04	63.31	20.22	23.71	4.18	36.83	11.92	9.32

设备制造业主要经济指标

单位：亿元

产成品	负债合计	流动负债合计	应付账款	所有者权益合计	实收资本	国家资本	集体资本	法人资本	个人资本
1606.48	**16994.26**	**13958.46**	**4385.91**	**13595.68**	**6016.23**	**724.52**	**84.03**	**2169.44**	**1668.15**
50.06	751.11	624.04	225.31	637.47	263.98	21.44	0.92	133.05	74.35
59.96	712.36	661.99	358.13	600.65	411.64	102.04	0.71	210.80	38.49
66.50	579.65	523.47	156.06	660.67	276.24	61.49	2.93	111.00	68.50
44.67	521.95	446.71	181.51	172.58	111.27	57.85	3.95	30.78	16.78
8.14	64.90	55.87	14.46	83.84	29.82	3.31	4.12	13.59	7.60
58.90	1241.12	979.09	301.32	869.60	353.18	77.05	1.34	118.50	83.44
17.81	106.62	82.12	20.50	128.59	39.94	2.99	0.81	13.82	17.42
38.53	375.31	270.96	99.44	323.01	89.43	30.23	1.67	21.98	23.11
91.77	897.10	835.14	284.00	629.17	312.97	9.36	2.60	131.20	31.93
231.08	2425.63	2214.01	614.35	1974.57	1031.82	36.29	15.29	248.09	314.47
98.53	1026.28	953.95	232.31	767.40	374.05	6.02	2.93	95.46	133.74
34.21	427.16	349.90	95.57	343.83	166.74	11.29	2.64	77.32	49.41
39.03	327.91	263.14	54.80	275.16	103.97	5.48	0.46	24.98	44.11
11.18	78.35	61.30	18.16	91.66	50.13	3.53	0.10	16.41	13.54
203.54	1556.90	1193.89	333.48	1415.94	507.69	18.60	13.53	188.75	212.75
82.02	816.86	621.39	205.93	1128.73	514.66	39.15	6.00	206.01	245.09
51.22	538.77	406.50	144.33	329.08	198.42	44.98	1.25	113.65	32.73
119.55	1606.43	980.74	263.43	1099.96	237.25	19.35	3.81	137.25	51.22
95.34	989.16	848.32	291.30	863.70	402.02	2.82	8.89	81.74	91.11
31.43	290.96	213.69	57.54	213.62	65.49	30.94	0.07	10.66	16.68
0.06	1.03	1.01	0.26	2.81	0.84		0.70		0.14
11.21	129.97	111.49	40.47	87.16	32.10	4.28	0.53	12.94	10.54
79.20	788.20	633.46	178.66	401.43	160.66	12.53	4.44	80.07	43.56
3.77	73.33	63.06	14.61	40.29	33.35	8.78	0.09	17.80	4.20
5.51	69.80	61.94	23.48	23.04	13.60	4.13	0.63	5.64	3.04
55.91	412.89	333.62	118.66	285.13	180.27	85.26	1.26	54.51	27.47
8.74	113.96	100.53	25.47	88.66	34.96	20.99	2.33	5.55	5.40
0.09	1.00	0.93	0.08	0.71	0.32			0.31	0.01
2.00	33.87	32.37	16.01	29.61	9.84	1.84	0.03	3.30	4.67
6.53	35.68	33.83	16.26	27.62	9.57	2.51	0.01	4.28	2.65

1-B-43 续表

地 区	港澳台资本	外商资本	主营业务收入	主营业务成本	主营业务税金及附加	销售费用	管理费用	税金
全 国	**407.54**	**957.39**	**32714.72**	**27225.69**	**195.15**	**980.60**	**1733.64**	**78.68**
北 京	12.20	22.03	668.62	504.95	4.63	40.32	72.29	1.24
天 津	3.77	55.78	1084.95	929.12	7.86	22.73	65.84	2.14
河 北	3.51	28.81	1279.13	1054.93	5.54	35.47	58.42	3.16
山 西		1.80	383.10	328.36	1.14	11.04	27.52	0.55
内蒙古	0.10	1.10	184.49	150.06	0.93	4.71	8.94	0.78
辽 宁	2.20	70.65	2323.14	1986.65	11.95	50.59	115.18	8.08
吉 林	1.49	3.41	536.77	449.49	2.95	12.19	23.44	0.94
黑龙江	6.11	6.13	369.13	312.25	2.01	9.93	26.92	1.74
上 海	29.12	108.77	1129.02	883.51	2.93	62.85	112.89	1.26
江 苏	99.67	318.02	5063.25	4192.65	28.54	140.33	288.95	10.44
浙 江	78.12	57.79	1515.41	1230.32	7.70	47.59	111.50	3.69
安 徽	3.12	22.96	1104.00	930.96	7.63	28.81	48.70	4.08
福 建	10.97	17.96	643.81	537.83	4.05	20.13	32.72	1.55
江 西	14.53	2.02	386.49	329.14	2.32	6.82	10.36	0.61
山 东	9.53	64.52	5429.37	4597.62	37.79	122.76	168.63	13.46
河 南	6.02	10.80	2727.20	2337.93	13.28	57.17	89.90	3.69
湖 北	0.33	5.17	841.72	707.16	6.23	25.21	44.17	2.35
湖 南	14.63	10.98	2561.68	2116.20	18.41	114.67	120.73	6.04
广 东	85.91	130.24	1783.19	1433.94	9.79	72.19	132.53	3.05
广 西	1.25	5.21	431.54	358.08	2.36	17.59	23.98	0.89
海 南			2.37	1.62	0.01	0.17	0.30	
重 庆	3.56	0.25	275.16	216.28	2.47	10.54	16.06	0.90
四 川	14.01	5.46	1166.67	957.50	10.73	36.00	68.42	4.32
贵 州		2.18	56.48	45.72	0.28	3.16	5.95	0.11
云 南	0.15	0.01	93.15	78.83	0.33	2.58	6.70	0.25
西 藏								
陕 西	6.54	5.23	475.16	390.82	2.46	18.96	36.35	1.69
甘 肃	0.69		89.99	75.59	0.46	2.25	8.08	0.35
青 海			2.43	1.98	0.01	0.12	0.10	0.02
宁 夏			48.26	36.42	0.27	1.81	4.09	0.17
新 疆	0.01	0.10	59.03	49.82	0.12	1.92	4.00	1.13

单位：亿元

财务费用			投资收益（损失以"–"号记）	营业利润	利润总额	亏损企业亏损额	应交增值税	应交所得税	从业人员平均人数（万人）
	利息收入	利息支出							
324.65	**58.85**	**331.55**	**26.42**	**2301.51**	**2333.98**	**219.92**	**987.74**	**317.12**	**352.10**
5.69	2.22	7.67	27.25	71.42	78.00	6.16	29.44	9.04	7.46
4.61	3.23	6.76	1.75	57.61	60.22	10.62	43.92	8.56	11.18
11.73	0.76	10.17	-4.44	109.66	113.19	7.48	38.28	12.90	15.00
8.42	0.34	7.77	0.52	7.97	9.89	2.78	6.52	1.53	6.21
1.75	0.10	1.32	0.05	27.28	12.02	1.42	3.35	1.65	1.22
24.09	3.55	22.37	-1.93	150.72	137.82	10.53	58.57	14.44	18.73
4.60	0.29	3.53	0.03	34.26	34.25	0.64	10.85	2.71	3.40
8.42	0.63	8.67	0.75	13.46	16.50	4.37	9.36	4.21	4.82
7.86	3.69	7.40	6.29	74.18	82.70	28.82	27.03	17.29	12.97
51.26	7.69	53.48	-1.15	365.11	368.57	34.25	173.29	73.90	56.36
26.43	4.33	27.50	4.62	101.54	109.07	6.14	45.22	16.14	24.04
9.10	0.90	9.33	-0.55	79.83	82.86	2.85	31.42	9.25	11.41
8.58	0.66	7.66	-1.63	38.78	40.61	7.91	19.28	3.88	7.97
2.11	0.07	1.66	0.02	32.16	29.46	0.26	11.28	2.77	4.64
43.59	2.17	37.25	3.59	410.18	412.06	10.86	176.76	47.22	40.01
20.56	3.20	20.40	2.53	198.22	203.76	12.71	62.87	23.86	30.69
13.32	0.67	11.09	-2.61	43.92	45.07	5.33	21.44	5.29	10.04
14.98	15.60	32.09	-11.66	186.86	186.43	2.53	88.16	16.64	18.29
12.80	2.39	12.33	1.81	132.48	137.73	11.86	48.71	22.84	33.92
7.08	2.49	8.06	0.47	22.55	21.84	4.45	8.44	2.49	4.54
0.01		0.01	0.02	0.27	0.34	0.03	0.11	0.05	0.06
1.97	0.37	1.92	-1.69	28.27	29.25	0.22	10.93	4.18	3.29
23.86	1.74	21.19	-2.58	70.95	71.81	34.90	39.74	9.61	13.78
0.76	0.05	0.65	-0.01	0.38	0.72	2.14	1.61	0.44	0.78
1.44	0.10	1.51	-0.03	4.11	4.64	1.01	2.30	0.37	1.50
7.83	1.22	7.83	4.72	27.15	30.54	8.99	13.43	4.46	6.68
1.41	0.12	1.31	-0.02	2.39	3.81	0.49	2.52	0.41	1.96
0.03		0.03		0.19	0.19		0.12	0.01	0.03
0.24	0.14	0.36	0.32	5.35	5.72	0.05	2.10	0.69	0.65
0.11	0.11	0.24		4.27	4.91	0.12	0.71	0.30	0.46

1-B-44 按地区分组的

地区	工业销售产值(当年价格)	出口交货值	资产总计	固定资产合计	固定资产原价	累计折旧	流动资产合计	应收账款	存货
全国	**58552.74**	**2753.19**	**46873.54**	**11204.92**	**17858.13**	**7543.82**	**27105.67**	**7029.55**	**4763.75**
北京	3237.19	49.59	2857.61	550.44	806.42	248.87	1547.63	370.47	231.34
天津	1844.95	60.66	1088.31	354.53	625.43	298.88	642.64	193.89	94.22
河北	1769.72	123.19	1371.36	350.84	503.57	172.89	832.56	191.35	126.93
山西	76.44	4.74	128.80	42.29	58.16	17.80	60.19	12.34	18.82
内蒙古	206.44	11.42	304.51	84.87	100.90	27.53	166.71	66.22	29.93
辽宁	2794.36	95.57	2207.64	558.08	787.47	279.09	1178.13	324.04	283.28
吉林	5993.87	48.96	3869.67	882.82	1698.85	835.36	2495.57	335.19	450.90
黑龙江	123.32	5.88	192.43	59.95	149.92	85.20	107.56	26.06	15.99
上海	4830.07	206.04	5023.31	713.98	1431.75	726.98	2787.46	520.98	310.08
江苏	5661.42	355.14	3485.81	973.43	1613.69	664.82	2136.76	736.98	380.74
浙江	2204.61	375.89	2948.13	572.69	793.62	282.73	1612.01	517.75	293.63
安徽	1905.55	185.23	1905.40	557.45	818.18	324.33	1020.89	232.94	174.97
福建	920.18	120.61	694.73	174.22	270.55	110.14	423.49	140.59	98.22
江西	837.00	64.36	577.33	180.86	280.22	119.93	346.53	56.08	72.30
山东	5479.93	358.98	3741.01	1004.49	1779.66	905.64	2249.39	667.56	516.57
河南	1946.44	76.08	1352.50	411.42	509.00	138.27	715.50	180.67	114.83
湖北	4915.01	64.36	4577.55	886.50	1469.15	699.16	2541.51	567.33	392.17
湖南	987.40	26.99	799.64	268.90	327.51	87.11	439.68	123.54	72.18
广东	4655.57	367.41	3520.90	851.51	1463.34	645.93	2220.24	909.73	324.49
广西	1821.46	17.58	1195.71	271.65	362.52	133.02	802.93	179.48	188.85
海南	104.50	1.82	104.85	21.54	43.55	22.12	68.01	4.92	36.75
重庆	2990.54	65.32	2376.70	665.19	942.22	382.13	1303.50	279.21	250.84
四川	1892.49	13.51	1451.64	446.62	614.71	188.43	820.88	253.37	134.06
贵州	144.80	0.81	115.63	38.24	45.44	14.21	60.17	18.49	15.21
云南	162.88	4.87	135.39	32.51	46.72	20.02	78.04	18.16	18.48
西藏									
陕西	973.89	48.15	773.95	226.00	288.41	109.28	416.99	97.03	110.42
甘肃	13.64		14.94	4.18	5.07	1.11	8.53	1.24	1.01
青海	21.77		10.94	7.72	8.65	0.93	3.23	1.20	0.83
宁夏	5.71		9.08	1.94	1.71	0.16	4.20	0.74	1.65
新疆	31.54	0.01	38.07	10.06	11.78	1.77	14.73	1.99	4.05

汽车制造业主要经济指标

单位：亿元

产成品	负债合计	流动负债合计	应付账款	所有者权益合计	实收资本	国家资本	集体资本	法人资本	个人资本
2014.23	**26885.89**	**22938.59**	**9336.78**	**19871.89**	**7620.44**	**1063.19**	**157.04**	**2955.95**	**998.06**
113.05	1645.28	1374.16	679.53	1212.33	527.96	102.76	1.57	234.22	5.71
29.55	564.24	511.77	268.99	522.70	246.17	32.44	1.59	69.34	17.46
61.04	758.29	653.50	281.74	608.16	146.81	10.80	0.40	72.55	23.32
9.78	90.56	71.52	15.85	38.23	30.53	4.26	7.36	14.54	4.27
13.74	234.54	182.66	36.06	69.97	38.57	19.72	0.58	13.43	4.16
101.77	1441.44	1195.70	518.40	756.52	332.90	19.84	6.92	125.38	25.63
204.10	2117.93	1781.07	904.37	1750.46	284.72	130.92	2.29	72.95	26.02
7.18	192.80	165.99	45.54	-0.38	37.10	6.72	2.27	17.50	5.47
114.61	2230.16	1945.64	1004.10	2792.55	725.11	116.27	4.27	290.73	45.83
164.02	2074.26	1851.91	736.87	1410.56	826.65	98.00	3.14	276.64	100.44
120.15	1793.40	1539.19	452.89	1150.80	524.91	1.90	0.80	186.48	138.36
58.73	1236.93	916.98	287.11	658.43	264.61	22.70	4.39	143.82	62.73
41.13	381.47	322.49	111.50	311.05	181.81	6.51	1.87	69.12	23.58
29.19	335.64	301.59	109.94	240.17	79.84	22.12	2.54	26.16	12.84
176.67	2292.14	1802.93	651.30	1433.16	742.16	30.49	12.47	323.85	128.99
49.54	654.05	523.10	180.06	695.59	259.84	2.65	3.07	140.40	97.27
177.26	2394.08	2094.79	799.73	2167.40	717.70	296.60	12.19	162.50	109.85
28.76	530.88	446.99	184.48	267.95	182.75	31.04	0.61	88.56	23.44
115.99	2033.48	1861.72	776.19	1484.04	619.64	17.86	1.83	185.43	20.97
128.25	892.63	825.51	338.48	298.99	91.81	21.12	0.63	34.86	18.38
32.05	42.83	42.16	16.53	62.02	24.31			20.04	0.34
96.03	1472.21	1302.99	505.72	882.77	287.60	31.95	0.93	154.91	47.62
65.09	825.60	663.07	240.85	612.43	265.68	7.96	81.65	105.26	35.54
5.93	70.85	57.09	12.56	44.67	23.99	2.15	0.08	12.05	9.59
6.48	69.85	54.78	17.05	65.54	27.04	7.71		17.03	2.29
62.17	467.78	410.49	150.15	305.33	104.12	17.41	2.38	75.00	7.51
0.23	9.59	8.35	2.99	5.36	5.25	0.62		4.47	0.13
0.03	4.85	4.85		6.09	2.11			2.11	
0.91	3.91	3.42	0.45	5.17	3.21		0.40	2.51	0.30
0.81	24.23	22.17	7.35	13.84	15.55	0.66	0.80	14.09	

1-B-44 续表

地区	港澳台资本	外商资本	主营业务收入	主营业务成本	主营业务税金及附加	销售费用	管理费用	税金
全国	**354.62**	**2076.88**	**59692.60**	**49312.52**	**1359.42**	**1942.59**	**2780.80**	**115.29**
北京	2.10	181.61	3287.61	2718.53	114.16	124.06	115.59	4.14
天津	2.64	122.65	1777.88	1485.13	56.27	16.80	76.04	2.47
河北	11.67	28.07	1821.12	1521.62	24.84	34.25	72.03	2.70
山西		0.02	76.52	68.83	0.15	3.54	6.05	0.26
内蒙古		0.68	203.30	186.85	0.64	5.55	7.40	0.89
辽宁	8.04	146.57	2751.54	2171.87	87.23	170.94	125.41	5.99
吉林	3.56	47.05	6607.37	5366.84	237.91	300.56	276.49	9.49
黑龙江		5.15	125.12	114.80	1.43	4.38	12.50	0.62
上海	14.43	253.59	5999.99	4826.10	142.53	115.87	387.52	7.00
江苏	45.51	302.91	5454.96	4511.54	104.61	132.91	232.37	8.88
浙江	93.05	104.31	2230.83	1835.58	15.93	65.90	155.10	6.63
安徽	7.42	23.54	1809.87	1564.04	20.23	67.42	97.84	6.20
福建	27.01	53.72	917.27	775.44	13.14	31.38	40.75	2.02
江西	0.63	15.45	890.65	734.73	11.92	31.12	48.80	2.16
山东	73.38	172.97	5523.43	4831.82	52.02	104.02	141.89	9.43
河南	1.60	14.10	1933.94	1603.78	12.91	74.68	76.71	3.00
湖北	3.80	126.88	4602.63	3757.50	127.25	189.88	255.09	11.56
湖南	1.46	37.64	964.71	838.34	12.81	31.53	54.19	4.50
广东	50.43	341.42	4714.55	3758.31	137.42	185.39	230.23	9.64
广西	0.65	14.57	1780.79	1533.97	25.39	65.37	84.43	2.85
海南	2.23	1.71	98.06	83.91	3.43	0.45	4.30	0.15
重庆	3.96	48.23	3041.62	2462.78	68.34	124.25	166.42	7.13
四川	1.06	32.10	1896.46	1538.82	81.36	31.59	62.89	4.49
贵州		0.11	147.08	134.26	0.43	3.01	5.46	0.28
云南			149.60	121.38	0.52	2.68	5.48	0.32
西藏								
陕西		1.83	832.46	715.57	6.39	24.45	33.41	2.24
甘肃		0.03	7.48	6.98	0.03	0.04	0.63	0.04
青海			4.15	3.31	0.03	0.08	3.39	0.11
宁夏			5.57	4.77	0.02	0.15	0.41	0.04
新疆			36.03	35.13	0.07	0.34	2.00	0.09

单位：亿元

财务费用	利息收入	利息支出	投资收益(损失以"–"号记)	营业利润	利润总额	亏损企业亏损额	应交增值税	应交所得税	从业人员平均人数(万人)
227.14	**144.75**	**354.92**	**587.85**	**5144.13**	**5230.37**	**234.56**	**1994.95**	**832.90**	**426.03**
5.82	8.56	15.70	59.16	277.74	291.42	8.56	100.28	65.84	13.01
0.02	2.27	4.48	2.68	166.78	171.20	13.17	97.43	39.67	12.41
6.59	2.38	8.40	15.93	182.73	186.35	2.90	56.85	25.04	15.76
1.46	0.28	1.45	0.05	-2.81	-0.55	2.48	1.06	0.24	1.81
8.45	0.37	8.76	-0.23	39.01	-4.05	8.20	3.22	0.88	1.42
25.95	4.21	20.10	21.37	195.93	201.61	21.06	94.23	39.91	14.96
-3.09	11.60	16.17	56.31	596.87	613.87	15.40	240.52	139.62	27.49
2.55	1.06	3.30	1.00	-8.42	-8.09	12.12	2.52	0.42	2.05
-18.90	32.23	10.86	304.84	857.62	872.32	13.99	179.50	140.78	22.85
23.26	5.34	28.83	-6.48	477.59	486.51	19.35	228.29	72.15	38.66
35.58	20.53	49.19	11.65	151.62	165.54	11.42	69.24	22.61	33.01
19.57	10.47	26.61	14.80	92.88	106.21	7.91	43.16	12.71	18.28
6.30	1.50	6.89	1.05	55.36	57.87	2.28	32.10	9.54	10.48
2.83	3.15	5.16	1.43	52.26	60.09	2.92	30.20	9.53	7.31
36.65	11.52	39.35	-5.34	336.82	344.97	9.95	123.41	47.29	37.34
13.63	2.14	12.85	10.08	166.36	172.58	4.10	47.73	14.23	19.92
8.60	8.80	22.63	82.06	481.73	457.29	19.18	168.75	55.17	39.39
7.33	0.84	7.55	-0.09	39.36	39.61	10.43	29.45	5.30	9.58
1.92	2.28	15.00	5.55	428.34	433.17	23.64	178.06	68.99	32.57
8.23	2.78	9.51	-0.70	81.20	83.27	3.60	40.81	13.25	13.91
-0.40	0.61	0.18	-0.01	6.52	7.26		1.93	0.79	0.71
14.52	7.29	19.91	19.14	242.56	250.96	9.02	108.66	17.35	25.56
10.71	2.61	12.49	-0.54	178.01	187.64	7.07	79.10	26.45	14.18
1.37	0.15	1.26	-0.10	1.06	1.77	1.97	9.16	0.59	1.55
2.44	0.27	2.29	-5.88	10.50	11.25	0.46	2.16	0.34	1.46
5.28	1.29	5.47	0.12	37.57	38.90	1.71	26.85	4.15	9.79
0.11	0.11	0.08		-0.09	-0.03	0.09	0.04		0.16
0.11		0.04		0.24	0.24		0.05		0.04
0.05		0.06		0.54	0.55	0.03	0.02	0.08	0.16
0.22	0.13	0.35		-1.74	0.68	1.54	0.17		0.24

1-B-45 按地区分组的铁路、船舶、航空航天和

地区	工业销售产值(当年价格)	出口交货值	资产总计	固定资产合计	固定资产原价	累计折旧	流动资产合计	应收账款	存货
全国	**16824.64**	**3443.22**	**20091.20**	**4978.47**	**7104.81**	**2727.57**	**12269.31**	**2779.26**	**3315.24**
北京	254.54	1.12	470.03	94.45	112.67	50.04	335.65	103.14	128.44
天津	762.99	55.97	930.28	228.66	271.50	84.02	539.72	76.14	196.99
河北	436.92	16.68	469.16	169.18	161.25	41.77	255.45	87.60	96.84
山西	130.52	0.48	180.40	61.24	59.37	24.43	112.19	47.53	28.58
内蒙古	42.88	0.96	57.49	26.50	14.88	4.49	28.89	4.01	5.27
辽宁	1101.53	230.62	2354.58	505.01	701.19	254.54	1570.29	247.23	379.00
吉林	280.72	30.88	370.28	89.86	113.73	35.46	253.88	121.60	57.70
黑龙江	213.70	17.73	306.14	61.98	106.71	50.58	191.86	33.86	82.30
上海	723.98	333.06	1309.02	286.48	446.36	165.57	786.72	83.64	197.40
江苏	3535.31	972.54	3500.83	915.68	1444.01	553.20	1981.00	397.73	531.72
浙江	1188.11	559.62	1614.73	431.58	545.24	156.55	952.58	234.01	259.32
安徽	228.72	7.45	182.39	58.60	73.62	20.35	90.81	30.68	28.37
福建	333.39	95.64	288.39	93.06	93.82	28.56	171.44	31.27	55.62
江西	290.86	15.11	475.45	49.74	108.25	50.52	339.72	26.82	100.29
山东	1456.20	147.06	1314.40	359.81	495.46	168.67	812.92	222.79	211.81
河南	623.64	9.30	357.45	128.69	153.07	48.33	202.88	51.79	31.88
湖北	568.93	186.71	676.58	176.93	216.23	69.33	418.91	127.66	109.31
湖南	748.85	22.62	738.39	181.22	400.81	251.57	477.17	174.19	112.42
广东	1188.98	439.27	1409.31	275.60	435.90	172.98	828.23	158.86	181.42
广西	129.71	1.25	76.45	20.90	29.53	10.85	51.30	14.30	8.91
海南	0.84		9.57	1.03	1.19	0.35	7.53	0.05	0.79
重庆	1297.86	188.58	1076.81	264.93	418.20	185.00	652.10	180.75	95.21
四川	504.97	40.73	554.53	179.39	249.04	99.95	326.86	115.25	88.41
贵州	107.69	10.00	228.23	53.96	81.26	38.39	137.30	37.59	47.81
云南	34.39		62.29	18.02	16.19	3.67	43.42	4.97	18.73
西藏									
陕西	628.48	59.83	1056.73	242.21	348.49	155.16	687.49	160.33	257.80
甘肃	7.95		18.26	3.27	6.19	3.07	11.25	4.47	2.61
青海	0.50		0.41	0.15	0.21	0.06	0.23	0.14	0.08
宁夏	1.02		1.87	0.26	0.35	0.08	0.98	0.58	0.14
新疆	0.46		0.76	0.10	0.10	0.06	0.54	0.27	0.05

其他运输设备制造业主要经济指标

单位：亿元

产成品	负债合计	流动负债合计	应付账款	所有者权益合计	实收资本	国家资本	集体资本	法人资本	个人资本
500.98	**13151.57**	**10856.31**	**3118.53**	**6895.63**	**3408.99**	**1071.35**	**46.96**	**1348.41**	**481.81**
11.72	306.31	257.40	90.33	163.72	72.14	11.38	0.41	53.14	5.99
16.14	565.98	480.83	136.89	362.31	234.42	111.70	0.06	32.66	62.97
24.86	305.47	241.48	112.91	162.35	83.48	46.88	0.34	25.53	9.03
5.91	132.75	111.74	51.39	47.64	34.82	24.22	0.91	6.19	2.10
1.54	30.70	30.34	5.26	26.78	7.42	1.32	0.19	2.18	3.73
28.64	1755.93	1271.65	336.72	595.57	341.93	95.26	1.52	204.37	9.60
2.30	261.66	239.58	85.81	108.61	35.35	5.97	1.99	24.14	1.59
4.77	218.48	176.91	51.36	87.67	51.96	22.42	1.67	25.06	1.72
10.69	920.68	674.25	212.33	373.75	273.74	62.75	0.21	181.39	5.10
90.40	2101.09	1782.13	442.83	1393.65	542.51	75.22	8.60	171.50	94.60
40.44	1178.54	1079.80	250.37	435.23	236.45	6.38	0.79	121.56	77.09
9.36	106.55	84.40	23.04	74.73	32.94	4.65	0.09	13.89	13.41
5.92	190.34	151.42	25.95	97.60	40.26	5.01	0.17	8.66	18.54
6.14	359.52	334.89	84.46	115.84	50.75	23.96	9.74	14.91	4.42
48.82	906.37	778.86	226.68	402.37	239.57	92.82	6.40	64.86	23.50
10.67	133.49	103.78	36.83	221.64	72.52	7.77	5.48	21.22	34.73
18.03	472.88	402.69	126.02	201.29	129.50	59.23	0.24	56.43	12.79
27.34	398.36	355.16	165.16	339.97	131.85	86.93	1.58	22.88	8.13
31.83	904.96	709.85	188.72	502.08	330.05	175.47	0.87	80.54	23.78
2.78	43.87	40.34	15.46	32.48	10.57	3.88	0.02	6.15	0.52
	8.03	8.03	0.02	1.54	1.74			1.69	
35.02	689.01	557.33	126.62	386.15	152.94	8.65	4.84	82.11	48.38
16.73	304.79	278.10	104.32	250.44	84.55	26.04	0.51	40.36	9.82
9.45	177.09	136.43	43.35	51.07	33.65	16.68		11.35	3.84
7.80	34.50	33.99	7.62	27.79	12.79	12.41		0.38	
32.86	634.96	524.57	165.06	421.37	163.23	81.04	0.13	71.65	5.74
0.59	8.24	9.32	2.66	10.02	6.49	2.60	0.20	3.63	0.06
0.07	0.10	0.10	0.02	0.31	0.20				0.20
0.12	0.66	0.66	0.02	1.21	0.42				0.42
0.05	0.29	0.29	0.28	0.46	0.72	0.72			

1-B-45 续表

地区			主营业务收入	主营业务成本	主营业务税金及附加	销售费用	管理费用	
	港澳台资本	外商资本						税金
全国	**157.32**	**308.56**	**16362.54**	**14110.52**	**87.27**	**273.33**	**934.41**	**36.31**
北京	0.20	1.02	273.72	221.09	0.95	5.11	25.44	0.37
天津	5.03	22.01	766.95	671.52	2.91	9.40	33.39	0.72
河北	0.31	1.39	439.97	367.20	2.42	7.73	25.26	0.80
山西		1.40	127.83	104.62	0.56	2.52	12.19	0.34
内蒙古			42.97	33.45	0.19	0.68	3.05	0.09
辽宁	6.59	24.58	1093.63	967.43	3.94	13.97	65.57	3.07
吉林		1.59	286.34	231.90	2.51	5.38	19.06	0.79
黑龙江		1.09	233.22	200.59	0.29	4.56	23.35	0.61
上海	5.69	18.59	708.88	614.08	1.88	9.43	59.66	1.26
江苏	89.32	103.28	3431.89	2963.62	18.48	52.94	138.18	5.77
浙江	9.37	21.26	923.44	819.92	4.46	14.22	48.77	2.40
安徽		0.90	226.80	202.57	1.07	4.32	9.68	0.43
福建	3.82	4.06	320.69	279.22	1.86	4.73	12.76	0.67
江西	0.37	4.39	293.55	266.19	0.42	1.10	12.26	0.08
山东	3.39	48.60	1396.35	1210.80	8.44	24.26	90.09	2.86
河南	0.08	3.23	620.85	526.51	2.10	11.33	15.22	0.38
湖北		0.78	535.97	465.60	3.70	7.69	31.81	1.16
湖南	0.63	11.71	704.77	570.67	4.57	20.05	57.73	1.33
广东	26.76	22.56	1159.66	1024.44	9.85	20.24	66.08	2.49
广西			127.44	102.51	1.29	1.33	10.90	0.70
海南	0.06		0.95	0.82		0.01	0.07	0.01
重庆	3.80	4.85	1291.64	1114.91	9.30	25.15	70.72	7.16
四川	0.52	7.30	532.39	454.35	2.86	13.44	32.38	1.25
贵州		0.66	103.04	84.79	0.25	1.80	16.48	0.13
云南			34.58	25.91	0.32	0.57	4.38	0.12
西藏								
陕西	1.37	3.31	675.13	579.18	2.60	11.22	48.44	1.30
甘肃			7.97	5.19	0.01	0.10	1.24	0.01
青海			0.40	0.29	0.01	0.03	0.03	
宁夏			1.06	0.78	0.01	0.03	0.10	0.01
新疆			0.46	0.39	0.01		0.13	

单位：亿元

财务费用			投资收益（损失以"-"号记）	营业利润	利润总额	亏损企业亏损额	应交增值税	应交所得税	从业人员平均人数（万人）
	利息收入	利息支出							
130.61	**74.76**	**193.68**	**8.65**	**888.10**	**928.23**	**115.07**	**462.16**	**140.83**	**187.53**
1.96	1.03	2.88	0.44	19.71	22.07	2.67	7.23	3.31	3.38
2.13	1.65	3.02	0.64	49.00	53.04	2.24	16.01	4.33	4.39
4.20	0.78	5.64	-3.31	31.41	31.96	0.15	14.35	4.19	5.37
2.79	0.07	2.80	1.32	6.24	6.39	0.34	4.02	0.65	2.17
-0.30	0.32	0.07		5.45	4.60	0.08	0.72	0.60	0.26
-5.86	18.05	18.30	3.21	56.41	55.48	6.23	15.30	11.00	11.72
5.44	0.13	4.92	0.04	20.82	20.91	0.62	17.95	2.93	2.43
2.61	0.63	2.91	0.56	2.99	6.45	1.32	3.87	0.97	3.08
-2.29	11.83	12.41	1.53	-6.43	3.18	17.62	9.31	3.71	6.67
26.52	13.45	35.36	5.64	245.79	250.39	26.55	128.30	48.53	38.78
24.84	6.70	26.44	0.62	18.74	20.97	13.99	16.35	3.86	12.38
1.71	0.23	1.72	0.38	11.35	11.85	1.80	6.42	0.91	2.94
3.55	0.37	3.17	-0.57	21.28	17.88	1.59	8.25	3.04	4.34
0.84	1.41	2.38	0.82	14.09	12.34	0.21	2.67	0.93	1.39
10.10	2.47	10.88	-1.44	85.62	88.61	12.09	44.63	13.57	11.19
3.06	0.47	2.89	0.68	58.02	58.58	0.13	10.40	5.19	7.50
3.59	0.68	4.04	-2.62	25.16	26.25	4.40	12.33	5.02	6.94
4.14	1.24	4.68	0.94	54.39	53.42	0.17	37.41	6.31	6.25
5.57	7.33	12.22	6.57	36.93	41.81	8.43	24.23	6.60	15.74
0.30	0.25	0.60	0.02	11.20	11.00	0.36	3.90	0.30	2.38
0.28		0.29		-0.22	-0.21	0.22	0.01		0.10
17.94	3.45	17.46	-10.65	70.55	70.92	3.95	50.60	7.23	17.21
5.87	0.97	5.60	1.00	22.05	26.12	1.76	12.04	2.93	7.51
4.58	0.34	4.52	0.37	-3.83	-2.73	6.46	1.10	0.38	1.54
0.45	0.07	0.49	0.04	2.99	3.00	0.19	2.63	0.31	0.22
6.32	0.83	7.72	2.33	27.07	32.53	1.52	12.01	3.86	11.32
0.26	0.01	0.26		1.13	1.15		0.03	0.16	0.28
0.01		0.01		0.03	0.03		0.04	0.01	0.01
0.01		0.01	0.07	0.21	0.23		0.04	0.01	0.02
			0.02	-0.04	0.03				0.02

1-B-46 按地区分组的电气机械和

地区	工业销售产值(当年价格)	出口交货值	资产总计	固定资产合计	固定资产原价	累计折旧	流动资产合计	应收账款	存货
全国	**61442.08**	**9376.47**	**47487.70**	**10627.10**	**17677.46**	**7879.33**	**30729.25**	**10398.69**	**6130.90**
北京	698.97	59.56	1144.64	73.06	138.77	65.17	904.36	403.78	189.37
天津	959.25	288.97	878.30	227.38	341.14	136.97	584.08	205.19	124.42
河北	1729.93	57.39	1528.21	481.59	613.78	181.64	850.67	303.56	156.10
山西	135.79	1.88	199.85	51.67	58.28	19.00	114.26	59.41	27.61
内蒙古	311.63	0.16	218.09	76.10	89.45	22.83	126.96	34.10	32.53
辽宁	2241.35	139.13	1377.43	442.55	796.54	398.48	776.46	224.55	133.86
吉林	300.29	2.20	160.93	63.89	223.13	165.82	86.91	23.77	21.15
黑龙江	218.79	13.19	338.98	57.64	90.77	41.49	234.91	62.90	72.91
上海	2169.92	540.75	2099.80	349.05	587.21	260.81	1519.18	646.33	331.16
江苏	14171.94	1979.28	9903.99	2272.03	4271.64	2067.15	6400.67	2469.61	1097.42
浙江	5540.26	1333.77	5643.64	1019.27	1445.99	517.94	3691.25	1246.88	718.73
安徽	3945.08	185.98	2223.98	559.22	1029.99	515.15	1411.41	490.50	292.95
福建	1501.17	418.43	1125.43	204.68	295.12	107.19	765.89	270.13	159.77
江西	1965.44	181.23	881.43	381.18	608.08	256.98	369.54	125.41	80.16
山东	5871.68	302.79	3669.73	946.39	1516.83	663.44	2285.22	593.40	401.77
河南	2291.06	19.77	1592.16	488.94	600.06	155.73	947.64	302.42	169.99
湖北	1587.76	75.29	1085.47	316.74	635.48	354.05	664.55	245.65	156.10
湖南	1266.43	50.20	1008.13	267.46	306.51	75.69	634.12	229.49	134.03
广东	10525.39	3580.10	8507.63	1475.51	2686.91	1290.73	5899.13	1604.57	1284.13
广西	607.95	24.00	288.92	98.52	119.64	41.10	184.21	52.10	44.37
海南	73.12	22.51	133.92	36.77	44.23	8.68	67.66	37.85	7.41
重庆	787.46	27.82	536.93	106.56	148.96	53.18	365.85	144.51	82.53
四川	1007.46	33.83	914.63	260.85	350.63	120.69	554.99	179.70	136.02
贵州	113.37	1.09	96.06	15.99	19.91	4.97	64.52	17.44	12.12
云南	100.23	2.15	130.99	25.47	28.08	9.77	89.64	29.19	27.37
西藏	0.62		1.27	0.06	0.09	0.03	1.11	0.10	0.69
陕西	612.45	21.12	828.60	225.15	367.17	170.24	535.29	178.42	132.82
甘肃	290.23	0.56	154.54	23.07	172.93	155.05	111.88	44.16	29.26
青海	21.74		29.38	10.31	14.36	4.53	14.17	5.79	1.68
宁夏	48.53		65.68	16.86	17.17	4.45	39.25	13.11	13.47
新疆	346.79	13.31	718.94	53.14	58.60	10.38	433.45	154.66	59.02

器材设备制造业主要经济指标

单位：亿元

产成品	负债合计	流动负债合计	应付账款	所有者权益合计	实收资本	国家资本	集体资本	法人资本	个人资本
2619.22	**27371.48**	**23951.83**	**7714.86**	**19928.34**	**9701.79**	**509.53**	**202.73**	**3278.90**	**3467.25**
36.75	684.37	610.13	255.59	459.90	241.71	16.58	2.10	136.37	42.08
50.31	488.14	445.69	144.63	387.85	254.29	8.93	11.30	80.47	46.18
82.92	908.46	677.26	249.35	612.85	349.28	12.62	4.43	155.68	99.58
14.08	136.46	108.46	31.47	63.23	41.99	19.07	1.27	10.76	10.39
10.67	124.51	111.09	49.79	93.43	33.98	5.76	0.63	16.91	9.81
62.05	672.98	511.61	146.65	677.44	262.95	27.24	5.17	83.19	90.13
8.63	72.26	60.43	24.92	86.67	33.69	0.26	0.43	9.27	15.76
13.33	193.22	175.19	53.85	142.44	56.38	4.99	2.21	18.16	22.54
128.55	1168.59	1082.42	490.98	929.11	508.37	66.16	11.71	158.55	106.65
481.88	5654.06	5133.57	1358.25	4243.14	2160.62	72.38	56.71	663.73	770.39
313.74	3422.08	3130.32	787.38	2218.89	1085.31	6.43	14.54	342.71	487.24
163.03	1211.49	1064.13	340.53	985.79	576.85	13.37	7.54	143.83	363.26
56.38	569.50	517.98	190.16	548.04	265.31	12.32	4.96	86.46	68.84
40.20	450.01	342.18	122.71	420.02	221.04	1.90	0.34	104.19	71.40
199.18	2080.34	1700.87	461.74	1565.42	512.87	15.06	30.19	216.52	196.58
65.32	696.69	579.66	202.05	880.42	509.21	53.66	11.57	174.99	252.10
67.68	630.95	525.63	197.45	447.01	238.94	17.31	5.75	101.10	69.39
46.36	602.68	445.94	154.04	402.64	407.29	48.82	4.82	78.59	236.86
564.57	5300.55	4846.11	1847.62	3186.22	1278.06	21.78	16.29	375.98	303.60
23.85	164.55	125.32	29.45	122.25	54.04	2.50	0.91	18.76	27.68
3.86	77.86	43.35	16.78	56.07	36.31	0.05		32.49	
44.72	314.97	252.45	104.01	216.68	75.69	8.72	1.40	32.08	30.22
39.96	552.28	458.66	126.12	354.97	202.72	24.83	2.91	84.57	72.50
7.08	60.51	47.30	9.78	35.78	22.95	0.06	0.26	14.81	4.87
14.52	85.64	77.98	20.93	45.35	25.16	3.58	1.38	6.76	13.39
	1.26	1.20	0.75	0.01	0.20			0.20	
56.56	465.31	421.77	143.37	360.69	124.63	41.39	2.31	48.07	23.49
7.82	107.65	94.92	31.38	46.03	28.70	1.74	1.24	19.73	5.88
0.41	17.88	12.21	5.46	11.49	5.70	0.40		4.87	0.43
4.52	34.54	24.39	8.68	31.90	13.20	0.48	0.23	6.67	5.35
10.31	421.71	323.59	108.98	296.62	74.33	1.17	0.12	52.39	20.66

1-B-46 续表

地区	港澳台资本	外商资本	主营业务收入	主营业务成本	主营业务税金及附加	销售费用	管理费用	税金
全国	**764.07**	**1473.18**	**61553.59**	**52253.90**	**281.57**	**2133.19**	**2665.96**	**120.80**
北京	7.17	37.41	738.97	593.73	3.28	38.07	51.98	0.87
天津	18.08	98.22	965.68	841.22	3.33	20.08	48.00	2.76
河北	0.92	75.90	1714.22	1479.02	6.37	38.01	67.07	3.67
山西		0.49	106.78	94.69	0.43	3.26	8.78	0.30
内蒙古	0.39	0.08	308.87	257.01	1.18	6.78	12.93	2.24
辽宁	6.83	50.39	2234.12	1932.31	10.10	49.78	86.02	4.77
吉林		7.88	295.43	258.89	1.48	7.28	11.23	0.68
黑龙江	2.02	6.40	217.39	180.97	1.46	6.68	13.84	0.63
上海	24.65	140.65	2238.50	1853.78	4.51	90.53	160.88	1.93
江苏	149.36	448.06	14193.08	12216.45	60.13	347.85	511.48	18.02
浙江	107.93	126.46	5562.00	4726.19	22.43	176.92	311.54	11.57
安徽	8.72	40.13	3769.84	3155.56	19.64	177.41	126.98	15.18
福建	67.78	24.37	1478.45	1244.34	8.38	48.19	68.81	2.40
江西	34.84	7.53	2044.31	1779.78	7.16	28.51	46.67	2.81
山东	13.39	40.98	6077.49	5146.41	37.16	209.61	226.14	16.09
河南	1.85	13.73	2275.88	1939.16	10.18	59.55	68.16	2.44
湖北	12.35	31.21	1474.80	1258.90	8.66	48.00	69.41	3.57
湖南	4.19	34.01	1252.18	1048.94	11.42	44.64	83.82	4.33
广东	300.63	255.38	10783.39	9023.07	45.99	610.41	512.44	17.96
广西	0.83	1.01	599.75	508.25	1.87	12.91	25.61	0.62
海南		3.67	65.19	53.98	0.28	3.77	4.50	0.09
重庆	0.61	2.65	809.34	688.57	4.41	22.23	30.69	2.17
四川	0.98	15.65	1006.31	841.98	6.40	30.76	53.59	2.14
贵州	0.36	2.80	106.14	92.21	0.52	3.47	5.27	0.40
云南		0.05	102.45	87.84	0.36	3.38	5.86	0.31
西藏			0.62	0.65		0.01	0.05	
陕西	0.20	7.49	548.90	463.50	2.63	24.36	36.74	1.90
甘肃		0.11	153.53	141.65	0.33	3.77	5.22	0.30
青海			22.62	20.59	0.05	0.58	0.74	0.08
宁夏		0.48	43.48	35.69	0.30	3.08	3.30	0.12
新疆			363.89	288.59	1.13	13.31	8.23	0.42

单位：亿元

财务费用	利息收入	利息支出	投资收益（损失以“–”号记）	营业利润	利润总额	亏损企业亏损额	应交增值税	应交所得税	从业人员平均人数（万人）
597.61	**103.52**	**583.66**	**42.77**	**3869.06**	**3822.89**	**316.51**	**1717.68**	**523.43**	**623.21**
8.05	2.26	9.66	4.62	41.68	45.74	22.55	21.87	7.48	5.88
7.14	1.31	5.77	-1.52	56.81	55.16	7.26	36.96	9.17	7.23
34.08	1.99	32.64	-2.71	43.74	42.02	82.62	29.73	9.57	14.49
4.33	0.03	4.21	1.46	0.78	1.27	4.49	3.00	0.61	1.61
1.74	0.24	1.75	-0.85	42.72	21.25	1.98	6.61	1.89	1.29
14.83	0.52	11.75	-0.25	141.12	120.48	7.26	42.38	12.57	15.63
2.46	0.29	1.81	0.03	13.62	13.04	1.73	7.06	1.46	1.88
1.63	0.51	1.85	1.01	12.63	13.74	1.33	7.35	1.65	2.83
17.76	3.12	16.84	10.76	123.91	136.05	29.58	42.78	27.98	23.56
144.35	21.21	144.84	-5.65	936.40	902.12	39.57	482.21	150.45	105.09
102.56	17.45	105.64	22.67	275.52	287.91	29.02	140.01	43.85	78.23
28.42	3.27	26.34	-10.98	289.87	273.80	5.16	122.11	29.86	26.70
13.13	3.53	12.94	-3.19	131.62	129.91	2.18	45.55	18.16	19.57
14.49	0.40	12.86	0.15	152.57	152.14	4.74	56.59	11.47	18.58
54.92	4.01	43.83	3.32	375.50	377.13	8.42	155.33	48.92	37.61
19.44	2.21	17.46	5.09	175.48	182.02	5.63	42.78	14.71	21.07
10.80	1.09	9.61	-7.80	89.90	88.81	2.85	36.98	11.55	14.98
15.41	1.83	15.01	-4.73	83.64	81.47	1.32	37.13	6.97	11.21
57.06	27.40	61.25	66.20	645.95	657.85	30.44	292.49	86.64	180.15
5.13	0.39	4.40	-18.50	51.74	53.42	1.91	12.64	3.40	3.99
1.46	0.05	1.13	0.52	3.21	3.51	0.90	3.53	0.35	0.84
7.46	0.54	7.15	-15.47	59.76	58.77	1.98	26.10	10.73	6.43
15.24	1.44	14.18	-5.03	54.60	52.50	14.05	33.27	6.97	11.66
1.42	0.10	0.92	0.11	2.98	3.36	0.50	1.39	0.46	1.02
1.87	0.17	1.86	-0.09	3.72	4.65	1.16	2.19	0.72	1.44
-0.03				-0.09	-0.09	0.09		0.01	
4.30	1.18	4.43	0.94	19.77	22.73	5.85	20.88	2.88	7.01
1.16	0.19	1.22		1.61	2.13	0.64	1.68	0.30	1.51
0.24		0.16	-1.24	0.33	0.35	0.25	0.11	0.05	0.18
1.23	-0.23	0.71	0.01	2.81	3.10	1.01	0.86	0.19	0.59
5.55	7.02	11.47	3.90	35.17	36.57	0.03	6.11	2.42	0.97

1-B-47 按地区分组的计算机、通讯和

地区	工业销售产值(当年价格)	出口交货值	资产总计	固定资产合计	固定资产原价	累计折旧	流动资产合计	应收账款	存货
全国	**78318.64**	**44915.73**	**52287.18**	**12836.46**	**24678.34**	**12312.15**	**34152.85**	**12666.63**	**6909.79**
北京	2173.51	1020.35	2370.30	445.34	884.66	425.42	1551.94	397.33	307.04
天津	3013.76	1389.92	1232.58	272.42	591.28	335.46	858.31	343.01	210.85
河北	391.98	67.68	426.48	160.13	227.81	84.55	210.65	58.63	27.91
山西	490.26	371.67	399.02	121.09	194.39	77.27	241.55	58.28	40.63
内蒙古	83.74	0.13	66.34	6.00	7.77	2.11	58.44	5.48	8.93
辽宁	909.48	265.04	743.71	207.79	406.02	218.15	409.92	119.44	73.62
吉林	81.85	6.88	84.79	31.31	56.40	25.83	43.61	10.66	9.58
黑龙江	20.97	1.74	38.79	7.21	7.93	2.71	24.56	6.63	3.48
上海	5415.22	4194.23	3653.89	764.23	1986.36	1210.31	2556.37	1025.25	469.49
江苏	16932.52	11157.29	9688.21	3138.81	7078.07	4015.60	5772.74	2383.53	1097.70
浙江	2448.34	978.76	2567.22	455.19	770.15	340.78	1757.69	624.43	350.23
安徽	1036.41	259.54	1110.42	372.14	464.35	129.39	614.42	254.03	90.32
福建	2952.78	1746.20	1805.78	333.84	542.90	221.04	1204.57	507.69	184.93
江西	851.02	214.28	447.44	160.12	244.62	103.67	232.15	90.44	52.46
山东	4369.62	1366.18	1920.48	464.68	1828.29	1390.64	1232.25	373.15	213.16
河南	2364.07	1861.85	1633.41	314.04	361.83	69.26	1206.03	399.30	191.57
湖北	1426.28	334.26	1306.16	270.70	494.75	239.26	931.73	328.86	232.15
湖南	1505.49	471.19	575.38	237.51	316.37	91.40	261.50	72.55	55.84
广东	24976.81	14867.15	17072.40	3014.95	5393.53	2502.14	12373.02	4665.40	2701.08
广西	720.22	218.93	277.73	90.68	178.36	91.56	146.59	60.69	32.91
海南	44.11	0.87	16.60	1.55	4.30	2.76	14.64	6.30	5.97
重庆	2111.37	1684.64	1018.45	337.23	433.57	112.84	593.31	264.26	125.59
四川	3605.59	2384.07	3212.15	1461.33	1955.90	516.60	1524.35	488.59	337.44
贵州	55.07		21.09	2.21	3.33	1.31	16.38	6.12	4.83
云南	23.09	0.59	52.81	6.62	10.62	4.36	35.56	12.33	6.99
西藏									
陕西	265.73	34.94	453.14	130.07	188.97	78.91	236.04	90.31	63.27
甘肃	46.53	16.98	91.19	28.83	45.32	18.61	43.98	13.81	11.61
青海	2.36		0.86	0.28	0.46	0.18	0.39	0.14	0.21
宁夏									
新疆	0.45	0.38	0.36	0.17	0.05	0.03	0.16	0.01	0.03

其他电子设备制造业主要经济指标

单位：亿元

产成品	负债合计	流动负债合计	应付账款	所有者权益合计	实收资本	国家资本	集体资本	法人资本	个人资本
2148.58	**30565.84**	**26538.52**	**13245.78**	**21507.70**	**11321.78**	**677.73**	**67.08**	**3071.38**	**1167.36**
76.41	1280.03	1032.36	485.73	1090.27	654.55	145.04	1.60	229.91	65.62
50.44	669.26	589.94	312.19	561.78	367.10	11.47	1.67	39.20	14.49
7.72	195.72	145.27	51.75	230.67	99.91	1.01	0.02	35.92	22.19
20.16	237.16	232.70	123.95	161.86	121.80	1.99	1.15	17.73	3.17
7.33	41.95	40.16	2.40	24.39	5.21	0.07	1.24	1.71	1.12
24.56	341.68	255.01	71.78	399.27	183.18	13.97	0.70	44.41	33.20
3.58	38.90	25.54	9.04	45.07	17.72	2.25	0.91	10.22	2.45
1.03	18.52	12.22	3.53	19.97	6.50	1.81		2.28	1.85
152.33	2295.05	2085.83	1442.02	1357.26	1011.17	57.57	3.72	182.73	27.89
350.10	5084.89	4624.37	2245.70	4598.85	2817.34	159.73	4.31	343.93	196.40
129.00	1315.20	1225.14	419.61	1247.51	599.61	29.92	6.54	156.07	165.21
29.68	625.40	433.39	201.98	482.32	317.82	9.50	1.95	243.29	39.22
67.67	1080.98	957.69	440.15	718.97	351.26	11.01	3.16	128.21	42.27
22.35	223.74	170.27	85.32	220.24	117.26	2.52	0.10	48.96	25.24
87.62	1022.83	853.11	450.55	887.15	358.41	8.60	4.41	102.16	56.16
13.28	1235.16	1201.94	729.02	391.58	189.18	12.42	10.85	42.16	49.31
87.35	792.09	571.17	260.61	509.44	186.47	37.99	2.18	86.94	26.21
20.26	275.81	215.69	91.75	298.49	153.11	16.89	1.59	67.98	30.70
801.87	10599.29	9458.22	4583.49	6425.73	3134.71	50.14	13.51	1054.75	311.56
9.86	142.20	127.16	59.85	129.62	37.87	3.75	0.02	10.96	3.39
2.56	8.70	8.70	4.18	7.35	3.27	1.05		0.22	
31.40	870.65	727.67	494.03	143.97	90.80	16.08	0.50	22.06	6.90
121.40	1829.60	1280.54	577.10	1279.41	311.39	55.91	6.08	86.81	26.57
3.68	13.74	11.09	7.06	7.34	5.21	0.02		4.03	1.07
1.84	20.27	18.80	8.02	32.54	7.44	2.37		3.62	1.17
20.16	260.81	206.25	73.44	190.90	148.54	24.28	0.27	84.85	11.43
4.88	45.37	27.73	11.38	45.39	24.74	0.38	0.62	20.12	2.53
0.07	0.62	0.33	0.02	0.24	0.10			0.10	
0.01	0.22	0.22	0.11	0.14	0.10			0.05	0.05

1-B-47 续表

地 区	港澳台资本	外商资本	主营业务收入	主营业务成本	主营业务税金及附加	销售费用	管理费用	税金
全 国	**2182.11**	**4091.20**	**78817.80**	**69792.49**	**233.98**	**1761.03**	**3334.62**	**118.20**
北 京	25.73	186.65	2593.85	2275.25	5.11	101.81	138.94	3.13
天 津	35.84	219.32	3032.70	2653.54	13.04	132.43	79.60	10.27
河 北	15.00	25.78	387.44	331.26	1.81	8.25	18.67	1.09
山 西	34.22	62.69	494.26	395.71	1.25	1.40	17.14	0.82
内蒙古	1.04	0.03	82.38	71.72	0.21	2.62	2.28	0.12
辽 宁	58.01	32.90	916.54	787.09	4.35	21.33	47.67	2.90
吉 林	0.58	1.31	81.09	66.18	0.30	2.37	5.67	0.24
黑龙江	0.43	0.14	22.76	16.46	0.22	0.98	2.68	0.05
上 海	205.83	533.43	5549.05	5229.97	1.48	77.41	182.06	2.23
江 苏	601.74	1511.24	17041.87	15529.37	30.83	163.52	524.46	17.52
浙 江	95.26	146.62	2465.83	1994.11	11.60	73.11	176.90	5.45
安 徽	18.40	5.46	1024.85	878.32	5.86	15.82	47.57	3.09
福 建	78.14	88.47	2937.72	2633.13	6.87	75.01	183.41	4.02
江 西	24.20	14.27	918.02	789.88	4.32	9.05	24.69	0.99
山 东	20.83	166.26	4455.78	3940.88	14.25	104.27	140.37	5.46
河 南	46.65	27.76	2344.30	2157.29	2.90	14.47	43.54	1.62
湖 北	25.74	5.44	1303.76	1127.48	6.46	53.23	74.19	1.38
湖 南	18.04	17.91	1499.86	1265.18	9.84	25.07	107.43	9.05
广 东	816.88	879.22	24668.39	21399.37	97.28	755.18	1332.18	41.87
广 西	14.66	2.88	696.05	623.06	2.05	8.19	17.10	0.94
海 南	1.45		12.95	9.86	0.05	1.88	1.80	0.01
重 庆	25.43	19.83	2149.94	2075.13	1.84	15.82	40.91	1.53
四 川	14.59	119.75	3742.00	3212.81	9.88	84.08	93.78	3.38
贵 州		0.08	48.46	41.30	0.67	3.38	1.14	0.09
云 南	0.18	0.10	31.30	25.85	0.12	0.79	1.81	0.06
西 藏								
陕 西	2.83	22.98	269.66	223.80	1.31	8.77	24.19	0.74
甘 肃	0.43	0.67	44.17	35.80	0.09	0.78	4.39	0.16
青 海			2.36	2.31		0.01	0.01	
宁 夏								
新 疆			0.45	0.39		0.02	0.03	

单位：亿元

财务费用			投资收益（损失以“–”号记）	营业利润	利润总额	亏损企业亏损额	应交增值税	应交所得税	从业人员平均人数（万人）
	利息收入	利息支出							
243.81	**147.22**	**349.53**	**15.54**	**3650.13**	**3826.33**	**315.80**	**1835.13**	**522.24**	**880.50**
6.35	8.71	19.69	28.43	98.44	113.84	20.55	26.84	15.23	13.56
-1.37	3.59	6.18	4.41	195.39	197.04	8.74	160.42	46.78	19.23
2.61	0.42	3.03	2.81	31.65	32.53	1.12	11.34	4.98	8.21
1.10	0.67	2.49	-51.47	5.99	8.06	2.43	5.51	0.86	10.07
0.06		0.07		4.28	6.88		0.99	0.90	0.35
4.93	0.06	4.13	3.44	53.86	60.82	3.51	11.72	6.65	8.27
0.99	0.22	1.00	0.04	7.49	7.35	0.03	1.64	1.10	0.98
0.40	0.02	0.38	0.32	2.38	2.68		0.74	0.36	0.40
-9.52	26.90	23.84	6.42	82.01	102.23	31.27	18.96	18.98	45.83
29.05	29.01	61.05	-18.41	879.54	841.16	84.36	225.77	114.70	183.96
24.51	9.86	29.35	15.17	204.13	232.98	12.88	61.93	22.28	38.66
8.27	2.03	10.35	-12.20	70.67	80.80	4.34	34.42	6.33	11.27
5.46	4.28	11.37	-8.87	113.21	121.54	11.21	30.10	18.53	29.15
4.16	0.11	2.95	-0.28	62.62	59.37	1.22	26.17	4.29	14.79
14.58	6.26	17.00	2.51	255.74	255.47	7.85	89.29	23.82	34.19
-1.28	5.34	5.81	-0.13	86.64	90.04	4.48	129.28	12.74	37.53
8.10	1.73	8.81	0.15	32.23	48.09	13.98	30.59	5.91	13.76
7.18	0.41	4.92	-6.83	107.80	98.34	1.96	43.45	10.90	19.12
112.55	42.16	100.13	60.40	1025.50	1105.92	87.94	721.22	189.07	330.90
1.26	0.20	0.89	-5.32	69.87	69.62	0.58	12.32	1.47	7.53
	0.03	0.03		0.80	1.08		0.56	0.05	0.32
9.62	-3.28	7.61	-1.44	26.59	28.42	8.56	16.13	3.15	14.55
9.77	7.67	23.18	-3.77	215.72	241.03	3.27	167.80	10.18	30.94
0.06		0.08		2.41	2.66	0.11	1.02	0.24	0.29
0.26	0.07	0.30	0.01	2.31	2.58		0.90	0.33	0.51
3.91	0.50	3.95	0.52	9.85	12.14	5.35	4.93	1.98	5.08
0.77	0.23	0.92	0.19	3.01	3.61	0.07	1.08	0.39	1.04
0.02		0.02	-0.58						0.01
				0.01	0.03				0.01

1-B-48　按地区分组的仪器

地　区	工业销售产值（当年价格）	出口交货值	资产总计	固定资产合计	固定资产原价	累计折旧	流动资产合计	应收账款	存货
全　国	**7521.52**	**1156.12**	**6482.51**	**1446.05**	**2321.02**	**977.50**	**4202.88**	**1396.91**	**995.24**
北　京	243.87	12.74	410.00	34.37	53.76	23.11	308.60	94.39	79.92
天　津	55.76	11.05	79.68	10.17	16.60	7.02	60.06	17.09	15.41
河　北	83.16	4.61	96.57	15.80	21.24	7.79	71.56	29.71	13.94
山　西	39.03	0.51	60.95	7.90	10.84	4.23	45.02	11.93	6.83
内蒙古	5.62		0.65	0.14	0.24	0.10	0.42	0.18	0.05
辽　宁	250.59	59.57	197.21	62.72	93.83	47.69	103.64	31.47	26.70
吉　林	38.77	1.77	32.18	7.41	17.30	10.01	15.91	4.40	4.02
黑龙江	20.04	0.15	39.70	8.00	13.37	5.74	25.71	7.11	8.67
上　海	317.04	106.96	345.38	42.74	83.08	43.04	268.58	86.39	62.33
江　苏	2971.42	288.91	2102.67	579.17	911.04	349.50	1266.02	405.05	311.52
浙　江	663.50	157.47	828.58	147.94	214.76	82.39	552.96	193.42	120.41
安　徽	151.55	7.37	124.98	33.07	58.03	27.29	80.27	26.50	10.13
福　建	161.47	87.22	117.22	25.99	40.31	15.78	79.40	24.44	20.36
江　西	87.13	8.34	66.79	24.93	40.67	18.63	31.65	7.97	6.08
山　东	644.00	42.11	322.48	74.68	170.37	104.28	203.45	71.96	39.09
河　南	271.01	11.35	246.91	69.70	94.79	28.23	150.38	51.07	26.80
湖　北	116.33	2.13	126.30	45.52	66.57	23.93	71.71	25.51	14.76
湖　南	223.17	1.90	133.28	41.11	52.14	12.43	77.91	26.47	12.31
广　东	730.93	332.69	624.92	111.40	197.65	91.62	433.78	153.17	129.59
广　西	31.70	2.01	18.90	4.22	8.07	4.13	10.37	2.58	2.34
海　南	31.58	0.14	10.36	2.79	3.46	0.68	7.20	0.73	1.65
重　庆	134.49	6.99	141.43	19.42	36.14	18.63	106.48	36.11	26.74
四　川	62.39	1.49	66.92	10.84	15.28	5.02	47.30	16.38	14.25
贵　州	9.38	0.07	15.76	1.73	2.32	1.02	12.15	6.99	1.71
云　南	14.96	1.93	23.95	5.68	7.28	3.62	17.77	10.70	3.06
西　藏									
陕　西	150.86	6.09	224.05	54.68	87.27	39.72	140.62	50.42	33.62
甘　肃	2.50	0.46	11.26	1.31	1.95	0.80	4.87	1.28	0.78
青　海	1.18	0.09	1.86	0.64	1.01	0.53	1.10	0.72	0.15
宁　夏	7.17		8.33	1.96	1.54	0.52	5.77	2.25	1.59
新　疆	0.92		3.26	0.06	0.10	0.04	2.20	0.53	0.39

仪表制造业主要经济指标

单位：亿元

产成品	负债合计	流动负债合计		所有者权益合计	实收资本				
			应付账款			国家资本	集体资本	法人资本	个人资本
309.34	**3117.09**	**2774.88**	**949.82**	**3344.64**	**1293.24**	**92.82**	**11.30**	**407.40**	**410.79**
13.52	204.34	190.82	79.61	205.65	68.20	6.23	0.69	28.83	21.17
5.94	42.49	38.63	14.19	37.18	16.82	1.97	0.18	4.51	5.69
3.46	44.23	40.81	17.71	52.28	21.54	4.44		3.52	11.85
1.01	28.82	26.41	9.00	32.13	10.05	4.78		3.70	1.26
0.01	0.27	0.27		0.34	0.15			0.04	0.12
6.54	89.21	69.91	22.34	107.06	37.03	2.95	0.11	9.36	14.54
1.34	11.25	5.94	1.35	20.76	6.22	0.60	0.40	1.44	3.61
3.90	22.00	16.73	3.92	17.70	9.61		0.03	5.38	4.20
20.60	156.22	148.21	60.80	189.09	72.74	5.94	0.73	8.53	12.07
94.31	1040.84	927.50	273.29	1061.37	378.80	29.68	2.02	111.86	126.63
43.11	399.38	373.30	116.70	428.97	174.10	2.41	0.98	45.15	74.07
4.03	54.97	44.57	17.77	69.58	19.73	5.50		4.34	8.00
7.98	48.87	42.50	16.30	66.64	38.30	0.17	0.72	7.44	7.15
2.18	31.28	22.91	6.06	35.30	15.12	1.93	0.24	6.20	5.64
14.34	146.82	124.09	36.13	172.57	68.98	4.63	1.17	18.43	35.04
10.85	96.18	85.22	27.91	148.19	47.79	4.68	0.38	16.95	24.00
4.84	78.23	71.63	14.13	47.97	20.66	2.97	0.37	9.11	6.42
5.08	48.20	39.84	12.94	84.16	20.78	0.45	0.99	9.76	9.12
39.60	298.98	268.08	134.32	324.48	147.74	1.58	0.82	34.26	20.41
1.01	6.39	4.55	1.70	12.21	2.91		0.30	0.85	1.76
0.71	6.56	4.03	-0.89	3.81	1.24		0.07	1.17	
8.12	85.05	74.77	25.21	55.16	30.10	4.74	0.54	17.22	5.07
3.72	32.54	31.17	10.96	27.61	13.13	2.69	0.31	3.07	4.42
0.77	9.92	9.46	2.71	5.85	2.88	0.81		0.59	1.40
0.99	6.40	6.14	3.55	17.55	14.49	0.09	0.03	13.96	0.32
10.54	115.90	97.62	39.73	108.06	49.58	3.31	0.07	40.61	4.55
0.25	4.18	2.80	0.55	7.09	1.98	0.03		0.65	1.24
0.08	0.18	0.18	0.06	1.68	0.15		0.15		
0.47	5.90	5.33	1.45	2.43	1.63			0.34	0.69
0.05	1.49	1.45	0.33	1.77	0.80	0.26		0.18	0.37

1-B-48 续表

地区	港澳台资本	外商资本	主营业务收入	主营业务成本	主营业务税金及附加	销售费用	管理费用	税金
全国	**120.40**	**248.88**	**7567.75**	**6099.27**	**45.02**	**267.43**	**501.95**	**14.20**
北京	4.13	7.14	286.54	205.84	1.69	20.34	32.79	0.38
天津	1.45	3.02	74.42	58.39	0.39	3.93	7.63	0.17
河北	0.05	1.67	79.84	65.22	0.46	3.10	6.67	0.23
山西	0.31		44.62	32.70	0.21	1.37	3.26	0.02
内蒙古			4.62	4.58			0.02	
辽宁	2.23	7.85	248.38	210.87	1.36	6.33	13.41	0.68
吉林		0.18	37.97	30.39	0.19	1.11	1.97	0.05
黑龙江			19.65	15.55	0.11	1.05	2.51	0.09
上海	6.28	39.19	345.47	252.46	1.21	20.99	39.26	0.67
江苏	15.79	92.83	2986.90	2491.97	17.41	75.02	136.59	3.91
浙江	26.40	25.09	652.08	490.12	3.95	30.80	62.42	1.45
安徽		1.90	153.59	114.79	0.96	4.99	13.83	0.40
福建	14.21	8.62	160.67	135.72	0.80	4.47	9.57	0.26
江西	0.02	0.40	88.30	72.83	0.55	1.98	3.90	0.10
山东	0.59	9.12	644.51	533.81	3.91	20.30	28.19	1.66
河南	1.16	0.63	270.57	216.70	1.56	8.64	16.69	0.42
湖北	0.66	0.98	113.65	87.08	0.86	4.99	9.94	0.34
湖南	0.24	0.03	217.59	165.90	2.82	10.44	15.96	1.26
广东	45.91	44.60	731.80	591.52	3.81	28.96	56.49	1.19
广西			29.97	24.29	0.13	0.84	2.52	0.07
海南			5.76	4.53	0.54	1.56	0.92	0.01
重庆	0.10	2.42	133.77	108.48	0.72	7.62	10.89	0.26
四川	0.12	2.08	61.51	47.22	0.35	2.74	5.70	0.15
贵州		0.08	9.52	6.58	0.08	0.52	1.48	0.02
云南	0.09		15.61	13.38	0.05	0.17	1.24	0.05
西藏								
陕西		1.05	139.86	110.21	0.85	4.39	16.66	0.31
甘肃	0.06		2.18	1.60	0.02	0.13	0.43	0.02
青海			1.05	0.80	0.01	0.06	0.09	0.01
宁夏	0.60		6.60	5.22	0.02	0.55	0.87	0.02
新疆			0.75	0.52		0.05	0.06	

单位：亿元

财务费用			投资收益（损失以“–”号记）	营业利润	利润总额	亏损企业亏损额	应交增值税	应交所得税	从业人员平均人数（万人）
	利息收入	利息支出							
55.27	**12.96**	**54.85**	**11.23**	**634.93**	**663.37**	**21.50**	**263.04**	**100.49**	**104.56**
1.04	1.02	1.89	5.54	31.19	35.75	1.08	12.14	5.49	3.34
0.49	0.09	0.43	0.68	4.05	5.20	0.43	2.36	0.84	1.04
0.27	0.15	0.39	-0.16	8.94	9.81	0.06	3.07	1.69	1.62
	0.10	0.08	0.20	7.21	4.76	0.01	0.85	0.36	0.38
				0.82	0.02				0.02
1.88	0.12	1.22	0.05	17.23	17.42	1.54	8.68	1.70	2.60
0.20	-0.03	0.17		4.03	3.90	0.01	0.77	0.39	0.45
0.41	0.01	0.38	0.23	0.40	0.95	0.46	0.82	0.15	0.60
1.48	0.93	1.40	1.16	33.26	36.11	1.92	7.97	6.69	4.29
20.38	3.88	20.98	1.65	250.10	253.03	6.67	112.48	44.68	25.11
8.58	2.88	9.66	1.67	57.04	62.96	2.08	24.96	9.70	13.44
0.51	0.35	0.62	-0.58	19.00	17.85	0.05	5.41	2.80	1.58
1.32	0.09	1.09	-2.56	10.48	11.01	0.07	3.43	0.89	3.65
0.32	0.03	0.32	0.21	8.59	8.77		3.07	0.70	1.41
4.95	0.45	4.18	0.54	52.03	53.60	0.65	21.51	7.48	5.76
2.17	0.38	2.10	-0.27	25.64	27.93	0.10	8.06	3.19	4.85
1.37	0.07	1.02	0.12	9.33	11.12	0.11	4.53	0.86	2.34
2.37	0.26	2.01	-0.28	17.89	17.89	0.19	8.56	1.44	2.07
4.16	1.39	3.26	2.55	50.02	53.48	3.32	16.99	7.41	22.37
0.09	0.02	0.09	0.04	2.31	2.35	0.08	0.57	0.11	0.44
0.17	0.01	0.14		2.67	2.73	0.33	1.95		0.39
0.94	0.26	1.13	0.22	9.78	10.94	0.30	5.16	1.48	2.51
0.65	0.04	0.52	-0.25	4.02	4.83	1.27	2.72	0.68	0.88
0.20	0.01	0.18	-0.01	0.67	0.90	0.01	0.54	0.12	0.24
0.05	0.01	0.03		0.74	0.64	0.01	0.27	0.11	0.28
1.07	0.38	1.31	0.45	7.30	9.04	0.54	5.83	1.41	2.64
0.04	0.03	0.09	0.01	-0.03	0.04	0.03	0.07		0.10
				0.10	0.10		0.07	0.01	0.05
0.16	0.02	0.15			0.12	0.19	0.19	0.08	0.11
			0.02	0.14	0.13		0.02	0.02	0.01

1-B-49 按地区分组的其他

地区	工业销售产值(当年价格)	出口交货值	资产总计	固定资产合计	固定资产原价	累计折旧	流动资产合计	应收账款	存货
全国	**2324.28**	**482.64**	**2095.31**	**624.62**	**911.64**	**369.33**	**1184.92**	**257.32**	**389.90**
北京	64.21	2.47	129.85	28.97	51.35	22.64	80.27	29.57	16.54
天津	76.95	11.96	37.47	10.29	17.45	7.54	23.69	7.09	7.06
河北	31.99	3.00	21.27	10.74	13.76	3.42	9.39	3.33	2.37
山西	6.98		9.97	3.04	5.16	2.52	6.34	0.48	0.89
内蒙古	11.57		29.31	11.42	13.06	4.23	16.85	5.83	6.75
辽宁	66.80	8.85	41.28	15.72	32.43	16.93	20.60	4.48	5.66
吉林	27.00		6.31	3.26	12.96	10.09	2.62	0.94	0.68
黑龙江	22.59	1.84	40.04	29.51	44.24	16.34	13.23	5.38	3.57
上海	51.72	5.54	57.04	18.13	37.09	18.99	35.63	10.45	11.99
江苏	286.04	56.97	120.59	48.10	69.89	25.29	60.02	21.09	17.39
浙江	306.57	105.83	370.86	86.85	115.12	35.05	206.03	42.11	44.03
安徽	77.00	0.89	47.42	12.93	18.65	7.14	26.41	6.70	9.66
福建	221.42	89.19	168.80	28.82	45.89	18.54	99.21	30.62	26.19
江西	36.41	15.39	16.04	6.40	8.52	2.40	8.63	3.68	2.22
山东	132.19	23.36	51.67	21.09	33.71	13.75	24.69	6.26	5.89
河南	109.61	2.61	107.24	47.18	62.51	26.31	53.00	7.79	13.79
湖北	128.52	4.63	114.11	30.50	41.33	20.66	71.46	11.26	26.60
湖南	117.92	37.43	25.82	13.41	16.77	4.09	8.88	3.22	2.53
广东	213.41	90.80	141.80	34.94	53.95	21.15	88.26	23.05	28.24
广西	21.75	1.21	10.49	3.74	4.77	1.55	5.66	2.60	1.62
海南									
重庆	80.43	5.47	128.07	34.23	61.41	28.28	70.19	11.26	17.73
四川	101.41	14.08	226.33	57.05	78.94	32.84	145.51	4.60	108.06
贵州	18.06		22.97	7.97	10.09	3.28	11.72	1.73	1.91
云南	14.30	1.08	15.30	4.87	5.56	1.96	9.87	1.44	2.51
西藏									
陕西	21.33	0.02	33.05	7.60	10.10	2.54	22.07	5.57	2.01
甘肃	69.79		97.73	44.38	41.39	19.55	52.85	1.31	21.46
青海	0.98		14.69	1.60	1.76	0.36	5.42	2.25	1.33
宁夏	7.01		9.59	1.84	3.70	1.87	6.25	3.24	1.12
新疆	0.32		0.22	0.04	0.06	0.02	0.17	0.01	0.08

制造业主要经济指标

单位：亿元

产成品	负债合计	流动负债合计	应付账款	所有者权益合计	实收资本	国家资本	集体资本	法人资本	个人资本
91.87	**1223.38**	**957.77**	**284.83**	**858.97**	**413.76**	**42.23**	**3.85**	**147.07**	**90.75**
2.71	53.41	40.75	22.36	76.44	29.51	8.94	0.10	15.43	3.46
2.70	21.26	20.20	7.30	16.20	10.01		0.15	2.60	1.46
1.04	7.87	6.55	1.46	13.36	4.08	0.07		2.20	0.46
0.38	4.39	3.39	0.60	5.59	0.89	0.39		0.39	0.11
0.05	16.43	10.83	4.32	12.88	3.07	1.12		1.90	0.05
0.94	17.22	12.74	2.41	23.82	14.46	2.32	0.49	1.78	1.52
0.39	1.91	1.64	0.23	4.40	1.60			0.43	1.17
1.34	32.56	16.36	5.19	7.17	2.80	1.03	0.50	0.25	1.01
2.92	18.84	17.68	6.03	37.93	13.77	0.02		1.37	2.17
6.38	57.12	55.30	10.55	63.47	26.04		0.66	2.96	9.02
17.06	225.53	179.56	31.26	144.05	68.73	0.52	0.02	32.85	22.90
3.84	18.32	15.39	4.07	28.92	7.65	0.47		2.82	4.36
9.32	67.57	64.25	12.16	99.99	59.68	0.10		7.88	6.72
0.91	7.10	5.46	2.73	7.78	5.84	0.01	0.01	1.24	1.01
2.15	23.87	15.73	3.70	26.62	12.99	0.30	0.18	4.82	4.12
7.61	40.42	32.08	7.45	66.60	23.15	3.99	1.38	4.23	13.39
4.80	73.40	41.76	11.76	39.26	10.43	4.12		3.00	3.31
0.95	7.39	5.00	1.76	18.38	7.18	1.16	0.19	3.34	2.49
8.66	90.80	79.37	25.07	49.98	36.10	0.24	0.12	9.12	5.62
0.87	6.26	2.84	0.93	5.36	1.02		0.06	0.11	0.80
7.17	95.22	75.55	16.47	29.23	28.72	3.40		24.10	0.58
5.91	197.67	142.06	65.32	27.08	16.27	6.53		7.37	2.22
0.30	13.07	10.89	4.44	9.89	5.63	3.95		1.26	0.36
0.40	7.48	6.45	0.89	7.82	2.41	1.45		0.14	0.82
0.81	16.24	15.01	1.88	16.82	7.01	0.22		2.76	1.49
0.66	89.89	70.37	31.81	7.75	8.97			8.95	0.02
1.22	7.29	6.42	1.90	7.39	1.88	1.88			
0.32	4.71	4.00	0.75	4.75	3.78			3.78	
0.05	0.16	0.16		0.06	0.10				0.10

1-B-49 续表

地区	港澳台资本	外商资本	主营业务收入	主营业务成本	主营业务税金及附加	销售费用	管理费用	税金
全国	**69.55**	**60.26**	**2345.15**	**1983.53**	**14.84**	**59.68**	**121.90**	**4.84**
北京	0.87	0.70	79.03	60.05	0.31	3.04	8.79	0.17
天津	0.03	5.78	92.56	76.24	0.26	1.92	2.51	0.11
河北	0.16	1.18	32.52	28.03	0.28	0.79	0.86	0.08
山西			7.13	5.94	0.01	0.25	0.41	0.03
内蒙古			11.62	9.86	0.01	0.17	1.20	0.02
辽宁		8.35	65.93	55.66	0.39	2.17	3.87	0.17
吉林			27.00	19.81	0.92	1.35	1.48	0.02
黑龙江			22.98	20.45	0.48	0.71	2.49	0.13
上海	2.46	7.75	50.89	36.86	0.20	3.92	5.47	0.10
江苏	2.16	11.24	282.69	246.73	1.43	6.61	7.83	0.20
浙江	4.49	7.96	312.27	266.17	1.56	8.49	15.66	0.84
安徽			76.18	62.10	0.36	2.11	2.56	0.11
福建	40.21	4.77	222.74	189.56	1.10	6.60	10.08	0.39
江西	2.42	1.14	37.71	33.30	0.16	0.50	0.81	0.04
山东	0.06	3.51	134.29	116.38	1.19	2.71	3.07	0.36
河南	0.17		112.06	86.54	0.65	2.28	6.81	0.20
湖北		0.01	128.82	108.02	1.60	3.09	7.63	0.24
湖南			119.99	97.96	1.65	4.81	6.81	0.73
广东	14.22	6.79	213.99	187.73	0.87	4.07	11.62	0.26
广西	0.03	0.02	21.87	18.01	0.11	0.52	1.22	0.05
海南								
重庆		0.63	69.75	63.64	0.20	0.61	9.22	0.32
四川		0.15	96.86	82.74	0.78	1.13	4.16	0.13
贵州			16.16	10.79	0.05	0.16	1.52	0.03
云南			11.15	9.14	0.02	0.21	0.87	0.01
西藏								
陕西	2.26	0.28	21.06	16.86	0.12	0.59	0.79	0.05
甘肃			62.47	61.96	0.02	0.08	3.31	0.02
青海			7.99	7.73	0.05		0.13	0.01
宁夏			7.14	4.99	0.05	0.75	0.69	0.03
新疆			0.31	0.25		0.04	0.02	

单位：亿元

财务费用			投资收益（损失以“-”号记）	营业利润	利润总额	亏损企业亏损额	应交增值税	应交所得税	从业人员平均人数（万人）
	利息收入	利息支出							
21.18	**3.19**	**20.23**	**3.27**	**149.52**	**154.95**	**10.72**	**66.42**	**19.94**	**41.56**
-0.04	0.34	0.27	0.44	7.59	7.82	0.30	2.33	1.15	0.84
0.40	-0.11	0.15	0.01	14.04	14.09	0.58	2.00	0.45	1.31
0.21	0.01	0.21	-0.08	2.30	2.28	0.19	0.63	0.10	0.61
0.05	0.04	0.08	0.16	0.47	0.47		0.09	0.03	0.19
0.10	0.05	0.15	0.09	0.52	0.64		0.05	0.01	0.21
0.45	0.06	0.33	0.29	4.71	4.24	0.43	2.11	0.57	1.06
0.59		0.57		1.87	1.91		0.57	0.05	0.15
0.18		0.17	0.02	-0.54	-0.16	0.84	0.65	0.02	0.62
0.30	0.12	0.37	0.18	4.36	4.49	0.31	2.14	0.95	1.05
1.93	0.05	1.45	-0.79	16.80	16.60	0.57	11.95	3.50	4.05
4.94	0.77	5.67	0.40	16.97	17.35	0.73	8.58	2.69	6.46
0.42	-0.01	0.28		7.95	7.53	0.11	2.32	0.42	0.91
2.63	0.24	2.00	0.02	13.46	13.66	1.14	6.84	2.43	5.71
0.22		0.10		2.59	2.65	0.04	1.02	0.07	0.77
0.99	0.03	0.52	-0.32	8.75	8.70	0.26	4.74	1.87	1.52
1.19	0.03	1.17	0.31	8.60	9.02	0.08	3.00	1.28	2.27
1.66	0.09	1.23	0.13	6.82	7.17	0.03	2.46	0.34	2.18
0.60	0.04	0.55	0.03	14.02	13.32		4.64	0.78	1.51
1.86	0.18	1.51	0.04	7.65	7.59	1.69	5.20	1.25	5.93
0.04		0.04		1.87	1.87	0.07	0.72	0.02	0.36
1.42	0.31	1.68	1.66	-2.17	-1.09	3.03	0.81	0.32	1.48
0.96	0.15	0.99	-0.03	5.05	5.59	0.06	1.77	0.72	1.23
-0.10	0.19	0.07	0.02	2.91	2.96	0.12	0.06	0.07	0.12
0.10	0.02	0.13		0.88	0.94		0.22	0.08	0.22
0.29		0.26	-0.55	2.50	2.16	0.13	1.22	0.34	0.16
-0.41	0.56	0.11	1.22	-1.06	2.24		0.05	0.32	0.49
0.09	0.01	0.10	0.02	0.01	0.03			0.02	0.03
0.09		0.09		0.60	0.91		0.22	0.09	0.10
							0.01		

1-B-50 按地区分组的废弃资源

地区	工业销售产值（当年价格）	出口交货值	资产总计	固定资产合计	固定资产原价	累计折旧	流动资产合计	应收账款	存货
全国	**3384.61**	**5.09**	**1702.83**	**385.02**	**751.77**	**410.99**	**1068.93**	**243.32**	**262.51**
北京	7.57		11.16	5.31	7.53	2.10	4.67	1.06	0.67
天津	200.43	0.63	134.94	25.76	14.25	4.12	95.47	29.53	19.72
河北	69.79	0.47	38.10	10.69	13.11	3.23	21.63	7.26	4.42
山西	0.93		1.67	0.32	0.38	0.10	1.07	0.21	0.14
内蒙古	24.85		8.01	2.66	10.77	8.12	3.46	0.70	0.96
辽宁	83.92	0.16	54.69	20.56	23.59	4.74	23.94	5.77	5.10
吉林	21.71		14.40	6.56	6.17	1.16	6.77	1.40	0.94
黑龙江	4.21		3.84	0.91	1.06	0.17	2.75	0.34	0.75
上海	31.47	0.45	29.40	10.39	14.27	5.22	15.84	3.16	4.96
江苏	349.37	0.89	266.77	55.60	89.87	36.50	192.21	59.37	34.98
浙江	334.83	0.48	182.93	21.81	24.68	7.81	145.36	20.39	58.94
安徽	415.57		108.84	28.53	73.81	46.79	74.92	29.28	16.03
福建	51.72		27.02	7.44	8.49	1.75	16.96	2.63	3.94
江西	81.50		33.14	15.20	16.88	2.69	13.42	3.12	2.87
山东	83.89	0.25	48.04	15.55	20.47	6.02	24.52	3.48	5.46
河南	124.70	0.16	53.07	19.48	22.81	4.41	26.69	4.23	3.87
湖北	94.47		51.28	11.72	13.77	3.87	36.73	6.51	10.14
湖南	139.76		45.00	19.82	25.06	6.30	15.30	3.63	3.78
广东	940.37	1.47	412.21	62.37	286.45	229.28	251.58	38.79	64.70
广西	119.24		48.48	3.03	4.23	1.43	31.59	10.28	7.54
海南	2.36		4.08	1.51	2.20	0.69	1.66	0.34	0.28
重庆	43.41		19.40	2.66	27.85	25.68	14.84	1.79	1.89
四川	105.01		55.05	20.84	24.62	4.56	27.74	6.45	7.33
贵州	7.36		2.56	0.55	0.53	0.14	1.22	0.52	0.34
云南	5.83		4.35	1.29	1.56	0.32	2.24	0.70	0.47
西藏									
陕西	20.36		5.96	2.94	3.10	0.64	2.76	0.34	0.31
甘肃	9.62		17.34	2.31	3.17	0.99	4.96	1.08	0.95
青海									
宁夏	3.09	0.13	6.44	1.84	1.86	0.28	3.51	0.45	0.46
新疆	7.27		14.68	7.38	9.23	1.86	5.12	0.51	0.57

综合利用业主要经济指标

单位：亿元

产成品	负债合计	流动负债合计	应付账款	所有者权益合计	实收资本	国家资本	集体资本	法人资本	个人资本
130.61	**1104.86**	**953.40**	**252.81**	**587.37**	**310.45**	**20.69**	**9.55**	**119.52**	**103.00**
0.25	6.24	3.41	1.04	4.92	2.06	0.77	0.02	1.10	0.18
9.10	105.09	99.40	26.97	29.73	25.84	0.08	0.91	8.35	11.28
1.62	23.39	20.25	4.68	14.57	10.08	0.31	0.20	3.42	4.48
	1.56	1.35	0.25	0.37	0.43		0.10		0.33
0.42	6.50	6.00	1.56	1.51	1.07			0.21	0.86
1.50	25.55	19.00	3.59	29.13	9.51	0.79	1.06	3.23	2.83
0.33	5.15	4.81	0.85	9.24	2.21	0.03	0.09	0.27	1.82
0.28	2.19	1.71	0.53	1.55	0.91			0.62	
3.27	17.95	15.10	3.68	11.28	9.23	1.60	0.05	0.83	2.18
21.33	194.67	186.49	54.15	72.06	59.48	2.57	0.77	26.04	13.16
31.63	142.12	124.41	19.93	41.08	30.40			8.78	11.39
6.89	67.56	61.81	19.90	41.22	21.21	10.01	0.39	1.05	8.67
2.02	16.22	15.35	3.53	10.41	6.81	0.30		2.55	3.02
1.29	16.05	13.75	1.87	16.56	9.42	0.99	0.16	5.84	2.42
2.02	23.76	20.14	3.96	23.57	13.85	0.09	0.17	3.64	6.52
1.36	18.70	15.73	4.05	33.84	19.54		0.45	6.66	12.43
7.36	37.71	20.09	3.74	13.57	9.68	0.47	0.51	6.10	1.81
2.30	21.86	15.89	3.72	22.87	13.70	0.41	0.21	9.63	3.31
25.03	257.01	216.32	76.81	149.68	35.60	0.40	0.87	21.78	7.99
7.08	29.13	27.76	7.78	16.95	2.03		0.05	1.07	0.73
0.03	1.25	1.25	0.27	2.83	1.38			0.66	0.72
1.59	16.50	16.16	1.37	2.93	3.44			1.36	2.08
2.17	39.31	27.52	3.30	15.74	7.06	0.06	3.55	0.99	1.14
0.29	1.24	1.22	0.55	1.19	0.46			0.23	0.23
0.08	3.46	2.89	0.83	0.89	0.86		0.01	0.33	0.52
0.20	3.19	1.96	0.87	2.73	2.21			1.37	0.84
0.65	11.00	5.71	1.27	6.34	3.70	1.01		1.73	0.97
0.23	4.44	3.40	0.14	2.00	1.70			1.01	0.69
0.30	6.07	4.51	1.62	8.61	6.59	0.82		0.67	0.40

1-B-50 续表

地 区	港澳台资本	外商资本	主营业务收入	主营业务成本	主营业务税金及附加	销售费用	管理费用	税金
全 国	**32.12**	**25.10**	**3443.83**	**3139.41**	**18.06**	**35.52**	**76.06**	**4.20**
北 京			8.32	7.67	0.03	0.12	0.48	0.02
天 津	0.40	4.82	231.17	221.86	0.15	0.70	2.31	0.17
河 北	0.84	0.80	72.33	66.21	0.46	0.65	1.32	0.11
山 西			0.93	0.84	0.01	0.04	0.08	
内蒙古			24.45	23.34	0.05	0.09	0.17	0.01
辽 宁		1.61	87.72	77.01	0.82	1.45	4.20	0.50
吉 林			22.48	19.25	0.09	0.44	0.76	0.01
黑龙江	0.29		4.55	4.25	0.03	0.03	0.19	0.01
上 海	1.48	3.09	34.34	29.47	0.08	0.60	2.08	0.07
江 苏	7.94	8.99	352.03	331.17	1.37	4.10	6.85	0.48
浙 江	7.37	2.86	331.03	317.77	1.16	3.10	5.24	0.29
安 徽	0.06	1.03	415.06	379.24	4.23	4.85	4.61	0.24
福 建	0.94		51.50	46.52	0.45	0.88	1.67	0.06
江 西			84.26	74.25	0.44	1.17	1.45	0.21
山 东	2.94	0.18	85.91	74.44	0.85	1.41	2.14	0.24
河 南			125.60	112.93	0.53	1.27	1.44	0.06
湖 北	0.78		96.69	90.02	0.41	0.84	7.91	0.06
湖 南	0.15		137.70	110.64	1.96	2.59	8.69	0.76
广 东	2.85	1.72	949.63	858.68	3.14	8.00	16.98	0.69
广 西	0.19		118.18	111.63	0.54	0.61	2.85	0.05
海 南			2.66	2.37	0.01	0.06	0.16	
重 庆			42.46	39.14	0.21	0.78	0.88	0.03
四 川	1.20		107.38	90.64	0.77	0.84	2.48	0.08
贵 州			7.32	5.97	0.02	0.08	0.10	0.03
云 南			5.82	5.14	0.02	0.16	0.20	
西 藏								
陕 西			24.41	23.72	0.15	0.04	0.17	
甘 肃			9.39	7.44	0.05	0.16	0.28	0.01
青 海								
宁 夏			3.08	2.78	0.01	0.08	0.19	
新 疆	4.70		7.40	5.04	0.01	0.38	0.17	0.01

单位：亿元

财务费用	利息收入	利息支出	投资收益（损失以“-”号记）	营业利润	利润总额	亏损企业亏损额	应交增值税	应交所得税	从业人员平均人数（万人）
19.60	**3.61**	**21.84**	**-14.40**	**178.73**	**180.77**	**22.03**	**127.05**	**11.86**	**17.72**
0.01	0.03	0.03		0.07	0.47	0.01	0.29	0.12	0.09
2.46	0.36	1.33	-0.01	3.53	5.25	0.57	19.48	0.42	0.87
0.76		0.59		2.93	3.46	0.85	2.85	0.24	0.36
0.03		0.03		-0.06	0.17	0.02	0.06		0.03
0.01		0.01		0.40	0.39	0.40	0.05		0.11
0.84	-0.01	0.63		4.59	4.88	0.52	4.32	0.32	0.84
0.16	0.01	0.06	0.01	1.58	1.47		0.87	0.03	0.26
0.12		0.12		-0.63	0.55		0.18	0.10	0.04
0.30	0.02	0.46	-0.20	1.55	1.89	0.70	0.63	0.45	0.21
2.80	1.28	4.29	-11.78	5.93	8.30	2.28	7.87	1.71	1.38
0.97	0.75	3.40	0.05	2.87	4.51	5.03	7.11	0.38	1.88
1.71	0.06	1.50	0.01	27.95	21.87	0.35	37.29	1.12	1.27
0.31	0.08	0.35	-2.36	1.58	2.03	0.12	2.97	0.16	0.40
0.56	0.01	0.46		4.21	4.27	0.98	2.95	0.21	0.46
0.82	-0.02	0.44	0.07	6.54	7.16	0.05	2.68	0.78	0.58
0.63		0.40		8.67	8.73		1.79	0.51	0.80
1.13	0.02	1.00	-0.02	2.48	3.22	0.65	3.28	0.56	0.69
0.65		0.36	0.06	9.39	8.05	0.15	6.26	0.35	1.06
2.19	0.80	3.51	-0.58	81.69	80.87	6.67	14.50	3.25	4.19
0.05	0.07	0.23	0.14	3.40	3.38	0.07	5.40	0.17	0.38
0.02		0.02	0.14	0.19	0.23		0.11	0.02	0.03
0.80	-0.03	0.84	0.05	-0.27	-0.38	1.31	1.78	0.15	0.25
1.52	0.02	1.06	0.01	7.08	6.68	0.95	3.58	0.42	1.01
0.01		0.01		0.97	0.97	0.04	0.11	0.02	0.07
0.15		0.12		0.16	0.16	0.25	0.22	0.09	0.10
0.10	0.01	0.11		0.22	0.22	0.01	0.10	0.01	0.14
0.15		0.09		0.29	0.34		0.16	0.03	0.14
0.12		0.09		-0.06	0.10	0.04	0.11		0.05
0.24	0.12	0.30		1.51	1.52		0.06	0.24	0.01

1-B-51　按地区分组的金属制品、机械和

地　区	工业销售产　　值（当年价格）	出口交货值	资产总计	固定资产合　　计	固定资产原　　价	累计折旧	流动资产合　　计	应收账款	存货
全　国	**936.47**	**193.30**	**1184.10**	**378.26**	**545.85**	**195.96**	**642.08**	**192.02**	**134.17**
北　京	36.25	7.59	50.42	19.07	34.06	15.26	28.38	13.77	8.36
天　津	14.59	4.99	20.18	4.23	4.99	0.82	13.71	7.01	2.29
河　北	29.76	0.22	42.01	13.19	13.35	7.26	25.43	5.00	8.44
山　西	9.77		9.41	2.93	5.80	2.87	5.58	2.13	1.09
内蒙古	3.20		3.65	0.59	1.24	0.65	2.58	1.21	0.70
辽　宁	184.18	0.67	94.08	47.83	65.01	20.96	37.39	11.54	5.88
吉　林	7.84		6.39	2.46	3.78	1.49	2.74	1.34	0.32
黑龙江	5.05		7.83	2.11	3.13	1.65	4.88	1.76	0.84
上　海	83.62	36.16	317.68	93.98	116.89	31.55	171.46	22.05	20.69
江　苏	25.74	0.47	14.97	6.76	9.67	3.27	7.70	3.06	1.32
浙　江	59.62	22.37	95.18	35.14	51.02	17.07	33.29	8.00	6.57
安　徽	36.98	0.45	61.09	16.32	25.51	9.47	41.55	5.90	9.48
福　建	111.90	79.45	85.23	43.61	62.59	20.84	29.81	11.98	3.64
江　西	0.77		0.41	0.12	0.21	0.08	0.28	0.01	0.02
山　东	41.93	1.86	16.43	5.78	8.60	2.85	9.96	3.01	1.82
河　南	31.26		34.19	6.37	11.21	4.85	21.81	14.68	2.94
湖　北	33.57	0.36	21.32	5.83	19.41	13.76	14.01	4.99	1.99
湖　南	9.07	0.21	6.32	1.55	2.32	0.77	4.41	0.52	1.45
广　东	91.21	38.22	97.74	31.31	44.91	14.39	60.91	24.48	10.95
广　西	2.39		1.14	0.39	0.50	0.12	0.69	0.18	0.06
海　南	3.72		7.21	1.65	1.71	1.33	5.55	0.39	1.46
重　庆	11.72		5.33	2.01	2.77	0.76	3.16	0.91	0.79
四　川	58.68	0.28	115.55	21.37	37.25	16.43	67.78	24.31	27.51
贵　州	0.28		0.14	0.01	0.01		0.13	0.02	0.02
云　南									
西　藏									
陕　西	22.16		38.42	8.12	12.14	4.12	27.87	9.87	11.52
甘　肃	17.86		29.56	5.32	7.20	2.97	19.14	12.62	3.58
青　海	1.45		0.07	0.02	0.05	0.03	0.05	0.04	
宁　夏									
新　疆	1.91		2.13	0.18	0.51	0.33	1.82	1.22	0.46

设备修理业主要经济指标

单位：亿元

产成品	负债合计	流动负债合计	应付账款	所有者权益合计	实收资本	国家资本	集体资本	法人资本	个人资本
23.40	**685.33**	**562.01**	**153.57**	**498.04**	**280.05**	**118.94**	**9.74**	**63.36**	**30.15**
0.40	26.58	26.26	4.98	23.83	16.36	0.42		9.81	0.45
0.75	12.39	10.74	2.52	7.79	6.09			1.49	1.06
0.14	31.20	21.15	11.87	10.82	5.03	3.32	0.51	0.76	0.44
0.37	7.93	7.44	2.88	1.48	3.65	1.62	0.19	1.77	0.01
	2.51	2.39	1.13	1.15	0.42		0.12	0.26	0.04
1.39	30.44	21.88	4.98	63.51	25.22	8.00	0.25	7.83	9.10
0.16	4.36	1.75	0.74	2.64	1.32		0.56	0.53	0.24
0.28	5.85	5.46	2.42	1.97	1.81		1.47	0.06	0.28
5.15	196.35	169.28	18.78	121.18	90.40	62.01	0.03	9.12	0.55
0.45	8.82	7.63	1.86	6.15	2.75		0.01	1.65	1.03
0.28	56.02	42.21	5.97	38.55	27.84	4.84	0.26	9.42	5.55
1.63	31.14	28.04	12.07	29.90	8.39	5.73		1.35	0.60
0.57	42.61	32.41	6.88	42.34	19.60	0.65		4.29	2.29
0.01	0.25	0.25	0.12	0.16	0.04		0.04		
0.70	5.80	4.55	0.93	10.63	3.53	0.03		0.79	0.52
0.37	23.04	21.43	14.81	11.16	7.07	4.81	0.03	0.37	1.86
0.55	11.36	10.67	5.18	9.95	6.25	0.51	1.02	3.94	0.78
0.20	4.26	4.26	0.49	2.07	1.20	0.54		0.29	0.37
1.32	63.05	42.43	14.17	34.61	24.45	11.65	5.22	0.76	0.81
0.02	0.46	0.25	0.03	0.67	0.59	0.08		0.51	
0.16	4.50	4.00	1.00	2.71	0.56	0.55		0.01	
0.07	3.13	2.36	1.16	2.19	1.05			0.85	0.20
5.30	62.00	53.59	21.53	53.55	14.42	5.95		4.13	3.76
	0.04	0.04	0.04	0.10	0.10				0.10
2.42	25.90	23.04	11.06	12.52	7.77	6.96		0.57	0.12
0.42	23.60	16.76	4.81	5.92	3.94	1.25		2.69	
				0.07	0.01			0.01	
0.30	1.73	1.73	1.18	0.40	0.19	0.03	0.04	0.10	0.02

1-B-51 续表

地区	港澳台资本	外商资本	主营业务收入	主营业务成本	主营业务税金及附加	销售费用	管理费用	税金
全 国	**13.00**	**44.37**	**918.01**	**766.67**	**5.95**	**19.31**	**76.27**	**3.05**
北 京	0.36	5.33	37.07	26.27	0.16	0.60	8.83	0.41
天 津	1.22	2.32	14.00	10.09	0.11	0.69	1.84	0.04
河 北			34.20	29.93	0.10	0.35	3.36	0.08
山 西		0.05	9.59	8.00	0.06	0.29	0.98	0.02
内蒙古			3.20	3.09	0.03		0.15	0.01
辽 宁	0.01	0.03	181.41	145.44	1.74	8.13	9.18	0.71
吉 林			7.80	6.82	0.05	0.12	0.55	0.01
黑龙江			5.04	4.47	0.05	0.05	0.71	0.03
上 海	3.26	15.44	85.30	76.09	0.21	0.52	8.41	0.11
江 苏		0.06	26.11	22.52	0.36	0.41	1.04	0.06
浙 江	2.14	5.62	49.97	42.59	0.44	0.49	4.62	0.19
安 徽	0.68	0.03	31.00	24.24	0.13	0.50	3.91	0.18
福 建	4.94	7.44	111.93	100.93	0.29	0.96	6.87	0.52
江 西			0.78	0.67	0.01		0.09	
山 东		2.19	37.52	31.20	0.30	0.24	3.11	0.12
河 南			31.93	27.73	0.14	0.51	2.22	0.11
湖 北			33.68	28.18	0.37	0.83	2.59	0.06
湖 南			9.14	7.74	0.16	0.23	0.67	
广 东	0.38	5.62	89.20	76.70	0.61	1.70	4.81	0.13
广 西			2.41	1.96	0.02	0.03	0.21	0.01
海 南			2.24	1.89			0.39	
重 庆			11.53	9.63	0.12	0.20	0.45	0.01
四 川		0.09	56.49	42.58	0.37	1.88	6.64	0.13
贵 州			0.27	0.20			0.01	
云 南								
西 藏								
陕 西		0.13	25.43	19.48	0.05	0.40	3.04	0.01
甘 肃			17.57	15.12	0.06	0.16	1.51	0.09
青 海			1.40	1.38				
宁 夏								
新 疆			1.83	1.75	0.01	0.02	0.11	

单位：亿元

财务费用			投资收益(损失以“−”号记)	营业利润	利润总额	亏损企业亏损额	应交增值税	应交所得税	从业人员平均人数(万人)
	利息收入	利息支出							
9.93	**2.24**	**11.28**	**1.98**	**46.31**	**49.37**	**9.44**	**22.97**	**7.55**	**16.90**
0.39	0.03	0.59	0.59	1.94	2.95		1.51	0.49	0.74
0.39	0.01	0.32	0.03	0.90	1.21	0.10	0.63	0.21	0.17
-0.03	0.07	0.06	0.01	0.62	0.76	0.18	0.52	0.04	1.06
0.02		0.02	0.03	0.19	0.37	0.15	0.44	0.13	0.32
0.06		0.06		-0.10	-0.10	0.16	0.10		0.19
0.78	0.14	0.57	0.01	15.06	14.87	0.23	5.08	1.10	2.94
0.11		0.09		0.21	0.21		0.20	0.03	0.15
0.02		0.02		-0.20	-0.10	0.15	0.16	0.03	0.12
2.09	0.95	2.82	0.17	-1.11	0.14	3.78	1.95	1.44	1.69
0.15		0.14	0.01	1.69	1.76	0.19	1.06	0.36	0.41
1.47	0.12	1.35	0.07	0.65	0.52	0.90	1.87	0.30	1.90
-0.01	0.33	0.32	0.17	3.05	3.13	0.15	0.49	0.12	0.66
0.46	0.11	0.64	0.21	4.18	4.46	0.75	1.04	0.60	0.85
0.01							0.05		0.03
0.27	0.01	0.15		3.32	3.39	0.03	1.23	0.17	0.34
0.22		0.21	-0.05	1.13	1.18		0.52	0.07	0.60
0.32	0.01	0.36	-0.02	1.23	0.93	0.26	1.02	0.05	0.92
-0.03		-0.03		0.40	0.40		0.30	0.06	0.16
0.97	0.15	1.35		4.98	5.54	1.78	1.25	1.47	1.10
		0.01		0.19	0.19		0.18	0.02	0.06
-0.02	0.02			0.02	0.03	0.03			0.11
0.05	0.01	0.02		1.23	1.22		0.93	0.19	0.31
1.17	0.23	1.18	0.77	4.26	3.71	0.61	1.68	0.42	0.99
				0.06	0.06		0.01		
0.61	0.01	0.59		2.00	2.09		0.28	0.24	0.60
0.41	0.01	0.41		0.38	0.40		0.40		0.44
			-0.04	0.02	0.02				0.01
0.03		0.03		0.01	0.01		0.07		0.04

1-B-52 按地区分组的电力、燃气和水的

地区	工业销售产值（当年价格）	出口交货值	资产总计	固定资产合计	固定资产原价	累计折旧	流动资产合计	应收账款	存货
全国	**61377.61**	**197.31**	**114996.81**	**69696.21**	**106651.35**	**39766.34**	**19347.56**	**3363.12**	**1443.50**
北京	4012.17		12960.18	3101.35	5623.34	2523.06	2205.35	321.17	15.97
天津	884.60		1855.85	1164.57	1756.01	686.28	383.67	53.83	42.34
河北	3019.16		3867.17	2761.38	5479.34	1923.46	666.23	105.05	65.47
山西	1693.60		2854.72	2018.99	3058.48	1200.94	487.78	123.80	47.65
内蒙古	2331.13	0.01	5699.88	3822.95	5398.07	1804.97	1042.44	245.46	50.78
辽宁	1801.12		3942.06	2440.70	3872.16	1501.55	721.10	123.28	66.66
吉林	956.51		1743.02	1282.17	2094.54	860.54	237.72	59.32	24.97
黑龙江	1286.38	5.01	2364.90	1482.44	2319.02	923.57	546.88	105.14	92.46
上海	1345.81		2908.06	2087.25	3570.17	1663.07	417.51	75.88	43.75
江苏	4952.10	17.44	7316.96	4523.36	7532.20	3040.66	1524.11	260.27	107.88
浙江	4674.63	0.77	5525.26	3310.74	5659.74	2603.84	1165.72	144.51	118.72
安徽	2569.02		2843.50	2177.79	3268.31	1253.23	343.79	103.16	32.09
福建	2089.79	0.01	3458.52	2106.14	3161.68	1238.09	625.46	101.61	48.44
江西	1102.67		1308.42	926.06	1375.46	533.08	263.85	34.48	16.42
山东	4547.83		5718.06	2613.66	4076.01	1681.73	1123.55	188.56	86.50
河南	2974.32		3682.18	2675.39	3990.10	1518.98	796.56	155.89	76.61
湖北	1666.29		4012.65	3237.98	4583.07	1542.87	417.45	82.44	34.08
湖南	1527.61		2754.84	2020.97	3175.01	1226.03	334.91	69.29	30.72
广东	6737.66	81.87	10374.56	6090.37	10209.47	4507.45	2071.31	307.71	175.32
广西	1257.06	3.66	2327.12	1568.93	2338.13	816.52	390.21	66.57	29.84
海南	197.99		349.81	273.68	373.12	130.67	41.19	5.02	4.22
重庆	806.77	76.89	1772.05	1180.97	1714.74	586.74	306.00	29.65	15.93
四川	2302.39	3.74	7605.67	4412.48	5546.88	1263.54	806.12	126.84	47.93
贵州	1297.13		2559.76	1832.72	2580.28	776.81	327.37	58.78	23.58
云南	1320.40		5420.15	3697.95	4515.75	977.21	480.06	67.77	25.94
西藏	15.09		263.04	191.53	248.46	57.17	32.32	1.43	3.31
陕西	1308.49		2462.22	1724.87	2644.13	971.00	443.77	92.26	66.02
甘肃	845.67	7.59	2129.55	1588.48	2091.12	706.10	363.27	95.36	14.13
青海	329.18		1171.98	889.71	1224.00	340.70	126.05	31.43	1.72
宁夏	684.79	0.32	1314.90	914.76	1231.28	365.00	230.79	53.99	16.33
新疆	840.28		2429.76	1575.88	1941.29	541.49	425.00	73.18	17.73

生产和供应业主要经济指标

单位：亿元

产成品	负债合计	流动负债合计	应付账款	所有者权益合计	实收资本	国家资本	集体资本	法人资本	个人资本
138.10	**74888.42**	**34259.04**	**8080.60**	**39326.88**	**20814.34**	**11775.96**	**283.15**	**6605.80**	**585.45**
1.40	6431.25	2560.68	514.25	6528.93	2731.96	2332.71	0.38	313.52	2.66
1.39	1144.67	685.53	126.16	710.79	319.35	102.72	2.27	178.19	4.61
10.26	2461.13	1429.87	450.03	1406.22	757.11	429.37	35.34	222.71	18.77
2.11	2236.48	770.26	238.22	615.00	547.80	342.92	0.74	173.34	13.10
6.15	4151.13	1729.23	464.73	1553.92	1046.80	588.65	21.02	336.83	64.29
5.28	2651.22	1551.19	365.46	1283.93	868.61	421.72	3.88	345.15	34.35
0.93	1192.32	635.06	195.14	547.68	318.22	205.71	1.46	83.30	13.25
23.74	1713.78	953.06	220.74	649.17	321.19	116.03	5.37	143.96	36.48
9.75	1099.62	765.09	147.19	1783.68	523.04	284.44	35.49	174.41	6.16
6.59	4724.74	2992.30	741.64	2592.22	1192.19	594.82	13.20	320.35	40.18
3.98	3213.89	1689.66	457.85	2310.60	1034.17	642.11	5.06	296.89	17.85
2.81	2040.55	1201.29	338.39	800.08	471.13	275.90	2.21	162.77	2.61
1.42	2223.76	1028.86	252.13	1232.62	720.62	335.00	16.38	248.48	12.55
0.93	965.52	541.52	113.64	341.79	204.89	91.66	1.19	98.30	4.72
7.26	3915.72	1900.45	308.13	1384.35	925.90	457.29	22.01	313.82	41.94
8.51	2723.72	1383.35	389.61	949.80	595.03	348.11	10.54	142.27	15.82
2.13	2408.44	1356.70	228.60	1591.38	626.84	394.50	3.82	122.72	52.92
2.81	2103.69	895.57	180.56	651.79	443.40	186.40	12.40	137.28	26.51
10.27	5554.99	2706.80	630.54	4818.21	2576.86	1189.46	24.05	1091.67	35.48
1.75	1581.20	637.63	115.24	745.47	369.04	232.71	3.46	78.89	4.94
0.24	229.87	156.22	21.70	119.93	65.11	45.93		14.02	
0.94	1174.41	609.34	117.29	596.95	245.34	144.49	2.01	82.91	7.15
6.55	5713.87	1332.00	128.08	1606.30	1079.38	501.46	22.74	464.27	54.77
2.53	2111.13	754.33	171.84	446.94	402.77	196.23	5.91	88.48	1.82
2.13	4218.58	1046.25	134.87	1200.50	728.40	373.66	12.10	285.78	28.22
	68.89	32.63	25.17	194.15	33.58	17.71		15.87	
12.63	1897.91	992.82	344.35	559.53	449.05	228.44	5.18	188.45	18.55
1.47	1583.40	603.09	202.88	543.31	411.95	186.80	5.46	169.46	8.59
-0.13	844.69	284.28	78.45	326.27	157.65	122.28	1.23	77.54	3.04
0.87	914.67	317.14	112.96	400.23	243.74	161.58	3.93	74.38	2.78
1.40	1593.17	716.82	264.77	835.15	403.21	225.16	4.34	159.78	11.34

1-B-52 续表

地区	港澳台资本	外商资本	主营业务收入	主营业务成本	主营业务税金及附加	销售费用	管理费用	税金
全国	**752.30**	**685.23**	**61643.15**	**54035.04**	**340.53**	**372.29**	**1424.37**	**95.17**
北京	6.79	75.91	4028.14	3803.16	19.24	3.92	37.87	1.92
天津	16.93	14.63	895.95	827.37	4.79	3.91	19.60	0.83
河北	19.25	31.14	3006.66	2717.78	16.95	8.07	64.11	2.66
山西	1.38	14.20	1718.53	1480.45	8.55	6.33	66.76	2.46
内蒙古	16.78	18.95	2339.66	1824.53	10.47	36.42	91.70	18.30
辽宁	24.81	38.70	1806.71	1633.89	9.18	11.41	52.72	4.01
吉林	8.32	5.62	948.46	876.00	5.58	9.99	33.00	1.73
黑龙江	5.58	11.30	1355.79	1283.59	5.07	8.09	32.24	3.27
上海	10.99	11.54	1397.48	1273.69	5.39	10.75	22.49	1.15
江苏	168.83	54.81	4993.64	4364.02	23.60	35.17	70.63	5.42
浙江	37.29	34.98	4662.84	4150.35	21.87	17.24	111.66	7.05
安徽	13.08	14.56	2525.17	2067.77	10.49	7.81	43.25	2.44
福建	79.64	28.57	2090.93	1804.31	42.25	13.61	47.71	3.08
江西	8.40	0.62	1139.43	1003.64	5.58	6.18	20.33	0.72
山东	44.40	46.45	4704.19	4154.25	18.55	17.75	129.31	6.31
河南	41.24	33.52	3006.20	2755.66	10.99	21.99	72.02	2.94
湖北	34.92	16.62	1678.88	1370.74	13.37	14.86	36.91	2.40
湖南	47.09	33.73	1511.18	1295.00	10.53	12.07	58.04	3.78
广东	92.82	102.06	6715.13	5909.82	32.95	44.90	126.71	9.17
广西	18.56	25.34	1251.68	1111.87	6.19	7.27	44.73	2.59
海南	3.37	1.79	203.16	171.63	1.04	1.26	2.55	0.07
重庆	4.17	3.50	818.85	738.95	4.48	5.61	20.37	1.39
四川	21.21	10.53	2310.83	1802.60	15.51	22.06	57.92	2.69
贵州	0.44	7.17	1211.81	1095.71	5.13	8.84	30.36	1.26
云南	15.91	12.73	1297.88	1045.13	9.32	9.64	47.25	1.46
西藏			14.60	34.04	0.01	0.51	1.02	
陕西	2.85	5.57	1359.64	1158.67	10.62	10.38	30.93	2.67
甘肃	5.92	27.44	771.86	669.20	3.56	3.55	11.19	0.86
青海	0.80	1.21	345.22	282.83	2.76	0.30	4.53	0.12
宁夏			687.93	591.05	3.59	1.58	13.59	1.42
新疆	0.54	2.05	844.74	737.30	2.92	10.82	22.88	0.98

单位：亿元

财务费用			投资收益（损失以“–”号记）	营业利润	利润总额	亏损企业亏损额	应交增值税	应交所得税	从业人员平均人数（万人）
	利息收入	利息支出							
2243.28	**100.96**	**2287.96**	**502.66**	**4137.58**	**4423.76**	**457.99**	**2559.98**	**732.37**	**357.68**
115.41	4.26	112.87	280.30	328.98	379.33	11.59	120.30	53.03	8.35
21.44	2.61	22.57	2.11	29.82	36.43	14.04	39.38	10.08	4.18
73.79	2.30	74.70	5.61	149.41	165.24	11.06	103.40	29.90	18.14
77.53	0.97	80.11	3.10	111.43	112.00	24.68	82.10	19.45	6.73
136.00	3.22	128.00	5.09	344.11	355.60	42.07	104.97	37.28	14.25
61.51	3.32	60.03	1.44	44.10	59.96	27.34	69.98	16.57	16.14
45.68	0.74	45.09	1.31	-10.77	4.15	24.90	34.76	1.34	11.65
43.80	2.50	44.61	5.08	-2.04	8.75	21.38	42.56	4.44	14.46
21.28	2.27	23.83	18.72	94.74	103.50	12.89	57.57	22.61	4.47
111.82	11.16	123.70	19.74	452.21	462.88	5.37	210.88	89.48	14.84
99.51	6.13	105.71	7.28	316.65	331.65	11.06	189.32	66.24	13.01
53.01	2.07	55.39	2.51	185.86	174.25	4.53	73.68	22.64	10.67
65.73	5.27	71.13	5.48	169.65	167.88	7.06	91.16	36.20	7.98
31.09	0.26	32.68	1.16	60.74	66.93	1.74	47.83	9.67	12.91
105.34	3.60	99.92	18.36	302.57	314.39	21.48	156.09	36.89	23.65
100.50	7.70	104.44	6.21	93.52	100.93	23.63	94.81	18.88	22.72
90.53	2.33	92.25	29.32	201.14	203.65	9.84	108.74	36.97	14.23
77.48	0.45	76.21	1.76	84.60	100.30	6.37	79.69	14.70	15.94
186.63	13.60	204.14	51.71	543.19	576.80	20.71	278.65	113.86	27.47
64.45	1.33	65.00	0.72	31.45	49.49	15.46	68.42	9.80	12.80
9.75	0.59	10.14	0.68	16.57	17.50	0.82	9.98	1.40	1.63
33.94	2.94	38.13	3.69	31.24	40.67	9.40	38.50	5.80	6.48
157.57	4.26	154.58	5.40	229.45	226.43	23.98	137.77	19.37	24.78
88.36	7.88	91.76	5.05	16.39	20.08	13.72	50.99	3.66	12.34
130.27	1.99	130.42	1.50	80.00	77.27	43.90	82.07	8.80	8.91
0.88	0.19	1.07		-20.55	-11.63	11.73	0.06	0.01	0.45
60.06	2.73	59.20	4.48	112.64	120.05	7.85	73.52	22.32	10.37
56.71	1.99	57.89	0.86	32.02	33.84	9.96	31.31	4.14	6.78
37.54	0.24	36.62	0.73	18.60	19.78	1.11	22.03	2.19	1.58
40.14	0.85	39.85	10.78	56.03	53.60	2.27	28.80	3.41	3.22
45.53	1.19	45.93	2.48	33.80	52.06	16.06	30.64	11.25	6.55

1-B-53 按地区分组的电力、热力

地区	工业销售产值(当年价格)	出口交货值	资产总计	固定资产合计	固定资产原价	累计折旧	流动资产合计	应收账款	存货
全国	**55938.99**	**135.32**	**102468.39**	**63792.39**	**98642.02**	**37044.96**	**15322.45**	**2885.20**	**1213.18**
北京	3737.87		12026.58	2699.65	5024.53	2326.06	1960.09	269.32	13.58
天津	750.17		1436.81	911.05	1512.60	622.27	269.14	39.18	39.10
河北	2867.61		3538.77	2617.83	5290.82	1860.00	552.88	89.74	57.83
山西	1588.98		2586.86	1884.90	2890.63	1162.23	416.16	112.96	44.50
内蒙古	2154.32	0.01	5400.53	3686.33	5211.72	1751.02	937.21	231.23	44.51
辽宁	1653.12		3461.49	2194.28	3528.54	1379.31	556.12	100.04	60.20
吉林	867.00		1623.26	1214.10	1971.09	802.66	211.65	56.25	21.49
黑龙江	1160.18	5.01	2224.25	1421.50	2250.05	888.74	485.65	100.87	88.84
上海	1144.81		2239.89	1802.50	3060.18	1438.43	248.70	43.55	16.83
江苏	4447.23		5857.20	3870.20	6671.15	2809.82	954.86	222.40	84.75
浙江	4235.09	0.36	4469.01	2774.28	4926.79	2335.00	833.99	122.57	101.02
安徽	2433.48		2575.06	2043.81	3089.82	1194.85	257.05	94.48	27.05
福建	1861.71	0.01	3072.83	1900.45	2895.65	1150.49	512.36	88.30	39.88
江西	1013.73		1122.24	843.29	1262.86	493.90	217.38	29.44	12.83
山东	4221.19		5041.78	2292.49	3670.54	1561.52	882.28	148.78	71.33
河南	2761.29		3301.82	2479.36	3755.15	1460.69	652.66	143.52	67.13
湖北	1521.36		3631.05	3086.90	4376.75	1469.64	272.38	64.78	27.70
湖南	1373.38		2464.66	1867.51	2975.18	1162.48	249.12	56.33	25.55
广东	5814.32	37.75	8683.53	5328.28	9029.55	4016.00	1566.52	232.64	152.19
广西	1211.07	3.66	2184.51	1472.95	2233.45	782.52	361.59	63.39	27.80
海南	178.79		281.52	243.07	332.38	117.25	24.11	2.68	3.31
重庆	673.05	76.89	1493.33	1037.27	1556.09	536.84	207.76	24.77	11.33
四川	1992.45	3.72	6910.50	4136.59	5205.56	1152.62	574.86	102.88	32.03
贵州	1254.30		2440.33	1777.99	2518.76	759.04	286.84	51.64	21.03
云南	1264.11		5231.66	3581.11	4378.49	949.03	433.41	61.72	20.50
西藏	13.96		260.69	189.92	245.90	56.20	31.83	1.39	3.27
陕西	1185.13		2254.26	1651.83	2524.69	920.74	350.36	85.32	55.60
甘肃	806.12	7.59	2047.99	1535.35	2023.16	681.07	346.69	94.07	12.01
青海	323.96		1150.94	881.53	1211.65	336.33	118.50	30.90	1.78
宁夏	643.25	0.32	1210.68	864.73	1175.25	353.17	192.88	50.87	13.94
新疆	785.96		2244.35	1501.31	1843.07	515.04	357.44	69.20	14.30

生产和供应业主要经济指标

单位：亿元

产成品	负债合计	流动负债合计	应付账款	所有者权益合计	实收资本	国家资本	集体资本	法人资本	个人资本
85.48	**67772.25**	**30035.06**	**7454.27**	**33948.31**	**17756.63**	**10302.61**	**219.92**	**5677.99**	**488.30**
0.14	6056.85	2351.29	496.25	5969.73	2403.84	2109.45	0.38	253.38	1.50
1.28	896.82	548.60	109.30	539.62	203.22	84.64	2.03	106.22	4.57
8.68	2262.06	1278.41	397.72	1276.83	652.52	379.68	27.69	195.07	16.28
1.83	2052.12	691.40	220.54	531.50	510.01	319.29	0.74	161.45	11.36
5.00	3961.09	1628.66	439.57	1444.97	996.13	570.84	18.62	314.09	61.63
4.36	2417.71	1396.37	349.39	1039.82	701.43	325.04	3.68	311.93	27.85
0.71	1131.89	596.72	188.62	488.39	286.04	185.06	1.42	75.27	10.94
23.17	1623.98	893.01	213.39	598.32	289.77	102.87	4.45	137.79	30.74
	737.14	519.96	104.76	1498.85	295.43	182.65	34.56	59.15	6.16
4.15	3798.74	2443.77	702.62	2058.46	875.01	442.90	5.68	255.26	30.93
2.29	2584.67	1338.57	410.72	1884.19	771.17	459.44	3.65	242.88	12.89
1.43	1896.36	1094.51	323.51	679.19	419.34	251.48	2.17	147.76	1.62
0.67	2032.58	908.80	220.06	1038.74	585.47	259.24	16.20	206.90	9.84
0.11	865.29	482.71	106.71	255.91	160.77	73.44	0.73	83.13	3.02
5.11	3533.19	1624.12	266.31	1092.74	784.26	389.04	16.02	285.36	33.69
4.79	2492.47	1234.99	374.45	799.99	518.49	326.42	9.70	107.19	11.12
1.15	2191.19	1199.26	210.56	1428.07	558.98	362.83	3.52	100.22	49.75
0.41	1916.16	777.95	164.76	549.35	391.51	167.04	6.09	121.89	24.04
4.11	4558.60	2208.42	534.51	4123.76	2255.55	1096.40	6.40	988.48	22.30
1.29	1489.53	594.09	110.31	694.58	348.17	225.63	2.93	70.57	3.42
0.11	210.33	142.22	20.65	71.19	33.62	26.43		6.44	
0.40	1028.09	531.19	110.10	465.00	186.68	128.94		52.30	4.34
1.39	5353.01	1122.71	104.67	1273.18	938.36	418.07	21.14	434.15	45.42
2.19	2031.16	703.81	160.31	407.55	372.50	179.78	5.66	82.43	1.47
1.46	4096.55	975.90	123.43	1134.04	681.51	349.22	11.98	272.95	27.74
	68.74	32.48	25.17	191.95	32.68	16.80		15.87	
6.87	1782.29	912.67	328.23	467.29	390.13	212.72	2.16	161.68	12.03
1.23	1546.28	575.07	197.32	498.92	380.55	165.06	5.20	166.11	7.64
	836.62	280.61	77.72	313.30	154.15	120.25	1.23	76.28	3.04
	843.14	282.06	107.52	367.55	220.09	155.77	3.93	56.76	2.57
1.15	1477.59	664.73	255.09	765.34	359.26	216.19	1.95	129.02	10.40

1-B-53 续表

地 区			主营业务收入	主营业务成本	主营业务税金及附加	销售费用	管理费用	
	港澳台资本	外商资本						税金
全 国	**541.26**	**409.67**	**56080.66**	**49428.85**	**302.75**	**166.08**	**1076.61**	**78.12**
北 京	5.21	33.92	3742.89	3543.17	17.23	0.70	19.50	1.24
天 津	2.79	2.97	754.57	694.17	3.96	2.58	10.92	0.58
河 北	6.15	28.11	2852.85	2593.02	15.96	2.15	50.42	2.05
山 西	1.23	13.83	1608.53	1398.77	7.89	0.99	56.72	2.13
内蒙古	12.83	17.83	2152.03	1666.96	9.36	30.35	84.01	17.12
辽 宁	15.70	17.22	1660.50	1509.04	8.06	2.47	35.60	3.02
吉 林	7.69	5.09	857.27	798.54	4.69	4.48	26.36	1.43
黑龙江	1.55	9.88	1223.80	1164.63	4.76	3.23	26.21	2.92
上 海	9.51	3.40	1145.54	1042.32	4.04	0.01	6.56	0.73
江 苏	112.26	27.98	4506.32	3987.18	20.69	4.21	42.85	4.10
浙 江	29.73	22.58	4217.53	3758.72	20.22	7.19	89.40	5.71
安 徽	7.47	8.83	2389.31	1957.72	9.43	2.42	34.69	2.03
福 建	67.93	25.37	1861.02	1614.04	41.37	6.91	40.58	2.54
江 西		0.45	1042.99	930.05	4.54	2.77	14.30	0.50
山 东	26.38	33.75	4364.69	3866.72	16.29	6.13	105.27	5.20
河 南	36.33	26.01	2783.63	2576.63	9.37	12.61	59.74	2.27
湖 北	31.35	11.04	1521.78	1245.21	12.02	7.57	26.66	1.67
湖 南	45.13	27.32	1357.40	1176.69	8.94	5.69	42.78	2.87
广 东	80.27	25.59	5817.27	5174.03	28.47	23.34	82.20	7.33
广 西	17.24	23.40	1202.42	1076.25	5.84	5.50	40.22	2.35
海 南		0.75	183.00	157.50	0.84		0.55	0.02
重 庆			674.90	614.52	3.29	0.95	12.13	1.01
四 川	13.28	2.00	1987.33	1559.31	11.98	9.72	34.42	1.79
贵 州	0.44		1168.04	1055.32	4.96	7.07	26.78	1.05
云 南	6.89	12.73	1243.07	1000.04	7.00	6.17	43.21	1.37
西 藏			13.96	33.61			0.83	
陕 西	1.55		1244.93	1068.46	9.85	4.37	22.33	2.33
甘 肃	1.01	27.44	738.08	640.68	3.34	2.45	7.63	0.51
青 海	0.80	1.00	340.12	279.74	2.72	0.05	3.41	0.10
宁 夏			643.98	555.99	3.34	0.70	11.38	1.30
新 疆	0.54	1.15	780.92	689.80	2.31	3.30	18.94	0.84

单位：亿元

财务费用	利息收入	利息支出	投资收益（损失以“-”号记）	营业利润	利润总额	亏损企业亏损额	应交增值税	应交所得税	从业人员平均人数（万人）
2127.83	**81.69**	**2149.48**	**428.03**	**3701.74**	**3943.88**	**381.44**	**2397.34**	**635.96**	**294.09**
114.08	3.09	108.30	259.60	307.14	343.50	10.84	104.17	50.01	6.15
18.29	0.96	18.81	1.87	30.99	35.90	8.78	34.09	8.72	3.04
71.31	1.97	71.92	3.07	137.92	153.39	8.48	99.95	27.31	14.99
74.14	0.78	76.79	2.65	101.04	104.54	22.10	78.96	16.93	5.14
132.28	2.87	124.32	4.79	331.32	342.26	40.32	101.26	35.44	12.64
57.35	3.14	55.90	1.17	52.13	59.54	16.62	65.30	14.77	12.22
44.24	0.71	43.74	1.31	-10.78	3.04	21.82	32.59	1.19	9.96
43.13	2.27	42.54	5.02	-3.61	5.72	20.57	40.94	3.78	13.19
15.48	1.79	18.03	15.27	100.16	105.73	1.40	52.73	21.54	2.24
98.27	9.39	109.32	18.92	390.63	397.09	2.44	196.52	76.24	10.43
87.16	3.28	90.35	5.67	301.69	311.67	1.36	179.41	61.50	9.90
52.98	1.43	53.95	1.33	170.82	158.80	4.36	70.28	18.59	8.86
63.83	4.21	67.71	3.50	139.34	135.54	6.15	85.12	27.91	6.61
28.91	0.22	30.44	0.55	49.99	55.64	1.50	44.73	7.74	11.36
99.32	2.73	94.19	15.39	280.73	287.23	16.83	145.58	31.76	19.17
96.34	7.05	100.05	5.94	75.61	79.93	22.16	89.11	13.81	19.15
86.97	2.06	88.64	8.94	168.12	187.71	8.37	104.25	33.33	11.35
74.96	0.40	71.87	1.11	72.14	86.95	4.85	74.55	12.55	13.23
159.36	11.35	171.21	43.79	459.17	490.22	15.36	255.28	96.57	21.13
62.27	1.28	62.34	0.66	26.78	44.68	15.16	67.14	9.00	11.73
9.53	0.19	9.64	0.05	13.53	13.69	0.80	9.38	0.73	1.23
34.64	1.91	36.57	1.30	17.84	25.61	9.16	34.82	3.99	4.85
153.31	3.39	150.05	3.19	183.43	179.28	22.30	124.42	12.15	20.59
86.78	7.71	89.95	4.04	16.96	19.61	12.12	50.20	3.42	11.44
128.27	1.71	128.15	1.45	80.08	76.15	41.62	80.42	7.81	8.17
0.88	0.19	1.07		-20.50	-11.58	11.69	0.03	0.01	0.43
58.08	1.67	58.03	3.48	100.26	106.95	7.35	70.30	20.82	8.79
56.91	1.79	57.67	0.80	29.73	31.15	9.46	29.64	3.54	5.94
37.45	0.23	36.55	0.15	17.23	18.42	0.99	21.69	1.98	1.46
37.30	0.86	37.04	10.77	52.20	49.76	1.70	25.08	2.86	2.91
43.97	1.06	44.32	2.27	29.66	45.74	14.78	29.39	9.95	5.81

1-B-54　按地区分组的燃气生产和

地　区	工业销售产值（当年价格）	出口交货值	资产总计	固定资产合计	固定资产原价	累计折旧	流动资产合计	应收账款	存货
全　国	**3965.28**	**28.08**	**5008.06**	**2138.81**	**2691.58**	**723.96**	**1774.51**	**251.54**	**156.09**
北　京	232.04		396.07	130.88	177.92	46.96	99.73	30.45	1.32
天　津	93.09		164.86	109.15	97.30	10.39	49.77	6.51	2.56
河　北	115.51		200.99	69.96	81.29	23.62	74.68	9.81	4.35
山　西	88.12		198.01	96.72	108.34	14.47	50.07	8.75	1.60
内蒙古	149.43		153.08	63.61	87.75	26.90	49.77	5.95	4.40
辽　宁	73.35		186.17	88.75	114.56	27.96	65.88	6.37	3.54
吉　林	59.98		63.22	27.87	43.45	17.24	15.01	1.69	3.03
黑龙江	110.97		42.21	23.30	31.14	13.85	16.06	2.66	2.77
上　海	146.02		284.51	75.94	160.15	83.38	97.86	26.90	22.74
江　苏	371.28	17.44	463.34	195.29	237.81	53.76	197.95	25.58	10.35
浙　江	300.26		255.24	121.85	146.06	30.96	87.96	9.98	10.84
安　徽	103.25		137.74	63.18	75.16	18.77	47.13	4.04	2.40
福　建	191.63		177.58	76.64	102.10	25.48	66.32	10.61	7.61
江　西	50.80		54.75	30.20	36.47	10.60	13.31	2.82	1.62
山　东	232.64		291.75	132.47	157.63	42.02	108.90	15.92	6.35
河　南	176.12		276.74	136.05	155.37	29.10	108.48	8.58	8.71
湖　北	99.95		147.31	66.22	82.17	17.02	50.74	6.26	3.58
湖　南	97.88		95.84	46.32	56.63	14.71	33.73	3.58	3.23
广　东	617.56	10.63	475.88	223.14	280.10	73.62	154.90	30.95	15.34
广　西	22.20		33.50	17.58	21.60	4.57	7.54	1.95	1.26
海　南	13.35		41.16	12.19	17.00	5.99	10.30	1.00	0.23
重　庆	110.41		138.11	59.31	60.53	23.30	63.98	2.86	2.62
四　川	218.32	0.01	264.07	89.59	124.72	42.74	116.14	9.48	11.55
贵　州	31.30		56.89	16.00	22.14	7.64	22.68	4.83	2.11
云　南	36.97		56.10	22.86	28.70	5.87	18.66	3.98	4.88
西　藏									
陕　西	106.80		147.90	51.21	74.53	26.58	63.77	3.84	9.69
甘　肃	31.03		38.81	23.40	24.62	6.90	12.22	0.79	1.99
青　海	2.77		5.99	2.32	3.08	0.88	1.72	0.20	-0.11
宁　夏	35.70		73.46	26.05	30.39	4.65	33.25	2.31	2.24
新　疆	46.56		86.78	40.74	52.89	14.03	35.99	2.90	3.29

供应业主要经济指标

单位：亿元

产成品	负债合计	流动负债合计	应付账款	所有者权益合计	实收资本	国家资本	集体资本	法人资本	个人资本
43.07	**2883.92**	**2102.46**	**398.53**	**2115.71**	**1180.09**	**357.34**	**26.77**	**468.24**	**46.83**
0.82	142.75	122.95	11.91	253.33	62.63	3.89		15.38	0.66
0.06	82.16	39.45	7.70	82.70	63.37	2.62	0.24	53.30	0.04
1.35	133.53	111.76	47.99	68.30	54.84	19.63	7.60	11.29	1.21
0.29	153.31	58.87	9.99	44.70	18.85	5.57		11.17	1.59
1.15	91.53	46.61	17.40	61.52	24.50	7.02	1.58	9.59	2.36
0.68	98.15	80.28	6.96	88.00	69.17	16.85	0.15	21.01	1.24
0.15	31.61	22.30	4.70	31.61	10.03	0.93		7.69	0.24
0.57	26.38	21.12	4.68	15.83	11.63	3.02	0.44	1.91	2.76
9.68	130.07	119.09	34.89	152.38	119.10	76.08		42.50	
1.23	276.66	245.42	19.10	186.68	95.50	8.15	2.48	32.79	3.56
0.98	150.52	96.01	16.63	104.66	83.42	59.38	0.44	7.56	2.76
0.90	86.00	63.96	11.74	48.48	20.96	5.18		9.05	0.81
0.34	106.11	75.20	27.21	70.93	45.24	9.86		26.70	1.02
0.50	28.30	26.07	3.50	26.44	16.14	3.56	0.40	7.93	0.88
1.40	161.50	132.04	23.22	129.36	68.04	31.17	2.78	14.19	3.50
3.54	173.08	116.43	13.10	104.42	48.59	7.96	0.76	27.47	0.95
0.59	97.24	74.55	9.95	49.11	25.07	6.47	0.13	9.59	1.52
1.73	60.87	47.37	5.00	34.94	14.49	2.08	0.70	5.60	2.01
4.11	288.17	199.49	58.76	187.06	117.69	25.80	0.04	58.35	0.69
0.43	24.43	21.23	3.79	9.04	6.24	1.49		3.44	
0.02	12.90	11.44	0.68	28.26	18.69	11.02		7.27	
0.53	78.10	50.67	3.81	59.93	31.79	7.47	2.01	16.00	2.81
4.31	142.46	108.63	11.57	120.52	54.46	14.10	1.01	19.53	7.70
0.34	52.50	32.00	8.65	4.39	9.29	3.98	0.24	4.76	0.31
0.59	33.29	29.18	6.40	22.80	17.59	6.30	0.12	9.89	
5.66	84.73	62.20	12.10	62.95	38.79	7.00	3.00	16.20	6.09
0.20	24.00	20.41	4.57	14.75	10.85	7.11	0.27	2.35	0.96
-0.13	2.13	1.76	0.52	3.86	1.06			0.85	
0.81	55.11	30.24	4.49	18.35	8.00	0.42		7.36	0.22
0.24	56.33	35.73	7.49	30.43	14.08	3.23	2.38	7.53	0.94

1-B-54 续表

地区			主营业务收入	主营业务成本	主营业务税金及附加	销售费用	管理费用	
	港澳台资本	外商资本						税金
全国	**127.73**	**144.44**	**4059.32**	**3455.14**	**21.60**	**115.52**	**163.03**	**6.96**
北京	0.73	41.99	233.87	208.97	1.79	2.92	12.20	0.23
天津	6.10	1.08	97.44	90.43	0.45	0.45	4.05	0.15
河北	11.39	2.73	119.26	98.45	0.70	4.08	7.55	0.26
山西	0.15	0.37	93.54	67.61	0.50	4.40	6.41	0.17
内蒙古	3.95		157.83	135.60	0.67	4.39	3.92	0.93
辽宁	8.46	21.45	72.25	60.86	0.46	4.22	7.25	0.34
吉林	0.63	0.53	62.00	51.91	0.61	3.43	2.49	0.08
黑龙江	3.49	0.03	115.93	108.54	0.20	4.05	2.55	0.13
上海	0.07	0.45	186.02	172.70	0.47	5.83	10.54	0.20
江苏	36.86	11.64	357.42	289.46	1.75	11.12	12.57	0.38
浙江	5.27	8.00	302.48	277.71	0.80	3.36	5.75	0.28
安徽	2.61	3.30	102.55	84.90	0.56	3.14	4.10	0.12
福建	7.65		191.66	161.51	0.64	3.46	2.53	0.26
江西	3.20	0.17	57.97	45.05	0.65	1.94	2.45	0.04
山东	9.98	6.40	243.14	205.32	1.50	8.68	11.87	0.46
河南	3.39	6.22	184.23	148.76	1.21	6.72	7.55	0.28
湖北	3.57	2.72	109.26	86.23	0.83	4.08	4.38	0.28
湖南		4.11	95.99	74.90	0.83	2.86	6.64	0.45
广东	9.90	18.40	594.42	524.57	1.65	8.12	10.23	0.62
广西	1.03	0.23	25.53	21.41	0.17	0.77	1.01	0.05
海南		0.40	13.50	10.12	0.11	0.49	1.08	0.01
重庆		3.50	121.10	106.09	0.95	3.29	4.74	0.13
四川	6.70	5.32	230.56	181.83	2.37	9.55	14.66	0.62
贵州			33.54	33.51	0.05	1.10	1.56	0.05
云南	1.28		36.40	33.33	0.09	0.95	2.09	0.04
西藏								
陕西	1.30	5.20	98.65	77.88	0.65	4.63	6.53	0.21
甘肃			26.66	23.05	0.14	0.87	1.84	0.07
青海		0.21	2.77	2.07	0.02	0.13	0.22	
宁夏			37.59	30.94	0.20	0.34	1.61	0.07
新疆			55.75	41.44	0.56	6.16	2.66	0.06

单位：亿元

财务费用	利息收入	利息支出	投资收益(损失以"-"号记)	营业利润	利润总额	亏损企业亏损额	应交增值税	应交所得税	从业人员平均人数(万人)
39.66	**10.48**	**47.90**	**38.29**	**362.49**	**375.75**	**22.88**	**99.03**	**70.19**	**23.92**
1.62	0.63	2.29	18.87	26.07	31.02	0.61	14.59	2.23	1.15
1.25	0.30	1.44	0.24	1.72	3.00	1.04	2.14	0.83	0.65
1.41	0.27	1.55	2.35	11.22	10.75	1.21	2.11	2.28	1.30
3.08	0.16	2.99	0.30	12.60	9.29	0.68	2.20	2.50	0.66
1.78	0.26	2.06	0.33	12.65	12.76	0.02	2.64	1.50	0.58
2.45	0.12	2.47	0.03	-2.64	-0.07	7.29	1.95	1.53	1.45
0.85	0.01	0.84		2.48	2.83	0.07	1.17	0.11	0.55
-0.23	0.20	0.19	0.06	2.08	2.95	0.30	1.04	0.57	0.55
0.29	0.27	0.60	2.83	-1.07	-0.18	5.18	2.08	0.14	1.04
3.92	0.77	4.10	-0.57	53.03	53.14	0.25	7.88	10.54	1.51
2.18	0.22	2.28	0.33	16.03	15.91	1.33	4.31	2.06	0.61
-0.36	0.18	0.69	0.61	12.03	12.00	0.04	2.30	2.77	0.73
0.86	0.57	1.98	1.52	28.28	28.92		4.27	7.75	0.43
0.28	0.01	0.31	0.13	6.43	6.56	0.09	1.78	1.31	0.47
2.48	0.61	2.58	1.05	22.04	22.67	0.51	7.04	4.34	1.77
2.82	0.60	3.12	0.19	18.43	19.90	0.39	4.17	4.71	1.50
1.51	0.26	1.60	-0.36	13.97	13.95	0.12	2.45	3.33	0.85
0.72	0.12	0.74	0.53	11.01	11.03	0.06	2.77	1.74	0.68
4.34	1.54	6.08	3.23	51.07	50.70	1.06	11.82	9.53	1.40
0.80		0.77		0.85	0.85	0.21	0.23	0.26	0.20
0.21	0.34	0.43	0.64	2.11	2.23		0.28	0.46	0.11
-0.82	0.77	0.43	2.28	10.67	11.13		2.22	1.17	0.98
1.97	0.75	2.33	1.71	28.61	29.15	0.20	8.47	4.88	2.24
1.15	0.17	1.38	1.00	-1.01	-0.26	1.41	0.24	0.10	0.41
0.09	0.10	0.18		0.94	0.93	0.03	0.73	0.21	0.29
1.69	1.03	0.96	0.94	11.97	12.00	0.32	2.35	1.31	0.83
-0.16	0.19	0.10	-0.01	2.43	2.38	0.13	1.31	0.51	0.43
0.03				0.55	0.55	0.05	0.18	0.09	0.02
2.39	-0.02	2.37		3.20	3.05	0.25	3.40	0.28	0.12
1.07	0.05	1.04	0.05	4.77	6.59	0.03	0.89	1.16	0.45

1-B-55 按地区分组的水的

地 区	工业销售产值(当年价格)	出口交货值	资产总计	固定资产合计	固定资产原价	累计折旧	流动资产合计	应收账款	存货
全 国	**1473.34**	**33.91**	**7520.36**	**3765.01**	**5317.75**	**1997.42**	**2250.60**	**226.38**	**74.23**
北 京	42.25		537.53	270.81	420.89	150.04	145.53	21.39	1.07
天 津	41.35		254.18	144.37	146.11	53.62	64.76	8.14	0.68
河 北	36.05		127.41	73.58	107.22	39.84	38.67	5.51	3.29
山 西	16.50		69.85	37.37	59.51	24.24	21.56	2.09	1.55
内蒙古	27.38		146.27	73.00	98.60	27.05	55.47	8.28	1.87
辽 宁	74.64		294.40	157.67	229.06	94.28	99.10	16.87	2.92
吉 林	29.53		56.53	40.20	80.00	40.64	11.06	1.37	0.45
黑龙江	15.23		98.45	37.64	37.84	20.98	45.17	1.62	0.84
上 海	54.99		383.66	208.81	349.84	141.26	70.94	5.43	4.18
江 苏	133.59		996.42	457.86	623.24	177.08	371.30	12.29	12.78
浙 江	139.27	0.42	801.01	414.62	586.88	237.88	243.77	11.96	6.86
安 徽	32.28		130.70	70.81	103.32	39.60	39.61	4.64	2.64
福 建	36.46		208.11	129.05	163.93	62.12	46.78	2.71	0.95
江 西	38.14		131.43	52.57	76.14	28.59	33.16	2.23	1.98
山 东	94.00		384.53	188.69	247.85	78.19	132.37	23.85	8.82
河 南	36.91		103.61	59.98	79.58	29.20	35.42	3.79	0.77
湖 北	44.98		234.29	84.86	124.16	56.21	94.33	11.40	2.80
湖 南	56.35		194.34	107.14	143.20	48.83	52.06	9.38	1.94
广 东	305.78	33.49	1215.15	538.95	899.82	417.83	349.89	44.12	7.79
广 西	23.79		109.11	78.40	83.09	29.43	21.08	1.23	0.78
海 南	5.85		27.13	18.41	23.75	7.44	6.79	1.34	0.68
重 庆	23.30		140.60	84.39	98.12	26.60	34.25	2.02	1.98
四 川	91.62		431.11	186.30	216.59	68.18	115.12	14.47	4.35
贵 州	11.52		62.54	38.73	39.37	10.13	17.86	2.31	0.45
云 南	19.32		132.40	93.99	108.56	22.32	27.98	2.07	0.56
西 藏	1.13		2.35	1.60	2.57	0.96	0.50	0.03	0.05
陕 西	16.57		60.06	21.83	44.91	23.68	29.63	3.10	0.74
甘 肃	8.52		42.76	29.72	43.34	18.13	4.36	0.50	0.12
青 海	2.45		15.05	5.85	9.27	3.48	5.83	0.32	0.05
宁 夏	5.84		30.76	23.99	25.64	7.19	4.66	0.82	0.15
新 疆	7.76		98.64	33.82	45.34	12.42	31.57	1.07	0.14

生产和供应业主要经济指标

单位：亿元

产成品	负债合计	流动负债合计	应付账款	所有者权益合计	实收资本	国家资本	集体资本	法人资本	个人资本
9.55	**4232.24**	**2121.52**	**227.80**	**3262.85**	**1877.61**	**1116.01**	**36.46**	**459.57**	**50.32**
0.44	231.66	86.44	6.09	305.87	265.49	219.38		44.76	0.50
0.04	165.70	97.48	9.16	88.48	52.76	15.46		18.68	
0.23	65.53	39.70	4.32	61.09	49.75	30.06	0.06	16.34	1.28
	31.05	19.99	7.69	38.80	18.94	18.06		0.72	0.15
	98.51	53.97	7.75	47.42	26.17	10.78	0.82	13.16	0.30
0.24	135.37	74.53	9.11	156.11	98.02	79.83	0.05	12.21	5.26
0.07	28.83	16.04	1.82	27.69	22.15	19.71	0.04	0.33	2.06
	63.42	38.94	2.67	35.03	19.79	10.14	0.48	4.26	2.98
0.07	232.41	126.03	7.54	132.45	108.51	25.72	0.93	72.76	
1.21	649.34	303.11	19.92	347.08	221.69	143.76	5.04	32.30	5.68
0.70	478.70	255.08	30.50	321.74	179.59	123.28	0.97	46.44	2.20
0.48	58.20	42.82	3.14	72.40	30.83	19.24	0.04	5.95	0.18
0.41	85.06	44.86	4.85	122.96	89.91	65.90	0.17	14.88	1.68
0.32	71.92	32.74	3.43	59.43	27.98	14.66	0.07	7.23	0.82
0.74	221.03	144.29	18.60	162.25	73.61	37.07	3.20	14.27	4.75
0.19	58.17	31.93	2.06	45.39	27.95	13.73	0.07	7.60	3.75
0.39	120.01	82.89	8.08	114.20	42.79	25.19	0.17	12.92	1.65
0.67	126.66	70.24	10.80	67.50	37.40	17.28	5.61	9.79	0.46
2.05	708.22	298.90	37.27	507.39	203.62	67.26	17.61	44.84	12.48
0.03	67.24	22.32	1.13	41.85	14.63	5.59	0.53	4.88	1.52
0.10	6.64	2.56	0.36	20.49	12.80	8.48		0.31	
0.01	68.22	27.48	3.38	72.02	26.87	8.09		14.61	
0.85	218.40	100.66	11.84	212.60	86.56	69.29	0.58	10.59	1.66
	27.47	18.53	2.88	34.99	20.97	12.47		1.29	0.04
0.08	88.74	41.18	5.04	43.66	29.30	18.14		2.94	0.48
	0.15	0.15		2.20	0.90	0.90			
0.11	30.89	17.95	4.02	29.29	20.13	8.72	0.02	10.58	0.44
0.03	13.11	7.61	0.99	29.64	20.54	14.64		1.00	
	5.94	1.92	0.21	9.11	2.44	2.03		0.41	
0.06	16.43	4.83	0.95	14.33	15.66	5.39		10.26	
0.01	59.25	16.37	2.19	39.39	29.87	5.73		23.23	

1-B-55 续表

地区			主营业务收入	主营业务成本	主营业务税金及附加	销售费用	管理费用	
	港澳台资本	外商资本						税金
全国	**83.31**	**131.13**	**1503.17**	**1151.06**	**16.19**	**90.69**	**184.73**	**10.09**
北京	0.85		51.38	51.02	0.22	0.30	6.17	0.45
天津	8.03	10.59	43.94	42.78	0.38	0.88	4.63	0.10
河北	1.71	0.30	34.54	26.30	0.29	1.84	6.14	0.35
山西			16.46	14.08	0.16	0.94	3.63	0.17
内蒙古		1.11	29.80	21.97	0.44	1.68	3.77	0.25
辽宁	0.64	0.02	73.96	64.00	0.65	4.72	9.87	0.65
吉林			29.18	25.54	0.28	2.08	4.16	0.22
黑龙江	0.54	1.39	16.07	10.43	0.12	0.81	3.48	0.23
上海	1.41	7.70	65.92	58.68	0.88	4.91	5.39	0.22
江苏	19.71	15.18	129.90	87.38	1.15	19.84	15.22	0.94
浙江	2.28	4.40	142.84	113.92	0.85	6.69	16.50	1.07
安徽	3.00	2.42	33.31	25.15	0.50	2.26	4.46	0.29
福建	4.06	3.20	38.25	28.76	0.24	3.24	4.59	0.28
江西	5.20		38.47	28.55	0.40	1.47	3.57	0.18
山东	8.04	6.29	96.36	82.21	0.76	2.95	12.17	0.65
河南	1.52	1.29	38.34	30.27	0.41	2.66	4.73	0.39
湖北		2.85	47.83	39.30	0.52	3.21	5.87	0.45
湖南	1.97	2.30	57.79	43.41	0.76	3.52	8.62	0.46
广东	2.65	58.07	303.44	211.22	2.84	13.44	34.28	1.22
广西	0.28	1.71	23.72	14.21	0.19	1.00	3.50	0.19
海南	3.37	0.64	6.66	4.00	0.09	0.77	0.92	0.04
重庆	4.17		22.86	18.34	0.23	1.37	3.50	0.24
四川	1.23	3.21	92.94	61.46	1.17	2.79	8.83	0.28
贵州		7.17	10.23	6.88	0.12	0.67	2.03	0.16
云南	7.74		18.40	11.77	2.23	2.52	1.95	0.05
西藏			0.63	0.43	0.01	0.51	0.19	
陕西		0.37	16.07	12.33	0.12	1.38	2.07	0.13
甘肃	4.91		7.12	5.47	0.08	0.23	1.72	0.28
青海			2.33	1.02	0.02	0.12	0.90	0.01
宁夏			6.35	4.12	0.05	0.54	0.60	0.06
新疆		0.91	8.08	6.06	0.05	1.36	1.28	0.08

单位：亿元

财务费用	利息收入	利息支出	投资收益（损失以“-”号记）	营业利润	利润总额	亏损企业亏损额	应交增值税	应交所得税	从业人员平均人数（万人）
75.79	**8.78**	**90.59**	**36.34**	**73.35**	**104.13**	**53.67**	**63.61**	**26.22**	**39.67**
-0.29	0.54	2.29	1.83	-4.23	4.80	0.14	1.53	0.79	1.05
1.90	1.34	2.32		-2.88	-2.46	4.22	3.15	0.53	0.50
1.08	0.06	1.23	0.19	0.27	1.10	1.37	1.34	0.31	1.85
0.31	0.03	0.33	0.15	-2.20	-1.83	1.89	0.94	0.01	0.93
1.94	0.09	1.61	-0.02	0.14	0.57	1.72	1.07	0.34	1.03
1.71	0.06	1.66	0.23	-5.38	0.49	3.43	2.73	0.27	2.48
0.58	0.02	0.51		-2.47	-1.72	3.01	1.00	0.03	1.14
0.90	0.03	1.88		-0.51	0.07	0.51	0.58	0.10	0.72
5.51	0.21	5.19	0.63	-4.35	-2.05	6.31	2.76	0.93	1.19
9.63	1.00	10.28	1.39	8.54	12.65	2.68	6.48	2.70	2.91
10.17	2.63	13.08	1.28	-1.06	4.06	8.37	5.59	2.68	2.50
0.39	0.46	0.75	0.57	3.01	3.44	0.14	1.10	1.28	1.09
1.05	0.49	1.44	0.45	2.03	3.41	0.90	1.77	0.54	0.94
1.90	0.04	1.93	0.48	4.32	4.72	0.14	1.32	0.62	1.08
3.54	0.26	3.16	1.92	-0.20	4.49	4.15	3.47	0.79	2.71
1.34	0.06	1.26	0.07	-0.51	1.10	1.07	1.52	0.36	2.07
2.05	0.01	2.01	20.74	19.05	1.99	1.35	2.05	0.32	2.03
1.81	-0.06	3.59	0.13	1.45	2.33	1.46	2.37	0.40	2.03
22.93	0.71	26.84	4.70	32.95	35.88	4.28	11.55	7.76	4.95
1.38	0.05	1.89	0.06	3.82	3.96	0.09	1.05	0.54	0.88
0.01	0.06	0.07		0.93	1.57	0.02	0.32	0.21	0.29
0.12	0.27	1.13	0.11	2.73	3.93	0.24	1.46	0.64	0.66
2.28	0.13	2.20	0.51	17.40	18.01	1.48	4.88	2.33	1.96
0.42		0.43		0.45	0.73	0.19	0.54	0.14	0.49
1.91	0.18	2.09	0.05	-1.01	0.19	2.25	0.91	0.78	0.45
				-0.04	-0.04	0.04	0.04		0.02
0.28	0.03	0.21	0.07	0.41	1.10	0.17	0.86	0.19	0.75
-0.04	0.01	0.12	0.07	-0.14	0.31	0.37	0.37	0.09	0.41
0.06	0.01	0.07	0.58	0.81	0.81	0.07	0.15	0.12	0.10
0.44	0.01	0.45		0.63	0.78	0.33	0.32	0.26	0.19
0.49	0.08	0.57	0.15	-0.62	-0.26	1.25	0.36	0.15	0.30

第2篇

主要工业产品产量

2-1　2013年全国工业主要产品产量

产品名称	计量单位	产品产量
铁矿石原矿	万吨	148636.41
铜金属含量	万吨	179.74
铅金属含量	万吨	313.49
锌金属含量	万吨	526.01
锡金属含量	万吨	13.85
锑金属含量	万吨	11.94
钨精矿折合量(折三氧化钨65%)	吨	141716.86
钼精矿折合量(折纯钼45%)	吨	277289.64
硫铁矿石(折含硫35%)	万吨	1703.99
磷矿石(折含五氧化二磷30%)	万吨	11139.40
原盐	万吨	7367.60
大米	万吨	11798.60
饲料	万吨	24869.55
#配合饲料	万吨	13112.68
混合饲料	万吨	5888.35
精制食用植物油	万吨	5590.55
成品糖	万吨	1592.76
鲜、冷藏肉	万吨	3325.66
冷冻水产品	万吨	751.51
糖果	万吨	265.58
速冻米面食品	万吨	567.87
方便面	万吨	986.31
乳制品	万吨	2636.87
#液体乳	万吨	2353.52
罐头	万吨	1163.62
酱油	万吨	752.58
冷冻饮品	万吨	299.54
发酵酒精(折96度，商品量)	万千升	899.15
饮料酒	万千升	6558.26
#白酒(折65度，商品量)	万千升	1189.01
啤酒	万千升	4982.79
葡萄酒	万千升	114.46
软饮料	万吨	15661.76
#碳酸型饮料(汽水)	万吨	1760.49
包装饮用水	万吨	6574.15
果汁和蔬菜汁类饮料	万吨	2446.67
精制茶	万吨	198.02
卷烟	亿支	25603.86
纱	万吨	3200.00
布	亿米	897.59
#色织布(含牛仔布)	亿米	24.90
#1.棉布	亿米	398.81
2.棉混纺布	亿米	123.04
3.化学纤维短纤布	亿米	176.46
印染布	亿米	577.84
绒线(俗称毛线)	万吨	37.93
毛机织物(呢绒)	万米	49423.89
无纺布(无纺织物)	万吨	301.71
帘子布	万吨	88.22
服装	万件	2765864.27
#1.针织服装	万件	1326548.33
2.梭织服装	万件	1439315.94
#羽绒服装	万件	30805.79
衬衫	万件	112692.53

2-1 续表 1

产品名称	计量单位	产品产量
轻革	万平方米	54000.52
皮革服装	万件	6651.38
皮革鞋靴	万双	452369.42
人造板	万立方米	27149.33
#胶合板	万立方米	15221.15
纤维板	万立方米	6459.47
刨花板	万立方米	1563.09
人造板表面装饰板	万平方米	26549.45
实木木地板	万平方米	8723.80
复合木地板	万平方米	46910.56
家具	万件	66833.02
#木质家具	万件	22303.82
金属家具	万件	34169.17
软体家具	万件	4479.23
纸浆(原生浆及废纸浆)	万吨	1610.88
机制纸及纸板(外购原纸加工除外)	万吨	11323.06
#未涂布印刷书写用纸	万吨	785.14
#新闻纸	万吨	364.50
箱纸板	万吨	1081.61
纸制品	万吨	5685.97
#瓦楞纸箱	万吨	3161.77
硫酸(折100%)	万吨	8154.49
盐酸(氯化氢，含量31%)	万吨	899.28
浓硝酸(折100%)	万吨	269.19
烧碱(折100%)	万吨	2927.44
#离子膜法烧碱(折100%)	万吨	2260.74
纯碱(碳酸钠)	万吨	2431.63
碳化钙(电石，折300升/千克)	万吨	2287.52
乙烯	万吨	1599.31
纯苯	万吨	728.55
精甲醇	万吨	2988.64
冰乙酸(冰醋酸)	万吨	454.21
合成氨(无水氨)	万吨	5739.00
农用氮、磷、钾化学肥料(折纯)	万吨	7026.18
#1.氮肥(折含氮100%)	万吨	4832.61
#尿素(折含氮100%)	万吨	3294.49
2.磷肥(折五氧化二磷100%)	万吨	1673.08
3.钾肥(折氯化钾100%)	万吨	520.48
磷酸一铵(实物量)	万吨	1774.66
磷酸二铵(实物量)	万吨	1746.49
化学农药原药(折有效成分100%)	万吨	303.14
初级形态塑料	万吨	6293.03
#聚丙烯树脂	万吨	1166.85
聚氯乙烯树脂	万吨	1410.17
合成橡胶	万吨	480.64
合成纤维单体	万吨	2133.45
合成纤维聚合物	万吨	1726.70
#聚酯	万吨	1198.44
单晶硅	万千克	3524.59
多晶硅	万千克	12753.18
合成洗涤剂	万吨	1094.27
#合成洗衣粉	万吨	424.62

2-1 续表 2

产品名称	计量单位	产品产量
化学药品原药	万吨	263.30
中成药	万吨	272.05
化学纤维用浆粕	万吨	188.97
化学纤维	万吨	4160.28
#合成纤维	万吨	3735.56
#锦纶纤维	万吨	215.12
涤纶纤维	万吨	3237.03
腈纶纤维	万吨	69.74
维纶纤维	万吨	10.09
丙纶纤维	万吨	25.50
氨纶纤维	万吨	39.29
橡胶轮胎外胎	万条	110440.12
#子午线轮胎外胎	万条	54960.35
塑料制品	万吨	6938.65
#塑料薄膜	万吨	1079.15
#农用薄膜	万吨	176.47
日用塑料制品	万吨	490.47
硅酸盐水泥熟料	万吨	137146.40
#窑外分解窑水泥熟料	万吨	121686.40
水泥	万吨	241923.89
商品混凝土	万立方米	133040.47
水泥混凝土压力管	千米	12161.53
水泥混凝土电杆	万根	1060.35
预应力混凝土桩	万米	32038.06
瓷质砖	万平方米	701372.21
炻瓷砖	万平方米	52513.21
细炻砖	万平方米	24728.27
炻质砖	万平方米	51977.28
陶质砖	万平方米	195064.57
天然大理石建筑板材	万平方米	21929.01
天然花岗石建筑板材	万平方米	49486.82
沥青和改性沥青防水卷材	万平方米	67142.80
平板玻璃	万重量箱	79285.80
钢化玻璃	万平方米	33620.55
夹层玻璃	万平方米	7375.93
中空玻璃	万平方米	6913.18
纤维增强塑料制品	万吨	265.78
耐火材料制品	万吨	11060.85
石墨及炭素制品	万吨	3017.84
生铁	万吨	71149.88
粗钢	万吨	81313.89
铸铁件	万吨	3629.79
铸钢件	万吨	1255.10
钢材	万吨	108200.54
#铁道用钢材	万吨	610.26
#轻轨	万吨	140.13
重轨	万吨	428.20
大型型钢	万吨	1282.61
中小型型钢	万吨	5723.80
棒材	万吨	7789.95
钢筋	万吨	20774.38
线材(盘条)	万吨	15001.38
特厚板	万吨	619.24

2-1　续表 3

产品名称	计量单位	产品产量
厚钢板	万吨	2499.95
中板	万吨	3602.39
热轧薄板	万吨	1057.61
冷轧薄板	万吨	3231.60
中厚宽钢带	万吨	12192.53
热轧薄宽钢带	万吨	5444.56
冷轧薄宽钢带	万吨	3977.09
热轧窄钢带	万吨	5925.40
冷轧窄钢带	万吨	1144.16
镀层板(带)	万吨	4514.46
涂层板(带)	万吨	740.41
电工钢板(带)	万吨	826.76
无缝钢管	万吨	3192.83
焊接钢管	万吨	5319.62
铁合金	万吨	3709.57
十种有色金属	万吨	4412.13
#精炼铜(电解铜)	万吨	664.45
铅	万吨	438.64
锌	万吨	537.00
镍	万吨	28.75
锡	万吨	16.40
锑品	万吨	25.67
原铝(电解铝)	万吨	2543.81
镁	万吨	77.13
海绵钛	万吨	11.63
氧化铝	万吨	4774.96
铝合金	万吨	488.23
铜材	万吨	1485.66
铝材	万吨	4027.54
金属切削工具	万件	796330.17
金属集装箱	万立方米	10095.21
钢绞线	万吨	521.95
锻件	万吨	968.18
粉末冶金零件	万吨	125.89
电站锅炉	蒸发量吨	471623.70
工业锅炉	蒸发量吨	523386.97
发动机	万千瓦	193670.93
#汽车用发动机	万千瓦	159193.50
电站用汽轮机	万千瓦	6922.20
电站水轮机	万千瓦	813.85
金属切削机床	万台	87.55
#数控金属切削机床	万台	21.70
金属成形机床	万台	24.04
#数控金属成形机床(数控锻压设备)	台	30783.00
电焊机	万台	687.11
起重机	万吨	990.30
电动车辆(电动叉车)	万台	18.72
内燃叉车	万台	22.12
泵	万台	9981.31
#真空泵	万台	694.58
气体压缩机	万台	29339.50
#制冷设备用压缩机	万台	28572.38

2-1 续表 4

产品名称	计量单位	产品产量
阀门	万吨	987.11
液压元件	万件	18969.94
气动元件	万件	37553.99
滚动轴承	亿套	157.32
齿轮	万吨	253.07
工业电炉	台	22337.00
风机	万台	1708.60
#鼓风机	万台	32.53
电动手提式工具	万台	24609.89
包装专用设备	台	90039.00
照相机	万台	4690.89
#数码照相机	万台	3620.14
复印和胶版印制设备	万台	698.20
金属紧固件	万吨	706.31
弹簧	万吨	137.23
减速机	万台	596.80
石油钻井设备	台套	263250.00
挖掘、铲土运输机械	台	445363.00
#挖掘机	台	142832.00
压实机械	台	44291.00
水泥专用设备	吨	907159.09
混凝土机械	台	538151.00
金属冶炼设备	吨	1154728.40
金属轧制设备	吨	635859.51
炼油、化工生产专用设备	万吨	207.17
模具	万套	1388.39
印刷专用设备	吨	148675.07
大中型拖拉机	台	665626.00
小型拖拉机	万台	184.86
收获机械	台	887501.00
收获后处理机械	台	455279.00
棉花加工机械	台	22630.00
环境污染防治专用设备	台(套)	535731.00
#大气污染防治设备	台	190847.00
水质污染防治设备	台(套)	194245.00
固体废弃物处理设备	台	64966.00
噪音与振动控制设备	台	1680.00
汽车	万辆	2212.09
#基本型乘用车(轿车)	万辆	1210.43
多功能乘用车(MPV)	万辆	133.79
运动型多用途乘用车(SUV)	万辆	298.73
客车	万辆	162.09
载货汽车	万辆	321.50
改装汽车	万辆	135.07
低速载货汽车	万辆	207.10
铁路机车	辆	1351.00
动车组	辆	1605.00
铁路客车	辆	3631.00
铁路货车	辆	51921.00
民用钢质船舶	万载重吨	4658.03
摩托车整车	万辆	2527.10
两轮脚踏自行车	万辆	7545.25
电动自行车	万辆	2762.54
发电机组(发电设备)	万千瓦	14197.66

2-1　续表 5

产品名称	计量单位	产品产量
#水轮发电机组	万千瓦	2492.01
汽轮发电机组	万千瓦	7985.00
风力发电机组	万千瓦	2110.03
交流电动机	万千瓦	27900.94
变压器	万千伏安	157294.27
高压开关板	面	2094112.00
低压开关板	万面	1622.10
通信及电子网络用电缆	万对千米	4731.48
电力电缆	万千米	4573.66
光缆	万芯千米	24404.10
绝缘制品	吨	1747932.14
原电池及原电池组(非扣式)	亿只	405.42
家用电冰箱(家用冷冻冷藏箱)	万台	9255.74
家用冷柜(家用冷冻箱)	万台	2157.06
房间空气调节器	万台	13069.30
家用电风扇	万台	15875.50
家用吸排油烟机	万台	2783.55
电饭锅	万个	21730.79
家用电热烘烤器具	万个	18055.83
微波炉	万台	7277.64
家用洗衣机	万台	7300.53
家用电热水器	万台	2789.41
家用吸尘器	万台	8981.07
家用燃气灶具	万台	3153.18
家用燃气热水器	万台	1167.01
太阳能热水器	万平方米	1767.22
微型计算机设备	万台	35348.41
#笔记本计算机	万台	24041.53
显示器	万台	13631.16
打印机	万台	7418.98
硬盘存储器	万台	17440.96
程控交换机	万线	2698.53
电话单机	万部	12519.67
传真机	万部	172.08
移动通信手持机(手机)	万台	152343.90
彩色电视机	万台	12745.21
#液晶(LCD)电视机	万台	12234.46
等离子(PDP)电视机	万台	197.92
组合音响	万台	12527.94
半导体存储器播放器(含MP3、MP4)	万个	2968.62
数字激光音、视盘机	万台	19628.03
电视接收机顶盒	万台	11772.08
半导体分立器件	亿只	4905.17
集成电路	亿块	903.46
工业自动调节仪表与控制系统	万台(套)	4707.12
电工仪器仪表	万台	15532.24
分析仪器及装置	万台(套)	115.59
试验机	万台	11.51
环境监测专用仪器仪表	万台	37.99
汽车仪器仪表	万台	4942.87
表	万只	18354.82
眼镜成镜	万副	63911.26

2-2 2013年分地区工业

地　区	铁矿石原　矿（万吨）	硫铁矿石（折含硫35%）（万吨）	磷矿石（折含五氧化二磷30%）（万吨）	原　盐（万吨）	精制食用植物油（万吨）	成品糖（万吨）	方便面（万吨）	乳制品（万吨）
总　计	**148636.41**	**1703.99**	**11139.40**	**7367.60**	**5590.55**	**1592.76**	**986.31**	**2636.87**
北　京	2115.99				3.37		8.58	58.90
天　津				154.76	572.94		38.55	60.45
河　北	57268.89	19.11	59.53	302.35	142.44	9.47	124.27	310.85
山　西	10740.81				24.92	2.74	5.42	49.86
内蒙古	8774.23	62.98		224.62	75.20	41.31		300.27
辽　宁	17901.34	214.23	12.12	128.08	243.55	4.06	21.52	109.36
吉　林	1809.71				81.71		9.70	15.10
黑龙江	551.73				339.86	15.60	16.99	211.15
上　海					104.65		2.95	47.06
江　苏	213.56	38.73	10.22	799.96	525.23	0.83	37.09	134.00
浙　江	157.38	11.93		13.90	37.59	0.21	28.34	55.69
安　徽	5075.79	300.99	56.68	156.14	106.30		51.34	92.23
福　建	1224.42	21.83	7.33	23.44	116.72	3.63	19.58	26.24
江　西	1977.13	243.05		342.60	197.37	3.27	1.25	32.15
山　东	2127.49	27.07		2462.37	606.74	3.55	43.43	259.36
河　南	1665.67	20.30	53.82	412.28	299.32	0.09	328.99	183.89
湖　北	2924.72	22.30	4115.46	466.23	603.75		21.08	76.40
湖　南	1075.76	32.07	12.74	256.94	254.14	7.19	60.01	29.75
广　东	1898.45	339.03		9.86	548.63	146.90	52.53	49.73
广　西	671.07	52.62		11.09	237.45	1010.55	17.05	28.14
海　南	603.55			6.55		43.72		0.45
重　庆	4.06		28.73	236.28	68.67	1.51	7.03	13.74
四　川	19096.81	121.11	919.81	453.24	114.44	2.99	30.51	96.71
贵　州	170.42	11.43	2905.37		17.00	6.58	1.10	6.74
云　南	3165.88	53.40	2956.28	129.88	17.38	238.07	3.79	50.49
西　藏	38.52							0.48
陕　西	1500.61	64.13	1.31	111.88	127.34		49.30	184.01
甘　肃	1814.11	14.34		17.11	4.17	3.76	0.14	29.56
青　海	388.15			329.41	9.25			16.64
宁　夏					7.34			65.47
新　疆	3680.16	33.34		318.63	103.08	46.73	5.77	42.00

主要产品产量

罐　头 (万吨)	饮料酒 (万千升)	#啤　酒 (万千升)	软饮料 (万吨)	卷　烟 (亿支)	布 (亿米)	印染布 (亿米)	绒　线 (毛线) (万吨)	机制纸 及纸板 (万吨)
1163.62	**6558.26**	**4982.79**	**15661.76**	**25603.86**	**897.59**	**577.84**	**37.93**	**11323.06**
0.69	197.99	168.27	474.52	201.05	0.04		0.08	10.03
6.91	31.04	26.17	481.98	234.00	2.12	0.19	0.13	238.00
45.21	192.43	157.00	401.56	847.50	72.81	3.09	7.86	517.32
2.93	58.40	47.31	147.87	158.50	0.75	1.48	0.01	32.69
0.35	178.26	100.94	404.78	332.50			0.01	17.30
53.57	327.35	266.76	495.62	278.88	6.96	3.13	0.28	55.99
0.89	229.72	148.77	735.52	485.00	0.42			34.64
7.47	283.97	214.20	332.63	439.55	0.13			75.54
3.48	67.68	55.41	292.26	934.17	1.59	0.52		92.12
26.64	326.56	220.67	488.93	1021.29	147.21	60.20	12.44	1263.20
80.27	359.03	289.46	910.06	923.47	250.50	315.92	4.18	1650.11
56.91	225.89	162.76	320.44	1313.35	11.85	2.09	0.16	231.91
254.95	215.29	200.43	493.95	948.62	58.08	39.31	0.24	611.09
14.63	138.95	126.18	311.50	639.00	8.07	0.20	0.01	177.50
107.80	855.78	678.02	647.27	1420.14	138.77	25.48	5.79	1991.74
35.48	541.42	402.62	1217.41	1712.96	40.24	12.45	4.13	807.91
126.48	339.75	240.53	844.01	1397.99	82.05	4.31	0.09	240.12
90.11	100.99	71.11	495.91	1862.10	3.85	0.69		402.60
42.98	489.69	471.70	2443.69	1391.91	37.65	101.26	2.25	1682.52
54.84	199.67	185.25	690.25	768.51	0.50	0.04		365.51
26.52	10.27	8.37	51.13	115.00				147.77
9.32	98.24	80.79	285.42	571.00	7.25	2.01	0.06	250.91
36.86	574.23	238.10	1141.05	998.67	18.06	4.87		212.24
1.30	80.56	49.70	257.26	1271.44	0.10			24.24
2.57	107.93	96.41	317.86	3787.76	0.03	0.33		42.19
	17.46	16.32	13.29					3.16
3.69	119.05	102.18	555.39	899.50	7.58	0.27		69.85
2.97	86.53	68.18	214.65	470.00			0.05	18.02
	13.72	11.61	27.55					
0.06	29.87	25.90	9.32		0.11		0.13	21.36
67.74	60.54	51.67	158.68	180.00	0.86		0.03	35.48

2-2 续表 1

地 区	硫 酸 (折100%) (万吨)	盐 酸 (氯化氢, 含量31%) (万吨)	烧 碱 (折100%) (万吨)	纯 碱 (碳酸钠) (万吨)	碳化钙 (电石，折 300升/千克) (万吨)	乙 烯 (万吨)	化学农药原药 (折有效成分 100%) (万吨)	合成氨 (无水氨) (万吨)
总 计	**8154.49**	**899.28**	**2927.44**	**2431.63**	**2287.52**	**1599.31**	**303.14**	**5739.00**
北 京						72.30		
天 津	28.06	20.35	110.99	53.14		130.85	0.31	19.05
河 北	182.43	51.88	101.64	257.07			3.79	306.44
山 西	18.45	2.99	45.10	9.82	53.66		0.05	527.95
内蒙古	283.10	32.34	201.61	59.89	710.73		8.45	128.75
辽 宁	102.82	26.94	56.36	46.85	5.82	138.55	2.31	106.01
吉 林	46.88	6.45	18.49		0.17	73.37	0.99	54.49
黑龙江	6.23	10.67	12.68			76.02	0.97	72.92
上 海	19.47	38.18	71.19			212.00	1.25	
江 苏	379.75	80.73	476.32	325.50		147.71	86.38	383.25
浙 江	124.54	50.11	144.67	26.73	4.51	111.56	27.24	62.50
安 徽	591.10	21.73	40.15	54.69	8.14	0.34	17.75	328.28
福 建	155.82	10.84	22.82	0.68	2.99	71.41	0.19	91.23
江 西	324.04	24.36	50.57		19.43		2.22	12.85
山 东	640.61	96.07	610.02	394.56	2.93	75.74	90.15	783.15
河 南	383.59	49.31	183.46	331.45	112.82	30.06	10.11	485.11
湖 北	680.76	63.50	99.26	133.43	89.29	25.67	21.19	487.85
湖 南	284.37	63.58	75.78	62.46	8.95		8.49	141.06
广 东	275.95	67.62	32.72	60.71		238.26	2.90	6.30
广 西	281.26	41.10	36.44	5.66	11.20			110.33
海 南								82.59
重 庆	209.35	6.97	33.63	118.69			0.23	200.10
四 川	600.83	19.48	106.21	180.95	79.26		13.84	417.54
贵 州	650.01	9.93	6.94		21.87		0.15	208.02
云 南	1331.78	16.40	25.08	15.42	67.54			245.06
西 藏								
陕 西	129.61	21.77	70.53	38.17	167.29		0.38	146.12
甘 肃	271.19	20.53	20.35	20.80	123.23	63.55	0.21	70.07
青 海	55.22		18.07	228.21	15.80			0.18
宁 夏	44.08	10.69	45.23		315.37		3.59	112.94
新 疆	53.18	34.76	211.14	6.75	466.52	131.92		148.86

农用氮、磷、钾化学肥料总计(折纯)(万吨)	#氮肥(折含氮100%)(万吨)	磷肥(折合五氧化二磷100%)(万吨)	初级形态的塑料(万吨)	合成橡胶(万吨)	合成洗涤剂(万吨)	化学药品原药(万吨)	中成药(万吨)	化学纤维(万吨)
7026.18	**4832.61**	**1673.08**	**6293.03**	**480.64**	**1094.27**	**263.30**	**272.05**	**4160.28**
			108.48	20.27	11.48	0.07	4.08	0.12
15.95	14.33	0.81	343.63	5.86	21.49	1.00	0.77	12.09
225.30	222.25	3.04	89.37	3.58	13.36	44.57	5.29	55.32
464.25	457.21	6.34	48.95	2.18	10.85	2.07	1.19	0.24
113.88	107.34	6.54	335.49			5.06	1.13	3.00
77.62	77.62		250.47	3.61	16.39	10.17	2.87	18.01
46.76	40.93	2.92	92.79	17.90	32.16	0.59	23.09	27.35
61.47	60.93	0.54	140.09	9.30	0.01	0.55	5.71	7.43
2.11	1.61	0.51	383.89	24.53	34.14	3.52	0.79	49.07
256.25	240.93	12.66	945.60	144.73	19.00	17.44	2.26	1346.96
33.07	31.58	1.49	704.71	33.32	82.44	29.48	2.51	1841.62
276.85	207.49	69.36	81.48	1.32	89.48	2.61	7.67	32.23
54.70	42.00	12.71	185.51		13.24	2.25	2.05	358.12
110.87	91.39	19.47	15.35	0.43	1.90	5.18	12.50	37.31
764.18	646.02	91.98	444.18	59.83	69.86	55.83	15.99	70.97
452.24	422.21	29.79	266.11	7.90	72.12	32.72	28.42	50.57
1155.31	600.07	553.97	129.61	9.86	26.54	19.90	30.10	24.15
124.15	107.82	16.32	67.33	30.57	44.56	2.92	11.33	5.54
45.03	0.05	44.99	588.71	50.33	386.48	13.12	23.66	56.10
107.70	65.54	42.16	25.21	0.55	25.30	0.66	25.28	0.29
65.88	65.88		17.70				0.11	0.35
207.53	152.16	55.07	5.41	3.44	5.75	1.26	8.22	4.60
468.23	338.60	129.63	118.91	16.63	86.22	6.26	36.75	95.12
517.28	219.89	296.40	4.20		8.83	0.05	8.24	
338.65	114.72	223.93	27.21	8.87	1.11	0.09	4.28	4.97
							0.17	
101.65	79.09	22.56	119.57	0.42	16.71	4.20	5.44	2.88
64.44	50.03	14.41	116.24	16.54		0.36	1.28	
432.32	21.68	0.39	28.48			0.07	0.27	
68.97	56.71	12.25	96.97	0.20		1.17	0.10	
373.55	296.54	2.84	511.38	8.47	4.85	0.13	0.50	55.87

2-2 续表 2

地 区	橡胶轮胎外胎（万条）	塑料制品（万吨）	硅酸盐水泥熟料（万吨）	水 泥（万吨）	平板玻璃（万重量箱）	生 铁（万吨）	粗 钢（万吨）	钢 材（万吨）
总 计	**110440.12**	**6938.65**	**137146.40**	**241923.89**	**79285.80**	**71149.88**	**81313.89**	**108200.54**
北 京	504.07	37.42	633.67	867.41	31.75		2.31	221.80
天 津	17832.81	152.18	163.17	961.63	2251.42	2214.20	2305.06	6966.03
河 北	2701.79	229.45	5930.40	12768.46	12695.43	17015.66	18635.30	22962.73
山 西	166.57	24.54	2805.50	5154.07	2065.29	4235.58	4670.21	4482.64
内蒙古		50.90	3257.41	6468.98	521.63	1361.13	1995.47	1747.84
辽 宁	1960.83	528.93	3377.42	6270.93	3015.69	5826.77	6188.12	6913.15
吉 林	349.48	80.75	3076.19	3470.92	364.40	1116.22	1285.25	1507.86
黑龙江	484.16	40.88	1550.61	4047.02	415.96	681.01	706.55	610.00
上 海	1268.40	207.71	40.39	753.45		1638.72	1811.08	2359.74
江 苏	11157.54	537.87	5291.34	18510.29	5962.49	6688.32	9323.00	13038.96
浙 江	9722.50	1082.41	5452.93	12495.73	3782.28	1059.79	1716.88	3934.06
安 徽	2943.19	296.27	12296.84	12827.11	3002.82	2030.59	2694.28	3164.44
福 建	5418.62	303.44	4838.04	7591.54	4700.93	614.37	1705.41	2784.83
江 西	356.31	78.92	5177.97	9095.17	674.16	2014.48	2156.63	2438.58
山 东	39404.84	474.92	9167.96	16275.41	8279.76	6586.55	6380.47	8148.90
河 南	2399.06	387.54	7474.88	16288.34	1129.71	2719.78	2392.02	4250.08
湖 北	895.74	353.48	5785.03	11020.23	8156.52	2417.61	2992.38	3346.99
湖 南	248.57	173.16	5959.89	11391.49	1967.03	1769.72	1807.74	1966.49
广 东	5906.40	993.04	7039.58	12943.18	8583.49	1091.22	1673.99	3429.14
广 西	181.80	188.38	7473.13	10922.99	638.14	1571.16	1860.59	2916.65
海 南		3.27	1365.65	1988.36			23.10	25.72
重 庆	3250.97	111.96	4382.07	6143.74	1807.59	567.21	876.43	1290.55
四 川	2250.29	305.53	8133.65	13928.48	4021.19	2014.67	2205.82	2828.64
贵 州	602.15	55.78	5550.48	7868.39	525.46	543.24	489.28	573.28
云 南	2.86	39.39	6281.91	9234.42	1021.96	1896.25	1892.42	2054.01
西 藏			225.78	295.82				3.16
陕 西	105.86	47.12	5130.49	8670.45	1891.85	882.93	985.08	1522.62
甘 肃		34.81	2960.02	4439.89	600.07	895.35	1022.20	1021.57
青 海		3.02	1300.22	1928.67	676.90	135.15	147.60	130.82
宁 夏	165.89	13.46	1302.28	1929.46	0.39	122.97	136.67	149.35
新 疆	159.42	102.12	3721.50	5371.87	501.49	1439.23	1232.55	1409.91

#大型型钢(万吨)	中小型型钢(万吨)	钢筋(万吨)	线材(盘条)(万吨)	中厚宽钢带(万吨)	热轧薄宽钢带(万吨)	冷轧薄宽钢带(万吨)	无缝钢管(万吨)	焊接钢管(万吨)
1282.61	**5723.80**	**20774.38**	**15001.38**	**12192.53**	**5444.56**	**3977.09**	**3192.83**	**5319.62**
			10.85			111.39		1.18
48.18	313.61	356.46	160.27	722.69	124.06	302.02	341.36	1595.20
309.12	2078.40	2465.72	2596.74	3503.18	2035.68	733.23	95.37	1355.31
76.82	48.81	809.90	1820.56	348.20	202.94	132.06	18.14	141.91
22.50		238.93	396.26	118.33	3.98	87.21	157.25	30.67
9.28	706.96	732.07	768.60	1555.69	635.59	527.78	101.53	130.36
18.15	0.74	351.22	335.33	143.40	330.01		43.27	52.88
35.97	4.88	369.07	30.60				67.18	25.83
	72.61		71.44	404.51	102.31	525.94	73.97	67.65
1.37	220.49	3237.51	1479.83	932.03	783.30	212.02	570.79	212.70
9.50	125.47	111.49	316.09	384.90	174.50	74.24	154.04	300.44
231.88	311.82	1240.34	319.22	229.56	34.79	162.52	82.15	47.17
	136.27	899.77	558.90		94.34	14.90	1.99	109.02
	13.27	841.23	476.31	150.07	76.72	58.53	14.98	11.11
440.30	684.67	1372.96	981.47	1322.10	58.25	123.55	714.76	301.48
17.75	43.90	766.01	1183.37	213.09	149.08		272.90	96.87
0.94	120.73	612.59	213.37	499.54	130.26	237.74	155.96	34.63
	14.02	616.74	279.79	226.87	78.14	74.42	132.35	15.42
7.92	25.23	1160.94	573.86	0.39	150.45	128.27	15.93	123.28
	457.43	746.72	608.96	423.21	60.51	252.60	6.82	28.33
		20.90						
0.72	61.81	87.80	78.94	245.70	19.22	15.66	17.96	45.82
12.27	166.76	1048.71	246.38	397.95	70.11	70.89	138.10	113.97
	4.02	360.32	183.90				1.26	5.18
39.25	76.17	954.20	525.28	42.98	49.31	1.85		68.61
		3.16						
0.69	14.42	692.14	195.47		0.29		10.88	185.63
	7.24	161.11	302.82	169.23	10.63	106.74	2.22	18.94
		15.43						
		140.06	9.30					
	14.07	360.88	277.47	158.91	70.09	23.53	1.67	200.03

2-2 续表 3

地 区	铁合金(万吨)	十种有色金属(万吨)					氧化铝(万吨)	铜 材(万吨)
			#精炼铜(电解铜)(万吨)	铅(万吨)	锌(万吨)	原 铝(电解铝)(万吨)		
总 计	**3709.57**	**4412.13**	**664.45**	**438.64**	**537.00**	**2543.81**	**4774.96**	**1485.66**
北 京	0.80							0.78
天 津	7.54	3.59	3.59					33.31
河 北	28.19	19.85	15.92		0.71	2.12		28.31
山 西	181.67	137.31	8.86	0.23		104.19	784.59	
内蒙古	439.85	288.28	12.27	11.75	40.99	221.14		32.07
辽 宁	124.17	77.31	5.72	8.83	25.34	29.23	1.53	24.00
吉 林	36.93	0.85						
黑龙江								0.25
上 海		8.56	8.56				0.28	30.07
江 苏	160.42	35.03	11.53	9.72	7.62	6.03		226.75
浙 江	23.27	38.66	25.50	0.12	4.30	8.44		243.28
安 徽	7.47	128.56	120.93	6.59	1.03		0.16	169.44
福 建	33.09	38.77	21.17	0.15	2.56	14.90		18.37
江 西	1.81	161.11	130.03	15.41	9.04			252.84
山 东	147.85	626.88	82.67			544.16	1506.94	59.70
河 南	195.69	578.71	16.89	144.58	28.49	331.66	1216.31	55.76
湖 北	38.70	107.91	50.16	33.76	0.71	23.11		25.49
湖 南	333.66	301.86	4.34	117.24	116.81	33.00		39.39
广 东	0.13	48.62	16.40	5.71	26.34			164.48
广 西	480.50	120.69	0.04	12.45	38.96	64.77	727.99	8.63
海 南								
重 庆	56.60	34.01		2.33		31.49	112.13	13.21
四 川	248.37	76.04			15.79	58.96	7.76	4.27
贵 州	328.84	123.52		0.60	2.77	112.28	360.32	0.16
云 南	133.44	303.62	48.05	49.76	97.29	93.65	56.95	17.23
西 藏		0.01	0.01					
陕 西	59.19	167.54	0.08	4.74	79.89	44.51		1.11
甘 肃	134.29	323.54	77.96	3.08	27.34	200.51		22.89
青 海	223.54	238.31	0.04	3.94	9.78	223.62		13.54
宁 夏	257.73	164.04		3.47		149.77		0.04
新 疆	25.83	258.95	3.73	4.18	1.24	246.28		0.29

电站锅炉(蒸发量吨)	发动机(万千瓦)	金属切削机床(万台)	大中型拖拉机(万台)	汽　车(万辆)	#基本型乘用车(轿车)(万辆)	摩托车整　车(万辆)	两轮脚踏自行车(万辆)	发电机组(发电设备)(万千瓦)
471623.70	**193670.93**	**87.55**	**66.56**	**2212.09**	**1210.43**	**2527.10**	**7545.25**	**14197.66**
8972.00	10869.78	1.13		199.93	90.65			506.41
	3219.68	0.11	1.45	55.68	50.05		3230.31	517.48
4240.00	1188.05	0.13	0.03	97.40	20.09	65.06	14.88	
11427.00	30.55	0.05						22.55
				1.66	0.26			72.51
	13497.19	11.64		107.42	57.05	0.16		121.52
	26371.47	0.21	0.14	164.72	110.09			13.70
171800.45	2375.33	0.40	1.32	10.45	7.94			1903.42
61922.00	22648.33	3.89	0.43	226.89	201.03	89.29	437.44	3068.21
24822.82	9877.29	13.18	9.92	107.53	63.14	172.44	921.04	666.97
11756.00	5675.52	17.66	4.53	33.97	27.45	196.57	1980.68	501.03
	5557.52	8.19	0.19	100.11	45.08			4.77
	216.06	0.67		20.58	11.41	30.53	4.02	103.72
4305.00	24.49	0.57	0.06	36.79	8.28			21.61
29034.10	23042.25	15.10	18.07	102.55	59.90	53.82	0.05	1180.64
9734.00	981.86	1.01	12.02	40.63	4.72	228.21	2.61	93.02
	8842.25	0.34	0.05	158.41	66.59			145.70
	74.62	0.36	1.25	32.06	25.12	19.32	2.01	135.86
	18301.25	3.38		199.93	155.08	827.39	893.75	385.20
250.00	16762.71	0.37		186.91	9.85	14.34	0.37	41.27
	923.80			10.85	5.44			
	18095.07	0.46	9.38	183.97	104.26	810.94	32.27	306.49
133360.33	3216.86	0.67		80.34	52.87	18.25	25.82	3888.42
		0.17		0.03	0.02	0.78		
	1547.86	5.57	6.88	7.99				77.16
	331.14	1.63		42.15	31.70			
		0.29		2.15	2.15			8.80
		0.05						
		0.32	0.04					22.45
			0.80	0.99	0.21			388.75

2-2 续表 4

地　区	变压器（万千伏安）	家　用电冰箱（万台）	房间空气调节器（万台）	家　用洗衣机（万台）	程　控交换机（万线）	电话单机（万部）	传真机（万部）	移动通信手持机（万台）
总　计	**157294.27**	**9255.74**	**13069.30**	**7300.53**	**2698.53**	**12519.67**	**172.08**	**152343.90**
北　京	1047.44	83.74			755.07	18.60		18713.90
天　津	139.80	49.26	218.19	26.03		135.38	3.70	10580.98
河　北	16243.95		633.26		7.75			
山　西	567.02							2387.60
内蒙古	41.99							
辽　宁	14344.29	73.82	110.70		58.38	2.33		2815.00
吉　林	1028.74							
黑龙江	1146.00							
上　海	5861.68	151.08	410.47	201.97	127.08	216.60		4503.83
江　苏	30474.25	1201.21	270.93	1354.55	2.48	128.47		3080.67
浙　江	8289.15	915.13	569.84	1909.93	113.16			5436.77
安　徽	5389.68	2980.93	2711.77	1723.82	3.33			8.72
福　建	686.53				6.35	615.50		3851.07
江　西	2609.99	101.51	319.87	46.38				5513.44
山　东	21370.06	525.18	637.21	651.37	30.89	320.98		5096.74
河　南	1583.19	519.52	1.31	83.25		0.69		9720.69
湖　北	1980.09	226.07	1189.35	137.62	56.10			714.76
湖　南	9927.22	20.04		37.19	1.68			87.53
广　东	5904.64	1843.31	4871.70	666.16	1532.02	10905.72	168.38	75317.36
广　西	1337.21							
海　南	907.09							
重　庆	3866.22	319.95	984.99	241.88		0.71		3695.78
四　川	1698.10	89.66	139.71	220.38		174.69		814.40
贵　州	165.60	155.33						4.66
云　南	1713.91				2.10			
西　藏								
陕　西	11836.83				2.14			
甘　肃	381.85							
青　海								
宁　夏	792.98							
新　疆	5958.77							

微型计算机设备（万台）	#笔记本计算机（万台）	显示器（万台）	集成电路（亿块）	彩色电视机（万台）	组合音响（万台）	照相机（万台）	复印和胶版印制设备（万台）
35348.41	**24041.53**	**13631.16**	**903.46**	**12745.21**	**12527.94**	**4690.89**	**698.20**
1106.95	198.49	305.29	38.02	100.04		17.88	
1072.18		420.40	13.68	277.10	0.74	627.09	
			3.25				
				180.94			
0.22			0.06	385.15	24.73		0.23
3.47			2.78				
7921.21	6007.97	102.17	166.46	99.38			37.29
8994.19	8295.01	4701.68	295.16	884.42	457.21	1563.28	172.89
164.22	161.98	3.38	49.30	619.42	555.36	26.62	19.70
671.80	671.78	0.53	0.31	320.95	154.76		
1284.76	854.73	2846.40	0.47	893.17		157.54	2.19
				18.21		379.06	
22.31		109.24	4.67	1469.69	0.02		0.30
			0.03	46.39	309.72		
97.91		1372.37		20.60			
34.70	10.20	2.76	0.06	11.03			
2179.52	1010.15	1871.25	185.35	6423.44	11025.40	1919.42	465.60
0.61		900.88		77.21			
5593.34	5470.91	994.81		0.89			
6201.02	1360.31		40.67	795.21			
			0.06	121.97			
			11.54				
			91.59				

2-3　2013年全国规模以上工业主要产品生产能力

产品名称	计量单位	2013年
天然原油	万吨	21882.88
卷烟	亿支	37612.37
原油加工能力	万吨	63054.74
焦炭	万吨	65316.70
烧碱	万吨	3524.36
碳化钙(电石,折 300升／千克)	万吨	3103.09
初级形态塑料	万吨	7371.44
农用氮、磷、钾化学肥料总计(折纯)	万吨	9969.76
化学纤维	万吨	5175.22
水泥	万吨	337512.77
平板玻璃	万重量箱	92786.86
粗钢	万吨	110537.47
钢材	万吨	145777.90
原铝(电解铝)	万吨	3121.80
金属切削机床	万台	117.42
汽车	万辆	2783.84
#基本型乘用车(轿车)	万辆	1367.65
家用电冰箱	万台	12220.09
房间空气调节器	万台	20829.32
移动通信手持机(手机)	万台	187987.06
微型计算机设备	万台	46252.49
彩色电视机	万台	19288.54
发电设备容量总计	万千瓦	118999.44
#火电设备容量	万千瓦	85625.09
水电设备容量	万千瓦	24298.41
核电设备容量	万千瓦	1485.04
风电设备容量	万千瓦	6552.16

中国经济普查年鉴

China Economic Census Yearbook

2013

第二产业卷|下

国务院第三次全国经济普查领导小组办公室 编

中国统计出版社
China Statistics Press

图书在版编目（CIP）数据

中国经济普查年鉴. 2013 / 国务院第三次全国经济普查领导小组办公室编著. -- 北京 ：中国统计出版社，2015.7

ISBN 978-7-5037-7466-9

Ⅰ. ①中… Ⅱ. ①国… Ⅲ. ①经济－普查－中国－2013－年鉴 Ⅳ. ①F123-54

中国版本图书馆 CIP 数据核字（2015）第 147899 号

中国经济普查年鉴—2013/第二产业卷（下）

作　者/国务院第三次全国经济普查领导小组办公室
责任编辑/王振宇
封面设计/黄俊杰　李雪燕
出版发行/中国统计出版社
通信地址/北京市丰台区西三环南路甲 6 号　邮政编码/100073
电　话/邮购（010）63376909　书店（010）68783171
网　址/http://www.zgtjcbs.com/
印　刷/河北天普润印刷厂
经　销/新华书店
开　本/880mm×1230mm　1/16
字　数/1288 千字
印　张/41.25
版　别/2015 年 8 月第 1 版
版　次/2015 年 8 月第 1 次印刷
定　价/880.00 元（全四册附光盘）

本书附同版本 CD-ROM 一张，光盘内容以书面文字为准。
如有印装差错，由本社发行部调换。

编辑委员会

第一篇　规模以上工业企业科技情况

主　　编：察志敏

副 主 编：关晓静

编辑人员：（以姓氏笔画为序）

邓永旭　李　胤　张　鹏　赵利婧

数据处理：张　鹏

校　　对：邓永旭

第二篇　建筑业企业生产经营及财务状况

主　　编：贾　海

副 主 编：赵培亚　李俊波　王文颖

编辑人员：（以姓氏笔画为序）

丁　一　丁　勇　王宝滨　许春伟　刘晓琼　刘　斌
李　皎　肖　雪　张正文　张　刚　张金鑫　陈宝顺
陈淑清　罗毅飞　杲海青　俞家红　高　毅　韩　峰
路亚南

数据处理：罗毅飞　张　刚

校　　对：陈淑清

第二产业卷（下）　目录

第一篇　规模以上工业企业科技情况

A.　企业 R&D 及相关活动主要指标
1-A-1　企业 R&D 及相关活动主要指标 …… 2
1-A-2　分登记注册类型企业 R&D 及相关活动主要指标 …… 4
1-A-3　制造业企业 R&D 及相关活动主要指标 …… 8
1-A-4　分地区企业 R&D 及相关活动主要指标 …… 16
B.　基本情况
1-B-1　分登记注册类型企业基本情况 …… 24
1-B-2　分登记注册类型大中型企业基本情况 …… 25
1-B-3　分行业企业基本情况 …… 26
1-B-4　分行业大中型企业基本情况 …… 29
1-B-5　分行业内资企业基本情况 …… 32
1-B-6　分行业港澳台商投资企业基本情况 …… 35
1-B-7　分行业外商投资企业基本情况 …… 38
1-B-8　各地区企业基本情况 …… 41
1-B-9　各地区大中型企业基本情况 …… 42
1-B-10　各地区内资企业基本情况 …… 43
1-B-11　各地区港澳台商投资企业基本情况 …… 44
1-B-12　各地区外商投资企业基本情况 …… 45
C.　企业 R&D 人员情况
1-C-1　分登记注册类型企业 R&D 人员情况 …… 46
1-C-2　分登记注册类型大中型企业 R&D 人员情况 …… 47
1-C-3　分行业企业 R&D 人员情况 …… 48
1-C-4　分行业大中型企业 R&D 人员情况 …… 53
1-C-5　分行业内资企业 R&D 人员情况 …… 58
1-C-6　分行业港澳台商投资企业 R&D 人员情况 …… 63
1-C-7　分行业外商投资企业 R&D 人员情况 …… 68
1-C-8　各地区企业 R&D 人员情况 …… 73
1-C-9　各地区大中型企业 R&D 人员情况 …… 74
1-C-10　各地区内资企业 R&D 人员情况 …… 75
1-C-11　各地区港澳台商投资企业 R&D 人员情况 …… 76
1-C-12　各地区外商投资企业 R&D 人员情况 …… 77
D.　企业 R&D 经费支出情况
1-D-1.1　分登记注册类型企业 R&D 经费内部支出情况 …… 78
1-D-1.2　分登记注册类型大中型企业 R&D 经费内部支出情况 …… 79

1-D-1.3 分行业企业 R&D 经费内部支出情况 …… 80
1-D-1.4 分行业大中型企业 R&D 经费内部支出情况 …… 85
1-D-1.5 分行业内资企业 R&D 经费内部支出情况 …… 90
1-D-1.6 分行业港澳台商投资企业 R&D 经费内部支出情况 …… 95
1-D-1.7 分行业外商投资企业 R&D 经费内部支出情况 …… 100
1-D-1.8 各地区企业 R&D 经费内部支出情况 …… 105
1-D-1.9 各地区大中型企业 R&D 经费内部支出情况 …… 106
1-D-1.10 各地区内资企业 R&D 经费内部支出情况 …… 107
1-D-1.11 各地区港澳台商投资企业 R&D 经费内部支出情况 …… 108
1-D-1.12 各地区外商投资企业 R&D 经费内部支出情况 …… 109
1-D-2.1 分登记注册类型企业 R&D 经费外部支出情况 …… 110
1-D-2.2 分登记注册类型大中型企业 R&D 经费外部支出情况 …… 111
1-D-2.3 分行业企业 R&D 经费外部支出情况 …… 112
1-D-2.4 分行业大中型企业 R&D 经费外部支出情况 …… 117
1-D-2.5 分行业内资企业 R&D 经费外部支出情况 …… 122
1-D-2.6 分行业港澳台商投资企业 R&D 经费外部支出情况 …… 127
1-D-2.7 分行业外商投资企业 R&D 经费外部支出情况 …… 132
1-D-2.8 各地区企业 R&D 经费外部支出情况 …… 137
1-D-2.9 各地区大中型企业 R&D 经费外部支出情况 …… 138
1-D-2.10 各地区内资企业 R&D 经费外部支出情况 …… 139
1-D-2.11 各地区港澳台商投资企业 R&D 经费外部支出情况 …… 140
1-D-2.12 各地区外商投资企业 R&D 经费外部支出情况 …… 141

E. 企业 R&D 项目情况

1-E-1 分登记注册类型企业全部 R&D 项目情况 …… 142
1-E-2 分登记注册类型大中型企业全部 R&D 项目情况 …… 143
1-E-3 分行业企业全部 R&D 项目情况 …… 144
1-E-4 分行业大中型企业全部 R&D 项目情况 …… 149
1-E-5 分行业内资企业全部 R&D 项目情况 …… 154
1-E-6 分行业港澳台商投资企业全部 R&D 项目情况 …… 159
1-E-7 分行业外商投资企业全部 R&D 项目情况 …… 164
1-E-8 各地区企业全部 R&D 项目情况 …… 169
1-E-9 各地区大中型企业全部 R&D 项目情况 …… 170
1-E-10 各地区内资企业全部 R&D 项目情况 …… 171
1-E-11 各地区港澳台商投资企业全部 R&D 项目情况 …… 172
1-E-12 各地区外商投资企业全部 R&D 项目情况 …… 173

F. 企业办研发机构情况

1-F-1 分登记注册类型企业办研发机构情况 …… 174
1-F-2 分登记注册类型大中型企业办研发机构情况 …… 175
1-F-3 分行业企业办研发机构情况 …… 176
1-F-4 分行业大中型企业办研发机构情况 …… 181
1-F-5 分行业内资企业办研发机构情况 …… 186
1-F-6 分行业港澳台商投资企业办研发机构情况 …… 191

1-F-7　分行业外商投资企业办研发机构情况……196
1-F-8　各地区企业办研发机构情况……201
1-F-9　各地区大中型企业办研发机构情况……202
1-F-10　各地区内资企业办研发机构情况……203
1-F-11　各地区港澳台商投资企业办研发机构情况……204
1-F-12　各地区外商投资企业办研发机构情况……205

G. 企业新产品开发及销售情况

1-G-1　分登记注册类型企业新产品开发及销售情况……206
1-G-2　分登记注册类型大中型企业新产品开发及销售情况……207
1-G-3　分行业企业新产品开发及销售情况……208
1-G-4　分行业大中型企业新产品开发及销售情况……213
1-G-5　分行业内资企业新产品开发及销售情况……218
1-G-6　分行业港澳台商投资企业新产品开发及销售情况……223
1-G-7　分行业外商投资企业新产品开发及销售情况……228
1-G-8　各地区企业新产品开发及销售情况……233
1-G-9　各地区大中型企业新产品开发及销售情况……234
1-G-10　各地区内资企业新产品开发及销售情况……235
1-G-11　各地区港澳台商投资企业新产品开发及销售情况……236
1-G-12　各地区外商投资企业新产品开发及销售情况……237

H. 企业自主知识产权及相关情况

1-H-1　分登记注册类型企业自主知识产权及相关情况……238
1-H-2　分登记注册类型大中型企业自主知识产权及相关情况……239
1-H-3　分行业企业自主知识产权及相关情况……240
1-H-4　分行业大中型企业自主知识产权及相关情况……245
1-H-5　分行业内资企业自主知识产权及相关情况……250
1-H-6　分行业港澳台商投资企业自主知识产权及相关情况……255
1-H-7　分行业外商投资企业自主知识产权及相关情况……260
1-H-8　各地区企业自主知识产权及相关情况……265
1-H-9　各地区大中型企业自主知识产权及相关情况……266
1-H-10　各地区内资企业自主知识产权及相关情况……267
1-H-11　各地区港澳台商投资企业自主知识产权及相关情况……268
1-H-12　各地区外商投资企业自主知识产权及相关情况……269

I. 企业政府相关政策落实情况

1-I-1　分登记注册类型企业政府相关政策落实情况……270
1-I-2　分登记注册类型大中型企业政府相关政策落实情况……271
1-I-3　分行业企业政府相关政策落实情况……272
1-I-4　分行业大中型企业政府相关政策落实情况……277
1-I-5　分行业内资企业政府相关政策落实情况……282
1-I-6　分行业港澳台商投资企业政府相关政策落实情况……287
1-I-7　分行业外商投资企业政府相关政策落实情况……292
1-I-8　各地区企业政府相关政策落实情况……297
1-I-9　各地区大中型企业政府相关政策落实情况……298

1-I-10　各地区内资企业政府相关政策落实情况……299
1-I-11　各地区港澳台商投资企业政府相关政策落实情况……300
1-I-12　各地区外商投资企业政府相关政策落实情况……301
J. 企业技术获取和技术改造情况
1-J-1　分登记注册类型企业技术获取和技术改造情况……302
1-J-2　分登记注册类型大中型企业技术获取和技术改造情况……303
1-J-3　分行业企业技术获取和技术改造情况……304
1-J-4　分行业大中型企业技术获取和技术改造情况……309
1-J-5　分行业内资企业技术获取和技术改造情况……314
1-J-6　分行业港澳台商投资企业技术获取和技术改造情况……319
1-J-7　分行业外商投资企业技术获取和技术改造情况……324
1-J-8　各地区企业技术获取和技术改造情况……329
1-J-9　各地区大中型企业技术获取和技术改造情况……330
1-J-10　各地区内资企业技术获取和技术改造情况……331
1-J-11　各地区港澳台商投资企业技术获取和技术改造情况……332
1-J-12　各地区外商投资企业技术获取和技术改造情况……333

第二篇　建筑业企业生产经营及财务状况

A. 全社会建筑业企业
2-A-1　各地区全社会建筑业企业个数……337
2-A-2　各地区全社会建筑业企业年末从业人员……338
2-A-3　各地区全社会建筑业企业资产总计……339
2-A-4　各地区全社会建筑业企业实收资本……340
2-A-5　各行业全社会建筑业企业个数……341
2-A-6　各行业全社会建筑业企业年末从业人员……341
2-A-7　各行业全社会建筑业企业资产总计……342
2-A-8　各行业全社会建筑业企业实收资本……342
B. 总承包和专业承包建筑业企业
1. 综合
2-B-1.1　按经济类型划分的总承包和专业承包企业主要经济指标……343
2-B-1.2　总承包和专业承包企业主要经济指标完成情况……344
2-B-1.3　各地区总承包和专业承包企业签订合同情况……345
2-B-1.4　各地区总承包和专业承包企业承包工程完成情况……346
2-B-1.5　各地区总承包和专业承包企业建筑业总产值和竣工产值……347
2-B-1.6　各地区总承包和专业承包企业房屋建筑面积……348
2-B-1.7　各地区按主要用途分的总承包和专业承包企业房屋建筑竣工面积……349
2-B-1.8　各地区按主要用途分的总承包和专业承包企业房屋建筑竣工价值……351
2-B-1.9　各地区总承包和专业承包企业施工机械设备情况……353
2-B-1.10　各地区总承包和专业承包企业建筑材料消耗情况……354
2-B-1.11　各地区总承包和专业承包企业主要生产效益指标……355
2-B-1.12　各地区总承包和专业承包企业营业额……356

2-B-1.13　各地区总承包和专业承包企业资产构成 357
2-B-1.14　各地区总承包和专业承包企业固定资产情况 358
2-B-1.15　各地区总承包和专业承包企业负债及所有者权益 359
2-B-1.16　各地区总承包和专业承包企业实收资本 360
2-B-1.17　各地区总承包和专业承包企业收入情况 361
2-B-1.18　各地区总承包和专业承包企业费用情况 362
2-B-1.19　各地区总承包和专业承包企业利润及税金情况 363
2-B-1.20　各地区总承包和专业承包企业应收工程款及企业亏损情况 364
2-B-1.21　各地区总承包和专业承包企业主要经济效益指标 365
2. 按经济类型分组
2-B-2.1　各地区国有总承包和专业承包企业签订合同情况 366
2-B-2.2　各地区国有总承包和专业承包企业承包工程完成情况 367
2-B-2.3　各地区国有总承包和专业承包企业建筑业总产值和竣工产值 368
2-B-2.4　各地区国有总承包和专业承包企业房屋建筑面积 369
2-B-2.5　各地区按主要用途分的国有总承包和专业承包企业房屋建筑竣工面积 370
2-B-2.6　各地区按主要用途分的国有总承包和专业承包企业房屋建筑竣工价值 372
2-B-2.7　各地区国有总承包和专业承包企业施工机械设备情况 374
2-B-2.8　各地区国有总承包和专业承包企业主要生产效益指标 375
2-B-2.9　各地区国有总承包和专业承包企业营业额 376
2-B-2.10　各地区国有总承包和专业承包企业资产构成 377
2-B-2.11　各地区国有总承包和专业承包企业固定资产情况 378
2-B-2.12　各地区国有总承包和专业承包企业负债及所有者权益 379
2-B-2.13　各地区国有总承包和专业承包企业实收资本 380
2-B-2.14　各地区国有总承包和专业承包企业收入情况 381
2-B-2.15　各地区国有总承包和专业承包企业费用情况 382
2-B-2.16　各地区国有总承包和专业承包企业利润及税金情况 383
2-B-2.17　各地区国有总承包和专业承包企业应收工程款及企业亏损情况 384
2-B-2.18　各地区国有总承包和专业承包企业主要经济效益指标 385
2-B-2.19　各地区集体总承包和专业承包企业签订合同情况 386
2-B-2.20　各地区集体总承包和专业承包企业承包工程完成情况 387
2-B-2.21　各地区集体总承包和专业承包企业建筑业总产值和竣工产值 388
2-B-2.22　各地区集体总承包和专业承包企业房屋建筑面积 389
2-B-2.23　各地区按主要用途分的集体总承包和专业承包企业房屋建筑竣工面积 390
2-B-2.24　各地区按主要用途分的集体总承包和专业承包企业房屋建筑竣工价值 392
2-B-2.25　各地区集体总承包和专业承包企业施工机械设备情况 394
2-B-2.26　各地区集体总承包和专业承包企业主要生产效益指标 395
2-B-2.27　各地区集体总承包和专业承包企业营业额 396
2-B-2.28　各地区集体总承包和专业承包企业资产构成 397
2-B-2.29　各地区集体总承包和专业承包企业固定资产情况 398
2-B-2.30　各地区集体总承包和专业承包企业负债及所有者权益 399
2-B-2.31　各地区集体总承包和专业承包企业实收资本 400
2-B-2.32　各地区集体总承包和专业承包企业收入情况 401

2-B-2.33 各地区集体总承包和专业承包企业费用情况 …… 402
2-B-2.34 各地区集体总承包和专业承包企业利润及税金情况 …… 403
2-B-2.35 各地区集体总承包和专业承包企业应收工程款及企业亏损情况 …… 404
2-B-2.36 各地区集体总承包和专业承包企业主要经济效益指标 …… 405
2-B-2.37 各地区私营总承包和专业承包企业签订合同情况 …… 406
2-B-2.38 各地区私营总承包和专业承包企业承包工程完成情况 …… 407
2-B-2.39 各地区私营总承包和专业承包企业建筑业总产值和竣工产值 …… 408
2-B-2.40 各地区私营总承包和专业承包企业房屋建筑面积 …… 409
2-B-2.41 各地区按主要用途分的私营总承包和专业承包企业房屋建筑竣工面积 …… 410
2-B-2.42 各地区按主要用途分的私营总承包和专业承包企业房屋建筑竣工价值 …… 412
2-B-2.43 各地区私营总承包和专业承包企业施工机械设备情况 …… 414
2-B-2.44 各地区私营总承包和专业承包企业主要生产效益指标 …… 415
2-B-2.45 各地区私营总承包和专业承包企业营业额 …… 416
2-B-2.46 各地区私营总承包和专业承包企业资产构成 …… 417
2-B-2.47 各地区私营总承包和专业承包企业固定资产情况 …… 418
2-B-2.48 各地区私营总承包和专业承包企业负债及所有者权益 …… 419
2-B-2.49 各地区私营总承包和专业承包企业实收资本 …… 420
2-B-2.50 各地区私营总承包和专业承包企业收入情况 …… 421
2-B-2.51 各地区私营总承包和专业承包企业费用情况 …… 422
2-B-2.52 各地区私营总承包和专业承包企业利润及税金情况 …… 423
2-B-2.53 各地区私营总承包和专业承包企业应收工程款及企业亏损情况 …… 424
2-B-2.54 各地区私营总承包和专业承包企业主要经济效益指标 …… 425
2-B-2.55 各地区联营总承包和专业承包企业签订合同情况 …… 426
2-B-2.56 各地区联营总承包和专业承包企业承包工程完成情况 …… 427
2-B-2.57 各地区联营总承包和专业承包企业建筑业总产值和竣工产值 …… 428
2-B-2.58 各地区联营总承包和专业承包企业房屋建筑面积 …… 429
2-B-2.59 各地区按主要用途分的联营总承包和专业承包企业房屋建筑竣工面积 …… 430
2-B-2.60 各地区按主要用途分的联营总承包和专业承包企业房屋建筑竣工价值 …… 432
2-B-2.61 各地区联营总承包和专业承包企业施工机械设备情况 …… 434
2-B-2.62 各地区联营总承包和专业承包企业主要生产效益指标 …… 435
2-B-2.63 各地区联营总承包和专业承包企业营业额 …… 436
2-B-2.64 各地区联营总承包和专业承包企业资产构成 …… 437
2-B-2.65 各地区联营总承包和专业承包企业固定资产情况 …… 438
2-B-2.66 各地区联营总承包和专业承包企业负债及所有者权益 …… 439
2-B-2.67 各地区联营总承包和专业承包企业实收资本 …… 440
2-B-2.68 各地区联营总承包和专业承包企业收入情况 …… 441
2-B-2.69 各地区联营总承包和专业承包企业费用情况 …… 442
2-B-2.70 各地区联营总承包和专业承包企业利润及税金情况 …… 443
2-B-2.71 各地区联营总承包和专业承包企业应收工程款及企业亏损情况 …… 444
2-B-2.72 各地区联营总承包和专业承包企业主要经济效益指标 …… 445
2-B-2.73 各地区股份制总承包和专业承包企业签订合同情况 …… 446
2-B-2.74 各地区股份制总承包和专业承包企业承包工程完成情况 …… 447

2-B-2.75 各地区股份制总承包和专业承包企业建筑业总产值和竣工产值 ······ 448
2-B-2.76 各地区股份制总承包和专业承包企业房屋建筑面积 ······ 449
2-B-2.77 各地区按主要用途分的股份制总承包和专业承包企业房屋建筑竣工面积 ······ 450
2-B-2.78 各地区按主要用途分的股份制总承包和专业承包企业房屋建筑竣工价值 ······ 452
2-B-2.79 各地区股份制总承包和专业承包企业施工机械设备情况 ······ 454
2-B-2.80 各地区股份制总承包和专业承包企业主要生产效益指标 ······ 455
2-B-2.81 各地区股份制总承包和专业承包企业营业额 ······ 456
2-B-2.82 各地区股份制总承包和专业承包企业资产构成 ······ 457
2-B-2.83 各地区股份制总承包和专业承包企业固定资产情况 ······ 458
2-B-2.84 各地区股份制总承包和专业承包企业负债及所有者权益 ······ 459
2-B-2.85 各地区股份制总承包和专业承包企业实收资本 ······ 460
2-B-2.86 各地区股份制总承包和专业承包企业收入情况 ······ 461
2-B-2.87 各地区股份制总承包和专业承包企业费用情况 ······ 462
2-B-2.88 各地区股份制总承包和专业承包企业利润及税金情况 ······ 463
2-B-2.89 各地区股份制总承包和专业承包企业应收工程款及企业亏损情况 ······ 464
2-B-2.90 各地区股份制总承包和专业承包企业主要经济效益指标 ······ 465
2-B-2.91 各地区外商投资总承包和专业承包企业签订合同情况 ······ 466
2-B-2.92 各地区外商投资总承包和专业承包企业承包工程完成情况 ······ 467
2-B-2.93 各地区外商投资总承包和专业承包企业建筑业总产值和竣工产值 ······ 468
2-B-2.94 各地区外商投资总承包和专业承包企业房屋建筑面积 ······ 469
2-B-2.95 各地区按主要用途分的外商投资总承包和专业承包企业房屋建筑竣工面积 ······ 470
2-B-2.96 各地区按主要用途分的外商投资总承包和专业承包企业房屋建筑竣工价值 ······ 472
2-B-2.97 各地区外商投资总承包和专业承包企业施工机械设备情况 ······ 474
2-B-2.98 各地区外商投资总承包和专业承包企业主要生产效益指标 ······ 475
2-B-2.99 各地区外商投资总承包和专业承包企业营业额 ······ 476
2-B-2.100 各地区外商投资总承包和专业承包企业资产构成 ······ 477
2-B-2.101 各地区外商投资总承包和专业承包企业固定资产情况 ······ 478
2-B-2.102 各地区外商投资总承包和专业承包企业负债及所有者权益 ······ 479
2-B-2.103 各地区外商投资总承包和专业承包企业实收资本 ······ 480
2-B-2.104 各地区外商投资总承包和专业承包企业收入情况 ······ 481
2-B-2.105 各地区外商投资总承包和专业承包企业费用情况 ······ 482
2-B-2.106 各地区外商投资总承包和专业承包企业利润及税金情况 ······ 483
2-B-2.107 各地区外商投资总承包和专业承包企业应收工程款及企业亏损情况 ······ 484
2-B-2.108 各地区外商投资总承包和专业承包企业主要经济效益指标 ······ 485
2-B-2.109 各地区港澳台商投资总承包和专业承包企业签订合同情况 ······ 486
2-B-2.110 各地区港澳台商投资总承包和专业承包企业承包工程完成情况 ······ 487
2-B-2.111 各地区港澳台商投资总承包和专业承包企业建筑业总产值和竣工产值 ······ 488
2-B-2.112 各地区港澳台商投资总承包和专业承包企业房屋建筑面积 ······ 489
2-B-2.113 各地区按主要用途分的港澳台商投资总承包和专业承包企业房屋建筑竣工面积 ······ 490
2-B-2.114 各地区按主要用途分的港澳台商投资总承包和专业承包企业房屋建筑竣工价值 ······ 492

2-B-2.115 各地区港澳台商投资总承包和专业承包企业施工机械设备情况……494
2-B-2.116 各地区港澳台商投资总承包和专业承包企业主要生产效益指标……495
2-B-2.117 各地区港澳台商投资总承包和专业承包企业营业额……496
2-B-2.118 各地区港澳台商投资总承包和专业承包企业资产构成……497
2-B-2.119 各地区港澳台商投资总承包和专业承包企业固定资产情况……498
2-B-2.120 各地区港澳台商投资总承包和专业承包企业负债及所有者权益……499
2-B-2.121 各地区港澳台商投资总承包和专业承包企业实收资本……500
2-B-2.122 各地区港澳台商投资总承包和专业承包企业收入情况……501
2-B-2.123 各地区港澳台商投资总承包和专业承包企业费用情况……502
2-B-2.124 各地区港澳台商投资总承包和专业承包企业利润及税金情况……503
2-B-2.125 各地区港澳台商投资总承包和专业承包企业应收工程款及企业亏损情况……504
2-B-2.126 各地区港澳台商投资总承包和专业承包企业主要经济效益指标……505

3. 按行业分组

2-B-3.1 各行业总承包和专业承包企业签订合同情况……506
2-B-3.2 各行业总承包和专业承包企业承包工程完成情况……506
2-B-3.3 各行业总承包和专业承包企业建筑业总产值和竣工产值……507
2-B-3.4 各行业总承包和专业承包企业房屋建筑面积……508
2-B-3.5 各行业总承包和专业承包企业机械设备情况……508
2-B-3.6 按主要用途分的各行业总承包和专业承包企业房屋建筑竣工面积……509
2-B-3.7 按主要用途分的各行业总承包和专业承包企业房屋建筑竣工价值……510
2-B-3.8 按主要用途分的各行业总承包和专业承包企业主要生产效益指标……511
2-B-3.9 按主要用途分的各行业总承包和专业承包企业营业额……511
2-B-3.10 各行业总承包和专业承包企业资产构成……512
2-B-3.11 各行业总承包和专业承包企业固定资产情况……512
2-B-3.12 各行业总承包和专业承包企业负债及所有者权益……513
2-B-3.13 各行业总承包和专业承包企业实收资本……513
2-B-3.14 各行业总承包和专业承包企业收入情况……514
2-B-3.15 各行业总承包和专业承包企业费用情况……514
2-B-3.16 各行业总承包和专业承包企业利润及税金情况……515
2-B-3.17 各行业总承包和专业承包企业应收工程款及企业亏损情况……515
2-B-3.18 各行业总承包和专业承包企业主要经济效益指标……516

4. 按中央、地方分组

2-B-4.1 各地区中央总承包和专业承包企业签订合同情况……517
2-B-4.2 各地区中央总承包和专业承包企业承包工程完成情况……518
2-B-4.3 各地区中央总承包和专业承包企业建筑业总产值和竣工产值……519
2-B-4.4 各地区中央总承包和专业承包企业房屋建筑面积……520
2-B-4.5 各地区按主要用途分的中央总承包和专业承包企业房屋建筑竣工面积……521
2-B-4.6 各地区按主要用途分的中央总承包和专业承包企业房屋建筑竣工价值……523
2-B-4.7 各地区中央总承包和专业承包企业施工机械设备情况……525
2-B-4.8 各地区中央总承包和专业承包企业主要生产效益指标……526
2-B-4.9 各地区中央总承包和专业承包企业营业额……527
2-B-4.10 各地区中央总承包和专业承包企业资产构成……528

2-B-4.11　各地区中央总承包和专业承包企业固定资产情况 …… 529
2-B-4.12　各地区中央总承包和专业承包企业负债及所有者权益 …… 530
2-B-4.13　各地区中央总承包和专业承包企业实收资本 …… 531
2-B-4.14　各地区中央总承包和专业承包企业收入情况 …… 532
2-B-4.15　各地区中央总承包和专业承包企业费用情况 …… 533
2-B-4.16　各地区中央总承包和专业承包企业利润及税金情况 …… 534
2-B-4.17　各地区中央总承包和专业承包企业应收工程款及企业亏损情况 …… 535
2-B-4.18　各地区中央总承包和专业承包企业主要经济效益指标 …… 536
2-B-4.19　各地区地方总承包和专业承包企业签订合同情况 …… 537
2-B-4.20　各地区地方总承包和专业承包企业承包工程完成情况 …… 538
2-B-4.21　各地区地方总承包和专业承包企业建筑业总产值和竣工产值 …… 539
2-B-4.22　各地区地方总承包和专业承包企业房屋建筑面积 …… 540
2-B-4.23　各地区按主要用途分的地方总承包和专业承包企业房屋建筑竣工面积 …… 541
2-B-4.24　各地区按主要用途分的地方总承包和专业承包企业房屋建筑竣工价值 …… 543
2-B-4.25　各地区地方总承包和专业承包企业施工机械设备情况 …… 545
2-B-4.26　各地区地方总承包和专业承包企业主要生产效益指标 …… 546
2-B-4.27　各地区地方总承包和专业承包企业营业额 …… 547
2-B-4.28　各地区地方总承包和专业承包企业资产构成 …… 548
2-B-4.29　各地区地方总承包和专业承包企业固定资产情况 …… 549
2-B-4.30　各地区地方总承包和专业承包企业负债及所有者权益 …… 550
2-B-4.31　各地区地方总承包和专业承包企业实收资本 …… 551
2-B-4.32　各地区地方总承包和专业承包企业收入情况 …… 552
2-B-4.33　各地区地方总承包和专业承包企业费用情况 …… 553
2-B-4.34　各地区地方总承包和专业承包企业利润及税金情况 …… 554
2-B-4.35　各地区地方总承包和专业承包企业应收工程款及企业亏损情况 …… 555
2-B-4.36　各地区地方总承包和专业承包企业主要经济效益指标 …… 556

C.　总承包建筑业企业

2-C-1　各地区总承包企业签订合同情况 …… 557
2-C-2　各地区总承包企业承包工程完成情况 …… 558
2-C-3　各地区总承包企业建筑业总产值和竣工产值 …… 559
2-C-4　各地区总承包企业房屋建筑面积 …… 560
2-C-5　各地区按主要用途分的总承包企业房屋建筑竣工面积 …… 561
2-C-6　各地区按主要用途分的总承包企业房屋建筑竣工价值 …… 563
2-C-7　各地区总承包企业机械设备情况 …… 565
2-C-8　各地区总承包企业主要生产效益指标 …… 566
2-C-9　各地区总承包企业营业额 …… 567
2-C-10　各地区总承包企业资产构成 …… 568
2-C-11　各地区总承包企业固定资产情况 …… 569
2-C-12　各地区总承包企业负债及所有者权益 …… 570
2-C-13　各地区总承包企业实收资本 …… 571
2-C-14　各地区总承包企业收入情况 …… 572
2-C-15　各地区总承包企业费用情况 …… 573

2-C-16 各地区总承包企业利润及税金情况 ······ 574
2-C-17 各地区总承包企业应收工程款及企业亏损情况 ······ 575
2-C-18 各地区总承包企业主要经济效益指标 ······ 576
2-C-19 各地区按资质等级划分的总承包企业单位数 ······ 577
2-C-20 各地区按资质等级划分的总承包企业从业人员 ······ 578
2-C-21 各地区按资质等级划分的总承包企业建筑业总产值 ······ 579
2-C-22 各地区按资质等级划分的总承包企业签订合同额 ······ 580
2-C-23 各地区按资质等级划分的总承包企业竣工产值 ······ 581
2-C-24 各地区按资质等级划分的总承包企业房屋施工面积 ······ 582
2-C-25 各地区按资质等级划分的总承包企业房屋竣工面积 ······ 583
2-C-26 各地区按资质等级划分的总承包企业自有施工机械设备台数 ······ 584
2-C-27 各地区按资质等级划分的总承包企业自有施工机械设备总功率 ······ 585
2-C-28 各地区按资质等级划分的总承包企业实收资本 ······ 586
2-C-29 各地区按资质等级划分的总承包企业资产 ······ 587
2-C-30 各地区按资质等级划分的总承包企业所有者权益 ······ 588
2-C-31 各地区按资质等级划分的总承包企业负债 ······ 589
2-C-32 各地区按资质等级划分的总承包企业营业收入 ······ 590
2-C-33 各地区按资质等级划分的总承包企业利税总额 ······ 591
2-C-34 各地区按资质等级划分的总承包企业利润总额 ······ 592
2-C-35 各地区按资质等级划分的总承包企业税金总额 ······ 593
2-C-36 各地区按资质等级划分的总承包企业主营业务收入 ······ 594
2-C-37 各地区按资质等级划分的总承包企业管理费用 ······ 595
2-C-38 各地区按资质等级划分的总承包企业财务费用 ······ 596
2-C-39 各地区按资质等级划分的总承包企业应收工程款 ······ 597

D. 专业承包建筑业企业

2-D-1 各地区专业承包企业签订合同情况 ······ 598
2-D-2 各地区专业承包企业承包工程完成情况 ······ 599
2-D-3 各地区专业承包企业建筑业总产值和竣工产值 ······ 600
2-D-4 各地区专业承包企业房屋建筑面积 ······ 601
2-D-5 各地区按主要用途分的专业承包企业房屋建筑竣工面积 ······ 602
2-D-6 各地区按主要用途分的专业承包企业房屋建筑竣工价值 ······ 604
2-D-7 各地区专业承包企业机械设备情况 ······ 606
2-D-8 各地区专业承包企业主要生产效益指标 ······ 607
2-D-9 各地区专业承包企业营业额 ······ 608
2-D-10 各地区专业承包企业资产构成 ······ 609
2-D-11 各地区专业承包企业固定资产情况 ······ 610
2-D-12 各地区专业承包企业负债及所有者权益 ······ 611
2-D-13 各地区专业承包企业实收资本 ······ 612
2-D-14 各地区专业承包企业收入情况 ······ 613
2-D-15 各地区专业承包企业费用情况 ······ 614
2-D-16 各地区专业承包企业利润及税金情况 ······ 615
2-D-17 各地区专业承包企业应收工程款及企业亏损情况 ······ 616

2-D-18 各地区专业承包企业主要经济效益指标 …… 617
2-D-19 各地区按资质等级划分的专业承包企业单位数 …… 618
2-D-20 各地区按资质等级划分的专业承包企业从业人员 …… 619
2-D-21 各地区按资质等级划分的专业承包企业建筑业总产值 …… 620
2-D-22 各地区按资质等级划分的专业承包企业签订合同额 …… 621
2-D-23 各地区按资质等级划分的专业承包企业竣工产值 …… 622
2-D-24 各地区按资质等级划分的专业承包企业房屋施工面积 …… 623
2-D-25 各地区按资质等级划分的专业承包企业房屋竣工面积 …… 624
2-D-26 各地区按资质等级划分的专业承包企业自有施工机械设备台数 …… 625
2-D-27 各地区按资质等级划分的专业承包企业自有施工机械设备总功率 …… 626
2-D-28 各地区按资质等级划分的专业承包企业实收资本 …… 627
2-D-29 各地区按资质等级划分的专业承包企业资产 …… 628
2-D-30 各地区按资质等级划分的专业承包企业所有者权益 …… 629
2-D-31 各地区按资质等级划分的专业承包企业负债 …… 630
2-D-32 各地区按资质等级划分的专业承包企业营业收入 …… 631
2-D-33 各地区按资质等级划分的专业承包企业利税总额 …… 632
2-D-34 各地区按资质等级划分的专业承包企业利润总额 …… 633
2-D-35 各地区按资质等级划分的专业承包企业税金总额 …… 634
2-D-36 各地区按资质等级划分的专业承包企业主营业务收入 …… 635
2-D-37 各地区按资质等级划分的专业承包企业管理费用 …… 636
2-D-38 各地区按资质等级划分的专业承包企业财务费用 …… 637
2-D-39 各地区按资质等级划分的专业承包企业应收工程款 …… 638
E. 劳务分包建筑业企业
2-E-1 各地区劳务分包企业生产经营情况 …… 639
2-E-2 各地区劳务分包企业个数和人员情况 …… 640

附 录

主要指标解释 …… 643

第 1 篇

规模以上工业企业科技情况

A. 企业R&D及相关活动主要指标

1-A-1 企业R&D及相关活动主要指标

主要指标	单位	总计	#大中型
基本情况			
有R&D活动的企业	个	54832	20408
有研发机构的企业	个	43055	17209
有新产品销售的企业	个	47945	17360
R&D人员情况			
R&D人员合计	人	3375912	2633916
#女性	人	698435	560641
#研究人员	人	1095573	885212
#全时人员	人	2233774	1775439
R&D人员折合全时当量	人年	2493958	1976736
R&D经费情况			
R&D经费内部支出	万元	83184005	67440646
按支出用途分			
1.日常性支出	万元	73619821	60210430
#人员劳务费	万元	22712753	18802230
2.资产性支出	万元	9564184	7230215
#仪器和设备	万元	9265693	6993450
按资金来源分			
政府资金	万元	3597485	2984209
企业资金	万元	78217423	63441600
国外资金	万元	475736	407128
其他资金	万元	893361	607709
R&D经费外部支出	万元	4231573	3838713
#对境内研究机构支出	万元	1705690	1524211
对境内高等学校支出	万元	869812	747380
对境外支出	万元	740102	714217
R&D项目情况			
项目数	项	322567	205146
参加项目人员	人	3071873	2393593
项目人员折合全时当量	人年	2270204	1796334
项目经费内部支出	万元	72944902	59145315

1-A-1　续表

主要指标	单位	总计	#大中型
企业办研发机构情况			
机构数	个	51625	23347
机构人员数	人	2387943	1873901
#博士	人	41065	28304
硕士	人	254600	212186
本科	人	1255409	998917
机构经费支出	万元	59415190	49835907
仪器和设备原价	万元	41320723	33949064
#进口	万元	7454923	6665106
新产品开发及生产情况			
新产品开发项目数	项	358287	222508
新产品开发经费支出	万元	92467436	74406399
新产品销售收入	万元	1284606903	1125619063
#新产品出口	万元	228534683	212932265
自主知识产权及相关情况			
专利申请数	件	560918	359791
#发明专利	件	205146	139723
有效发明专利数	件	335401	244175
#境外授权	件	24129	22004
专利所有权转让及许可数	件	10807	6422
专利所有权转让及许可收入	万元	477413	349858
拥有注册商标数	件	341621	266049
#境外注册	件	55848	51124
形成国家或行业标准数	项	23348	16516
政府相关政策落实情况			
使用来自政府部门的科技活动资金	万元	4589829	3694364
研究开发费用加计扣除减免税	万元	3336954	2830785
高新技术企业减免税	万元	5855110	4939776
技术获取和技术改造情况			
引进技术经费支出	万元	3939455	3736344
消化吸收经费支出	万元	1505777	1381160
购买国内技术经费支出	万元	2143810	1895059
技术改造经费支出	万元	40721168	34949593

1-A-2 分登记注册类型企业R&D及

主要指标	单位	内资企业			
			国有企业	集体企业	股份合作企业
基本情况					
有R&D活动的企业	个	43564	660	171	173
有研发机构的企业	个	34165	433	133	98
有新产品销售的企业	个	38632	456	149	164
R&D人员情况					
R&D人员合计	人	2564162	120504	11899	4080
#女性	人	526153	26329	2611	792
#研究人员	人	916430	62164	4248	1086
#全时人员	人	1671775	72260	8801	2619
R&D人员折合全时当量	人年	1865328	85572	7402	2899
R&D经费情况					
R&D经费内部支出	万元	63032811	3084397	586977	87854
按支出用途分					
1.日常性支出	万元	55720519	2820686	542142	64777
#人员劳务费	万元	16603626	700807	144430	19236
2.资产性支出	万元	7312292	263711	44835	23076
#仪器和设备	万元	7070186	254099	41089	22926
按资金来源分					
政府资金	万元	3202889	276473	10055	1576
企业资金	万元	59049113	2743364	573217	82637
国外资金	万元	111163	1113	142	
其他资金	万元	669646	63447	3564	3641
R&D经费外部支出	万元	3205600	378945	61784	4721
#对境内研究机构支出	万元	1312029	179708	4157	2266
对境内高等学校支出	万元	762599	98864	3933	2194
对境外支出	万元	391590	33384	14184	
R&D项目情况					
项目数	项	250823	10634	1986	625
参加项目人员	人	2326740	104619	11186	3722
项目人员折合全时当量	人年	1693440	73380	6926	2645
项目经费内部支出	万元	54631334	2276456	533267	64843

相关活动主要指标

					港澳台商投资企业	外　商投资企业
联营企业	有限责任公司	股份有限公司	私营企业	其他企业		
16	12662	3724	26036	122	5115	6153
10	9052	3024	21319	96	3910	4980
13	10631	3238	23850	131	4206	5107
2030	1107130	569540	742847	6132	352698	459052
425	224042	125168	145396	1390	78973	93309
1403	455116	196875	192105	3433	76234	102909
1242	709155	401727	473513	2458	244680	317319
1590	807435	432027	523551	4853	274173	354457
70305	28309099	13855023	16901374	137783	7722329	12428864
69308	25195944	12527287	14389290	111085	6951181	10948121
17855	7724488	3894584	4051443	50784	2259454	3849673
997	3113155	1327736	2512084	26698	771148	1480743
845	2999424	1276987	2450692	24125	753258	1442250
79	1757815	636974	511007	8909	190891	203705
70226	26239005	13080263	16132663	127739	7409649	11758661
	64981	13882	30671	374	61149	303425
	247297	123904	227033	761	60640	163075
11035	1488570	819097	427138	14310	265461	760512
4754	615029	301552	196606	7957	117075	276587
5922	321484	171528	155961	2714	48236	58977
	184098	140620	18600	705	44168	304344
114	102726	44525	89657	556	28859	42885
1863	1002811	516880	680567	5092	323814	421319
1459	732366	392491	480247	3926	251805	324959
68531	24509878	12155831	14906188	116339	7017451	11296117

1-A-2 续表

主要指标	单位	内资企业			
			国有企业	集体企业	股份合作企业
企业办研发机构情况					
机构数	个	41257	730	169	106
机构人员数	人	1790066	74332	6250	2330
#博士	人	33453	1519	227	45
硕士	人	200647	12994	1090	81
本科	人	961330	41749	3047	1129
机构经费支出	万元	43254514	1618153	215254	40837
仪器和设备原价	万元	28711977	1596942	119914	37897
#进口	万元	4616319	295943	29879	5954
新产品开发及生产情况					
新产品开发项目数	项	274397	10696	2170	593
新产品开发经费支出	万元	68562481	2854120	583732	86268
新产品销售收入	万元	837421640	30625353	8416162	974706
#新产品出口	万元	95969592	1202290	1453842	66032
自主知识产权及相关情况					
专利申请数	件	437396	23124	2471	738
#发明专利	件	158978	9319	1134	215
有效发明专利数	件	260828	10508	1157	327
#境外授权	件	16365	114	46	2
专利所有权转让及许可数	件	8498	299	180	5
专利所有权转让及许可收入	万元	399390	15019	5499	
拥有注册商标数	件	269840	10321	580	566
#境外注册	件	43342	2646	62	4
形成国家或行业标准数	项	19849	1191	369	61
政府相关政策落实情况					
使用来自政府部门的科技活动资金	万元	4098793	353394	11670	2093
研究开发费用加计扣除减免税	万元	2577838	337527	2751	797
高新技术企业减免税	万元	3907442	110340	30419	2246
技术获取和技术改造情况					
引进技术经费支出	万元	1651068	59438	8137	354
消化吸收经费支出	万元	1012135	33362	1752	935
购买国内技术经费支出	万元	1774241	85381	2400	2252
技术改造经费支出	万元	35267164	2723227	129719	37489

联营企业	有限责任公司	股份有限公司	私营企业	其他企业	港澳台商投资企业	外商投资企业
14	11490	4741	23892	115	4627	5741
2420	693710	431781	575188	4055	252441	345436
20	11924	7344	12283	91	2946	4666
288	95897	50869	39039	389	19313	34640
1947	384004	245397	282073	1984	120123	173956
92016	18650505	10410722	12143200	83826	5996929	10163747
19111	12103584	6755543	8027311	51674	3628493	8980253
390	1978609	1377739	924647	3159	834310	2004295
108	108132	49300	103038	360	34247	49643
67878	29403878	15703824	19762562	100219	9010132	14894823
882324	358674343	208367328	228237348	1244076	140216756	306968508
23903	39504118	27346984	26321314	51107	47650020	84915072
358	147026	88111	174650	918	57155	66367
209	59995	36973	50653	480	18124	28044
119	108529	64653	74757	778	31086	43487
6	12971	2016	1205	5	2226	5538
	2375	1718	3908	13	1036	1273
	115534	164555	98783		31124	46899
172	81570	87991	88325	315	33553	38228
14	11941	19835	8798	42	6228	6278
	6915	5344	5956	13	1703	1796
201	2143554	842359	735229	10293	233860	257177
1836	1053706	626340	547903	6979	301735	457381
180	1319899	1514836	924743	4779	860596	1087072
2135	838749	517470	223108	1677	391464	1896923
3367	415222	399307	157658	533	63219	430423
7050	789427	612374	273988	1369	203305	166264
36686	15287428	10090770	6913607	48239	2005972	3448032

1-A-3 制造业企业R&D及

主要指标	单位	制造业合计	农副食品加工业	食品制造业	酒、饮料和精制茶制造业	烟草制品业	纺织业
基本情况							
有R&D活动的企业	个	53835	1800	983	647	57	2062
有研发机构的企业	个	42433	1538	749	524	35	2038
有新产品销售的企业	个	47666	1489	782	543	35	2280
R&D人员情况							
R&D人员合计	人	3185949	57646	41366	31301	6805	79009
#女性	人	671366	13795	12705	7863	1337	28219
#研究人员	人	995992	16909	11747	10770	3937	19518
#全时人员	人	2150228	33457	24442	19717	3045	48272
R&D人员折合全时当量	人年	2371061	38162	27389	21113	4246	53289
R&D经费情况							
R&D经费内部支出	万元	79598052	1729827	985302	827430	221056	1584878
按支出用途分							
1.日常性支出	万元	70393739	1487182	843205	719244	180006	1328867
#人员劳务费	万元	21561798	312535	240670	194621	68216	389710
2.资产性支出	万元	9204313	242645	142097	108186	41050	256011
#仪器和设备	万元	8925379	235286	136915	99609	38650	251881
按资金来源分							
政府资金	万元	3472250	58010	30999	28259	438	36192
企业资金	万元	74782241	1645980	916722	788620	207216	1524587
国外资金	万元	475527	1260	2115	4575		2144
其他资金	万元	868033	24577	35466	5976	13402	21954
R&D经费外部支出	万元	3796487	76189	48272	28344	60911	25301
#对境内研究机构支出	万元	1492996	30075	12296	13240	29786	7003
对境内高等学校支出	万元	734050	40229	15760	12553	11386	11603
对境外支出	万元	732604	1826	7171	951		1686
R&D项目情况							
项目数	项	309406	5987	4530	2738	1285	7441
参加项目人员	人	2898277	52489	36992	28172	5852	72563
项目人员折合全时当量	人年	2158113	34628	24462	19130	3669	49077
项目经费内部支出	万元	70054995	1516197	860938	708017	127318	1371814

相关活动主要指标

纺织服装、服饰业	皮革、毛皮、羽毛及其制品和制鞋业	木材加工和木、竹、藤、棕、草制品业	家具制造业	造纸及纸制品业	印刷和记录媒介复制业	文教、工美、体育和娱乐用品制造业	石油加工、炼焦和核燃料加工业	化学原料和化学制品制造业	医药制造业
1047	470	491	342	593	459	898	252	4958	2586
1078	486	506	253	426	385	754	179	3844	1935
1144	820	483	420	538	421	914	155	3827	1716
44534	19365	12473	13071	31420	16853	29538	19651	231345	163248
14572	6309	1987	2411	6500	3693	7149	4044	48811	62397
9359	3831	2950	2107	6753	4050	6519	9286	70275	50496
23116	13474	6771	7516	17969	9294	19078	10941	149903	114571
34322	13532	8208	9383	20557	11362	20909	13993	170087	123200
692870	338923	271582	224650	877917	303888	495880	893194	6603728	3476553
614866	310324	228116	200014	738947	249369	432626	794154	5774537	3036711
233070	111065	58944	72930	154878	91673	146856	127621	1451688	926401
78005	28599	43466	24636	138970	54519	63254	99040	829191	439842
74218	27875	42695	24329	136289	53477	61276	94159	804760	425837
8902	3566	9563	1421	10163	2844	12030	20356	175158	204243
673683	324797	256991	219859	865040	296500	478568	862975	6302923	3223942
901	1260	280	864		116	1332	5457	51351	11818
9385	9300	4748	2506	2714	4429	3950	4407	74296	36550
20636	5623	7365	6647	13404	6798	8464	60949	204125	408188
7392	3189	5490	3355	7497	1680	4120	32166	109080	291219
7670	1494	1797	1110	3447	1174	3348	11725	67550	70632
2495	383	19	1093	1231	425	247	3800	13002	17845
3666	1472	1162	1413	2087	1745	3163	1913	24585	25419
41473	17724	11279	12215	29158	15540	27261	17976	210219	147959
32062	12408	7382	8814	19028	10480	19319	12800	154752	111535
626936	310043	246450	196792	797094	254753	435452	715280	5886014	3106870

1-A-3 续表 1

主要指标	单位	制造业合计	农副食品加工业	食品制造业	酒、饮料和精制茶制造业	烟草制品业	纺织业
企业办研发机构情况							
机构数	个	50714	1803	909	654	36	2240
机构人员数	人	2299409	45095	28670	30344	2719	59434
#博士	人	38726	1918	1030	589	159	912
硕士	人	239499	5197	3487	2421	731	2915
本科	人	1211192	23052	15309	15282	1185	27365
机构经费支出	万元	57470392	1101313	711377	803087	243409	1290344
仪器和设备原价	万元	39745673	795867	455648	776370	245004	1038785
#进口	万元	7258740	104017	55254	133115	169575	299337
新产品开发及生产情况							
新产品开发项目数	项	352023	6816	4982	2969	948	8614
新产品开发经费支出	万元	90648983	2140687	1049122	941907	195984	1905566
新产品销售收入	万元	1266637274	21216453	10968404	11337692	15913130	40512571
#新产品出口	万元	227984919	1338446	1280354	433773	61447	5578100
自主知识产权及相关情况							
专利申请数	件	535365	7344	5421	3863	2634	11457
#发明专利	件	195803	3090	2147	937	965	2220
有效发明专利数	件	328266	3221	3105	1538	1168	2587
#境外授权	件	24083	30	68	8	5	61
专利所有权转让及许可数	件	10484	227	276	76	29	51
专利所有权转让及许可收入	万元	473037	10101	1116	5248	3	4910
拥有注册商标数	件	340177	8861	20795	19730	10385	6147
#境外注册	件	55778	311	2332	2293	2738	1179
形成国家或行业标准数	项	22502	479	371	237	153	431
政府相关政策落实情况							
使用来自政府部门的科技活动资金	万元	4422608	93572	46750	49007	512	48487
研究开发费用加计扣除减免税	万元	3209035	20842	24202	24108	2808	47287
高新技术企业减免税	万元	5767073	21300	46934	22570	13457	52295
技术获取和技术改造情况							
引进技术经费支出	万元	3861547	9203	35871	7620	35539	32689
消化吸收经费支出	万元	1400355	30213	24350	8275	1218	24435
购买国内技术经费支出	万元	2053070	41381	14674	18233	51426	26345
技术改造经费支出	万元	35908966	863295	458947	1013111	1165940	641345

纺　织 服装、 服饰业	皮革、毛皮、 羽毛及其制 品和制鞋业	木材加工和 木、竹、藤、 棕、草制品业	家　具 制造业	造纸及纸 制 品 业	印 刷 和 记录媒介 复 制 业	文教、工美、 体育和娱乐 用品制造业	石油加工、 炼焦和核 燃料加工业	化学原料 和化学制 品制造业	医　药 制造业
1162	525	548	288	470	419	842	235	4870	2529
33207	16355	8882	9335	19375	11484	23888	12167	169864	115460
391	191	251	70	322	168	255	320	4420	4368
1397	558	661	328	950	742	1018	1511	16781	19299
15483	5664	3932	4417	10180	5316	10889	6169	89196	63390
590382	260461	176973	164913	641632	217095	415515	623770	5033284	2636900
338234	132132	100440	85952	503799	279740	464399	422772	2979921	1813530
99761	13978	4261	19404	58733	45488	35928	66555	330369	326538
4308	1886	1335	2059	2112	1913	4022	1707	23590	26523
860353	414210	300401	283318	795368	328121	665984	1131379	6292466	3645006
14766136	7389407	3355674	3910685	13822520	4360006	8721707	26469416	91376298	36061674
3360009	1818049	523592	1524343	866566	318940	2263593	57766	8136824	3168255
6347	3538	2603	4826	3278	2867	10885	1600	27165	17124
946	604	687	593	1122	882	1331	814	14883	10475
1977	712	1011	880	1282	1404	3355	1710	22005	19558
49	15	16	86	4	7	81	33	581	1216
40	24	22	75	46	60	81	60	643	484
1088	63	846	1014	1161	6686	3851	6570	43862	25453
9764	3930	1507	2709	3116	978	9324	1498	34522	51588
1074	866	113	306	301	67	1703	14	2485	2757
172	118	153	104	148	76	252	145	2224	3145
12343	5514	12242	2297	17179	5660	15108	26977	238566	259343
10891	4029	9723	26103	24740	10962	13349	17776	184508	183299
37118	11428	12600	27580	41862	50174	17719	23576	409176	658448
22784	1145	9582	1831	44843	2187	4444	47417	329861	58131
8861	2635	2626	881	17138	1372	3180	81951	74200	63096
6351	3506	15987	974	9147	8375	5126	83238	209437	210435
134790	96446	169867	29382	571723	157826	96013	1941612	4283922	1279734

1-A-3 续表 2

主要指标	单位	化学纤维制造业	橡胶和塑料制品业	非金属矿物制品业	黑色金属冶炼和压延加工业	有色金属冶炼和压延加工业	金属制品业
基本情况							
有R&D活动的企业	个	398	2114	2601	1174	1258	2589
有研发机构的企业	个	382	1618	1915	1025	975	1966
有新产品销售的企业	个	371	1958	2107	975	992	2283
R&D人员情况							
R&D人员合计	人	23524	87205	108859	148418	82691	112816
#女性	人	5458	17811	18812	22519	12593	20353
#研究人员	人	5649	20522	29314	68170	28705	34961
#全时人员	人	14338	54367	64183	72738	46929	71780
R&D人员折合全时当量	人年	16563	64068	73646	107190	57560	79315
R&D经费情况							
R&D经费内部支出	万元	667897	1994578	2150329	6330374	3011081	2300165
按支出用途分							
1.日常性支出	万元	571552	1716449	1834504	5703471	2610597	1977081
#人员劳务费	万元	124732	449079	505110	960671	465578	581743
2.资产性支出	万元	96345	278129	315825	626903	400484	323084
#仪器和设备	万元	94787	269999	306746	596616	390834	314314
按资金来源分							
政府资金	万元	10362	38167	72631	43287	96386	104177
企业资金	万元	651238	1924219	2048797	6270718	2850507	2161644
国外资金	万元	495	3189	3321	3242	5178	3298
其他资金	万元	5802	29002	25580	13127	59010	31047
R&D经费外部支出	万元	11256	53892	41131	160999	134510	45887
#对境内研究机构支出	万元	4103	15611	21196	57482	68991	19614
对境内高等学校支出	万元	4043	21697	11941	55362	33317	16351
对境外支出	万元	3	12812	4155	8010	13001	3647
R&D项目情况							
项目数	项	1652	9806	9690	9767	6966	11229
参加项目人员	人	22279	79145	99009	132351	75929	101988
项目人员折合全时当量	人年	15762	58174	67235	95694	52723	71350
项目经费内部支出	万元	624620	1760395	1910033	5363743	2619801	2012806

通用设备制造业	专用设备制造业	汽车制造业	铁路、船舶、航空航天和其他运输设备制造业	电气机械和器材制造业	计算机、通信和其他电子设备制造业	仪器仪表制造业	其他制造业	废弃资源综合利用业	金属制品、机械和设备修理业
5470	4503	2710	1043	6061	4284	1632	180	105	68
4211	3397	2032	872	4656	3215	1187	124	81	47
5054	3902	2628	925	5427	3692	1465	171	98	51
267000	239842	251289	139382	340031	476612	90992	8764	4026	6873
46536	40700	44971	32202	67074	96438	19769	2187	714	1437
82470	79543	66331	58520	89798	168143	28560	3346	1340	2113
181048	170616	179016	96284	240302	376491	67350	6165	2107	4948
191916	178461	195682	105869	255835	390976	69174	7082	2857	5115
5478932	5123164	6802237	3720932	8153895	12525008	1492889	145262	95765	77867
4745764	4591039	6035935	3406266	7283989	11334105	1356485	132969	83072	72294
1540279	1506019	2004387	801068	2212394	5175809	558217	42032	21859	31946
733168	532124	766302	314666	869906	1190903	136404	12293	12693	5573
716923	515758	738339	296230	842522	1172204	133337	12035	12251	5228
279486	254489	212692	818017	241941	568565	102897	15750	8973	2287
5084825	4795848	6453359	2800024	7793616	11721311	1356354	121570	84713	75099
33781	17858	99642	26013	62398	116351	17288			
80840	54969	36544	76879	55941	118781	16351	7942	2078	481
192821	108973	730991	427142	264257	568346	63164	3746	5000	3155
72427	36547	257336	149526	70684	133496	22659	1447	3907	382
45336	31949	79814	55343	53470	50202	11368	1198	1060	122
57670	17392	222069	151604	81449	81963	24606	416		1634
28306	26763	20311	10557	37415	36382	10210	1073	325	348
243393	219377	223786	124565	308833	439557	83380	7818	3573	6422
175093	163649	173840	94584	232520	360800	63547	6326	2492	4778
4861454	4486219	6078010	2904467	7171794	11503071	1319487	124457	85869	68804

1-A-3 续表 3

主要指标	单位	化学纤维制造业	橡胶和塑料制品业	非金属矿物制品业	黑色金属冶炼和压延加工业	有色金属冶炼和压延加工业	金属制品业
企业办研发机构情况							
机构数	个	455	1827	2198	1191	1199	2279
机构人员数	人	18506	62967	66994	75247	54380	79557
#博士	人	269	857	1413	1322	1056	1053
硕士	人	1105	3459	5171	5760	4445	4431
本科	人	8723	30040	33156	35110	27753	38749
机构经费支出	万元	689276	1607696	1302060	2932029	1913554	1503625
仪器和设备原价	万元	625705	1165922	1182136	1719456	1417474	1280531
#进口	万元	118086	343965	189183	364758	235846	183107
新产品开发及生产情况							
新产品开发项目数	项	1980	12281	9936	8971	6131	12353
新产品开发经费支出	万元	939358	2415348	2193521	6060242	2629012	2473429
新产品销售收入	万元	15093388	29316616	24108128	79719166	51915643	27219666
#新产品出口	万元	1191033	5675936	2778273	7545887	3578179	4471631
自主知识产权及相关情况							
专利申请数	件	3177	15427	15369	13874	9022	18318
#发明专利	件	1090	4168	4932	5767	3464	5152
有效发明专利数	件	1288	6086	8941	7018	6753	9656
#境外授权	件	12	221	132	132	116	205
专利所有权转让及许可数	件	36	402	353	444	164	465
专利所有权转让及许可收入	万元	2	12040	31854	1179	3609	20339
拥有注册商标数	件	1207	7162	7868	3907	4387	7153
#境外注册	件	118	1499	1116	609	702	812
形成国家或行业标准数	项	118	632	799	403	735	1022
政府相关政策落实情况							
使用来自政府部门的科技活动资金	万元	13268	51576	98367	68992	129424	133917
研究开发费用加计扣除减免税	万元	17866	57342	57085	232546	46930	88964
高新技术企业减免税	万元	41980	141777	131626	53111	82880	173171
技术获取和技术改造情况							
引进技术经费支出	万元	31837	27448	39017	347126	101227	53786
消化吸收经费支出	万元	6097	60326	28666	169462	116518	16479
购买国内技术经费支出	万元	40098	21520	35896	499501	99904	38068
技术改造经费支出	万元	399316	964375	1042016	5566461	2199164	594191

通用设备制造业	专用设备制造业	汽车制造业	铁路、船舶、航空航天和其他运输设备制造业	电气机械和器材制造业	计算机、通信和其他电子设备制造业	仪器仪表制造业	其他制造业	废弃资源综合利用业	金属制品、机械和设备修理业
4964	4021	2429	1047	5799	3991	1494	141	93	56
194350	167585	191934	91473	271088	362497	65265	5939	2752	2596
2497	2952	1881	681	3575	4645	1015	71	56	19
14735	19330	18830	9738	22286	63952	7365	402	262	232
106570	90758	108647	54706	147184	188556	37577	3280	1659	1895
3906915	3183235	5671150	1989268	6215183	10307272	1123158	103401	69581	42537
2914258	2394725	5555422	1622164	4263924	4383851	635238	84336	41525	26413
471306	347089	967744	233996	666629	1288557	72697	7334	410	5721
34325	31313	25374	11895	43991	45390	12330	1104	341	524
6555971	5887267	7979138	4399013	10453249	15558039	1778592	181309	87461	108165
72693613	58947065	150840960	47561595	138605058	241635186	14898717	1778923	1182601	939178
8871992	8280087	6453027	9880953	22512999	113450701	2009427	425644	7911	121181
49305	53037	38237	19140	78154	88960	19507	1751	438	697
14292	17528	9041	5897	25283	50516	5950	630	205	192
23994	28145	14106	9461	38601	97994	9236	933	277	264
512	1217	176	142	1361	17183	391	22		1
1176	796	530	362	1372	1713	463	10	4	
40434	34718	18382	1452	14489	52927	129610	12	19	
15687	15018	21370	6992	33863	23552	6071	898	136	52
2514	2425	8625	1475	9196	7024	942	167		15
2075	1766	743	1079	2789	1165	854	91	11	12
344501	321336	285381	958202	327647	696128	126262	22017	9539	2493
247066	238227	499390	200338	352024	438346	117097	7889	1123	2178
576471	563989	506156	263747	835765	748631	185347	11898	495	3792
255016	148634	1445774	93400	247883	372054	43208	2472		9516
142839	28796	276122	31290	111008	55871	10135	826	38	1451
81066	50757	164382	95806	92077	112302	14616	1368	428	648
1726285	1608786	2857836	1131632	2609753	1793072	367257	73142	55982	15749

1-A-4　分地区企业R&D及

主要指标	单位	东部地区	中部地区	西部地区	东北地区	北　京	天　津
基本情况							
有R&D活动的企业	个	40199	8983	3967	1683	1059	1732
有研发机构的企业	个	33036	6201	2851	967	498	775
有新产品销售的企业	个	35560	7757	3299	1329	1059	1682
R&D人员情况							
R&D人员合计	人	2223842	616936	355183	179951	79368	93313
#女性	人	463045	118529	75775	41086	21304	20165
#研究人员	人	629654	232911	145503	87505	25229	28545
#全时人员	人	1519249	391435	216105	106985	66790	55185
R&D人员折合全时当量	人年	1697659	434017	242188	120095	58036	68175
R&D经费情况							
R&D经费内部支出	万元	56533941	13596770	8073520	4979774	2130618	3000377
按支出用途分							
1.日常性支出	万元	49960559	12029858	6980499	4648906	2032446	2509339
#人员劳务费	万元	16653656	3250544	1895788	912765	808964	625045
2.资产性支出	万元	6573382	1566912	1093021	330868	98172	491038
#仪器和设备	万元	6377839	1512603	1056538	318714	95693	478794
按资金来源分							
政府资金	万元	1744539	698834	676337	477774	227527	73027
企业资金	万元	53776271	12719786	7276231	4445135	1819635	2803452
国外资金	万元	404284	28785	13574	29094	16765	97489
其他资金	万元	608847	149366	107378	27771	66691	26409
R&D经费外部支出	万元	2707957	669121	498848	355647	140795	93931
#对境内研究机构支出	万元	928966	326267	290655	159802	62989	40407
对境内高等学校支出	万元	475721	170721	116711	106660	11767	21100
对境外支出	万元	642746	35942	37561	23854	26686	18222
R&D项目情况							
项目数	项	218548	50771	34707	18541	10037	12904
参加项目人员	人	2036281	559548	318371	157673	68766	83191
项目人员折合全时当量	人年	1554977	393499	216411	105316	50208	60733
项目经费内部支出	万元	50415071	11694334	6638109	4197389	1647824	2484962

相关活动主要指标

河　北	山　西	内蒙古	辽　宁	吉　林	黑龙江	上　海	江　苏	浙　江	安　徽	福　建	江　西
853	327	258	1100	252	331	1661	12283	10824	2369	2286	954
777	232	168	562	177	228	725	15775	7737	2076	1270	606
737	223	126	900	232	197	1322	9535	12861	2407	1576	674
94021	46544	32210	95912	32841	51198	116806	510930	337155	127627	130227	46599
23446	8958	8299	19909	9185	11992	25798	103785	70337	22017	30679	9468
41213	24387	16264	42248	15416	29841	35019	128010	71441	38477	31396	17735
57922	27736	18479	57939	15729	33317	82873	339701	219898	78412	87313	27378
65049	34024	26990	59090	23709	37296	92136	393942	263507	86000	100200	29519
2327418	1237698	1004406	3331303	698136	950335	4047800	12395745	6843562	2477246	2791966	1106443
2018862	1087278	896354	3129591	617052	902263	3651430	10731253	6135391	2170722	2373813	965213
528329	224223	212010	503561	160186	249017	1393412	3396949	2069119	641704	761851	238188
308556	150420	108051	201711	81084	48073	396370	1664492	708171	306524	418153	141230
297645	142521	102921	195313	77927	45474	381496	1620847	696543	297138	410709	135955
66853	38231	37707	261140	31035	185599	207581	240670	139658	176199	78595	45668
2240333	1185577	925574	3033659	662707	748768	3750275	11923253	6613936	2279807	2656171	1009134
1181		41	14161	1829	13104	77568	63968	20380	5432	5186	2467
19051	13890	41084	22342	2565	2863	12376	167854	69588	15808	52015	49173
108182	77681	33735	125831	176660	53157	492074	394035	258481	172207	140618	105765
50758	37425	17811	45172	91399	23231	93824	154312	122500	58652	60531	52744
46284	22122	8761	27765	61380	17516	26708	84824	47475	34198	16621	12903
4606	931	6292	12462	5104	6288	263551	76499	37796	4965	48474	20501
7618	2885	2133	7813	6421	4307	13441	48530	42158	14394	10426	4288
83171	41908	27963	84788	26812	46073	107107	473447	318503	118129	118286	40832
57889	30557	23434	52432	19277	33607	84290	365364	248825	79724	90997	26014
2050210	1094029	844594	2711630	650311	835447	3672035	11009479	6421123	2161182	2453011	986917

1-A-4 续表 1

主要指标	单位	东部地区	中部地区	西部地区	东北地区	北 京	天 津
企业办研发机构情况							
机构数	个	38711	7805	3885	1224	632	905
机构人员数	人	1688056	365232	240864	93791	51877	45199
#博士	人	27363	7985	4042	1675	1302	798
硕士	人	174583	42719	25803	11495	10918	4814
本科	人	864316	201171	136336	53586	27866	24907
机构经费支出	万元	44314156	7965010	5247126	1888898	1455255	1233616
仪器和设备原价	万元	28567834	6347472	4576387	1829031	557522	1090126
#进口	万元	5385260	879096	870534	320033	124836	273275
新产品开发及生产情况							
新产品开发项目数	项	245632	55600	38533	18522	13310	11977
新产品开发经费支出	万元	64651932	14151621	8779643	4884241	2931908	2459585
新产品销售收入	万元	903413129	222598436	104806663	53788675	36727656	55696886
#新产品出口	万元	188371707	29556575	6095808	4510594	5396851	11917154
自主知识产权及相关情况							
专利申请数	件	397326	91030	54132	18430	19210	16302
#发明专利	件	146574	31523	19169	7880	9240	6446
有效发明专利数	件	249272	44650	29229	12250	16402	10191
#境外授权	件	22473	662	800	194	1187	442
专利所有权转让及许可数	件	7650	1542	1376	239	243	93
专利所有权转让及许可收入	万元	394097	30320	45363	7633	8207	1396
拥有注册商标数	件	239338	41778	46336	14169	20162	7378
#境外注册	件	42485	5068	7064	1231	4584	1069
形成国家或行业标准数	项	15033	3907	3079	1329	395	571
政府相关政策落实情况							
使用来自政府部门的科技活动资金	万元	2192979	913813	937768	545270	330577	92910
研究开发费用加计扣除减免税	万元	2060027	579653	382463	314811	89199	69599
高新技术企业减免税	万元	4399932	1041783	219367	194027	367185	121450
技术获取和技术改造情况							
引进技术经费支出	万元	2872625	404725	577303	84803	378534	90122
消化吸收经费支出	万元	940922	261961	228629	74265	56993	54967
购买国内技术经费支出	万元	1513665	322886	219591	87669	31005	19139
技术改造经费支出	万元	20371955	10138792	7622111	2588309	563558	699838

河北	山西	内蒙古	辽宁	吉林	黑龙江	上海	江苏	浙江	安徽	福建	江西
929	240	240	758	208	258	890	17996	8278	2737	1448	710
72960	21132	17663	47536	22112	24143	80636	532194	282873	93033	76490	28722
970	348	328	798	433	444	1810	9400	3103	1976	1171	536
6545	2511	1913	5461	2658	3376	15588	42141	15904	8068	5283	2518
37815	11410	10533	27601	13160	12825	40087	271116	128877	50512	39304	16445
1301963	418494	347143	1108563	450987	329347	3236662	13098299	6505642	2233003	1542227	642525
1087286	371842	302809	957315	473808	397907	2527266	10052872	4047255	1587378	1277523	330808
159453	71512	28616	133207	118211	68615	980925	1318060	534396	212783	292322	45341
7194	2938	1581	8568	6516	3438	17295	58353	47778	17320	10534	4381
2025041	991958	619217	3360539	740849	782854	5282586	16693195	8216556	3244687	2656091	977849
29160256	10272735	6285040	40931774	7031878	5825023	76883835	197142112	148820993	43790809	34400997	16829309
2931865	1266926	330766	3727414	388829	394351	7747274	43198702	29813756	2774115	9442428	1575374
9171	5083	2062	11628	2520	4282	25738	93518	77067	32909	18896	4893
3054	1807	981	5226	971	1683	11377	33090	15036	10866	5475	1669
4049	3008	1444	6923	2985	2342	20140	52718	22578	13582	7119	2333
76	63	7	117	25	52	995	1527	696	46	350	45
198	28	6	158	30	51	782	2162	1228	734	312	96
24555	1540	20	2069	289	5275	35482	39480	21291	12164	10329	1439
9751	2513	6915	3708	3677	6784	12788	36200	46904	9335	16901	4979
2082	105	1072	385	761	85	1602	3730	6726	1161	2390	615
560	317	131	631	621	77	706	3389	3375	1190	696	218
87693	58407	40800	305329	46675	193266	251133	321387	170650	242707	90783	54098
82504	55050	21932	105542	188041	21229	298805	416901	421148	92260	77799	37292
228365	59146	11662	93184	50503	50341	406948	952164	656617	211580	191006	72432
37942	52934	175464	56958	8154	19691	715265	524639	110385	94508	228367	21542
23244	26172	60796	59725	9141	5400	221155	204395	52623	62378	35244	28800
27413	33536	50884	68067	6058	13545	375849	413175	170628	59579	188096	33158
1506605	1373318	569529	1572619	491323	524368	1225008	6421401	2575455	1567789	1279726	801555

1-A-4 续表 2

主要指标	单位	山 东	河 南	湖 北	湖 南	广 东	广 西
基本情况							
有R&D活动的企业	个	3747	1705	1714	1914	5691	456
有研发机构的企业	个	2757	1201	903	1183	2692	331
有新产品销售的企业	个	2723	1195	1625	1633	4036	442
R&D人员情况							
R&D人员合计	人	326793	168212	128952	99002	530551	30205
#女性	人	73472	31757	28257	18072	92562	5757
#研究人员	人	109583	61833	48938	41541	158230	9725
#全时人员	人	229530	104983	86389	66537	376921	17134
R&D人员折合全时当量	人年	227403	125091	85826	73558	426330	20700
R&D经费情况							
R&D经费内部支出	万元	10528097	2953410	3117987	2703987	12374791	817063
按支出用途分							
1.日常性支出	万元	9271980	2570501	2792843	2443301	11151021	660528
#人员劳务费	万元	2239949	735215	744464	666749	4812032	202106
2.资产性支出	万元	1256117	382909	325143	260686	1223770	156535
#仪器和设备	万元	1204592	374290	314240	248458	1182999	154732
按资金来源分							
政府资金	万元	316005	98234	169848	170654	389275	36970
企业资金	万元	10075481	2833972	2909788	2501509	11805829	777281
国外资金	万元	36468	8065	3903	8918	85209	66
其他资金	万元	100143	13139	34449	22907	94479	2746
R&D经费外部支出	万元	526462	102756	90811	119901	538662	37190
#对境内研究机构支出	万元	231774	60644	42830	73974	97938	24351
对境内高等学校支出	万元	169999	33795	30773	36930	50320	9098
对境外支出	万元	51803	2141	2740	4664	114962	3416
R&D项目情况							
项目数	项	31906	11257	9522	8425	40759	2890
参加项目人员	人	299528	153435	117159	88085	480277	27801
项目人员折合全时当量	人年	207980	113908	77931	65367	386121	19072
项目经费内部支出	万元	9281216	2710856	2388780	2352569	11318818	741096

海　南	重　庆	四　川	贵　州	云　南	西　藏	陕　西	甘　肃	青　海	宁　夏	新　疆
63	668	819	179	394	9	574	291	40	127	152
30	417	700	124	279	6	382	182	25	113	124
29	659	873	140	277	1	430	153	15	94	89
4678	53781	92424	20026	20323	228	67210	17565	2940	8638	9633
1497	11309	16291	5249	3602	45	17037	3270	530	2006	2380
988	19217	34438	7579	7745	68	31811	9739	1257	2749	4911
3116	37936	56924	12095	9751	74	41025	11470	1100	4180	5937
2882	36605	58147	16049	11811	81	45809	12472	2039	4817	6668
93567	1388199	1688902	342541	454278	4617	1401480	400743	89540	167494	314257
85024	1173951	1494197	309056	408834	4288	1216752	354067	55430	136717	270326
18004	388412	473161	71593	87975	888	260372	100606	4688	37749	56228
8543	214248	194706	33485	45444	329	184728	46676	34110	30776	43931
8521	208136	188006	30952	43748	321	176008	43830	33961	30362	43563
5348	57189	104742	47086	36592	283	300548	24300	5978	14174	10769
87906	1316325	1566384	286509	401129	4334	1089202	373631	79800	152895	303167
70	2968	8394	125			762	912		208	99
243	11717	9382	8820	16557		10968	1900	3762	218	223
14717	71948	116589	14210	44574	1106	78143	68522	5205	9505	18119
13933	48803	67206	6298	34598	626	35461	37029	3879	4610	9983
624	8393	34288	3501	6584	36	17590	18944	855	4057	4604
148	6950	5253	706	592	345	1704	11565	309	422	7
769	5794	10298	1717	1729	20	6099	1731	145	1073	1078
4005	46951	85758	17640	18413	205	58822	16026	2613	7815	8364
2571	31744	54144	14006	10622	73	40088	11337	1807	4273	5811
76394	1176841	1373596	318579	364648	3993	1090159	302944	73275	135860	212524

1-A-4 续表 3

主要指标	单位	山 东	河 南	湖 北	湖 南	广 东	广 西
企业办研发机构情况							
机构数	个	3897	1577	1096	1445	3700	447
机构人员数	人	232358	97416	67314	57615	311362	21243
#博士	人	5016	1963	1709	1453	3731	328
硕士	人	26169	8838	10932	9852	46711	1819
本科	人	133419	51693	38449	32662	159847	12710
机构经费支出	万元	7592392	1911740	1688661	1070587	8304164	520693
仪器和设备原价	万元	4792818	1186196	1487953	1383295	3097864	411711
#进口	万元	1003302	164054	228504	156902	693535	65367
新产品开发及生产情况							
新产品开发项目数	项	31100	11150	10722	9089	47387	3332
新产品开发经费支出	万元	10206343	2660106	3317175	2959845	14065712	849395
新产品销售收入	万元	142841782	47914474	46544784	57246324	180137410	15866038
#新产品出口	万元	17337126	19677786	2021102	2241272	60393855	507265
自主知识产权及相关情况							
专利申请数	件	40030	14400	16321	17424	96646	4468
#发明专利	件	15254	4182	6119	6880	47213	2234
有效发明专利数	件	18340	6470	8745	10512	97052	1889
#境外授权	件	474	32	244	232	16716	21
专利所有权转让及许可数	件	972	76	416	192	1623	71
专利所有权转让及许可收入	万元	57015	5428	2102	7648	196342	2302
拥有注册商标数	件	24870	7905	8258	8788	62296	2987
#境外注册	件	4144	957	764	1466	16153	497
形成国家或行业标准数	项	3047	510	877	795	2117	190
政府相关政策落实情况							
使用来自政府部门的科技活动资金	万元	370660	116548	209688	232366	469870	56895
研究开发费用加计扣除减免税	万元	155040	93774	152853	148426	443497	32167
高新技术企业减免税	万元	414512	196088	117214	385324	1052581	28968
技术获取和技术改造情况							
引进技术经费支出	万元	237143	73915	132124	29703	548865	3599
消化吸收经费支出	万元	215035	37338	47855	59418	76239	3605
购买国内技术经费支出	万元	199070	56089	76637	63888	64585	12881
技术改造经费支出	万元	3383764	1484443	955260	3956427	2557263	1223981

海　南	重　庆	四　川	贵　州	云　南	西　藏	陕　西	甘　肃	青　海	宁　夏	新　疆
36	546	999	165	339	6	558	243	33	159	150
2107	33606	66548	14530	13163	110	39763	14559	2204	7901	9574
62	494	1095	155	285	9	625	286	34	175	228
510	3310	7088	1243	1342	18	5869	1263	212	533	1193
1078	20267	33985	8449	6539	66	23615	9590	1014	4820	4748
43935	891236	1443317	357118	388795	1599	630959	291521	38064	115558	221123
37302	589676	1357346	345935	253489	235	773794	187152	53039	114257	186945
5155	173333	170145	83242	76913		126834	55193	21315	18366	51211
704	6820	12681	1908	1903	8	6491	1629	111	966	1103
114916	1438649	2135771	403004	496845	1177	1799803	403460	87949	149924	394450
1601202	26961130	24758761	3683200	4433810	23454	10154791	6185275	125430	2796416	3533318
192696	1344651	2035726	365375	208578	141	306558	437917		362083	196748
748	12221	15713	3446	2793	9	7258	2440	334	1132	2256
389	2509	5666	1516	1167	8	3161	638	132	607	550
683	4792	9043	1985	2280	32	5449	1028	205	387	695
10	106	522	10	43		48	6		19	18
37	142	513	26	152	1	236	150		21	58
	3222	34159		2291		2703	132		188	345
2088	8392	11721	1627	5642	2	4772	914	224	1876	1264
5	1511	1172	374	1398		429	42	1	332	236
177	443	778	165	208	6	692	199	6	102	159
7316	66980	185981	69069	60839	857	368658	31733	10279	18901	26777
5536	38214	96055	8124	13750	100	127783	15366	1203	6395	21376
9106	28586	75049	23536	13324		28861	3367	186	3602	2227
1362	257159	33892	1857	14043		22045	39569	437	3160	26080
1026	35997	23292	4729	9933		18969	60150	35	2199	8924
24705	32485	40736	7545	9608		9245	29258	327	10432	16189
159339	1011701	1668756	972508	406320		575814	854909	14953	233120	90522

B. 基本情况

1-B-1　分登记注册类型企业基本情况

单位：个

登记注册类型	有R&D活动的企业	有研发机构的企业	有新产品销售的企业
总　计	**54832**	**43055**	**47945**
内资企业	**43564**	**34165**	**38632**
国有企业	660	433	456
集体企业	171	133	149
股份合作企业	173	98	164
联营企业	16	10	13
有限责任公司	12662	9052	10631
国有独资公司	805	585	595
其他有限责任公司	11857	8467	10036
股份有限公司	3724	3024	3238
私营企业	26036	21319	23850
私营独资企业	872	730	800
私营合伙企业	149	108	138
私营有限责任公司	23411	19195	21516
私营股份有限公司	1604	1286	1396
其他企业	122	96	131
港、澳、台商投资企业	**5115**	**3910**	**4206**
合资经营企业	2333	1851	2073
合作经营企业	113	75	94
港、澳、台商独资经营企业	2497	1853	1902
港、澳、台商投资股份有限公司	163	125	129
其他港、澳、台投资企业	9	6	8
外商投资企业	**6153**	**4980**	**5107**
中外合资经营企业	3041	2275	2699
中外合作经营企业	129	98	105
外资企业	2841	2485	2181
外商投资股份有限公司	130	114	111
其他外商投资企业	12	8	11

1-B-2 分登记注册类型大中型企业基本情况

单位：个

登记注册类型	有R&D活动的企业	有研发机构的企业	有新产品销售的企业
总　计	**20408**	**17209**	**17360**
内资企业	**14600**	**12261**	**12595**
国有企业	469	338	321
集体企业	57	54	48
股份合作企业	41	29	34
联营企业	5	3	4
有限责任公司	5277	4166	4396
国有独资公司	618	480	465
其他有限责任公司	4659	3686	3931
股份有限公司	2474	2082	2157
私营企业	6238	5560	5605
私营独资企业	118	104	104
私营合伙企业	25	19	18
私营有限责任公司	5429	4908	4892
私营股份有限公司	666	529	591
其他企业	39	29	30
港、澳、台商投资企业	**2639**	**2115**	**2164**
合资经营企业	1124	919	998
合作经营企业	46	35	46
港、澳、台商独资经营企业	1349	1065	1018
港、澳、台商投资股份有限公司	115	92	98
其他港、澳、台投资企业	5	4	4
外商投资企业	**3169**	**2833**	**2601**
中外合资经营企业	1493	1197	1307
中外合作经营企业	65	54	46
外资企业	1511	1491	1164
外商投资股份有限公司	95	86	79
其他外商投资企业	5	5	5

1-B-3 分行业企业基本情况

单位：个

行业	有R&D活动的企业	有研发机构的企业	有新产品销售的企业
总计	**54832**	**43055**	**47945**
#制造业	**53835**	**42433**	**47666**
#农副食品加工业	1800	1538	1489
#饲料加工	416	298	337
植物油加工	198	164	159
屠宰及肉类加工	232	245	191
水产品加工	240	171	155
蔬菜、水果和坚果加工	234	214	214
其他农副食品加工	241	184	192
食品制造业	983	749	782
#糖果、巧克力及蜜饯制造	78	45	49
方便食品制造	92	79	88
调味品、发酵制品制造	145	119	116
其他食品制造	378	273	284
酒、饮料和精制茶制造业	647	524	543
#酒的制造	298	283	243
纺织业	2062	2038	2280
#棉纺织及印染精加工	1074	1121	1162
毛纺织及染整精加工	146	154	123
丝绢纺织及印染精加工	97	91	130
针织或钩针编织物及其制品制造	230	168	257
家用纺织制成品制造	165	176	222
非家用纺织制成品制造	225	187	214
纺织服装、服饰业	1047	1078	1144
机织服装制造	768	795	778
针织或钩针编织服装制造	210	199	249
服饰制造	69	84	117
皮革、毛皮、羽毛及其制品和制鞋业	470	486	820
#皮革鞣制加工	45	43	48
皮革制品制造	101	125	211
制鞋业	275	263	482
木材加工和木、竹、藤、棕、草制品业	491	506	483
#人造板制造	272	304	268
木制品制造	120	105	123
家具制造业	342	253	420
#木质家具制造	161	134	219
金属家具制造	87	66	118
其他家具制造	70	39	66
造纸和纸制品业	593	426	538
#造纸	344	269	316
印刷和记录媒介复制业	459	385	421
#印刷	447	373	406
文教、工美、体育和娱乐用品制造业	898	754	914
文教办公用品制造	122	91	109
乐器制造	40	35	39
工艺美术品制造	396	352	444
体育用品制造	129	103	125
玩具制造	156	127	143
游艺器材及娱乐用品制造	55	46	54

1-B-3　续表 1　　　　单位：个

行　　业	有R&D活动的企业	有研发机构的企业	有新产品销售的企业
石油加工、炼焦和核燃料加工业	252	179	155
化学原料和化学制品制造业	4958	3844	3827
#基础化学原料制造	1000	875	736
肥料制造	325	263	233
涂料、油墨、颜料及类似产品制造	743	543	612
合成材料制造	759	585	593
专用化学产品制造	1463	1078	1142
日用化学产品制造	278	200	232
医药制造业	2586	1935	1716
#化学药品原料药制造	497	408	350
化学药品制剂制造	573	424	366
中成药生产	622	461	389
兽用药品制造	165	123	120
生物药品制造	430	304	269
化学纤维制造业	398	382	371
纤维素纤维原料及纤维制造	98	110	83
合成纤维制造	300	272	288
橡胶和塑料制品业	2114	1618	1958
橡胶制品业	509	409	484
塑料制品业	1605	1209	1474
非金属矿物制品业	2601	1915	2107
#石膏、水泥制品及类似制品制造	337	257	257
砖瓦、石材等建筑材料制造	456	294	401
玻璃制品制造	302	267	289
玻璃纤维和玻璃纤维增强塑料制品制造	188	155	188
陶瓷制品制造	377	204	251
耐火材料制品制造	319	237	278
石墨及其他非金属矿物制品制造	328	244	248
黑色金属冶炼和压延加工业	1174	1025	975
#黑色金属铸造	364	347	315
钢压延加工	657	547	559
有色金属冶炼和压延加工业	1258	975	992
#常用有色金属冶炼	243	183	130
有色金属合金制造	166	132	131
有色金属压延加工	645	511	602
金属制品业	2589	1966	2283
#结构性金属制品制造	575	469	529
金属工具制造	304	222	280
集装箱及金属包装容器制造	187	135	167
金属丝绳及其制品制造	190	176	160
建筑、安全用金属制品制造	364	249	333
金属制日用品制造	237	164	214
其他金属制品制造	529	391	452
通用设备制造业	5470	4211	5054
锅炉及原动设备制造	426	357	389
金属加工机械制造	830	646	719
物料搬运设备制造	535	430	526
泵、阀门、压缩机及类似机械制造	1396	995	1356
轴承、齿轮和传动部件制造	555	470	550

1-B-3 续表 2

单位：个

行　　业	有R&D活动的企业	有研发机构的企业	有新产品销售的企业
烘炉、风机、衡器、包装等设备制造	857	645	763
文化、办公用机械制造	160	114	151
通用零部件制造	546	424	454
其他通用设备制造业	165	130	146
专用设备制造业	4503	3397	3902
采矿、冶金、建筑专用设备制造	1073	847	930
化工、木材、非金属加工专用设备制造	850	650	762
食品、饮料、烟草及饲料生产专用设备制造	171	122	148
印刷、制药、日化及日用品生产专用设备制造	289	186	235
纺织、服装和皮革加工专用设备制造	357	290	320
电子和电工机械专用设备制造	225	154	195
农、林、牧、渔专用机械制造	278	212	258
医疗仪器设备及器械制造	451	328	358
环保、社会公共服务及其他专用设备制造	809	608	696
汽车制造业	2710	2032	2628
#汽车整车制造	194	165	191
改装汽车制造	182	127	166
电车制造	18	19	6
汽车零部件及配件制造	2259	1676	2227
铁路、船舶、航空航天和其他运输设备制造业	1043	872	925
#铁路运输设备制造	219	157	188
船舶及相关装置制造	266	251	229
摩托车制造	248	196	221
自行车制造	123	130	132
电气机械和器材制造业	6061	4656	5427
电机制造	889	767	802
输配电及控制设备制造	2136	1643	1912
电线、电缆、光缆及电工器材制造	979	764	881
电池制造	371	286	301
家用电力器具制造	760	553	679
非电力家用器具制造	178	134	161
照明器具制造	639	448	599
其他电气机械及器材制造	109	61	92
计算机、通信和其他电子设备制造业	4284	3215	3692
#计算机制造	375	281	309
通信设备制造	556	338	473
视听设备制造	270	205	241
电子器件制造	986	715	844
电子元件制造	1513	1240	1294
其他电子设备制造	323	247	293
仪器仪表制造业	1632	1187	1465
通用仪器仪表制造	1028	757	919
专用仪器仪表制造	368	280	330
光学仪器及眼镜制造	147	102	149
其他制造业	180	124	171
#日用杂品制造	86	67	89
煤制品制造	10	9	8
废弃资源综合利用业	105	81	98

1-B-4　分行业大中型企业基本情况

单位：个

行　　业	有R&D活动的企业	有研发机构的企业	有新产品销售的企业
总　计	**20408**	**17209**	**17360**
#制造业	**19773**	**16817**	**17224**
#农副食品加工业	522	472	440
#饲料加工	80	65	74
植物油加工	58	55	49
屠宰及肉类加工	104	107	91
水产品加工	89	75	61
蔬菜、水果和坚果加工	61	54	58
其他农副食品加工	57	48	51
食品制造业	359	308	294
#糖果、巧克力及蜜饯制造	35	24	25
方便食品制造	42	40	32
调味品、发酵制品制造	63	56	51
其他食品制造	92	76	66
酒、饮料和精制茶制造业	267	231	235
#酒的制造	166	165	148
纺织业	897	942	873
#棉纺织及印染精加工	529	545	521
毛纺织及染整精加工	65	68	51
丝绢纺织及印染精加工	32	29	33
针织或钩针编织物及其制品制造	70	67	66
家用纺织制成品制造	76	89	84
非家用纺织制成品制造	58	58	57
纺织服装、服饰业	592	628	502
机织服装制造	472	502	385
针织或钩针编织服装制造	88	90	89
服饰制造	32	36	28
皮革、毛皮、羽毛及其制品和制鞋业	276	290	313
#皮革鞣制加工	24	23	22
皮革制品制造	46	52	58
制鞋业	178	185	208
木材加工和木、竹、藤、棕、草制品业	141	115	109
#人造板制造	79	61	59
木制品制造	37	34	33
家具制造业	159	129	175
#木质家具制造	82	68	89
金属家具制造	44	34	56
其他家具制造	32	23	28
造纸和纸制品业	260	201	195
#造纸	166	136	126
印刷和记录媒介复制业	162	132	140
#印刷	158	128	136
文教、工美、体育和娱乐用品制造业	356	320	320
文教办公用品制造	35	36	29
乐器制造	15	13	18
工艺美术品制造	161	143	156
体育用品制造	51	42	37
玩具制造	75	68	60
游艺器材及娱乐用品制造	19	18	20

1-B-4 续表 1

单位：个

行 业	有R&D活动的企业	有研发机构的企业	有新产品销售的企业
石油加工、炼焦和核燃料加工业	138	94	65
化学原料和化学制品制造业	1442	1245	1098
#基础化学原料制造	335	309	234
肥料制造	161	145	106
涂料、油墨、颜料及类似产品制造	167	141	142
合成材料制造	198	166	159
专用化学产品制造	313	270	241
日用化学产品制造	88	74	77
医药制造业	1029	828	754
#化学药品原料药制造	202	186	163
化学药品制剂制造	296	232	222
中成药生产	275	226	186
兽用药品制造	44	29	31
生物药品制造	134	94	86
化学纤维制造业	147	156	160
纤维素纤维原料及纤维制造	51	59	46
合成纤维制造	96	97	114
橡胶和塑料制品业	646	571	596
橡胶制品业	215	191	203
塑料制品业	431	380	393
非金属矿物制品业	995	697	740
#石膏、水泥制品及类似制品制造	73	65	62
砖瓦、石材等建筑材料制造	150	99	128
玻璃制品制造	137	114	132
玻璃纤维和玻璃纤维增强塑料制品制造	60	51	56
陶瓷制品制造	207	92	126
耐火材料制品制造	97	69	79
石墨及其他非金属矿物制品制造	97	65	61
黑色金属冶炼和压延加工业	488	430	396
#黑色金属铸造	99	86	81
钢压延加工	301	263	256
有色金属冶炼和压延加工业	478	371	361
#常用有色金属冶炼	134	101	59
有色金属合金制造	48	42	42
有色金属压延加工	225	175	213
金属制品业	842	695	731
#结构性金属制品制造	209	174	190
金属工具制造	90	77	82
集装箱及金属包装容器制造	71	55	67
金属丝绳及其制品制造	65	59	57
建筑、安全用金属制品制造	99	78	93
金属制日用品制造	79	60	68
其他金属制品制造	173	142	138
通用设备制造业	1635	1396	1550
锅炉及原动设备制造	174	163	167
金属加工机械制造	205	178	185
物料搬运设备制造	196	175	199
泵、阀门、压缩机及类似机械制造	368	302	369
轴承、齿轮和传动部件制造	206	187	200

1-B-4　续表 2　　单位：个

行　业	有R&D活动的企业	有研发机构的企业	有新产品销售的企业
烘炉、风机、衡器、包装等设备制造	254	201	227
文化、办公用机械制造	70	51	60
通用零部件制造	131	114	112
其他通用设备制造业	31	25	31
专用设备制造业	1263	1054	1155
采矿、冶金、建筑专用设备制造	387	317	353
化工、木材、非金属加工专用设备制造	253	218	223
食品、饮料、烟草及饲料生产专用设备制造	32	25	30
印刷、制药、日化及日用品生产专用设备制造	64	48	63
纺织、服装和皮革加工专用设备制造	85	77	80
电子和电工机械专用设备制造	54	45	48
农、林、牧、渔专用机械制造	76	68	73
医疗仪器设备及器械制造	143	112	117
环保、社会公共服务及其他专用设备制造	169	144	168
汽车制造业	1184	995	1137
#汽车整车制造	156	138	156
改装汽车制造	99	76	94
电车制造			
汽车零部件及配件制造	900	759	870
铁路、船舶、航空航天和其他运输设备制造业	534	465	470
#铁路运输设备制造	102	81	95
船舶及相关装置制造	140	140	122
摩托车制造	130	102	107
自行车制造	55	54	51
电气机械和器材制造业	2209	1800	2022
电机制造	360	333	349
输配电及控制设备制造	677	541	596
电线、电缆、光缆及电工器材制造	324	278	306
电池制造	197	154	172
家用电力器具制造	371	296	341
非电力家用器具制造	37	34	39
照明器具制造	217	149	195
其他电气机械及器材制造	26	15	24
计算机、通信和其他电子设备制造业	2103	1724	1808
#计算机制造	209	174	166
通信设备制造	254	166	227
视听设备制造	162	128	146
电子器件制造	474	373	412
电子元件制造	790	694	654
其他电子设备制造	111	101	100
仪器仪表制造业	491	407	448
通用仪器仪表制造	277	223	251
专用仪器仪表制造	113	103	106
光学仪器及眼镜制造	69	60	68
其他制造业	64	55	66
#日用杂品制造	38	32	43
煤制品制造	4	3	4
废弃资源综合利用业	21	18	18

1-B-5 分行业内资企业基本情况

单位：个

行　业	有R&D活动的企业	有研发机构的企业	有新产品销售的企业
总　计	**43564**	**34165**	**38632**
#制造业	**42645**	**33598**	**38368**
#农副食品加工业	1588	1374	1340
#饲料加工	364	266	305
植物油加工	175	142	142
屠宰及肉类加工	206	223	170
水产品加工	194	142	126
蔬菜、水果和坚果加工	199	182	190
其他农副食品加工	219	167	174
食品制造业	806	603	664
#糖果、巧克力及蜜饯制造	65	37	42
方便食品制造	72	55	77
调味品、发酵制品制造	123	102	103
其他食品制造	309	220	234
酒、饮料和精制茶制造业	570	457	464
#酒的制造	264	251	213
纺织业	1618	1620	1853
#棉纺织及印染精加工	857	917	972
毛纺织及染整精加工	119	131	103
丝绢纺织及印染精加工	87	81	112
针织或钩针编织物及其制品制造	179	129	203
家用纺织制成品制造	119	117	167
非家用纺织制成品制造	168	139	156
纺织服装、服饰业	700	713	791
机织服装制造	518	526	533
针织或钩针编织服装制造	143	134	182
服饰制造	39	53	76
皮革、毛皮、羽毛及其制品和制鞋业	321	338	633
#皮革鞣制加工	34	27	28
皮革制品制造	67	82	157
制鞋业	187	184	381
木材加工和木、竹、藤、棕、草制品业	426	453	428
#人造板制造	239	277	239
木制品制造	97	85	105
家具制造业	256	176	302
#木质家具制造	126	100	169
金属家具制造	55	41	75
其他家具制造	54	23	43
造纸和纸制品业	457	330	429
#造纸	270	217	258
印刷和记录媒介复制业	354	302	333
#印刷	346	296	323
文教、工美、体育和娱乐用品制造业	630	514	673
文教办公用品制造	82	57	78
乐器制造	32	27	29
工艺美术品制造	295	252	355
体育用品制造	77	61	79
玩具制造	103	82	91
游艺器材及娱乐用品制造	41	35	41

1-B-5　续表 1　　单位：个

行　　业	有R&D活动的企业	有研发机构的企业	有新产品销售的企业
石油加工、炼焦和核燃料加工业	225	159	140
化学原料和化学制品制造业	4074	3154	3167
#基础化学原料制造	845	745	620
肥料制造	297	241	215
涂料、油墨、颜料及类似产品制造	575	416	477
合成材料制造	579	444	465
专用化学产品制造	1206	885	951
日用化学产品制造	215	152	178
医药制造业	2080	1563	1422
#化学药品原料药制造	391	323	288
化学药品制剂制造	443	330	292
中成药生产	521	391	337
兽用药品制造	152	110	109
生物药品制造	325	234	209
化学纤维制造业	305	303	279
纤维素纤维原料及纤维制造	79	90	69
合成纤维制造	226	213	210
橡胶和塑料制品业	1585	1224	1538
橡胶制品业	408	322	400
塑料制品业	1177	902	1138
非金属矿物制品业	2238	1662	1813
#石膏、水泥制品及类似制品制造	301	230	227
砖瓦、石材等建筑材料制造	407	263	357
玻璃制品制造	231	212	229
玻璃纤维和玻璃纤维增强塑料制品制造	159	137	161
陶瓷制品制造	310	162	203
耐火材料制品制造	285	218	249
石墨及其他非金属矿物制品制造	292	213	220
黑色金属冶炼和压延加工业	1043	900	868
#黑色金属铸造	325	312	281
钢压延加工	584	471	496
有色金属冶炼和压延加工业	1088	836	850
#常用有色金属冶炼	222	165	114
有色金属合金制造	139	107	112
有色金属压延加工	543	434	516
金属制品业	2077	1591	1871
#结构性金属制品制造	487	397	454
金属工具制造	232	177	223
集装箱及金属包装容器制造	140	103	125
金属丝绳及其制品制造	163	150	139
建筑、安全用金属制品制造	286	188	263
金属制日用品制造	169	129	165
其他金属制品制造	439	321	378
通用设备制造业	4434	3447	4148
锅炉及原动设备制造	364	306	339
金属加工机械制造	705	549	617
物料搬运设备制造	424	340	414
泵、阀门、压缩机及类似机械制造	1146	830	1132
轴承、齿轮和传动部件制造	462	381	453

1-B-5 续表 2 单位：个

行 业	有R&D活动的企业	有研发机构的企业	有新产品销售的企业
烘炉、风机、衡器、包装等设备制造	643	503	590
文化、办公用机械制造	100	77	102
通用零部件制造	447	351	379
其他通用设备制造业	143	110	122
专用设备制造业	3701	2806	3249
采矿、冶金、建筑专用设备制造	940	742	823
化工、木材、非金属加工专用设备制造	616	475	577
食品、饮料、烟草及饲料生产专用设备制造	153	110	132
印刷、制药、日化及日用品生产专用设备制造	234	157	191
纺织、服装和皮革加工专用设备制造	285	241	261
电子和电工机械专用设备制造	195	125	164
农、林、牧、渔专用机械制造	255	193	232
医疗仪器设备及器械制造	340	245	279
环保、社会公共服务及其他专用设备制造	683	518	590
汽车制造业	2035	1520	1992
#汽车整车制造	147	122	142
改装汽车制造	165	118	155
电车制造	18	19	6
汽车零部件及配件制造	1655	1221	1660
铁路、船舶、航空航天和其他运输设备制造业	872	708	794
#铁路运输设备制造	194	136	165
船舶及相关装置制造	223	205	199
摩托车制造	211	171	191
自行车制造	81	81	102
电气机械和器材制造业	4801	3724	4407
电机制造	700	594	642
输配电及控制设备制造	1764	1359	1619
电线、电缆、光缆及电工器材制造	782	632	737
电池制造	278	216	222
家用电力器具制造	548	406	505
非电力家用器具制造	158	121	145
照明器具制造	478	344	463
其他电气机械及器材制造	93	52	74
计算机、通信和其他电子设备制造业	2696	1914	2417
#计算机制造	204	131	183
通信设备制造	400	246	347
视听设备制造	151	112	143
电子器件制造	633	423	556
电子元件制造	886	706	807
其他电子设备制造	223	161	209
仪器仪表制造业	1321	965	1204
通用仪器仪表制造	845	635	768
专用仪器仪表制造	312	226	284
光学仪器及眼镜制造	98	64	104
其他制造业	144	96	139
#日用杂品制造	58	46	65
煤制品制造	10	9	8
废弃资源综合利用业	90	73	86

1-B-6 分行业港澳台商投资企业基本情况

单位：个

行 业	有R&D活动的企业	有研发机构的企业	有新产品销售的企业
总 计	**5115**	**3910**	**4206**
#制造业	**5078**	**3887**	**4199**
#农副食品加工业	96	70	65
#饲料加工	29	22	20
植物油加工	11	6	8
屠宰及肉类加工	15	13	13
水产品加工	18	9	6
蔬菜、水果和坚果加工	13	14	9
其他农副食品加工	8	3	6
食品制造业	72	61	45
#糖果、巧克力及蜜饯制造	7	4	3
方便食品制造	8	11	4
调味品、发酵制品制造	10	8	7
其他食品制造	25	20	18
酒、饮料和精制茶制造业	36	21	26
#酒的制造	16	13	14
纺织业	302	260	259
#棉纺织及印染精加工	165	142	132
毛纺织及染整精加工	18	17	13
丝绢纺织及印染精加工	6	7	12
针织或钩针编织物及其制品制造	38	23	29
家用纺织制成品制造	21	25	27
非家用纺织制成品制造	30	24	28
纺织服装、服饰业	157	164	168
机织服装制造	108	114	111
针织或钩针编织服装制造	36	35	33
服饰制造	13	15	24
皮革、毛皮、羽毛及其制品和制鞋业	72	73	89
#皮革鞣制加工	6	9	12
皮革制品制造	10	15	20
制鞋业	52	49	52
木材加工和木、竹、藤、棕、草制品业	32	24	26
#人造板制造	22	16	20
木制品制造	5	5	3
家具制造业	46	44	61
#木质家具制造	19	19	27
金属家具制造	17	18	24
其他家具制造	8	6	10
造纸和纸制品业	70	50	65
#造纸	39	25	34
印刷和记录媒介复制业	75	59	60
#印刷	71	53	55
文教、工美、体育和娱乐用品制造业	121	92	106
文教办公用品制造	19	12	12
乐器制造	5	3	5
工艺美术品制造	31	27	33
体育用品制造	31	20	22
玩具制造	28	23	26
游艺器材及娱乐用品制造	7	7	8

1-B-6 续表 1 单位：个

行 业	有R&D活动的企业	有研发机构的企业	有新产品销售的企业
石油加工、炼焦和核燃料加工业	17	15	9
化学原料和化学制品制造业	395	302	303
#基础化学原料制造	58	52	46
肥料制造	11	7	7
涂料、油墨、颜料及类似产品制造	81	60	65
合成材料制造	81	65	59
专用化学产品制造	117	83	90
日用化学产品制造	32	26	27
医药制造业	225	163	129
#化学药品原料药制造	41	32	24
化学药品制剂制造	59	43	32
中成药生产	57	44	30
兽用药品制造	3	4	5
生物药品制造	43	23	23
化学纤维制造业	47	44	58
纤维素纤维原料及纤维制造	6	9	6
合成纤维制造	41	35	52
橡胶和塑料制品业	263	184	199
橡胶制品业	32	25	26
塑料制品业	231	159	173
非金属矿物制品业	178	119	138
#石膏、水泥制品及类似制品制造	30	22	22
砖瓦、石材等建筑材料制造	25	21	23
玻璃制品制造	35	26	33
玻璃纤维和玻璃纤维增强塑料制品制造	15	9	11
陶瓷制品制造	30	14	17
耐火材料制品制造	9	4	8
石墨及其他非金属矿物制品制造	8	6	6
黑色金属冶炼和压延加工业	61	63	52
#黑色金属铸造	18	17	16
钢压延加工	36	41	33
有色金属冶炼和压延加工业	79	61	67
#常用有色金属冶炼	10	9	8
有色金属合金制造	12	11	10
有色金属压延加工	51	34	40
金属制品业	252	173	195
#结构性金属制品制造	34	31	26
金属工具制造	40	22	28
集装箱及金属包装容器制造	19	10	18
金属丝绳及其制品制造	11	11	11
建筑、安全用金属制品制造	43	38	39
金属制日用品制造	40	17	28
其他金属制品制造	43	29	32
通用设备制造业	373	285	334
锅炉及原动设备制造	23	20	18
金属加工机械制造	52	43	44
物料搬运设备制造	34	37	40
泵、阀门、压缩机及类似机械制造	76	54	77
轴承、齿轮和传动部件制造	36	35	35

1-B-6　续表 2　　单位：个

行　　业	有R&D活动的企业	有研发机构的企业	有新产品销售的企业
烘炉、风机、衡器、包装等设备制造	79	50	61
文化、办公用机械制造	23	10	18
通用零部件制造	39	29	31
其他通用设备制造业	11	7	10
专用设备制造业	320	238	276
采矿、冶金、建筑专用设备制造	41	34	35
化工、木材、非金属加工专用设备制造	113	78	90
食品、饮料、烟草及饲料生产专用设备制造	6	4	8
印刷、制药、日化及日用品生产专用设备制造	20	16	21
纺织、服装和皮革加工专用设备制造	45	29	37
电子和电工机械专用设备制造	9	10	11
农、林、牧、渔专用机械制造	8	7	8
医疗仪器设备及器械制造	33	23	24
环保、社会公共服务及其他专用设备制造	45	37	42
汽车制造业	200	153	184
#汽车整车制造	9	10	10
改装汽车制造	4	4	3
电车制造			
汽车零部件及配件制造	185	138	170
铁路、船舶、航空航天和其他运输设备制造业	61	59	42
#铁路运输设备制造	6	5	6
船舶及相关装置制造	15	17	10
摩托车制造	14	9	9
自行车制造	18	20	10
电气机械和器材制造业	614	425	486
电机制造	79	69	65
输配电及控制设备制造	167	123	122
电线、电缆、光缆及电工器材制造	107	64	73
电池制造	53	37	49
家用电力器具制造	99	67	81
非电力家用器具制造	7	5	7
照明器具制造	94	56	77
其他电气机械及器材制造	8	4	12
计算机、通信和其他电子设备制造业	765	586	629
#计算机制造	77	69	55
通信设备制造	63	32	57
视听设备制造	59	39	53
电子器件制造	156	110	137
电子元件制造	322	266	247
其他电子设备制造	53	41	42
仪器仪表制造业	120	80	103
通用仪器仪表制造	59	34	48
专用仪器仪表制造	25	24	20
光学仪器及眼镜制造	19	15	21
其他制造业	19	13	17
#日用杂品制造	16	12	15
煤制品制造			
废弃资源综合利用业	7	3	5

1-B-7 分行业外商投资企业基本情况

单位：个

行　业	有R&D活动的企业	有研发机构的企业	有新产品销售的企业
总　计	**6153**	**4980**	**5107**
#**制造业**	**6112**	**4948**	**5099**
#农副食品加工业	116	94	84
#饲料加工	23	10	12
植物油加工	12	16	9
屠宰及肉类加工	11	9	8
水产品加工	28	20	23
蔬菜、水果和坚果加工	22	18	15
其他农副食品加工	14	14	12
食品制造业	105	85	73
#糖果、巧克力及蜜饯制造	6	4	4
方便食品制造	12	13	7
调味品、发酵制品制造	12	9	6
其他食品制造	44	33	32
酒、饮料和精制茶制造业	41	46	53
#酒的制造	18	19	16
纺织业	142	158	168
#棉纺织及印染精加工	52	62	58
毛纺织及染整精加工	9	6	7
丝绢纺织及印染精加工	4	3	6
针织或钩针编织物及其制品制造	13	16	25
家用纺织制成品制造	25	34	28
非家用纺织制成品制造	27	24	30
纺织服装、服饰业	190	201	185
机织服装制造	142	155	134
针织或钩针编织服装制造	31	30	34
服饰制造	17	16	17
皮革、毛皮、羽毛及其制品和制鞋业	77	75	98
#皮革鞣制加工	5	7	8
皮革制品制造	24	28	34
制鞋业	36	30	49
木材加工和木、竹、藤、棕、草制品业	33	29	29
#人造板制造	11	11	9
木制品制造	18	15	15
家具制造业	40	33	57
#木质家具制造	16	15	23
金属家具制造	15	7	19
其他家具制造	8	10	13
造纸和纸制品业	66	46	44
#造纸	35	27	24
印刷和记录媒介复制业	30	24	28
#印刷	30	24	28
文教、工美、体育和娱乐用品制造业	147	148	135
文教办公用品制造	21	22	19
乐器制造	3	5	5
工艺美术品制造	70	73	56
体育用品制造	21	22	24
玩具制造	25	22	26
游艺器材及娱乐用品制造	7	4	5

1-B-7　续表 1　　　　单位：个

行　　业	有R&D活动的企业	有研发机构的企业	有新产品销售的企业
石油加工、炼焦和核燃料加工业	10	5	6
化学原料和化学制品制造业	489	388	357
#基础化学原料制造	97	78	70
肥料制造	17	15	11
涂料、油墨、颜料及类似产品制造	87	67	70
合成材料制造	99	76	69
专用化学产品制造	140	110	101
日用化学产品制造	31	22	27
医药制造业	281	209	165
#化学药品原料药制造	65	53	38
化学药品制剂制造	71	51	42
中成药生产	44	26	22
兽用药品制造	10	9	6
生物药品制造	62	47	37
化学纤维制造业	46	35	34
纤维素纤维原料及纤维制造	13	11	8
合成纤维制造	33	24	26
橡胶和塑料制品业	266	210	221
橡胶制品业	69	62	58
塑料制品业	197	148	163
非金属矿物制品业	185	134	156
#石膏、水泥制品及类似制品制造	6	5	8
砖瓦、石材等建筑材料制造	24	10	21
玻璃制品制造	36	29	27
玻璃纤维和玻璃纤维增强塑料制品制造	14	9	16
陶瓷制品制造	37	28	31
耐火材料制品制造	25	15	21
石墨及其他非金属矿物制品制造	28	25	22
黑色金属冶炼和压延加工业	70	62	55
#黑色金属铸造	21	18	18
钢压延加工	37	35	30
有色金属冶炼和压延加工业	91	78	75
#常用有色金属冶炼	11	9	8
有色金属合金制造	15	14	9
有色金属压延加工	51	43	46
金属制品业	260	202	217
#结构性金属制品制造	54	41	49
金属工具制造	32	23	29
集装箱及金属包装容器制造	28	22	24
金属丝绳及其制品制造	16	15	10
建筑、安全用金属制品制造	35	23	31
金属制日用品制造	28	18	21
其他金属制品制造	47	41	42
通用设备制造业	663	479	572
锅炉及原动设备制造	39	31	32
金属加工机械制造	73	54	58
物料搬运设备制造	77	53	72
泵、阀门、压缩机及类似机械制造	174	111	147
轴承、齿轮和传动部件制造	57	54	62

1-B-7 续表 2　　单位：个

行　　业	有R&D活动的企业	有研发机构的企业	有新产品销售的企业
烘炉、风机、衡器、包装等设备制造	135	92	112
文化、办公用机械制造	37	27	31
通用零部件制造	60	44	44
其他通用设备制造业	11	13	14
专用设备制造业	482	353	377
采矿、冶金、建筑专用设备制造	92	71	72
化工、木材、非金属加工专用设备制造	121	97	95
食品、饮料、烟草及饲料生产专用设备制造	12	8	8
印刷、制药、日化及日用品生产专用设备制造	35	13	23
纺织、服装和皮革加工专用设备制造	27	20	22
电子和电工机械专用设备制造	21	19	20
农、林、牧、渔专用机械制造	15	12	18
医疗仪器设备及器械制造	78	60	55
环保、社会公共服务及其他专用设备制造	81	53	64
汽车制造业	475	359	452
#汽车整车制造	38	33	39
改装汽车制造	13	5	8
电车制造			
汽车零部件及配件制造	419	317	397
铁路、船舶、航空航天和其他运输设备制造业	110	105	89
#铁路运输设备制造	19	16	17
船舶及相关装置制造	28	29	20
摩托车制造	23	16	21
自行车制造	24	29	20
电气机械和器材制造业	646	507	534
电机制造	110	104	95
输配电及控制设备制造	205	161	171
电线、电缆、光缆及电工器材制造	90	68	71
电池制造	40	33	30
家用电力器具制造	113	80	93
非电力家用器具制造	13	8	9
照明器具制造	67	48	59
其他电气机械及器材制造	8	5	6
计算机、通信和其他电子设备制造业	823	715	646
#计算机制造	94	81	71
通信设备制造	93	60	69
视听设备制造	60	54	45
电子器件制造	197	182	151
电子元件制造	305	268	240
其他电子设备制造	47	45	42
仪器仪表制造业	191	142	158
通用仪器仪表制造	124	88	103
专用仪器仪表制造	31	30	26
光学仪器及眼镜制造	30	23	24
其他制造业	17	15	15
#日用杂品制造	12	9	9
煤制品制造			
废弃资源综合利用业	8	5	7

1-B-8　各地区企业基本情况

单位：个

地　区	有R&D活动的企业	有研发机构的企业	有新产品销售的企业
全　国	**54832**	**43055**	**47945**
东部地区	40199	33036	35560
中部地区	8983	6201	7757
西部地区	3967	2851	3299
东北地区	1683	967	1329
北　京	1059	498	1059
天　津	1732	775	1682
河　北	853	777	737
山　西	327	232	223
内蒙古	258	168	126
辽　宁	1100	562	900
吉　林	252	177	232
黑龙江	331	228	197
上　海	1661	725	1322
江　苏	12283	15775	9535
浙　江	10824	7737	12861
安　徽	2369	2076	2407
福　建	2286	1270	1576
江　西	954	606	674
山　东	3747	2757	2723
河　南	1705	1201	1195
湖　北	1714	903	1625
湖　南	1914	1183	1633
广　东	5691	2692	4036
广　西	456	331	442
海　南	63	30	29
重　庆	668	417	659
四　川	819	700	873
贵　州	179	124	140
云　南	394	279	277
西　藏	9	6	1
陕　西	574	382	430
甘　肃	291	182	153
青　海	40	25	15
宁　夏	127	113	94
新　疆	152	124	89

1-B-9 各地区大中型企业基本情况

单位：个

地　区	有R&D活动的企业	有研发机构的企业	有新产品销售的企业
全　国	**20408**	**17209**	**17360**
东部地区	14411	12835	12443
中部地区	3480	2511	2875
西部地区	1913	1453	1537
东北地区	604	410	505
北　京	381	247	361
天　津	468	259	441
河　北	421	417	358
山　西	180	138	120
内蒙古	134	85	62
辽　宁	369	232	317
吉　林	117	81	117
黑龙江	118	97	71
上　海	650	381	563
江　苏	4570	5757	3644
浙　江	2669	2414	3133
安　徽	635	575	633
福　建	937	600	708
江　西	441	279	316
山　东	1586	1272	1216
河　南	998	740	708
湖　北	589	356	566
湖　南	637	423	532
广　东	2697	1472	2000
广　西	225	186	191
海　南	32	16	19
重　庆	355	251	333
四　川	403	362	409
贵　州	86	65	70
云　南	170	119	106
西　藏	4	2	
陕　西	270	193	199
甘　肃	94	65	68
青　海	23	11	9
宁　夏	68	54	49
新　疆	81	60	41

1-B-10 各地区内资企业基本情况

单位：个

地 区	有R&D活动的企业	有研发机构的企业	有新产品销售的企业
全 国	**43564**	**34165**	**38632**
东部地区	30189	24916	27271
中部地区	8273	5746	7178
西部地区	3659	2642	3027
东北地区	1443	861	1156
北 京	851	390	858
天 津	1434	653	1385
河 北	740	683	646
山 西	307	220	214
内蒙古	239	153	118
辽 宁	932	492	777
吉 林	213	163	198
黑龙江	298	206	181
上 海	1039	427	831
江 苏	8893	11461	7075
浙 江	8716	6211	10421
安 徽	2201	1929	2229
福 建	1556	865	1029
江 西	831	538	598
山 东	3264	2438	2380
河 南	1587	1109	1102
湖 北	1565	849	1501
湖 南	1782	1101	1534
广 东	3648	1763	2623
广 西	407	288	387
海 南	48	25	23
重 庆	599	373	592
四 川	747	655	808
贵 州	169	121	134
云 南	363	255	252
西 藏	9	6	1
陕 西	541	363	402
甘 肃	284	182	151
青 海	37	24	15
宁 夏	115	100	81
新 疆	149	122	86

1-B-11 各地区港澳台商投资企业基本情况

单位：个

地　　区	有R&D活动的企业	有研发机构的企业	有新产品销售的企业
全　　国	**5115**	**3910**	**4206**
东部地区	4588	3570	3795
中部地区	326	217	256
西部地区	116	83	105
东北地区	85	40	50
北　　京	60	29	51
天　　津	81	39	85
河　　北	36	30	30
山　　西	9	5	1
内 蒙 古	2	1	
辽　　宁	60	24	36
吉　　林	13	6	9
黑 龙 江	12	10	5
上　　海	165	83	139
江　　苏	1285	1649	956
浙　　江	1110	821	1233
安　　徽	71	57	70
福　　建	425	237	314
江　　西	68	43	43
山　　东	158	102	109
河　　南	49	38	40
湖　　北	59	24	46
湖　　南	70	50	56
广　　东	1262	578	875
广　　西	24	22	29
海　　南	6	2	3
重　　庆	28	21	28
四　　川	23	14	22
贵　　州	4	1	3
云　　南	14	15	16
西　　藏			
陕　　西	10	5	3
甘　　肃	4		
青　　海			
宁　　夏	4	4	3
新　　疆	3		1

1-B-12　各地区外商投资企业基本情况

单位：个

地　区	有R&D活动的企业	有研发机构的企业	有新产品销售的企业
全　国	**6153**	**4980**	**5107**
东部地区	5422	4550	4494
中部地区	384	238	323
西部地区	192	126	167
东北地区	155	66	123
北　京	148	79	150
天　津	217	83	212
河　北	77	64	61
山　西	11	7	8
内蒙古	17	14	8
辽　宁	108	46	87
吉　林	26	8	25
黑龙江	21	12	11
上　海	457	215	352
江　苏	2105	2665	1504
浙　江	998	705	1207
安　徽	97	90	108
福　建	305	168	233
江　西	55	25	33
山　东	325	217	234
河　南	69	54	53
湖　北	90	30	78
湖　南	62	32	43
广　东	781	351	538
广　西	25	21	26
海　南	9	3	3
重　庆	41	23	39
四　川	49	31	43
贵　州	6	2	3
云　南	17	9	9
西　藏			
陕　西	23	14	25
甘　肃	3		2
青　海	3	1	
宁　夏	8	9	10
新　疆		2	2

C. 企业R&D人员情况

1-C-1 分登记注册类型企业R&D人员情况

登记注册类型	R&D人员合计(人)	#女性	#研究人员	#全时人员	R&D人员折合全时当量(人年)
总　计	**3375912**	**698435**	**1095573**	**2233774**	**2493958**
内资企业	**2564162**	**526153**	**916430**	**1671775**	**1865328**
国有企业	120504	26329	62164	72260	85572
集体企业	11899	2611	4248	8801	7402
股份合作企业	4080	792	1086	2619	2899
联营企业	2030	425	1403	1242	1590
国有联营企业	1904	407	1375	1165	1516
集体联营企业	62	7	5	37	40
国有与集体联营企业	64	11	23	40	34
其他联营企业					
有限责任公司	1107130	224042	455116	709155	807435
国有独资公司	215194	47100	108885	131866	157465
其他有限责任公司	891936	176942	346231	577289	649969
股份有限公司	569540	125168	196875	401727	432027
私营企业	742847	145396	192105	473513	523551
私营独资企业	12698	2149	3929	7489	8711
私营合伙企业	1811	235	494	891	1224
私营有限责任公司	639789	124996	164639	403817	451123
私营股份有限公司	88549	18016	23043	61316	62492
其他企业	6132	1390	3433	2458	4853
港、澳、台商投资企业	**352698**	**78973**	**76234**	**244680**	**274173**
合资经营企业	147939	31763	31847	105541	113624
合作经营企业	4274	1001	805	2534	3290
港、澳、台商独资经营企业	179377	41387	39440	121655	139676
港、澳、台商投资股份有限公司	20628	4761	4070	14636	17329
其他港、澳、台投资企业	480	61	72	314	254
外商投资企业	**459052**	**93309**	**102909**	**317319**	**354457**
中外合资经营企业	230517	45982	56665	153281	175110
中外合作经营企业	6976	1104	1470	4839	4451
外资企业	197993	40447	38283	141671	156742
外商投资股份有限公司	22796	5530	6261	17110	17588
其他外商投资企业	770	246	230	418	566

1-C-2　分登记注册类型大中型企业R&D人员情况

登记注册类型	R&D人员合计(人)	[#]女性	[#]研究人员	[#]全时人员	R&D人员折合全时当量(人年)
总　计	**2633916**	**560641**	**885212**	**1775439**	**1976736**
内资企业	**1960067**	**414059**	**739433**	**1296888**	**1449537**
国有企业	111236	24400	57567	66503	79583
集体企业	9733	2136	3583	7421	5759
股份合作企业	1852	355	414	1307	1363
联营企业	1850	395	1359	1118	1473
国有联营企业	1835	394	1356	1105	1459
集体联营企业					
国有与集体联营企业	15	1	3	13	14
其他联营企业					
有限责任公司	919757	187985	396505	592142	680157
国有独资公司	206038	45561	105789	127335	150194
其他有限责任公司	713719	142424	290716	464807	529963
股份有限公司	528692	116844	184100	373742	403305
私营企业	382978	80923	93124	252902	274550
私营独资企业	3894	758	1266	2546	2694
私营合伙企业	515	48	111	275	427
私营有限责任公司	312344	66552	75112	203234	224360
私营股份有限公司	66225	13565	16635	46847	47070
其他企业	3969	1021	2781	1753	3347
港、澳、台商投资企业	**293836**	**67218**	**62111**	**206588**	**231751**
合资经营企业	118837	25666	24984	86978	92661
合作经营企业	2846	722	407	1628	2296
港、澳、台商独资经营企业	152822	36432	33135	104189	120566
港、澳、台商投资股份有限公司	18949	4351	3523	13565	16053
其他港、澳、台投资企业	382	47	62	228	174
外商投资企业	**380013**	**79364**	**83668**	**271963**	**295448**
中外合资经营企业	184603	38651	45321	128644	140112
中外合作经营企业	5543	814	1133	3973	3370
外资企业	167680	34406	31099	122693	134806
外商投资股份有限公司	21635	5288	5923	16299	16748
其他外商投资企业	552	205	192	354	412

1-C-3 分行业企业R&D人员情况

行　业	R&D人员合计(人)	#女性	#研究人员	#全时人员	R&D人员折合全时当量(人年)
总　计	**3375912**	**698435**	**1095573**	**2233774**	**2493958**
采矿业	**144927**	**22217**	**80525**	**69480**	**93560**
煤炭开采和洗选业	84470	7428	42040	33949	53713
烟煤和无烟煤开采洗选	83405	7359	41532	33126	52773
褐煤开采洗选	1065	69	508	823	940
其他煤炭采选					
石油和天然气开采业	37433	11007	27536	23339	25487
石油开采	36945	10881	27324	23179	25294
天然气开采	488	126	212	160	193
黑色金属矿采选业	3830	520	1405	2029	2725
铁矿采选	3115	450	1208	1655	2114
锰矿、铬矿采选	643	64	178	329	577
其他黑色金属矿采选	72	6	19	45	35
有色金属矿采选业	6633	899	2429	2763	3955
常用有色金属矿采选	2619	253	794	768	1243
贵金属矿采选	3138	507	1093	1635	2248
稀有稀土金属矿采选	876	139	542	360	464
非金属矿采选业	4687	934	1861	2573	3131
土砂石开采	1291	214	529	792	863
化学矿开采	618	83	257	244	258
采盐	2540	590	989	1441	1879
石棉及其他非金属矿采选	238	47	86	96	131
开采辅助活动	7847	1424	5238	4804	4523
煤炭开采和洗选辅助活动	6	1	2	4	5
石油和天然气开采辅助活动	7803	1420	5221	4792	4515
其他开采辅助活动	38	3	15	8	3
其他采矿业	27	5	16	23	25
其他采矿业	27	5	16	23	25
制造业	**3185949**	**671366**	**995992**	**2150228**	**2371061**
农副食品加工业	57646	13795	16909	33457	38162
谷物磨制	4568	1006	1499	2318	2634
饲料加工	13097	2657	3161	7995	8690
植物油加工	5880	1219	2295	2924	3723
制糖业	1207	241	473	510	658
屠宰及肉类加工	11077	2968	3364	6538	7911
水产品加工	7799	1853	2198	4610	4959
蔬菜、水果和坚果加工	5363	1471	1362	2831	3767
其他农副食品加工	8655	2380	2557	5731	5819
食品制造业	41366	12705	11747	24442	27389
焙烤食品制造	1816	487	482	1003	1164
糖果、巧克力及蜜饯制造	2402	578	475	1167	1316
方便食品制造	3154	848	705	1582	2154
乳制品制造	7298	2679	2788	4087	3383
罐头食品制造	2712	804	731	1611	1864
调味品、发酵制品制造	8801	2410	2519	5392	6149
其他食品制造	15183	4899	4047	9600	11360
酒、饮料和精制茶制造业	31301	7863	10770	19717	21113
酒的制造	20309	5133	7651	13445	13857
饮料制造	7588	1998	1796	4867	5060
精制茶加工	3404	732	1323	1405	2197

1-C-3　续表 1

行　　业	R&D人员合计(人)	#女性	#研究人员	#全时人员	R&D人员折合全时当量(人年)
烟草制品业	6805	1337	3937	3045	4246
烟叶复烤	480	83	172	122	243
卷烟制造	6002	1175	3646	2715	3769
其他烟草制品制造	323	79	119	208	233
纺织业	79009	28219	19518	48272	53289
棉纺织及印染精加工	47403	17063	12281	28773	30827
毛纺织及染整精加工	5857	2662	1436	4145	4126
麻纺织及染整精加工	1570	396	418	655	947
丝绢纺织及印染精加工	2816	979	699	1695	2234
化纤织造及印染精加工	2635	973	623	1401	1395
针织或钩针编织物及其制品制造	5657	1876	907	3713	4607
家用纺织制成品制造	7225	2843	1424	4260	5338
非家用纺织制成品制造	5846	1427	1730	3630	3813
纺织服装、服饰业	44534	14572	9359	23116	34322
机织服装制造	35584	10721	7728	18431	28382
针织或钩针编织服装制造	7815	3410	1401	3966	5050
服饰制造	1135	441	230	719	891
皮革、毛皮、羽毛及其制品和制鞋业	19365	6309	3831	13474	13532
皮革鞣制加工	1587	410	234	1169	1235
皮革制品制造	2280	766	472	1673	1531
毛皮鞣制及制品加工	821	267	315	589	610
羽毛(绒)加工及制品制造	524	173	138	193	283
制鞋业	14153	4693	2672	9850	9873
木材加工和木、竹、藤、棕、草制品业	12473	1987	2950	6771	8208
木材加工	642	122	165	416	525
人造板制造	8135	1144	1870	4147	5101
木制品制造	2696	505	629	1548	1899
竹、藤、棕、草等制品制造	1000	216	286	660	683
家具制造业	13071	2411	2107	7516	9383
木质家具制造	7209	1463	1139	3874	4924
竹、藤家具制造	69	6	19	37	43
金属家具制造	3736	591	504	2367	2938
塑料家具制造	266	30	58	138	209
其他家具制造	1791	321	387	1100	1268
造纸和纸制品业	31420	6500	6753	17969	20557
纸浆制造	355	130	162	147	169
造纸	23130	4597	5110	12812	14754
纸制品制造	7935	1773	1481	5010	5634
印刷和记录媒介复制业	16853	3693	4050	9294	11362
印刷	16534	3614	3976	9130	11123
装订及印刷相关服务	229	64	52	106	164
记录媒介复制	90	15	22	58	75
文教、工美、体育和娱乐用品制造业	29538	7149	6519	19078	20909
文教办公用品制造	3304	788	749	2229	2504
乐器制造	1454	395	356	786	1170
工艺美术品制造	12150	3523	3283	7845	8214
体育用品制造	5496	1122	835	3661	4040
玩具制造	4885	935	891	2968	3438
游艺器材及娱乐用品制造	2249	386	405	1589	1545

1-C-3 续表 2

行　业	R&D人员合计(人)	#女性	#研究人员	#全时人员	R&D人员折合全时当量(人年)
石油加工、炼焦和核燃料加工业	19651	4044	9286	10941	13993
精炼石油产品制造	15575	3347	8017	8410	11538
炼焦	3835	664	1157	2499	2374
核燃料加工	241	33	112	32	81
化学原料和化学制品制造业	231345	48811	70275	149903	170087
基础化学原料制造	55477	10422	17932	34425	40302
肥料制造	25942	5186	9017	15832	18302
农药制造	15992	3671	4054	10542	12031
涂料、油墨、颜料及类似产品制造	27947	5724	7314	19545	21310
合成材料制造	35563	7037	10506	22526	25966
专用化学产品制造	51952	10936	15336	35057	38711
炸药、火工及焰火产品制造	7069	2008	3224	4736	4821
日用化学产品制造	11403	3827	2892	7240	8642
医药制造业	163248	62397	50496	114571	123200
化学药品原料药制造	33217	10805	12040	23587	26050
化学药品制剂制造	51418	21756	14841	38308	39191
中药饮片加工	3836	1368	955	2255	2564
中成药生产	38175	15799	12718	25535	28340
兽用药品制造	6787	2738	1994	4268	4515
生物药品制造	21456	7699	6266	15383	15855
卫生材料及医药用品制造	8359	2232	1682	5235	6686
化学纤维制造业	23524	5458	5649	14338	16563
纤维素纤维原料及纤维制造	8898	1997	2147	5651	6015
合成纤维制造	14626	3461	3502	8687	10548
橡胶和塑料制品业	87205	17811	20522	54367	64068
橡胶制品业	32630	7664	8331	21155	23970
塑料制品业	54575	10147	12191	33212	40098
非金属矿物制品业	108859	18812	29314	64183	73646
水泥、石灰和石膏制造	9696	1451	2607	5865	6113
石膏、水泥制品及类似制品制造	7895	1191	2325	4492	4942
砖瓦、石材等建筑材料制造	17178	3039	3873	9519	10639
玻璃制造	6625	903	1676	4120	4699
玻璃制品制造	15851	2979	4500	9930	11274
玻璃纤维和玻璃纤维增强塑料制品制造	8706	1551	2654	4863	5798
陶瓷制品制造	15061	3067	3762	8469	10133
耐火材料制品制造	13281	2021	3910	7530	9520
石墨及其他非金属矿物制品制造	14566	2610	4007	9395	10530
黑色金属冶炼和压延加工业	148418	22519	68170	72738	107190
炼铁	1802	255	1011	672	1354
炼钢	24349	3444	12680	13111	16021
黑色金属铸造	9890	1311	2506	5907	6919
钢压延加工	108425	16935	50550	51088	80586
铁合金冶炼	3952	574	1423	1960	2310
有色金属冶炼和压延加工业	82691	12593	28705	46929	57560
常用有色金属冶炼	28308	3193	11927	14563	19079
贵金属冶炼	4759	690	1307	3007	2971
稀有稀土金属冶炼	7149	1459	2597	4533	5179
有色金属合金制造	7400	1271	1946	4535	5276
有色金属铸造	810	178	274	387	678
有色金属压延加工	34265	5802	10654	19904	24377

1-C-3 续表 3

行 业	R&D人员合计(人)	#女性	#研究人员	#全时人员	R&D人员折合全时当量(人年)
金属制品业	112816	20353	34961	71780	79315
结构性金属制品制造	24616	3711	6199	15837	16632
金属工具制造	10466	1673	3071	5609	6885
集装箱及金属包装容器制造	8423	1223	2194	5582	5530
金属丝绳及其制品制造	8995	1443	2576	5030	6303
建筑、安全用金属制品制造	11231	2013	2741	7513	7919
金属表面处理及热处理加工	5441	740	1346	3459	3741
搪瓷制品制造	1233	193	315	968	1004
金属制日用品制造	8882	1582	1890	5221	5487
其他金属制品制造	33529	7775	14629	22561	25814
通用设备制造业	267000	46536	82470	181048	191916
锅炉及原动设备制造	38482	7502	13181	27630	28986
金属加工机械制造	42799	6984	15773	30672	29185
物料搬运设备制造	31926	4836	9311	21702	23055
泵、阀门、压缩机及类似机械制造	54658	9174	15847	35901	38874
轴承、齿轮和传动部件制造	26570	5018	7143	15615	18394
烘炉、风机、衡器、包装等设备制造	41344	7494	13009	28504	30414
文化、办公用机械制造	10381	2069	2372	7508	8141
通用零部件制造	15314	2549	4192	9660	10847
其他通用设备制造业	5526	910	1642	3856	4020
专用设备制造业	239842	40700	79543	170616	178461
采矿、冶金、建筑专用设备制造	95214	15508	36097	68242	72689
化工、木材、非金属加工专用设备制造	34436	5272	9170	23570	24494
食品、饮料、烟草及饲料生产专用设备制造	6559	1206	2551	4695	4600
印刷、制药、日化及日用品生产专用设备制造	10842	1667	3422	8086	8038
纺织、服装和皮革加工专用设备制造	13583	2337	4806	9534	10355
电子和电工机械专用设备制造	11715	2001	3566	8842	8832
农、林、牧、渔专用机械制造	14887	2309	5328	10243	10261
医疗仪器设备及器械制造	21107	4966	4776	15479	16065
环保、社会公共服务及其他专用设备制造	31499	5434	9827	21925	23127
汽车制造业	251289	44971	66331	179016	195682
汽车整车制造	112795	21449	30358	86558	97892
改装汽车制造	12466	1936	4199	8970	8353
低速载货汽车制造	1030	186	179	684	537
电车制造	512	79	94	372	320
汽车车身、挂车制造	3649	407	770	2201	2419
汽车零部件及配件制造	120837	20914	30731	80231	86161
铁路、船舶、航空航天和其他运输设备制造业	139382	32202	58520	96284	105869
铁路运输设备制造	35617	7492	15323	25597	26052
城市轨道交通设备制造	2043	399	954	1342	1664
船舶及相关装置制造	26045	4183	8971	16831	18925
航空、航天器及设备制造	56360	16722	28464	39941	45840
摩托车制造	13068	2390	3390	8426	9026
自行车制造	4994	878	1145	3276	3537
非公路休闲车及零配件制造	398	45	46	240	281
潜水救捞及其他未列明运输设备制造	857	93	227	631	544
电气机械和器材制造业	340031	67074	89798	240302	255835
电机制造	47347	9604	15708	32494	36789
输配电及控制设备制造	118918	22977	32824	86242	91047

1-C-3 续表 4

行　业	R&D人员合计(人)	#女性	#研究人员	#全时人员	R&D人员折合全时当量(人年)
电线、电缆、光缆及电工器材制造	41858	7864	11563	26795	30669
电池制造	25466	5853	5322	18816	19594
家用电力器具制造	70049	13158	15118	51173	49957
非电力家用器具制造	5815	1092	1569	4076	4375
照明器具制造	26217	5586	6723	17286	19970
其他电气机械及器材制造	4361	940	971	3420	3435
计算机、通信和其他电子设备制造业	476612	96438	168143	376491	390976
计算机制造	67640	12201	11977	55917	55201
通信设备制造	143163	25702	86940	125931	128089
广播电视设备制造	16681	3783	6679	13013	12721
雷达及配套设备制造	7902	1995	3300	6874	5980
视听设备制造	41371	8307	10224	31554	33348
电子器件制造	79917	18908	20364	61295	62535
电子元件制造	97890	22149	23429	68051	77165
其他电子设备制造	22048	3393	5230	13856	15937
仪器仪表制造业	90992	19769	28560	67350	69174
通用仪器仪表制造	53471	10313	15995	40342	41240
专用仪器仪表制造	18770	3810	6260	14302	14857
钟表与计时仪器制造	1878	489	658	1442	1595
光学仪器及眼镜制造	15577	4928	5162	10269	10442
其他仪器仪表制造业	1296	229	485	995	1041
其他制造业	8764	2187	3346	6165	7082
日用杂品制造	2580	666	647	1809	2179
煤制品制造	662	106	227	395	479
核辐射加工	22	3	6	10	10
其他未列明制造业	5500	1412	2466	3951	4414
废弃资源综合利用业	4026	714	1340	2107	2856
金属废料和碎屑加工处理	3113	568	1107	1682	2227
非金属废料和碎屑加工处理	913	146	233	425	629
金属制品、机械和设备修理业	6873	1437	2113	4948	5115
金属制品修理	26	2	16	11	22
通用设备修理	86	6	12	43	63
专用设备修理	1073	245	309	632	818
铁路、船舶、航空航天等运输设备修理	5259	1115	1641	3997	3927
电气设备修理	83	11	3	51	46
仪器仪表修理	74	9	29	58	74
其他机械和设备修理业	272	49	103	156	166
电力、热力、燃气及水生产和供应业	**45036**	**4852**	**19056**	**14066**	**29337**
电力、热力生产和供应业	41212	3953	17346	11797	26873
电力生产	11554	1158	5726	4748	7318
电力供应	29305	2757	11489	6846	19388
热力生产和供应	353	38	131	203	168
燃气生产和供应业	1117	243	353	789	811
燃气生产和供应业	1117	243	353	789	811
水的生产和供应业	2707	656	1357	1480	1653
自来水生产和供应	1622	443	860	723	989
污水处理及其再生利用	964	196	455	709	613
其他水的处理、利用与分配	121	17	42	48	51

1-C-4 分行业大中型企业R&D人员情况

行 业	R&D人员合计(人)	#女性	#研究人员	#全时人员	R&D人员折合全时当量(人年)
总 计	**2633916**	**560641**	**885212**	**1775439**	**1976736**
采矿业	**142126**	**21842**	**79553**	**67983**	**91758**
煤炭开采和洗选业	83913	7384	41858	33622	53325
烟煤和无烟煤开采洗选	82848	7315	41350	32799	52385
褐煤开采洗选	1065	69	508	823	940
其他煤炭采选					
石油和天然气开采业	37416	11002	27519	23322	25470
石油开采	36928	10876	27307	23162	25277
天然气开采	488	126	212	160	193
黑色金属矿采选业	3382	469	1267	1818	2444
铁矿采选	2792	411	1109	1517	1899
锰矿、铬矿采选	590	58	158	301	545
其他黑色金属矿采选					
有色金属矿采选业	6076	819	2264	2471	3597
常用有色金属矿采选	2216	193	661	560	1014
贵金属矿采选	3038	491	1073	1577	2171
稀有稀土金属矿采选	822	135	530	334	412
非金属矿采选业	3706	773	1483	2018	2474
土砂石开采	658	121	299	405	424
化学矿开采	575	74	231	222	235
采盐	2417	570	943	1359	1782
石棉及其他非金属矿采选	56	8	10	32	33
开采辅助活动	7633	1395	5162	4732	4448
煤炭开采和洗选辅助活动					
石油和天然气开采辅助活动	7633	1395	5162	4732	4448
其他开采辅助活动					
其他采矿业					
其他采矿业					
制造业	**2455134**	**534813**	**789869**	**1696146**	**1861264**
农副食品加工业	34661	9123	10198	21253	23748
谷物磨制	2133	619	801	1204	1433
饲料加工	5889	1267	1174	3786	4013
植物油加工	3374	781	1381	1864	2427
制糖业	992	192	387	404	514
屠宰及肉类加工	8816	2510	2776	5362	6476
水产品加工	5070	1215	1404	2934	3010
蔬菜、水果和坚果加工	2590	803	602	1448	1824
其他农副食品加工	5797	1736	1673	4251	4050
食品制造业	28503	9079	8206	16905	18627
焙烤食品制造	1070	284	268	671	747
糖果、巧克力及蜜饯制造	1813	416	346	867	908
方便食品制造	2394	669	518	1186	1653
乳制品制造	6470	2430	2505	3586	2836
罐头食品制造	1501	533	404	1014	1010
调味品、发酵制品制造	7039	1962	1958	4475	5054
其他食品制造	8216	2785	2207	5106	6419
酒、饮料和精制茶制造业	24912	6441	8459	16661	17008
酒的制造	18075	4664	6894	12307	12368
饮料制造	5385	1431	990	3760	3649
精制茶加工	1452	346	575	594	989

1-C-4 续表 1

行业	R&D人员合计(人)	#女性	#研究人员	#全时人员	R&D人员折合全时当量(人年)
烟草制品业	5921	1138	3588	2894	3578
烟叶复烤	338	53	111	100	190
卷烟制造	5357	1035	3393	2635	3235
其他烟草制品制造	226	50	84	159	154
纺织业	62410	23616	15504	38774	41904
棉纺织及印染精加工	39381	14813	10355	24385	25372
毛纺织及染整精加工	4807	2385	1226	3445	3407
麻纺织及染整精加工	1417	366	390	570	851
丝绢纺织及印染精加工	1802	637	431	1091	1467
化纤织造及印染精加工	1918	792	461	1037	990
针织或钩针编织物及其制品制造	3808	1347	513	2696	3273
家用纺织制成品制造	6134	2469	1172	3584	4561
非家用纺织制成品制造	3143	807	956	1966	1983
纺织服装、服饰业	30892	12621	6906	19885	22308
机织服装制造	23709	9441	5673	16199	17713
针织或钩针编织服装制造	6432	2875	1077	3193	4014
服饰制造	751	305	156	493	580
皮革、毛皮、羽毛及其制品和制鞋业	16914	5746	3222	12032	11837
皮革鞣制加工	1208	317	163	937	978
皮革制品制造	1744	615	352	1363	1124
毛皮鞣制及制品加工	562	200	252	430	441
羽毛(绒)加工及制品制造	443	156	107	164	224
制鞋业	12957	4458	2348	9138	9071
木材加工和木、竹、藤、棕、草制品业	7465	1145	1580	3975	4804
木材加工	353	77	53	237	306
人造板制造	5226	699	1077	2544	3084
木制品制造	1472	284	365	877	1124
竹、藤、棕、草等制品制造	414	85	85	317	289
家具制造业	10637	1987	1512	6188	7650
木质家具制造	5915	1195	872	3213	4031
竹、藤家具制造					
金属家具制造	3276	543	340	2094	2599
塑料家具制造	75	5	3	74	75
其他家具制造	1371	244	297	807	946
造纸和纸制品业	25911	5512	5359	15272	17044
纸浆制造	300	116	141	108	131
造纸	20066	4064	4300	11376	12890
纸制品制造	5545	1332	918	3788	4022
印刷和记录媒介复制业	11304	2635	2654	6280	7762
印刷	11168	2607	2608	6202	7641
装订及印刷相关服务	46	13	24	20	46
记录媒介复制	90	15	22	58	75
文教、工美、体育和娱乐用品制造业	21038	5248	4416	13889	14841
文教办公用品制造	2037	499	392	1374	1593
乐器制造	932	252	176	415	774
工艺美术品制造	8651	2621	2471	5762	5722
体育用品制造	4171	911	576	2895	3101
玩具制造	3724	668	574	2303	2682
游艺器材及娱乐用品制造	1523	297	227	1140	968

1-C-4　续表 2

行　业	R&D人员合计(人)	#女性	#研究人员	#全时人员	R&D人员折合全时当量(人年)
石油加工、炼焦和核燃料加工业	17311	3523	8533	9461	12474
精炼石油产品制造	13302	2837	7291	6964	10072
炼焦	3768	653	1130	2465	2321
核燃料加工	241	33	112	32	81
化学原料和化学制品制造业	153776	32991	47544	101069	114436
基础化学原料制造	40875	7500	13672	24904	29813
肥料制造	22420	4669	7803	14373	15917
农药制造	11721	2712	2697	8008	9108
涂料、油墨、颜料及类似产品制造	15174	3264	3719	11471	11839
合成材料制造	23363	4691	7351	14604	17264
专用化学产品制造	26548	5605	7625	18800	20276
炸药、火工及焰火产品制造	6316	1901	2960	4411	4288
日用化学产品制造	7359	2649	1717	4498	5933
医药制造业	121683	48767	38076	87750	94133
化学药品原料药制造	25335	8879	9613	18182	20136
化学药品制剂制造	43289	18396	12606	33049	33566
中药饮片加工	1794	774	348	1145	1309
中成药生产	28755	12357	9510	19737	22236
兽用药品制造	3767	1819	1068	2384	2432
生物药品制造	13097	5015	3902	9746	9702
卫生材料及医药用品制造	5646	1527	1029	3507	4753
化学纤维制造业	19546	4749	4640	12222	13889
纤维素纤维原料及纤维制造	8152	1891	1932	5151	5458
合成纤维制造	11394	2858	2708	7071	8432
橡胶和塑料制品业	60680	13086	13599	39142	45833
橡胶制品业	26820	6516	6788	17802	20257
塑料制品业	33860	6570	6811	21340	25576
非金属矿物制品业	78390	13439	19892	46691	53592
水泥、石灰和石膏制造	8167	1206	2085	5066	5283
石膏、水泥制品及类似制品制造	3877	561	1188	2174	2458
砖瓦、石材等建筑材料制造	11244	1986	1735	6250	7055
玻璃制造	5883	791	1492	3654	4149
玻璃制品制造	12265	2327	3590	7804	8960
玻璃纤维和玻璃纤维增强塑料制品制造	6536	1167	1940	3426	4204
陶瓷制品制造	11670	2361	2714	6437	7749
耐火材料制品制造	8751	1305	2542	5125	6372
石墨及其他非金属矿物制品制造	9997	1735	2606	6755	7359
黑色金属冶炼和压延加工业	136812	20937	64986	66020	99182
炼铁	1610	224	975	609	1232
炼钢	24245	3431	12641	13060	15975
黑色金属铸造	5431	727	1238	3374	3904
钢压延加工	102333	16092	48929	47374	76295
铁合金冶炼	3193	463	1203	1603	1777
有色金属冶炼和压延加工业	67870	10350	24272	38652	47907
常用有色金属冶炼	26370	2936	11307	13637	18002
贵金属冶炼	4269	640	1146	2762	2661
稀有稀土金属冶炼	5242	1112	1905	3405	4066
有色金属合金制造	4781	813	1191	3056	3599
有色金属铸造	578	149	228	265	496
有色金属压延加工	26630	4700	8495	15527	19083

1-C-4 续表 3

行　业	R&D人员合计(人)	#女性	#研究人员	#全时人员	R&D人员折合全时当量(人年)
金属制品业	80731	15753	26111	52959	58060
结构性金属制品制造	17754	2716	4401	11766	12146
金属工具制造	6651	1102	1942	3692	4486
集装箱及金属包装容器制造	6169	891	1481	4216	4157
金属丝绳及其制品制造	6344	1063	1894	3409	4550
建筑、安全用金属制品制造	6773	1369	1633	4851	4886
金属表面处理及热处理加工	3156	439	760	2177	2122
搪瓷制品制造	789	124	236	665	674
金属制日用品制造	6547	1287	1275	3675	4063
其他金属制品制造	26548	6762	12489	18508	20976
通用设备制造业	186531	34995	58969	130954	136610
锅炉及原动设备制造	32144	6615	11190	23814	24672
金属加工机械制造	28383	5154	11310	21376	19817
物料搬运设备制造	24657	3836	7212	17008	17897
泵、阀门、压缩机及类似机械制造	34779	6225	9828	23781	25070
轴承、齿轮和传动部件制造	19582	3897	5327	11754	13499
烘炉、风机、衡器、包装等设备制造	27854	5570	9453	19554	20923
文化、办公用机械制造	8330	1698	1840	6040	6568
通用零部件制造	8155	1504	2064	5725	6170
其他通用设备制造业	2647	496	745	1902	1995
专用设备制造业	164422	29208	57261	121185	126162
采矿、冶金、建筑专用设备制造	79917	13464	31528	58764	62600
化工、木材、非金属加工专用设备制造	20443	3217	5551	14709	14933
食品、饮料、烟草及饲料生产专用设备制造	3257	705	1382	2431	2524
印刷、制药、日化及日用品生产专用设备制造	5776	1061	2046	4618	4344
纺织、服装和皮革加工专用设备制造	8083	1589	3118	5920	6202
电子和电工机械专用设备制造	7135	1290	2100	5766	5945
农、林、牧、渔专用机械制造	11198	1867	4103	7855	7970
医疗仪器设备及器械制造	12957	3171	2773	9790	10028
环保、社会公共服务及其他专用设备制造	15656	2844	4660	11332	11616
汽车制造业	216550	39282	57560	156364	172552
汽车整车制造	111561	21308	30085	85681	97104
改装汽车制造	9855	1601	3460	7086	6722
低速载货汽车制造	911	173	118	602	430
电车制造					
汽车车身、挂车制造	3088	332	574	1925	2068
汽车零部件及配件制造	91135	15868	23323	61070	66227
铁路、船舶、航空航天和其他运输设备制造业	125162	29813	54195	86379	95600
铁路运输设备制造	32190	6938	14124	22937	23770
城市轨道交通设备制造	1750	386	891	1206	1597
船舶及相关装置制造	23340	3826	8152	15172	17175
航空、航天器及设备制造	52532	15868	27176	36957	42515
摩托车制造	10931	2122	2851	7269	7561
自行车制造	3543	586	838	2268	2437
非公路休闲车及零配件制造	351	41	30	200	242
潜水救捞及其他未列明运输设备制造	525	46	133	370	303
电气机械和器材制造业	255215	51983	66818	185207	195947
电机制造	35796	7643	12595	25472	28414
输配电及控制设备制造	83907	16549	23440	62378	66160

1-C-4　续表 4

行　业	R&D人员合计(人)	#女性	#研究人员	#全时人员	R&D人员折合全时当量(人年)
电线、电缆、光缆及电工器材制造	27657	5326	7387	17910	20924
电池制造	20963	4918	4208	15874	16173
家用电力器具制造	63262	12253	13508	47339	45449
非电力家用器具制造	3079	619	657	2146	2528
照明器具制造	18271	4092	4554	12061	14380
其他电气机械及器材制造	2280	583	469	2027	1920
计算机、通信和其他电子设备制造业	415366	83850	151679	332899	346292
计算机制造	61690	11161	10503	51591	51253
通信设备制造	133005	23846	84266	118073	120627
广播电视设备制造	12957	3014	5524	10683	9927
雷达及配套设备制造	6987	1859	3047	6207	5419
视听设备制造	38663	7787	9523	29542	31316
电子器件制造	65377	15609	16301	50858	52219
电子元件制造	80752	18230	18840	56533	64257
其他电子设备制造	15935	2344	3675	9412	11274
仪器仪表制造业	60249	14495	19148	44965	46559
通用仪器仪表制造	32711	6772	9791	25260	26117
专用仪器仪表制造	12053	2654	4107	9332	9926
钟表与计时仪器制造	1436	395	500	1142	1252
光学仪器及眼镜制造	13646	4596	4589	8942	8970
其他仪器仪表制造业	403	78	161	289	292
其他制造业	5739	1563	2196	4393	4637
日用杂品制造	2063	564	518	1510	1837
煤制品制造	485	96	207	363	321
核辐射加工					
其他未列明制造业	3191	903	1471	2520	2479
废弃资源综合利用业	2465	443	924	1333	1780
金属废料和碎屑加工处理	2426	436	903	1302	1756
非金属废料和碎屑加工处理	39	7	21	31	24
金属制品、机械和设备修理业	6068	1295	1862	4493	4509
金属制品修理	22	2	12	11	18
通用设备修理					
专用设备修理	880	212	274	481	665
铁路、船舶、航空航天等运输设备修理	4973	1055	1543	3906	3741
电气设备修理	83	11	3	51	46
仪器仪表修理					
其他机械和设备修理业	110	15	30	44	39
电力、热力、燃气及水生产和供应业	**36656**	**3986**	**15790**	**11310**	**23715**
电力、热力生产和供应业	33707	3280	14368	9590	21813
电力生产	8894	875	4363	3911	6019
电力供应	24731	2397	9975	5647	15778
热力生产和供应	82	8	30	32	16
燃气生产和供应业	886	189	278	644	650
燃气生产和供应业	886	189	278	644	650
水的生产和供应业	2063	517	1144	1076	1252
自来水生产和供应	1509	402	834	653	900
污水处理及其再生利用	554	115	310	423	352
其他水的处理、利用与分配					

1-C-5 分行业内资企业R&D人员情况

行　业	R&D人员合计（人）	#女性	#研究人员	#全时人员	R&D人员折合全时当量（人年）
总　计	**2564162**	**526153**	**916430**	**1671775**	**1865328**
采矿业	**142119**	**21667**	**79439**	**68068**	**91922**
煤炭开采和洗选业	84448	7424	42033	33927	53691
烟煤和无烟煤开采洗选	83383	7355	41525	33104	52751
褐煤开采洗选	1065	69	508	823	940
其他煤炭采选					
石油和天然气开采业	36474	10764	26755	22977	25300
石油开采	36304	10723	26683	22895	25187
天然气开采	170	41	72	82	113
黑色金属矿采选业	3294	472	1253	1764	2226
铁矿采选	3115	450	1208	1655	2114
锰矿、铬矿采选	107	16	26	64	78
其他黑色金属矿采选	72	6	19	45	35
有色金属矿采选业	6558	877	2392	2708	3900
常用有色金属矿采选	2559	235	772	724	1202
贵金属矿采选	3138	507	1093	1635	2248
稀有稀土金属矿采选	861	135	527	349	450
非金属矿采选业	3573	702	1773	1940	2320
土砂石开采	1223	200	497	737	836
化学矿开采	618	83	257	244	258
采盐	1494	372	933	863	1094
石棉及其他非金属矿采选	238	47	86	96	131
开采辅助活动	7745	1423	5217	4729	4461
煤炭开采和洗选辅助活动					
石油和天然气开采辅助活动	7707	1420	5202	4721	4457
其他开采辅助活动	38	3	15	8	3
其他采矿业	27	5	16	23	25
其他采矿业	27	5	16	23	25
制造业	**2379504**	**500046**	**818789**	**1591066**	**1745910**
农副食品加工业	46256	11232	13348	26694	30358
谷物磨制	4391	944	1398	2236	2541
饲料加工	11127	2267	2763	6945	7303
植物油加工	4924	1019	1917	2298	3071
制糖业	1120	223	434	423	658
屠宰及肉类加工	7032	1950	2145	4339	4791
水产品加工	5717	1454	1670	3359	3758
蔬菜、水果和坚果加工	4516	1298	1175	2371	3206
其他农副食品加工	7429	2077	1846	4723	5030
食品制造业	30598	9204	8976	18437	20395
焙烤食品制造	1370	337	371	718	898
糖果、巧克力及蜜饯制造	1592	440	375	973	1035
方便食品制造	1780	481	527	946	1140
乳制品制造	5141	1994	1860	2993	2359
罐头食品制造	2152	657	590	1326	1394
调味品、发酵制品制造	7488	1960	2162	4584	5306
其他食品制造	11075	3335	3091	6897	8263
酒、饮料和精制茶制造业	25066	6124	9160	14861	16653
酒的制造	17694	4425	6643	11515	11994
饮料制造	4169	1050	1238	1983	2612
精制茶加工	3203	649	1279	1363	2047

1-C-5　续表 1

行　业	R&D人员合计(人)	#女性	#研究人员	#全时人员	R&D人员折合全时当量(人年)
烟草制品业	6771	1326	3928	3026	4213
烟叶复烤	480	83	172	122	243
卷烟制造	6002	1175	3646	2715	3769
其他烟草制品制造	289	68	110	189	201
纺织业	59795	21004	16015	35283	40586
棉纺织及印染精加工	36010	12979	10238	21171	23860
毛纺织及染整精加工	3710	1436	1120	2228	2398
麻纺织及染整精加工	1405	364	371	560	867
丝绢纺织及印染精加工	2305	600	644	1252	1816
化纤织造及印染精加工	2106	801	520	1165	1023
针织或钩针编织物及其制品制造	4729	1667	657	3196	3954
家用纺织制成品制造	5631	2228	1060	3194	4123
非家用纺织制成品制造	3899	929	1405	2517	2544
纺织服装、服饰业	25893	10216	5773	15980	18092
机织服装制造	19541	7501	4872	12889	13994
针织或钩针编织服装制造	5820	2543	793	2735	3689
服饰制造	532	172	108	356	409
皮革、毛皮、羽毛及其制品和制鞋业	12747	3918	2578	8580	8532
皮革鞣制加工	1103	287	173	831	823
皮革制品制造	1301	382	315	934	871
毛皮鞣制及制品加工	608	209	271	487	493
羽毛(绒)加工及制品制造	333	106	95	136	188
制鞋业	9402	2934	1724	6192	6157
木材加工和木、竹、藤、棕、草制品业	10593	1666	2505	5601	6948
木材加工	545	94	146	337	438
人造板制造	7183	969	1612	3568	4517
木制品制造	2066	426	513	1212	1465
竹、藤、棕、草等制品制造	799	177	234	484	528
家具制造业	8797	1714	1517	4913	6115
木质家具制造	5799	1209	919	3244	3920
竹、藤家具制造	48	4	6	32	26
金属家具制造	1451	257	258	835	1066
塑料家具制造	255	29	55	132	198
其他家具制造	1244	215	279	670	905
造纸和纸制品业	18700	3956	5395	10593	11815
纸浆制造	347	130	159	147	168
造纸	14216	2933	4185	7771	8792
纸制品制造	4137	893	1051	2675	2855
印刷和记录媒介复制业	11537	2459	3173	5625	7302
印刷	11367	2422	3115	5541	7169
装订及印刷相关服务	95	24	37	32	63
记录媒介复制	75	13	21	52	70
文教、工美、体育和娱乐用品制造业	19185	4708	4781	12554	12869
文教办公用品制造	2161	510	399	1565	1686
乐器制造	995	254	233	475	818
工艺美术品制造	9229	2688	2813	6178	5922
体育用品制造	2732	528	586	1787	1861
玩具制造	2694	529	437	1606	1584
游艺器材及娱乐用品制造	1374	199	313	943	998

1-C-5 续表 2

行 业	R&D人员合计(人)	#女性	#研究人员	#全时人员	R&D人员折合全时当量(人年)
石油加工、炼焦和核燃料加工业	18252	3762	8751	10218	12979
精炼石油产品制造	14654	3191	7584	7976	10948
炼焦	3357	538	1055	2210	1951
核燃料加工	241	33	112	32	81
化学原料和化学制品制造业	191766	40370	61242	122552	139430
基础化学原料制造	48606	9102	16405	29602	35467
肥料制造	24563	4927	8486	14808	17243
农药制造	14285	3320	3691	9334	10583
涂料、油墨、颜料及类似产品制造	19840	4273	5694	13834	14961
合成材料制造	29217	5721	9022	18657	21016
专用化学产品制造	40524	8564	12678	27009	29916
炸药、火工及焰火产品制造	7053	2008	3220	4724	4811
日用化学产品制造	7678	2455	2046	4584	5434
医药制造业	125511	47749	39870	85806	93172
化学药品原料药制造	25690	8268	9384	17284	19791
化学药品制剂制造	36448	15491	10450	26110	27223
中药饮片加工	3394	1208	825	2004	2182
中成药生产	32207	13252	10855	21572	23848
兽用药品制造	6311	2520	1869	3907	4144
生物药品制造	15443	5326	5046	10803	11440
卫生材料及医药用品制造	6018	1684	1441	4126	4543
化学纤维制造业	16463	3762	4167	10072	11321
纤维素纤维原料及纤维制造	8005	1825	1859	5151	5482
合成纤维制造	8458	1937	2308	4921	5840
橡胶和塑料制品业	55120	11834	14002	33433	39738
橡胶制品业	23503	5754	6065	14880	17093
塑料制品业	31617	6080	7937	18553	22645
非金属矿物制品业	84403	14757	24211	50880	57535
水泥、石灰和石膏制造	7012	1197	2132	3906	4205
石膏、水泥制品及类似制品制造	6717	1038	2136	3867	4119
砖瓦、石材等建筑材料制造	12394	2203	3406	7574	7842
玻璃制造	3240	530	953	1986	2188
玻璃制品制造	11181	1969	3336	7103	7932
玻璃纤维和玻璃纤维增强塑料制品制造	6886	1257	2338	3954	4700
陶瓷制品制造	11246	2281	2884	6900	8120
耐火材料制品制造	12101	1829	3384	6806	8558
石墨及其他非金属矿物制品制造	13626	2453	3642	8784	9872
黑色金属冶炼和压延加工业	135557	20706	63683	63339	97414
炼铁	1621	213	986	522	1173
炼钢	21715	3147	11581	10680	13549
黑色金属铸造	7623	983	2049	4347	5049
钢压延加工	101585	15972	48123	46379	76066
铁合金冶炼	3013	391	944	1411	1576
有色金属冶炼和压延加工业	70433	10656	26042	39590	48266
常用有色金属冶炼	25752	2898	10980	12901	16958
贵金属冶炼	4757	690	1305	3007	2969
稀有稀土金属冶炼	5994	1147	2457	3552	4212
有色金属合金制造	6061	992	1805	3669	4230
有色金属铸造	585	151	243	252	486
有色金属压延加工	27284	4778	9252	16209	19411

1-C-5　续表 3

行　业	R&D人员合计(人)	#女性	#研究人员	#全时人员	R&D人员折合全时当量(人年)
金属制品业	87189	16228	29603	55025	60746
结构性金属制品制造	20483	3101	5285	13381	13878
金属工具制造	7835	1302	2505	4127	5099
集装箱及金属包装容器制造	5125	801	1524	3264	2891
金属丝绳及其制品制造	7524	1292	2227	4120	5488
建筑、安全用金属制品制造	7044	1051	1933	4369	4533
金属表面处理及热处理加工	4117	587	1110	2746	2763
搪瓷制品制造	556	83	96	339	409
金属制日用品制造	5168	810	1082	2972	2939
其他金属制品制造	29337	7201	13841	19707	22747
通用设备制造业	208671	36663	68684	140292	147213
锅炉及原动设备制造	31458	6048	11040	22538	23114
金属加工机械制造	38011	6345	14530	27229	25843
物料搬运设备制造	23061	3593	6823	16024	15635
泵、阀门、压缩机及类似机械制造	40908	6762	13392	25594	28745
轴承、齿轮和传动部件制造	23629	4559	6626	13917	16429
烘炉、风机、衡器、包装等设备制造	29728	5579	9680	20492	21699
文化、办公用机械制造	5881	1142	1734	4321	4581
通用零部件制造	11441	1818	3442	7019	7891
其他通用设备制造业	4554	817	1417	3158	3277
专用设备制造业	196754	33534	68291	139980	146324
采矿、冶金、建筑专用设备制造	83477	13899	32319	60198	63769
化工、木材、非金属加工专用设备制造	23262	3650	6693	15552	16282
食品、饮料、烟草及饲料生产专用设备制造	5901	1110	2367	4253	4178
印刷、制药、日化及日用品生产专用设备制造	8511	1329	2999	6475	6151
纺织、服装和皮革加工专用设备制造	10209	1698	3515	7149	7837
电子和电工机械专用设备制造	10432	1775	3283	7726	7886
农、林、牧、渔专用机械制造	13330	2074	5098	9160	9133
医疗仪器设备及器械制造	15270	3509	3489	11356	11620
环保、社会公共服务及其他专用设备制造	26362	4490	8528	18111	19468
汽车制造业	168902	30436	47476	117099	127972
汽车整车制造	75454	14979	22041	55779	62678
改装汽车制造	11790	1798	3899	8510	7772
低速载货汽车制造	988	179	170	673	501
电车制造	512	79	94	372	320
汽车车身、挂车制造	2094	198	571	1327	1479
汽车零部件及配件制造	78064	13203	20701	50438	55222
铁路、船舶、航空航天和其他运输设备制造业	126825	30518	55837	87250	96619
铁路运输设备制造	33519	7249	14890	24060	24633
城市轨道交通设备制造	1766	330	898	1292	1482
船舶及相关装置制造	21975	3739	8251	13949	15527
航空、航天器及设备制造	55340	16586	28209	38950	45101
摩托车制造	10666	1976	2652	6790	7386
自行车制造	2869	525	778	1691	1995
非公路休闲车及零配件制造	226	30	28	133	216
潜水救捞及其他未列明运输设备制造	464	83	131	385	280
电气机械和器材制造业	255118	49158	72055	181046	189745
电机制造	36330	7444	12859	25331	27904
输配电及控制设备制造	90927	16980	27014	65916	68693

1-C-5 续表 4

行　业	R&D人员合计(人)	#女性	#研究人员	#全时人员	R&D人员折合全时当量(人年)
电线、电缆、光缆及电工器材制造	32697	5992	9314	21243	23922
电池制造	15831	3361	3616	11462	12267
家用电力器具制造	52710	9936	11874	38639	36837
非电力家用器具制造	5185	998	1390	3659	3892
照明器具制造	17588	3663	5132	11768	13206
其他电气机械及器材制造	3850	784	856	3028	3024
计算机、通信和其他电子设备制造业	275831	53839	127710	227168	227648
计算机制造	22649	4340	5573	18878	16339
通信设备制造	110596	19086	79389	101145	101508
广播电视设备制造	12216	2813	5453	9126	9479
雷达及配套设备制造	7839	1991	3279	6827	5926
视听设备制造	23994	3268	7006	17840	19316
电子器件制造	43560	10200	12575	33377	32895
电子元件制造	43251	10019	11125	30674	33308
其他电子设备制造	11726	2122	3310	9301	8877
仪器仪表制造业	70891	14917	24127	54130	53570
通用仪器仪表制造	43893	8348	13671	33074	33468
专用仪器仪表制造	15684	3212	5587	11847	12303
钟表与计时仪器制造	841	198	256	560	632
光学仪器及眼镜制造	9312	2948	4219	7732	6225
其他仪器仪表制造业	1161	211	394	917	942
其他制造业	7583	1940	3066	5395	6095
日用杂品制造	1694	497	423	1214	1468
煤制品制造	662	106	227	395	479
核辐射加工	22	3	6	10	10
其他未列明制造业	5205	1334	2410	3776	4138
废弃资源综合利用业	3611	663	1286	1959	2487
金属废料和碎屑加工处理	2882	533	1075	1580	2011
非金属废料和碎屑加工处理	729	130	211	379	476
金属制品、机械和设备修理业	4686	1027	1537	3685	3758
金属制品修理	26	2	16	11	22
通用设备修理	86	6	12	43	63
专用设备修理	901	225	298	560	740
铁路、船舶、航空航天等运输设备修理	3287	730	1105	2813	2690
电气设备修理	83	11	3	51	46
仪器仪表修理	51	4	20	51	51
其他机械和设备修理业	252	49	83	156	146
电力、热力、燃气及水生产和供应业	**42539**	**4440**	**18202**	**12641**	**27496**
电力、热力生产和供应业	40094	3867	16871	11226	26009
电力生产	10475	1075	5274	4180	6456
电力供应	29287	2755	11473	6843	19387
热力生产和供应	332	37	124	203	166
燃气生产和供应业	270	33	155	144	167
燃气生产和供应业	270	33	155	144	167
水的生产和供应业	2175	540	1176	1271	1320
自来水生产和供应	1225	342	722	574	752
污水处理及其再生利用	829	181	412	649	517
其他水的处理、利用与分配	121	17	42	48	51

1-C-6　分行业港澳台商投资企业R&D人员情况

行　业	R&D人员合计(人)	#女性	#研究人员	#全时人员	R&D人员折合全时当量(人年)
总　计	**352698**	**78973**	**76234**	**244680**	**274173**
采矿业	**1176**	**274**	**825**	**552**	**307**
煤炭开采和洗选业					
烟煤和无烟煤开采洗选					
褐煤开采洗选					
其他煤炭采选					
石油和天然气开采业	959	243	781	362	188
石油开采	641	158	641	284	108
天然气开采	318	85	140	78	80
黑色金属矿采选业					
铁矿采选					
锰矿、铬矿采选					
其他黑色金属矿采选					
有色金属矿采选业					
常用有色金属矿采选					
贵金属矿采选					
稀有稀土金属矿采选					
非金属矿采选业	121	31	25	119	62
土砂石开采	48	13	13	46	12
化学矿开采					
采盐	73	18	12	73	49
石棉及其他非金属矿采选					
开采辅助活动	96		19	71	58
煤炭开采和洗选辅助活动					
石油和天然气开采辅助活动	96		19	71	58
其他开采辅助活动					
其他采矿业					
其他采矿业					
制造业	**350193**	**78552**	**74882**	**243401**	**272815**
农副食品加工业	6411	1413	2019	3966	4890
谷物磨制	45	10	19	24	7
饲料加工	1110	192	197	630	894
植物油加工	266	55	164	210	227
制糖业					
屠宰及肉类加工	3452	786	1069	1955	2928
水产品加工	553	89	90	310	321
蔬菜、水果和坚果加工	306	77	56	185	182
其他农副食品加工	679	204	424	652	331
食品制造业	3350	950	973	1830	2162
焙烤食品制造	265	79	74	175	203
糖果、巧克力及蜜饯制造	208	107	47	102	142
方便食品制造	248	68	95	104	132
乳制品制造	515	102	140	284	111
罐头食品制造	236	42	88	147	193
调味品、发酵制品制造	357	111	73	104	197
其他食品制造	1521	441	456	914	1183
酒、饮料和精制茶制造业	2008	492	660	1497	1407
酒的制造	954	254	341	636	616
饮料制造	983	218	285	847	732
精制茶加工	71	20	34	14	59

1-C-6 续表 1

行业	R&D人员合计(人)	#女性	#研究人员	#全时人员	R&D人员折合全时当量(人年)
烟草制品业	34	11	9	19	33
烟叶复烤					
卷烟制造					
其他烟草制品制造	34	11	9	19	33
纺织业	12537	4191	2343	7957	8566
棉纺织及印染精加工	8169	2736	1564	5410	5493
毛纺织及染整精加工	518	203	85	328	421
麻纺织及染整精加工	121	25	33	91	64
丝绢纺织及印染精加工	407	324	25	351	325
化纤织造及印染精加工	350	91	60	203	251
针织或钩针编织物及其制品制造	662	131	196	290	458
家用纺织制成品制造	1007	345	237	620	760
非家用纺织制成品制造	1303	336	143	664	794
纺织服装、服饰业	6267	2577	1299	4359	5077
机织服装制造	4939	2090	1019	3665	4285
针织或钩针编织服装制造	1013	344	233	534	549
服饰制造	315	143	47	160	242
皮革、毛皮、羽毛及其制品和制鞋业	4254	1596	701	3198	3333
皮革鞣制加工	174	54	23	118	129
皮革制品制造	401	129	56	320	140
毛皮鞣制及制品加工	24	1	15	15	2
羽毛(绒)加工及制品制造	53	2	18	5	7
制鞋业	3602	1410	589	2740	3054
木材加工和木、竹、藤、棕、草制品业	972	175	264	529	598
木材加工	75	19	11	74	75
人造板制造	615	102	176	317	366
木制品制造	192	30	35	67	113
竹、藤、棕、草等制品制造	90	24	42	71	45
家具制造业	2784	437	383	1669	2178
木质家具制造	963	147	152	485	633
竹、藤家具制造	21	2	13	5	18
金属家具制造	1601	263	175	1008	1362
塑料家具制造	6	1	1	4	6
其他家具制造	193	24	42	167	158
造纸和纸制品业	7532	1622	694	4494	5299
纸浆制造					
造纸	4920	1002	481	2907	3378
纸制品制造	2612	620	213	1587	1921
印刷和记录媒介复制业	4120	924	651	2953	3273
印刷	3971	882	635	2873	3167
装订及印刷相关服务	134	40	15	74	102
记录媒介复制	15	2	1	6	4
文教、工美、体育和娱乐用品制造业	5574	1138	815	3657	4614
文教办公用品制造	512	166	133	313	336
乐器制造	383	117	118	246	287
工艺美术品制造	889	177	110	463	642
体育用品制造	2029	463	143	1453	1769
玩具制造	1408	171	262	886	1240
游艺器材及娱乐用品制造	353	44	49	296	341

1-C-6　续表 2

行　　业	R&D人员合计（人）	#女性	#研究人员	#全时人员	R&D人员折合全时当量（人年）
石油加工、炼焦和核燃料加工业	948	199	333	459	736
精炼石油产品制造	613	116	303	263	443
炼焦	335	83	30	196	293
核燃料加工					
化学原料和化学制品制造业	18053	3884	3516	12419	14327
基础化学原料制造	2187	442	601	1437	1465
肥料制造	248	47	84	159	193
农药制造	681	105	87	574	623
涂料、油墨、颜料及类似产品制造	4416	731	746	3281	3488
合成材料制造	3041	661	718	1954	2507
专用化学产品制造	5198	1045	974	3627	4067
炸药、火工及焰火产品制造	16		4	12	10
日用化学产品制造	2266	853	302	1375	1974
医药制造业	17497	6802	4305	12869	13782
化学药品原料药制造	3301	1220	1284	2866	2740
化学药品制剂制造	5809	2528	1306	4449	4258
中药饮片加工	296	99	88	219	284
中成药生产	3367	1517	1004	2404	2569
兽用药品制造	143	93	30	71	107
生物药品制造	2941	1022	432	2236	2290
卫生材料及医药用品制造	1640	323	161	624	1534
化学纤维制造业	5408	1368	1038	3448	4391
纤维素纤维原料及纤维制造	352	98	70	218	232
合成纤维制造	5056	1270	968	3230	4159
橡胶和塑料制品业	15909	2998	2813	9931	12103
橡胶制品业	2617	728	606	1993	2243
塑料制品业	13292	2270	2207	7938	9860
非金属矿物制品业	11513	1922	2446	6820	8129
水泥、石灰和石膏制造	201	20	53	132	158
石膏、水泥制品及类似制品制造	1018	98	121	491	687
砖瓦、石材等建筑材料制造	1735	302	258	1267	1351
玻璃制造	2994	324	549	1797	2176
玻璃制品制造	2582	549	603	1617	1754
玻璃纤维和玻璃纤维增强塑料制品制造	686	110	162	541	491
陶瓷制品制造	1604	408	365	568	958
耐火材料制品制造	450	52	268	248	417
石墨及其他非金属矿物制品制造	243	59	67	159	138
黑色金属冶炼和压延加工业	7932	1022	2812	5988	6152
炼铁	12	5	7	6	12
炼钢	2521	275	1054	2368	2388
黑色金属铸造	1149	199	128	807	926
钢压延加工	4196	542	1613	2803	2823
铁合金冶炼	54	1	10	4	4
有色金属冶炼和压延加工业	5484	862	1090	2929	4015
常用有色金属冶炼	420	27	118	225	380
贵金属冶炼					
稀有稀土金属冶炼	42	11	3	28	33
有色金属合金制造	730	178	68	515	594
有色金属铸造	219	27	28	130	186
有色金属压延加工	4073	619	873	2031	2823

1-C-6 续表 3

行业	R&D人员合计(人)	#女性	#研究人员	#全时人员	R&D人员折合全时当量(人年)
金属制品业	12920	2182	2386	8393	9521
结构性金属制品制造	1990	329	385	1180	1445
金属工具制造	1538	224	379	774	961
集装箱及金属包装容器制造	1356	172	296	1036	1278
金属丝绳及其制品制造	633	64	104	441	477
建筑、安全用金属制品制造	2283	506	253	1737	1771
金属表面处理及热处理加工	491	48	77	210	232
搪瓷制品制造	71	11	19	52	58
金属制日用品制造	1964	443	532	1241	1237
其他金属制品制造	2594	385	341	1722	2062
通用设备制造业	18241	2826	4339	13131	14304
锅炉及原动设备制造	1920	426	649	1248	1462
金属加工机械制造	2717	349	691	2027	1933
物料搬运设备制造	1458	231	363	1004	1098
泵、阀门、压缩机及类似机械制造	3363	547	695	2540	2610
轴承、齿轮和传动部件制造	1017	186	143	560	741
烘炉、风机、衡器、包装等设备制造	3989	582	1276	3030	3219
文化、办公用机械制造	1554	137	155	1076	1257
通用零部件制造	1588	313	200	1126	1407
其他通用设备制造业	635	55	167	520	577
专用设备制造业	15880	2875	4413	11682	11817
采矿、冶金、建筑专用设备制造	2808	439	1022	2053	2305
化工、木材、非金属加工专用设备制造	5216	784	1305	3857	3735
食品、饮料、烟草及饲料生产专用设备制造	136	19	19	113	85
印刷、制药、日化及日用品生产专用设备制造	771	130	122	513	672
纺织、服装和皮革加工专用设备制造	2284	494	941	1820	1777
电子和电工机械专用设备制造	271	38	40	229	146
农、林、牧、渔专用机械制造	770	126	103	610	526
医疗仪器设备及器械制造	1349	354	364	886	917
环保、社会公共服务及其他专用设备制造	2275	491	497	1601	1654
汽车制造业	26034	4607	4321	21095	22411
汽车整车制造	13793	2462	1615	12915	13592
改装汽车制造	81	5	11	60	77
低速载货汽车制造					
电车制造					
汽车车身、挂车制造	590	135	29	222	363
汽车零部件及配件制造	11570	2005	2666	7898	8379
铁路、船舶、航空航天和其他运输设备制造业	4637	643	870	3571	3685
铁路运输设备制造	607	74	64	579	470
城市轨道交通设备制造					
船舶及相关装置制造	1238	137	201	1026	1136
航空、航天器及设备制造	644	80	144	634	501
摩托车制造	926	153	283	553	492
自行车制造	980	194	167	578	882
非公路休闲车及零配件制造	50	4	6	20	12
潜水救捞及其他未列明运输设备制造	192	1	5	181	192
电气机械和器材制造业	40834	8916	7945	29208	31142
电机制造	4158	885	858	3164	3343
输配电及控制设备制造	11296	2465	1872	7418	8125

1-C-6 续表 4

行 业	R&D人员合计(人)	#女性	#研究人员	#全时人员	R&D人员折合全时当量(人年)
电线、电缆、光缆及电工器材制造	5200	1134	1162	3324	3794
电池制造	6783	1824	1215	5490	5219
家用电力器具制造	9311	1715	1963	7235	7566
非电力家用器具制造	257	35	79	223	224
照明器具制造	3674	811	769	2248	2731
其他电气机械及器材制造	155	47	27	106	141
计算机、通信和其他电子设备制造业	82890	19303	19257	59386	67081
计算机制造	8946	2271	2752	4561	6790
通信设备制造	14313	3051	3249	11949	12440
广播电视设备制造	1717	349	407	1339	1037
雷达及配套设备制造	26	4	1	10	17
视听设备制造	12646	3852	2520	10190	10124
电子器件制造	13029	3323	2700	9696	10838
电子元件制造	29202	5832	7181	19545	23781
其他电子设备制造	3011	621	447	2096	2054
仪器仪表制造业	9193	2431	1921	5363	6994
通用仪器仪表制造	3375	682	748	2668	2841
专用仪器仪表制造	791	138	206	598	675
钟表与计时仪器制造	1012	290	400	859	943
光学仪器及眼镜制造	3921	1311	489	1195	2460
其他仪器仪表制造业	94	10	78	43	74
其他制造业	634	124	210	363	534
日用杂品制造	581	118	200	324	486
煤制品制造					
核辐射加工					
其他未列明制造业	53	6	10	39	48
废弃资源综合利用业	154	30	31	96	110
金属废料和碎屑加工处理	87	19	10	69	74
非金属废料和碎屑加工处理	67	11	21	27	35
金属制品、机械和设备修理业	189	32	25	122	149
金属制品修理					
通用设备修理					
专用设备修理	46	18	4	45	46
铁路、船舶、航空航天等运输设备修理	143	14	21	77	103
电气设备修理					
仪器仪表修理					
其他机械和设备修理业					
电力、热力、燃气及水生产和供应业	**1329**	**147**	**527**	**727**	**1051**
电力、热力生产和供应业	957	68	416	514	775
电力生产	918	65	393	511	772
电力供应	18	2	16	3	1
热力生产和供应	21	1	7		2
燃气生产和供应业	146	44	35	115	133
燃气生产和供应业	146	44	35	115	133
水的生产和供应业	226	35	76	98	143
自来水生产和供应	142	25	43	81	70
污水处理及其再生利用	84	10	33	17	74
其他水的处理、利用与分配					

1-C-7 分行业外商投资企业R&D人员情况

行业	R&D人员合计（人）	#女性	#研究人员	#全时人员	R&D人员折合全时当量（人年）
总　计	**459052**	**93309**	**102909**	**317319**	**354457**
采矿业	**1632**	**276**	**261**	**860**	**1331**
煤炭开采和洗选业	22	4	7	22	22
烟煤和无烟煤开采洗选	22	4	7	22	22
褐煤开采洗选					
其他煤炭采选					
石油和天然气开采业					
石油开采					
天然气开采					
黑色金属矿采选业	536	48	152	265	499
铁矿采选					
锰矿、铬矿采选	536	48	152	265	499
其他黑色金属矿采选					
有色金属矿采选业	75	22	37	55	55
常用有色金属矿采选	60	18	22	44	41
贵金属矿采选					
稀有稀土金属矿采选	15	4	15	11	14
非金属矿采选业	993	201	63	514	749
土砂石开采	20	1	19	9	14
化学矿开采					
采盐	973	200	44	505	735
石棉及其他非金属矿采选					
开采辅助活动	6	1	2	4	5
煤炭开采和洗选辅助活动	6	1	2	4	5
石油和天然气开采辅助活动					
其他开采辅助活动					
其他采矿业					
其他采矿业					
制造业	**456252**	**92768**	**102321**	**315761**	**352337**
农副食品加工业	4979	1150	1542	2797	2913
谷物磨制	132	52	82	58	86
饲料加工	860	198	201	420	493
植物油加工	690	145	214	416	425
制糖业	87	18	39	87	1
屠宰及肉类加工	593	232	150	244	193
水产品加工	1529	310	438	941	880
蔬菜、水果和坚果加工	541	96	131	275	379
其他农副食品加工	547	99	287	356	458
食品制造业	7418	2551	1798	4175	4832
焙烤食品制造	181	71	37	110	63
糖果、巧克力及蜜饯制造	602	31	53	92	138
方便食品制造	1126	299	83	532	881
乳制品制造	1642	583	788	810	914
罐头食品制造	324	105	53	138	277
调味品、发酵制品制造	956	339	284	704	646
其他食品制造	2587	1123	500	1789	1913
酒、饮料和精制茶制造业	4227	1247	950	3359	3054
酒的制造	1661	454	667	1294	1247
饮料制造	2436	730	273	2037	1716
精制茶加工	130	63	10	28	91

1-C-7　续表 1

行　　业	R&D人员合计(人)	#女性	#研究人员	#全时人员	R&D人员折合全时当量(人年)
烟草制品业					
烟叶复烤					
卷烟制造					
其他烟草制品制造					
纺织业	6677	3024	1160	5032	4137
棉纺织及印染精加工	3224	1348	479	2192	1475
毛纺织及染整精加工	1629	1023	231	1589	1307
麻纺织及染整精加工	44	7	14	4	16
丝绢纺织及印染精加工	104	55	30	92	93
化纤织造及印染精加工	179	81	43	33	122
针织或钩针编织物及其制品制造	266	78	54	227	194
家用纺织制成品制造	587	270	127	446	455
非家用纺织制成品制造	644	162	182	449	474
纺织服装、服饰业	12374	1779	2287	2777	11153
机织服装制造	11104	1130	1837	1877	10103
针织或钩针编织服装制造	982	523	375	697	811
服饰制造	288	126	75	203	239
皮革、毛皮、羽毛及其制品和制鞋业	2364	795	552	1696	1668
皮革鞣制加工	310	69	38	220	283
皮革制品制造	578	255	101	419	521
毛皮鞣制及制品加工	189	57	29	87	114
羽毛(绒)加工及制品制造	138	65	25	52	88
制鞋业	1149	349	359	918	662
木材加工和木、竹、藤、棕、草制品业	908	146	181	641	662
木材加工	22	9	8	5	12
人造板制造	337	73	82	262	218
木制品制造	438	49	81	269	321
竹、藤、棕、草等制品制造	111	15	10	105	111
家具制造业	1490	260	207	934	1090
木质家具制造	447	107	68	145	371
竹、藤家具制造					
金属家具制造	684	71	71	524	510
塑料家具制造	5		2	2	5
其他家具制造	354	82	66	263	205
造纸和纸制品业	5188	922	664	2882	3442
纸浆制造	8		3		1
造纸	3994	662	444	2134	2583
纸制品制造	1186	260	217	748	858
印刷和记录媒介复制业	1196	310	226	716	788
印刷	1196	310	226	716	788
装订及印刷相关服务					
记录媒介复制					
文教、工美、体育和娱乐用品制造业	4779	1303	923	2867	3426
文教办公用品制造	631	112	217	351	483
乐器制造	76	24	5	65	64
工艺美术品制造	2032	658	360	1204	1650
体育用品制造	735	131	106	421	409
玩具制造	783	235	192	476	613
游艺器材及娱乐用品制造	522	143	43	350	206

1-C-7 续表 2

行　业	R&D人员合计（人）	#女性	#研究人员	#全时人员	R&D人员折合全时当量（人年）
石油加工、炼焦和核燃料加工业	451	83	202	264	278
精炼石油产品制造	308	40	130	171	148
炼焦	143	43	72	93	130
核燃料加工					
化学原料和化学制品制造业	21526	4557	5517	14932	16330
基础化学原料制造	4684	878	926	3386	3371
肥料制造	1131	212	447	865	865
农药制造	1026	246	276	634	826
涂料、油墨、颜料及类似产品制造	3691	720	874	2430	2861
合成材料制造	3305	655	766	1915	2443
专用化学产品制造	6230	1327	1684	4421	4728
炸药、火工及焰火产品制造					
日用化学产品制造	1459	519	544	1281	1235
医药制造业	20240	7846	6321	15896	16246
化学药品原料药制造	4226	1317	1372	3437	3519
化学药品制剂制造	9161	3737	3085	7749	7710
中药饮片加工	146	61	42	32	98
中成药生产	2601	1030	859	1559	1922
兽用药品制造	333	125	95	290	264
生物药品制造	3072	1351	788	2344	2125
卫生材料及医药用品制造	701	225	80	485	609
化学纤维制造业	1653	328	444	818	850
纤维素纤维原料及纤维制造	541	74	218	282	301
合成纤维制造	1112	254	226	536	549
橡胶和塑料制品业	16176	2979	3707	11003	12227
橡胶制品业	6510	1182	1660	4282	4634
塑料制品业	9666	1797	2047	6721	7593
非金属矿物制品业	12943	2133	2657	6483	7982
水泥、石灰和石膏制造	2483	234	422	1827	1750
石膏、水泥制品及类似制品制造	160	55	68	134	136
砖瓦、石材等建筑材料制造	3049	534	209	678	1446
玻璃制造	391	49	174	337	335
玻璃制品制造	2088	461	561	1210	1588
玻璃纤维和玻璃纤维增强塑料制品制造	1134	184	154	368	606
陶瓷制品制造	2211	378	513	1001	1055
耐火材料制品制造	730	140	258	476	545
石墨及其他非金属矿物制品制造	697	98	298	452	520
黑色金属冶炼和压延加工业	4929	791	1675	3411	3624
炼铁	169	37	18	144	169
炼钢	113	22	45	63	85
黑色金属铸造	1118	129	329	753	943
钢压延加工	2644	421	814	1906	1697
铁合金冶炼	885	182	469	545	730
有色金属冶炼和压延加工业	6774	1075	1573	4410	5278
常用有色金属冶炼	2136	268	829	1437	1741
贵金属冶炼	2		2		2
稀有稀土金属冶炼	1113	301	137	953	934
有色金属合金制造	609	101	73	351	453
有色金属铸造	6		3	5	6
有色金属压延加工	2908	405	529	1664	2143

1-C-7　续表 3

行　业	R&D人员合计(人)	#女性	#研究人员	#全时人员	R&D人员折合全时当量(人年)
金属制品业	12707	1943	2972	8362	9048
结构性金属制品制造	2143	281	529	1276	1309
金属工具制造	1093	147	187	708	825
集装箱及金属包装容器制造	1942	250	374	1282	1361
金属丝绳及其制品制造	838	87	245	469	338
建筑、安全用金属制品制造	1904	456	555	1407	1616
金属表面处理及热处理加工	833	105	159	503	745
搪瓷制品制造	606	99	200	577	538
金属制日用品制造	1750	329	276	1008	1311
其他金属制品制造	1598	189	447	1132	1005
通用设备制造业	40088	7047	9447	27625	30399
锅炉及原动设备制造	5104	1028	1492	3844	4410
金属加工机械制造	2071	290	552	1416	1409
物料搬运设备制造	7407	1012	2125	4674	6322
泵、阀门、压缩机及类似机械制造	10387	1865	1760	7767	7519
轴承、齿轮和传动部件制造	1924	273	374	1138	1224
烘炉、风机、衡器、包装等设备制造	7627	1333	2053	4982	5496
文化、办公用机械制造	2946	790	483	2111	2304
通用零部件制造	2285	418	550	1515	1549
其他通用设备制造业	337	38	58	178	166
专用设备制造业	27208	4291	6839	18954	20321
采矿、冶金、建筑专用设备制造	8929	1170	2756	5991	6615
化工、木材、非金属加工专用设备制造	5958	838	1172	4161	4477
食品、饮料、烟草及饲料生产专用设备制造	522	77	165	329	336
印刷、制药、日化及日用品生产专用设备制造	1560	208	301	1098	1216
纺织、服装和皮革加工专用设备制造	1090	145	350	565	741
电子和电工机械专用设备制造	1012	188	243	887	800
农、林、牧、渔专用机械制造	787	109	127	473	602
医疗仪器设备及器械制造	4488	1103	923	3237	3528
环保、社会公共服务及其他专用设备制造	2862	453	802	2213	2005
汽车制造业	56353	9928	14534	40822	45299
汽车整车制造	23548	4008	6702	17864	21622
改装汽车制造	595	133	289	400	504
低速载货汽车制造	42	7	9	11	36
电车制造					
汽车车身、挂车制造	965	74	170	652	577
汽车零部件及配件制造	31203	5706	7364	21895	22560
铁路、船舶、航空航天和其他运输设备制造业	7920	1041	1813	5463	5565
铁路运输设备制造	1491	169	369	958	950
城市轨道交通设备制造	277	69	56	50	182
船舶及相关装置制造	2832	307	519	1856	2262
航空、航天器及设备制造	376	56	111	357	237
摩托车制造	1476	261	455	1083	1148
自行车制造	1145	159	200	1007	660
非公路休闲车及零配件制造	122	11	12	87	54
潜水救捞及其他未列明运输设备制造	201	9	91	65	72
电气机械和器材制造业	44079	9000	9798	30048	34948
电机制造	6859	1275	1991	3999	5542
输配电及控制设备制造	16695	3532	3938	12908	14229

1-C-7 续表 4

行　业	R&D人员合计(人)	#女性	#研究人员	#全时人员	R&D人员折合全时当量(人年)
电线、电缆、光缆及电工器材制造	3961	738	1087	2228	2953
电池制造	2852	668	491	1864	2108
家用电力器具制造	8028	1507	1281	5299	5554
非电力家用器具制造	373	59	100	194	259
照明器具制造	4955	1112	822	3270	4033
其他电气机械及器材制造	356	109	88	286	269
计算机、通信和其他电子设备制造业	117891	23296	21176	89937	96247
计算机制造	36045	5590	3652	32478	32073
通信设备制造	18254	3565	4302	12837	14140
广播电视设备制造	2748	621	819	2548	2205
雷达及配套设备制造	37		20	37	37
视听设备制造	4731	1187	698	3524	3908
电子器件制造	23328	5385	5089	18222	18802
电子元件制造	25437	6298	5123	17832	20076
其他电子设备制造	7311	650	1473	2459	5006
仪器仪表制造业	10908	2421	2512	7857	8611
通用仪器仪表制造	6203	1283	1576	4600	4930
专用仪器仪表制造	2295	460	467	1857	1879
钟表与计时仪器制造	25	1	2	23	20
光学仪器及眼镜制造	2344	669	454	1342	1756
其他仪器仪表制造业	41	8	13	35	26
其他制造业	547	123	70	407	452
日用杂品制造	305	51	24	271	224
煤制品制造					
核辐射加工					
其他未列明制造业	242	72	46	136	228
废弃资源综合利用业	261	21	23	52	259
金属废料和碎屑加工处理	144	16	22	33	142
非金属废料和碎屑加工处理	117	5	1	19	117
金属制品、机械和设备修理业	1998	378	551	1141	1209
金属制品修理					
通用设备修理					
专用设备修理	126	2	7	27	32
铁路、船舶、航空航天等运输设备修理	1829	371	515	1107	1134
电气设备修理					
仪器仪表修理	23	5	9	7	23
其他机械和设备修理业	20		20		20
电力、热力、燃气及水生产和供应业	**1168**	**265**	**327**	**698**	**790**
电力、热力生产和供应业	161	18	59	57	89
电力生产	161	18	59	57	89
电力供应					
热力生产和供应					
燃气生产和供应业	701	166	163	530	511
燃气生产和供应业	701	166	163	530	511
水的生产和供应业	306	81	105	111	189
自来水生产和供应	255	76	95	68	167
污水处理及其再生利用	51	5	10	43	22
其他水的处理、利用与分配					

1-C-8　各地区企业R&D人员情况

地　区	R&D人员合计(人)	#女性	#研究人员	#全时人员	R&D人员折合全时当量(人年)
全　国	**3375912**	**698435**	**1095573**	**2233774**	**2493958**
东部地区	2223842	463045	629654	1519249	1697659
中部地区	616936	118529	232911	391435	434017
西部地区	355183	75775	145503	216105	242188
东北地区	179951	41086	87505	106985	120095
北　京	79368	21304	25229	66790	58036
天　津	93313	20165	28545	55185	68175
河　北	94021	23446	41213	57922	65049
山　西	46544	8958	24387	27736	34024
内蒙古	32210	8299	16264	18479	26990
辽　宁	95912	19909	42248	57939	59090
吉　林	32841	9185	15416	15729	23709
黑龙江	51198	11992	29841	33317	37296
上　海	116806	25798	35019	82873	92136
江　苏	510930	103785	128010	339701	393942
浙　江	337155	70337	71441	219898	263507
安　徽	127627	22017	38477	78412	86000
福　建	130227	30679	31396	87313	100200
江　西	46599	9468	17735	27378	29519
山　东	326793	73472	109583	229530	227403
河　南	168212	31757	61833	104983	125091
湖　北	128952	28257	48938	86389	85826
湖　南	99002	18072	41541	66537	73558
广　东	530551	92562	158230	376921	426330
广　西	30205	5757	9725	17134	20700
海　南	4678	1497	988	3116	2882
重　庆	53781	11309	19217	37936	36605
四　川	92424	16291	34438	56924	58147
贵　州	20026	5249	7579	12095	16049
云　南	20323	3602	7745	9751	11811
西　藏	228	45	68	74	81
陕　西	67210	17037	31811	41025	45809
甘　肃	17565	3270	9739	11470	12472
青　海	2940	530	1257	1100	2039
宁　夏	8638	2006	2749	4180	4817
新　疆	9633	2380	4911	5937	6668

1-C-9 各地区大中型企业R&D人员情况

地　　区	R&D人员合计（人）	#女性	#研究人员	#全时人员	R&D人员折合全时当量（人年）
全　　国	**2633916**	**560641**	**885212**	**1775439**	**1976736**
东部地区	1681807	362891	488682	1177873	1302830
中部地区	500379	97823	192226	322785	364051
西部地区	300994	64803	126555	184548	208518
东北地区	150736	35124	77749	90233	101335
北　　京	61204	16643	19567	51151	44910
天　　津	64879	14692	20400	37800	47479
河　　北	82869	20996	37046	50441	57729
山　　西	43421	8346	23284	25920	32042
内 蒙 古	28925	7671	15039	16653	24814
辽　　宁	75889	16291	35946	46260	46054
吉　　林	29061	8026	13888	13470	21504
黑 龙 江	45786	10807	27915	30503	33777
上　　海	90654	20693	27314	65918	74716
江　　苏	358872	75999	88934	238998	279892
浙　　江	203856	45307	41338	140092	163809
安　　徽	91726	15867	28381	57428	63458
福　　建	102040	25108	23457	69447	80577
江　　西	37017	7835	14220	21898	24506
山　　东	269641	62095	91537	193545	188354
河　　南	148109	27976	55410	93009	112042
湖　　北	102690	23362	39359	70281	71466
湖　　南	77416	14437	31572	54249	60538
广　　东	444318	80250	138392	328113	363076
广　　西	25243	4804	8044	14090	17715
海　　南	3474	1108	697	2368	2289
重　　庆	45993	9546	16641	32873	31759
四　　川	81897	14210	30819	50755	52452
贵　　州	13540	3917	5042	8307	11091
云　　南	15707	2632	6234	7379	9076
西　　藏	116	24	21	22	66
陕　　西	59061	15288	28918	36098	41319
甘　　肃	13492	2623	8424	9135	9506
青　　海	1644	369	560	872	1169
宁　　夏	7233	1696	2353	3337	3889
新　　疆	8143	2023	4460	5027	5660

1-C-10 各地区内资企业R&D人员情况

地 区	R&D人员合计(人)	#女性	#研究人员	#全时人员	R&D人员折合全时当量(人年)
全 国	**2564162**	**526153**	**916430**	**1671775**	**1865328**
东部地区	1515857	312385	483701	1026340	1140272
中部地区	559850	107129	215198	353496	394584
西部地区	328960	70454	138227	199324	224355
东北地区	159495	36185	79304	92615	106117
北 京	61391	16204	21660	51621	45186
天 津	73877	15528	23736	42845	53216
河 北	82269	20496	36575	49008	56896
山 西	45569	8653	24013	27017	33265
内 蒙 古	30496	7646	15495	17391	25734
辽 宁	83726	17463	38324	49665	50755
吉 林	29470	8309	13722	13330	21407
黑 龙 江	46299	10413	27258	29620	33955
上 海	61875	13478	20585	41278	46720
江 苏	332178	64421	91032	221436	255691
浙 江	253523	51644	56740	162815	196818
安 徽	116737	19764	36478	70861	79513
福 建	64678	14112	17759	39318	46949
江 西	40587	8330	16184	24273	26081
山 东	279852	61900	97858	194057	193207
河 南	152527	28313	56155	94871	113544
湖 北	111419	25081	43361	74081	72508
湖 南	93011	16988	39007	62393	69673
广 东	302653	53440	116976	221725	243566
广 西	22113	4458	7709	12936	14432
海 南	3561	1162	780	2237	2021
重 庆	46148	9937	16942	32075	31909
四 川	88046	15425	33402	54036	55451
贵 州	19164	4999	7390	11799	15542
云 南	19074	3291	7437	8839	11058
西 藏	228	45	68	74	81
陕 西	66051	16636	31348	40382	45099
甘 肃	17227	3249	9689	11155	12199
青 海	2894	520	1229	1087	2003
宁 夏	7918	1879	2618	3634	4193
新 疆	9601	2369	4900	5916	6653

1-C-11 各地区港澳台商投资企业R&D人员情况

地 区	R&D人员合计(人)	#女性	#研究人员	#全时人员	R&D人员折合全时当量(人年)
全 国	**352698**	**78973**	**76234**	**244680**	**274173**
东部地区	314266	70667	63733	218159	247978
中部地区	25692	5541	8168	17269	18257
西部地区	6319	1372	1784	4631	3705
东北地区	6421	1393	2549	4621	4233
北 京	4149	1316	690	3714	3002
天 津	6017	940	1506	3684	4584
河 北	5965	1673	2764	4387	3972
山 西	637	198	263	542	559
内蒙古	36	13	13	32	28
辽 宁	4313	834	1676	3153	2863
吉 林	1211	351	591	947	681
黑龙江	897	208	282	521	689
上 海	12606	3389	2932	8627	9714
江 苏	66058	15811	14243	45950	51872
浙 江	44891	10410	7445	31127	36460
安 徽	4358	961	791	2931	2516
福 建	35627	9973	7482	24973	28728
江 西	3431	618	777	1607	1835
山 东	12605	3498	3449	9079	9693
河 南	7221	1753	3505	4903	5448
湖 北	7032	1486	1470	4868	5741
湖 南	3013	525	1362	2418	2158
广 东	125983	23460	23161	86349	99696
广 西	1334	367	536	674	819
海 南	365	197	61	269	257
重 庆	2086	387	402	1808	982
四 川	1344	240	489	962	879
贵 州	55	20	16	35	41
云 南	750	181	158	624	477
西 藏					
陕 西	313	82	94	165	140
甘 肃	65	9	18	51	34
青 海					
宁 夏	304	62	47	259	291
新 疆	32	11	11	21	15

1-C-12 各地区外商投资企业R&D人员情况

地 区	R&D人员合计(人)	#女性	#研究人员	#全时人员	R&D人员折合全时当量(人年)
全 国	**459052**	**93309**	**102909**	**317319**	**354457**
东部地区	393719	79993	82220	274750	309409
中部地区	31394	5859	9545	20670	21175
西部地区	19904	3949	5492	12150	14128
东北地区	14035	3508	5652	9749	9745
北 京	13828	3784	2879	11455	9848
天 津	13419	3697	3303	8656	10374
河 北	5787	1277	1874	4527	4180
山 西	338	107	111	177	199
内 蒙 古	1678	640	756	1056	1228
辽 宁	7873	1612	2248	5121	5472
吉 林	2160	525	1103	1452	1621
黑 龙 江	4002	1371	2301	3176	2652
上 海	42325	8931	11502	32968	35702
江 苏	112694	23553	22735	72315	86379
浙 江	38741	8283	7256	25956	30229
安 徽	6532	1292	1208	4620	3970
福 建	29922	6594	6155	23022	24523
江 西	2581	520	774	1498	1604
山 东	34336	8074	8276	26394	24503
河 南	8464	1691	2173	5209	6098
湖 北	10501	1690	4107	7440	7577
湖 南	2978	559	1172	1726	1727
广 东	101915	15662	18093	68847	83068
广 西	6758	932	1480	3524	5449
海 南	752	138	147	610	604
重 庆	5547	985	1873	4053	3714
四 川	3034	626	547	1926	1818
贵 州	807	230	173	261	466
云 南	499	130	150	288	276
西 藏					
陕 西	846	319	369	478	570
甘 肃	273	12	32	264	239
青 海	46	10	28	13	36
宁 夏	416	65	84	287	332
新 疆					

D. 企业R&D经费支出情况

1-D-1.1 分登记注册类型企业R&D经费内部支出情况

单位：万元

登记注册类型	R&D经费内部支出	日常性支出	#人员劳务费	资产性支出	#仪器和设备	#政府资金	#企业资金
总　计	**83184005**	**73619821**	**22712753**	**9564184**	**9265693**	**3597485**	**78217423**
内资企业	**63032811**	**55720519**	**16603626**	**7312292**	**7070186**	**3202889**	**59049113**
国有企业	3084397	2820686	700807	263711	254099	276473	2743364
集体企业	586977	542142	144430	44835	41089	10055	573217
股份合作企业	87854	64777	19236	23076	22926	1576	82637
联营企业	70305	69308	17855	997	845	79	70226
国有联营企业	68261	67579	17172	683	548	69	68192
集体联营企业	1526	1293	479	233	218	10	1516
国有与集体联营企业	518	436	204	82	80		518
其他联营企业							
有限责任公司	28309099	25195944	7724488	3113155	2999424	1757815	26239005
国有独资公司	5883235	5241519	1316294	641716	612113	496714	5336021
其他有限责任公司	22425863	19954425	6408193	2471439	2387311	1261101	20902984
股份有限公司	13855023	12527287	3894584	1327736	1276987	636974	13080263
私营企业	16901374	14389290	4051443	2512084	2450692	511007	16132663
私营独资企业	295094	251891	68243	43203	42106	6851	283313
私营合伙企业	38818	32771	9268	6047	5962	1712	36476
私营有限责任公司	14511091	12308816	3487719	2202276	2147803	414084	13865854
私营股份有限公司	2056371	1795813	486213	260558	254821	88361	1947021
其他企业	137783	111085	50784	26698	24125	8909	127739
港、澳、台商投资企业	**7722329**	**6951181**	**2259454**	**771148**	**753258**	**190891**	**7409649**
合资经营企业	3321508	2990048	883021	331460	321837	71678	3206720
合作经营企业	92979	84782	23346	8197	7436	2798	89847
港、澳、台商独资经营企业	3821303	3433376	1191709	387927	381697	98756	3647261
港、澳、台商投资股份有限公司	482588	439718	159740	42870	41593	17515	462041
其他港、澳、台投资企业	3952	3257	1637	695	695	144	3782
外商投资企业	**12428864**	**10948121**	**3849673**	**1480743**	**1442250**	**203705**	**11758661**
中外合资经营企业	6776642	5909902	1914188	866740	841033	118542	6449522
中外合作经营企业	228881	203192	56390	25689	25386	13975	210631
外资企业	4663841	4205549	1647363	458293	449536	53961	4358029
外商投资股份有限公司	740443	613857	226735	126586	122910	16193	722454
其他外商投资企业	19057	15622	4996	3435	3385	1033	18024

1-D-1.2　分登记注册类型大中型企业R&D经费内部支出情况

单位：万元

登记注册类型	R&D经费内部支出	日常性支出	#人员劳务费	资产性支出	#仪器和设备	#政府资金	#企业资金
总　计	**67440646**	**60210430**	**18802230**	**7230215**	**6993450**	**2984209**	**63441600**
内资企业	**50101118**	**44772448**	**13524140**	**5328670**	**5139334**	**2646682**	**46931940**
国有企业	2941512	2698414	664235	243098	234237	264254	2614916
集体企业	543725	508306	134429	35419	31794	9436	531791
股份合作企业	50581	31604	8612	18977	18947	650	49582
联营企业	65714	65211	16826	502	367	55	65659
国有联营企业	65530	65083	16763	447	312	55	65475
集体联营企业							
国有与集体联营企业	183	128	63	56	55		183
其他联营企业							
有限责任公司	24288922	21766323	6773837	2522599	2423404	1537051	22520227
国有独资公司	5692658	5082672	1275100	609986	581510	481148	5161731
其他有限责任公司	18596264	16683650	5498737	1912614	1841894	1055903	17358496
股份有限公司	12990237	11779380	3669486	1210857	1164638	580672	12282378
私营企业	9124520	7843441	2214197	1281079	1252246	246607	8780202
私营独资企业	96347	82744	20935	13603	13306	2941	92770
私营合伙企业	12973	11480	3230	1494	1479	850	11725
私营有限责任公司	7440786	6368291	1818821	1072495	1048135	175165	7182115
私营股份有限公司	1574414	1380926	371211	193487	189326	67652	1493592
其他企业	95908	79769	42519	16139	13700	7957	87185
港、澳、台商投资企业	**6486037**	**5868676**	**1914039**	**617361**	**603373**	**162128**	**6226713**
合资经营企业	2698397	2443150	720504	255247	247509	56860	2612189
合作经营企业	56107	52833	14186	3274	3141	830	55126
港、澳、台商独资经营企业	3281815	2963627	1030391	318189	313337	88935	3127880
港、澳、台商投资股份有限公司	446547	406370	147562	40177	38912	15359	428491
其他港、澳、台投资企业	3171	2697	1396	474	474	144	3027
外商投资企业	**10853490**	**9569307**	**3364052**	**1284184**	**1250743**	**175399**	**10282947**
中外合资经营企业	5950734	5189609	1679501	761126	738987	97858	5673418
中外合作经营企业	194129	172957	47261	21172	20886	13388	179879
外资企业	3990131	3611841	1414542	378290	370929	48568	3728536
外商投资股份有限公司	706503	584589	219367	121914	118298	15170	689537
其他外商投资企业	11993	10311	3380	1682	1643	415	11578

1-D-1.3 分行业企业R&D经费内部支出情况

单位：万元

行业	R&D经费内部支出	日常性支出	#人员劳务费	资产性支出	#仪器和设备	#政府资金	#企业资金
总计	**83184005**	**73619821**	**22712753**	**9564184**	**9265693**	**3597485**	**78217423**
采矿业	**2926383**	**2678122**	**987208**	**248262**	**231090**	**112205**	**2796119**
煤炭开采和洗选业	1565542	1423224	522857	142318	135381	21169	1530073
烟煤和无烟煤开采洗选	1534730	1393281	511694	141449	134511	20665	1508417
褐煤开采洗选	30812	29942	11163	869	869	504	21657
其他煤炭采选							
石油和天然气开采业	806879	764446	334672	42433	37295	67790	738121
石油开采	779382	738397	325784	40985	35847	58795	719626
天然气开采	27497	26050	8888	1448	1448	8994	18495
黑色金属矿采选业	77399	69664	16555	7735	7553	2580	74802
铁矿采选	59792	53156	14633	6636	6504	1575	58200
锰矿、铬矿采选	17100	16156	1775	945	895	1000	16100
其他黑色金属矿采选	507	353	147	154	154	5	502
有色金属矿采选业	217517	182759	32067	34759	30779	8034	207165
常用有色金属矿采选	40482	32760	10095	7722	7560	1991	37616
贵金属矿采选	163302	140312	19338	22990	19186	5922	156887
稀有稀土金属矿采选	13734	9687	2633	4047	4033	121	12661
非金属矿采选业	71520	61285	15699	10235	9975	2730	68463
土砂石开采	26447	22405	4883	4042	3982	1422	24708
化学矿开采	10621	8088	2281	2534	2488	286	10335
采盐	28411	26239	7755	2171	2129	1021	27390
石棉及其他非金属矿采选	6041	4552	780	1489	1375		6031
开采辅助活动	187339	176569	65271	10770	10095	9903	177308
煤炭开采和洗选辅助活动	34	34	22				34
石油和天然气开采辅助活动	185928	175159	65186	10770	10095	9479	176321
其他开采辅助活动	1377	1377	64			424	953
其他采矿业	188	175	88	13	13		188
其他采矿业	188	175	88	13	13		188
制造业	**79598052**	**70393739**	**21561798**	**9204313**	**8925379**	**3472250**	**74782241**
农副食品加工业	1729827	1487182	312535	242645	235286	58010	1645980
谷物磨制	122015	99796	21575	22219	21664	4141	115855
饲料加工	394282	356733	83441	37549	35376	11505	373702
植物油加工	292987	239312	37056	53675	52051	7690	277986
制糖业	23717	17591	5833	6126	6011	746	22739
屠宰及肉类加工	328722	287464	64624	41258	40313	8094	318951
水产品加工	228147	195353	42292	32794	31769	14231	212183
蔬菜、水果和坚果加工	124724	101053	23663	23672	23119	4662	118988
其他农副食品加工	215234	189880	34050	25354	24982	6942	205576
食品制造业	985302	843205	240670	142097	136915	30999	916722
焙烤食品制造	38849	31991	10326	6858	6652	1090	35871
糖果、巧克力及蜜饯制造	70825	63689	19563	7136	7064	1424	66734
方便食品制造	71064	60142	17107	10922	10646	1685	68983
乳制品制造	168050	145013	49937	23038	22178	6439	137162
罐头食品制造	60611	50544	12466	10067	9685	2142	56986
调味品、发酵制品制造	181382	163241	40399	18141	17187	5684	174110
其他食品制造	394519	328585	90872	65935	63505	12536	376878
酒、饮料和精制茶制造业	827430	719244	194621	108186	99609	28259	788620
酒的制造	535064	470070	128999	64995	57580	16830	511942
饮料制造	206319	176418	48857	29900	29091	4990	199990
精制茶加工	86047	72756	16765	13291	12939	6439	76689

1-D-1.3　续表 1

单位：万元

行　业	R&D经费内部支出	日常性支出	#人员劳务费	资产性支出	#仪器和设备	#政府资金	#企业资金
烟草制品业	221056	180006	68216	41050	38650	438	207216
烟叶复烤	4243	3168	931	1075	1062		3271
卷烟制造	209142	169502	64207	39640	37267	408	196507
其他烟草制品制造	7671	7336	3079	335	320	30	7438
纺织业	1584878	1328867	389710	256011	251881	36192	1524587
棉纺织及印染精加工	900908	762155	229468	138753	136811	16871	872572
毛纺织及染整精加工	168154	127482	34641	40672	39788	7637	158888
麻纺织及染整精加工	22593	18845	4562	3748	3668	196	22237
丝绢纺织及印染精加工	56078	47564	15699	8514	8462	4047	50465
化纤织造及印染精加工	43720	36636	12274	7084	7017	783	40876
针织或钩针编织物及其制品制造	126455	97337	31291	29119	28944	1572	122508
家用纺织制成品制造	121653	109695	32437	11958	11278	3636	115315
非家用纺织制成品制造	145317	129153	29337	16164	15914	1450	141724
纺织服装、服饰业	692870	614866	233070	78005	74218	8902	673683
机织服装制造	532608	478968	181046	53640	51318	7232	517833
针织或钩针编织服装制造	140674	118107	45861	22567	21125	1454	137405
服饰制造	19588	17791	6164	1797	1776	217	18445
皮革、毛皮、羽毛及其制品和制鞋业	338923	310324	111065	28599	27875	3566	324797
皮革鞣制加工	43649	39899	7738	3750	3733	201	41926
皮革制品制造	47534	42206	13354	5328	5102	899	45464
毛皮鞣制及制品加工	20491	18684	3452	1807	1751	690	19800
羽毛(绒)加工及制品制造	11544	9426	4123	2118	2048	365	11103
制鞋业	215706	200109	82398	15597	15242	1412	206503
木材加工和木、竹、藤、棕、草制品业	271582	228116	58944	43466	42695	9563	256991
木材加工	13489	10284	3432	3205	3151	50	13225
人造板制造	182023	155471	38840	26552	25978	7904	170466
木制品制造	60362	49822	12038	10539	10452	1052	58689
竹、藤、棕、草等制品制造	15709	12538	4634	3170	3114	558	14612
家具制造业	224650	200014	72930	24636	24329	1421	219859
木质家具制造	108770	94293	32955	14477	14328	730	105757
竹、藤家具制造	1222	968	410	253	247		1222
金属家具制造	77607	71739	27237	5868	5760	245	77071
塑料家具制造	5724	4265	1645	1458	1458		5660
其他家具制造	31328	28749	10682	2579	2536	445	30150
造纸和纸制品业	877917	738947	154878	138970	136289	10163	865040
纸浆制造	7860	7226	1083	634	622	195	7440
造纸	714713	598937	120739	115776	113667	8377	704943
纸制品制造	155344	132783	33056	22560	22001	1591	152657
印刷和记录媒介复制业	303888	249369	91673	54519	53477	2844	296500
印刷	297450	244574	89165	52876	51844	2836	290128
装订及印刷相关服务	4116	3158	1739	958	948		4058
记录媒介复制	2322	1637	769	685	685	8	2314
文教、工美、体育和娱乐用品制造业	495880	432626	146856	63254	61276	12030	478568
文教办公用品制造	51314	42047	14711	9267	8489	2026	48974
乐器制造	26829	23266	7101	3563	3370	374	26437
工艺美术品制造	211902	186445	62957	25457	24956	3939	205609
体育用品制造	87335	78668	24356	8667	8490	3549	82360
玩具制造	67796	60787	23112	7009	6725	1668	65175
游艺器材及娱乐用品制造	50703	41412	14620	9291	9246	475	50013

1-D-1.3 续表 2

单位：万元

行业	R&D经费内部支出	日常性支出	#人员劳务费	资产性支出	#仪器和设备	#政府资金	#企业资金
石油加工、炼焦和核燃料加工业	893194	794154	127621	99040	94159	20356	862975
精炼石油产品制造	735000	662337	104082	72663	68234	17655	711675
炼焦	157011	130792	23052	26219	25766	2696	150121
核燃料加工	1184	1025	487	159	159	5	1179
化学原料和化学制品制造业	6603728	5774537	1451688	829191	804760	175158	6302923
基础化学原料制造	1767192	1537062	389478	230130	225127	41018	1695280
肥料制造	637645	528999	132142	108647	102766	17978	611382
农药制造	388560	345140	86888	43420	42329	11553	372851
涂料、油墨、颜料及类似产品制造	595754	534683	188352	61071	58875	15057	572111
合成材料制造	1357404	1209039	233788	148365	145081	29562	1305537
专用化学产品制造	1475697	1285065	304993	190632	185212	43193	1390612
炸药、火工及焰火产品制造	110946	90314	28219	20632	19897	11183	98852
日用化学产品制造	270531	244237	87828	26294	25474	5614	256297
医药制造业	3476553	3036711	926401	439842	425837	204243	3223942
化学药品原料药制造	693494	605340	191322	88153	85560	37031	645783
化学药品制剂制造	1160823	1006869	335321	153954	149035	48543	1103220
中药饮片加工	89464	74398	20128	15066	14749	4941	83612
中成药生产	717620	641819	182939	75801	72727	52598	660198
兽用药品制造	103307	86641	27611	16666	16261	7311	94681
生物药品制造	537284	460968	129808	76316	74114	40652	487818
卫生材料及医药用品制造	174562	160677	39271	13885	13392	13167	148631
化学纤维制造业	667897	571552	124732	96345	94787	10362	651238
纤维素纤维原料及纤维制造	217181	191471	54844	25711	24731	2666	212688
合成纤维制造	450716	380081	69888	70635	70057	7696	438550
橡胶和塑料制品业	1994578	1716449	449079	278129	269999	38167	1924219
橡胶制品业	937727	799498	187590	138229	133215	14666	913565
塑料制品业	1056851	916950	261489	139900	136784	23501	1010655
非金属矿物制品业	2150329	1834504	505110	315825	306746	72631	2048797
水泥、石灰和石膏制造	221279	183140	43457	38138	37347	5938	213458
石膏、水泥制品及类似制品制造	195872	170061	48738	25811	24953	4310	188477
砖瓦、石材等建筑材料制造	333754	286316	80051	47438	46562	5511	323064
玻璃制造	135216	108845	29337	26371	25405	1485	128518
玻璃制品制造	271072	231165	73742	39907	39034	9064	259460
玻璃纤维和玻璃纤维增强塑料制品制造	164477	145349	40319	19129	18368	12426	151691
陶瓷制品制造	240234	201858	58616	38375	37581	14303	220177
耐火材料制品制造	269140	241200	60434	27940	26296	5666	260185
石墨及其他非金属矿物制品制造	319287	266571	70417	52716	51200	13929	303768
黑色金属冶炼和压延加工业	6330374	5703471	960671	626903	596616	43287	6270718
炼铁	59052	53994	7355	5058	4898	21	58870
炼钢	1376294	1257722	200224	118572	113127	4580	1371024
黑色金属铸造	235979	200276	54084	35703	34714	4165	230633
钢压延加工	4545101	4100958	679812	444143	420909	32441	4500428
铁合金冶炼	113949	90521	19196	23428	22968	2080	109763
有色金属冶炼和压延加工业	3011081	2610597	465578	400484	390834	96386	2850507
常用有色金属冶炼	1150270	984218	159320	166051	161616	37463	1066824
贵金属冶炼	153431	144789	18886	8643	8185	3758	149501
稀有稀土金属冶炼	168051	149551	30430	18500	17803	8287	159443
有色金属合金制造	215823	186332	38914	29490	29003	10457	202092
有色金属铸造	11800	11282	2957	519	391	348	11405
有色金属压延加工	1311707	1134425	215071	177281	173837	36073	1261243

1-D-1.3　续表 3　　单位：万元

行　业	R&D经费内部支出	日常性支出	#人员劳务费	资产性支出	#仪器和设备	#政府资金	#企业资金
金属制品业	2300165	1977081	581743	323084	314314	104177	2161644
结构性金属制品制造	506025	424256	135857	81769	78164	7822	489976
金属工具制造	175959	144713	47869	31247	30853	9398	163176
集装箱及金属包装容器制造	191613	173684	49518	17928	17576	14750	176162
金属丝绳及其制品制造	296878	239097	55167	57782	56399	5417	288488
建筑、安全用金属制品制造	204695	175436	58824	29259	28449	3317	199679
金属表面处理及热处理加工	123570	113083	29272	10487	10317	2214	118292
搪瓷制品制造	16588	14816	5706	1772	1748	187	16249
金属制日用品制造	124205	109662	36949	14543	14348	1926	121313
其他金属制品制造	660632	582335	162581	78297	76459	59147	588309
通用设备制造业	5478932	4745764	1540279	733168	716923	279486	5084825
锅炉及原动设备制造	933577	805225	244556	128352	124848	97029	811953
金属加工机械制造	723974	641299	200254	82675	81034	71038	641365
物料搬运设备制造	839982	738265	227553	101716	98772	21189	803176
泵、阀门、压缩机及类似机械制造	1063397	904059	315208	159338	156552	23403	1024444
轴承、齿轮和传动部件制造	445317	361752	113232	83566	82236	19159	421145
烘炉、风机、衡器、包装等设备制造	876342	773546	261235	102796	99822	24531	832653
文化、办公用机械制造	207476	190844	75731	16633	16477	4774	186548
通用零部件制造	290642	245370	79104	45271	44474	9508	275428
其他通用设备制造业	98225	85404	23408	12821	12707	8854	88112
专用设备制造业	5123164	4591039	1506019	532124	515758	254489	4795848
采矿、冶金、建筑专用设备制造	2429138	2215761	639437	213377	206051	99193	2315321
化工、木材、非金属加工专用设备制造	561560	477550	180031	84009	82838	20782	525721
食品、饮料、烟草及饲料生产专用设备制造	116999	104669	38584	12330	11903	7010	107105
印刷、制药、日化及日用品生产专用设备制造	174404	148266	54819	26138	25455	4923	168422
纺织、服装和皮革加工专用设备制造	246654	213712	73863	32941	31766	7587	238004
电子和电工机械专用设备制造	233743	208667	71077	25076	24636	31251	199366
农、林、牧、渔专用机械制造	272409	246293	71323	26115	24452	12805	249837
医疗仪器设备及器械制造	486942	435291	184760	51651	49822	26939	453493
环保、社会公共服务及其他专用设备制造	601315	540829	192124	60486	58837	44000	538578
汽车制造业	6802237	6035935	2004387	766302	738339	212692	6453359
汽车整车制造	3937835	3583525	1156568	354310	334107	123445	3738713
改装汽车制造	272636	248147	70626	24489	23653	18479	249284
低速载货汽车制造	46664	45371	8732	1294	1279	1290	45374
电车制造	9334	7357	2160	1977	1875	1271	8063
汽车车身、挂车制造	57747	46963	15347	10784	10414	1408	56105
汽车零部件及配件制造	2478022	2104573	750955	373449	367010	66798	2355821
铁路、船舶、航空航天和其他运输设备制造业	3720932	3406266	801068	314666	296230	818017	2800024
铁路运输设备制造	774567	692260	220540	82307	79595	41624	708591
城市轨道交通设备制造	58369	46753	21600	11616	11569	1971	56369
船舶及相关装置制造	763944	728757	192767	35187	34243	57785	700686
航空、航天器及设备制造	1719793	1586543	259682	133249	119276	708289	945832
摩托车制造	284325	246908	73038	37417	36927	6823	272760
自行车制造	98965	86885	27308	12079	11881	1203	96022
非公路休闲车及零配件制造	4804	4493	1906	311	309	24	4591
潜水救捞及其他未列明运输设备制造	16167	13668	4227	2499	2430	298	15172
电气机械和器材制造业	8153895	7283989	2212394	869906	842522	241941	7793616
电机制造	1110965	979340	318137	131625	128686	31058	1048870
输配电及控制设备制造	2541884	2283215	745713	258670	249630	69115	2430180

1-D-1.3 续表 4

单位：万元

行 业	R&D经费内部支出	日常性支出	#人员劳务费	资产性支出	#仪器和设备	#政府资金	#企业资金
电线、电缆、光缆及电工器材制造	1236335	1077890	236545	158445	154896	23686	1197468
电池制造	544898	455013	147305	89886	89042	25829	513655
家用电力器具制造	2053851	1905383	542972	148468	139040	68228	1974514
非电力家用器具制造	134903	112521	35588	22383	21943	7439	125723
照明器具制造	447405	395924	153397	51482	50607	13388	428507
其他电气机械及器材制造	83654	74704	32737	8949	8678	3197	74701
计算机、通信和其他电子设备制造业	12525008	11334105	5175809	1190903	1172204	568565	11721311
计算机制造	1379346	1318087	574047	61259	59692	38672	1318213
通信设备制造	5053167	4711117	2690894	342050	333681	173863	4849188
广播电视设备制造	285109	267753	121385	17356	17025	7138	251486
雷达及配套设备制造	172095	151918	41130	20177	20016	30207	141793
视听设备制造	1255146	1099032	357024	156114	155508	55333	1175473
电子器件制造	2188127	1848175	650245	339952	336386	167445	1995637
电子元件制造	1681004	1474871	572696	206133	203116	44623	1589887
其他电子设备制造	511014	463153	168388	47861	46779	51283	399634
仪器仪表制造业	1492889	1356485	558217	136404	133337	102897	1356354
通用仪器仪表制造	947712	864080	359400	83632	81631	72164	862898
专用仪器仪表制造	321100	286327	121346	34773	34132	21569	282716
钟表与计时仪器制造	25871	24119	9179	1752	1722	840	24515
光学仪器及眼镜制造	183691	168769	61709	14922	14544	7210	173583
其他仪器仪表制造业	14515	13190	6584	1325	1309	1113	12643
其他制造业	145262	132969	42032	12293	12035	15750	121570
日用杂品制造	38373	34720	11322	3653	3605	1288	34198
煤制品制造	9280	8323	3338	958	950	348	8932
核辐射加工	193	186	45	6	6	10	183
其他未列明制造业	97417	89741	27327	7676	7474	14105	78257
废弃资源综合利用业	95765	83072	21859	12693	12251	8973	84713
金属废料和碎屑加工处理	78236	68317	17729	9919	9633	8418	67739
非金属废料和碎屑加工处理	17529	14755	4129	2774	2618	555	16974
金属制品、机械和设备修理业	77867	72294	31946	5573	5228	2287	75099
金属制品修理	380	280	149	100	100		380
通用设备修理	1359	1356	446	3	3	50	924
专用设备修理	19740	19176	4300	564	563	1747	17994
铁路、船舶、航空航天等运输设备修理	48871	45058	24440	3814	3529	285	48587
电气设备修理	986	986	605			20	966
仪器仪表修理	771	511	258	260	260		771
其他机械和设备修理业	5760	4928	1747	832	773	186	5478
电力、热力、燃气及水生产和供应业	**659570**	**547961**	**163747**	**111609**	**109224**	**13030**	**639063**
电力、热力生产和供应业	584488	485328	142028	99160	96991	9153	568773
电力生产	285487	245759	53725	39729	38164	4483	275311
电力供应	292339	233851	86215	58488	57908	4630	287006
热力生产和供应	6662	5719	2089	943	918	40	6456
燃气生产和供应业	35789	32415	8933	3375	3323	633	34667
燃气生产和供应业	35789	32415	8933	3375	3323	633	34667
水的生产和供应业	39293	30218	12786	9075	8911	3244	35622
自来水生产和供应	22543	15832	7432	6711	6642	1819	20357
污水处理及其再生利用	15248	12899	4819	2349	2254	1202	13986
其他水的处理、利用与分配	1502	1487	535	15	15	223	1279

1-D-1.4　分行业大中型企业R&D经费内部支出情况

单位：万元

行　业	R&D经费内部支出	日常性支出	#人员劳务费	资产性支出	#仪器和设备	#政府资金	#企业资金
总　计	**67440646**	**60210430**	**18802230**	**7230215**	**6993450**	**2984209**	**63441600**
采矿业	**2846324**	**2609957**	**967413**	**236367**	**219495**	**107557**	**2722409**
煤炭开采和洗选业	1553749	1412324	519177	141425	134505	20725	1519318
烟煤和无烟煤开采洗选	1522937	1382382	508014	140556	133636	20221	1497661
褐煤开采洗选	30812	29942	11163	869	869	504	21657
其他煤炭采选							
石油和天然气开采业	806819	764386	334667	42433	37295	67790	738074
石油开采	779321	738337	325779	40985	35847	58795	719579
天然气开采	27497	26050	8888	1448	1448	8994	18495
黑色金属矿采选业	66068	61609	14812	4458	4348	2366	63702
铁矿采选	49789	45783	13242	4006	3923	1416	48373
锰矿、铬矿采选	16279	15827	1570	452	425	950	15329
其他黑色金属矿采选							
有色金属矿采选业	200350	168287	29276	32063	28142	7401	191298
常用有色金属矿采选	28240	23172	7811	5067	4964	1384	26446
贵金属矿采选	160333	137358	19107	22975	19172	5922	153919
稀有稀土金属矿采选	11777	7756	2358	4021	4007	95	10933
非金属矿采选业	47502	40982	11670	6520	6401	1731	45726
土砂石开采	11094	8672	2394	2421	2386	518	10530
化学矿开采	9641	7148	1938	2493	2448	286	9355
采盐	26314	24736	7205	1579	1541	927	25388
石棉及其他非金属矿采选	453	426	134	27	26		453
开采辅助活动	171836	162368	57812	9468	8805	7544	164292
煤炭开采和洗选辅助活动							
石油和天然气开采辅助活动	171836	162368	57812	9468	8805	7544	164292
其他开采辅助活动							
其他采矿业							
其他采矿业							
制造业	**64073415**	**57157702**	**17696827**	**6915713**	**6698064**	**2867978**	**60213376**
农副食品加工业	1096698	957305	199836	139393	135018	32717	1052114
谷物磨制	65849	55881	12084	9968	9718	1865	63131
饲料加工	160319	144766	39698	15553	14069	5277	152257
植物油加工	223207	183911	27591	39295	38420	3452	213219
制糖业	17768	12287	5055	5480	5399	190	17361
屠宰及肉类加工	273645	245865	54662	27781	27307	5449	267527
水产品加工	144753	127175	27926	17578	16770	10457	133979
蔬菜、水果和坚果加工	57634	47139	12237	10495	10257	2621	54876
其他农副食品加工	153524	140281	20583	13242	13079	3407	149766
食品制造业	697455	608971	181259	88484	85074	17642	649452
焙烤食品制造	26701	22264	7796	4438	4342	700	24518
糖果、巧克力及蜜饯制造	53469	49316	16946	4153	4093	1178	49647
方便食品制造	48769	42836	13387	5933	5770	1359	47351
乳制品制造	150791	130907	46666	19884	19189	5661	121227
罐头食品制造	32374	27180	6672	5194	5007	1466	30069
调味品、发酵制品制造	141903	129123	32064	12780	11894	3450	137313
其他食品制造	243448	207346	57728	36103	34780	3828	239328
酒、饮料和精制茶制造业	673072	593054	166077	80018	72483	20105	646016
酒的制造	477315	424829	118591	52486	45728	14931	456503
饮料制造	161866	139317	39966	22549	21926	2518	159330
精制茶加工	33892	28909	7520	4983	4829	2656	30183

1-D-1.4 续表 1

单位：万元

行业	R&D经费内部支出	日常性支出	#人员劳务费	资产性支出	#仪器和设备	#政府资金	#企业资金
烟草制品业	210690	173288	65207	37402	36050	408	197350
烟叶复烤	3454	2415	804	1039	1032		2793
卷烟制造	201887	165841	62495	36045	34715	408	189252
其他烟草制品制造	5350	5032	1908	318	303		5305
纺织业	1234337	1034823	307487	199514	196107	30349	1190017
棉纺织及印染精加工	728377	618353	189637	110025	108531	13772	707268
毛纺织及染整精加工	151424	113159	29898	38265	37416	7552	142724
麻纺织及染整精加工	19421	17025	4185	2396	2318	196	19065
丝绢纺织及印染精加工	33478	29395	10892	4083	4044	3241	29544
化纤织造及印染精加工	27941	23002	7712	4939	4886	704	25654
针织或钩针编织物及其制品制造	87252	66200	21974	21052	21007	1264	85536
家用纺织制成品制造	98415	88755	26696	9660	8996	3238	93173
非家用纺织制成品制造	88029	78934	16494	9095	8909	382	87053
纺织服装、服饰业	577744	515615	197824	62129	58608	7242	561550
机织服装制造	448635	406124	154002	42512	40397	6035	435897
针织或钩针编织服装制造	117107	97946	39528	19160	17759	1205	114575
服饰制造	12002	11545	4293	457	451	2	11078
皮革、毛皮、羽毛及其制品和制鞋业	292481	270787	98251	21694	21022	2978	279065
皮革鞣制加工	32753	30050	5763	2703	2697	155	31077
皮革制品制造	38690	35416	10913	3274	3060	847	36673
毛皮鞣制及制品加工	14534	13917	2213	617	578	380	14154
羽毛(绒)加工及制品制造	9878	7902	3414	1976	1907	336	9542
制鞋业	196626	183502	75947	13124	12780	1260	187620
木材加工和木、竹、藤、棕、草制品业	170211	147210	35298	23001	22640	7570	160930
木材加工	7039	4834	1493	2204	2186	33	6965
人造板制造	119266	106291	24906	12975	12693	6646	111343
木制品制造	37847	30865	7076	6982	6940	668	37020
竹、藤、棕、草等制品制造	6060	5220	1824	840	822	222	5602
家具制造业	177266	158961	58405	18305	18174	1073	173440
木质家具制造	83932	72486	25615	11446	11381	563	81580
竹、藤家具制造							
金属家具制造	69986	65483	25038	4503	4479	137	69573
塑料家具制造	1382	1058	322	324	324		1382
其他家具制造	21966	19935	7431	2031	1990	372	20905
造纸和纸制品业	767061	648383	131331	118678	116528	8795	756285
纸浆制造	5850	5324	923	526	526	153	5471
造纸	654298	550509	107810	103789	101902	7676	645555
纸制品制造	106913	92550	22598	14364	14100	965	105259
印刷和记录媒介复制业	201206	168286	65767	32920	32388	1404	196740
印刷	197493	165337	64082	32156	31623	1396	193034
装订及印刷相关服务	1392	1313	916	79	79		1392
记录媒介复制	2322	1637	769	685	685	8	2314
文教、工美、体育和娱乐用品制造业	341600	302920	104270	38680	38027	7108	330739
文教办公用品制造	26232	23277	8221	2955	2931	351	25881
乐器制造	14210	12326	4616	1884	1862	253	13958
工艺美术品制造	150766	132741	45035	18026	17782	2288	146651
体育用品制造	61660	57241	18439	4419	4339	2640	58069
玩具制造	50786	45816	17178	4970	4710	1527	48498
游艺器材及娱乐用品制造	37947	31520	10781	6427	6404	50	37682

1-D-1.4 续表 2

单位：万元

行业	R&D经费内部支出	日常性支出	#人员劳务费	资产性支出	#仪器和设备	#政府资金	#企业资金
石油加工、炼焦和核燃料加工业	797265	716230	114238	81035	76434	18852	769067
精炼石油产品制造	639506	584680	90826	54826	50677	16152	618203
炼焦	156575	130525	22925	26050	25598	2696	149685
核燃料加工	1184	1025	487	159	159	5	1179
化学原料和化学制品制造业	4520532	3978740	985021	541792	526488	109407	4350388
基础化学原料制造	1317647	1159115	302468	158532	155447	28221	1278322
肥料制造	556516	471712	117180	84804	79267	14610	534421
农药制造	281586	252028	58892	29558	28882	8281	270786
涂料、油墨、颜料及类似产品制造	314002	285485	107997	28518	27479	7589	303849
合成材料制造	998188	888285	158675	109903	107774	17958	974861
专用化学产品制造	778558	681953	155812	96605	94927	19995	732679
炸药、火工及焰火产品制造	93395	75708	24464	17687	17086	10933	81597
日用化学产品制造	180639	164454	59533	16185	15625	1820	173872
医药制造业	2588803	2283395	713488	305408	295139	152141	2414985
化学药品原料药制造	529980	470528	148481	59452	57664	29650	492418
化学药品制剂制造	1003001	869893	295982	133107	128700	40649	955089
中药饮片加工	46379	37922	10247	8456	8361	1817	44461
中成药生产	518065	468632	138152	49433	47244	39386	476009
兽用药品制造	49500	41833	12624	7667	7458	4206	45173
生物药品制造	329758	289680	82591	40079	38555	25886	300952
卫生材料及医药用品制造	112121	104907	25412	7214	7157	10548	100882
化学纤维制造业	567516	484032	104540	83484	82201	8501	554879
纤维素纤维原料及纤维制造	199275	176560	50528	22716	21864	2339	195309
合成纤维制造	368241	307472	54012	60769	60337	6162	359570
橡胶和塑料制品业	1438946	1242826	320835	196120	190562	21001	1400405
橡胶制品业	824500	705770	161117	118730	114455	10719	804994
塑料制品业	614446	537056	159719	77390	76107	10282	595411
非金属矿物制品业	1501440	1299913	365240	201527	195189	47155	1440329
水泥、石灰和石膏制造	184505	155357	36068	29149	28553	4249	179552
石膏、水泥制品及类似制品制造	98001	89013	30246	8989	8438	1726	95845
砖瓦、石材等建筑材料制造	206061	175233	51306	30828	30352	2975	201293
玻璃制造	124836	100372	26803	24464	23524	888	119255
玻璃制品制造	203103	173836	56553	29267	28714	5495	196871
玻璃纤维和玻璃纤维增强塑料制品制造	108528	99107	28657	9421	8961	10157	98228
陶瓷制品制造	179370	151807	44426	27563	27031	10611	163742
耐火材料制品制造	180639	165939	41518	14700	13334	3128	177407
石墨及其他非金属矿物制品制造	216396	189250	49664	27146	26283	7926	208136
黑色金属冶炼和压延加工业	6005345	5437839	902036	567506	539138	36436	5954517
炼铁	56736	51844	6814	4892	4746	1	56574
炼钢	1373476	1255459	199410	118017	112576	4546	1368240
黑色金属铸造	131697	116539	32054	15157	14936	2182	129221
钢压延加工	4359408	3947010	648653	412397	390219	28664	4319341
铁合金冶炼	84028	66986	15106	17043	16661	1043	81141
有色金属冶炼和压延加工业	2550233	2221134	391095	329098	320825	79691	2414367
常用有色金属冶炼	1088244	932367	149364	155877	151647	35181	1008165
贵金属冶炼	138395	132394	16552	6001	5585	2910	135312
稀有稀土金属冶炼	114365	100987	22600	13378	12733	4653	109498
有色金属合金制造	134899	119663	26652	15236	15018	5881	128182
有色金属铸造	8190	8091	1678	99	97	232	7958
有色金属压延加工	1066141	927633	174249	138508	135745	30834	1025252

1-D-1.4 续表 3

单位：万元

行业	R&D经费内部支出	日常性支出	#人员劳务费	资产性支出	#仪器和设备	#政府资金	#企业资金
金属制品业	1597844	1391878	418352	205965	200067	81237	1496396
结构性金属制品制造	360450	303914	96878	56536	53432	4222	352402
金属工具制造	103367	86380	30146	16987	16880	7229	94292
集装箱及金属包装容器制造	121741	112983	38066	8758	8587	7815	113478
金属丝绳及其制品制造	227745	181644	42278	46100	45037	3999	222724
建筑、安全用金属制品制造	119344	105109	39240	14235	13901	1171	117232
金属表面处理及热处理加工	78930	75159	17661	3771	3716	1508	74729
搪瓷制品制造	6294	6064	3675	230	223	105	6189
金属制日用品制造	78526	70360	24192	8166	8114	889	77573
其他金属制品制造	501448	450264	126217	51184	50177	54298	437779
通用设备制造业	3927038	3424943	1117140	502095	490051	230714	3620535
锅炉及原动设备制造	809758	701723	210441	108036	104819	94025	693964
金属加工机械制造	457938	416295	130021	41643	40826	57231	397438
物料搬运设备制造	702981	616875	186972	86106	83509	18021	673383
泵、阀门、压缩机及类似机械制造	669820	570858	208287	98963	97163	12805	651381
轴承、齿轮和传动部件制造	321804	260160	81229	61644	60728	17060	302301
烘炉、风机、衡器、包装等设备制造	599169	534744	186849	64425	62142	17385	567658
文化、办公用机械制造	171443	157617	62265	13826	13749	3573	152872
通用零部件制造	150367	126079	41693	24288	23961	4779	143633
其他通用设备制造业	43758	40592	9382	3166	3155	5836	37906
专用设备制造业	3667939	3327179	1108595	340760	330172	171225	3453182
采矿、冶金、建筑专用设备制造	2102047	1940317	565255	161730	155883	86259	2005884
化工、木材、非金属加工专用设备制造	314508	267783	108236	46725	46042	12986	297568
食品、饮料、烟草及饲料生产专用设备制造	62548	56658	23221	5891	5654	5334	54886
印刷、制药、日化及日用品生产专用设备制造	99578	80131	31343	19447	19125	3078	96271
纺织、服装和皮革加工专用设备制造	129099	112251	42033	16848	16592	3421	125434
电子和电工机械专用设备制造	131086	114273	44688	16813	16680	9414	119273
农、林、牧、渔专用机械制造	196299	179670	54347	16629	15309	7933	180348
医疗仪器设备及器械制造	324508	293443	131723	31066	30036	16829	304265
环保、社会公共服务及其他专用设备制造	308266	282654	107750	25612	24851	25971	269253
汽车制造业	6111138	5468403	1834006	642735	618698	190832	5801853
汽车整车制造	3887282	3539709	1148791	347573	328907	119219	3693060
改装汽车制造	219494	202465	57049	17030	16442	14746	201518
低速载货汽车制造	44307	43185	8185	1122	1107	1268	43039
电车制造							
汽车车身、挂车制造	45213	38987	12501	6226	6096	1199	44013
汽车零部件及配件制造	1914842	1644057	607479	270785	266146	54399	1820223
铁路、船舶、航空航天和其他运输设备制造业	3466592	3187077	730236	279515	263079	798086	2572769
铁路运输设备制造	717017	639773	199956	77245	75119	37831	657400
城市轨道交通设备制造	53752	42850	19904	10902	10882	1711	52042
船舶及相关装置制造	712974	683130	177868	29844	28952	56043	652539
航空、航天器及设备制造	1646558	1526931	244013	119627	106764	695984	887123
摩托车制造	246369	215953	63650	30416	30030	5986	236782
自行车制造	73948	64607	20415	9341	9194	343	71984
非公路休闲车及零配件制造	4280	4105	1715	175	173	24	4067
潜水救捞及其他未列明运输设备制造	11694	9730	2715	1964	1964	165	10832
电气机械和器材制造业	6370126	5746358	1755218	623768	601186	186261	6099955
电机制造	847056	754230	254257	92826	90499	22710	800473
输配电及控制设备制造	1873225	1693712	556389	179513	172099	48386	1796865

1-D-1.4 续表 4 单位：万元

行业	R&D经费内部支出	日常性支出	#人员劳务费	资产性支出	#仪器和设备	#政府资金	#企业资金
电线、电缆、光缆及电工器材制造	846338	742738	157539	103600	101321	17705	819342
电池制造	445928	375028	125781	70900	70406	15639	426289
家用电力器具制造	1937809	1804945	505486	132864	123657	67196	1861230
非电力家用器具制造	61388	52605	18963	8784	8462	5118	55509
照明器具制造	306421	276181	113294	30240	29803	8687	293936
其他电气机械及器材制造	51961	46920	23510	5041	4940	821	46312
计算机、通信和其他电子设备制造业	11360034	10301332	4786947	1058703	1043112	509923	10636809
计算机制造	1294261	1240864	536819	53396	52051	33858	1238879
通信设备制造	4857306	4535491	2612086	321815	313587	164223	4668492
广播电视设备制造	215389	203497	98785	11892	11676	4552	184595
雷达及配套设备制造	157894	138168	36547	19726	19571	27512	130370
视听设备制造	1206752	1055627	340374	151125	150606	53372	1130402
电子器件制造	1882363	1579702	553223	302662	300276	146904	1715513
电子元件制造	1342084	1182222	477163	159863	157575	35595	1265926
其他电子设备制造	403986	365762	131950	38224	37770	43909	302632
仪器仪表制造业	954009	872517	369314	81492	79749	69646	859206
通用仪器仪表制造	572659	528068	232737	44591	43633	48990	514162
专用仪器仪表制造	210091	186825	78723	23266	22867	16338	180640
钟表与计时仪器制造	16756	15816	6109	940	916	536	15839
光学仪器及眼镜制造	150819	138251	50417	12568	12210	3271	145721
其他仪器仪表制造业	3684	3557	1328	127	122	512	2843
其他制造业	94133	88328	27927	5805	5622	11223	75463
日用杂品制造	30989	28083	9301	2906	2860	1220	26993
煤制品制造	5661	5056	2665	606	600	340	5321
核辐射加工							
其他未列明制造业	57483	55190	15960	2294	2161	9663	43149
废弃资源综合利用业	52438	48020	14445	4418	4248	6480	44123
金属废料和碎屑加工处理	52311	47893	14391	4418	4248	6480	43996
非金属废料和碎屑加工处理	128	127	54	1	1		128
金属制品、机械和设备修理业	62228	57955	27144	4273	3988	1777	60450
金属制品修理	360	260	139	100	100		360
通用设备修理							
专用设备修理	13374	12974	2607	401	400	1404	11970
铁路、船舶、航空航天等运输设备修理	44752	41241	22909	3511	3282	268	44484
电气设备修理	986	986	605			20	966
仪器仪表修理							
其他机械和设备修理业	2755	2494	885	261	206	85	2670
电力、热力、燃气及水生产和供应业	**520907**	**442772**	**137990**	**78136**	**75891**	**8673**	**505815**
电力、热力生产和供应业	468703	398714	121066	69989	67887	6273	456856
电力生产	222982	192080	40229	30902	29381	2394	215274
电力供应	245333	206358	80789	38976	38396	3879	241194
热力生产和供应	387	277	48	111	111		387
燃气生产和供应业	26729	24573	7526	2156	2106	331	25909
燃气生产和供应业	26729	24573	7526	2156	2106	331	25909
水的生产和供应业	25475	19484	9398	5991	5898	2070	23050
自来水生产和供应	19623	14063	6677	5560	5492	1733	17535
污水处理及其再生利用	5852	5422	2721	431	407	337	5515
其他水的处理、利用与分配							

1-D-1.5　分行业内资企业R&D经费内部支出情况

单位：万元

行业	R&D经费内部支出	日常性支出	#人员劳务费	资产性支出	#仪器和设备	#政府资金	#企业资金
总　计	**63032811**	**55720519**	**16603626**	**7312292**	**7070186**	**3202889**	**59049113**
采矿业	**2862423**	**2616008**	**956906**	**246415**	**229296**	**107588**	**2736776**
煤炭开采和洗选业	1565015	1422697	522725	142318	135381	21169	1529546
烟煤和无烟煤开采洗选	1534203	1392754	511562	141449	134511	20665	1507890
褐煤开采洗选	30812	29942	11163	869	869	504	21657
其他煤炭采选							
石油和天然气开采业	775114	734012	309821	41101	35992	64802	709343
石油开采	761823	721350	309088	40473	35363	58795	702067
天然气开采	13291	12662	734	629	629	6007	7276
黑色金属矿采选业	61753	54239	15254	7514	7354	1630	60105
铁矿采选	59792	53156	14633	6636	6504	1575	58200
锰矿、铬矿采选	1454	731	474	723	697	50	1404
其他黑色金属矿采选	507	353	147	154	154	5	502
有色金属矿采选业	215703	181045	31506	34657	30678	8034	205350
常用有色金属矿采选	39367	31746	9835	7621	7459	1991	36501
贵金属矿采选	163302	140312	19338	22990	19186	5922	156887
稀有稀土金属矿采选	13034	8987	2333	4047	4033	121	11961
非金属矿采选业	61954	51869	13587	10085	9826	2085	59541
土砂石开采	25915	21945	4603	3970	3911	1397	24201
化学矿开采	10621	8088	2281	2534	2488	286	10335
采盐	19377	17285	5923	2092	2052	402	18975
石棉及其他非金属矿采选	6041	4552	780	1489	1375		6031
开采辅助活动	182698	171971	63924	10728	10053	9868	172702
煤炭开采和洗选辅助活动							
石油和天然气开采辅助活动	181321	170594	63861	10728	10053	9444	171749
其他开采辅助活动	1377	1377	64			424	953
其他采矿业	188	175	88	13	13		188
其他采矿业	188	175	88	13	13		188
制造业	**59585383**	**52617541**	**15500539**	**6967842**	**6744698**	**3082723**	**55746796**
农副食品加工业	1393946	1182616	246225	211331	204793	47823	1323866
谷物磨制	119305	97401	20772	21904	21349	4089	113197
饲料加工	333865	300838	70718	33026	30917	10539	316755
植物油加工	239003	190062	27328	48941	47341	7420	224345
制糖业	21961	16624	5733	5337	5222	746	20983
屠宰及肉类加工	238256	201778	40561	36478	35591	6105	230474
水产品加工	169051	143312	30505	25739	25172	10699	156750
蔬菜、水果和坚果加工	102875	84628	19723	18247	17868	3823	97978
其他农副食品加工	169631	147972	30886	21658	21332	4404	163384
食品制造业	681244	570507	154492	110737	108295	25776	622242
焙烤食品制造	24973	20743	5756	4230	4052	665	23903
糖果、巧克力及蜜饯制造	43922	37826	8575	6096	6029	1364	40088
方便食品制造	39240	32485	10055	6756	6624	959	37885
乳制品制造	121492	101767	35942	19725	19106	5278	91864
罐头食品制造	41814	35432	7816	6382	6149	1980	39112
调味品、发酵制品制造	147024	132880	31708	14144	13718	5165	140345
其他食品制造	262779	209375	54642	53405	52617	10366	249046
酒、饮料和精制茶制造业	659927	566527	156009	93400	85106	23440	626090
酒的制造	447216	386754	110497	60462	53187	14035	427025
饮料制造	129054	109346	29594	19708	19019	3156	124576
精制茶加工	83657	70427	15917	13230	12900	6249	74489

1-D-1.5　续表 1　　　　单位：万元

行　　业	R&D经费内部支出	日常性支出	#人员劳务费	资产性支出	#仪器和设备	#政府资金	#企业资金
烟草制品业	219968	178936	67488	41033	38632	438	206287
烟叶复烤	4243	3168	931	1075	1062		3271
卷烟制造	209142	169502	64207	39640	37267	408	196507
其他烟草制品制造	6584	6266	2351	318	303	30	6509
纺织业	1227854	1008273	295902	219582	215781	29778	1179712
棉纺织及印染精加工	697397	581510	172933	115887	114159	12254	675279
毛纺织及染整精加工	117608	79818	24431	37790	36915	7185	109531
麻纺织及染整精加工	18147	15191	3580	2956	2878	196	17791
丝绢纺织及印染精加工	48384	40544	13207	7840	7789	3901	43531
化纤织造及印染精加工	31551	26314	9015	5236	5176	770	30046
针织或钩针编织物及其制品制造	108502	81406	26250	27096	26939	1466	105480
家用纺织制成品制造	94526	84357	25954	10170	9518	2998	88870
非家用纺织制成品制造	111739	99132	20533	12606	12407	1008	109184
纺织服装、服饰业	483851	424982	150040	58868	55820	6607	472190
机织服装制造	360111	323330	113918	36781	35186	5613	350897
针织或钩针编织服装制造	113761	92873	33356	20888	19453	878	111435
服饰制造	9979	8780	2766	1200	1181	117	9858
皮革、毛皮、羽毛及其制品和制鞋业	193551	173592	55245	19959	19471	2404	188153
皮革鞣制加工	27376	25303	5028	2072	2056	179	26935
皮革制品制造	33332	29548	7953	3784	3575	757	32314
毛皮鞣制及制品加工	10002	8776	2248	1226	1208	430	9571
羽毛(绒)加工及制品制造	4375	3301	1542	1074	1008	63	4236
制鞋业	118466	106663	38473	11803	11624	976	115098
木材加工和木、竹、藤、棕、草制品业	220064	187840	49038	32224	31517	8539	207090
木材加工	10414	8825	3058	1589	1535	50	10149
人造板制造	161646	138306	34440	23340	22805	7315	151056
木制品制造	36124	31227	8133	4898	4827	763	34955
竹、藤、棕、草等制品制造	11879	9482	3407	2397	2350	412	10929
家具制造业	131348	113124	40999	18224	17957	1201	128181
木质家具制造	82571	70488	25613	12083	11957	687	80102
竹、藤家具制造	931	678	368	253	247		931
金属家具制造	18933	16770	5968	2164	2072	69	18790
塑料家具制造	5519	4104	1603	1415	1415		5455
其他家具制造	23394	21085	7447	2309	2266	445	22904
造纸和纸制品业	489406	415705	86254	73701	71212	8991	478124
纸浆制造	7410	6776	1033	634	622	195	7215
造纸	402867	346177	67832	56690	54675	7522	394135
纸制品制造	79129	62752	17390	16376	15915	1273	76774
印刷和记录媒介复制业	214932	172658	63796	42274	41381	2509	210127
印刷	211449	169566	61812	41883	41000	2509	206664
装订及印刷相关服务	2144	2056	1360	89	79		2124
记录媒介复制	1338	1036	625	302	302		1338
文教、工美、体育和娱乐用品制造业	320031	278542	94499	41489	40009	9830	307480
文教办公用品制造	32366	25567	8852	6799	6051	1383	30790
乐器制造	19440	16189	5189	3251	3059	331	19109
工艺美术品制造	153436	134430	47715	19006	18686	3735	147849
体育用品制造	57010	52345	13915	4664	4563	3319	53412
玩具制造	34358	30707	11535	3652	3577	602	33574
游艺器材及娱乐用品制造	23421	19305	7293	4116	4075	460	22746

1-D-1.5 续表 2 单位：万元

行业	R&D经费内部支出	日常性支出	#人员劳务费	资产性支出	#仪器和设备	#政府资金	#企业资金
石油加工、炼焦和核燃料加工业	851712	755624	119949	96088	91275	19748	822388
精炼石油产品制造	705528	635504	98473	70024	65657	17125	683021
炼焦	145000	119095	20989	25905	25460	2618	138188
核燃料加工	1184	1025	487	159	159	5	1179
化学原料和化学制品制造业	5254170	4558116	1143191	696054	675967	157007	5032335
基础化学原料制造	1405668	1211198	339757	194470	190434	35957	1360798
肥料制造	584747	484584	126282	100163	94638	17487	559074
农药制造	327284	288138	72661	39146	38095	11190	313676
涂料、油墨、颜料及类似产品制造	416609	371635	117027	44974	43180	12508	398345
合成材料制造	1137429	1008851	187999	128579	125722	27303	1096618
专用化学产品制造	1110830	957513	223233	153318	149735	36534	1050250
炸药、火工及焰火产品制造	110611	90065	28147	20546	19815	11183	98526
日用化学产品制造	160991	146133	48086	14858	14349	4845	155048
医药制造业	2593832	2247930	664988	345902	334785	160676	2400095
化学药品原料药制造	485423	415328	139360	70095	68404	24870	456670
化学药品制剂制造	789569	677044	213711	112525	108551	36461	747023
中药饮片加工	79338	64703	17224	14636	14324	4692	73735
中成药生产	601864	536604	150662	65260	62717	43248	555251
兽用药品制造	95656	80646	25447	15010	14670	6959	87382
生物药品制造	398426	340459	88051	57967	56187	31877	360166
卫生材料及医药用品制造	143557	133147	30534	10410	9933	12570	119868
化学纤维制造业	464697	401474	91324	63223	61789	9101	449914
纤维素纤维原料及纤维制造	181431	158040	47693	23390	22443	2547	177057
合成纤维制造	283267	243434	43631	39832	39346	6554	272857
橡胶和塑料制品业	1264418	1098477	274569	165941	161942	32848	1208282
橡胶制品业	617168	541075	126156	76093	73858	12337	596278
塑料制品业	647250	557402	148413	89848	88084	20512	612004
非金属矿物制品业	1746898	1494496	396842	252402	245022	64399	1655986
水泥、石灰和石膏制造	169924	135676	32018	34248	33586	5157	163301
石膏、水泥制品及类似制品制造	162697	143187	42758	19509	18733	3670	155957
砖瓦、石材等建筑材料制造	275361	240850	64677	34512	33831	5252	265030
玻璃制造	73665	63551	14231	10113	9644	1180	68000
玻璃制品制造	207777	173816	54981	33961	33181	6963	198664
玻璃纤维和玻璃纤维增强塑料制品制造	124152	108131	27987	16021	15638	10506	113286
陶瓷制品制造	190614	159813	43571	30801	30172	13153	171899
耐火材料制品制造	245445	220662	52381	24784	23215	5317	237377
石墨及其他非金属矿物制品制造	297264	248809	64238	48454	47023	13201	282472
黑色金属冶炼和压延加工业	5693059	5190919	879219	502140	476814	40647	5636443
炼铁	57763	52725	6203	5038	4878	21	57616
炼钢	1250438	1151059	185061	99379	95306	3920	1245829
黑色金属铸造	166312	139978	38493	26334	25429	3355	161995
钢压延加工	4139491	3781711	636139	357780	337992	31469	4095936
铁合金冶炼	79055	65445	13323	13610	13210	1882	75067
有色金属冶炼和压延加工业	2528897	2186689	398135	342208	333299	86441	2383388
常用有色金属冶炼	1017067	877558	147119	139509	135132	34944	936861
贵金属冶炼	153401	144760	18871	8641	8184	3758	149470
稀有稀土金属冶炼	146108	128816	25065	17293	16596	7764	138024
有色金属合金制造	178227	153400	32282	24827	24518	9665	166775
有色金属铸造	9191	8783	2086	408	283	328	8815
有色金属压延加工	1024903	873372	172712	151530	148587	29982	983441

1-D-1.5 续表 3

单位：万元

行业	R&D经费内部支出	日常性支出	#人员劳务费	资产性支出	#仪器和设备	#政府资金	#企业资金
金属制品业	1835241	1556936	429820	278305	270287	100617	1707929
结构性金属制品制造	437941	360912	109990	77029	73511	7307	422544
金属工具制造	136008	109438	33347	26570	26267	8476	125931
集装箱及金属包装容器制造	118719	104393	25456	14326	14030	13984	104435
金属丝绳及其制品制造	258771	204469	44714	54302	53088	5186	251325
建筑、安全用金属制品制造	141954	121356	38036	20599	19853	3025	137659
金属表面处理及热处理加工	88363	79477	18030	8886	8732	2032	84546
搪瓷制品制造	10656	9073	2111	1583	1566	137	10367
金属制日用品制造	75043	65191	20475	9852	9691	1607	73301
其他金属制品制造	567786	502628	137662	65158	63549	58862	497822
通用设备制造业	4116406	3540205	1067614	576202	563722	249264	3814518
锅炉及原动设备制造	738710	635195	184611	103515	100566	92160	641204
金属加工机械制造	635527	560418	166460	75108	73579	67726	559215
物料搬运设备制造	548142	478941	134053	69200	67549	14524	522833
泵、阀门、压缩机及类似机械制造	763304	636864	201806	126440	124167	20763	731854
轴承、齿轮和传动部件制造	392666	322448	98243	70218	69111	18571	369818
烘炉、风机、衡器、包装等设备制造	641947	565849	171094	76097	73970	19698	615088
文化、办公用机械制造	85243	80316	33301	4927	4831	3435	81105
通用零部件制造	230379	192206	60519	38173	37508	8903	217292
其他通用设备制造业	80490	67967	17527	12523	12442	3483	76109
专用设备制造业	4171540	3738237	1166269	433303	418978	225199	3887926
采矿、冶金、建筑专用设备制造	2106694	1924593	544514	182101	175851	89366	2004482
化工、木材、非金属加工专用设备制造	378391	314766	114312	63624	62602	17803	349840
食品、饮料、烟草及饲料生产专用设备制造	104839	92866	32568	11973	11599	6976	95059
印刷、制药、日化及日用品生产专用设备制造	135190	112536	39572	22655	22198	4687	129655
纺织、服装和皮革加工专用设备制造	200811	171852	57158	28960	27875	6910	193271
电子和电工机械专用设备制造	183263	169094	53694	14169	13733	28409	151728
农、林、牧、渔专用机械制造	244976	219973	62099	25003	23385	12631	224568
医疗仪器设备及器械制造	307577	273450	104695	34127	32582	17610	287774
环保、社会公共服务及其他专用设备制造	509799	459107	157658	50692	49154	40807	451551
汽车制造业	4045922	3579189	1133665	466733	451212	177802	3840945
汽车整车制造	2229337	2030398	654251	198939	188532	101040	2123186
改装汽车制造	255332	232724	65834	22608	21775	18262	232895
低速载货汽车制造	45004	43727	8109	1278	1263	1290	43714
电车制造	9334	7357	2160	1977	1875	1271	8063
汽车车身、挂车制造	39489	31221	9528	8268	8079	1240	38015
汽车零部件及配件制造	1467426	1233762	393783	233664	229688	54699	1395072
铁路、船舶、航空航天和其他运输设备制造业	3433440	3146593	712786	286847	268948	817010	2524967
铁路运输设备制造	742450	663130	207113	79321	76873	41578	676681
城市轨道交通设备制造	50644	39028	19506	11616	11569	1971	48644
船舶及相关装置制造	626201	597650	159292	28551	27782	57370	567793
航空、航天器及设备制造	1691434	1566340	250105	125095	111154	708239	920685
摩托车制造	239934	208747	58293	31186	30729	6737	229852
自行车制造	70541	60369	15080	10172	10004	958	69421
非公路休闲车及零配件制造	2732	2597	839	135	135	24	2520
潜水救捞及其他未列明运输设备制造	9504	8733	2558	772	703	133	9371
电气机械和器材制造业	6155206	5506910	1592095	648295	626561	210902	5891348
电机制造	839137	738890	224832	100247	98125	27199	800772
输配电及控制设备制造	1866776	1682760	537638	184016	177393	59198	1787972

1-D-1.5 续表 4 单位：万元

行　　业	R&D经费内部支出	日常性支出	#人员劳务费	资产性支出	#仪器和设备	#政府资金	#企业资金
电线、电缆、光缆及电工器材制造	1004710	872727	181446	131982	128898	20859	975435
电池制造	356757	291971	89635	64786	64228	21201	331784
家用电力器具制造	1628977	1523387	412514	105590	97444	62938	1561058
非电力家用器具制造	108054	92874	28912	15180	14751	6978	99968
照明器具制造	282001	243617	93476	38384	37819	9376	269644
其他电气机械及器材制造	68795	60685	23642	8110	7904	3152	64716
计算机、通信和其他电子设备制造业	7789402	7076549	3488767	712853	699324	447851	7274420
计算机制造	465726	438937	208702	26789	25788	29052	424331
通信设备制造	4101557	3809758	2286542	291799	284179	153366	3933833
广播电视设备制造	185959	173100	68093	12860	12696	5755	178723
雷达及配套设备制造	170315	150138	40457	20177	20016	30207	140013
视听设备制造	755219	678205	221493	77014	76779	31218	709550
电子器件制造	1149970	988988	350338	160982	159003	124924	1017813
电子元件制造	756655	650035	234026	106619	105213	37174	706812
其他电子设备制造	204002	187388	79117	16613	15649	36156	163346
仪器仪表制造业	1141362	1028568	407004	112794	109988	89355	1036266
通用仪器仪表制造	763220	690480	272554	72740	70902	61719	694906
专用仪器仪表制造	244396	214700	85292	29697	29076	19950	217910
钟表与计时仪器制造	12719	11717	4775	1002	990	390	12297
光学仪器及眼镜制造	107982	99912	38724	8071	7754	6191	99656
其他仪器仪表制造业	13045	11761	5659	1284	1268	1105	11497
其他制造业	122041	111893	34696	10148	9918	15652	101269
日用杂品制造	20578	18467	5911	2111	2086	1190	19324
煤制品制造	9280	8323	3338	958	950	348	8932
核辐射加工	193	186	45	6	6	10	183
其他未列明制造业	91991	84918	25402	7073	6875	14105	72831
废弃资源综合利用业	86771	74200	20052	12571	12138	8732	77205
金属废料和碎屑加工处理	72705	62889	16823	9816	9531	8207	63665
非金属废料和碎屑加工处理	14066	11311	3228	2755	2607	525	13541
金属制品、机械和设备修理业	54249	51235	19568	3014	2755	2135	51633
金属制品修理	380	280	149	100	100		380
通用设备修理	1359	1356	446	3	3	50	924
专用设备修理	17383	16870	3123	513	513	1747	15637
铁路、船舶、航空航天等运输设备修理	28334	26790	13454	1544	1346	133	28201
电气设备修理	986	986	605			20	966
仪器仪表修理	476	300	111	176	176		476
其他机械和设备修理业	5331	4653	1679	678	619	186	5049
电力、热力、燃气及水生产和供应业	**585005**	**486970**	**146181**	**98035**	**96191**	**12578**	**565541**
电力、热力生产和供应业	544958	454595	134537	90363	88682	9138	529258
电力生产	247395	215841	46441	31554	30469	4468	237234
电力供应	290929	233051	86015	57878	57308	4630	285596
热力生产和供应	6633	5703	2081	930	906	40	6428
燃气生产和供应业	7766	7543	1024	223	222	297	7469
燃气生产和供应业	7766	7543	1024	223	222	297	7469
水的生产和供应业	32281	24832	10620	7449	7288	3142	28815
自来水生产和供应	17183	11978	5803	5205	5139	1729	15189
污水处理及其再生利用	13597	11368	4282	2229	2134	1191	12346
其他水的处理、利用与分配	1502	1487	535	15	15	223	1279

1-D-1.6　分行业港澳台商投资企业R&D经费内部支出情况

单位：万元

行　业	R&D经费内部支出	日常性支出	#人员劳务费	资产性支出	#仪器和设备	#政府资金	#企业资金
总　计	**7722329**	**6951181**	**2259454**	**771148**	**753258**	**190891**	**7409649**
采矿业	**44463**	**43019**	**27592**	**1445**	**1417**	**3622**	**40841**
煤炭开采和洗选业							
烟煤和无烟煤开采洗选							
褐煤开采洗选							
其他煤炭采选							
石油和天然气开采业	31765	30434	24850	1331	1303	2987	28778
石油开采	17559	17047	16697	512	484		17559
天然气开采	14206	13387	8154	819	819	2987	11219
黑色金属矿采选业							
铁矿采选							
锰矿、铬矿采选							
其他黑色金属矿采选							
有色金属矿采选业							
常用有色金属矿采选							
贵金属矿采选							
稀有稀土金属矿采选							
非金属矿采选业	8091	8020	1417	71	71	600	7491
土砂石开采	350	279	223	71	71		350
化学矿开采							
采盐	7742	7742	1194			600	7142
石棉及其他非金属矿采选							
开采辅助活动	4607	4565	1325	42	42	35	4572
煤炭开采和洗选辅助活动							
石油和天然气开采辅助活动	4607	4565	1325	42	42	35	4572
其他开采辅助活动							
其他采矿业							
其他采矿业							
制造业	**7635702**	**6874467**	**2223720**	**761235**	**743862**	**187252**	**7326661**
农副食品加工业	170201	157119	35706	13082	12885	5004	161758
谷物磨制	838	807	158	31	31	31	807
饲料加工	35387	32401	6456	2986	2969	612	32272
植物油加工	12941	12240	4197	700	689	36	12832
制糖业							
屠宰及肉类加工	63930	61249	19913	2682	2629	1898	62032
水产品加工	14072	11785	2962	2287	2215	236	13836
蔬菜、水果和坚果加工	6949	5136	1010	1814	1801	56	6893
其他农副食品加工	36084	33502	1011	2582	2550	2136	33085
食品制造业	97625	83607	24384	14018	13311	2524	92600
焙烤食品制造	10919	8770	3842	2149	2135	425	9051
糖果、巧克力及蜜饯制造	4687	3756	1074	931	927	60	4430
方便食品制造	4760	3299	1159	1461	1461	126	4634
乳制品制造	10236	8934	3488	1302	1197	237	9899
罐头食品制造	6518	5619	2103	899	865		5756
调味品、发酵制品制造	11841	10093	2359	1748	1746	187	11654
其他食品制造	48665	43138	10360	5528	4981	1490	47176
酒、饮料和精制茶制造业	32617	30062	11105	2555	2406	554	31909
酒的制造	16465	14651	5174	1814	1700	183	16146
饮料制造	15153	14474	5560	679	667	196	14939
精制茶加工	999	938	372	61	39	175	824

1-D-1.6 续表 1

单位：万元

行业	R&D经费内部支出	日常性支出	#人员劳务费	资产性支出	#仪器和设备	#政府资金	#企业资金
烟草制品业	1088	1070	728	17	17		929
烟叶复烤							
卷烟制造							
其他烟草制品制造	1088	1070	728	17	17		929
纺织业	220729	192843	58909	27887	27650	2980	214418
棉纺织及印染精加工	147209	127315	38477	19894	19695	1855	144426
毛纺织及染整精加工	7861	7423	2889	438	431	152	7566
麻纺织及染整精加工	3991	3259	841	731	730		3991
丝绢纺织及印染精加工	5926	5296	1842	629	629	147	5779
化纤织造及印染精加工	8667	6893	2515	1774	1768	11	7540
针织或钩针编织物及其制品制造	12124	10979	3737	1145	1131	46	11259
家用纺织制成品制造	15684	15121	3477	563	559	472	15168
非家用纺织制成品制造	19270	16557	5132	2713	2707	298	18689
纺织服装、服饰业	127879	115692	50081	12187	11609	906	123839
机织服装制造	110137	99071	40984	11067	10495	736	106371
针织或钩针编织服装制造	13754	12802	7470	952	948	70	13685
服饰制造	3988	3819	1627	169	167	100	3784
皮革、毛皮、羽毛及其制品和制鞋业	93069	87606	40276	5463	5317	302	90988
皮革鞣制加工	7727	6211	1041	1516	1516	15	7712
皮革制品制造	5762	4846	2265	917	906	142	5338
毛皮鞣制及制品加工	163	163	68				163
羽毛(绒)加工及制品制造	852	780	407	73	72		852
制鞋业	78565	75606	36494	2959	2824	145	76923
木材加工和木、竹、藤、棕、草制品业	22389	17886	5288	4502	4456	745	21266
木材加工	2980	1364	309	1616	1616		2980
人造板制造	13798	11711	3453	2086	2053	574	12846
木制品制造	3049	2833	699	216	212	25	3024
竹、藤、棕、草等制品制造	2562	1978	827	584	575	146	2416
家具制造业	69951	65717	23893	4234	4216	197	69031
木质家具制造	20080	19025	5264	1055	1037	21	19559
竹、藤家具制造	291	291	43				291
金属家具制造	46425	43251	17298	3174	3174	176	46033
塑料家具制造	78	78	15				78
其他家具制造	3078	3073	1275	5	5		3070
造纸和纸制品业	178278	165777	38159	12501	12408	528	177750
纸浆制造							
造纸	139139	130402	28760	8738	8692	305	138834
纸制品制造	39138	35375	9399	3763	3716	223	38916
印刷和记录媒介复制业	71597	61395	21742	10202	10092	335	70462
印刷	68642	59692	21218	8950	8840	327	67553
装订及印刷相关服务	1971	1103	379	869	869		1934
记录媒介复制	984	600	145	383	383	8	976
文教、工美、体育和娱乐用品制造业	87422	77623	27714	9798	9566	1617	84223
文教办公用品制造	10561	8723	2589	1838	1827	367	10118
乐器制造	4075	3977	1627	98	98	43	4032
工艺美术品制造	15041	13789	5142	1252	1239	62	14871
体育用品制造	18191	16672	7901	1519	1499	227	16816
玩具制造	23660	21032	7383	2628	2441	903	22506
游艺器材及娱乐用品制造	15895	13431	3072	2464	2462	15	15880

1-D-1.6　续表 2　　　　　　单位：万元

行　　业	R&D经费内部支出	日常性支出	#人员劳务费	资产性支出	#仪器和设备	#政府资金	#企业资金
石油加工、炼焦和核燃料加工业	26222	24121	5005	2101	2060	327	25608
精炼石油产品制造	16830	14782	3581	2048	2007	327	16216
炼焦	9392	9339	1425	53	53		9392
核燃料加工							
化学原料和化学制品制造业	598351	542793	116796	55558	54363	9780	580400
基础化学原料制造	162298	146116	16272	16182	15943	2026	156495
肥料制造	6867	6676	1777	192	181	70	6699
农药制造	35448	33683	5909	1765	1752	63	34519
涂料、油墨、颜料及类似产品制造	91502	84528	36809	6974	6735	1703	89271
合成材料制造	90134	84991	17214	5143	4936	952	87977
专用化学产品制造	158033	140916	26907	17117	16894	4535	151812
炸药、火工及焰火产品制造	335	249	72	86	82		326
日用化学产品制造	53733	45634	11836	8100	7840	431	53302
医药制造业	395530	345445	101066	50085	48106	20247	370657
化学药品原料药制造	110740	101109	23374	9631	9011	7240	103500
化学药品制剂制造	137182	113261	34136	23921	23316	7244	128922
中药饮片加工	8994	8646	2484	348	348	69	8925
中成药生产	55646	49321	16861	6325	5841	1789	52618
兽用药品制造	1480	976	272	504	504	180	1301
生物药品制造	65444	56856	19732	8588	8322	3455	59646
卫生材料及医药用品制造	16044	15276	4207	768	764	271	15745
化学纤维制造业	142212	115672	24594	26540	26453	744	140869
纤维素纤维原料及纤维制造	6483	6084	2012	399	395		6483
合成纤维制造	135729	109588	22582	26141	26057	744	134386
橡胶和塑料制品业	357485	303715	74233	53771	52654	3100	349433
橡胶制品业	116023	95427	14952	20596	20537	916	115107
塑料制品业	241463	208288	59281	33175	32117	2184	234326
非金属矿物制品业	205406	172040	53545	33366	32442	2148	202064
水泥、石灰和石膏制造	7996	7530	2191	466	457		7579
石膏、水泥制品及类似制品制造	25234	22043	5191	3191	3111	640	24579
砖瓦、石材等建筑材料制造	35336	27909	9911	7427	7265	81	35255
玻璃制造	53344	39563	12950	13781	13312	182	52434
玻璃制品制造	37132	33999	9827	3134	3054	814	36313
玻璃纤维和玻璃纤维增强塑料制品制造	13704	13159	4455	545	541	144	13559
陶瓷制品制造	21937	18223	4714	3714	3630	34	21875
耐火材料制品制造	7133	6682	3534	451	446	8	7125
石墨及其他非金属矿物制品制造	3590	2932	773	658	627	245	3345
黑色金属冶炼和压延加工业	308542	273027	44526	35515	33804	1817	306494
炼铁	87	82	25	5	5		87
炼钢	116983	99753	14694	17230	15866	660	116323
黑色金属铸造	39459	35306	8554	4153	4084	520	38815
钢压延加工	151164	137185	21045	13979	13701	637	150420
铁合金冶炼	849	700	208	149	149		849
有色金属冶炼和压延加工业	232933	214630	31674	18302	17868	6181	224346
常用有色金属冶炼	31146	29014	2833	2132	2115	230	30916
贵金属冶炼							
稀有稀土金属冶炼	194	194	115				194
有色金属合金制造	19180	16956	4157	2224	2110	625	18555
有色金属铸造	2552	2442	844	111	108	20	2532
有色金属压延加工	179860	166025	23725	13836	13535	5306	172149

1-D-1.6 续表 3

单位：万元

行业	R&D经费内部支出	日常性支出	#人员劳务费	资产性支出	#仪器和设备	#政府资金	#企业资金
金属制品业	225539	204849	74860	20691	20301	1981	220843
结构性金属制品制造	34228	32413	15018	1815	1774	222	33970
金属工具制造	22595	19279	8099	3316	3278	843	21235
集装箱及金属包装容器制造	35609	34334	13235	1275	1260	419	35117
金属丝绳及其制品制造	11713	10204	3508	1509	1344	79	11634
建筑、安全用金属制品制造	35601	28594	9028	7006	6955	125	35451
金属表面处理及热处理加工	11376	10996	1961	380	370	155	11204
搪瓷制品制造	1148	1047	453	102	102		1148
金属制日用品制造	24152	22524	9981	1628	1608	71	23541
其他金属制品制造	49118	45459	13577	3660	3611	67	47543
通用设备制造业	351330	314113	128926	37218	36205	12128	316597
锅炉及原动设备制造	41063	36887	13663	4176	3856	259	40137
金属加工机械制造	43319	39145	17615	4174	4086	2428	38576
物料搬运设备制造	33755	30562	11151	3193	3173	732	32496
泵、阀门、压缩机及类似机械制造	60881	50586	20318	10296	10066	566	59968
轴承、齿轮和传动部件制造	16513	11865	5041	4647	4549	398	16027
烘炉、风机、衡器、包装等设备制造	76749	73523	33757	3226	3023	2157	64861
文化、办公用机械制造	35759	30393	15111	5366	5364	40	27992
通用零部件制造	30462	28517	8225	1945	1927	194	29423
其他通用设备制造业	12831	12635	4044	195	163	5354	7117
专用设备制造业	280388	255676	92289	24712	24397	12593	264542
采矿、冶金、建筑专用设备制造	61902	57392	14581	4510	4430	5665	56107
化工、木材、非金属加工专用设备制造	93384	85933	31300	7451	7420	2379	88738
食品、饮料、烟草及饲料生产专用设备制造	3016	2989	1080	27	27		3016
印刷、制药、日化及日用品生产专用设备制造	10967	9787	3872	1180	1175	30	10727
纺织、服装和皮革加工专用设备制造	29471	26547	10415	2925	2916	500	28867
电子和电工机械专用设备制造	4528	4451	2585	77	76	228	4300
农、林、牧、渔专用机械制造	6346	5866	2736	480	464	107	6239
医疗仪器设备及器械制造	36548	33494	14228	3054	2899	1692	34504
环保、社会公共服务及其他专用设备制造	34226	29217	11492	5009	4991	1993	32045
汽车制造业	391089	352142	152872	38947	37358	9908	377548
汽车整车制造	156392	147266	75708	9126	8620	7035	149255
改装汽车制造	2547	2541	659	7	5		2547
低速载货汽车制造							
电车制造							
汽车车身、挂车制造	8003	8003	2005				8003
汽车零部件及配件制造	224147	194333	74501	29814	28734	2872	217744
铁路、船舶、航空航天和其他运输设备制造业	82490	75175	28334	7315	6991	572	77844
铁路运输设备制造	8215	7763	2076	452	261		8215
城市轨道交通设备制造							
船舶及相关装置制造	31644	29481	9488	2163	2039	306	28591
航空、航天器及设备制造	10876	10876	7196				10876
摩托车制造	17481	13822	4071	3659	3653	57	17424
自行车制造	11253	10766	4331	487	486	44	9881
非公路休闲车及零配件制造	1508	1359	685	149	147		1508
潜水救捞及其他未列明运输设备制造	1514	1109	487	405	405	165	1349
电气机械和器材制造业	809945	715108	245191	94837	93302	16794	774139
电机制造	86603	78181	34975	8422	8119	578	79178
输配电及控制设备制造	261805	228723	71608	33083	32915	5797	252545

1-D-1.6 续表 4

单位：万元

行业	R&D经费内部支出	日常性支出	#人员劳务费	资产性支出	#仪器和设备	#政府资金	#企业资金
电线、电缆、光缆及电工器材制造	114818	101458	30418	13360	13099	1375	110492
电池制造	110589	98216	33788	12373	12221	3334	106543
家用电力器具制造	165382	150337	55851	15045	14624	4699	157937
非电力家用器具制造	17898	10995	2630	6903	6903	180	17600
照明器具制造	51376	45860	15263	5516	5343	797	48404
其他电气机械及器材制造	1475	1340	659	135	80	35	1440
计算机、通信和其他电子设备制造业	1929556	1796292	662921	133264	131218	67097	1839332
计算机制造	288016	278019	85976	9997	9642	5912	280129
通信设备制造	421632	407708	192423	13925	13795	8272	412409
广播电视设备制造	30573	28516	9883	2058	1995	86	30257
雷达及配套设备制造	260	260	188				260
视听设备制造	295456	279430	83172	16026	15822	23778	267295
电子器件制造	341839	306198	101953	35641	35348	20533	317241
电子元件制造	489463	443353	167253	46111	45174	5346	473284
其他电子设备制造	62318	52810	22072	9508	9443	3170	58459
仪器仪表制造业	106659	95586	43268	11073	10962	5710	98080
通用仪器仪表制造	50191	45556	22498	4636	4609	3488	45878
专用仪器仪表制造	14200	11062	5196	3138	3123	844	11934
钟表与计时仪器制造	12673	11947	4265	725	707	450	11917
光学仪器及眼镜制造	28645	26110	10754	2535	2484	921	27724
其他仪器仪表制造业	950	911	555	39	39	8	627
其他制造业	10071	8827	2911	1244	1241	98	9919
日用杂品制造	9106	7948	2706	1158	1155	98	8953
煤制品制造							
核辐射加工							
其他未列明制造业	965	879	205	87	86		965
废弃资源综合利用业	4921	4885	829	35	27	225	4696
金属废料和碎屑加工处理	1706	1690	159	16	16	195	1511
非金属废料和碎屑加工处理	3215	3196	670	19	11	30	3185
金属制品、机械和设备修理业	4188	3973	1898	215	178	110	4078
金属制品修理							
通用设备修理							
专用设备修理	1064	1013	515	51	51		1064
铁路、船舶、航空航天等运输设备修理	3125	2960	1383	165	128	110	3015
电气设备修理							
仪器仪表修理							
其他机械和设备修理业							
电力、热力、燃气及水生产和供应业	**42164**	**33695**	**8141**	**8468**	**7979**	**17**	**42147**
电力、热力生产和供应业	34760	27616	6253	7144	6659		34760
电力生产	33321	26800	6045	6521	6046		33321
电力供应	1410	800	200	610	600		1410
热力生产和供应	29	16	8	13	13		29
燃气生产和供应业	2627	2424	976	203	200	7	2620
燃气生产和供应业	2627	2424	976	203	200	7	2620
水的生产和供应业	4778	3656	912	1121	1120	10	4768
自来水生产和供应	3496	2394	491	1101	1100		3496
污水处理及其再生利用	1282	1262	421	20	20	10	1273
其他水的处理、利用与分配							

1-D-1.7 分行业外商投资企业R&D经费内部支出情况

单位：万元

行业	R&D经费内部支出	日常性支出	#人员劳务费	资产性支出	#仪器和设备	#政府资金	#企业资金
总　计	**12428864**	**10948121**	**3849673**	**1480743**	**1442250**	**203705**	**11758661**
采矿业	**19497**	**19095**	**2709**	**402**	**377**	**994**	**18502**
煤炭开采和洗选业	527	527	132				527
烟煤和无烟煤开采洗选	527	527	132				527
褐煤开采洗选							
其他煤炭采选							
石油和天然气开采业							
石油开采							
天然气开采							
黑色金属矿采选业	15646	15425	1301	221	199	950	14696
铁矿采选							
锰矿、铬矿采选	15646	15425	1301	221	199	950	14696
其他黑色金属矿采选							
有色金属矿采选业	1815	1714	561	101	101		1815
常用有色金属矿采选	1115	1014	261	101	101		1115
贵金属矿采选							
稀有稀土金属矿采选	700	700	300				700
非金属矿采选业	1474	1395	694	79	77	44	1430
土砂石开采	182	182	57			25	157
化学矿开采							
采盐	1292	1213	637	79	77	19	1273
石棉及其他非金属矿采选							
开采辅助活动	34	34	22				34
煤炭开采和洗选辅助活动	34	34	22				34
石油和天然气开采辅助活动							
其他开采辅助活动							
其他采矿业							
其他采矿业							
制造业	**12376967**	**10901731**	**3837539**	**1475236**	**1436819**	**202275**	**11708784**
农副食品加工业	165680	147448	30604	18232	17609	5183	160356
谷物磨制	1872	1589	645	284	284	21	1851
饲料加工	25030	23494	6267	1536	1490	355	24676
植物油加工	41043	37010	5532	4033	4022	235	40808
制糖业	1756	967	100	789	789		1756
屠宰及肉类加工	26536	24438	4151	2098	2093	91	26445
水产品加工	45024	40256	8825	4768	4382	3296	41597
蔬菜、水果和坚果加工	14900	11289	2931	3611	3449	783	14117
其他农副食品加工	9520	8406	2153	1114	1100	403	9107
食品制造业	206433	189091	61794	17342	15309	2699	201879
焙烤食品制造	2958	2479	727	480	465		2917
糖果、巧克力及蜜饯制造	22216	22108	9914	108	108		22216
方便食品制造	27064	24359	5894	2705	2561	600	26464
乳制品制造	36323	34311	10508	2011	1875	924	35399
罐头食品制造	12279	9494	2548	2786	2671	162	12118
调味品、发酵制品制造	22518	20269	6332	2250	1723	333	22110
其他食品制造	83075	76072	25871	7003	5907	680	80656
酒、饮料和精制茶制造业	134886	122654	27508	12232	12098	4265	130621
酒的制造	71383	68665	13328	2718	2692	2613	68770
饮料制造	62112	52598	13704	9514	9405	1637	60475
精制茶加工	1391	1391	476			15	1376

1-D-1.7　续表 1　　　　单位：万元

行业	R&D经费内部支出	日常性支出	#人员劳务费	资产性支出	#仪器和设备	#政府资金	#企业资金
烟草制品业							
烟叶复烤							
卷烟制造							
其他烟草制品制造							
纺织业	136294	127751	34898	8543	8450	3435	130457
棉纺织及印染精加工	56302	53330	18059	2973	2956	2762	52867
毛纺织及染整精加工	42684	40241	7321	2444	2442	300	41791
麻纺织及染整精加工	456	395	142	61	60		456
丝绢纺织及印染精加工	1769	1725	650	44	44		1155
化纤织造及印染精加工	3503	3429	744	74	72	3	3291
针织或钩针编织物及其制品制造	5830	4952	1305	878	875	60	5769
家用纺织制成品制造	11443	10218	3007	1225	1201	166	11277
非家用纺织制成品制造	14308	13464	3672	844	800	144	13852
纺织服装、服饰业	81141	74192	32949	6949	6789	1389	77654
机织服装制造	62360	56568	26144	5793	5636	883	60565
针织或钩针编织服装制造	13159	12432	5035	728	724	506	12285
服饰制造	5621	5192	1770	429	429		4803
皮革、毛皮、羽毛及其制品和制鞋业	52303	49126	15544	3177	3087	860	45655
皮革鞣制加工	8547	8385	1668	162	162	7	7280
皮革制品制造	8439	7812	3136	627	622		7812
毛皮鞣制及制品加工	10326	9745	1136	581	543	260	10066
羽毛(绒)加工及制品制造	6317	5345	2174	972	968	302	6015
制鞋业	18676	17840	7430	836	793	291	14483
木材加工和木、竹、藤、棕、草制品业	29130	22390	4618	6740	6723	279	28636
木材加工	96	96	65				96
人造板制造	6579	5454	948	1125	1121	15	6564
木制品制造	21188	15762	3207	5426	5413	264	20710
竹、藤、棕、草等制品制造	1267	1078	400	189	189		1267
家具制造业	23351	21173	8037	2178	2157	23	22647
木质家具制造	6120	4781	2078	1339	1334	23	6097
竹、藤家具制造							
金属家具制造	12248	11718	3971	530	514		12248
塑料家具制造	127	83	28	44	44		127
其他家具制造	4856	4591	1960	265	265		4176
造纸和纸制品业	210234	157465	30465	52769	52669	645	209166
纸浆制造	450	450	50				225
造纸	172707	122359	24148	50348	50300	550	171973
纸制品制造	37077	34656	6266	2421	2369	95	36968
印刷和记录媒介复制业	17359	15316	6135	2043	2004		15912
印刷	17359	15316	6135	2043	2004		15912
装订及印刷相关服务							
记录媒介复制							
文教、工美、体育和娱乐用品制造业	88427	76461	24643	11966	11701	583	86866
文教办公用品制造	8388	7758	3270	630	612	276	8066
乐器制造	3314	3100	285	214	214		3296
工艺美术品制造	43425	38226	10100	5199	5031	141	42889
体育用品制造	12135	9651	2540	2484	2428	3	12132
玩具制造	9778	9049	4193	729	707	163	9095
游艺器材及娱乐用品制造	11388	8677	4255	2711	2709		11388

1-D-1.7 续表 2

单位：万元

行业	R&D经费内部支出	日常性支出	#人员劳务费	资产性支出	#仪器和设备	#政府资金	#企业资金
石油加工、炼焦和核燃料加工业	15260	14409	2667	851	824	281	14979
精炼石油产品制造	12642	12051	2029	591	571	203	12439
炼焦	2619	2358	638	261	253	78	2541
核燃料加工							
化学原料和化学制品制造业	751208	673628	191701	77580	74431	8371	690187
基础化学原料制造	199226	179748	33449	19478	18751	3035	177987
肥料制造	46031	37739	4083	8292	7947	421	45609
农药制造	25828	23319	8319	2509	2482	300	24656
涂料、油墨、颜料及类似产品制造	87643	78520	34516	9123	8959	846	84495
合成材料制造	129841	115197	28575	14644	14424	1307	120943
专用化学产品制造	206833	186635	54853	20198	18584	2124	188551
炸药、火工及焰火产品制造							
日用化学产品制造	55807	52470	27907	3337	3285	337	47947
医药制造业	487191	443336	160347	43855	42946	23320	453191
化学药品原料药制造	97331	88904	28588	8427	8145	4921	85613
化学药品制剂制造	234072	216564	87474	17508	17167	4839	227275
中药饮片加工	1132	1049	421	83	78	181	951
中成药生产	60110	55894	15416	4216	4169	7562	52329
兽用药品制造	6171	5019	1892	1152	1087	173	5998
生物药品制造	73414	63652	22025	9762	9605	5320	68006
卫生材料及医药用品制造	14962	12254	4530	2707	2695	326	13018
化学纤维制造业	60988	54405	8815	6583	6546	518	60455
纤维素纤维原料及纤维制造	29268	27346	5139	1922	1893	119	29149
合成纤维制造	31720	27059	3675	4661	4653	398	31306
橡胶和塑料制品业	372675	314257	100277	58418	55404	2219	366504
橡胶制品业	204537	162996	46481	41541	38820	1414	202180
塑料制品业	168139	151261	53795	16877	16584	805	164324
非金属矿物制品业	198025	167969	54723	30057	29282	6083	190748
水泥、石灰和石膏制造	43359	39934	9248	3425	3304	781	42578
石膏、水泥制品及类似制品制造	7941	4831	789	3110	3109		7941
砖瓦、石材等建筑材料制造	23057	17557	5463	5500	5467	178	22779
玻璃制造	8207	5730	2156	2476	2450	123	8083
玻璃制品制造	26163	23350	8933	2812	2799	1287	24483
玻璃纤维和玻璃纤维增强塑料制品制造	26622	24059	7877	2563	2189	1776	24846
陶瓷制品制造	27682	23822	10331	3861	3779	1116	26404
耐火材料制品制造	16562	13857	4519	2705	2635	340	15683
石墨及其他非金属矿物制品制造	18433	14830	5406	3604	3550	483	17951
黑色金属冶炼和压延加工业	328773	239525	36926	89248	85997	824	327780
炼铁	1203	1187	1127	16	16		1168
炼钢	8872	6909	469	1963	1955		8872
黑色金属铸造	30208	24992	7038	5216	5201	290	29823
钢压延加工	254446	182062	22628	72384	69216	336	254071
铁合金冶炼	34045	24376	5664	9669	9610	198	33847
有色金属冶炼和压延加工业	249252	209278	35770	39974	39668	3763	242773
常用有色金属冶炼	102057	77646	9369	24411	24369	2288	99047
贵金属冶炼	31	29	15	1	1		31
稀有稀土金属冶炼	21748	20542	5250	1207	1207	524	21225
有色金属合金制造	18415	15976	2475	2439	2375	167	16761
有色金属铸造	57	57	28				57
有色金属压延加工	106944	95029	18634	11915	11716	785	105652

1-D-1.7　续表 3　　　　单位：万元

行　　业	R&D经费内部支出	日常性支出	#人员劳务费	资产性支出	#仪器和设备	#政府资金	#企业资金
金属制品业	239385	215297	77063	24088	23726	1579	232872
结构性金属制品制造	33857	30931	10848	2926	2879	293	33462
金属工具制造	17357	15996	6423	1361	1308	79	16010
集装箱及金属包装容器制造	37285	34957	10827	2327	2287	347	36610
金属丝绳及其制品制造	26394	24423	6945	1971	1968	152	25529
建筑、安全用金属制品制造	27140	25486	11760	1654	1641	166	26570
金属表面处理及热处理加工	23830	22610	9281	1221	1215	26	22542
搪瓷制品制造	4783	4696	3142	87	80	50	4733
金属制日用品制造	25011	21948	6494	3063	3050	248	24470
其他金属制品制造	43728	34249	11343	9479	9299	218	42945
通用设备制造业	1011195	891446	343740	119749	116995	18094	953710
锅炉及原动设备制造	153803	133142	46282	20661	20427	4610	130611
金属加工机械制造	45129	41736	16179	3393	3369	883	43575
物料搬运设备制造	258085	228763	82349	29323	28050	5933	247846
泵、阀门、压缩机及类似机械制造	239212	216609	93084	22603	22319	2075	232622
轴承、齿轮和传动部件制造	36139	27439	9947	8701	8577	191	35301
烘炉、风机、衡器、包装等设备制造	157646	134174	56384	23472	22829	2676	152705
文化、办公用机械制造	86474	80134	27319	6340	6282	1299	77451
通用零部件制造	29802	24648	10360	5154	5039	411	28713
其他通用设备制造业	4904	4802	1836	103	103	17	4887
专用设备制造业	671235	597126	247461	74109	72383	16697	643379
采矿、冶金、建筑专用设备制造	260542	233775	80342	26766	25770	4162	254732
化工、木材、非金属加工专用设备制造	89785	76851	34420	12934	12815	600	87143
食品、饮料、烟草及饲料生产专用设备制造	9144	8814	4936	330	277	34	9031
印刷、制药、日化及日用品生产专用设备制造	28247	25943	11375	2303	2082	206	28041
纺织、服装和皮革加工专用设备制造	16371	15314	6291	1057	975	177	15866
电子和电工机械专用设备制造	45952	35122	14799	10830	10828	2614	43338
农、林、牧、渔专用机械制造	21087	20455	6488	632	603	67	19030
医疗仪器设备及器械制造	142817	128347	65837	14470	14341	7637	131215
环保、社会公共服务及其他专用设备制造	57291	52505	22974	4785	4692	1200	54982
汽车制造业	2365226	2104604	717850	260623	249768	24982	2234866
汽车整车制造	1552105	1405860	426609	146245	136956	15369	1466272
改装汽车制造	14757	12882	4133	1875	1874	217	13841
低速载货汽车制造	1660	1644	623	16	16		1660
电车制造							
汽车车身、挂车制造	10256	7739	3814	2516	2334	169	10087
汽车零部件及配件制造	786449	676478	282671	109971	108588	9227	743006
铁路、船舶、航空航天和其他运输设备制造业	205002	184498	59949	20504	20291	435	197213
铁路运输设备制造	23902	21367	11351	2535	2461	46	23695
城市轨道交通设备制造	7725	7725	2094				7725
船舶及相关装置制造	106099	101625	23988	4474	4422	108	104303
航空、航天器及设备制造	17483	9328	2381	8155	8122	50	14272
摩托车制造	26910	24339	10674	2571	2545	30	25483
自行车制造	17171	15751	7897	1420	1391	201	16719
非公路休闲车及零配件制造	564	537	382	27	27		564
潜水救捞及其他未列明运输设备制造	5148	3826	1182	1323	1323		4452
电气机械和器材制造业	1188744	1061971	375108	126773	122659	14244	1128130
电机制造	185225	162270	58330	22955	22443	3281	168920
输配电及控制设备制造	413304	371733	136468	41571	39322	4120	389663

1-D-1.7 续表 4

单位：万元

行业	R&D经费内部支出	日常性支出	#人员劳务费	资产性支出	#仪器和设备	#政府资金	#企业资金
电线、电缆、光缆及电工器材制造	116807	103705	24681	13103	12899	1452	111541
电池制造	77553	64826	23882	12727	12594	1294	75328
家用电力器具制造	259491	231659	74607	27832	26972	591	255519
非电力家用器具制造	8952	8652	4046	300	289	282	8155
照明器具制造	114028	106447	44659	7581	7446	3215	110458
其他电气机械及器材制造	13384	12680	8437	704	694	10	8545
计算机、通信和其他电子设备制造业	2806050	2461264	1024121	344786	341662	53617	2607559
计算机制造	625604	601131	279369	24473	24262	3708	613754
通信设备制造	529978	493651	211929	36327	35707	12225	502947
广播电视设备制造	68577	66138	43409	2439	2334	1298	42506
雷达及配套设备制造	1521	1521	485				1521
视听设备制造	204472	141398	52358	63074	62908	337	198628
电子器件制造	696319	552989	197954	143330	142035	21987	660582
电子元件制造	434886	381483	171417	53403	52729	2104	409792
其他电子设备制造	244695	222954	67200	21740	21688	11957	177829
仪器仪表制造业	244867	232331	107946	12537	12387	7831	222008
通用仪器仪表制造	134301	128045	64348	6255	6120	6958	122114
专用仪器仪表制造	62504	60565	30858	1939	1933	775	52872
钟表与计时仪器制造	480	455	139	25	25		300
光学仪器及眼镜制造	47064	42747	12231	4316	4307	98	46203
其他仪器仪表制造业	520	518	370	2	2		520
其他制造业	13150	12249	4425	901	876		10382
日用杂品制造	8689	8304	2705	385	363		5921
煤制品制造							
核辐射加工							
其他未列明制造业	4461	3944	1720	516	513		4461
废弃资源综合利用业	4074	3987	978	86	86	16	2813
金属废料和碎屑加工处理	3825	3739	747	86	86	16	2564
非金属废料和碎屑加工处理	248	248	231				248
金属制品、机械和设备修理业	19430	17086	10480	2344	2294	42	19388
金属制品修理							
通用设备修理							
专用设备修理	1293	1293	662				1293
铁路、船舶、航空航天等运输设备修理	17413	15308	9603	2105	2056	42	17371
电气设备修理							
仪器仪表修理	295	210	147	85	85		295
其他机械和设备修理业	429	275	68	154	154		429
电力、热力、燃气及水生产和供应业	**32401**	**27296**	**9425**	**5106**	**5054**	**436**	**31374**
电力、热力生产和供应业	4771	3118	1238	1653	1650	15	4756
电力生产	4771	3118	1238	1653	1650	15	4756
电力供应							
热力生产和供应							
燃气生产和供应业	25397	22448	6932	2948	2901	329	24579
燃气生产和供应业	25397	22448	6932	2948	2901	329	24579
水的生产和供应业	2234	1730	1255	504	503	92	2039
自来水生产和供应	1865	1461	1139	404	404	90	1672
污水处理及其再生利用	369	269	116	100	100	2	367
其他水的处理、利用与分配							

1-D-1.8 各地区企业R&D经费内部支出情况

单位：万元

地区	R&D经费内部支出	日常性支出	#人员劳务费	资产性支出	#仪器和设备	#政府资金	#企业资金
全国	**83184005**	**73619821**	**22712753**	**9564184**	**9265693**	**3597485**	**78217423**
东部地区	56533941	49960559	16653656	6573382	6377839	1744539	53776271
中部地区	13596770	12029858	3250544	1566912	1512603	698834	12719786
西部地区	8073520	6980499	1895788	1093021	1056538	676337	7276231
东北地区	4979774	4648906	912765	330868	318714	477774	4445135
北京	2130618	2032446	808964	98172	95693	227527	1819635
天津	3000377	2509339	625045	491038	478794	73027	2803452
河北	2327418	2018862	528329	308556	297645	66853	2240333
山西	1237698	1087278	224223	150420	142521	38231	1185577
内蒙古	1004406	896354	212010	108051	102921	37707	925574
辽宁	3331303	3129591	503561	201711	195313	261140	3033659
吉林	698136	617052	160186	81084	77927	31035	662707
黑龙江	950335	902263	249017	48073	45474	185599	748768
上海	4047800	3651430	1393412	396370	381496	207581	3750275
江苏	12395745	10731253	3396949	1664492	1620847	240670	11923253
浙江	6843562	6135391	2069119	708171	696543	139658	6613936
安徽	2477246	2170722	641704	306524	297138	176199	2279807
福建	2791966	2373813	761851	418153	410709	78595	2656171
江西	1106443	965213	238188	141230	135955	45668	1009134
山东	10528097	9271980	2239949	1256117	1204592	316005	10075481
河南	2953410	2570501	735215	382909	374290	98234	2833972
湖北	3117987	2792843	744464	325143	314240	169848	2909788
湖南	2703987	2443301	666749	260686	248458	170654	2501509
广东	12374791	11151021	4812032	1223770	1182999	389275	11805829
广西	817063	660528	202106	156535	154732	36970	777281
海南	93567	85024	18004	8543	8521	5348	87906
重庆	1388199	1173951	388412	214248	208136	57189	1316325
四川	1688902	1494197	473161	194706	188006	104742	1566384
贵州	342541	309056	71593	33485	30952	47086	286509
云南	454278	408834	87975	45444	43748	36592	401129
西藏	4617	4288	888	329	321	283	4334
陕西	1401480	1216752	260372	184728	176008	300548	1089202
甘肃	400743	354067	100606	46676	43830	24300	373631
青海	89540	55430	4688	34110	33961	5978	79800
宁夏	167494	136717	37749	30776	30362	14174	152895
新疆	314257	270326	56228	43931	43563	10769	303167

1-D-1.9 各地区大中型企业R&D经费内部支出情况

单位：万元

地区	R&D经费内部支出	日常性支出	#人员劳务费	资产性支出	#仪器和设备	#政府资金	#企业资金
全国	**67440646**	**60210430**	**18802230**	**7230215**	**6993450**	**2984209**	**63441600**
东部地区	44697270	39808170	13570109	4889100	4735465	1364215	42581458
中部地区	11314227	10106164	2755561	1208063	1163771	585977	10605001
西部地区	6998229	6104678	1668808	893551	864340	590482	6307278
东北地区	4430920	4191418	807753	239502	229874	443535	3947863
北京	1734465	1654042	664831	80423	78322	188161	1473234
天津	2216225	1880935	473356	335290	326210	41890	2078421
河北	2120240	1848461	485734	271779	261901	53717	2051605
山西	1164141	1023974	212242	140167	132348	33168	1118219
内蒙古	902149	809012	198196	93137	89654	26359	835501
辽宁	2908850	2777936	427201	130914	126636	233899	2654409
吉林	641602	572196	149203	69406	66505	27615	610116
黑龙江	880468	841286	231349	39182	36734	182021	683339
上海	3505300	3151326	1199422	353974	339844	182868	3247276
江苏	8908956	7766038	2473761	1142918	1113974	174083	8562970
浙江	4405722	3999200	1361057	406521	399916	87005	4272187
安徽	1824012	1635007	489800	189005	183186	144077	1670369
福建	2189529	1881196	612988	308333	303498	54087	2091112
江西	923430	807352	202628	116079	111391	34328	841641
山东	8824303	7873991	1942569	950312	907393	261963	8473659
河南	2653296	2323523	666921	329773	322440	86351	2550361
湖北	2593641	2352701	637925	240940	232125	142250	2432172
湖南	2155706	1963608	546044	192098	182281	145803	1992240
广东	10717648	9684262	4341712	1033386	998258	316518	10260337
广西	716419	576547	183658	139871	138459	29043	686274
海南	74882	68719	14679	6163	6148	3924	70657
重庆	1239657	1055323	349271	184334	178979	48409	1178572
四川	1502499	1344322	428336	158178	153571	93881	1393485
贵州	250988	228283	47813	22704	20240	34568	209856
云南	363097	330361	71199	32736	31383	27856	321060
西藏	2657	2445	182	212	211	72	2585
陕西	1220915	1070640	219194	150275	142595	286840	929237
甘肃	322862	291283	84950	31579	29430	20380	300774
青海	64651	45742	3699	18909	18782	4124	56765
宁夏	138852	115739	32372	23113	22765	11354	127281
新疆	273485	234982	49938	38503	38273	7595	265890

1-D-1.10　各地区内资企业R&D经费内部支出情况

单位：万元

地　区	R&D经费内部支出	日常性支出	#人员劳务费	资产性支出	#仪器和设备	#政府资金	#企业资金
全　国	**63032811**	**55720519**	**16603626**	**7312292**	**7070186**	**3202889**	**59049113**
东部地区	39224264	34566869	11210857	4657395	4510502	1418644	37343223
中部地区	12199071	10760167	2927886	1438905	1388571	670021	11375467
西部地区	7219411	6279567	1676547	939843	906279	650419	6456620
东北地区	4390065	4113916	788336	276149	264834	463806	3873803
北　京	1542017	1473853	566132	68164	66043	210524	1265624
天　津	2313202	1954146	450889	359055	348848	65323	2224431
河　北	1837261	1620808	442919	216453	209315	58229	1763096
山　西	1218739	1072052	220108	146687	138812	36904	1167945
内蒙古	924505	832963	199279	91542	86470	35720	850243
辽　宁	2925066	2765871	420329	159195	153547	250451	2641492
吉　林	588941	514083	138685	74859	71706	28794	556413
黑龙江	876058	833962	229322	42096	39580	184562	675897
上　海	1847910	1633414	520406	214496	201431	148231	1688068
江　苏	8206476	7060213	2130772	1146263	1114356	198911	7927740
浙　江	5021471	4454314	1469213	567157	557348	106715	4854489
安　徽	2254856	1972230	578118	282626	274203	172157	2066662
福　建	1313933	1081501	344868	232432	229043	47993	1238510
江　西	975677	852023	205271	123654	118554	41476	891165
山　东	9187869	8084771	1943667	1103098	1057421	286891	8791001
河　南	2654682	2301457	660581	353226	345057	92867	2541626
湖　北	2620092	2332902	643743	287190	278411	163288	2421082
湖　南	2475025	2229503	620065	245522	233535	163330	2286988
广　东	7881807	7138402	3327360	743406	719848	290762	7523303
广　西	538801	447310	116844	91491	89904	28872	507271
海　南	72320	65448	14632	6872	6851	5065	66962
重　庆	1085539	909315	312281	176223	170901	52011	1020024
四　川	1609954	1426943	450323	183011	177743	100624	1495279
贵　州	332818	299689	69368	33129	30601	46398	277475
云　南	423390	383994	80933	39396	37754	33221	373611
西　藏	4617	4288	888	329	321	283	4334
陕　西	1370305	1191252	253000	179053	170486	300227	1059185
甘　肃	397185	352012	99459	45173	42510	24243	370131
青　海	68655	38697	4264	29958	29809	5706	59187
宁　夏	150480	123502	33879	26978	26585	12411	137644
新　疆	313164	269603	56029	43560	43193	10704	302237

1-D-1.11 各地区港澳台商投资企业R&D经费内部支出情况

单位：万元

地区	R&D经费内部支出	日常性支出	#人员劳务费	资产性支出	#仪器和设备	#政府资金	#企业资金
全国	**7722329**	**6951181**	**2259454**	**771148**	**753258**	**190891**	**7409649**
东部地区	6720539	6045351	2061536	675188	659341	160567	6448615
中部地区	565780	513258	123117	52522	51162	11375	546837
西部地区	150322	124264	42706	26059	25561	9817	139088
东北地区	285688	268308	32095	17380	17194	9131	275110
北京	158749	153676	69486	5073	4908	5353	151932
天津	129042	114516	36210	14527	14133	1997	124157
河北	220164	207800	37661	12364	11910	6891	210188
山西	11331	8187	3043	3144	3144	1210	10121
内蒙古	2776	2701	141	75	75	101	2675
辽宁	222300	206057	26755	16243	16060	6815	214252
吉林	39521	39182	2326	339	336	2131	37390
黑龙江	23867	23069	3014	798	798	185	23468
上海	318060	292405	135410	25655	25291	20512	294572
江苏	1481370	1299746	402969	181625	177976	18364	1439114
浙江	1030870	961373	333065	69498	68563	17790	1005071
安徽	87985	78593	19458	9391	9098	1437	85296
福建	775775	650246	212154	125530	123039	12043	751873
江西	85881	70807	21784	15075	14939	2970	79119
山东	337690	299411	73027	38279	37015	7866	323376
河南	99085	89871	30094	9214	9079	1669	96612
湖北	178303	168956	32195	9348	8679	2396	174831
湖南	103195	96844	16543	6351	6224	1694	100859
广东	2264440	2063074	761124	201366	195233	69726	2143980
广西	26527	24404	6027	2123	2094	2318	24143
海南	4378	3105	432	1273	1273	25	4353
重庆	52423	40864	20480	11559	11266	1442	50299
四川	29724	23676	6659	6048	5941	3339	26372
贵州	868	841	254	27	21	201	667
云南	19383	15212	4704	4171	4130	882	18501
西藏							
陕西	9731	8687	2145	1044	1033	140	9033
甘肃	190	190	54				190
青海							
宁夏	7608	6967	2043	641	631	1330	6278
新疆	1094	723	199	371	370	65	930

1-D-1.12　各地区外商投资企业R&D经费内部支出情况

单位：万元

地　区	R&D经费内部支出	日常性支出	#人员劳务费	资产性支出	#仪器和设备	#政府资金	#企业资金
全　国	**12428864**	**10948121**	**3849673**	**1480743**	**1442250**	**203705**	**11758661**
东部地区	10589138	9348338	3381262	1240800	1207996	165328	9984433
中部地区	831919	756433	199541	75486	72869	17438	797482
西部地区	703787	576668	176536	127119	124699	16102	680524
东北地区	304021	266682	92334	37339	36686	4837	296222
北　京	429852	404917	173347	24935	24741	11650	402079
天　津	558133	440677	137946	117457	115813	5708	454865
河　北	269994	190254	47749	79739	76419	1734	267050
山　西	7628	7039	1072	590	566	117	7512
内蒙古	77125	60690	12591	16435	16376	1887	72655
辽　宁	183937	157663	56477	26273	25705	3874	177915
吉　林	69674	63788	19176	5886	5884	110	68904
黑龙江	50411	45231	16681	5179	5097	853	49403
上　海	1881831	1725612	737596	156219	154774	38838	1767636
江　苏	2707899	2371294	863208	336605	328516	23395	2556399
浙　江	791221	719704	266842	71517	70633	15153	754376
安　徽	134406	119899	44128	14507	13838	2605	127849
福　建	702258	642066	204830	60191	58628	18559	665788
江　西	44885	42384	11134	2501	2462	1222	38850
山　东	1002538	887798	223255	114740	110156	21248	961104
河　南	199642	179173	44540	20469	20155	3699	195735
湖　北	319591	290986	68527	28605	27151	4164	313874
湖　南	125767	116954	30141	8813	8699	5631	113662
广　东	2228544	1949545	723549	278999	267918	28787	2138546
广　西	251735	188814	79235	62921	62734	5780	245867
海　南	16869	16471	2940	397	397	258	16591
重　庆	250238	223772	55651	26466	25969	3737	246002
四　川	49224	43578	16180	5647	4322	779	44733
贵　州	8855	8526	1970	330	329	488	8368
云　南	11506	9629	2339	1877	1864	2490	9016
西　藏							
陕　西	21444	16813	5228	4631	4488	181	20984
甘　肃	3368	1865	1092	1503	1319	57	3311
青　海	20885	16734	424	4152	4152	271	20614
宁　夏	9406	6249	1827	3158	3146	434	8973
新　疆							

1-D-2.1 分登记注册类型企业R&D经费外部支出情况

单位：万元

登记注册类型	R&D经费外部支出	#对境内研究机构支出	#对境内高等学校支出
总　计	**4231573**	**1705690**	**869812**
内资企业	**3205600**	**1312029**	**762599**
国有企业	378945	179708	98864
集体企业	61784	4157	3933
股份合作企业	4721	2266	2194
联营企业	11035	4754	5922
国有联营企业	11035	4754	5922
集体联营企业			
国有与集体联营企业			
其他联营企业			
有限责任公司	1488570	615029	321484
国有独资公司	431983	190406	90373
其他有限责任公司	1056587	424623	231111
股份有限公司	819097	301552	171528
私营企业	427138	196606	155961
私营独资企业	5242	2893	1819
私营合伙企业	1357	773	394
私营有限责任公司	365670	164705	130934
私营股份有限公司	54869	28234	22814
其他企业	14310	7957	2714
港、澳、台商投资企业	**265461**	**117075**	**48236**
合资经营企业	122949	69014	18708
合作经营企业	933	357	570
港、澳、台商独资经营企业	131184	45231	26952
港、澳、台商投资股份有限公司	10299	2415	2001
其他港、澳、台投资企业	95	57	5
外商投资企业	**760512**	**276587**	**58977**
中外合资经营企业	498389	180635	36063
中外合作经营企业	10832	4158	671
外资企业	208548	78554	16849
外商投资股份有限公司	42201	13107	5239
其他外商投资企业	543	133	156

1-D-2.2　分登记注册类型大中型企业R&D经费外部支出情况

单位：万元

登记注册类型	R&D经费外部支出	#对境内研究机构支出	#对境内高等学校支出
总　计	**3838713**	**1524211**	**747380**
内资企业	**2882650**	**1164636**	**653024**
国有企业	367326	173019	97596
集体企业	61494	4106	3841
股份合作企业	4194	1870	2131
联营企业	10959	4754	5845
国有联营企业	10959	4754	5845
集体联营企业			
国有与集体联营企业			
其他联营企业			
有限责任公司	1356710	559586	280776
国有独资公司	425466	186866	88082
其他有限责任公司	931243	372719	192695
股份有限公司	795975	287293	165258
私营企业	272270	126460	94890
私营独资企业	3058	2119	598
私营合伙企业	117	114	2
私营有限责任公司	223464	100349	75237
私营股份有限公司	45631	23877	19054
其他企业	13724	7548	2686
港、澳、台商投资企业	**240107**	**105277**	**42041**
合资经营企业	110464	61943	14867
合作经营企业	399	293	106
港、澳、台商独资经营企业	119927	40642	25083
港、澳、台商投资股份有限公司	9222	2342	1980
其他港、澳、台投资企业	95	57	5
外商投资企业	**715956**	**254299**	**52315**
中外合资经营企业	473944	164442	31546
中外合作经营企业	10623	3949	671
外资企业	189529	72992	15004
外商投资股份有限公司	41572	12783	4938
其他外商投资企业	289	133	156

1-D-2.3 分行业企业R&D经费外部支出情况

单位：万元

行业	R&D经费外部支出	#对境内研究机构支出	#对境内高等学校支出
总 计	**4231573**	**1705690**	**869812**
采矿业	**297309**	**136359**	**109090**
煤炭开采和洗选业	154788	75188	61426
烟煤和无烟煤开采洗选	154230	75057	60998
褐煤开采洗选	559	131	428
其他煤炭采选			
石油和天然气开采业	108644	41543	39153
石油开采	103797	39997	36845
天然气开采	4847	1546	2307
黑色金属矿采选业	2952	1571	690
铁矿采选	2748	1480	676
锰矿、铬矿采选	204	91	14
其他黑色金属矿采选			
有色金属矿采选业	11729	6844	4398
常用有色金属矿采选	5627	3683	1554
贵金属矿采选	4028	1525	2503
稀有稀土金属矿采选	2074	1637	341
非金属矿采选业	2046	1179	751
土砂石开采	296	160	137
化学矿开采	739	378	340
采盐	1011	641	275
石棉及其他非金属矿采选			
开采辅助活动	17150	10034	2673
煤炭开采和洗选辅助活动			
石油和天然气开采辅助活动	17150	10034	2673
其他开采辅助活动			
其他采矿业			
其他采矿业			
制造业	**3796487**	**1492996**	**734050**
农副食品加工业	76189	30075	40229
谷物磨制	3513	1084	1504
饲料加工	13957	2917	10287
植物油加工	36242	16512	17912
制糖业	157	53	84
屠宰及肉类加工	10298	4078	5796
水产品加工	6043	2550	1820
蔬菜、水果和坚果加工	2288	778	1317
其他农副食品加工	3689	2104	1509
食品制造业	48272	12296	15760
焙烤食品制造	426	59	131
糖果、巧克力及蜜饯制造	780	209	310
方便食品制造	821	381	428
乳制品制造	6197	2749	2480
罐头食品制造	2656	1626	919
调味品、发酵制品制造	8532	1944	2214
其他食品制造	28859	5328	9278
酒、饮料和精制茶制造业	28344	13240	12553
酒的制造	20114	9671	8178
饮料制造	3908	2091	1633
精制茶加工	4322	1478	2742

1-D-2.3　续表 1　　　　单位：万元

行业	R&D经费外部支出	#对境内研究机构支出	#对境内高等学校支出
烟草制品业	60911	29786	11386
烟叶复烤	118	83	35
卷烟制造	60516	29562	11216
其他烟草制品制造	276	141	135
纺织业	25301	7003	11603
棉纺织及印染精加工	17070	4354	7713
毛纺织及染整精加工	2753	1110	1112
麻纺织及染整精加工	578	338	239
丝绢纺织及印染精加工	660	162	467
化纤织造及印染精加工	314	36	78
针织或钩针编织物及其制品制造	1589	298	666
家用纺织制成品制造	1418	547	610
非家用纺织制成品制造	920	159	719
纺织服装、服饰业	20636	7392	7670
机织服装制造	18711	6591	6758
针织或钩针编织服装制造	1885	801	872
服饰制造	40		40
皮革、毛皮、羽毛及其制品和制鞋业	5623	3189	1494
皮革鞣制加工	392	40	352
皮革制品制造	397	216	36
毛皮鞣制及制品加工	233	102	95
羽毛(绒)加工及制品制造	117	15	42
制鞋业	4485	2815	969
木材加工和木、竹、藤、棕、草制品业	7365	5490	1797
木材加工	36		36
人造板制造	6510	5324	1140
木制品制造	461	133	295
竹、藤、棕、草等制品制造	359	32	326
家具制造业	6647	3355	1110
木质家具制造	894	62	743
竹、藤家具制造			
金属家具制造	5339	3152	173
塑料家具制造	80	2	
其他家具制造	334	139	195
造纸和纸制品业	13404	7497	3447
纸浆制造	97	79	18
造纸	11857	7078	2780
纸制品制造	1450	339	649
印刷和记录媒介复制业	6798	1680	1174
印刷	6721	1662	1115
装订及印刷相关服务	77	18	59
记录媒介复制			
文教、工美、体育和娱乐用品制造业	8464	4120	3348
文教办公用品制造	499	263	206
乐器制造	250	208	42
工艺美术品制造	3110	1286	1215
体育用品制造	1199	716	416
玩具制造	850	200	378
游艺器材及娱乐用品制造	2557	1447	1090

1-D-2.3 续表 2

单位：万元

行业	R&D经费外部支出	#对境内研究机构支出	#对境内高等学校支出
石油加工、炼焦和核燃料加工业	60949	32166	11725
精炼石油产品制造	53847	28087	10493
炼焦	6549	3526	1232
核燃料加工	553	553	
化学原料和化学制品制造业	204125	109080	67550
基础化学原料制造	68887	36576	27500
肥料制造	35524	22162	7958
农药制造	13928	9475	3097
涂料、油墨、颜料及类似产品制造	9009	5184	3195
合成材料制造	28155	12021	10575
专用化学产品制造	35474	17970	12067
炸药、火工及焰火产品制造	3720	2760	798
日用化学产品制造	9430	2931	2359
医药制造业	408188	291219	70632
化学药品原料药制造	91562	54184	24004
化学药品制剂制造	183676	139798	22983
中药饮片加工	3658	2595	930
中成药生产	86979	65408	15438
兽用药品制造	8130	4785	3177
生物药品制造	30915	23374	3503
卫生材料及医药用品制造	3267	1076	597
化学纤维制造业	11256	4103	4043
纤维素纤维原料及纤维制造	3728	1341	2166
合成纤维制造	7528	2763	1877
橡胶和塑料制品业	53892	15611	21697
橡胶制品业	36870	8609	17009
塑料制品业	17022	7002	4688
非金属矿物制品业	41131	21196	11941
水泥、石灰和石膏制造	8510	4652	1659
石膏、水泥制品及类似制品制造	2108	1097	690
砖瓦、石材等建筑材料制造	4873	1915	2268
玻璃制造	2259	807	365
玻璃制品制造	6295	2774	1855
玻璃纤维和玻璃纤维增强塑料制品制造	2558	1610	768
陶瓷制品制造	2982	1438	1100
耐火材料制品制造	2652	569	1349
石墨及其他非金属矿物制品制造	8894	6334	1887
黑色金属冶炼和压延加工业	160999	57482	55362
炼铁	203	30	173
炼钢	13809	6377	5315
黑色金属铸造	2169	349	547
钢压延加工	143395	50429	48575
铁合金冶炼	1422	298	751
有色金属冶炼和压延加工业	134510	68991	33317
常用有色金属冶炼	97836	48694	20870
贵金属冶炼	11000	9024	1974
稀有稀土金属冶炼	5319	2811	1599
有色金属合金制造	1999	495	804
有色金属铸造	93	60	32
有色金属压延加工	18263	7908	8039

1-D-2.3 续表 3

单位：万元

行　业	R&D经费外部支出	#对境内研究机构支出	#对境内高等学校支出
金属制品业	45887	19614	16351
结构性金属制品制造	14597	6055	5894
金属工具制造	3457	1119	1713
集装箱及金属包装容器制造	3573	1759	1250
金属丝绳及其制品制造	5528	1856	1443
建筑、安全用金属制品制造	2001	646	1241
金属表面处理及热处理加工	493	76	94
搪瓷制品制造			
金属制日用品制造	926	295	157
其他金属制品制造	15312	7808	4560
通用设备制造业	192821	72427	45336
锅炉及原动设备制造	44541	15412	12633
金属加工机械制造	23513	7086	8885
物料搬运设备制造	58534	19792	8931
泵、阀门、压缩机及类似机械制造	17945	7317	4903
轴承、齿轮和传动部件制造	7665	2543	2443
烘炉、风机、衡器、包装等设备制造	21409	11135	4712
文化、办公用机械制造	5860	932	323
通用零部件制造	12589	8137	1831
其他通用设备制造业	764	75	674
专用设备制造业	108973	36547	31949
采矿、冶金、建筑专用设备制造	44248	15388	14939
化工、木材、非金属加工专用设备制造	10529	2999	3009
食品、饮料、烟草及饲料生产专用设备制造	1055	525	382
印刷、制药、日化及日用品生产专用设备制造	1349	348	647
纺织、服装和皮革加工专用设备制造	9066	4811	3658
电子和电工机械专用设备制造	2459	1414	837
农、林、牧、渔专用机械制造	6379	3784	1151
医疗仪器设备及器械制造	15500	3482	2127
环保、社会公共服务及其他专用设备制造	18389	3797	5200
汽车制造业	730991	257336	79814
汽车整车制造	524017	193774	67647
改装汽车制造	12676	6391	3528
低速载货汽车制造	2683	1784	662
电车制造	28		28
汽车车身、挂车制造	446	232	159
汽车零部件及配件制造	191142	55156	7791
铁路、船舶、航空航天和其他运输设备制造业	427142	149526	55343
铁路运输设备制造	89163	30170	21557
城市轨道交通设备制造	5173	2135	765
船舶及相关装置制造	74650	44634	10054
航空、航天器及设备制造	227436	64544	21518
摩托车制造	28475	6584	1024
自行车制造	1521	975	409
非公路休闲车及零配件制造			
潜水救捞及其他未列明运输设备制造	724	485	15
电气机械和器材制造业	264257	70684	53470
电机制造	29145	11189	7141
输配电及控制设备制造	54890	23901	14412

1-D-2.3 续表 4 单位：万元

行业	R&D经费外部支出	#对境内研究机构支出	#对境内高等学校支出
电线、电缆、光缆及电工器材制造	18714	10261	6156
电池制造	9502	4123	3202
家用电力器具制造	140486	16001	16780
非电力家用器具制造	2503	1162	1315
照明器具制造	7899	3318	4076
其他电气机械及器材制造	1119	729	390
计算机、通信和其他电子设备制造业	568346	133496	50202
计算机制造	18639	10696	3288
通信设备制造	331859	56403	18819
广播电视设备制造	12594	5158	1572
雷达及配套设备制造	36834	17693	1878
视听设备制造	46513	12037	4306
电子器件制造	64394	11356	5662
电子元件制造	20573	8001	3712
其他电子设备制造	36940	12153	10966
仪器仪表制造业	63164	22659	11368
通用仪器仪表制造	33997	13200	6544
专用仪器仪表制造	26204	8350	4276
钟表与计时仪器制造	294	250	10
光学仪器及眼镜制造	2582	854	525
其他仪器仪表制造业	87	6	12
其他制造业	3746	1447	1198
日用杂品制造	1921	1061	472
煤制品制造	150	100	50
核辐射加工			
其他未列明制造业	1674	287	676
废弃资源综合利用业	5000	3907	1060
金属废料和碎屑加工处理	2487	1582	902
非金属废料和碎屑加工处理	2513	2325	158
金属制品、机械和设备修理业	3155	382	122
金属制品修理			
通用设备修理	51	51	
专用设备修理	869	157	30
铁路、船舶、航空航天等运输设备修理	2133	106	58
电气设备修理			
仪器仪表修理	29		29
其他机械和设备修理业	73	68	5
电力、热力、燃气及水生产和供应业	**137776**	**76335**	**26673**
电力、热力生产和供应业	135526	74875	25962
电力生产	33288	14680	3865
电力供应	102024	60076	22002
热力生产和供应	214	119	95
燃气生产和供应业	865	730	113
燃气生产和供应业	865	730	113
水的生产和供应业	1385	730	597
自来水生产和供应	551	138	356
污水处理及其再生利用	819	580	239
其他水的处理、利用与分配	15	13	3

1-D-2.4　分行业大中型企业R&D经费外部支出情况

单位：万元

行　　业	R&D经费外部支出	#对境内研究机构支出	#对境内高等学校支出
总　计	**3838713**	**1524211**	**747380**
采矿业	**292866**	**135318**	**107038**
煤炭开采和洗选业	152684	74688	59837
烟煤和无烟煤开采洗选	152126	74557	59410
褐煤开采洗选	559	131	428
其他煤炭采选			
石油和天然气开采业	108540	41518	39074
石油开采	103693	39972	36766
天然气开采	4847	1546	2307
黑色金属矿采选业	2242	1473	636
铁矿采选	2129	1473	622
锰矿、铬矿采选	113		14
其他黑色金属矿采选			
有色金属矿采选业	10880	6592	4147
常用有色金属矿采选	4780	3431	1303
贵金属矿采选	4028	1525	2503
稀有稀土金属矿采选	2073	1636	341
非金属矿采选业	1890	1088	686
土砂石开采	166	68	98
化学矿开采	713	378	314
采盐	1011	641	275
石棉及其他非金属矿采选			
开采辅助活动	16630	9960	2658
煤炭开采和洗选辅助活动			
石油和天然气开采辅助活动	16630	9960	2658
其他开采辅助活动			
其他采矿业			
其他采矿业			
制造业	**3422445**	**1319600**	**614669**
农副食品加工业	62805	24221	34650
谷物磨制	2251	785	1030
饲料加工	10484	661	9306
植物油加工	33666	15195	16845
制糖业	24		24
屠宰及肉类加工	9096	3932	4940
水产品加工	4215	2015	1076
蔬菜、水果和坚果加工	999	423	574
其他农副食品加工	2070	1210	855
食品制造业	37768	8157	10812
焙烤食品制造	195	27	113
糖果、巧克力及蜜饯制造	758	199	298
方便食品制造	437	142	282
乳制品制造	5225	2244	2044
罐头食品制造	2168	1324	735
调味品、发酵制品制造	7759	1704	1696
其他食品制造	21226	2519	5644
酒、饮料和精制茶制造业	23466	11418	9827
酒的制造	18267	8918	7409
饮料制造	2278	1587	506
精制茶加工	2922	912	1912

1-D-2.4 续表 1

单位：万元

行业	R&D经费外部支出	#对境内研究机构支出	#对境内高等学校支出
烟草制品业	59721	28824	11159
烟叶复烤	4	3	
卷烟制造	59567	28805	11024
其他烟草制品制造	151	16	135
纺织业	22250	6237	10030
棉纺织及印染精加工	15373	3759	6839
毛纺织及染整精加工	2652	1109	1108
麻纺织及染整精加工	514	334	179
丝绢纺织及印染精加工	509	87	422
化纤织造及印染精加工	44	14	30
针织或钩针编织物及其制品制造	1368	283	555
家用纺织制成品制造	1346	547	569
非家用纺织制成品制造	447	104	328
纺织服装、服饰业	19691	7211	7125
机织服装制造	18147	6434	6534
针织或钩针编织服装制造	1544	778	591
服饰制造			
皮革、毛皮、羽毛及其制品和制鞋业	5256	3005	1357
皮革鞣制加工	367	40	327
皮革制品制造	356	199	22
毛皮鞣制及制品加工	35	3	32
羽毛(绒)加工及制品制造	95	15	20
制鞋业	4404	2748	956
木材加工和木、竹、藤、棕、草制品业	6242	5055	1188
木材加工	31		31
人造板制造	5816	4941	875
木制品制造	183	102	81
竹、藤、棕、草等制品制造	212	12	201
家具制造业	6157	3278	864
木质家具制造	611	31	580
竹、藤家具制造			
金属家具制造	5267	3143	110
塑料家具制造			
其他家具制造	279	105	175
造纸和纸制品业	12605	7292	2970
纸浆制造	97	79	18
造纸	11584	7052	2570
纸制品制造	924	161	383
印刷和记录媒介复制业	5826	1515	664
印刷	5749	1497	605
装订及印刷相关服务	77	18	59
记录媒介复制			
文教、工美、体育和娱乐用品制造业	7287	3799	2604
文教办公用品制造	170	148	22
乐器制造	230	208	22
工艺美术品制造	2503	1120	835
体育用品制造	1064	701	318
玩具制造	782	188	322
游艺器材及娱乐用品制造	2539	1434	1085

1-D-2.4　续表 2　　　　单位：万元

行　业	R&D经费外部支出	#对境内研究机构支出	#对境内高等学校支出
石油加工、炼焦和核燃料加工业	58933	31544	10398
精炼石油产品制造	51831	27465	9166
炼焦	6549	3526	1232
核燃料加工	553	553	
化学原料和化学制品制造业	156336	83373	50866
基础化学原料制造	57207	30047	22660
肥料制造	33108	21265	7344
农药制造	7033	4197	1570
涂料、油墨、颜料及类似产品制造	5368	3501	1826
合成材料制造	23530	9131	8966
专用化学产品制造	19295	10653	6036
炸药、火工及焰火产品制造	3355	2421	772
日用化学产品制造	7441	2158	1692
医药制造业	344016	243980	58908
化学药品原料药制造	83555	49079	21932
化学药品制剂制造	164374	123120	21708
中药饮片加工	1920	1703	196
中成药生产	68713	51591	11964
兽用药品制造	4518	2862	1629
生物药品制造	19520	14814	1222
卫生材料及医药用品制造	1416	812	257
化学纤维制造业	9861	3183	3599
纤维素纤维原料及纤维制造	3425	1081	2123
合成纤维制造	6436	2103	1477
橡胶和塑料制品业	44555	12686	18632
橡胶制品业	34884	7976	16271
塑料制品业	9672	4711	2361
非金属矿物制品业	24890	13128	6771
水泥、石灰和石膏制造	7019	3251	1645
石膏、水泥制品及类似制品制造	1094	721	371
砖瓦、石材等建筑材料制造	2961	1482	1230
玻璃制造	2144	734	323
玻璃制品制造	2526	1616	340
玻璃纤维和玻璃纤维增强塑料制品制造	1096	593	359
陶瓷制品制造	2554	1381	765
耐火材料制品制造	1339	325	614
石墨及其他非金属矿物制品制造	4158	3025	1126
黑色金属冶炼和压延加工业	156857	55731	54031
炼铁	203	30	173
炼钢	13699	6277	5315
黑色金属铸造	718	183	288
钢压延加工	141211	48982	47861
铁合金冶炼	1026	260	393
有色金属冶炼和压延加工业	123255	62550	30104
常用有色金属冶炼	95305	46719	20325
贵金属冶炼	10252	8567	1683
稀有稀土金属冶炼	3223	1013	1501
有色金属合金制造	493	95	212
有色金属铸造	3		3
有色金属压延加工	13979	6157	6381

1-D-2.4 续表 3 单位：万元

行业	R&D经费外部支出	#对境内研究机构支出	#对境内高等学校支出
金属制品业	37289	16362	12705
结构性金属制品制造	13123	5576	5090
金属工具制造	2678	629	1585
集装箱及金属包装容器制造	2480	1378	1067
金属丝绳及其制品制造	4839	1498	1159
建筑、安全用金属制品制造	604	349	234
金属表面处理及热处理加工	361	19	42
搪瓷制品制造			
金属制日用品制造	662	45	147
其他金属制品制造	12543	6868	3382
通用设备制造业	164787	62120	32655
锅炉及原动设备制造	39085	13275	9686
金属加工机械制造	18709	5932	5986
物料搬运设备制造	55615	18396	7600
泵、阀门、压缩机及类似机械制造	13414	5623	2672
轴承、齿轮和传动部件制造	6234	1683	1945
烘炉、风机、衡器、包装等设备制造	16104	9450	3271
文化、办公用机械制造	5132	783	109
通用零部件制造	10163	6919	1126
其他通用设备制造业	332	59	259
专用设备制造业	80036	26161	20702
采矿、冶金、建筑专用设备制造	38143	13515	11350
化工、木材、非金属加工专用设备制造	7540	2155	1985
食品、饮料、烟草及饲料生产专用设备制造	728	424	260
印刷、制药、日化及日用品生产专用设备制造	655	93	500
纺织、服装和皮革加工专用设备制造	5954	4405	1069
电子和电工机械专用设备制造	807	226	382
农、林、牧、渔专用机械制造	4641	2681	637
医疗仪器设备及器械制造	10974	1755	1203
环保、社会公共服务及其他专用设备制造	10595	907	3317
汽车制造业	713705	248767	75635
汽车整车制造	522055	192371	67098
改装汽车制造	9034	5136	2996
低速载货汽车制造	2628	1784	607
电车制造			
汽车车身、挂车制造	368	232	136
汽车零部件及配件制造	179620	49244	4798
铁路、船舶、航空航天和其他运输设备制造业	414199	145588	53156
铁路运输设备制造	86332	28543	21204
城市轨道交通设备制造	5173	2135	765
船舶及相关装置制造	72402	42735	9768
航空、航天器及设备制造	220625	64307	20477
摩托车制造	27556	6418	613
自行车制造	1389	965	314
非公路休闲车及零配件制造			
潜水救捞及其他未列明运输设备制造	723	485	14
电气机械和器材制造业	233938	58545	39351
电机制造	25216	10117	4670
输配电及控制设备制造	45289	19402	10630

1-D-2.4 续表 4　　　　单位：万元

行 业	R&D经费外部支出	#对境内研究机构支出	#对境内高等学校支出
电线、电缆、光缆及电工器材制造	13934	8808	4091
电池制造	6042	1807	2140
家用电力器具制造	138823	15692	16059
非电力家用器具制造	933	679	254
照明器具制造	3438	1966	1317
其他电气机械及器材制造	264	74	189
计算机、通信和其他电子设备制造业	533060	124824	44723
计算机制造	16010	9482	2845
通信设备制造	327596	53501	18193
广播电视设备制造	11706	4589	1263
雷达及配套设备制造	26278	17663	1756
视听设备制造	45694	11842	4097
电子器件制造	57319	9737	4055
电子元件制造	17156	6851	2257
其他电子设备制造	31302	11160	10258
仪器仪表制造业	49834	18002	7632
通用仪器仪表制造	23428	9873	3499
专用仪器仪表制造	23942	7380	3660
钟表与计时仪器制造	54	10	10
光学仪器及眼镜制造	2330	734	452
其他仪器仪表制造业	79	6	12
其他制造业	2511	1207	728
日用杂品制造	1851	1061	422
煤制品制造			
核辐射加工			
其他未列明制造业	660	147	306
废弃资源综合利用业	2334	1582	752
金属废料和碎屑加工处理	2334	1582	751
非金属废料和碎屑加工处理	1		
金属制品、机械和设备修理业	2973	254	71
金属制品修理			
通用设备修理			
专用设备修理	772	80	10
铁路、船舶、航空航天等运输设备修理	2130	106	58
电气设备修理			
仪器仪表修理			
其他机械和设备修理业	71	68	3
电力、热力、燃气及水生产和供应业	**123402**	**69293**	**25673**
电力、热力生产和供应业	121627	68176	25093
电力生产	27712	12555	3711
电力供应	93796	55502	21382
热力生产和供应	119	119	
燃气生产和供应业	756	677	57
燃气生产和供应业	756	677	57
水的生产和供应业	1019	439	523
自来水生产和供应	511	138	316
污水处理及其再生利用	509	302	207
其他水的处理、利用与分配			

1-D-2.5 分行业内资企业R&D经费外部支出情况

单位：万元

行业	R&D经费外部支出	#对境内研究机构支出	#对境内高等学校支出
总计	**3205600**	**1312029**	**762599**
采矿业	**293058**	**135557**	**106675**
煤炭开采和洗选业	154788	75188	61426
烟煤和无烟煤开采洗选	154230	75057	60998
褐煤开采洗选	559	131	428
其他煤炭采选			
石油和天然气开采业	104730	40911	36854
石油开采	102049	39473	35622
天然气开采	2681	1439	1232
黑色金属矿采选业	2942	1571	680
铁矿采选	2748	1480	676
锰矿、铬矿采选	194	91	4
其他黑色金属矿采选			
有色金属矿采选业	11574	6734	4398
常用有色金属矿采选	5582	3683	1554
贵金属矿采选	4028	1525	2503
稀有稀土金属矿采选	1964	1527	341
非金属矿采选业	1960	1119	731
土砂石开采	296	160	137
化学矿开采	739	378	340
采盐	925	581	255
石棉及其他非金属矿采选			
开采辅助活动	17064	10034	2587
煤炭开采和洗选辅助活动			
石油和天然气开采辅助活动	17064	10034	2587
其他开采辅助活动			
其他采矿业			
其他采矿业			
制造业	**2780328**	**1102498**	**630277**
农副食品加工业	68156	26910	37347
谷物磨制	3463	1084	1504
饲料加工	11665	1274	10059
植物油加工	34603	16053	16731
制糖业	157	53	84
屠宰及肉类加工	9605	4011	5246
水产品加工	3134	1663	1232
蔬菜、水果和坚果加工	2084	754	1137
其他农副食品加工	3444	2017	1355
食品制造业	22219	7701	10532
焙烤食品制造	336	49	91
糖果、巧克力及蜜饯制造	689	145	283
方便食品制造	614	322	280
乳制品制造	5022	2350	1999
罐头食品制造	2529	1539	879
调味品、发酵制品制造	2929	682	1980
其他食品制造	10101	2614	5020
酒、饮料和精制茶制造业	25708	11489	11936
酒的制造	18813	9143	7562
饮料制造	2573	868	1633
精制茶加工	4322	1478	2742

1-D-2.5　续表 1　　　　单位：万元

行　业	R&D经费外部支出	#对境内研究机构支出	#对境内高等学校支出
烟草制品业	60786	29661	11386
烟叶复烤	118	83	35
卷烟制造	60516	29562	11216
其他烟草制品制造	151	16	135
纺织业	18573	5900	10368
棉纺织及印染精加工	11354	3325	7034
毛纺织及染整精加工	2207	1092	746
麻纺织及染整精加工	578	338	239
丝绢纺织及印染精加工	655	162	462
化纤织造及印染精加工	157	14	69
针织或钩针编织物及其制品制造	1484	298	642
家用纺织制成品制造	1388	547	580
非家用纺织制成品制造	751	126	597
纺织服装、服饰业	9776	3585	3957
机织服装制造	7899	2788	3053
针织或钩针编织服装制造	1837	796	864
服饰制造	40		40
皮革、毛皮、羽毛及其制品和制鞋业	3096	1784	967
皮革鞣制加工	26		26
皮革制品制造	251	211	21
毛皮鞣制及制品加工	233	102	95
羽毛(绒)加工及制品制造	117	15	42
制鞋业	2469	1456	783
木材加工和木、竹、藤、棕、草制品业	7001	5431	1491
木材加工	36		36
人造板制造	6336	5271	1020
木制品制造	453	128	292
竹、藤、棕、草等制品制造	176	32	144
家具制造业	2251	228	1040
木质家具制造	885	62	734
竹、藤家具制造			
金属家具制造	954	26	112
塑料家具制造	78		
其他家具制造	334	139	195
造纸和纸制品业	12292	7096	3107
纸浆制造	97	79	18
造纸	11388	6712	2678
纸制品制造	807	304	411
印刷和记录媒介复制业	5184	1215	904
印刷	5107	1197	845
装订及印刷相关服务	77	18	59
记录媒介复制			
文教、工美、体育和娱乐用品制造业	7149	3619	2907
文教办公用品制造	467	263	204
乐器制造	250	208	42
工艺美术品制造	2247	881	999
体育用品制造	1027	701	324
玩具制造	606	119	252
游艺器材及娱乐用品制造	2552	1447	1085

1-D-2.5 续表 2

单位：万元

行 业	R&D经费外部支出	#对境内研究机构支出	#对境内高等学校支出
石油加工、炼焦和核燃料加工业	58261	30554	10971
精炼石油产品制造	51354	26659	9749
炼焦	6354	3341	1222
核燃料加工	553	553	
化学原料和化学制品制造业	176943	97492	60345
基础化学原料制造	64380	34683	26466
肥料制造	34201	21926	7372
农药制造	9706	6030	3006
涂料、油墨、颜料及类似产品制造	6236	3499	2243
合成材料制造	23444	10401	7941
专用化学产品制造	30382	15734	10759
炸药、火工及焰火产品制造	3720	2760	798
日用化学产品制造	4875	2460	1760
医药制造业	279179	192210	53570
化学药品原料药制造	62584	39844	13153
化学药品制剂制造	112802	79070	20085
中药饮片加工	3382	2338	910
中成药生产	67743	48769	13402
兽用药品制造	7284	4492	2679
生物药品制造	23367	16653	2787
卫生材料及医药用品制造	2016	1044	555
化学纤维制造业	3788	2145	1259
纤维素纤维原料及纤维制造	1052	347	569
合成纤维制造	2735	1798	690
橡胶和塑料制品业	29518	11984	11226
橡胶制品业	17746	6239	7125
塑料制品业	11772	5745	4101
非金属矿物制品业	35302	19450	11233
水泥、石灰和石膏制造	6092	3858	1582
石膏、水泥制品及类似制品制造	2014	1077	616
砖瓦、石材等建筑材料制造	4363	1856	2191
玻璃制造	1419	807	343
玻璃制品制造	5521	2234	1817
玻璃纤维和玻璃纤维增强塑料制品制造	2356	1495	681
陶瓷制品制造	2454	1221	1041
耐火材料制品制造	2537	569	1234
石墨及其他非金属矿物制品制造	8546	6334	1729
黑色金属冶炼和压延加工业	151539	54107	52413
炼铁	203	30	173
炼钢	13520	6156	5247
黑色金属铸造	1897	307	540
钢压延加工	135082	47345	45885
铁合金冶炼	838	270	568
有色金属冶炼和压延加工业	130658	67334	32152
常用有色金属冶炼	96026	47588	20383
贵金属冶炼	11000	9024	1974
稀有稀土金属冶炼	5319	2811	1599
有色金属合金制造	1845	470	674
有色金属铸造	90	60	29
有色金属压延加工	16379	7381	7494

1-D-2.5　续表 3　　　单位：万元

行　　业	R&D经费外部支出	#对境内研究机构支出	#对境内高等学校支出
金属制品业	42416	18349	15274
结构性金属制品制造	14486	6040	5877
金属工具制造	2787	937	1574
集装箱及金属包装容器制造	2213	1122	555
金属丝绳及其制品制造	5362	1739	1393
建筑、安全用金属制品制造	1787	490	1184
金属表面处理及热处理加工	489	76	90
搪瓷制品制造			
金属制日用品制造	490	243	152
其他金属制品制造	14803	7703	4449
通用设备制造业	111314	45659	39685
锅炉及原动设备制造	32299	8833	11064
金属加工机械制造	21023	6203	8660
物料搬运设备制造	20547	11725	6782
泵、阀门、压缩机及类似机械制造	8598	3399	4257
轴承、齿轮和传动部件制造	5589	2489	2354
烘炉、风机、衡器、包装等设备制造	15255	9931	4057
文化、办公用机械制造	788	227	195
通用零部件制造	6452	2778	1640
其他通用设备制造业	763	75	674
专用设备制造业	84519	30820	28312
采矿、冶金、建筑专用设备制造	33616	11757	13426
化工、木材、非金属加工专用设备制造	6396	2701	2300
食品、饮料、烟草及饲料生产专用设备制造	948	508	292
印刷、制药、日化及日用品生产专用设备制造	1181	233	647
纺织、服装和皮革加工专用设备制造	8158	4501	3495
电子和电工机械专用设备制造	2222	1376	837
农、林、牧、渔专用机械制造	5357	3100	1147
医疗仪器设备及器械制造	11909	3357	1958
环保、社会公共服务及其他专用设备制造	14733	3287	4211
汽车制造业	444830	167960	70413
汽车整车制造	395559	150391	60915
改装汽车制造	8745	3495	2492
低速载货汽车制造	2446	1784	662
电车制造	28		28
汽车车身、挂车制造	233	102	127
汽车零部件及配件制造	37820	12188	6190
铁路、船舶、航空航天和其他运输设备制造业	379842	130228	55011
铁路运输设备制造	85670	30169	21513
城市轨道交通设备制造	5173	2135	765
船舶及相关装置制造	51551	25673	9943
航空、航天器及设备制造	227226	64525	21459
摩托车制造	8380	6462	1024
自行车制造	1287	927	306
非公路休闲车及零配件制造			
潜水救捞及其他未列明运输设备制造	556	337	1
电气机械和器材制造业	210387	51395	49828
电机制造	14984	6005	6557
输配电及控制设备制造	44375	18245	13181

1-D-2.5 续表 4

单位：万元

行业	R&D经费外部支出	#对境内研究机构支出	#对境内高等学校支出
电线、电缆、光缆及电工器材制造	16130	8621	5642
电池制造	7972	3592	2740
家用电力器具制造	117940	11663	16208
非电力家用器具制造	2286	974	1295
照明器具制造	5582	1566	3816
其他电气机械及器材制造	1119	729	390
计算机、通信和其他电子设备制造业	347420	55807	30035
计算机制造	6468	2888	1676
通信设备制造	254142	18779	14078
广播电视设备制造	12367	4931	1572
雷达及配套设备制造	36808	17693	1857
视听设备制造	10338	3762	2652
电子器件制造	15366	3530	3907
电子元件制造	8407	2580	2830
其他电子设备制造	3523	1644	1464
仪器仪表制造业	41549	17371	10366
通用仪器仪表制造	26299	8408	5911
专用仪器仪表制造	12810	7999	4052
钟表与计时仪器制造	283	250	10
光学仪器及眼镜制造	2078	709	381
其他仪器仪表制造业	79	6	12
其他制造业	3564	1437	1060
日用杂品制造	1759	1061	344
煤制品制造	150	100	50
核辐射加工			
其他未列明制造业	1654	277	666
废弃资源综合利用业	4300	3238	1060
金属废料和碎屑加工处理	2487	1582	902
非金属废料和碎屑加工处理	1814	1656	158
金属制品、机械和设备修理业	2810	344	122
金属制品修理			
通用设备修理	51	51	
专用设备修理	831	119	30
铁路、船舶、航空航天等运输设备修理	1825	106	58
电气设备修理			
仪器仪表修理	29		29
其他机械和设备修理业	73	68	5
电力、热力、燃气及水生产和供应业	**132214**	**73973**	**25648**
电力、热力生产和供应业	130619	73074	25028
电力生产	28380	12879	2931
电力供应	102024	60076	22002
热力生产和供应	214	119	95
燃气生产和供应业	304	168	113
燃气生产和供应业	304	168	113
水的生产和供应业	1292	730	507
自来水生产和供应	457	138	265
污水处理及其再生利用	819	580	239
其他水的处理、利用与分配	15	13	3

1-D-2.6　分行业港澳台商投资企业R&D经费外部支出情况

单位：万元

行　业	R&D经费外部支出	#对境内研究机构支出	#对境内高等学校支出
总　计	**265461**	**117075**	**48236**
采矿业	**4000**	**632**	**2385**
煤炭开采和洗选业			
烟煤和无烟煤开采洗选			
褐煤开采洗选			
其他煤炭采选			
石油和天然气开采业	3914	632	2299
石油开采	1748	525	1224
天然气开采	2165	107	1075
黑色金属矿采选业			
铁矿采选			
锰矿、铬矿采选			
其他黑色金属矿采选			
有色金属矿采选业			
常用有色金属矿采选			
贵金属矿采选			
稀有稀土金属矿采选			
非金属矿采选业			
土砂石开采			
化学矿开采			
采盐			
石棉及其他非金属矿采选			
开采辅助活动	86		86
煤炭开采和洗选辅助活动			
石油和天然气开采辅助活动	86		86
其他开采辅助活动			
其他采矿业			
其他采矿业			
制造业	**256622**	**114700**	**44916**
农副食品加工业	2648	1410	833
谷物磨制			
饲料加工	1556	1356	200
植物油加工	13		13
制糖业			
屠宰及肉类加工	643	28	538
水产品加工	381	2	51
蔬菜、水果和坚果加工	45	24	21
其他农副食品加工	10		10
食品制造业	10656	744	857
焙烤食品制造	91	10	40
糖果、巧克力及蜜饯制造	91	64	27
方便食品制造	83		83
乳制品制造	258	95	95
罐头食品制造			
调味品、发酵制品制造	327	140	186
其他食品制造	9806	434	426
酒、饮料和精制茶制造业	2381	1583	530
酒的制造	1046	359	530
饮料制造	1335	1223	
精制茶加工			

1-D-2.6 续表 1

单位：万元

行　业	R&D经费外部支出	#对境内研究机构支出	#对境内高等学校支出
烟草制品业	125	125	
烟叶复烤			
卷烟制造			
其他烟草制品制造	125	125	
纺织业	5420	465	805
棉纺织及印染精加工	4992	423	561
毛纺织及染整精加工	155		97
麻纺织及染整精加工			
丝绢纺织及印染精加工	5		5
化纤织造及印染精加工	30	22	8
针织或钩针编织物及其制品制造	105		25
家用纺织制成品制造			
非家用纺织制成品制造	133	20	109
纺织服装、服饰业	8861	3629	3368
机织服装制造	8848	3624	3360
针织或钩针编织服装制造	13	5	9
服饰制造			
皮革、毛皮、羽毛及其制品和制鞋业	1845	984	391
皮革鞣制加工	340	40	300
皮革制品制造	15		15
毛皮鞣制及制品加工			
羽毛(绒)加工及制品制造			
制鞋业	1490	944	76
木材加工和木、竹、藤、棕、草制品业	356	54	302
木材加工			
人造板制造	174	54	120
木制品制造			
竹、藤、棕、草等制品制造	183		183
家具制造业	4348	3126	70
木质家具制造	9		9
竹、藤家具制造			
金属家具制造	4339	3126	61
塑料家具制造			
其他家具制造			
造纸和纸制品业	817	380	72
纸浆制造			
造纸	376	366	10
纸制品制造	441	14	62
印刷和记录媒介复制业	1614	465	269
印刷	1614	465	269
装订及印刷相关服务			
记录媒介复制			
文教、工美、体育和娱乐用品制造业	607	126	221
文教办公用品制造	32		2
乐器制造			
工艺美术品制造	223	45	4
体育用品制造	112		92
玩具制造	235	81	118
游艺器材及娱乐用品制造	5		5

1-D-2.6　续表 2

单位：万元

行　业	R&D经费外部支出	#对境内研究机构支出	#对境内高等学校支出
石油加工、炼焦和核燃料加工业	1334	277	736
精炼石油产品制造	1324	277	726
炼焦	10		10
核燃料加工			
化学原料和化学制品制造业	10154	4686	3899
基础化学原料制造	663	242	413
肥料制造	627	77	50
农药制造	218	178	41
涂料、油墨、颜料及类似产品制造	1735	1280	455
合成材料制造	3786	1432	2201
专用化学产品制造	2584	1378	565
炸药、火工及焰火产品制造			
日用化学产品制造	541	100	174
医药制造业	69706	49308	12207
化学药品原料药制造	22246	8630	10415
化学药品制剂制造	32649	27212	547
中药饮片加工	246	226	20
中成药生产	10529	9825	643
兽用药品制造	288	91	196
生物药品制造	3737	3325	373
卫生材料及医药用品制造	12		12
化学纤维制造业	6505	1182	2682
纤维素纤维原料及纤维制造	2511	994	1517
合成纤维制造	3994	189	1165
橡胶和塑料制品业	7641	1806	1015
橡胶制品业	4043	593	541
塑料制品业	3598	1213	474
非金属矿物制品业	1636	561	167
水泥、石灰和石膏制造			
石膏、水泥制品及类似制品制造	70		70
砖瓦、石材等建筑材料制造	69	21	28
玻璃制造	819		
玻璃制品制造	645	540	35
玻璃纤维和玻璃纤维增强塑料制品制造	18		18
陶瓷制品制造	15		15
耐火材料制品制造			
石墨及其他非金属矿物制品制造			
黑色金属冶炼和压延加工业	888	386	332
炼铁			
炼钢	281	213	68
黑色金属铸造			
钢压延加工	606	173	263
铁合金冶炼			
有色金属冶炼和压延加工业	1671	1175	363
常用有色金属冶炼	790	790	
贵金属冶炼			
稀有稀土金属冶炼			
有色金属合金制造	25	24	1
有色金属铸造	3		3
有色金属压延加工	852	361	359

1-D-2.6 续表 3

单位：万元

行业	R&D经费外部支出	#对境内研究机构支出	#对境内高等学校支出
金属制品业	1388	267	846
结构性金属制品制造	9		5
金属工具制造	214	84	115
集装箱及金属包装容器制造	680	1	672
金属丝绳及其制品制造	7		7
建筑、安全用金属制品制造	109	86	23
金属表面处理及热处理加工	4		4
搪瓷制品制造			
金属制日用品制造	53	52	1
其他金属制品制造	311	43	19
通用设备制造业	12082	5623	1214
锅炉及原动设备制造	4048	630	142
金属加工机械制造	917	609	69
物料搬运设备制造	1116	680	313
泵、阀门、压缩机及类似机械制造	5020	3545	336
轴承、齿轮和传动部件制造	102	10	34
烘炉、风机、衡器、包装等设备制造	677	110	166
文化、办公用机械制造			
通用零部件制造	202	40	153
其他通用设备制造业	1		
专用设备制造业	6160	1907	1988
采矿、冶金、建筑专用设备制造	2682	758	1024
化工、木材、非金属加工专用设备制造	1293	273	363
食品、饮料、烟草及饲料生产专用设备制造	12		12
印刷、制药、日化及日用品生产专用设备制造	76	30	
纺织、服装和皮革加工专用设备制造	581		147
电子和电工机械专用设备制造	237	38	
农、林、牧、渔专用机械制造	575	572	4
医疗仪器设备及器械制造	79	25	53
环保、社会公共服务及其他专用设备制造	625	211	385
汽车制造业	15769	5769	694
汽车整车制造	5721	228	250
改装汽车制造	112	94	18
低速载货汽车制造			
电车制造			
汽车车身、挂车制造	52		
汽车零部件及配件制造	9883	5447	426
铁路、船舶、航空航天和其他运输设备制造业	8896	3387	64
铁路运输设备制造	35		35
城市轨道交通设备制造			
船舶及相关装置制造	4156	3260	
航空、航天器及设备制造	9		9
摩托车制造	4621	122	
自行车制造	75	5	20
非公路休闲车及零配件制造			
潜水救捞及其他未列明运输设备制造			
电气机械和器材制造业	4114	1455	1557
电机制造	593	195	150
输配电及控制设备制造	1236	185	945

1-D-2.6　续表 4

单位：万元

行　业	R&D经费外部支出	#对境内研究机构支出	#对境内高等学校支出
电线、电缆、光缆及电工器材制造	342	193	95
电池制造	752	425	20
家用电力器具制造	452	175	108
非电力家用器具制造	158	128	20
照明器具制造	581	154	219
其他电气机械及器材制造			
计算机、通信和其他电子设备制造业	66938	22812	8728
计算机制造	9469	7708	1184
通信设备制造	18133	4410	4660
广播电视设备制造	9	9	
雷达及配套设备制造			
视听设备制造	9870	3246	1283
电子器件制造	15813	2090	544
电子元件制造	9060	5075	560
其他电子设备制造	4584	274	497
仪器仪表制造业	1827	973	572
通用仪器仪表制造	953	496	401
专用仪器仪表制造	364	333	32
钟表与计时仪器制造	11		
光学仪器及眼镜制造	499	145	139
其他仪器仪表制造业			
其他制造业	172		138
日用杂品制造	162		128
煤制品制造			
核辐射加工			
其他未列明制造业	10		10
废弃资源综合利用业	30		
金属废料和碎屑加工处理			
非金属废料和碎屑加工处理	30		
金属制品、机械和设备修理业	38	38	
金属制品修理			
通用设备修理			
专用设备修理	38	38	
铁路、船舶、航空航天等运输设备修理			
电气设备修理			
仪器仪表修理			
其他机械和设备修理业			
电力、热力、燃气及水生产和供应业	**4838**	**1744**	**934**
电力、热力生产和供应业	4780	1744	878
电力生产	4780	1744	878
电力供应			
热力生产和供应			
燃气生产和供应业			
燃气生产和供应业			
水的生产和供应业	59		56
自来水生产和供应	59		56
污水处理及其再生利用			
其他水的处理、利用与分配			

1-D-2.7 分行业外商投资企业R&D经费外部支出情况

单位：万元

行 业	R&D经费外部支出	#对境内研究机构支出	#对境内高等学校支出
总 计	**760512**	**276587**	**58977**
采矿业	**251**	**170**	**30**
煤炭开采和洗选业			
烟煤和无烟煤开采洗选			
褐煤开采洗选			
其他煤炭采选			
石油和天然气开采业			
石油开采			
天然气开采			
黑色金属矿采选业	10		10
铁矿采选			
锰矿、铬矿采选	10		10
其他黑色金属矿采选			
有色金属矿采选业	155	110	
常用有色金属矿采选	45		
贵金属矿采选			
稀有稀土金属矿采选	110	110	
非金属矿采选业	86	60	20
土砂石开采			
化学矿开采			
采盐	86	60	20
石棉及其他非金属矿采选			
开采辅助活动			
煤炭开采和洗选辅助活动			
石油和天然气开采辅助活动			
其他开采辅助活动			
其他采矿业			
其他采矿业			
制造业	**759537**	**275798**	**58857**
农副食品加工业	5385	1756	2050
谷物磨制	50		
饲料加工	736	288	28
植物油加工	1627	458	1168
制糖业			
屠宰及肉类加工	51	38	13
水产品加工	2528	885	538
蔬菜、水果和坚果加工	159		159
其他农副食品加工	235	87	144
食品制造业	15397	3852	4371
焙烤食品制造			
糖果、巧克力及蜜饯制造			
方便食品制造	124	59	65
乳制品制造	917	304	386
罐头食品制造	127	87	41
调味品、发酵制品制造	5277	1122	48
其他食品制造	8952	2280	3832
酒、饮料和精制茶制造业	255	169	86
酒的制造	255	169	86
饮料制造			
精制茶加工			

1-D-2.7　续表 1　　　　单位：万元

行　业	R&D经费外部支出	#对境内研究机构支出	#对境内高等学校支出
烟草制品业			
烟叶复烤			
卷烟制造			
其他烟草制品制造			
纺织业	1308	638	430
棉纺织及印染精加工	724	606	118
毛纺织及染整精加工	391	19	269
麻纺织及染整精加工			
丝绢纺织及印染精加工			
化纤织造及印染精加工	127		
针织或钩针编织物及其制品制造			
家用纺织制成品制造	30		30
非家用纺织制成品制造	36	13	13
纺织服装、服饰业	1999	179	345
机织服装制造	1964	179	345
针织或钩针编织服装制造	35		
服饰制造			
皮革、毛皮、羽毛及其制品和制鞋业	683	421	137
皮革鞣制加工	26		26
皮革制品制造	131	5	
毛皮鞣制及制品加工			
羽毛(绒)加工及制品制造			
制鞋业	527	416	111
木材加工和木、竹、藤、棕、草制品业	8	5	3
木材加工			
人造板制造			
木制品制造	8	5	3
竹、藤、棕、草等制品制造			
家具制造业	48	2	
木质家具制造			
竹、藤家具制造			
金属家具制造	46		
塑料家具制造	2	2	
其他家具制造			
造纸和纸制品业	296	22	269
纸浆制造			
造纸	92		92
纸制品制造	203	22	177
印刷和记录媒介复制业			
印刷			
装订及印刷相关服务			
记录媒介复制			
文教、工美、体育和娱乐用品制造业	708	376	221
文教办公用品制造			
乐器制造			
工艺美术品制造	639	361	212
体育用品制造	60	15	
玩具制造	9		9
游艺器材及娱乐用品制造			

1-D-2.7 续表 2

单位：万元

行业	R&D经费外部支出	#对境内研究机构支出	#对境内高等学校支出
石油加工、炼焦和核燃料加工业	1355	1335	19
精炼石油产品制造	1170	1150	19
炼焦	185	185	
核燃料加工			
化学原料和化学制品制造业	17029	6902	3307
基础化学原料制造	3844	1651	621
肥料制造	696	159	536
农药制造	4004	3268	50
涂料、油墨、颜料及类似产品制造	1038	406	497
合成材料制造	926	189	434
专用化学产品制造	2508	858	743
炸药、火工及焰火产品制造			
日用化学产品制造	4014	372	425
医药制造业	59303	49701	4855
化学药品原料药制造	6732	5710	435
化学药品制剂制造	38225	33516	2351
中药饮片加工	31	31	
中成药生产	8707	6814	1393
兽用药品制造	558	202	302
生物药品制造	3811	3396	343
卫生材料及医药用品制造	1240	32	30
化学纤维制造业	963	776	102
纤维素纤维原料及纤维制造	165		80
合成纤维制造	798	776	23
橡胶和塑料制品业	16733	1822	9457
橡胶制品业	15081	1778	9344
塑料制品业	1653	44	113
非金属矿物制品业	4193	1185	541
水泥、石灰和石膏制造	2418	794	77
石膏、水泥制品及类似制品制造	24	20	4
砖瓦、石材等建筑材料制造	441	39	50
玻璃制造	21		21
玻璃制品制造	129	1	3
玻璃纤维和玻璃纤维增强塑料制品制造	185	115	70
陶瓷制品制造	513	217	44
耐火材料制品制造	114		114
石墨及其他非金属矿物制品制造	349		158
黑色金属冶炼和压延加工业	8572	2989	2617
炼铁			
炼钢	8	8	
黑色金属铸造	272	42	7
钢压延加工	7708	2911	2427
铁合金冶炼	584	28	183
有色金属冶炼和压延加工业	2181	482	801
常用有色金属冶炼	1021	316	487
贵金属冶炼			
稀有稀土金属冶炼			
有色金属合金制造	129		129
有色金属铸造			
有色金属压延加工	1031	166	186

1-D-2.7　续表 3

单位：万元

行　业	R&D经费外部支出	#对境内研究机构支出	#对境内高等学校支出
金属制品业	2083	998	231
结构性金属制品制造	102	15	12
金属工具制造	456	98	24
集装箱及金属包装容器制造	681	636	22
金属丝绳及其制品制造	159	117	42
建筑、安全用金属制品制造	104	70	34
金属表面处理及热处理加工			
搪瓷制品制造			
金属制日用品制造	383		5
其他金属制品制造	198	62	92
通用设备制造业	69426	21146	4437
锅炉及原动设备制造	8195	5950	1427
金属加工机械制造	1574	274	156
物料搬运设备制造	36871	7387	1835
泵、阀门、压缩机及类似机械制造	4327	373	310
轴承、齿轮和传动部件制造	1975	44	55
烘炉、风机、衡器、包装等设备制造	5477	1094	488
文化、办公用机械制造	5072	705	128
通用零部件制造	5936	5319	38
其他通用设备制造业			
专用设备制造业	18294	3821	1649
采矿、冶金、建筑专用设备制造	7951	2873	489
化工、木材、非金属加工专用设备制造	2840	25	346
食品、饮料、烟草及饲料生产专用设备制造	95	17	78
印刷、制药、日化及日用品生产专用设备制造	92	86	
纺织、服装和皮革加工专用设备制造	326	310	17
电子和电工机械专用设备制造			
农、林、牧、渔专用机械制造	447	112	
医疗仪器设备及器械制造	3513	99	115
环保、社会公共服务及其他专用设备制造	3031	298	604
汽车制造业	270393	83607	8707
汽车整车制造	122737	43156	6483
改装汽车制造	3819	2802	1018
低速载货汽车制造	237		
电车制造			
汽车车身、挂车制造	162	130	32
汽车零部件及配件制造	143438	37520	1175
铁路、船舶、航空航天和其他运输设备制造业	38405	15911	269
铁路运输设备制造	3459	1	10
城市轨道交通设备制造			
船舶及相关装置制造	18943	15700	111
航空、航天器及设备制造	201	20	51
摩托车制造	15474		
自行车制造	159	43	83
非公路休闲车及零配件制造			
潜水救捞及其他未列明运输设备制造	168	147	14
电气机械和器材制造业	49757	17835	2085
电机制造	13568	4989	434
输配电及控制设备制造	9279	5471	286

1-D-2.7 续表 4

单位：万元

行　　业	R&D经费外部支出	#对境内研究机构支出	#对境内高等学校支出
电线、电缆、光缆及电工器材制造	2242	1447	419
电池制造	777	106	442
家用电力器具制造	22094	4163	464
非电力家用器具制造	60	60	
照明器具制造	1737	1598	41
其他电气机械及器材制造			
计算机、通信和其他电子设备制造业	153989	54876	11439
计算机制造	2701	100	429
通信设备制造	59584	33214	80
广播电视设备制造	218	218	
雷达及配套设备制造	26		21
视听设备制造	26305	5029	370
电子器件制造	33216	5736	1212
电子元件制造	3105	345	323
其他电子设备制造	28833	10235	9005
仪器仪表制造业	19788	4315	430
通用仪器仪表制造	6745	4296	233
专用仪器仪表制造	13030	19	193
钟表与计时仪器制造			
光学仪器及眼镜制造	5		5
其他仪器仪表制造业	8		
其他制造业	10	10	
日用杂品制造			
煤制品制造			
核辐射加工			
其他未列明制造业	10	10	
废弃资源综合利用业	670	670	
金属废料和碎屑加工处理			
非金属废料和碎屑加工处理	670	670	
金属制品、机械和设备修理业	308		
金属制品修理			
通用设备修理			
专用设备修理			
铁路、船舶、航空航天等运输设备修理	308		
电气设备修理			
仪器仪表修理			
其他机械和设备修理业			
电力、热力、燃气及水生产和供应业	**725**	**618**	**91**
电力、热力生产和供应业	128	57	56
电力生产	128	57	56
电力供应			
热力生产和供应			
燃气生产和供应业	561	561	
燃气生产和供应业	561	561	
水的生产和供应业	35		35
自来水生产和供应	35		35
污水处理及其再生利用			
其他水的处理、利用与分配			

1-D-2.8　各地区企业R&D经费外部支出情况

单位：万元

地　区	R&D经费外部支出	#对境内研究机构支出	#对境内高等学校支出
全　国	**4231573**	**1705690**	**869812**
东部地区	2707957	928966	475721
中部地区	669121	326267	170721
西部地区	498848	290655	116711
东北地区	355647	159802	106660
北　京	140795	62989	11767
天　津	93931	40407	21100
河　北	108182	50758	46284
山　西	77681	37425	22122
内蒙古	33735	17811	8761
辽　宁	125831	45172	27765
吉　林	176660	91399	61380
黑龙江	53157	23231	17516
上　海	492074	93824	26708
江　苏	394035	154312	84824
浙　江	258481	122500	47475
安　徽	172207	58652	34198
福　建	140618	60531	16621
江　西	105765	52744	12903
山　东	526462	231774	169999
河　南	102756	60644	33795
湖　北	90811	42830	30773
湖　南	119901	73974	36930
广　东	538662	97938	50320
广　西	37190	24351	9098
海　南	14717	13933	624
重　庆	71948	48803	8393
四　川	116589	67206	34288
贵　州	14210	6298	3501
云　南	44574	34598	6584
西　藏	1106	626	36
陕　西	78143	35461	17590
甘　肃	68522	37029	18944
青　海	5205	3879	855
宁　夏	9505	4610	4057
新　疆	18119	9983	4604

1-D-2.9 各地区大中型企业R&D经费外部支出情况

单位：万元

地区	R&D经费外部支出	#对境内研究机构支出	#对境内高等学校支出
全国	**3838713**	**1524211**	**747380**
东部地区	2450554	821495	393986
中部地区	596286	283676	146899
西部地区	454501	272476	103419
东北地区	337372	146564	103077
北京	127409	53451	10109
天津	81227	34296	17850
河北	101510	45903	45203
山西	75784	36292	21455
内蒙古	25893	17039	6980
辽宁	113000	35790	25545
吉林	173293	88799	60829
黑龙江	51080	21976	16702
上海	479686	87600	23814
江苏	326558	133746	58123
浙江	203137	102004	29691
安徽	148962	46310	25558
福建	125388	56274	11586
江西	103167	51229	11933
山东	484010	213857	153422
河南	94155	56212	30567
湖北	75771	35365	24894
湖南	98447	58269	32490
广东	511497	84658	43785
广西	35448	23321	8584
海南	10134	9708	402
重庆	66983	47001	5831
四川	110518	63087	33022
贵州	9931	5817	2844
云南	40347	31903	5517
西藏	157	28	30
陕西	73127	33133	15715
甘肃	61689	34290	15900
青海	4456	3383	702
宁夏	8684	4013	3964
新疆	17268	9461	4331

1-D-2.10　各地区内资企业R&D经费外部支出情况

单位：万元

地　区	R&D经费外部支出	#对境内研究机构支出	#对境内高等学校支出
全　国	**3205600**	**1312029**	**762599**
东部地区	1791718	600620	390786
中部地区	612694	292524	157719
西部地区	475704	277728	109635
东北地区	325484	141157	104460
北　京	105847	42723	10185
天　津	63030	33142	16662
河　北	67861	31615	30913
山　西	77463	37270	22059
内蒙古	33056	17663	8465
辽　宁	109170	36012	26385
吉　林	167906	83287	61047
黑龙江	48407	21859	17028
上　海	252869	39929	20193
江　苏	243705	94833	74530
浙　江	161645	75654	38439
安　徽	166367	55696	33636
福　建	50484	22612	11945
江　西	103077	50711	12329
山　东	458161	189015	149311
河　南	91266	50936	32722
湖　北	79273	35907	29768
湖　南	95248	62004	27205
广　东	380215	63830	38109
广　西	21185	15548	4361
海　南	7902	7267	499
重　庆	70359	47857	7982
四　川	115770	66932	33779
贵　州	13799	6065	3322
云　南	42225	32562	6374
西　藏	1106	626	36
陕　西	77405	35068	17265
甘　肃	68519	37029	18944
青　海	4910	3879	605
宁　夏	9291	4545	3908
新　疆	18080	9953	4595

1-D-2.11 各地区港澳台商投资企业R&D经费外部支出情况

单位：万元

地区	R&D经费外部支出	#对境内研究机构支出	#对境内高等学校支出
全国	**265461**	**117075**	**48236**
东部地区	246498	105489	44533
中部地区	8348	4146	1689
西部地区	3085	2233	716
东北地区	7529	5207	1298
北京	18484	9780	129
天津	1381	919	258
河北	21692	8289	10032
山西	174	111	64
内蒙古	4	4	
辽宁	7186	4986	1175
吉林			
黑龙江	343	221	123
上海	12367	6264	1245
江苏	39458	12321	5839
浙江	29262	13523	6793
安徽	2352	728	243
福建	16885	3744	2899
江西	1826	1375	451
山东	39800	30878	8417
河南	1082	542	366
湖北	2402	1299	216
湖南	512	92	350
广东	67133	19737	8922
广西	91	6	10
海南	35	35	
重庆	257	194	17
四川	256	37	206
贵州	7		7
云南	1786	1734	52
西藏			
陕西	508	228	280
甘肃	3		
青海			
宁夏	135		135
新疆	39	30	9

1-D-2.12　各地区外商投资企业R&D经费外部支出情况

单位：万元

地　区	R&D经费外部支出	#对境内研究机构支出	#对境内高等学校支出
全　国	**760512**	**276587**	**58977**
东部地区	669741	222857	40402
中部地区	48079	29597	11313
西部地区	20058	10695	6360
东北地区	22635	13438	903
北　京	16464	10486	1453
天　津	29519	6347	4180
河　北	18629	10854	5339
山　西	44	44	
内蒙古	676	145	296
辽　宁	9475	4174	205
吉　林	8754	8113	333
黑龙江	4406	1152	365
上　海	226839	47631	5270
江　苏	110872	47159	4456
浙　江	67575	33324	2243
安　徽	3489	2228	319
福　建	73249	34175	1777
江　西	861	659	123
山　东	28501	11881	12272
河　南	10408	9165	707
湖　北	9136	5623	789
湖　南	24142	11878	9376
广　东	91314	14371	3289
广　西	15914	8796	4727
海　南	6780	6630	125
重　庆	1333	751	395
四　川	563	237	303
贵　州	404	233	171
云　南	563	302	158
西　藏			
陕　西	230	165	45
甘　肃			
青　海	295		250
宁　夏	80	65	14
新　疆			

E. 企业R&D项目情况

1-E-1　分登记注册类型企业全部R&D项目情况

登记注册类型	项目数(项)	参加项目人员(人)	项目人员折合全时当量(人年)	项目经费内部支出(万元)
总　计	**322567**	**3071873**	**2270204**	**72944902**
内资企业	**250823**	**2326740**	**1693440**	**54631334**
国有企业	10634	104619	73380	2276456
集体企业	1986	11186	6926	533267
股份合作企业	625	3722	2645	64843
联营企业	114	1863	1459	68531
国有联营企业	102	1749	1394	66681
集体联营企业	4	56	36	1452
国有与集体联营企业	8	58	29	398
其他联营企业				
有限责任公司	102726	1002811	732366	24509878
国有独资公司	18582	191863	140183	4862899
其他有限责任公司	84144	810948	592182	19646979
股份有限公司	44525	516880	392491	12155831
私营企业	89657	680567	480247	14906188
私营独资企业	1646	11507	7892	264053
私营合伙企业	232	1652	1114	35156
私营有限责任公司	77184	586647	414239	12783460
私营股份有限公司	10595	80761	57001	1823519
其他企业	556	5092	3926	116339
港、澳、台商投资企业	**28859**	**323814**	**251805**	**7017451**
合资经营企业	13611	134895	103423	3050841
合作经营企业	568	3889	2986	84532
港、澳、台商独资经营企业	13075	165339	129010	3433597
港、澳、台商投资股份有限公司	1541	19228	16140	444884
其他港、澳、台投资企业	64	463	246	3597
外商投资企业	**42885**	**421319**	**324959**	**11296117**
中外合资经营企业	20622	209788	158976	6100448
中外合作经营企业	795	6458	4083	200257
外资企业	19770	183693	145512	4298355
外商投资股份有限公司	1588	20648	15854	679724
其他外商投资企业	110	732	534	17334

1-E-2　分登记注册类型大中型企业全部R&D项目情况

登记注册类型	项目数 (项)	参加项目 人　　员 (人)	项目人员折合 全时当量 (人年)	项目经费 内部支出 (万元)
总　计	**205146**	**2393593**	**1796334**	**59145315**
内资企业	**158614**	**1775776**	**1313472**	**43354738**
国有企业	9437	96313	68008	2155883
集体企业	1745	9288	5466	496799
股份合作企业	272	1687	1226	30837
联营企业	95	1695	1349	64116
国有联营企业	94	1682	1337	64024
集体联营企业				
国有与集体联营企业	1	13	12	92
其他联营企业				
有限责任公司	74898	832549	616456	21041164
国有独资公司	17577	183612	133640	4709188
其他有限责任公司	57321	648937	482817	16331976
股份有限公司	38390	479918	366478	11395378
私营企业	33435	351159	251880	8088207
私营独资企业	311	3575	2468	85349
私营合伙企业	39	476	394	12019
私营有限责任公司	25868	286673	206085	6591112
私营股份有限公司	7217	60435	42933	1399728
其他企业	342	3167	2609	82356
港、澳、台商投资企业	**19504**	**269756**	**212819**	**5906683**
合资经营企业	8647	108220	84195	2492430
合作经营企业	316	2570	2073	52689
港、澳、台商独资经营企业	9174	140935	111441	2947213
港、澳、台商投资股份有限公司	1317	17666	14945	411314
其他港、澳、台投资企业	50	365	166	3037
外商投资企业	**27028**	**348061**	**270043**	**9883894**
中外合资经营企业	14369	167105	126250	5367625
中外合作经营企业	572	5129	3078	167744
外资企业	10587	155713	125253	3686398
外商投资股份有限公司	1416	19592	15076	651118
其他外商投资企业	84	522	385	11009

1-E-3 分行业企业全部R&D项目情况

行　业	项目数（项）	参加项目人员（人）	项目人员折合全时当量（人年）	项目经费内部支出（万元）
总　计	**322567**	**3071873**	**2270204**	**72944902**
采矿业	**9721**	**131513**	**84723**	**2360186**
煤炭开采和洗选业	4483	78241	49632	1392809
烟煤和无烟煤开采洗选	4431	77231	48741	1365720
褐煤开采洗选	52	1010	891	27089
其他煤炭采选				
石油和天然气开采业	3284	32427	21999	541578
石油开采	3257	31961	21815	524032
天然气开采	27	466	185	17546
黑色金属矿采选业	300	3541	2517	68431
铁矿采选	266	2870	1937	51548
锰矿、铬矿采选	30	614	552	16392
其他黑色金属矿采选	4	57	28	492
有色金属矿采选业	464	5954	3591	188955
常用有色金属矿采选	166	2416	1152	32824
贵金属矿采选	243	2940	2092	143282
稀有稀土金属矿采选	55	598	348	12850
非金属矿采选业	372	4282	2884	63398
土砂石开采	146	1115	760	23498
化学矿开采	36	577	243	8889
采盐	163	2369	1760	25401
石棉及其他非金属矿采选	27	221	121	5610
开采辅助活动	816	7043	4076	104831
煤炭开采和洗选辅助活动	1	5	4	34
石油和天然气开采辅助活动	811	7008	4069	103831
其他开采辅助活动	4	30	3	965
其他采矿业	2	25	23	185
其他采矿业	2	25	23	185
制造业	**309406**	**2898277**	**2158113**	**70054995**
农副食品加工业	5987	52489	34628	1516197
谷物磨制	409	4021	2290	102952
饲料加工	1505	11983	7931	344105
植物油加工	646	5287	3358	260414
制糖业	105	1151	616	20474
屠宰及肉类加工	1184	10026	7121	296712
水产品加工	797	7187	4535	192173
蔬菜、水果和坚果加工	559	4821	3395	104411
其他农副食品加工	782	8013	5382	194955
食品制造业	4530	36992	24462	860938
焙烤食品制造	202	1596	1037	33862
糖果、巧克力及蜜饯制造	230	2212	1206	64886
方便食品制造	333	2743	1840	63309
乳制品制造	682	6403	2946	127775
罐头食品制造	306	2427	1666	52735
调味品、发酵制品制造	615	7847	5447	166469
其他食品制造	2162	13764	10319	351903
酒、饮料和精制茶制造业	2738	28172	19130	708017
酒的制造	1764	18173	12534	471408
饮料制造	537	6996	4651	163196
精制茶加工	437	3003	1945	73413

1-E-3　续表 1

行　业	项目数 (项)	参加项目人员 (人)	项目人员折合全时当量 (人年)	项目经费内部支出 (万元)
烟草制品业	1285	5852	3669	127318
烟叶复烤	59	444	223	3127
卷烟制造	1163	5105	3228	116678
其他烟草制品制造	63	303	218	7513
纺织业	7441	72563	49077	1371814
棉纺织及印染精加工	4419	43558	28363	786290
毛纺织及染整精加工	388	5362	3791	133535
麻纺织及染整精加工	63	1413	841	20070
丝绢纺织及印染精加工	312	2623	2084	49697
化纤织造及印染精加工	300	2460	1317	35467
针织或钩针编织物及其制品制造	573	5297	4323	107533
家用纺织制成品制造	604	6613	4890	109547
非家用纺织制成品制造	782	5237	3468	129676
纺织服装、服饰业	3666	41473	32062	626936
机织服装制造	2352	33174	26591	484032
针织或钩针编织服装制造	1205	7255	4652	124903
服饰制造	109	1044	818	18001
皮革、毛皮、羽毛及其制品和制鞋业	1472	17724	12408	310043
皮革鞣制加工	117	1464	1133	41520
皮革制品制造	170	2092	1397	43398
毛皮鞣制及制品加工	83	619	439	18414
羽毛(绒)加工及制品制造	51	476	254	9095
制鞋业	1051	13073	9186	197617
木材加工和木、竹、藤、棕、草制品业	1162	11279	7382	246450
木材加工	73	585	478	12561
人造板制造	696	7419	4637	168456
木制品制造	281	2350	1644	51461
竹、藤、棕、草等制品制造	112	925	623	13972
家具制造业	1413	12215	8814	196792
木质家具制造	707	6765	4644	95823
竹、藤家具制造	16	54	30	1021
金属家具制造	446	3479	2743	65535
塑料家具制造	44	252	201	5440
其他家具制造	200	1665	1196	28973
造纸和纸制品业	2087	29158	19028	797094
纸浆制造	22	324	154	7240
造纸	1357	21549	13718	655113
纸制品制造	708	7285	5156	134740
印刷和记录媒介复制业	1745	15540	10480	254753
印刷	1714	15238	10254	250950
装订及印刷相关服务	21	215	154	1864
记录媒介复制	10	87	72	1938
文教、工美、体育和娱乐用品制造业	3163	27261	19319	435452
文教办公用品制造	505	3129	2360	42202
乐器制造	144	1320	1072	23595
工艺美术品制造	1188	11279	7586	185896
体育用品制造	480	5072	3754	76122
玩具制造	583	4508	3185	61932
游艺器材及娱乐用品制造	263	1953	1362	45704

1-E-3 续表 2

行业	项目数（项）	参加项目人员（人）	项目人员折合全时当量（人年）	项目经费内部支出（万元）
石油加工、炼焦和核燃料加工业	1913	17976	12800	715280
精炼石油产品制造	1690	14325	10595	576823
炼焦	199	3478	2149	137523
核燃料加工	24	173	56	933
化学原料和化学制品制造业	24585	210219	154752	5886014
基础化学原料制造	4560	50855	36746	1560665
肥料制造	1601	23479	16651	557664
农药制造	1783	14705	11137	348893
涂料、油墨、颜料及类似产品制造	3487	25185	19269	542906
合成材料制造	3822	32615	23866	1219405
专用化学产品制造	6850	46990	35063	1325206
炸药、火工及焰火产品制造	820	6101	4208	90596
日用化学产品制造	1662	10289	7813	240680
医药制造业	25419	147959	111535	3106870
化学药品原料药制造	8180	30203	23581	621526
化学药品制剂制造	7619	47095	35993	1043430
中药饮片加工	636	3450	2300	80914
中成药生产	4467	33779	24991	651700
兽用药品制造	836	6174	4067	92144
生物药品制造	2905	19677	14561	462212
卫生材料及医药用品制造	776	7581	6042	154944
化学纤维制造业	1652	22279	15762	624620
纤维素纤维原料及纤维制造	509	8534	5783	201014
合成纤维制造	1143	13745	9980	423607
橡胶和塑料制品业	9806	79145	58174	1760395
橡胶制品业	2982	29363	21551	818461
塑料制品业	6824	49782	36624	941934
非金属矿物制品业	9690	99009	67235	1910033
水泥、石灰和石膏制造	846	8908	5627	190256
石膏、水泥制品及类似制品制造	912	7022	4454	175932
砖瓦、石材等建筑材料制造	1328	15499	9643	302963
玻璃制造	516	6103	4353	109102
玻璃制品制造	1401	14651	10477	245444
玻璃纤维和玻璃纤维增强塑料制品制造	991	7816	5211	140847
陶瓷制品制造	1250	13486	9063	212054
耐火材料制品制造	1204	12143	8679	248012
石墨及其他非金属矿物制品制造	1242	13381	9729	285423
黑色金属冶炼和压延加工业	9767	132351	95694	5363743
炼铁	118	1645	1237	36534
炼钢	1319	20824	13590	950778
黑色金属铸造	1179	8892	6311	209430
钢压延加工	6825	97525	72567	4064665
铁合金冶炼	326	3465	1989	102336
有色金属冶炼和压延加工业	6966	75929	52723	2619801
常用有色金属冶炼	1892	26520	17857	965465
贵金属冶炼	318	4431	2833	145013
稀有稀土金属冶炼	624	6201	4406	153695
有色金属合金制造	830	6814	4874	192267
有色金属铸造	127	633	519	11381
有色金属压延加工	3175	31330	22235	1151980

1-E-3 续表 3

行 业	项目数（项）	参加项目人员（人）	项目人员折合全时当量（人年）	项目经费内部支出（万元）
金属制品业	11229	101988	71350	2012806
结构性金属制品制造	2191	22357	15029	431291
金属工具制造	1204	9370	6144	153159
集装箱及金属包装容器制造	978	7465	4856	166555
金属丝绳及其制品制造	963	8281	5766	270301
建筑、安全用金属制品制造	1238	10190	7168	181081
金属表面处理及热处理加工	542	5104	3507	114594
搪瓷制品制造	83	1123	914	14943
金属制日用品制造	745	8357	5176	112918
其他金属制品制造	3285	29741	22789	567964
通用设备制造业	28306	243393	175093	4861454
锅炉及原动设备制造	3035	35523	26800	836014
金属加工机械制造	4278	39027	26600	630431
物料搬运设备制造	3242	28772	20609	775516
泵、阀门、压缩机及类似机械制造	6799	49943	35537	961291
轴承、齿轮和传动部件制造	2986	24625	16991	390859
烘炉、风机、衡器、包装等设备制造	4736	37220	27695	757873
文化、办公用机械制造	821	9268	7306	179111
通用零部件制造	1738	14108	9986	249210
其他通用设备制造业	671	4907	3568	81150
专用设备制造业	26763	219377	163649	4486219
采矿、冶金、建筑专用设备制造	9233	86757	66526	2149864
化工、木材、非金属加工专用设备制造	4267	31973	22752	484263
食品、饮料、烟草及饲料生产专用设备制造	861	6017	4203	101796
印刷、制药、日化及日用品生产专用设备制造	1364	9917	7355	148954
纺织、服装和皮革加工专用设备制造	1645	12438	9463	218090
电子和电工机械专用设备制造	1388	10942	8270	202180
农、林、牧、渔专用机械制造	1459	13436	9341	250553
医疗仪器设备及器械制造	2529	18972	14449	402125
环保、社会公共服务及其他专用设备制造	4017	28925	21290	528395
汽车制造业	20311	223786	173840	6078010
汽车整车制造	4537	97808	84899	3536941
改装汽车制造	1429	11395	7642	237237
低速载货汽车制造	118	917	475	45145
电车制造	85	473	292	7727
汽车车身、挂车制造	209	3228	2123	53966
汽车零部件及配件制造	13933	109965	78409	2196994
铁路、船舶、航空航天和其他运输设备制造业	10557	124565	94584	2904467
铁路运输设备制造	2761	31625	23202	666106
城市轨道交通设备制造	238	1565	1208	46603
船舶及相关装置制造	1720	24604	17881	698358
航空、航天器及设备制造	3618	49272	40200	1138193
摩托车制造	1455	11766	8109	250757
自行车制造	492	4601	3257	86109
非公路休闲车及零配件制造	112	328	214	4442
潜水救捞及其他未列明运输设备制造	161	804	513	13899
电气机械和器材制造业	37415	308833	232520	7171794
电机制造	5173	43308	33811	1000211
输配电及控制设备制造	12442	107818	82840	2255155

1-E-3 续表 4

行 业	项目数（项）	参加项目人员（人）	项目人员折合全时当量（人年）	项目经费内部支出（万元）
电线、电缆、光缆及电工器材制造	4935	38378	28141	1073246
电池制造	2141	23200	17832	472136
家用电力器具制造	7510	63650	45216	1777256
非电力家用器具制造	771	5370	4053	118370
照明器具制造	3805	23107	17471	405522
其他电气机械及器材制造	638	4002	3155	69898
计算机、通信和其他电子设备制造业	36382	439557	360800	11503071
计算机制造	2865	63848	52279	1262579
通信设备制造	5874	131307	117562	4885506
广播电视设备制造	1466	15258	11570	263456
雷达及配套设备制造	927	7101	5379	153143
视听设备制造	5562	38498	31108	1126833
电子器件制造	8433	73770	57776	1825805
电子元件制造	9369	89513	70526	1540776
其他电子设备制造	1886	20262	14599	444974
仪器仪表制造业	10210	83380	63547	1319487
通用仪器仪表制造	6351	49658	38290	843515
专用仪器仪表制造	2236	16935	13571	276399
钟表与计时仪器制造	280	1735	1478	23071
光学仪器及眼镜制造	1145	13859	9235	163524
其他仪器仪表制造业	198	1193	972	12978
其他制造业	1073	7818	6326	124457
日用杂品制造	293	2381	2018	35874
煤制品制造	91	589	429	7549
核辐射加工	5	22	10	180
其他未列明制造业	684	4826	3869	80854
废弃资源综合利用业	325	3573	2492	85870
金属废料和碎屑加工处理	230	2751	1929	70326
非金属废料和碎屑加工处理	95	822	563	15543
金属制品、机械和设备修理业	348	6422	4778	68804
金属制品修理	3	25	21	286
通用设备修理	8	79	60	866
专用设备修理	103	942	708	18069
铁路、船舶、航空航天等运输设备修理	167	4979	3720	43408
电气设备修理	30	75	41	966
仪器仪表修理	8	70	70	666
其他机械和设备修理业	29	252	157	4544
电力、热力、燃气及水生产和供应业	**3440**	**42083**	**27368**	**529720**
电力、热力生产和供应业	3079	38816	25251	469643
电力生产	930	10585	6715	224522
电力供应	2103	27942	18390	239968
热力生产和供应	46	289	146	5153
燃气生产和供应业	105	1032	752	31382
燃气生产和供应业	105	1032	752	31382
水的生产和供应业	256	2235	1366	28695
自来水生产和供应	134	1434	898	15115
污水处理及其再生利用	107	685	420	12254
其他水的处理、利用与分配	15	116	48	1327

1-E-4　分行业大中型企业全部R&D项目情况

行　业	项目数(项)	参加项目人员(人)	项目人员折合全时当量(人年)	项目经费内部支出(万元)
总　计	**205146**	**2393593**	**1796334**	**59145315**
采矿业	**9400**	**129033**	**83108**	**2293786**
煤炭开采和洗选业	4438	77715	49263	1383317
烟煤和无烟煤开采洗选	4386	76705	48372	1356229
褐煤开采洗选	52	1010	891	27089
其他煤炭采选				
石油和天然气开采业	3282	32411	21983	541518
石油开采	3255	31945	21798	523971
天然气开采	27	466	185	17546
黑色金属矿采选业	246	3137	2264	59005
铁矿采选	220	2571	1740	42944
锰矿、铬矿采选	26	566	524	16060
其他黑色金属矿采选				
有色金属矿采选业	401	5484	3284	175060
常用有色金属矿采选	120	2089	965	23776
贵金属矿采选	234	2846	2018	140318
稀有稀土金属矿采选	47	549	301	10966
非金属矿采选业	256	3434	2306	42207
土砂石开采	63	569	371	9710
化学矿开采	30	538	223	7950
采盐	156	2274	1681	24094
石棉及其他非金属矿采选	7	53	31	453
开采辅助活动	777	6852	4008	92679
煤炭开采和洗选辅助活动				
石油和天然气开采辅助活动	777	6852	4008	92679
其他开采辅助活动				
其他采矿业				
其他采矿业				
制造业	**192993**	**2230263**	**1691117**	**56440714**
农副食品加工业	2992	31766	21615	966857
谷物磨制	146	1827	1214	56824
饲料加工	412	5445	3703	134142
植物油加工	371	3045	2199	200629
制糖业	68	949	480	14676
屠宰及肉类加工	928	7982	5810	251910
水产品加工	481	4688	2738	119608
蔬菜、水果和坚果加工	262	2339	1648	46594
其他农副食品加工	324	5491	3822	142476
食品制造业	2788	25498	16610	606423
焙烤食品制造	122	949	677	23093
糖果、巧克力及蜜饯制造	162	1678	835	48625
方便食品制造	235	2069	1397	43286
乳制品制造	578	5648	2446	112648
罐头食品制造	185	1345	908	27167
调味品、发酵制品制造	408	6284	4456	130915
其他食品制造	1098	7525	5891	220689
酒、饮料和精制茶制造业	1926	22482	15446	580649
酒的制造	1463	16203	11211	424999
饮料制造	313	5005	3373	126657
精制茶加工	150	1274	862	28993

1-E-4 续表 1

行业	项目数(项)	参加项目人员(人)	项目人员折合全时当量(人年)	项目经费内部支出(万元)
烟草制品业	1159	5105	3116	119705
烟叶复烤	39	311	173	2425
卷烟制造	1076	4579	2798	112037
其他烟草制品制造	44	215	145	5243
纺织业	4967	57267	38586	1058834
棉纺织及印染精加工	3297	36121	23325	630672
毛纺织及染整精加工	262	4415	3134	118215
麻纺织及染整精加工	53	1268	750	17345
丝绢纺织及印染精加工	91	1679	1365	29951
化纤织造及印染精加工	188	1810	941	21181
针织或钩针编织物及其制品制造	299	3566	3075	74344
家用纺织制成品制造	466	5616	4184	89289
非家用纺织制成品制造	311	2792	1812	77837
纺织服装、服饰业	2747	28310	20374	524052
机织服装制造	1699	21626	16142	408128
针织或钩针编织服装制造	1001	5993	3702	104482
服饰制造	47	691	531	11442
皮革、毛皮、羽毛及其制品和制鞋业	1012	15483	10853	268323
皮革鞣制加工	69	1110	895	31367
皮革制品制造	104	1599	1018	35399
毛皮鞣制及制品加工	50	392	288	13391
羽毛(绒)加工及制品制造	36	407	205	7745
制鞋业	753	11975	8447	180421
木材加工和木、竹、藤、棕、草制品业	533	6752	4310	155942
木材加工	35	334	289	6548
人造板制造	336	4795	2818	112509
木制品制造	114	1241	940	31525
竹、藤、棕、草等制品制造	48	382	263	5361
家具制造业	1018	9977	7223	154711
木质家具制造	539	5597	3839	73908
竹、藤家具制造				
金属家具制造	377	3047	2425	59171
塑料家具制造	1	74	74	1382
其他家具制造	101	1259	886	20251
造纸和纸制品业	1460	24120	15841	702464
纸浆制造	16	276	121	5278
造纸	1040	18737	12026	603995
纸制品制造	404	5107	3694	93191
印刷和记录媒介复制业	1075	10477	7177	169024
印刷	1056	10350	7064	166986
装订及印刷相关服务	9	40	40	100
记录媒介复制	10	87	72	1938
文教、工美、体育和娱乐用品制造业	1931	19527	13808	303699
文教办公用品制造	194	1933	1501	23750
乐器制造	85	853	716	12098
工艺美术品制造	743	8078	5317	132409
体育用品制造	285	3890	2910	54992
玩具制造	431	3428	2483	46168
游艺器材及娱乐用品制造	193	1345	881	34283

1-E-4　续表 2

行　业	项目数(项)	参加项目人　员(人)	项目人员折合全时当量(人年)	项目经费内部支出(万元)
石油加工、炼焦和核燃料加工业	1551	15889	11451	626196
精炼石油产品制造	1335	12294	9290	488144
炼焦	192	3422	2105	137119
核燃料加工	24	173	56	933
化学原料和化学制品制造业	12212	139866	104233	4038780
基础化学原料制造	2625	37576	27225	1166782
肥料制造	1231	20346	14508	487316
农药制造	1078	10827	8484	252822
涂料、油墨、颜料及类似产品制造	1426	13582	10624	290923
合成材料制造	1917	21513	15955	895654
专用化学产品制造	2363	23957	18348	708021
炸药、火工及焰火产品制造	733	5407	3712	74441
日用化学产品制造	839	6658	5376	162822
医药制造业	14488	110137	85094	2329143
化学药品原料药制造	2741	22968	18162	473399
化学药品制剂制造	5970	39656	30838	906397
中药饮片加工	232	1593	1167	44832
中成药生产	3116	25306	19502	472724
兽用药品制造	413	3424	2178	44253
生物药品制造	1666	12114	8997	289093
卫生材料及医药用品制造	350	5076	4250	98446
化学纤维制造业	1147	18632	13261	534127
纤维素纤维原料及纤维制造	416	7841	5264	184667
合成纤维制造	731	10791	7996	349460
橡胶和塑料制品业	5386	54878	41515	1278793
橡胶制品业	2175	24038	18156	719669
塑料制品业	3211	30840	23359	559123
非金属矿物制品业	5873	71655	49097	1341006
水泥、石灰和石膏制造	711	7597	4924	159277
石膏、水泥制品及类似制品制造	402	3398	2204	90167
砖瓦、石材等建筑材料制造	589	10243	6395	189292
玻璃制造	407	5415	3844	99806
玻璃制品制造	930	11372	8337	185455
玻璃纤维和玻璃纤维增强塑料制品制造	679	5897	3804	93495
陶瓷制品制造	855	10403	6896	159344
耐火材料制品制造	613	8035	5805	168111
石墨及其他非金属矿物制品制造	687	9295	6888	196060
黑色金属冶炼和压延加工业	8147	121883	88455	5079197
炼铁	104	1490	1139	34371
炼钢	1309	20729	13548	948304
黑色金属铸造	555	4847	3573	120013
钢压延加工	5931	92029	68684	3900891
铁合金冶炼	248	2788	1511	75618
有色金属冶炼和压延加工业	4870	62437	43912	2213226
常用有色金属冶炼	1656	24713	16852	909943
贵金属冶炼	249	3996	2545	131794
稀有稀土金属冶炼	317	4471	3391	103281
有色金属合金制造	452	4444	3354	121630
有色金属铸造	65	421	354	8063
有色金属压延加工	2131	24392	17417	938515

1-E-4 续表 3

行　业	项目数（项）	参加项目人员（人）	项目人员折合全时当量（人年）	项目经费内部支出（万元）
金属制品业	6502	72847	52026	1414032
结构性金属制品制造	1294	16115	10929	311957
金属工具制造	598	5860	3934	89632
集装箱及金属包装容器制造	683	5457	3622	110396
金属丝绳及其制品制造	623	5880	4188	210531
建筑、安全用金属制品制造	546	6141	4428	107918
金属表面处理及热处理加工	204	2977	2000	75915
搪瓷制品制造	32	749	640	6137
金属制日用品制造	324	6246	3877	72820
其他金属制品制造	2198	23422	18409	428727
通用设备制造业	15812	169625	124273	3499553
锅炉及原动设备制造	2251	29756	22861	727204
金属加工机械制造	2073	25923	18035	398379
物料搬运设备制造	2116	22105	15862	653683
泵、阀门、压缩机及类似机械制造	3333	31584	22788	613632
轴承、齿轮和传动部件制造	2016	18071	12399	282828
烘炉、风机、衡器、包装等设备制造	2587	24934	19026	516254
文化、办公用机械制造	510	7406	5882	145957
通用零部件制造	686	7555	5686	123776
其他通用设备制造业	240	2291	1735	37840
专用设备制造业	14808	149863	115299	3220139
采矿、冶金、建筑专用设备制造	7084	72776	57264	1864684
化工、木材、非金属加工专用设备制造	1811	18980	13840	270105
食品、饮料、烟草及饲料生产专用设备制造	356	2940	2264	54149
印刷、制药、日化及日用品生产专用设备制造	572	5225	3913	81622
纺织、服装和皮革加工专用设备制造	773	7299	5574	113031
电子和电工机械专用设备制造	542	6737	5616	120963
农、林、牧、渔专用机械制造	887	10119	7275	184470
医疗仪器设备及器械制造	1219	11461	8892	260314
环保、社会公共服务及其他专用设备制造	1564	14326	10661	270801
汽车制造业	15010	191907	152548	5478192
汽车整车制造	4404	96710	84214	3492206
改装汽车制造	1060	9032	6173	193530
低速载货汽车制造	105	808	377	42896
电车制造				
汽车车身、挂车制造	163	2697	1792	43067
汽车零部件及配件制造	9278	82660	59993	1706493
铁路、船舶、航空航天和其他运输设备制造业	8860	111640	85272	2680123
铁路运输设备制造	2264	28505	21109	614291
城市轨道交通设备制造	208	1290	1147	42487
船舶及相关装置制造	1358	22142	16295	653199
航空、航天器及设备制造	3310	45839	37233	1074216
摩托车制造	1154	9776	6740	217699
自行车制造	338	3309	2278	64069
非公路休闲车及零配件制造	106	284	179	4175
潜水救捞及其他未列明运输设备制造	122	495	290	9987
电气机械和器材制造业	23959	230924	177411	5586106
电机制造	3330	32705	26092	764813
输配电及控制设备制造	6954	75546	59811	1664797

1-E-4　续表 4

行　　业	项目数（项）	参加项目人　员（人）	项目人员折合全时当量（人年）	项目经费内部支出（万元）
电线、电缆、光缆及电工器材制造	2616	25360	19197	727055
电池制造	1564	19134	14747	384905
家用电力器具制造	6373	57345	41031	1672210
非电力家用器具制造	298	2882	2374	49952
照明器具制造	2511	15886	12408	279324
其他电气机械及器材制造	313	2066	1752	43051
计算机、通信和其他电子设备制造业	24723	383415	319797	10485386
计算机制造	1839	58389	48659	1184140
通信设备制造	4197	121927	110656	4707033
广播电视设备制造	961	11825	8992	200714
雷达及配套设备制造	840	6236	4851	141797
视听设备制造	5144	35993	29226	1082957
电子器件制造	4186	60379	48253	1578434
电子元件制造	6594	73905	58780	1239743
其他电子设备制造	962	14761	10380	350568
仪器仪表制造业	5020	54909	42586	844558
通用仪器仪表制造	2774	30353	24233	515750
专用仪器仪表制造	1220	10786	9048	175265
钟表与计时仪器制造	212	1320	1158	15110
光学仪器及眼镜制造	772	12094	7884	135284
其他仪器仪表制造业	42	356	263	3149
其他制造业	629	5146	4185	79609
日用杂品制造	203	1899	1698	29219
煤制品制造	72	434	290	4353
核辐射加工				
其他未列明制造业	354	2813	2196	46036
废弃资源综合利用业	154	2161	1531	46704
金属废料和碎屑加工处理	151	2129	1511	46576
非金属废料和碎屑加工处理	3	32	20	128
金属制品、机械和设备修理业	234	5685	4216	55162
金属制品修理	2	21	17	266
通用设备修理				
专用设备修理	74	769	570	11900
铁路、船舶、航空航天等运输设备修理	122	4715	3550	39865
电气设备修理	30	75	41	966
仪器仪表修理				
其他机械和设备修理业	6	105	37	2165
电力、热力、燃气及水生产和供应业	**2753**	**34297**	**22108**	**410814**
电力、热力生产和供应业	2504	31823	20505	370080
电力生产	650	8131	5496	168297
电力供应	1845	23632	14995	201508
热力生产和供应	9	60	13	275
燃气生产和供应业	67	834	609	23382
燃气生产和供应业	67	834	609	23382
水的生产和供应业	182	1640	995	17352
自来水生产和供应	120	1326	811	13179
污水处理及其再生利用	62	314	183	4174
其他水的处理、利用与分配				

1-E-5 分行业内资企业全部R&D项目情况

行　业	项目数（项）	参加项目人员（人）	项目人员折合全时当量（人年）	项目经费内部支出（万元）
总　计	**250823**	**2326740**	**1693440**	**54631334**
采矿业	**9610**	**128943**	**83175**	**2317677**
煤炭开采和洗选业	4482	78219	49610	1392282
烟煤和无烟煤开采洗选	4430	77209	48719	1365193
褐煤开采洗选	52	1010	891	27089
其他煤炭采选				
石油和天然气开采业	3256	31627	21839	529819
石油开采	3244	31474	21733	516961
天然气开采	12	153	106	12857
黑色金属矿采选业	280	3026	2037	52807
铁矿采选	266	2870	1937	51548
锰矿、铬矿采选	10	99	72	768
其他黑色金属矿采选	4	57	28	492
有色金属矿采选业	457	5899	3554	187170
常用有色金属矿采选	160	2371	1123	31738
贵金属矿采选	243	2940	2092	143282
稀有稀土金属矿采选	54	588	338	12150
非金属矿采选业	332	3195	2092	54717
土砂石开采	138	1054	738	23001
化学矿开采	36	577	243	8889
采盐	131	1343	990	17216
石棉及其他非金属矿采选	27	221	121	5610
开采辅助活动	801	6952	4020	100698
煤炭开采和洗选辅助活动				
石油和天然气开采辅助活动	797	6922	4018	99733
其他开采辅助活动	4	30	3	965
其他采矿业	2	25	23	185
其他采矿业	2	25	23	185
制造业	**237943**	**2157995**	**1584599**	**51850202**
农副食品加工业	4700	42156	27635	1207891
谷物磨制	388	3858	2205	100488
饲料加工	1265	10225	6706	288468
植物油加工	452	4411	2754	208644
制糖业	104	1064	616	19349
屠宰及肉类加工	749	6430	4392	209379
水产品加工	572	5250	3426	141116
蔬菜、水果和坚果加工	456	4052	2884	87716
其他农副食品加工	714	6866	4654	152733
食品制造业	3183	27504	18300	583103
焙烤食品制造	133	1195	789	22443
糖果、巧克力及蜜饯制造	156	1426	938	40219
方便食品制造	174	1586	1012	34230
乳制品制造	466	4631	2096	84673
罐头食品制造	266	1927	1250	36082
调味品、发酵制品制造	497	6700	4725	133601
其他食品制造	1491	10039	7490	231855
酒、饮料和精制茶制造业	2203	22424	14995	566070
酒的制造	1417	15776	10802	391100
饮料制造	356	3823	2381	103673
精制茶加工	430	2825	1812	71297

1-E-5　续表 1

行　　业	项目数（项）	参加项目人　　员（人）	项目人员折合全时当量（人年）	项目经费内部支出（万元）
烟草制品业	1276	5819	3637	126231
烟叶复烤	59	444	223	3127
卷烟制造	1163	5105	3228	116678
其他烟草制品制造	54	270	186	6426
纺织业	6037	54914	37333	1041970
棉纺织及印染精加工	3696	33049	21909	600212
毛纺织及染整精加工	305	3280	2115	84272
麻纺织及染整精加工	49	1270	773	16248
丝绢纺织及印染精加工	277	2154	1698	42069
化纤织造及印染精加工	246	1971	972	24491
针织或钩针编织物及其制品制造	457	4452	3718	90779
家用纺织制成品制造	471	5228	3835	84628
非家用纺织制成品制造	536	3510	2313	99272
纺织服装、服饰业	2545	23739	16563	433040
机织服装制造	1596	17862	12800	323797
针织或钩针编织服装制造	891	5382	3380	100212
服饰制造	58	495	382	9032
皮革、毛皮、羽毛及其制品和制鞋业	928	11813	7913	176029
皮革鞣制加工	86	1036	772	26696
皮革制品制造	111	1210	814	30678
毛皮鞣制及制品加工	46	415	328	8911
羽毛(绒)加工及制品制造	34	302	166	3240
制鞋业	651	8850	5833	106504
木材加工和木、竹、藤、棕、草制品业	981	9548	6225	201580
木材加工	64	491	394	9487
人造板制造	594	6543	4107	149377
木制品制造	229	1782	1251	32229
竹、藤、棕、草等制品制造	94	732	474	10487
家具制造业	816	8332	5817	118019
木质家具制造	470	5469	3715	73341
竹、藤家具制造	15	46	24	730
金属家具制造	139	1391	1034	17073
塑料家具制造	40	241	190	5235
其他家具制造	152	1185	854	21640
造纸和纸制品业	1384	17150	10819	424387
纸浆制造	21	319	153	7190
造纸	925	13073	8094	352389
纸制品制造	438	3758	2571	64807
印刷和记录媒介复制业	1318	10611	6702	176653
印刷	1295	10454	6578	174567
装订及印刷相关服务	14	84	55	748
记录媒介复制	9	73	69	1338
文教、工美、体育和娱乐用品制造业	2155	17640	11798	280239
文教办公用品制造	335	2036	1583	26806
乐器制造	110	890	739	16268
工艺美术品制造	952	8586	5475	133585
体育用品制造	308	2494	1709	49827
玩具制造	245	2448	1428	31871
游艺器材及娱乐用品制造	205	1186	863	21882

1-E-5 续表 2

行　业	项目数（项）	参加项目人　员（人）	项目人员折合全时当量（人年）	项目经费内部支出（万元）
石油加工、炼焦和核燃料加工业	1746	16697	11886	676068
精炼石油产品制造	1556	13492	10078	549392
炼焦	166	3032	1752	125743
核燃料加工	24	173	56	933
化学原料和化学制品制造业	19874	174219	126933	4647062
基础化学原料制造	3778	44460	32257	1224416
肥料制造	1454	22192	15661	509460
农药制造	1618	13098	9780	292219
涂料、油墨、颜料及类似产品制造	2592	18004	13692	378211
合成材料制造	3045	26758	19298	1022003
专用化学产品制造	5372	36672	27113	989017
炸药、火工及焰火产品制造	818	6085	4198	90315
日用化学产品制造	1197	6950	4934	141421
医药制造业	16423	113490	84100	2310538
化学药品原料药制造	3027	23180	17745	434895
化学药品制剂制造	5734	33565	25140	704217
中药饮片加工	567	3047	1952	71056
中成药生产	3683	28312	20874	547706
兽用药品制造	751	5761	3747	85273
生物药品制造	2071	14144	10518	340951
卫生材料及医药用品制造	590	5481	4125	126442
化学纤维制造业	1190	15597	10796	430836
纤维素纤维原料及纤维制造	435	7682	5276	165936
合成纤维制造	755	7915	5521	264900
橡胶和塑料制品业	6837	49741	35866	1115731
橡胶制品业	2358	21136	15398	536932
塑料制品业	4479	28605	20468	578799
非金属矿物制品业	7894	76558	52517	1556821
水泥、石灰和石膏制造	782	6309	3770	140635
石膏、水泥制品及类似制品制造	773	5981	3726	147991
砖瓦、石材等建筑材料制造	1057	10995	7045	248913
玻璃制造	233	3017	2057	63862
玻璃制品制造	1063	10296	7358	185514
玻璃纤维和玻璃纤维增强塑料制品制造	802	6171	4244	109778
陶瓷制品制造	995	10152	7379	167386
耐火材料制品制造	1072	11056	7779	226384
石墨及其他非金属矿物制品制造	1117	12581	9157	266357
黑色金属冶炼和压延加工业	8802	120896	87020	4766406
炼铁	112	1481	1073	35252
炼钢	1226	18524	11423	830660
黑色金属铸造	984	6904	4633	147696
钢压延加工	6270	91282	68486	3681107
铁合金冶炼	210	2705	1405	71691
有色金属冶炼和压延加工业	6033	64660	44237	2195115
常用有色金属冶炼	1738	24110	15858	868100
贵金属冶炼	317	4429	2831	144985
稀有稀土金属冶炼	568	5328	3708	134221
有色金属合金制造	683	5549	3874	157734
有色金属铸造	80	423	336	8805
有色金属压延加工	2647	24821	17630	881269

1-E-5 续表 3

行　　业	项目数(项)	参加项目人员(人)	项目人员折合全时当量(人年)	项目经费内部支出(万元)
金属制品业	8984	78526	54368	1582506
结构性金属制品制造	1886	18588	12494	366516
金属工具制造	927	6887	4454	116348
集装箱及金属包装容器制造	631	4670	2623	98001
金属丝绳及其制品制造	863	6893	5006	234669
建筑、安全用金属制品制造	928	6452	4153	124866
金属表面处理及热处理加工	424	3844	2576	81037
搪瓷制品制造	64	487	353	9203
金属制日用品制造	474	4843	2745	68229
其他金属制品制造	2787	25862	19964	483637
通用设备制造业	22356	190573	134738	3622526
锅炉及原动设备制造	2571	28949	21278	660952
金属加工机械制造	3642	34513	23445	548314
物料搬运设备制造	2524	21138	14341	501091
泵、阀门、压缩机及类似机械制造	5289	37606	26521	683284
轴承、齿轮和传动部件制造	2631	21813	15123	346915
烘炉、风机、衡器、包装等设备制造	3280	26799	19821	545902
文化、办公用机械制造	550	5182	4052	79050
通用零部件制造	1353	10518	7240	192670
其他通用设备制造业	516	4055	2916	64349
专用设备制造业	22000	179652	134053	3659131
采矿、冶金、建筑专用设备制造	8217	75729	58137	1873321
化工、木材、非金属加工专用设备制造	2796	21537	15075	318931
食品、饮料、烟草及饲料生产专用设备制造	784	5390	3797	90049
印刷、制药、日化及日用品生产专用设备制造	1143	7702	5557	112892
纺织、服装和皮革加工专用设备制造	1346	9451	7277	178489
电子和电工机械专用设备制造	1229	9706	7359	153168
农、林、牧、渔专用机械制造	1294	11992	8303	224245
医疗仪器设备及器械制造	1852	13687	10430	261686
环保、社会公共服务及其他专用设备制造	3339	24458	18116	446351
汽车制造业	14823	150276	113578	3577292
汽车整车制造	3648	64895	53919	1985801
改装汽车制造	1343	10764	7093	222062
低速载货汽车制造	116	890	452	43689
电车制造	85	473	292	7727
汽车车身、挂车制造	130	1973	1380	37317
汽车零部件及配件制造	9501	71281	50442	1280696
铁路、船舶、航空航天和其他运输设备制造业	9633	112619	85755	2643574
铁路运输设备制造	2647	29610	21834	636175
城市轨道交通设备制造	220	1300	1034	38988
船舶及相关装置制造	1502	20679	14600	566557
航空、航天器及设备制造	3521	48308	39503	1116536
摩托车制造	1248	9533	6578	214129
自行车制造	376	2607	1799	59789
非公路休闲车及零配件制造	20	165	155	2453
潜水救捞及其他未列明运输设备制造	99	417	252	8948
电气机械和器材制造业	28845	231761	172442	5358958
电机制造	3837	33325	25741	745609
输配电及控制设备制造	10359	82169	62331	1641134

1-E-5 续表 4

行 业	项目数(项)	参加项目人员(人)	项目人员折合全时当量(人年)	项目经费内部支出(万元)
电线、电缆、光缆及电工器材制造	3814	29942	21932	868010
电池制造	1566	14482	11192	300836
家用电力器具制造	6138	48141	33476	1402466
非电力家用器具制造	673	4795	3602	92597
照明器具制造	1906	15378	11390	252668
其他电气机械及器材制造	552	3529	2778	55639
计算机、通信和其他电子设备制造业	25367	252507	208738	7142286
计算机制造	1643	21021	15267	424306
通信设备制造	4433	101430	93285	3970577
广播电视设备制造	1150	11237	8686	173216
雷达及配套设备制造	908	7039	5326	151420
视听设备制造	3607	21961	17772	668783
电子器件制造	6175	40146	30331	912099
电子元件制造	6113	39113	30086	674229
其他电子设备制造	1338	10560	7985	167657
仪器仪表制造业	8150	64342	48786	1002930
通用仪器仪表制造	5145	40589	30934	671241
专用仪器仪表制造	1888	14062	11193	211288
钟表与计时仪器制造	125	770	581	11530
光学仪器及眼镜制造	827	7855	5199	97113
其他仪器仪表制造业	165	1066	879	11758
其他制造业	905	6753	5437	102513
日用杂品制造	174	1558	1354	18997
煤制品制造	91	589	429	7549
核辐射加工	5	22	10	180
其他未列明制造业	635	4584	3644	75788
废弃资源综合利用业	292	3185	2144	77306
金属废料和碎屑加工处理	210	2531	1723	65070
非金属废料和碎屑加工处理	82	654	421	12237
金属制品、机械和设备修理业	263	4293	3468	47395
金属制品修理	3	25	21	286
通用设备修理	8	79	60	866
专用设备修理	79	773	633	15712
铁路、船舶、航空航天等运输设备修理	112	3061	2527	24900
电气设备修理	30	75	41	966
仪器仪表修理	7	48	48	447
其他机械和设备修理业	24	232	137	4217
电力、热力、燃气及水生产和供应业	**3270**	**39802**	**25665**	**463455**
电力、热力生产和供应业	3015	37773	24429	432585
电力生产	868	9563	5895	188478
电力供应	2102	27927	18389	238968
热力生产和供应	45	283	145	5139
燃气生产和供应业	41	237	151	7656
燃气生产和供应业	41	237	151	7656
水的生产和供应业	214	1792	1085	23215
自来水生产和供应	107	1093	687	11076
污水处理及其再生利用	92	583	350	10812
其他水的处理、利用与分配	15	116	48	1327

1-E-6　分行业港澳台商投资企业全部R&D项目情况

行　业	项目数（项）	参加项目人员（人）	项目人员折合全时当量（人年）	项目经费内部支出（万元）
总　计	**28859**	**323814**	**251805**	**7017451**
采矿业	**56**	**1004**	**273**	**23138**
煤炭开采和洗选业				
烟煤和无烟煤开采洗选				
褐煤开采洗选				
其他煤炭采选				
石油和天然气开采业	28	800	161	11759
石油开采	13	487	82	7070
天然气开采	15	313	79	4689
黑色金属矿采选业				
铁矿采选				
锰矿、铬矿采选				
其他黑色金属矿采选				
有色金属矿采选业				
常用有色金属矿采选				
贵金属矿采选				
稀有稀土金属矿采选				
非金属矿采选业	14	118	61	7280
土砂石开采	6	45	11	340
化学矿开采				
采盐	8	73	49	6940
石棉及其他非金属矿采选				
开采辅助活动	14	86	52	4099
煤炭开采和洗选辅助活动				
石油和天然气开采辅助活动	14	86	52	4099
其他开采辅助活动				
其他采矿业				
其他采矿业				
制造业	**28721**	**321618**	**250568**	**6955280**
农副食品加工业	619	5760	4355	159544
谷物磨制	8	42	7	784
饲料加工	154	1017	819	32801
植物油加工	68	252	217	12189
制糖业				
屠宰及肉类加工	279	3027	2546	61331
水产品加工	42	498	287	11066
蔬菜、水果和坚果加工	42	269	160	6402
其他农副食品加工	26	655	319	34973
食品制造业	370	3027	1965	87869
焙烤食品制造	25	244	193	8627
糖果、巧克力及蜜饯制造	17	198	135	4044
方便食品制造	19	223	114	4478
乳制品制造	29	438	93	8794
罐头食品制造	16	202	160	6222
调味品、发酵制品制造	42	336	183	11172
其他食品制造	222	1386	1088	44531
酒、饮料和精制茶制造业	219	1785	1253	23010
酒的制造	162	882	578	15691
饮料制造	53	837	620	6579
精制茶加工	4	66	54	741

1-E-6 续表 1

行　业	项目数（项）	参加项目人员（人）	项目人员折合全时当量（人年）	项目经费内部支出（万元）
烟草制品业	9	33	32	1088
烟叶复烤				
卷烟制造				
其他烟草制品制造	9	33	32	1088
纺织业	946	11334	7829	201011
棉纺织及印染精加工	543	7466	5058	133221
毛纺织及染整精加工	37	494	401	6893
麻纺织及染整精加工	12	107	55	3421
丝绢纺织及印染精加工	23	366	293	5880
化纤织造及印染精加工	31	319	231	7725
针织或钩针编织物及其制品制造	81	590	419	11593
家用纺织制成品制造	85	829	625	14653
非家用纺织制成品制造	134	1163	747	17625
纺织服装、服饰业	433	5703	4586	119298
机织服装制造	306	4432	3830	103583
针织或钩针编织服装制造	94	971	527	11897
服饰制造	33	300	229	3819
皮革、毛皮、羽毛及其制品和制鞋业	344	3831	3013	85563
皮革鞣制加工	10	156	114	6392
皮革制品制造	22	382	135	4810
毛皮鞣制及制品加工	2	24	2	163
羽毛(绒)加工及制品制造	4	45	7	632
制鞋业	306	3224	2755	73565
木材加工和木、竹、藤、棕、草制品业	113	879	532	21036
木材加工	7	72	72	2980
人造板制造	83	549	318	12674
木制品制造	12	173	101	2982
竹、藤、棕、草等制品制造	11	85	41	2400
家具制造业	378	2512	1960	57372
木质家具制造	83	874	579	17051
竹、藤家具制造	1	8	7	291
金属家具制造	259	1443	1218	36959
塑料家具制造	3	6	6	78
其他家具制造	32	181	150	2993
造纸和纸制品业	401	7084	4963	171948
纸浆制造				
造纸	260	4672	3183	135856
纸制品制造	141	2412	1780	36092
印刷和记录媒介复制业	312	3816	3049	61895
印刷	304	3671	2946	60179
装订及印刷相关服务	7	131	99	1116
记录媒介复制	1	14	4	600
文教、工美、体育和娱乐用品制造业	597	5201	4326	77665
文教办公用品制造	69	488	318	7953
乐器制造	27	358	272	4046
工艺美术品制造	78	809	575	13987
体育用品制造	100	1891	1663	16797
玩具制造	280	1320	1174	21275
游艺器材及娱乐用品制造	43	335	323	13607

1-E-6　续表 2

行　业	项目数(项)	参加项目人员(人)	项目人员折合全时当量(人年)	项目经费内部支出(万元)
石油加工、炼焦和核燃料加工业	134	866	667	24211
精炼石油产品制造	108	546	385	14820
炼焦	26	320	282	9392
核燃料加工				
化学原料和化学制品制造业	2206	16266	12929	550101
基础化学原料制造	301	2014	1357	151023
肥料制造	25	217	168	6349
农药制造	60	654	599	33664
涂料、油墨、颜料及类似产品制造	447	3873	3012	84370
合成材料制造	387	2792	2304	83641
专用化学产品制造	766	4663	3699	142878
炸药、火工及焰火产品制造	2	16	10	280
日用化学产品制造	218	2037	1780	47895
医药制造业	2365	16115	12660	353253
化学药品原料药制造	546	3052	2521	94692
化学药品制剂制造	775	5385	3933	120801
中药饮片加工	46	264	255	8894
中成药生产	434	3100	2374	52284
兽用药品制造	24	111	84	1387
生物药品制造	461	2717	2106	59798
卫生材料及医药用品制造	79	1486	1388	15397
化学纤维制造业	274	5113	4161	137566
纤维素纤维原料及纤维制造	22	328	216	6277
合成纤维制造	252	4785	3945	131289
橡胶和塑料制品业	1713	14621	11175	317865
橡胶制品业	190	2469	2123	104846
塑料制品业	1523	12152	9052	213018
非金属矿物制品业	907	10375	7278	179056
水泥、石灰和石膏制造	7	185	154	7508
石膏、水泥制品及类似制品制造	113	893	601	22598
砖瓦、石材等建筑材料制造	138	1561	1216	31665
玻璃制造	255	2727	1992	39646
玻璃制品制造	183	2410	1629	35011
玻璃纤维和玻璃纤维增强塑料制品制造	55	578	389	12947
陶瓷制品制造	99	1376	776	19667
耐火材料制品制造	28	428	396	6971
石墨及其他非金属矿物制品制造	29	217	126	3044
黑色金属冶炼和压延加工业	483	7212	5522	292225
炼铁	1	11	11	82
炼钢	83	2206	2097	112527
黑色金属铸造	105	1085	877	35939
钢压延加工	290	3856	2533	142919
铁合金冶炼	4	54	4	759
有色金属冶炼和压延加工业	433	5141	3757	218579
常用有色金属冶炼	30	396	357	25432
贵金属冶炼				
稀有稀土金属冶炼	5	42	33	194
有色金属合金制造	71	697	576	17676
有色金属铸造	45	204	177	2519
有色金属压延加工	282	3802	2613	172758

1-E-6 续表 3

行　　业	项目数（项）	参加项目人　员（人）	项目人员折合全时当量（人年）	项目经费内部支出（万元）
金属制品业	1085	11888	8719	210493
结构性金属制品制造	121	1862	1365	33094
金属工具制造	171	1440	901	20280
集装箱及金属包装容器制造	109	1125	1061	34772
金属丝绳及其制品制造	35	608	458	9811
建筑、安全用金属制品制造	187	2040	1565	30365
金属表面处理及热处理加工	59	467	217	11083
搪瓷制品制造	6	60	51	969
金属制日用品制造	126	1842	1174	22848
其他金属制品制造	271	2444	1928	47272
通用设备制造业	1982	16890	13286	320369
锅炉及原动设备制造	173	1783	1363	38221
金属加工机械制造	331	2562	1829	39501
物料搬运设备制造	174	1352	1019	31350
泵、阀门、压缩机及类似机械制造	464	3114	2447	53422
轴承、齿轮和传动部件制造	165	971	703	13004
烘炉、风机、衡器、包装等设备制造	406	3640	2940	71546
文化、办公用机械制造	56	1437	1166	31978
通用零部件制造	148	1477	1309	28919
其他通用设备制造业	65	554	508	12428
专用设备制造业	1991	14540	10766	249196
采矿、冶金、建筑专用设备制造	308	2642	2179	51378
化工、木材、非金属加工专用设备制造	825	4793	3442	87385
食品、饮料、烟草及饲料生产专用设备制造	24	126	81	2990
印刷、制药、日化及日用品生产专用设备制造	83	751	656	9930
纺织、服装和皮革加工专用设备制造	188	1968	1492	24255
电子和电工机械专用设备制造	40	258	135	4211
农、林、牧、渔专用机械制造	62	727	494	5778
医疗仪器设备及器械制造	234	1276	860	32796
环保、社会公共服务及其他专用设备制造	227	1999	1427	30475
汽车制造业	1418	23132	19982	363681
汽车整车制造	203	12218	12085	148867
改装汽车制造	16	75	71	2542
低速载货汽车制造				
电车制造				
汽车车身、挂车制造	23	342	198	7953
汽车零部件及配件制造	1176	10497	7627	204320
铁路、船舶、航空航天和其他运输设备制造业	259	4445	3546	76278
铁路运输设备制造	19	583	454	7951
城市轨道交通设备制造				
船舶及相关装置制造	52	1199	1101	29959
航空、航天器及设备制造	67	606	472	10425
摩托车制造	66	881	468	14696
自行车制造	36	940	851	10665
非公路休闲车及零配件制造	8	46	10	1499
潜水救捞及其他未列明运输设备制造	11	190	190	1085
电气机械和器材制造业	3049	37337	28531	737973
电机制造	397	3850	3109	82260
输配电及控制设备制造	774	10417	7520	237326

1-E-6　续表 4

行　业	项目数(项)	参加项目人员(人)	项目人员折合全时当量(人年)	项目经费内部支出(万元)
电线、电缆、光缆及电工器材制造	550	4787	3482	97977
电池制造	320	6094	4671	105182
家用电力器具制造	606	8578	6976	147160
非电力家用器具制造	33	237	207	17740
照明器具制造	348	3240	2444	48957
其他电气机械及器材制造	21	134	121	1372
计算机、通信和其他电子设备制造业	4775	77157	62438	1746094
计算机制造	458	8360	6355	230173
通信设备制造	682	13384	11644	408171
广播电视设备制造	200	1613	985	26134
雷达及配套设备制造	5	25	16	203
视听设备制造	708	12061	9634	276326
电子器件制造	868	12140	10081	294011
电子元件制造	1571	26892	21926	458572
其他电子设备制造	283	2682	1797	52505
仪器仪表制造业	797	8641	6540	93655
通用仪器仪表制造	356	3122	2624	43774
专用仪器仪表制造	114	724	617	11319
钟表与计时仪器制造	151	942	878	11086
光学仪器及眼镜制造	161	3764	2352	26587
其他仪器仪表制造业	15	89	69	889
其他制造业	72	590	503	9311
日用杂品制造	64	538	456	8422
煤制品制造				
核辐射加工				
其他未列明制造业	8	52	47	889
废弃资源综合利用业	16	136	98	4551
金属废料和碎屑加工处理	10	81	69	1493
非金属废料和碎屑加工处理	6	55	29	3058
金属制品、机械和设备修理业	21	188	148	3524
金属制品修理				
通用设备修理				
专用设备修理	7	46	46	1064
铁路、船舶、航空航天等运输设备修理	14	142	102	2460
电气设备修理				
仪器仪表修理				
其他机械和设备修理业				
电力、热力、燃气及水生产和供应业	**82**	**1192**	**964**	**39033**
电力、热力生产和供应业	42	888	734	32667
电力生产	40	867	733	31653
电力供应	1	15	1	1000
热力生产和供应	1	6	1	14
燃气生产和供应业	20	135	122	2553
燃气生产和供应业	20	135	122	2553
水的生产和供应业	20	169	107	3813
自来水生产和供应	10	113	58	2643
污水处理及其再生利用	10	56	50	1171
其他水的处理、利用与分配				

1-E-7 分行业外商投资企业全部R&D项目情况

行 业	项目数(项)	参加项目人员(人)	项目人员折合全时当量(人年)	项目经费内部支出(万元)
总 计	**42885**	**421319**	**324959**	**11296117**
采矿业	**55**	**1566**	**1274**	**19372**
煤炭开采和洗选业	1	22	22	527
烟煤和无烟煤开采洗选	1	22	22	527
褐煤开采洗选				
其他煤炭采选				
石油和天然气开采业				
石油开采				
天然气开采				
黑色金属矿采选业	20	515	480	15624
铁矿采选				
锰矿、铬矿采选	20	515	480	15624
其他黑色金属矿采选				
有色金属矿采选业	7	55	37	1786
常用有色金属矿采选	6	45	28	1086
贵金属矿采选				
稀有稀土金属矿采选	1	10	9	700
非金属矿采选业	26	969	731	1402
土砂石开采	2	16	11	157
化学矿开采				
采盐	24	953	720	1245
石棉及其他非金属矿采选				
开采辅助活动	1	5	4	34
煤炭开采和洗选辅助活动	1	5	4	34
石油和天然气开采辅助活动				
其他开采辅助活动				
其他采矿业				
其他采矿业				
制造业	**42742**	**418664**	**322946**	**11249514**
农副食品加工业	668	4573	2639	148762
谷物磨制	13	121	79	1680
饲料加工	86	741	405	22837
植物油加工	126	624	387	39582
制糖业	1	87	1	1125
屠宰及肉类加工	156	569	183	26003
水产品加工	183	1439	823	39992
蔬菜、水果和坚果加工	61	500	352	10293
其他农副食品加工	42	492	409	7250
食品制造业	977	6461	4197	189967
焙烤食品制造	44	157	54	2793
糖果、巧克力及蜜饯制造	57	588	133	20623
方便食品制造	140	934	715	24601
乳制品制造	187	1334	757	34308
罐头食品制造	24	298	256	10430
调味品、发酵制品制造	76	811	540	21696
其他食品制造	449	2339	1742	75516
酒、饮料和精制茶制造业	316	3963	2882	118937
酒的制造	185	1515	1154	64618
饮料制造	128	2336	1650	52944
精制茶加工	3	112	78	1376

1-E-7　续表 1

行　业	项目数（项）	参加项目人员（人）	项目人员折合全时当量（人年）	项目经费内部支出（万元）
烟草制品业				
烟叶复烤				
卷烟制造				
其他烟草制品制造				
纺织业	458	6315	3915	128833
棉纺织及印染精加工	180	3043	1397	52858
毛纺织及染整精加工	46	1588	1275	42370
麻纺织及染整精加工	2	36	13	401
丝绢纺织及印染精加工	12	103	92	1748
化纤织造及印染精加工	23	170	114	3251
针织或钩针编织物及其制品制造	35	255	185	5161
家用纺织制成品制造	48	556	430	10266
非家用纺织制成品制造	112	564	408	12779
纺织服装、服饰业	688	12031	10913	74598
机织服装制造	450	10880	9962	56653
针织或钩针编织服装制造	220	902	745	12795
服饰制造	18	249	207	5151
皮革、毛皮、羽毛及其制品和制鞋业	200	2080	1482	48451
皮革鞣制加工	21	272	247	8432
皮革制品制造	37	500	447	7910
毛皮鞣制及制品加工	35	180	109	9339
羽毛(绒)加工及制品制造	13	129	82	5222
制鞋业	94	999	598	17547
木材加工和木、竹、藤、棕、草制品业	68	852	625	23835
木材加工	2	22	12	95
人造板制造	19	327	212	6406
木制品制造	40	395	292	16251
竹、藤、棕、草等制品制造	7	108	108	1085
家具制造业	219	1371	1038	21401
木质家具制造	154	422	350	5432
竹、藤家具制造				
金属家具制造	48	645	491	11503
塑料家具制造	1	5	5	127
其他家具制造	16	299	192	4340
造纸和纸制品业	302	4924	3246	200759
纸浆制造	1	5		50
造纸	172	3804	2440	166868
纸制品制造	129	1115	805	33841
印刷和记录媒介复制业	115	1113	730	16204
印刷	115	1113	730	16204
装订及印刷相关服务				
记录媒介复制				
文教、工美、体育和娱乐用品制造业	411	4420	3196	77548
文教办公用品制造	101	605	459	7443
乐器制造	7	72	61	3281
工艺美术品制造	158	1884	1536	38324
体育用品制造	72	687	382	9499
玩具制造	58	740	582	8786
游艺器材及娱乐用品制造	15	432	176	10216

1-E-7 续表 2

行 业	项目数 (项)	参加项目 人 员 (人)	项目人员折合 全时当量 (人年)	项目经费 内部支出 (万元)
石油加工、炼焦和核燃料加工业	33	413	247	15001
精炼石油产品制造	26	287	132	12612
炼焦	7	126	115	2388
核燃料加工				
化学原料和化学制品制造业	2505	19734	14889	688851
基础化学原料制造	481	4381	3132	185225
肥料制造	122	1070	822	41855
农药制造	105	953	757	23011
涂料、油墨、颜料及类似产品制造	448	3308	2565	80325
合成材料制造	390	3065	2263	113761
专用化学产品制造	712	5655	4251	193311
炸药、火工及焰火产品制造				
日用化学产品制造	247	1302	1099	51363
医药制造业	6631	18354	14775	443079
化学药品原料药制造	4607	3971	3316	91939
化学药品制剂制造	1110	8145	6921	218412
中药饮片加工	23	139	93	964
中成药生产	350	2367	1743	51710
兽用药品制造	61	302	236	5485
生物药品制造	373	2816	1936	61463
卫生材料及医药用品制造	107	614	530	13106
化学纤维制造业	188	1569	805	56218
纤维素纤维原料及纤维制造	52	524	291	28800
合成纤维制造	136	1045	514	27418
橡胶和塑料制品业	1256	14783	11133	326800
橡胶制品业	434	5758	4029	176683
塑料制品业	822	9025	7104	150117
非金属矿物制品业	889	12076	7440	174157
水泥、石灰和石膏制造	57	2414	1703	42113
石膏、水泥制品及类似制品制造	26	148	127	5343
砖瓦、石材等建筑材料制造	133	2943	1382	22385
玻璃制造	28	359	304	5594
玻璃制品制造	155	1945	1490	24919
玻璃纤维和玻璃纤维增强塑料制品制造	134	1067	578	18122
陶瓷制品制造	156	1958	907	25001
耐火材料制品制造	104	659	503	14657
石墨及其他非金属矿物制品制造	96	583	446	16023
黑色金属冶炼和压延加工业	482	4243	3152	305112
炼铁	5	153	153	1199
炼钢	10	94	70	7591
黑色金属铸造	90	903	801	25796
钢压延加工	265	2387	1548	240640
铁合金冶炼	112	706	581	29886
有色金属冶炼和压延加工业	500	6128	4730	206107
常用有色金属冶炼	124	2014	1642	71933
贵金属冶炼	1	2	2	28
稀有稀土金属冶炼	51	831	665	19280
有色金属合金制造	76	568	423	16857
有色金属铸造	2	6	6	57
有色金属压延加工	246	2707	1992	97952

1-E-7　续表 3

行　　业	项目数（项）	参加项目人员（人）	项目人员折合全时当量（人年）	项目经费内部支出（万元）
金属制品业	1160	11574	8263	219807
结构性金属制品制造	184	1907	1171	31681
金属工具制造	106	1043	789	16530
集装箱及金属包装容器制造	238	1670	1172	33783
金属丝绳及其制品制造	65	780	302	25821
建筑、安全用金属制品制造	123	1698	1450	25850
金属表面处理及热处理加工	59	793	714	22474
搪瓷制品制造	13	576	510	4771
金属制日用品制造	145	1672	1257	21842
其他金属制品制造	227	1435	897	37056
通用设备制造业	3968	35930	27069	918559
锅炉及原动设备制造	291	4791	4159	136841
金属加工机械制造	305	1952	1326	42616
物料搬运设备制造	544	6282	5249	243075
泵、阀门、压缩机及类似机械制造	1046	9223	6569	224585
轴承、齿轮和传动部件制造	190	1841	1165	30940
烘炉、风机、衡器、包装等设备制造	1050	6781	4934	140425
文化、办公用机械制造	215	2649	2088	68083
通用零部件制造	237	2113	1437	27621
其他通用设备制造业	90	298	143	4373
专用设备制造业	2772	25185	18830	577892
采矿、冶金、建筑专用设备制造	708	8386	6209	225165
化工、木材、非金属加工专用设备制造	646	5643	4235	77947
食品、饮料、烟草及饲料生产专用设备制造	53	501	325	8757
印刷、制药、日化及日用品生产专用设备制造	138	1464	1142	26133
纺织、服装和皮革加工专用设备制造	111	1019	694	15346
电子和电工机械专用设备制造	119	978	776	44802
农、林、牧、渔专用机械制造	103	717	544	20530
医疗仪器设备及器械制造	443	4009	3159	107643
环保、社会公共服务及其他专用设备制造	451	2468	1747	51569
汽车制造业	4070	50378	40280	2137037
汽车整车制造	686	20695	18895	1402273
改装汽车制造	70	556	478	12633
低速载货汽车制造	2	27	23	1456
电车制造				
汽车车身、挂车制造	56	913	544	8696
汽车零部件及配件制造	3256	28187	20340	711979
铁路、船舶、航空航天和其他运输设备制造业	665	7501	5284	184615
铁路运输设备制造	95	1432	914	21981
城市轨道交通设备制造	18	265	174	7615
船舶及相关装置制造	166	2726	2180	101842
航空、航天器及设备制造	30	358	225	11232
摩托车制造	141	1352	1062	21932
自行车制造	80	1054	608	15655
非公路休闲车及零配件制造	84	117	49	491
潜水救捞及其他未列明运输设备制造	51	197	71	3866
电气机械和器材制造业	5521	39735	31546	1074862
电机制造	939	6133	4961	172342
输配电及控制设备制造	1309	15232	12990	376695

1-E-7 续表 4

行　业	项目数(项)	参加项目人员(人)	项目人员折合全时当量(人年)	项目经费内部支出(万元)
电线、电缆、光缆及电工器材制造	571	3649	2727	107259
电池制造	255	2624	1969	66119
家用电力器具制造	766	6931	4764	227630
非电力家用器具制造	65	338	243	8033
照明器具制造	1551	4489	3637	103897
其他电气机械及器材制造	65	339	256	12887
计算机、通信和其他电子设备制造业	6240	109893	89623	2614691
计算机制造	764	34467	30658	608100
通信设备制造	759	16493	12633	506758
广播电视设备制造	116	2408	1899	64105
雷达及配套设备制造	14	37	37	1521
视听设备制造	1247	4476	3702	181725
电子器件制造	1390	21484	17364	619696
电子元件制造	1685	23508	18513	407975
其他电子设备制造	265	7020	4817	224812
仪器仪表制造业	1263	10397	8220	222901
通用仪器仪表制造	850	5947	4732	128500
专用仪器仪表制造	234	2149	1761	53792
钟表与计时仪器制造	4	23	18	455
光学仪器及眼镜制造	157	2240	1684	39823
其他仪器仪表制造业	18	38	24	331
其他制造业	96	475	387	12632
日用杂品制造	55	285	209	8456
煤制品制造				
核辐射加工				
其他未列明制造业	41	190	178	4177
废弃资源综合利用业	17	252	250	4013
金属废料和碎屑加工处理	10	139	137	3764
非金属废料和碎屑加工处理	7	113	113	248
金属制品、机械和设备修理业	64	1941	1162	17886
金属制品修理				
通用设备修理				
专用设备修理	17	123	29	1293
铁路、船舶、航空航天等运输设备修理	41	1776	1091	16048
电气设备修理				
仪器仪表修理	1	22	22	218
其他机械和设备修理业	5	20	20	327
电力、热力、燃气及水生产和供应业	**88**	**1089**	**739**	**27232**
电力、热力生产和供应业	22	155	87	4392
电力生产	22	155	87	4392
电力供应				
热力生产和供应				
燃气生产和供应业	44	660	478	21174
燃气生产和供应业	44	660	478	21174
水的生产和供应业	22	274	173	1667
自来水生产和供应	17	228	153	1396
污水处理及其再生利用	5	46	20	271
其他水的处理、利用与分配				

1-E-8　各地区企业全部R&D项目情况

地　区	项目数 (项)	参加项目 人　　员 (人)	项目人员折合 全时当量 (人年)	项目经费 内部支出 (万元)
全　国	**322567**	**3071873**	**2270204**	**72944902**
东部地区	218548	2036281	1554977	50415071
中部地区	50771	559548	393499	11694334
西部地区	34707	318371	216411	6638109
东北地区	18541	157673	105316	4197389
北　京	10037	68766	50208	1647824
天　津	12904	83191	60733	2484962
河　北	7618	83171	57889	2050210
山　西	2885	41908	30557	1094029
内蒙古	2133	27963	23434	844594
辽　宁	7813	84788	52432	2711630
吉　林	6421	26812	19277	650311
黑龙江	4307	46073	33607	835447
上　海	13441	107107	84290	3672035
江　苏	48530	473447	365364	11009479
浙　江	42158	318503	248825	6421123
安　徽	14394	118129	79724	2161182
福　建	10426	118286	90997	2453011
江　西	4288	40832	26014	986917
山　东	31906	299528	207980	9281216
河　南	11257	153435	113908	2710856
湖　北	9522	117159	77931	2388780
湖　南	8425	88085	65367	2352569
广　东	40759	480277	386121	11318818
广　西	2890	27801	19072	741096
海　南	769	4005	2571	76394
重　庆	5794	46951	31744	1176841
四　川	10298	85758	54144	1373596
贵　州	1717	17640	14006	318579
云　南	1729	18413	10622	364648
西　藏	20	205	73	3993
陕　西	6099	58822	40088	1090159
甘　肃	1731	16026	11337	302944
青　海	145	2613	1807	73275
宁　夏	1073	7815	4273	135860
新　疆	1078	8364	5811	212524

1-E-9 各地区大中型企业全部R&D项目情况

地　区	项目数（项）	参加项目人员（人）	项目人员折合全时当量（人年）	项目经费内部支出（万元）
全　国	**205146**	**2393593**	**1796334**	**59145315**
东部地区	132088	1537899	1191486	39961696
中部地区	34207	454268	330219	9720941
西部地区	27764	269870	186216	5726165
东北地区	11087	131556	88412	3736513
北　京	5589	52773	38648	1311643
天　津	8336	57781	42252	1859951
河　北	6266	73184	51326	1880304
山　西	2520	39062	28763	1028740
内蒙古	1763	25064	21495	762806
辽　宁	5472	66951	40719	2358976
吉　林	1884	23524	17342	602404
黑龙江	3731	41081	30350	775133
上　海	8408	82761	68067	3170054
江　苏	25933	333842	260434	7934369
浙　江	17609	192061	154180	4163558
安　徽	7196	85289	59120	1617240
福　建	6443	92654	73145	1941884
江　西	3118	32331	21533	829073
山　东	24576	247821	172728	7797144
河　南	9296	135183	102056	2441830
湖　北	6308	93487	64933	1934675
湖　南	5769	68916	53813	1869383
广　东	28427	402071	328645	9841298
广　西	2147	23297	16323	653772
海　南	501	2951	2063	61493
重　庆	4757	40195	27530	1050692
四　川	8619	76183	48964	1218824
贵　州	1006	12002	9755	232928
云　南	1200	14205	8121	282335
西　藏	7	100	59	2284
陕　西	5133	51403	35962	938856
甘　肃	1306	12391	8657	238043
青　海	104	1418	1005	54569
宁　夏	790	6557	3423	113577
新　疆	932	7055	4922	177480

1-E-10 各地区内资企业全部R&D项目情况

地区	项目数(项)	参加项目人员(人)	项目人员折合全时当量(人年)	项目经费内部支出(万元)
全国	**250823**	**2326740**	**1693440**	**54631334**
东部地区	158745	1385559	1042741	34686625
中部地区	46810	507458	357729	10414955
西部地区	32640	294415	200234	5876805
东北地区	12628	139308	92736	3652950
北京	8586	52609	38550	1198339
天津	10122	65781	47283	1881018
河北	5993	72715	50664	1604696
山西	2783	41004	29841	1076124
内蒙古	1929	26667	22444	776981
辽宁	6722	73740	44874	2336581
吉林	1907	23675	17118	546226
黑龙江	3999	41893	30743	770142
上海	7449	57267	43258	1640152
江苏	33931	306649	236440	7201565
浙江	32720	239371	185700	4680916
安徽	13419	108024	73731	1961925
福建	6059	58640	42468	1128176
江西	3915	35397	22906	873629
山东	28359	255792	176088	8082359
河南	10341	139188	103477	2426682
湖北	8302	101103	65784	1925093
湖南	8050	82742	61990	2151502
广东	24963	273763	220523	7209664
广西	2424	20133	13120	469608
海南	563	2972	1767	59740
重庆	5205	40290	27826	909792
四川	9914	81551	51535	1309763
贵州	1666	16827	13535	309509
云南	1590	17219	9903	339836
西藏	20	205	73	3993
陕西	5977	57734	39430	1066339
甘肃	1712	15703	11072	300938
青海	142	2580	1782	55040
宁夏	992	7170	3716	123412
新疆	1069	8336	5798	211596

1-E-11 各地区港澳台商投资企业全部R&D项目情况

地区	项目数（项）	参加项目人员（人）	项目人员折合全时当量（人年）	项目经费内部支出（万元）
全国	**28859**	**323814**	**251805**	**7017451**
东部地区	26044	288843	228122	6094982
中部地区	1613	23191	16346	520817
西部地区	650	5885	3430	126509
东北地区	552	5895	3907	275143
北京	431	3752	2717	103688
天津	795	5457	4216	118642
河北	757	5466	3592	195432
山西	41	599	533	10669
内蒙古	2	31	24	2701
辽宁	393	3982	2648	214475
吉林	52	1107	623	38451
黑龙江	107	806	636	22217
上海	1486	11691	9000	286268
江苏	5397	61875	48728	1345173
浙江	4889	42645	34644	992960
安徽	389	4065	2347	79633
福建	2585	32266	26017	689002
江西	223	3081	1661	73413
山东	1153	11417	8855	309850
河南	320	6547	4906	95316
湖北	442	6309	5104	169779
湖南	198	2590	1796	92007
广东	8471	113944	90114	2050634
广西	147	1227	747	25410
海南	80	330	239	3336
重庆	183	1918	883	43411
四川	135	1282	844	22754
贵州	9	50	37	835
云南	73	721	459	15420
西藏				
陕西	31	293	126	9073
甘肃	11	54	29	190
青海				
宁夏	50	281	269	5787
新疆	9	28	13	928

1-E-12　各地区外商投资企业全部R&D项目情况

地　区	项目数（项）	参加项目人员（人）	项目人员折合全时当量（人年）	项目经费内部支出（万元）
全　国	**42885**	**421319**	**324959**	**11296117**
东部地区	33759	361879	284113	9633464
中部地区	2348	28899	19424	758563
西部地区	1417	18071	12748	634795
东北地区	5361	12470	8674	269296
北　京	1020	12405	8941	345797
天　津	1987	11953	9233	485302
河　北	868	4990	3633	250083
山　西	61	305	183	7236
内蒙古	202	1265	965	64912
辽　宁	698	7066	4910	160574
吉　林	4462	2030	1536	65634
黑龙江	201	3374	2228	43089
上　海	4506	38149	32032	1745615
江　苏	9202	104923	80196	2462741
浙　江	4549	36487	28481	747246
安　徽	586	6040	3646	119624
福　建	1782	27380	22512	635833
江　西	150	2354	1448	39875
山　东	2394	32319	23038	889007
河　南	596	7700	5525	188858
湖　北	778	9747	7042	293908
湖　南	177	2753	1581	109061
广　东	7325	92570	75483	2058521
广　西	319	6441	5205	246078
海　南	126	703	566	13318
重　庆	406	4743	3036	223638
四　川	249	2925	1766	41079
贵　州	42	763	434	8236
云　南	66	473	260	9392
西　藏				
陕　西	91	795	533	14748
甘　肃	8	269	237	1817
青　海	3	33	25	18235
宁　夏	31	364	288	6660
新　疆				

F. 企业办研发机构情况

1-F-1 分登记注册类型企业办研发机构情况

登记注册类型	机构数(个)	机构人员数(人)	#博士	#硕士	机构经费支出(万元)	仪器和设备原价(万元)
总　计	**51625**	**2387943**	**41065**	**254600**	**59415190**	**41320723**
内资企业	**41257**	**1790066**	**33453**	**200647**	**43254514**	**28711977**
国有企业	730	74332	1519	12994	1618153	1596942
集体企业	169	6250	227	1090	215254	119914
股份合作企业	106	2330	45	81	40837	37897
联营企业	14	2420	20	288	92016	19111
国有联营企业	9	2268	20	267	90241	18472
集体联营企业	1	33			709	70
国有与集体联营企业	3	106		21	826	521
其他联营企业	1	13			240	48
有限责任公司	11490	693710	11924	95897	18650505	12103584
国有独资公司	1017	121766	1672	16598	3137148	2650265
其他有限责任公司	10473	571944	10252	79299	15513357	9453319
股份有限公司	4741	431781	7344	50869	10410722	6755543
私营企业	23892	575188	12283	39039	12143200	8027311
私营独资企业	779	10546	236	781	192014	176432
私营合伙企业	119	1447	41	93	24585	10296
私营有限责任公司	21332	495855	10557	32434	10443557	6866482
私营股份有限公司	1662	67340	1449	5731	1483044	974101
其他企业	115	4055	91	389	83826	51674
港、澳、台商投资企业	**4627**	**252441**	**2946**	**19313**	**5996929**	**3628493**
合资经营企业	2176	100338	1205	6331	2577509	1439653
合作经营企业	86	2823	56	155	107581	52265
港、澳、台商独资经营企业	2186	131092	1406	10617	2862393	1854350
港、澳、台商投资股份有限公司	172	17738	265	2154	439931	279020
其他港、澳、台投资企业	7	450	14	56	9514	3206
外商投资企业	**5741**	**345436**	**4666**	**34640**	**10163747**	**8980253**
中外合资经营企业	2686	156584	2160	17462	5477387	5449035
中外合作经营企业	108	5035	68	394	157069	83442
外资企业	2787	164655	2065	13228	3912371	2949480
外商投资股份有限公司	151	18597	338	3477	604541	493148
其他外商投资企业	9	565	35	79	12380	5148

1-F-2　分登记注册类型大中型企业办研发机构情况

登记注册类型	机构数（个）	机构人员数（人）	#博士	#硕士	机构经费支出（万元）	仪器和设备原价（万元）
总　计	**23347**	**1873901**	**28304**	**212186**	**49835907**	**33949064**
内资企业	**17251**	**1366378**	**22460**	**164999**	**35538105**	**23062874**
国有企业	611	69556	1427	12042	1546653	1455725
集体企业	85	5017	204	1016	194112	105902
股份合作企业	32	1150	31	39	19994	23739
联营企业	7	2204	17	258	87562	17646
国有联营企业	6	2192	17	257	87467	17590
集体联营企业						
国有与集体联营企业	1	12		1	96	56
其他联营企业						
有限责任公司	6007	578073	8769	84590	16543828	10281043
国有独资公司	889	117736	1595	16125	3065728	2545116
其他有限责任公司	5118	460337	7174	68465	13478100	7735928
股份有限公司	3584	400492	6527	47382	9814882	6340867
私营企业	6886	307101	5442	19403	7280544	4800985
私营独资企业	122	3806	82	317	69235	116030
私营合伙企业	19	479	4	21	9542	5231
私营有限责任公司	5960	252506	4378	15019	6002839	3906659
私营股份有限公司	785	50310	978	4046	1198928	773065
其他企业	39	2785	43	269	50531	36967
港、澳、台商投资企业	**2693**	**211786**	**2191**	**16581**	**5175469**	**2923560**
合资经营企业	1167	79075	792	4928	2130466	1130880
合作经营企业	42	1811	25	86	81104	44481
港、澳、台商独资经营企业	1342	113718	1106	9411	2531276	1476564
港、澳、台商投资股份有限公司	137	16740	254	2100	423271	268651
其他港、澳、台投资企业	5	442	14	56	9353	2983
外商投资企业	**3403**	**295737**	**3653**	**30606**	**9122334**	**7962630**
中外合资经营企业	1501	131106	1584	15289	4957004	5100423
中外合作经营企业	62	4060	51	352	135979	74885
外资企业	1714	142412	1665	11476	3439250	2306906
外商投资股份有限公司	120	17711	328	3424	582366	476911
其他外商投资企业	6	448	25	65	7734	3506

1-F-3　分行业企业办研发机构情况

行　　业	机构数（个）	机构人员数（人）	#博士	#硕士	机构经费支出（万元）	仪器和设备原价（万元）
总　计	**51625**	**2387943**	**41065**	**254600**	**59415190**	**41320723**
采矿业	**605**	**69089**	**1523**	**11039**	**1596413**	**1074339**
煤炭开采和洗选业	245	20038	360	2273	662843	407461
烟煤和无烟煤开采洗选	242	19394	344	2238	650262	395311
褐煤开采洗选	3	644	16	35	12581	12150
其他煤炭采选						
石油和天然气开采业	105	36298	897	7459	635239	411341
石油开采	102	35697	887	7089	613024	404720
天然气开采	3	601	10	370	22215	6621
黑色金属矿采选业	53	1758	26	101	39142	24708
铁矿采选	43	1494	20	92	37375	24412
锰矿、铬矿采选	8	230	6	7	1619	177
其他黑色金属矿采选	2	34		2	148	119
有色金属矿采选业	66	2663	58	197	123692	66233
常用有色金属矿采选	39	1382	16	55	14893	13950
贵金属矿采选	12	1035	37	124	106986	50596
稀有稀土金属矿采选	15	246	5	18	1814	1688
非金属矿采选业	103	2831	77	243	48545	28295
土砂石开采	50	800	25	84	12109	7452
化学矿开采	16	733	5	33	11810	6461
采盐	27	1148	37	104	23196	13832
石棉及其他非金属矿采选	10	150	10	22	1430	550
开采辅助活动	30	5454	104	760	86691	136269
煤炭开采和洗选辅助活动	1	5		1	34	98
石油和天然气开采辅助活动	29	5449	104	759	86657	136171
其他开采辅助活动						
其他采矿业	3	47	1	6	261	32
其他采矿业	3	47	1	6	261	32
制造业	**50714**	**2299409**	**38726**	**239499**	**57470392**	**39745673**
农副食品加工业	1803	45095	1918	5197	1101313	795867
谷物磨制	258	3887	165	356	83849	56105
饲料加工	360	9868	492	1483	238159	90151
植物油加工	185	4535	276	602	190165	120654
制糖业	22	844	39	28	14054	16964
屠宰及肉类加工	321	10785	346	1076	292436	166953
水产品加工	208	5438	208	611	119114	85264
蔬菜、水果和坚果加工	238	4289	183	464	60522	118281
其他农副食品加工	211	5449	209	577	103015	141496
食品制造业	909	28670	1030	3487	711377	455648
焙烤食品制造	70	1415	32	134	27863	12972
糖果、巧克力及蜜饯制造	45	1547	27	74	41917	8600
方便食品制造	92	2231	89	220	63927	31444
乳制品制造	110	4541	181	732	103309	115342
罐头食品制造	97	2123	91	275	40533	30529
调味品、发酵制品制造	144	6100	162	526	136889	85201
其他食品制造	351	10713	448	1526	296939	171561
酒、饮料和精制茶制造业	654	30344	589	2421	803087	776370
酒的制造	394	24146	378	1642	654028	590012
饮料制造	127	3943	103	510	101863	157590
精制茶加工	133	2255	108	269	47195	28768

1-F-3　续表 1

行　　业	机构数（个）	机构人员数（人）	#博士	#硕士	机构经费支出（万元）	仪器和设备原价（万元）
烟草制品业	36	2719	159	731	243409	245004
烟叶复烤	4	74	1	12	1692	1896
卷烟制造	24	2346	155	695	229039	238061
其他烟草制品制造	8	299	3	24	12678	5048
纺织业	2240	59434	912	2915	1290344	1038785
棉纺织及印染精加工	1218	34346	478	1716	760419	620713
毛纺织及染整精加工	174	4771	85	246	115539	120879
麻纺织及染整精加工	37	1421	32	56	20650	26492
丝绢纺织及印染精加工	111	1776	34	96	28264	14549
化纤织造及印染精加工	120	2047	18	82	29475	29827
针织或钩针编织物及其制品制造	183	4768	68	203	91450	87373
家用纺织制成品制造	193	5730	110	287	117519	53569
非家用纺织制成品制造	204	4575	87	229	127029	85383
纺织服装、服饰业	1162	33207	391	1397	590382	338234
机织服装制造	851	25743	284	1070	459960	209201
针织或钩针编织服装制造	224	6007	96	263	109013	114223
服饰制造	87	1457	11	64	21409	14809
皮革、毛皮、羽毛及其制品和制鞋业	525	16355	191	558	260461	132132
皮革鞣制加工	54	1480	13	46	41446	13476
皮革制品制造	126	2760	23	98	48827	29519
毛皮鞣制及制品加工	30	804	12	27	21213	9044
羽毛(绒)加工及制品制造	31	566	13	27	7508	8689
制鞋业	284	10745	130	360	141468	71404
木材加工和木、竹、藤、棕、草制品业	548	8882	251	661	176973	100440
木材加工	47	685	20	46	11330	9629
人造板制造	330	5146	147	422	105711	54953
木制品制造	114	2125	58	147	48116	30108
竹、藤、棕、草等制品制造	57	926	26	46	11816	5750
家具制造业	288	9335	70	328	164913	85952
木质家具制造	162	5148	45	190	79627	40383
竹、藤家具制造	5	158		1	4415	10237
金属家具制造	69	2421	17	79	58179	26523
塑料家具制造	11	244	4	12	4697	2212
其他家具制造	41	1364	4	46	17996	6596
造纸和纸制品业	470	19375	322	950	641632	503799
纸浆制造	6	223		9	5298	10050
造纸	298	15051	272	733	562155	402165
纸制品制造	166	4101	50	208	74180	91584
印刷和记录媒介复制业	419	11484	168	742	217095	279740
印刷	405	11012	156	691	212212	274699
装订及印刷相关服务	7	310	9	38	2251	3369
记录媒介复制	7	162	3	13	2631	1672
文教、工美、体育和娱乐用品制造业	842	23888	255	1018	415515	464399
文教办公用品制造	100	3135	21	179	42990	20742
乐器制造	36	1551	22	31	21585	15104
工艺美术品制造	396	9677	126	487	184092	99915
体育用品制造	114	3125	40	92	57207	35260
玩具制造	146	4898	35	171	63696	26942
游艺器材及娱乐用品制造	50	1502	11	58	45946	266436

1-F-3 续表 2

行业	机构数(个)	机构人员数(人)	#博士	#硕士	机构经费支出(万元)	仪器和设备原价(万元)
石油加工、炼焦和核燃料加工业	235	12167	320	1511	623770	422772
精炼石油产品制造	197	9925	262	1338	550027	352204
炼焦	37	2205	58	173	73497	68068
核燃料加工	1	37			246	2500
化学原料和化学制品制造业	4870	169864	4420	16781	5033284	2979921
基础化学原料制造	1090	38866	919	3503	1228343	736430
肥料制造	440	20669	383	1633	567281	400467
农药制造	320	12252	426	1448	312403	147137
涂料、油墨、颜料及类似产品制造	670	19665	459	1823	437065	220283
合成材料制造	705	24841	678	2773	1020933	599242
专用化学产品制造	1306	39785	1278	4210	1171714	655833
炸药、火工及焰火产品制造	103	5427	38	343	75976	95291
日用化学产品制造	236	8359	239	1048	219569	125238
医药制造业	2529	115460	4368	19299	2636900	1813530
化学药品原料药制造	558	24442	891	4072	565612	480722
化学药品制剂制造	569	35158	1237	6928	888558	520343
中药饮片加工	132	3217	138	387	56442	36667
中成药生产	592	27609	820	3210	558702	345750
兽用药品制造	160	4878	236	958	67034	61531
生物药品制造	396	14757	885	3283	376846	298655
卫生材料及医药用品制造	122	5399	161	461	123706	69860
化学纤维制造业	455	18506	269	1105	689276	625705
纤维素纤维原料及纤维制造	140	6469	158	535	239107	113158
合成纤维制造	315	12037	111	570	450169	512548
橡胶和塑料制品业	1827	62967	857	3459	1607696	1165922
橡胶制品业	489	23984	346	1300	889059	578514
塑料制品业	1338	38983	511	2159	718637	587407
非金属矿物制品业	2198	66994	1413	5171	1302060	1182136
水泥、石灰和石膏制造	219	5891	136	532	167513	117925
石膏、水泥制品及类似制品制造	287	6123	120	491	127990	76082
砖瓦、石材等建筑材料制造	325	8735	182	880	156832	98506
玻璃制造	92	4659	82	224	88111	187328
玻璃制品制造	291	9789	161	696	195220	240361
玻璃纤维和玻璃纤维增强塑料制品制造	184	6471	120	500	110096	88292
陶瓷制品制造	245	8053	135	472	103880	84854
耐火材料制品制造	268	7979	200	582	139670	86041
石墨及其他非金属矿物制品制造	287	9294	277	794	212747	202747
黑色金属冶炼和压延加工业	1191	75247	1322	5760	2932029	1719456
炼铁	31	789	10	63	54895	5500
炼钢	73	11350	234	846	607677	347622
黑色金属铸造	361	8304	167	511	210712	111499
钢压延加工	661	51939	873	4151	1983750	1124345
铁合金冶炼	65	2865	38	189	74995	130490
有色金属冶炼和压延加工业	1199	54380	1056	4445	1913554	1417474
常用有色金属冶炼	253	18224	319	1721	614342	306846
贵金属冶炼	47	1901	29	138	68471	26909
稀有稀土金属冶炼	103	4764	154	444	95402	108063
有色金属合金制造	156	5952	141	506	146293	110239
有色金属铸造	28	470	8	39	19293	19578
有色金属压延加工	612	23069	405	1597	969752	845839

1-F-3 续表 3

行业	机构数(个)	机构人员数(人)	#博士	#硕士	机构经费支出(万元)	仪器和设备原价(万元)
金属制品业	2279	79557	1053	4431	1503625	1280531
结构性金属制品制造	547	17982	309	950	377380	261660
金属工具制造	249	6846	112	408	113908	108669
集装箱及金属包装容器制造	198	5685	74	516	132890	79384
金属丝绳及其制品制造	203	7216	78	399	183541	217080
建筑、安全用金属制品制造	270	8060	97	308	120496	102736
金属表面处理及热处理加工	159	3254	44	146	69091	45422
搪瓷制品制造	24	495	7	39	5534	4859
金属制日用品制造	174	5902	38	119	80878	44049
其他金属制品制造	455	24117	294	1546	419907	416673
通用设备制造业	4964	194350	2497	14735	3906915	2914258
锅炉及原动设备制造	460	26826	357	2864	772897	617073
金属加工机械制造	820	29367	389	2044	400558	352829
物料搬运设备制造	545	29942	272	3146	791164	320611
泵、阀门、压缩机及类似机械制造	1114	36870	505	2186	680261	545233
轴承、齿轮和传动部件制造	539	19774	231	962	335203	390346
烘炉、风机、衡器、包装等设备制造	754	29310	369	1996	542589	410505
文化、办公用机械制造	130	7186	60	499	129469	69530
通用零部件制造	455	11630	239	757	202058	173766
其他通用设备制造业	147	3445	75	281	52716	34366
专用设备制造业	4021	167585	2952	19330	3183235	2394725
采矿、冶金、建筑专用设备制造	1054	63996	869	10322	1354564	958902
化工、木材、非金属加工专用设备制造	731	25313	286	1215	389948	431764
食品、饮料、烟草及饲料生产专用设备制造	132	4696	59	377	68743	45242
印刷、制药、日化及日用品生产专用设备制造	204	6821	164	554	113355	92749
纺织、服装和皮革加工专用设备制造	324	10860	119	508	200241	171466
电子和电工机械专用设备制造	217	8910	196	955	128500	121284
农、林、牧、渔专用机械制造	238	9034	183	647	204747	172792
医疗仪器设备及器械制造	379	14264	494	2098	307375	169014
环保、社会公共服务及其他专用设备制造	742	23691	582	2654	415762	231512
汽车制造业	2429	191934	1881	18830	5671150	5555422
汽车整车制造	271	91950	819	12324	3594696	3638880
改装汽车制造	155	9203	102	617	170222	152855
低速载货汽车制造	2	979	6	70	29981	17691
电车制造	21	304	12	32	4115	2885
汽车车身、挂车制造	47	2489	20	109	50037	33896
汽车零部件及配件制造	1933	87009	922	5678	1822100	1709215
铁路、船舶、航空航天和其他运输设备制造业	1047	91473	681	9738	1989268	1622164
铁路运输设备制造	197	20505	234	3817	436595	434037
城市轨道交通设备制造	16	1342	14	219	50411	32939
船舶及相关装置制造	302	21876	152	1483	611723	277774
航空、航天器及设备制造	139	31952	159	3648	555149	692530
摩托车制造	223	9361	65	369	238870	134062
自行车制造	136	5325	43	145	75001	39269
非公路休闲车及零配件制造	16	406	3	25	6260	2274
潜水救捞及其他未列明运输设备制造	18	706	11	32	15259	9280
电气机械和器材制造业	5799	271088	3575	22286	6215183	4263924
电机制造	917	39789	498	3074	902356	586877
输配电及控制设备制造	2058	91417	1279	9697	1928679	1544879

1-F-3 续表 4

行业	机构数（个）	机构人员数（人）	#博士	#硕士	机构经费支出（万元）	仪器和设备原价（万元）
电线、电缆、光缆及电工器材制造	935	33195	469	1903	1028154	970042
电池制造	350	18893	527	1927	357145	237140
家用电力器具制造	783	63080	452	4066	1569583	692613
非电力家用器具制造	165	4786	72	432	98194	41616
照明器具制造	523	17541	230	899	291621	158923
其他电气机械及器材制造	68	2387	48	288	39451	31835
计算机、通信和其他电子设备制造业	3991	362497	4645	63952	10307272	4383851
计算机制造	342	46252	340	4488	1145929	344826
通信设备制造	481	117395	1605	40719	4532179	808031
广播电视设备制造	202	11090	153	1248	217297	118523
雷达及配套设备制造	40	5724	219	1345	153191	107395
视听设备制造	271	22084	182	2239	770117	325800
电子器件制造	884	61856	1205	7651	1712015	1393962
电子元件制造	1449	78666	689	4124	1388375	1126814
其他电子设备制造	322	19430	252	2138	388170	158499
仪器仪表制造业	1494	65265	1015	7365	1123158	635238
通用仪器仪表制造	931	42876	659	5312	738877	359576
专用仪器仪表制造	355	13608	216	1414	244631	153253
钟表与计时仪器制造	36	1421	15	48	16479	12946
光学仪器及眼镜制造	146	6339	108	480	111262	101850
其他仪器仪表制造业	26	1021	17	111	11910	7613
其他制造业	141	5939	71	402	103401	84336
日用杂品制造	70	2278	21	99	29423	16054
煤制品制造	10	200	3	15	1769	1416
核辐射加工	1	11	5	5	405	156
其他未列明制造业	60	3450	42	283	71804	66710
废弃资源综合利用业	93	2752	56	262	69581	41525
金属废料和碎屑加工处理	58	2223	44	220	53571	30952
非金属废料和碎屑加工处理	35	529	12	42	16010	10573
金属制品、机械和设备修理业	56	2596	19	232	42537	26413
金属制品修理	3	15	1	1	136	98
通用设备修理	3	40		5	700	431
专用设备修理	11	214	3	33	2627	2117
铁路、船舶、航空航天等运输设备修理	28	1952	2	169	34961	20648
电气设备修理	1	11		1	40	258
仪器仪表修理	2	83	4	4	996	1424
其他机械和设备修理业	8	281	9	19	3078	1438
电力、热力、燃气及水生产和供应业	**306**	**19445**	**816**	**4062**	**348384**	**500710**
电力、热力生产和供应业	217	17121	684	3631	310182	471845
电力生产	143	6237	77	472	167918	150814
电力供应	63	10726	602	3141	140733	319639
热力生产和供应	11	158	5	18	1531	1392
燃气生产和供应业	20	489	91	110	15700	4326
燃气生产和供应业	20	489	91	110	15700	4326
水的生产和供应业	69	1835	41	321	22502	24539
自来水生产和供应	45	1344	26	262	12737	18624
污水处理及其再生利用	24	491	15	59	9765	5915
其他水的处理、利用与分配						

1-F-4　分行业大中型企业办研发机构情况

行　业	机构数（个）	机构人员数（人）	#博士	#硕士	机构经费支出（万元）	仪器和设备原价（万元）
总　计	**23347**	**1873901**	**28304**	**212186**	**49835907**	**33949064**
采矿业	**468**	**67347**	**1484**	**10909**	**1562468**	**1057411**
煤炭开采和洗选业	215	19709	356	2269	656318	405619
烟煤和无烟煤开采洗选	212	19065	340	2234	643738	393469
褐煤开采洗选	3	644	16	35	12581	12150
其他煤炭采选						
石油和天然气开采业	104	36228	896	7437	630778	411275
石油开采	102	35697	887	7089	613024	404720
天然气开采	2	531	9	348	17754	6555
黑色金属矿采选业	28	1493	22	92	31816	17727
铁矿采选	22	1279	16	85	30245	17566
锰矿、铬矿采选	6	214	6	7	1571	161
其他黑色金属矿采选						
有色金属矿采选业	51	2415	57	186	120338	64527
常用有色金属矿采选	28	1181	15	46	13032	13159
贵金属矿采选	9	1003	37	123	105528	49692
稀有稀土金属矿采选	14	231	5	17	1778	1675
非金属矿采选业	49	2129	49	167	38339	22890
土砂石开采	13	333	8	37	4461	4093
化学矿开采	13	711	5	31	11476	6282
采盐	22	1060	35	99	22049	12430
石棉及其他非金属矿采选	1	25	1		354	85
开采辅助活动	21	5373	104	758	84879	135372
煤炭开采和洗选辅助活动						
石油和天然气开采辅助活动	21	5373	104	758	84879	135372
其他开采辅助活动						
其他采矿业						
其他采矿业						
制造业	**22682**	**1789653**	**26095**	**197679**	**47968557**	**32499923**
农副食品加工业	632	28042	1068	3203	762379	605308
谷物磨制	66	1607	81	172	49530	28215
饲料加工	90	5316	214	754	108407	44879
植物油加工	62	2722	159	404	151015	90196
制糖业	13	690	27	20	12582	16378
屠宰及肉类加工	173	9031	276	882	260935	145359
水产品加工	105	3783	149	439	88329	70038
蔬菜、水果和坚果加工	66	1891	85	227	22871	93118
其他农副食品加工	57	3002	77	305	68710	117125
食品制造业	404	20133	626	2435	558997	349962
焙烤食品制造	34	800	13	82	18928	7311
糖果、巧克力及蜜饯制造	24	1303	25	69	37655	5397
方便食品制造	46	1702	61	167	52999	25756
乳制品制造	69	3867	142	649	89205	102917
罐头食品制造	46	1243	63	183	24941	16825
调味品、发酵制品制造	72	4917	107	347	122356	75567
其他食品制造	113	6301	215	938	212913	116189
酒、饮料和精制茶制造业	344	25661	426	1950	719067	712023
酒的制造	268	22053	323	1456	619217	562386
饮料制造	44	2735	60	371	82787	139723
精制茶加工	32	873	43	123	17063	9915

1-F-4 续表 1

行业	机构数（个）	机构人员数（人）	#博士	#硕士	机构经费支出（万元）	仪器和设备原价（万元）
烟草制品业	29	2384	150	675	233908	214186
烟叶复烤	3	62	1	12	1658	1866
卷烟制造	21	2109	146	642	223550	207645
其他烟草制品制造	5	213	3	21	8699	4676
纺织业	1111	46552	713	2263	1053454	881902
棉纺织及印染精加工	626	28091	384	1383	647905	549461
毛纺织及染整精加工	85	3981	80	219	104659	111461
麻纺织及染整精加工	29	1359	26	47	18296	24988
丝绢纺织及印染精加工	44	1012	20	57	16469	7992
化纤织造及印染精加工	72	1404	13	52	16006	23549
针织或钩针编织物及其制品制造	81	3544	63	164	68154	69881
家用纺织制成品制造	105	4597	90	248	93840	45507
非家用纺织制成品制造	69	2564	37	93	88125	49063
纺织服装、服饰业	701	28003	334	1179	523918	289653
机织服装制造	550	22273	237	904	414645	188209
针织或钩针编织服装制造	114	4860	92	233	96051	96785
服饰制造	37	870	5	42	13223	4659
皮革、毛皮、羽毛及其制品和制鞋业	327	14034	170	454	225834	112407
皮革鞣制加工	33	1156	10	31	34348	9565
皮革制品制造	53	2017	19	65	39501	24159
毛皮鞣制及制品加工	12	508	3	14	14444	6560
羽毛(绒)加工及制品制造	23	419	13	25	6201	6866
制鞋业	206	9934	125	319	131341	65257
木材加工和木、竹、藤、棕、草制品业	152	4354	141	335	93606	40922
木材加工	6	333	13	18	5617	6691
人造板制造	85	2443	92	214	54879	18642
木制品制造	41	1153	28	81	27877	14286
竹、藤、棕、草等制品制造	20	425	8	22	5233	1304
家具制造业	149	7383	51	243	142032	65676
木质家具制造	82	4030	36	134	67465	26668
竹、藤家具制造	4	153		1	4279	10192
金属家具制造	36	2026	13	67	54232	23755
塑料家具制造	2	102		3	2275	581
其他家具制造	25	1072	2	38	13782	4480
造纸和纸制品业	236	15981	264	823	583996	312161
纸浆制造	6	223		9	5298	10050
造纸	164	13187	234	656	528204	243688
纸制品制造	66	2571	30	158	50494	58423
印刷和记录媒介复制业	155	7421	101	494	148779	205899
印刷	149	7091	90	450	145516	204146
装订及印刷相关服务	2	215	9	37	1047	784
记录媒介复制	4	115	2	7	2217	969
文教、工美、体育和娱乐用品制造业	383	17075	169	660	301957	159505
文教办公用品制造	37	2196	14	133	32424	15546
乐器制造	13	1061	20	20	14584	9071
工艺美术品制造	175	6635	80	297	118617	77103
体育用品制造	49	2121	25	62	42966	24042
玩具制造	87	3995	22	108	54117	20459
游艺器材及娱乐用品制造	22	1067	8	40	39248	13283

1-F-4　续表 2

行　　业	机构数（个）	机构人员数（人）	#博士	#硕士	机构经费支出（万元）	仪器和设备原价（万元）
石油加工、炼焦和核燃料加工业	136	10510	266	1303	571869	380718
精炼石油产品制造	101	8308	208	1130	498384	310877
炼焦	34	2165	58	173	73239	67341
核燃料加工	1	37			246	2500
化学原料和化学制品制造业	1945	112949	2372	10933	3659954	2193420
基础化学原料制造	462	26704	545	2362	899499	530731
肥料制造	300	18593	266	1398	535831	367663
农药制造	168	8856	284	1047	242483	113356
涂料、油墨、颜料及类似产品制造	213	10754	194	1024	266487	125808
合成材料制造	243	15599	398	1816	756999	479291
专用化学产品制造	396	21950	531	2194	728022	398471
炸药、火工及焰火产品制造	74	5010	30	329	71050	91951
日用化学产品制造	89	5483	124	763	159583	86148
医药制造业	1217	86986	2972	15036	2034537	1432831
化学药品原料药制造	303	18462	652	3359	453604	393487
化学药品制剂制造	336	29840	1023	6165	777318	448899
中药饮片加工	31	1660	51	176	32449	20373
中成药生产	327	21378	529	2412	414568	261939
兽用药品制造	36	2538	94	439	33006	31606
生物药品制造	134	9204	545	2227	243229	220374
卫生材料及医药用品制造	50	3904	78	258	80362	56154
化学纤维制造业	217	15192	191	883	602975	545682
纤维素纤维原料及纤维制造	88	5684	124	460	223216	101504
合成纤维制造	129	9508	67	423	379759	444178
橡胶和塑料制品业	707	45952	495	2308	1302975	959492
橡胶制品业	246	20188	241	1013	823174	535612
塑料制品业	461	25764	254	1295	479801	423880
非金属矿物制品业	872	46383	834	3536	927129	848209
水泥、石灰和石膏制造	115	4838	114	451	143286	98513
石膏、水泥制品及类似制品制造	80	3307	62	288	68689	41888
砖瓦、石材等建筑材料制造	119	5718	108	615	102308	66820
玻璃制造	61	4190	65	195	79885	178574
玻璃制品制造	132	7006	101	497	138983	145060
玻璃纤维和玻璃纤维增强塑料制品制造	70	4891	69	377	77605	70035
陶瓷制品制造	119	5898	72	288	70897	58300
耐火材料制品制造	83	4777	113	369	88674	50477
石墨及其他非金属矿物制品制造	93	5758	130	456	156804	138541
黑色金属冶炼和压延加工业	575	66377	1175	5263	2733157	1572993
炼铁	16	620	9	55	52313	4109
炼钢	64	11207	233	835	605570	346939
黑色金属铸造	95	4127	88	257	128026	61990
钢压延加工	362	48033	816	3971	1884585	1040204
铁合金冶炼	38	2390	29	145	62662	119752
有色金属冶炼和压延加工业	550	43507	710	3605	1634713	1200641
常用有色金属冶炼	165	16916	262	1636	587758	289222
贵金属冶炼	21	1578	17	106	61691	23166
稀有稀土金属冶炼	41	3581	85	312	74752	95033
有色金属合金制造	60	4177	62	323	94932	59374
有色金属铸造	8	246	3	15	15458	15056
有色金属压延加工	255	17009	281	1213	800122	718790

1-F-4 续表 3

行　业	机构数（个）	机构人员数（人）	#博士	#硕士	机构经费支出（万元）	仪器和设备原价（万元）
金属制品业	905	58057	703	3199	1097767	957939
结构性金属制品制造	219	13228	211	624	285817	186046
金属工具制造	93	4380	66	290	73176	66100
集装箱及金属包装容器制造	103	4348	64	447	98323	60073
金属丝绳及其制品制造	72	5076	52	280	134197	173599
建筑、安全用金属制品制造	95	5254	52	171	76147	65647
金属表面处理及热处理加工	56	1774	18	59	43069	27825
搪瓷制品制造	4	145	2	20	1835	2071
金属制日用品制造	69	4407	26	69	53546	25303
其他金属制品制造	194	19445	212	1239	331658	351275
通用设备制造业	1898	136657	1464	11100	2940062	2180267
锅炉及原动设备制造	247	22814	252	2555	689351	544591
金属加工机械制造	299	19052	232	1316	261793	219776
物料搬运设备制造	263	23650	173	2770	684336	258899
泵、阀门、压缩机及类似机械制造	366	23520	234	1436	440768	375521
轴承、齿轮和传动部件制造	234	14210	128	695	249744	305387
烘炉、风机、衡器、包装等设备制造	262	19804	219	1346	378777	306486
文化、办公用机械制造	58	5678	38	349	104133	59035
通用零部件制造	134	6581	170	492	107808	94685
其他通用设备制造业	35	1348	18	141	23353	15888
专用设备制造业	1446	116429	1820	15187	2319897	1854682
采矿、冶金、建筑专用设备制造	471	52652	593	9472	1160701	818720
化工、木材、非金属加工专用设备制造	270	16214	166	739	251168	323329
食品、饮料、烟草及饲料生产专用设备制造	30	2445	27	230	36257	20591
印刷、制药、日化及日用品生产专用设备制造	56	3970	127	371	75420	61180
纺织、服装和皮革加工专用设备制造	99	7034	64	331	116604	120951
电子和电工机械专用设备制造	87	6090	117	600	72935	99161
农、林、牧、渔专用机械制造	83	6523	123	474	159958	146181
医疗仪器设备及器械制造	138	8637	321	1431	201421	118873
环保、社会公共服务及其他专用设备制造	212	12864	282	1539	245433	145697
汽车制造业	1298	168780	1480	17513	5279044	5187203
汽车整车制造	243	90845	805	12253	3565060	3613978
改装汽车制造	97	7688	74	492	148444	134032
低速载货汽车制造	1	892	6	66	28253	16812
电车制造						
汽车车身、挂车制造	24	2073	14	69	41278	25591
汽车零部件及配件制造	933	67282	581	4633	1496009	1396791
铁路、船舶、航空航天和其他运输设备制造业	604	81400	534	8776	1813617	1477909
铁路运输设备制造	112	18342	204	3478	399713	389670
城市轨道交通设备制造	10	1230	9	198	47506	30097
船舶及相关装置制造	183	19589	96	1261	571668	257441
航空、航天器及设备制造	99	29408	142	3402	508369	640229
摩托车制造	124	7991	52	297	212372	117154
自行车制造	60	4000	19	91	55608	32820
非公路休闲车及零配件制造	9	346	3	19	5689	1740
潜水救捞及其他未列明运输设备制造	7	494	9	30	12693	8757
电气机械和器材制造业	2659	210225	2406	18115	5118952	3350340
电机制造	458	30617	366	2557	724243	490830
输配电及控制设备制造	823	65385	786	7759	1508208	1226696

1-F-4　续表 4

行　业	机构数(个)	机构人员数(人)	#博士	#硕士	机构经费支出(万元)	仪器和设备原价(万元)
电线、电缆、光缆及电工器材制造	406	23471	316	1353	800414	652393
电池制造	207	16038	370	1610	295080	183598
家用电力器具制造	508	58629	400	3873	1496655	653690
非电力家用器具制造	40	2781	32	274	56866	20372
照明器具制造	199	12028	117	548	211905	100710
其他电气机械及器材制造	18	1276	19	141	25582	22052
计算机、通信和其他电子设备制造业	2324	321979	3856	60372	9652032	3853815
计算机制造	223	42592	278	4144	1096284	319626
通信设备制造	278	110659	1513	39989	4426222	754883
广播电视设备制造	96	8428	102	1037	178163	99938
雷达及配套设备制造	23	5407	206	1298	147690	106365
视听设备制造	187	20154	150	2093	736742	308285
电子器件制造	495	53329	983	6822	1566790	1277467
电子元件制造	870	65816	461	3168	1169265	860551
其他电子设备制造	152	15594	163	1821	330877	126700
仪器仪表制造业	586	43204	539	5279	777769	443330
通用仪器仪表制造	304	27473	342	3864	492785	228878
专用仪器仪表制造	155	8922	131	943	171403	113180
钟表与计时仪器制造	19	1044	10	37	12086	10843
光学仪器及眼镜制造	98	5379	53	405	97087	88111
其他仪器仪表制造业	10	386	3	30	4408	2318
其他制造业	69	4208	33	218	76142	63540
日用杂品制造	34	1852	20	81	25366	13473
煤制品制造	4	139		8	774	1179
核辐射加工						
其他未列明制造业	31	2217	13	129	50002	48888
废弃资源综合利用业	25	1769	22	141	41360	24387
金属废料和碎屑加工处理	24	1752	20	136	41358	24386
非金属废料和碎屑加工处理	1	17	2	5	2	1
金属制品、机械和设备修理业	26	2066	10	198	36683	22924
金属制品修理	1	6	1	1	63	54
通用设备修理						
专用设备修理	4	131	1	19	1802	1145
铁路、船舶、航空航天等运输设备修理	18	1813	2	168	32569	20369
电气设备修理	1	11		1	40	258
仪器仪表修理						
其他机械和设备修理业	2	105	6	9	2210	1100
电力、热力、燃气及水生产和供应业	**197**	**16901**	**725**	**3598**	**304882**	**391730**
电力、热力生产和供应业	142	15097	605	3233	277651	367888
电力生产	90	5428	57	392	142162	82094
电力供应	51	9634	548	2839	135403	285756
热力生产和供应	1	35		2	86	38
燃气生产和供应业	11	354	85	93	11857	2731
燃气生产和供应业	11	354	85	93	11857	2731
水的生产和供应业	44	1450	35	272	15375	21111
自来水生产和供应	39	1278	24	250	11441	17407
污水处理及其再生利用	5	172	11	22	3934	3704
其他水的处理、利用与分配						

1-F-5 分行业内资企业办研发机构情况

行业	机构数（个）	机构人员数（人）	#博士	#硕士	机构经费支出（万元）	仪器和设备原价（万元）
总计	**41257**	**1790066**	**33453**	**200647**	**43254514**	**28711977**
采矿业	**586**	**67611**	**1480**	**10411**	**1550750**	**1061505**
煤炭开采和洗选业	245	20038	360	2273	662843	407461
烟煤和无烟煤开采洗选	242	19394	344	2238	650262	395311
褐煤开采洗选	3	644	16	35	12581	12150
其他煤炭采选						
石油和天然气开采业	103	35429	874	6847	601377	404335
石油开采	101	35331	869	6808	596394	404236
天然气开采	2	98	5	39	4983	99
黑色金属矿采选业	48	1592	24	96	37757	24621
铁矿采选	42	1488	20	92	37340	24411
锰矿、铬矿采选	4	70	4	2	269	91
其他黑色金属矿采选	2	34		2	148	119
有色金属矿采选业	64	2628	55	195	123587	65334
常用有色金属矿采选	38	1367	15	53	14888	13901
贵金属矿采选	12	1035	37	124	106986	50596
稀有稀土金属矿采选	14	226	3	18	1714	838
非金属矿采选业	95	2439	62	235	38671	23625
土砂石开采	48	772	22	81	11773	7261
化学矿开采	16	733	5	33	11810	6461
采盐	21	784	25	99	13658	9354
石棉及其他非金属矿采选	10	150	10	22	1430	550
开采辅助活动	28	5438	104	759	86255	136097
煤炭开采和洗选辅助活动						
石油和天然气开采辅助活动	28	5438	104	759	86255	136097
其他开采辅助活动						
其他采矿业	3	47	1	6	261	32
其他采矿业	3	47	1	6	261	32
制造业	**40415**	**1704572**	**31265**	**186405**	**41402453**	**27170203**
农副食品加工业	1577	36485	1663	4336	894551	674369
谷物磨制	249	3627	155	329	82084	54265
饲料加工	316	8678	452	1338	198416	75835
植物油加工	159	3370	215	446	162452	102306
制糖业	21	825	37	23	13997	16175
屠宰及肉类加工	262	7025	264	796	216208	133038
水产品加工	175	4434	177	499	82830	62509
蔬菜、水果和坚果加工	201	3465	163	399	49746	110300
其他农副食品加工	194	5061	200	506	88818	119940
食品制造业	727	20755	809	2392	427094	321259
焙烤食品制造	53	1030	30	90	19376	9278
糖果、巧克力及蜜饯制造	37	769	21	61	17698	7270
方便食品制造	64	1176	62	135	28645	10743
乳制品制造	96	3470	142	512	76379	89628
罐头食品制造	78	1729	85	235	32791	25969
调味品、发酵制品制造	125	4698	142	398	108517	72131
其他食品制造	274	7883	327	961	143688	106241
酒、饮料和精制茶制造业	581	27031	522	2141	744797	718461
酒的制造	358	22009	338	1485	610025	545686
饮料制造	92	2784	80	390	88699	144359
精制茶加工	131	2238	104	266	46072	28416

1-F-5 续表 1

行业	机构数（个）	机构人员数（人）	#博士	#硕士	机构经费支出（万元）	仪器和设备原价（万元）
烟草制品业	35	2699	159	730	242960	244662
烟叶复烤	4	74	1	12	1692	1896
卷烟制造	24	2346	155	695	229039	238061
其他烟草制品制造	7	279	3	23	12229	4706
纺织业	1787	44543	732	2320	984913	845758
棉纺织及印染精加工	994	25528	383	1389	559942	508219
毛纺织及染整精加工	147	3449	65	183	100838	91073
麻纺织及染整精加工	30	1227	29	45	16690	21629
丝绢纺织及印染精加工	101	1645	31	84	25238	13051
化纤织造及印染精加工	88	1667	17	71	22755	24751
针织或钩针编织物及其制品制造	142	3892	56	168	76413	76230
家用纺织制成品制造	132	4229	94	236	87539	43987
非家用纺织制成品制造	153	2906	57	144	95498	66818
纺织服装、服饰业	773	22131	276	986	403511	260235
机织服装制造	564	17046	193	753	311534	152800
针织或钩针编织服装制造	153	4214	77	206	82406	98404
服饰制造	56	871	6	27	9571	9031
皮革、毛皮、羽毛及其制品和制鞋业	364	11911	137	365	165081	89966
皮革鞣制加工	31	906	5	26	20388	6856
皮革制品制造	83	1742	12	66	36271	22639
毛皮鞣制及制品加工	23	718	12	19	10931	3888
羽毛(绒)加工及制品制造	25	491	11	20	6170	7550
制鞋业	202	8054	97	234	91320	49032
木材加工和木、竹、藤、棕、草制品业	490	7332	203	553	145396	85909
木材加工	46	612	13	41	9837	6126
人造板制造	301	4267	127	369	90938	49679
木制品制造	93	1663	47	107	35255	25304
竹、藤、棕、草等制品制造	50	790	16	36	9366	4801
家具制造业	194	5659	40	191	90963	43676
木质家具制造	115	3699	26	131	63379	29576
竹、藤家具制造	2	33			436	58
金属家具制造	44	1072	8	25	12562	6720
塑料家具制造	10	216	4	9	3805	1956
其他家具制造	23	639	2	26	10781	5367
造纸和纸制品业	364	12133	275	678	379789	213884
纸浆制造	6	223		9	5298	10050
造纸	241	9371	236	543	338106	160030
纸制品制造	117	2539	39	126	36386	43804
印刷和记录媒介复制业	331	8279	149	625	160532	206194
印刷	323	7975	137	577	157864	204294
装订及印刷相关服务	3	175	9	37	1024	960
记录媒介复制	5	129	3	11	1644	940
文教、工美、体育和娱乐用品制造业	580	15353	180	630	256636	155538
文教办公用品制造	66	1823	8	57	20441	9347
乐器制造	28	1202	18	31	17583	12662
工艺美术品制造	295	7635	105	385	131285	80541
体育用品制造	67	1667	27	65	36711	25944
玩具制造	85	2082	14	64	29801	18583
游艺器材及娱乐用品制造	39	944	8	28	20815	8460

1-F-5 续表 2

行业	机构数（个）	机构人员数（人）	#博士	#硕士	机构经费支出（万元）	仪器和设备原价（万元）
石油加工、炼焦和核燃料加工业	210	11113	297	1418	597666	381112
精炼石油产品制造	179	9202	245	1275	532065	313953
炼焦	30	1874	52	143	65355	64660
核燃料加工	1	37			246	2500
化学原料和化学制品制造业	4025	140998	3582	13604	3938298	2423542
基础化学原料制造	920	33319	745	2960	917298	615238
肥料制造	410	19457	352	1451	522002	361406
农药制造	290	10908	366	1243	269689	135082
涂料、油墨、颜料及类似产品制造	508	14247	346	1292	315578	155367
合成材料制造	550	20410	588	2361	833562	460532
专用化学产品制造	1066	31170	970	3218	861039	525401
炸药、火工及焰火产品制造	102	5404	38	343	75526	95221
日用化学产品制造	179	6083	177	736	143604	75295
医药制造业	2056	87646	3258	13591	1898416	1381703
化学药品原料药制造	443	18077	651	2617	385476	354107
化学药品制剂制造	437	25148	886	4550	567223	394550
中药饮片加工	121	2844	113	354	43584	34824
中成药生产	510	23470	726	2689	468905	282829
兽用药品制造	147	4439	205	843	59067	47579
生物药品制造	310	9957	548	2153	272355	206274
卫生材料及医药用品制造	88	3711	129	385	101807	61539
化学纤维制造业	352	14043	208	930	491001	394121
纤维素纤维原料及纤维制造	113	5656	124	457	199701	91296
合成纤维制造	239	8387	84	473	291300	302825
橡胶和塑料制品业	1396	36843	636	2319	949327	575229
橡胶制品业	391	14391	263	866	504377	248243
塑料制品业	1005	22452	373	1453	444950	326986
非金属矿物制品业	1907	54421	1206	4468	1073440	934358
水泥、石灰和石膏制造	208	5142	123	472	128152	102765
石膏、水泥制品及类似制品制造	255	5246	89	459	104189	60672
砖瓦、石材等建筑材料制造	290	6572	160	726	127896	73590
玻璃制造	65	2342	60	160	51550	97260
玻璃制品制造	228	7338	112	558	158428	187282
玻璃纤维和玻璃纤维增强塑料制品制造	159	5328	110	446	98684	77613
陶瓷制品制造	200	6811	117	413	84945	72595
耐火材料制品制造	249	7270	179	502	127646	76361
石墨及其他非金属矿物制品制造	253	8372	256	732	191951	186221
黑色金属冶炼和压延加工业	1044	61692	1193	5140	2562231	1413784
炼铁	29	589	10	59	53133	4154
炼钢	62	10348	215	760	499606	328674
黑色金属铸造	321	6296	143	412	137833	76580
钢压延加工	574	42085	799	3781	1822619	975280
铁合金冶炼	58	2374	26	128	49041	29096
有色金属冶炼和压延加工业	1033	46341	932	3906	1602951	1120578
常用有色金属冶炼	229	16035	296	1568	551915	278332
贵金属冶炼	46	1899	29	138	68451	26904
稀有稀土金属冶炼	93	4303	147	413	82216	100143
有色金属合金制造	128	4896	125	444	117369	87430
有色金属铸造	19	219	6	26	5306	4600
有色金属压延加工	518	18989	329	1317	777694	623169

1-F-5　续表 3

行　　业	机构数（个）	机构人员数（人）	#博士	#硕士	机构经费支出（万元）	仪器和设备原价（万元）
金属制品业	1871	62230	957	3722	1178709	981516
结构性金属制品制造	472	14774	291	850	322388	224717
金属工具制造	193	4938	93	326	87738	84051
集装箱及金属包装容器制造	164	3937	56	354	77356	50719
金属丝绳及其制品制造	174	5673	68	342	142796	110384
建筑、安全用金属制品制造	204	5320	84	218	77978	75937
金属表面处理及热处理加工	127	2247	43	119	51486	32271
搪瓷制品制造	20	374	6	31	3597	2573
金属制日用品制造	139	4519	37	87	55730	27444
其他金属制品制造	378	20448	279	1395	359641	373421
通用设备制造业	4112	150972	2049	11529	2822704	2255243
锅炉及原动设备制造	393	21347	293	2119	562309	501071
金属加工机械制造	716	25266	347	1821	330018	313512
物料搬运设备制造	441	20889	207	2530	490182	222905
泵、阀门、压缩机及类似机械制造	930	28711	440	1565	500339	426793
轴承、齿轮和传动部件制造	443	16677	189	841	280791	305139
烘炉、风机、衡器、包装等设备制造	599	22306	274	1413	393110	309603
文化、办公用机械制造	91	3975	38	353	60281	18374
通用零部件制造	373	8917	219	624	161196	127468
其他通用设备制造业	126	2884	42	263	44478	30379
专用设备制造业	3358	133691	2473	15932	2479469	1873969
采矿、冶金、建筑专用设备制造	933	54113	759	9096	1133781	816680
化工、木材、非金属加工专用设备制造	543	16516	235	914	240168	309446
食品、饮料、烟草及饲料生产专用设备制造	119	4179	57	363	62041	41744
印刷、制药、日化及日用品生产专用设备制造	171	5129	154	352	75081	70397
纺织、服装和皮革加工专用设备制造	269	8306	111	396	160882	134732
电子和电工机械专用设备制造	185	7590	182	880	111977	84196
农、林、牧、渔专用机械制造	217	7642	177	625	188345	123901
医疗仪器设备及器械制造	283	9582	267	876	155092	97221
环保、社会公共服务及其他专用设备制造	638	20634	531	2430	352103	195653
汽车制造业	1856	137238	1478	11994	3316033	2199039
汽车整车制造	222	69713	659	8114	2021685	1046896
改装汽车制造	146	8838	101	588	162085	150471
低速载货汽车制造	2	979	6	70	29981	17691
电车制造	21	304	12	32	4115	2885
汽车车身、挂车制造	40	1237	14	83	32696	17607
汽车零部件及配件制造	1425	56167	686	3107	1065471	963489
铁路、船舶、航空航天和其他运输设备制造业	862	80174	644	9110	1697456	1424141
铁路运输设备制造	175	18972	226	3556	398492	375267
城市轨道交通设备制造	13	1230	14	199	44534	28058
船舶及相关装置制造	243	17758	143	1321	463906	216607
航空、航天器及设备制造	128	31344	159	3594	538249	666825
摩托车制造	197	7439	62	322	190990	110362
自行车制造	87	2822	32	90	48962	22604
非公路休闲车及零配件制造	7	202	3	18	2474	1345
潜水救捞及其他未列明运输设备制造	12	407	5	10	9848	3074
电气机械和器材制造业	4604	203352	2951	17519	4640595	3331533
电机制造	702	28866	402	2260	655188	437601
输配电及控制设备制造	1713	71010	1065	7942	1396145	1193925

1-F-5 续表 4

行业	机构数（个）	机构人员数（人）	#博士	#硕士	机构经费支出（万元）	仪器和设备原价（万元）
电线、电缆、光缆及电工器材制造	780	26795	408	1499	860600	815879
电池制造	245	11815	402	1257	222700	151834
家用电力器具制造	554	46676	370	3287	1203997	563570
非电力家用器具制造	150	4157	58	401	86580	33318
照明器具制造	401	12013	200	666	186176	107869
其他电气机械及器材制造	59	2020	46	207	29211	27538
计算机、通信和其他电子设备制造业	2464	208298	3264	48514	6232461	1983914
计算机制造	171	14800	234	2252	326734	97600
通信设备制造	362	92836	1353	33739	3707749	429708
广播电视设备制造	135	7618	114	728	125769	61328
雷达及配套设备制造	39	5697	219	1344	152988	107369
视听设备制造	160	11371	112	1592	464010	129262
电子器件制造	540	31303	600	4722	701668	532410
电子元件制造	829	34081	435	2384	582881	542090
其他电子设备制造	228	10592	197	1753	170662	84147
仪器仪表制造业	1221	51764	859	5993	849767	508199
通用仪器仪表制造	793	35055	563	4246	583127	295325
专用仪器仪表制造	288	11110	188	1228	187365	131454
钟表与计时仪器制造	29	855	11	31	8783	5130
光学仪器及眼镜制造	87	3792	80	378	59904	68933
其他仪器仪表制造业	24	952	17	110	10588	7356
其他制造业	111	5002	62	365	85177	72826
日用杂品制造	47	1615	13	79	17464	8918
煤制品制造	10	200	3	15	1769	1416
核辐射加工	1	11	5	5	405	156
其他未列明制造业	53	3176	41	266	65539	62336
废弃资源综合利用业	85	2600	54	257	66339	40983
金属废料和碎屑加工处理	50	2071	42	215	50329	30410
非金属废料和碎屑加工处理	35	529	12	42	16010	10573
金属制品、机械和设备修理业	45	1843	17	147	24193	14503
金属制品修理	3	15	1	1	136	98
通用设备修理	3	40		5	700	431
专用设备修理	9	118	2	11	995	1039
铁路、船舶、航空航天等运输设备修理	21	1338	1	106	18794	10055
电气设备修理	1	11		1	40	258
仪器仪表修理	1	60	4	4	777	1339
其他机械和设备修理业	7	261	9	19	2751	1285
电力、热力、燃气及水生产和供应业	**256**	**17883**	**708**	**3831**	**301311**	**480269**
电力、热力生产和供应业	195	16488	680	3604	283342	457589
电力生产	122	5624	73	447	141178	137108
电力供应	62	10706	602	3139	140633	319089
热力生产和供应	11	158	5	18	1531	1392
燃气生产和供应业	6	79	2	11	1322	734
燃气生产和供应业	6	79	2	11	1322	734
水的生产和供应业	55	1316	26	216	16647	21946
自来水生产和供应	37	994	13	169	9078	16575
污水处理及其再生利用	18	322	13	47	7569	5371
其他水的处理、利用与分配						

1-F-6　分行业港澳台商投资企业办研发机构情况

行　　业	机构数（个）	机构人员数（人）	#博士	#硕士	机构经费支出（万元）	仪器和设备原价（万元）
总　计	**4627**	**252441**	**2946**	**19313**	**5996929**	**3628493**
采矿业	**5**	**903**	**26**	**615**	**34234**	**7198**
煤炭开采和洗选业						
烟煤和无烟煤开采洗选						
褐煤开采洗选						
其他煤炭采选						
石油和天然气开采业	2	869	23	612	33862	7006
石油开采	1	366	18	281	16630	484
天然气开采	1	503	5	331	17232	6521
黑色金属矿采选业	1	6			35	2
铁矿采选	1	6			35	2
锰矿、铬矿采选						
其他黑色金属矿采选						
有色金属矿采选业						
常用有色金属矿采选						
贵金属矿采选						
稀有稀土金属矿采选						
非金属矿采选业	2	28	3	3	336	191
土砂石开采	2	28	3	3	336	191
化学矿开采						
采盐						
石棉及其他非金属矿采选						
开采辅助活动						
煤炭开采和洗选辅助活动						
石油和天然气开采辅助活动						
其他开采辅助活动						
其他采矿业						
其他采矿业						
制造业	**4602**	**251146**	**2913**	**18653**	**5953411**	**3616352**
农副食品加工业	120	5145	111	440	115644	43529
谷物磨制	3	100	3	2	1047	620
饲料加工	32	825	24	100	26089	4820
植物油加工	6	250	11	31	12776	3612
制糖业						
屠宰及肉类加工	50	3308	62	254	63382	22806
水产品加工	9	242	2	22	4553	3408
蔬菜、水果和坚果加工	17	383	9	21	6599	5759
其他农副食品加工	3	37		10	1198	2505
食品制造业	76	2633	64	361	88978	33329
焙烤食品制造	12	243		27	7510	2737
糖果、巧克力及蜜饯制造	4	193	6	12	3659	1156
方便食品制造	12	218	2	16	5666	4077
乳制品制造	5	239	17	36	1323	2405
罐头食品制造	6	181	2	21	2793	1464
调味品、发酵制品制造	9	361	7	35	8273	2682
其他食品制造	28	1198	30	214	59754	18808
酒、饮料和精制茶制造业	22	823	15	85	18447	19109
酒的制造	13	640	11	68	17000	18361
饮料制造	9	183	4	17	1447	748
精制茶加工						

1-F-6 续表 1

行业	机构数(个)	机构人员数(人)	#博士	#硕士	机构经费支出(万元)	仪器和设备原价(万元)
烟草制品业	1	20		1	450	342
烟叶复烤						
卷烟制造						
其他烟草制品制造	1	20		1	450	342
纺织业	282	9469	114	319	195109	102130
棉纺织及印染精加工	157	6022	73	217	134661	67786
毛纺织及染整精加工	18	566	12	22	5223	6487
麻纺织及染整精加工	6	175	3	10	3673	4462
丝绢纺织及印染精加工	7	87	2	3	2498	1461
化纤织造及印染精加工	19	236	1	5	4453	1919
针织或钩针编织物及其制品制造	25	557	9	20	9637	5921
家用纺织制成品制造	25	748	1	5	16968	4664
非家用纺织制成品制造	25	1078	13	37	17996	9429
纺织服装、服饰业	181	6871	74	282	124055	46577
机织服装制造	129	5763	60	232	102428	37916
针织或钩针编织服装制造	37	830	11	36	15925	5535
服饰制造	15	278	3	14	5702	3126
皮革、毛皮、羽毛及其制品和制鞋业	77	2574	45	105	45177	15876
皮革鞣制加工	11	178	8	10	5519	2493
皮革制品制造	15	484	9	15	5058	2200
毛皮鞣制及制品加工						
羽毛(绒)加工及制品制造						
制鞋业	51	1912	28	80	34600	11183
木材加工和木、竹、藤、棕、草制品业	26	837	24	67	16224	8372
木材加工	1	73	7	5	1493	3503
人造板制造	18	508	11	44	10745	3229
木制品制造	5	191	3	11	2677	1261
竹、藤、棕、草等制品制造	2	65	3	7	1309	379
家具制造业	48	2325	16	94	54602	23542
木质家具制造	21	892	7	35	9078	3506
竹、藤家具制造						
金属家具制造	18	1248	9	53	44012	19423
塑料家具制造	1	28		3	893	256
其他家具制造	8	157		3	619	358
造纸和纸制品业	54	2738	25	101	127097	197895
纸浆制造						
造纸	25	1778	17	47	108879	171912
纸制品制造	29	960	8	54	18218	25984
印刷和记录媒介复制业	64	2229	10	79	44391	54184
印刷	58	2061	10	76	42177	51042
装订及印刷相关服务	4	135		1	1227	2410
记录媒介复制	2	33		2	987	732
文教、工美、体育和娱乐用品制造业	110	4300	37	204	80873	29562
文教办公用品制造	12	233	5	69	7716	3673
乐器制造	3	257	4		2862	1642
工艺美术品制造	28	546	4	37	10572	6962
体育用品制造	23	832	12	22	13080	5699
玩具制造	37	2185	11	67	28092	7017
游艺器材及娱乐用品制造	7	247	1	9	18551	4570

1-F-6　续表 2

行　　业	机构数(个)	机构人员数(人)	#博士	#硕士	机构经费支　出(万元)	仪器和设备原价(万元)
石油加工、炼焦和核燃料加工业	20	757	16	67	17608	38346
精炼石油产品制造	17	690	16	62	16602	36893
炼焦	3	67		5	1005	1454
核燃料加工						
化学原料和化学制品制造业	367	12840	286	1158	508092	240583
基础化学原料制造	75	2318	80	225	165902	32851
肥料制造	8	256	4	34	6278	7969
农药制造	9	267	4	20	10827	4259
涂料、油墨、颜料及类似产品制造	73	2750	44	178	56450	22199
合成材料制造	70	1988	31	205	91731	93257
专用化学产品制造	102	3936	105	379	136821	52536
炸药、火工及焰火产品制造	1	23			450	70
日用化学产品制造	29	1302	18	117	39634	27443
医药制造业	218	13625	526	2477	320558	207669
化学药品原料药制造	55	3002	105	628	86614	44513
化学药品制剂制造	60	4664	145	1041	115840	49999
中药饮片加工	6	275	16	20	10366	1120
中成药生产	50	2420	41	225	45379	34457
兽用药品制造	4	148	14	54	3252	10532
生物药品制造	31	2239	185	484	48159	63373
卫生材料及医药用品制造	12	877	20	25	10948	3674
化学纤维制造业	61	2884	24	91	126529	152223
纤维素纤维原料及纤维制造	13	414	11	29	11848	7725
合成纤维制造	48	2470	13	62	114681	144498
橡胶和塑料制品业	204	11351	102	499	279238	162949
橡胶制品业	31	2259	21	118	108693	50650
塑料制品业	173	9092	81	381	170545	112299
非金属矿物制品业	144	7526	114	392	118057	132130
水泥、石灰和石膏制造	2	70		3	1943	295
石膏、水泥制品及类似制品制造	26	718	25	24	18154	11369
砖瓦、石材等建筑材料制造	25	1870	21	139	24543	18291
玻璃制造	22	2083	9	51	33737	72185
玻璃制品制造	31	1428	34	78	21975	14543
玻璃纤维和玻璃纤维增强塑料制品制造	13	512	5	18	5649	7569
陶瓷制品制造	15	318	3	5	4507	3201
耐火材料制品制造	4	374	9	51	4616	2383
石墨及其他非金属矿物制品制造	6	153	8	23	2932	2296
黑色金属冶炼和压延加工业	80	9599	70	349	230659	85067
炼铁						
炼钢	9	900	17	82	105355	14848
黑色金属铸造	20	1174	12	57	41181	20613
钢压延加工	50	7505	40	205	83476	49552
铁合金冶炼	1	20	1	5	647	55
有色金属冶炼和压延加工业	67	3179	47	209	151082	76344
常用有色金属冶炼	9	147	1	19	7629	1793
贵金属冶炼						
稀有稀土金属冶炼	1	20			125	759
有色金属合金制造	11	602	6	32	16791	10385
有色金属铸造	6	174	2	5	4166	12652
有色金属压延加工	40	2236	38	153	122371	50755

1-F-6 续表 3

行业	机构数（个）	机构人员数（人）	#博士	#硕士	机构经费支出（万元）	仪器和设备原价（万元）
金属制品业	192	7010	46	303	125684	156282
结构性金属制品制造	32	1189	7	60	21860	17425
金属工具制造	28	985	15	48	13515	11319
集装箱及金属包装容器制造	12	356	5	32	15032	8156
金属丝绳及其制品制造	12	461	7	17	10862	86702
建筑、安全用金属制品制造	42	1646	5	59	20563	11508
金属表面处理及热处理加工	13	144	1	5	2494	1467
搪瓷制品制造	3	41		1	437	287
金属制日用品制造	17	410		5	6684	7763
其他金属制品制造	33	1778	6	76	34238	11655
通用设备制造业	316	13692	198	820	286508	166491
锅炉及原动设备制造	25	1363	10	79	31387	17971
金属加工机械制造	46	2382	28	152	38969	19438
物料搬运设备制造	44	1827	22	125	80440	23653
泵、阀门、压缩机及类似机械制造	62	2762	17	108	44956	37473
轴承、齿轮和传动部件制造	35	1027	15	36	16604	21964
烘炉、风机、衡器、包装等设备制造	54	2295	46	209	48363	19804
文化、办公用机械制造	12	782	18	53	4402	10945
通用零部件制造	31	1030	12	48	17738	14263
其他通用设备制造业	7	224	30	10	3648	980
专用设备制造业	260	12407	90	924	222883	219457
采矿、冶金、建筑专用设备制造	41	2595	35	413	42939	62156
化工、木材、非金属加工专用设备制造	81	3734	15	133	90377	82181
食品、饮料、烟草及饲料生产专用设备制造	4	109		1	1060	670
印刷、制药、日化及日用品生产专用设备制造	17	1039	9	146	17653	15783
纺织、服装和皮革加工专用设备制造	29	1551	1	61	23199	27595
电子和电工机械专用设备制造	10	360	3	9	3618	1775
农、林、牧、渔专用机械制造	7	815	1	8	5565	1430
医疗仪器设备及器械制造	27	828	12	100	16709	14776
环保、社会公共服务及其他专用设备制造	44	1376	14	53	21762	13091
汽车制造业	173	13826	78	630	278946	179762
汽车整车制造	12	5845	18	305	106628	35681
改装汽车制造	4	97	1	8	1349	367
低速载货汽车制造						
电车制造						
汽车车身、挂车制造	1	260		1	7100	2870
汽车零部件及配件制造	156	7624	59	316	163869	140844
铁路、船舶、航空航天和其他运输设备制造业	68	3980	11	175	81489	67271
铁路运输设备制造	5	452	5	58	7395	2391
城市轨道交通设备制造						
船舶及相关装置制造	23	1663	1	55	20438	42006
航空、航天器及设备制造	3	170		9	7026	6318
摩托车制造	10	652	2	34	30937	13925
自行车制造	20	823	3	16	10754	1466
非公路休闲车及零配件制造	3	83		2	3329	496
潜水救捞及其他未列明运输设备制造	4	137		1	1609	669
电气机械和器材制造业	562	30673	295	1638	589438	306299
电机制造	81	4100	31	294	91439	40548
输配电及控制设备制造	148	8364	99	488	195543	94126

1-F-6　续表 4

行　　业	机构数（个）	机构人员数（人）	#博士	#硕士	机构经费支出（万元）	仪器和设备原价（万元）
电线、电缆、光缆及电工器材制造	74	3115	25	101	62965	48781
电池制造	60	4450	85	508	59873	45873
家用电力器具制造	124	8188	35	167	141403	53932
非电力家用器具制造	6	247	13	21	5012	7524
照明器具制造	65	2112	7	57	32324	15220
其他电气机械及器材制造	4	97		2	878	295
计算机、通信和其他电子设备制造业	694	61643	423	6312	1608413	805659
计算机制造	79	8619	54	927	291719	58267
通信设备制造	43	9225	48	2999	294790	141149
广播电视设备制造	36	1456	11	69	35804	25421
雷达及配套设备制造	1	27		1	203	26
视听设备制造	52	6630	41	458	180096	80603
电子器件制造	120	10375	111	739	313891	145732
电子元件制造	317	22330	141	1018	438831	323806
其他电子设备制造	46	2981	17	101	53079	30655
仪器仪表制造业	96	5569	47	436	85855	41750
通用仪器仪表制造	39	2732	26	313	45299	9049
专用仪器仪表制造	30	928	7	50	13439	6079
钟表与计时仪器制造	6	505	4	17	7444	7753
光学仪器及眼镜制造	19	1335	10	55	18352	18613
其他仪器仪表制造业	2	69		1	1322	257
其他制造业	14	416	3	11	6389	2397
日用杂品制造	13	401	3	9	5852	2358
煤制品制造						
核辐射加工						
其他未列明制造业	1	15		2	537	39
废弃资源综合利用业	3	20	1	4	573	66
金属废料和碎屑加工处理	3	20	1	4	573	66
非金属废料和碎屑加工处理						
金属制品、机械和设备修理业	2	185	1	20	4365	1160
金属制品修理						
通用设备修理						
专用设备修理	1	78	1	18	1457	1022
铁路、船舶、航空航天等运输设备修理	1	107		2	2908	138
电气设备修理						
仪器仪表修理						
其他机械和设备修理业						
电力、热力、燃气及水生产和供应业	**20**	**392**	**7**	**45**	**9285**	**4942**
电力、热力生产和供应业	7	89		14	2632	1832
电力生产	6	69		12	2532	1282
电力供应	1	20		2	100	550
热力生产和供应						
燃气生产和供应业	7	121	5	13	3099	1487
燃气生产和供应业	7	121	5	13	3099	1487
水的生产和供应业	6	182	2	18	3554	1623
自来水生产和供应	3	65	1	13	2314	1253
污水处理及其再生利用	3	117	1	5	1240	370
其他水的处理、利用与分配						

1-F-7 分行业外商投资企业办研发机构情况

行业	机构数（个）	机构人员数（人）	#博士	#硕士	机构经费支出（万元）	仪器和设备原价（万元）
总　计	**5741**	**345436**	**4666**	**34640**	**10163747**	**8980253**
采矿业	**14**	**575**	**17**	**13**	**11429**	**5636**
煤炭开采和洗选业						
烟煤和无烟煤开采洗选						
褐煤开采洗选						
其他煤炭采选						
石油和天然气开采业						
石油开采						
天然气开采						
黑色金属矿采选业	4	160	2	5	1350	86
铁矿采选						
锰矿、铬矿采选	4	160	2	5	1350	86
其他黑色金属矿采选						
有色金属矿采选业	2	35	3	2	105	899
常用有色金属矿采选	1	15	1	2	5	49
贵金属矿采选						
稀有稀土金属矿采选	1	20	2		100	850
非金属矿采选业	6	364	12	5	9538	4479
土砂石开采						
化学矿开采						
采盐	6	364	12	5	9538	4479
石棉及其他非金属矿采选						
开采辅助活动	2	16		1	437	172
煤炭开采和洗选辅助活动	1	5		1	34	98
石油和天然气开采辅助活动	1	11			403	74
其他开采辅助活动						
其他采矿业						
其他采矿业						
制造业	**5697**	**343691**	**4548**	**34441**	**10114529**	**8959118**
农副食品加工业	106	3465	144	421	91118	77970
谷物磨制	6	160	7	25	718	1220
饲料加工	12	365	16	45	13654	9496
植物油加工	20	915	50	125	14937	14736
制糖业	1	19	2	5	57	789
屠宰及肉类加工	9	452	20	26	12846	11109
水产品加工	24	762	29	90	31730	19347
蔬菜、水果和坚果加工	20	441	11	44	4177	2221
其他农副食品加工	14	351	9	61	13000	19051
食品制造业	106	5282	157	734	195305	101061
焙烤食品制造	5	142	2	17	977	957
糖果、巧克力及蜜饯制造	4	585		1	20560	174
方便食品制造	16	837	25	69	29616	16624
乳制品制造	9	832	22	184	25608	23309
罐头食品制造	13	213	4	19	4949	3096
调味品、发酵制品制造	10	1041	13	93	20099	10389
其他食品制造	49	1632	91	351	93497	46513
酒、饮料和精制茶制造业	51	2490	52	195	39843	38800
酒的制造	23	1497	29	89	27004	25965
饮料制造	26	976	19	103	11717	12483
精制茶加工	2	17	4	3	1123	352

1-F-7　续表 1

行　业	机构数(个)	机构人员数(人)	#博士	#硕士	机构经费支出(万元)	仪器和设备原价(万元)
烟草制品业						
烟叶复烤						
卷烟制造						
其他烟草制品制造						
纺织业	171	5422	66	276	110323	90898
棉纺织及印染精加工	67	2796	22	110	65816	44708
毛纺织及染整精加工	9	756	8	41	9478	23319
麻纺织及染整精加工	1	19		1	287	400
丝绢纺织及印染精加工	3	44	1	9	528	37
化纤织造及印染精加工	13	144		6	2267	3157
针织或钩针编织物及其制品制造	16	319	3	15	5400	5223
家用纺织制成品制造	36	753	15	46	13012	4918
非家用纺织制成品制造	26	591	17	48	13536	9136
纺织服装、服饰业	208	4205	41	129	62816	31422
机织服装制造	158	2934	31	85	45998	18485
针织或钩针编织服装制造	34	963	8	21	10682	10285
服饰制造	16	308	2	23	6137	2652
皮革、毛皮、羽毛及其制品和制鞋业	84	1870	9	88	50203	26290
皮革鞣制加工	12	396		10	15538	4127
皮革制品制造	28	534	2	17	7497	4680
毛皮鞣制及制品加工	7	86		8	10281	5156
羽毛(绒)加工及制品制造	6	75	2	7	1338	1139
制鞋业	31	779	5	46	15548	11188
木材加工和木、竹、藤、棕、草制品业	32	713	24	41	15353	6159
木材加工						
人造板制造	11	371	9	9	4029	2045
木制品制造	16	271	8	29	10184	3544
竹、藤、棕、草等制品制造	5	71	7	3	1140	570
家具制造业	46	1351	14	43	19349	18733
木质家具制造	26	557	12	24	7169	7301
竹、藤家具制造	3	125		1	3979	10180
金属家具制造	7	101		1	1604	381
塑料家具制造						
其他家具制造	10	568	2	17	6596	871
造纸和纸制品业	52	4504	22	171	134747	92020
纸浆制造						
造纸	32	3902	19	143	115170	70224
纸制品制造	20	602	3	28	19577	21796
印刷和记录媒介复制业	24	976	9	38	12171	19363
印刷	24	976	9	38	12171	19363
装订及印刷相关服务						
记录媒介复制						
文教、工美、体育和娱乐用品制造业	152	4235	38	184	78006	279300
文教办公用品制造	22	1079	8	53	14833	7722
乐器制造	5	92			1141	800
工艺美术品制造	73	1496	17	65	42235	12412
体育用品制造	24	626	1	5	7415	3617
玩具制造	24	631	10	40	5803	1342
游艺器材及娱乐用品制造	4	311	2	21	6580	253407

1-F-7 续表 2

行业	机构数(个)	机构人员数(人)	#博士	#硕士	机构经费支出(万元)	仪器和设备原价(万元)
石油加工、炼焦和核燃料加工业	5	297	7	26	8496	3313
精炼石油产品制造	1	33	1	1	1360	1359
炼焦	4	264	6	25	7136	1955
核燃料加工						
化学原料和化学制品制造业	478	16026	552	2019	586893	315796
基础化学原料制造	95	3229	94	318	145142	88341
肥料制造	22	956	27	148	39000	31092
农药制造	21	1077	56	185	31888	7796
涂料、油墨、颜料及类似产品制造	89	2668	69	353	65038	42718
合成材料制造	85	2443	59	207	95639	45454
专用化学产品制造	138	4679	203	613	173854	77895
炸药、火工及焰火产品制造						
日用化学产品制造	28	974	44	195	36331	22500
医药制造业	255	14189	584	3231	417926	224158
化学药品原料药制造	60	3363	135	827	93522	82102
化学药品制剂制造	72	5346	206	1337	205496	75794
中药饮片加工	5	98	9	13	2493	723
中成药生产	32	1719	53	296	44418	28464
兽用药品制造	9	291	17	61	4715	3420
生物药品制造	55	2561	152	646	56332	29008
卫生材料及医药用品制造	22	811	12	51	10951	4647
化学纤维制造业	42	1579	37	84	71746	79361
纤维素纤维原料及纤维制造	14	399	23	49	27558	14137
合成纤维制造	28	1180	14	35	44188	65224
橡胶和塑料制品业	227	14773	119	641	379131	427744
橡胶制品业	67	7334	62	316	275989	279622
塑料制品业	160	7439	57	325	103142	148122
非金属矿物制品业	147	5047	93	311	110563	115649
水泥、石灰和石膏制造	9	679	13	57	37419	14865
石膏、水泥制品及类似制品制造	6	159	6	8	5647	4042
砖瓦、石材等建筑材料制造	10	293	1	15	4394	6626
玻璃制造	5	234	13	13	2824	17883
玻璃制品制造	32	1023	15	60	14817	38537
玻璃纤维和玻璃纤维增强塑料制品制造	12	631	5	36	5763	3110
陶瓷制品制造	30	924	15	54	14428	9058
耐火材料制品制造	15	335	12	29	7408	7298
石墨及其他非金属矿物制品制造	28	769	13	39	17864	14230
黑色金属冶炼和压延加工业	67	3956	59	271	139140	220605
炼铁	2	200		4	1762	1346
炼钢	2	102	2	4	2717	4100
黑色金属铸造	20	834	12	42	31699	14307
钢压延加工	37	2349	34	165	77656	99512
铁合金冶炼	6	471	11	56	25306	101339
有色金属冶炼和压延加工业	99	4860	77	330	159522	220552
常用有色金属冶炼	15	2042	22	134	54798	26722
贵金属冶炼	1	2			20	5
稀有稀土金属冶炼	9	441	7	31	13060	7160
有色金属合金制造	17	454	10	30	12133	12423
有色金属铸造	3	77		8	9822	2327
有色金属压延加工	54	1844	38	127	69688	171915

1-F-7　续表 3

行　　业	机构数（个）	机构人员数（人）	#博士	#硕士	机构经费支出（万元）	仪器和设备原价（万元）
金属制品业	216	10317	50	406	199232	142733
结构性金属制品制造	43	2019	11	40	33133	19518
金属工具制造	28	923	4	34	12656	13300
集装箱及金属包装容器制造	22	1392	13	130	40502	20509
金属丝绳及其制品制造	17	1082	3	40	29883	19994
建筑、安全用金属制品制造	24	1094	8	31	21955	15291
金属表面处理及热处理加工	19	863		22	15111	11683
搪瓷制品制造	1	80	1	7	1500	2000
金属制日用品制造	18	973	1	27	18464	8842
其他金属制品制造	44	1891	9	75	26029	31597
通用设备制造业	536	29686	250	2386	797703	492525
锅炉及原动设备制造	42	4116	54	666	179201	98031
金属加工机械制造	58	1719	14	71	31572	19879
物料搬运设备制造	60	7226	43	491	220542	74053
泵、阀门、压缩机及类似机械制造	122	5397	48	513	134966	80967
轴承、齿轮和传动部件制造	61	2070	27	85	37808	63244
烘炉、风机、衡器、包装等设备制造	101	4709	49	374	101116	81099
文化、办公用机械制造	27	2429	4	93	64786	40210
通用零部件制造	51	1683	8	85	23124	32035
其他通用设备制造业	14	337	3	8	4590	3008
专用设备制造业	403	21487	389	2474	480883	301298
采矿、冶金、建筑专用设备制造	80	7288	75	813	177844	80066
化工、木材、非金属加工专用设备制造	107	5063	36	168	59404	40137
食品、饮料、烟草及饲料生产专用设备制造	9	408	2	13	5642	2828
印刷、制药、日化及日用品生产专用设备制造	16	653	1	56	20621	6570
纺织、服装和皮革加工专用设备制造	26	1003	7	51	16160	9139
电子和电工机械专用设备制造	22	960	11	66	12905	35313
农、林、牧、渔专用机械制造	14	577	5	14	10836	47461
医疗仪器设备及器械制造	69	3854	215	1122	135574	57017
环保、社会公共服务及其他专用设备制造	60	1681	37	171	41898	22768
汽车制造业	400	40870	325	6206	2076171	3176622
汽车整车制造	37	16392	142	3905	1466383	2556303
改装汽车制造	5	268		21	6788	2018
低速载货汽车制造						
电车制造						
汽车车身、挂车制造	6	992	6	25	10240	13419
汽车零部件及配件制造	352	23218	177	2255	592760	604882
铁路、船舶、航空航天和其他运输设备制造业	117	7319	26	453	210322	130752
铁路运输设备制造	17	1081	3	203	30708	56379
城市轨道交通设备制造	3	112		20	5877	4881
船舶及相关装置制造	36	2455	8	107	127378	19161
航空、航天器及设备制造	8	438		45	9874	19387
摩托车制造	16	1270	1	13	16942	9775
自行车制造	29	1680	8	39	15285	15199
非公路休闲车及零配件制造	6	121		5	457	433
潜水救捞及其他未列明运输设备制造	2	162	6	21	3801	5537
电气机械和器材制造业	633	37063	329	3129	985150	626091
电机制造	134	6823	65	520	155730	108728
输配电及控制设备制造	197	12043	115	1267	336991	256829

1-F-7 续表 4

行业	机构数（个）	机构人员数（人）	#博士	#硕士	机构经费支出（万元）	仪器和设备原价（万元）
电线、电缆、光缆及电工器材制造	81	3285	36	303	104589	105381
电池制造	45	2628	40	162	74572	39432
家用电力器具制造	105	8216	47	612	224183	75111
非电力家用器具制造	9	382	1	10	6603	774
照明器具制造	57	3416	23	176	73121	35834
其他电气机械及器材制造	5	270	2	79	9362	4002
计算机、通信和其他电子设备制造业	833	92556	958	9126	2466398	1594278
计算机制造	92	22833	52	1309	527475	188959
通信设备制造	76	15334	204	3981	529640	237174
广播电视设备制造	31	2016	28	451	55724	31775
雷达及配套设备制造						
视听设备制造	59	4083	29	189	126011	115935
电子器件制造	224	20178	494	2190	696455	715820
电子元件制造	303	22255	113	722	366663	260918
其他电子设备制造	48	5857	38	284	164429	43697
仪器仪表制造业	177	7932	109	936	187536	85290
通用仪器仪表制造	99	5089	70	753	110451	55203
专用仪器仪表制造	37	1570	21	136	43827	15719
钟表与计时仪器制造	1	61			251	64
光学仪器及眼镜制造	40	1212	18	47	33007	14305
其他仪器仪表制造业						
其他制造业	16	521	6	26	11835	9113
日用杂品制造	10	262	5	11	6107	4778
煤制品制造						
核辐射加工						
其他未列明制造业	6	259	1	15	5728	4335
废弃资源综合利用业	5	132	1	1	2670	477
金属废料和碎屑加工处理	5	132	1	1	2670	477
非金属废料和碎屑加工处理						
金属制品、机械和设备修理业	9	568	1	65	13979	10750
金属制品修理						
通用设备修理						
专用设备修理	1	18		4	174	56
铁路、船舶、航空航天等运输设备修理	6	507	1	61	13259	10455
电气设备修理						
仪器仪表修理	1	23			218	85
其他机械和设备修理业	1	20			327	154
电力、热力、燃气及水生产和供应业	**30**	**1170**	**101**	**186**	**37789**	**15500**
电力、热力生产和供应业	15	544	4	13	24208	12424
电力生产	15	544	4	13	24208	12424
电力供应						
热力生产和供应						
燃气生产和供应业	7	289	84	86	11279	2106
燃气生产和供应业	7	289	84	86	11279	2106
水的生产和供应业	8	337	13	87	2302	970
自来水生产和供应	5	285	12	80	1346	796
污水处理及其再生利用	3	52	1	7	956	174
其他水的处理、利用与分配						

1-F-8 各地区企业办研发机构情况

地 区	机构数(个)	机构人员数(人)	#博士	#硕士	机构经费支出(万元)	仪器和设备原价(万元)
全 国	**51625**	**2387943**	**41065**	**254600**	**59415190**	**41320723**
东部地区	38711	1688056	27363	174583	44314156	28567834
中部地区	7805	365232	7985	42719	7965010	6347472
西部地区	3885	240864	4042	25803	5247126	4576387
东北地区	1224	93791	1675	11495	1888898	1829031
北 京	632	51877	1302	10918	1455255	557522
天 津	905	45199	798	4814	1233616	1090126
河 北	929	72960	970	6545	1301963	1087286
山 西	240	21132	348	2511	418494	371842
内蒙古	240	17663	328	1913	347143	302809
辽 宁	758	47536	798	5461	1108563	957315
吉 林	208	22112	433	2658	450987	473808
黑龙江	258	24143	444	3376	329347	397907
上 海	890	80636	1810	15588	3236662	2527266
江 苏	17996	532194	9400	42141	13098299	10052872
浙 江	8278	282873	3103	15904	6505642	4047255
安 徽	2737	93033	1976	8068	2233003	1587378
福 建	1448	76490	1171	5283	1542227	1277523
江 西	710	28722	536	2518	642525	330808
山 东	3897	232358	5016	26169	7592392	4792818
河 南	1577	97416	1963	8838	1911740	1186196
湖 北	1096	67314	1709	10932	1688661	1487953
湖 南	1445	57615	1453	9852	1070587	1383295
广 东	3700	311362	3731	46711	8304164	3097864
广 西	447	21243	328	1819	520693	411711
海 南	36	2107	62	510	43935	37302
重 庆	546	33606	494	3310	891236	589676
四 川	999	66548	1095	7088	1443317	1357346
贵 州	165	14530	155	1243	357118	345935
云 南	339	13163	285	1342	388795	253489
西 藏	6	110	9	18	1599	235
陕 西	558	39763	625	5869	630959	773794
甘 肃	243	14559	286	1263	291521	187152
青 海	33	2204	34	212	38064	53039
宁 夏	159	7901	175	533	115558	114257
新 疆	150	9574	228	1193	221123	186945

1-F-9 各地区大中型企业办研发机构情况

地区	机构数（个）	机构人员数（人）			机构经费支出（万元）	仪器和设备原价（万元）
			#博士	#硕士		
全国	**23347**	**1873901**	**28304**	**212186**	**49835907**	**33949064**
东部地区	16856	1296171	18728	144138	36592816	23103853
中部地区	3594	291742	5243	35650	6841244	5169018
西部地区	2314	205568	3057	22324	4707700	4056590
东北地区	583	80420	1276	10074	1694148	1619603
北京	326	42665	1039	9127	1225824	483181
天津	346	34731	564	3718	988862	919301
河北	541	64550	732	5694	1196157	984569
山西	143	19037	298	2303	389570	338696
内蒙古	152	15770	266	1713	318010	265811
辽宁	354	39706	558	4576	979898	834272
吉林	108	19573	341	2403	417970	438154
黑龙江	121	21141	377	3095	296281	347176
上海	486	69147	1569	14305	2990434	2258656
江苏	7231	364166	5378	28963	9686572	7773443
浙江	2844	186494	1929	11881	4686772	2778508
安徽	967	64669	1124	5797	1778776	1161656
福建	722	61625	780	4268	1309184	1049326
江西	358	22725	319	1998	549383	282876
山东	2087	194492	3691	21782	6773427	4185551
河南	1062	85519	1497	7767	1761621	1064258
湖北	483	55590	1095	9530	1524917	1235000
湖南	581	44202	910	8255	836976	1086533
广东	2251	276718	3008	43932	7701217	2655562
广西	284	17675	235	1535	459176	349607
海南	22	1583	38	468	34366	15756
重庆	356	29430	401	2957	831348	546791
四川	608	58601	843	6321	1320123	1263996
贵州	102	10150	122	797	302542	254425
云南	156	10566	214	1088	337540	217059
西藏	2	28	4	4	248	6
陕西	352	34806	453	5201	551141	706803
甘肃	113	12305	174	1078	265472	154539
青海	18	1593	27	133	34712	39571
宁夏	91	6449	138	430	95463	88525
新疆	80	8195	180	1067	191925	169457

1-F-10　各地区内资企业办研发机构情况

地　区	机构数（个）	机构人员数（人）	#博士	#硕士	机构经费支出（万元）	仪器和设备原价（万元）
全　国	**41257**	**1790066**	**33453**	**200647**	**43254514**	**28711977**
东部地区	29348	1153319	20838	126715	30019472	17512392
中部地区	7201	328796	7333	39640	6928205	5536769
西部地区	3631	225524	3788	24041	4749589	4175258
东北地区	1077	82427	1494	10251	1557248	1487558
北　京	491	38260	1016	7839	858560	306232
天　津	760	34817	688	3525	915568	809340
河　北	811	58973	800	5347	1080656	868030
山　西	228	20117	336	2385	397228	348568
内蒙古	223	16409	289	1687	311677	261016
辽　宁	660	40036	669	4669	854929	731952
吉　林	190	20336	418	2518	409567	392424
黑龙江	227	22055	407	3064	292752	363182
上　海	505	38780	845	6228	1271707	859454
江　苏	13216	331353	6902	28751	8021975	5069055
浙　江	6650	208641	2538	10456	4683477	2896805
安　徽	2532	84222	1808	7531	2015470	1452692
福　建	985	37100	754	2614	615444	557955
江　西	635	25387	474	2291	554949	284113
山　东	3475	199593	4548	23370	6729775	4229281
河　南	1429	84955	1746	8004	1702219	1054104
湖　北	1024	59821	1588	10050	1274247	1056766
湖　南	1353	54294	1381	9379	984091	1340526
广　东	2424	204256	2715	38192	5812762	1885249
广　西	393	16651	255	1365	371496	277604
海　南	31	1546	32	393	29550	30993
重　庆	490	29496	455	2813	703538	513512
四　川	943	63893	1033	6803	1386692	1317898
贵　州	162	14213	153	1235	351292	341644
云　南	309	12226	271	1245	361099	187650
西　藏	6	110	9	18	1599	235
陕　西	539	38915	612	5721	613964	762083
甘　肃	243	14559	286	1263	291521	187152
青　海	32	2184	33	210	38039	41289
宁　夏	143	7311	164	491	99156	100554
新　疆	148	9557	228	1190	219515	184623

1-F-11 各地区港澳台商投资企业办研发机构情况

地 区	机构数(个)	机构人员数(人)	#博士	#硕士	机构经费支出(万元)	仪器和设备原价(万元)
全 国	**4627**	**252441**	**2946**	**19313**	**5996929**	**3628493**
东部地区	4173	227150	2508	17104	5320593	3257078
中部地区	298	17311	290	1328	387370	194778
西部地区	101	4519	86	412	113223	94985
东北地区	55	3461	62	469	175743	81652
北 京	40	3886	63	861	173918	40036
天 津	45	4500	40	406	85625	46918
河 北	36	8927	85	686	118130	65377
山 西	5	695	4	75	9229	14325
内蒙古	1	19		4	2400	47
辽 宁	37	2335	45	368	160132	68725
吉 林	6	416	1	12	7129	4299
黑龙江	12	710	16	89	8482	8628
上 海	109	8534	254	1227	244469	334587
江 苏	1864	69186	852	4276	1744098	902276
浙 江	849	39796	256	3250	981766	641522
安 徽	82	3332	70	182	72168	52274
福 建	269	20410	266	975	452310	383443
江 西	48	1986	40	132	62144	29525
山 东	142	8976	130	694	260006	154717
河 南	76	6747	87	407	92695	52659
湖 北	31	2474	41	217	91854	23773
湖 南	56	2077	48	315	59281	22224
广 东	817	62634	562	4724	1256775	683892
广 西	24	1213	28	66	29956	22330
海 南	2	301		5	3495	4311
重 庆	33	1205	23	137	22326	30311
四 川	14	1035	14	100	22663	18891
贵 州	1	27		3	180	280
云 南	17	609	10	62	20140	16717
西 藏						
陕 西	5	203	5	26	8957	2090
甘 肃						
青 海						
宁 夏	6	208	6	14	6601	4318
新 疆						

1-F-12 各地区外商投资企业办研发机构情况

地区	机构数(个)	机构人员数(人)	#博士	#硕士	机构经费支出(万元)	仪器和设备原价(万元)
全国	**5741**	**345436**	**4666**	**34640**	**10163747**	**8980253**
东部地区	5190	307587	4017	30764	8974092	7798363
中部地区	306	19125	362	1751	649435	615925
西部地区	153	10821	168	1350	384314	306144
东北地区	92	7903	119	775	155907	259821
北京	101	9731	223	2218	422778	211255
天津	100	5882	70	883	232422	233868
河北	82	5060	85	512	103177	153879
山西	7	320	8	51	12037	8949
内蒙古	16	1235	39	222	33066	41746
辽宁	61	5165	84	424	93503	156638
吉林	12	1360	14	128	34291	77085
黑龙江	19	1378	21	223	28113	26098
上海	276	33322	711	8133	1720487	1333225
江苏	2916	131655	1646	9114	3332227	4081541
浙江	779	34436	309	2198	840400	508928
安徽	123	5479	98	355	145365	82412
福建	194	18980	151	1694	474473	336125
江西	27	1349	22	95	25432	17170
山东	280	23789	338	2105	602611	408821
河南	72	5714	130	427	116827	79434
湖北	41	5019	80	665	322560	407415
湖南	36	1244	24	158	27214	20545
广东	459	44472	454	3795	1234628	528723
广西	30	3379	45	388	119241	111777
海南	3	260	30	112	10890	1999
重庆	23	2905	16	360	165372	45854
四川	42	1620	48	185	33961	20557
贵州	2	290	2	5	5646	4011
云南	13	328	4	35	7556	49122
西藏						
陕西	14	645	8	122	8038	9621
甘肃						
青海	1	20	1	2	25	11750
宁夏	10	382	5	28	9801	9385
新疆	2	17		3	1608	2322

G. 企业新产品开发及销售情况

1-G-1 分登记注册类型企业新产品开发及销售情况

单位：万元

登记注册类型	新产品开发项目数(项)	新产品开发经费支出	新产品销售收入	#出口
总　计	**358287**	**92467436**	**1284606903**	**228534683**
内资企业	**274397**	**68562481**	**837421640**	**95969592**
国有企业	10696	2854120	30625353	1202290
集体企业	2170	583732	8416162	1453842
股份合作企业	593	86268	974706	66032
联营企业	108	67878	882324	23903
国有联营企业	91	65430	827755	23276
集体联营企业	3	1213	15956	
国有与集体联营企业	12	919	21247	627
其他联营企业	2	317	17366	
有限责任公司	108132	29403878	358674343	39504118
国有独资公司	16729	5836972	62989978	6556578
其他有限责任公司	91403	23566906	295684365	32947541
股份有限公司	49300	15703824	208367328	27346984
私营企业	103038	19762562	228237348	26321314
私营独资企业	1840	358947	3528748	246602
私营合伙企业	219	45604	627188	38176
私营有限责任公司	89053	16946859	192013653	22461158
私营股份有限公司	11926	2411152	32067759	3575378
其他企业	360	100219	1244076	51107
港、澳、台商投资企业	**34247**	**9010132**	**140216756**	**47650020**
合资经营企业	15460	3644877	57357357	10552600
合作经营企业	810	138929	973700	120386
港、澳、台商独资经营企业	16011	4634668	73835409	35106884
港、澳、台商投资股份有限公司	1896	578807	7764856	1779743
其他港、澳、台投资企业	70	12852	285434	90406
外商投资企业	**49643**	**14894823**	**306968508**	**84915072**
中外合资经营企业	23357	7969857	192316152	27821199
中外合作经营企业	887	242581	3281700	1330479
外资企业	23202	5887815	101077562	53164229
外商投资股份有限公司	2091	777060	10080713	2592579
其他外商投资企业	106	17510	212381	6585

1-G-2 分登记注册类型大中型企业新产品开发及销售情况

单位：万元

登记注册类型	新产品开发项目数(项)	新产品开发经费支出	新产品销售收入	#出口
总　计	**222508**	**74406399**	**1125619063**	**212932265**
内资企业	**168144**	**53851443**	**708987232**	**85672380**
国有企业	9589	2706820	30004838	1191587
集体企业	1797	534043	8080774	1450038
股份合作企业	181	45697	657587	20750
联营企业	80	62630	815173	7569
国有联营企业	79	62447	795400	7569
集体联营企业				
国有与集体联营企业	1	183	3093	
其他联营企业			16680	
有限责任公司	75556	24915191	318307794	37081534
国有独资公司	15766	5644408	61590642	6189694
其他有限责任公司	59790	19270783	256717152	30891840
股份有限公司	41938	14658651	199445423	26733162
私营企业	38862	10885814	150830885	19153779
私营独资企业	409	131445	1249914	105632
私营合伙企业	37	21876	330560	7397
私营有限责任公司	30562	8908980	122568951	15733889
私营股份有限公司	7854	1823513	26681460	3306862
其他企业	141	42597	844759	33962
港、澳、台商投资企业	**23079**	**7580749**	**126294423**	**45184830**
合资经营企业	9754	2950225	49594321	9233003
合作经营企业	530	102630	626158	84110
港、澳、台商独资经营企业	11086	3975217	68307165	34028043
港、澳、台商投资股份有限公司	1650	540377	7488097	1753816
其他港、澳、台投资企业	59	12300	278682	85857
外商投资企业	**31285**	**12974207**	**290337408**	**82075054**
中外合资经营企业	15685	6983366	183240323	26595973
中外合作经营企业	623	204272	2880435	1237700
外资企业	13032	5035161	94341900	51743279
外商投资股份有限公司	1883	741516	9688420	2497969
其他外商投资企业	62	9891	186331	133

1-G-3 分行业企业新产品开发及销售情况

单位：万元

行业	新产品开发项目数（项）	新产品开发经费支出	新产品销售收入	#出口
总　计	**358287**	**92467436**	**1284606903**	**228534683**
采矿业	**3873**	**1364470**	**15456457**	**516386**
煤炭开采和洗选业	2004	807903	11393446	507530
烟煤和无烟煤开采洗选	1983	802618	11330447	507203
褐煤开采洗选	20	3884	62999	327
其他煤炭采选	1	1401		
石油和天然气开采业	740	243637	61155	580
石油开采	716	224707	39103	580
天然气开采	24	18929	22052	
黑色金属矿采选业	193	49432	385563	
铁矿采选	179	33689	377713	
锰矿、铬矿采选	11	15374		
其他黑色金属矿采选	3	369	7850	
有色金属矿采选业	130	65144	3113696	2103
常用有色金属矿采选	49	15744	244657	2103
贵金属矿采选	57	45642	2861082	
稀有稀土金属矿采选	24	3758	7958	
非金属矿采选业	242	51074	475533	6173
土砂石开采	105	16289	174628	3102
化学矿开采	27	8633	29632	270
采盐	95	21921	251365	2801
石棉及其他非金属矿采选	15	4231	19908	
开采辅助活动	560	147001	27064	
煤炭开采和洗选辅助活动				
石油和天然气开采辅助活动	556	145624	27064	
其他开采辅助活动	4	1377		
其他采矿业	4	280		
其他采矿业	4	280		
制造业	**352023**	**90648983**	**1266637274**	**227984919**
农副食品加工业	6816	2140687	21216453	1338446
谷物磨制	535	163315	1846821	33891
饲料加工	1811	448824	6108795	77769
植物油加工	622	307701	4849709	6050
制糖业	98	43576	140390	1838
屠宰及肉类加工	1335	428785	4137144	354241
水产品加工	831	241564	1306087	526072
蔬菜、水果和坚果加工	734	155899	1174021	119641
其他农副食品加工	850	351023	1653487	218944
食品制造业	4982	1049122	10968404	1280354
焙烤食品制造	280	52991	311599	8335
糖果、巧克力及蜜饯制造	258	76121	296815	14918
方便食品制造	396	87712	725744	18737
乳制品制造	716	136076	2473882	1996
罐头食品制造	333	86397	870903	131896
调味品、发酵制品制造	675	183915	2323209	130198
其他食品制造	2324	425910	3966251	974275
酒、饮料和精制茶制造业	2969	941907	11337692	433773
酒的制造	1747	581064	7949000	350735
饮料制造	786	267578	2485432	46438
精制茶加工	436	93265	903259	36601

1-G-3　续表 1　　单位：万元

行　　业	新产品开发项目数(项)	新产品开发经费支出	新产品销售收入	#出口
烟草制品业	948	195984	15913130	61447
烟叶复烤	32	1125	30970	
卷烟制造	851	185325	15676009	61432
其他烟草制品制造	65	9534	206151	16
纺织业	8614	1905566	40512571	5578100
棉纺织及印染精加工	4736	1058487	28991787	2925061
毛纺织及染整精加工	577	197437	2898403	562752
麻纺织及染整精加工	69	23169	247620	34213
丝绢纺织及印染精加工	348	52116	818324	169273
化纤织造及印染精加工	341	56589	850736	164249
针织或钩针编织物及其制品制造	740	155272	2558515	694755
家用纺织制成品制造	874	180121	2144916	605986
非家用纺织制成品制造	929	182374	2002269	421813
纺织服装、服饰业	4308	860353	14766136	3360009
机织服装制造	2757	654173	11224401	1262587
针织或钩针编织服装制造	1364	165231	2996716	1887764
服饰制造	187	40949	545020	209659
皮革、毛皮、羽毛及其制品和制鞋业	1886	414210	7389407	1818049
皮革鞣制加工	139	46268	858010	136997
皮革制品制造	318	67847	1566983	784634
毛皮鞣制及制品加工	79	18879	201356	35540
羽毛(绒)加工及制品制造	58	13865	233293	64321
制鞋业	1292	267352	4529764	796558
木材加工和木、竹、藤、棕、草制品业	1335	300401	3355674	523592
木材加工	78	16589	173060	26953
人造板制造	796	191480	1866849	170174
木制品制造	332	70372	1002014	224619
竹、藤、棕、草等制品制造	129	21961	313751	101846
家具制造业	2059	283318	3910685	1524343
木质家具制造	1128	136031	1787678	445359
竹、藤家具制造	25	6061	51187	39535
金属家具制造	562	95470	1264834	654602
塑料家具制造	98	6423	48812	31243
其他家具制造	246	39333	758175	353604
造纸和纸制品业	2112	795368	13822520	866566
纸浆制造	15	7559	137502	
造纸	1269	597088	11401290	676941
纸制品制造	828	190721	2283727	189626
印刷和记录媒介复制业	1913	328121	4360006	318940
印刷	1834	310111	4304522	316358
装订及印刷相关服务	46	14304	18338	1862
记录媒介复制	33	3707	37147	719
文教、工美、体育和娱乐用品制造业	4022	665984	8721707	2263593
文教办公用品制造	613	60606	600292	225301
乐器制造	186	33253	262223	56372
工艺美术品制造	1416	296981	5319000	925183
体育用品制造	602	104107	821230	324889
玩具制造	863	101098	906254	422462
游艺器材及娱乐用品制造	342	69939	812709	309386

1-G-3 续表 2

单位：万元

行业	新产品开发项目数(项)	新产品开发经费支出	新产品销售收入	#出口
石油加工、炼焦和核燃料加工业	1707	1131379	26469416	57766
精炼石油产品制造	1607	1045403	25299600	33686
炼焦	99	85962	1169816	24080
核燃料加工	1	15		
化学原料和化学制品制造业	23590	6292466	91376298	8136824
基础化学原料制造	3806	1395314	24709585	1981243
肥料制造	1278	493782	9556732	498107
农药制造	1575	341661	3890585	901737
涂料、油墨、颜料及类似产品制造	3858	649068	8368624	1208088
合成材料制造	4172	1571957	23118029	1523853
专用化学产品制造	6432	1430973	17406789	1669542
炸药、火工及焰火产品制造	747	92511	1064961	51826
日用化学产品制造	1722	317199	3260994	302430
医药制造业	26523	3645006	36061674	3168255
化学药品原料药制造	7670	596211	7603719	2101344
化学药品制剂制造	8185	1292292	12678397	274854
中药饮片加工	622	96932	765270	14712
中成药生产	4629	747376	8296029	85244
兽用药品制造	1083	114233	745175	51575
生物药品制造	3348	596301	3266623	472717
卫生材料及医药用品制造	986	201661	2706461	167810
化学纤维制造业	1980	939358	15093388	1191033
纤维素纤维原料及纤维制造	518	277951	3606369	502185
合成纤维制造	1462	661407	11487020	688848
橡胶和塑料制品业	12281	2415348	29316616	5675936
橡胶制品业	3666	1160016	13061766	2915273
塑料制品业	8615	1255332	16254850	2760663
非金属矿物制品业	9936	2193521	24108128	2778273
水泥、石灰和石膏制造	668	126332	1461252	338
石膏、水泥制品及类似制品制造	889	190886	2353188	10651
砖瓦、石材等建筑材料制造	1418	398242	5286144	239300
玻璃制造	559	149322	1948704	229540
玻璃制品制造	1597	292387	4309926	751337
玻璃纤维和玻璃纤维增强塑料制品制造	1094	181484	1679935	378016
陶瓷制品制造	1155	235563	1711371	551620
耐火材料制品制造	1252	276667	2549700	184875
石墨及其他非金属矿物制品制造	1304	342638	2807910	432597
黑色金属冶炼和压延加工业	8971	6060242	79719166	7545887
炼铁	71	55728	1703130	112748
炼钢	852	974235	13450707	1788949
黑色金属铸造	1237	236645	2739977	260712
钢压延加工	6600	4685554	59173875	5327046
铁合金冶炼	211	108081	2651477	56432
有色金属冶炼和压延加工业	6131	2629012	51915643	3578179
常用有色金属冶炼	1076	613556	16035935	1100916
贵金属冶炼	119	26812	1901091	6725
稀有稀土金属冶炼	532	124257	1861833	226715
有色金属合金制造	1092	295399	3686004	180589
有色金属铸造	156	24893	458736	24572
有色金属压延加工	3156	1544095	27972045	2038662

1-G-3　续表 3　　　　单位：万元

行　　业	新产品开发项目数（项）	新产品开发经费支出	新产品销售收入	#出口
金属制品业	12353	2473429	27219666	4471631
结构性金属制品制造	2347	525677	7182040	750606
金属工具制造	1539	210394	1783394	335134
集装箱及金属包装容器制造	860	199907	2555674	599279
金属丝绳及其制品制造	1075	298667	3270435	196659
建筑、安全用金属制品制造	1437	233025	2417759	783086
金属表面处理及热处理加工	529	125798	1078701	199286
搪瓷制品制造	102	17682	256506	46724
金属制日用品制造	1000	153719	1770662	859192
其他金属制品制造	3464	708558	6904495	701665
通用设备制造业	34325	6555971	72693613	8871992
锅炉及原动设备制造	3567	1080603	14473188	650940
金属加工机械制造	5043	814553	6201780	458190
物料搬运设备制造	4367	1090564	15745235	1718657
泵、阀门、压缩机及类似机械制造	8256	1298414	12727361	1788928
轴承、齿轮和传动部件制造	3499	545099	4421339	587998
烘炉、风机、衡器、包装等设备制造	5093	979157	11470458	1299974
文化、办公用机械制造	1058	266284	2947016	1458750
通用零部件制造	2710	361751	3670824	845608
其他通用设备制造业	732	119548	1036413	62948
专用设备制造业	31313	5887267	58947065	8280087
采矿、冶金、建筑专用设备制造	10630	2700668	30994800	4848391
化工、木材、非金属加工专用设备制造	4957	663858	6472647	945511
食品、饮料、烟草及饲料生产专用设备制造	1064	170900	1301892	66056
印刷、制药、日化及日用品生产专用设备制造	1601	203108	2093699	172436
纺织、服装和皮革加工专用设备制造	1966	297580	3131722	362832
电子和电工机械专用设备制造	1770	289649	2011582	425827
农、林、牧、渔专用机械制造	1781	309445	3080970	381455
医疗仪器设备及器械制造	3338	610727	3014633	645838
环保、社会公共服务及其他专用设备制造	4206	641332	6845121	431741
汽车制造业	25374	7979138	150840960	6453027
汽车整车制造	4864	4444719	111193919	3314464
改装汽车制造	1792	326278	4043511	126770
低速载货汽车制造	109	41343	840218	1345
电车制造	94	8449	19758	570
汽车车身、挂车制造	260	57968	965461	26384
汽车零部件及配件制造	18255	3100381	33778092	2983494
铁路、船舶、航空航天和其他运输设备制造业	11895	4399013	47561595	9880953
铁路运输设备制造	3285	1043155	14736883	1063082
城市轨道交通设备制造	266	65309	863142	20159
船舶及相关装置制造	1846	936848	16829404	6482417
航空、航天器及设备制造	3690	1813613	7475351	433070
摩托车制造	1723	365690	5227766	790091
自行车制造	825	149742	1883769	734697
非公路休闲车及零配件制造	60	5981	69091	3442
潜水救捞及其他未列明运输设备制造	200	18675	476188	353994
电气机械和器材制造业	43991	10453249	138605058	22512999
电机制造	6108	1321122	18380765	2859026
输配电及控制设备制造	14639	3262662	36656577	3149662

1-G-3 续表 4

单位：万元

行　业	新产品开发项目数(项)	新产品开发经费支出	新产品销售收入	#出口
电线、电缆、光缆及电工器材制造	6232	1668570	21393527	1509970
电池制造	2217	553696	10175479	2086342
家用电力器具制造	9223	2956991	44370556	10989578
非电力家用器具制造	871	139897	1788626	181149
照明器具制造	3973	457460	5279766	1680950
其他电气机械及器材制造	728	92851	559762	56322
计算机、通信和其他电子设备制造业	45390	15558039	241635186	113450701
计算机制造	3785	1907580	55922630	36773379
通信设备制造	8212	6034498	90731953	40650874
广播电视设备制造	1935	404330	3709958	1357137
雷达及配套设备制造	1112	201544	1204193	64754
视听设备制造	6668	1508341	33199982	11570292
电子器件制造	10049	2807635	28557741	12985822
电子元件制造	11002	1987548	22923691	9375768
其他电子设备制造	2627	706562	5385038	672674
仪器仪表制造业	12330	1778592	14898717	2009427
通用仪器仪表制造	7661	1141724	10757424	1084056
专用仪器仪表制造	2782	390045	2502014	347296
钟表与计时仪器制造	297	30620	292686	88351
光学仪器及眼镜制造	1367	200337	1243133	471464
其他仪器仪表制造业	223	15866	103460	18260
其他制造业	1104	181309	1778923	425644
日用杂品制造	328	49516	860478	312227
煤制品制造	89	9029	67583	357
核辐射加工	8	2452	7832	646
其他未列明制造业	679	120312	843030	112414
废弃资源综合利用业	341	87461	1182601	7911
金属废料和碎屑加工处理	244	69050	977052	7828
非金属废料和碎屑加工处理	97	18411	205550	83
金属制品、机械和设备修理业	524	108165	939178	121181
金属制品修理	4	299	13484	
通用设备修理	13	1041	2264	
专用设备修理	123	24189	156825	4183
铁路、船舶、航空航天等运输设备修理	323	77333	708431	102641
电气设备修理	15	130	3760	
仪器仪表修理	6	638	5921	
其他机械和设备修理业	40	4537	48493	14358
电力、热力、燃气及水生产和供应业	**2391**	**453983**	**2513172**	**33378**
电力、热力生产和供应业	2168	397665	2221948	33378
电力生产	730	197913	1320841	32978
电力供应	1405	196156	870666	400
热力生产和供应	33	3595	30441	
燃气生产和供应业	75	24204	158475	
燃气生产和供应业	75	24204	158475	
水的生产和供应业	148	32115	132749	
自来水生产和供应	107	23105	19259	
污水处理及其再生利用	38	8549	103105	
其他水的处理、利用与分配	3	460	10385	

1-G-4　分行业大中型企业新产品开发及销售情况

单位：万元

行　业	新产品开发项目数(项)	新产品开发经费支出	新产品销售收入	#出口
总　计	**222508**	**74406399**	**1125619063**	**212932265**
采矿业	**3639**	**1316588**	**11399965**	**513546**
煤炭开采和洗选业	1940	800245	7673743	507530
烟煤和无烟煤开采洗选	1919	794961	7610744	507203
褐煤开采洗选	20	3884	62999	327
其他煤炭采选	1	1401		
石油和天然气开采业	724	236910	39103	580
石油开采	716	224707	39103	580
天然气开采	8	12203		
黑色金属矿采选业	177	46643	277704	
铁矿采选	167	31305	277704	
锰矿、铬矿采选	10	15338		
其他黑色金属矿采选				
有色金属矿采选业	111	58565	3029357	2000
常用有色金属矿采选	33	9246	169942	2000
贵金属矿采选	57	45642	2854415	
稀有稀土金属矿采选	21	3677	5000	
非金属矿采选业	146	32267	361814	3437
土砂石开采	41	8315	94760	636
化学矿开采	15	5909	16414	
采盐	89	17988	249861	2801
石棉及其他非金属矿采选	1	55	780	
开采辅助活动	541	141958	18244	
煤炭开采和洗选辅助活动				
石油和天然气开采辅助活动	541	141958	18244	
其他开采辅助活动				
其他采矿业				
其他采矿业				
制造业	**217007**	**72725501**	**1112218465**	**212385340**
农副食品加工业	3237	1389072	14995030	949471
谷物磨制	159	71328	916072	18400
饲料加工	534	192131	3578573	21353
植物油加工	324	230272	3887191	2314
制糖业	64	24888	119077	460
屠宰及肉类加工	1035	358419	3847283	354109
水产品加工	488	159190	780535	302303
蔬菜、水果和坚果加工	298	75296	676418	48853
其他农副食品加工	335	277548	1189881	201679
食品制造业	3031	691652	8797905	1004341
焙烤食品制造	150	33298	211200	5444
糖果、巧克力及蜜饯制造	191	57678	247286	4999
方便食品制造	259	57305	488738	18687
乳制品制造	595	111085	2343499	
罐头食品制造	209	49222	695869	98276
调味品、发酵制品制造	434	135987	2056851	108686
其他食品制造	1193	247077	2754462	768250
酒、饮料和精制茶制造业	2131	757170	10238890	369715
酒的制造	1480	515221	7564095	338463
饮料制造	527	211577	2118309	22850
精制茶加工	124	30372	556486	8403

1-G-4 续表 1

单位：万元

行 业	新产品开发项目数（项）	新产品开发经费支出	新产品销售收入	#出口
烟草制品业	861	180786	15789872	61447
烟叶复烤	24	952	30970	
卷烟制造	794	175621	15666085	61432
其他烟草制品制造	43	4213	92818	16
纺织业	5472	1474736	34814656	4636320
棉纺织及印染精加工	3471	871682	26001806	2517703
毛纺织及染整精加工	315	169695	2727908	556920
麻纺织及染整精加工	56	19747	209639	33360
丝绢纺织及印染精加工	104	25749	479021	139901
化纤织造及印染精加工	196	37172	458832	80658
针织或钩针编织物及其制品制造	348	102532	1790897	519237
家用纺织制成品制造	645	140716	1742435	485071
非家用纺织制成品制造	337	107443	1404119	303470
纺织服装、服饰业	3133	710920	12679710	2790261
机织服装制造	1956	557122	9813440	952605
针织或钩针编织服装制造	1102	132131	2599038	1736270
服饰制造	75	21667	267232	101386
皮革、毛皮、羽毛及其制品和制鞋业	1319	337473	6125733	1446201
皮革鞣制加工	78	36473	739989	134825
皮革制品制造	150	46386	1151471	644973
毛皮鞣制及制品加工	38	11192	99347	19401
羽毛(绒)加工及制品制造	45	11906	184999	45293
制鞋业	1008	231517	3949926	601710
木材加工和木、竹、藤、棕、草制品业	711	182871	1934019	302809
木材加工	36	8423	104801	26259
人造板制造	464	119379	960228	129978
木制品制造	150	44289	701107	109328
竹、藤、棕、草等制品制造	61	10780	167883	37245
家具制造业	1412	221196	3205146	1314115
木质家具制造	778	104497	1372257	386632
竹、藤家具制造	10	4583	45441	38654
金属家具制造	448	82778	1128041	606884
塑料家具制造	47	1442	855	
其他家具制造	129	27896	658552	281945
造纸和纸制品业	1439	660452	12153377	799023
纸浆制造	13	6071	133866	
造纸	918	527713	10439767	629042
纸制品制造	508	126668	1579744	169981
印刷和记录媒介复制业	1181	209525	3206732	256848
印刷	1141	197122	3170914	255552
装订及印刷相关服务	37	11585	5018	620
记录媒介复制	3	818	30800	676
文教、工美、体育和娱乐用品制造业	2369	452248	6916737	1724551
文教办公用品制造	254	33593	451281	158685
乐器制造	119	19156	189178	36633
工艺美术品制造	792	193414	4241094	673904
体育用品制造	309	72143	590429	216282
玩具制造	634	75576	741683	354445
游艺器材及娱乐用品制造	261	58367	703072	284602

1-G-4　续表 2　　　　　　　　　　　　　　　　　　　　　　单位：万元

行　　业	新产品开发项目数(项)	新产品开发经费支出	新产品销售收入	#出口
石油加工、炼焦和核燃料加工业	1350	1032332	25118248	45906
精炼石油产品制造	1256	947828	23965620	21827
炼焦	93	84489	1152628	24080
核燃料加工	1	15		
化学原料和化学制品制造业	10965	4128799	70259393	6638764
基础化学原料制造	2066	994593	19729819	1565403
肥料制造	825	379442	8780086	485304
农药制造	921	240937	3246717	868347
涂料、油墨、颜料及类似产品制造	1528	340894	5547958	1059915
合成材料制造	1918	1145493	18634954	1261415
专用化学产品制造	2127	735409	10824579	1170602
炸药、火工及焰火产品制造	650	76252	901493	50536
日用化学产品制造	930	215779	2593787	177242
医药制造业	14991	2669404	29908269	2731332
化学药品原料药制造	2395	443233	6399367	1892193
化学药品制剂制造	6400	1093563	11442537	258439
中药饮片加工	270	49122	461965	3399
中成药生产	3174	523000	6469151	63779
兽用药品制造	437	50097	433396	33340
生物药品制造	1865	363044	2324121	331666
卫生材料及医药用品制造	450	147345	2377731	148516
化学纤维制造业	1372	811639	13298253	1041765
纤维素纤维原料及纤维制造	413	255482	3386150	466297
合成纤维制造	959	556158	9912103	575468
橡胶和塑料制品业	6927	1785709	23416162	4926137
橡胶制品业	2694	1026341	12035939	2774409
塑料制品业	4233	759368	11380223	2151728
非金属矿物制品业	5758	1512738	18353613	2308309
水泥、石灰和石膏制造	536	99737	1166700	326
石膏、水泥制品及类似制品制造	442	104545	1487549	318
砖瓦、石材等建筑材料制造	625	261098	3990315	182093
玻璃制造	431	136905	1759182	221935
玻璃制品制造	1029	207989	3492115	554404
玻璃纤维和玻璃纤维增强塑料制品制造	703	122879	1329455	336769
陶瓷制品制造	753	173607	1426226	490450
耐火材料制品制造	621	179879	1792147	157786
石墨及其他非金属矿物制品制造	618	226100	1909924	364228
黑色金属冶炼和压延加工业	7284	5720332	75894378	7400483
炼铁	61	54728	1678603	112748
炼钢	833	971314	13397814	1788824
黑色金属铸造	550	121309	1734532	200200
钢压延加工	5702	4484747	56648271	5242479
铁合金冶炼	138	88235	2435158	56232
有色金属冶炼和压延加工业	3957	2127641	42879702	3187345
常用有色金属冶炼	879	557143	15339992	1072381
贵金属冶炼	69	18735	1297569	
稀有稀土金属冶炼	256	86927	961021	161831
有色金属合金制造	615	190733	2901733	136703
有色金属铸造	95	20042	380531	17097
有色金属压延加工	2043	1254062	21998856	1799333

1-G-4 续表 3

单位：万元

行业	新产品开发项目数（项）	新产品开发经费支出	新产品销售收入	#出口
金属制品业	6863	1675535	20540544	3647069
结构性金属制品制造	1269	348313	5430428	636429
金属工具制造	723	125639	1238256	219331
集装箱及金属包装容器制造	543	130610	2072338	539454
金属丝绳及其制品制造	675	215904	2673617	153058
建筑、安全用金属制品制造	651	135934	1450613	599854
金属表面处理及热处理加工	180	79905	696128	188220
搪瓷制品制造	31	3249	92937	37013
金属制日用品制造	438	97185	1333554	690960
其他金属制品制造	2353	538797	5552672	582750
通用设备制造业	19409	4677109	59152102	7480806
锅炉及原动设备制造	2778	958465	13381249	585566
金属加工机械制造	2321	498414	4159135	366879
物料搬运设备制造	2799	908389	13848081	1550122
泵、阀门、压缩机及类似机械制造	4118	806642	9553257	1440766
轴承、齿轮和传动部件制造	2277	386491	3256176	483426
烘炉、风机、衡器、包装等设备制造	2778	682200	9157218	981107
文化、办公用机械制造	618	216914	2558486	1367691
通用零部件制造	1512	170646	2590722	665403
其他通用设备制造业	208	48948	647779	39846
专用设备制造业	17278	4218501	47251431	7194513
采矿、冶金、建筑专用设备制造	7965	2307802	28120397	4558868
化工、木材、非金属加工专用设备制造	2120	378168	4276045	649651
食品、饮料、烟草及饲料生产专用设备制造	467	107348	826475	42144
印刷、制药、日化及日用品生产专用设备制造	670	113485	1519919	112162
纺织、服装和皮革加工专用设备制造	944	160874	2223343	273565
电子和电工机械专用设备制造	694	168505	1444481	381585
农、林、牧、渔专用机械制造	1088	219334	2427081	332680
医疗仪器设备及器械制造	1625	415948	2139910	511239
环保、社会公共服务及其他专用设备制造	1705	347036	4273780	332618
汽车制造业	18545	7152017	144355470	5892617
汽车整车制造	4673	4385084	110766201	3274142
改装汽车制造	1382	273323	3536275	116386
低速载货汽车制造	97	39042	781588	1345
电车制造				
汽车车身、挂车制造	186	46524	808262	18339
汽车零部件及配件制造	12207	2408044	28463145	2482405
铁路、船舶、航空航天和其他运输设备制造业	9596	4058168	45110651	9603670
铁路运输设备制造	2582	954549	14070152	1051095
城市轨道交通设备制造	219	56582	790776	18821
船舶及相关装置制造	1389	858933	16266310	6453590
航空、航天器及设备制造	3324	1736494	7109867	387135
摩托车制造	1379	323533	4732002	667700
自行车制造	529	109676	1666039	672489
非公路休闲车及零配件制造	30	3329	57582	66
潜水救捞及其他未列明运输设备制造	144	15071	417923	352776
电气机械和器材制造业	28420	8424496	120042035	20695247
电机制造	4086	1026985	15915188	2441392
输配电及控制设备制造	8012	2445834	29273637	2775861

1-G-4　续表 4　　　　单位：万元

行　　业	新产品开发项目数(项)	新产品开发经费支出	新产品销售收入	#出口
电线、电缆、光缆及电工器材制造	3331	1218552	16583507	1275318
电池制造	1639	455815	9570489	2035750
家用电力器具制造	7913	2831762	43086023	10705380
非电力家用器具制造	416	64058	1107444	125671
照明器具制造	2646	318791	4158388	1310502
其他电气机械及器材制造	377	62700	347359	25372
计算机、通信和其他电子设备制造业	30924	14062358	232342026	111743565
计算机制造	2495	1785147	55250093	36697816
通信设备制造	5831	5775787	89291716	40518757
广播电视设备制造	1198	311659	3247486	1262431
雷达及配套设备制造	1026	184152	1081781	48794
视听设备制造	6079	1435162	32703041	11434107
电子器件制造	5358	2412205	26182984	12170114
电子元件制造	7615	1593648	20132929	9027409
其他电子设备制造	1322	564598	4451996	584137
仪器仪表制造业	5877	1133913	10685715	1692493
通用仪器仪表制造	3248	697701	7725743	917620
专用仪器仪表制造	1459	252608	1714188	287526
钟表与计时仪器制造	209	19276	206752	74958
光学仪器及眼镜制造	920	161126	1014402	412378
其他仪器仪表制造业	41	3203	24629	11
其他制造业	618	120841	1448847	384476
日用杂品制造	203	37263	765691	279569
煤制品制造	70	5905	40122	357
核辐射加工				
其他未列明制造业	345	77673	643034	104550
废弃资源综合利用业	180	54133	471274	1828
金属废料和碎屑加工处理	177	54005	471274	1828
非金属废料和碎屑加工处理	3	128		
金属制品、机械和设备修理业	397	91736	832547	113914
金属制品修理	1	125	7489	
通用设备修理				
专用设备修理	92	17561	151186	4183
铁路、船舶、航空航天等运输设备修理	275	73243	655992	102641
电气设备修理	15	130	3760	
仪器仪表修理				
其他机械和设备修理业	14	678	14120	7090
电力、热力、燃气及水生产和供应业	**1862**	**364310**	**2000634**	**33378**
电力、热力生产和供应业	1712	321714	1884968	33378
电力生产	511	155438	1069961	32978
电力供应	1197	166126	815007	400
热力生产和供应	4	150		
燃气生产和供应业	46	19116	75179	
燃气生产和供应业	46	19116	75179	
水的生产和供应业	104	23480	40486	
自来水生产和供应	98	22378	5220	
污水处理及其再生利用	6	1102	35266	
其他水的处理、利用与分配				

1-G-5 分行业内资企业新产品开发及销售情况

单位：万元

行业	新产品开发项目数（项）	新产品开发经费支出	新产品销售收入	#出口
总计	**274397**	**68562481**	**837421640**	**95969592**
采矿业	**3814**	**1325316**	**15451719**	**514960**
煤炭开采和洗选业	2004	807903	11393446	507530
烟煤和无烟煤开采洗选	1983	802618	11330447	507203
褐煤开采洗选	20	3884	62999	327
其他煤炭采选	1	1401		
石油和天然气开采业	730	234491	61155	580
石油开采	713	218844	39103	580
天然气开采	17	15647	22052	
黑色金属矿采选业	186	34659	385563	
铁矿采选	179	33689	377713	
锰矿、铬矿采选	4	602		
其他黑色金属矿采选	3	369	7850	
有色金属矿采选业	128	64389	3113696	2103
常用有色金属矿采选	47	14989	244657	2103
贵金属矿采选	57	45642	2861082	
稀有稀土金属矿采选	24	3758	7958	
非金属矿采选业	220	41513	470795	4747
土砂石开采	101	15925	174080	3102
化学矿开采	27	8633	29632	270
采盐	77	12725	247174	1375
石棉及其他非金属矿采选	15	4231	19908	
开采辅助活动	542	142081	27064	
煤炭开采和洗选辅助活动				
石油和天然气开采辅助活动	538	140705	27064	
其他开采辅助活动	4	1377		
其他采矿业	4	280		
其他采矿业	4	280		
制造业	**268328**	**66843013**	**819888166**	**95421253**
农副食品加工业	5544	1650799	18256725	851233
谷物磨制	495	153705	1787362	33891
饲料加工	1519	380858	5425016	70919
植物油加工	468	252091	4086818	6050
制糖业	98	43576	140390	1838
屠宰及肉类加工	942	342870	3523678	308626
水产品加工	616	172864	880021	279620
蔬菜、水果和坚果加工	638	137651	1056091	74014
其他农副食品加工	768	167184	1357350	76276
食品制造业	3443	685600	8228560	843728
焙烤食品制造	196	38171	272450	2156
糖果、巧克力及蜜饯制造	172	47405	129934	3556
方便食品制造	219	53739	416828	2689
乳制品制造	527	91544	2057208	1996
罐头食品制造	295	65432	743031	98114
调味品、发酵制品制造	517	131424	2026808	121676
其他食品制造	1517	257886	2582301	613542
酒、饮料和精制茶制造业	2500	804929	9322573	400296
酒的制造	1452	512484	6784628	340152
饮料制造	619	203244	1656204	24663
精制茶加工	429	89201	881741	35481

1-G-5　续表 1　　　　单位：万元

行　　业	新产品开发项目数(项)	新产品开发经费支出	新产品销售收入	#出口
烟草制品业	941	195302	15909334	61447
烟叶复烤	32	1125	30970	
卷烟制造	851	185325	15676009	61432
其他烟草制品制造	58	8853	202355	16
纺织业	7026	1486011	34345102	4210457
棉纺织及印染精加工	3984	847630	25574004	2163070
毛纺织及染整精加工	483	136845	2150393	512109
麻纺织及染整精加工	60	19223	197743	32490
丝绢纺织及印染精加工	310	43097	645859	123217
化纤织造及印染精加工	276	40742	587879	114920
针织或钩针编织物及其制品制造	571	126988	2104643	503770
家用纺织制成品制造	683	136279	1568064	462045
非家用纺织制成品制造	659	135206	1516517	298837
纺织服装、服饰业	2961	608061	10481566	1886318
机织服装制造	1900	456973	8324616	802509
针织或钩针编织服装制造	937	128381	1920124	996826
服饰制造	124	22707	236827	86983
皮革、毛皮、羽毛及其制品和制鞋业	1222	243827	4901917	1145119
皮革鞣制加工	95	27026	295781	28486
皮革制品制造	229	47416	1174474	558875
毛皮鞣制及制品加工	59	14112	159201	30400
羽毛(绒)加工及制品制造	41	6304	163202	22858
制鞋业	798	148970	3109260	504500
木材加工和木、竹、藤、棕、草制品业	1014	242092	2614435	289766
木材加工	70	12952	133179	3856
人造板制造	584	166881	1494333	53756
木制品制造	250	44178	727245	175586
竹、藤、棕、草等制品制造	110	18081	259679	56567
家具制造业	1239	159685	2165577	614921
木质家具制造	783	95828	1287058	138154
竹、藤家具制造	13	637	5746	881
金属家具制造	207	28785	511993	302086
塑料家具制造	49	6201	48439	30870
其他家具制造	187	28234	312341	142929
造纸和纸制品业	1388	484860	8053727	520599
纸浆制造	15	7559	137502	
造纸	879	370482	6721939	385315
纸制品制造	494	106819	1194286	135284
印刷和记录媒介复制业	1483	233452	3003709	221950
印刷	1418	218350	2967470	219513
装订及印刷相关服务	36	12447	4104	1718
记录媒介复制	29	2655	32135	719
文教、工美、体育和娱乐用品制造业	2650	416841	6108915	1163847
文教办公用品制造	420	37312	376607	88758
乐器制造	142	24392	159795	16350
工艺美术品制造	1111	212090	4220746	701459
体育用品制造	365	63615	579989	146280
玩具制造	354	49388	479933	153537
游艺器材及娱乐用品制造	258	30044	291845	57464

1-G-5　续表 2　　　　单位：万元

行　　业	新产品开发项目数（项）	新产品开发经费支出	新产品销售收入	#出口
石油加工、炼焦和核燃料加工业	1546	1091788	25850136	55468
精炼石油产品制造	1463	1012443	24817393	33371
炼焦	82	79330	1032743	22097
核燃料加工	1	15		
化学原料和化学制品制造业	18703	5008593	70275660	5939247
基础化学原料制造	3133	1186190	16804437	1472092
肥料制造	1132	440060	8687455	449993
农药制造	1427	302467	3610419	794483
涂料、油墨、颜料及类似产品制造	2848	447965	6165860	1089032
合成材料制造	3215	1260107	19292553	961669
专用化学产品制造	5006	1084228	12317890	908121
炸药、火工及焰火产品制造	746	92194	1064961	51826
日用化学产品制造	1196	195382	2332087	212031
医药制造业	17229	2746619	28082566	2409903
化学药品原料药制造	2640	423423	5480738	1585886
化学药品制剂制造	6260	902489	9098581	249051
中药饮片加工	552	82922	571686	14712
中成药生产	3877	636032	7267976	52702
兽用药品制造	953	101056	663133	31979
生物药品制造	2196	440230	2589775	345930
卫生材料及医药用品制造	751	160467	2410675	129644
化学纤维制造业	1380	615501	9625449	821433
纤维素纤维原料及纤维制造	446	236983	3144388	496446
合成纤维制造	934	378518	6481062	324986
橡胶和塑料制品业	8123	1539735	18622260	2928149
橡胶制品业	2911	753883	8485591	1678492
塑料制品业	5212	785852	10136670	1249658
非金属矿物制品业	7966	1782413	18839885	1826173
水泥、石灰和石膏制造	640	114389	1079945	326
石膏、水泥制品及类似制品制造	782	159745	1828365	10651
砖瓦、石材等建筑材料制造	1069	329219	4106962	187014
玻璃制造	250	72978	1044824	57936
玻璃制品制造	1139	220734	3263138	379388
玻璃纤维和玻璃纤维增强塑料制品制造	876	137808	1345815	253830
陶瓷制品制造	950	180692	1331181	396031
耐火材料制品制造	1120	252856	2334065	166938
石墨及其他非金属矿物制品制造	1140	313993	2505591	374058
黑色金属冶炼和压延加工业	8058	5445419	70630417	6671503
炼铁	59	54200	1515049	112748
炼钢	755	830997	12199978	1446847
黑色金属铸造	1061	183847	2212735	133671
钢压延加工	6043	4334386	53530759	4965755
铁合金冶炼	140	41990	1171898	12481
有色金属冶炼和压延加工业	5109	2115698	45342174	2920115
常用有色金属冶炼	940	489692	15662774	1078446
贵金属冶炼	119	26812	1901091	6725
稀有稀土金属冶炼	468	103935	1661825	194950
有色金属合金制造	892	252015	3244070	136799
有色金属铸造	84	11792	131448	23502
有色金属压延加工	2606	1231454	22740967	1479693

1-G-5　续表 3

单位：万元

行　　业	新产品开发项目数（项）	新产品开发经费支出	新产品销售收入	#出口
金属制品业	9992	1992666	20508418	2180511
结构性金属制品制造	2014	459944	5653604	246737
金属工具制造	1203	159980	1412843	264553
集装箱及金属包装容器制造	624	133017	1282796	169110
金属丝绳及其制品制造	959	254256	2351545	84280
建筑、安全用金属制品制造	1089	165557	1635828	303415
金属表面处理及热处理加工	431	92003	787255	84228
搪瓷制品制造	82	15763	215756	28216
金属制日用品制造	677	103537	1164234	456071
其他金属制品制造	2913	608608	6004556	543902
通用设备制造业	27206	4852973	50841177	4787258
锅炉及原动设备制造	2936	833581	10994952	573403
金属加工机械制造	4215	703358	5375866	383583
物料搬运设备制造	3386	721069	8955462	701585
泵、阀门、压缩机及类似机械制造	6444	921564	9093610	999581
轴承、齿轮和传动部件制造	2998	466936	3602360	434249
烘炉、风机、衡器、包装等设备制造	3638	694366	8105056	810036
文化、办公用机械制造	694	109893	753592	168728
通用零部件制造	2284	294560	3066367	679166
其他通用设备制造业	611	107647	893914	36926
专用设备制造业	25572	4725918	47989519	4845823
采矿、冶金、建筑专用设备制造	9526	2340195	26595303	2844257
化工、木材、非金属加工专用设备制造	3158	427808	3972074	463953
食品、饮料、烟草及饲料生产专用设备制造	976	156383	1173998	49132
印刷、制药、日化及日用品生产专用设备制造	1312	153186	1424970	124178
纺织、服装和皮革加工专用设备制造	1560	231054	2391739	263463
电子和电工机械专用设备制造	1537	228410	1398372	52415
农、林、牧、渔专用机械制造	1582	275127	2789932	254497
医疗仪器设备及器械制造	2448	372762	2532187	521352
环保、社会公共服务及其他专用设备制造	3473	540993	5710945	272579
汽车制造业	18046	4636272	60238195	4325822
汽车整车制造	3931	2433519	37258604	2647602
改装汽车制造	1686	306386	3755733	98991
低速载货汽车制造	109	41343	826747	1345
电车制造	94	8449	19758	570
汽车车身、挂车制造	176	39231	598310	13317
汽车零部件及配件制造	12050	1807344	17779044	1563997
铁路、船舶、航空航天和其他运输设备制造业	10769	3989856	40893642	6901758
铁路运输设备制造	3039	969397	13778009	1042311
城市轨道交通设备制造	262	57286	607753	20017
船舶及相关装置制造	1593	760292	13464721	4306437
航空、航天器及设备制造	3592	1786065	7367159	410569
摩托车制造	1484	293207	4108052	597561
自行车制造	644	108458	1252921	330740
非公路休闲车及零配件制造	28	4417	56956	3039
潜水救捞及其他未列明运输设备制造	127	10733	258071	191083
电气机械和器材制造业	33476	7996642	100657855	13342193
电机制造	4433	988498	13650996	1428219
输配电及控制设备制造	12067	2449639	26383986	1536770

1-G-5 续表 4

单位：万元

行业	新产品开发项目数(项)	新产品开发经费支出	新产品销售收入	#出口
电线、电缆、光缆及电工器材制造	4764	1329851	16775556	778280
电池制造	1583	350280	4150192	348987
家用电力器具制造	7438	2406410	34721690	8157194
非电力家用器具制造	660	105781	1443507	148150
照明器具制造	1949	294360	3052637	921391
其他电气机械及器材制造	582	71824	479293	23203
计算机、通信和其他电子设备制造业	32555	9452480	73824785	21861049
计算机制造	2250	585514	5759754	617508
通信设备制造	6372	4859062	28661043	13939422
广播电视设备制造	1494	262800	1976546	296596
雷达及配套设备制造	1097	199957	1173818	49217
视听设备制造	4768	873525	14582655	2781261
电子器件制造	7293	1480632	11948165	2890791
电子元件制造	7341	893126	7824113	1155843
其他电子设备制造	1940	297864	1898692	130413
仪器仪表制造业	9537	1329169	10921159	1013155
通用仪器仪表制造	5968	880062	8076708	615860
专用仪器仪表制造	2287	295999	1925011	179040
钟表与计时仪器制造	144	15083	122028	38139
光学仪器及眼镜制造	957	124044	705466	171182
其他仪器仪表制造业	181	13981	91945	8935
其他制造业	939	162759	1456389	356093
日用杂品制造	213	34352	606499	252722
煤制品制造	89	9029	67583	357
核辐射加工	8	2452	7832	646
其他未列明制造业	629	116926	774475	102369
废弃资源综合利用业	312	79812	1092597	1878
金属废料和碎屑加工处理	223	63971	907563	1828
非金属废料和碎屑加工处理	89	15842	185035	50
金属制品、机械和设备修理业	399	67243	803740	24043
金属制品修理	4	299	13484	
通用设备修理	13	1041	2264	
专用设备修理	82	20595	138551	2540
铁路、船舶、航空航天等运输设备修理	245	40728	596908	10972
电气设备修理	15	130	3760	
仪器仪表修理	5	343	4108	
其他机械和设备修理业	35	4108	44666	10531
电力、热力、燃气及水生产和供应业	**2255**	**394152**	**2081755**	**33378**
电力、热力生产和供应业	2096	361609	1938637	33378
电力生产	659	161887	1037531	32978
电力供应	1405	196156	870666	400
热力生产和供应	32	3566	30441	
燃气生产和供应业	28	6242	45803	
燃气生产和供应业	28	6242	45803	
水的生产和供应业	131	26301	97315	
自来水生产和供应	96	18051	19122	
污水处理及其再生利用	32	7790	67808	
其他水的处理、利用与分配	3	460	10385	

1-G-6　分行业港澳台商投资企业新产品开发及销售情况

单位：万元

行　业	新产品开发项目数(项)	新产品开发经费支出	新产品销售收入	#出口
总　计	**34247**	**9010132**	**140216756**	**47650020**
采矿业	**30**	**18427**	**547**	
煤炭开采和洗选业				
烟煤和无烟煤开采洗选				
褐煤开采洗选				
其他煤炭采选				
石油和天然气开采业	10	9146		
石油开采	3	5863		
天然气开采	7	3282		
黑色金属矿采选业				
铁矿采选				
锰矿、铬矿采选				
其他黑色金属矿采选				
有色金属矿采选业				
常用有色金属矿采选				
贵金属矿采选				
稀有稀土金属矿采选				
非金属矿采选业	7	4853	547	
土砂石开采	2	183	547	
化学矿开采				
采盐	5	4671		
石棉及其他非金属矿采选				
开采辅助活动	13	4428		
煤炭开采和洗选辅助活动				
石油和天然气开采辅助活动	13	4428		
其他开采辅助活动				
其他采矿业				
其他采矿业				
制造业	**34167**	**8957039**	**139906116**	**47650020**
农副食品加工业	652	312351	1786940	276714
谷物磨制	17	1451	52382	
饲料加工	192	43598	584080	5580
植物油加工	37	8813	280163	
制糖业				
屠宰及肉类加工	276	63383	510376	14418
水产品加工	38	10894	151706	137635
蔬菜、水果和坚果加工	50	8652	58234	15991
其他农副食品加工	42	175560	149999	103090
食品制造业	410	115788	1010768	159488
焙烤食品制造	39	11767	29988	5379
糖果、巧克力及蜜饯制造	25	4888	132352	9843
方便食品制造	26	6324	77991	
乳制品制造	26	9748	20805	
罐头食品制造	16	8077	14545	
调味品、发酵制品制造	73	16149	129813	7763
其他食品制造	205	58836	605274	136503
酒、饮料和精制茶制造业	189	25981	565432	16794
酒的制造	128	9717	245246	9697
饮料制造	57	14678	320186	7097
精制茶加工	4	1586		

1-G-6 续表 1

单位：万元

行业	新产品开发项目数（项）	新产品开发经费支出	新产品销售收入	#出口
烟草制品业	7	682	3796	
烟叶复烤				
卷烟制造				
其他烟草制品制造	7	682	3796	
纺织业	1023	250058	3830449	683129
棉纺织及印染精加工	562	150931	2398624	322658
毛纺织及染整精加工	49	8782	121164	35012
麻纺织及染整精加工	7	3551	12180	1723
丝绢纺织及印染精加工	27	7912	152298	38860
化纤织造及印染精加工	34	10712	211771	16102
针织或钩针编织物及其制品制造	94	16784	288288	78434
家用纺织制成品制造	111	25441	372850	120721
非家用纺织制成品制造	139	25946	273273	69621
纺织服装、服饰业	584	162061	2724560	1014110
机织服装制造	366	130501	1795056	239308
针织或钩针编织服装制造	180	22532	749823	680505
服饰制造	38	9029	179681	94298
皮革、毛皮、羽毛及其制品和制鞋业	410	102774	1443245	318501
皮革鞣制加工	17	7637	164042	36178
皮革制品制造	31	7361	215345	103959
毛皮鞣制及制品加工	1	66	503	
羽毛(绒)加工及制品制造	6	1285	49334	41463
制鞋业	355	86426	1014021	136901
木材加工和木、竹、藤、棕、草制品业	249	28326	377517	153006
木材加工	6	2900	39431	23097
人造板制造	192	17925	306803	110981
木制品制造	40	4939	6418	2000
竹、藤、棕、草等制品制造	11	2562	24866	16928
家具制造业	595	78768	889931	377059
木质家具制造	282	27263	282822	169188
竹、藤家具制造	2	841		
金属家具制造	277	48653	540729	187353
塑料家具制造	2	36		
其他家具制造	32	1976	66380	20518
造纸和纸制品业	437	179659	3351433	315471
纸浆制造				
造纸	218	128959	2653729	265248
纸制品制造	219	50700	697704	50223
印刷和记录媒介复制业	310	76895	988070	75527
印刷	298	74045	968825	75382
装订及印刷相关服务	10	1857	14234	144
记录媒介复制	2	993	5011	
文教、工美、体育和娱乐用品制造业	841	121446	1608880	581435
文教办公用品制造	85	11040	89700	25196
乐器制造	38	5114	49504	7983
工艺美术品制造	103	19280	604864	53334
体育用品制造	134	22287	110607	91531
玩具制造	415	36385	250561	152805
游艺器材及娱乐用品制造	66	27339	503644	250585

1-G-6　续表 2　　　　单位：万元

行　　业	新产品开发项目数(项)	新产品开发经费支出	新产品销售收入	#出口
石油加工、炼焦和核燃料加工业	134	23210	490887	315
精炼石油产品制造	124	20947	436887	315
炼焦	10	2263	54000	
核燃料加工				
化学原料和化学制品制造业	2265	558293	8439384	598588
基础化学原料制造	263	72071	3510797	150191
肥料制造	39	9183	50933	5585
农药制造	39	11038	123332	89960
涂料、油墨、颜料及类似产品制造	494	103854	1202676	35049
合成材料制造	463	149812	1337869	164836
专用化学产品制造	697	143710	1888464	144545
炸药、火工及焰火产品制造	1	317		
日用化学产品制造	269	68307	325314	8421
医药制造业	2516	419966	3308316	256421
化学药品原料药制造	497	99705	1206005	167849
化学药品制剂制造	847	159921	1025380	10113
中药饮片加工	41	10192	173348	
中成药生产	485	60105	403178	3047
兽用药品制造	49	4095	51892	11884
生物药品制造	505	67638	391759	57656
卫生材料及医药用品制造	92	18309	56754	5873
化学纤维制造业	376	227568	3948279	325702
纤维素纤维原料及纤维制造	26	8934	289200	4285
合成纤维制造	350	218634	3659079	321417
橡胶和塑料制品业	2636	388036	4813879	1251336
橡胶制品业	211	113707	1445849	652885
塑料制品业	2425	274329	3368030	598451
非金属矿物制品业	1021	238272	2961767	529429
水泥、石灰和石膏制造	1	664		
石膏、水泥制品及类似制品制造	98	23820	475851	
砖瓦、石材等建筑材料制造	160	38287	552056	31024
玻璃制造	276	71635	845878	148007
玻璃制品制造	247	40691	724304	247876
玻璃纤维和玻璃纤维增强塑料制品制造	74	15621	124932	47025
陶瓷制品制造	90	34558	127345	52193
耐火材料制品制造	26	7475	47468	2827
石墨及其他非金属矿物制品制造	49	5522	63936	477
黑色金属冶炼和压延加工业	528	335157	3858053	652428
炼铁	1	87		
炼钢	90	139521	1243294	341925
黑色金属铸造	65	19534	215908	94430
钢压延加工	368	175210	2398851	216074
铁合金冶炼	4	806		
有色金属冶炼和压延加工业	460	235809	3736804	215232
常用有色金属冶炼	34	36360	62306	4249
贵金属冶炼				
稀有稀土金属冶炼	8	701	5437	
有色金属合金制造	110	17534	260254	27587
有色金属铸造	40	2865	94638	1070
有色金属压延加工	268	178350	3314169	182325

1-G-6 续表 3

单位：万元

行业	新产品开发项目数（项）	新产品开发经费支出	新产品销售收入	#出口
金属制品业	1211	230501	3149670	1150324
结构性金属制品制造	144	28269	710035	319102
金属工具制造	191	25530	150686	25609
集装箱及金属包装容器制造	117	33098	676403	222444
金属丝绳及其制品制造	43	11555	340967	48661
建筑、安全用金属制品制造	210	37928	371265	216608
金属表面处理及热处理加工	48	11602	205420	62229
搪瓷制品制造	7	1162	5362	250
金属制日用品制造	168	25963	239310	161943
其他金属制品制造	283	55396	450223	93479
通用设备制造业	2403	470865	4438114	688321
锅炉及原动设备制造	156	43979	677053	8312
金属加工机械制造	391	49342	291347	22711
物料搬运设备制造	292	79916	615214	55127
泵、阀门、压缩机及类似机械制造	579	84420	830256	172480
轴承、齿轮和传动部件制造	222	22362	234591	44089
烘炉、风机、衡器、包装等设备制造	486	106257	1212674	164779
文化、办公用机械制造	79	46957	242542	138604
通用零部件制造	164	31388	263284	72933
其他通用设备制造业	34	6244	71154	9286
专用设备制造业	2400	381663	4234620	972373
采矿、冶金、建筑专用设备制造	304	75388	967595	301726
化工、木材、非金属加工专用设备制造	1007	133416	1654107	345597
食品、饮料、烟草及饲料生产专用设备制造	25	3654	27393	534
印刷、制药、日化及日用品生产专用设备制造	133	20742	157763	14301
纺织、服装和皮革加工专用设备制造	247	39179	478439	80141
电子和电工机械专用设备制造	73	11228	90202	12705
农、林、牧、渔专用机械制造	77	6977	164740	107518
医疗仪器设备及器械制造	305	54785	201887	47633
环保、社会公共服务及其他专用设备制造	229	36296	492495	62218
汽车制造业	1672	378154	5069088	547510
汽车整车制造	160	116459	1654758	68430
改装汽车制造	21	3258	13676	
低速载货汽车制造				
电车制造				
汽车车身、挂车制造	22	7658	24123	
汽车零部件及配件制造	1469	250779	3376532	479080
铁路、船舶、航空航天和其他运输设备制造业	352	146494	1763217	860125
铁路运输设备制造	27	8895	96006	13565
城市轨道交通设备制造			29131	
船舶及相关装置制造	85	73648	925031	610719
航空、航天器及设备制造	69	11074	22104	21600
摩托车制造	83	38191	520843	85286
自行车制造	46	11737	134773	104166
非公路休闲车及零配件制造	18	810	8368	403
潜水救捞及其他未列明运输设备制造	24	2139	26960	24385
电气机械和器材制造业	3696	905727	15584772	4273180
电机制造	614	109497	1344194	357009
输配电及控制设备制造	892	294888	3750605	421391

1-G-6　续表 4　　　　单位：万元

行　业	新产品开发项目数（项）	新产品开发经费支出	新产品销售收入	#出口
电线、电缆、光缆及电工器材制造	642	130855	1732445	387858
电池制造	366	121300	5015596	1550134
家用电力器具制造	681	163533	2742835	1238072
非电力家用器具制造	60	19099	230149	15368
照明器具制造	375	61640	729751	284261
其他电气机械及器材制造	66	4916	39196	19088
计算机、通信和其他电子设备制造业	5638	2393673	53823336	30814407
计算机制造	544	370912	7901337	2283150
通信设备制造	852	474704	22838379	18148476
广播电视设备制造	247	56012	587481	243066
雷达及配套设备制造			20770	15424
视听设备制造	844	372305	7867849	2769553
电子器件制造	1076	455610	6348386	3399182
电子元件制造	1736	577327	7559216	3580071
其他电子设备制造	339	86805	699919	375485
仪器仪表制造业	1035	144576	1472411	391879
通用仪器仪表制造	516	77184	901846	119344
专用仪器仪表制造	174	19675	91652	29027
钟表与计时仪器制造	146	14589	154793	45406
光学仪器及眼镜制造	179	31858	314607	189666
其他仪器仪表制造业	20	1270	9513	8436
其他制造业	76	10831	111943	57679
日用杂品制造	73	10747	111867	57677
煤制品制造				
核辐射加工				
其他未列明制造业	3	84	76	2
废弃资源综合利用业	11	3366	29418	6033
金属废料和碎屑加工处理	7	940	20992	6000
非金属废料和碎屑加工处理	4	2425	8426	33
金属制品、机械和设备修理业	30	10087	91138	87503
金属制品修理				
通用设备修理				
专用设备修理	11	1457	1256	1256
铁路、船舶、航空航天等运输设备修理	19	8630	89882	86248
电气设备修理				
仪器仪表修理				
其他机械和设备修理业				
电力、热力、燃气及水生产和供应业	**50**	**34666**	**310092**	
电力、热力生产和供应业	30	30448	274796	
电力生产	29	30419	274796	
电力供应				
热力生产和供应	1	29		
燃气生产和供应业	15	3174		
燃气生产和供应业	15	3174		
水的生产和供应业	5	1044	35296	
自来水生产和供应	1	850	30	
污水处理及其再生利用	4	194	35266	
其他水的处理、利用与分配				

1-G-7 分行业外商投资企业新产品开发及销售情况

单位：万元

行业	新产品开发项目数(项)	新产品开发经费支出	新产品销售收入	#出口
总计	**49643**	**14894823**	**306968508**	**84915072**
采矿业	**29**	**20727**	**4191**	**1426**
煤炭开采和洗选业				
烟煤和无烟煤开采洗选				
褐煤开采洗选				
其他煤炭采选				
石油和天然气开采业				
石油开采				
天然气开采				
黑色金属矿采选业	7	14772		
铁矿采选				
锰矿、铬矿采选	7	14772		
其他黑色金属矿采选				
有色金属矿采选业	2	755		
常用有色金属矿采选	2	755		
贵金属矿采选				
稀有稀土金属矿采选				
非金属矿采选业	15	4708	4191	1426
土砂石开采	2	182		
化学矿开采				
采盐	13	4526	4191	1426
石棉及其他非金属矿采选				
开采辅助活动	5	491		
煤炭开采和洗选辅助活动				
石油和天然气开采辅助活动	5	491		
其他开采辅助活动				
其他采矿业				
其他采矿业				
制造业	**49528**	**14848931**	**306842993**	**84913646**
农副食品加工业	620	177537	1172789	210499
谷物磨制	23	8159	7077	
饲料加工	100	24369	99699	1270
植物油加工	117	46797	482728	
制糖业				
屠宰及肉类加工	117	22532	103091	31198
水产品加工	177	57805	274360	108817
蔬菜、水果和坚果加工	46	9596	59696	29636
其他农副食品加工	40	8279	146138	39578
食品制造业	1129	247733	1729077	277137
焙烤食品制造	45	3053	9161	800
糖果、巧克力及蜜饯制造	61	23828	34530	1518
方便食品制造	151	27650	230925	16048
乳制品制造	163	34784	395870	
罐头食品制造	22	12888	113327	33781
调味品、发酵制品制造	85	36342	166588	760
其他食品制造	602	109188	778676	224230
酒、饮料和精制茶制造业	280	110997	1449687	16683
酒的制造	167	58864	919127	885
饮料制造	110	49656	509042	14678
精制茶加工	3	2478	21518	1120

1-G-7　续表 1　　　　单位：万元

行　　业	新产品开发项目数(项)	新产品开发经费支出	新产品销售收入	#出口
烟草制品业				
烟叶复烤				
卷烟制造				
其他烟草制品制造				
纺织业	565	169497	2337019	684515
棉纺织及印染精加工	190	59926	1019160	439334
毛纺织及染整精加工	45	51810	626846	15631
麻纺织及染整精加工	2	395	37696	
丝绢纺织及印染精加工	11	1107	20167	7196
化纤织造及印染精加工	31	5135	51086	33228
针织或钩针编织物及其制品制造	75	11501	165584	112551
家用纺织制成品制造	80	18400	204002	23220
非家用纺织制成品制造	131	21223	212479	53355
纺织服装、服饰业	763	90231	1560010	459581
机织服装制造	491	66700	1104728	220770
针织或钩针编织服装制造	247	14318	326769	210432
服饰制造	25	9213	128512	28379
皮革、毛皮、羽毛及其制品和制鞋业	254	67609	1044246	354429
皮革鞣制加工	27	11605	398187	72332
皮革制品制造	58	13071	177165	121799
毛皮鞣制及制品加工	19	4701	41653	5140
羽毛(绒)加工及制品制造	11	6277	20758	
制鞋业	139	31955	406483	155157
木材加工和木、竹、藤、棕、草制品业	72	29984	363721	80821
木材加工	2	737	450	
人造板制造	20	6674	65714	5436
木制品制造	42	21255	268351	47033
竹、藤、棕、草等制品制造	8	1318	29206	28351
家具制造业	225	44865	855177	532363
木质家具制造	63	12940	217797	138016
竹、藤家具制造	10	4583	45441	38654
金属家具制造	78	18032	212112	165163
塑料家具制造	47	187	373	373
其他家具制造	27	9123	379454	190157
造纸和纸制品业	287	130849	2417359	30497
纸浆制造				
造纸	172	97646	2025623	26377
纸制品制造	115	33202	391737	4119
印刷和记录媒介复制业	120	17774	368227	21463
印刷	118	17716	368227	21463
装订及印刷相关服务				
记录媒介复制	2	58		
文教、工美、体育和娱乐用品制造业	531	127697	1003912	518311
文教办公用品制造	108	12253	133985	111346
乐器制造	6	3747	52924	32039
工艺美术品制造	202	65611	493389	170390
体育用品制造	103	18205	130634	87078
玩具制造	94	15325	175760	116120
游艺器材及娱乐用品制造	18	12555	17220	1338

1-G-7 续表 2

单位：万元

行业	新产品开发项目数(项)	新产品开发经费支出	新产品销售收入	#出口
石油加工、炼焦和核燃料加工业	27	16381	128392	1983
精炼石油产品制造	20	12013	45319	
炼焦	7	4368	83073	1983
核燃料加工				
化学原料和化学制品制造业	2622	725580	12661253	1598990
基础化学原料制造	410	137052	4394351	358960
肥料制造	107	44539	818344	42529
农药制造	109	28156	156835	17294
涂料、油墨、颜料及类似产品制造	516	97249	1000088	84006
合成材料制造	494	162038	2487608	397348
专用化学产品制造	729	203036	3200435	616875
炸药、火工及焰火产品制造				
日用化学产品制造	257	53510	603593	81978
医药制造业	6778	478421	4670793	501930
化学药品原料药制造	4533	73083	916976	347610
化学药品制剂制造	1078	229882	2554436	15690
中药饮片加工	29	3817	20235	
中成药生产	267	51239	624874	29495
兽用药品制造	81	9083	30150	7712
生物药品制造	647	88433	285090	69131
卫生材料及医药用品制造	143	22884	239032	32293
化学纤维制造业	224	96288	1519660	43898
纤维素纤维原料及纤维制造	46	32034	172781	1454
合成纤维制造	178	64255	1346879	42444
橡胶和塑料制品业	1522	487577	5880477	1496451
橡胶制品业	544	292427	3130327	583896
塑料制品业	978	195150	2750150	912555
非金属矿物制品业	949	172836	2306477	422671
水泥、石灰和石膏制造	27	11280	381307	12
石膏、水泥制品及类似制品制造	9	7322	48973	
砖瓦、石材等建筑材料制造	189	30736	627126	21261
玻璃制造	33	4709	58002	23597
玻璃制品制造	211	30962	322485	124073
玻璃纤维和玻璃纤维增强塑料制品制造	144	28055	209189	77160
陶瓷制品制造	115	20314	252845	103396
耐火材料制品制造	106	16336	168167	15110
石墨及其他非金属矿物制品制造	115	23123	238383	58063
黑色金属冶炼和压延加工业	385	279666	5230695	221956
炼铁	11	1441	188081	
炼钢	7	3718	7435	177
黑色金属铸造	111	33264	311335	32611
钢压延加工	189	175958	3244265	145217
铁合金冶炼	67	65285	1479579	43951
有色金属冶炼和压延加工业	562	277504	2836664	442833
常用有色金属冶炼	102	87505	310855	18222
贵金属冶炼				
稀有稀土金属冶炼	56	19621	194571	31765
有色金属合金制造	90	25851	181680	16203
有色金属铸造	32	10236	232651	
有色金属压延加工	282	134291	1916908	376643

1-G-7　续表 3

单位：万元

行　业	新产品开发项目数(项)	新产品开发经费支出	新产品销售收入	#出口
金属制品业	1150	250262	3561579	1140796
结构性金属制品制造	189	37464	818401	184767
金属工具制造	145	24884	219865	44973
集装箱及金属包装容器制造	119	33792	596475	207725
金属丝绳及其制品制造	73	32857	577924	63719
建筑、安全用金属制品制造	138	29541	410666	263063
金属表面处理及热处理加工	50	22193	86026	52828
搪瓷制品制造	13	757	35388	18259
金属制日用品制造	155	24220	367119	241179
其他金属制品制造	268	44554	449715	64284
通用设备制造业	4716	1232134	17414322	3396413
锅炉及原动设备制造	475	203042	2801184	69224
金属加工机械制造	437	61852	534567	51895
物料搬运设备制造	689	289579	6174559	961945
泵、阀门、压缩机及类似机械制造	1233	292429	2803495	616867
轴承、齿轮和传动部件制造	279	55801	584389	109660
烘炉、风机、衡器、包装等设备制造	969	178535	2152728	325158
文化、办公用机械制造	285	109435	1950882	1151419
通用零部件制造	262	35803	341173	93509
其他通用设备制造业	87	5657	71346	16737
专用设备制造业	3341	779685	6722926	2461892
采矿、冶金、建筑专用设备制造	800	285085	3431902	1702408
化工、木材、非金属加工专用设备制造	792	102635	846467	135961
食品、饮料、烟草及饲料生产专用设备制造	63	10863	100502	16391
印刷、制药、日化及日用品生产专用设备制造	156	29180	510966	33958
纺织、服装和皮革加工专用设备制造	159	27348	261544	19229
电子和电工机械专用设备制造	160	50011	523008	360708
农、林、牧、渔专用机械制造	122	27341	126298	19440
医疗仪器设备及器械制造	585	183180	280559	76853
环保、社会公共服务及其他专用设备制造	504	64043	641682	96944
汽车制造业	5656	2964712	85533677	1579696
汽车整车制造	773	1894741	72280557	598432
改装汽车制造	85	16634	274102	27780
低速载货汽车制造			13471	
电车制造				
汽车车身、挂车制造	62	11079	343029	13067
汽车零部件及配件制造	4736	1042258	12622517	940418
铁路、船舶、航空航天和其他运输设备制造业	774	262663	4904736	2119070
铁路运输设备制造	219	64863	862868	7206
城市轨道交通设备制造	4	8023	226258	142
船舶及相关装置制造	168	102907	2439653	1565261
航空、航天器及设备制造	29	16475	86088	901
摩托车制造	156	34292	598871	107244
自行车制造	135	29547	496076	299791
非公路休闲车及零配件制造	14	755	3767	
潜水救捞及其他未列明运输设备制造	49	5802	191157	138526
电气机械和器材制造业	6819	1550880	22362430	4897626
电机制造	1061	223128	3385575	1073798
输配电及控制设备制造	1680	518135	6521986	1191502

1-G-7 续表 4

单位：万元

行业	新产品开发项目数(项)	新产品开发经费支出	新产品销售收入	#出口
电线、电缆、光缆及电工器材制造	826	207864	2885526	343832
电池制造	268	82116	1009691	187221
家用电力器具制造	1104	387048	6906030	1594312
非电力家用器具制造	151	15017	114971	17631
照明器具制造	1649	101460	1497378	475299
其他电气机械及器材制造	80	16112	41273	14031
计算机、通信和其他电子设备制造业	7197	3711885	113987065	60775245
计算机制造	991	951154	42261539	33872721
通信设备制造	988	700733	39232531	8562976
广播电视设备制造	194	85518	1145930	817475
雷达及配套设备制造	15	1587	9605	114
视听设备制造	1056	262511	10749478	6019479
电子器件制造	1680	871393	10261190	6695849
电子元件制造	1925	517096	7540362	4639855
其他电子设备制造	348	321893	2786428	166776
仪器仪表制造业	1758	304847	2505147	604393
通用仪器仪表制造	1177	184478	1778870	348853
专用仪器仪表制造	321	74371	485351	139229
钟表与计时仪器制造	7	948	15864	4806
光学仪器及眼镜制造	231	44435	223060	110617
其他仪器仪表制造业	22	616	2002	889
其他制造业	89	7720	210591	11872
日用杂品制造	42	4418	142112	1828
煤制品制造				
核辐射加工				
其他未列明制造业	47	3303	68479	10044
废弃资源综合利用业	18	4283	60586	
金属废料和碎屑加工处理	14	4139	48497	
非金属废料和碎屑加工处理	4	144	12089	
金属制品、机械和设备修理业	95	30835	44300	9635
金属制品修理				
通用设备修理				
专用设备修理	30	2137	17018	387
铁路、船舶、航空航天等运输设备修理	59	27974	21641	5422
电气设备修理				
仪器仪表修理	1	295	1813	
其他机械和设备修理业	5	429	3827	3827
电力、热力、燃气及水生产和供应业	**86**	**25165**	**121325**	
电力、热力生产和供应业	42	5608	8515	
电力生产	42	5608	8515	
电力供应				
热力生产和供应				
燃气生产和供应业	32	14787	112672	
燃气生产和供应业	32	14787	112672	
水的生产和供应业	12	4771	138	
自来水生产和供应	10	4205	108	
污水处理及其再生利用	2	566	30	
其他水的处理、利用与分配				

1-G-8　各地区企业新产品开发及销售情况

单位：万元

地　区	新产品开发项目数(项)	新产品开发经费支出	新产品销售收入	#出口
全　国	**358287**	**92467436**	**1284606903**	**228534683**
东部地区	245632	64651932	903413129	188371707
中部地区	55600	14151621	222598436	29556575
西部地区	38533	8779643	104806663	6095808
东北地区	18522	4884241	53788675	4510594
北　京	13310	2931908	36727656	5396851
天　津	11977	2459585	55696886	11917154
河　北	7194	2025041	29160256	2931865
山　西	2938	991958	10272735	1266926
内蒙古	1581	619217	6285040	330766
辽　宁	8568	3360539	40931774	3727414
吉　林	6516	740849	7031878	388829
黑龙江	3438	782854	5825023	394351
上　海	17295	5282586	76883835	7747274
江　苏	58353	16693195	197142112	43198702
浙　江	47778	8216556	148820993	29813756
安　徽	17320	3244687	43790809	2774115
福　建	10534	2656091	34400997	9442428
江　西	4381	977849	16829309	1575374
山　东	31100	10206343	142841782	17337126
河　南	11150	2660106	47914474	19677786
湖　北	10722	3317175	46544784	2021102
湖　南	9089	2959845	57246324	2241272
广　东	47387	14065712	180137410	60393855
广　西	3332	849395	15866038	507265
海　南	704	114916	1601202	192696
重　庆	6820	1438649	26961130	1344651
四　川	12681	2135771	24758761	2035726
贵　州	1908	403004	3683200	365375
云　南	1903	496845	4433810	208578
西　藏	8	1177	23454	141
陕　西	6491	1799803	10154791	306558
甘　肃	1629	403460	6185275	437917
青　海	111	87949	125430	
宁　夏	966	149924	2796416	362083
新　疆	1103	394450	3533318	196748

1-G-9 各地区大中型企业新产品开发及销售情况

单位：万元

地区	新产品开发项目数(项)	新产品开发经费支出	新产品销售收入	#出口
全国	**222508**	**74406399**	**1125619063**	**212932265**
东部地区	146441	51232984	785282917	174158833
中部地区	35737	11448682	193825606	28508263
西部地区	29692	7433008	96737534	5845527
东北地区	10638	4291726	49773006	4419642
北京	7117	2298873	27728969	5106203
天津	7221	1734098	46705861	11243121
河北	5629	1804912	27737142	2872749
山西	2405	893579	9929588	1256374
内蒙古	1292	534372	5922090	327134
辽宁	6058	2936137	38138986	3656221
吉林	1752	656666	6273292	381478
黑龙江	2828	698923	5360728	381943
上海	11004	4510133	71564151	7306192
江苏	31412	12460656	167350872	40755398
浙江	20128	5413926	109001193	22332620
安徽	8583	2363341	35713715	2281469
福建	6424	2072185	30095782	8648273
江西	3088	771378	14219100	1509839
山东	23771	8519508	134630106	16617255
河南	8430	2352514	46303315	19566395
湖北	7002	2676353	39783948	1782175
湖南	6229	2391517	47875940	2112010
广东	33221	12323829	169150659	59087602
广西	2436	722863	15025213	493228
海南	514	94863	1318180	189422
重庆	5581	1282948	25145180	1287293
四川	10055	1796047	22630248	1973335
贵州	1207	308047	3240611	343883
云南	1007	367304	3660925	171278
西藏	5	805		
陕西	5287	1584485	9177407	290246
甘肃	1272	341560	5961623	413171
青海	53	34023	80492	
宁夏	653	112644	2666289	355259
新疆	844	347910	3227458	190701

1-G-10　各地区内资企业新产品开发及销售情况

单位：万元

地　区	新产品开发项目数(项)	新产品开发经费支出	新产品销售收入	
				#出口
全　国	**274397**	**68562481**	**837421640**	**95969592**
东部地区	176154	44046902	532844298	77246925
中部地区	50702	12503000	174021923	10295281
西部地区	35450	7861351	85549181	5215604
东北地区	12091	4151228	45006238	3211783
北　京	11161	2071154	20952190	662017
天　津	9621	1781604	28068285	2135532
河　北	5586	1624257	22865452	2466793
山　西	2814	965864	9929066	1234836
内蒙古	1423	553318	5824286	246898
辽　宁	7192	2963903	34174635	2480258
吉　林	1753	477650	5763892	375553
黑龙江	3146	709674	5067711	355973
上　海	9119	2466643	25546257	2600095
江　苏	40341	10620809	109225487	9964094
浙　江	36777	5898804	106661691	19342798
安　徽	15958	2902067	38317829	2351965
福　建	6078	1225061	11802658	1571562
江　西	3991	849155	14537411	1227108
山　东	27574	8929988	127122111	13071484
河　南	10253	2392236	27224044	1824320
湖　北	9178	2706003	32592756	1605336
湖　南	8508	2687676	51420819	2051716
广　东	29375	9335372	79173300	25239854
广　西	2670	575486	8815590	337161
海　南	522	93212	1426867	192696
重　庆	6073	1105639	17707378	1053200
四　川	11970	2036950	23679198	1748374
贵　州	1863	393986	3545498	365375
云　南	1487	455397	4098880	205271
西　藏	8	1177	23454	141
陕　西	6271	1735157	9454687	299928
甘　肃	1610	401612	6169162	437917
青　海	110	79751	125430	
宁　夏	871	129496	2630243	325190
新　疆	1094	393382	3475375	196148

1-G-11 各地区港澳台商投资企业新产品开发及销售情况

单位：万元

地区	新产品开发项目数(项)	新产品开发经费支出	新产品销售收入	
				#出口
全国	**34247**	**9010132**	**140216756**	**47650020**
东部地区	30365	7821531	107475922	28827616
中部地区	1975	600047	25998322	18321172
西部地区	1085	208998	2388741	393465
东北地区	822	379557	4353771	107767
北京	675	258204	6542946	334517
天津	795	108220	1706188	165292
河北	763	212906	2512668	104080
山西	54	18427	101852	24833
内蒙古	3	27889		
辽宁	562	186514	3987322	106182
吉林	177	176216	154825	1575
黑龙江	83	16827	211624	10
上海	1958	489378	4667399	1177707
江苏	6519	2025393	22963650	7167861
浙江	5760	1251257	21161246	5775290
安徽	520	124109	1895545	208989
福建	2636	785892	11188912	3295616
江西	247	90374	1352182	120774
山东	1129	322309	4495790	1211554
河南	283	78206	18572761	17642417
湖北	474	151334	1988953	251131
湖南	397	137597	2087030	73028
广东	10084	2364997	32162508	9595699
广西	164	30545	392916	38819
海南	46	2976	74616	
重庆	287	68503	953843	77743
四川	145	33942	650249	261079
贵州	11	1180	20373	
云南	351	28089	287343	1779
西藏				
陕西	55	12086	27839	2794
甘肃	13	192		
青海				
宁夏	49	5652	54680	10651
新疆	7	918	1500	600

1-G-12　各地区外商投资企业新产品开发及销售情况

单位：万元

地　区	新产品开发项目数(项)	新产品开发经费支出	新产品销售收入	#出口
全　国	**49643**	**14894823**	**306968508**	**84915072**
东部地区	39113	12783498	263092910	82297166
中部地区	2923	1048574	22578190	940122
西部地区	1998	709294	16868741	486740
东北地区	5609	353456	4428667	1191044
北　京	1474	602549	9232521	4400317
天　津	1561	569761	25922413	9616330
河　北	845	187879	3782137	360992
山　西	70	7668	241817	7257
内蒙古	155	38010	460754	83867
辽　宁	814	210122	2769818	1140975
吉　林	4586	86983	1113160	11701
黑龙江	209	56352	545688	38369
上　海	6218	2326566	46670179	3969472
江　苏	11493	4046993	64952976	26066747
浙　江	5241	1066495	20998057	4695669
安　徽	842	218512	3577436	213161
福　建	1820	645138	11409426	4575251
江　西	143	38320	939717	227492
山　东	2397	954047	11223882	3054087
河　南	614	189664	2117670	211050
湖　北	1070	459838	11963076	164635
湖　南	184	134572	3738476	116528
广　东	7928	2365343	68801603	25558303
广　西	498	243363	6657533	131285
海　南	136	18728	99718	
重　庆	460	264507	8299910	213708
四　川	566	64878	429315	26272
贵　州	34	7838	117329	
云　南	65	13359	47586	1528
西　藏				
陕　西	165	52560	672265	3837
甘　肃	6	1656	16113	
青　海	1	8198		
宁　夏	46	14775	111493	26243
新　疆	2	150	56444	

H. 企业自主知识产权及相关情况

1-H-1 分登记注册类型企业自主知识产权及相关情况

登记注册类型	专利申请数（件）	#发明专利	有效发明专利数（件）	专利所有权转让及许可数（件）	专利所有权转让及许可收入（万元）	拥有注册商标数（件）	形成国家或行业标准数（项）
总　计	**560918**	**205146**	**335401**	**10807**	**477413**	**341621**	**23348**
内资企业	**437396**	**158978**	**260828**	**8498**	**399390**	**269840**	**19849**
国有企业	23124	9319	10508	299	15019	10321	1191
集体企业	2471	1134	1157	180	5499	580	369
股份合作企业	738	215	327	5		566	61
联营企业	358	209	119			172	
国有联营企业	335	201	113			170	
集体联营企业	3	1	1				
国有与集体联营企业	20	7	5			2	
其他联营企业							
有限责任公司	147026	59995	108529	2375	115534	81570	6915
国有独资公司	24965	9761	13502	148	5671	12336	1474
其他有限责任公司	122061	50234	95027	2227	109863	69234	5441
股份有限公司	88111	36973	64653	1718	164555	87991	5344
私营企业	174650	50653	74757	3908	98783	88325	5956
私营独资企业	2454	673	1065	100	55	569	66
私营合伙企业	314	92	134	8		72	1
私营有限责任公司	153348	43766	62655	3399	93100	73828	5096
私营股份有限公司	18534	6122	10903	401	5629	13856	793
其他企业	918	480	778	13		315	13
港、澳、台商投资企业	**57155**	**18124**	**31086**	**1036**	**31124**	**33553**	**1703**
合资经营企业	25310	7023	13559	250	8485	13996	978
合作经营企业	955	277	435	34		357	22
港、澳、台商独资经营企业	27492	9618	15025	706	19478	16252	564
港、澳、台商投资股份有限公司	3363	1199	2000	46	3161	2734	137
其他港、澳、台投资企业	35	7	67			214	2
外商投资企业	**66367**	**28044**	**43487**	**1273**	**46899**	**38228**	**1796**
中外合资经营企业	33604	13112	16552	732	33562	21127	997
中外合作经营企业	956	458	337	7	26	531	43
外资企业	29203	13076	23992	469	13302	11126	591
外商投资股份有限公司	2552	1374	2574	65	9	5220	161
其他外商投资企业	52	24	32			224	4

1-H-2　分登记注册类型大中型企业自主知识产权及相关情况

登记注册类型	专　利申请数(件)	#发明专利	有效发明专　利　数(件)	专利所有权转让及许可数(件)	专利所有权转让及许可收入(万元)	拥有注册商　标　数(件)	形成国家或行业标准数(项)
总　计	**359791**	**139723**	**244175**	**6422**	**349858**	**266049**	**16516**
内资企业	**268136**	**103553**	**184764**	**4716**	**304513**	**205012**	**13946**
国有企业	20814	8385	9512	269	14891	10027	1058
集体企业	2148	999	1077	157	5499	513	355
股份合作企业	220	82	111			438	36
联营企业	317	186	41			167	
国有联营企业	312	185	41			167	
集体联营企业							
国有与集体联营企业	5	1					
其他联营企业							
有限责任公司	103666	44225	85625	1218	82909	64198	5051
国有独资公司	22539	8553	12811	129	5341	11829	1383
其他有限责任公司	81127	35672	72814	1089	77568	52369	3668
股份有限公司	74797	30714	56685	1466	162616	79504	4828
私营企业	65758	18721	31359	1602	38598	49969	2616
私营独资企业	589	174	586	24	55	171	7
私营合伙企业	53	30	63			22	
私营有限责任公司	53118	14515	23871	1371	35204	39085	2099
私营股份有限公司	11998	4002	6839	207	3339	10691	510
其他企业	416	241	354	4		196	2
港、澳、台商投资企业	**41654**	**13613**	**25333**	**822**	**20433**	**28743**	**1252**
合资经营企业	17358	4712	10394	152	3350	11520	707
合作经营企业	547	79	216	30		211	17
港、澳、台商独资经营企业	20750	7765	12780	597	13922	14198	397
港、澳、台商投资股份有限公司	2968	1051	1882	43	3161	2605	129
其他港、澳、台投资企业	31	6	61			209	2
外商投资企业	**50001**	**22557**	**34078**	**884**	**24913**	**32294**	**1318**
中外合资经营企业	24643	9982	11644	509	23063	17829	691
中外合作经营企业	680	360	143	2		358	31
外资企业	22273	10914	19828	314	1841	8725	434
外商投资股份有限公司	2390	1291	2443	59	9	5168	158
其他外商投资企业	15	10	20			214	4

1-H-3 分行业企业自主知识产权及相关情况

行业	专利申请数(件)	#发明专利	有效发明专利数(件)	专利所有权转让及许可数(件)	专利所有权转让及许可收入(万元)	拥有注册商标数(件)	形成国家或行业标准数(项)
总计	**560918**	**205146**	**335401**	**10807**	**477413**	**341621**	**23348**
采矿业	**7638**	**2477**	**3346**	**168**	**4262**	**1035**	**729**
煤炭开采和洗选业	2857	708	835	31	3643	645	78
烟煤和无烟煤开采洗选	2835	695	817	9	3643	640	77
褐煤开采洗选	21	12	17	22		4	1
其他煤炭采选	1	1	1			1	
石油和天然气开采业	2628	888	1198	19	219	93	272
石油开采	2528	846	1156	19	219	93	272
天然气开采	100	42	42				
黑色金属矿采选业	588	255	540	6		84	7
铁矿采选	580	249	504	6		78	2
锰矿、铬矿采选	6	6	35			6	5
其他黑色金属矿采选	2		1				
有色金属矿采选业	254	85	140	11		15	8
常用有色金属矿采选	101	31	61	11		7	4
贵金属矿采选	137	45	76			3	2
稀有稀土金属矿采选	16	9	3			5	2
非金属矿采选业	387	179	221	48	400	109	42
土砂石开采	191	75	80	43	30	26	8
化学矿开采	37	32	21	1		13	1
采盐	119	58	111	3	370	66	33
石棉及其他非金属矿采选	40	14	9	1		4	
开采辅助活动	920	361	410	53		89	322
煤炭开采和洗选辅助活动							
石油和天然气开采辅助活动	918	361	408	53		89	322
其他开采辅助活动	2		2				
其他采矿业	4	1	2				
其他采矿业	4	1	2				
制造业	**535365**	**195803**	**328266**	**10484**	**473037**	**340177**	**22502**
农副食品加工业	7344	3090	3221	227	10101	8861	479
谷物磨制	937	237	310	14	435	1589	42
饲料加工	1274	736	838	32	321	1477	37
植物油加工	828	361	404	58	5017	1023	38
制糖业	72	41	20			85	13
屠宰及肉类加工	1199	416	446	46	3437	2015	114
水产品加工	630	270	305	16	251	665	28
蔬菜、水果和坚果加工	1222	436	259	24	551	951	75
其他农副食品加工	1182	593	639	37	89	1056	132
食品制造业	5421	2147	3105	276	1116	20795	371
焙烤食品制造	442	65	117	6	68	1957	38
糖果、巧克力及蜜饯制造	325	77	120	1	5	1360	16
方便食品制造	813	186	200	30	85	983	29
乳制品制造	784	345	653	52	3	7672	47
罐头食品制造	391	126	116	13	874	439	63
调味品、发酵制品制造	896	314	473	38	5	3028	41
其他食品制造	1770	1034	1426	136	76	5356	137
酒、饮料和精制茶制造业	3863	937	1538	76	5248	19730	237
酒的制造	2298	425	984	58	4948	14981	128
饮料制造	659	259	308	18	300	3405	44
精制茶加工	906	253	246			1344	65

1-H-3　续表 1

行　业	专利申请数(件)	#发明专利	有效发明专利数(件)	专利所有权转让及许可数(件)	专利所有权转让及许可收入(万元)	拥有注册商标数(件)	形成国家或行业标准数(项)
烟草制品业	2634	965	1168	29	3	10385	153
烟叶复烤	33	12	37			5	1
卷烟制造	2498	901	1073	29	3	10331	152
其他烟草制品制造	103	52	58			49	
纺织业	11457	2220	2587	51	4910	6147	431
棉纺织及印染精加工	5002	1069	1175	26	94	2140	168
毛纺织及染整精加工	685	173	117			452	23
麻纺织及染整精加工	102	38	59	8	1800	89	18
丝绢纺织及印染精加工	454	85	95	3		575	47
化纤织造及印染精加工	403	120	126	1		87	7
针织或钩针编织物及其制品制造	1574	142	274	4		673	32
家用纺织制成品制造	1975	264	382	8	3016	1540	73
非家用纺织制成品制造	1262	329	359	1		591	63
纺织服装、服饰业	6347	946	1977	40	1088	9764	172
机织服装制造	3917	652	1210	35	1088	8091	103
针织或钩针编织服装制造	1834	265	742	5		1576	63
服饰制造	596	29	25			97	6
皮革、毛皮、羽毛及其制品和制鞋业	3538	604	712	24	63	3930	118
皮革鞣制加工	155	42	21	1		65	16
皮革制品制造	1312	106	191	7	40	870	20
毛皮鞣制及制品加工	194	68	64			49	4
羽毛(绒)加工及制品制造	178	57	55	12	23	88	6
制鞋业	1699	331	381	4		2858	72
木材加工和木、竹、藤、棕、草制品业	2603	687	1011	22	846	1507	153
木材加工	337	63	60	2		69	14
人造板制造	931	323	425	12	842	857	58
木制品制造	908	204	302	7	4	467	67
竹、藤、棕、草等制品制造	427	97	224	1		114	14
家具制造业	4826	593	880	75	1014	2709	104
木质家具制造	1909	206	463	20	1014	1576	68
竹、藤家具制造	51	1				4	
金属家具制造	1268	161	138	25		122	25
塑料家具制造	330	24	85	30		69	2
其他家具制造	1268	201	194			938	9
造纸和纸制品业	3278	1122	1282	46	1161	3116	148
纸浆制造	23	14	14			11	4
造纸	1832	713	841	21	509	1529	84
纸制品制造	1423	395	427	25	652	1576	60
印刷和记录媒介复制业	2867	882	1404	60	6686	978	76
印刷	2465	681	1218	45	6619	949	65
装订及印刷相关服务	329	144	64	4		18	4
记录媒介复制	73	57	122	11	67	11	7
文教、工美、体育和娱乐用品制造业	10885	1331	3355	81	3851	9324	252
文教办公用品制造	1663	172	444	50	100	1484	78
乐器制造	265	60	66	1		331	38
工艺美术品制造	4517	536	992	28	3751	2451	61
体育用品制造	1436	205	348			888	35
玩具制造	2252	238	1427			3782	33
游艺器材及娱乐用品制造	752	120	78	2		388	7

1-H-3 续表 2

行业	专利申请数（件）	#发明专利	有效发明专利数（件）	专利所有权转让及许可数（件）	专利所有权转让及许可收入（万元）	拥有注册商标数（件）	形成国家或行业标准数（项）
石油加工、炼焦和核燃料加工业	1600	814	1710	60	6570	1498	145
精炼石油产品制造	1337	755	1620	41	4490	1468	140
炼焦	256	57	66	19	2080	30	5
核燃料加工	7	2	24				
化学原料和化学制品制造业	27165	14883	22005	643	43862	34522	2224
基础化学原料制造	4982	2892	4593	146	2440	2029	371
肥料制造	2394	1061	1487	52	4911	1733	95
农药制造	1971	1553	1796	85	7275	8186	206
涂料、油墨、颜料及类似产品制造	3566	2277	2908	55	212	4553	542
合成材料制造	4931	2672	4172	69	3338	1818	249
专用化学产品制造	7104	3438	5073	195	20647	3490	596
炸药、火工及焰火产品制造	601	254	523	8		118	46
日用化学产品制造	1616	736	1453	33	5040	12595	119
医药制造业	17124	10475	19558	484	25453	51588	3145
化学药品原料药制造	2947	1760	3361	50	5210	6937	446
化学药品制剂制造	4004	2606	4801	206	1103	21155	1061
中药饮片加工	426	199	365	40		785	33
中成药生产	4762	3331	7309	96	9702	17031	1197
兽用药品制造	966	617	608	9	7960	1065	46
生物药品制造	2421	1447	2401	72	603	3345	300
卫生材料及医药用品制造	1598	515	713	11	875	1270	62
化学纤维制造业	3177	1090	1288	36	2	1207	118
纤维素纤维原料及纤维制造	1624	541	507	2		391	41
合成纤维制造	1553	549	781	34	2	816	77
橡胶和塑料制品业	15427	4168	6086	402	12040	7162	632
橡胶制品业	3751	1108	1466	104	1751	2946	298
塑料制品业	11676	3060	4620	298	10289	4216	334
非金属矿物制品业	15369	4932	8941	353	31854	7868	799
水泥、石灰和石膏制造	553	219	215	6	300	271	70
石膏、水泥制品及类似制品制造	1336	420	2255	143	15215	489	112
砖瓦、石材等建筑材料制造	2038	702	1264	48	906	1436	155
玻璃制造	665	190	360	13		657	28
玻璃制品制造	2162	783	1132	18	479	1065	80
玻璃纤维和玻璃纤维增强塑料制品制造	1304	434	661	32	10	443	36
陶瓷制品制造	3802	708	1159	20	12936	2241	120
耐火材料制品制造	1489	694	915	26	30	423	91
石墨及其他非金属矿物制品制造	2020	782	980	47	1979	843	107
黑色金属冶炼和压延加工业	13874	5767	7018	444	1179	3907	403
炼铁	995	181	50			15	
炼钢	1673	555	776	27	21	234	48
黑色金属铸造	1708	744	603	44	20	887	74
钢压延加工	9199	4151	5384	341	1016	2699	273
铁合金冶炼	299	136	205	32	122	72	8
有色金属冶炼和压延加工业	9022	3464	6753	164	3609	4387	735
常用有色金属冶炼	2175	903	2073	75	3180	532	232
贵金属冶炼	268	136	167	14		337	11
稀有稀土金属冶炼	644	323	554	10	335	361	46
有色金属合金制造	1223	558	1294	6	2	388	64
有色金属铸造	181	48	71			85	5
有色金属压延加工	4531	1496	2594	59	92	2684	377

1-H-3　续表 3

行　业	专利申请数(件)	#发明专利	有效发明专利数(件)	专利所有权转让及许可数(件)	专利所有权转让及许可收入(万元)	拥有注册商标数(件)	形成国家或行业标准数(项)
金属制品业	18318	5152	9656	465	20339	7153	1022
结构性金属制品制造	4327	1201	2170	166	19591	1722	181
金属工具制造	2343	681	755	81	1	798	148
集装箱及金属包装容器制造	1733	358	808	3		325	282
金属丝绳及其制品制造	949	309	437	18	3	485	50
建筑、安全用金属制品制造	2999	684	1492	108	395	1672	103
金属表面处理及热处理加工	620	211	363	35		88	15
搪瓷制品制造	84	25	37			67	8
金属制日用品制造	1660	213	738			908	32
其他金属制品制造	3603	1470	2856	54	349	1088	203
通用设备制造业	49305	14292	23994	1176	40434	15687	2075
锅炉及原动设备制造	5466	1801	2187	38	852	1137	223
金属加工机械制造	8010	2561	3741	219	382	1351	326
物料搬运设备制造	7413	1917	3482	242	1414	2354	232
泵、阀门、压缩机及类似机械制造	9359	2427	4515	316	13809	3655	522
轴承、齿轮和传动部件制造	3326	954	1988	135	6379	1199	154
烘炉、风机、衡器、包装等设备制造	8263	2327	5053	130	199	3250	377
文化、办公用机械制造	2216	916	861	39	100	1837	51
通用零部件制造	3497	857	1378	51	17291	625	145
其他通用设备制造业	1755	532	789	6	8	279	45
专用设备制造业	53037	17528	28145	796	34718	15018	1766
采矿、冶金、建筑专用设备制造	16422	5581	7489	247	11541	3809	532
化工、木材、非金属加工专用设备制造	7670	2312	3430	129	13685	1827	270
食品、饮料、烟草及饲料生产专用设备制造	1369	456	724	21	11	408	88
印刷、制药、日化及日用品生产专用设备制造	3536	1193	1676	85	11	723	95
纺织、服装和皮革加工专用设备制造	3284	936	1554	19	20	1195	194
电子和电工机械专用设备制造	3263	1269	1582	57	176	823	68
农、林、牧、渔专用机械制造	2997	641	1328	24	50	1217	89
医疗仪器设备及器械制造	6579	2310	4147	54	481	2977	131
环保、社会公共服务及其他专用设备制造	7917	2830	6215	160	8742	2039	299
汽车制造业	38237	9041	14106	530	18382	21370	743
汽车整车制造	15769	3389	4605	60	25	15987	219
改装汽车制造	2573	642	1523	91	907	760	68
低速载货汽车制造	70	16	31			14	5
电车制造	141	34	26			13	1
汽车车身、挂车制造	289	55	123	17	1404	87	2
汽车零部件及配件制造	19395	4905	7798	362	16046	4509	448
铁路、船舶、航空航天和其他运输设备制造业	19140	5897	9461	362	1452	6992	1079
铁路运输设备制造	5653	2164	3084	73	231	409	484
城市轨道交通设备制造	333	105	124	8		10	
船舶及相关装置制造	2254	711	1077	39	540	927	112
航空、航天器及设备制造	4236	2097	3088	77	597	587	401
摩托车制造	4922	539	1236	151	85	3988	56
自行车制造	1522	221	711	14		989	23
非公路休闲车及零配件制造	106	25	104			12	
潜水救捞及其他未列明运输设备制造	114	35	37			70	3
电气机械和器材制造业	78154	25283	38601	1372	14489	33863	2789
电机制造	8095	2266	3686	264	291	2774	223
输配电及控制设备制造	22193	7036	11731	380	5893	6348	855

1-H-3 续表 4

行业	专利申请数(件)	#发明专利	有效发明专利数(件)	专利所有权转让及许可数(件)	专利所有权转让及许可收入(万元)	拥有注册商标数(件)	形成国家或行业标准数(项)
电线、电缆、光缆及电工器材制造	7940	2160	4890	85	138	2522	588
电池制造	5752	2192	5137	86	386	1417	146
家用电力器具制造	21276	6657	8018	460	6934	16163	695
非电力家用器具制造	1518	306	726	23	158	1329	113
照明器具制造	9807	4291	3842	66	680	2294	151
其他电气机械及器材制造	1573	375	571	8	10	1016	18
计算机、通信和其他电子设备制造业	88960	50516	97994	1713	52927	23552	1165
计算机制造	12069	7879	13838	91	781	4474	94
通信设备制造	26815	21111	54318	210	518	7795	400
广播电视设备制造	3826	1336	2234	110	1462	561	74
雷达及配套设备制造	719	358	1030			467	26
视听设备制造	7205	2762	4958	81	2197	3343	46
电子器件制造	20376	10557	11516	337	6712	3518	225
电子元件制造	13846	4873	7334	481	41229	2077	220
其他电子设备制造	4104	1640	2766	403	27	1317	80
仪器仪表制造业	19507	5950	9236	463	129610	6071	854
通用仪器仪表制造	12829	4106	6126	328	129588	3883	503
专用仪器仪表制造	3999	1002	2054	66	22	1061	148
钟表与计时仪器制造	579	117	201	31		332	52
光学仪器及眼镜制造	1674	616	674	37		710	105
其他仪器仪表制造业	426	109	181	1		85	46
其他制造业	1751	630	933	10	12	898	91
日用杂品制造	901	250	150		12	676	65
煤制品制造	76	30	127			6	4
核辐射加工	23	2	19				
其他未列明制造业	751	348	637	10		216	22
废弃资源综合利用业	438	205	277	4	19	136	11
金属废料和碎屑加工处理	270	122	204	3	9	118	5
非金属废料和碎屑加工处理	168	83	73	1	10	18	6
金属制品、机械和设备修理业	697	192	264			52	12
金属制品修理	6	2	1				
通用设备修理	17		9				
专用设备修理	271	54	143			40	5
铁路、船舶、航空航天等运输设备修理	310	104	92			10	7
电气设备修理	10	3	1			1	
仪器仪表修理	37	10	2				
其他机械和设备修理业	46	19	16			1	
电力、热力、燃气及水生产和供应业	**17915**	**6866**	**3789**	**155**	**114**	**409**	**117**
电力、热力生产和供应业	17537	6742	3602	149	36	165	103
电力生产	1311	295	463	56	31	126	17
电力供应	16177	6439	3119	93	5	34	86
热力生产和供应	49	8	20			5	
燃气生产和供应业	84	22	49			165	3
燃气生产和供应业	84	22	49			165	3
水的生产和供应业	294	102	138	6	78	79	11
自来水生产和供应	101	32	32			8	3
污水处理及其再生利用	141	50	100	6	78	41	3
其他水的处理、利用与分配	52	20	6			30	5

1-H-4　分行业大中型企业自主知识产权及相关情况

行　业	专利申请数（件）	#发明专利	有效发明专利数（件）	专利所有权转让及许可数（件）	专利所有权转让及许可收入（万元）	拥有注册商标数（件）	形成国家或行业标准数（项）
总　计	**359791**	**139723**	**244175**	**6422**	**349858**	**266049**	**16516**
采矿业	**7100**	**2301**	**3163**	**119**	**4232**	**997**	**719**
煤炭开采和洗选业	2629	636	772	30	3643	642	77
烟煤和无烟煤开采洗选	2607	623	754	8	3643	637	76
褐煤开采洗选	21	12	17	22		4	1
其他煤炭采选	1	1	1			1	
石油和天然气开采业	2619	888	1178	19	219	93	272
石油开采	2528	846	1156	19	219	93	272
天然气开采	91	42	22				
黑色金属矿采选业	577	251	538	6		80	7
铁矿采选	571	245	503	6		74	2
锰矿、铬矿采选	6	6	35			6	5
其他黑色金属矿采选							
有色金属矿采选业	208	73	131	6		11	7
常用有色金属矿采选	59	21	53	6		4	3
贵金属矿采选	136	44	76			2	2
稀有稀土金属矿采选	13	8	2			5	2
非金属矿采选业	183	107	151	5	370	89	37
土砂石开采	37	23	40	2		16	3
化学矿开采	35	31	20			11	1
采盐	107	49	87	2	370	60	33
石棉及其他非金属矿采选	4	4	4	1		2	
开采辅助活动	884	346	393	53		82	319
煤炭开采和洗选辅助活动							
石油和天然气开采辅助活动	884	346	393	53		82	319
其他开采辅助活动							
其他采矿业							
其他采矿业							
制造业	**338014**	**131891**	**237699**	**6170**	**345620**	**264761**	**15696**
农副食品加工业	3127	1239	1653	89	8586	4043	194
谷物磨制	459	99	145	10	85	346	9
饲料加工	448	228	337	17		518	14
植物油加工	360	159	192	13	5013	617	10
制糖业	30	16	14			33	5
屠宰及肉类加工	758	241	348	37	3437	1320	86
水产品加工	365	162	214	9	36	380	15
蔬菜、水果和坚果加工	298	133	97	1		411	35
其他农副食品加工	409	201	306	2	15	418	20
食品制造业	3055	1144	1963	252	982	17270	225
焙烤食品制造	292	17	42	3	18	1616	16
糖果、巧克力及蜜饯制造	150	40	90			774	13
方便食品制造	383	117	137	29	85	631	5
乳制品制造	623	282	604	51		7452	43
罐头食品制造	287	85	92	12	874	355	49
调味品、发酵制品制造	657	220	361	32	5	2675	24
其他食品制造	663	383	637	125		3767	75
酒、饮料和精制茶制造业	2537	484	1050	31	4128	17420	143
酒的制造	1791	292	782	22	4128	13807	95
饮料制造	283	81	151	9		3017	27
精制茶加工	463	111	117			596	21

1-H-4 续表 1

行业	专利申请数(件)	#发明专利	有效发明专利数(件)	专利所有权转让及许可数(件)	专利所有权转让及许可收入(万元)	拥有注册商标数(件)	形成国家或行业标准数(项)
烟草制品业	2354	846	1099	29	3	10036	149
烟叶复烤	22	7	30				1
卷烟制造	2248	792	1020	29	3	9987	148
其他烟草制品制造	84	47	49			49	
纺织业	6610	1396	1825	36	1864	4619	313
棉纺织及印染精加工	3070	791	941	17	64	1752	144
毛纺织及染整精加工	597	132	93			374	22
麻纺织及染整精加工	81	32	55	8	1800	85	18
丝绢纺织及印染精加工	280	21	72	3		227	14
化纤织造及印染精加工	122	62	65	1		55	2
针织或钩针编织物及其制品制造	529	84	96			395	26
家用纺织制成品制造	1554	185	345	7		1396	59
非家用纺织制成品制造	377	89	158			335	28
纺织服装、服饰业	4512	727	1515	32	66	9079	152
机织服装制造	2542	493	785	27	66	7669	90
针织或钩针编织服装制造	1565	229	724	5		1360	57
服饰制造	405	5	6			50	5
皮革、毛皮、羽毛及其制品和制鞋业	2169	451	566	18	23	3549	109
皮革鞣制加工	79	31	19			55	16
皮革制品制造	488	43	178	2		676	14
毛皮鞣制及制品加工	122	34	52			30	2
羽毛(绒)加工及制品制造	145	39	49	12	23	69	5
制鞋业	1335	304	268	4		2719	72
木材加工和木、竹、藤、棕、草制品业	1045	273	491	16	846	1039	101
木材加工	163	41	42	2		49	14
人造板制造	428	116	224	11	842	650	46
木制品制造	331	87	133	3	4	292	36
竹、藤、棕、草等制品制造	123	29	92			48	5
家具制造业	3039	246	491	37	1014	2056	85
木质家具制造	1385	129	387	14	1014	1305	65
竹、藤家具制造	1	1				1	
金属家具制造	801	81	56	23		78	12
塑料家具制造	34					27	
其他家具制造	818	35	48			645	8
造纸和纸制品业	2082	767	958	15	459	2616	124
纸浆制造	20	12	11			10	4
造纸	1111	522	684	14	409	1394	80
纸制品制造	951	233	263	1	50	1212	40
印刷和记录媒介复制业	1507	447	746	32	3619	712	57
印刷	1161	295	620	28	3619	690	50
装订及印刷相关服务	327	142	47	4		16	4
记录媒介复制	19	10	79			6	3
文教、工美、体育和娱乐用品制造业	6761	638	2393	51		8227	183
文教办公用品制造	991	32	284	44		1391	61
乐器制造	189	46	24	1		214	20
工艺美术品制造	2723	233	568	6		1928	43
体育用品制造	844	114	174			722	30
玩具制造	1654	181	1314			3661	22
游艺器材及娱乐用品制造	360	32	29			311	7

1-H-4　续表 2

行　　业	专利申请数(件)	#发明专利	有效发明专利数(件)	专利所有权转让及许可数(件)	专利所有权转让及许可收入(万元)	拥有注册商标数(件)	形成国家或行业标准数(项)
石油加工、炼焦和核燃料加工业	1110	557	1405	52	6540	1152	127
精炼石油产品制造	852	500	1316	33	4460	1123	122
炼焦	251	55	65	19	2080	29	5
核燃料加工	7	2	24				
化学原料和化学制品制造业	12468	7038	12322	288	27436	23277	1104
基础化学原料制造	2505	1419	3104	76	110	1396	165
肥料制造	1745	738	1179	32	4665	1064	75
农药制造	1027	899	1214	49	1607	5164	122
涂料、油墨、颜料及类似产品制造	1278	963	1190	18	90	2371	246
合成材料制造	2157	1263	2384	17	2505	886	139
专用化学产品制造	2463	1237	1932	80	13460	1741	263
炸药、火工及焰火产品制造	513	234	456	6		93	44
日用化学产品制造	780	285	863	10	5000	10562	50
医药制造业	10043	6654	12795	349	14514	39973	2419
化学药品原料药制造	1506	1162	2330	28	10	5941	366
化学药品制剂制造	2995	1972	3972	187	1072	17172	929
中药饮片加工	102	56	175	17		239	9
中成药生产	3114	2252	4661	64	4696	13312	848
兽用药品制造	337	273	212	5	7930	316	17
生物药品制造	1062	636	1197	40	5	2304	215
卫生材料及医药用品制造	927	303	248	8	800	689	35
化学纤维制造业	2502	824	966	19		907	80
纤维素纤维原料及纤维制造	1388	476	423			338	33
合成纤维制造	1114	348	543	19		569	47
橡胶和塑料制品业	7754	2067	3502	201	10495	5415	409
橡胶制品业	2073	628	872	82	880	2501	252
塑料制品业	5681	1439	2630	119	9615	2914	157
非金属矿物制品业	8889	2544	5769	228	24944	5804	460
水泥、石灰和石膏制造	467	180	165	6	300	117	33
石膏、水泥制品及类似制品制造	746	219	1953	116	10375	366	47
砖瓦、石材等建筑材料制造	841	255	560	25	680	965	69
玻璃制造	423	127	271	12		638	27
玻璃制品制造	1427	467	754	13	455	833	58
玻璃纤维和玻璃纤维增强塑料制品制造	690	240	446	20	10	340	27
陶瓷制品制造	2993	462	763	19	12924	1912	89
耐火材料制品制造	754	371	502	12		293	55
石墨及其他非金属矿物制品制造	548	223	355	5	200	340	55
黑色金属冶炼和压延加工业	11685	4861	6335	375	1179	3279	317
炼铁	974	176	47			14	
炼钢	1644	552	775	12	21	229	46
黑色金属铸造	618	249	356	9	20	495	20
钢压延加工	8251	3794	5004	330	1016	2488	243
铁合金冶炼	198	90	153	24	122	53	8
有色金属冶炼和压延加工业	5716	2181	4728	92	3278	3728	603
常用有色金属冶炼	1853	759	1774	62	3154	471	211
贵金属冶炼	189	79	107	8		324	8
稀有稀土金属冶炼	274	169	236	6	30	192	29
有色金属合金制造	622	294	754	1	2	253	52
有色金属铸造	73	16	44			76	2
有色金属压延加工	2705	864	1813	15	92	2412	301

1-H-4 续表 3

行业	专利申请数（件）	#发明专利	有效发明专利数（件）	专利所有权转让及许可数（件）	专利所有权转让及许可收入（万元）	拥有注册商标数（件）	形成国家或行业标准数（项）
金属制品业	9335	2669	5892	244	19312	4550	759
结构性金属制品制造	1920	574	1221	79	18970	1178	117
金属工具制造	1110	395	345	57		444	97
集装箱及金属包装容器制造	1052	244	546			181	267
金属丝绳及其制品制造	429	158	255		3	364	36
建筑、安全用金属制品制造	1409	266	795	77		1008	54
金属表面处理及热处理加工	190	64	145			20	12
搪瓷制品制造	39	5	7			20	4
金属制日用品制造	1008	92	387			627	30
其他金属制品制造	2178	871	2191	31	339	708	142
通用设备制造业	24905	7211	12997	414	3312	9379	1339
锅炉及原动设备制造	4108	1344	1635	9	810	851	185
金属加工机械制造	2926	977	1406	104	324	649	217
物料搬运设备制造	5072	1205	1971	102	155	1746	168
泵、阀门、压缩机及类似机械制造	3625	905	2232	49	476	2211	372
轴承、齿轮和传动部件制造	1604	454	1243	60	778	821	92
烘炉、风机、衡器、包装等设备制造	4194	1224	2959	46	159	2225	194
文化、办公用机械制造	1453	594	549	34		340	34
通用零部件制造	1321	386	679	10	611	381	64
其他通用设备制造业	602	122	323			155	13
专用设备制造业	28171	9916	15881	306	23348	9846	1126
采矿、冶金、建筑专用设备制造	11950	4324	5204	120	11328	3064	428
化工、木材、非金属加工专用设备制造	3194	973	1719	38	10725	1223	200
食品、饮料、烟草及饲料生产专用设备制造	304	128	157	5	11	234	36
印刷、制药、日化及日用品生产专用设备制造	1744	663	862	28	11	497	45
纺织、服装和皮革加工专用设备制造	1383	409	780	2		843	125
电子和电工机械专用设备制造	1506	547	822	45		559	46
农、林、牧、渔专用机械制造	1540	316	636	3		885	64
医疗仪器设备及器械制造	3295	1222	2346	16	481	1693	32
环保、社会公共服务及其他专用设备制造	3255	1334	3355	49	792	848	150
汽车制造业	28430	6514	10729	318	10992	19548	589
汽车整车制造	15449	3237	4503	45	25	15916	216
改装汽车制造	1777	445	1207	37	647	583	56
低速载货汽车制造	62	9	6			6	
电车制造							
汽车车身、挂车制造	181	37	90	16	400	75	2
汽车零部件及配件制造	10961	2786	4923	220	9920	2968	315
铁路、船舶、航空航天和其他运输设备制造业	15684	4918	7723	225	1380	5879	1010
铁路运输设备制造	4816	1870	2413	58	179	208	471
城市轨道交通设备制造	166	78	97	7		7	
船舶及相关装置制造	1644	477	747	23	520	834	102
航空、航天器及设备制造	3757	1918	2743	77	597	531	387
摩托车制造	4305	429	1092	56	85	3407	40
自行车制造	882	121	534	4		833	7
非公路休闲车及零配件制造	56	15	82			9	
潜水救捞及其他未列明运输设备制造	58	10	15			50	3
电气机械和器材制造业	49658	16686	26616	1003	9520	27322	2080
电机制造	5183	1488	2432	195	288	1897	151
输配电及控制设备制造	12174	4203	6720	191	2596	4389	612

1-H-4　续表 4

行　　业	专　利申请数(件)	#发明专利	有　效发　明专利数(件)	专利所有权转让及许 可 数(件)	专利所有权转让及许可收入(万元)	拥　有注　册商标数(件)	形成国家或行业标准数(项)
电线、电缆、光缆及电工器材制造	4184	1255	3279	48	100	1516	354
电池制造	4255	1624	4632	81	86	1179	116
家用电力器具制造	18315	6145	6932	447	5882	14981	656
非电力家用器具制造	630	109	357	1		899	70
照明器具制造	4083	1676	2027	38	559	1591	117
其他电气机械及器材制造	834	186	237	2	10	870	4
计算机、通信和其他电子设备制造业	71111	44555	89175	1189	42852	19574	755
计算机制造	10424	7294	12979	49	131	4020	64
通信设备制造	24086	20012	52769	91	511	6952	260
广播电视设备制造	2729	1059	1699	30	1440	306	22
雷达及配套设备制造	622	300	900			313	20
视听设备制造	6088	2585	4614	74	2197	3063	33
电子器件制造	15599	8686	9007	256	815	2606	174
电子元件制造	9320	3462	5148	406	37758	1448	128
其他电子设备制造	2243	1157	2059	283		866	54
仪器仪表制造业	10150	3422	5138	229	124916	3712	596
通用仪器仪表制造	6676	2385	3402	150	124895	2590	348
专用仪器仪表制造	2156	599	1143	47	22	375	96
钟表与计时仪器制造	404	53	120	31		235	33
光学仪器及眼镜制造	828	362	441			496	91
其他仪器仪表制造业	86	23	32	1		16	28
其他制造业	937	371	613		12	630	75
日用杂品制造	539	136	112		12	549	60
煤制品制造	57	28	119			3	3
核辐射加工							
其他未列明制造业	341	207	382			78	12
废弃资源综合利用业	160	94	140			83	4
金属废料和碎屑加工处理	153	87	140			82	4
非金属废料和碎屑加工处理	7	7				1	
金属制品、机械和设备修理业	508	151	223			37	9
金属制品修理	3	1	1				
通用设备修理							
专用设备修理	215	47	136			30	2
铁路、船舶、航空航天等运输设备修理	274	96	81			6	7
电气设备修理	10	3	1			1	
仪器仪表修理							
其他机械和设备修理业	6	4	4				
电力、热力、燃气及水生产和供应业	**14677**	**5531**	**3313**	**133**	**6**	**291**	**101**
电力、热力生产和供应业	14503	5485	3199	133	6	99	94
电力生产	791	136	302	41	1	66	11
电力供应	13706	5347	2891	92	5	32	83
热力生产和供应	6	2	6			1	
燃气生产和供应业	47	12	25			160	3
燃气生产和供应业	47	12	25			160	3
水的生产和供应业	127	34	89			32	4
自来水生产和供应	78	19	25			6	3
污水处理及其再生利用	49	15	64			26	1
其他水的处理、利用与分配							

1-H-5　分行业内资企业自主知识产权及相关情况

行　业	专利申请数（件）	#发明专利	有效发明专利数（件）	专利所有权转让及许可数（件）	专利所有权转让及许可收入（万元）	拥有注册商标数（件）	形成国家或行业标准数（项）
总　计	**437396**	**158978**	**260828**	**8498**	**399390**	**269840**	**19849**
采矿业	**7430**	**2398**	**3219**	**118**	**4186**	**989**	**686**
煤炭开采和洗选业	2857	708	835	31	3643	645	78
烟煤和无烟煤开采洗选	2835	695	817	9	3643	640	77
褐煤开采洗选	21	12	17	22		4	1
其他煤炭采选	1	1	1			1	
石油和天然气开采业	2499	839	1182	15	203	93	269
石油开采	2479	829	1148	15	203	93	269
天然气开采	20	10	34				
黑色金属矿采选业	586	253	533	6		80	2
铁矿采选	580	249	504	6		78	2
锰矿、铬矿采选	4	4	28			2	
其他黑色金属矿采选	2		1				
有色金属矿采选业	252	83	138	11		13	6
常用有色金属矿采选	101	31	60	11		7	4
贵金属矿采选	137	45	76			3	2
稀有稀土金属矿采选	14	7	2			3	
非金属矿采选业	355	170	190	47	340	94	9
土砂石开采	183	73	78	43	30	23	7
化学矿开采	37	32	21	1		13	1
采盐	95	51	82	2	310	54	1
石棉及其他非金属矿采选	40	14	9	1		4	
开采辅助活动	877	344	339	8		64	322
煤炭开采和洗选辅助活动							
石油和天然气开采辅助活动	875	344	337	8		64	322
其他开采辅助活动	2		2				
其他采矿业	4	1	2				
其他采矿业	4	1	2				
制造业	**412182**	**149763**	**253871**	**8225**	**395089**	**268607**	**19052**
农副食品加工业	6595	2751	2812	218	6867	7560	433
谷物磨制	917	228	289	14	435	1452	40
饲料加工	1154	678	757	31	321	1336	34
植物油加工	802	346	380	58	5017	896	33
制糖业	71	40	19			81	12
屠宰及肉类加工	1072	393	378	40	219	1320	106
水产品加工	454	192	213	14	236	576	27
蔬菜、水果和坚果加工	1085	390	250	24	551	875	62
其他农副食品加工	1040	484	526	37	89	1024	119
食品制造业	4262	1743	2481	173	783	12777	330
焙烤食品制造	222	54	92	3	50	800	35
糖果、巧克力及蜜饯制造	292	62	116	1	5	1023	4
方便食品制造	662	158	172	24		602	28
乳制品制造	611	270	551	52	3	4782	47
罐头食品制造	373	120	104	12	674	429	61
调味品、发酵制品制造	723	262	358	38	5	2878	34
其他食品制造	1379	817	1088	43	46	2263	121
酒、饮料和精制茶制造业	3511	859	1397	76	5248	16609	204
酒的制造	2202	373	922	58	4948	12995	101
饮料制造	593	234	231	18	300	2437	39
精制茶加工	716	252	244			1177	64

1-H-5　续表 1

行　业	专　利 申请数 (件)		有　效 发　明 专利数 (件)	专利所有 权转让及 许 可 数 (件)	专利所有 权转让及 许可收入 (万元)	拥　有 注　册 商标数 (件)	形成国家 或行业 标准数 (项)
		#发明 专利					
烟草制品业	2625	961	1167	29	3	10385	153
烟叶复烤	33	12	37			5	1
卷烟制造	2498	901	1073	29	3	10331	152
其他烟草制品制造	94	48	57			49	
纺织业	8239	1683	2119	49	1881	4707	355
棉纺织及印染精加工	3729	821	941	24	81	1196	132
毛纺织及染整精加工	638	158	106			429	23
麻纺织及染整精加工	77	38	51	8	1800	86	16
丝绢纺织及印染精加工	401	81	90	3		574	45
化纤织造及印染精加工	323	97	93	1		49	7
针织或钩针编织物及其制品制造	1234	129	221	4		535	32
家用纺织制成品制造	1223	153	320	8		1433	59
非家用纺织制成品制造	614	206	297	1		405	41
纺织服装、服饰业	3988	714	1409	35	1088	7783	142
机织服装制造	2141	474	681	30	1088	6242	79
针织或钩针编织服装制造	1640	223	705	5		1490	60
服饰制造	207	17	23			51	3
皮革、毛皮、羽毛及其制品和制鞋业	2465	360	472	24	63	2392	98
皮革鞣制加工	68	30	12	1		31	12
皮革制品制造	981	59	111	7	40	683	20
毛皮鞣制及制品加工	114	21	28			41	2
羽毛(绒)加工及制品制造	159	52	53	12	23	87	6
制鞋业	1143	198	268	4		1550	58
木材加工和木、竹、藤、棕、草制品业	2177	528	786	17	616	1321	111
木材加工	192	33	40	1		58	14
人造板制造	783	270	348	8	612	793	43
木制品制造	780	130	177	7	4	359	42
竹、藤、棕、草等制品制造	422	95	221	1		111	12
家具制造业	3124	360	645	67	1014	1921	73
木质家具制造	1398	166	396	19	1014	1088	46
竹、藤家具制造	25	1				2	
金属家具制造	706	81	55	18		60	16
塑料家具制造	293	22	81	30		41	2
其他家具制造	702	90	113			730	9
造纸和纸制品业	2185	774	915	22	1150	1565	105
纸浆制造	23	14	14			11	4
造纸	1195	460	589	12	500	823	69
纸制品制造	967	300	312	10	650	731	32
印刷和记录媒介复制业	2237	742	1185	44	67	852	53
印刷	1856	543	1008	29		828	49
装订及印刷相关服务	308	142	56	4		18	4
记录媒介复制	73	57	121	11	67	6	
文教、工美、体育和娱乐用品制造业	7563	906	2489	34	3731	6308	167
文教办公用品制造	982	128	254	17	100	762	22
乐器制造	213	50	56	1		252	29
工艺美术品制造	3918	428	727	14	3631	2015	54
体育用品制造	800	124	251			702	27
玩具制造	1187	77	1143			2236	31
游艺器材及娱乐用品制造	463	99	58	2		341	4

1-H-5 续表 2

行 业	专利申请数（件）	#发明专利	有效发明专利数（件）	专利所有权转让及许可数（件）	专利所有权转让及许可收入（万元）	拥有注册商标数（件）	形成国家或行业标准数（项）
石油加工、炼焦和核燃料加工业	1442	732	1480	57	3411	1216	139
精炼石油产品制造	1192	678	1392	38	1331	1199	134
炼焦	243	52	64	19	2080	17	5
核燃料加工	7	2	24				
化学原料和化学制品制造业	22837	12416	18325	548	42230	29755	1975
基础化学原料制造	4026	2221	3702	128	2331	1744	334
肥料制造	2242	965	1382	50	4911	1483	84
农药制造	1791	1423	1672	80	5775	7497	181
涂料、油墨、颜料及类似产品制造	2943	1905	2359	48	190	3245	449
合成材料制造	4180	2301	3363	43	3338	1590	227
专用化学产品制造	5913	2869	4303	160	20646	2973	542
炸药、火工及焰火产品制造	601	254	523	8		118	46
日用化学产品制造	1141	478	1021	31	5040	11105	112
医药制造业	13895	8366	15857	412	19660	38705	2557
化学药品原料药制造	2160	1231	2311	45	210	4073	387
化学药品制剂制造	2964	1809	3683	181	903	15205	824
中药饮片加工	410	187	325	39		776	32
中成药生产	4376	3074	6646	93	9696	14229	978
兽用药品制造	905	572	564	7	7960	913	40
生物药品制造	1855	1119	1797	44	16	2338	241
卫生材料及医药用品制造	1225	374	531	3	875	1171	55
化学纤维制造业	2705	936	859	34	2	854	102
纤维素纤维原料及纤维制造	1527	505	355	1		358	36
合成纤维制造	1178	431	504	33	2	496	66
橡胶和塑料制品业	11007	3103	4313	294	9078	4800	500
橡胶制品业	3007	963	1157	85	870	2140	245
塑料制品业	8000	2140	3156	209	8208	2660	255
非金属矿物制品业	12926	4241	7613	268	31524	6789	694
水泥、石灰和石膏制造	521	206	194	6	300	263	68
石膏、水泥制品及类似制品制造	1144	346	2186	120	14895	481	105
砖瓦、石材等建筑材料制造	1661	598	1031	41	906	1010	104
玻璃制造	417	117	176	7		303	20
玻璃制品制造	1680	630	738	10	479	956	66
玻璃纤维和玻璃纤维增强塑料制品制造	1084	369	589	20		414	34
陶瓷制品制造	3312	624	920	10	12936	2173	114
耐火材料制品制造	1363	647	855	22	30	398	78
石墨及其他非金属矿物制品制造	1744	704	924	32	1979	791	105
黑色金属冶炼和压延加工业	12856	5411	6513	417	1179	3263	359
炼铁	994	180	49			15	
炼钢	1626	539	765	27	21	229	35
黑色金属铸造	1496	644	466	24	20	441	67
钢压延加工	8526	3945	5087	334	1016	2510	251
铁合金冶炼	214	103	146	32	122	68	6
有色金属冶炼和压延加工业	7983	3097	6052	162	3609	3772	654
常用有色金属冶炼	2072	858	2036	75	3180	521	223
贵金属冶炼	268	136	167	14		337	11
稀有稀土金属冶炼	570	275	503	10	335	335	37
有色金属合金制造	1037	479	1203	6	2	299	58
有色金属铸造	62	32	33			83	3
有色金属压延加工	3974	1317	2110	57	92	2197	322

1-H-5 续表 3

行业	专利申请数(件)	#发明专利	有效发明专利数(件)	专利所有权转让及许可数(件)	专利所有权转让及许可收入(万元)	拥有注册商标数(件)	形成国家或行业标准数(项)
金属制品业	14726	4193	7797	320	3370	5745	877
结构性金属制品制造	3494	943	1601	78	2636	1175	129
金属工具制造	1779	517	537	50	1	652	131
集装箱及金属包装容器制造	1289	261	532	3		262	261
金属丝绳及其制品制造	816	280	390	18	3	443	47
建筑、安全用金属制品制造	2209	494	1207	97	382	1317	79
金属表面处理及热处理加工	495	164	299	35		55	15
搪瓷制品制造	71	22	35			49	4
金属制日用品制造	1380	174	643			868	31
其他金属制品制造	3193	1338	2553	39	348	924	180
通用设备制造业	39598	11461	19146	897	33520	12853	1762
锅炉及原动设备制造	4374	1477	1845	38	852	881	209
金属加工机械制造	7092	2237	3275	211	68	1180	302
物料搬运设备制造	5836	1555	2740	144	1259	2005	200
泵、阀门、压缩机及类似机械制造	7786	2003	3707	232	13731	2852	395
轴承、齿轮和传动部件制造	2678	805	1616	67	778	1104	129
烘炉、风机、衡器、包装等设备制造	5874	1622	3721	119	44	2454	318
文化、办公用机械制造	1650	626	610	39	100	1709	44
通用零部件制造	2778	698	1106	41	16680	473	123
其他通用设备制造业	1530	438	526	6	8	195	42
专用设备制造业	44752	15001	23680	678	25100	12725	1594
采矿、冶金、建筑专用设备制造	14831	5087	6828	243	11541	3500	469
化工、木材、非金属加工专用设备制造	5516	1620	2419	97	11963	1508	251
食品、饮料、烟草及饲料生产专用设备制造	1251	407	640	16	11	355	87
印刷、制药、日化及日用品生产专用设备制造	3191	1088	1363	85	11	562	84
纺织、服装和皮革加工专用设备制造	2521	713	1149	16	20	826	167
电子和电工机械专用设备制造	2917	1122	1283	32	176	785	67
农、林、牧、渔专用机械制造	2667	592	1204	21	50	1094	79
医疗仪器设备及器械制造	5046	1831	3244	52	481	2359	113
环保、社会公共服务及其他专用设备制造	6812	2541	5550	116	847	1736	277
汽车制造业	29595	7286	11174	376	15042	18482	542
汽车整车制造	12983	2981	4273	60	25	14096	181
改装汽车制造	2409	611	1461	91	907	733	58
低速载货汽车制造	70	16	31			14	5
电车制造	141	34	26			13	1
汽车车身、挂车制造	201	38	65	1	1004	53	1
汽车零部件及配件制造	13791	3606	5318	224	13107	3573	296
铁路、船舶、航空航天和其他运输设备制造业	17739	5562	8795	337	1452	5633	1056
铁路运输设备制造	5516	2108	2994	73	231	390	484
城市轨道交通设备制造	279	79	120	8		10	
船舶及相关装置制造	1981	635	839	27	540	901	109
航空、航天器及设备制造	4169	2058	3051	77	597	586	401
摩托车制造	4631	519	1117	142	85	3177	41
自行车制造	1093	138	583	10		546	21
非公路休闲车及零配件制造	11	2	71			4	
潜水救捞及其他未列明运输设备制造	59	23	20			19	
电气机械和器材制造业	59387	20353	27331	1136	13922	27730	2298
电机制造	6379	1806	2837	207	291	2207	186
输配电及控制设备制造	18511	5889	9778	338	5391	4925	788

1-H-5 续表 4

行业	专利申请数（件）	#发明专利	有效发明专利数（件）	专利所有权转让及许可数（件）	专利所有权转让及许可收入（万元）	拥有注册商标数（件）	形成国家或行业标准数（项）
电线、电缆、光缆及电工器材制造	6594	1822	4143	82	117	1906	518
电池制造	3269	1180	1519	71	371	794	70
家用电力器具制造	13768	5126	4526	354	6928	14025	532
非电力家用器具制造	1319	269	627	23	158	1230	109
照明器具制造	8126	3916	3377	53	656	1636	81
其他电气机械及器材制造	1421	345	524	8	10	1007	14
计算机、通信和其他电子设备制造业	54082	29521	68388	1132	39863	17157	919
计算机制造	3913	1781	2089	73	781	2494	59
通信设备制造	19398	15879	49436	209	510	6622	279
广播电视设备制造	2520	832	1355	90	1462	411	69
雷达及配套设备制造	717	358	1030			467	26
视听设备制造	4800	1603	2679	76	2187	2034	43
电子器件制造	12316	5452	5957	191	466	2772	206
电子元件制造	7621	2651	4063	164	34430	1463	164
其他电子设备制造	2797	965	1779	329	27	894	73
仪器仪表制造业	15283	4842	7335	365	129606	4167	695
通用仪器仪表制造	10615	3548	4951	237	129586	2604	416
专用仪器仪表制造	3154	781	1606	60	20	1017	133
钟表与计时仪器制造	259	56	107	31		111	25
光学仪器及眼镜制造	893	357	502	37		353	75
其他仪器仪表制造业	362	100	169			82	46
其他制造业	1441	511	859	3		611	85
日用杂品制造	619	142	89			437	61
煤制品制造	76	30	127			6	4
核辐射加工	23	2	19				
其他未列明制造业	723	337	624	3		168	20
废弃资源综合利用业	371	188	236	1	10	135	10
金属废料和碎屑加工处理	219	111	173			118	4
非金属废料和碎屑加工处理	152	77	63	1	10	17	6
金属制品、机械和设备修理业	586	162	241			35	10
金属制品修理	6	2	1				
通用设备修理	17		9				
专用设备修理	238	45	129			23	3
铁路、船舶、航空航天等运输设备修理	253	91	83			10	7
电气设备修理	10	3	1			1	
仪器仪表修理	20	2	2				
其他机械和设备修理业	42	19	16			1	
电力、热力、燃气及水生产和供应业	**17784**	**6817**	**3738**	**155**	**114**	**244**	**111**
电力、热力生产和供应业	17495	6722	3585	149	36	162	103
电力生产	1269	275	446	56	31	123	17
电力供应	16177	6439	3119	93	5	34	86
热力生产和供应	49	8	20			5	
燃气生产和供应业	43	11	27			5	
燃气生产和供应业	43	11	27			5	
水的生产和供应业	246	84	126	6	78	77	8
自来水生产和供应	69	21	24			8	1
污水处理及其再生利用	125	43	96	6	78	39	2
其他水的处理、利用与分配	52	20	6			30	5

1-H-6 分行业港澳台商投资企业自主知识产权及相关情况

行业	专利申请数(件)	#发明专利	有效发明专利数(件)	专利所有权转让及许可数(件)	专利所有权转让及许可收入(万元)	拥有注册商标数(件)	形成国家或行业标准数(项)
总计	**57155**	**18124**	**31086**	**1036**	**31124**	**33553**	**1703**
采矿业	**165**	**69**	**92**	**49**	**16**	**27**	**3**
煤炭开采和洗选业							
烟煤和无烟煤开采洗选							
褐煤开采洗选							
其他煤炭采选							
石油和天然气开采业	126	49	16	4	16		3
石油开采	49	17	8	4	16		3
天然气开采	77	32	8				
黑色金属矿采选业							
铁矿采选							
锰矿、铬矿采选							
其他黑色金属矿采选							
有色金属矿采选业							
常用有色金属矿采选							
贵金属矿采选							
稀有稀土金属矿采选							
非金属矿采选业	12	6	5			2	
土砂石开采	1	1				2	
化学矿开采							
采盐	11	5	5				
石棉及其他非金属矿采选							
开采辅助活动	27	14	71	45		25	
煤炭开采和洗选辅助活动							
石油和天然气开采辅助活动	27	14	71	45		25	
其他开采辅助活动							
其他采矿业							
其他采矿业							
制造业	**56939**	**18025**	**30962**	**987**	**31108**	**33381**	**1699**
农副食品加工业	412	195	239	8	3233	838	23
谷物磨制	3	2	3			2	1
饲料加工	75	40	42			54	
植物油加工	8	1	5			21	4
制糖业							
屠宰及肉类加工	99	16	65	6	3218	682	7
水产品加工	30	10	15	2	15	31	
蔬菜、水果和坚果加工	99	28	4			47	11
其他农副食品加工	98	98	105			1	
食品制造业	588	137	201	7	18	2399	26
焙烤食品制造	206	7	21	2	18	1043	3
糖果、巧克力及蜜饯制造	24	12				91	10
方便食品制造	110	13	6			73	
乳制品制造	26	1	16			77	
罐头食品制造			1			3	
调味品、发酵制品制造	42	19	46			56	1
其他食品制造	180	85	111	5		1056	12
酒、饮料和精制茶制造业	211	40	72			995	14
酒的制造	53	29	26			513	10
饮料制造	23	10	45			319	4
精制茶加工	135	1	1			163	

1-H-6 续表 1

行业	专利申请数（件）	#发明专利	有效发明专利数（件）	专利所有权转让及许可数（件）	专利所有权转让及许可收入（万元）	拥有注册商标数（件）	形成国家或行业标准数（项）
烟草制品业	9	4	1				
烟叶复烤							
卷烟制造							
其他烟草制品制造	9	4	1				
纺织业	2199	386	292	1	13	502	63
棉纺织及印染精加工	994	196	138	1	13	210	24
毛纺织及染整精加工	25	12	10			5	
麻纺织及染整精加工	25		8			3	2
丝绢纺织及印染精加工	38	3	5			1	2
化纤织造及印染精加工	45	11	16			30	
针织或钩针编织物及其制品制造	261	10	51			120	
家用纺织制成品制造	478	72	24			27	13
非家用纺织制成品制造	333	82	40			106	22
纺织服装、服饰业	891	79	176	4		967	17
机织服装制造	673	58	167	4		914	14
针织或钩针编织服装制造	32	12	7			15	
服饰制造	186	9	2			38	3
皮革、毛皮、羽毛及其制品和制鞋业	492	84	132			1109	6
皮革鞣制加工	83	8	2			7	2
皮革制品制造	110	15	73			138	
毛皮鞣制及制品加工							
羽毛(绒)加工及制品制造	2					1	
制鞋业	297	61	57			963	4
木材加工和木、竹、藤、棕、草制品业	312	80	155	5	230	72	20
木材加工	136	21	12	1			
人造板制造	121	39	62	4	230	41	10
木制品制造	54	20	78			28	8
竹、藤、棕、草等制品制造	1		3			3	2
家具制造业	871	201	182	6		592	21
木质家具制造	333	27	34			469	13
竹、藤家具制造	26					2	
金属家具制造	337	65	70	6		46	8
塑料家具制造	31						
其他家具制造	144	109	78			75	
造纸和纸制品业	519	89	143	10	2	632	27
纸浆制造							
造纸	266	40	72	6		440	14
纸制品制造	253	49	71	4	2	192	13
印刷和记录媒介复制业	493	117	158	7		103	23
印刷	472	115	149	7		98	16
装订及印刷相关服务	21	2	8				
记录媒介复制			1			5	7
文教、工美、体育和娱乐用品制造业	2002	183	568	4		2003	35
文教办公用品制造	549	27	131	4		349	25
乐器制造	36	8	9			59	1
工艺美术品制造	164	16	78			226	2
体育用品制造	314	54	72			26	2
玩具制造	785	59	261			1300	2
游艺器材及娱乐用品制造	154	19	17			43	3

1-H-6　续表 2

行　业	专　利申请数(件)	#发明专利	有　效发　明专利数(件)	专利所有权转让及许　可　数(件)	专利所有权转让及许可收入(万元)	拥　有注　册商标数(件)	形成国家或行业标准数(项)
石油加工、炼焦和核燃料加工业	110	64	212	3	3159	259	5
精炼石油产品制造	109	63	212	3	3159	251	5
炼焦	1	1				8	
核燃料加工							
化学原料和化学制品制造业	1931	1026	1387	28	1500	2437	98
基础化学原料制造	281	151	191	10		71	26
肥料制造	45	23	20	1		162	1
农药制造	51	29	47	5	1500	109	
涂料、油墨、颜料及类似产品制造	263	162	335			1001	43
合成材料制造	335	162	189	4		93	10
专用化学产品制造	555	262	259	6		194	12
炸药、火工及焰火产品制造							
日用化学产品制造	401	237	346	2		807	6
医药制造业	1693	1053	1850	49	5000	5954	395
化学药品原料药制造	415	250	479	3	5000	1114	41
化学药品制剂制造	631	482	613	24		2371	124
中药饮片加工	10	7	31	1		7	1
中成药生产	261	151	402	2		1799	194
兽用药品制造	14	12	15			54	4
生物药品制造	259	112	257	17		591	30
卫生材料及医药用品制造	103	39	53	2		18	1
化学纤维制造业	355	112	318	1		314	5
纤维素纤维原料及纤维制造	68	24	74	1		11	1
合成纤维制造	287	88	244			303	4
橡胶和塑料制品业	2552	607	936	97	2281	1576	71
橡胶制品业	374	52	53	16	200	401	27
塑料制品业	2178	555	883	81	2081	1175	44
非金属矿物制品业	1416	369	605	44	330	624	77
水泥、石灰和石膏制造						2	
石膏、水泥制品及类似制品制造	181	73	69	23	320	8	5
砖瓦、石材等建筑材料制造	244	65	149	3		173	48
玻璃制造	198	50	131	6		347	6
玻璃制品制造	271	65	143			26	9
玻璃纤维和玻璃纤维增强塑料制品制造	91	27	38	12	10	22	2
陶瓷制品制造	201	23	59			24	2
耐火材料制品制造	65	23	5			11	4
石墨及其他非金属矿物制品制造	165	43	11			11	1
黑色金属冶炼和压延加工业	541	121	153			131	26
炼铁							
炼钢	47	16	9			3	13
黑色金属铸造	68	30	54			20	2
钢压延加工	419	75	83			108	11
铁合金冶炼	7		7				
有色金属冶炼和压延加工业	637	193	367	1		372	49
常用有色金属冶炼	53	10	19			3	
贵金属冶炼							
稀有稀土金属冶炼	24	18	19				
有色金属合金制造	99	31	42			40	6
有色金属铸造	112	16	35			2	2
有色金属压延加工	349	118	252	1		327	41

1-H-6 续表 3

行业	专利申请数（件）	#发明专利	有效发明专利数（件）	专利所有权转让及许可数（件）	专利所有权转让及许可收入（万元）	拥有注册商标数（件）	形成国家或行业标准数（项）
金属制品业	1961	514	914	82	1	603	76
结构性金属制品制造	485	163	224	27		91	38
金属工具制造	351	104	106	31		90	9
集装箱及金属包装容器制造	124	27	64			40	7
金属丝绳及其制品制造	37	7	29			32	2
建筑、安全用金属制品制造	562	145	198	10		193	15
金属表面处理及热处理加工	68	18	25			21	
搪瓷制品制造	3					12	
金属制日用品制造	168	15	65			13	1
其他金属制品制造	163	35	203	14	1	111	4
通用设备制造业	3141	930	1636	99	1053	1066	151
锅炉及原动设备制造	161	33	119			41	7
金属加工机械制造	510	180	274	3	288	69	14
物料搬运设备制造	296	71	183	48	155	69	5
泵、阀门、压缩机及类似机械制造	612	169	126	25		322	94
轴承、齿轮和传动部件制造	245	53	78	8		29	6
烘炉、风机、衡器、包装等设备制造	783	240	662	10		350	22
文化、办公用机械制造	181	109	11			58	2
通用零部件制造	268	43	67	5	610	64	1
其他通用设备制造业	85	32	116			64	
专用设备制造业	3988	1051	1652	17	241	914	75
采矿、冶金、建筑专用设备制造	822	261	269			198	27
化工、木材、非金属加工专用设备制造	1062	283	442	12		122	11
食品、饮料、烟草及饲料生产专用设备制造	24	14	19			39	
印刷、制药、日化及日用品生产专用设备制造	176	50	145			144	5
纺织、服装和皮革加工专用设备制造	521	135	260			87	14
电子和电工机械专用设备制造	70	25	41			4	1
农、林、牧、渔专用机械制造	218	24	65			19	
医疗仪器设备及器械制造	617	148	203	2		177	6
环保、社会公共服务及其他专用设备制造	478	111	208	3	241	124	11
汽车制造业	2702	585	740	43	1200	476	13
汽车整车制造	378	59	12			76	
改装汽车制造	60	11	40			13	
低速载货汽车制造							
电车制造							
汽车车身、挂车制造	59	14	8			21	
汽车零部件及配件制造	2205	501	680	43	1200	366	13
铁路、船舶、航空航天和其他运输设备制造业	436	89	185	1		534	2
铁路运输设备制造	30	8	31			2	
城市轨道交通设备制造							
船舶及相关装置制造	51	24	57	1		4	
航空、航天器及设备制造	41	14	4			1	
摩托车制造	148	14	28			466	2
自行车制造	65	4	18			47	
非公路休闲车及零配件制造	87	23	33				
潜水救捞及其他未列明运输设备制造	14	2	14			14	
电气机械和器材制造业	11356	2624	6636	96	21	3021	164
电机制造	843	170	490	15		290	15
输配电及控制设备制造	1291	442	776	6		249	12

1-H-6　续表 4

行　业	专利申请数(件)	#发明专利	有效发明专利数(件)	专利所有权转让及许可数(件)	专利所有权转让及许可收入(万元)	拥有注册商标数(件)	形成国家或行业标准数(项)
电线、电缆、光缆及电工器材制造	763	203	480	1	21	228	7
电池制造	2101	853	3378	7		544	72
家用电力器具制造	5169	685	1263	66		1262	45
非电力家用器具制造	50	8	38			11	
照明器具制造	1008	234	172	1		429	12
其他电气机械及器材制造	131	29	39			8	1
计算机、通信和其他电子设备制造业	12956	6629	10163	297	12814	3670	139
计算机制造	3176	2306	2091	1		1398	22
通信设备制造	2182	1228	2883			382	49
广播电视设备制造	379	72	57			41	4
雷达及配套设备制造							
视听设备制造	1598	588	1825	5	11	1229	3
电子器件制造	2274	1221	1354	94	6190	170	12
电子元件制造	2870	1069	1828	128	6613	410	43
其他电子设备制造	477	145	125	69		40	6
仪器仪表制造业	1939	382	823	74	4	1053	73
通用仪器仪表制造	944	214	553	67	2	638	19
专用仪器仪表制造	234	41	80	6	2	28	9
钟表与计时仪器制造	288	43	92			221	27
光学仪器及眼镜制造	441	83	94			165	18
其他仪器仪表制造业	32	1	4	1		1	
其他制造业	181	66	43			151	5
日用杂品制造	170	65	43			149	4
煤制品制造							
核辐射加工							
其他未列明制造业	11	1				2	1
废弃资源综合利用业	28	13	22	3	9	1	
金属废料和碎屑加工处理	22	7	13	3	9		
非金属废料和碎屑加工处理	6	6	9			1	
金属制品、机械和设备修理业	17	2	1			13	
金属制品修理							
通用设备修理							
专用设备修理	12	1	1			13	
铁路、船舶、航空航天等运输设备修理	5	1					
电气设备修理							
仪器仪表修理							
其他机械和设备修理业							
电力、热力、燃气及水生产和供应业	**51**	**30**	**32**			**145**	**1**
电力、热力生产和供应业	32	18	13			3	
电力生产	32	18	13			3	
电力供应							
热力生产和供应							
燃气生产和供应业	5	4	15			142	
燃气生产和供应业	5	4	15			142	
水的生产和供应业	14	8	4				1
自来水生产和供应	11	7	4				
污水处理及其再生利用	3	1					1
其他水的处理、利用与分配							

1-H-7　分行业外商投资企业自主知识产权及相关情况

行　业	专　利申请数（件）	#发明专利	有　效发　明专利数（件）	专利所有权转让及许 可 数（件）	专利所有权转让及许可收入（万元）	拥　有注　册商标数（件）	形成国家或行业标准数（项）
总　计	**66367**	**28044**	**43487**	**1273**	**46899**	**38228**	**1796**
采矿业	**43**	**10**	**35**	**1**	**60**	**19**	**40**
煤炭开采和洗选业							
烟煤和无烟煤开采洗选							
褐煤开采洗选							
其他煤炭采选							
石油和天然气开采业	3						
石油开采							
天然气开采	3						
黑色金属矿采选业	2	2	7			4	5
铁矿采选							
锰矿、铬矿采选	2	2	7			4	5
其他黑色金属矿采选							
有色金属矿采选业	2	2	2			2	2
常用有色金属矿采选			1				
贵金属矿采选							
稀有稀土金属矿采选	2	2	1			2	2
非金属矿采选业	20	3	26	1	60	13	33
土砂石开采	7	1	2			1	1
化学矿开采							
采盐	13	2	24	1	60	12	32
石棉及其他非金属矿采选							
开采辅助活动	16	3					
煤炭开采和洗选辅助活动							
石油和天然气开采辅助活动	16	3					
其他开采辅助活动							
其他采矿业							
其他采矿业							
制造业	**66244**	**28015**	**43433**	**1272**	**46839**	**38189**	**1751**
农副食品加工业	337	144	170	1		463	23
谷物磨制	17	7	18			135	1
饲料加工	45	18	39	1		87	3
植物油加工	18	14	19			106	1
制糖业	1	1	1			4	1
屠宰及肉类加工	28	7	3			13	1
水产品加工	146	68	77			58	1
蔬菜、水果和坚果加工	38	18	5			29	2
其他农副食品加工	44	11	8			31	13
食品制造业	571	267	423	96	315	5619	15
焙烤食品制造	14	4	4	1		114	
糖果、巧克力及蜜饯制造	9	3	4			246	2
方便食品制造	41	15	22	6	85	308	1
乳制品制造	147	74	86			2813	
罐头食品制造	18	6	11	1	200	7	2
调味品、发酵制品制造	131	33	69			94	6
其他食品制造	211	132	227	88	30	2037	4
酒、饮料和精制茶制造业	141	38	69			2126	19
酒的制造	43	23	36			1473	17
饮料制造	43	15	32			649	1
精制茶加工	55		1			4	1

1-H-7　续表 1

行　业	专利申请数(件)	#发明专利	有效发明专利数(件)	专利所有权转让及许可数(件)	专利所有权转让及许可收入(万元)	拥有注册商标数(件)	形成国家或行业标准数(项)
烟草制品业							
烟叶复烤							
卷烟制造							
其他烟草制品制造							
纺织业	1019	151	176	1	3016	938	13
棉纺织及印染精加工	279	52	96	1		734	12
毛纺织及染整精加工	22	3	1			18	
麻纺织及染整精加工							
丝绢纺织及印染精加工	15	1					
化纤织造及印染精加工	35	12	17			8	
针织或钩针编织物及其制品制造	79	3	2			18	
家用纺织制成品制造	274	39	38		3016	80	1
非家用纺织制成品制造	315	41	22			80	
纺织服装、服饰业	1468	153	392	1		1014	13
机织服装制造	1103	120	362	1		935	10
针织或钩针编织服装制造	162	30	30			71	3
服饰制造	203	3				8	
皮革、毛皮、羽毛及其制品和制鞋业	581	160	108			429	14
皮革鞣制加工	4	4	7			27	2
皮革制品制造	221	32	7			49	
毛皮鞣制及制品加工	80	47	36			8	2
羽毛(绒)加工及制品制造	17	5	2				
制鞋业	259	72	56			345	10
木材加工和木、竹、藤、棕、草制品业	114	79	70			114	22
木材加工	9	9	8			11	
人造板制造	27	14	15			23	5
木制品制造	74	54	47			80	17
竹、藤、棕、草等制品制造	4	2					
家具制造业	831	32	53	2		196	10
木质家具制造	178	13	33	1		19	9
竹、藤家具制造							
金属家具制造	225	15	13	1		16	1
塑料家具制造	6	2	4			28	
其他家具制造	422	2	3			133	
造纸和纸制品业	574	259	224	14	9	919	16
纸浆制造							
造纸	371	213	180	3	9	266	1
纸制品制造	203	46	44	11		653	15
印刷和记录媒介复制业	137	23	61	9	6619	23	
印刷	137	23	61	9	6619	23	
装订及印刷相关服务							
记录媒介复制							
文教、工美、体育和娱乐用品制造业	1320	242	298	43	120	1013	50
文教办公用品制造	132	17	59	29		373	31
乐器制造	16	2	1			20	8
工艺美术品制造	435	92	187	14	120	210	5
体育用品制造	322	27	25			160	6
玩具制造	280	102	23			246	
游艺器材及娱乐用品制造	135	2	3			4	

1-H-7 续表 2

行　业	专利申请数（件）	#发明专利	有效发明专利数（件）	专利所有权转让及许可数（件）	专利所有权转让及许可收入（万元）	拥有注册商标数（件）	形成国家或行业标准数（项）
石油加工、炼焦和核燃料加工业	48	18	18			23	1
精炼石油产品制造	36	14	16			18	1
炼焦	12	4	2			5	
核燃料加工							
化学原料和化学制品制造业	2397	1441	2293	67	132	2330	151
基础化学原料制造	675	520	700	8	109	214	11
肥料制造	107	73	85	1		88	10
农药制造	129	101	77			580	25
涂料、油墨、颜料及类似产品制造	360	210	214	7	22	307	50
合成材料制造	416	209	620	22		135	12
专用化学产品制造	636	307	511	29		323	42
炸药、火工及焰火产品制造							
日用化学产品制造	74	21	86			683	1
医药制造业	1536	1056	1851	23	793	6929	193
化学药品原料药制造	372	279	571	2		1750	18
化学药品制剂制造	409	315	505	1	200	3579	113
中药饮片加工	6	5	9			2	
中成药生产	125	106	261	1	6	1003	25
兽用药品制造	47	33	29	2		98	2
生物药品制造	307	216	347	11	587	416	29
卫生材料及医药用品制造	270	102	129	6		81	6
化学纤维制造业	117	42	111	1		39	11
纤维素纤维原料及纤维制造	29	12	78			22	4
合成纤维制造	88	30	33	1		17	7
橡胶和塑料制品业	1868	458	837	11	681	786	61
橡胶制品业	370	93	256	3	681	405	26
塑料制品业	1498	365	581	8		381	35
非金属矿物制品业	1027	322	723	41		455	28
水泥、石灰和石膏制造	32	13	21			6	2
石膏、水泥制品及类似制品制造	11	1					2
砖瓦、石材等建筑材料制造	133	39	84	4		253	3
玻璃制造	50	23	53			7	2
玻璃制品制造	211	88	251	8		83	5
玻璃纤维和玻璃纤维增强塑料制品制造	129	38	34			7	
陶瓷制品制造	289	61	180	10		44	4
耐火材料制品制造	61	24	55	4		14	9
石墨及其他非金属矿物制品制造	111	35	45	15		41	1
黑色金属冶炼和压延加工业	477	235	352	27		513	18
炼铁	1	1	1				
炼钢			2			2	
黑色金属铸造	144	70	83	20		426	5
钢压延加工	254	131	214	7		81	11
铁合金冶炼	78	33	52			4	2
有色金属冶炼和压延加工业	402	174	334	1		243	32
常用有色金属冶炼	50	35	18			8	9
贵金属冶炼							
稀有稀土金属冶炼	50	30	32			26	9
有色金属合金制造	87	48	49			49	
有色金属铸造	7		3				
有色金属压延加工	208	61	232	1		160	14

1-H-7　续表 3

行　业	专　利申请数(件)	#发明专利	有　效发　明专利数(件)	专利所有权转让及许　可　数(件)	专利所有权转让及许可收入(万元)	拥　有注　册商标数(件)	形成国家或行业标准数(项)
金属制品业	1631	445	945	63	16968	805	69
结构性金属制品制造	348	95	345	61	16955	456	14
金属工具制造	213	60	112			56	8
集装箱及金属包装容器制造	320	70	212			23	14
金属丝绳及其制品制造	96	22	18			10	1
建筑、安全用金属制品制造	228	45	87	1	13	162	9
金属表面处理及热处理加工	57	29	39			12	
搪瓷制品制造	10	3	2			6	4
金属制日用品制造	112	24	30			27	
其他金属制品制造	247	97	100	1		53	19
通用设备制造业	6566	1901	3212	180	5862	1768	162
锅炉及原动设备制造	931	291	223			215	7
金属加工机械制造	408	144	192	5	26	102	10
物料搬运设备制造	1281	291	559	50		280	27
泵、阀门、压缩机及类似机械制造	961	255	682	59	78	481	33
轴承、齿轮和传动部件制造	403	96	294	60	5601	66	19
烘炉、风机、衡器、包装等设备制造	1606	465	670	1	155	446	37
文化、办公用机械制造	385	181	240			70	5
通用零部件制造	451	116	205	5	1	88	21
其他通用设备制造业	140	62	147			20	3
专用设备制造业	4297	1476	2813	101	9377	1379	97
采矿、冶金、建筑专用设备制造	769	233	392	4		111	36
化工、木材、非金属加工专用设备制造	1092	409	569	20	1722	197	8
食品、饮料、烟草及饲料生产专用设备制造	94	35	65	5		14	1
印刷、制药、日化及日用品生产专用设备制造	169	55	168			17	6
纺织、服装和皮革加工专用设备制造	242	88	145	3		282	13
电子和电工机械专用设备制造	276	122	258	25		34	
农、林、牧、渔专用机械制造	112	25	59	3		104	10
医疗仪器设备及器械制造	916	331	700			441	12
环保、社会公共服务及其他专用设备制造	627	178	457	41	7655	179	11
汽车制造业	5940	1170	2192	111	2140	2412	188
汽车整车制造	2408	349	320			1815	38
改装汽车制造	104	20	22			14	10
低速载货汽车制造							
电车制造							
汽车车身、挂车制造	29	3	50	16	400	13	1
汽车零部件及配件制造	3399	798	1800	95	1740	570	139
铁路、船舶、航空航天和其他运输设备制造业	965	246	481	24		825	21
铁路运输设备制造	107	48	59			17	
城市轨道交通设备制造	54	26	4				
船舶及相关装置制造	222	52	181	11		22	3
航空、航天器及设备制造	26	25	33				
摩托车制造	143	6	91	9		345	13
自行车制造	364	79	110	4		396	2
非公路休闲车及零配件制造	8					8	
潜水救捞及其他未列明运输设备制造	41	10	3			37	3
电气机械和器材制造业	7411	2306	4634	140	546	3112	327
电机制造	873	290	359	42		277	22
输配电及控制设备制造	2391	705	1177	36	502	1174	55

1-H-7 续表 4

行业	专利申请数（件）	#发明专利	有效发明专利数（件）	专利所有权转让及许可数（件）	专利所有权转让及许可收入（万元）	拥有注册商标数（件）	形成国家或行业标准数（项）
电线、电缆、光缆及电工器材制造	583	135	267	2		388	63
电池制造	382	159	240	8	15	79	4
家用电力器具制造	2339	846	2229	40	5	876	118
非电力家用器具制造	149	29	61			88	4
照明器具制造	673	141	293	12	24	229	58
其他电气机械及器材制造	21	1	8			1	3
计算机、通信和其他电子设备制造业	21922	14366	19443	284	251	2725	107
计算机制造	4980	3792	9658	17		582	13
通信设备制造	5235	4004	1999	1	8	791	72
广播电视设备制造	927	432	822	20		109	1
雷达及配套设备制造	2						
视听设备制造	807	571	454			80	
电子器件制造	5786	3884	4205	52	56	576	7
电子元件制造	3355	1153	1443	189	186	204	13
其他电子设备制造	830	530	862	5		383	1
仪器仪表制造业	2285	726	1078	24		851	86
通用仪器仪表制造	1270	344	622	24		641	68
专用仪器仪表制造	611	180	368			16	6
钟表与计时仪器制造	32	18	2				
光学仪器及眼镜制造	340	176	78			192	12
其他仪器仪表制造业	32	8	8			2	
其他制造业	129	53	31	7	12	136	1
日用杂品制造	112	43	18		12	90	
煤制品制造							
核辐射加工							
其他未列明制造业	17	10	13	7		46	1
废弃资源综合利用业	39	4	19				1
金属废料和碎屑加工处理	29	4	18				1
非金属废料和碎屑加工处理	10		1				
金属制品、机械和设备修理业	94	28	22			4	2
金属制品修理							
通用设备修理							
专用设备修理	21	8	13			4	2
铁路、船舶、航空航天等运输设备修理	52	12	9				
电气设备修理							
仪器仪表修理	17	8					
其他机械和设备修理业	4						
电力、热力、燃气及水生产和供应业	**80**	**19**	**19**			**20**	**5**
电力、热力生产和供应业	10	2	4				
电力生产	10	2	4				
电力供应							
热力生产和供应							
燃气生产和供应业	36	7	7			18	3
燃气生产和供应业	36	7	7			18	3
水的生产和供应业	34	10	8			2	2
自来水生产和供应	21	4	4				2
污水处理及其再生利用	13	6	4			2	
其他水的处理、利用与分配							

1-H-8　各地区企业自主知识产权及相关情况

地　区	专　利 申请数 (件)	#发明专利	有效发明 专 利 数 (件)	专利所有权 转让及许可数 (件)	专利所有权转 让及许可收入 (万元)	拥有注册 商 标 数 (件)	形成国家或 行业标准数 (项)
全　国	**560918**	**205146**	**335401**	**10807**	**477413**	**341621**	**23348**
东部地区	397326	146574	249272	7650	394097	239338	15033
中部地区	91030	31523	44650	1542	30320	41778	3907
西部地区	54132	19169	29229	1376	45363	46336	3079
东北地区	18430	7880	12250	239	7633	14169	1329
北　京	19210	9240	16402	243	8207	20162	395
天　津	16302	6446	10191	93	1396	7378	571
河　北	9171	3054	4049	198	24555	9751	560
山　西	5083	1807	3008	28	1540	2513	317
内蒙古	2062	981	1444	6	20	6915	131
辽　宁	11628	5226	6923	158	2069	3708	631
吉　林	2520	971	2985	30	289	3677	621
黑龙江	4282	1683	2342	51	5275	6784	77
上　海	25738	11377	20140	782	35482	12788	706
江　苏	93518	33090	52718	2162	39480	36200	3389
浙　江	77067	15036	22578	1228	21291	46904	3375
安　徽	32909	10866	13582	734	12164	9335	1190
福　建	18896	5475	7119	312	10329	16901	696
江　西	4893	1669	2333	96	1439	4979	218
山　东	40030	15254	18340	972	57015	24870	3047
河　南	14400	4182	6470	76	5428	7905	510
湖　北	16321	6119	8745	416	2102	8258	877
湖　南	17424	6880	10512	192	7648	8788	795
广　东	96646	47213	97052	1623	196342	62296	2117
广　西	4468	2234	1889	71	2302	2987	190
海　南	748	389	683	37		2088	177
重　庆	12221	2509	4792	142	3222	8392	443
四　川	15713	5666	9043	513	34159	11721	778
贵　州	3446	1516	1985	26		1627	165
云　南	2793	1167	2280	152	2291	5642	208
西　藏	9	8	32	1		2	6
陕　西	7258	3161	5449	236	2703	4772	692
甘　肃	2440	638	1028	150	132	914	199
青　海	334	132	205			224	6
宁　夏	1132	607	387	21	188	1876	102
新　疆	2256	550	695	58	345	1264	159

1-H-9 各地区大中型企业自主知识产权及相关情况

地　区	专　利申请数(件)	#发明专利	有效发明专利数(件)	专利所有权转让及许可数(件)	专利所有权转让及许可收入(万元)	拥有注册商标数(件)	形成国家或行业标准数(项)
全　国	**359791**	**139723**	**244175**	**6422**	**349858**	**266049**	**16516**
东部地区	249673	100910	183298	4701	308264	183730	10343
中部地区	58419	20233	30409	716	14012	32324	2853
西部地区	39849	13775	21965	861	25069	39696	2328
东北地区	11850	4805	8503	144	2513	10299	992
北　京	14817	7622	12400	143	5914	14574	269
天　津	8365	3620	5091	61	249	4984	346
河　北	7576	2448	3176	111	8046	8145	393
山　西	4016	1444	2444	7	310	2093	282
内蒙古	1739	841	1302	1		6683	114
辽　宁	6732	2818	4337	87	54	2850	474
吉　林	1968	708	2541	15	214	3048	456
黑龙江	3150	1279	1625	42	2245	4401	62
上　海	16299	7813	13949	543	34820	9751	461
江　苏	50776	18052	31602	1243	19923	25650	2086
浙　江	34470	7548	12639	473	2017	32464	1955
安　徽	17235	5887	6881	277	4326	5357	780
福　建	13150	3833	5014	149	3086	13327	527
江　西	3443	1133	1743	56	60	4293	141
山　东	28084	10652	13348	644	49511	21648	2590
河　南	11179	3282	5301	55	4450	6721	445
湖　北	10630	3897	6359	198	670	6794	630
湖　南	11916	4590	7681	123	4196	7066	575
广　东	75670	39068	85580	1298	184700	51740	1548
广　西	3397	1694	1216	65	622	2256	158
海　南	466	254	499	36		1447	168
重　庆	9569	1858	3738	115	740	7670	351
四　川	11318	4183	7020	312	20566	10485	620
贵　州	2220	919	1338	20		1452	79
云　南	1752	764	1623	100	1441	5080	122
西　藏	5	4	4			1	
陕　西	5193	2187	4013	76	1537	3191	578
甘　肃	1864	444	769	122	12	650	112
青　海	194	58	163			28	4
宁　夏	817	426	286	7		1434	52
新　疆	1781	397	493	43	151	766	138

1-H-10　各地区内资企业自主知识产权及相关情况

地　区	专　利申请数(件)	#发明专利	有效发明专利数(件)	专利所有权转让及许可数(件)	专利所有权转让及许可收入(万元)	拥有注册商标数(件)	形成国家或行业标准数(项)
全　国	**437396**	**158978**	**260828**	**8498**	**399390**	**269840**	**19849**
东部地区	287315	105111	181406	5565	324044	180005	12263
中部地区	83553	28971	41175	1421	25502	38506	3534
西部地区	50013	17883	27425	1339	45213	41308	2885
东北地区	16515	7013	10822	173	4631	10021	1167
北　京	13260	5998	11755	175	6484	15512	315
天　津	14070	5613	8734	91	1395	5029	492
河　北	8148	2771	3237	170	23353	7269	472
山　西	4931	1750	2936	28	1540	2249	312
内蒙古	1826	884	1365	6	20	4829	114
辽　宁	10175	4584	5868	99	2067	2791	553
吉　林	2315	892	2779	29	289	3536	540
黑龙江	4025	1537	2175	45	2275	3694	74
上　海	16469	6574	13311	525	31688	8693	524
江　苏	67220	24177	37494	1546	26060	27171	2814
浙　江	58381	11197	15956	1001	5953	39207	2796
安　徽	30082	9798	12362	691	8441	9002	1083
福　建	12116	3204	3711	191	6817	9204	476
江　西	4401	1479	1979	86	1394	4861	202
山　东	36619	13989	15622	818	56075	19618	2827
河　南	13520	4003	6046	58	4828	6513	460
湖　北	14580	5464	7924	383	2022	7415	735
湖　南	16039	6477	9928	175	7278	8466	742
广　东	60401	31238	70961	1015	166220	46617	1371
广　西	3271	1807	1634	70	2302	2495	173
海　南	631	350	625	33		1685	176
重　庆	11357	2383	4341	133	3222	7535	424
四　川	14450	5253	8416	494	34009	11453	700
贵　州	3323	1471	1931	24		1475	136
云　南	2691	1128	2119	149	2291	5520	193
西　藏	9	8	32	1		2	6
陕　西	7119	3114	5329	236	2703	4522	682
甘　肃	2418	638	1023	150	132	914	199
青　海	333	131	205			224	6
宁　夏	971	517	336	21	188	1078	93
新　疆	2245	549	694	55	345	1261	159

1-H-11　各地区港澳台商投资企业自主知识产权及相关情况

地　区	专　利申请数（件）	#发明专利	有效发明专利数（件）	专利所有权转让及许可数（件）	专利所有权转让及许可收入（万元）	拥有注册商标数（件）	形成国家或行业标准数（项）
全　国	**57155**	**18124**	**31086**	**1036**	**31124**	**33553**	**1703**
东部地区	51569	16129	28630	949	30452	30222	1339
中部地区	3577	1241	1584	33	670	1425	179
西部地区	1466	444	550	18		605	69
东北地区	543	310	322	36	2	1301	116
北　京	2910	2219	2467	46		3124	46
天　津	852	265	275			541	38
河　北	508	119	422	23	1200	1479	33
山　西	107	48	58			256	3
内蒙古	6	3	3			74	
辽　宁	430	236	238	36	2	321	62
吉　林	48	27	53			106	53
黑龙江	65	47	31			874	1
上　海	2524	1351	1932	40	3767	915	27
江　苏	11239	3671	5433	228	3586	4295	220
浙　江	10602	2211	4249	53	6675	3339	286
安　徽	986	388	418	6	103	197	45
福　建	3612	983	1464	97	2783	4670	110
江　西	300	111	195	10	45	67	6
山　东	1149	355	791	24	260	1252	83
河　南	382	52	157	2	200	681	35
湖　北	867	393	379	7		113	67
湖　南	935	249	377	8	322	111	23
广　东	18104	4927	11554	434	12182	10590	495
广　西	125	57	48			31	
海　南	69	28	43	4		17	1
重　庆	412	53	126	8		362	5
四　川	675	229	168	6		80	22
贵　州	34	12	24	2			29
云　南	70	24	127	2		46	5
西　藏							
陕　西	28	13	34			6	4
甘　肃	5						
青　海							
宁　夏	101	52	19			4	4
新　疆	10	1	1			2	

1-H-12　各地区外商投资企业自主知识产权及相关情况

地　区	专利申请数(件)	#发明专利	有效发明专利数(件)	专利所有权转让及许可数(件)	专利所有权转让及许可收入(万元)	拥有注册商标数(件)	形成国家或行业标准数(项)
全　国	**66367**	**28044**	**43487**	**1273**	**46899**	**38228**	**1796**
东部地区	58442	25334	39236	1136	39601	29111	1431
中部地区	3900	1311	1891	88	4149	1847	194
西部地区	2653	842	1254	19	150	4423	125
东北地区	1372	557	1106	30	3000	2847	46
北　京	3040	1023	2180	22	1724	1526	34
天　津	1380	568	1182	2	1	1808	41
河　北	515	164	390	5	2	1003	55
山　西	45	9	14			8	2
内蒙古	230	94	76			2012	17
辽　宁	1023	406	817	23		596	16
吉　林	157	52	153	1		35	28
黑龙江	192	99	136	6	3000	2216	2
上　海	6745	3452	4897	217	27	3180	155
江　苏	15059	5242	9791	388	9834	4734	355
浙　江	8084	1628	2373	174	8663	4358	293
安　徽	1841	680	802	37	3620	136	62
福　建	3168	1288	1944	24	730	3027	110
江　西	192	79	159			51	10
山　东	2262	910	1927	130	680	4000	137
河　南	498	127	267	16	400	711	15
湖　北	874	262	442	26	80	730	75
湖　南	450	154	207	9	49	211	30
广　东	18141	11048	14537	174	17940	5089	251
广　西	1072	370	207	1		461	17
海　南	48	11	15			386	
重　庆	452	73	325	1		495	14
四　川	588	184	459	13	150	188	56
贵　州	89	33	30			152	
云　南	32	15	34	1		76	10
西　藏							
陕　西	111	34	86			244	6
甘　肃	17		5				
青　海	1	1					
宁　夏	60	38	32			794	5
新　疆	1			3		1	

Ⅰ. 企业政府相关政策落实情况

1-Ⅰ-1　分登记注册类型企业政府相关政策落实情况

单位：万元

登记注册类型	使用来自政府部门的科技活动资金	研究开发费用加计扣除减免税	高新技术企业减免税
总　计	**4589829**	**3336954**	**5855110**
内资企业	**4098793**	**2577838**	**3907442**
国有企业	353394	337527	110340
集体企业	11670	2751	30419
股份合作企业	2093	797	2246
联营企业	201	1836	180
国有联营企业	69	1793	
集体联营企业	10	13	178
国有与集体联营企业		30	2
其他联营企业	122		
有限责任公司	2143554	1053706	1319899
国有独资公司	549690	225227	209700
其他有限责任公司	1593864	828478	1110199
股份有限公司	842359	626340	1514836
私营企业	735229	547903	924743
私营独资企业	10452	3308	8816
私营合伙企业	2150	1180	2659
私营有限责任公司	598401	459739	692787
私营股份有限公司	124227	83676	220481
其他企业	10293	6979	4779
港、澳、台商投资企业	**233860**	**301735**	**860596**
合资经营企业	91140	120853	313815
合作经营企业	3278	3184	9583
港、澳、台商独资经营企业	118813	131195	407323
港、澳、台商投资股份有限公司	20388	46214	128048
其他港、澳、台投资企业	240	291	1828
外商投资企业	**257177**	**457381**	**1087072**
中外合资经营企业	149588	250814	644185
中外合作经营企业	17281	3817	13388
外资企业	69004	164073	384767
外商投资股份有限公司	20272	38319	44423
其他外商投资企业	1033	358	309

1-I-2　分登记注册类型大中型企业政府相关政策落实情况

单位：万元

登记注册类型	使用来自政府部门的科技活动资金	研究开发费用加计扣除减免税	高新技术企业减免税
总　计	**3694364**	**2830785**	**4939776**
内资企业	**3290147**	**2156661**	**3194708**
国有企业	336446	333857	105710
集体企业	10662	2271	29210
股份合作企业	730	363	1137
联营企业	55		
国有联营企业	55		
集体联营企业			
国有与集体联营企业			
其他联营企业			
有限责任公司	1835336	902187	1026696
国有独资公司	529772	219977	194137
其他有限责任公司	1305564	682210	832559
股份有限公司	758689	588567	1418652
私营企业	339974	323711	609587
私营独资企业	3775	1517	8103
私营合伙企业	857	1002	2409
私营有限责任公司	241994	255696	414480
私营股份有限公司	93348	65496	184595
其他企业	8255	5705	3717
港、澳、台商投资企业	**195751**	**265245**	**765100**
合资经营企业	69778	101394	264676
合作经营企业	1104	785	5609
港、澳、台商独资经营企业	106460	118218	368223
港、澳、台商投资股份有限公司	18170	44578	124936
其他港、澳、台投资企业	240	270	1655
外商投资企业	**208465**	**408879**	**979968**
中外合资经营企业	112818	225750	589848
中外合作经营企业	16168	3113	11657
外资企业	59904	142416	338137
外商投资股份有限公司	19161	37243	40254
其他外商投资企业	415	358	72

1-I-3 分行业企业政府相关政策落实情况

单位：万元

行　业	使用来自政府部门的科技活动资金	研究开发费用加计扣除减免税	高新技术企业减免税
总　计	**4589829**	**3336954**	**5855110**
采矿业	**141041**	**106205**	**57436**
煤炭开采和洗选业	25043	62307	41370
烟煤和无烟煤开采洗选	24236	62307	41370
褐煤开采洗选	807		
其他煤炭采选			
石油和天然气开采业	85040	35024	2589
石油开采	68419	24894	452
天然气开采	16622	10131	2137
黑色金属矿采选业	4081	555	66
铁矿采选	2916	552	66
锰矿、铬矿采选	1070	3	
其他黑色金属矿采选	95		
有色金属矿采选业	10083	1656	6120
常用有色金属矿采选	3308	389	1349
贵金属矿采选	6314	1007	2040
稀有稀土金属矿采选	461	259	2730
非金属矿采选业	3936	3654	1461
土砂石开采	1546	2325	1175
化学矿开采	714	159	
采盐	1667	1165	257
石棉及其他非金属矿采选	9	5	29
开采辅助活动	12858	3010	5832
煤炭开采和洗选辅助活动			
石油和天然气开采辅助活动	12434	3010	5832
其他开采辅助活动	424		
其他采矿业			
其他采矿业			
制造业	**4422608**	**3209035**	**5767073**
农副食品加工业	93572	20842	21300
谷物磨制	7862	3511	245
饲料加工	18409	5875	12803
植物油加工	12586	1435	1466
制糖业	1131	26	14
屠宰及肉类加工	17490	3543	2109
水产品加工	16633	1566	2294
蔬菜、水果和坚果加工	7895	1504	250
其他农副食品加工	11568	3381	2120
食品制造业	46750	24202	46934
焙烤食品制造	1963	128	899
糖果、巧克力及蜜饯制造	1787	192	491
方便食品制造	3334	498	12
乳制品制造	9876	2045	3295
罐头食品制造	3755	1368	1293
调味品、发酵制品制造	7956	11153	24138
其他食品制造	18080	8817	16806
酒、饮料和精制茶制造业	49007	24108	22570
酒的制造	30019	12643	7865
饮料制造	7245	2050	6753
精制茶加工	11744	9416	7953

1-I-3　续表 1

单位：万元

行　　业	使用来自政府部门的科技活动资金	研究开发费用加计扣除减免税	高新技术企业减免税
烟草制品业	512	2808	13457
烟叶复烤			
卷烟制造	472	2440	236
其他烟草制品制造	40	368	13221
纺织业	48487	47287	52295
棉纺织及印染精加工	24221	22413	34867
毛纺织及染整精加工	8680	1062	4378
麻纺织及染整精加工	451	354	278
丝绢纺织及印染精加工	4871	1302	1020
化纤织造及印染精加工	820	139	43
针织或钩针编织物及其制品制造	2956	17042	1844
家用纺织制成品制造	4353	2514	5982
非家用纺织制成品制造	2134	2462	3883
纺织服装、服饰业	12343	10891	37118
机织服装制造	9852	9539	29592
针织或钩针编织服装制造	2020	870	7470
服饰制造	471	482	56
皮革、毛皮、羽毛及其制品和制鞋业	5514	4029	11428
皮革鞣制加工	309	283	2143
皮革制品制造	1837	922	150
毛皮鞣制及制品加工	829		1173
羽毛(绒)加工及制品制造	500	544	126
制鞋业	2039	2279	7837
木材加工和木、竹、藤、棕、草制品业	12242	9723	12600
木材加工	289	651	581
人造板制造	9174	7674	6801
木制品制造	1955	1305	4997
竹、藤、棕、草等制品制造	824	94	221
家具制造业	2297	26103	27580
木质家具制造	1236	1092	10040
竹、藤家具制造	13		
金属家具制造	288	5678	14745
塑料家具制造	2	427	150
其他家具制造	759	18906	2646
造纸和纸制品业	17179	24740	41862
纸浆制造	386		
造纸	13656	22532	30739
纸制品制造	3137	2209	11123
印刷和记录媒介复制业	5660	10962	50174
印刷	5549	9972	49238
装订及印刷相关服务		15	635
记录媒介复制	111	975	301
文教、工美、体育和娱乐用品制造业	15108	13349	17719
文教办公用品制造	2395	1061	2173
乐器制造	597	571	2550
工艺美术品制造	5420	5629	6931
体育用品制造	3838	1480	1901
玩具制造	2113	3778	3429
游艺器材及娱乐用品制造	745	830	735

1-I-3 续表 2

单位：万元

行　业	使用来自政府部门的科技活动资金	研究开发费用加计扣除减免税	高新技术企业减免税
石油加工、炼焦和核燃料加工业	26977	17776	23576
精炼石油产品制造	23932	15291	20523
炼焦	3040	1838	3053
核燃料加工	5	647	
化学原料和化学制品制造业	238566	184508	409176
基础化学原料制造	53208	35878	65556
肥料制造	28679	14371	25593
农药制造	13534	13767	45402
涂料、油墨、颜料及类似产品制造	18782	24299	73328
合成材料制造	37540	36593	56014
专用化学产品制造	66302	44161	94909
炸药、火工及焰火产品制造	13021	8884	19394
日用化学产品制造	7501	6556	28981
医药制造业	259343	183299	658448
化学药品原料药制造	45755	39068	78291
化学药品制剂制造	58827	78206	306429
中药饮片加工	8591	2251	15752
中成药生产	74917	31400	144652
兽用药品制造	9186	3213	9064
生物药品制造	47827	24355	94737
卫生材料及医药用品制造	14241	4807	9524
化学纤维制造业	13268	17866	41980
纤维素纤维原料及纤维制造	3363	2512	24146
合成纤维制造	9905	15355	17833
橡胶和塑料制品业	51576	57342	141777
橡胶制品业	16966	16690	66016
塑料制品业	34610	40652	75762
非金属矿物制品业	98367	57085	131626
水泥、石灰和石膏制造	8206	5334	332
石膏、水泥制品及类似制品制造	5980	5538	9048
砖瓦、石材等建筑材料制造	7553	7852	22510
玻璃制造	2220	5448	14849
玻璃制品制造	13359	12566	20680
玻璃纤维和玻璃纤维增强塑料制品制造	15238	3980	13945
陶瓷制品制造	17556	3248	24415
耐火材料制品制造	9742	5699	9517
石墨及其他非金属矿物制品制造	18514	7420	16331
黑色金属冶炼和压延加工业	68992	232546	53111
炼铁	48	109	1125
炼钢	5377	102188	10831
黑色金属铸造	6680	9195	14709
钢压延加工	52923	120166	24086
铁合金冶炼	3964	889	2361
有色金属冶炼和压延加工业	129424	46930	82880
常用有色金属冶炼	52355	12864	23597
贵金属冶炼	5039	747	2532
稀有稀土金属冶炼	10180	1955	16249
有色金属合金制造	17054	8065	12206
有色金属铸造	468	1092	1976
有色金属压延加工	44328	22207	26320

1-I-3　续表 3　　　　单位：万元

行　　业	使用来自政府部门的科技活动资金	研究开发费用加计扣除减免税	高新技术企业减免税
金属制品业	133917	88964	173171
结构性金属制品制造	12091	25360	34204
金属工具制造	11186	5408	11274
集装箱及金属包装容器制造	20077	6525	25144
金属丝绳及其制品制造	6171	3390	9213
建筑、安全用金属制品制造	4063	27607	54911
金属表面处理及热处理加工	2931	2091	4538
搪瓷制品制造	389	571	617
金属制日用品制造	2654	4790	8707
其他金属制品制造	74357	13221	24565
通用设备制造业	344501	247066	576471
锅炉及原动设备制造	108884	49514	109094
金属加工机械制造	84777	43240	65820
物料搬运设备制造	25147	48513	101683
泵、阀门、压缩机及类似机械制造	40362	50064	103264
轴承、齿轮和传动部件制造	22559	12837	19918
烘炉、风机、衡器、包装等设备制造	30900	30523	98349
文化、办公用机械制造	6209	4157	58558
通用零部件制造	14708	5502	12976
其他通用设备制造业	10955	2715	6808
专用设备制造业	321336	238227	563989
采矿、冶金、建筑专用设备制造	120124	119464	311889
化工、木材、非金属加工专用设备制造	26041	25924	68554
食品、饮料、烟草及饲料生产专用设备制造	7845	5351	9025
印刷、制药、日化及日用品生产专用设备制造	6255	5911	16805
纺织、服装和皮革加工专用设备制造	9598	10609	16191
电子和电工机械专用设备制造	38207	14959	17099
农、林、牧、渔专用机械制造	21508	8621	12249
医疗仪器设备及器械制造	35284	21903	46929
环保、社会公共服务及其他专用设备制造	56475	25484	65247
汽车制造业	285381	499390	506156
汽车整车制造	146687	358992	209601
改装汽车制造	24907	21284	10952
低速载货汽车制造	1290	658	5847
电车制造	1271		6
汽车车身、挂车制造	1729	1376	9668
汽车零部件及配件制造	109497	117080	270082
铁路、船舶、航空航天和其他运输设备制造业	958202	200338	263747
铁路运输设备制造	54066	45471	139148
城市轨道交通设备制造	1981	4766	6968
船舶及相关装置制造	65131	34840	69210
航空、航天器及设备制造	825578	104619	29471
摩托车制造	8140	6792	16518
自行车制造	2882	1950	942
非公路休闲车及零配件制造	39	1657	609
潜水救捞及其他未列明运输设备制造	386	241	883
电气机械和器材制造业	327647	352024	835765
电机制造	41958	56856	94091
输配电及控制设备制造	104945	158703	263950

1-I-3 续表 4

单位：万元

行　业	使用来自政府部门的科技活动资金	研究开发费用加计扣除减免税	高新技术企业减免税
电线、电缆、光缆及电工器材制造	38984	33389	79793
电池制造	33919	34413	76138
家用电力器具制造	76167	39188	259808
非电力家用器具制造	10436	3743	10786
照明器具制造	17202	23258	42517
其他电气机械及器材制造	4036	2474	8681
计算机、通信和其他电子设备制造业	696128	438346	748631
计算机制造	49721	28155	62038
通信设备制造	200820	188405	202603
广播电视设备制造	13512	12658	31988
雷达及配套设备制造	38151	23411	5317
视听设备制造	65881	34538	63303
电子器件制造	207770	80295	205052
电子元件制造	58556	52808	130750
其他电子设备制造	61717	18077	47579
仪器仪表制造业	126262	117097	185347
通用仪器仪表制造	87644	63744	125923
专用仪器仪表制造	26574	16589	37326
钟表与计时仪器制造	1787	1327	9888
光学仪器及眼镜制造	8490	34903	10883
其他仪器仪表制造业	1767	533	1326
其他制造业	22017	7889	11898
日用杂品制造	2101	383	1315
煤制品制造	348	960	5
核辐射加工	145	16	230
其他未列明制造业	19423	6530	10349
废弃资源综合利用业	9539	1122	495
金属废料和碎屑加工处理	8776	648	272
非金属废料和碎屑加工处理	763	474	223
金属制品、机械和设备修理业	2493	2178	3792
金属制品修理	18		
通用设备修理	50		
专用设备修理	1747	174	871
铁路、船舶、航空航天等运输设备修理	323	1824	2104
电气设备修理	20		
仪器仪表修理		63	32
其他机械和设备修理业	336	117	784
电力、热力、燃气及水生产和供应业	**26180**	**21714**	**30601**
电力、热力生产和供应业	19849	19638	15586
电力生产	10246	7422	13308
电力供应	9340	12217	2268
热力生产和供应	263		10
燃气生产和供应业	1158	1005	12914
燃气生产和供应业	1158	1005	12914
水的生产和供应业	5174	1071	2101
自来水生产和供应	2607	606	1595
污水处理及其再生利用	2344	438	506
其他水的处理、利用与分配	223	27	

1-I-4　分行业大中型企业政府相关政策落实情况

单位：万元

行　业	使用来自政府部门的科技活动资金	研究开发费用加计扣除减免税	高新技术企业减免税
总　计	**3694364**	**2830785**	**4939776**
采矿业	**134273**	**102323**	**54552**
煤炭开采和洗选业	24416	62107	41368
烟煤和无烟煤开采洗选	23609	62107	41368
褐煤开采洗选	807		
其他煤炭采选			
石油和天然气开采业	84996	33656	452
石油开采	68419	24894	452
天然气开采	16578	8762	
黑色金属矿采选业	3424	538	
铁矿采选	2404	535	
锰矿、铬矿采选	1020	3	
其他黑色金属矿采选			
有色金属矿采选业	8740	1585	6120
常用有色金属矿采选	2596	318	1349
贵金属矿采选	5939	1007	2040
稀有稀土金属矿采选	206	259	2730
非金属矿采选业	2253	1427	1384
土砂石开采	526	285	1125
化学矿开采	469	139	
采盐	1258	999	257
石棉及其他非金属矿采选		5	2
开采辅助活动	10443	3010	5229
煤炭开采和洗选辅助活动			
石油和天然气开采辅助活动	10443	3010	5229
其他开采辅助活动			
其他采矿业			
其他采矿业			
制造业	**3542764**	**2714064**	**4867153**
农副食品加工业	53217	10074	9658
谷物磨制	3538	2610	245
饲料加工	8885	2621	3720
植物油加工	5903	947	680
制糖业	568		
屠宰及肉类加工	13148	1204	1920
水产品加工	11771	845	1149
蔬菜、水果和坚果加工	4116	495	9
其他农副食品加工	5289	1352	1935
食品制造业	24056	19744	37540
焙烤食品制造	700	73	899
糖果、巧克力及蜜饯制造	1336	192	491
方便食品制造	1936	436	
乳制品制造	7529	1465	1440
罐头食品制造	2340	1340	1255
调味品、发酵制品制造	4742	10652	23158
其他食品制造	5474	5585	10297
酒、饮料和精制茶制造业	34957	21355	21009
酒的制造	26584	12619	7368
饮料制造	3741	1576	6610
精制茶加工	4632	7160	7031

1-I-6 续表 1 单位：万元

行 业	使用来自政府部门的科技活动资金	研究开发费用加计扣除减免税	高新技术企业减免税
烟草制品业	472	2480	2005
烟叶复烤			
卷烟制造	472	2440	236
其他烟草制品制造		40	1768
纺织业	40142	42857	48627
棉纺织及印染精加工	19987	20878	34090
毛纺织及染整精加工	8581	1062	4002
麻纺织及染整精加工	367	354	278
丝绢纺织及印染精加工	3892	496	677
化纤织造及印染精加工	724	56	8
针织或钩针编织物及其制品制造	2447	16876	1392
家用纺织制成品制造	3733	2288	5982
非家用纺织制成品制造	412	847	2199
纺织服装、服饰业	9712	10248	36829
机织服装制造	7988	9381	29359
针织或钩针编织服装制造	1722	859	7470
服饰制造	3	8	
皮革、毛皮、羽毛及其制品和制鞋业	4104	3607	11278
皮革鞣制加工	213	79	2143
皮革制品制造	1371	881	41
毛皮鞣制及制品加工	380		1173
羽毛(绒)加工及制品制造	347	544	118
制鞋业	1794	2104	7804
木材加工和木、竹、藤、棕、草制品业	8915	7547	11962
木材加工	232	265	581
人造板制造	7333	6347	6627
木制品制造	1094	935	4576
竹、藤、棕、草等制品制造	256		178
家具制造业	1596	25059	26048
木质家具制造	777	1079	9457
竹、藤家具制造	13		
金属家具制造	142	5557	14661
塑料家具制造			
其他家具制造	664	18423	1930
造纸和纸制品业	14396	23359	37997
纸浆制造	344		
造纸	12475	21899	29836
纸制品制造	1577	1459	8161
印刷和记录媒介复制业	2088	6699	41193
印刷	2075	6699	41193
装订及印刷相关服务			
记录媒介复制	13		
文教、工美、体育和娱乐用品制造业	8823	12086	15824
文教办公用品制造	640	656	1192
乐器制造	476	480	2396
工艺美术品制造	2817	5536	6659
体育用品制造	2711	947	1730
玩具制造	1885	3716	3290
游艺器材及娱乐用品制造	295	751	557

1-I-6　续表 2　　　　单位：万元

行　业	使用来自政府部门的科技活动资金	研究开发费用加计扣除减免税	高新技术企业减免税
石油加工、炼焦和核燃料加工业	24487	16126	14098
精炼石油产品制造	21442	13655	11045
炼焦	3040	1825	3053
核燃料加工	5	647	
化学原料和化学制品制造业	141930	124725	293925
基础化学原料制造	35853	24052	48803
肥料制造	23057	13883	23525
农药制造	9105	10902	40896
涂料、油墨、颜料及类似产品制造	8550	13929	52710
合成材料制造	21935	29191	39997
专用化学产品制造	28445	20440	47337
炸药、火工及焰火产品制造	12191	7611	17306
日用化学产品制造	2794	4718	23351
医药制造业	183399	149847	580782
化学药品原料药制造	34466	32606	71396
化学药品制剂制造	48142	67002	289623
中药饮片加工	2951	1591	13510
中成药生产	52480	23776	123991
兽用药品制造	4599	1427	5630
生物药品制造	29678	19607	70118
卫生材料及医药用品制造	11083	3838	6514
化学纤维制造业	10826	14984	40625
纤维素纤维原料及纤维制造	2996	2476	24114
合成纤维制造	7830	12508	16511
橡胶和塑料制品业	28133	47765	122091
橡胶制品业	11866	14242	62420
塑料制品业	16267	33523	59671
非金属矿物制品业	62668	43937	101525
水泥、石灰和石膏制造	5990	5230	332
石膏、水泥制品及类似制品制造	2298	4047	5739
砖瓦、石材等建筑材料制造	3784	5872	14069
玻璃制造	1354	4487	14675
玻璃制品制造	8136	10532	17399
玻璃纤维和玻璃纤维增强塑料制品制造	12669	3024	12350
陶瓷制品制造	12574	1743	20695
耐火材料制品制造	5636	3826	5354
石墨及其他非金属矿物制品制造	10228	5179	10910
黑色金属冶炼和压延加工业	57490	228919	48078
炼铁	3	109	1125
炼钢	5282	102169	10828
黑色金属铸造	2918	7678	12674
钢压延加工	47011	118720	21608
铁合金冶炼	2276	244	1844
有色金属冶炼和压延加工业	106417	40619	68952
常用有色金属冶炼	48874	12285	19237
贵金属冶炼	2992	687	2007
稀有稀土金属冶炼	5885	1218	14244
有色金属合金制造	11614	5695	8162
有色金属铸造	322	1035	1922
有色金属压延加工	36730	19700	23381

1-I-6 续表 3

单位：万元

行 业	使用来自政府部门的科技活动资金	研究开发费用加计扣除减免税	高新技术企业减免税
金属制品业	102236	65238	97962
结构性金属制品制造	5368	22699	24986
金属工具制造	8359	4531	8430
集装箱及金属包装容器制造	12380	5356	22433
金属丝绳及其制品制造	4265	1944	8563
建筑、安全用金属制品制造	1356	15022	6634
金属表面处理及热处理加工	1722	1323	893
搪瓷制品制造	126	89	568
金属制日用品制造	1377	4098	7565
其他金属制品制造	67284	10176	17890
通用设备制造业	262210	197909	505947
锅炉及原动设备制造	104903	45042	103353
金属加工机械制造	64325	35058	54171
物料搬运设备制造	20263	42406	94837
泵、阀门、压缩机及类似机械制造	17428	35998	83095
轴承、齿轮和传动部件制造	17981	9327	15860
烘炉、风机、衡器、包装等设备制造	19955	23353	85622
文化、办公用机械制造	3915	2206	54736
通用零部件制造	7314	3111	9082
其他通用设备制造业	6127	1409	5190
专用设备制造业	211127	165018	424621
采矿、冶金、建筑专用设备制造	100441	89021	244717
化工、木材、非金属加工专用设备制造	15947	19242	50872
食品、饮料、烟草及饲料生产专用设备制造	5550	3995	5930
印刷、制药、日化及日用品生产专用设备制造	3735	2385	12692
纺织、服装和皮革加工专用设备制造	4267	6870	12911
电子和电工机械专用设备制造	13530	11399	11582
农、林、牧、渔专用机械制造	14892	7175	10048
医疗仪器设备及器械制造	21218	13884	34700
环保、社会公共服务及其他专用设备制造	31547	11048	41171
汽车制造业	254729	474136	480185
汽车整车制造	141340	358687	209311
改装汽车制造	20548	18533	8447
低速载货汽车制造	1268	658	5847
电车制造			
汽车车身、挂车制造	1285	1295	8334
汽车零部件及配件制造	90288	94964	248245
铁路、船舶、航空航天和其他运输设备制造业	932352	182784	238873
铁路运输设备制造	47431	34597	122628
城市轨道交通设备制造	1711	4503	6570
船舶及相关装置制造	62742	30698	65386
航空、航天器及设备制造	812559	103559	26374
摩托车制造	6963	5972	16250
自行车制造	701	1691	546
非公路休闲车及零配件制造	24	1657	609
潜水救捞及其他未列明运输设备制造	223	106	511
电气机械和器材制造业	243098	291937	753198
电机制造	30539	45259	80293
输配电及控制设备制造	69872	127724	224389

1-I-6　续表 4　　单位：万元

行　业	使用来自政府部门的科技活动资金	研究开发费用加计扣除减免税	高新技术企业减免税
电线、电缆、光缆及电工器材制造	29752	25722	67913
电池制造	20098	33489	74682
家用电力器具制造	74115	35496	257307
非电力家用器具制造	7250	2513	6270
照明器具制造	10075	20213	38710
其他电气机械及器材制造	1398	1521	3635
计算机、通信和其他电子设备制造业	611752	386969	649318
计算机制造	42677	22490	52489
通信设备制造	186298	177653	185873
广播电视设备制造	9319	10013	28745
雷达及配套设备制造	35259	20790	3623
视听设备制造	63718	32019	59960
电子器件制造	177014	68750	165920
电子元件制造	45905	42060	114371
其他电子设备制造	51561	13195	38337
仪器仪表制造业	82781	90019	134664
通用仪器仪表制造	57378	44523	92106
专用仪器仪表制造	19128	10068	24668
钟表与计时仪器制造	1305	933	8666
光学仪器及眼镜制造	3987	34271	8980
其他仪器仪表制造业	984	224	245
其他制造业	16198	5773	9863
日用杂品制造	1811	362	1272
煤制品制造	340	960	
核辐射加工			
其他未列明制造业	14047	4452	8591
废弃资源综合利用业	6646	468	63
金属废料和碎屑加工处理	6646	468	63
非金属废料和碎屑加工处理			
金属制品、机械和设备修理业	1811	1777	2416
金属制品修理			
通用设备修理			
专用设备修理	1404	83	609
铁路、船舶、航空航天等运输设备修理	302	1664	1591
电气设备修理	20		
仪器仪表修理			
其他机械和设备修理业	85	30	216
电力、热力、燃气及水生产和供应业	**17327**	**14398**	**18071**
电力、热力生产和供应业	12816	13357	5119
电力生产	5516	2574	2851
电力供应	7298	10784	2268
热力生产和供应	3		
燃气生产和供应业	707	981	12797
燃气生产和供应业	707	981	12797
水的生产和供应业	3804	60	155
自来水生产和供应	2521	60	148
污水处理及其再生利用	1284		7
其他水的处理、利用与分配			

1-I-5 分行业内资企业政府相关政策落实情况

单位：万元

行业	使用来自政府部门的科技活动资金	研究开发费用加计扣除减免税	高新技术企业减免税
总计	**4098793**	**2577838**	**3907442**
采矿业	**136272**	**94933**	**57044**
煤炭开采和洗选业	25043	62307	41370
烟煤和无烟煤开采洗选	24236	62307	41370
褐煤开采洗选	807		
其他煤炭采选			
石油和天然气开采业	82053	26262	2362
石油开采	68419	24894	452
天然气开采	13634	1368	1910
黑色金属矿采选业	3131	555	66
铁矿采选	2916	552	66
锰矿、铬矿采选	120	3	
其他黑色金属矿采选	95		
有色金属矿采选业	10083	1656	6120
常用有色金属矿采选	3308	389	1349
贵金属矿采选	6314	1007	2040
稀有稀土金属矿采选	461	259	2730
非金属矿采选业	3171	3202	1461
土砂石开采	1521	2325	1175
化学矿开采	714	159	
采盐	927	714	257
石棉及其他非金属矿采选	9	5	29
开采辅助活动	12791	951	5666
煤炭开采和洗选辅助活动			
石油和天然气开采辅助活动	12367	951	5666
其他开采辅助活动	424		
其他采矿业			
其他采矿业			
制造业	**3938883**	**2463173**	**3833927**
农副食品加工业	80482	19315	17391
谷物磨制	7797	3511	245
饲料加工	17234	5431	10927
植物油加工	12213	1286	1451
制糖业	1131	26	14
屠宰及肉类加工	14476	3266	757
水产品加工	13030	1088	1628
蔬菜、水果和坚果加工	6762	1504	250
其他农副食品加工	7839	3203	2120
食品制造业	39754	20044	27262
焙烤食品制造	1538	128	899
糖果、巧克力及蜜饯制造	1727	192	491
方便食品制造	2458	92	12
乳制品制造	8632	1890	1560
罐头食品制造	3517	1290	1283
调味品、发酵制品制造	7354	10967	12107
其他食品制造	14530	5485	10909
酒、饮料和精制茶制造业	43460	23310	15434
酒的制造	26929	12207	7044
饮料制造	5258	1708	438
精制茶加工	11274	9395	7953

1-I-10　续表 1　　　　　　　　　　　　　　　　　　　单位：万元

行　业	使用来自政府部门的科技活动资金	研究开发费用加计扣除减免税	高新技术企业减免税
烟草制品业	512	2808	13457
烟叶复烤			
卷烟制造	472	2440	236
其他烟草制品制造	40	368	13221
纺织业	40598	23501	22345
棉纺织及印染精加工	18729	14772	11214
毛纺织及染整精加工	7972	921	3980
麻纺织及染整精加工	421	189	
丝绢纺织及印染精加工	4653	848	813
化纤织造及印染精加工	807	72	43
针织或钩针编织物及其制品制造	2819	2895	1619
家用纺织制成品制造	3654	1712	1322
非家用纺织制成品制造	1543	2092	3354
纺织服装、服饰业	9450	8656	20973
机织服装制造	7664	7707	14375
针织或钩针编织服装制造	1415	491	6542
服饰制造	371	459	56
皮革、毛皮、羽毛及其制品和制鞋业	3916	3563	5081
皮革鞣制加工	254	205	
皮革制品制造	1695	884	146
毛皮鞣制及制品加工	569		1173
羽毛(绒)加工及制品制造	198	459	126
制鞋业	1200	2016	3636
木材加工和木、竹、藤、棕、草制品业	10790	9295	11666
木材加工	269	576	570
人造板制造	8383	7475	6682
木制品制造	1460	1150	4228
竹、藤、棕、草等制品制造	678	94	186
家具制造业	1968	3976	13229
木质家具制造	1082	1032	8953
竹、藤家具制造	13		
金属家具制造	112	1602	1567
塑料家具制造	2	427	150
其他家具制造	759	914	2558
造纸和纸制品业	13601	11883	12570
纸浆制造	386		
造纸	10613	9907	7734
纸制品制造	2602	1976	4836
印刷和记录媒介复制业	4768	6936	32269
印刷	4671	5946	31964
装订及印刷相关服务		15	73
记录媒介复制	98	975	232
文教、工美、体育和娱乐用品制造业	11911	7981	8212
文教办公用品制造	1631	421	1004
乐器制造	543	369	2116
工艺美术品制造	4660	5120	2858
体育用品制造	3551	1007	767
玩具制造	797	779	1107
游艺器材及娱乐用品制造	730	286	359

1-I-10 续表 2

单位：万元

行　业	使用来自政府部门的科技活动资金	研究开发费用加计扣除减免税	高新技术企业减免税
石油加工、炼焦和核燃料加工业	25938	16500	20479
精炼石油产品制造	23103	14686	19435
炼焦	2830	1168	1044
核燃料加工	5	647	
化学原料和化学制品制造业	216080	158116	311355
基础化学原料制造	46481	28470	52584
肥料制造	28107	14359	25427
农药制造	13077	12491	36605
涂料、油墨、颜料及类似产品制造	15343	19223	41976
合成材料制造	34684	32590	47264
专用化学产品制造	58864	37747	77278
炸药、火工及焰火产品制造	13021	8884	19289
日用化学产品制造	6503	4353	10932
医药制造业	207882	120033	431069
化学药品原料药制造	32386	27644	53395
化学药品制剂制造	45541	42365	172008
中药饮片加工	8089	1441	8680
中成药生产	63841	24181	117495
兽用药品制造	8216	2028	6330
生物药品制造	36456	18990	65644
卫生材料及医药用品制造	13352	3383	7517
化学纤维制造业	10745	11013	10463
纤维素纤维原料及纤维制造	2924	2303	2312
合成纤维制造	7821	8710	8151
橡胶和塑料制品业	45422	26216	72718
橡胶制品业	14576	10408	39771
塑料制品业	30846	15807	32947
非金属矿物制品业	88382	43328	98527
水泥、石灰和石膏制造	7355	5304	332
石膏、水泥制品及类似制品制造	5294	3438	6403
砖瓦、石材等建筑材料制造	7287	2904	18013
玻璃制造	1842	3396	8405
玻璃制品制造	10746	10794	13444
玻璃纤维和玻璃纤维增强塑料制品制造	13238	3276	11104
陶瓷制品制造	15580	2783	16936
耐火材料制品制造	9270	5061	8998
石墨及其他非金属矿物制品制造	17772	6374	14892
黑色金属冶炼和压延加工业	65019	224670	28940
炼铁	48	109	1125
炼钢	4717	100966	2303
黑色金属铸造	5816	5969	5861
钢压延加工	50673	117120	19291
铁合金冶炼	3765	506	360
有色金属冶炼和压延加工业	117826	37567	71128
常用有色金属冶炼	49364	12721	23549
贵金属冶炼	5030	747	2532
稀有稀土金属冶炼	9651	1955	16057
有色金属合金制造	16247	7103	9918
有色金属铸造	448	246	143
有色金属压延加工	37086	14796	18928

1-I-10　续表 3　　　　单位：万元

行　　业	使用来自政府部门的科技活动资金	研究开发费用加计扣除减免税	高新技术企业减免税
金属制品业	129311	76950	126350
结构性金属制品制造	11429	23240	26077
金属工具制造	9931	3745	8590
集装箱及金属包装容器制造	19158	4854	8887
金属丝绳及其制品制造	5934	3093	3262
建筑、安全用金属制品制造	3692	25813	50302
金属表面处理及热处理加工	2560	1985	2872
搪瓷制品制造	339	571	617
金属制日用品制造	2335	1797	4836
其他金属制品制造	73933	11852	20907
通用设备制造业	301586	194202	339156
锅炉及原动设备制造	102712	34703	78458
金属加工机械制造	80938	38283	31879
物料搬运设备制造	17946	39281	59584
泵、阀门、压缩机及类似机械制造	30065	38996	55214
轴承、齿轮和传动部件制造	21479	10077	14859
烘炉、风机、衡器、包装等设备制造	24340	23374	65879
文化、办公用机械制造	4499	2961	18587
通用零部件制造	14046	4361	9715
其他通用设备制造业	5561	2165	4980
专用设备制造业	283909	190366	452444
采矿、冶金、建筑专用设备制造	106432	102273	278469
化工、木材、非金属加工专用设备制造	22289	16448	31735
食品、饮料、烟草及饲料生产专用设备制造	7811	4432	7249
印刷、制药、日化及日用品生产专用设备制造	5999	4693	15118
纺织、服装和皮革加工专用设备制造	8818	8425	13775
电子和电工机械专用设备制造	35175	11786	15705
农、林、牧、渔专用机械制造	21325	7975	11107
医疗仪器设备及器械制造	24122	13267	33082
环保、社会公共服务及其他专用设备制造	51938	21067	46205
汽车制造业	245362	365989	324534
汽车整车制造	122003	268396	187908
改装汽车制造	24680	19876	8128
低速载货汽车制造	1290	658	5847
电车制造	1271		6
汽车车身、挂车制造	1472	1286	8366
汽车零部件及配件制造	94646	75773	114280
铁路、船舶、航空航天和其他运输设备制造业	955950	191600	198385
铁路运输设备制造	54013	42186	108204
城市轨道交通设备制造	1971	4618	6860
船舶及相关装置制造	63699	33745	50887
航空、航天器及设备制造	825528	102446	26417
摩托车制造	8032	5511	4349
自行车制造	2462	1302	688
非公路休闲车及零配件制造	24	1657	609
潜水救捞及其他未列明运输设备制造	221	135	372
电气机械和器材制造业	287088	280478	642689
电机制造	37509	44419	74658
输配电及控制设备制造	93090	134756	209144

1-I-10 续表 4

单位：万元

行　业	使用来自政府部门的科技活动资金	研究开发费用加计扣除减免税	高新技术企业减免税
电线、电缆、光缆及电工器材制造	34828	25270	62946
电池制造	27023	22901	20515
家用电力器具制造	69952	30559	236577
非电力家用器具制造	8539	3418	5849
照明器具制造	12156	16749	28560
其他电气机械及器材制造	3991	2406	4441
计算机、通信和其他电子设备制造业	553098	304599	363477
计算机制造	36868	16430	35124
通信设备制造	178743	151710	75557
广播电视设备制造	11902	10969	21459
雷达及配套设备制造	38151	23411	5171
视听设备制造	40413	20883	46886
电子器件制造	153617	31280	89592
电子元件制造	49224	37813	72776
其他电子设备制造	44179	12105	16913
仪器仪表制造业	110602	71272	127566
通用仪器仪表制造	76334	51948	95120
专用仪器仪表制造	24894	14049	25237
钟表与计时仪器制造	936	512	1888
光学仪器及眼镜制造	6684	4311	3995
其他仪器仪表制造业	1756	453	1326
其他制造业	21851	6606	10863
日用杂品制造	1968	180	457
煤制品制造	348	960	5
核辐射加工	145	16	230
其他未列明制造业	19391	5450	10172
废弃资源综合利用业	9282	1092	427
金属废料和碎屑加工处理	8549	646	266
非金属废料和碎屑加工处理	733	447	161
金属制品、机械和设备修理业	2341	1311	3471
金属制品修理	18		
通用设备修理	50		
专用设备修理	1747	83	859
铁路、船舶、航空航天等运输设备修理	172	1048	1796
电气设备修理	20		
仪器仪表修理		63	32
其他机械和设备修理业	336	117	784
电力、热力、燃气及水生产和供应业	**23637**	**19732**	**16472**
电力、热力生产和供应业	17802	19609	15586
电力生产	8199	7392	13308
电力供应	9340	12217	2268
热力生产和供应	263		10
燃气生产和供应业	789	24	369
燃气生产和供应业	789	24	369
水的生产和供应业	5047	99	517
自来水生产和供应	2502	10	62
污水处理及其再生利用	2322	62	455
其他水的处理、利用与分配	223	27	

1-I-6　分行业港澳台商投资企业政府相关政策落实情况

单位：万元

行　　业	使用来自政府部门的科技活动资金	研究开发费用加计扣除减免税	高新技术企业减免税
总　计	**233860**	**301735**	**860596**
采矿业	**3622**	**10821**	**165**
煤炭开采和洗选业			
烟煤和无烟煤开采洗选			
褐煤开采洗选			
其他煤炭采选			
石油和天然气开采业	2987	8762	
石油开采			
天然气开采	2987	8762	
黑色金属矿采选业			
铁矿采选			
锰矿、铬矿采选			
其他黑色金属矿采选			
有色金属矿采选业			
常用有色金属矿采选			
贵金属矿采选			
稀有稀土金属矿采选			
非金属矿采选业	600		
土砂石开采			
化学矿开采			
采盐	600		
石棉及其他非金属矿采选			
开采辅助活动	35	2059	165
煤炭开采和洗选辅助活动			
石油和天然气开采辅助活动	35	2059	165
其他开采辅助活动			
其他采矿业			
其他采矿业			
制造业	**230158**	**290206**	**858942**
农副食品加工业	7005	804	2488
谷物磨制	31		
饲料加工	711	428	1032
植物油加工	36	22	15
制糖业			
屠宰及肉类加工	2640	277	1352
水产品加工	244	77	88
蔬菜、水果和坚果加工	123		
其他农副食品加工	3221		
食品制造业	3674	669	3128
焙烤食品制造	425		
糖果、巧克力及蜜饯制造	60		
方便食品制造	126		
乳制品制造	275	13	
罐头食品制造			
调味品、发酵制品制造	189		
其他食品制造	2599	656	3128
酒、饮料和精制茶制造业	686	176	526
酒的制造	210	108	496
饮料制造	211	68	30
精制茶加工	265		

1-I-11 续表 1

单位：万元

行业	使用来自政府部门的科技活动资金	研究开发费用加计扣除减免税	高新技术企业减免税
烟草制品业			
烟叶复烤			
卷烟制造			
其他烟草制品制造			
纺织业	3708	20891	24149
棉纺织及印染精加工	2321	5375	18335
毛纺织及染整精加工	173	141	398
麻纺织及染整精加工		91	278
丝绢纺织及印染精加工	218	164	207
化纤织造及印染精加工	11	55	
针织或钩针编织物及其制品制造	66	14104	35
家用纺织制成品制造	472	685	4660
非家用纺织制成品制造	447	275	236
纺织服装、服饰业	1334	1312	12322
机织服装制造	1161	1232	12196
针织或钩针编织服装制造	73	57	127
服饰制造	100	23	
皮革、毛皮、羽毛及其制品和制鞋业	503	95	3633
皮革鞣制加工	40		
皮革制品制造	142	38	4
毛皮鞣制及制品加工			
羽毛(绒)加工及制品制造			
制鞋业	321	57	3630
木材加工和木、竹、藤、棕、草制品业	890	353	463
木材加工		75	11
人造板制造	719	154	119
木制品制造	25	125	333
竹、藤、棕、草等制品制造	146		
家具制造业	307	3783	14264
木质家具制造	131	60	1086
竹、藤家具制造			
金属家具制造	176	3706	13178
塑料家具制造			
其他家具制造		18	
造纸和纸制品业	813	1502	12675
纸浆制造			
造纸	373	1326	7793
纸制品制造	440	176	4882
印刷和记录媒介复制业	850	3595	15564
印刷	837	3595	14933
装订及印刷相关服务			563
记录媒介复制	13		69
文教、工美、体育和娱乐用品制造业	1752	2006	5756
文教办公用品制造	374	341	776
乐器制造	55	199	416
工艺美术品制造	85	195	1586
体育用品制造	254	58	686
玩具制造	969	670	1917
游艺器材及娱乐用品制造	15	545	376

1-I-11　续表 2　　　　单位：万元

行　业	使用来自政府部门的科技活动资金	研究开发费用加计扣除减免税	高新技术企业减免税
石油加工、炼焦和核燃料加工业	626	1133	2833
精炼石油产品制造	626	462	872
炼焦		670	1961
核燃料加工			
化学原料和化学制品制造业	12854	11575	59638
基础化学原料制造	3482	4733	7209
肥料制造	85	13	96
农药制造	157	586	7212
涂料、油墨、颜料及类似产品制造	2344	2426	19837
合成材料制造	1049	1580	2769
专用化学产品制造	5111	2005	7533
炸药、火工及焰火产品制造			105
日用化学产品制造	626	233	14877
医药制造业	24623	46171	121200
化学药品原料药制造	7813	7767	11665
化学药品制剂制造	7912	29106	69589
中药饮片加工	111	809	7072
中成药生产	3264	4174	14408
兽用药品制造	435	786	1813
生物药品制造	4817	2936	15435
卫生材料及医药用品制造	271	594	1219
化学纤维制造业	1475	6409	9607
纤维素纤维原料及纤维制造			
合成纤维制造	1475	6409	9607
橡胶和塑料制品业	3583	12365	48193
橡胶制品业	916	2280	17161
塑料制品业	2667	10085	31033
非金属矿物制品业	3320	8846	22829
水泥、石灰和石膏制造			
石膏、水泥制品及类似制品制造	686	2101	2645
砖瓦、石材等建筑材料制造	88	2695	3107
玻璃制造	249	1768	6309
玻璃制品制造	964	1436	6338
玻璃纤维和玻璃纤维增强塑料制品制造	195	560	1793
陶瓷制品制造	758	20	2338
耐火材料制品制造	120	42	267
石墨及其他非金属矿物制品制造	260	225	34
黑色金属冶炼和压延加工业	2536	6520	17466
炼铁			
炼钢	660	1222	8528
黑色金属铸造	575	2620	6420
钢压延加工	1301	2513	2304
铁合金冶炼		166	214
有色金属冶炼和压延加工业	7210	7682	5430
常用有色金属冶炼	322		
贵金属冶炼			
稀有稀土金属冶炼			
有色金属合金制造	627	347	1275
有色金属铸造	20	675	46
有色金属压延加工	6241	6660	4109

1-I-11 续表 3

单位：万元

行 业	使用来自政府部门的科技活动资金	研究开发费用加计扣除减免税	高新技术企业减免税
金属制品业	2787	5742	15689
结构性金属制品制造	368	1523	3331
金属工具制造	1124	1316	2077
集装箱及金属包装容器制造	465	214	7117
金属丝绳及其制品制造	84	115	84
建筑、安全用金属制品制造	206	603	277
金属表面处理及热处理加工	345	28	306
搪瓷制品制造			
金属制日用品制造	71	1221	871
其他金属制品制造	124	723	1626
通用设备制造业	14231	14543	36214
锅炉及原动设备制造	355	1327	4653
金属加工机械制造	2536	2054	3844
物料搬运设备制造	1136	1926	3622
泵、阀门、压缩机及类似机械制造	586	3708	11950
轴承、齿轮和传动部件制造	441	1559	1214
烘炉、风机、衡器、包装等设备制造	3539	2609	6804
文化、办公用机械制造	50	551	2065
通用零部件制造	236	418	1003
其他通用设备制造业	5354	392	1059
专用设备制造业	16798	26409	49231
采矿、冶金、建筑专用设备制造	8608	10948	7796
化工、木材、非金属加工专用设备制造	2799	7426	27347
食品、饮料、烟草及饲料生产专用设备制造		24	426
印刷、制药、日化及日用品生产专用设备制造	50	996	1482
纺织、服装和皮革加工专用设备制造	550	1632	1078
电子和电工机械专用设备制造	311	507	921
农、林、牧、渔专用机械制造	114	416	456
医疗仪器设备及器械制造	1908	2297	5443
环保、社会公共服务及其他专用设备制造	2459	2165	4284
汽车制造业	10189	19081	30489
汽车整车制造	7044	6126	9626
改装汽车制造		833	478
低速载货汽车制造			
电车制造			
汽车车身、挂车制造		53	403
汽车零部件及配件制造	3145	12069	19982
铁路、船舶、航空航天和其他运输设备制造业	1357	2161	16610
铁路运输设备制造		72	2500
城市轨道交通设备制造			
船舶及相关装置制造	960	650	1745
航空、航天器及设备制造		503	1383
摩托车制造	57	452	10471
自行车制造	160	378	
非公路休闲车及零配件制造	15		
潜水救捞及其他未列明运输设备制造	165	106	511
电气机械和器材制造业	19532	39794	95849
电机制造	849	6314	8980
输配电及控制设备制造	6423	13825	14216

1-I-11　续表 4　　单位：万元

行　业	使用来自政府部门的科技活动资金	研究开发费用加计扣除减免税	高新技术企业减免税
电线、电缆、光缆及电工器材制造	2188	5354	4082
电池制造	3946	8772	50519
家用电力器具制造	4840	4239	8816
非电力家用器具制造	180	173	3853
照明器具制造	1072	1048	1144
其他电气机械及器材制造	35	68	4240
计算机、通信和其他电子设备制造业	79452	40867	211933
计算机制造	8503	3367	8194
通信设备制造	8518	9679	108639
广播电视设备制造	226	1450	4331
雷达及配套设备制造			
视听设备制造	24923	2940	11173
电子器件制造	27032	12515	49311
电子元件制造	6703	9708	26687
其他电子设备制造	3546	1209	3598
仪器仪表制造业	7566	4888	20296
通用仪器仪表制造	4278	2431	5363
专用仪器仪表制造	867	712	1545
钟表与计时仪器制造	852	816	8000
光学仪器及眼镜制造	1558	929	5388
其他仪器仪表制造业	11		
其他制造业	166	129	399
日用杂品制造	134	129	341
煤制品制造			
核辐射加工			
其他未列明制造业	32		58
废弃资源综合利用业	225	30	68
金属废料和碎屑加工处理	195	3	6
非金属废料和碎屑加工处理	30	27	62
金属制品、机械和设备修理业	110	676	
金属制品修理			
通用设备修理			
专用设备修理			
铁路、船舶、航空航天等运输设备修理	110	676	
电气设备修理			
仪器仪表修理			
其他机械和设备修理业			
电力、热力、燃气及水生产和供应业	**80**	**709**	**1488**
电力、热力生产和供应业	30	29	
电力生产	30	29	
电力供应			
热力生产和供应			
燃气生产和供应业	40	134	41
燃气生产和供应业	40	134	41
水的生产和供应业	10	546	1447
自来水生产和供应		546	1447
污水处理及其再生利用	10		
其他水的处理、利用与分配			

1-I-7 分行业外商投资企业政府相关政策落实情况

单位：万元

行业	使用来自政府部门的科技活动资金	研究开发费用加计扣除减免税	高新技术企业减免税
总计	**257177**	**457381**	**1087072**
采矿业	**1147**	**452**	**227**
煤炭开采和洗选业			
烟煤和无烟煤开采洗选			
褐煤开采洗选			
其他煤炭采选			
石油和天然气开采业			227
石油开采			
天然气开采			227
黑色金属矿采选业	950		
铁矿采选			
锰矿、铬矿采选	950		
其他黑色金属矿采选			
有色金属矿采选业			
常用有色金属矿采选			
贵金属矿采选			
稀有稀土金属矿采选			
非金属矿采选业	165	452	
土砂石开采	25		
化学矿开采			
采盐	140	452	
石棉及其他非金属矿采选			
开采辅助活动	32		
煤炭开采和洗选辅助活动			
石油和天然气开采辅助活动	32		
其他开采辅助活动			
其他采矿业			
其他采矿业			
制造业	**253567**	**455656**	**1074204**
农副食品加工业	6086	723	1422
谷物磨制	34		
饲料加工	464	17	844
植物油加工	337	128	
制糖业			
屠宰及肉类加工	374		
水产品加工	3359	401	578
蔬菜、水果和坚果加工	1010		
其他农副食品加工	508	178	
食品制造业	3322	3489	16544
焙烤食品制造			
糖果、巧克力及蜜饯制造			
方便食品制造	750	406	
乳制品制造	970	143	1735
罐头食品制造	238	78	10
调味品、发酵制品制造	413	187	12031
其他食品制造	952	2676	2769
酒、饮料和精制茶制造业	4862	623	6609
酒的制造	2880	328	325
饮料制造	1776	274	6285
精制茶加工	205	21	

1-I-7　续表 1　　单位：万元

行　业	使用来自政府部门的科技活动资金	研究开发费用加计扣除减免税	高新技术企业减免税
烟草制品业			
烟叶复烤			
卷烟制造			
其他烟草制品制造			
纺织业	4181	2895	5801
棉纺织及印染精加工	3172	2266	5318
毛纺织及染整精加工	535		
麻纺织及染整精加工	30	75	
丝绢纺织及印染精加工		290	
化纤织造及印染精加工	3	12	
针织或钩针编织物及其制品制造	70	42	189
家用纺织制成品制造	227	117	
非家用纺织制成品制造	144	94	294
纺织服装、服饰业	1558	922	3822
机织服装制造	1026	600	3021
针织或钩针编织服装制造	532	323	801
服饰制造			
皮革、毛皮、羽毛及其制品和制鞋业	1095	371	2714
皮革鞣制加工	15	79	2143
皮革制品制造			
毛皮鞣制及制品加工	260		
羽毛(绒)加工及制品制造	302	86	
制鞋业	518	207	571
木材加工和木、竹、藤、棕、草制品业	563	75	471
木材加工	20		
人造板制造	73	45	
木制品制造	470	30	436
竹、藤、棕、草等制品制造			35
家具制造业	23	18345	88
木质家具制造	23		
竹、藤家具制造			
金属家具制造		370	
塑料家具制造			
其他家具制造		17975	88
造纸和纸制品业	2765	11355	16617
纸浆制造			
造纸	2670	11298	15212
纸制品制造	95	57	1405
印刷和记录媒介复制业	42	431	2341
印刷	42	431	2341
装订及印刷相关服务			
记录媒介复制			
文教、工美、体育和娱乐用品制造业	1446	3362	3751
文教办公用品制造	390	300	393
乐器制造		3	18
工艺美术品制造	675	315	2487
体育用品制造	33	415	448
玩具制造	348	2329	405
游艺器材及娱乐用品制造			

1-I-7 续表 2

单位：万元

行　业	使用来自政府部门的科技活动资金	研究开发费用加计扣除减免税	高新技术企业减免税
石油加工、炼焦和核燃料加工业	413	143	264
精炼石油产品制造	203	143	216
炼焦	210		48
核燃料加工			
化学原料和化学制品制造业	9632	14818	38183
基础化学原料制造	3245	2676	5762
肥料制造	487		70
农药制造	300	691	1585
涂料、油墨、颜料及类似产品制造	1096	2650	11514
合成材料制造	1807	2422	5981
专用化学产品制造	2327	4410	10099
炸药、火工及焰火产品制造			
日用化学产品制造	371	1970	3172
医药制造业	26838	17095	106179
化学药品原料药制造	5556	3656	13231
化学药品制剂制造	5373	6735	64832
中药饮片加工	391		
中成药生产	7812	3045	12750
兽用药品制造	535	399	921
生物药品制造	6554	2429	13658
卫生材料及医药用品制造	617	831	788
化学纤维制造业	1048	445	21910
纤维素纤维原料及纤维制造	439	209	21834
合成纤维制造	609	236	76
橡胶和塑料制品业	2571	18761	20866
橡胶制品业	1474	4002	9084
塑料制品业	1096	14759	11782
非金属矿物制品业	6665	4911	10270
水泥、石灰和石膏制造	851	30	
石膏、水泥制品及类似制品制造			
砖瓦、石材等建筑材料制造	178	2254	1391
玻璃制造	129	284	135
玻璃制品制造	1649	337	898
玻璃纤维和玻璃纤维增强塑料制品制造	1806	144	1048
陶瓷制品制造	1218	446	5141
耐火材料制品制造	352	596	252
石墨及其他非金属矿物制品制造	483	821	1406
黑色金属冶炼和压延加工业	1437	1356	6706
炼铁			
炼钢			
黑色金属铸造	290	607	2427
钢压延加工	949	532	2491
铁合金冶炼	198	216	1788
有色金属冶炼和压延加工业	4388	1682	6323
常用有色金属冶炼	2670	143	48
贵金属冶炼	9		
稀有稀土金属冶炼	529		192
有色金属合金制造	180	616	1013
有色金属铸造		171	1787
有色金属压延加工	1001	751	3283

1-I-7　续表 3　　单位：万元

行　业	使用来自政府部门的科技活动资金	研究开发费用加计扣除减免税	高新技术企业减免税
金属制品业	1820	6272	31132
结构性金属制品制造	293	598	4797
金属工具制造	131	347	606
集装箱及金属包装容器制造	454	1457	9139
金属丝绳及其制品制造	152	183	5867
建筑、安全用金属制品制造	166	1191	4332
金属表面处理及热处理加工	26	79	1360
搪瓷制品制造	50		
金属制日用品制造	248	1771	2999
其他金属制品制造	299	646	2032
通用设备制造业	28684	38321	201101
锅炉及原动设备制造	5816	13485	25982
金属加工机械制造	1302	2903	30097
物料搬运设备制造	6066	7306	38478
泵、阀门、压缩机及类似机械制造	9711	7360	36100
轴承、齿轮和传动部件制造	640	1201	3845
烘炉、风机、衡器、包装等设备制造	3022	4540	25666
文化、办公用机械制造	1660	645	37905
通用零部件制造	427	723	2258
其他通用设备制造业	41	158	769
专用设备制造业	20629	21451	62314
采矿、冶金、建筑专用设备制造	5084	6244	25624
化工、木材、非金属加工专用设备制造	953	2050	9473
食品、饮料、烟草及饲料生产专用设备制造	34	895	1350
印刷、制药、日化及日用品生产专用设备制造	206	222	206
纺织、服装和皮革加工专用设备制造	230	552	1339
电子和电工机械专用设备制造	2721	2666	473
农、林、牧、渔专用机械制造	70	230	687
医疗仪器设备及器械制造	9254	6340	8404
环保、社会公共服务及其他专用设备制造	2078	2253	14759
汽车制造业	29829	114320	151133
汽车整车制造	17640	84471	12068
改装汽车制造	227	574	2346
低速载货汽车制造			
电车制造			
汽车车身、挂车制造	256	37	899
汽车零部件及配件制造	11706	29238	135821
铁路、船舶、航空航天和其他运输设备制造业	895	6577	48752
铁路运输设备制造	52	3213	28444
城市轨道交通设备制造	11	148	108
船舶及相关装置制造	472	445	16578
航空、航天器及设备制造	50	1671	1671
摩托车制造	51	829	1698
自行车制造	260	270	254
非公路休闲车及零配件制造			
潜水救捞及其他未列明运输设备制造			
电气机械和器材制造业	21028	31752	97227
电机制造	3601	6123	10454
输配电及控制设备制造	5432	10121	40590

1-I-7 续表 4

单位：万元

行　业	使用来自政府部门的科技活动资金	研究开发费用加计扣除减免税	高新技术企业减免税
电线、电缆、光缆及电工器材制造	1968	2765	12766
电池制造	2950	2740	5105
家用电力器具制造	1376	4390	14415
非电力家用器具制造	1718	153	1084
照明器具制造	3975	5460	12813
其他电气机械及器材制造	10		
计算机、通信和其他电子设备制造业	63579	92880	173222
计算机制造	4350	8358	18720
通信设备制造	13558	27016	18408
广播电视设备制造	1383	240	6199
雷达及配套设备制造			147
视听设备制造	545	10715	5244
电子器件制造	27122	36501	66150
电子元件制造	2629	5287	31288
其他电子设备制造	13991	4763	27068
仪器仪表制造业	8094	40936	37486
通用仪器仪表制造	7033	9365	25440
专用仪器仪表制造	813	1828	10545
钟表与计时仪器制造			
光学仪器及眼镜制造	248	29663	1501
其他仪器仪表制造业		80	
其他制造业		1154	636
日用杂品制造		75	517
煤制品制造			
核辐射加工			
其他未列明制造业		1079	119
废弃资源综合利用业	32		
金属废料和碎屑加工处理	32		
非金属废料和碎屑加工处理			
金属制品、机械和设备修理业	42	191	321
金属制品修理			
通用设备修理			
专用设备修理		91	13
铁路、船舶、航空航天等运输设备修理	42	100	308
电气设备修理			
仪器仪表修理			
其他机械和设备修理业			
电力、热力、燃气及水生产和供应业	**2463**	**1274**	**12641**
电力、热力生产和供应业	2017		
电力生产	2017		
电力供应			
热力生产和供应			
燃气生产和供应业	329	847	12504
燃气生产和供应业	329	847	12504
水的生产和供应业	118	426	137
自来水生产和供应	105	50	85
污水处理及其再生利用	13	376	51
其他水的处理、利用与分配			

1-I-8　各地区企业政府相关政策落实情况

单位：万元

地　　区	使用来自政府部门的科技活动资金	研究开发费用加计扣除减免税	高新技术企业减免税
全　　国	**4589829**	**3336954**	**5855110**
东部地区	2192979	2060027	4399932
中部地区	913813	579653	1041783
西部地区	937768	382463	219367
东北地区	545270	314811	194027
北　　京	330577	89199	367185
天　　津	92910	69599	121450
河　　北	87693	82504	228365
山　　西	58407	55050	59146
内 蒙 古	40800	21932	11662
辽　　宁	305329	105542	93184
吉　　林	46675	188041	50503
黑 龙 江	193266	21229	50341
上　　海	251133	298805	406948
江　　苏	321387	416901	952164
浙　　江	170650	421148	656617
安　　徽	242707	92260	211580
福　　建	90783	77799	191006
江　　西	54098	37292	72432
山　　东	370660	155040	414512
河　　南	116548	93774	196088
湖　　北	209688	152853	117214
湖　　南	232366	148426	385324
广　　东	469870	443497	1052581
广　　西	56895	32167	28968
海　　南	7316	5536	9106
重　　庆	66980	38214	28586
四　　川	185981	96055	75049
贵　　州	69069	8124	23536
云　　南	60839	13750	13324
西　　藏	857	100	
陕　　西	368658	127783	28861
甘　　肃	31733	15366	3367
青　　海	10279	1203	186
宁　　夏	18901	6395	3602
新　　疆	26777	21376	2227

1-I-9 各地区大中型企业政府相关政策落实情况

单位：万元

地区	使用来自政府部门的科技活动资金	研究开发费用加计扣除减免税	高新技术企业减免税
全国	**3694364**	**2830785**	**4939776**
东部地区	1677720	1698477	3753054
中部地区	731722	482713	838309
西部地区	788253	349792	178414
东北地区	496668	299802	169999
北京	274765	67426	294405
天津	48941	61549	87840
河北	69143	75139	214151
山西	46771	53420	57633
内蒙古	28349	20978	9475
辽宁	268694	97592	82014
吉林	39915	184276	43171
黑龙江	188059	17934	44813
上海	211150	259058	332553
江苏	231881	314345	802736
浙江	101344	308044	555393
安徽	191963	68143	171455
福建	59822	65032	167870
江西	38065	32249	56560
山东	300497	137479	383739
河南	100121	88398	187203
湖北	167230	140197	101138
湖南	187573	100306	264321
广东	374541	405291	906302
广西	44233	27839	25079
海南	5636	5115	8065
重庆	54797	34813	19477
四川	157964	85490	63917
贵州	51686	5081	19198
云南	43313	10632	10406
西藏	267		
陕西	345116	122927	23914
甘肃	24869	14758	3025
青海	6688	1203	158
宁夏	14072	5513	2984
新疆	16898	20559	783

1-I-10　各地区内资企业政府相关政策落实情况

单位：万元

地　区	使用来自政府部门的科技活动资金	研究开发费用加计扣除减免税	高新技术企业减免税
全　国	**4098793**	**2577838**	**3907442**
东部地区	1797305	1404564	2618042
中部地区	873958	530218	927554
西部地区	900513	352273	197866
东北地区	527016	290784	163981
北　京	307806	71769	260389
天　津	83094	62826	89263
河　北	77295	66963	149261
山　西	56208	54806	57157
内蒙古	38603	21584	11662
辽　宁	291533	85524	76446
吉　林	43271	186885	45778
黑龙江	192212	18375	41757
上　海	173168	150617	159923
江　苏	269312	315117	547277
浙　江	131390	298208	399059
安　徽	236568	84761	185984
福　建	57252	36508	73091
江　西	49096	28593	68998
山　东	337375	133562	317988
河　南	110642	85374	176845
湖　北	200768	134704	92147
湖　南	220677	141980	346423
广　东	353589	266953	614551
广　西	47034	15465	26589
海　南	7024	2041	7240
重　庆	61345	34522	18248
四　川	176208	92484	71935
贵　州	68350	7967	20623
云　南	57173	9703	12644
西　藏	857	100	
陕　西	366068	126788	27108
甘　肃	31639	15366	3367
青　海	9899	1203	186
宁　夏	16661	5716	3277
新　疆	26677	21376	2227

1-I-11 各地区港澳台商投资企业政府相关政策落实情况

单位：万元

地区	使用来自政府部门的科技活动资金	研究开发费用加计扣除减免税	高新技术企业减免税
全国	**233860**	**301735**	**860596**
东部地区	193228	256298	784719
中部地区	14971	22389	60158
西部地区	14512	5861	5023
东北地区	11149	17188	10696
北京	10140	9499	20824
天津	2530	4389	18053
河北	8055	12243	23482
山西	1813	28	347
内蒙古	251		
辽宁	7674	16287	6523
吉林	3290	706	1173
黑龙江	185	196	3000
上海	26511	17148	51674
江苏	22411	31525	113433
浙江	20037	67047	184031
安徽	2220	4834	15685
福建	13947	21667	56417
江西	3572	8281	1998
山东	8641	3054	26128
河南	1695	2380	6935
湖北	3166	2762	10891
湖南	2506	4104	24302
广东	80930	89457	289727
广西	2792	307	794
海南	25	269	950
重庆	1696	579	442
四川	6680	382	2862
贵州	231	34	675
云南	1082	3900	250
西藏			
陕西	370	324	
甘肃			
青海			
宁夏	1330	335	
新疆	80		

1-I-12　各地区外商投资企业政府相关政策落实情况

单位：万元

地　　区	使用来自政府部门的科技活动资金	研究开发费用加计扣除减免税	高新技术企业减免税
全　　国	**257177**	**457381**	**1087072**
东部地区	202446	399165	997172
中部地区	24884	27047	54071
西部地区	22743	24330	16478
东北地区	7105	6839	19351
北　　京	12631	7931	85972
天　　津	7286	2384	14133
河　　北	2343	3298	55621
山　　西	385	215	1643
内 蒙 古	1946	347	
辽　　宁	6122	3731	10215
吉　　林	114	450	3552
黑 龙 江	869	2659	5584
上　　海	51454	131041	195351
江　　苏	29663	70260	291454
浙　　江	19223	55892	73527
安　　徽	3919	2665	9910
福　　建	19584	19624	61498
江　　西	1430	418	1435
山　　东	24644	18424	70396
河　　南	4211	6020	12308
湖　　北	5755	15387	14177
湖　　南	9184	2342	14599
广　　东	35351	87087	148304
广　　西	7069	16395	1586
海　　南	268	3226	916
重　　庆	3939	3113	9896
四　　川	3093	3189	252
贵　　州	488	123	2238
云　　南	2584	148	429
西　　藏			
陕　　西	2220	671	1753
甘　　肃	94		
青　　海	380		
宁　　夏	911	345	325
新　　疆	20		

J. 企业技术获取和技术改造情况

1-J-1 分登记注册类型企业技术获取和技术改造情况

单位：万元

登记注册类型	引进技术经费支出	消化吸收经费支出	购买国内技术经费支出	技术改造经费支出
总　计	**3939455**	**1505777**	**2143810**	**40721168**
内资企业	**1651068**	**1012135**	**1774241**	**35267164**
国有企业	59438	33362	85381	2723227
集体企业	8137	1752	2400	129719
股份合作企业	354	935	2252	37489
联营企业	2135	3367	7050	36686
国有联营企业	2135	3348	7048	26893
集体联营企业		19	2	53
国有与集体联营企业				
其他联营企业				9740
有限责任公司	838749	415222	789427	15287428
国有独资公司	179750	48413	209122	5146519
其他有限责任公司	658999	366809	580305	10140909
股份有限公司	517470	399307	612374	10090770
私营企业	223108	157658	273988	6913607
私营独资企业	351	1098	5581	253728
私营合伙企业	50	47	1270	107862
私营有限责任公司	178328	135434	252038	5757683
私营股份有限公司	44379	21079	15098	794334
其他企业	1677	533	1369	48239
港、澳、台商投资企业	**391464**	**63219**	**203305**	**2005972**
合资经营企业	79216	28498	79324	1085979
合作经营企业	1739	321		13355
港、澳、台商独资经营企业	286907	27979	114222	827697
港、澳、台商投资股份有限公司	23531	6421	9760	78139
其他港、澳、台投资企业	70			804
外商投资企业	**1896923**	**430423**	**166264**	**3448032**
中外合资经营企业	1434868	335421	112808	2594610
中外合作经营企业	4465	5	127	77452
外资企业	443950	85664	33199	603064
外商投资股份有限公司	12320	9333	20130	155099
其他外商投资企业	1320			17807

1-J-2　分登记注册类型大中型企业技术获取和技术改造情况

单位：万元

登记注册类型	引进技术经费支出	消化吸收经费支出	购买国内技术经费支出	技术改造经费支出
总　计	**3736344**	**1381160**	**1895059**	**34949593**
内资企业	**1508788**	**904985**	**1558033**	**30093426**
国有企业	59293	32741	84947	2595729
集体企业	6277	1553	2148	55582
股份合作企业	300	531	1905	23324
联营企业	2135	3348	7048	27165
国有联营企业	2135	3348	7048	26893
集体联营企业				
国有与集体联营企业				
其他联营企业				272
有限责任公司	766697	373341	704405	13829777
国有独资公司	169372	48403	178195	5039574
其他有限责任公司	597325	324938	526210	8790203
股份有限公司	500573	394126	598130	9873885
私营企业	173500	98979	159203	3667346
私营独资企业		326	4341	51628
私营合伙企业	50	15	160	9395
私营有限责任公司	132483	79974	143134	3044618
私营股份有限公司	40966	18664	11568	561706
其他企业	14	367	247	20618
港、澳、台商投资企业	**379763**	**57356**	**183162**	**1671539**
合资经营企业	76465	26528	70383	844581
合作经营企业	1695			10564
港、澳、台商独资经营企业	278885	24542	103844	743946
港、澳、台商投资股份有限公司	22649	6286	8935	71644
其他港、澳、台投资企业	70			804
外商投资企业	**1847793**	**418820**	**153864**	**3184628**
中外合资经营企业	1414417	327558	104201	2451359
中外合作经营企业	4465	1	115	51632
外资企业	415547	81929	29433	510464
外商投资股份有限公司	12044	9331	20115	153865
其他外商投资企业	1320			17308

1-J-3 分行业企业技术获取和技术改造情况

单位：万元

行　　业	引进技术经费支出	消化吸收经费支出	购买国内技术经费支出	技术改造经费支出
总　计	**3939455**	**1505777**	**2143810**	**40721168**
采矿业	**76059**	**38281**	**59244**	**1967177**
煤炭开采和洗选业	75844	34409	49532	1414399
烟煤和无烟煤开采洗选	75844	34409	49482	1393880
褐煤开采洗选			50	20519
其他煤炭采选				
石油和天然气开采业			172	77054
石油开采			172	8033
天然气开采				69021
黑色金属矿采选业		892	267	119173
铁矿采选		892	267	105130
锰矿、铬矿采选				10544
其他黑色金属矿采选				3500
有色金属矿采选业		474	673	309119
常用有色金属矿采选		453	118	38075
贵金属矿采选			101	239066
稀有稀土金属矿采选		21	455	31978
非金属矿采选业	214	1557	8390	46785
土砂石开采	80	279	4268	13329
化学矿开采	134	58		13643
采盐		1220	4118	15059
石棉及其他非金属矿采选			5	4754
开采辅助活动		950	210	648
煤炭开采和洗选辅助活动				
石油和天然气开采辅助活动		950	210	648
其他开采辅助活动				
其他采矿业				
其他采矿业				
制造业	**3861547**	**1400355**	**2053070**	**35908966**
农副食品加工业	9203	30213	41381	863295
谷物磨制	21	2262	2119	72043
饲料加工	1916	7002	12144	111080
植物油加工	2216	9757	11966	276616
制糖业		729	3404	171346
屠宰及肉类加工	4431	6072	6464	107518
水产品加工	225	1691	1920	43723
蔬菜、水果和坚果加工	215	1122	2668	42618
其他农副食品加工	179	1578	697	38351
食品制造业	35871	24350	14674	458947
焙烤食品制造	12	571	1151	13167
糖果、巧克力及蜜饯制造	298	253	796	60065
方便食品制造		911	1305	37903
乳制品制造	26508	9316	3022	63047
罐头食品制造	2437	2055	2499	34968
调味品、发酵制品制造	1120	1911	1701	126976
其他食品制造	5496	9333	4202	122820
酒、饮料和精制茶制造业	7620	8275	18233	1013111
酒的制造	6555	7340	9964	860006
饮料制造	1015	589	5977	53179
精制茶加工	50	346	2292	99926

1-J-3　续表 1　　单位：万元

行　业	引进技术经费支出	消化吸收经费支出	购买国内技术经费支出	技术改造经费支出
烟草制品业	35539	1218	51426	1165940
烟叶复烤			359	50638
卷烟制造	35539	1208	51067	1112763
其他烟草制品制造		10		2539
纺织业	32689	24435	26345	641345
棉纺织及印染精加工	17463	16599	15453	375507
毛纺织及染整精加工	4840	985	882	54339
麻纺织及染整精加工	2068	926	314	12184
丝绢纺织及印染精加工	555	170	2169	39501
化纤织造及印染精加工	150		243	14626
针织或钩针编织物及其制品制造	1125	566	5474	13492
家用纺织制成品制造	3771	586	1124	46615
非家用纺织制成品制造	2717	4603	686	85082
纺织服装、服饰业	22784	8861	6351	134790
机织服装制造	21570	7784	4204	88302
针织或钩针编织服装制造	1014	1077	1141	44720
服饰制造	200		1006	1768
皮革、毛皮、羽毛及其制品和制鞋业	1145	2635	3506	96446
皮革鞣制加工		38	90	20691
皮革制品制造	14	9	1147	28621
毛皮鞣制及制品加工		140	48	800
羽毛(绒)加工及制品制造	55	138	296	11861
制鞋业	1077	2311	1925	34473
木材加工和木、竹、藤、棕、草制品业	9582	2626	15987	169867
木材加工			2597	2998
人造板制造	6345	15	5242	67873
木制品制造	3227	1809	7851	43128
竹、藤、棕、草等制品制造	10	802	298	55868
家具制造业	1831	881	974	29382
木质家具制造	216	839	384	18276
竹、藤家具制造				23
金属家具制造	187	41	264	3905
塑料家具制造	2	2		179
其他家具制造	1427		326	6999
造纸和纸制品业	44843	17138	9147	571723
纸浆制造	1540		129	25457
造纸	42442	16229	5809	475286
纸制品制造	861	910	3209	70981
印刷和记录媒介复制业	2187	1372	8375	157826
印刷	2187	1372	8375	153526
装订及印刷相关服务				
记录媒介复制				4300
文教、工美、体育和娱乐用品制造业	4444	3180	5126	96013
文教办公用品制造	762	78	200	13715
乐器制造	510	1199	660	4084
工艺美术品制造	2270	1356	3569	48794
体育用品制造	723	200	139	4987
玩具制造	178	35	547	14611
游艺器材及娱乐用品制造		313	10	9821

1-J-3 续表 2

单位：万元

行业	引进技术经费支出	消化吸收经费支出	购买国内技术经费支出	技术改造经费支出
石油加工、炼焦和核燃料加工业	47417	81951	83238	1941612
精炼石油产品制造	47037	80826	76947	1874176
炼焦	380	1125	6291	66618
核燃料加工				818
化学原料和化学制品制造业	329861	74200	209437	4283922
基础化学原料制造	49577	22382	98467	1657922
肥料制造	17521	16714	42994	797112
农药制造	4888	2542	4011	238449
涂料、油墨、颜料及类似产品制造	20330	2131	2091	211040
合成材料制造	46539	16003	14353	688094
专用化学产品制造	32321	8165	39232	532113
炸药、火工及焰火产品制造	1590	2587	6133	124801
日用化学产品制造	157095	3676	2156	34390
医药制造业	58131	63096	210435	1279734
化学药品原料药制造	14203	20396	39139	386717
化学药品制剂制造	20138	21475	112424	362547
中药饮片加工	364	245	1621	19231
中成药生产	5862	6901	34497	286421
兽用药品制造	2583	1699	7869	15791
生物药品制造	5104	4038	7561	104324
卫生材料及医药用品制造	9876	8341	7324	104704
化学纤维制造业	31837	6097	40098	399316
纤维素纤维原料及纤维制造	20732	2639	3003	168974
合成纤维制造	11105	3458	37095	230342
橡胶和塑料制品业	27448	60326	21520	964375
橡胶制品业	16790	54449	4262	663220
塑料制品业	10658	5877	17259	301156
非金属矿物制品业	39017	28666	35896	1042016
水泥、石灰和石膏制造	4157	13482	9016	269669
石膏、水泥制品及类似制品制造	220	927	1393	66898
砖瓦、石材等建筑材料制造	2333	1885	2917	104748
玻璃制造	3673	1650	4732	29733
玻璃制品制造	7203	3649	3283	67722
玻璃纤维和玻璃纤维增强塑料制品制造	3290	2076	1308	72543
陶瓷制品制造	6328	1820	8012	102090
耐火材料制品制造	5007	382	958	37233
石墨及其他非金属矿物制品制造	6808	2796	4278	291380
黑色金属冶炼和压延加工业	347126	169462	499501	5566461
炼铁		4600	5359	54970
炼钢	19789	19310	15071	513617
黑色金属铸造	665	2312	4640	73255
钢压延加工	326672	132354	472834	4792071
铁合金冶炼		10885	1597	132547
有色金属冶炼和压延加工业	101227	116518	99904	2199164
常用有色金属冶炼	58790	106351	66241	1439161
贵金属冶炼	2990		3057	73162
稀有稀土金属冶炼	10136	1781	3322	31283
有色金属合金制造	1776	29	1551	228779
有色金属铸造				5557
有色金属压延加工	27535	8357	25732	421222

1-J-3　续表 3　　单位：万元

行　　业	引进技术经费支出	消化吸收经费支出	购买国内技术经费支出	技术改造经费支出
金属制品业	53786	16479	38068	594191
结构性金属制品制造	4829	8368	1675	82696
金属工具制造	6016	1520	1186	42687
集装箱及金属包装容器制造	20616	1809	6913	24145
金属丝绳及其制品制造	1750	176	26	113350
建筑、安全用金属制品制造	523	280	2629	48239
金属表面处理及热处理加工	7180	325	104	23222
搪瓷制品制造		300		1964
金属制日用品制造	3060	259	1202	19612
其他金属制品制造	9811	3444	24333	238277
通用设备制造业	255016	142839	81066	1726285
锅炉及原动设备制造	96464	87321	19008	346749
金属加工机械制造	14226	8495	4127	188991
物料搬运设备制造	25942	13414	4596	204227
泵、阀门、压缩机及类似机械制造	48517	17800	19173	312499
轴承、齿轮和传动部件制造	7528	5200	8451	362520
烘炉、风机、衡器、包装等设备制造	23487	5825	19357	154892
文化、办公用机械制造	34869	2761	4145	4056
通用零部件制造	3132	1267	2010	126810
其他通用设备制造业	852	757	199	25542
专用设备制造业	148634	28796	50757	1608786
采矿、冶金、建筑专用设备制造	44854	7854	21951	916953
化工、木材、非金属加工专用设备制造	8207	4713	9354	143195
食品、饮料、烟草及饲料生产专用设备制造	121	4448	862	37346
印刷、制药、日化及日用品生产专用设备制造	477	890	568	9560
纺织、服装和皮革加工专用设备制造	17421	4505	7359	69541
电子和电工机械专用设备制造	300	181	223	79221
农、林、牧、渔专用机械制造	12536	1165	2420	109174
医疗仪器设备及器械制造	54194	1546	1817	111441
环保、社会公共服务及其他专用设备制造	10525	3493	6203	132355
汽车制造业	1445774	276122	164382	2857836
汽车整车制造	1199672	241061	108916	1896658
改装汽车制造	6044	885	9524	32904
低速载货汽车制造	3068	2616	3662	3492
电车制造			100	228
汽车车身、挂车制造			1737	18359
汽车零部件及配件制造	236990	31560	40443	906196
铁路、船舶、航空航天和其他运输设备制造业	93400	31290	95806	1131632
铁路运输设备制造	32522	14221	24888	345474
城市轨道交通设备制造	61	132	937	6782
船舶及相关装置制造	31635	9587	46746	157747
航空、航天器及设备制造	6793	1563	7895	504171
摩托车制造	21414	5683	15113	105241
自行车制造	465	100	228	6621
非公路休闲车及零配件制造		3		56
潜水救捞及其他未列明运输设备制造	511			5541
电气机械和器材制造业	247883	111008	92077	2609753
电机制造	38064	24978	16064	551939
输配电及控制设备制造	51557	19514	19375	709732

1-J-3 续表 4

单位：万元

行业	引进技术经费支出	消化吸收经费支出	购买国内技术经费支出	技术改造经费支出
电线、电缆、光缆及电工器材制造	17432	17427	13922	520709
电池制造	34716	7987	5761	133613
家用电力器具制造	80335	29814	27939	542709
非电力家用器具制造	9310	5275	3071	26684
照明器具制造	15839	5876	5355	113750
其他电气机械及器材制造	631	138	591	10616
计算机、通信和其他电子设备制造业	372054	55871	112302	1793072
计算机制造	19917	631	7388	89882
通信设备制造	37605	1251	11444	195852
广播电视设备制造	3546	1620	5488	28353
雷达及配套设备制造	2917		5414	40340
视听设备制造	67138	6152	30957	254079
电子器件制造	148045	34330	14855	867333
电子元件制造	89200	6361	34989	287405
其他电子设备制造	3686	5527	1767	29827
仪器仪表制造业	43208	10135	14616	367257
通用仪器仪表制造	34578	7618	12846	243822
专用仪器仪表制造	6157	1445	1683	62075
钟表与计时仪器制造	23		10	2421
光学仪器及眼镜制造	2200	1072	77	55776
其他仪器仪表制造业	250			3164
其他制造业	2472	826	1368	73142
日用杂品制造	32	20	660	23454
煤制品制造	2440	420	175	4969
核辐射加工				
其他未列明制造业		386	534	44719
废弃资源综合利用业		38	428	55982
金属废料和碎屑加工处理		26	348	52138
非金属废料和碎屑加工处理		13	80	3844
金属制品、机械和设备修理业	9516	1451	648	15749
金属制品修理				
通用设备修理				15
专用设备修理				651
铁路、船舶、航空航天等运输设备修理	9516	1451	648	11434
电气设备修理				450
仪器仪表修理				
其他机械和设备修理业				3200
电力、热力、燃气及水生产和供应业	**1850**	**67141**	**31496**	**2845025**
电力、热力生产和供应业	542	19338	21848	2638395
电力生产	439	18778	6043	1657283
电力供应		360	15545	946071
热力生产和供应	103	200	260	35041
燃气生产和供应业	499	47735	9377	52586
燃气生产和供应业	499	47735	9377	52586
水的生产和供应业	810	69	271	154045
自来水生产和供应	760		271	152963
污水处理及其再生利用	50	69		1082
其他水的处理、利用与分配				

1-J-4　分行业大中型企业技术获取和技术改造情况

单位：万元

行　业	引进技术经费支出	消化吸收经费支出	购买国内技术经费支出	技术改造经费支出
总　计	**3736344**	**1381160**	**1895059**	**34949593**
采矿业	**75920**	**37225**	**54768**	**1679280**
煤炭开采和洗选业	75840	34374	49083	1236931
烟煤和无烟煤开采洗选	75840	34374	49033	1216412
褐煤开采洗选			50	20519
其他煤炭采选				
石油和天然气开采业			172	74691
石油开采			172	8033
天然气开采				66658
黑色金属矿采选业		890	193	43333
铁矿采选		890	193	41278
锰矿、铬矿采选				2054
其他黑色金属矿采选				
有色金属矿采选业		474	671	289471
常用有色金属矿采选		453	116	28440
贵金属矿采选			101	237605
稀有稀土金属矿采选		21	455	23427
非金属矿采选业	80	538	4440	34371
土砂石开采	80	172	591	6826
化学矿开采				13291
采盐		366	3848	14254
石棉及其他非金属矿采选				
开采辅助活动		950	210	484
煤炭开采和洗选辅助活动				
石油和天然气开采辅助活动		950	210	484
其他开采辅助活动				
其他采矿业				
其他采矿业				
制造业	**3659155**	**1276875**	**1811323**	**30773509**
农副食品加工业	6631	24585	30716	472142
谷物磨制	20	566	292	35642
饲料加工	1513	6315	8404	70613
植物油加工	703	9022	10848	62479
制糖业		682	3142	167595
屠宰及肉类加工	4162	5270	5597	62253
水产品加工	132	1570	404	31667
蔬菜、水果和坚果加工	22	248	1612	24382
其他农副食品加工	80	913	417	17511
食品制造业	33919	14685	7715	336017
焙烤食品制造		466	1102	6449
糖果、巧克力及蜜饯制造	298	253	432	51218
方便食品制造		864	360	12870
乳制品制造	26418	8608	2943	49731
罐头食品制造	998	1404	969	24372
调味品、发酵制品制造	1120	1847	1500	110066
其他食品制造	5085	1242	410	81312
酒、饮料和精制茶制造业	7149	7666	16813	844106
酒的制造	6324	7172	9441	782001
饮料制造	805	472	5778	34336
精制茶加工	20	23	1594	27770

1-J-4 续表 1

单位：万元

行业	引进技术经费支出	消化吸收经费支出	购买国内技术经费支出	技术改造经费支出
烟草制品业	28185	1218	21270	1107609
烟叶复烤			359	50638
卷烟制造	28185	1208	20912	1056310
其他烟草制品制造		10		661
纺织业	26518	23400	18514	505434
棉纺织及印染精加工	16336	16159	11505	313511
毛纺织及染整精加工	2725	893	859	48320
麻纺织及染整精加工	2068	926	314	9363
丝绢纺织及印染精加工	535	170	2134	29527
化纤织造及印染精加工			223	8517
针织或钩针编织物及其制品制造	269	221	2051	6690
家用纺织制成品制造	3168	501	1024	37121
非家用纺织制成品制造	1417	4531	405	52386
纺织服装、服饰业	22574	8635	5962	117196
机织服装制造	21570	7558	4204	73666
针织或钩针编织服装制造	1004	1077	761	43195
服饰制造			998	335
皮革、毛皮、羽毛及其制品和制鞋业	1132	2073	3306	70147
皮革鞣制加工			90	15100
皮革制品制造			1109	20795
毛皮鞣制及制品加工				80
羽毛(绒)加工及制品制造	55	130	293	10712
制鞋业	1077	1943	1814	23461
木材加工和木、竹、藤、棕、草制品业	9012	2554	9754	83258
木材加工			1616	873
人造板制造	5845	10	429	30930
木制品制造	3167	1792	7489	11056
竹、藤、棕、草等制品制造		752	220	40400
家具制造业	1803	879	438	15666
木质家具制造	216	839	293	7659
竹、藤家具制造				23
金属家具制造	161	41	34	1665
塑料家具制造				
其他家具制造	1427		111	6319
造纸和纸制品业	44214	16858	7648	440540
纸浆制造	1540		129	25457
造纸	42138	16157	5062	407861
纸制品制造	537	701	2457	7222
印刷和记录媒介复制业	655	1233	7183	97773
印刷	655	1233	7183	97773
装订及印刷相关服务				
记录媒介复制				
文教、工美、体育和娱乐用品制造业	3872	2400	3923	59521
文教办公用品制造	650	30		7352
乐器制造	50	719		1628
工艺美术品制造	2270	1223	3456	34778
体育用品制造	723	80	70	3137
玩具制造	178	35	397	5229
游艺器材及娱乐用品制造		313		7397

1-J-4　续表 2　　　　单位：万元

行　　业	引进技术经费支出	消化吸收经费支出	购买国内技术经费支出	技术改造经费支出
石油加工、炼焦和核燃料加工业	47137	76347	80169	1920777
精炼石油产品制造	46757	75222	75128	1854201
炼焦	380	1125	5041	65759
核燃料加工				818
化学原料和化学制品制造业	301686	62292	179924	3658987
基础化学原料制造	47089	17448	86861	1458620
肥料制造	17315	16356	41405	749953
农药制造	4687	1357	3364	201715
涂料、油墨、颜料及类似产品制造	18604	1291	500	175934
合成材料制造	28313	14183	8365	623859
专用化学产品制造	27641	5968	33345	355547
炸药、火工及焰火产品制造	1256	2012	4290	77891
日用化学产品制造	156781	3676	1794	15468
医药制造业	50838	58841	184830	1007416
化学药品原料药制造	12361	19586	36052	329590
化学药品制剂制造	17523	20883	106334	302866
中药饮片加工	244	142	1197	10391
中成药生产	5240	5721	27832	202612
兽用药品制造	2372	1338	3185	5356
生物药品制造	3312	2851	3834	66729
卫生材料及医药用品制造	9785	8319	6398	89873
化学纤维制造业	31837	6082	39918	367290
纤维素纤维原料及纤维制造	20732	2639	2973	159904
合成纤维制造	11105	3443	36946	207386
橡胶和塑料制品业	24683	56915	15505	791006
橡胶制品业	16239	52458	3938	632822
塑料制品业	8444	4458	11567	158184
非金属矿物制品业	30972	24310	28804	760163
水泥、石灰和石膏制造	4057	13411	7985	223515
石膏、水泥制品及类似制品制造		335	535	26711
砖瓦、石材等建筑材料制造	617	1307	1967	35918
玻璃制造	3673	1650	4412	24807
玻璃制品制造	6949	1784	2294	45626
玻璃纤维和玻璃纤维增强塑料制品制造	2009	1467	123	55693
陶瓷制品制造	6120	1812	8012	77354
耐火材料制品制造	1289	35	403	19993
石墨及其他非金属矿物制品制造	6259	2510	3074	250546
黑色金属冶炼和压延加工业	346427	158471	489881	5365096
炼铁		4600	5359	54079
炼钢	19789	19275	15051	513402
黑色金属铸造	216	1170	3631	33170
钢压延加工	326421	131426	464429	4698769
铁合金冶炼		2000	1411	65676
有色金属冶炼和压延加工业	89271	110978	93768	1889559
常用有色金属冶炼	58790	106351	63556	1245988
贵金属冶炼	1500		2576	59221
稀有稀土金属冶炼	4424	1615	2882	19223
有色金属合金制造	1500	27	317	197789
有色金属铸造				4236
有色金属压延加工	23057	2985	24436	363102

1-J-4 续表 3 单位：万元

行 业	引进技术经费支出	消化吸收经费支出	购买国内技术经费支出	技术改造经费支出
金属制品业	44269	14378	32613	427928
结构性金属制品制造	3917	7490	1017	41411
金属工具制造	2486	1002	866	32171
集装箱及金属包装容器制造	20616	1696	6828	14136
金属丝绳及其制品制造	1387	23	26	92625
建筑、安全用金属制品制造	399	153	2079	23126
金属表面处理及热处理加工	3192	260	60	17132
搪瓷制品制造		300		1100
金属制日用品制造	3060	141	1092	13632
其他金属制品制造	9213	3314	20645	192595
通用设备制造业	233144	127722	62319	1242292
锅炉及原动设备制造	88655	80761	18839	316034
金属加工机械制造	13281	6642	3314	133481
物料搬运设备制造	25334	13124	3549	172498
泵、阀门、压缩机及类似机械制造	43038	15095	5578	196773
轴承、齿轮和传动部件制造	6844	4059	7594	172243
烘炉、风机、衡器、包装等设备制造	19083	3949	18199	133326
文化、办公用机械制造	34378	2761	4145	2911
通用零部件制造	2531	716	902	93103
其他通用设备制造业		614	199	21925
专用设备制造业	133210	22629	35834	1323429
采矿、冶金、建筑专用设备制造	40677	6640	18927	817593
化工、木材、非金属加工专用设备制造	7959	3760	6528	103322
食品、饮料、烟草及饲料生产专用设备制造		4374	695	31974
印刷、制药、日化及日用品生产专用设备制造	202	486	343	5911
纺织、服装和皮革加工专用设备制造	17204	4360	2440	48434
电子和电工机械专用设备制造	300	140		60553
农、林、牧、渔专用机械制造	12195	325	582	89943
医疗仪器设备及器械制造	49385	384	1225	75642
环保、社会公共服务及其他专用设备制造	5289	2162	5093	90058
汽车制造业	1430454	267824	155556	2633123
汽车整车制造	1199150	240935	107716	1852170
改装汽车制造	5906	615	9057	29853
低速载货汽车制造	3068	2616	3662	2787
电车制造				
汽车车身、挂车制造			25	15646
汽车零部件及配件制造	222330	23658	35096	732667
铁路、船舶、航空航天和其他运输设备制造业	91409	29793	92629	1051904
铁路运输设备制造	31209	13455	24387	319966
城市轨道交通设备制造				5844
船舶及相关装置制造	31533	9120	45354	128922
航空、航天器及设备制造	6741	1521	7895	487345
摩托车制造	21414	5608	14825	98010
自行车制造		86	168	6328
非公路休闲车及零配件制造		3		36
潜水救捞及其他未列明运输设备制造	511			5453
电气机械和器材制造业	229577	95384	70585	2172487
电机制造	34338	21737	10063	472250
输配电及控制设备制造	44988	13430	13376	538455

1-J-4　续表 4　　　单位：万元

行　　业	引进技术经费支出	消化吸收经费支出	购买国内技术经费支出	技术改造经费支出
电线、电缆、光缆及电工器材制造	13284	14291	12305	412441
电池制造	34370	7296	3896	108902
家用电力器具制造	79857	29793	27605	531442
非电力家用器具制造	8926	4134	327	16950
照明器具制造	13815	4703	3013	81811
其他电气机械及器材制造				10237
计算机、通信和其他电子设备制造业	343443	48953	104065	1635236
计算机制造	18903	451	5847	81933
通信设备制造	36920	971	11115	187618
广播电视设备制造	3546	1289	4945	14117
雷达及配套设备制造	2887		5314	40340
视听设备制造	67013	5754	30732	245918
电子器件制造	125948	30655	12594	826130
电子元件制造	85737	4550	31927	217781
其他电子设备制造	2490	5283	1593	21399
仪器仪表制造业	35587	7890	9759	307274
通用仪器仪表制造	30470	5833	9543	197996
专用仪器仪表制造	2924	1016	193	55761
钟表与计时仪器制造	23		10	1964
光学仪器及眼镜制造	2170	1041	14	49535
其他仪器仪表制造业				2018
其他制造业	32	406	1176	44965
日用杂品制造	32	20	660	23260
煤制品制造				71
核辐射加工				
其他未列明制造业		386	516	21633
废弃资源综合利用业		26	100	13953
金属废料和碎屑加工处理		26	100	13953
非金属废料和碎屑加工处理				
金属制品、机械和设备修理业	9516	1451	648	11218
金属制品修理				
通用设备修理				
专用设备修理				538
铁路、船舶、航空航天等运输设备修理	9516	1451	648	10680
电气设备修理				
仪器仪表修理				
其他机械和设备修理业				
电力、热力、燃气及水生产和供应业	**1269**	**67060**	**28968**	**2496804**
电力、热力生产和供应业	509	19326	19622	2317065
电力生产	409	18766	3823	1360901
电力供应		360	15539	927114
热力生产和供应	100	200	260	29050
燃气生产和供应业		47735	9302	46581
燃气生产和供应业		47735	9302	46581
水的生产和供应业	760		44	133158
自来水生产和供应	760		44	132846
污水处理及其再生利用				313
其他水的处理、利用与分配				

1-J-5 分行业内资企业技术获取和技术改造情况

单位：万元

行业	引进技术经费支出	消化吸收经费支出	购买国内技术经费支出	技术改造经费支出
总　计	**1651068**	**1012135**	**1774241**	**35267164**
采矿业	**76059**	**38281**	**59244**	**1891391**
煤炭开采和洗选业	75844	34409	49532	1414396
烟煤和无烟煤开采洗选	75844	34409	49482	1393877
褐煤开采洗选			50	20519
其他煤炭采选				
石油和天然气开采业			172	8033
石油开采			172	8033
天然气开采				
黑色金属矿采选业		892	267	112411
铁矿采选		892	267	99718
锰矿、铬矿采选				9194
其他黑色金属矿采选				3500
有色金属矿采选业		474	673	309119
常用有色金属矿采选		453	118	38075
贵金属矿采选			101	239066
稀有稀土金属矿采选		21	455	31978
非金属矿采选业	214	1557	8390	46785
土砂石开采	80	279	4268	13329
化学矿开采	134	58		13643
采盐		1220	4118	15059
石棉及其他非金属矿采选			5	4754
开采辅助活动		950	210	648
煤炭开采和洗选辅助活动				
石油和天然气开采辅助活动		950	210	648
其他开采辅助活动				
其他采矿业				
其他采矿业				
制造业	**1573935**	**954448**	**1692833**	**30784691**
农副食品加工业	4764	26732	37035	741734
谷物磨制	21	2262	2119	72043
饲料加工	348	5737	10241	89376
植物油加工	2216	9324	11080	267887
制糖业		729	3404	152749
屠宰及肉类加工	1575	5465	6237	71961
水产品加工	225	635	1815	22639
蔬菜、水果和坚果加工	215	1099	1447	31826
其他农副食品加工	163	1479	692	33253
食品制造业	29766	22276	12188	361422
焙烤食品制造	12	110	828	12222
糖果、巧克力及蜜饯制造		56	785	56243
方便食品制造		446	1141	35011
乳制品制造	26508	9316	3022	54708
罐头食品制造	1962	1704	1086	31128
调味品、发酵制品制造	1120	1911	1691	64498
其他食品制造	164	8733	3636	107612
酒、饮料和精制茶制造业	7607	8157	14187	979414
酒的制造	6542	7272	8766	840547
饮料制造	1015	589	3179	42723
精制茶加工	50	296	2242	96145

1-J-5　续表 1　　　　单位：万元

行　　业	引进技术经费支出	消化吸收经费支出	购买国内技术经费支出	技术改造经费支出
烟草制品业	35539	1218	51426	1164062
烟叶复烤			359	50638
卷烟制造	35539	1208	51067	1112763
其他烟草制品制造		10		661
纺织业	29277	23555	20521	575440
棉纺织及印染精加工	16143	16254	10606	325540
毛纺织及染整精加工	4772	985	640	53829
麻纺织及染整精加工	2068	926	246	11972
丝绢纺织及印染精加工	555	170	2169	38561
化纤织造及印染精加工	150		243	12800
针织或钩针编织物及其制品制造	800	326	5230	11246
家用纺织制成品制造	3234	583	1122	44498
非家用纺织制成品制造	1556	4311	264	76993
纺织服装、服饰业	19714	6626	4484	115808
机织服装制造	19057	5719	2736	74631
针织或钩针编织服装制造	457	906	742	39755
服饰制造	200		1006	1421
皮革、毛皮、羽毛及其制品和制鞋业	379	1942	2500	68762
皮革鞣制加工		38	90	17615
皮革制品制造	14	9	1067	16046
毛皮鞣制及制品加工		140	48	800
羽毛(绒)加工及制品制造	55	106	296	10446
制鞋业	310	1649	999	23856
木材加工和木、竹、藤、棕、草制品业	6595	870	6441	157200
木材加工			961	2998
人造板制造	6345	15	4977	63702
木制品制造	240	53	392	35589
竹、藤、棕、草等制品制造	10	802	112	54910
家具制造业	297	651	444	24737
木质家具制造	6	639	299	16618
竹、藤家具制造				23
金属家具制造	161	11	35	3545
塑料家具制造	2	2		153
其他家具制造	129		111	4398
造纸和纸制品业	44594	17062	9146	459564
纸浆制造	1540		129	25457
造纸	42411	16229	5809	372527
纸制品制造	643	834	3208	61580
印刷和记录媒介复制业	2111	811	6549	142429
印刷	2111	811	6549	138129
装订及印刷相关服务				
记录媒介复制				4300
文教、工美、体育和娱乐用品制造业	2856	1872	4363	65897
文教办公用品制造	112	48	200	13128
乐器制造	310	326	400	3412
工艺美术品制造	2256	1070	3427	36482
体育用品制造		80	70	3863
玩具制造	178	35	257	3693
游艺器材及娱乐用品制造		313	10	5319

1-J-5 续表 2

单位：万元

行　　业	引进技术经费支出	消化吸收经费支出	购买国内技术经费支出	技术改造经费支出
石油加工、炼焦和核燃料加工业	37947	81951	73491	1897097
精炼石油产品制造	37567	80826	67200	1842741
炼焦	380	1125	6291	53538
核燃料加工				818
化学原料和化学制品制造业	159091	66983	168484	3927366
基础化学原料制造	47934	18889	94376	1469584
肥料制造	17398	16262	41305	762689
农药制造	4537	2302	3105	232409
涂料、油墨、颜料及类似产品制造	14600	1654	1280	196898
合成材料制造	43190	14795	9415	668069
专用化学产品制造	29154	6818	10906	441188
炸药、火工及焰火产品制造	1590	2587	6133	124153
日用化学产品制造	689	3676	1963	32378
医药制造业	42353	48556	150897	1118954
化学药品原料药制造	11873	15154	32827	351310
化学药品制剂制造	10852	14016	69793	275245
中药饮片加工	174	203	1621	17415
中成药生产	4039	6243	27256	265821
兽用药品制造	2583	1653	7749	14654
生物药品制造	3396	3156	5520	92161
卫生材料及医药用品制造	9436	8130	6132	102350
化学纤维制造业	23072	3373	31304	362140
纤维素纤维原料及纤维制造	20712	1215	1888	161543
合成纤维制造	2360	2158	29416	200597
橡胶和塑料制品业	9520	12376	14409	376952
橡胶制品业	4032	8766	2211	146523
塑料制品业	5488	3610	12197	230429
非金属矿物制品业	25163	21935	27830	962715
水泥、石灰和石膏制造	2944	10231	9016	246909
石膏、水泥制品及类似制品制造	220	341	1302	57897
砖瓦、石材等建筑材料制造	1659	1354	1917	91886
玻璃制造	3673	1650	931	23914
玻璃制品制造	4487	2640	2453	59550
玻璃纤维和玻璃纤维增强塑料制品制造	1167	731	1218	70466
陶瓷制品制造	2237	1810	5758	88952
耐火材料制品制造	2291	382	958	34951
石墨及其他非金属矿物制品制造	6485	2796	4278	288190
黑色金属冶炼和压延加工业	333241	151172	482092	5317889
炼铁		4600	5359	51845
炼钢	14720	10254	5762	439979
黑色金属铸造	665	1578	4580	66915
钢压延加工	317856	124583	464794	4639482
铁合金冶炼		10157	1597	119668
有色金属冶炼和压延加工业	96409	114879	96494	2123416
常用有色金属冶炼	58790	106351	66241	1431841
贵金属冶炼	2990		3057	73162
稀有稀土金属冶炼	10136	416	3322	31041
有色金属合金制造	1559	22	1254	211985
有色金属铸造				1620
有色金属压延加工	22935	8091	22620	373766

1-J-5　续表 3　　　　单位：万元

行　　业	引进技术经费支出	消化吸收经费支出	购买国内技术经费支出	技术改造经费支出
金属制品业	26457	14500	29221	504301
结构性金属制品制造	4829	8368	1650	78497
金属工具制造	5643	957	1099	32068
集装箱及金属包装容器制造	480	915	467	17523
金属丝绳及其制品制造	364	153	20	86763
建筑、安全用金属制品制造	235	95	646	37188
金属表面处理及热处理加工	5474	313	104	11017
搪瓷制品制造				1040
金属制日用品制造	1892	256	1200	11221
其他金属制品制造	7539	3444	24036	228984
通用设备制造业	102413	104068	64037	1422060
锅炉及原动设备制造	66016	81755	10888	295581
金属加工机械制造	10868	5610	3904	169676
物料搬运设备制造	7155	2500	4584	189934
泵、阀门、压缩机及类似机械制造	9118	4906	17917	261015
轴承、齿轮和传动部件制造	4230	4327	6233	237007
烘炉、风机、衡器、包装等设备制造	2622	3179	18927	139258
文化、办公用机械制造	297	119	1	2908
通用零部件制造	2107	915	1385	102648
其他通用设备制造业		757	199	24033
专用设备制造业	46921	25763	42688	1492743
采矿、冶金、建筑专用设备制造	8841	6970	16181	863955
化工、木材、非金属加工专用设备制造	6214	4187	8204	125510
食品、饮料、烟草及饲料生产专用设备制造	121	4448	862	36869
印刷、制药、日化及日用品生产专用设备制造	390	890	568	9424
纺织、服装和皮革加工专用设备制造	9116	4133	7359	49587
电子和电工机械专用设备制造	300	181	223	78966
农、林、牧、渔专用机械制造	11935	391	1364	104274
医疗仪器设备及器械制造	2684	1148	1774	104098
环保、社会公共服务及其他专用设备制造	7320	3415	6155	120059
汽车制造业	187884	59417	123682	1457319
汽车整车制造	157887	37580	89003	635108
改装汽车制造	2924	885	9524	32904
低速载货汽车制造	3068	2616	3662	3492
电车制造			100	228
汽车车身、挂车制造			1737	18220
汽车零部件及配件制造	24005	18337	19656	767368
铁路、船舶、航空航天和其他运输设备制造业	68364	25523	79976	1049400
铁路运输设备制造	24427	13465	24427	311563
城市轨道交通设备制造		132		6509
船舶及相关装置制造	30557	5990	36893	126503
航空、航天器及设备制造	6793	1563	7895	499445
摩托车制造	6123	4273	10534	98700
自行车制造	465	100	228	4938
非公路休闲车及零配件制造				
潜水救捞及其他未列明运输设备制造				1743
电气机械和器材制造业	127235	69573	71908	2312458
电机制造	10717	12081	11273	481830
输配电及控制设备制造	24597	15833	19158	652306

1-J-5 续表 4

单位：万元

行 业	引进技术经费支出	消化吸收经费支出	购买国内技术经费支出	技术改造经费支出
电线、电缆、光缆及电工器材制造	12453	16907	11762	482210
电池制造	12153	1566	2381	92653
家用电力器具制造	59432	15795	19727	470442
非电力家用器具制造	750	5266	3071	25752
照明器具制造	6523	2028	3983	96649
其他电气机械及器材制造	610	97	553	10616
计算机、通信和其他电子设备制造业	82875	35584	52174	1192226
计算机制造	6903	601	7279	55339
通信设备制造	1952	752	5266	50439
广播电视设备制造	1467	392	4382	23433
雷达及配套设备制造	2917		5414	40340
视听设备制造	13785	5096	4439	63344
电子器件制造	42963	21801	10714	766319
电子元件制造	9201	2629	13063	168952
其他电子设备制造	3686	4314	1617	24060
仪器仪表制造业	11708	4730	13078	272301
通用仪器仪表制造	11354	3941	11591	206348
专用仪器仪表制造	301	758	1477	49114
钟表与计时仪器制造	23		10	1054
光学仪器及眼镜制造	30	32		13025
其他仪器仪表制造业				2761
其他制造业	2440	806	709	71456
日用杂品制造				22289
煤制品制造	2440	420	175	4969
核辐射加工				
其他未列明制造业		386	534	44198
废弃资源综合利用业		38	428	55305
金属废料和碎屑加工处理		26	348	51460
非金属废料和碎屑加工处理		13	80	3844
金属制品、机械和设备修理业	7344	1451	648	12124
金属制品修理				
通用设备修理				15
专用设备修理				651
铁路、船舶、航空航天等运输设备修理	7344	1451	648	10809
电气设备修理				450
仪器仪表修理				
其他机械和设备修理业				200
电力、热力、燃气及水生产和供应业	**1075**	**19407**	**22164**	**2591082**
电力、热力生产和供应业	527	19338	21818	2426798
电力生产	424	18778	6013	1450330
电力供应		360	15545	945471
热力生产和供应	103	200	260	30998
燃气生产和供应业	499		75	13381
燃气生产和供应业	499		75	13381
水的生产和供应业	50	69	271	150904
自来水生产和供应			271	150144
污水处理及其再生利用	50	69		759
其他水的处理、利用与分配				

1-J-6　分行业港澳台商投资企业技术获取和技术改造情况

单位：万元

行　业	引进技术经费支出	消化吸收经费支出	购买国内技术经费支出	技术改造经费支出
总　计	**391464**	**63219**	**203305**	**2005972**
采矿业				**74436**
煤炭开采和洗选业				3
烟煤和无烟煤开采洗选				3
褐煤开采洗选				
其他煤炭采选				
石油和天然气开采业				69021
石油开采				
天然气开采				69021
黑色金属矿采选业				5412
铁矿采选				5412
锰矿、铬矿采选				
其他黑色金属矿采选				
有色金属矿采选业				
常用有色金属矿采选				
贵金属矿采选				
稀有稀土金属矿采选				
非金属矿采选业				
土砂石开采				
化学矿开采				
采盐				
石棉及其他非金属矿采选				
开采辅助活动				
煤炭开采和洗选辅助活动				
石油和天然气开采辅助活动				
其他开采辅助活动				
其他采矿业				
其他采矿业				
制造业	**390689**	**63219**	**203275**	**1830846**
农副食品加工业	779	112	630	67579
谷物磨制				
饲料加工	733	17	15	4743
植物油加工		3	414	1032
制糖业				15229
屠宰及肉类加工	46	71	71	34301
水产品加工			10	3391
蔬菜、水果和坚果加工		22	120	8136
其他农副食品加工				748
食品制造业	5282	1185	1716	60108
焙烤食品制造		461	323	945
糖果、巧克力及蜜饯制造	298	197	10	711
方便食品制造		25	164	1932
乳制品制造				412
罐头食品制造		295	1160	1807
调味品、发酵制品制造			10	47575
其他食品制造	4985	206	49	6726
酒、饮料和精制茶制造业	13	68	496	10297
酒的制造	13	68	496	6389
饮料制造				173
精制茶加工				3736

1-J-6 续表 1

单位：万元

行　业	引进技术经费支出	消化吸收经费支出	购买国内技术经费支出	技术改造经费支出
烟草制品业				1878
烟叶复烤				
卷烟制造				
其他烟草制品制造				1878
纺织业	1172	498	4250	53911
棉纺织及印染精加工	779	237	3745	45672
毛纺织及染整精加工	68		242	510
麻纺织及染整精加工				
丝绢纺织及印染精加工				940
化纤织造及印染精加工				660
针织或钩针编织物及其制品制造	325	240	244	2246
家用纺织制成品制造				15
非家用纺织制成品制造		20	20	3869
纺织服装、服饰业	1671	580	1533	9870
机织服装制造	1114	409	1193	6347
针织或钩针编织服装制造	557	171	340	3512
服饰制造				12
皮革、毛皮、羽毛及其制品和制鞋业	767	402	621	12585
皮革鞣制加工				927
皮革制品制造			80	5096
毛皮鞣制及制品加工				
羽毛(绒)加工及制品制造				
制鞋业	767	402	541	6562
木材加工和木、竹、藤、棕、草制品业			2101	5385
木材加工			1636	
人造板制造			265	2092
木制品制造			14	2396
竹、藤、棕、草等制品制造			187	898
家具制造业	236	230	85	1835
木质家具制造	210	200	85	1414
竹、藤家具制造				
金属家具制造	26	30		320
塑料家具制造				
其他家具制造				101
造纸和纸制品业	32		1	69171
纸浆制造				
造纸	32			60335
纸制品制造			1	8836
印刷和记录媒介复制业	45	552	65	11684
印刷	45	552	65	11684
装订及印刷相关服务				
记录媒介复制				
文教、工美、体育和娱乐用品制造业	5	837	123	16704
文教办公用品制造				157
乐器制造		693		512
工艺美术品制造	5	25	5	4529
体育用品制造		120	69	1059
玩具制造			50	10448
游艺器材及娱乐用品制造				

1-J-6　续表 2　　　　单位：万元

行　　业	引进技术经费支出	消化吸收经费支出	购买国内技术经费支出	技术改造经费支出
石油加工、炼焦和核燃料加工业			330	11140
精炼石油产品制造			330	11140
炼焦				
核燃料加工				
化学原料和化学制品制造业	150720	4694	35421	211930
基础化学原料制造	591	2237	1871	123317
肥料制造	123	111	1020	7762
农药制造				2072
涂料、油墨、颜料及类似产品制造	790	220	753	3923
合成材料制造	1634	973	4772	8740
专用化学产品制造	427	1153	26813	64664
炸药、火工及焰火产品制造				198
日用化学产品制造	147154		192	1254
医药制造业	4880	7661	37114	75865
化学药品原料药制造	2174	5075	5307	23817
化学药品制剂制造	269	2526	24997	29519
中药饮片加工				1803
中成药生产	1814	29	5397	11016
兽用药品制造		31	55	297
生物药品制造	623		508	7674
卫生材料及医药用品制造			850	1740
化学纤维制造业	4880	2219	8096	26500
纤维素纤维原料及纤维制造		1404	995	2888
合成纤维制造	4880	815	7101	23612
橡胶和塑料制品业	8004	2306	4839	45870
橡胶制品业	3490	182	75	10846
塑料制品业	4514	2124	4764	35025
非金属矿物制品业	2734	1521	6929	30647
水泥、石灰和石膏制造				282
石膏、水泥制品及类似制品制造		586	91	8401
砖瓦、石材等建筑材料制造	200		1000	2553
玻璃制造			3802	5615
玻璃制品制造	1608	908	788	2611
玻璃纤维和玻璃纤维增强塑料制品制造	926	27		1235
陶瓷制品制造			1249	8869
耐火材料制品制造				300
石墨及其他非金属矿物制品制造				781
黑色金属冶炼和压延加工业	7269	13302	16346	139533
炼铁				
炼钢	5069	9056	9195	63466
黑色金属铸造		4		2628
钢压延加工	2200	4242	7150	72684
铁合金冶炼				754
有色金属冶炼和压延加工业	2911	179	2884	47600
常用有色金属冶炼				172
贵金属冶炼				
稀有稀土金属冶炼				241
有色金属合金制造	85	7	184	14809
有色金属铸造				3529
有色金属压延加工	2826	172	2700	28849

1-J-6 续表 3

单位：万元

行　　业	引进技术经费支出	消化吸收经费支出	购买国内技术经费支出	技术改造经费支出
金属制品业	21769	1438	4394	26298
结构性金属制品制造			1	2504
金属工具制造	373	563	27	9372
集装箱及金属包装容器制造	18913	820	4063	3100
金属丝绳及其制品制造	1387	23	6	1494
建筑、安全用金属制品制造	30	20		4188
金属表面处理及热处理加工	995	12		226
搪瓷制品制造				124
金属制日用品制造				800
其他金属制品制造	71		297	4490
通用设备制造业	11243	3028	5393	161606
锅炉及原动设备制造	991		3484	2909
金属加工机械制造				2210
物料搬运设备制造	45			3731
泵、阀门、压缩机及类似机械制造	1089	2169	902	16002
轴承、齿轮和传动部件制造			766	108900
烘炉、风机、衡器、包装等设备制造	7729	580	51	6523
文化、办公用机械制造	286			527
通用零部件制造	679	280	189	19294
其他通用设备制造业	424			1509
专用设备制造业	2724	568	2649	62886
采矿、冶金、建筑专用设备制造	709	424	2559	27452
化工、木材、非金属加工专用设备制造	950	128	88	12451
食品、饮料、烟草及饲料生产专用设备制造				478
印刷、制药、日化及日用品生产专用设备制造				136
纺织、服装和皮革加工专用设备制造	30			11779
电子和电工机械专用设备制造				25
农、林、牧、渔专用机械制造				170
医疗仪器设备及器械制造	363	15	2	1280
环保、社会公共服务及其他专用设备制造	673			9115
汽车制造业	8311	1431	2805	48794
汽车整车制造	2927	438	101	22906
改装汽车制造				
低速载货汽车制造				
电车制造				
汽车车身、挂车制造				
汽车零部件及配件制造	5383	993	2704	25888
铁路、船舶、航空航天和其他运输设备制造业	10101	541	6161	37093
铁路运输设备制造				30433
城市轨道交通设备制造			724	
船舶及相关装置制造	481	538	859	3646
航空、航天器及设备制造				
摩托车制造	9619		4579	2721
自行车制造				160
非公路休闲车及零配件制造		3		36
潜水救捞及其他未列明运输设备制造				97
电气机械和器材制造业	40016	8103	6195	132629
电机制造	7346	220	368	28377
输配电及控制设备制造	508	856	165	30506

1-J-6 续表 4

单位：万元

行 业	引进技术经费支出	消化吸收经费支出	购买国内技术经费支出	技术改造经费支出
电线、电缆、光缆及电工器材制造	650	224	1974	23716
电池制造	22560	6421	3380	6561
家用电力器具制造	392	382	185	42041
非电力家用器具制造	8560			577
照明器具制造			124	852
其他电气机械及器材制造				
计算机、通信和其他电子设备制造业	96279	9756	50140	417174
计算机制造	986	29	109	20623
通信设备制造	2347	38	502	121714
广播电视设备制造			282	4853
雷达及配套设备制造				
视听设备制造	665	280	24350	187251
电子器件制造	79613	7004	3504	14770
电子元件制造	12668	1198	21243	66091
其他电子设备制造		1208	151	1870
仪器仪表制造业	6742	1990	1299	32511
通用仪器仪表制造	2671	722	1203	9571
专用仪器仪表制造	2771	527	96	7444
钟表与计时仪器制造				1367
光学仪器及眼镜制造	1050	741		13726
其他仪器仪表制造业	250			403
其他制造业	32	20	660	1166
日用杂品制造	32	20	660	1166
煤制品制造				
核辐射加工				
其他未列明制造业				
废弃资源综合利用业				596
金属废料和碎屑加工处理				596
非金属废料和碎屑加工处理				
金属制品、机械和设备修理业	2072			
金属制品修理				
通用设备修理				
专用设备修理				
铁路、船舶、航空航天等运输设备修理	2072			
电气设备修理				
仪器仪表修理				
其他机械和设备修理业				
电力、热力、燃气及水生产和供应业	**775**		**30**	**100690**
电力、热力生产和供应业	15		30	93927
电力生产	15		30	93194
电力供应				600
热力生产和供应				133
燃气生产和供应业				5295
燃气生产和供应业				5295
水的生产和供应业	760			1468
自来水生产和供应	760			1468
污水处理及其再生利用				
其他水的处理、利用与分配				

1-J-7 分行业外商投资企业技术获取和技术改造情况

单位：万元

行业	引进技术经费支出	消化吸收经费支出	购买国内技术经费支出	技术改造经费支出
总计	**1896923**	**430423**	**166264**	**3448032**
采矿业				**1350**
煤炭开采和洗选业				
烟煤和无烟煤开采洗选				
褐煤开采洗选				
其他煤炭采选				
石油和天然气开采业				
石油开采				
天然气开采				
黑色金属矿采选业				1350
铁矿采选				
锰矿、铬矿采选				1350
其他黑色金属矿采选				
有色金属矿采选业				
常用有色金属矿采选				
贵金属矿采选				
稀有稀土金属矿采选				
非金属矿采选业				
土砂石开采				
化学矿开采				
采盐				
石棉及其他非金属矿采选				
开采辅助活动				
煤炭开采和洗选辅助活动				
石油和天然气开采辅助活动				
其他开采辅助活动				
其他采矿业				
其他采矿业				
制造业	**1896923**	**382689**	**156962**	**3293429**
农副食品加工业	3660	3369	3715	53981
谷物磨制				
饲料加工	834	1248	1887	16961
植物油加工		430	472	7696
制糖业				3368
屠宰及肉类加工	2810	536	156	1256
水产品加工		1056	95	17693
蔬菜、水果和坚果加工		1	1101	2656
其他农副食品加工	16	98	5	4351
食品制造业	823	890	770	37417
焙烤食品制造				
糖果、巧克力及蜜饯制造				3111
方便食品制造		440		960
乳制品制造				7927
罐头食品制造	475	56	253	2033
调味品、发酵制品制造				14904
其他食品制造	348	394	517	8482
酒、饮料和精制茶制造业		50	3550	23399
酒的制造			702	13070
饮料制造			2798	10284
精制茶加工		50	50	45

1-J-7　续表 1　　　　　　单位：万元

行　业	引进技术经费支出	消化吸收经费支出	购买国内技术经费支出	技术改造经费支出
烟草制品业				
烟叶复烤				
卷烟制造				
其他烟草制品制造				
纺织业	2240	383	1574	11993
棉纺织及印染精加工	542	107	1102	4295
毛纺织及染整精加工				
麻纺织及染整精加工			67	211
丝绢纺织及印染精加工				
化纤织造及印染精加工				1166
针织或钩针编织物及其制品制造				
家用纺织制成品制造	537	4	2	2102
非家用纺织制成品制造	1161	272	402	4220
纺织服装、服饰业	1400	1656	334	9113
机织服装制造	1400	1656	275	7324
针织或钩针编织服装制造			59	1453
服饰制造				335
皮革、毛皮、羽毛及其制品和制鞋业		292	385	15099
皮革鞣制加工				2149
皮革制品制造				7479
毛皮鞣制及制品加工				
羽毛(绒)加工及制品制造		32		1415
制鞋业		260	385	4056
木材加工和木、竹、藤、棕、草制品业	2987	1756	7445	7282
木材加工				
人造板制造				2079
木制品制造	2987	1756	7445	5143
竹、藤、棕、草等制品制造				60
家具制造业	1297		445	2809
木质家具制造				244
竹、藤家具制造				
金属家具制造			229	40
塑料家具制造				26
其他家具制造	1297		215	2500
造纸和纸制品业	218	76	1	42988
纸浆制造				
造纸				42424
纸制品制造	218	76	1	564
印刷和记录媒介复制业	31	9	1761	3712
印刷	31	9	1761	3712
装订及印刷相关服务				
记录媒介复制				
文教、工美、体育和娱乐用品制造业	1583	471	639	13412
文教办公用品制造	650	30		431
乐器制造	200	180	260	160
工艺美术品制造	10	261	138	7784
体育用品制造	723		1	65
玩具制造			240	470
游艺器材及娱乐用品制造				4502

1-J-7 续表 2 单位：万元

行业	引进技术经费支出	消化吸收经费支出	购买国内技术经费支出	技术改造经费支出
石油加工、炼焦和核燃料加工业	9469		9417	33375
精炼石油产品制造	9469		9417	20295
炼焦				13080
核燃料加工				
化学原料和化学制品制造业	20050	2524	5533	144625
基础化学原料制造	1052	1256	2220	65021
肥料制造		341	669	26662
农药制造	351	241	906	3968
涂料、油墨、颜料及类似产品制造	4940	257	58	10220
合成材料制造	1715	235	166	11285
专用化学产品制造	2740	194	1514	26261
炸药、火工及焰火产品制造				450
日用化学产品制造	9252			759
医药制造业	10898	6879	22424	84916
化学药品原料药制造	156	167	1005	11590
化学药品制剂制造	9017	4933	17635	57784
中药饮片加工	190	42		13
中成药生产	10	629	1844	9584
兽用药品制造		14	65	841
生物药品制造	1085	882	1532	4489
卫生材料及医药用品制造	440	211	342	615
化学纤维制造业	3885	505	698	10676
纤维素纤维原料及纤维制造	20	20	120	4543
合成纤维制造	3865	485	578	6133
橡胶和塑料制品业	9925	45644	2273	541554
橡胶制品业	9269	45501	1975	505852
塑料制品业	656	143	297	35702
非金属矿物制品业	11120	5210	1138	48653
水泥、石灰和石膏制造	1213	3251		22478
石膏、水泥制品及类似制品制造				600
砖瓦、石材等建筑材料制造	474	530		10308
玻璃制造				205
玻璃制品制造	1108	100	43	5561
玻璃纤维和玻璃纤维增强塑料制品制造	1197	1319	90	843
陶瓷制品制造	4091	10	1005	4269
耐火材料制品制造	2716			1982
石墨及其他非金属矿物制品制造	323			2409
黑色金属冶炼和压延加工业	6616	4989	1063	109039
炼铁				3125
炼钢			114	10172
黑色金属铸造		730	59	3712
钢压延加工	6616	3530	890	79905
铁合金冶炼		728		12125
有色金属冶炼和压延加工业	1907	1460	525	28148
常用有色金属冶炼				7148
贵金属冶炼				
稀有稀土金属冶炼		1365		
有色金属合金制造	132		113	1984
有色金属铸造				408
有色金属压延加工	1775	95	412	18608

1-J-7　续表 3　　单位：万元

行　　业	引进技术经费支出	消化吸收经费支出	购买国内技术经费支出	技术改造经费支出
金属制品业	5560	541	4453	63592
结构性金属制品制造			24	1696
金属工具制造			60	1247
集装箱及金属包装容器制造	1223	73	2384	3522
金属丝绳及其制品制造				25093
建筑、安全用金属制品制造	258	165	1983	6863
金属表面处理及热处理加工	711			11979
搪瓷制品制造		300		800
金属制日用品制造	1167	3	3	7590
其他金属制品制造	2201			4803
通用设备制造业	141360	35743	11636	142619
锅炉及原动设备制造	29457	5565	4636	48259
金属加工机械制造	3358	2885	223	17106
物料搬运设备制造	18742	10914	12	10561
泵、阀门、压缩机及类似机械制造	38310	10725	354	35482
轴承、齿轮和传动部件制造	3298	873	1452	16612
烘炉、风机、衡器、包装等设备制造	13136	2066	378	9111
文化、办公用机械制造	34286	2642	4145	620
通用零部件制造	346	73	436	4869
其他通用设备制造业	428			
专用设备制造业	98989	2465	5420	53157
采矿、冶金、建筑专用设备制造	35304	461	3212	25546
化工、木材、非金属加工专用设备制造	1043	398	1061	5234
食品、饮料、烟草及饲料生产专用设备制造				
印刷、制药、日化及日用品生产专用设备制造	86			
纺织、服装和皮革加工专用设备制造	8276	372		8175
电子和电工机械专用设备制造				230
农、林、牧、渔专用机械制造	601	774	1056	4729
医疗仪器设备及器械制造	51147	383	42	6063
环保、社会公共服务及其他专用设备制造	2532	78	49	3181
汽车制造业	1249580	215274	37896	1351723
汽车整车制造	1038858	203043	19813	1238645
改装汽车制造	3120			
低速载货汽车制造				
电车制造				
汽车车身、挂车制造				139
汽车零部件及配件制造	207602	12230	18083	112940
铁路、船舶、航空航天和其他运输设备制造业	14936	5225	9669	45138
铁路运输设备制造	8095	756	461	3478
城市轨道交通设备制造	61		213	274
船舶及相关装置制造	597	3059	8995	27597
航空、航天器及设备制造				4726
摩托车制造	5672	1410		3821
自行车制造				1523
非公路休闲车及零配件制造				20
潜水救捞及其他未列明运输设备制造	511			3700
电气机械和器材制造业	80632	33333	13974	164666
电机制造	20000	12677	4424	41732
输配电及控制设备制造	26452	2825	52	26920

1-J-7 续表 4　　　　单位：万元

行　业	引进技术经费支出	消化吸收经费支出	购买国内技术经费支出	技术改造经费支出
电线、电缆、光缆及电工器材制造	4328	297	186	14783
电池制造	2			34399
家用电力器具制造	20511	13637	8028	30226
非电力家用器具制造		8		355
照明器具制造	9317	3847	1247	16250
其他电气机械及器材制造	21	42	38	
计算机、通信和其他电子设备制造业	192901	10531	9988	183672
计算机制造	12028			13920
通信设备制造	33306	462	5676	23699
广播电视设备制造	2079	1228	825	68
雷达及配套设备制造				
视听设备制造	52688	777	2167	3484
电子器件制造	25469	5526	637	86243
电子元件制造	67331	2534	683	52362
其他电子设备制造		5		3896
仪器仪表制造业	24757	3415	239	62444
通用仪器仪表制造	20553	2955	52	27902
专用仪器仪表制造	3084	160	110	5517
钟表与计时仪器制造				
光学仪器及眼镜制造	1120	300	77	29025
其他仪器仪表制造业				
其他制造业				520
日用杂品制造				
煤制品制造				
核辐射加工				
其他未列明制造业				520
废弃资源综合利用业				82
金属废料和碎屑加工处理				82
非金属废料和碎屑加工处理				
金属制品、机械和设备修理业	100			3625
金属制品修理				
通用设备修理				
专用设备修理				
铁路、船舶、航空航天等运输设备修理	100			625
电气设备修理				
仪器仪表修理				
其他机械和设备修理业				3000
电力、热力、燃气及水生产和供应业		**47735**	**9302**	**153253**
电力、热力生产和供应业				117670
电力生产				113760
电力供应				
热力生产和供应				3910
燃气生产和供应业		47735	9302	33911
燃气生产和供应业		47735	9302	33911
水的生产和供应业				1673
自来水生产和供应				1350
污水处理及其再生利用				323
其他水的处理、利用与分配				

1-J-8　各地区企业技术获取和技术改造情况

单位：万元

地　　区	引进技术经费支出	消化吸收经费支出	购买国内技术经费支出	技术改造经费支出
全　　国	**3939455**	**1505777**	**2143810**	**40721168**
东部地区	2872625	940922	1513665	20371955
中部地区	404725	261961	322886	10138792
西部地区	577303	228629	219591	7622111
东北地区	84803	74265	87669	2588309
北　　京	378534	56993	31005	563558
天　　津	90122	54967	19139	699838
河　　北	37942	23244	27413	1506605
山　　西	52934	26172	33536	1373318
内 蒙 古	175464	60796	50884	569529
辽　　宁	56958	59725	68067	1572619
吉　　林	8154	9141	6058	491323
黑 龙 江	19691	5400	13545	524368
上　　海	715265	221155	375849	1225008
江　　苏	524639	204395	413175	6421401
浙　　江	110385	52623	170628	2575455
安　　徽	94508	62378	59579	1567789
福　　建	228367	35244	188096	1279726
江　　西	21542	28800	33158	801555
山　　东	237143	215035	199070	3383764
河　　南	73915	37338	56089	1484443
湖　　北	132124	47855	76637	955260
湖　　南	29703	59418	63888	3956427
广　　东	548865	76239	64585	2557263
广　　西	3599	3605	12881	1223981
海　　南	1362	1026	24705	159339
重　　庆	257159	35997	32485	1011701
四　　川	33892	23292	40736	1668756
贵　　州	1857	4729	7545	972508
云　　南	14043	9933	9608	406320
西　　藏				
陕　　西	22045	18969	9245	575814
甘　　肃	39569	60150	29258	854909
青　　海	437	35	327	14953
宁　　夏	3160	2199	10432	233120
新　　疆	26080	8924	16189	90522

1-J-9 各地区大中型企业技术获取和技术改造情况

单位：万元

地　　区	引进技术经费支出	消化吸收经费支出	购买国内技术经费支出	技术改造经费支出
全　　国	**3736344**	**1381160**	**1895059**	**34949593**
东部地区	2723316	870763	1327383	17593003
中部地区	379854	238671	295142	8153500
西部地区	551048	211496	201063	6667139
东北地区	82125	60230	71472	2535952
北　　京	370310	56373	27032	550579
天　　津	83093	52926	15869	531616
河　　北	37414	22211	25805	1470789
山　　西	52013	25847	31705	1356857
内 蒙 古	175226	60346	49525	557276
辽　　宁	55382	46844	61934	1544163
吉　　林	7141	8038	2983	475101
黑 龙 江	19602	5348	6554	516688
上　　海	700046	220591	374630	1155154
江　　苏	476426	173302	352236	4997594
浙　　江	83288	42794	109777	2123974
安　　徽	84383	53880	51707	1398149
福　　建	208050	27400	156369	989492
江　　西	19501	24524	32228	778349
山　　东	231047	201273	183396	3157894
河　　南	71894	36403	54618	1419247
湖　　北	129280	42265	72594	893577
湖　　南	22783	55754	52289	2307321
广　　东	532341	72966	58512	2460152
广　　西	3533	3416	11586	1007545
海　　南	1300	926	23757	155759
重　　庆	255000	32564	31260	942975
四　　川	29657	21704	32031	1250871
贵　　州	1857	3209	7496	854753
云　　南	13971	9743	8339	374488
西　　藏				
陕　　西	20027	12011	5858	531949
甘　　肃	39499	58391	28867	842366
青　　海	437		317	5982
宁　　夏	3015	1831	10130	221739
新　　疆	8827	8281	15655	77195

1-J-10　各地区内资企业技术获取和技术改造情况

单位：万元

地　区	引进技术经费支出	消化吸收经费支出	购买国内技术经费支出	技术改造经费支出
全　国	**1651068**	**1012135**	**1774241**	**35267164**
东部地区	950238	501595	1191011	16522577
中部地区	291626	233294	292207	9651833
西部地区	332235	205076	211096	6691556
东北地区	76969	72170	79928	2401199
北　京	32508	2843	19849	494068
天　津	17924	14485	9270	521572
河　北	31556	13824	19552	1371721
山　西	52934	26172	33536	1332880
内蒙古	175464	60534	50815	557988
辽　宁	50286	58763	60723	1430124
吉　林	7023	8016	6046	483886
黑龙江	19660	5391	13159	487188
上　海	170655	13080	344097	710674
江　苏	262967	157787	342638	5231654
浙　江	78939	37103	152997	1876768
安　徽	80502	60793	54530	1489872
福　建	49390	19255	83700	862914
江　西	21132	28588	33104	782819
山　东	214028	202695	154763	3188171
河　南	71559	30244	55932	1454461
湖　北	41722	31062	55167	768897
湖　南	23778	56435	59938	3822904
广　东	90910	40423	42573	2108403
广　西	2501	2855	10659	997835
海　南	1362	100	21573	156631
重　庆	22971	14866	29905	385894
四　川	32797	22757	39770	1618419
贵　州	1857	4729	7545	971984
云　南	13987	9906	7563	398926
西　藏				
陕　西	13539	18120	8633	569329
甘　肃	39569	60150	29258	854909
青　海	437	35	327	14953
宁　夏	3035	2199	10432	231297
新　疆	26080	8924	16189	90022

1-J-11 各地区港澳台商投资企业技术获取和技术改造情况

单位：万元

地　区	引进技术经费支出	消化吸收经费支出	购买国内技术经费支出	技术改造经费支出
全　国	**391464**	**63219**	**203305**	**2005972**
东部地区	381733	47683	176609	1538810
中部地区	8670	14786	18323	217575
西部地区	706	283	4493	124049
东北地区	355	466	3881	125538
北　京	4594		1053	21624
天　津	18971	350	380	114446
河　北	1027	4742	5224	31524
山　西				4535
内蒙古				
辽　宁	355	466	3846	124482
吉　林				
黑龙江			35	1057
上　海	22340	9275	613	40010
江　苏	65281	7973	40349	625588
浙　江	9841	3331	12633	155828
安　徽	1050	1057	3402	49146
福　建	84848	9806	73461	200323
江　西	210	212	54	7019
山　东	2330	2336	29721	88705
河　南	70	443	102	11086
湖　北	7269	13017	13199	74871
湖　南	71	57	1566	70919
广　东	172500	9871	12775	258499
广　西	313	72	241	55571
海　南			400	2264
重　庆	4	212	2412	20393
四　川	389		966	38647
贵　州				23
云　南			724	4558
西　藏				
陕　西			151	3809
甘　肃				
青　海				
宁　夏				548
新　疆				500

1-J-12 各地区外商投资企业技术获取和技术改造情况

单位：万元

地 区	引进技术经费支出	消化吸收经费支出	购买国内技术经费支出	技术改造经费支出
全 国	**1896923**	**430423**	**166264**	**3448032**
东部地区	1540654	391644	146045	2310569
中部地区	104429	13881	12356	269384
西部地区	244361	23269	4002	806506
东北地区	7479	1629	3861	61573
北 京	341433	54150	10104	47866
天 津	53227	40132	9489	63820
河 北	5359	4678	2638	103360
山 西				35902
内 蒙 古		262	69	11542
辽 宁	6317	495	3498	18013
吉 林	1131	1125	12	7437
黑 龙 江	31	9	351	36123
上 海	522269	198801	31139	474324
江 苏	196391	38635	30188	564159
浙 江	21605	12190	4998	542858
安 徽	12956	528	1647	28771
福 建	94130	6182	30935	216490
江 西	200			11717
山 东	20785	10005	14586	106889
河 南	2286	6651	55	18897
湖 北	83133	3776	8270	111492
湖 南	5855	2926	2384	62604
广 东	285455	25945	9237	190361
广 西	785	678	1982	170574
海 南		926	2732	444
重 庆	234184	20920	168	605414
四 川	706	535		11690
贵 州				500
云 南	55	26	1321	2836
西 藏				
陕 西	8505	849	461	2676
甘 肃				
青 海				
宁 夏	125			1275
新 疆				

第2篇

建筑业企业生产经营及财务状况

A. 全社会建筑业企业

2-A-1　各地区全社会建筑业企业个数

单位：个

地　区	企业合计	总承包和专业承包企业	劳务分包企业	资质以外企业
全　国	**347503**	**85338**	**8520**	**253645**
北　京	18425	3564	145	14716
天　津	9240	1731	468	7041
河　北	14024	2500	209	11315
山　西	6192	2412	137	3643
内蒙古	4235	951	130	3154
辽　宁	19727	6371	348	13008
吉　林	4940	2245	90	2605
黑龙江	6148	2441	148	3559
上　海	16164	3145	373	12646
江　苏	43284	9564	1247	32473
浙　江	23414	6066	569	16779
安　徽	16074	2757	364	12953
福　建	10122	2741	492	6889
江　西	7110	1684	33	5393
山　东	29959	5912	257	23790
河　南	12844	5149	1282	6413
湖　北	16438	3375	414	12649
湖　南	8231	2094	452	5685
广　东	23936	4772	207	18957
广　西	4729	1245	94	3390
海　南	3174	156		3018
重　庆	7118	2578	318	4222
四　川	9806	3839	432	5535
贵　州	3617	669	27	2921
云　南	7760	2394	75	5291
西　藏	2067	218	5	1844
陕　西	10479	1450	20	9009
甘　肃	2836	1299	35	1502
青　海	1207	438	25	744
宁　夏	1269	555	24	690
新　疆	2934	1023	100	1811

2-A-2 各地区全社会建筑业企业年末从业人员

单位：万人

地区	企业合计	总承包和专业承包企业	劳务分包企业	资质以外企业
全国	**5320.56**	**4542.37**	**326.87**	**451.32**
北京	65.44	49.27	3.59	12.59
天津	58.16	34.82	13.22	10.12
河北	142.50	116.60	3.95	21.95
山西	71.79	63.46	2.17	6.16
内蒙古	47.73	39.58	0.51	7.63
辽宁	212.92	195.43	2.30	15.19
吉林	53.76	47.82	1.02	4.93
黑龙江	50.19	44.01	0.38	5.80
上海	111.19	80.03	11.28	19.88
江苏	839.96	764.81	34.43	40.73
浙江	765.91	682.34	66.02	17.56
安徽	218.66	176.88	16.11	25.67
福建	311.06	226.68	73.92	10.46
江西	150.21	129.72	0.34	20.14
山东	343.70	283.88	2.99	56.83
河南	271.35	237.19	18.66	15.51
湖北	221.67	189.25	10.68	21.74
湖南	160.34	137.84	8.98	13.52
广东	248.02	204.79	14.93	28.31
广西	87.73	76.50	5.35	5.88
海南	10.54	7.83		2.71
重庆	205.38	170.45	19.55	15.38
四川	279.05	247.80	13.73	17.53
贵州	47.36	41.97	0.15	5.24
云南	93.23	83.77	0.24	9.22
西藏	8.94	2.60	0.02	6.32
陕西	115.58	89.39	0.69	25.50
甘肃	64.21	60.44	0.18	3.60
青海	12.66	10.98	0.10	1.58
宁夏	12.54	11.11	0.37	1.06
新疆	38.76	35.16	1.00	2.60

2-A-3　各地区全社会建筑业企业资产总计

单位：亿元

地　区	企业合计	总承包和专业承包企业	劳务分包企业	资质以外企业
全　国	**167616.51**	**130094.45**	**734.38**	**36787.68**
北　京	16504.56	13683.16	20.55	2800.85
天　津	5430.71	4486.51	47.00	897.20
河　北	5321.26	3792.11	8.13	1521.02
山　西	3674.34	3420.23	7.71	246.40
内蒙古	2433.12	1788.69	5.07	639.36
辽　宁	6363.28	5503.28	20.34	839.66
吉　林	3808.11	1929.30	1.34	1877.47
黑龙江	1998.02	1803.31	4.03	190.68
上　海	8729.79	7275.20	52.97	1401.62
江　苏	16896.32	13423.77	124.00	3348.55
浙　江	11026.90	9832.42	99.91	1094.57
安　徽	5174.40	3654.11	34.72	1485.56
福　建	3776.39	3127.30	75.53	573.57
江　西	2650.05	1931.25	1.67	717.13
山　东	10664.52	8177.47	25.21	2461.84
河　南	5500.02	4947.27	53.69	499.06
湖　北	7364.90	6351.88	24.54	988.48
湖　南	4101.81	2980.50	16.48	1104.83
广　东	11047.82	8821.56	22.87	2203.39
广　西	1714.74	1383.91	5.39	325.44
海　南	2098.08	206.46		1891.62
重　庆	5136.06	4025.68	41.92	1068.46
四　川	10851.42	6096.34	25.00	4730.08
贵　州	2469.77	1451.87	1.20	1016.71
云　南	3302.03	2592.50	3.71	705.83
西　藏	187.77	98.14	0.34	89.30
陕　西	4631.71	3383.76	0.79	1247.16
甘　肃	1543.83	1361.93	1.33	180.58
青　海	502.26	417.05	0.43	84.78
宁　夏	569.04	527.86	0.53	40.66
新　疆	2143.48	1619.65	8.00	515.83

2-A-4　各地区全社会建筑业企业实收资本

单位：亿元

地　区	企业合计	总承包和专业承包企业	劳务分包企业	资质以外企业
全　国	**36006.76**	**24083.77**	**172.98**	**11750.01**
北　京	2693.65	1925.34	4.41	763.90
天　津	1029.74	626.19	12.56	390.99
河　北	1353.38	750.45	2.66	600.28
山　西	675.21	541.83	1.80	131.59
内蒙古	444.67	271.83	0.78	172.06
辽　宁	1311.83	973.04	3.86	334.92
吉　林	718.19	568.10	0.44	149.65
黑龙江	489.99	406.62	0.95	82.42
上　海	1480.96	1049.54	12.91	418.51
江　苏	3673.31	2391.83	31.76	1249.73
浙　江	2423.00	1976.75	13.07	433.17
安　徽	1242.68	751.94	9.15	481.59
福　建	1232.20	914.76	15.30	302.14
江　西	888.97	521.03	0.25	367.69
山　东	2586.95	1458.85	4.35	1123.75
河　南	1446.55	1154.33	17.67	274.55
湖　北	1431.03	980.84	8.93	441.26
湖　南	918.61	646.27	5.44	266.91
广　东	2157.66	1588.41	4.85	564.41
广　西	457.52	305.44	1.55	150.53
海　南	557.23	54.54		502.70
重　庆	1130.38	682.28	4.56	443.54
四　川	2062.11	1334.44	10.70	716.98
贵　州	419.28	189.21	0.88	229.20
云　南	813.54	552.67	1.31	259.57
西　藏	81.03	37.41	0.29	43.33
陕　西	1287.60	697.25	0.16	590.19
甘　肃	360.43	284.91	0.57	74.94
青　海	132.35	97.24	0.15	34.96
宁　夏	120.92	97.47	0.17	23.28
新　疆	385.77	252.97	1.51	131.30

2-A-5　各行业全社会建筑业企业个数

单位：个

行　　业	企业合计	总承包和专业承包企业	劳务分包企业	资质以外企业
总　计	**347503**	**85338**	**8520**	**253645**
房屋建筑业	74617	35526	3455	35636
土木工程建筑业	63460	17165	713	45582
铁路、道路、隧道和桥梁工程建筑	24358	8525	164	15669
水利和内河港口工程建筑	5789	2182	25	3582
海洋工程建筑	164	14		150
工矿工程建筑	2992	1111	9	1872
架线和管道工程建筑	7665	2662	163	4840
其他土木工程建筑	22492	2671	352	19469
建筑安装业	61017	13545	1214	46258
建筑装饰和其他建筑业	148409	19102	3138	126169

2-A-6　各行业全社会建筑业企业年末从业人员

单位：万人

行　　业	企业合计	总承包和专包企业	劳务分包企业	资质以外企业
总　计	**5320.56**	**4542.37**	**326.87**	**451.32**
房屋建筑业	3565.03	3285.29	161.80	117.93
土木工程建筑业	907.06	787.78	14.56	104.72
铁路、道路、隧道和桥梁工程建筑	501.55	456.77	3.05	41.73
水利和内河港口工程建筑	120.22	111.64	0.38	8.21
海洋工程建筑	0.53	0.24		0.29
工矿工程建筑	96.89	89.44	0.09	7.36
架线和管道工程建筑	84.58	71.53	0.84	12.21
其他土木工程建筑	103.29	58.15	10.21	34.93
建筑安装业	339.34	241.90	22.19	75.26
建筑装饰和其他建筑业	509.13	227.40	128.32	153.40

2-A-7 各行业全社会建筑业企业资产总计

单位：亿元

行　业	企业合计	总承包和专业承包企业	劳务分包企业	资质以外企业
总　计	**167617**	**130094**	**734**	**36788**
房屋建筑业	74344	65349	329	8666
土木工程建筑业	63465	47757	66	15641
铁路、道路、隧道和桥梁工程建筑	40088	30005	13	10070
水利和内河港口工程建筑	9291	7632	5	1654
海洋工程建筑	256	68		188
工矿工程建筑	4652	4359	1	293
架线和管道工程建筑	4654	3751	15	888
其他土木工程建筑	4523	1943	32	2548
建筑安装业	14866	9503	89	5274
建筑装饰和其他建筑业	14942	7486	250	7206

2-A-8 各行业全社会建筑业企业实收资本

单位：亿元

行　业	企业合计	总承包和专业承包企业	劳务分包企业	资质以外企业
总　计	**36007**	**24084**	**173**	**11750**
房屋建筑业	15489	12604	64	2820
土木工程建筑业	11978	7505	22	4452
铁路、道路、隧道和桥梁工程建筑	7249	4519	3	2727
水利和内河港口工程建筑	1640	1298	1	341
海洋工程建筑	63	9		54
工矿工程建筑	758	643		115
架线和管道工程建筑	879	605	5	269
其他土木工程建筑	1390	432	13	945
建筑安装业	3501	2114	23	1364
建筑装饰和其他建筑业	5039	1861	63	3114

B. 总承包和专业承包建筑业企业

1. 综合

2-B-1.1　按经济类型划分的总承包和专业承包企业主要经济指标

指　标	单位	合计	内资企业	#国有	#集体	港澳台商投资企业	#港澳台商独资企业	外商投资企　业	#外商独资企业
企业个数	个	78919	78257	3847	3728	390	82	272	82
从业人员	万人	4528.36	4501.75	387.66	187.06	16.46	1.29	10.14	3.52
自有固定资产原价	亿元	16894.72	16739.42	2895.96	507.17	93.74	27.62	61.56	16.52
自有固定资产净价	亿元	10245.99	10148.27	1572.84	324.70	62.04	20.87	35.67	10.17
自有机械设备年末总台数	万台	1146.73	1142.06	107.65	62.10	2.61	0.32	2.07	0.71
自有机械设备年末净值	亿元	6094.17	6076.08	871.32	144.54	11.98	0.84	6.11	1.07
自有机械设备年末总功率	万千瓦	25423.98	25311.07	3164.04	849.09	57.75	5.03	55.16	19.64
建筑业总产值	亿元	160366.06	159136.38	20739.02	4524.68	621.96	70.95	607.72	251.44
建筑业增加值	亿元	33071.51							
本年固定资产折旧	亿元	1174.98	1165.77	200.91	23.89	5.15	1.29	4.06	0.96
应付职工薪酬	亿元	20168.82	20015.76	2181.71	629.50	92.47	8.45	60.59	22.80
主营业务税金及附加	亿元	4988.66	4953.67	611.82	158.05	18.49	2.18	16.50	7.22
管理费用中的税金	亿元	233.20	231.22	22.12	12.12	1.39	0.13	0.59	0.16
房屋建筑施工面积	万平方米	1132002.86	1127167.43	107280.61	36030.30	3052.97	224.03	1782.46	702.27
房屋建筑竣工面积	万平方米	401520.93	399922.77	25392.82	17500.18	888.77	27.86	709.39	350.32
利润总额	亿元	6079.25	6017.68	528.58	189.33	20.94	4.00	40.63	26.99
税金总额	亿元	5221.86	5184.89	633.94	170.18	19.88	2.31	17.09	7.38
劳动生产率									
按总产值计算	元/人	319039	318496	415023	238979	356399	513380	482674	662152
按增加值计算	元/人	65794							
技术装备率	元/人	13458	13497	22476	7727	7280	6546	6024	3053
动力装备率	千瓦/人	5.6	5.6	8.2	4.5	3.5	3.9	5.4	5.6
房屋建筑面积竣工率	%	35.5	35.5	23.7	48.6	29.1	12.4	39.8	49.9
产值利润率	%	3.8	3.8	2.5	4.2	3.4	5.6	6.7	10.7
产值利税率	%	7.0	7.0	5.6	7.9	6.6	8.9	9.5	13.7

注：本表数据为所有具有资质等级的有工作量的施工总承包、专业承包建筑业建筑业企业(不含劳务分包建筑业企业)数据。以后各表同。

2-B-1.2 总承包和专业承包企业主要经济指标完成情况

指　　标	单位	2013年	2012年	2013年比2012年增减(%)
建筑业企业个数	个	78919	75280	4.8
直接从事生产经营活动的平均人数	万人	5026.5	4629.1	8.6
签订的合同额	亿元	289423.3	247339.5	17.0
#本年新签合同额	亿元	174957.4	146784.9	19.2
建筑业总产值	亿元	160366.1	137217.9	16.9
建筑工程产值	亿元	142149.4	121719.9	16.8
安装工程产值	亿元	13382.7	11316.6	18.3
其他产值	亿元	4834.0	4181.3	15.6
竣工产值	亿元	93676.2	79588.5	17.7
建筑业增加值	亿元	33071.5	26583.3	24.4
本年固定资产折旧	亿元	1175.0	1065.5	10.3
应付职工薪酬	亿元	20168.8	15604.0	29.3
主营业务税金及附加	亿元	4988.7	4190.5	19.0
管理费用中的税金	亿元	233.2	198.4	17.5
房屋建筑施工面积	万平方米	1132002.9	986427.5	14.8
房屋建筑竣工面积	万平方米	401520.9	358736.2	11.9
年末自有施工机械设备净值	亿元	6094.2	5707.1	6.8
年末自有施工机械设备总功率	万千瓦	25424.0	24275.3	4.7
实收资本	亿元	24083.8	21800.2	10.5
资产合计	亿元	130094.4	111692.2	16.5
#流动资产	亿元	101738.6	86959.3	17.0
#固定资产	亿元	13047.0	11785.2	10.7
负债合计	亿元	87958.9	75529.7	16.5
#流动负债	亿元	79675.9	68539.1	16.2
利润总额	亿元	6079.3	4776.1	27.3
税金总额	元/人	5221.9	4388.9	19.0
按建筑业总产值计算的劳动生产率	元/人	319039	296424	
按建筑业增加值计算的劳动生产率	元/人	65794	57427	
技术装备率	元/人	13458	13374	
动力装备率	千瓦/人	5.6	5.7	
人均利税	元/人	22483	19799	
房屋建筑面积竣工率	%	35.5	36.4	
资产负债率	%	67.6	67.6	
产值利润率	%	3.8	3.5	
产值利税率	%	7.0	6.7	

2-B-1.3　各地区总承包和专业承包企业签订合同情况

单位：万元

地　区	合同总额	上年结转合同额	本年新签合同额
全　国	**2894232581**	**1144658873**	**1749573708**
北　京	186007425	88851469	97155957
天　津	71513223	30904761	40608462
河　北	83874124	32693187	51180937
山　西	57745210	26042343	31702867
内 蒙 古	23274679	10891687	12382992
辽　宁	124774551	41453573	83320979
吉　林	33730819	12683320	21047499
黑 龙 江	33029827	10883894	22145932
上　海	125776222	58774835	67001387
江　苏	333429777	121549200	211880577
浙　江	346691444	138717599	207973845
安　徽	82783617	29874247	52909370
福　建	100642729	37211452	63431277
江　西	63076996	20538890	42538106
山　东	133442075	45988395	87453680
河　南	122935204	46105292	76829912
湖　北	157219441	57001375	100218066
湖　南	114383292	48645067	65738225
广　东	179062123	78512068	100550055
广　西	46940022	19395259	27544762
海　南	5657693	2563180	3094513
重　庆	86602968	33564636	53038332
四　川	138081225	58122489	79958736
贵　州	32282329	13883465	18398864
云　南	49653193	19211285	30441907
西　藏	1109733	299470	810264
陕　西	81022358	33866361	47155997
甘　肃	27740957	8970227	18770730
青　海	7872362	3098498	4773863
宁　夏	9673179	3193617	6479562
新　疆	34203786	11167732	23036054

2-B-1.4 各地区总承包和专业承包企业承包工程完成情况

单位：万元

地区	直接从建设单位承揽工程完成的产值	自行完成施工产值	分包出去工程的产值	从建设单位以外承揽工程完成的产值
全国	**1587629041**	**1546326846**	**41302195**	**57333787**
北京	75818428	65492463	10325966	9151146
天津	37144576	35165046	1979529	1779316
河北	51405862	51152778	253084	1296232
山西	30284544	30203105	81439	140551
内蒙古	15532051	15503094	28957	208525
辽宁	85730363	85289028	441336	1002881
吉林	22151664	21937892	213772	176516
黑龙江	24871601	24670677	200925	48683
上海	54564051	47029988	7534064	5029228
江苏	207922780	207126508	796272	12809591
浙江	199001227	196799450	2201776	5200792
安徽	49059590	48533013	526578	1122136
福建	53705319	53360304	345015	1257198
江西	34285941	33586187	699754	1113576
山东	84451636	83432934	1018701	1243813
河南	69291676	68885658	406017	1146355
湖北	83411721	82638185	773536	2014505
湖南	51570221	51381293	188928	1457134
广东	82470350	75492876	6977474	3146170
广西	22456946	22370810	86137	528000
海南	2885476	2841586	43890	21487
重庆	46968228	45770774	1197454	1541392
四川	70542821	69484319	1058502	2614762
贵州	13725042	13677600	47442	113926
云南	28691096	28563011	128085	503020
西藏	778857	758590	20267	11371
陕西	41339067	38394881	2944186	1608753
甘肃	17037737	16887517	150220	321111
青海	3906016	3835143	70872	301966
宁夏	5688086	5527683	160404	161518
新疆	20936069	20534454	401615	262134

2-B-1.5　各地区总承包和专业承包企业建筑业总产值和竣工产值

单位：万元

地　区	建筑业总产值	#装饰装修产　值	#在外省完成的产值	按构成分组			竣工产值
				建筑工程产　值	安装工程产　值	其他产值	
全　国	**1603660633**	**96097866**	**507100132**	**1421493613**	**133826662**	**48340358**	**936761704**
北　京	74643608	10961566	46647290	71255456	2744410	643743	35796913
天　津	36944362	1000779	11587703	31035927	4451624	1456812	16525100
河　北	52449010	2492993	16801624	44309205	4973018	3166788	27507900
山　西	30343656	892535	8645616	25893066	3289930	1160661	13936707
内蒙古	15711619	264264	846370	13926908	896153	888558	9082588
辽　宁	86291908	8829878	9187548	71873915	10631504	3786490	53825902
吉　林	22114408	991511	2011248	19142522	2050700	921186	14570963
黑龙江	24719359	704956	2179856	20063128	3942343	713888	12603228
上　海	52059216	5842878	24952634	44109653	6760401	1189162	27307562
江　苏	219936099	11641679	89010920	205145135	12904251	1886712	166422966
浙　江	202000242	12273666	100756436	183587720	13756720	4655802	124602413
安　徽	49655149	1808381	10644388	42491968	4171061	2992120	26602038
福　建	54617501	2261263	20014255	50862477	3391296	363729	33433186
江　西	34699763	2183565	11743998	30061822	2431724	2206218	21553897
山　东	84676747	4655004	14322619	71776856	10427061	2472830	46362052
河　南	70032014	3113063	17488195	61006359	6836754	2188900	39642466
湖　北	84652690	3546270	31401270	74508212	7570255	2574224	43794636
湖　南	52838426	2023343	16914687	45681711	3424933	3731783	34852390
广　东	78639046	12430340	20548379	68419131	8042209	2177707	40446048
广　西	22898810	812426	4049534	19705316	2026199	1167295	13274543
海　南	2863073	222744	173356	2443137	175253	244684	2013622
重　庆	47312167	1680807	10190708	42834259	2878035	1599873	25372732
四　川	72099080	2264967	15823893	63967657	5705395	2426029	39256865
贵　州	13791526	313365	2341039	12107779	993991	689756	5933169
云　南	29066031	542593	1657157	26174871	2119047	772112	15953617
西　藏	769961	24913	89	642418	41943	85601	415095
陕　西	40003635	1352449	12263020	35770750	3302461	930424	17160655
甘　肃	17208628	505476	2557169	15130662	1539768	538198	9109365
青　海	4137110	53352	1013975	3486651	394911	255549	1696975
宁　夏	5689201	111128	406254	5383736	261510	43956	4377330
新　疆	20796588	295715	918903	18695207	1691808	409574	13328783

2-B-1.6 各地区总承包和专业承包企业房屋建筑面积

地区	房屋建筑施工面积（万平方米）	#本年新开工	#实行投标承包面积	#本年新开工	房屋建筑竣工面积（万平方米）	房屋建筑面积竣工率（%）
全国	**1132002.9**	**516799.3**	**902120.0**	**422672.5**	**401520.9**	**35.5**
北京	49259.1	16716.5	44082.6	16025.5	8949.9	18.2
天津	13000.8	4995.8	11697.7	4427.7	3635.5	28.0
河北	36460.0	17243.6	30954.1	14773.0	12808.2	35.1
山西	13107.2	4708.2	11190.1	3677.0	3722.1	28.4
内蒙古	8839.6	4546.2	7357.3	3868.5	3630.6	41.1
辽宁	42289.0	24407.6	31007.4	18119.6	19786.4	46.8
吉林	12518.8	7855.4	8544.4	5947.4	6344.1	50.7
黑龙江	8174.8	4742.8	6023.6	3697.7	4390.1	53.7
上海	30057.8	10670.8	26928.3	9442.3	7073.8	23.5
江苏	196773.9	86373.2	175276.3	77525.0	68993.1	35.1
浙江	185017.5	79306.4	152479.6	66661.0	61549.4	33.3
安徽	36274.1	17427.7	27641.8	14138.4	14851.1	40.9
福建	48254.0	19483.3	36136.6	14357.6	13861.0	28.7
江西	23144.4	13444.0	16753.5	10222.5	11881.2	51.3
山东	64589.9	32387.4	51901.5	27185.5	23737.3	36.8
河南	43408.6	23326.8	35289.1	20025.7	18179.1	41.9
湖北	48938.0	26721.3	35117.4	21763.0	22773.7	46.5
湖南	43528.2	19457.3	34667.2	15990.3	15891.0	36.5
广东	52397.2	21604.6	30375.7	13495.9	14439.1	27.6
广西	18316.1	7434.3	15292.8	6313.7	5787.6	31.6
海南	2195.4	775.1	1837.3	669.2	914.7	41.7
重庆	29884.6	13539.9	18869.8	9069.2	12240.3	41.0
四川	47377.7	21835.0	30983.8	15050.4	18211.9	38.4
贵州	12267.5	5236.5	9062.6	3841.4	2472.5	20.2
云南	15702.8	8313.1	10772.9	5613.6	6718.0	42.8
西藏	201.6	168.2	151.5	139.7	123.4	61.2
陕西	20780.3	8323.8	17406.5	7090.0	6404.1	30.8
甘肃	10319.4	5573.2	7826.3	4420.5	3976.7	38.5
青海	1158.3	470.0	813.2	344.6	466.5	40.3
宁夏	4676.5	2160.5	4361.1	1989.0	1939.5	41.5
新疆	13090.0	7550.7	11318.0	6787.8	5769.1	44.1

2-B-1.7 各地区按主要用途分的总承包和专业承包企业房屋建筑竣工面积

单位：万平方米

地区	合计	住宅房屋	商业及服务用房屋	商厦房屋(批发和零售用房)	宾馆用房屋(住宿用房)	餐饮用房屋(餐饮用房)	商务会展用房屋	其他商业及服务用房屋(居民服务业用房)
全　国	**401520.9**	**267736.0**	**25924.6**	**11465.0**	**3652.8**	**1190.9**	**1441.7**	**8174.2**
北　京	8949.9	5272.8	1433.6	1093.7	139.0	14.8	46.1	140.0
天　津	3635.5	2196.2	231.7	123.6	19.8	2.8	5.2	80.3
河　北	12808.2	9183.8	572.7	263.0	74.7	19.9	18.2	196.9
山　西	3722.1	2689.8	177.2	43.2	42.1	8.7	14.4	68.9
内蒙古	3630.6	2707.5	214.6	54.6	34.4	6.4	11.2	108.1
辽　宁	19786.4	14639.5	832.2	331.4	76.6	77.7	9.4	337.0
吉　林	6344.1	4750.0	233.0	92.7	33.2	3.8	18.3	85.1
黑龙江	4390.1	3563.9	209.7	43.2	15.3	12.1	5.2	133.8
上　海	7073.8	3528.0	943.3	505.5	92.0	4.7	70.3	270.7
江　苏	68993.1	48997.4	3145.4	1443.9	685.3	245.2	330.8	440.1
浙　江	61549.4	33208.6	5085.6	2530.6	765.4	231.0	344.3	1214.2
安　徽	14851.1	9683.2	740.9	325.2	66.4	21.8	19.5	308.0
福　建	13861.0	9301.9	704.2	236.8	81.4	29.0	45.8	311.3
江　西	11881.2	7728.0	844.1	278.2	127.8	47.0	28.8	362.3
山　东	23737.3	16622.8	1344.7	553.8	99.6	53.8	71.9	565.5
河　南	18179.1	12664.0	1011.9	281.9	187.7	88.7	63.2	390.4
湖　北	22773.7	15182.8	1561.9	760.0	270.1	39.6	61.2	431.1
湖　南	15891.0	11231.5	1019.2	537.1	137.5	18.2	43.1	283.4
广　东	14439.1	8595.1	1121.5	458.7	104.6	47.8	63.4	447.0
广　西	5787.6	3758.6	253.9	69.2	68.5	8.3	9.2	98.8
海　南	914.7	547.6	108.3	44.0	20.1	6.8	11.0	26.5
重　庆	12240.3	9170.9	725.4	192.0	42.7	47.2	36.0	407.4
四　川	18211.9	13537.9	1271.0	398.6	208.1	57.6	70.6	536.1
贵　州	2472.5	1489.2	233.8	101.7	18.7	3.2	4.3	105.9
云　南	6718.0	4474.4	637.9	197.4	88.6	20.1	13.3	318.5
西　藏	123.4	74.3	7.7	5.6	0.7	0.1	0.1	1.1
陕　西	6404.1	4545.8	418.2	143.3	74.3	28.9	8.9	162.8
甘　肃	3976.7	2903.9	213.1	78.3	18.3	9.8	3.2	103.6
青　海	466.5	307.0	23.5	3.4	3.4	0.5	2.0	14.1
宁　夏	1939.5	1111.9	187.1	102.5	3.9	6.9	4.2	69.6
新　疆	5769.1	4067.7	417.1	172.0	52.4	28.5	8.4	155.8

2-B-1.7 续表 单位：万平方米

地区	办公用房屋	科研、教育和医疗用房屋	科学研究用房屋	教育用房屋	医疗用房屋（卫生医疗用房）	文化、体育和娱乐用房屋	厂房及建筑物	#厂房	仓库	其他未列明的房屋建筑物
全国	**23327.5**	**16532.3**	**1695.6**	**11045.4**	**3791.3**	**3570.5**	**53475.9**	**36485.2**	**2642.9**	**8311.2**
北京	782.6	448.6	161.7	187.4	99.4	91.8	687.3	571.1	34.6	198.6
天津	193.2	109.0	9.7	66.5	32.8	39.5	689.3	489.8	49.3	127.3
河北	761.2	594.6	65.7	440.7	88.2	86.8	1143.9	741.9	40.9	424.2
山西	279.1	244.6	11.6	202.1	31.0	27.2	225.1	143.8	17.7	61.4
内蒙古	198.6	158.2	4.9	131.5	21.7	14.4	153.4	119.5	6.7	177.2
辽宁	744.4	425.6	21.7	292.5	111.4	78.6	2448.9	1337.9	147.7	469.3
吉林	254.6	150.0	8.6	111.2	30.2	40.8	665.0	316.7	22.2	228.5
黑龙江	147.0	126.7	4.1	70.7	51.9	23.2	230.4	131.6	16.5	72.7
上海	421.3	265.4	42.9	154.2	68.2	64.2	1633.7	1228.5	86.2	131.7
江苏	3433.9	1980.5	236.4	1304.9	439.3	476.2	9722.1	7827.8	379.4	858.3
浙江	4418.7	1828.9	261.4	1145.2	422.3	715.2	14827.2	10777.5	545.8	919.4
安徽	1084.9	701.5	20.6	539.2	141.7	117.0	2020.8	1256.6	77.2	425.6
福建	755.7	538.1	72.0	384.9	81.2	133.0	2234.9	1309.0	89.2	104.1
江西	854.3	592.5	63.8	427.7	101.0	183.7	1353.0	742.5	69.7	255.9
山东	1133.2	929.6	66.3	601.0	262.2	198.8	2936.1	1856.4	220.6	351.5
河南	1305.3	1075.8	112.5	727.8	235.5	151.1	1544.7	818.4	127.1	299.2
湖北	1447.2	1061.4	128.8	547.0	385.6	283.6	2611.6	1413.9	155.5	469.8
湖南	887.7	786.4	55.0	522.3	209.2	134.3	1344.9	877.6	67.9	419.1
广东	815.8	605.1	77.9	397.1	130.0	85.2	2607.8	1717.9	128.0	480.7
广西	425.5	557.7	34.9	374.9	147.9	111.0	446.3	293.7	35.7	198.9
海南	61.8	89.2	7.4	59.5	22.4	19.0	23.1	15.8	11.7	54.0
重庆	422.2	353.8	33.5	222.1	98.2	99.1	1002.7	637.0	54.5	411.8
四川	704.7	695.8	55.1	476.1	164.5	143.1	1408.1	895.2	107.8	343.4
贵州	179.3	325.7	19.8	244.0	61.9	23.3	121.3	82.1	6.5	93.4
云南	376.7	575.4	32.8	401.0	141.6	72.8	365.3	213.8	26.5	188.9
西藏	23.2	9.4	1.4	7.3	0.7	2.3	1.9	0.1	1.2	3.5
陕西	378.0	395.7	31.8	266.4	97.5	46.7	425.8	221.2	37.6	156.2
甘肃	187.8	304.1	30.9	222.7	50.5	38.3	219.6	137.5	18.0	91.8
青海	51.3	46.7	0.1	38.3	8.3	5.9	19.7	6.3	2.2	10.2
宁夏	194.3	206.5	2.4	197.4	6.8	15.5	97.0	93.3	11.0	116.2
新疆	403.9	350.0	20.0	281.8	48.2	49.0	264.8	210.8	48.2	168.3

2-B-1.8　各地区按主要用途分的总承包和专业承包企业房屋建筑竣工价值

单位：万元

地区	合计	住宅房屋	商业及服务用房屋	商厦房屋(批发和零售用房)	宾馆用房屋(住宿用房)	餐饮用房屋(餐饮用房)	商务会展用房屋	其他商业及服务用房屋(居民服务业用房)
全国	**584675729**	**383131787**	**42742586**	**18558020**	**6213272**	**1888239**	**2625297**	**13457757**
北京	20686424	10419034	3426208	2310254	496212	26445	168806	424490
天津	6951608	3975578	437450	250818	39906	7121	10727	128878
河北	17828850	11970059	913110	470173	98885	24768	22985	296300
山西	5338842	3573083	277687	45765	69565	16367	22757	123232
内蒙古	5345032	3738071	352577	86188	58433	13128	17900	176929
辽宁	28362354	20516438	1138045	466386	92713	106937	17208	454801
吉林	8643443	6447858	340178	134496	28736	4974	24947	147024
黑龙江	6727044	5303915	332233	67008	20331	17539	11031	216324
上海	14276286	6255048	2085657	790391	246827	24684	262910	760846
江苏	110909298	77776824	5523967	2479500	1240652	442621	518061	843132
浙江	90522777	52197383	8324381	4083692	1284675	405405	587472	1963137
安徽	17503999	11663944	944638	443516	114231	25253	29185	332454
福建	20542941	14305013	1139884	354562	164003	40954	74995	505371
江西	13477959	8603422	1042654	303395	209406	55702	27408	446743
山东	30607426	20595501	1940835	760243	143299	78257	124182	834855
河南	21148653	14534996	1201164	348182	197263	93477	76323	485920
湖北	30671343	19683462	2953362	1404718	413341	46170	167879	921255
湖南	20960029	14407148	1522261	783423	231554	24399	59808	423077
广东	22201181	13630295	2072765	727712	157740	55564	139450	992299
广西	7661133	4847268	340979	81311	87619	11544	9283	151222
海南	1376385	847930	153141	62257	27311	8058	11967	43548
重庆	17110123	12656681	1063718	278824	51379	69658	47280	616578
四川	24859355	18243525	1929054	575576	300492	130742	119256	802988
贵州	3509023	1979806	426328	225887	40513	3682	5519	150727
云南	9510577	6129596	995732	291634	126922	34297	20457	522422
西藏	260954	151484	17562	13366	1748	249	209	1990
陕西	9847981	6716430	607219	214836	139382	48893	16569	187539
甘肃	6511530	4403344	385162	144744	37915	19651	5761	177090
青海	743310	477746	37517	6403	5544	1252	4278	20040
宁夏	2489690	1471074	235016	146770	4931	12714	9709	60893
新疆	8090182	5609833	582103	205991	81743	37736	10978	245654

2-B-1.8 续表

单位：万元

地区	办公用房屋	科研、教育和医疗用房屋	科学研究用房屋	教育用房屋	医疗用房屋(卫生医疗用房)	文化、体育和娱乐用房屋	厂房及建筑物	#厂房	仓库	其他未列明的房屋建筑物
全国	**38472605**	**27149576**	**3259246**	**16941185**	**6949145**	**6907074**	**69319318**	**48474817**	**3371187**	**13581597**
北京	2363783	1396616	512303	585626	298688	455825	1752184	1496011	77159	795616
天津	493832	265897	20888	151357	93651	167548	1122793	800212	72446	416065
河北	1047686	1016134	149252	720553	146328	133436	1845591	1315786	56356	846477
山西	487451	415949	19133	342588	54229	70831	394065	270961	28016	91761
内蒙古	415249	286768	8933	222562	55274	36844	238026	179177	10921	266576
辽宁	1260593	758407	49859	462281	246268	172049	3673446	2067678	164436	678940
吉林	395508	244181	12462	158014	73705	58753	887175	408112	27367	242426
黑龙江	265240	236018	12018	120108	103892	39276	420124	247051	23028	107211
上海	1393786	771700	131338	387585	252778	189496	3172245	2545284	154945	253409
江苏	6280935	3910834	571684	2335448	1003701	1126344	13958350	11218513	580870	1751175
浙江	7312599	3064700	417712	1822484	824504	1225973	16383520	12023228	582800	1431422
安徽	1391270	822573	24334	632137	166103	145054	2043445	1216223	67998	425076
福建	1150737	865304	140777	588995	135532	247294	2545665	1533942	137922	151122
江西	1051246	742638	88950	509166	144523	221731	1495141	842873	65826	255301
山东	1753889	1509350	142943	881411	484996	501837	3401481	2168006	268820	635713
河南	1643316	1366021	144044	883830	338147	198092	1735052	902891	130056	339956
湖北	2034564	1444360	133057	754670	556633	506972	3123922	1723850	157358	767343
湖南	1359122	1084979	73874	683791	327314	224777	1660998	1120806	113125	587620
广东	1376054	1036936	153106	618833	264997	135656	3074597	2108968	163549	711330
广西	564937	754400	38704	497053	218643	144013	656751	466290	47029	305757
海南	85090	137874	7079	95597	35199	29017	33380	19804	12789	77165
重庆	569156	544176	47484	327602	169091	166987	1364518	965934	86231	658656
四川	1095974	1059006	85554	694199	279253	209967	1791430	1175392	106809	423590
贵州	222763	472303	51525	320321	100457	30610	232554	178579	18097	126563
云南	541543	904529	55842	613366	235322	117801	533553	320433	36775	251047
西藏	52679	20499	3053	15396	2049	2563	3299	383	2907	9962
陕西	613153	584316	55830	385069	143417	168172	690136	402010	52465	416090
甘肃	342465	547230	76144	387327	83759	76957	518868	298017	40733	196772
青海	83756	76145	199	63365	12581	6127	40183	12925	4415	17421
宁夏	251894	276302	3803	260580	11919	23003	124462	119088	14096	93843
新疆	572339	533434	27367	419870	86197	74071	402366	326393	65844	250193

2-B-1.9　各地区总承包和专业承包企业施工机械设备情况

地　区	年末自有施工机械设备总台数（台）	年末自有施工机械设备总功率（千瓦）	年末自有施工机械设备净值（万元）	技　术装备率（元/人）	动　力装备率（千瓦/人）
全　国	**11467280**	**254239766**	**60941736**	**13458**	**5.6**
北　京	125587	4443555	1078079	22212	9.2
天　津	113717	4374283	1733117	50564	12.8
河　北	869748	11295403	1816988	15617	9.7
山　西	212413	6096929	1232416	19541	9.7
内 蒙 古	104700	2491940	533331	13548	6.3
辽　宁	420041	17656981	2588908	13346	9.1
吉　林	77049	2536046	569727	12194	5.4
黑 龙 江	134516	2835022	770020	17830	6.6
上　海	159685	4020695	1283673	16217	5.1
江　苏	1827588	48148108	7183739	9420	6.3
浙　江	1036941	20371118	4555320	6679	3.0
安　徽	490273	11150605	1769322	10022	6.3
福　建	296621	7211511	1567536	6925	3.2
江　西	181778	4431270	960296	7410	3.4
山　东	758029	17060267	3337944	11777	6.0
河　南	801121	16347277	2870671	12134	6.9
湖　北	1278930	14201857	3318755	17594	7.5
湖　南	549559	12063395	1789521	12994	8.8
广　东	554194	11248002	3075933	15085	5.5
广　西	162242	2799822	503076	6600	3.7
海　南	8365	180315	31181	3996	2.3
重　庆	186601	4612380	1004801	5906	2.7
四　川	313693	7946148	3362519	13587	3.2
贵　州	66165	1790014	262767	6273	4.3
云　南	157422	5117038	11231107	134362	6.1
西　藏	4084	123368	41979	16600	4.9
陕　西	265809	5647704	1171736	13125	6.3
甘　肃	158287	3414681	534367	8862	5.7
青　海	26124	763264	179973	16514	7.0
宁　夏	30411	731480	145659	13224	6.6
新　疆	95587	3129288	437275	12447	8.9

2-B-1.10 各地区总承包和专业承包企业建筑材料消耗情况

地　区	钢材（吨）	木材（立方米）	水泥（吨）	玻璃		铝材（吨）
				重量箱	平方米	
全　国	**743341895**	**301596495**	**2399543986**	**618170166**	**991150520**	**51617632**
北　京	19935179	4250523	35314466	11537902	2993203	149412
天　津	23369527	1680054	29408859	13579477	2318153	255531
河　北	33696645	10060986	204344410	4249195	36058547	2904516
山　西	9913731	2247413	32076360	1213270	10049429	268237
内蒙古	4525859	2078032	13002579	1448205	16662414	410744
辽　宁	30960480	21560915	176210434	85172182	8669466	2549450
吉　林	33014321	4811799	66564551	1934711	26455124	995926
黑龙江	5302750	2772673	17191862	2162280	15450326	933559
上　海	15795561	5006646	21583948	10730126	1788891	377607
江　苏	79550112	34809547	245611224	177321086	21063861	4397407
浙　江	98226036	37014488	350470130	38974610	185593667	4265060
安　徽	23145619	7973864	57638889	36499626	5185213	937202
福　建	33152813	17083213	114387444	15530692	62264871	1738323
江　西	12166505	8199057	48840809	2459125	24913941	1024749
山　东	31647512	12093074	102258554	7903467	66521930	2040794
河　南	23019337	6784690	89166485	5068200	47830744	1039420
湖　北	53295744	21394573	144798605	87067138	119990789	13474906
湖　南	19591993	9648968	72627467	9959821	51486006	920212
广　东	22383031	22154450	83633403	80246937	7926527	2783885
广　西	14134193	16394405	31386517	2382464	16564130	1115509
海　南	1645127	673629	4584699	459191	3231419	515060
重　庆	18497995	8420147	57687373	2988719	25720657	1577997
四　川	43230401	21221561	232469824	6433613	54123559	3389956
贵　州	8524653	3389801	27249484	1538881	91312195	1605802
云　南	51210314	6384330	45414512	921900	9228039	245685
西　藏	164741	131235	571656	90918	820469	16030
陕　西	16507839	5806865	46069996	3236961	18350273	558921
甘　肃	6701918	2131775	20060825	2687118	20597459	547995
青　海	911123	214260	3328762	154022	2520230	78859
宁　夏	2370417	892440	7314079	737942	3734575	335692
新　疆	6750419	4311082	18275780	3480387	31724413	163186

2-B-1.11　各地区总承包和专业承包企业主要生产效益指标

地　区	建筑业企业个数（个）	直接从事生产经营活动的平均人数（人）	按总产值计算的劳动生产率（元/人）	人均竣工产值（元/人）	人均施工面积（平方米/人）	人均竣工面积（平方米/人）
全　国	**78919**	**50265393**	**319039**	**186363**	**225.2**	**79.9**
北　京	3109	826584	903037	433070	595.9	108.3
天　津	1573	816713	452354	202337	159.2	44.5
河　北	2384	1232778	425454	223138	295.8	103.9
山　西	2181	1053758	287957	132257	124.4	35.3
内蒙古	873	536693	292749	169232	164.7	67.6
辽　宁	5897	2404470	358881	223858	175.9	82.3
吉　林	1858	557401	396741	261409	224.6	113.8
黑龙江	2008	1019239	242528	123653	80.2	43.1
上　海	2814	1181518	440613	231123	254.4	59.9
江　苏	9095	7824887	281073	212684	251.5	88.2
浙　江	5839	6733001	300015	185062	274.8	91.4
安　徽	2646	1757893	282470	151329	206.3	84.5
福　建	2623	2458801	222131	135974	196.3	56.4
江　西	1624	1122940	309008	191942	206.1	105.8
山　东	5708	3047222	277882	152145	212.0	77.9
河　南	4734	2522681	277609	157144	172.1	72.1
湖　北	3211	1736352	487532	252222	281.8	131.2
湖　南	1983	1973785	267701	176576	220.5	80.5
广　东	4331	2042046	385099	198066	256.6	70.7
广　西	1065	710407	322334	186858	257.8	81.5
海　南	144	71543	400189	281456	306.9	127.9
重　庆	2405	1605037	294773	158082	186.2	76.3
四　川	3334	2711685	265883	144769	174.7	67.2
贵　州	606	386049	357248	153690	317.8	64.0
云　南	2224	990515	293444	161064	158.5	67.8
西　藏	168	25084	306953	165482	80.4	49.2
陕　西	1390	1205972	331713	142297	172.3	53.1
甘　肃	1224	581871	295746	156553	177.3	68.3
青　海	379	131726	314069	128826	87.9	35.4
宁　夏	513	213000	267099	205508	219.6	91.1
新　疆	976	783742	265350	170066	167.0	73.6

2-B-1.12 各地区总承包和专业承包企业营业额

单位：万元

地区	企业营业额	在境外完成的营业额	企业总产值	#建筑业总产值
全国	**2080681665**	**34799886**	**2045881779**	**1603660633**
北京	92739121	9397831	83341290	74643608
天津	39848379	983086	38865293	36944362
河北	55421900	462265	54959635	52449010
山西	31544122	209907	31334215	30343656
内蒙古	16073717	180594	15893123	15711619
辽宁	94552854	501839	94051015	86291908
吉林	22826603	257101	22569502	22114408
黑龙江	26287203	569650	25717553	24719359
上海	61952172	990369	60961804	52059216
江苏	588248948	4454614	583794334	219936099
浙江	207027647	665561	206362087	202000242
安徽	53085022	1659054	51425968	49655149
福建	55366193	285502	55080690	54617501
江西	36133231	440351	35692880	34699763
山东	94261521	2407749	91853772	84676747
河南	75402516	1202099	74200417	70032014
湖北	93245971	3281126	89964845	84652690
湖南	54758819	1068968	53689851	52838426
广东	83745014	984756	82760258	78639046
广西	23999704	320465	23679239	22898810
海南	3051619	11588	3040031	2863073
重庆	49902479	275091	49627388	47312167
四川	79814784	1576963	78237821	72099080
贵州	13984646	76927	13907719	13791526
云南	30963690	956710	30006980	29066031
西藏	821525	1938	819587	769961
陕西	43107862	835617	42272245	40003635
甘肃	19520196	157357	19362838	17208628
青海	4453312	138945	4314367	4137110
宁夏	5807745	1736	5806009	5689201
新疆	22733155	444130	22289025	20796588

2-B-1.13　各地区总承包和专业承包企业资产构成

单位：万元

地　区	资产合计	#流动资产合计	#存货	#非流动资产合计	#固定资产合计
全　国	**1300944471**	**1017385789**	**231272275**	**283558682**	**130470398**
北　京	136831634	94568304	18266458	42263330	4718935
天　津	44865074	35347826	7123620	9517249	4509966
河　北	37921097	30224632	6462839	7696465	5141774
山　西	34202261	26150562	4635860	8051699	2739061
内蒙古	17886901	13965826	2331776	3921075	2258721
辽　宁	55032788	44271972	8440551	10760816	6324608
吉　林	19293029	15718985	2135350	3574043	2341698
黑龙江	18033052	14701724	2698433	3331329	2293774
上　海	72752012	59168869	12366341	13583143	4049007
江　苏	134237735	110441649	26736990	23796086	13719800
浙　江	98324153	79176417	21791866	19147735	9943257
安　徽	36541088	28714425	5873116	7826663	4248226
福　建	31273033	25220416	5897650	6052618	3737783
江　西	19312471	14650631	3395610	4661840	2826777
山　东	81774689	65620443	15832213	16154246	9820568
河　南	49472704	38351020	8968448	11121684	7136977
湖　北	63518819	48046685	14021297	15472133	10046720
湖　南	29805043	22144208	4891832	7660835	3969191
广　东	88215591	70556216	15729279	17659375	6932437
广　西	13839071	10817512	2443335	3021559	1600846
海　南	2064568	1581267	236767	483301	161110
重　庆	40256771	31966318	8513519	8290452	3754180
四　川	60963372	47118304	13725009	13845068	4811849
贵　州	14518652	12038919	4100616	2479734	884692
云　南	25924958	19165967	3202248	6758990	3432216
西　藏	981351	568398	59796	412954	267296
陕　西	33837635	27297896	5637157	6539738	3561584
甘　肃	13619280	9639951	2054247	3979329	2252360
青　海	4170533	3019252	559053	1151281	770087
宁　夏	5278587	4372103	915795	906484	565405
新　疆	16196519	12759092	2225204	3437427	1649495

2-B-1.14 各地区总承包和专业承包企业固定资产情况

单位：万元

地区	固定资产合计	固定资产原价	固定资产折旧	#本年折旧	在建工程
全国	**130470398**	**168947192**	**66487311**	**11749787**	**14531896**
北京	4718935	7391714	3356234	614464	584346
天津	4509966	6446286	2613967	491129	280012
河北	5141774	6450145	2324265	391960	521795
山西	2739061	4081729	1769007	303414	240881
内蒙古	2258721	3197226	1130717	275738	109673
辽宁	6324608	8789941	3601668	534096	606605
吉林	2341698	2744706	1024280	206110	243919
黑龙江	2293774	3101164	1246491	148020	197535
上海	4049007	6349111	3052672	369352	410153
江苏	13719800	17759848	6951708	1154161	1678953
浙江	9943257	13520175	5081248	849239	1055853
安徽	4248226	5208942	1838095	355960	508894
福建	3737783	4803146	1557816	288571	310107
江西	2826777	3227021	1041333	204526	349160
山东	9820568	12341498	4728455	844629	797332
河南	7136977	9400043	3479228	666320	715021
湖北	10046720	10544004	4184660	871250	792449
湖南	3969191	5194117	2042500	330964	406211
广东	6932437	9448683	3994222	777296	985431
广西	1600846	1894023	738972	104887	213796
海南	161110	125087	54237	7366	69718
重庆	3754180	3988090	1458507	260398	707301
四川	4811849	6398411	2780801	481091	834576
贵州	884692	1024920	423946	84281	196917
云南	3432216	4108735	1575956	275261	606131
西藏	267296	255742	84426	10487	37580
陕西	3561584	4807461	2016939	439317	463333
甘肃	2252360	2549432	754028	120740	279622
青海	770087	758796	351804	52945	46987
宁夏	565405	734467	289442	46167	90569
新疆	1649495	2302532	939687	189646	191039

2-B-1.15　各地区总承包和专业承包企业负债及所有者权益

单位：万元

地　区	负债合计	#流动负债	#应付账款	所有者权益	#实收资本
全　国	**879588627**	**796758627**	**253659234**	**421249678**	**240837729**
北　京	97896371	85259485	32158604	38932255	19253389
天　津	34474201	31409574	13324836	10370342	6261910
河　北	25228585	23130064	8711881	12692512	7504500
山　西	25650153	23205622	9591247	8552108	5418288
内蒙古	11749404	10780107	2902400	6137497	2718312
辽　宁	36788294	32288009	10573294	18223368	9730418
吉　林	11306420	9959320	3416449	7986609	5680988
黑龙江	12573102	11774016	4309602	5459950	4066183
上　海	54316757	50886049	14939646	18434252	10495414
江　苏	82617999	78181442	22967899	51619801	23918299
浙　江	60400441	56660375	11885641	37923712	19767508
安　徽	24884033	22151857	6519279	11627354	7519433
福　建	18138089	16951543	3474347	13134477	9147629
江　西	10941955	9977352	2267496	8370516	5210272
山　东	56407795	52441487	16331868	25366895	14588470
河　南	31120107	28333633	9812759	18352597	11543331
湖　北	44838000	37512375	15143999	18680819	9808428
湖　南	17977371	15799802	5490401	11827673	6462669
广　东	60645216	53714549	16024203	27543209	15884076
广　西	9369727	8308969	1587283	4469344	3054412
海　南	1244449	1176385	236199	820120	545355
重　庆	28728131	25567398	7544082	11528639	6822820
四　川	42602787	39138732	9926440	18359939	13344369
贵　州	9973515	9056777	2502753	4545138	1892064
云　南	17105179	15170737	3794615	8816973	5526670
西　藏	451321	394919	127333	530031	374092
陕　西	24398570	22279439	9075467	9439065	6972515
甘　肃	9036518	8224248	2860138	4582986	2849141
青　海	2759664	2437871	909797	1410869	972418
宁　夏	3766862	3612901	1241104	1511725	974675
新　疆	12197613	10973590	4008174	3998905	2529684

2-B-1.16 各地区总承包和专业承包企业实收资本

单位：万元

地区	合计	国家资本	集体资本	法人资本	个人资本	港澳台资本	外商资本
全国	**240837729**	**37602118**	**11835070**	**80372581**	**109531004**	**827958**	**668997**
北京	19253389	7933352	351561	6874537	3924569	89851	79519
天津	6261910	1042302	250480	3293659	1651776	11028	12665
河北	7504500	1116758	507320	2404189	3473150	2655	428
山西	5418288	1266575	239507	1966357	1938436	6539	875
内蒙古	2718312	203877	144336	713127	1656590	200	182
辽宁	9730418	1680370	566259	3057340	4140341	233966	52142
吉林	5680988	366743	194826	3312147	1792460	14737	75
黑龙江	4066183	682386	377039	1260071	1732515	1233	12940
上海	10495414	1701366	488672	4303518	3759275	138391	104192
江苏	23918299	1691784	779382	6984297	14254067	72815	135954
浙江	19767508	668134	489917	5061770	13485225	38689	23774
安徽	7519433	1027855	284115	1778316	4419909	6046	3193
福建	9147629	599716	268190	2259145	5982682	32150	5746
江西	5210272	1007903	387542	1301822	2498852	3002	11151
山东	14588470	1939024	1332988	5337836	5946440	19059	13123
河南	11543331	1415639	737979	3695186	5679031	12104	3392
湖北	9808428	1748915	475514	3299650	4256751	25298	2299
湖南	6462669	1041549	545816	2083523	2778432	7261	6088
广东	15884076	1587326	787022	7259498	6030525	84340	135366
广西	3054412	645049	227303	964342	1210261	6361	1096
海南	545355	106199	71638	205852	161520	147	
重庆	6822820	1021967	240830	1933659	3562306	8832	55227
四川	13344369	2385144	526976	3272486	7152994	5745	1024
贵州	1892064	856054	135785	500503	399722		
云南	5526670	1247263	311287	1607954	2352792	4576	2798
西藏	374092	27350	30069	193839	122834		
陕西	6972515	1151211	590606	3059572	2165286	614	5226
甘肃	2849141	584549	251626	905838	1104407	2259	463
青海	972418	173995	70286	433030	295108		
宁夏	974675	137867	46507	248496	541805		
新疆	2529684	543897	123693	801026	1060948	60	59

2-B-1.17　各地区总承包和专业承包企业收入情况

单位：万元

地　区	主营业务收入	#主营业务成本	#主营业务税金及附加	其他业务收入	#其他业务成本	#其他业务利润
全　国	**1510980511**	**1327719556**	**49886626**	**13680464**	**25242044**	**2099305**
北　京	93259494	84988399	2298244	671466	1033281	208253
天　津	40195573	35307731	1095579	262468	967165	47553
河　北	47099571	41185174	1536008	859846	1156078	41437
山　西	29865170	26663894	885267	637015	643140	63810
内蒙古	15647788	12898081	572326	87659	383683	32319
辽　宁	77630871	65923854	2633433	346676	2432924	46738
吉　林	20588307	17187457	691943	210014	1115714	14503
黑龙江	18277311	15866272	596881	115282	386061	10676
上　海	63982318	58055955	1637970	568194	752940	194833
江　苏	182177035	159483638	6388057	1876015	1654998	163318
浙　江	163514599	147417396	5538195	1110973	1312699	180725
安　徽	43734210	37569806	1459318	491377	1468150	45212
福　建	50148761	44513755	1851342	218402	450569	42034
江　西	32882818	29011586	1155256	218057	378424	37130
山　东	80234040	69324107	2619996	1001610	1387049	131503
河　南	68279260	58640857	2372885	435411	1260329	99398
湖　北	83839885	72718292	3157393	948832	1249845	110503
湖　南	49190760	42928015	1921278	233801	635237	32111
广　东	89129940	78447178	2734878	577450	717107	162549
广　西	20474754	18397299	695177	188925	365729	31768
海　南	2755098	2460489	92834	41878	43865	1196
重　庆	45718478	39603125	1542893	279412	1341379	53862
四　川	65513034	56757875	2190480	914633	1873656	152040
贵　州	12792383	11437831	474450	96695	206015	19191
云　南	25553677	22009607	885707	440959	615664	67392
西　藏	691716	563031	24958	7102	8659	1605
陕　西	40102764	35662407	1311597	155654	359258	26317
甘　肃	16259778	14136310	543083	239051	463754	26225
青　海	4444678	3951464	123507	39270	66479	7627
宁　夏	5826440	5307963	184668	75322	59662	21442
新　疆	21170003	19300709	671026	331018	452532	26039

2-B-1.18 各地区总承包和专业承包企业费用情况

单位：万元

地区	管理费用	#税金	销售费用	财务费用	#利息收入	#利息支出
全国	**47508936**	**2331966**	**6009406**	**10345789**	**2892477**	**10846917**
北京	3248168	49119	320419	576932	813713	1344398
天津	1366014	63561	91698	312681	173465	347522
河北	1377982	51575	131556	261623	41448	217942
山西	1247633	37598	91758	168301	72976	180195
内蒙古	564623	25829	23922	177409	3577	142485
辽宁	3028182	210661	257519	417699	68247	340470
吉林	691083	46098	65459	121132	6505	76257
黑龙江	722986	53720	73751	79052	15050	62468
上海	2353313	38550	168877	310318	191910	415247
江苏	5332295	245912	699285	1440912	202871	1419337
浙江	3287225	148200	448043	1209998	193852	1212655
安徽	1354241	58707	215745	257556	87053	269553
福建	1349867	76246	183508	183432	45816	169355
江西	837812	45520	154099	143183	18885	118186
山东	2659457	167582	334583	582385	110394	558971
河南	2444925	149781	382722	523390	118317	415339
湖北	2889548	140894	506666	591781	117855	613356
湖南	1578741	100167	266285	262967	81399	243009
广东	2994503	117519	393550	734835	64659	737149
广西	612781	24878	51074	153778	9681	118189
海南	61972	3848	5659	3696	597	2187
重庆	1392496	72299	213811	409160	62215	352055
四川	2168897	213753	419617	555608	229268	632771
贵州	324945	10060	14624	99537	11446	89082
云南	834488	38435	187597	255118	28571	226803
西藏	40478	1632	11037	3291	1711	1925
陕西	1258728	65412	142947	203998	91730	258791
甘肃	583309	35295	85832	131604	15018	111440
青海	164029	4538	19609	21674	-2179	19563
宁夏	166997	8544	8449	49734	774	38277
新疆	571221	26032	39705	103003	15652	111943

2-B-1.19　各地区总承包和专业承包企业利润及税金情况

单位：万元

地　区	利润总额	#应交所得税	税金总额	主营业务税金及附加	管理费用中的税金
全　国	**60792546**	**13115981**	**52218592**	**49886626**	**2331966**
北　京	3497480	520406	2347364	2298244	49119
天　津	1431440	314417	1159140	1095579	63561
河　北	1655376	385211	1587583	1536008	51575
山　西	897318	149825	922864	885267	37598
内蒙古	1094841	254572	598155	572326	25829
辽　宁	3146240	793900	2844094	2633433	210661
吉　林	910687	235768	738041	691943	46098
黑龙江	669765	147088	650601	596881	53720
上　海	1932910	353871	1676520	1637970	38550
江　苏	8993262	1940250	6633970	6388057	245912
浙　江	5304842	1252240	5686394	5538195	148200
安　徽	1877388	371763	1518025	1459318	58707
福　建	1853834	606550	1927588	1851342	76246
江　西	1282397	313702	1200776	1155256	45520
山　东	4167033	824246	2787578	2619996	167582
河　南	3120944	694811	2522666	2372885	149781
湖　北	3796429	775648	3298287	3157393	140894
湖　南	1905149	368295	2021445	1921278	100167
广　东	3636718	860488	2852397	2734878	117519
广　西	444218	136747	720056	695177	24878
海　南	128077	54705	96682	92834	3848
重　庆	2297778	456447	1615192	1542893	72299
四　川	2504299	466442	2404233	2190480	213753
贵　州	324210	73400	484510	474450	10060
云　南	1198003	227383	924142	885707	38435
西　藏	48405	6903	26590	24958	1632
陕　西	1397940	225266	1377009	1311597	65412
甘　肃	588756	113539	578378	543083	35295
青　海	146330	20214	128045	123507	4538
宁　夏	121468	51148	193212	184668	8544
新　疆	419012	120740	697058	671026	26032

2-B-1.20 各地区总承包和专业承包企业应收工程款及企业亏损情况

地区	应收工程款(万元)	企业个数(个)	#亏损企业个数	亏损企业的比重(%)
全国	**263172081**	**78919**	**9503**	**12.0**
北京	16605092	3109	627	20.2
天津	10431432	1573	243	15.4
河北	9989376	2384	275	11.5
山西	8906763	2181	414	19.0
内蒙古	4769679	873	111	12.7
辽宁	12884273	5897	747	12.7
吉林	5540103	1858	278	15.0
黑龙江	4127862	2008	445	22.2
上海	12570483	2814	532	18.9
江苏	35682356	9095	437	4.8
浙江	17113479	5839	581	10.0
安徽	8198083	2646	235	8.9
福建	4862006	2623	299	11.4
江西	3534797	1624	117	7.2
山东	21054890	5708	501	8.8
河南	8437995	4734	356	7.5
湖北	11844862	3211	272	8.5
湖南	5985345	1983	158	8.0
广东	14905322	4331	672	15.5
广西	2137758	1065	216	20.3
海南	306285	144	27	18.8
重庆	8836067	2405	278	11.6
四川	9766267	3334	410	12.3
贵州	2320270	606	113	18.6
云南	5422549	2224	331	14.9
西藏	219603	168	20	11.9
陕西	7171016	1390	173	12.4
甘肃	3399620	1224	193	15.8
青海	793324	379	116	30.6
宁夏	1547403	513	98	19.1
新疆	3807721	976	228	23.4

2-B-1.21 各地区总承包和专业承包企业主要经济效益指标

地区	产值利润率(%)	产值利税率(%)	资本利润率(%)	资本利税率(%)	人均利润(元/人)	人均利税(元/人)	资产负债率(%)
全国	**3.8**	**7.0**	**25.2**	**46.9**	**12094**	**22483**	**67.6**
北京	4.7	7.8	18.2	30.4	42312	70711	71.5
天津	3.9	7.0	22.9	41.4	17527	31720	76.8
河北	3.2	6.2	22.1	43.2	13428	26306	66.5
山西	3.0	6.0	16.6	33.6	8515	17273	75.0
内蒙古	7.0	10.8	40.3	62.3	20400	31545	65.7
辽宁	3.6	6.9	32.3	61.6	13085	24913	66.8
吉林	4.1	7.5	16.0	29.0	16338	29579	58.6
黑龙江	2.7	5.3	16.5	32.5	6571	12954	69.7
上海	3.7	6.9	18.4	34.4	16360	30549	74.7
江苏	4.1	7.1	37.6	65.3	11493	19971	61.5
浙江	2.6	5.4	26.8	55.6	7879	16324	61.4
安徽	3.8	6.8	25.0	45.2	10680	19315	68.1
福建	3.4	6.9	20.3	41.3	7540	15379	58.0
江西	3.7	7.2	24.6	47.7	11420	22113	56.7
山东	4.9	8.2	28.6	47.7	13675	22823	69.0
河南	4.5	8.1	27.0	48.9	12372	22371	62.9
湖北	4.5	8.4	38.7	72.3	21864	40860	70.6
湖南	3.6	7.4	29.5	60.8	9652	19894	60.3
广东	4.6	8.3	22.9	40.9	17809	31778	68.7
广西	1.9	5.1	14.5	38.1	6253	16389	67.7
海南	4.5	7.9	23.5	41.2	17902	31416	60.3
重庆	4.9	8.3	33.7	57.4	14316	24379	71.4
四川	3.5	6.8	18.8	36.8	9235	18101	69.9
贵州	2.4	5.9	17.1	42.7	8398	20949	68.7
云南	4.1	7.3	21.7	38.4	12095	21425	66.0
西藏	6.3	9.7	12.9	20.0	19297	29897	46.0
陕西	3.5	6.9	20.0	39.8	11592	23010	72.1
甘肃	3.4	6.8	20.7	41.0	10118	20058	66.4
青海	3.5	6.6	15.0	28.2	11109	20829	66.2
宁夏	2.1	5.5	12.5	32.3	5703	14774	71.4
新疆	2.0	5.4	16.6	44.1	5346	14240	75.3

2. 按经济类型分组

2-B-2.1 各地区国有总承包和专业承包企业签订合同情况

单位：万元

地区	合同总额	上年结转合同额	本年新签合同额
全国	**454396729**	**201347900**	**253048828**
北京	30138209	12706244	17431965
天津	11160916	5364262	5796654
河北	13384466	5791435	7593031
山西	9670551	3985430	5685121
内蒙古	2733559	1716623	1016936
辽宁	14362701	5640539	8722163
吉林	4363732	2648335	1715397
黑龙江	7802498	2929967	4872531
上海	21254905	9973130	11281775
江苏	13845143	5843799	8001344
浙江	7546295	3669128	3877167
安徽	18876880	7705575	11171305
福建	7741702	3306710	4434992
江西	7012441	3244647	3767794
山东	21137309	8756361	12380948
河南	10632591	3511803	7120788
湖北	29182280	13130417	16051863
湖南	26309950	12674092	13635858
广东	62483404	29447811	33035594
广西	25592422	11628680	13963742
海南	1000515	290353	710162
重庆	12806816	6730676	6076140
四川	32242901	14712138	17530763
贵州	19678146	8002848	11675298
云南	8505660	3150412	5355248
西藏	183564	47301	136263
陕西	16062656	7687833	8374823
甘肃	5976284	2128703	3847581
青海	4443422	1981126	2462296
宁夏	2496127	919684	1576443
新疆	5768685	2021840	3746845

2-B-2.2　各地区国有总承包和专业承包企业承包工程完成情况

单位：万元

地　区	直接从建设单位承揽工程完成的产值			从建设单位以外承揽工程完成的产值
		自行完成施工产值	分包出去工程的产值	
全　国	**207596826**	**200372856**	**7223969**	**7017307**
北　京	12398396	11713146	685250	1075025
天　津	4907237	4843549	63687	385084
河　北	7551626	7474475	77151	532420
山　西	6171981	6139432	32549	28393
内蒙古	1087870	1087870		29249
辽　宁	8594067	8547848	46219	83285
吉　林	1479678	1445124	34554	23026
黑龙江	5791034	5607988	183046	8894
上　海	7919151	7323418	595733	265861
江　苏	7403122	7181614	221508	381837
浙　江	3477217	3190405	286811	44302
安　徽	9360828	9104357	256471	181939
福　建	4031791	3970316	61475	8754
江　西	3674998	3645523	29475	41580
山　东	11345919	11144214	201705	161993
河　南	6010932	5816317	194615	309262
湖　北	13892340	13709524	182815	295758
湖　南	10348417	10318391	30026	375810
广　东	22688922	19286601	3402321	478089
广　西	10272529	10262735	9794	238693
海　南	586817	586368	450	2183
重　庆	5595110	5425885	169225	422160
四　川	13319016	13256073	62943	724217
贵　州	7528840	7519585	9255	60205
云　南	4088668	4088455	213	3518
西　藏	127263	118421	8842	
陕　西	7788605	7706195	82411	406191
甘　肃	3024654	3000560	24094	22902
青　海	2068993	2008896	60097	282052
宁　夏	1462983	1345683	117301	116322
新　疆	3597823	3503891	93932	28303

2-B-2.3 各地区国有总承包和专业承包企业建筑业总产值和竣工产值

单位：万元

地区	建筑业总产值			按构成分组			竣工产值
		#装饰装修产值	#在外省完成的产值	建筑工程产值	安装工程产值	其他产值	
全国	**207390163**	**6081925**	**76364260**	**180266638**	**21077937**	**6045588**	**96054102**
北京	12788171	1610708	7990140	12128595	563512	96064	6787589
天津	5228633	8774	2929208	4712075	387760	128798	1878501
河北	8006895	642132	3132972	6875840	851093	279962	3664796
山西	6167825	133412	696841	5365846	635859	166119	2528855
内蒙古	1117120	8987	476561	1047018	41542	28559	424840
辽宁	8631134	161394	2206948	6596067	1591973	443094	4900347
吉林	1468149	11282	501464	931649	370463	166037	603855
黑龙江	5616882	16079	723549	3672111	1837284	107487	2464194
上海	7589279	350707	5310240	6609387	754461	225431	3068256
江苏	7563451	42156	3078725	6828048	670698	64705	4244256
浙江	3234707	26460	1092545	2764116	371415	99176	1748060
安徽	9286296	99967	3931402	8503678	579254	203363	3771666
福建	3979070	64486	680541	3593732	362260	23078	2508666
江西	3687103	48686	1561552	3237366	335257	114480	1948770
山东	11306206	214127	4366859	9575022	1309612	421573	5011102
河南	6125579	159022	2572649	4504766	1575999	44815	2326920
湖北	14005283	66022	8274912	12454192	1081615	469476	3471667
湖南	10694201	194518	5405707	8875109	1168750	650342	6154118
广东	19764690	1229298	5776119	17820680	1455359	488651	9617450
广西	10501428	169883	2666717	9147208	1076340	277880	5293094
海南	588551	35042		520298	15370	52883	385992
重庆	5848044	59504	2786478	5270944	300131	276969	2276404
四川	13980290	131462	3772512	12758661	980815	240814	7335487
贵州	7579790	186001	1266585	6514843	672840	392107	2898140
云南	4091973	4737	328373	3674582	361225	56166	1704254
西藏	118421	723		111195	777	6450	30257
陕西	8112386	307894	2676189	7190928	694511	226948	3553702
甘肃	3023462	74340	595838	2575924	372771	74767	1497086
青海	2290948	627	971612	1912668	197392	180888	518439
宁夏	1462005	857	223218	1390098	55448	16459	1446803
新疆	3532194	22641	367806	3103992	406153	22050	1990537

2-B-2.4　各地区国有总承包和专业承包企业房屋建筑面积

地　区	房屋建筑施工面积(万平方米)	#本年新开工	#实行投标承包面积	#本年新开工	房屋建筑竣工面积(万平方米)	房屋建筑面积竣工率(%)
全　国	**107280.6**	**38983.7**	**91590.0**	**33366.9**	**25392.8**	**23.7**
北　京	8164.6	2334.4	7998.6	2332.7	1760.1	21.6
天　津	881.8	349.0	862.1	343.2	233.5	26.5
河　北	3332.7	1132.6	3250.6	1096.1	810.7	24.3
山　西	3070.7	955.5	2933.7	916.0	962.6	31.3
内蒙古	493.9	281.2	493.6	281.2	91.1	18.5
辽　宁	2262.8	985.7	1761.5	787.2	712.5	31.5
吉　林	422.1	315.6	270.5	193.5	317.8	75.3
黑龙江	1339.7	745.0	1115.4	609.0	485.2	36.2
上　海	1104.3	495.2	944.1	458.6	330.3	29.9
江　苏	2711.9	1289.7	2682.4	1265.3	542.4	20.0
浙　江	557.3	123.9	546.6	121.2	134.7	24.2
安　徽	5587.7	1645.4	5278.8	1600.7	1217.0	21.8
福　建	3491.5	1023.8	2731.8	692.0	1044.7	29.9
江　西	1962.1	1076.8	1416.4	895.3	700.7	35.7
山　东	3919.6	1580.4	3697.4	1435.1	963.4	24.6
河　南	1080.0	515.9	992.3	494.7	355.1	32.9
湖　北	2325.0	647.4	1189.1	578.2	461.6	19.9
湖　南	6542.1	2375.1	5752.3	2185.3	1692.3	25.9
广　东	18100.7	6735.7	14410.4	5607.2	3230.2	17.8
广　西	8640.6	2416.5	8319.0	2327.0	1578.1	18.3
海　南	217.7	70.5	189.0	70.2	135.1	62.1
重　庆	1379.9	589.3	889.6	457.0	402.0	29.1
四　川	11070.7	4340.7	8331.7	3123.4	2913.8	26.3
贵　州	6379.0	2186.0	4209.5	1362.6	920.8	14.4
云　南	2852.0	1247.8	2608.7	834.0	538.2	18.9
西　藏	15.7	7.3	5.9	5.3	8.2	52.1
陕　西	4282.3	1435.8	4020.8	1401.6	1044.2	24.4
甘　肃	1640.7	835.8	1288.1	661.1	406.3	24.8
青　海	280.2	58.2	278.1	58.2	40.0	14.3
宁　夏	1535.6	309.2	1530.0	309.2	727.7	47.4
新　疆	1636.0	878.3	1591.9	864.8	632.6	38.7

2-B-2.5 各地区按主要用途分的国有总承包和专业承包企业房屋建筑竣工面积

单位：万平方米

地区	合计	住宅房屋	商业及服务用房屋					
				商厦房屋（批发和零售用房）	宾馆用房屋（住宿用房）	餐饮用房屋（餐饮用房）	商务会展用房屋	其他商业及服务用房屋(居民服务业用房)
全　国	**25392.8**	**16902.0**	**1615.3**	**715.3**	**277.1**	**92.9**	**140.5**	**389.5**
北　京	1760.1	1142.5	178.9	120.6	46.2	4.4	1.8	5.8
天　津	233.5	144.6	3.7					3.7
河　北	810.7	479.6	61.9	16.4	29.3	5.4		10.8
山　西	962.6	662.6	57.7	18.0	6.6	4.5	12.9	15.7
内蒙古	91.1	18.6	6.9		4.0			2.9
辽　宁	712.5	519.0	13.8	4.8				9.0
吉　林	317.8	135.9	8.4		7.6			0.8
黑龙江	485.2	361.2	5.0	0.7	1.5	0.3	0.2	2.4
上　海	330.3	231.5	29.0	13.3				15.8
江　苏	542.4	312.1	10.9	0.8	1.0	5.6		3.5
浙　江	134.7	60.2	53.6	16.5		1.2	35.8	0.1
安　徽	1217.0	843.1	27.8	9.3		8.0	0.0	10.5
福　建	1044.7	804.5	75.2		19.8	2.1	2.0	51.2
江　西	700.7	545.3	51.5	43.9	2.8	0.3	0.1	4.4
山　东	963.4	528.3	81.4	20.8	3.2	1.2	1.8	54.5
河　南	355.1	207.8	3.3	0.5	0.5	0.8	0.3	1.2
湖　北	461.6	200.9	21.2	3.8	3.5	4.6	0.6	8.7
湖　南	1692.3	1166.8	112.4	81.3	15.8	3.3	4.3	7.7
广　东	3230.2	1847.0	334.3	198.8	33.6	14.3	42.8	44.7
广　西	1578.1	1104.4	59.7	23.3	23.2	0.8	0.1	12.3
海　南	135.1	112.7	11.1	2.4				8.6
重　庆	402.0	309.7	16.9	2.5	3.0		1.0	10.5
四　川	2913.8	2316.0	151.1	31.1	35.8	12.9	35.7	35.7
贵　州	920.8	595.3	76.0	56.9	12.5	0.4	0.4	5.7
云　南	538.2	376.1	27.0	2.9	11.0		0.5	12.7
西　藏	8.2	3.6	0.8					0.8
陕　西	1044.2	761.8	45.3		7.5	14.9		23.0
甘　肃	406.3	292.9	16.9	11.9	2.3			2.6
青　海	40.0	28.8						
宁　夏	727.7	301.3	37.5	28.0		4.9		4.6
新　疆	632.6	487.9	36.2	6.8	6.3	3.0	0.3	19.8

2-B-2.5　续表　　　　　　　　　　　　　　　　　　　　单位：万平方米

地　区	办公用房屋	科研、教育和医疗用房屋	科学研究用房屋	教育用房屋	医疗用房屋(卫生医疗用房)	文化、体育和娱乐用房屋	厂房及建筑物	#厂房	仓　库	其他未列明的房屋建筑物
全　国	**1715.5**	**1329.0**	**138.5**	**868.6**	**321.9**	**186.5**	**2683.9**	**1924.9**	**177.5**	**783.0**
北　京	202.9	65.9	11.2	39.1	15.6	28.0	115.4	99.4	3.8	22.7
天　津	9.7	9.7		4.1	5.6	3.5	48.3	40.6	4.7	9.3
河　北	32.1	41.6	3.9	35.6	2.1	0.5	126.1	117.0	3.9	65.1
山　西	56.9	90.3	5.9	74.9	9.4	5.5	77.5	56.1	1.7	10.5
内蒙古	12.4	10.6		10.6			42.5	42.5		0.1
辽　宁	11.5	22.7		13.2	9.5	2.0	128.8	50.2	0.7	14.0
吉　林		4.6		4.6			63.5	63.2		105.3
黑龙江	13.4	19.3	0.8	9.6	8.9	2.1	60.0	51.0	1.5	22.7
上　海	15.4	3.2		3.2		0.8	35.8	35.4	2.2	12.5
江　苏	59.4	22.0	0.4	18.1	3.5	6.3	114.3	109.0	1.0	16.4
浙　江	8.2	2.2			2.2		10.2	8.7	0.1	0.1
安　徽	113.8	53.7		41.1	12.6	7.2	148.8	121.1	0.3	22.2
福　建	48.1	39.7	18.2	15.6	5.9	10.2	60.6	35.7	2.4	4.1
江　西	21.1	18.3	1.1	16.6	0.7	5.5	32.6	19.5	4.3	22.2
山　东	165.4	49.0	5.3	18.1	25.6	4.6	93.0	53.3	13.5	28.1
河　南	14.9	17.9	2.0	12.9	3.0	0.5	104.1	16.1	1.1	5.5
湖　北	19.0	13.5	0.7	10.1	2.7	1.9	199.2	101.2	3.6	2.4
湖　南	98.2	91.6	4.3	38.4	48.9	18.7	133.3	110.6	21.7	49.5
广　东	216.1	148.8	35.0	84.9	29.0	19.6	462.2	325.4	54.8	147.4
广　西	102.0	102.7	5.3	72.4	25.0	11.1	127.6	121.0	7.5	63.1
海　南	3.6	7.6		7.3	0.3					
重　庆	13.2	18.8		12.2	6.6	4.8	26.9	9.2	3.7	8.0
四　川	123.6	93.5	10.8	60.7	22.0	22.1	171.5	133.9	13.4	22.6
贵　州	70.1	89.7	0.6	53.9	35.3	9.2	46.0	30.0	4.2	30.4
云　南	26.3	43.7	0.2	23.6	19.9	0.3	56.4	33.6	0.2	8.1
西　藏	2.2	1.1		1.1			0.4			
陕　西	74.1	53.0	17.8	22.9	12.3	8.6	80.5	46.4	1.8	19.0
甘　肃	17.0	33.9	9.3	16.6	8.0	5.9	28.9	13.9	0.8	10.1
青　海	1.4	3.4		3.1	0.3	0.1	5.9	1.1	0.4	
宁　夏	138.7	129.2		129.1	0.1	2.9	60.8	60.8	8.3	49.0
新　疆	24.7	27.7	5.8	14.9	6.9	4.8	22.8	19.3	16.0	12.6

2-B-2.6 各地区按主要用途分的国有总承包和专业承包企业房屋建筑竣工价值

单位：万元

地区	合计	住宅房屋	商业及服务用房屋	商厦房屋（批发和零售用房）	宾馆用房屋（住宿用房）	餐饮用房屋（餐饮用房）	商务会展用房屋	其他商业及服务用房屋(居民服务业用房)
全 国	**41501408**	**25445227**	**2980104**	**1161046**	**503894**	**193438**	**334672**	**787054**
北 京	4043047	2376191	334059	176918	90236	6515	8025	52365
天 津	633819	325150	7309					7309
河 北	1409348	688997	77761	17603	36000	7702		16457
山 西	1488258	893147	95596	24337	19678	8371	20671	22539
内蒙古	170911	30665	17362		11562			5800
辽 宁	1066204	735682	22007	10000				12007
吉 林	184406	136730	9948		8513			1435
黑龙江	775463	507497	7052	959	1948	457	269	3419
上 海	794136	497525	113133	34974				78159
江 苏	933098	360757	15230	1629	1285	7500		4816
浙 江	274568	105216	137947	29150		1736	106793	268
安 徽	1715175	1143286	37346	13328		9483	27	14508
福 建	1499310	1082328	150362		53895	2301	10480	83686
江 西	856881	671318	55699	45240	2317	288	100	7754
山 东	1634432	768184	146791	26538	7737	2056	4371	106089
河 南	546610	284421	4116	400	400	774	240	2302
湖 北	644204	252482	28489	6425	6461	4884	594	10124
湖 南	2462668	1552810	149400	101427	23080	3924	6844	14126
广 东	5890473	3314103	666512	360201	66353	30061	112567	97329
广 西	2437352	1566336	94763	27569	38248	1154	790	27003
海 南	235936	196569	17879	4859				13021
重 庆	583492	433730	35677	5423	10980		1662	17612
四 川	4471340	3367661	281522	38823	50835	62872	59152	69841
贵 州	1389218	789970	191714	161660	23645	630	607	5172
云 南	951604	576895	57366	5762	23672		1038	26893
西 藏	22732	10140	1417					1417
陕 西	1675663	1170638	77840		13531	29756		34553
甘 肃	802770	486831	46061	26028	4341			15693
青 海	76982	45637						
宁 夏	884388	370174	48004	33110		9823		5070
新 疆	946923	704158	51745	8684	9177	3152	443	30289

2-B-2.6 续表

单位：万元

地区	办公用房屋	科研、教育和医疗用房屋	科学研究用房屋	教育用房屋	医疗用房屋（卫生医疗用房）	文化、体育和娱乐用房屋	厂房及建筑物	#厂房	仓库	其他未列明的房屋建筑物
全国	**3485159**	**2675135**	**310809**	**1660370**	**703956**	**461681**	**4746782**	**3500943**	**295087**	**1412234**
北京	642788	205636	29027	133570	43040	131369	231973	199240	10281	110750
天津	22903	18768		15506	3262	12100	173823	148149	13138	60628
河北	55745	141195	5861	129979	5355	460	272105	251154	2140	170944
山西	110333	174552	11779	142668	20105	11765	185312	141045	2236	15316
内蒙古	29136	27517		27517			61552	61552		4679
辽宁	21614	40940		22926	18014	3372	209318	102016	470	32803
吉林		9360		9360			23674	21696		4694
黑龙江	49617	38595	1090	14486	23019	7241	117475	102602	2211	45777
上海	51844	8821		8821		2119	78738	77849	6517	35441
江苏	130207	50098	121	40589	9388	10919	309530	293437	1079	55280
浙江	15744	5378	8	14	5356		10012	8285	51	219
安徽	251126	53831		38765	15066	10829	159136	128888	732	58889
福建	56821	105429	61942	32775	10712	16601	72876	43581	7596	7298
江西	28119	19407	1190	17728	489	7276	46644	32306	1556	26862
山东	355174	89344	9926	32702	46717	6598	199362	112970	34033	34946
河南	22145	33102	3935	22011	7157	350	196476	50176	1167	4833
湖北	23539	16124	758	11887	3479	2389	313830	170878	4486	2865
湖南	188134	167519	5900	70001	91617	43478	242760	192889	46861	71705
广东	480189	366282	77372	211596	77315	42568	696201	516624	73452	251166
广西	166683	195784	8773	124865	62147	23646	214109	205336	12776	163256
海南	7795	13693		13283	410					
重庆	18282	40746		27521	13224	3712	27315	10943	4704	19327
四川	227977	198214	18430	112631	67153	37343	294257	239650	14301	50065
贵州	94683	154577	806	87370	66401	15783	88100	64080	15515	38876
云南	46806	108684	148	45324	63211	366	147892	83817	135	13460
西藏	7704	2451		2451			1020			
陕西	133761	89731	29873	40425	19433	33004	147814	84188	2014	20861
甘肃	36246	95964	35565	41977	18421	25490	73497	36757	2358	36323
青海	2437	5665		5156	509	251	22173	2676	819	
宁夏	169238	156807		156615	193	5305	78320	78320	10421	46118
新疆	38370	40921	8304	19853	12764	7350	51488	39842	24039	28853

2-B-2.7 各地区国有总承包和专业承包企业施工机械设备情况

地区	年末自有施工机械设备总台数（台）	年末自有施工机械设备总功率（千瓦）	年末自有施工机械设备净值（万元）	技术装备率（元/人）	动力装备率（千瓦/人）
全国	**1076534**	**31640418**	**8713159**	**22476**	**8.2**
北京	16600	635867	164886	27403	10.6
天津	19678	733921	281681	83283	21.7
河北	40654	975466	178337	24055	13.2
山西	36446	887850	130833	13336	9.1
内蒙古	7181	308089	53829	32973	18.9
辽宁	57203	2056510	335336	22115	13.6
吉林	9201	236206	54814	19227	8.3
黑龙江	45859	954500	201044	20123	9.6
上海	17572	907348	505611	97396	17.5
江苏	88623	2309873	375931	23892	14.7
浙江	23801	511899	129333	20740	8.2
安徽	56508	926327	287736	13399	4.3
福建	11558	237017	49449	4508	2.2
江西	18587	491555	67833	5515	4.0
山东	55634	1938882	430685	17410	7.8
河南	55745	1852103	249849	18611	13.8
湖北	100202	3337976	917776	46136	16.8
湖南	75921	2242078	409801	20984	11.5
广东	92652	2133821	921412	25171	5.8
广西	36462	1047185	150279	5062	3.5
海南	1554	21801	7209	5852	1.8
重庆	21859	707391	179353	13279	5.2
四川	53646	1699787	1995621	52669	4.5
贵州	35431	929874	110746	5204	4.4
云南	13020	256667	65523	10632	4.2
西藏	154	5766	2242	6352	1.6
陕西	35932	1041008	192264	12759	6.9
甘肃	12195	562736	75941	9926	7.4
青海	12909	512263	81186	21420	13.5
宁夏	4455	112796	24905	11794	5.3
新疆	19292	1065856	81719	12446	16.2

2-B-2.8　各地区国有总承包和专业承包企业主要生产效益指标

地　区	建筑业企业个数（个）	直接从事生产经营活动的平均人数（人）	按总产值计算的劳动生产率（元/人）	人均竣工产值（元/人）	人均施工面积（平方米/人）	人均竣工面积（平方米/人）
全　国	**3847**	**4997082**	**415023**	**192220**	**214.7**	**50.8**
北　京	130	106660	1198966	636376	765.5	165.0
天　津	84	117549	444805	159806	75.0	19.9
河　北	126	83271	961547	440105	400.2	97.4
山　西	147	190086	324475	133037	161.5	50.6
内蒙古	14	14570	766726	291585	339.0	62.6
辽　宁	222	191074	451717	256463	118.4	37.3
吉　林	71	30292	484666	199345	139.3	104.9
黑龙江	154	202373	277551	121765	66.2	24.0
上　海	84	155683	487483	197084	70.9	21.2
江　苏	219	333428	226839	127292	81.3	16.3
浙　江	89	73122	442371	239061	76.2	18.4
安　徽	114	200672	462760	187952	278.4	60.6
福　建	65	140586	283035	178444	248.4	74.3
江　西	110	99172	371789	196504	197.8	70.7
山　东	327	261980	431568	191278	149.6	36.8
河　南	145	148916	411345	156257	72.5	23.8
湖　北	232	177850	787477	195202	130.7	26.0
湖　南	196	325257	328792	189208	201.1	52.0
广　东	331	421745	468641	228039	429.2	76.6
广　西	119	277822	377991	190521	311.0	56.8
海　南	13	11576	508423	333442	188.0	116.7
重　庆	101	126398	462669	180098	109.2	31.8
四　川	182	469859	297542	156121	235.6	62.0
贵　州	84	182506	415317	158797	349.5	50.5
云　南	88	120499	339586	141433	236.7	44.7
西　藏	15	1859	637012	162757	84.7	44.1
陕　西	121	231370	350624	153594	185.1	45.1
甘　肃	88	63710	474566	234985	257.5	63.8
青　海	44	46466	493038	111574	60.3	8.6
宁　夏	58	53783	271834	269007	285.5	135.3
新　疆	74	136948	257922	145350	119.5	46.2

2-B-2.9 各地区国有总承包和专业承包企业营业额

单位：万元

地区	企业营业额	在境外完成的营业额	企业总产值	#建筑业总产值
全国	**233099077**	**10545078**	**222553999**	**207390163**
北京	15526847	1533638	13993210	12788171
天津	6142866	600904	5541961	5228633
河北	8569935	44568	8525367	8006895
山西	6324502	82622	6241880	6167825
内蒙古	1213671		1213671	1117120
辽宁	9966227	153969	9812258	8631134
吉林	1639918	109870	1530047	1468149
黑龙江	6471883	138606	6333277	5616882
上海	8974650	492513	8482138	7589279
江苏	8527948	321782	8206166	7563451
浙江	4055122	86730	3968392	3234707
安徽	9666476	213054	9453422	9286296
福建	4135813	102929	4032884	3979070
江西	3797150	35607	3761543	3687103
山东	14273925	1388424	12885501	11306206
河南	7722888	606614	7116274	6125579
湖北	19275692	2060686	17215007	14005283
湖南	11438625	587501	10851124	10694201
广东	21027461	835571	20191890	19764690
广西	11069715	170667	10899048	10501428
海南	588751		588751	588551
重庆	6095728	1613	6094116	5848044
四川	15094038	371084	14722954	13980290
贵州	7628511	15466	7613045	7579790
云南	4379596	83536	4296060	4091973
西藏	118421		118421	118421
陕西	8436485	239087	8197399	8112386
甘肃	3304554	115987	3188567	3023462
青海	2521050	134872	2386178	2290948
宁夏	1483701	1736	1481965	1462005
新疆	3626932	15444	3611487	3532194

2-B-2.10　各地区国有总承包和专业承包企业资产构成

单位：万元

地　区	资产合计	#流动资产合计	#存货	#非流动资产合计	#固定资产合计
全　国	**213518521**	**161382701**	**38968099**	**52135820**	**21796011**
北　京	22320490	16646809	3290215	5673681	1195301
天　津	6463419	5392538	1112801	1070881	467322
河　北	6126689	5051009	1096767	1075681	597697
山　西	7622216	5055610	925092	2566606	411037
内蒙古	1249080	973965	377020	275115	169928
辽　宁	8064444	6517052	1730443	1547392	941819
吉　林	1241827	903215	250340	338612	301138
黑龙江	4672794	3983452	694251	689342	490492
上　海	11559302	8261823	2057484	3297479	1114215
江　苏	8386739	6839500	1207381	1547239	705993
浙　江	3463031	2760369	874556	702662	385948
安　徽	7073291	5961725	1614829	1111566	611140
福　建	3193402	2291746	498445	901656	401679
江　西	3155159	2465551	649408	689609	375502
山　东	12792841	10368523	2702613	2424318	1274826
河　南	6472547	5399913	1398841	1072634	675481
湖　北	19105177	13107003	4919316	5998174	4361422
湖　南	6800569	4718678	902579	2081891	856494
广　东	19438993	14728577	3675413	4710416	1702019
广　西	6203888	4920652	1295879	1283236	572783
海　南	373293	265841	4632	107452	52191
重　庆	6507551	4776406	1139580	1731145	806799
四　川	14139808	9145896	3200568	4993911	817726
贵　州	6794333	5322294	988113	1472040	396518
云　南	5341976	3641673	289626	1700303	240531
西　藏	135659	96613	2842	39046	29276
陕　西	6720566	5529528	1016775	1191038	597801
甘　肃	2158455	1531370	266801	627085	367533
青　海	2075874	1518058	353633	557816	480679
宁　夏	1149575	984718	186274	164857	78417
新　疆	2715534	2222595	245585	492939	316303

2-B-2.11 各地区国有总承包和专业承包企业固定资产情况

单位：万元

地区	固定资产合计	固定资产原价	固定资产折旧		在建工程
				#本年折旧	
全国	**21796011**	**28959554**	**13231141**	**2009074**	**2245673**
北京	1195301	1791101	796487	137923	216967
天津	467322	822669	419817	48988	25207
河北	597697	930020	441294	52536	61200
山西	411037	608248	267866	34144	55044
内蒙古	169928	279289	124062	34169	3832
辽宁	941819	1457088	623515	53348	38947
吉林	301138	423554	140338	19835	9538
黑龙江	490492	881769	448336	42756	40858
上海	1114215	1912365	915170	98588	114405
江苏	705993	1516446	951199	93882	110404
浙江	385948	596843	260049	31584	28488
安徽	611140	991829	455367	89571	26700
福建	401679	510336	125093	15547	14478
江西	375502	496624	229357	32833	80099
山东	1274826	1906765	855695	159795	84399
河南	675481	1092276	514145	97007	53373
湖北	4361422	3163843	1375373	260517	247739
湖南	856494	1274637	590991	72856	86062
广东	1702019	2482533	1060283	174803	198280
广西	572783	790062	377480	43088	87743
海南	52191	19461	9194	1119	40978
重庆	806799	655241	274407	27128	167285
四川	817726	1245223	611012	128923	140001
贵州	396518	491038	226220	51442	95721
云南	240531	319717	151971	15141	62815
西藏	29276	33432	10716	231	5784
陕西	597801	914346	415530	98921	61182
甘肃	367533	450555	150079	27534	12376
青海	480679	355928	194485	31106	21375
宁夏	78417	139543	65417	7303	2480
新疆	316303	406775	150195	26459	51912

2-B-2.12　各地区国有总承包和专业承包企业负债及所有者权益

单位：万元

地　区	负债合计	#流动负债	#应付账款	所有者权益	#实收资本
全　国	**168467971**	**149120853**	**50851397**	**45050023**	**26851479**
北　京	18022656	15904060	4528610	4297834	2409139
天　津	5368751	4931560	2279797	1094668	763221
河　北	4953197	4601038	2082922	1173493	817652
山　西	6186642	4705027	1746953	1435574	671959
内蒙古	1027164	988447	266874	221917	137975
辽　宁	6345191	5815067	1989790	1719216	1006100
吉　林	960329	856715	401067	281499	355067
黑龙江	3964580	3835363	1671163	708214	696876
上　海	9131971	8284444	3278528	2427330	1256377
江　苏	5965134	5515365	1760409	2421605	1353139
浙　江	2557777	2232669	838462	905254	525918
安　徽	5883006	5019002	1336005	1189592	678714
福　建	2338315	2088262	453706	855087	480797
江　西	2349667	2009460	619301	805492	588093
山　东	10085165	9617891	3646479	2707676	1700771
河　南	4996221	4548578	1651466	1476327	838282
湖　北	15293497	11476704	3970915	3811680	1466937
湖　南	5004648	4376078	1426164	1795921	1053397
广　东	15050870	13101991	4880019	4388102	2733073
广　西	4864030	4272231	959882	1339858	882141
海　南	247669	236645	35938	125624	58747
重　庆	5277585	4742840	1243137	1229966	796605
四　川	11367745	10467584	3250314	2772063	1518822
贵　州	5590556	4994503	1303509	1203777	863652
云　南	4055652	3601519	953213	1286324	983806
西　藏	72886	50809	25901	62773	34224
陕　西	5065395	4854851	2036593	1655171	1146435
甘　肃	1686643	1567733	525792	472035	329615
青　海	1597985	1378587	574688	477889	244289
宁　夏	973701	956547	381760	175873	132320
新　疆	2183343	2089285	732042	532191	327338

2-B-2.13　各地区国有总承包和专业承包企业实收资本

单位：万元

地　区	合计	国家资本	集体资本	法人资本	个人资本	港澳台资本	外商资本
全　国	**26851479**	**17707292**	**318192**	**8462869**	**362712**	**116**	**298**
北　京	2409139	1100954		1308184			
天　津	763221	540275		221800	1146		
河　北	817652	700600	1167	115385	500		
山　西	671959	479790	2341	184633	5195		
内蒙古	137975	57035		80902	37		
辽　宁	1006100	779540	10088	213663	2810		
吉　林	355067	274021	2212	78294	541		
黑龙江	696876	415841	5010	239283	36742		
上　海	1256377	587465	3960	663952	1000		
江　苏	1353139	943417	25488	244082	140153		
浙　江	525918	375453	500	149965			
安　徽	678714	518300	1907	157706	800		
福　建	480797	293212	1259	186327			
江　西	588093	481476	2357	100638	3623		
山　东	1700771	1257295	18481	411838	12975		182
河　南	838282	554825	3565	278212	1681		
湖　北	1466937	1001158	26419	438964	397		
湖　南	1053397	620755	52341	365324	14977		
广　东	2733073	1078282	63232	1591211	347		
广　西	882141	530094	10361	333175	8279	116	116
海　南	58747	58147		600			
重　庆	796605	629333	29674	125185	12413		
四　川	1518822	1274924	36482	207312	103		
贵　州	863652	766031	2631	94690	300		
云　南	983806	841500	1019	140725	562		
西　藏	34224	18846	2300	10578	2500		
陕　西	1146435	728858	1519	303882	112176		
甘　肃	329615	284562	8832	36196	26		
青　海	244289	128035	1572	114676	6		
宁　夏	132320	110693	767	20860			
新　疆	327338	276576	2710	44630	3422		

2-B-2.14 各地区国有总承包和专业承包企业收入情况

单位：万元

地区	主营业务收入	#主营业务成本	#主营业务税金及附加	其他业务收入	#其他业务成本	#其他业务利润
全国	**209655073**	**189114288**	**6118187**	**3143838**	**4000890**	**423230**
北京	15616393	14390502	370478	160374	123948	35580
天津	5406376	4931427	160889	33547	75803	2962
河北	6639187	5901983	208199	152339	303715	16425
山西	5633194	5143676	169757	100736	89026	20069
内蒙古	1203671	1050148	38466	3862	2999	140
辽宁	7965059	6968902	240822	38835	187222	5544
吉林	1418343	1275272	45161	73899	100914	-343
黑龙江	4404394	4031373	112389	37433	72525	4967
上海	9323276	8378835	243262	77063	69845	12407
江苏	7881347	6945413	230469	468925	443049	7147
浙江	3453045	3087445	92124	17198	13829	5466
安徽	8086005	7188244	254577	87786	189983	3298
福建	3612250	3338870	110748	48135	38652	12089
江西	3106040	2803678	92880	66457	87571	5406
山东	12270614	10930121	340741	213347	239101	24319
河南	7117195	6004095	203490	34509	370405	8624
湖北	15295157	13396086	455203	624425	593351	69052
湖南	9521134	8556508	329854	45499	41639	14894
广东	22735049	20865309	574621	131964	121193	46307
广西	9761882	9104942	288870	45570	30845	12495
海南	575395	533120	20596	2384	1945	72
重庆	5352837	4862334	141591	24005	36374	3753
四川	13710058	12406634	424945	174141	261760	33204
贵州	6955882	6309972	263520	61748	88814	13136
云南	3803156	3501641	125772	161380	95807	30539
西藏	114215	98416	3341	2312	2013	520
陕西	8040266	7262700	255245	26007	48496	5583
甘肃	2983598	2752630	98883	138385	164241	8890
青海	2542811	2293064	64610	29400	22821	6573
宁夏	1497210	1421900	46748	19028	13418	10530
新疆	3630036	3379047	109938	43147	69587	3584

2-B-2.15　各地区国有总承包和专业承包企业费用情况

单位：万元

地　区	管理费用	#税金	销售费用	财务费用	#利息收入	#利息支出
全　国	**6923007**	**221181**	**357639**	**1435875**	**501640**	**1783167**
北　京	502802	8149	11829	134105	27368	245742
天　津	198154	3195	6528	40107	4558	39624
河　北	239336	8102	2126	36040	1852	34082
山　西	228589	11893	6303	22916	9830	24223
内蒙古	38626	2404	889	20928	287	19470
辽　宁	377332	19086	5473	43199	1763	37221
吉　林	56074	2804	917	2793	521	2627
黑龙江	175919	15393	8150	9876	695	8100
上　海	386232	6285	10236	73800	56157	84506
江　苏	268529	8806	22522	26099	12701	63030
浙　江	157508	3255	2117	11817	10953	21723
安　徽	262700	6882	8841	64596	9980	69025
福　建	101414	3069	1678	18257	6562	22173
江　西	103604	2930	4067	17772	1350	14750
山　东	406169	13635	16420	71731	31871	79221
河　南	262796	9573	16922	36293	15291	30114
湖　北	691759	14686	87402	168628	54253	233516
湖　南	340886	13922	12905	72425	26016	77343
广　东	543105	16440	37800	152234	26002	148082
广　西	231485	8683	9162	91726	8777	87404
海　南	10156	141	442	754	189	490
重　庆	147971	3818	12028	28327	9142	25153
四　川	325864	8456	44991	101674	158778	233125
贵　州	148788	2128	1677	58632	4448	52195
云　南	120798	5476	4705	40180	7494	41990
西　藏	5716	52	86	-2	49	33
陕　西	236535	13988	12730	46066	12707	47185
甘　肃	119279	1874	3460	12490	2119	13471
青　海	101012	1566	1347	10494	-3083	10229
宁　夏	42204	1929	340	8994	133	2053
新　疆	91667	2562	3549	12927	2879	15267

2-B-2.16　各地区国有总承包和专业承包企业利润及税金情况

单位：万元

地　区	利润总额	#应交所得税	税金总额	主营业务税金及附加	管理费用中的税金
全　国	**5285801**	**1160336**	**6339368**	**6118187**	**221181**
北　京	511104	88689	378627	370478	8149
天　津	81247	23080	164084	160889	3195
河　北	99937	30721	216301	208199	8102
山　西	85365	26558	181650	169757	11893
内蒙古	44554	12023	40870	38466	2404
辽　宁	162172	43317	259909	240822	19086
吉　林	18003	7765	47965	45161	2804
黑龙江	69804	14904	127781	112389	15393
上　海	287478	76914	249547	243262	6285
江　苏	400747	65478	239274	230469	8806
浙　江	113134	34598	95378	92124	3255
安　徽	147299	58936	261460	254577	6882
福　建	61879	20122	113817	110748	3069
江　西	47210	11371	95810	92880	2930
山　东	448102	96839	354376	340741	13635
河　南	205138	53666	213063	203490	9573
湖　北	547623	103106	469890	455203	14686
湖　南	225131	42365	343776	329854	13922
广　东	612680	128335	591061	574621	16440
广　西	74704	25856	297553	288870	8683
海　南	10644	6522	20737	20596	141
重　庆	169548	23441	145409	141591	3818
四　川	332734	42945	433401	424945	8456
贵　州	146249	31356	265647	263520	2128
云　南	77920	19376	131248	125772	5476
西　藏	10093	1569	3393	3341	52
陕　西	206049	32198	269232	255245	13988
甘　肃	-12336	6605	100757	98883	1874
青　海	86195	10139	66176	64610	1566
宁　夏	-9336	8595	48677	46748	1929
新　疆	24731	12948	112501	109938	2562

2-B-2.17 各地区国有总承包和专业承包企业应收工程款及企业亏损情况

地区	应收工程款（万元）	企业个数（个）	#亏损企业个数	亏损企业的比重（%）
全国	**39559786**	**3847**	**538**	**14.0**
北京	2701805	130	22	16.9
天津	1390182	84	12	14.3
河北	1728569	126	21	16.7
山西	2042032	147	23	15.6
内蒙古	254541	14	2	14.3
辽宁	1846752	222	29	13.1
吉林	269444	71	21	29.6
黑龙江	1056963	154	29	18.8
上海	2219808	84	13	15.5
江苏	1750633	219	8	3.7
浙江	502972	89	8	9.0
安徽	1600041	114	13	11.4
福建	348734	65	8	12.3
江西	587214	110	18	16.4
山东	2935551	327	60	18.3
河南	1360934	145	15	10.3
湖北	2289451	232	9	3.9
湖南	1170151	196	19	9.7
广东	3005132	331	44	13.3
广西	917127	119	24	20.2
海南	22307	13	4	30.8
重庆	1302656	101	12	11.9
四川	2478632	182	22	12.1
贵州	1021298	84	20	23.8
云南	1052143	88	13	14.8
西藏	47306	15	1	6.7
陕西	1667673	121	13	10.7
甘肃	608344	88	17	19.3
青海	355068	44	7	15.9
宁夏	393641	58	11	19.0
新疆	632684	74	20	27.0

2-B-2.18　各地区国有总承包和专业承包企业主要经济效益指标

地　区	产值利润率(%)	产值利税率(%)	资本利润率(%)	资本利税率(%)	人均利润(元/人)	人均利税(元/人)	资产负债率(%)
全　国	**2.5**	**5.6**	**19.7**	**43.3**	**10578**	**23264**	**78.9**
北　京	4.0	7.0	21.2	36.9	47919	83417	80.7
天　津	1.6	4.7	10.6	32.1	6912	20870	83.1
河　北	1.2	3.9	12.2	38.7	12001	37977	80.8
山　西	1.4	4.3	12.7	39.7	4491	14047	81.2
内蒙古	4.0	7.6	32.3	61.9	30579	58630	82.2
辽　宁	1.9	4.9	16.1	42.0	8487	22090	78.7
吉　林	1.2	4.5	5.1	18.6	5943	21777	77.3
黑龙江	1.2	3.5	10.0	28.4	3449	9763	84.8
上　海	3.8	7.1	22.9	42.7	18466	34495	79.0
江　苏	5.3	8.5	29.6	47.3	12019	19195	71.1
浙　江	3.5	6.4	21.5	39.6	15472	28516	73.9
安　徽	1.6	4.4	21.7	60.2	7340	20370	83.2
福　建	1.6	4.4	12.9	36.5	4401	12497	73.2
江　西	1.3	3.9	8.0	24.3	4760	14421	74.5
山　东	4.0	7.1	26.3	47.2	17104	30631	78.8
河　南	3.3	6.8	24.5	49.9	13775	28083	77.2
湖　北	3.9	7.3	37.3	69.4	30791	57212	80.0
湖　南	2.1	5.3	21.4	54.0	6922	17491	73.6
广　东	3.1	6.1	22.4	44.0	14527	28542	77.4
广　西	0.7	3.5	8.5	42.2	2689	13399	78.4
海　南	1.8	5.3	18.1	53.4	9195	27109	66.3
重　庆	2.9	5.4	21.3	39.5	13414	24918	81.1
四　川	2.4	5.5	21.9	50.4	7082	16306	80.4
贵　州	1.9	5.4	16.9	47.7	8013	22569	82.3
云　南	1.9	5.1	7.9	21.3	6466	17358	75.9
西　藏	8.5	11.4	29.5	39.4	54292	72543	53.7
陕　西	2.5	5.9	18.0	41.5	8906	20542	75.4
甘　肃	-0.4	2.9	-3.7	26.8	-1936	13879	78.1
青　海	3.8	6.7	35.3	62.4	18550	32792	77.0
宁　夏	-0.6	2.7	-7.1	29.7	-1736	7315	84.7
新　疆	0.7	3.9	7.6	41.9	1806	10021	80.4

2-B-2.19 各地区集体总承包和专业承包企业签订合同情况

单位：万元

地区	合同总额	上年结转合同额	本年新签合同额
全国	**62537225**	**18284115**	**44253110**
北京	2233749	1008807	1224943
天津	3163613	831697	2331916
河北	1428144	356464	1071680
山西	516608	101434	415174
内蒙古	104940	3443	101497
辽宁	4280175	549488	3730687
吉林	228096	5515	222582
黑龙江	1786589	279365	1507224
上海	419808	157795	262013
江苏	3159519	819983	2339536
浙江	3270468	1411098	1859371
安徽	1077616	255684	821932
福建	2320343	609901	1710442
江西	4121810	1245945	2875865
山东	5347963	1614833	3733130
河南	2310438	582921	1727518
湖北	876582	165486	711096
湖南	2808684	949413	1859271
广东	5847218	2441940	3405278
广西	2128850	791412	1337438
海南	434890	85606	349284
重庆	1352276	389322	962953
四川	5231584	1357894	3873689
贵州	580166	182609	397557
云南	1790638	390825	1399813
西藏	49463	2435	47028
陕西	3401053	1157304	2243749
甘肃	1678529	378127	1300403
青海	104815	32364	72451
宁夏	216250	80622	135628
新疆	266350	44387	221963

2-B-2.20　各地区集体总承包和专业承包企业承包工程完成情况

单位：万元

地　区	直接从建设单位承揽工程完成的产值	自行完成施工产值	分包出去工程的产值	从建设单位以外承揽工程完成的产值
全　国	**44887587**	**44578716**	**308871**	**668050**
北　京	1709006	1681841	27165	28654
天　津	2558725	2539625	19101	10281
河　北	1168846	1162608	6237	2119
山　西	470932	470652	280	6618
内蒙古	93903	93903		
辽　宁	3872891	3869462	3429	14034
吉　林	208363	208363		68
黑龙江	1897202	1897160	43	2720
上　海	292815	292614	201	9252
江　苏	2514797	2510347	4450	159947
浙　江	1733709	1732868	841	41535
安　徽	880134	865768	14367	18816
福　建	1011036	989238	21798	
江　西	2629353	2601083	28270	40166
山　东	4081350	4060782	20568	36708
河　南	1817712	1814731	2980	29610
湖　北	728298	718583	9716	21479
湖　南	1947416	1944771	2645	23564
广　东	3523394	3471980	51414	60390
广　西	1503738	1502818	920	24069
海　南	371735	370070	1665	2745
重　庆	951653	942383	9270	12104
四　川	2923012	2874190	48822	48387
贵　州	375675	372827	2847	4738
云　南	1537408	1521073	16335	706
西　藏	40920	40920		
陕　西	2303218	2292593	10625	47095
甘　肃	1318737	1315307	3430	12227
青　海	86902	86902		
宁　夏	123937	123937		
新　疆	210770	209317	1453	10020

2-B-2.21 各地区集体总承包和专业承包企业建筑业总产值和竣工产值

单位：万元

地区	建筑业总产值	#装饰装修产值	#在外省完成的产值	按构成分组			竣工产值
				建筑工程产值	安装工程产值	其他产值	
全国	**45246765**	**1966983**	**3697346**	**39518790**	**4366129**	**1361847**	**31285786**
北京	1710495	163791	100973	1665620	33708	11168	878246
天津	2549905	142352	35712	2163586	343233	43086	1101400
河北	1164728	86957	135242	921037	216869	26823	649114
山西	477270	42017	2605	347459	112111	17700	281891
内蒙古	93903			82408	1682	9813	80390
辽宁	3883496	289895	33722	2911158	743030	229309	2839926
吉林	208431	16387	677	128533	69340	10558	170015
黑龙江	1899880	127643	120460	1684499	185104	30277	1079341
上海	301865	73567	16807	230898	69142	1826	234157
江苏	2670293	136030	705510	2473109	178923	18262	2208200
浙江	1774402	18765	806391	1662254	87776	24373	1474381
安徽	884584	4049	250192	411052	278779	194753	704561
福建	989238	19676	304537	969567	19333	338	704691
江西	2641249	49182	331859	2463001	118093	60154	1825834
山东	4097490	112637	35926	3725885	320677	50928	2838645
河南	1844342	65662	46255	1638243	138184	67915	1303437
湖北	740061	9034	6000	650478	84561	5022	555134
湖南	1968335	97482	154365	1762233	136590	69512	1524233
广东	3532370	226755	69349	3214738	235309	82324	2601003
广西	1526888	69089	15376	1443827	36005	47056	1111771
海南	372815	24228		322602	22008	28205	265322
重庆	954487	23952	41682	838353	104503	11631	590203
四川	2922577	58458	458432	2402253	358012	162311	2144916
贵州	377565	2356		354141	10439	12985	308026
云南	1521779	9745	234	1438729	40435	42615	1150260
西藏	40920	300		37291	2598	1031	38366
陕西	2339687	55753	4468	2037335	244268	58084	1380298
甘肃	1327534	36829	20572	1188510	114944	24080	946305
青海	86902	1574		59237	7957	19708	62220
宁夏	123937	2819		116272	7665		82025
新疆	219337			174485	44852		151475

2-B-2.22　各地区集体总承包和专业承包企业房屋建筑面积

地　区	房屋建筑施工面积(万平方米)	#本年新开工	#实行投标承包面积	#本年新开工	房屋建筑竣工面积(万平方米)	房屋建筑面积竣工率(%)
全　国	**36030.3**	**19851.4**	**26356.1**	**15399.8**	**17500.2**	**48.6**
北　京	1032.8	323.4	741.0	236.8	237.8	23.0
天　津	951.6	362.1	677.7	338.3	388.9	40.9
河　北	844.7	480.3	716.6	385.2	390.6	46.2
山　西	270.4	178.1	164.2	111.3	120.2	44.5
内蒙古	82.9	80.6	81.1	80.6	50.9	61.3
辽　宁	1786.6	1434.3	1423.8	1193.4	1211.2	67.8
吉　林	83.3	72.9	67.5	52.9	80.2	96.4
黑龙江	542.7	439.6	437.8	351.0	351.5	64.8
上　海	109.9	82.8	95.5	82.1	75.1	68.3
江　苏	1974.0	1019.3	1599.7	799.7	912.9	46.2
浙　江	2477.9	940.5	1816.8	623.5	833.2	33.6
安　徽	459.4	289.9	374.9	260.2	296.6	64.6
福　建	1227.2	427.9	763.2	242.5	360.1	29.3
江　西	2414.8	1507.7	1905.1	1148.8	1392.6	57.7
山　东	4226.3	2497.5	3266.6	2030.0	2015.9	47.7
河　南	1680.6	1044.5	1465.7	950.9	1015.1	60.4
湖　北	632.3	431.7	403.1	249.8	437.1	69.1
湖　南	2268.6	1302.8	1696.4	1143.9	1169.2	51.5
广　东	4286.4	1930.9	2256.7	1142.3	1569.4	36.6
广　西	1490.1	788.6	1023.6	578.1	786.3	52.8
海　南	263.3	173.0	185.6	139.9	161.4	61.3
重　庆	561.8	283.6	334.9	205.3	260.6	46.4
四　川	2122.7	1231.6	1547.4	912.5	1155.7	54.4
贵　州	364.5	214.2	238.5	163.7	196.1	53.8
云　南	869.1	575.5	530.1	413.8	578.4	66.6
西　藏	14.5	14.0	10.1	10.1	10.9	75.1
陕　西	1871.3	1006.3	1571.3	928.9	806.6	43.1
甘　肃	904.3	594.6	773.9	514.8	522.0	57.7
青　海	47.0	32.8	29.5	22.4	32.9	69.9
宁　夏	126.3	58.8	120.3	56.5	47.0	37.2
新　疆	43.0	31.4	37.5	30.5	33.9	78.7

2-B-2.23 各地区按主要用途分的集体总承包和专业承包企业房屋建筑竣工面积

单位：万平方米

地　区	合计	住宅房屋	商业及服务用房屋	商厦房屋（批发和零售用房）	宾馆用房屋（住宿用房）	餐饮用房屋（餐饮用房）	商务会展用房屋	其他商业及服务用房屋（居民服务业用房）
全　国	**17500.2**	**12287.8**	**1112.7**	**351.0**	**146.8**	**91.0**	**52.2**	**471.7**
北　京	237.8	123.4	61.3	9.0		4.3		48.0
天　津	388.9	324.9	9.8		0.8		2.5	6.6
河　北	390.6	287.8	23.1	6.5	6.8	2.7	0.8	6.4
山　西	120.2	99.0	1.2		0.2	0.1	0.1	0.8
内蒙古	50.9	31.3	1.1					1.1
辽　宁	1211.2	904.9	46.0	20.7	2.5	12.4		10.5
吉　林	80.2	76.3						
黑龙江	351.5	295.6	25.9	15.5	0.2	1.3	0.2	8.8
上　海	75.1	35.1	11.9	9.9				2.0
江　苏	912.9	674.9	30.8	12.8	11.9	1.4	1.3	3.5
浙　江	833.2	566.2	61.7	15.4	2.8	2.7		40.9
安　徽	296.6	182.8	4.7	2.5	1.0	0.3		0.8
福　建	360.1	274.1	19.6		3.7	4.7		11.2
江　西	1392.6	941.2	150.8	31.1	9.2	3.8	6.0	100.7
山　东	2015.9	1592.9	76.0	37.5	2.7	2.4	5.6	27.8
河　南	1015.1	732.5	128.1	25.4	44.4	26.7	12.4	19.1
湖　北	437.1	321.2	33.4	27.5	3.1	2.2		0.7
湖　南	1169.2	765.6	48.5	17.5	7.1	0.5	1.3	22.1
广　东	1569.4	889.8	104.5	31.8	23.6	7.1	7.9	34.1
广　西	786.3	475.0	33.7	17.0	1.0	0.9	2.4	12.5
海　南	161.4	88.2	19.0	3.7	5.6	1.0	5.6	3.0
重　庆	260.6	221.5	13.1	1.9	2.4	0.4	0.3	8.1
四　川	1155.7	863.7	78.2	33.4	3.6	1.6	2.8	36.8
贵　州	196.1	100.8	10.9	1.7	1.2	1.2	2.5	4.3
云　南	578.4	366.9	48.2	4.6	4.6	1.7		37.3
西　藏	10.9	10.3						
陕　西	806.6	576.4	39.5	12.6	6.8	8.9	0.7	10.5
甘　肃	522.0	387.3	19.0	6.9	1.1	2.9		8.0
青　海	32.9	19.0	0.9					0.9
宁　夏	47.0	30.0	10.3	4.5	0.6			5.1
新　疆	33.9	29.3	1.4	1.4				

2-B-2.23　续表　　　　单位：万平方米

地　　区	办公用房　屋	科研、教育和医疗用房屋	科学研究用房屋	教育用房　屋	医疗用房屋（卫生医疗用房）	文化、体育和娱乐用房屋	厂房及建筑物	#厂房	仓　库	其他未列明的房屋建筑物
全　　国	**842.4**	**1004.9**	**74.9**	**761.9**	**168.1**	**94.9**	**1590.0**	**1023.0**	**111.8**	**455.7**
北　　京	5.3	13.6	3.1	9.8	0.7	1.0	32.2	32.2	0.1	0.8
天　　津	24.5	8.0		8.0		0.5	20.8	5.9		0.4
河　　北	10.6	18.4	1.4	16.3	0.6	2.5	42.2	30.7	3.7	2.4
山　　西	5.7	3.1		3.0	0.1	2.0	4.9	2.6	2.4	2.0
内 蒙 古	1.6									16.8
辽　　宁	25.6	31.1	1.7	27.8	1.7	2.7	165.4	90.9	1.1	34.3
吉　　林	1.1	1.3	1.0	0.4			1.1	0.4	0.1	0.2
黑 龙 江	10.0	9.4	0.4	8.4	0.7		8.1	7.0	0.8	1.6
上　　海	2.3	0.3		0.3		0.1	19.4		5.2	0.8
江　　苏	33.8	9.0		4.7	4.2	0.5	157.5	137.0	6.4	
浙　　江	27.3	12.8	1.1	11.3	0.4	13.1	106.6	92.2	2.5	43.1
安　　徽	40.1	29.4		23.8	5.6	0.2	33.1	24.6		6.4
福　　建	9.2	9.7		8.3	1.4	0.6	43.6	42.6	2.8	0.5
江　　西	67.8	60.3	6.8	40.2	13.3	5.8	122.2	62.4	9.0	35.5
山　　东	57.2	73.9	6.1	52.2	15.6	6.4	177.8	80.0	11.8	19.8
河　　南	65.1	34.5	0.7	27.4	6.4	1.9	34.8	22.0	9.7	8.4
湖　　北	17.8	22.5	0.8	20.4	1.3	1.9	33.4	18.1	1.4	5.4
湖　　南	97.3	107.6	7.3	83.8	16.5	8.5	93.0	44.3	5.3	43.4
广　　东	89.2	87.9	17.8	61.2	8.9	6.9	263.5	185.9	27.6	100.0
广　　西	48.9	128.7	10.9	95.7	22.1	14.2	42.7	24.8	5.5	37.6
海　　南	2.8	28.1	0.9	19.4	7.8	2.5	6.8	1.3	0.6	13.4
重　　庆	2.3	4.4		3.4	1.1	0.8	13.4	4.4	0.1	5.0
四　　川	44.0	78.2	0.8	64.4	13.0	6.3	62.7	40.1	4.8	17.8
贵　　州	12.3	46.4	1.6	35.5	9.2	1.0	16.5	12.9	1.0	7.2
云　　南	30.6	75.1	1.5	58.1	15.5	4.3	32.9	17.3	1.3	19.1
西　　藏	0.1	0.3		0.3			0.1			0.1
陕　　西	64.6	60.2	2.6	43.6	14.1	2.1	36.8	31.3	6.5	20.5
甘　　肃	42.0	40.0	7.3	25.0	7.7	5.7	17.9	11.4	1.8	8.2
青　　海	1.1	3.2	0.1	3.0	0.2	3.2	0.2	0.2	0.1	5.0
宁　　夏		6.4		6.4			0.4	0.4		
新　　疆	1.9	1.1	1.1			0.2				

2-B-2.24 各地区按主要用途分的集体总承包和专业承包企业房屋建筑竣工价值

单位：万元

地区	合计	住宅房屋	商业及服务用房屋	商厦房屋(批发和零售用房)	宾馆用房屋(住宿用房)	餐饮用房屋(餐饮用房)	商务会展用房屋	其他商业及服务用房屋(居民服务业用房)
全国	**22061714**	**15631429**	**1440198**	**464585**	**186771**	**105498**	**65764**	**617581**
北京	423461	210378	94407	21444		3848		69115
天津	649861	530347	25887		1500		4906	19481
河北	497214	347446	41408	12427	7980	4157	1182	15663
山西	130525	103188	1492	40	213	102	140	998
内蒙古	77072	50569	1122					1122
辽宁	1546064	1129709	68597	32858	3781	17147		14811
吉林	96915	92638	60					60
黑龙江	494955	407178	41764	20579	429	2239	533	17984
上海	105508	46179	13229	9429				3800
江苏	1399550	1098933	46436	15430	22751	1630	1478	5147
浙江	1261390	896096	93559	27238	3078	2707		60536
安徽	308841	187877	4165	1925	1092	240		908
福建	539482	422686	29723		7825	5050		16847
江西	1515718	1095855	128270	26127	8167	3485	6626	83865
山东	2270436	1807089	84244	41820	2577	2454	8267	29125
河南	994496	706437	135352	27621	44918	26971	11760	24083
湖北	430876	305906	43070	37872	2583	1935		680
湖南	1179480	768706	53657	20801	6463	1039	1874	23480
广东	1918898	1136341	133537	33628	33985	7791	9856	48276
广西	894507	541198	43911	24891	1100	980	2847	14093
海南	223293	119417	23705	6632	7914	717	5469	2973
重庆	370997	314809	18120	2150	2438	470	280	12783
四川	1436884	1032749	116027	51573	5268	1991	4986	52210
贵州	221074	108598	14199	2276	1832	1670	3561	4860
云南	856768	565987	74749	6801	5395	2536		60017
西藏	26568	25430	48					48
陕西	1166082	836916	62518	21030	12218	11214	2000	16057
甘肃	867019	629623	31665	11756	2235	5125		12548
青海	43249	28021	1644	65				1579
宁夏	57272	35929	11707	6245	1029			4433
新疆	57261	49194	1929	1929				

2-B-2.24　续表　　　　单位：万元

地　区	办公用房屋	科研、教育和医疗用房屋	科学研究用房屋	教育用房屋	医疗用房屋（卫生医疗用房）	文化、体育和娱乐用房屋	厂房及建筑物	#厂房	仓　库	其他未列明的房屋建筑物
全　国	**1073258**	**1322689**	**106098**	**1001624**	**214967**	**124142**	**1756410**	**1107652**	**147140**	**566449**
北　京	12793	39192	6450	30997	1745	2560	60282	60282	628	3221
天　津	36552	15192		15192		2162	39003	9608		719
河　北	15519	28612	3246	24495	871	4035	49390	35484	7568	3236
山　西	5972	3555	40	3425	90	2932	7193	3354	3469	2724
内蒙古	3531									21850
辽　宁	44038	30962	1739	26383	2840	2031	231242	111309	710	38776
吉　林	1860	1264	930	334		32	653	102	123	285
黑龙江	16934	14463	750	11958	1754		10627	9407	906	3084
上　海	2148	1066		1066		152	20338		21715	681
江　苏	47050	16519		5872	10647	408	176913	147984	13291	
浙　江	35814	18683	1558	16648	478	15471	104526	90898	2172	95069
安　徽	46741	29203		22911	6292	209	34496	25727		6152
福　建	11792	14685		12436	2249	4896	52186	50860	2664	850
江　西	81540	61815	8918	39812	13085	6227	111261	59258	4655	26096
山　东	71043	93714	7959	59272	26484	7508	173061	65555	9909	23867
河　南	63700	36464	784	29185	6496	1637	34944	24269	8284	7679
湖　北	14117	24198	759	22718	721	945	36246	16234	1356	5037
湖　南	95915	115953	8760	87219	19975	12058	88948	43448	4753	39489
广　东	116091	134552	30064	91994	12494	12014	250520	182789	35120	100724
广　西	59920	144837	10523	108701	25614	13209	40959	22723	5660	44812
海　南	3221	41507	1654	28574	11279	3799	11286	1361	766	19592
重　庆	2078	5094		4274	820	370	19523	7344	140	10863
四　川	58773	129637	1015	111478	17145	6463	67357	43567	5556	20322
贵　州	14446	51480	1749	40257	9474	1709	21682	16999	1064	7897
云　南	45110	107925	1864	91089	14972	7142	25673	14453	1784	28397
西　藏	131	616		616		47	184			112
陕　西	85213	79315	5126	58310	15879	3822	55229	43699	11221	31849
甘　肃	76027	65932	10194	42418	13321	10339	31865	20114	3534	18034
青　海	1364	5304	158	4901	245	1429	363	363	93	5031
宁　夏	86	9090		9090			460	460		
新　疆	3742	1860	1860			536				

2-B-2.25 各地区集体总承包和专业承包企业施工机械设备情况

地区	年末自有施工机械设备总台数（台）	年末自有施工机械设备总功率（千瓦）	年末自有施工机械设备净值（万元）	技术装备率（元/人）	动力装备率（千瓦/人）
全国	**620969**	**8490916**	**1445396**	**7727**	**4.5**
北京	8328	142596	13310	5896	6.3
天津	14753	269118	12499	5274	11.4
河北	13219	136321	32188	10146	4.3
山西	13364	133537	20601	8351	5.4
内蒙古	3779	42080	8218	22319	11.4
辽宁	31432	484372	90881	7258	3.9
吉林	1231	29245	6622	5756	2.5
黑龙江	6035	91246	35875	13326	3.4
上海	2320	33186	3105	2902	3.1
江苏	33024	684100	120026	11263	6.4
浙江	18090	226665	53694	7203	3.0
安徽	17255	185934	37338	7579	3.8
福建	5408	106513	15129	2744	1.9
江西	19400	319258	60339	5118	2.7
山东	73556	1069630	196158	8617	4.7
河南	31712	328900	64836	6315	3.2
湖北	13164	198674	35223	9679	5.5
湖南	37319	607946	89943	9291	6.3
广东	88790	1038450	198131	10743	5.6
广西	27986	336636	46126	6710	4.9
海南	2324	34824	8779	6879	2.7
重庆	3637	76603	21568	4594	1.6
四川	20341	276991	52777	3523	1.8
贵州	4919	114090	13751	6204	5.1
云南	14053	349266	63190	10033	5.5
西藏	525	3355	3109	11826	1.3
陕西	80020	788428	79615	8408	8.3
甘肃	32095	333779	50787	7606	5.0
青海	1212	9552	2827	4693	1.6
宁夏	758	15883	4297	20395	7.5
新疆	920	23738	4455	15363	8.2

2-B-2.26 各地区集体总承包和专业承包企业主要生产效益指标

地区	建筑业企业个数(个)	直接从事生产经营活动的平均人数(人)	按总产值计算的劳动生产率(元/人)	人均竣工产值(元/人)	人均施工面积(平方米/人)	人均竣工面积(平方米/人)
全国	**3728**	**1893338**	**238979**	**165241**	**190.3**	**92.4**
北京	162	28226	606000	311148	365.9	84.2
天津	58	42239	603685	260754	225.3	92.1
河北	82	31382	371145	206843	269.2	124.5
山西	98	24632	193760	114441	109.8	48.8
内蒙古	7	4235	221731	189822	195.8	120.1
辽宁	281	151998	255497	186840	117.5	79.7
吉林	44	9859	211412	172446	84.4	81.4
黑龙江	122	82178	231191	131342	66.0	42.8
上海	46	12797	235888	182978	85.8	58.7
江苏	168	109971	242818	200798	179.5	83.0
浙江	82	73658	240897	200166	336.4	113.1
安徽	92	46658	189589	151005	98.5	63.6
福建	44	48993	201914	143835	250.5	73.5
江西	184	96847	272724	188528	249.3	143.8
山东	452	220598	185745	128680	191.6	91.4
河南	159	90781	203164	143580	185.1	111.8
湖北	98	32443	228111	171111	194.9	134.7
湖南	189	97583	201709	156199	232.5	119.8
广东	344	157292	224574	165361	272.5	99.8
广西	181	67058	227697	165792	222.2	117.3
海南	19	11166	333884	237616	235.8	144.6
重庆	87	45232	211020	130484	124.2	57.6
四川	203	142543	205031	150475	148.9	81.1
贵州	78	20061	188208	153544	181.7	97.7
云南	153	60507	251505	190104	143.6	95.6
西藏	15	2733	149726	140380	53.2	40.0
陕西	131	96761	241801	142650	193.4	83.4
甘肃	93	65011	204201	145561	139.1	80.3
青海	27	8948	97119	69535	52.6	36.7
宁夏	11	5028	246494	163136	251.2	93.5
新疆	18	5920	370502	255870	72.7	57.2

2-B-2.27 各地区集体总承包和专业承包企业营业额

单位：万元

地区	企业营业额	在境外完成的营业额	企业总产值	#建筑业总产值
全国	**47695105**	**191696**	**47503409**	**45246765**
北京	1760994	55	1760940	1710495
天津	2566871		2566871	2549905
河北	1204011	23344	1180667	1164728
山西	487323		487323	477270
内蒙古	93903		93903	93903
辽宁	3887248		3887248	3883496
吉林	226714		226714	208431
黑龙江	2023954		2023954	1899880
上海	313880		313880	301865
江苏	2746565	32319	2714246	2670293
浙江	1781299	105	1781194	1774402
安徽	889344	237	889107	884584
福建	1011325		1011325	989238
江西	2700714		2700714	2641249
山东	4346552	5474	4341078	4097490
河南	1876551		1876551	1844342
湖北	760229	9680	750549	740061
湖南	2150516	23282	2127234	1968335
广东	3657074	830	3656244	3532370
广西	1586105	9140	1576965	1526888
海南	387561		387561	372815
重庆	1084911	325	1084586	954487
四川	3060997	60896	3000101	2922577
贵州	391558	6885	384673	377565
云南	1535827	1867	1533960	1521779
西藏	66303		66303	40920
陕西	2408335	9780	2398555	2339687
甘肃	2244836	7478	2237358	1327534
青海	97727		97727	86902
宁夏	123937		123937	123937
新疆	221940		221940	219337

2-B-2.28　各地区集体总承包和专业承包企业资产构成

单位：万元

地　区	资产合计	#流动资产合计	#存货	#非流动资产合计	#固定资产合计
全　国	**26066038**	**19861665**	**5101574**	**6204374**	**4259158**
北　京	2183594	1755321	694719	428273	148167
天　津	2027437	1815814	697273	211624	70600
河　北	478142	346755	65643	131387	103817
山　西	502849	387953	58460	114897	74047
内蒙古	36105	21994	3490	14111	12053
辽　宁	1588713	1264610	249928	324103	218486
吉　林	159406	116506	24894	42900	30685
黑龙江	902812	721989	221591	180823	143595
上　海	216961	206232	36442	10729	7927
江　苏	1697059	1361408	350306	335651	212959
浙　江	901529	773034	202676	128495	94675
安　徽	589579	405636	81063	183943	109382
福　建	471147	390936	92662	80211	48239
江　西	1299663	883688	221183	415975	297673
山　东	3246259	2442022	538344	804237	542120
河　南	628547	402253	122347	226294	189352
湖　北	378129	252672	45502	125457	102517
湖　南	862144	608661	138605	253484	190864
广　东	2215535	1682425	453528	533111	426258
广　西	767442	547302	123608	220141	155101
海　南	118780	76968	1025	41812	38664
重　庆	515214	395484	107558	119731	68078
四　川	998763	733214	203092	265549	203004
贵　州	250273	169871	39402	80401	55998
云　南	871456	624453	48995	247003	202094
西　藏	75552	44320	6233	31233	17091
陕　西	1145404	777179	125620	368225	272291
甘　肃	664059	471356	136789	192703	175294
青　海	72544	41549	4732	30995	13662
宁　夏	63498	42518	2975	20980	12753
新　疆	137443	97546	2892	39898	21713

2-B-2.29 各地区集体总承包和专业承包企业固定资产情况

单位：万元

地区	固定资产合计	固定资产原价	固定资产折旧	#本年折旧	在建工程
全国	**4259158**	**5071657**	**1824638**	**238869**	**509811**
北京	148167	243954	100742	10688	4511
天津	70600	93572	25755	5803	757
河北	103817	117590	38871	5050	17345
山西	74047	99689	35952	4394	6804
内蒙古	12053	14552	2628	499	92
辽宁	218486	349710	155820	18758	14756
吉林	30685	46690	17405	1931	669
黑龙江	143595	183091	57338	7406	740
上海	7927	22241	12962	1011	-1413
江苏	212959	302805	122455	13938	14636
浙江	94675	147623	56946	6391	2669
安徽	109382	150417	57753	8255	7327
福建	48239	54622	19355	2711	4985
江西	297673	231825	67783	9579	59602
山东	542120	652154	251849	36491	44557
河南	189352	225695	73950	8575	22475
湖北	102517	118118	36695	8537	9628
湖南	190864	216937	71266	10029	15392
广东	426258	456796	171518	17766	99675
广西	155101	158864	41291	4894	26194
海南	38664	15860	4732	694	15068
重庆	68078	69816	29807	3356	17339
四川	203004	252180	98009	11519	19027
贵州	55998	50418	12210	2760	7427
云南	202094	224140	79363	12349	38319
西藏	17091	23454	8570	1301	336
陕西	272291	290091	91621	14983	26994
甘肃	175294	190325	53493	6285	33371
青海	13662	18588	6839	1146	469
宁夏	12753	15138	4648	390	60
新疆	21713	34702	17012	1383	

2-B-2.30　各地区集体总承包和专业承包企业负债及所有者权益

单位：万元

地　区	负债合计	#流动负债	#应付账款	所有者权益	#实收资本
全　国	**16725485**	**14885151**	**3428081**	**9335887**	**5671952**
北　京	1728204	1677217	326835	455390	275196
天　津	1788038	1521640	343122	239215	135100
河　北	265707	200524	55688	212435	120330
山　西	379385	350694	107616	123465	111483
内蒙古	19875	17020	5241	16230	14968
辽　宁	1051859	918985	254588	536850	346138
吉　林	121937	120432	57032	37469	40439
黑龙江	698407	682442	123873	204405	141940
上　海	135462	132237	34729	81499	55195
江　苏	1045207	998419	261699	651851	250948
浙　江	636439	616712	66258	265089	166479
安　徽	365183	349510	92540	223241	98939
福　建	310872	310040	68563	160275	107505
江　西	778922	694099	86592	520741	331579
山　东	2044027	1735597	416275	1202232	678765
河　南	307513	219921	48211	321034	206601
湖　北	196983	158331	54557	181146	116472
湖　南	417929	348018	82878	444216	283695
广　东	1345336	1206649	274324	869682	504835
广　西	463602	400160	74508	303840	200143
海　南	67641	47417	9418	51139	30725
重　庆	334434	230065	60982	180780	107732
四　川	543692	496999	123434	455070	268596
贵　州	151231	134877	38286	99042	72890
云　南	385285	325104	114401	483365	253648
西　藏	39224	39224	25993	36328	23202
陕　西	478984	401235	74563	666420	509248
甘　肃	440940	392294	85615	223119	157654
青　海	47204	28618	7590	25340	17656
宁　夏	35559	35542	17753	27939	17527
新　疆	100405	95132	34917	37038	26324

2-B-2.31 各地区集体总承包和专业承包企业实收资本

单位：万元

地区	合计	国家资本	集体资本	法人资本	个人资本	港澳台资本	外商资本
全国	**5671952**	**164112**	**4216167**	**828433**	**461813**	**1358**	**69**
北京	275196	929	168549	57107	48610		
天津	135100	1000	106305	24860	2936		
河北	120330	2974	96845	7289	13222		
山西	111483	942	94949	13344	2248		
内蒙古	14968		3156	5755	6057		
辽宁	346138	3779	237326	71184	33850		
吉林	40439	907	33989	3716	1826		
黑龙江	141940	4747	121120	11668	4404		
上海	55195		46803	2478	5914		
江苏	250948	7033	131640	70957	41319		
浙江	166479	629	142060	7374	16415		
安徽	98939	4293	74329	10342	9975		
福建	107505		65087	21448	20970		
江西	331579	25797	259016	28245	18521		
山东	678765	25508	482024	135710	35524		
河南	206601	9354	158913	23411	14244	678	
湖北	116472	7192	82179	11121	15981		
湖南	283695	10127	208015	55280	9674	600	
广东	504835	2419	407044	81040	14333		
广西	200143	2956	159214	16221	21753		
海南	30725		28464	1861	400		
重庆	107732	4674	81465	9451	12142		
四川	268596	2964	207508	33144	24832	80	69
贵州	72890	1181	57672	7751	6287		
云南	253648	22790	156659	36502	37697		
西藏	23202	500	12812	1030	8860		
陕西	509248	9057	464485	32477	3230		
甘肃	157654	10326	82137	38570	26622		
青海	17656	300	14123	3166	66		
宁夏	17527	1084	11482	1587	3373		
新疆	26324	653	20797	4344	530		

2-B-2.32 各地区集体总承包和专业承包企业收入情况

单位：万元

地区	主营业务收入	#主营业务成本	#主营业务税金及附加	其他业务收入	#其他业务成本	#其他业务利润
全国	**39533470**	**33129592**	**1580542**	**498054**	**1360570**	**65260**
北京	1776980	1573491	55473	14736	13124	5419
天津	2772090	2005671	111779	17306	504322	8974
河北	824296	698054	32421	2496	4218	-358
山西	455762	390558	16958	12275	12581	2241
内蒙古	93832	71520	5560			
辽宁	3162769	2753683	115547	45657	102296	2007
吉林	244347	198961	6739	875	15751	23
黑龙江	1145403	964774	56628	14891	19730	232
上海	320814	364658	12536	77591	1722	676
江苏	2119183	1794534	72841	33850	33222	2384
浙江	1340631	1234192	48174	4199	989	3010
安徽	840289	685267	28954	6063	8573	3778
福建	927250	842314	29708	4043	20720	2303
江西	2276581	1970934	101768	12645	74160	3425
山东	3634731	3018424	129374	26790	51552	3052
河南	1603620	1294349	80115	36167	56546	2148
湖北	678663	549014	30389	3050	4095	94
湖南	1769011	1464204	85358	7285	51109	1310
广东	3203424	2677207	136572	9170	71408	2352
广西	1316708	1144797	57553	28394	62833	1105
海南	295986	245975	11118	22200	29729	25
重庆	828139	681503	34045	23533	22564	15864
四川	2359926	1947154	97834	48362	78926	1601
贵州	395834	337099	21081	696	14529	671
云南	1326117	1067781	55446	9289	15546	650
西藏	39828	27959	1593	1267	166	104
陕西	2089499	1748844	76677	29791	27344	950
甘肃	1232227	979226	51242	1354	61189	147
青海	100926	80632	3908	1476	912	109
宁夏	132400	120983	4514	61		61
新疆	226205	195832	8638	2544	717	906

2-B-2.33 各地区集体总承包和专业承包企业费用情况

单位：万元

地区	管理费用	#税金	销售费用	财务费用	#利息收入	#利息支出
全国	**1635940**	**121222**	**295753**	**158924**	**20113**	**105369**
北京	110129	1281	3141	85	3485	4071
天津	69470	2580	3129	5990	793	2450
河北	33965	1253	14268	2181	10	542
山西	32730	691	5683	879	127	520
内蒙古	3629	583	489	945	1	520
辽宁	160193	11627	7688	2751	1524	2378
吉林	20322	3385	141	916	12	757
黑龙江	65787	4048	5087	-85	1591	438
上海	15709	339	137	-206	134	19
江苏	100533	6276	8100	18132	520	19609
浙江	32124	1716	1817	3387	2365	5339
安徽	56162	3118	9120	6105	1463	1419
福建	24635	817	101	602	698	921
江西	55727	3693	10238	6930	509	3657
山东	124056	12969	24973	25710	3202	17566
河南	74053	9194	11753	10230	165	4609
湖北	26653	3059	8325	4300	547	2178
湖南	67944	5591	28003	9011	180	4423
广东	128623	13346	23377	10420	588	5422
广西	42654	3134	7798	4212	193	2570
海南	6648	1211	3494	190	110	110
重庆	46283	4710	7536	1411	2	953
四川	114736	8992	36890	12795	711	9816
贵州	9686	2117	1996	856	140	468
云南	44705	2723	23404	7060	282	5713
西藏	2464	342	6727	132		316
陕西	84771	7751	19881	15783	434	5144
甘肃	62627	3983	5476	7218	232	2466
青海	5913	56	6965	105	35	23
宁夏	2463	97	537	275	-6	253
新疆	10546	542	9483	600	69	701

2-B-2.34　各地区集体总承包和专业承包企业利润及税金情况

单位：万元

地　区	利润总额	#应交所得税	税金总额	主营业务税金及附加	管理费用中的税金
全　国	**1893300**	**399468**	**1701764**	**1580542**	**121222**
北　京	43055	11852	56754	55473	1281
天　津	93482	27002	114359	111779	2580
河　北	39700	10840	33674	32421	1253
山　西	8509	3111	17649	16958	691
内蒙古	11694	1689	6142	5560	583
辽　宁	69033	23637	127174	115547	11627
吉　林	2753	2141	10123	6739	3385
黑龙江	46612	8670	60676	56628	4048
上　海	5448	2223	12875	12536	339
江　苏	126971	23658	79117	72841	6276
浙　江	24931	8957	49890	48174	1716
安　徽	57456	9058	32072	28954	3118
福　建	16242	8060	30526	29708	817
江　西	91217	24778	105462	101768	3693
山　东	284011	47822	142343	129374	12969
河　南	118998	15802	89309	80115	9194
湖　北	61315	11182	33448	30389	3059
湖　南	65922	11822	90948	85358	5591
广　东	161281	42360	149918	136572	13346
广　西	30260	9552	60687	57553	3134
海　南	24344	6384	12328	11118	1211
重　庆	60298	10829	38755	34045	4710
四　川	98388	21402	106826	97834	8992
贵　州	10501	2628	23197	21081	2117
云　南	117232	15982	58169	55446	2723
西　藏	1979	464	1935	1593	342
陕　西	143238	20814	84428	76677	7751
甘　肃	65123	14075	55225	51242	3983
青　海	7163	906	3964	3908	56
宁　夏	3683	915	4611	4514	97
新　疆	2465	853	9180	8638	542

2-B-2.35 各地区集体总承包和专业承包企业应收工程款及企业亏损情况

地　区	应收工程款（万元）	企业个数（个）	#亏损企业个数	亏损企业的比重（%）
全　国	**4838233**	**3728**	**419**	**11.2**
北　京	89931	162	36	22.2
天　津	368638	58	7	12.1
河　北	91889	82	9	11.0
山　西	96901	98	16	16.3
内蒙古	8255	7	1	
辽　宁	325154	281	55	19.6
吉　林	28328	44	10	22.7
黑龙江	125543	122	27	22.1
上　海	43281	46	5	10.9
江　苏	393476	168	3	1.8
浙　江	80503	82	5	6.1
安　徽	143564	92	12	13.0
福　建	47564	44	9	20.5
江　西	184127	184	12	6.5
山　东	694380	452	28	6.2
河　南	98440	159	7	4.4
湖　北	87970	98	5	5.1
湖　南	221288	189	15	7.9
广　东	343776	344	33	9.6
广　西	128937	181	31	17.1
海　南	51114	19		
重　庆	71075	87	11	12.6
四　川	239897	203	18	8.9
贵　州	40753	78	15	19.2
云　南	276381	153	13	8.5
西　藏	10215	15	3	20.0
陕　西	276447	131	14	10.7
甘　肃	222706	93	11	11.8
青　海	8624	27	5	18.5
宁　夏	14557	11		
新　疆	24519	18	3	16.7

2-B-2.36　各地区集体总承包和专业承包企业主要经济效益指标

地　区	产值利润率(%)	产值利税率(%)	资本利润率(%)	资本利税率(%)	人均利润(元/人)	人均利税(元/人)	资产负债率(%)
全　国	**4.2**	**7.9**	**33.4**	**63.4**	**10000**	**18988**	**64.2**
北　京	2.5	5.8	15.6	36.3	15254	35361	79.1
天　津	3.7	8.2	69.2	153.8	22132	49206	88.2
河　北	3.4	6.3	33.0	61.0	12650	23381	55.6
山　西	1.8	5.5	7.6	23.5	3454	10619	75.4
内蒙古	12.5	19.0	78.1	119.2	27612	42116	55.0
辽　宁	1.8	5.1	19.9	56.7	4542	12909	66.2
吉　林	1.3	6.2	6.8	31.8	2792	13060	76.5
黑龙江	2.5	5.6	32.8	75.6	5672	13056	77.4
上　海	1.8	6.1	9.9	33.2	4257	14318	62.4
江　苏	4.8	7.7	50.6	82.1	11546	18740	61.6
浙　江	1.4	4.2	15.0	44.9	3385	10158	70.6
安　徽	6.5	10.1	58.1	90.5	12314	19188	61.9
福　建	1.6	4.7	15.1	43.5	3315	9546	66.0
江　西	3.5	7.4	27.5	59.3	9419	20308	59.9
山　东	6.9	10.4	41.8	62.8	12875	19327	63.0
河　南	6.5	11.3	57.6	100.8	13108	22946	48.9
湖　北	8.3	12.8	52.6	81.4	18899	29209	52.1
湖　南	3.3	8.0	23.2	55.3	6755	16076	48.5
广　东	4.6	8.8	31.9	61.6	10254	19785	60.7
广　西	2.0	6.0	15.1	45.4	4512	13562	60.4
海　南	6.5	9.8	79.2	119.4	21802	32843	56.9
重　庆	6.3	10.4	56.0	91.9	13331	21899	64.9
四　川	3.4	7.0	36.6	76.4	6902	14397	54.4
贵　州	2.8	8.9	14.4	46.2	5235	16798	60.4
云　南	7.7	11.5	46.2	69.2	19375	28989	44.2
西　藏	4.8	9.6	8.5	16.9	7242	14322	51.9
陕　西	6.1	9.7	28.1	44.7	14803	23529	41.8
甘　肃	4.9	9.1	41.3	76.3	10017	18512	66.4
青　海	8.2	12.8	40.6	63.0	8005	12435	65.1
宁　夏	3.0	6.7	21.0	47.3	7326	16496	56.0
新　疆	1.1	5.3	9.4	44.2	4164	19670	73.1

2-B-2.37 各地区私营总承包和专业承包企业签订合同情况

单位：万元

地　　区	合同总额	上年结转合同额	本年新签合同额
全　　国	**716772872**	**238766117**	**478006755**
北　　京	8806513	3011381	5795132
天　　津	6331997	1587524	4744473
河　　北	11063204	3278672	7784532
山　　西	10650718	2863896	7786822
内 蒙 古	8591675	4549255	4042420
辽　　宁	41699585	10799455	30900131
吉　　林	10750214	3586973	7163241
黑 龙 江	5217482	1321977	3895505
上　　海	24187604	9899881	14287722
江　　苏	118184617	38981080	79203537
浙　　江	175125132	64982827	110142305
安　　徽	24359658	7390801	16968857
福　　建	38627601	12937141	25690460
江　　西	13981108	2878402	11102706
山　　东	28634489	8065505	20568984
河　　南	20595592	6100639	14494953
湖　　北	24206693	6816853	17389840
湖　　南	16549299	6057799	10491500
广　　东	27678425	9823547	17854878
广　　西	7512104	2369040	5143064
海　　南	590634	236123	354511
重　　庆	24870948	8805728	16065220
四　　川	28185436	9541635	18643800
贵　　州	1569082	593886	975196
云　　南	14318532	4436751	9881782
西　　藏	411169	81179	329990
陕　　西	7861302	2777495	5083806
甘　　肃	3610354	944349	2666005
青　　海	1413235	416665	996569
宁　　夏	4422020	1448816	2973204
新　　疆	6766452	2180843	4585610

2-B-2.38　各地区私营总承包和专业承包企业承包工程完成情况

单位：万元

地　区	直接从建设单位承揽工程完成的产值	自行完成施工产值	分包出去工程的产值	从建设单位以外承揽工程完成的产值
全　国	**469704701**	**465228974**	**4475727**	**15760920**
北　京	5004259	4739697	264562	1005517
天　津	4708863	4539329	169533	263636
河　北	8014373	7955374	58999	138144
山　西	8389727	8365149	24578	76061
内蒙古	5906990	5899679	7311	91803
辽　宁	32780328	32710261	70067	287988
吉　林	8246927	8112550	134377	74512
黑龙江	5153277	5148308	4970	26342
上　海	13983383	13351375	632008	1495268
江　苏	78181226	78081832	99394	4683989
浙　江	105984797	105298045	686752	2897032
安　徽	17434900	17362162	72738	395622
福　建	22783017	22689291	93725	437474
江　西	9522192	9341359	180833	486741
山　东	21491818	21376757	115061	203213
河　南	14272828	14218788	54040	214011
湖　北	16175564	15984129	191435	485170
湖　南	9587000	9549120	37880	144853
广　东	15056874	14269729	787145	722683
广　西	4809562	4783792	25770	132021
海　南	252430	231323	21108	3517
重　庆	16622360	16479143	143217	302416
四　川	18001671	17795029	206641	522590
贵　州	841741	837364	4377	20878
云　南	10448604	10397448	51156	180114
西　藏	303918	302701	1217	967
陕　西	5345974	5075268	270705	299367
甘　肃	2632571	2607736	24835	62699
青　海	781356	775277	6079	6245
宁　夏	2633058	2626223	6835	38394
新　疆	4353116	4324733	28383	61658

2-B-2.39 各地区私营总承包和专业承包企业建筑业总产值和竣工产值

单位：万元

地区	建筑业总产值	#装饰装修产值	#在外省完成的产值	按构成分组			竣工产值
				建筑工程产值	安装工程产值	其他产值	
全国	**480989894**	**37500093**	**108106107**	**426668354**	**38267719**	**16053820**	**315190338**
北京	5745214	2282165	1646706	5154195	528464	62556	3628857
天津	4802965	362131	277153	3372209	1011459	419297	2909746
河北	8093518	659308	437763	6915296	693508	484714	5373021
山西	8441210	484221	879947	6770359	1107121	563729	4105910
内蒙古	5991482	104120	15971	5506882	174215	310385	2916177
辽宁	32998249	4611654	1484726	27833394	3578063	1586792	21776190
吉林	8187062	460904	209339	7363447	485708	337908	5746931
黑龙江	5174649	317863	154274	4400259	597675	176715	2658513
上海	14846643	2246029	3478277	12148533	2208592	489517	7702341
江苏	82765821	5177408	23028212	77272178	4872190	621452	66809209
浙江	108195077	6247131	48251534	100065566	5502931	2626580	67381399
安徽	17757785	1086769	1177802	15095095	1421938	1240752	11102302
福建	23126765	1158869	8684704	21881408	1113524	131833	14216073
江西	9828100	744067	2971176	8354730	767543	705827	7221818
山东	21579970	1957397	1412778	17908426	2820261	851283	13657174
河南	14432799	1321136	2281989	12178363	1452195	802242	9177232
湖北	16469299	1601402	2454319	14149479	1696211	623609	11888931
湖南	9693973	411252	1287553	8438919	549634	705420	6643280
广东	14992412	3267616	2872808	11900029	2383137	709246	8045392
广西	4915813	357838	395030	3954867	464678	496268	3029880
海南	234839	15864	12669	178765	21061	35014	174581
重庆	16781560	610153	1929804	15383639	988957	408964	9730819
四川	18317619	902795	2394107	15930823	1668405	718391	12138557
贵州	858242	97129	22719	745521	88409	24312	575267
云南	10577562	394279	105529	9294422	893892	389248	6747335
西藏	303668	3030		257838	24571	21260	209161
陕西	5374635	212886	76986	4760375	468527	145733	2609417
甘肃	2670434	124686	84022	2331451	244902	94082	1719690
青海	781522	36890	27704	667853	88417	25252	551580
宁夏	2664616	84328	48676	2563075	78941	22601	1830200
新疆	4386391	158774	1833	3890961	272589	222841	2913358

2-B-2.40　各地区私营总承包和专业承包企业房屋建筑面积

地　区	房屋建筑施工面积(万平方米)	#本年新开工	#实行投标承包面积	#本年新开工	房屋建筑竣工面积(万平方米)	房屋建筑面积竣工率(%)
全　国	**358462.7**	**179228.0**	**264181.1**	**136873.5**	**149783.4**	**41.8**
北　京	760.3	315.1	623.6	271.3	199.6	26.3
天　津	1306.2	629.7	811.1	382.0	770.9	59.0
河　北	6942.7	3884.1	4620.2	2826.8	3013.7	43.4
山　西	3924.8	1980.2	2690.7	1235.9	1612.3	41.1
内蒙古	2900.0	1450.2	2359.8	1132.1	1070.8	36.9
辽　宁	17640.6	11174.7	12162.4	7924.9	9383.5	53.2
吉　林	4970.2	3259.3	3623.7	2653.7	2584.3	52.0
黑龙江	1772.8	1100.3	1187.8	796.9	1010.5	57.0
上　海	8137.6	3177.1	6002.8	2308.6	2654.5	32.6
江　苏	73483.0	32423.2	60146.5	27837.9	28288.8	38.5
浙　江	93742.8	42918.0	73816.9	34033.3	33927.7	36.2
安　徽	14391.5	8163.3	9889.7	6002.1	7459.2	51.8
福　建	20045.9	8691.1	14516.7	6576.5	6205.4	31.0
江　西	6548.5	4253.1	4036.1	2736.8	4208.5	64.3
山　东	17197.5	9914.9	12350.2	7691.7	7801.3	45.4
河　南	10489.1	5487.3	8868.8	4651.4	4821.4	46.0
湖　北	11984.9	6992.2	8276.3	5254.2	7008.0	58.5
湖　南	8992.0	4779.5	7224.2	3807.6	3720.3	41.4
广　东	7750.6	3815.6	3677.6	1986.7	2858.1	36.9
广　西	3377.9	1946.2	2468.3	1615.9	1693.3	50.1
海　南	184.1	95.6	118.1	71.3	80.8	43.9
重　庆	10965.0	5577.0	5055.2	3224.9	4948.3	45.1
四　川	13023.5	7087.2	6993.8	4237.5	6400.3	49.1
贵　州	1004.7	457.6	670.5	307.4	326.9	32.5
云　南	6195.8	3483.2	3526.7	2103.5	3123.4	50.4
西　藏	99.2	86.7	75.4	70.9	57.6	58.1
陕　西	3363.1	1604.2	2346.5	1318.2	1280.2	38.1
甘　肃	1482.8	950.7	1116.1	748.0	746.8	50.4
青　海	429.6	240.6	259.3	152.4	241.8	56.3
宁　夏	2243.3	1320.3	2008.3	1219.9	842.1	37.5
新　疆	3112.5	1969.8	2657.8	1693.3	1443.4	46.4

2-B-2.41 各地区按主要用途分的私营总承包和专业承包企业房屋建筑竣工面积

单位：万平方米

地区	合计	住宅房屋	商业及服务用房屋	商厦房屋（批发和零售用房）	宾馆用房屋（住宿用房）	餐饮用房屋（餐饮用房）	商务会展用房屋	其他商业及服务用房屋(居民服务业用房)
全国	**149783.4**	**96256.4**	**8919.7**	**3667.7**	**1121.5**	**442.9**	**457.0**	**3230.5**
北京	199.6	127.5	12.4	3.9		0.8		7.7
天津	770.9	471.7	57.2	49.4	0.2	0.5	2.2	4.8
河北	3013.7	2115.4	161.9	66.4	7.9	1.0	1.4	85.2
山西	1612.3	1228.3	59.4	7.5	14.2	3.7	0.7	33.4
内蒙古	1070.8	809.2	86.3	27.1	11.8	1.2	0.9	45.3
辽宁	9383.5	6867.6	440.4	143.5	57.3	54.7	2.4	182.5
吉林	2584.3	2000.2	91.5	30.3	8.4	1.7	2.2	49.0
黑龙江	1010.5	805.4	50.3	6.5	3.3	3.5	0.7	36.3
上海	2654.5	1547.9	121.1	35.2	3.1	0.5	10.7	71.6
江苏	28288.8	18871.0	1346.8	649.7	196.4	107.8	212.4	180.5
浙江	33927.7	16940.1	2544.1	1250.5	379.5	120.8	110.8	682.5
安徽	7459.2	4840.9	379.1	196.3	20.4	10.6	6.8	145.0
福建	6205.4	4070.8	304.3	119.3	29.6	6.5	17.5	131.3
江西	4208.5	2599.3	330.5	100.9	56.7	30.1	3.4	139.3
山东	7801.3	5516.4	292.7	111.5	29.7	13.9	17.9	119.7
河南	4821.4	3349.0	210.2	57.3	23.1	7.2	4.6	118.0
湖北	7008.0	4972.2	341.1	177.6	33.1	5.1	3.4	122.0
湖南	3720.3	2622.4	248.1	102.9	40.7	5.1	23.8	75.7
广东	2858.1	1459.1	302.1	50.0	20.0	3.8	6.0	222.4
广西	1693.3	1088.6	93.9	11.6	26.4	3.3	6.7	45.9
海南	80.8	49.1	10.8	3.5	6.0	0.7	0.4	0.1
重庆	4948.3	3625.3	337.4	79.0	14.6	7.0	3.9	232.9
四川	6400.3	4782.6	403.3	121.9	65.2	28.7	9.1	178.4
贵州	326.9	139.9	30.2	17.2	0.6	1.0	0.8	10.6
云南	3123.4	2100.5	324.5	99.1	39.7	13.1	4.1	168.6
西藏	57.6	27.0	5.4	5.4				
陕西	1280.2	935.9	84.8	34.7	9.5	2.0	0.1	38.5
甘肃	746.8	519.6	33.0	8.8	2.7	1.1	1.3	19.1
青海	241.8	179.5	7.9	1.5	2.7	0.4	0.4	3.0
宁夏	842.1	586.5	112.6	57.1	2.1	1.6	2.5	49.3
新疆	1443.4	1007.6	96.2	42.3	16.4	5.6		32.0

2-B-2.41　续表　　　　　　　　　　　　　　　　　　　　单位：万平方米

地　区	办公用房屋	科研、教育和医疗用房屋	科学研究用房屋	教育用房屋	医疗用房屋(卫生医疗用房)	文化、体育和娱乐用房屋	厂房及建筑物	#厂房	仓　库	其他未列明的房屋建筑物
全　国	**8635.0**	**5315.4**	**360.4**	**3977.0**	**978.0**	**1133.7**	**25571.3**	**17227.4**	**1064.9**	**2887.2**
北　京	9.5	9.4	0.2	6.5	2.6		37.9	33.1	0.6	2.4
天　津	17.6	10.0	0.8	7.5	1.7	0.5	170.4	65.1	12.8	30.6
河　北	223.8	139.1	2.3	107.9	28.9	7.8	257.2	119.9	7.7	100.9
山　西	120.7	75.5	2.2	63.8	9.5	7.1	89.6	55.8	9.1	22.7
内蒙古	71.3	36.5		24.0	12.5	2.0	10.7	6.3	0.2	54.6
辽　宁	433.8	138.2	8.6	115.8	13.7	28.5	1153.7	636.4	69.2	252.1
吉　林	136.3	30.7	3.4	19.2	8.1	19.8	224.4	104.3	3.8	77.5
黑龙江	36.9	29.1	0.6	9.0	19.5	17.2	45.3	19.1	4.0	22.4
上　海	76.6	66.2	12.1	39.0	15.0	10.6	702.3	444.9	69.6	60.3
江　苏	1410.8	833.3	79.9	606.5	146.9	219.0	5050.7	4135.0	184.3	373.0
浙　江	2295.7	886.1	62.1	660.1	163.9	272.5	10161.2	7155.3	276.2	551.7
安　徽	593.3	316.2	7.4	274.3	34.4	72.5	1032.9	548.0	45.8	178.5
福　建	348.7	268.7	25.8	189.4	53.6	53.9	1079.0	716.4	42.5	37.6
江　西	386.9	225.9	15.1	188.9	21.9	89.7	424.9	179.3	39.7	111.7
山　东	281.4	233.8	13.2	177.0	43.5	45.0	1303.1	827.2	63.0	65.8
河　南	419.8	326.7	43.1	208.1	75.5	27.4	356.3	162.7	30.1	102.1
湖　北	406.5	230.0	24.5	156.2	49.3	73.0	811.8	479.6	66.3	107.1
湖　南	200.7	226.3	17.8	162.3	46.2	19.6	326.1	196.3	7.0	70.1
广　东	111.3	65.5	3.7	53.2	8.5	20.3	804.2	467.6	17.2	78.4
广　西	153.5	160.5	4.5	103.7	52.3	20.5	128.2	61.5	12.0	36.0
海　南	0.6	1.9	0.3	1.3	0.2	0.8				17.7
重　庆	184.5	136.6	6.7	99.8	30.2	38.3	423.2	224.8	20.2	182.8
四　川	225.8	234.9	4.6	170.5	59.9	35.0	554.0	306.7	54.5	110.3
贵　州	33.9	65.1	0.9	57.9	6.3	2.5	38.1	28.7	0.7	16.6
云　南	151.6	246.4	16.4	187.3	42.7	29.6	163.8	97.4	15.4	91.4
西　藏	13.5	5.0	1.1	3.4	0.5	2.0	0.7		0.6	3.3
陕　西	77.9	85.2	1.5	75.0	8.8	6.3	60.9	44.3	3.8	25.2
甘　肃	38.3	101.2	0.1	86.0	15.0	1.6	37.9	19.1	0.4	14.7
青　海	24.7	17.8		15.8	2.0	1.6	5.2	3.1	1.3	3.9
宁　夏	42.7	40.9	0.7	37.2	2.9	2.1	27.7	26.9	2.7	26.9
新　疆	106.4	72.9	0.7	70.3	1.9	6.9	90.0	62.4	4.1	59.2

2-B-2.42 各地区按主要用途分的私营总承包和专业承包企业房屋建筑竣工价值

单位：万元

地区	合计	住宅房屋	商业及服务用房屋	商厦房屋（批发和零售用房）	宾馆用房屋（住宿用房）	餐饮用房屋（餐饮用房）	商务会展用房屋	其他商业及服务用房屋(居民服务业用房)
全国	**202644109**	**132569796**	**13500213**	**5622870**	**1670724**	**715065**	**685152**	**4806401**
北京	373094	240947	23355	7867	63	2169		13256
天津	1196646	724649	82357	65330	370	842	5046	10768
河北	3902559	2753494	237218	88786	8330	1163	1892	137048
山西	2065006	1550692	91492	7165	23847	7046	1165	52268
内蒙古	1596332	1109452	149182	33479	15784	2900	1300	95719
辽宁	12860487	9391263	547934	209051	65249	67212	2391	204032
吉林	3609510	2591658	165200	63090	11303	2267	4255	84285
黑龙江	1511821	1175141	80181	10022	4863	5068	2401	57827
上海	4039018	2319894	199989	48734	3927	970	15019	131339
江苏	41880425	27985484	2312601	1120286	355089	191450	311693	334084
浙江	47122892	26142236	3987480	1945820	598171	229809	171305	1042375
安徽	8200052	5526832	442037	236225	24738	12389	7433	161252
福建	8928038	6122134	494433	190388	49608	10802	32572	211063
江西	4776778	2843579	422265	113216	87300	37437	4679	179633
山东	9290969	6597026	416285	166441	45379	19142	27242	158081
河南	5762534	4008833	268627	83687	26361	10436	5149	142993
湖北	9077747	6382588	476574	289793	34742	4431	3644	143965
湖南	4506027	3197115	310908	131858	40899	7925	36151	94075
广东	4047378	2174663	618462	79277	20576	4014	8590	506005
广西	2098284	1359984	107337	11724	31871	4470	5644	53628
海南	133982	72368	23964	6557	15080	1339	750	237
重庆	6568926	4873562	464240	112050	18824	9773	7593	316001
四川	7892428	5961091	526559	176935	84369	42638	10930	211686
贵州	468256	183671	39870	29299	592	640	892	8447
云南	4135868	2670330	538357	163601	51397	24764	5291	293304
西藏	106952	42450	12973	12942	31			
陕西	1924138	1391990	121268	57000	12900	3216	161	47991
甘肃	1152927	794509	52037	14022	7154	1339	2905	26618
青海	395188	280215	14974	3567	4452	1032	792	5131
宁夏	1107764	772500	141987	92519	1849	2269	8252	37098
新疆	1912084	1329446	130068	52141	25608	6112	14	46193

2-B-2.42　续表　　　　单位：万元

地　区	办公用房屋	科研、教育和医疗用房屋	科学研究用房屋	教育用房屋	医疗用房屋(卫生医疗用房)	文化、体育和娱乐用房屋	厂房及建筑物	#厂房	仓　库	其他未列明的房屋建筑物
全　国	**12556645**	**7922641**	**581339**	**5755168**	**1586135**	**1942517**	**29126071**	**19477532**	**1183735**	**3842492**
北　京	18230	24255	586	14708	8962	56	61597	54300	954	3700
天　津	24261	22834	1455	18207	3173	520	270549	97071	23104	48372
河　北	265343	184898	2597	139992	42309	7589	331259	166492	6894	115864
山　西	159339	108566	2961	93331	12273	12366	107018	77168	10267	25268
内蒙古	159730	85055		50164	34891	5138	20136	9927	264	67376
辽　宁	685828	208231	13706	168707	25818	53947	1598744	849647	51922	322617
吉　林	219358	54165	6034	34445	13685	36611	376461	160917	3115	162943
黑龙江	55085	56867	1436	12626	42805	26544	75911	33046	5127	36965
上　海	145973	165271	40713	85750	38808	25696	996883	650939	110567	74745
江　苏	2324228	1532023	159302	1068451	304270	519330	6348458	5054117	239069	619231
浙　江	3471416	1344348	92116	1013239	238992	452847	10666705	7522784	271432	786428
安　徽	641810	325882	8033	280012	37837	73903	1000503	530403	35032	154055
福　建	510139	405952	36274	287972	81706	83516	1182698	790642	70612	58555
江　西	494861	299265	27410	236611	35243	117094	447532	180788	39147	113036
山　东	361277	337499	14831	245061	77607	83515	1338613	803979	57305	99447
河　南	539973	408462	55629	247197	105637	41300	345244	151374	37020	113075
湖　北	620523	350992	36935	234419	79639	159619	849123	526526	77398	160929
湖　南	259782	273394	26397	195562	51435	22804	354320	225189	4958	82746
广　东	164580	96645	8629	71648	16368	21179	864623	506592	18674	88551
广　西	174134	208933	4689	128550	75695	24260	179182	78975	13557	30898
海　南	884	3449	530	2492	427	1496				31822
重　庆	241432	190313	9677	133586	47050	41674	475257	243596	24072	258376
四　川	289995	302044	4904	207367	89773	43170	591741	322870	41257	136569
贵　州	42921	80728	1159	69897	9672	2875	93376	79336	686	24128
云　南	223821	352454	18331	272249	61875	47869	218181	126455	20286	64570
西　藏	28270	10646	2300	6700	1647	2142	301		1493	8677
陕　西	117148	117788	2377	104322	11089	10738	128564	100698	5891	30752
甘　肃	64138	165220	260	139435	25525	1868	53657	23528	369	21131
青　海	42682	32385	6	29142	3237	2987	9779	5042	2471	9696
宁　夏	59606	63791	1561	56895	5335	7349	32499	31100	3605	26427
新　疆	149877	110287	503	106432	3353	12516	107157	74033	7189	65543

2-B-2.43 各地区私营总承包和专业承包企业施工机械设备情况

地 区	年末自有施工机械设备总台数（台）	年末自有施工机械设备总功率（千瓦）	年末自有施工机械设备净值（万元）	技 术装备率（元/人）	动 力装备率（千瓦/人）
全 国	**4058901**	**85830284**	**16055158**	**8964**	**4.8**
北 京	24054	486756	105620	11105	5.1
天 津	24840	846617	126752	12579	8.4
河 北	393452	2287885	345829	11857	7.8
山 西	98538	1804465	485047	18358	6.8
内 蒙 古	43121	954006	174918	11810	6.4
辽 宁	169357	6606523	1087804	12902	7.8
吉 林	25692	761998	213762	12053	4.3
黑 龙 江	21530	499190	163230	14242	4.4
上 海	77300	1075068	238034	5271	2.4
江 苏	776108	22488425	3223780	9896	6.9
浙 江	673853	13311990	2932424	7097	3.2
安 徽	205361	4457804	730790	8757	5.3
福 建	143881	3644794	824497	7110	3.1
江 西	55856	1234234	322288	8472	3.2
山 东	264632	6544786	1034105	11094	7.0
河 南	202134	3660474	531256	9073	6.3
湖 北	157812	2608400	646665	11750	4.7
湖 南	151086	1854843	394060	11307	5.3
广 东	119099	2190564	515401	10092	4.3
广 西	56814	609005	147931	8589	3.5
海 南	1134	20843	3750	6910	3.8
重 庆	65999	1432512	327214	4391	1.9
四 川	103408	2000316	414764	4847	2.3
贵 州	7691	146589	30822	7810	3.7
云 南	63292	1931422	479680	12329	5.0
西 藏	1661	48264	22628	19665	4.2
陕 西	53475	921972	205876	10625	4.8
甘 肃	32811	445495	107439	7946	3.3
青 海	5040	89505	35296	9554	2.4
宁 夏	17246	397318	74290	15130	8.1
新 疆	22624	468221	109207	11147	4.8

2-B-2.44 各地区私营总承包和专业承包企业主要生产效益指标

地区	建筑业企业个数(个)	直接从事生产经营活动的平均人数(人)	按总产值计算的劳动生产率(元/人)	人均竣工产值(元/人)	人均施工面积(平方米/人)	人均竣工面积(平方米/人)
全国	**41151**	**18074858**	**266110**	**174381**	**198.3**	**82.9**
北京	1638	114136	503366	317941	66.6	17.5
天津	853	124268	386501	234151	105.1	62.0
河北	848	297200	272326	180788	233.6	101.4
山西	1559	357030	236429	115002	109.9	45.2
内蒙古	380	197489	303383	147663	146.8	54.2
辽宁	3399	994905	331672	218877	177.3	94.3
吉林	793	212728	384861	270154	233.6	121.5
黑龙江	797	232793	222285	114201	76.2	43.4
上海	1992	461064	322008	167056	176.5	57.6
江苏	5686	3242331	255266	206053	226.6	87.2
浙江	4395	3913683	276453	172169	239.5	86.7
安徽	1534	805565	220439	137820	178.7	92.6
福建	1510	1157833	199742	122782	173.1	53.6
江西	638	323265	304026	223402	202.6	130.2
山东	2728	923419	233696	147898	186.2	84.5
河南	1757	558350	258490	164363	187.9	86.4
湖北	1400	509936	322968	233146	235.0	137.4
湖南	589	395221	245280	168090	227.5	94.1
广东	1698	483825	309873	166287	160.2	59.1
广西	473	152677	321975	198450	221.2	110.9
海南	35	4702	499445	371290	391.5	171.9
重庆	1348	673762	249073	144425	162.7	73.4
四川	1601	854106	214465	142120	152.5	74.9
贵州	163	35994	238440	159823	279.1	90.8
云南	1304	397325	266219	169819	155.9	78.6
西藏	84	10628	285725	196802	93.3	54.2
陕西	499	211861	253687	123166	158.7	60.4
甘肃	442	132420	201664	129866	112.0	56.4
青海	190	39316	198780	140294	109.3	61.5
宁夏	340	96725	275484	189217	231.9	87.1
新疆	478	160301	273635	181743	194.2	90.0

2-B-2.45 各地区私营总承包和专业承包企业营业额

单位：万元

地区	企业营业额	在境外完成的营业额	企业总产值	#建筑业总产值
全国	**854093588**	**2532549**	**851561039**	**480989894**
北京	7741955	29654	7712302	5745214
天津	5054129	44570	5009559	4802965
河北	8298861	18039	8280822	8093518
山西	8579490	15903	8563587	8441210
内蒙古	6011964	9900	6002064	5991482
辽宁	33601883	51856	33550027	32998249
吉林	8392882	3045	8389837	8187062
黑龙江	5407886	203402	5204484	5174649
上海	15682024	62295	15619729	14846643
江苏	439408512	790449	438618063	82765821
浙江	109957375	134941	109822434	108195077
安徽	18119568	27664	18091904	17757785
福建	23242874		23242874	23126765
江西	10103261	14266	10088995	9828100
山东	23147541	67309	23080232	21579970
河南	14734126	155656	14578470	14432799
湖北	17048043	197049	16850995	16469299
湖南	10040812	61555	9979257	9693973
广东	17214203	17567	17196636	14992412
广西	5098794	19888	5078906	4915813
海南	299829	3580	296249	234839
重庆	17618612	123495	17495116	16781560
四川	19072711	177592	18895119	18317619
贵州	890756	7000	883756	858242
云南	11215544	237890	10977653	10577562
西藏	322332	1929	320403	303668
陕西	5750695	38797	5711898	5374635
甘肃	3628116	7429	3620686	2670434
青海	825976		825976	781522
宁夏	2746513		2746513	2664616
新疆	4836323	9829	4826494	4386391

2-B-2.46　各地区私营总承包和专业承包企业资产构成

单位：万元

地区	资产合计	#流动资产合计	#存货	#非流动资产合计	#固定资产合计
全国	**329209512**	**260042521**	**56989197**	**69166991**	**41536038**
北京	6824799	5676285	964915	1148514	563427
天津	5571980	4405001	643570	1166979	692945
河北	6755573	5303006	1236925	1452568	1042606
山西	8101829	5995062	1380045	2106767	1258113
内蒙古	9824814	7534492	1103915	2290321	1229308
辽宁	18283687	14418423	2384573	3865265	2535031
吉林	8278172	7045504	677349	1232668	777938
黑龙江	3699161	2981572	654630	717589	543250
上海	18489922	16435642	2727998	2054280	1016024
江苏	54224136	43829156	10781859	10394980	6387472
浙江	51220705	40540952	11103603	10679754	6000911
安徽	10497859	7951909	1445200	2545950	1795901
福建	11044359	8732326	1878076	2312033	1777373
江西	4616912	3259942	781817	1356970	828160
山东	18835142	14531321	3504351	4303821	3043281
河南	8422680	6092363	1329931	2330316	1591715
湖北	9802020	7394298	1678812	2407722	1716061
湖南	4808900	3632651	848163	1176248	798483
广东	18367701	13836056	2879758	4531645	1342908
广西	3283094	2525237	411020	757857	436001
海南	358520	309324	71973	49196	23164
重庆	11330230	9518685	2313583	1811545	1047068
四川	14137643	11313132	3029926	2824511	1538482
贵州	900382	755624	171744	144758	87909
云南	8095994	6089396	1098013	2006598	1362334
西藏	394271	191868	27795	202403	142997
陕西	4459162	3185890	670666	1273273	785424
甘肃	2015975	1406094	347562	609881	405342
青海	974373	716222	120986	258150	135312
宁夏	2534337	2065907	432168	468430	281207
新疆	3055181	2369181	288275	686000	349891

2-B-2.47 各地区私营总承包和专业承包企业固定资产情况

单位：万元

地区	固定资产合计	固定资产原价	固定资产折旧	#本年折旧	在建工程
全国	**41536038**	**50635716**	**17761265**	**3378958**	**5105461**
北京	563427	828989	361698	57241	69051
天津	692945	959166	342842	70162	36160
河北	1042606	1161084	398254	69162	92524
山西	1258113	1623481	553440	94343	111428
内蒙古	1229308	1726096	572968	187112	31466
辽宁	2535031	3148911	1131934	215221	297051
吉林	777938	905773	297065	45769	131120
黑龙江	543250	642844	217451	33900	86285
上海	1016024	1550710	737565	108366	166408
江苏	6387472	7458201	2620861	508436	859415
浙江	6000911	8140551	2948514	519325	585785
安徽	1795901	1831191	526927	102501	314326
福建	1777373	2204823	724082	138345	165646
江西	828160	917819	247571	62053	76217
山东	3043281	3705864	1273665	239844	265914
河南	1591715	1788466	517389	101193	201461
湖北	1716061	2014284	645654	157477	206591
湖南	798483	976496	332721	56693	58358
广东	1342908	1620291	699950	117152	256375
广西	436001	507540	160855	32390	62152
海南	23164	33234	14718	1490	931
重庆	1047068	1228601	445295	89394	148253
四川	1538482	1774819	674368	117360	284721
贵州	87909	98471	30461	3868	14526
云南	1362334	1497619	544701	101954	286844
西藏	142997	123656	35059	6113	7606
陕西	785424	790238	225930	55237	107358
甘肃	405342	427762	129155	26779	77697
青海	135312	162434	61086	9637	20564
宁夏	281207	366975	128905	22911	27589
新疆	349891	419330	160181	27529	55641

2-B-2.48 各地区私营总承包和专业承包企业负债及所有者权益

单位：万元

地区	负债合计	#流动负债	#应付账款	所有者权益	#实收资本
全国	**180516689**	**163759720**	**39515538**	**148625301**	**93068823**
北京	4108692	4021108	1300323	2716066	2267769
天津	3655089	3021797	1176632	1906833	1216698
河北	3724515	3230405	778167	3031058	1910897
山西	4119921	3861012	1353465	3981908	2766050
内蒙古	6432956	5711183	1392616	3391858	1148136
辽宁	9901663	8285772	2334941	8367410	4289456
吉林	3817403	3398848	1057505	4460769	3358061
黑龙江	1989306	1705313	501915	1709855	1226311
上海	11651640	10948675	2875277	6837280	4431400
江苏	30914003	28639280	7935394	23310133	12111876
浙江	28779612	27575476	4860111	22441094	12701230
安徽	5142173	4532836	855428	5335296	3928094
福建	4935399	4631616	781233	6108960	4416414
江西	1808265	1589097	328121	2808647	1653504
山东	9821005	9089987	2019258	9014137	5343554
河南	3549055	3160618	788444	4873625	3094872
湖北	4946612	3868891	982728	4855408	2946968
湖南	2154075	1809253	386656	2654825	1522421
广东	11004429	9660800	2209831	7342493	5051776
广西	1718746	1473315	212673	1564348	1117977
海南	205480	198222	20688	153040	96075
重庆	6518926	5757282	1284929	4811305	2874748
四川	7609344	6864484	1337492	6527664	6551805
贵州	602067	550335	76732	298315	240292
云南	4375436	3810833	790869	3720559	2317795
西藏	125032	109691	26630	269239	207053
陕西	2148381	1870976	530287	2310781	1731539
甘肃	852611	775891	221298	1163365	750653
青海	443157	395246	111596	531215	378299
宁夏	1594934	1501150	423363	939403	597074
新疆	1866766	1710330	560939	1188415	820028

2-B-2.49 各地区私营总承包和专业承包企业实收资本

单位：万元

地区	合计	国家资本	集体资本	法人资本	个人资本	港澳台资本	外商资本
全 国	**93068823**	**275598**	**1244307**	**26506742**	**64781009**	**254661**	**6506**
北 京	2267769	671	34	514530	1752534		
天 津	1216698	800	15967	257318	937458	5155	
河 北	1910897	73	149911	517084	1241829	2000	
山 西	2766050	11335	39918	1018364	1695913	360	160
内蒙古	1148136	146	16574	223729	907687		
辽 宁	4289456	10574	38671	1406471	2611472	221142	1125
吉 林	3358061	23472	49910	2363802	920823	30	25
黑龙江	1226311	8009	19839	360566	837897		
上 海	4431400	5504	32269	1446284	2947074	85	185
江 苏	12111876	34817	108423	3486293	8476502	2550	3291
浙 江	12701230	11762	65760	2401810	10212873	9010	16
安 徽	3928094	20241	55563	659831	3189661	2775	24
福 建	4416414	9919	51460	805396	3547040	2600	
江 西	1653504	4854	44683	521100	1082736	36	95
山 东	5343554	9723	117506	2238735	2975405	2184	1
河 南	3094872	12592	47453	727030	2306862	720	215
湖 北	2946968	22704	63845	900429	1958190	1800	
湖 南	1522421	3946	35357	455971	1027107	5	35
广 东	5051776	7310	35296	1510808	3497199	818	345
广 西	1117977	8393	12680	363045	733860		
海 南	96075		3658	20966	71452		
重 庆	2874748	13074	44288	604833	2210761	1005	787
四 川	6551805	34555	70719	1401116	5045279	84	52
贵 州	240292	4180	10578	82698	142835		
云 南	2317795	7229	44045	772959	1491414	2098	50
西 藏	207053		8343	125359	73350		
陕 西	1731539	4256	1351	503406	1222527		
甘 肃	750653	2065	36770	304287	407226	204	100
青 海	378299	200	4384	159899	213815		
宁 夏	597074	30		143314	453729		
新 疆	820028	3166	19055	209310	588497		

2-B-2.50　各地区私营总承包和专业承包企业收入情况

单位：万元

地　区	主营业务收入	#主营业务成本	#主营业务税金及附加	其他业务收入	#其他业务成本	#其他业务利润
全　国	**426544783**	**366627785**	**15140548**	**2621710**	**7519886**	**525539**
北　京	6874000	5901174	211967	77663	64804	29145
天　津	5140494	4381371	138901	50124	177296	8316
河　北	7083308	6147992	243512	49549	68520	3798
山　西	7829622	6758590	263242	135773	187363	13679
内蒙古	5948747	4761109	207219	29198	81904	26262
辽　宁	29696884	24431469	1051121	92500	1043746	19342
吉　林	7363492	5737490	262729	35615	618751	6031
黑龙江	3397193	2842986	116626	13773	72330	1467
上　海	17138154	15205935	476083	221245	272269	135509
江　苏	68244112	59260777	2435601	510606	454104	59699
浙　江	88015989	78900211	3084989	396493	552049	50373
安　徽	15018658	12741349	530385	50171	344592	10849
福　建	20908674	18341617	810913	75535	208556	12223
江　西	9247474	7950284	352587	46746	94107	11954
山　东	20166208	16834015	731940	118177	313270	23873
河　南	13096392	10993239	484760	102467	269229	27882
湖　北	15654536	13176539	636230	58270	259914	9479
湖　南	9029753	7536000	377441	14749	183138	5311
广　东	15988421	13680503	522399	73058	95736	20732
广　西	4017646	3382925	154437	47938	169790	5305
海　南	210483	165116	6885	11130	7814	
重　庆	15763264	13228375	591197	57465	920940	6702
四　川	15726046	13117112	550858	95303	496337	13184
贵　州	837464	725980	34518	2290	1594	567
云　南	8923559	7311961	335390	175598	407518	10781
西　藏	287403	227600	11194	2152	5301	838
陕　西	4607898	3834669	163123	5826	12438	1990
甘　肃	2360851	1897923	83506	13315	56442	2269
青　海	771747	689727	25986	5059	4322	874
宁　夏	2648969	2369991	83404	24953	22317	4022
新　疆	4547344	4093758	161406	28971	53396	3089

2-B-2.51 各地区私营总承包和专业承包企业费用情况

单位：万元

地区	管理费用	#税金	销售费用	财务费用	#利息收入	#利息支出
全国	**13918590**	**807752**	**2661864**	**3459133**	**335231**	**3024299**
北京	470870	8652	170180	13601	7404	17153
天津	200422	8992	39398	39404	85682	26737
河北	205902	11588	28573	61890	2959	46616
山西	329554	15282	61641	76920	1496	34423
内蒙古	184654	8549	8079	103718	1801	91993
辽宁	1234771	94006	144949	171679	12542	117315
吉林	264001	17588	25185	60286	868	40700
黑龙江	139662	9931	16000	18727	774	13196
上海	781465	10914	75666	110455	3971	96457
江苏	2197051	120607	371763	671543	64733	706677
浙江	1804655	87143	309490	702767	78450	672587
安徽	435288	23069	106384	114552	3668	85274
福建	547045	37785	95172	78466	5646	58311
江西	255759	17538	64308	47280	4298	34570
山东	677262	53710	122442	188999	9216	141548
河南	461971	36688	100813	86659	3002	54869
湖北	536027	48842	143734	130522	7381	106150
湖南	303314	22573	98019	49111	1309	34760
广东	720050	29930	166326	180342	9871	202536
广西	172907	5442	17041	30085	599	16065
海南	8490	117	173	665	63	362
重庆	530617	34274	124349	137292	9992	112207
四川	585325	50427	150939	165001	8399	136638
贵州	33103	1991	3855	7474	66	3921
云南	310940	15636	105485	89477	5922	69866
西藏	16122	849	1849	2381	233	1134
陕西	170914	13559	53948	40679	2005	36238
甘肃	111832	10940	30384	24314	1153	17354
青海	28476	2330	5751	2252	345	2642
宁夏	71456	4220	6511	30467	276	26209
新疆	128686	4584	13457	22124	1110	19793

2-B-2.52 各地区私营总承包和专业承包企业利润及税金情况

单位：万元

地区	利润总额	#应交所得税	税金总额	主营业务税金及附加	管理费用中的税金
全国	**20616517**	**4740188**	**15948301**	**15140548**	**807752**
北京	115531	29488	220619	211967	8652
天津	217296	56317	147893	138901	8992
河北	372583	89251	255100	243512	11588
山西	286853	69159	278524	263242	15282
内蒙古	628899	136197	215768	207219	8549
辽宁	1653454	389991	1145127	1051121	94006
吉林	440715	89475	280317	262729	17588
黑龙江	192759	41954	126557	116626	9931
上海	482772	110451	486998	476083	10914
江苏	3340900	737055	2556208	2435601	120607
浙江	3012472	735489	3172131	3084989	87143
安徽	787568	158280	553454	530385	23069
福建	889499	291229	848698	810913	37785
江西	487945	122985	370125	352587	17538
山东	1431953	268766	785650	731940	53710
河南	807045	190804	521448	484760	36688
湖北	973070	219960	685073	636230	48842
湖南	486936	95524	400014	377441	22573
广东	716169	188381	552329	522399	29930
广西	157310	50722	159878	154437	5442
海南	32429	4688	7001	6885	117
重庆	1081810	215863	625470	591197	34274
四川	711141	178138	601285	550858	50427
贵州	32376	9069	36509	34518	1991
云南	542294	109186	351026	335390	15636
西藏	24498	3192	12042	11194	849
陕西	332773	54700	176682	163123	13559
甘肃	165810	26239	94446	83506	10940
青海	19393	3680	28316	25986	2330
宁夏	87649	29667	87624	83404	4220
新疆	104619	34287	165990	161406	4584

2-B-2.53　各地区私营总承包和专业承包企业应收工程款及企业亏损情况

地　区	应收工程款（万元）	企业个数（个）	#亏损企业个数	亏损企业的比重（%）
全　国	**72514403**	**41151**	**5075**	**12.3**
北　京	1002239	1638	340	20.8
天　津	1376827	853	140	16.4
河　北	1455267	848	96	11.3
山　西	2182348	1559	303	19.4
内蒙古	2680988	380	47	
辽　宁	4507191	3399	377	11.1
吉　林	2207913	793	96	12.1
黑龙江	807815	797	194	24.3
上　海	3642285	1992	401	20.1
江　苏	15271723	5686	305	5.4
浙　江	9306310	4395	444	10.1
安　徽	2346862	1534	121	7.9
福　建	1903114	1510	162	10.7
江　西	903261	638	37	5.8
山　东	4826898	2728	216	7.9
河　南	1532338	1757	141	8.0
湖　北	2100511	1400	139	9.9
湖　南	1044926	589	50	8.5
广　东	2872566	1698	316	18.6
广　西	461185	473	104	22.0
海　南	66505	35	8	22.9
重　庆	2794833	1348	166	12.3
四　川	2399018	1601	206	12.9
贵　州	137347	163	37	22.7
云　南	1602511	1304	206	15.8
西　藏	80996	84	7	8.3
陕　西	911811	499	73	14.6
甘　肃	419293	442	78	17.6
青　海	181473	190	67	35.3
宁　夏	704164	340	68	20.0
新　疆	783887	478	130	27.2

2-B-2.54 各地区私营总承包和专业承包企业主要经济效益指标

地 区	产值利润率(%)	产值利税率(%)	资本利润率(%)	资本利税率(%)	人均利润(元/人)	人均利税(元/人)	资产负债率(%)
全 国	**4.3**	**7.6**	**22.2**	**39.3**	**11406**	**20230**	**54.8**
北 京	2.0	5.9	5.1	14.8	10122	29452	60.2
天 津	4.5	7.6	17.9	30.0	17486	29387	65.6
河 北	4.6	7.8	19.5	32.8	12536	21120	55.1
山 西	3.4	6.7	10.4	20.4	8034	15836	50.9
内 蒙 古	10.5	14.1	54.8	73.6	31845	42770	65.5
辽 宁	5.0	8.5	38.5	65.2	16619	28129	54.2
吉 林	5.4	8.8	13.1	21.5	20717	33895	46.1
黑 龙 江	3.7	6.2	15.7	26.0	8280	13717	53.8
上 海	3.3	6.5	10.9	21.9	10471	21033	63.0
江 苏	4.0	7.1	27.6	48.7	10304	18188	57.0
浙 江	2.8	5.7	23.7	48.7	7697	15803	56.2
安 徽	4.4	7.6	20.0	34.1	9777	16647	49.0
福 建	3.8	7.5	20.1	39.4	7682	15013	44.7
江 西	5.0	8.7	29.5	51.9	15094	26544	39.2
山 东	6.6	10.3	26.8	41.5	15507	24015	52.1
河 南	5.6	9.2	26.1	42.9	14454	23793	42.1
湖 北	5.9	10.1	33.0	56.3	19082	32517	50.5
湖 南	5.0	9.1	32.0	58.3	12321	22442	44.8
广 东	4.8	8.5	14.2	25.1	14802	26218	59.9
广 西	3.2	6.5	14.1	28.4	10303	20775	52.4
海 南	13.8	16.8	33.8	41.0	68969	83858	57.3
重 庆	6.4	10.2	37.6	59.4	16056	25340	57.5
四 川	3.9	7.2	10.9	20.0	8326	15366	53.8
贵 州	3.8	8.0	13.5	28.7	8995	19138	66.9
云 南	5.1	8.4	23.4	38.5	13649	22483	54.0
西 藏	8.1	12.0	11.8	17.6	23050	34381	31.7
陕 西	6.2	9.5	19.2	29.4	15707	24047	48.2
甘 肃	6.2	9.7	22.1	34.7	12522	19654	42.3
青 海	2.5	6.1	5.1	12.6	4932	12135	45.5
宁 夏	3.3	6.6	14.7	29.4	9062	18121	62.9
新 疆	2.4	6.2	12.8	33.0	6526	16881	61.1

2-B-2.55 各地区联营总承包和专业承包企业签订合同情况

单位：万元

地区	合同总额	上年结转合同额	本年新签合同额
全国	**1687244**	**723802**	**963442**
北京	599	593	5
天津	15217		15217
河北	291563	33806	257757
山西			
内蒙古			
辽宁	25500		25500
吉林			
黑龙江	15253	9028	6225
上海	33919	9488	24431
江苏	1054226	597716	456511
浙江	11961	1015	10946
安徽	39671	14229	25442
福建			
江西			
山东	11810	50	11760
河南	2523		2523
湖北	9306		9306
湖南	26058	14781	11277
广东	104001	23748	80253
广西			
海南	1394		1394
重庆	7110	7110	
四川	2284	212	2072
贵州	200	40	160
云南	31514	10049	21465
西藏			
陕西	3136	1936	1200
甘肃			
青海			
宁夏			
新疆			

2-B-2.56　各地区联营总承包和专业承包企业承包工程完成情况

单位：万元

地　区	直接从建设单位承揽工程完成的产值	自行完成施工产值	分包出去工程的产值	从建设单位以外承揽工程完成的产值
全　国	**1155704**	**1155604**	**100**	**12351**
北　京	599	599		
天　津	3520	3520		9173
河　北	289145	289145		
山　西				
内蒙古				
辽　宁	26601	26601		
吉　林				
黑龙江	10736	10736		
上　海	33841	33841		360
江　苏	597890	597890		2706
浙　江	8360	8360		12
安　徽	22708	22708		
福　建				
江　西				
山　东	10039	10039		
河　南	2201	2201		
湖　北	9600	9600		
湖　南	14767	14767		
广　东	86170	86170		
广　西				
海　南	1394	1394		
重　庆	3033	3033		
四　川	2284	2284		
贵　州	160	160		
云　南	30077	30077		
西　藏				
陕　西	2579	2479	100	100
甘　肃				
青　海				
宁　夏				
新　疆				

2-B-2.57 各地区联营总承包和专业承包企业建筑业总产值和竣工产值

单位：万元

地区	建筑业总产值	#装饰装修产值	#在外省完成的产值	按构成分组			竣工产值
				建筑工程产值	安装工程产值	其他产值	
全国	**1167955**	**136934**	**150972**	**1057090**	**74238**	**36627**	**679294**
北京	599			599			599
天津	12694		10003		12694		5077
河北	289145	90017		261949	10614	16582	259663
山西							
内蒙古							
辽宁	26601			3750	8159	14692	21101
吉林							
黑龙江	10736			10736			9246
上海	34201	33841	155	34201			227
江苏	600595	130	140356	593265	7330		264731
浙江	8372			8372			862
安徽	22708		458	19722	1528	1458	19728
福建							
江西							
山东	10039	1329		10039			9500
河南	2201			2201			2201
湖北	9600			9600			
湖南	14767			14767			9000
广东	86170			70480	15474	216	52810
广西							
海南	1394					1394	
重庆	3033			3033			
四川	2284	2284				2284	1828
贵州	160	160		160			400
云南	30077	8690		11725	18351		22322
西藏							
陕西	2579	482		2490	89		
甘肃							
青海							
宁夏							
新疆							

2-B-2.58　各地区联营总承包和专业承包企业房屋建筑面积

地　区	房屋建筑施工面积(万平方米)	#本年新开工	#实行投标承包面积	#本年新开工	房屋建筑竣工面积(万平方米)	房屋建筑面积竣工率(%)
全　国	**417.0**	**283.0**	**378.5**	**259.1**	**260.9**	**62.6**
北　京						
天　津						
河　北	269.3	210.2	269.3	210.2	207.4	77.0
山　西						
内 蒙 古						
辽　宁						
吉　林						
黑 龙 江	7.6	4.0	7.6	4.0	5.4	71.7
上　海						
江　苏	15.0		15.0			
浙　江	15.5	10.5			0.9	5.8
安　徽	13.2	2.5	13.0	2.3	3.0	22.5
福　建						
江　西						
山　东	8.2	8.2	8.2	8.2	8.2	100.0
河　南	2.2	2.2	2.2	2.2	2.2	100.0
湖　北						
湖　南	24.3	5.0	24.3	5.0	7.2	29.4
广　东	53.3	32.5	31.4	19.8	19.5	36.6
广　西						
海　南						
重　庆						
四　川						
贵　州	0.8	0.4	0.5	0.4	0.4	43.8
云　南	7.7	7.6	7.1	7.1	6.9	89.1
西　藏						
陕　西						
甘　肃						
青　海						
宁　夏						
新　疆						

2-B-2.59 各地区按主要用途分的联营总承包和专业承包企业房屋建筑竣工面积

单位：万平方米

地区	合计	住宅房屋	商业及服务用房屋	商厦房屋(批发和零售用房)	宾馆用房屋(住宿用房)	餐饮用房屋(餐饮用房)	商务会展用房屋	其他商业及服务用房屋(居民服务业用房)
全国	**260.9**	**166.1**	**18.6**	**1.7**				**16.8**
北京								
天津								
河北	207.4	126.8	16.4					16.4
山西								
内蒙古								
辽宁								
吉林								
黑龙江	5.4	4.7						
上海								
江苏								
浙江	0.9							
安徽	3.0	0.1						
福建								
江西								
山东	8.2	7.0						
河南	2.2	2.2						
湖北								
湖南	7.2	7.2						
广东	19.5	13.8	0.4					0.4
广西								
海南								
重庆								
四川								
贵州	0.4	0.4						
云南	6.9	4.0	1.7	1.7				
西藏								
陕西								
甘肃								
青海								
宁夏								
新疆								

2-B-2.59　续表　　　　　　单位：万平方米

地　区	办公用房屋	科研、教育和医疗用房屋	科学研究用房屋	教育用房屋	医疗用房屋（卫生医疗用房）	文化、体育和娱乐用房屋	厂房及建筑物	#厂房	仓　库	其他未列明的房屋建筑物
全　国	**20.6**	**10.0**		**10.0**			**18.5**	**18.4**		**27.1**
北　京										
天　津										
河　北	18.4	5.3		5.3			14.4	14.4		26.1
山　西										
内蒙古										
辽　宁										
吉　林										
黑龙江		0.7		0.7						
上　海										
江　苏										
浙　江							0.9	0.9		
安　徽	2.2	0.6		0.6			0.1			
福　建										
江　西										
山　东							1.2	1.2		
河　南										
湖　北										
湖　南										
广　东		3.4		3.4			1.8	1.8		
广　西										
海　南										
重　庆										
四　川										
贵　州										
云　南							0.1	0.1		1.0
西　藏										
陕　西										
甘　肃										
青　海										
宁　夏										
新　疆										

2-B-2.60 各地区按主要用途分的联营总承包和专业承包企业房屋建筑竣工价值

单位：万元

地区	合计	住宅房屋	商业及服务用房屋					
				商厦房屋(批发和零售用房)	宾馆用房屋(住宿用房)	餐饮用房屋(餐饮用房)	商务会展用房屋	其他商业及服务用房屋(居民服务业用房)
全国	**345326**	**225689**	**17151**	**1550**			**45**	**15556**
北京								
天津								
河北	259663	165293	15056					15056
山西								
内蒙古								
辽宁								
吉林								
黑龙江	9246	7742						
上海								
江苏								
浙江	759							
安徽	8023	353						
福建								
江西								
山东	8500	7200						
河南	2201	2201						
湖北								
湖南	9000	9000						
广东	35949	25490	545				45	500
广西								
海南								
重庆								
四川								
贵州	400	400						
云南	11584	8010	1550	1550				
西藏								
陕西								
甘肃								
青海								
宁夏								
新疆								

2-B-2.60　续表

单位：万元

地区	办公用房屋	科研、教育和医疗用房屋	科学研究用房屋	教育用房屋	医疗用房屋（卫生医疗用房）	文化、体育和娱乐用房屋	厂房及建筑物	#厂房	仓库	其他未列明的房屋建筑物
全国	**25588**	**14674**		**14674**			**28083**	**28003**		**34141**
北京										
天津										
河北	18781	7580		7580			20541	20541		32412
山西										
内蒙古										
辽宁										
吉林										
黑龙江		1505		1505						
上海										
江苏										
浙江							759	759		
安徽	6807	783		783			80			
福建										
江西										
山东							1300	1300		
河南										
湖北										
湖南										
广东		4714		4714			5200	5200		
广西										
海南										
重庆										
四川										
贵州										
云南		92		92			203	203		1729
西藏										
陕西										
甘肃										
青海										
宁夏										
新疆										

2-B-2.61 各地区联营总承包和专业承包企业施工机械设备情况

地区	年末自有施工机械设备总台数（台）	年末自有施工机械设备总功率（千瓦）	年末自有施工机械设备净值（万元）	技术装备率（元/人）	动力装备率（千瓦/人）
全国	**5594**	**228102**	**35823**	**7325**	**4.7**
北京					
天津					
河北	80	21664	4238	1298	0.7
山西					
内蒙古					
辽宁	380	12925	247	1674	8.8
吉林					
黑龙江	613	3566	847	43421	18.3
上海	85	550	84	6193	4.1
江苏	985	83499	18758	55251	24.6
浙江	186	697	639	13156	1.4
安徽	1249	29989	1219	6538	16.1
福建					
江西					
山东	54	5280	395	5671	7.6
河南					
湖北					
湖南	874	19772	4322	17165	7.9
广东	626	37080	1500	4652	11.5
广西					
海南					
重庆	6	424	42	1944	2.0
四川					
贵州					
云南	428	12397	3157	22440	8.8
西藏					
陕西	28	259	376	34815	2.4
甘肃					
青海					
宁夏					
新疆					

2-B-2.62 各地区联营总承包和专业承包企业主要生产效益指标

地 区	建筑业企业个数(个)	直接从事生产经营活动的平均人数(人)	按总产值计算的劳动生产率(元/人)	人均竣工产值(元/人)	人均施工面积(平方米/人)	人均竣工面积(平方米/人)
全 国	**40**	**41352**	**282442**	**164271**	**100.8**	**63.1**
北 京	1	24	249375	249375		
天 津	1	153	829641	331856		
河 北	1	23574	122654	110148	114.2	88.0
山 西						
内蒙古						
辽 宁	2	1520	175004	138820		
吉 林						
黑龙江	2	388	276711	238309	194.9	139.7
上 海	3	991	345120	2292		
江 苏	6	3090	1943674	856735	48.5	
浙 江	2	369	226889	23350	419.1	24.2
安 徽	2	1860	122084	106063	70.9	15.9
福 建						
江 西						
山 东	2	744	134938	127688	109.5	109.5
河 南	1	78	282179	282179	282.1	282.1
湖 北	1	44	2181818			
湖 南	2	2468	59834	36467	98.6	29.0
广 东	6	4195	205411	125888	127.2	46.5
广 西						
海 南	1	47	296681			
重 庆	1	215	141051			
四 川	1	21	1087667	870238		
贵 州	1	18	88889	222222	444.4	194.4
云 南	3	1433	209885	155768	53.7	47.8
西 藏						
陕 西	1	120	214917			
甘 肃						
青 海						
宁 夏						
新 疆						

2-B-2.63 各地区联营总承包和专业承包企业营业额

单位：万元

地区	企业营业额	在境外完成的营业额	企业总产值	#建筑业总产值
全国	**1205934**	**1179**	**1204755**	**1167955**
北京	599		599	599
天津	12694		12694	12694
河北	289145		289145	289145
山西				
内蒙古				
辽宁	26601		26601	26601
吉林				
黑龙江	10736		10736	10736
上海	34201		34201	34201
江苏	600595		600595	600595
浙江	8372		8372	8372
安徽	22708		22708	22708
福建				
江西				
山东	10039		10039	10039
河南	2201		2201	2201
湖北	9600		9600	9600
湖南	14767		14767	14767
广东	122970		122970	86170
广西				
海南	1394		1394	1394
重庆	3033		3033	3033
四川	2284		2284	2284
贵州	160		160	160
云南	30077		30077	30077
西藏				
陕西	3758	1179	2579	2579
甘肃				
青海				
宁夏				
新疆				

2-B-2.64　各地区联营总承包和专业承包企业资产构成

单位：万元

地　区	资产合计	#流动资产合计	#存货	#非流动资产合计	#固定资产合计
全　国	**624757**	**511067**	**132026**	**113690**	**79439**
北　京	1019	1017		2	2
天　津	20807	8261	643	12546	10862
河　北	24135	20534	4530	3601	3601
山　西					
内蒙古					
辽　宁	22292	12343	2168	9949	7992
吉　林					
黑龙江	8006	6911	859	1096	1058
上　海	6316	6105	51	211	211
江　苏	372562	328679	88838	43883	25048
浙　江	2268	1768	532	500	500
安　徽	28158	24014	7205	4144	4144
福　建					
江　西					
山　东	9463	3785	371	5678	2298
河　南	2507	1700	510	807	807
湖　北	22600	19865	11472	2736	2736
湖　南	23403	18410	9843	4993	4993
广　东	46044	32713	419	13331	5247
广　西					
海　南	2583	2385	384	198	115
重　庆	6607	1852	445	4755	4755
四　川	1608	1432	50	176	175
贵　州	1222	822	231	400	400
云　南	14843	10949	3186	3894	3705
西　藏					
陕　西	8316	7523	289	792	792
甘　肃					
青　海					
宁　夏					
新　疆					

2-B-2.65 各地区联营总承包和专业承包企业固定资产情况

单位：万元

地区	固定资产合计	固定资产原价	固定资产折旧	#本年折旧	在建工程
全国	**79439**	**136528**	**74922**	**7055**	**10899**
北京	2	37	35	3	
天津	10862	35072	24210		
河北	3601	5304	1703	233	
山西					
内蒙古					
辽宁	7992	20888	12896	1185	
吉林					
黑龙江	1058	1469	781	65	297
上海	211	473	265	22	
江苏	25048	34819	20923	3092	10309
浙江	500	916	500	25	83
安徽	4144	9879	5735	593	
福建					
江西					
山东	2298	2122	47	24	210
河南	807	1125	480	23	
湖北	2736	1719	1016		
湖南	4993	3351	1368	123	
广东	5247	7711	2788	1411	
广西					
海南	115	294	179	9	
重庆	4755	4854	99	7	
四川	175	302	127	13	
贵州	400	400			
云南	3705	4635	930	124	
西藏					
陕西	792	1157	839	103	
甘肃					
青海					
宁夏					
新疆					

2-B-2.66　各地区联营总承包和专业承包企业负债及所有者权益

单位：万元

地　区	负债合计	#流动负债	#应付账款	所有者权益	#实收资本
全　国	**476114**	**464732**	**199369**	**148643**	**87040**
北　京	536	536	151	484	500
天　津	10861	10861	1753	9947	7500
河　北	16314	16314		7821	5100
山　西					
内蒙古					
辽　宁	17366	17366	3495	4925	4350
吉　林					
黑龙江	5373	5338		2633	2868
上　海	4545	4545	449	1771	1300
江　苏	326207	322209	179528	46356	29922
浙　江	1092	1090	338	1176	664
安　徽	15459	14090	713	12699	2301
福　建					
江　西					
山　东	3177	3172	1450	6286	3500
河　南	271	270	32	2235	2000
湖　北	18468	18468	2308	4132	1600
湖　南	10352	8962	666	13051	4220
广　东	28697	26845	4223	17347	4605
广　西					
海　南	1580			1002	1028
重　庆	1762	1762	1511	4845	5180
四　川	1377	1377	363	231	200
贵　州	922			300	78
云　南	9295	9068	2389	5548	4268
西　藏					
陕　西	2459	2459		5857	5857
甘　肃					
青　海					
宁　夏					
新　疆					

2-B-2.67 各地区联营总承包和专业承包企业实收资本

单位：万元

地区	合计	国家资本	集体资本	法人资本	个人资本	港澳台资本	外商资本
全国	**87040**	**39907**	**18006**	**22442**	**6686**		
北京	500				500		
天津	7500			7500			
河北	5100	5100					
山西							
内蒙古							
辽宁	4350	751	3599				
吉林							
黑龙江	2868	50	2354	464			
上海	1300	124	176		1000		
江苏	29922	26188	1073		2661		
浙江	664		285	379			
安徽	2301	2284	17				
福建							
江西							
山东	3500			1580	1920		
河南	2000			2000			
湖北	1600	1600					
湖南	4220	2000		2220			
广东	4605	420	1817	2188	180		
广西							
海南	1028		600	428			
重庆	5180			5180			
四川	200	190			10		
贵州	78		78				
云南	4268	1200	2150	503	415		
西藏							
陕西	5857		5857				
甘肃							
青海							
宁夏							
新疆							

2-B-2.68　各地区联营总承包和专业承包企业收入情况

单位：万元

地　区	主营业务收入	#主营业务成本	#主营业务税金及附加	其他业务收入	#其他业务成本	#其他业务利润
全　国	**1087169**	**949556**	**40254**	**6134**	**11374**	**467**
北　京	599	509	20			
天　津	12694	11809		384	172	
河　北	289145	222642	15585			
山　西						
内蒙古						
辽　宁	47468	45236	624	412		343
吉　林						
黑龙江	10736	9809	277			
上　海	34130	32543	1148	126	68	54
江　苏	479597	445370	14642			
浙　江	8113	7301	377			
安　徽	22642	10680	395	66	9932	13
福　建						
江　西						
山　东	9989	7508	334			
河　南	2233	1898	88			
湖　北	12044	9941	407		1167	
湖　南	12560	10650	668			
广　东	99573	92139	4102	5068	4	9
广　西						
海　南	1926	1678	75	28		28
重　庆	11990	11379	403			
四　川	2078	1872	72	10		10
贵　州	90	76	3			
云　南	24049	21390	924	41	31	10
西　藏						
陕　西	5513	5127	111			
甘　肃						
青　海						
宁　夏						
新　疆						

2-B-2.69 各地区联营总承包和专业承包企业费用情况

单位：万元

地区	管理费用	#税金	销售费用	财务费用	#利息收入	#利息支出
全国	**20085**	**1410**	**1526**	**2328**	**345**	**2603**
北京	64					
天津	1723	68		742		706
河北	1342	8		381	103	484
山西						
内蒙古						
辽宁	2023	31	10	-145	145	
吉林						
黑龙江	766	6		22	1	
上海	414	10	8	-33	40	
江苏	8955	195	97	966	40	1228
浙江	114	3	2	28	4	31
安徽	393	82	206	3	13	7
福建						
江西						
山东	326	4	419	22	-1	20
河南	8	2	9	5		5
湖北	731			29		
湖南	299	19	240	105	7	110
广东	2002	924	20	189	-8	8
广西						
海南	141	1		1	1	1
重庆	188	7				
四川	93	31	14			
贵州	11					
云南	225	16	501	13	1	3
西藏						
陕西	268	2		-1		
甘肃						
青海						
宁夏						
新疆						

2-B-2.70　各地区联营总承包和专业承包企业利润及税金情况

单位：万元

地　区	利润总额	#应交所得税	税金总额	主营业务税金及附加	管理费用中的税金
全　国	**70424**	**4788**	**41664**	**40254**	**1410**
北　京	7	2	20	20	
天　津	748	193	68		68
河　北	49196	56	15593	15585	8
山　西					
内蒙古					
辽　宁	167	128	655	624	31
吉　林					
黑龙江	-167	12	283	277	6
上　海	208	52	1158	1148	10
江　苏	8819	2033	14837	14642	195
浙　江	284	71	381	377	3
安　徽	748	180	477	395	82
福　建					
江　西					
山　东	1381	277	338	334	4
河　南	225	47	91	88	2
湖　北	985	247	407	407	
湖　南	598	108	687	668	19
广　东	6184	1287	5025	4102	924
广　西					
海　南	60	48	77	75	1
重　庆	20		410	403	7
四　川	37	9	104	72	31
贵　州			3	3	
云　南	919	37	940	924	16
西　藏					
陕　西	9	2	113	111	2
甘　肃					
青　海					
宁　夏					
新　疆					

2-B-2.71 各地区联营总承包和专业承包企业应收工程款及企业亏损情况

地 区	应收工程款(万元)	企业个数(个)	#亏损企业个数	亏损企业的比重(%)
全 国	**183219**	**40**	**2**	**5.0**
北 京	946	1		
天 津	4827	1		
河 北	16003	1		
山 西				
内蒙古				
辽 宁	4527	2		
吉 林				
黑龙江		2	1	50.0
上 海	133	3		
江 苏	134089	6		
浙 江	1177	2		
安 徽	2996	2		
福 建				
江 西				
山 东	1644	2		
河 南	750	1		
湖 北	2489	1		
湖 南	2136	2		
广 东	4346	6	1	16.7
广 西				
海 南	345	1		
重 庆	35	1		
四 川	520	1		
贵 州	20	1		
云 南	5948	3		
西 藏				
陕 西	289	1		
甘 肃				
青 海				
宁 夏				
新 疆				

2-B-2.72　各地区联营总承包和专业承包企业主要经济效益指标

地　区	产值利润率(%)	产值利税率(%)	资本利润率(%)	资本利税率(%)	人均利润(元/人)	人均利税(元/人)	资产负债率(%)
全　国	**6.0**	**9.6**	**80.9**	**128.8**	**17030**	**27106**	**76.2**
北　京	1.1	4.4	1.3	5.3	2750	10958	52.6
天　津	5.9	6.4	10.0	10.9	48895	53314	52.2
河　北	17.0	22.4	964.6	1270.4	20869	27483	67.6
山　西							
内蒙古							
辽　宁	0.6	3.1	3.8	18.9	1098	5407	77.9
吉　林							
黑龙江	-1.6	1.1	-5.8	4.0	-4309	2979	67.1
上　海	0.6	4.0	16.0	105.1	2100	13783	72.0
江　苏	1.5	3.9	29.5	79.1	28540	76556	87.6
浙　江	3.4	7.9	42.7	100.0	7688	18000	48.2
安　徽	3.3	5.4	32.5	53.2	4019	6584	54.9
福　建							
江　西							
山　东	13.8	17.1	39.4	49.1	18555	23091	33.6
河　南	10.2	14.3	11.2	15.8	28795	40397	10.8
湖　北	10.3	14.5	61.5	87.0	223795	316295	81.7
湖　南	4.1	8.7	14.2	30.5	2424	5208	44.2
广　东	7.2	13.0	134.3	243.4	14742	26721	62.3
广　西							
海　南	4.3	9.8	5.8	13.2	12681	28957	61.2
重　庆	0.6	14.2	0.4	8.3	912	19981	26.7
四　川	1.6	6.1	18.3	70.0	17381	66667	85.7
贵　州		1.9		4.0		1722	75.5
云　南	3.1	6.2	21.5	43.5	6410	12967	62.6
西　藏							
陕　西	0.4	4.7	0.2	2.1	775	10200	29.6
甘　肃							
青　海							
宁　夏							
新　疆							

2-B-2.73 各地区股份制总承包和专业承包企业签订合同情况

单位：万元

地区	合同总额	上年结转合同额	本年新签合同额
全国	**1634623508**	**676231640**	**958391868**
北京	141821071	70728103	71092968
天津	50501401	23027474	27473927
河北	57628941	23212061	34416880
山西	36702152	19020960	17681192
内蒙古	11837305	4622066	7215239
辽宁	63528006	24231975	39296030
吉林	18105866	6338395	11767470
黑龙江	17990761	6330828	11659933
上海	75501676	37010473	38491203
江苏	195668493	74767696	120900797
浙江	158249099	67807370	90441729
安徽	38297228	14463513	23833715
福建	51065169	20097365	30967804
江西	36089603	12113004	23976599
山东	76827739	26741591	50086149
河南	89211710	35832295	53379415
湖北	102335645	36742024	65593621
湖南	67772578	28582900	39189678
广东	79456494	35595053	43861440
广西	11666360	4588401	7077959
海南	3626492	1948290	1678201
重庆	47378374	17619315	29759058
四川	72351361	32492893	39858468
贵州	10454735	5104082	5350654
云南	24860011	11198503	13661508
西藏	465538	168555	296983
陕西	53048584	22028789	31019794
甘肃	16406682	5493710	10912971
青海	1910740	668270	1242470
宁夏	2461547	735049	1726498
新疆	21402151	6920637	14481515

2-B-2.74　各地区股份制总承包和专业承包企业承包工程完成情况

单位：万元

地　区	直接从建设单位承揽工程完成的产值	自行完成施工产值	分包出去工程的产值	从建设单位以外承揽工程完成的产值
全　国	**850148626**	**822437663**	**27710963**	**33030786**
北　京	55209740	46228825	8980915	6932270
天　津	24693489	22976822	1716667	1100333
河　北	34309871	34199175	110696	623549
山　西	15162596	15138564	24032	29459
内 蒙 古	8436087	8414442	21646	87472
辽　宁	39829686	39508315	321370	616378
吉　林	12009207	11964365	44842	78911
黑 龙 江	11845881	11833014	12867	10727
上　海	29695629	24194642	5500987	2753681
江　苏	118052167	117598914	453253	7466298
浙　江	86454183	85237801	1216382	2185198
安　徽	21264011	21081024	182987	524734
福　建	25129858	25040302	89557	806097
江　西	17831741	17370764	460977	544675
山　东	47037745	46356378	681368	838587
河　南	47065256	46910873	154382	593471
湖　北	52179987	51790467	389520	1212099
湖　南	29093882	29006860	87022	883958
广　东	38887009	36407911	2479097	1868088
广　西	5850519	5800866	49653	133217
海　南	1671579	1650911	20668	13043
重　庆	23729642	22856229	873413	802861
四　川	36237366	35497271	740095	1306577
贵　州	4978627	4947664	30963	28106
云　南	12433307	12372926	60381	318682
西　藏	306756	296548	10208	10404
陕　西	25603699	23023354	2580345	856001
甘　肃	10019636	9921775	97861	223284
青　海	968614	963917	4697	13669
宁　夏	1386646	1350378	36268	6802
新　疆	12774212	12496365	277847	162153

2-B-2.75 各地区股份制总承包和专业承包企业建筑业总产值和竣工产值

单位：万元

地区	建筑业总产值	#装饰装修产值	#在外省完成的产值	按构成分组			竣工产值
				建筑工程产值	安装工程产值	其他产值	
全　国	**855468449**	**47645594**	**313076105**	**762797265**	**68326189**	**24344995**	**485741257**
北　京	53161096	6425986	36247064	51193197	1569459	398440	23810494
天　津	24077155	457038	8308574	20595607	2635539	846009	10522068
河　北	34822724	984418	13095162	29273563	3200867	2348295	17511568
山　西	15168023	217910	7061540	13338810	1428112	401101	6985168
内蒙古	8501914	151156	353838	7284649	678714	538551	5653982
辽　宁	40124694	3533662	5366020	34199614	4501113	1423967	23866534
吉　林	12043276	489486	1136837	10556701	1088928	397648	7911748
黑龙江	11843740	237343	1181208	10126529	1317803	399408	6368009
上　海	26948323	2204798	14750417	23357311	3232128	358884	14979981
江　苏	125065212	6168777	61509814	116936868	6958823	1169521	91807763
浙　江	87423000	5916171	49666481	77833953	7692515	1896532	53190993
安　徽	21605758	612359	5268905	18405194	1859223	1341341	10940689
福　建	25846398	878163	9978272	23776458	1867794	202146	15752189
江　西	17915440	1321022	6650751	15413660	1203398	1298383	10282276
山　东	47194965	2361749	8333765	40113421	5964961	1116583	24507597
河　南	47504345	1541591	12578365	42586246	3651258	1266840	26744999
湖　北	53002566	1805392	20529263	46826994	4703082	1472490	27703083
湖　南	29890818	1213902	9838247	26160834	1458701	2271284	20235803
广　东	38275999	7256862	11401104	33701463	3689683	884853	18919879
广　西	5934083	215297	972410	5138816	449176	346091	3822590
海　南	1663954	147611	160687	1420469	116298	127188	1186208
重　庆	23659090	973908	5406055	21283232	1475661	900197	12727428
四　川	36803848	1163205	9187519	32830150	2671703	1301995	17587776
贵　州	4975770	27719	1051734	4493115	222303	260352	2151337
云　南	12691608	123721	1221760	11620609	795130	275870	6217941
西　藏	306952	20859	89	236094	13997	56861	137312
陕　西	23879355	775284	9304762	21484630	1895066	499659	9517924
甘　肃	10145059	268767	1848507	9003887	795943	345229	4908503
青　海	977586	14262	14660	846741	101145	29700	564585
宁　夏	1357181	22956	103034	1232829	119455	4896	951498
新　疆	12658518	114222	549264	11525621	968214	164683	8273336

2-B-2.76　各地区股份制总承包和专业承包企业房屋建筑面积

单位：万元

地　区	房屋建筑施工面积(万平方米)	#本年新开工	#实行投标承包面积	#本年新开工	房屋建筑竣工面积(万平方米)	房屋建筑面积竣工率(%)
全　国	**624438.3**	**276051.6**	**515842.0**	**235028.5**	**206713.4**	**33.1**
北　京	39012.4	13728.3	34496.3	13177.8	6702.9	17.2
天　津	9844.6	3643.7	9341.8	3359.2	2225.5	22.6
河　北	25032.5	11513.5	22071.1	10231.7	8368.8	33.4
山　西	5757.0	1540.5	5319.2	1361.9	1018.1	17.7
内蒙古	5360.2	2731.5	4420.1	2371.9	2415.2	45.1
辽　宁	20535.1	10765.9	15608.2	8178.2	8439.3	41.1
吉　林	7002.6	4199.6	4574.8	3039.3	3361.8	48.0
黑龙江	4508.4	2451.0	3271.4	1934.0	2534.2	56.2
上　海	20548.8	6835.9	19770.8	6513.3	3916.4	19.1
江　苏	118096.0	51479.4	110518.2	47513.1	38998.4	33.0
浙　江	87248.4	34609.6	75574.3	31358.7	26182.0	30.0
安　徽	15785.6	7308.6	12066.0	6257.4	5848.0	37.0
福　建	22825.3	9137.3	17511.5	6653.3	6173.4	27.0
江　西	11471.3	6338.2	8648.3	5173.3	5441.6	47.4
山　东	39151.7	18341.8	32554.5	16001.3	12924.2	33.0
河　南	30015.8	16212.8	23881.9	13863.5	11941.6	39.8
湖　北	33755.5	18485.5	25013.3	15518.8	14784.6	43.8
湖　南	25326.6	10872.2	19603.2	8730.0	9192.2	36.3
广　东	21412.0	8758.9	9960.0	4736.5	6419.7	30.0
广　西	4800.1	2279.7	3478.1	1789.5	1726.3	36.0
海　南	1530.2	435.9	1344.5	387.8	537.2	35.1
重　庆	16955.2	7073.4	12567.8	5165.7	6614.0	39.0
四　川	21139.4	9166.7	14092.2	6768.2	7724.6	36.5
贵　州	4518.4	2378.4	3943.6	2007.3	1028.3	22.8
云　南	5744.2	2974.0	4068.2	2231.3	2459.9	42.8
西　藏	72.1	60.2	60.2	53.4	46.7	64.8
陕　西	11263.6	4277.5	9467.8	3441.3	3273.1	29.1
甘　肃	6262.4	3177.6	4635.2	2496.5	2288.4	36.5
青　海	401.0	138.4	246.3	111.6	151.4	37.8
宁　夏	763.7	464.6	702.6	403.5	316.2	41.4
新　疆	8298.4	4671.1	7030.9	4199.2	3659.2	44.1

2-B-2.77 各地区按主要用途分的股份制总承包和专业承包企业房屋建筑竣工面积

单位：万平方米

地区	合计	住宅房屋	商业及服务用房屋	商厦房屋(批发和零售用房)	宾馆用房屋(住宿用房)	餐饮用房屋(餐饮用房)	商务会展用房屋	其他商业及服务用房屋(居民服务业用房)
全国	**206713.4**	**141073.9**	**14199.7**	**6718.9**	**2106.2**	**564.2**	**791.3**	**4019.1**
北京	6702.9	3849.3	1175.3	954.4	92.8	5.2	44.3	78.5
天津	2225.5	1255.0	161.0	74.1	18.9	2.3	0.5	65.2
河北	8368.8	6157.3	309.3	173.6	30.8	10.9	16.0	78.1
山西	1018.1	691.1	58.9	17.7	21.1	0.4	0.7	19.0
内蒙古	2415.2	1845.7	120.4	27.5	18.6	5.2	10.4	58.7
辽宁	8439.3	6343.1	332.0	162.5	16.8	10.7	7.1	135.0
吉林	3361.8	2537.5	133.0	62.4	17.2	2.1	16.1	35.2
黑龙江	2534.2	2096.7	128.4	20.7	10.2	7.0	4.0	86.4
上海	3916.4	1713.6	781.3	447.1	88.9	4.2	59.7	181.4
江苏	38998.4	29012.2	1756.1	780.5	475.3	130.6	117.1	252.6
浙江	26182.0	15533.6	2415.9	1245.9	383.1	106.3	197.7	482.9
安徽	5848.0	3806.9	326.1	117.1	45.0	2.9	12.7	148.5
福建	6173.4	4082.4	303.2	116.3	28.2	15.7	26.3	116.7
江西	5441.6	3539.7	309.5	102.2	59.1	12.7	18.8	116.6
山东	12924.2	8961.7	894.5	384.1	63.9	36.4	46.7	363.5
河南	11941.6	8330.9	669.4	198.7	119.7	54.1	45.9	251.0
湖北	14784.6	9660.7	1136.4	551.1	230.5	27.7	57.2	270.0
湖南	9192.2	6564.6	607.5	335.2	73.9	9.3	13.7	175.5
广东	6419.7	4062.3	380.2	178.1	27.4	22.6	6.7	145.4
广西	1726.3	1087.4	66.6	17.3	18.0	3.2		28.1
海南	537.2	297.6	67.5	34.3	8.5	5.1	5.0	14.7
重庆	6614.0	5003.6	357.9	108.5	22.7	39.8	30.9	155.9
四川	7724.6	5558.9	638.5	212.2	103.5	14.5	23.0	285.3
贵州	1028.3	652.9	116.7	25.9	4.4	0.7	0.5	85.3
云南	2459.9	1622.6	235.9	89.1	32.9	5.3	8.7	99.8
西藏	46.7	33.4	1.5	0.2	0.7	0.1	0.1	0.3
陕西	3273.1	2271.7	248.6	95.9	50.6	3.1	8.2	90.9
甘肃	2288.4	1691.3	143.6	50.1	12.1	5.7	2.0	73.8
青海	151.4	79.2	14.6	1.9	0.7	0.1	1.6	10.2
宁夏	316.2	188.1	26.6	12.8	1.2	0.3	1.8	10.5
新疆	3659.2	2542.9	283.3	121.5	29.7	19.9	8.1	104.1

2-B-2.77　续表　　　　单位：万平方米

地　区	办公用房屋	科研、教育和医疗用房屋	科学研究用房屋	教育用房屋	医疗用房屋(卫生医疗用房)	文化、体育和娱乐用房屋	厂房及建筑物	#厂房	仓库	其他未列明的房屋建筑物
全　国	**12060.2**	**8838.6**	**1112.7**	**5405.5**	**2320.5**	**2148.7**	**22976.0**	**15759.3**	**1286.1**	**4130.1**
北　京	559.8	359.7	147.2	132.0	80.5	62.7	493.4	398.0	29.9	172.7
天　津	141.5	81.4	8.9	46.9	25.5	35.0	433.0	361.5	31.7	87.0
河　北	476.4	390.2	58.1	275.6	56.5	76.1	704.0	460.0	25.7	229.8
山　西	95.8	75.8	3.4	60.4	12.0	12.7	53.1	29.3	4.5	26.1
内蒙古	113.3	111.1	4.9	97.0	9.2	12.3	100.1	70.7	6.5	105.7
辽　宁	262.9	233.6	11.4	135.7	86.5	45.4	976.6	535.8	76.8	168.9
吉　林	117.2	113.3	4.2	87.0	22.1	20.9	376.0	148.8	18.2	45.5
黑龙江	83.8	68.2	2.3	43.0	22.9	3.9	117.0	54.5	10.3	26.0
上　海	327.1	195.8	30.9	111.8	53.2	52.6	778.7	650.7	9.2	58.1
江　苏	1928.7	1114.7	155.9	674.2	284.6	250.4	4281.1	3333.2	186.7	468.5
浙　江	2078.4	910.6	190.4	464.4	255.8	423.1	4240.2	3277.6	267.1	313.1
安　徽	330.2	300.8	13.1	198.6	89.1	37.1	798.0	555.6	30.4	218.4
福　建	349.7	220.0	28.0	171.6	20.4	68.2	1047.6	510.2	41.4	60.7
江　西	362.4	278.1	40.9	174.8	62.4	82.8	766.7	474.7	16.7	85.8
山　东	629.1	572.9	41.7	353.6	177.5	142.8	1353.2	890.1	132.2	237.8
河　南	805.5	695.6	65.5	479.4	150.6	121.2	1049.5	617.5	86.2	183.2
湖　北	1003.8	795.3	102.7	360.3	332.2	206.8	1542.5	814.9	84.2	354.9
湖　南	490.1	360.6	25.5	237.5	97.6	87.6	791.7	525.7	33.9	256.1
广　东	399.1	299.5	21.4	194.4	83.7	38.3	1066.9	733.3	28.4	145.0
广　西	120.9	165.5	14.2	102.9	48.5	65.2	147.8	86.4	10.6	62.1
海　南	54.7	51.4	6.2	31.2	14.0	15.6	16.3	14.5	11.1	22.9
重　庆	221.5	193.9	26.8	106.7	60.3	55.2	539.2	398.5	30.6	212.2
四　川	311.3	289.2	38.9	180.6	69.6	79.7	619.9	414.5	35.0	192.1
贵　州	63.0	124.6	16.7	96.8	11.1	10.5	20.7	10.5	0.6	39.3
云　南	166.6	207.3	14.7	129.1	63.5	38.6	110.8	64.2	8.8	69.3
西　藏	7.3	3.0	0.4	2.4	0.2	0.2	0.6	0.1	0.6	0.1
陕　西	161.3	197.2	10.0	124.9	62.3	29.7	247.6	99.2	25.4	91.5
甘　肃	90.4	129.0	14.2	95.1	19.8	25.1	135.0	93.2	15.0	58.9
青　海	24.2	22.3	0.0	16.4	5.9	0.9	8.4	1.9	0.4	1.3
宁　夏	12.8	29.7	1.7	24.3	3.7	10.5	8.2	5.2		40.4
新　疆	271.0	248.3	12.4	196.6	39.3	37.2	152.0	129.1	28.1	96.4

2-B-2.78 各地区按主要用途分的股份制总承包和专业承包企业房屋建筑竣工价值

单位：万元

地区	合计	住宅房屋	商业及服务用房屋	商厦房屋(批发和零售用房)	宾馆用房屋(住宿用房)	餐饮用房屋(餐饮用房)	商务会展用房屋	其他商业及服务用房屋(居民服务业用房)
全国	**314679258**	**207435163**	**24709011**	**11288118**	**3850486**	**874238**	**1537760**	**7158409**
北京	15754936	7548742	2961294	2090933	405914	13913	160781	289754
天津	4441181	2395392	321838	185488	38036	6279	775	91260
河北	11738301	7993065	541666	351358	46576	11747	19911	112076
山西	1645109	1016111	89107	14223	25828	843	781	47427
内蒙古	3494767	2541434	184911	52709	31087	10228	16600	74288
辽宁	12828058	9254109	499508	214478	23683	22578	14817	223952
吉林	4752613	3626832	164970	71407	8921	2707	20691	61245
黑龙江	3929645	3206040	203235	35448	13091	9775	7828	137094
上海	8820651	3391450	1759307	697254	242900	23714	247891	547548
江苏	66256947	48110256	3148315	1341679	860622	242041	204887	499086
浙江	41086683	24814797	4080925	2076363	683427	171153	309373	840609
安徽	7245738	4797488	457261	192038	88401	3141	21725	151957
福建	9429165	6547004	462954	163391	52674	22801	31943	192146
江西	6144657	3851989	432557	118812	111623	14493	14103	173527
山东	17379950	11398792	1293515	525444	87605	54604	84302	541561
河南	13790634	9483230	791947	236474	125584	55295	59173	315420
湖北	20392289	12696549	2362870	1070628	369555	34920	163641	724127
湖南	12698560	8779321	1005972	529059	161111	11511	14940	289351
广东	9583254	6276744	653709	254605	36827	13697	8392	340188
广西	2226831	1376058	94968	17128	16400	4940	1	56499
海南	782844	459576	87593	44210	4317	6001	5748	27317
重庆	9571019	7021238	545681	159201	19138	59414	37745	270183
四川	11031723	7855103	1004946	308245	160020	23241	44189	469251
贵州	1430076	897167	180545	32653	14443	742	460	132247
云南	3539474	2303249	322823	113919	45966	6997	14128	141812
西藏	104703	73465	3125	424	1717	249	209	525
陕西	5082099	3316887	345593	136806	100734	4707	14407	88939
甘肃	3668306	2471975	255299	92839	24186	13187	2856	122232
青海	227740	123722	20899	2772	1092	220	3485	13330
宁夏	427391	280345	33319	14896	2053	621	1457	14291
新疆	5173914	3527035	398361	143238	46958	28473	10521	169172

2-B-2.78　续表　　　　单位：万元

地　区	办公用房屋	科研、教育和医疗用房屋	科学研究用房屋	教育用房屋	医疗用房屋（卫生医疗用房）	文化、体育和娱乐用房屋	厂房及建筑物	#厂房	仓　库	其他未列明的房屋建筑物
全　国	**21244496**	**15155074**	**2244543**	**8470171**	**4440360**	**4372864**	**32333594**	**23209922**	**1741939**	**7687117**
北　京	1677959	1127533	476240	406352	244941	321841	1374879	1158737	64744	677945
天　津	410116	209103	19434	102453	87216	152767	609418	515383	36204	306346
河　北	692298	653848	137548	418508	97792	121353	1172296	842116	39755	524021
山　西	211807	129276	4352	103163	21761	43769	94542	49394	12045	48453
内蒙古	222852	174197	8933	144882	20383	31706	156338	107698	10657	172671
辽　宁	489055	478274	34414	244265	199595	112699	1598334	968898	111335	284743
吉　林	174289	179392	5498	113875	60020	22109	486387	225396	24129	74503
黑龙江	138010	124588	8741	79533	36314	5492	216110	101996	14784	21386
上　海	1193821	596542	90624	291948	213970	161529	1559314	1299524	16147	142541
江　苏	3776898	2309463	411914	1218154	679396	595687	6913964	5521753	326313	1076051
浙　江	3768008	1660322	309100	771544	579678	752143	5170711	4096240	309144	530633
安　徽	439547	412196	16301	288986	106908	60113	841533	524070	31619	205981
福　建	571985	339239	42561	255813	40865	142038	1227391	638345	57050	81505
江　西	432225	348711	51432	205302	91978	91134	879389	560207	20469	88183
山　东	966395	988792	110227	544377	334188	404216	1683213	1180292	167573	477453
河　南	1017497	886813	82517	585438	218858	154805	1158389	677072	83585	214370
湖　北	1376385	1053045	94605	485646	472794	344019	1886791	1010212	74118	598511
湖　南	814395	527867	32817	330763	164288	146437	974337	658646	56552	393680
广　东	615193	434743	37041	238881	158820	59895	1250631	892630	36304	256036
广　西	164035	204579	14719	134673	55188	82862	222501	159256	15036	66791
海　南	73190	78896	4895	50919	23083	23722	22093	18442	12024	25751
重　庆	305544	308024	37806	162221	107997	121231	842424	704052	57315	369563
四　川	519229	429111	61205	262724	105182	122991	838075	569306	45695	216573
贵　州	70713	185517	47810	122797	14910	10242	29397	18164	833	55662
云　南	223092	331310	35499	200547	95264	62344	140195	94097	13569	142891
西　藏	16574	6785	753	5630	402	374	1793	383	1414	1174
陕　西	277031	297482	18453	182012	97017	120608	358530	173426	33339	332628
甘　肃	166054	220114	30125	163497	26492	39260	359848	217618	34472	121284
青　海	37273	32791	35	24166	8590	1460	7869	4844	1033	2694
宁　夏	22675	46154	2242	37520	6391	10349	13184	9208	69	21297
新　疆	380350	380366	16700	293586	70080	53669	243720	212518	34616	155797

2-B-2.79 各地区股份制总承包和专业承包企业施工机械设备情况

地区	年末自有施工机械设备总台数（台）	年末自有施工机械设备总功率（千瓦）	年末自有施工机械设备净值（万元）	技术装备率（元/人）	动力装备率（千瓦/人）
全国	**5652172**	**126731780**	**34459355**	**16195**	**6.0**
北京	75010	3140486	787481	26644	10.6
天津	53805	2457953	1311547	71956	13.5
河北	421839	7867362	1255344	17178	10.8
山西	61932	3241177	586367	24565	13.6
内蒙古	50619	1187765	296367	13186	5.3
辽宁	156637	8369161	1063980	13251	10.4
吉林	40248	1472377	289826	11900	6.0
黑龙江	60255	1279649	366523	19331	6.7
上海	57763	1956261	529882	20950	7.7
江苏	918149	22147958	3391482	8331	5.4
浙江	315941	6259322	1402414	5574	2.5
安徽	209068	5537313	709974	10728	8.4
福建	133677	3204241	674183	7237	3.4
江西	87664	2380637	509253	8167	3.8
山东	362004	7417793	1639754	11591	5.2
河南	510670	10457586	2021226	13161	6.8
湖北	1004730	8029677	1712165	15677	7.4
湖南	279635	7292884	879718	12233	10.1
广东	248558	5784024	1426955	15212	6.2
广西	40617	806478	158432	7085	3.6
海南	3347	102761	11359	2396	2.2
重庆	93986	2372050	473054	6133	3.1
四川	135944	3964840	898173	8257	3.6
贵州	18124	599461	107448	7438	4.1
云南	65655	2513030	10612418	334898	7.9
西藏	1744	65983	14000	18363	8.7
陕西	95878	2825521	685343	15448	6.4
甘肃	81007	2069130	299959	9318	6.4
青海	6963	151944	60665	21597	5.4
宁夏	7952	205483	42168	11865	5.8
新疆	52751	1571473	241894	13091	8.5

2-B-2.80　各地区股份制总承包和专业承包企业主要生产效益指标

地　　区	建筑业企业个数（个）	直接从事生产经营活动的平均人数（人）	按总产值计算的劳动生产率（元/人）	人均竣工产值（元/人）	人均施工面积（平方米/人）	人均竣工面积（平方米/人）
全　国	**29359**	**24918115**	**343312**	**194935**	**250.6**	**83.0**
北　京	1100	560346	948719	424925	696.2	119.6
天　津	548	527817	456165	199351	186.5	42.2
河　北	1318	795346	437831	220175	314.7	105.2
山　西	360	477258	317816	146360	120.6	21.3
内蒙古	471	319699	265935	176853	167.7	75.5
辽　宁	1920	1048540	382672	227617	195.8	80.5
吉　林	939	297343	405030	266082	235.5	113.1
黑龙江	924	495521	239016	128511	91.0	51.1
上　海	571	510106	528289	293664	402.8	76.8
江　苏	2893	4097675	305210	224048	288.2	95.2
浙　江	1241	2642382	330849	201299	330.2	99.1
安　徽	886	698867	309154	156549	225.9	83.7
福　建	969	1079098	239519	145976	211.5	57.2
江　西	681	573515	312380	179285	200.0	94.9
山　东	2161	1628651	289779	150478	240.4	79.4
河　南	2651	1717981	276513	155677	174.7	69.5
湖　北	1461	1007794	525927	274888	334.9	146.7
湖　南	992	1131212	264237	178886	223.9	81.3
广　东	1883	941166	406687	201026	227.5	68.2
广　西	287	212122	279749	180207	226.3	81.4
海　南	75	44013	378060	269513	347.7	122.1
重　庆	855	758143	312066	167876	223.6	87.2
四　川	1329	1242198	296280	141586	170.2	62.2
贵　州	280	147470	337409	145883	306.4	69.7
云　南	662	407047	311797	152757	141.1	60.4
西　藏	54	9864	311184	139205	73.1	47.3
陕　西	636	656799	363572	144914	171.5	49.8
甘　肃	590	318395	318631	154164	196.7	71.9
青　海	117	36980	264355	152673	108.4	40.9
宁　夏	101	54202	250393	175547	140.9	58.3
新　疆	404	480565	263409	172159	172.7	76.1

2-B-2.81 各地区股份制总承包和专业承包企业营业额

单位：万元

地　区	企业营业额	在境外完成的营业额	企业总产值	#建筑业总产值
全　国	**929960089**	**21349093**	**908610996**	**855468449**
北　京	66208535	7819480	58389055	53161096
天　津	25796194	337612	25458582	24077155
河　北	36983045	376314	36606731	34822724
山　西	16063098	111381	15951717	15168023
内 蒙 古	8746979	170694	8576285	8501914
辽　宁	46439565	294662	46144903	40124694
吉　林	12358260	144186	12214074	12043276
黑 龙 江	12199274	227642	11971632	11843740
上　海	34199543	337027	33862516	26948323
江　苏	135582811	3310064	132272747	125065212
浙　江	89817060	438200	89378860	87423000
安　徽	24271086	1418099	22852987	21605758
福　建	26293468	182573	26110895	25846398
江　西	18896279	383073	18513207	17915440
山　东	51989659	946542	51043118	47194965
河　南	50942961	439829	50503132	47504345
湖　北	55726224	1013712	54712512	53002566
湖　南	30532566	396630	30135936	29890818
广　东	39453852	124550	39329302	38275999
广　西	6224491	120770	6103722	5934083
海　南	1772564	8008	1764556	1663954
重　庆	25026850	142958	24883892	23659090
四　川	42507044	965941	41541104	36803848
贵　州	5073661	47577	5026084	4975770
云　南	13641666	633021	13008645	12691608
西　藏	314469	9	314460	306952
陕　西	26174451	509148	25665303	23879355
甘　肃	10298866	26463	10272403	10145059
青　海	1008408	4073	1004336	977586
宁　夏	1369347		1369347	1357181
新　疆	14047812	418857	13628955	12658518

2-B-2.82 各地区股份制总承包和专业承包企业资产构成

单位：万元

地区	资产合计	#流动资产合计	#存货	#非流动资产合计	#固定资产合计
全国	**715037925**	**561576575**	**127783834**	**153461350**	**61478921**
北京	103738463	68850125	13091105	34888337	2769570
天津	30537313	23527305	4640969	7010009	3244478
河北	24497499	19470174	4053112	5027325	3389243
山西	17871636	14625281	2243187	3246355	980320
内蒙古	6770204	5430476	846984	1339728	845750
辽宁	26090164	21329239	3995298	4760925	2488335
吉林	9330424	7413006	1085608	1917418	1208032
黑龙江	8654297	6945202	1119763	1709095	1110787
上海	40056727	32154150	7228148	7902577	1693631
江苏	67687073	56590263	14060946	11096810	6228250
浙江	42051896	34518136	9427315	7533760	3392066
安徽	18176289	14252932	2683816	3923357	1682731
福建	16227580	13508549	3355689	2719031	1491089
江西	9510286	7433726	1707700	2076560	1317038
山东	46231938	37724132	9037475	8507806	4893705
河南	33737221	26280237	6100317	7456984	4658616
湖北	34058636	27166500	7356709	6892136	3852138
湖南	16971450	12912890	2937549	4058559	2078453
广东	43939297	36325057	8114680	7614240	3377019
广西	3563157	2804971	612826	758186	435736
海南	1209063	924901	158751	284162	46495
重庆	21416173	17062175	4891763	4353998	1574673
四川	31579321	25839809	7270520	5739512	2236568
贵州	6572442	5790307	2901127	782134	343867
云南	11484865	8702501	1751914	2782363	1607526
西藏	375869	235597	22926	140272	77932
陕西	21215046	17571208	3733607	3643838	1877657
甘肃	8726218	6187793	1293758	2538426	1297858
青海	1047437	743127	79640	304310	140424
宁夏	1422131	1187515	292267	234617	177404
新疆	10287809	8069289	1688367	2218520	961527

2-B-2.83 各地区股份制总承包和专业承包企业固定资产情况

单位：万元

地　区	固定资产合计	固定资产原价	固定资产折旧		在建工程
				#本年折旧	
全　国	**61478921**	**82450892**	**32968455**	**6015322**	**6464587**
北　京	2769570	4442485	2052811	403537	293105
天　津	3244478	4503185	1784545	364157	216708
河　北	3389243	4229292	1440962	264173	350656
山　西	980320	1725842	897621	165301	63780
内蒙古	845750	1174736	430186	53770	74284
辽　宁	2488335	3658698	1623802	237776	229169
吉　林	1208032	1332667	556821	134897	102525
黑龙江	1110787	1384449	519488	63718	69355
上　海	1693631	2579795	1315530	149925	126560
江　苏	6228250	8248052	3165541	523435	661941
浙　江	3392066	4515021	1757232	284364	432995
安　徽	1682731	2179996	774700	153027	148583
福　建	1491089	2000971	673230	130454	124557
江　西	1317038	1569192	492152	98900	133242
山　东	4893705	5971091	2303772	402137	401833
河　南	4658616	6263488	2364799	458219	437642
湖　北	3852138	5227973	2118995	443926	327808
湖　南	2078453	2681531	1022995	188034	225939
广　东	3377019	4750966	2001235	455462	427830
广　西	435736	435029	157939	24462	37603
海　南	46495	56046	25339	4032	12377
重　庆	1574673	1825302	668904	131753	287866
四　川	2236568	3110182	1392188	222459	386778
贵　州	343867	384593	155055	26211	79243
云　南	1607526	2042269	792133	144194	215878
西　藏	77932	75200	30080	2842	23854
陕　西	1877657	2759763	1249058	265431	267799
甘　肃	1297858	1471438	418231	59794	156177
青　海	140424	221728	89286	11056	4578
宁　夏	177404	188373	81654	13602	60439
新　疆	961527	1441541	612177	134275	83486

2-B-2.84 各地区股份制总承包和专业承包企业负债及所有者权益

单位：万元

地区	负债合计	#流动负债	#应付账款	所有者权益	#实收资本
全国	**501209444**	**457603954**	**156779068**	**213799672**	**112984555**
北京	72652718	62298121	25618224	31082778	14048903
天津	23479668	21762683	9457042	7047357	4086840
河北	16247473	15065421	5791882	8250026	4643146
山西	14896958	14236604	6355194	2974678	1838941
内蒙古	4265373	4061421	1237669	2504831	1414674
辽宁	18719016	16653058	5851134	7364677	3969890
吉林	6193526	5389101	1829920	3136898	1903415
黑龙江	5840091	5476083	1990085	2814206	1979683
上海	31554088	29765468	8032876	8502639	4422154
江苏	43255418	41650701	12528328	24431720	9807946
浙江	27914484	25829919	6030569	14137413	6262379
安徽	13353894	12115552	4219002	4819576	2781851
福建	10345145	9737527	2095947	5881967	4062173
江西	5378533	5059235	1210352	4131753	2574072
山东	33924244	31484382	10159635	12307695	6763626
河南	22093212	20250533	7317735	11644009	7378761
湖北	24320227	21958683	10121358	9738409	5248841
湖南	10217559	9084863	3523031	6753891	3539577
广东	29946632	26869008	8097075	13986815	7299356
广西	2314283	2154275	335734	1248875	841944
海南	721540	693563	170077	487523	356781
重庆	16227336	14723388	4921777	5188838	2965574
四川	23020399	21248451	5204771	8558912	4977306
贵州	3628738	3377063	1084227	2943704	715152
云南	8197489	7344780	1921667	3287376	1946269
西藏	214179	195195	48809	161690	109612
陕西	16449576	14902445	6321789	4765470	3558675
甘肃	6030946	5456890	2007770	2695272	1592011
青海	671268	635371	215898	376169	331874
宁夏	1088720	1045715	399407	333412	207368
新疆	8046713	7078457	2680084	2241096	1355765

2-B-2.85 各地区股份制总承包和专业承包企业实收资本

单位：万元

地区	合计	国家资本	集体资本	法人资本	个人资本	港澳台资本	外商资本
全国	**112984555**	**19281215**	**6000973**	**43981419**	**43630616**	**47213**	**43120**
北京	14048903	6817734	181684	4937177	2108458	3851	
天津	4086840	498797	127983	2762186	697874		
河北	4643146	408011	256728	1761080	2217328		
山西	1838941	767661	100935	737765	232580		
内蒙古	1414674	146696	124605	402741	740249	200	182
辽宁	3969890	875561	276432	1333722	1471628		12547
吉林	1903415	68344	108716	854940	868492	2874	50
黑龙江	1979683	253000	228516	645487	850921		1759
上海	4422154	1100801	396195	2129721	795438		
江苏	9807946	675910	508189	3082706	5532724	3047	5370
浙江	6262379	273734	280781	2452675	3238567	2147	14475
安徽	2781851	467910	150998	946070	1216873		
福建	4062173	296585	149855	1207695	2407538		500
江西	2574072	463988	81486	635116	1393184	202	96
山东	6763626	638510	711880	2493238	2915870		4129
河南	7378761	838869	528041	2658209	3345723	7356	565
湖北	5248841	715542	302521	1938494	2275321	15860	1104
湖南	3539577	395439	250104	1196554	1697480		
广东	7299356	480594	279608	4036545	2501868	408	333
广西	841944	103606	44442	248801	438115	6000	980
海南	356781	48053	38916	181111	88702		
重庆	2965574	374846	85373	1188471	1316233	100	550
四川	4977306	1072511	207558	1624595	2068731	3664	248
贵州	715152	84663	64826	315364	250300		
云南	1946269	374464	106764	648374	816666		
西藏	109612	8004	6614	56872	38123		
陕西	3558675	409040	117395	2204887	827353		
甘肃	1592011	287322	118234	525411	659307	1505	233
青海	331874	45459	50206	155288	80921		
宁夏	207368	26061	34257	77497	69553		
新疆	1355765	263503	81132	542631	468499		

2-B-2.86　各地区股份制总承包和专业承包企业收入情况

单位：万元

地　区	主营业务收　入	#主营业务成　本	#主营业务税金及附加	其他业务收　入	#其他业务成　本	#其他业务利　润
全　国	**819276411**	**725032054**	**26625293**	**7284135**	**12098779**	**1047579**
北　京	67042496	61380665	1613379	389485	819735	121352
天　津	26652781	23809984	678481	157798	191829	26370
河　北	32192968	28156494	1034156	655463	779626	21573
山　西	15867919	14300134	432927	388220	354169	27810
内蒙古	8394338	7008945	320835	54599	298781	5916
辽　宁	36183870	31241760	1212228	159768	1074930	17757
吉　林	11353464	9790535	371887	99405	380276	9244
黑龙江	9264845	7968756	308689	49185	221476	4010
上　海	33828771	31065344	849829	178499	401016	43390
江　苏	102118145	89922947	3598020	844436	711099	92629
浙　江	69678214	63372465	2290542	684989	630912	120446
安　徽	19660644	16884848	642466	346061	891689	26192
福　建	23884939	21244588	874370	90414	182437	15339
江　西	17635972	15724141	587527	88984	121392	14445
山　东	43659545	38102492	1403220	642633	782103	80162
河　南	46364737	40275255	1599925	259495	556620	60620
湖　北	51816114	45257885	2021722	262455	390855	31777
湖　南	28281527	24859424	1106752	166176	359318	10553
广　东	44969108	39359090	1432047	346572	422517	89095
广　西	5358912	4756115	193774	67023	102261	12863
海　南	1670212	1513704	54127	6135	4377	1071
重　庆	23621466	20727957	773546	174007	360141	27460
四　川	33623385	29206113	1114862	596628	1036511	103990
贵　州	4603114	4064704	155328	31962	101078	4817
云　南	11342600	9990572	363881	94358	96734	25146
西　藏	250272	209056	8830	1371	1180	144
陕　西	25063826	22540184	807574	93094	270971	16920
甘　肃	9636536	8465207	306933	85754	181643	14853
青　海	1029044	887916	28999	3335	38425	72
宁　夏	1460454	1312842	47401	9477	5849	3104
新　疆	12766194	11631929	391038	256355	328832	18460

2-B-2.87 各地区股份制总承包和专业承包企业费用情况

单位：万元

地区	管理费用		销售费用	财务费用		
		#税金			#利息收入	#利息支出
全　国	**24401496**	**1159400**	**2589737**	**5157842**	**2012546**	**5813082**
北　京	2063224	29645	107739	429804	768985	1070960
天　津	886975	47689	38765	225858	82462	277463
河　北	891652	30575	86168	160869	36506	136019
山　西	652366	9464	18117	67428	61511	120895
内蒙古	337437	14287	14466	51532	1488	30215
辽　宁	1220825	84948	94648	193256	52002	178363
吉　林	344594	22150	39009	53352	5073	28392
黑龙江	338194	24310	44467	50342	11874	39662
上　海	1003959	20028	65417	108824	131192	228685
江　苏	2686505	108101	284795	707587	122219	613131
浙　江	1269787	54950	126019	479520	100447	501875
安　徽	594070	25417	86279	72088	72190	113366
福　建	660205	33720	86070	86074	31839	86783
江　西	414292	21111	75269	63351	12092	57208
山　东	1439071	86703	166758	288265	60308	310570
河　南	1640457	94021	252155	390139	99853	325609
湖　北	1628092	74044	266756	287444	55642	271366
湖　南	849806	57061	124880	129787	54071	124926
广　东	1528767	48537	152866	360867	29297	357607
广　西	164636	7614	17063	27756	114	12149
海　南	36382	2378	1550	2088	235	1224
重　庆	647551	28787	69046	228562	39004	197934
四　川	1137031	145739	186206	275409	61356	252736
贵　州	133357	3826	7096	32574	6792	32498
云　南	352266	14435	53123	115518	14814	106499
西　藏	16176	390	2376	780	1430	443
陕　西	762052	29940	56388	96470	76461	166799
甘　肃	287133	18415	46427	87148	10789	78111
青　海	28607	586	5546	8822	524	6669
宁　夏	45775	2189	1060	8977	379	8744
新　疆	340252	18344	13215	67352	11595	76182

2-B-2.88　各地区股份制总承包和专业承包企业利润及税金情况

单位：万元

地　区	利润总额	#应交所得税	税金总额	主营业务税金及附加	管理费用中的税金
全　国	**32264239**	**6635497**	**27784693**	**26625293**	**1159400**
北　京	2779636	376845	1643024	1613379	29645
天　津	1027374	206047	726170	678481	47689
河　北	1089891	253582	1064731	1034156	30575
山　西	515794	50786	442391	432927	9464
内蒙古	409664	104656	335122	320835	14287
辽　宁	1243894	329715	1297176	1212228	84948
吉　林	441524	134562	394038	371887	22150
黑龙江	359768	81305	332999	308689	24310
上　海	1083405	134734	869857	849829	20028
江　苏	5027741	1094479	3706121	3598020	108101
浙　江	2129173	467896	2345492	2290542	54950
安　徽	873300	142117	667883	642466	25417
福　建	859672	278988	908090	874370	33720
江　西	618444	149933	608637	587527	21111
山　东	1979772	406175	1489923	1403220	86703
河　南	1984111	433294	1693946	1599925	94021
湖　北	2179682	429300	2095765	2021722	74044
湖　南	1092392	210530	1163813	1106752	57061
广　东	1951374	452522	1480584	1432047	48537
广　西	181536	50512	201388	193774	7614
海　南	60592	37061	56505	54127	2378
重　庆	974274	201374	802332	773546	28787
四　川	1359979	223337	1260602	1114862	145739
贵　州	135084	30347	159154	155328	3826
云　南	455047	81645	378316	363881	14435
西　藏	11835	1678	9220	8830	390
陕　西	708305	115472	837514	807574	29940
甘　肃	370968	66539	325347	306933	18415
青　海	33579	5489	29585	28999	586
宁　夏	39233	11927	49589	47401	2189
新　疆	287195	72651	409382	391038	18344

2-B-2.89　各地区股份制总承包和专业承包企业应收工程款及企业亏损情况

地　区	应收工程款（万元）	企业个数（个）		亏损企业的比重（%）
			#亏损企业个数	
全　国	**142804611**	**29359**	**3301**	**11.2**
北　京	12537550	1100	208	18.9
天　津	7248409	548	75	13.7
河　北	6686491	1318	148	11.2
山　西	4552149	360	64	17.8
内蒙古	1825896	471	61	
辽　宁	6082751	1920	271	14.1
吉　林	2960847	939	148	15.8
黑龙江	2102032	924	191	20.7
上　海	6004514	571	83	14.5
江　苏	17599423	2893	107	3.7
浙　江	7101627	1241	114	9.2
安　徽	4082390	886	87	9.8
福　建	2494777	969	115	11.9
江　西	1639758	681	48	7.0
山　东	12484410	2161	192	8.9
河　南	5425452	2651	189	7.1
湖　北	7307964	1461	112	7.7
湖　南	3472845	992	73	7.4
广　东	8055663	1883	263	14.0
广　西	623579	287	56	19.5
海　南	165517	75	15	20.0
重　庆	4612643	855	87	10.2
四　川	4625215	1329	160	12.0
贵　州	1120851	280	41	14.6
云　南	2461530	662	98	14.8
西　藏	81086	54	9	16.7
陕　西	4314764	636	72	11.3
甘　肃	2132716	590	84	14.2
青　海	248054	117	37	31.6
宁　夏	387277	101	18	17.8
新　疆	2366431	404	75	18.6

2-B-2.90　各地区股份制总承包和专业承包企业主要经济效益指标

地　区	产值利润率(%)	产值利税率(%)	资本利润率(%)	资本利税率(%)	人均利润(元/人)	人均利税(元/人)	资产负债率(%)
全　国	**3.8**	**7.0**	**28.6**	**53.1**	**12948**	**24099**	**70.1**
北　京	5.2	8.3	19.8	31.5	49606	78927	70.0
天　津	4.3	7.3	25.1	42.9	19465	33223	76.9
河　北	3.1	6.2	23.5	46.4	13703	27090	66.3
山　西	3.4	6.3	28.0	52.1	10807	20077	83.4
内蒙古	4.8	8.8	29.0	52.6	12814	23296	63.0
辽　宁	3.1	6.3	31.3	64.0	11863	24234	71.7
吉　林	3.7	6.9	23.2	43.9	14849	28101	66.4
黑龙江	3.0	5.8	18.2	35.0	7260	13981	67.5
上　海	4.0	7.2	24.5	44.2	21239	38291	78.8
江　苏	4.0	7.0	51.3	89.0	12270	21314	63.9
浙　江	2.4	5.1	34.0	71.5	8058	16934	66.4
安　徽	4.0	7.1	31.4	55.4	12496	22053	73.5
福　建	3.3	6.8	21.2	43.5	7967	16382	63.8
江　西	3.5	6.8	24.0	47.7	10783	21396	56.6
山　东	4.2	7.4	29.3	51.3	12156	21304	73.4
河　南	4.2	7.7	26.9	49.8	11549	21409	65.5
湖　北	4.1	8.1	41.5	81.5	21628	42424	71.4
湖　南	3.7	7.5	30.9	63.7	9657	19945	60.2
广　东	5.1	9.0	26.7	47.0	20734	36465	68.2
广　西	3.1	6.5	21.6	45.5	8558	18052	65.0
海　南	3.6	7.0	17.0	32.8	13767	26605	59.7
重　庆	4.1	7.5	32.9	59.9	12851	23434	75.8
四　川	3.7	7.1	27.3	52.7	10948	21096	72.9
贵　州	2.7	5.9	18.9	41.1	9160	19952	55.2
云　南	3.6	6.6	23.4	42.8	11179	20473	71.4
西　藏	3.9	6.9	10.8	19.2	11998	21345	57.0
陕　西	3.0	6.5	19.9	43.4	10784	23536	77.5
甘　肃	3.7	6.9	23.3	43.7	11651	21870	69.1
青　海	3.4	6.5	10.1	19.0	9080	17081	64.1
宁　夏	2.9	6.5	18.9	42.8	7238	16387	76.6
新　疆	2.3	5.5	21.2	51.4	5976	14495	78.2

2-B-2.91　各地区外商投资总承包和专业承包企业签订合同情况

单位：万元

地　区	合同总额	上年结转合同额	本年新签合同额
全　国	**9752997**	**3943858**	**5809139**
北　京	1585315	842208	743107
天　津	164354	20169	144185
河　北	6408	161	6247
山　西	61413	23454	37959
内蒙古			
辽　宁	462429	160179	302249
吉　林			
黑龙江	203644	7792	195852
上　海	2636828	1416632	1220197
江　苏	720398	271079	449319
浙　江	1074969	147767	927202
安　徽	83623	22973	60650
福　建	36770	12740	24030
江　西	980	280	700
山　东	76413	16100	60313
河　南	18897	3235	15663
湖　北	534256	139785	394471
湖　南	379080	167253	211826
广　东	996389	465193	531195
广　西			
海　南			
重　庆	6941	5723	1218
四　川	6031	1918	4113
贵　州			
云　南	20329	6142	14187
西　藏			
陕　西	645405	212974	432431
甘　肃	409		409
青　海	151	74	77
宁　夏	31494		31494
新　疆	71	27	45

2-B-2.92　各地区外商投资总承包和专业承包企业承包工程完成情况

单位：万元

地　区	直接从建设单位承揽工程完成的产值			从建设单位以外承揽工程完成的产值
		自行完成施工产值	分包出去工程的产值	
全　国	**6603392**	**5618954**	**984438**	**458295**
北　京	719510	491284	228226	62913
天　津	131172	130721	451	10809
河　北	6408	6408		
山　西	43921	43921		
内蒙古				
辽　宁	316039	316008	31	659
吉　林				
黑龙江	162553	162553		
上　海	1706387	997875	708512	292565
江　苏	538865	523034	15830	52249
浙　江	621003	620903	100	1891
安　徽	55846	55831	15	75
福　建	36996	36996		4874
江　西	718	718		
山　东	53047	53047		3311
河　南	18010	18010		
湖　北	355766	355766		
湖　南	189852	160903	28949	28949
广　东	1294474	1294474		
广　西				
海　南				
重　庆	7258	4935	2324	
四　川	4490	4490		
贵　州				
云　南	14109	14109		
西　藏				
陕　西	294843	294843		
甘　肃	409	409		
青　海	151	151		
宁　夏	31494	31494		
新　疆	71	71		

2-B-2.93 各地区外商投资总承包和专业承包企业建筑业总产值和竣工产值

单位：万元

地区	建筑业总产值	#装饰装修产值	#在外省完成的产值	按构成分组			竣工产值
				建筑工程产值	安装工程产值	其他产值	
全国	**6077249**	**986836**	**2662367**	**5067907**	**772445**	**236897**	**3141861**
北京	554197	63426	284072	445570	37219	71409	274978
天津	141530	992	25919	74458	47528	19544	3828
河北	6408	6259	485			6408	
山西	43921		4164	33461		10460	13960
内蒙古							
辽宁	316667	109559	83186	184991	128152	3524	197944
吉林							
黑龙江	162553	3627	365	158336	4217		18343
上海	1290440	443490	840470	981661	227287	81493	1007931
江苏	575283	29101	346707	413075	150755	11454	410765
浙江	622793	61500	488474	595060	27533	200	342093
安徽	55906	4599	12896	31893	18095	5918	35816
福建	41869	1639	3191	32865	3216	5788	6436
江西	718				718		350
山东	56358		8812	26330	10611	19418	18326
河南	18010	5706		12515	5495		17546
湖北	355766	17199	119537	355748		18	124116
湖南	189852	77057	108799	121495	68358		95858
广东	1294474	158019	99932	1260319	33980	175	437861
广西							
海南							
重庆	4935	3345	1962	3845		1090	849
四川	4490	742	193	742	3748		3065
贵州							
云南	14109		1262	8669	5440		1553
西藏							
陕西	294843		200615	294843			99247
甘肃	409	409		315	94		409
青海	151			151			151
宁夏	31494	167	31327	31494			30437
新疆	71			71			

2-B-2.94　各地区外商投资总承包和专业承包企业房屋建筑面积

单位：万平方米

地区	房屋建筑施工面积（万平方米）	#本年新开工	#实行投标承包面积	#本年新开工	房屋建筑竣工面积（万平方米）	房屋建筑面积竣工率（%）
全国	**1782.5**	**1089.5**	**1141.9**	**730.9**	**709.4**	**39.8**
北京	99.8	12.8	90.5	6.8	38.3	38.3
天津						
河北						
山西	35.5	24.1	35.5	24.1	2.5	7.1
内蒙古						
辽宁	45.8	29.0	40.9	25.3	26.8	58.7
吉林						
黑龙江	2.9	2.9	2.9	2.9	2.9	100.0
上海	148.5	77.0	106.3	77.0	97.5	65.6
江苏	198.4	69.9	78.8	39.7	68.7	34.6
浙江	451.0	325.8	451.0	325.8	163.2	36.2
安徽	21.3	12.0	12.0	12.0	14.4	67.9
福建	3.4	1.4	1.4	1.4	1.5	43.7
江西						
山东	21.1	21.1	3.2	3.2	3.2	15.1
河南						
湖北	235.7	162.1	235.7	162.1	80.3	34.1
湖南	49.0	49.0	49.0	49.0	11.2	22.9
广东	460.0	300.8	25.0		198.4	43.1
广西						
海南						
重庆						
四川						
贵州						
云南	9.8	1.6	9.8	1.6		
西藏						
陕西						
甘肃						
青海	0.5				0.5	100.0
宁夏						
新疆						

2-B-2.95 各地区按主要用途分的外商投资总承包和专业承包企业房屋建筑竣工面积

单位：万平方米

地区	合计							
		住宅房屋	商业及服务用房屋	商厦房屋(批发和零售用房)	宾馆用房屋(住宿用房)	餐饮用房屋(餐饮用房)	商务会展用房屋	其他商业及服务用房屋(居民服务业用房)
全国	**709.4**	**392.8**	**39.5**	**8.1**	**0.3**			**31.2**
北京	38.3	18.8	5.8	5.8				
天津								
河北								
山西	2.5	2.5						
内蒙古								
辽宁	26.8	4.9						
吉林								
黑龙江	2.9							
上海	97.5							
江苏	68.7	27.0	0.3		0.3			
浙江	163.2	93.5	2.3	2.3				
安徽	14.4	9.5						
福建	1.5							
江西								
山东	3.2							
河南								
湖北	80.3	27.8	29.8					29.8
湖南	11.2	9.8	1.4					1.4
广东	198.4	198.4						
广西								
海南								
重庆								
四川								
贵州								
云南								
西藏								
陕西								
甘肃								
青海	0.5	0.5						
宁夏								
新疆								

2-B-2.95 续表

单位：万平方米

地区	办公用房屋	科研、教育和医疗用房屋	科学研究用房屋	教育用房屋	医疗用房屋（卫生医疗用房）	文化、体育和娱乐用房屋	厂房及建筑物	#厂房	仓库	其他未列明的房屋建筑物
全国	**16.5**	**7.5**	**4.5**	**3.0**			**245.0**	**186.5**	**1.1**	**6.9**
北京	5.1						8.5	8.5	0.1	
天津										
河北										
山西										
内蒙古										
辽宁							22.0	22.0		
吉林										
黑龙江	2.9									
上海							97.5	97.5		
江苏	0.2	0.3	0.3				40.1	37.2	0.3	0.5
浙江	7.5	6.5	4.2	2.2			46.9	17.9		6.5
安徽	0.7	0.8		0.8			2.7	2.1	0.7	
福建							1.5	1.5		
江西										
山东							3.2			
河南										
湖北							22.6			
湖南										
广东										
广西										
海南										
重庆										
四川										
贵州										
云南										
西藏										
陕西										
甘肃										
青海										
宁夏										
新疆										

2-B-2.96 各地区按主要用途分的外商投资总承包和专业承包企业房屋建筑竣工价值

单位：万元

地区	合计	住宅房屋	商业及服务用房屋	商厦房屋(批发和零售用房)	宾馆用房屋(住宿用房)	餐饮用房屋(餐饮用房)	商务会展用房屋	其他商业及服务用房屋(居民服务业用房)
全国	**1631960**	**705951**	**62599**	**18215**	**282**			**44102**
北京	68631	19521	13094	13094				
天津								
河北								
山西	3500	3500						
内蒙古								
辽宁	40493	5675						
吉林								
黑龙江	5595							
上海	516973							
江苏	185879	58364	282		282			
浙江	327414	222628	5121	5121				
安徽	12418	8109						
福建	2815							
江西								
山东	2022							
河南								
湖北	122261	45938	42359					42359
湖南	15469	13726	1743					1743
广东	328340	328340						
广西								
海南								
重庆								
四川								
贵州								
云南								
西藏								
陕西								
甘肃								
青海	151	151						
宁夏								
新疆								

2-B-2.96　续表

单位：万元

地区	办公用房屋	科研、教育和医疗用房屋	科学研究用房屋	教育用房屋	医疗用房屋(卫生医疗用房)	文化、体育和娱乐用房屋	厂房及建筑物	#厂房	仓库	其他未列明的房屋建筑物
全　国	**32841**	**13646**	**8608**	**5038**			**802902**	**709611**	**1637**	**12386**
北　京	12013						23452	23452	552	
天　津										
河　北										
山　西										
内蒙古										
辽　宁							34818	34818		
吉　林										
黑龙江	5595									
上　海							516973	516973		
江　苏	262	348	348				125540	121836	469	614
浙　江	14286	12618	8260	4359			60989	7950		11772
安　徽	685	679		679			2329	1767	615	
福　建							2815	2815		
江　西										
山　东							2022			
河　南										
湖　北							33965			
湖　南										
广　东										
广　西										
海　南										
重　庆										
四　川										
贵　州										
云　南										
西　藏										
陕　西										
甘　肃										
青　海										
宁　夏										
新　疆										

2-B-2.97 各地区外商投资总承包和专业承包企业施工机械设备情况

地　区	年末自有施工机械设备总台数(台)	年末自有施工机械设备总功率(千瓦)	年末自有施工机械设备净值(万元)	技术装备率(元/人)	动力装备率(千瓦/人)
全　国	**20660**	**551573**	**61097**	**6024**	**5.4**
北　京	843	32450	4298	7178	5.4
天　津	122	156	111	1325	0.2
河　北	12	15	6	92	
山　西	756	12196	3235	19910	7.5
内蒙古					
辽　宁	2026	40601	5569	5404	3.9
吉　林					
黑龙江	146	5571	858	25909	16.8
上　海	2721	19017	2839	2053	1.4
江　苏	5422	270558	11552	12553	29.4
浙　江	1308	20205	3840	2597	1.4
安　徽	310	2336	593	4620	1.8
福　建	120	3113	865	10196	3.7
江　西					
山　东	262	6724	2672	19780	5.0
河　南	19	522	371	3991	0.6
湖　北	1660	9820	5380	8867	1.6
湖　南	2625	9448	3881	5699	1.4
广　东	643	6955	5105	3584	0.5
广　西					
海　南					
重　庆	807	6138	80	7796	59.6
四　川	10	15	21	1344	0.1
贵　州					
云　南	372	35217	1560	16338	36.9
西　藏					
陕　西	476	70516	8262	8388	7.2
甘　肃					
青　海					
宁　夏					
新　疆					

2-B-2.98　各地区外商投资总承包和专业承包企业主要生产效益指标

地　区	建筑业企业个数(个)	直接从事生产经营活动的平均人数(人)	按总产值计算的劳动生产率(元/人)	人均竣工产值(元/人)	人均施工面积(平方米/人)	人均竣工面积(平方米/人)
全　国	**272**	**125908**	**482674**	**249536**	**141.6**	**56.3**
北　京	36	11003	503678	249912	90.7	34.8
天　津	10	1373	1030808	27878		
河　北	1	448	143029			
山　西	4	2509	175055	55641	141.3	10.0
内蒙古						
辽　宁	34	9838	321882	201203	46.5	27.3
吉　林						
黑龙江	5	5590	290792	32815	5.2	5.2
上　海	50	20383	633096	494496	72.9	47.8
江　苏	54	16719	344089	245688	118.6	41.1
浙　江	8	14691	423928	232859	307.0	111.1
安　徽	7	1589	351830	225401	133.8	90.8
福　建	6	1568	267023	41043	21.6	9.4
江　西	1	18	398889	194444		
山　东	16	1345	419020	136256	157.1	23.6
河　南	9	903	199443	194308		
湖　北	4	6094	583796	203669	386.7	131.7
湖　南	3	7084	268002	135316	69.2	15.8
广　东	9	12989	996592	337101	354.1	152.8
广　西						
海　南						
重　庆	3	138	357601	61536		
四　川	4	152	295395	201658		
贵　州						
云　南	2	1134	124421	13694	86.0	
西　藏						
陕　西	1	9045	325974	109726		
甘　肃	1	12	341083	341083		
青　海	1	16	94313	94313	299.4	299.4
宁　夏	2	1262	249557	241179		
新　疆	1	5	142400			

2-B-2.99 各地区外商投资总承包和专业承包企业营业额

单位：万元

地区	企业营业额	在境外完成的营业额	企业总产值	#建筑业总产值
全国	**6578746**	**97029**	**6481717**	**6077249**
北京	799302	15006	784296	554197
天津	141981		141981	141530
河北	6408		6408	6408
山西	43921		43921	43921
内蒙古				
辽宁	317185	4	317181	316667
吉林				
黑龙江	162553		162553	162553
上海	1368157	43997	1324159	1290440
江苏	663165		663165	575283
浙江	623793		623793	622793
安徽	55906		55906	55906
福建	43322		43322	41869
江西	718		718	718
山东	56363		56363	56358
河南	18547		18547	18010
湖北	355766		355766	355766
湖南	189852		189852	189852
广东	1333030		1333030	1294474
广西				
海南				
重庆	5300		5300	4935
四川	4490		4490	4490
贵州				
云南	22059	396	21663	14109
西藏				
陕西	333988	37626	296362	294843
甘肃	409		409	409
青海	151		151	151
宁夏	32308		32308	31494
新疆	71		71	71

2-B-2.100　各地区外商投资总承包和专业承包企业资产构成

单位：万元

地　区	资产合计	#流动资产合计	#存货	#非流动资产合计	#固定资产合计
全　国	**8068937**	**7160748**	**1168966**	**908189**	**415710**
北　京	984973	927783	117325	57190	19893
天　津	113136	87391	22085	25745	18748
河　北	3750	3732	2711	17	17
山　西	19373	14223	408	5150	4643
内蒙古					
辽　宁	671171	516013	51009	155158	77744
吉　林					
黑龙江	87204	56752	6938	30452	2560
上　海	1006849	929458	190588	77391	41738
江　苏	960631	713004	120131	247626	68975
浙　江	77241	66353	17745	10888	6827
安　徽	61812	36325	3013	25487	23071
福　建	57442	48516	1836	8927	5606
江　西	511	438		74	74
山　东	100769	61152	7879	39617	37642
河　南	65346	42560	2463	22785	14048
湖　北	100692	82109	4773	18583	7480
湖　南	164057	116913	29029	47144	12923
广　东	3163006	3116450	495414	46556	26702
广　西					
海　南					
重　庆	7773	4832	1788	2941	1352
四　川	22407	20746	1503	1661	245
贵　州					
云　南	19472	15622	745	3850	2717
西　藏					
陕　西	288809	226251	90144	62558	27602
甘　肃	1663	359		1304	
青　海	305	295	62	10	10
宁　夏	90189	73178	1304	17011	15038
新　疆	359	294	73	65	56

2-B-2.101　各地区外商投资总承包和专业承包企业固定资产情况

单位：万元

地　区	固定资产合计	固定资产原价	固定资产折旧	#本年折旧	在建工程
全　国	**415710**	**615589**	**258886**	**40566**	**30813**
北　京	19893	45285	26239	2636	695
天　津	18748	16531	5496	1138	960
河　北	17	77	60	5	
山　西	4643	8379	3736	511	
内蒙古					
辽　宁	77744	107023	37951	6174	6801
吉　林					
黑龙江	2560	4874	2461	160	
上　海	41738	77378	36399	6963	604
江　苏	68975	84231	27950	5218	8776
浙　江	6827	13924	7115	659	18
安　徽	23071	22500	3224	720	2559
福　建	5606	12467	6876	732	
江　西	74	148	74	9	
山　东	37642	54114	19918	2866	410
河　南	14048	18327	4287	624	
湖　北	7480	10260	2872	446	74
湖　南	12923	14074	8612	827	6980
广　东	26702	45283	21092	3999	1952
广　西					
海　南					
重　庆	1352	1961	609	7	
四　川	245	368	252	41	
贵　州					
云　南	2717	4020	2287	237	984
西　藏					
陕　西	27602	51724	33835	4642	
甘　肃		64	64		
青　海	10	118	108		
宁　夏	15038	22355	7322	1954	
新　疆	56	104	48		

2-B-2.102 各地区外商投资总承包和专业承包企业负债及所有者权益

单位：万元

地区	负债合计	#流动负债	#应付账款	所有者权益	#实收资本
全国	**5952624**	**5494046**	**1472679**	**2116313**	**874214**
北京	740118	732762	250252	244854	125532
天津	69644	59328	33823	43492	24251
河北	2169	2169	480	1580	1600
山西	13469	13469	7018	5904	8914
内蒙古					
辽宁	547890	443433	121909	123281	65082
吉林					
黑龙江	73705	67847	21325	13499	13246
上海	715926	686220	319690	290923	143410
江苏	559827	537230	161645	400804	198664
浙江	40454	40445	6350	36787	22006
安徽	50235	47149	6968	11576	5570
福建	38743	37405	16504	18699	15505
江西	6	6		505	505
山东	70947	68287	13508	29821	18080
河南	49945	29913	3234	15400	9237
湖北	37303	6400	5897	63389	6901
湖南	92482	92402	40810	71575	22560
广东	2502107	2288231	327067	660899	145981
广西					
海南					
重庆	4247	4247	557	3526	2309
四川	17078	17078	579	5329	2853
贵州					
云南	12547	12547	4179	6926	5339
西藏					
陕西	253371	247068	112161	35438	20100
甘肃	240	240	97	1423	500
青海	50	50	24	256	300
宁夏	59933	59933	18544	30256	15600
新疆	188	188	58	171	169

2-B-2.103 各地区外商投资总承包和专业承包企业实收资本

单位：万元

地 区	合计	国家资本	集体资本	法人资本	个人资本	港澳台资本	外商资本
全 国	**874214**	**33043**	**1338**	**197196**	**81419**	**34688**	**526530**
北 京	125532	12229	630	22629	11596	412	78036
天 津	24251	750		8087	6800	1050	7565
河 北	1600			1200			400
山 西	8914	4814		3485			615
内蒙古							
辽 宁	65082	2517	143	22054	2629	1038	36701
吉 林							
黑龙江	13246	639		1339		87	11181
上 海	143410	2873	68	24897	4439	15480	95654
江 苏	198664	966		57143	17225	3203	120127
浙 江	22006			11372	3293	869	6472
安 徽	5570			1802	600		3168
福 建	15505			8911	1375		5220
江 西	505			505			
山 东	18080	249	498	6877	2126		8331
河 南	9237			4025	100	2500	2612
湖 北	6901			1289	5613		
湖 南	22560	8007			8500		6053
广 东	145981			1293		10000	134688
广 西							
海 南							
重 庆	2309				1420		889
四 川	2853			1945	254		655
贵 州							
云 南	5339			2541		50	2748
西 藏							
陕 西	20100			14874			5226
甘 肃	500			370			130
青 海	300				300		
宁 夏	15600			450	15150		
新 疆	169			110			59

2-B-2.104　各地区外商投资总承包和专业承包企业收入情况

单位：万元

地　区	主营业务收入	#主营业务成本	#主营业务税金及附加	其他业务收入	#其他业务成本	#其他业务利润
全　国	**6843126**	**5923781**	**165000**	**70606**	**69570**	**23062**
北　京	1041516	921319	24218	19270	4694	14435
天　津	71577	59809	1403	2829	1442	765
河　北	6408	5791	216			
山　西	33194	31501	990	11	1	10
内蒙古						
辽　宁	299286	254958	7098	6385	7629	382
吉　林						
黑龙江	43729	38776	1881			
上　海	1948964	1764450	30134	7398	5982	1035
江　苏	670810	554614	16380	10743	6698	1316
浙　江	316477	293771	10317	405	295	110
安　徽	47130	16836	1306	926	23245	914
福　建	44102	38253	735	99	72	26
江　西	718	653				
山　东	63377	45648	615	76	988	72
河　南	22371	16614	693	19	3	
湖　北	313361	268483	10957			
湖　南	188607	147782	6445	16	1	
广　东	1368209	1133597	41155	21	142	21
广　西						
海　南						
重　庆	6284	5502	129	324	265	59
四　川	5027	2441	165			
贵　州						
云　南	19526	17560	402	198	28	170
西　藏						
陕　西	295427	270618	8856	935	8	874
甘　肃	409	317	14			
青　海	151	125	4			
宁　夏	36319	34265	884	20951	18078	2873
新　疆	147	100	3			

2-B-2.105 各地区外商投资总承包和专业承包企业费用情况

单位：万元

地区	管理费用	#税金	销售费用	财务费用	#利息收入	#利息支出
全国	**266568**	**5917**	**41047**	**40916**	**2717**	**44050**
北京	57524	713	17437	-1219	3063	3170
天津	6283	850	3075	309	-65	345
河北	279	2		56	1	56
山西	1942	49	8	79	19	60
内蒙古						
辽宁	19326	557	3474	2155	97	411
吉林						
黑龙江	2434	27	33	166	116	1072
上海	75160	536	6731	153	-92	3543
江苏	35354	816	4823	6345	1209	6560
浙江	5318	193	360	1664	139	1689
安徽	1862	44	151	229	5	207
福建	3555	41	125	198	7	195
江西	32					
山东	5420	153	921	850	32	824
河南	3325	31	607	-374		
湖北	3912	223		731		
湖南	11872	754		1284	-200	777
广东	22810	610	2808	22029	-1761	20525
广西						
海南						
重庆	880	20	1	130	10	139
四川	625	9	416	423	12	339
贵州						
云南	1089	24	77	134	10	140
西藏						
陕西	4080	166		5002	123	3427
甘肃	68	1				
青海	21					
宁夏	3357	99		575	-7	571
新疆	40		2			

2-B-2.106 各地区外商投资总承包和专业承包企业利润及税金情况

单位：万元

地区	利润总额	#应交所得税	税金总额	主营业务税金及附加	管理费用中的税金
全国	**406303**	**100723**	**170917**	**165000**	**5917**
北京	36319	10121	24931	24218	713
天津	3493	687	2253	1403	850
河北	67	17	218	216	2
山西	-1320	21	1039	990	49
内蒙古					
辽宁	10914	4801	7655	7098	557
吉林					
黑龙江	411	79	1909	1881	27
上海	72801	18644	30670	30134	536
江苏	57781	8787	17196	16380	816
浙江	5031	1252	10510	10317	193
安徽	4342	1160	1350	1306	44
福建	1074	267	776	735	41
江西	8	2			
山东	8519	1543	768	615	153
河南	1552	435	724	693	31
湖北	29279	10662	11179	10957	223
湖南	22186	5271	7199	6445	754
广东	144812	35957	41765	41155	610
广西					
海南					
重庆	-314	20	149	129	20
四川	1080	182	174	165	9
贵州					
云南	456	114	426	402	24
西藏					
陕西	7616	670	9021	8856	166
甘肃	11	3	15	14	1
青海	1		4	4	
宁夏	185	30	983	884	99
新疆	2		3	3	

2-B-2.107 各地区外商投资总承包和专业承包企业应收工程款及企业亏损情况

地区	应收工程款(万元)	企业个数(个)	#亏损企业个数	亏损企业的比重(%)
全国	**1216925**	**272**	**51**	**18.8**
北京	164502	36	9	25.0
天津	25724	10	2	20.0
河北	281	1		
山西	8892	4	2	50.0
内蒙古				
辽宁	79142	34	9	26.5
吉林				
黑龙江	32184	5	1	20.0
上海	174544	50	7	14.0
江苏	175147	54	7	13.0
浙江	15203	8	3	37.5
安徽	2542	7		
福建	18210	6		
江西	10	1		
山东	26233	16	2	12.5
河南	6448	9	3	33.3
湖北	49739	4	1	25.0
湖南	49512	3		
广东	334310	9		
广西				
海南				
重庆	710	3	2	66.7
四川	3183	4	2	50.0
贵州				
云南	9684	2		
西藏				
陕西		1		
甘肃	195	1		
青海	106	1		
宁夏	40349	2	1	50.0
新疆	77	1		

2-B-2.108 各地区外商投资总承包和专业承包企业主要经济效益指标

地区	产值利润率(%)	产值利税率(%)	资本利润率(%)	资本利税率(%)	人均利润(元/人)	人均利税(元/人)	资产负债率(%)
全国	**6.7**	**9.5**	**46.5**	**66.0**	**32270**	**45845**	**73.8**
北京	6.6	11.1	28.9	48.8	33008	55666	75.1
天津	2.5	4.1	14.4	23.7	25440	41851	61.6
河北	1.0	4.4	4.2	17.8	1491	6364	57.9
山西	-3.0	-0.6	-14.8	-3.2	-5262	-1122	69.5
内蒙古							
辽宁	3.4	5.9	16.8	28.5	11094	18875	81.6
吉林							
黑龙江	0.3	1.4	3.1	17.5	735	4150	84.5
上海	5.6	8.0	50.8	72.2	35717	50763	71.1
江苏	10.0	13.0	29.1	37.7	34560	44846	58.3
浙江	0.8	2.5	22.9	70.6	3424	10578	52.4
安徽	7.8	10.2	77.9	102.2	27325	35824	81.3
福建	2.6	4.4	6.9	11.9	6849	11797	67.4
江西	1.1	1.1	1.6	1.6	4444	4556	1.2
山东	15.1	16.5	47.1	51.4	63337	69047	70.4
河南	8.6	12.6	16.8	24.6	17185	25202	76.4
湖北	8.2	11.4	424.3	586.2	48045	66389	37.0
湖南	11.7	15.5	98.3	130.3	31318	41480	56.4
广东	11.2	14.4	99.2	127.8	111488	143642	79.1
广西							
海南							
重庆	-6.4	-3.4	-13.6	-7.2	-22768	-12007	54.6
四川	24.1	27.9	37.9	43.9	71053	82487	76.2
贵州							
云南	3.2	6.3	8.5	16.5	4024	7781	64.4
西藏							
陕西	2.6	5.6	37.9	82.8	8420	18394	87.7
甘肃	2.7	6.4	2.2	5.2	9250	21750	14.4
青海	0.3	3.2	0.2	1.6	313	3000	16.2
宁夏	0.6	3.7	1.2	7.5	1462	9247	66.5
新疆	2.7	7.4	1.1	3.1	3800	10600	52.5

2-B-2.109 各地区港澳台商投资总承包和专业承包企业签订合同情况

单位：万元

地　区	合同总额		
		上年结转合同额	本年新签合同额
全　国	**13181336**	**4999126**	**8182210**
北　京	1421969	554133	867837
天　津	80083	45885	34198
河　北	24102	713	23389
山　西	140005	46648	93357
内蒙古			
辽　宁	330924	64458	266466
吉　林	244533	71102	173431
黑龙江	2447		2447
上　海	1741482	307436	1434047
江　苏	614107	231178	382929
浙　江	1413520	698395	715125
安　徽	20835	5408	15427
福　建	845936	246594	599342
江　西	1853851	1054683	799168
山　东	1342348	749178	593171
河　南	59759	58719	1040
湖　北	74610	6810	67800
湖　南	249888	110875	139013
广　东	2464814	702520	1762293
广　西	18571	17052	1519
海　南	3768	2808	960
重　庆	131400	3	131397
四　川	19482	5810	13672
贵　州			
云　南	26751	965	25786
西　藏			
陕　西	223	30	193
甘　肃	10110	8279	1832
青　海			
宁　夏	45742	9446	36296
新　疆	77		77

2-B-2.110 各地区港澳台商投资总承包和专业承包企业承包工程完成情况

单位：万元

地区	直接从建设单位承揽工程完成的产值	自行完成施工产值	分包出去工程的产值	从建设单位以外承揽工程完成的产值
全国	**6479045**	**5886710**	**592335**	**332910**
北京	776918	637070	139847	46766
天津	56089	45999	10090	
河北	28045	28045		
山西	42067	42067		
内蒙古				
辽宁	232670	232449	220	220
吉林	193151	193151		
黑龙江	2447	2447		
上海	932846	836223	96623	212242
江苏	456600	455239	1361	16201
浙江	721958	711068	10890	30823
安徽	19409	19409		
福建	709390	630930	78460	
江西	610642	610642		214
山东	374382	374382		
河南	8931	8931		
湖北	70098	70047	51	
湖南	201996	199591	2405	
广东	913303	660916	252387	11603
广西	5802	5802		
海南	1520	1520		
重庆	22324	22324		1850
四川	11328	11328		12991
贵州				
云南	33594	33594		
西藏				
陕西	150	150		
甘肃	3342	3342		
青海				
宁夏	49968	49968		
新疆	77	77		

2-B-2.111 各地区港澳台商投资总承包和专业承包企业建筑业总产值和竣工产值

单位：万元

地区	建筑业总产值	#装饰装修产值	#在外省完成的产值	按构成分组			竣工产值
				建筑工程产值	安装工程产值	其他产值	
全国	**6219619**	**1698646**	**2955990**	**5180733**	**848597**	**190289**	**3878480**
北京	683836	415491	378335	667681	12049	4106	416152
天津	45999	20768	1135	41982	3939	78	18999
河北	28045	23901		23972	68	4005	27975
山西	42067	14971	520	36061	5968	38	18876
内蒙古							
辽宁	232670	118585	12947	94019	55474	83176	172404
吉林	193151	13453	162932	150660	33465	9025	135631
黑龙江	2447	2402		2447			2402
上海	1048465	490445	556270	747662	268791	32011	314670
江苏	471441	75397	159984	408052	63115	274	476045
浙江	741891	3640	451011	658399	74549	8943	464627
安徽	19409	638	905	6888	10855	1667	19451
福建	630930	138430	363010	606214	24170	546	243351
江西	610856	5110	228660	577835	5915	27106	267044
山东	374382	7766	164480	365510	939	7933	305162
河南	8931	138	138	8216	577	138	541
湖北	70047	47221	17239	61651	4787	3609	51636
湖南	199591	25230	100204	160490	39101		92629
广东	672519	290326	329067	438146	226738	7635	753485
广西	5802	320		5802			3602
海南	1520			1004	516		1520
重庆	24174	1958	18025	19584	4589		19256
四川	24319	1906	11131	11328	12991		5356
贵州							
云南	33594			33594			30834
西藏							
陕西	150	150		150			66
甘肃	3342	324		3342			324
青海							
宁夏	49968			49968			36368
新疆	77	77		77			77

2-B-2.112 各地区港澳台商投资总承包和专业承包企业房屋建筑面积

地　区	房屋建筑施工面积(万平方米)	#本年新开工	#实行投标承包面积	#本年新开工	房屋建筑竣工面积(万平方米)	房屋建筑面积竣工率(%)
全　国	**3053.0**	**1010.8**	**2232.9**	**767.3**	**888.8**	**29.1**
北　京	189.1	2.4	132.7		11.3	6.0
天　津						
河　北						
山　西	46.9	27.9	46.9	27.9	6.2	13.2
内蒙古						
辽　宁						
吉　林	17.6	8.0	8.0	8.0		
黑龙江						
上　海	8.8	2.8	8.8	2.8		
江　苏	219.2	61.4	185.1	55.2	146.4	66.8
浙　江	524.6	378.0	274.0	198.4	307.7	58.7
安　徽	10.6	2.5	2.5		8.4	79.8
福　建	657.5	198.4	612.0	191.9	74.8	11.4
江　西	747.7	268.2	747.7	268.2	137.8	18.4
山　东	24.1	15.5	8.8	8.0	13.1	54.4
河　南	58.5					
湖　北	4.6	2.6			2.0	44.0
湖　南	202.1	5.8	196.8	2.3	30.2	14.9
广　东	320.8	24.2	6.1	1.2	139.3	43.4
广　西	6.3	2.8	2.8	2.8	2.8	44.8
海　南	0.2				0.2	92.5
重　庆	0.7	0.7	0.7	0.7	0.7	100.0
四　川	2.6					
贵　州						
云　南	1.1	1.1				
西　藏						
陕　西						
甘　肃	2.4	0.9			1.4	58.3
青　海						
宁　夏	7.6	7.6			6.5	85.4
新　疆						

2-B-2.113 各地区按主要用途分的港澳台商投资总承包和专业承包企业房屋建筑竣工面积

单位：万平方米

地区	合计	住宅房屋	商业及服务用房屋	商厦房屋（批发和零售用房）	宾馆用房屋（住宿用房）	餐饮用房屋（餐饮用房）	商务会展用房屋	其他商业及服务用房屋(居民服务业用房)
全国	**888.8**	**447.1**	**·14.8**	**0.7**	**0.5**		**0.5**	**13.1**
北京	11.3	11.3						
天津								
河北								
山西	6.2	6.2						
内蒙古								
辽宁								
吉林								
黑龙江								
上海								
江苏	146.4	68.1	0.7	0.2	0.5			
浙江	307.7	15.0	7.9					7.9
安徽	8.4		3.2					3.2
福建	74.8	70.1	0.8					0.8
江西	137.8	102.6	1.8				0.5	1.3
山东	13.1	9.4						
河南								
湖北	2.0							
湖南	30.2	30.2						
广东	139.3	124.5						
广西	2.8	2.8						
海南	0.2							
重庆	0.7							
四川								
贵州								
云南								
西藏								
陕西								
甘肃	1.4	0.9	0.6	0.6				
青海								
宁夏	6.5	6.1						
新疆								

2-B-2.113　续表　　　　　　　　　　　　　　　　单位：万平方米

地　区	办公用房屋	科研、教育和医疗用房屋	科学研究用房屋	教育用房屋	医疗用房屋（卫生医疗用房）	文化、体育和娱乐用房屋	厂房及建筑物	#厂房	仓　库	其他未列明的房屋建筑物
全　国	**18.9**	**22.5**	**3.6**	**16.1**	**2.8**	**6.6**	**362.0**	**317.7**	**0.7**	**16.1**
北　京										
天　津										
河　北										
山　西										
内蒙古										
辽　宁										
吉　林										
黑龙江										
上　海										
江　苏	0.4	1.3		1.3			75.2	74.6	0.7	
浙　江	1.6	10.7	3.6	7.2		6.5	261.2	224.9		4.9
安　徽							5.2	5.2		
福　建						0.1	2.6	2.6		1.1
江　西	16.1	9.9		7.2	2.8		6.7	6.7		0.6
山　东							3.7	3.7		
河　南										
湖　北							2.0			
湖　南										
广　东							5.3			9.5
广　西										
海　南		0.2		0.2						
重　庆	0.7									
四　川										
贵　州										
云　南										
西　藏										
陕　西										
甘　肃										
青　海										
宁　夏	0.1	0.3		0.3						
新　疆										

2-B-2.114 各地区按主要用途分的港澳台商投资总承包和专业承包企业房屋建筑竣工价值

单位：万元

地区	合计	住宅房屋	商业及服务用房屋	商厦房屋(批发和零售用房)	宾馆用房屋(住宿用房)	餐饮用房屋(餐饮用房)	商务会展用房屋	其他商业及服务用房屋(居民服务业用房)
全国	**1473527**	**866479**	**29875**	**576**	**623**		**1904**	**26772**
北京	23256	23256						
天津								
河北								
山西	5891	5891						
内蒙古								
辽宁								
吉林								
黑龙江								
上海								
江苏	203642	120610	1103	476	623		4	
浙江	449070	16410	19350					19350
安徽	9235		3830					3830
福建	143347	130861	1629					1629
江西	183925	140681	3863				1900	1963
山东	12063	9135						
河南								
湖北	3967							
湖南	29328	29328						
广东	391111	374613						
广西	3344	3344						
海南	330							
重庆	1820							
四川								
贵州								
云南								
西藏								
陕西								
甘肃	324	225	100	100				
青海								
宁夏	12875	12126						
新疆								

2-B-2.114 续表

单位：万元

地区	办公用房屋	科研、教育和医疗用房屋	科学研究用房屋	教育用房屋	医疗用房屋(卫生医疗用房)	文化、体育和娱乐用房屋	厂房及建筑物	#厂房	仓库	其他未列明的房屋建筑物
全国	**24768**	**39963**	**6670**	**29565**	**3728**	**5754**	**480494**	**399176**	**650**	**25545**
北京										
天津										
河北										
山西										
内蒙古										
辽宁										
吉林										
黑龙江										
上海										
江苏	790	2382		2382			78106	76553	650	
浙江	7330	23350	6670	16680		5511	369819	296312		7300
安徽	37						5368	5368		
福建						243	7700	7700		2914
江西	14502	13441		9713	3728		10315	10315		1124
山东							2928	2928		
河南										
湖北							3967			
湖南										
广东							2291			14207
广西										
海南		330		330						
重庆	1820									
四川										
贵州										
云南										
西藏										
陕西										
甘肃										
青海										
宁夏	289	461		461						
新疆										

2-B-2.115 各地区港澳台商投资总承包和专业承包企业施工机械设备情况

地区	年末自有施工机械设备总台数(台)	年末自有施工机械设备总功率(千瓦)	年末自有施工机械设备净值(万元)	技术装备率(元/人)	动力装备率(千瓦/人)
全国	**26059**	**577515**	**119840**	**7280**	**3.5**
北京	752	5400	2485	4172	0.9
天津	246	60658	477	7322	93.0
河北	15	350	14	184	0.5
山西	1355	16191	3780	11920	5.1
内蒙古					
辽宁	2711	82999	2615	6691	21.2
吉林	663	35760	4544	7830	6.2
黑龙江	10	40	905	232103	1.0
上海	1924	29265	4117	3938	2.8
江苏	3959	103472	22239	16213	7.5
浙江	3762	40340	32976	16140	2.0
安徽	421	10369	1353	10655	8.2
福建	1966	14873	3134	4720	2.2
江西	123	346	256	51	
山东	1283	69067	28417	35266	8.6
河南					
湖北	1338	13797	1142	5013	6.1
湖南	1208	7714	434	1113	2.0
广东	3751	56568	6965	3235	2.6
广西					
海南	6	86	85	16038	1.6
重庆	201	16210	469	2622	9.1
四川	206	2125	225	1958	1.9
贵州					
云南	139	11864	3207	31198	11.5
西藏					
陕西					
甘肃	20	21	2	139	0.2
青海					
宁夏					
新疆					

2-B-2.116 各地区港澳台商投资总承包和专业承包企业主要生产效益指标

地　区	建筑业企业个数（个）	直接从事生产经营活动的平均人数（人）	按总产值计算的劳动生产率（元/人）	人均竣工产值（元/人）	人均施工面积（平方米/人）	人均竣工面积（平方米/人）
全　国	**390**	**174513**	**356399**	**222246**	**174.9**	**50.9**
北　京	42	6189	1104922	672406	305.6	18.2
天　津	13	1208	380785	157275		
河　北	5	457	613676	612136		
山　西	7	2029	207331	93033	231.4	30.5
内蒙古						
辽　宁	26	3674	633287	469254	0.1	
吉　林	6	6526	295971	207831	26.9	
黑龙江	2	85	287824	282529		
上　海	68	20494	511596	153542	4.3	
江　苏	47	14377	327913	331116	152.5	101.8
浙　江	22	15096	491448	307781	347.5	203.9
安　徽	5	1298	149531	149851	81.4	65.0
福　建	27	30591	206247	79550	214.9	24.4
江　西	7	29171	209405	91544	256.3	47.2
山　东	15	8037	465823	379696	30.0	16.3
河　南	4	91	981418	59407	6423.2	
湖　北	14	2165	323541	238501	21.2	9.3
湖　南	6	7649	260937	121099	264.2	39.4
广　东	53	20381	329973	369700	157.4	68.3
广　西	3	416	139474	86575	152.5	68.3
海　南	1	39	389744	389744	58.2	53.8
重　庆	4	483	500489	398669	13.9	13.9
四　川	5	1022	237953	52408	25.5	
贵　州						
云　南	2	877	383055	351584	12.7	
西　藏						
陕　西	1	16	93500	41375		
甘　肃	3	139	240424	23331	172.7	100.7
青　海						
宁　夏	1	2000	249838	181842	38.1	32.5
新　疆	1	3	257667	257667		

2-B-2.117 各地区港澳台商投资总承包和专业承包企业营业额

单位：万元

地区	企业营业额	在境外完成的营业额	企业总产值	#建筑业总产值
全国	**6905706**	**75215**	**6830491**	**6219619**
北京	700889		700889	683836
天津	48164		48164	45999
河北	32947		32947	28045
山西	42447		42447	42067
内蒙古				
辽宁	234320		234320	232670
吉林	194490		194490	193151
黑龙江	2447		2447	2447
上海	1379717	54536	1325181	1048465
江苏	478766		478766	471441
浙江	784626	5585	779041	741891
安徽	36772		36772	19409
福建	636160		636160	630930
江西	618291	7405	610886	610856
山东	374425		374425	374382
河南	8931		8931	8931
湖北	70348		70348	70047
湖南	199591		199591	199591
广东	916010	6238	909773	672519
广西	5802		5802	5802
海南	1520		1520	1520
重庆	24174		24174	24174
四川	25770	1451	24319	24319
贵州				
云南	33594		33594	33594
西藏				
陕西	150		150	150
甘肃	3342		3342	3342
青海				
宁夏	51939		51939	49968
新疆	77		77	77

2-B-2.118 各地区港澳台商投资总承包和专业承包企业资产构成

单位：万元

地区	资产合计	#流动资产合计	#存货	#非流动资产合计	#固定资产合计
全国	**7733077**	**6337712**	**998907**	**1395365**	**772959**
北京	778297	710964	108180	67333	22575
天津	115440	97985	5637	17455	3003
河北	20298	17488	2154	2810	1917
山西	53154	45343	12796	7810	7100
内蒙古					
辽宁	248349	178305	24573	70044	41343
吉林	265169	224823	88170	40346	21960
黑龙江	3522	1717		1805	905
上海	1415935	1175460	125631	240475	175260
江苏	771353	679528	106209	91825	57849
浙江	607482	515806	165439	91677	62330
安徽	87389	64754	37347	22636	16388
福建	277608	247176	70713	30432	13469
江西	720504	599342	31249	121162	7490
山东	539098	475225	39424	63873	24283
河南	113869	107898	1451	5971	1858
湖北	50456	23785	4550	26671	3961
湖南	102772	84068	6064	18704	7169
广东	1001026	796537	107521	204489	49741
广西	11527	10880	1	647	476
海南	2330	1849	2	481	481
重庆	436528	182944	50699	253584	243187
四川	31174	25535	9668	5639	4589
贵州					
云南	54235	47772	453	6464	4826
西藏					
陕西	333	317	57	16	16
甘肃	6181	3758	103	2423	191
青海					
宁夏	18858	18268	807	590	587
新疆	193	188	11	6	6

2-B-2.119 各地区港澳台商投资总承包和专业承包企业固定资产情况

单位：万元

地区	固定资产合计	固定资产原价	固定资产折旧	#本年折旧	在建工程
全国	**772959**	**937377**	**316941**	**51490**	**136916**
北京	22575	39863	18223	2436	16
天津	3003	10933	8152	431	220
河北	1917	4198	2281	329	
山西	7100	14767	10179	4691	2260
内蒙古					
辽宁	41343	34722	13586	1266	19745
吉林	21960	33969	12076	3450	67
黑龙江	905	1348	443		
上海	175260	206150	34783	4478	3590
江苏	57849	73306	28851	4419	9097
浙江	62330	105296	50893	6891	5815
安徽	16388	19882	13013	1138	9400
福建	13469	19467	9048	761	442
江西	7490	8358	1973	804	
山东	24283	46400	22439	3217	9
河南	1858	2204	369	57	
湖北	3961	6956	3610	288	608
湖南	7169	11508	6263	880	1925
广东	49741	81637	36197	6375	1320
广西	476	1614	1139	1	
海南	481	191	75	23	365
重庆	243187	199219	36847	8529	80753
四川	4589	6376	1830	244	4
贵州					
云南	4826	6241	2700	741	1283
西藏					
陕西	16	143	127	1	
甘肃	191	467	276	33	
青海					
宁夏	587	2083	1496	7	
新疆	6	79	74		

2-B-2.120 各地区港澳台商投资总承包和专业承包企业负债及所有者权益

单位：万元

地区	负债合计	#流动负债	#应付账款	所有者权益	#实收资本
全　国	**5867675**	**5098793**	**1296907**	**1865401**	**1108675**
北　京	643447	625683	134209	134850	126351
天　津	92641	92196	30439	22799	24431
河　北	11353	11352	2674	8944	2340
山　西	27271	27271	9680	25882	16212
内蒙古					
辽　宁	161960	111100	16526	86389	34673
吉　林	198460	179460	70300	66709	21736
黑龙江	539	530	527	2983	2260
上　海	1123125	1064459	398097	292810	185578
江　苏	490392	458485	123632	280961	126519
浙　江	470583	364065	83553	136899	88831
安　徽	66954	66954	2993	20435	14279
福　建	169525	146603	58375	108083	64005
江　西	620662	619554	20251	99842	60310
山　东	448175	431223	71354	90923	72952
河　南	108919	108829	-1	4950	4221
湖　北	24857	24846	6223	25599	19709
湖　南	60623	60523	19231	42149	20407
广　东	741691	536915	214099	259335	128262
广　西	1832	1753	414	9696	9500
海　南	539	539	78	1791	2000
重　庆	342669	98325	30379	93858	61692
四　川	6238	6196	3086	24937	11065
贵　州					
云　南	46286	46286	4	7950	3628
西　藏					
陕　西	404	404	74	-71	661
甘　肃	-5681	1030	299	11862	2205
青　海					
宁　夏	14016	14016	278	4843	4787
新　疆	198	198	133	-5	60

2-B-2.121 各地区港澳台商投资总承包和专业承包企业实收资本

单位：万元

地区	合计	国家资本	集体资本	法人资本	个人资本	港澳台资本	外商资本
全　国	**1108675**	**92130**	**17210**	**319658**	**97286**	**489917**	**92475**
北　京	126351	836	664	34909	2870	85588	1484
天　津	24431	680	225	11530	2072	4824	5100
河　北	2340		149	1508		655	28
山　西	16212	2034	1365	6535		6179	100
内蒙古							
辽　宁	34673	7649		4608	8860	11786	1770
吉　林	21736			9851	52	11834	
黑龙江	2260			664	450	1146	
上　海	185578	4600	9203	36185	4411	122827	8353
江　苏	126519	3453	420	32367	19098	64014	7167
浙　江	88831	6556	530	38194	14077	26663	2811
安　徽	14279	8548		2460		3271	
福　建	64005		529	28770	5129	29550	27
江　西	60310	31789		14558	239	2764	10960
山　东	72952	5690	2000	46126	1781	16875	480
河　南	4221				3371	850	
湖　北	19709	720	550	9355	250	7639	1195
湖　南	20407	1275		4008	8468	6656	
广　东	128262	18301	25	27228	9594	73114	
广　西	9500			1000	8255	245	
海　南	2000			887	966	147	
重　庆	61692				970	7722	53000
四　川	11065			3975	5173	1918	
贵　州							
云　南	3628				1200	2428	
西　藏							
陕　西	661			48		614	
甘　肃	2205		1550	105		550	
青　海							
宁　夏	4787			4787			
新　疆	60					60	

2-B-2.122　各地区港澳台商投资总承包和专业承包企业收入情况

单位：万元

地　区	主营业务收入	#主营业务成本	#主营业务税金及附加	其他业务收入	#其他业务成本	#其他业务利润
全　国	**7106842**	**6154566**	**184913**	**46268**	**173332**	**13677**
北　京	907511	820740	22710	9939	6975	2322
天　津	51555	29458	1640	442	16301	129
河　北	35874	27264	946			
山　西	42923	37240	1311			
内蒙古						
辽　宁	224163	187965	4818	1312	16040	1294
吉　林	194490	176008	4891	220	23	-451
黑龙江	2460	2257	98			
上　海	1388209	1244190	24977	6272	2038	1763
江　苏	479039	406207	13539	3439	3078	139
浙　江	702130	522011	11673	7689	114625	1320
安　徽	42430	29638	656	305	137	168
福　建	768315	705368	24693	176	132	54
江　西	598522	547689	19952	2629	754	1772
山　东	407683	366938	13104	567	36	6
河　南	8664	680	154	124	6526	124
湖　北	69943	60295	2483	632	463	101
湖　南	222999	205350	8529	46	33	14
广　东	745695	620955	23225	11548	6107	4016
广　西	4809	4256	114			
海　南	1096	895	34			
重　庆	92299	56156	633	6	4	3
四　川	27604	24076	790	70	1	53
贵　州						
云　南	33594	28256	1193			
西　藏						
陕　西	335	266	12			
甘　肃	3336	2382	1019		60	
青　海						
宁　夏	51087	47983	1718	852		852
新　疆	77	44	3			

2-B-2.123 各地区港澳台商投资总承包和专业承包企业费用情况

单位：万元

地区	管理费用	#税金	销售费用	财务费用	#利息收入	#利息支出
全国	**300602**	**13885**	**55679**	**84907**	**18971**	**69994**
北京	43555	680	10093	556	3408	3301
天津	2310	151	364	141	34	194
河北	5201	38	164	136	18	139
山西	2193	215		64		59
内蒙古						
辽宁	9355	285	621	4401	174	4463
吉林	2964	162	85	3779	30	3779
黑龙江	111	1				
上海	90374	438	10683	17325	508	2038
江苏	24864	851	5099	8757	1373	7838
浙江	17719	941	8238	10816	1494	9411
安徽	2380	53	4250	-48	-284	196
福建	12928	805	329	-168	1064	970
江西	7791	218	34	7605	636	7837
山东	6627	333	2560	6771	5747	9216
河南	554	35	4	88	6	106
湖北	2348	40	450	127	33	147
湖南	3157	199	1595	533	11	240
广东	48187	7713	10285	8666	667	2900
广西	169	2	10	-1	-1	
海南	156					
重庆	12527	656	654	13007	4027	15212
四川	1890	29	133	186	4	18
贵州						
云南	770	15	31	1465	23	1487
西藏						
陕西	109	8				
甘肃	591	7	1	258		
青海						
宁夏	1742	10		446		446
新疆	30					

2-B-2.124　各地区港澳台商投资总承包和专业承包企业利润及税金情况

单位：万元

地　区	利润总额	#应交所得税	税金总额	主营业务税金及附加	管理费用中的税金
全　国	**209397**	**64226**	**198798**	**184913**	**13885**
北　京	11829	3411	23391	22710	680
天　津	1560	199	1791	1640	151
河　北	2178	545	985	946	38
山　西	2121	185	1526	1311	215
内蒙古					
辽　宁	1627	1938	5103	4818	285
吉　林	6523	1414	5054	4891	162
黑龙江	-8		99	98	1
上　海	799	10852	25415	24977	438
江　苏	20217	5086	14390	13539	851
浙　江	19818	3978	12613	11673	941
安　徽	5717	1707	709	656	53
福　建	25276	7808	25498	24693	805
江　西	36354	4209	20170	19952	218
山　东	11856	2567	13437	13104	333
河　南	784	80	189	154	35
湖　北	4488	1192	2523	2483	40
湖　南	3941	795	8728	8529	199
广　东	43976	11275	30938	23225	7713
广　西	262	101	116	114	2
海　南	8	3	34	34	
重　庆	9320	4659	1289	633	656
四　川	487	321	819	790	29
贵　州					
云　南	1880	470	1208	1193	15
西　藏					
陕　西	-51	1410	19	12	8
甘　肃	-1616	9	1025	1019	7
青　海					
宁　夏	53	13	1728	1718	10
新　疆			3	3	

2-B-2.125 各地区港澳台商投资总承包和专业承包企业应收工程款及企业亏损情况

地区	应收工程款(万元)	企业个数(个)	#亏损企业个数	亏损企业的比重(%)
全国	**1887438**	**390**	**97**	**24.9**
北京	108120	42	12	28.6
天津	11674	13	5	38.5
河北	9032	5	1	20.0
山西	14085	7	3	42.9
内蒙古				
辽宁	29954	26	4	15.4
吉林	67540	6	2	33.3
黑龙江	900	2	2	100.0
上海	485919	68	23	33.8
江苏	319606	47	6	12.8
浙江	105686	22	7	31.8
安徽	12316	5		
福建	49578	27	5	18.5
江西	219771	7	2	28.6
山东	81088	15	2	13.3
河南	8853	4	1	25.0
湖北	6590	14	5	35.7
湖南	14859	6	1	16.7
广东	267940	53	11	20.8
广西	3994	3	1	33.3
海南	499	1		
重庆	45190	4		
四川	11884	5	1	20.0
贵州				
云南	2976	2		
西藏				
陕西	33	1	1	100.0
甘肃	1816	3	2	66.7
青海				
宁夏	7415	1		
新疆	123	1		

2-B-2.126 各地区港澳台商投资总承包和专业承包企业主要经济效益指标

地　区	产值利润率(%)	产值利税率(%)	资本利润率(%)	资本利税率(%)	人均利润(元/人)	人均利税(元/人)	资产负债率(%)
全　国	**3.4**	**6.6**	**18.9**	**36.8**	**11999**	**23390**	**75.9**
北　京	1.7	5.2	9.4	27.9	19113	56907	82.7
天　津	3.4	7.3	6.4	13.7	12912	27738	80.3
河　北	7.8	11.3	93.1	135.1	47650	69193	55.9
山　西	5.0	8.7	13.1	22.5	10455	17975	51.3
内蒙古							
辽　宁	0.7	2.9	4.7	19.4	4428	18316	65.2
吉　林	3.4	6.0	30.0	53.3	9996	17740	74.8
黑龙江	-0.3	3.7	-0.3	4.0	-882	10729	15.3
上　海	0.1	2.5	0.4	14.1	390	12791	79.3
江　苏	4.3	7.3	16.0	27.4	14062	24071	63.6
浙　江	2.7	4.4	22.3	36.5	13128	21483	77.5
安　徽	29.5	33.1	40.0	45.0	44044	49507	76.6
福　建	4.0	8.0	39.5	79.3	8262	16598	61.1
江　西	6.0	9.3	60.3	93.7	12462	19377	86.1
山　东	3.2	6.8	16.3	34.7	14752	31470	83.1
河　南	8.8	10.9	18.6	23.0	86176	106901	95.7
湖　北	6.4	10.0	22.8	35.6	20728	32382	49.3
湖　南	2.0	6.3	19.3	62.1	5153	16563	59.0
广　东	6.5	11.1	34.3	58.4	21577	36757	74.1
广　西	4.5	6.5	2.8	4.0	6286	9072	15.9
海　南	0.5	2.8	0.4	2.1	2128	10821	23.1
重　庆	38.6	43.9	15.1	17.2	192954	219646	78.5
四　川	2.0	5.4	4.4	11.8	4768	12779	20.0
贵　州							
云　南	5.6	9.2	51.8	85.1	21433	35209	85.3
西　藏							
陕　西	-34.3	-21.5	-7.8	-4.9	-32063	-20125	121.4
甘　肃	-48.4	-17.7	-73.3	-26.8	-116266	-42511	-91.9
青　海							
宁　夏	0.1	3.6	1.1	37.2	267	8909	74.3
新　疆	0.3	3.8	0.3	4.8	667	9667	102.3

3. 按行业分组

2-B-3.1 各行业总承包和专业承包企业签订合同情况

单位：万元

行业	合同总额	上年结转合同额	本年新签合同额
总计	**2894232581**	**1144658873**	**1749573708**
房屋建筑业	1826852884	703381504	1123471380
土木工程建筑业	817483979	368495432	448988547
铁路、道路、隧道和桥梁工程建筑	538384198	255745797	282638401
水利和内河港口工程建筑	130244703	60854204	69390499
海洋工程建筑	454955	246874	208081
工矿工程建筑	71956264	27135916	44820347
架线和管道工程建筑	45204733	14199023	31005710
其他土木工程建筑	31239126	10313618	20925509
建筑安装业	136566595	43880127	92686468
建筑装饰和其他建筑业	113329124	28901810	84427314

2-B-3.2 各行业总承包和专业承包企业承包工程完成情况

单位：万元

行业	直接从建设单位承揽工程完成的产值	自行完成施工产值	分包出去工程的产值	从建设单位以外承揽工程完成的产值
总计	**1587629041**	**1546326846**	**41302195**	**57333787**
房屋建筑业	1021390947	1002028253	19362694	25458248
土木工程建筑业	397790546	381358674	16431872	19206610
铁路、道路、隧道和桥梁工程建筑	250773501	243453250	7320251	12197201
水利和内河港口工程建筑	59650516	54874154	4776362	2385443
海洋工程建筑	291718	200344	91375	8647
工矿工程建筑	37675687	35091681	2584006	2132109
架线和管道工程建筑	30225795	28809070	1416725	1306097
其他土木工程建筑	19173328	18930175	243153	1177113
建筑安装业	88235785	84079654	4156132	7206533
建筑装饰和其他建筑业	80211763	78860266	1351498	5462397

2-B-3.3 各行业总承包和专业承包企业建筑业总产值和竣工产值

单位：万元

行　业	建筑业总产值	#装饰装修产　值	#在外省完成的产值
总　计	**1603660633**	**96097866**	**507100132**
房屋建筑业	1027486500	38986524	301466712
土木工程建筑业	400565284	2956571	158208525
铁路、道路、隧道和桥梁工程建筑	255650451	1764596	109740566
水利和内河港口工程建筑	57259597	211241	20049772
海洋工程建筑	208990		22014
工矿工程建筑	37223791	353734	16568476
架线和管道工程建筑	30115166	236250	6921365
其他土木工程建筑	20107289	390750	4906331
建筑安装业	91286187	2196195	24064152
建筑装饰和其他建筑业	84322663	51958576	23360744

2-B-3.3　续表

单位：万元

行　业	按构成分组			竣工产值
	建筑工程产　值	安装工程产　值	其他产值	
总　计	**1421493613**	**133826662**	**48340358**	**936761704**
房屋建筑业	962928284	41609051	22949165	650524822
土木工程建筑业	354377926	32357241	13830116	184371243
铁路、道路、隧道和桥梁工程建筑	245512406	3247394	6890651	111581468
水利和内河港口工程建筑	54010281	1386351	1862964	23141340
海洋工程建筑	197151	9118	2721	151574
工矿工程建筑	23974186	10800082	2449522	18419830
架线和管道工程建筑	12746192	15991238	1377736	17831078
其他土木工程建筑	17937710	923058	1246521	13245955
建筑安装业	35878597	50933014	4474576	52121058
建筑装饰和其他建筑业	68308806	8927356	7086500	49744581

2-B-3.4　各行业总承包和专业承包企业房屋建筑面积

行　　业	房屋建筑施工面积(万平方米)	#本年新开工	#实行投标承包面积	#本年新开工	房屋建筑竣工面积(万平方米)	房屋建筑面积竣工率(%)
总　计	**1132003**	**516799**	**902120**	**422672**	**401521**	**35.5**
房屋建筑业	1072507	488587	860438	402618	379817	35.4
土木工程建筑业	41509	18648	29728	13553	14010	33.8
铁路、道路、隧道和桥梁工程建筑	19469	9025	14577	6764	6846	35.2
水利和内河港口工程建筑	3337	1708	2756	1467	1149	34.4
海洋工程建筑	5	3			4	89.6
工矿工程建筑	8249	2943	7328	2528	2309	28
架线和管道工程建筑	887	464	615	344	449	50.6
其他土木工程建筑	9562	4505	4452	2449	3253	34
建筑安装业	14270	7085	9764	4765	6271	43.9
建筑装饰和其他建筑业	3717	2479	2189	1738	1423	38.3

2-B-3.5　各行业总承包和专业承包企业机械设备情况

行　　业	年末自有施工机械设备总台数(台)	年末自有施工机械设备总功率(千瓦)	年末自有施工机械设备净值(万元)	技　术装备率(元/人)	动　力装备率(千瓦/人)
总　计	**11467280**	**254239766**	**60941736**	**13458**	**5.6**
房屋建筑业	7649128	140256972	25752786	7853	4.3
土木工程建筑业	2301658	89800285	30804348	39250	11.4
铁路、道路、隧道和桥梁工程建筑	1015329	50117457	21937054	48199	11
水利和内河港口工程建筑	452368	16898134	5014024	45104	15.2
海洋工程建筑	175	50059	30256	128420	21.2
工矿工程建筑	361868	10690316	2110085	23653	12
架线和管道工程建筑	346706	6995671	902406	12675	9.8
其他土木工程建筑	125212	5048648	810523	14003	8.7
建筑安装业	883192	13479519	2236562	9337	5.6
建筑装饰和其他建筑业	633302	10702990	2148039	9559	4.8

2-B-3.6　按主要用途分的各行业总承包和专业承包企业房屋建筑竣工面积

单位：万平方米

行　业	合计	住宅房屋	商业及服务用房屋	商厦房屋(批发和零售用房)	宾馆用房屋(住宿用房)	餐饮用房屋(餐饮用房)	商务会展用房屋	其他商业及服务用房屋(居民服务业用房)	办公用房屋
总　计	**401521**	**267736**	**25925**	**11465**	**3653**	**1191**	**1442**	**8174**	**23328**
房屋建筑业	379817	255350	24723	11018	3487	1132	1370	7716	21973
土木工程建筑业	14010	8202	858	306	118	36	41	358	909
铁路、道路、隧道和桥梁工程建筑	6846	3849	523	212	70	20	16	206	519
水利和内河港口工程建筑	1149	810	51	25	10	1	2	14	82
海洋工程建筑	4		3					3	
工矿工程建筑	2309	1200	79	23	16	2		37	81
架线和管道工程建筑	449	203	24	13	3	1	5	3	30
其他土木工程建筑	3253	2140	176	33	18	12	17	95	197
建筑安装业	6271	3458	283	128	41	19	23	72	328
建筑装饰和其他建筑业	1423	726	61	13	7	4	9	28	117

2-B-3.6　续表

单位：万平方米

行　业	科研、教育和医疗用房屋	科学研究用房屋	教育用房屋	医疗用房屋(卫生医疗用房)	文化、体育和娱乐用房屋	厂房及建筑物	#厂房	仓　库	其他未列明的房屋建筑物
总　计	**16532**	**1696**	**11045**	**3791**	**3570**	**53476**	**36485**	**2643**	**8311**
房屋建筑业	15913	1635	10621	3658	3380	48471	33399	2521	7486
土木工程建筑业	434	45	297	92	124	2811	1827	64	607
铁路、道路、隧道和桥梁工程建筑	282	27	199	56	57	1260	854	40	316
水利和内河港口工程建筑	24	2	18	3		144	87	2	36
海洋工程建筑						1	1		
工矿工程建筑	43	12	14	16	23	848	602	7	28
架线和管道工程建筑	10		9		1	155	88	5	21
其他土木工程建筑	75	3	56	16	42	405	195	10	207
建筑安装业	152	14	99	39	49	1799	1034	47	154
建筑装饰和其他建筑业	33	1	29	3	17	394	226	10	64

2-B-3.7　按主要用途分的各行业总承包和专业承包企业房屋建筑竣工价值

单位：万元

行　业	合计	住宅房屋	商　业及服务用房屋	商厦房屋(批发和零售用房)	宾馆用房　屋(住宿用房)	餐饮用房　屋(餐饮用房)	商　务会　展用房屋	其他商业及服务用房屋(居民服务业用房)	办公用房　屋
总　计	**584675729**	**383131787**	**42742586**	**18558020**	**6213272**	**1888239**	**2625297**	**13457757**	**38472605**
房屋建筑业	553823596	365377151	41050821	17934093	6003334	1819604	2550043	12743748	36071829
土木工程建筑业	21262232	12232375	1305762	459424	161880	48993	50339	585127	1705668
铁路、道路、隧道和桥梁工程建筑	9883124	5607984	782802	309357	91205	23622	21063	337555	965539
水利和内河港口工程建筑	1661608	1175279	99222	42205	18651	1372	5801	31194	116522
海洋工程建筑	3120		2305					2305	
工矿工程建筑	4066166	2012084	141872	37833	25012	3420	60	75546	148710
架线和管道工程建筑	707254	302804	33868	19254	3184	1384	4076	5969	50066
其他土木工程建筑	4940960	3134225	245693	50774	23828	19194	19339	132558	424830
建筑安装业	7976113	4706574	323688	150911	39428	15945	18581	98822	523514
建筑装饰和其他建筑业	1613789	815687	62315	13593	8631	3697	6335	30060	171595

2-B-3.7　续表

单位：万元

行　业	科研、教育和医疗用房屋	科学研究用房屋	教育用房屋	医疗用房屋(卫生医疗用房)	文化、体育和娱乐用房屋	厂房及建筑物	#厂房	仓　库	其他未列明的房屋建筑物
总　计	**27149576**	**3259246**	**16941185**	**6949145**	**6907074**	**69319318**	**48474817**	**3371187**	**13581597**
房屋建筑业	26290046	3172105	16325915	6792026	6535976	62784258	44246842	3246671	12466844
土木工程建筑业	653721	66072	471064	116585	279738	4151382	2869182	81516	852069
铁路、道路、隧道和桥梁工程建筑	448155	42910	334953	70292	124848	1567244	1109786	48592	337961
水利和内河港口工程建筑	33643	3325	22302	8016	638	189287	115322	2241	44776
海洋工程建筑						815	815		
工矿工程建筑	59057	15241	23931	19886	81595	1557310	1154316	12966	52573
架线和管道工程建筑	17418	132	17173	112	429	255033	170682	5831	41806
其他土木工程建筑	95449	4465	72705	18279	72229	581694	318262	11886	374953
建筑安装业	178494	20303	122087	36103	74128	1937613	1137239	34464	197639
建筑装饰和其他建筑业	27315	765	22119	4431	17232	446065	221555	8537	65044

2-B-3.8 按主要用途分的各行业总承包和专业承包企业主要生产效益指标

行业	建筑业企业个数(个)	直接从事生产经营活动的平均人数(人)	按总产值计算的劳动生产率(元/人)	人均竣工产值(元/人)	人均施工面积(平方米/人)	人均竣工面积(平方米/人)
总 计	**78919**	**50265393**	**319039**	**186363**	**225.2**	**79.9**
房屋建筑业	33532	35360834	290572	183968	303.3	107.4
土木工程建筑业	16132	9790001	409158	188326	42.4	14.3
铁路、道路、隧道和桥梁工程建筑	8066	5922553	431656	188401	32.9	11.6
水利和内河港口工程建筑	2075	1305529	438593	177256	25.6	8.8
海洋工程建筑	13	2345	891215	646370	21.3	19.1
工矿工程建筑	1031	1037449	358801	177549	79.5	22.3
架线和管道工程建筑	2491	760637	395920	234423	11.7	5.9
其他土木工程建筑	2456	761488	264053	173948	125.6	42.7
建筑安装业	12441	2576760	354267	202274	55.4	24.3
建筑装饰和其他建筑业	16814	2537798	332267	196015	14.6	5.6

2-B-3.9 按主要用途分的各行业总承包和专业承包企业营业额

单位：万元

行业	企业营业额	在境外完成的营业额	企业总产值	#建筑业总产值
总 计	**2080681665**	**34799886**	**2045881779**	**1603660633**
房屋建筑业	1436572347	12408358	1424163989	1027486500
土木工程建筑业	453359593	19722214	433637379	400565284
铁路、道路、隧道和桥梁工程建筑	273804339	5871407	267932931	255650451
水利和内河港口工程建筑	75435619	7699244	67736375	57259597
海洋工程建筑	209991		209991	208990
工矿工程建筑	48248728	4558990	43689738	37223791
架线和管道工程建筑	33392459	928896	32463563	30115166
其他土木工程建筑	22268458	663678	21604780	20107289
建筑安装业	99990932	2205443	97785490	91286187
建筑装饰和其他建筑业	90758793	463871	90294922	84322663

2-B-3.10 各行业总承包和专业承包企业资产构成

单位：万元

行业	资产合计	#流动资产合计	#存货	#非流动资产合计	#固定资产合计
总计	**1300944471**	**1017385789**	**231272275**	**283558682**	**130470398**
房屋建筑业	653488332	521683167	120975885	131805165	61423881
土木工程建筑业	477574785	359554315	82132498	118020471	51015167
铁路、道路、隧道和桥梁工程建筑	300045624	228144216	50797998	71901408	27180054
水利和内河港口工程建筑	76317842	50846062	11262957	25471779	12554558
海洋工程建筑	677821	493029	67281	184792	57781
工矿工程建筑	43586309	33815716	7549692	9770592	5172392
架线和管道工程建筑	37512895	30503414	8817959	7009481	3972895
其他土木工程建筑	19434296	15751877	3636613	3682419	2077487
建筑安装业	95025385	75887951	17360037	19137434	10042579
建筑装饰和其他建筑业	74855970	60260356	10803855	14595613	7988772

2-B-3.11 各行业总承包和专业承包企业固定资产情况

单位：万元

行业	固定资产合计	固定资产原价	固定资产折旧	#本年折旧	在建工程
总计	**130470398**	**168947192**	**66487311**	**11749787**	**14531896**
房屋建筑业	61423881	72683023	24898705	4630909	8173063
土木工程建筑业	51015167	73297786	32727961	5565690	4125198
铁路、道路、隧道和桥梁工程建筑	27180054	41483320	18919630	3348949	2194052
水利和内河港口工程建筑	12554558	14656226	6059282	1025460	1011324
海洋工程建筑	57781	83108	44573	4002	7190
工矿工程建筑	5172392	7778240	3464539	568781	378037
架线和管道工程建筑	3972895	6583297	3211897	424590	304390
其他土木工程建筑	2077487	2713594	1028040	193908	230205
建筑安装业	10042579	12883413	5128503	874322	1375144
建筑装饰和其他建筑业	7988772	10082970	3732142	678866	858492

2-B-3.12　各行业总承包和专业承包企业负债及所有者权益

单位：万元

行　业	负债合计	#流动负债	#应付账款	所有者权益	#实收资本
总　计	**879588627**	**796758627**	**253659234**	**421249678**	**240837729**
房屋建筑业	431174113	392717731	116216317	222258209	126043202
土木工程建筑业	341817127	305225782	106353368	135739762	75046173
铁路、道路、隧道和桥梁工程建筑	215585182	193853653	68390700	84452862	45187307
水利和内河港口工程建筑	53906827	44099752	14431832	22408571	12983204
海洋工程建筑	501128	466084	179954	176693	86219
工矿工程建筑	32937370	30483800	12521552	10648938	6425609
架线和管道工程建筑	27081258	25298653	7834632	10424782	6045049
其他土木工程建筑	11805362	11023840	2994697	7627916	4318785
建筑安装业	61673103	57590527	18041288	33336655	21135186
建筑装饰和其他建筑业	44924285	41224587	13048262	29915052	18613169

2-B-3.13　各行业总承包和专业承包企业实收资本

单位：万元

行　业	合计	国家资本	集体资本	法人资本	个人资本	港澳台资本	外商资本
总　计	**240837729**	**37602118**	**11835070**	**80372581**	**109531004**	**827958**	**668997**
房屋建筑业	126043202	12686394	6989057	40749793	65163633	180937	273389
土木工程建筑业	75046173	21690330	2819733	27464792	22902531	85174	83613
铁路、道路、隧道和桥梁工程建筑	45187307	13461364	1162465	15612387	14885781	41796	23514
水利和内河港口工程建筑	12983204	4219832	308711	5857795	2581266	4897	10703
海洋工程建筑	86219	500		57621	28097		
工矿工程建筑	6425609	2329984	133259	2717614	1214995	11986	17771
架线和管道工程建筑	6045049	1226732	1073165	1973891	1736981	13956	20325
其他土木工程建筑	4318785	451918	142133	1245485	2455410	12539	11300
建筑安装业	21135186	2386444	1464392	6266476	10679668	164770	173437
建筑装饰和其他建筑业	18613169	838952	561888	5891520	10785173	397078	138559

2-B-3.14 各行业总承包和专业承包企业收入情况

单位：万元

行　业	主营业务收　入	#主营业务成　本	#主营业务税金及附加	其他业务收　入	#其他业务成　本	#其他业务利　润
总　计	**1510980511**	**1327719556**	**49886626**	**13680464**	**25242044**	**2099305**
房屋建筑业	914923174	810184765	31866152	6467246	14077002	949503
土木工程建筑业	420033358	369011394	12772925	4795672	7215412	709973
铁路、道路、隧道和桥梁工程建筑	261558676	231169839	8224126	1803652	3673423	388961
水利和内河港口工程建筑	62132209	54411141	1909970	461022	733374	74123
海洋工程建筑	304796	246106	9354	5106	4251	1498
工矿工程建筑	42778727	38278881	1100910	1182558	1146031	101789
架线和管道工程建筑	32910353	27691156	889404	638798	890172	114822
其他土木工程建筑	20348597	17214272	639160	704538	768161	28780
建筑安装业	93437841	79616391	2662437	1777415	2206764	283361
建筑装饰和其他建筑业	82586139	68907005	2585112	640132	1742866	156468

2-B-3.15 各行业总承包和专业承包企业费用情况

单位：万元

地　区	管理费用	#税金	销售费用	财务费用	#利息收入	#利息支出
总　计	**47508936**	**2331966**	**6009406**	**10345789**	**2892477**	**10846917**
房屋建筑业	21328462	1278778	3041673	5880054	1350712	5839531
土木工程建筑业	16338782	689570	1263020	3492641	1328832	4062929
铁路、道路、隧道和桥梁工程建筑	8936253	412984	604473	2297219	940922	2694530
水利和内河港口工程建筑	2237120	79983	183485	638602	245733	783957
海洋工程建筑	10153	310	355	2626	334	918
工矿工程建筑	1795952	65080	118161	297473	100763	277037
架线和管道工程建筑	2514699	82899	191738	98362	27149	154479
其他土木工程建筑	844606	48315	164810	158360	13932	152007
建筑安装业	5641284	194566	774334	455328	134592	477828
建筑装饰和其他建筑业	4200409	169052	930380	517767	78342	466629

2-B-3.16 各行业总承包和专业承包企业利润及税金情况

单位：万元

行业	利润总额	#应交所得税	税金总额	工程结算税金及附加	管理费用中的税金
总计	**60792546**	**13115981**	**52218592**	**49886626**	**2331966**
房屋建筑业	35871596	8129135	33144930	31866152	1278778
土木工程建筑业	16571049	3167532	13462495	12772925	689570
铁路、道路、隧道和桥梁工程建筑	9668977	1788912	8637110	8224126	412984
水利和内河港口工程建筑	3053198	529460	1989953	1909970	79983
海洋工程建筑	33368	8094	9664	9354	310
工矿工程建筑	1376198	313133	1165990	1100910	65080
架线和管道工程建筑	1366100	295149	972303	889404	82899
其他土木工程建筑	1073209	232783	687475	639160	48315
建筑安装业	4088787	872180	2857003	2662437	194566
建筑装饰和其他建筑业	4261115	947134	2754164	2585112	169052

2-B-3.17 各行业总承包和专业承包企业应收工程款及企业亏损情况

行业	应收工程款(万元)	企业个数(个)	#亏损企业个数	亏损企业的比重(%)
总计	**263172081**	**78919**	**9503**	**12**
房屋建筑业	138191670	33532	3118	9.3
土木工程建筑业	87786034	16132	1894	11.7
铁路、道路、隧道和桥梁工程建筑	55411198	8066	893	11.1
水利和内河港口工程建筑	11414867	2075	227	10.9
海洋工程建筑	183414	13	2	15.4
工矿工程建筑	10486266	1031	146	14.2
架线和管道工程建筑	6324509	2491	308	12.4
其他土木工程建筑	3965782	2456	318	12.9
建筑安装业	18828771	12441	1894	15.2
建筑装饰和其他建筑业	18365606	16814	2597	15.4

2-B-3.18 各行业总承包和专业承包企业主要经济效益指标

行　业	产值利润率 (%)	产值利税率 (%)	资本利润率 (%)	资本利税率 (%)
总　计	**3.8**	**7**	**25.2**	**46.9**
房屋建筑业	3.5	6.7	28.5	54.8
土木工程建筑业	4.1	7.5	22.1	40
铁路、道路、隧道和桥梁工程建筑	3.8	7.2	21.4	40.5
水利和内河港口工程建筑	5.3	8.8	23.5	38.8
海洋工程建筑	16	20.6	38.7	49.9
工矿工程建筑	3.7	6.8	21.4	39.6
架线和管道工程建筑	4.5	7.8	22.6	38.7
其他土木工程建筑	5.3	8.8	24.8	40.8
建筑安装业	4.5	7.6	19.3	32.9
建筑装饰和其他建筑业	5.1	8.3	22.9	37.7

2-B-3.18 续表

行　业	人均利润 (元/人)	人均利税 (元/人)	资产负债率 (%)
总　计	**12094**	**22483**	**67.6**
房屋建筑业	10144	19518	66
土木工程建筑业	16927	30678	71.6
铁路、道路、隧道和桥梁工程建筑	16326	30909	71.9
水利和内河港口工程建筑	23387	38629	70.6
海洋工程建筑	142293	183507	73.9
工矿工程建筑	13265	24504	75.6
架线和管道工程建筑	17960	30743	72.2
其他土木工程建筑	14094	23122	60.7
建筑安装业	15868	26956	64.9
建筑装饰和其他建筑业	16791	27643	60

4. 按中央、地方分组

2-B-4.1 各地区中央总承包和专业承包企业签订合同情况

单位：万元

地区	合同总额	上年结转合同额	本年新签合同额
全国	**733122680**	**362710034**	**370412646**
北京	116790975	58002905	58788070
天津	39968359	18969928	20998431
河北	16005986	8665755	7340231
山西	29896635	16912044	12984591
内蒙古	2403825	1555063	848762
辽宁	26752637	14567560	12185077
吉林	6691932	4276766	2415166
黑龙江	6736745	3269599	3467146
上海	51251006	24614733	26636273
江苏	19292323	11291361	8000962
浙江	4607459	2302414	2305045
安徽	17669232	7654103	10015130
福建	10912066	5185138	5726927
江西	8422899	4886138	3536760
山东	30525602	14688595	15837007
河南	46194530	22590976	23603554
湖北	76163885	32180288	43983597
湖南	36609079	17572299	19036780
广东	53276059	26286081	26989978
广西	2973207	1769466	1203741
海南	15247	3297	11950
重庆	15741560	7074812	8666748
四川	41323432	23193294	18130138
贵州	7892565	4205711	3686855
云南	7611853	4772031	2839822
西藏			
陕西	36139561	18326769	17812791
甘肃	3987433	1540173	2447260
青海	3366926	1600924	1766002
宁夏	1017332	293084	724249
新疆	12882332	4458728	8423605

2-B-4.2 各地区中央总承包和专业承包企业承包工程完成情况

单位：万元

地区	直接从建设单位承揽工程完成的产值	自行完成施工产值	分包出去工程的产值	从建设单位以外承揽工程完成的产值
全国	**271044862**	**253334517**	**17710345**	**13641630**
北京	41684152	33389317	8294835	6141940
天津	16238333	14962174	1276159	913545
河北	6816730	6812727	4003	640805
山西	9961445	9936967	24479	32410
内蒙古	896747	896734	13	29249
辽宁	10271829	10253544	18285	31507
吉林	1996770	1962939	33831	15484
黑龙江	2284687	2105427	179260	
上海	17385257	16638533	746723	472811
江苏	8421671	7999995	421676	329623
浙江	2126447	1836794	289653	8144
安徽	7597570	7418303	179266	83826
福建	3950322	3890551	59772	22655
江西	3369806	3369722	84	84
山东	11205842	10694653	511189	224210
河南	15872008	15665513	206496	408911
湖北	31439744	31308369	131375	449830
湖南	9487984	9487984		723779
广东	17922224	16107357	1814867	525767
广西	1567424	1567424		155816
海南	9940	9940		
重庆	4543449	4441485	101963	6149
四川	15240126	14772646	467480	1199648
贵州	3439512	3430834	8678	454
云南	2123535	2107288	16247	
西藏				
陕西	14438973	11932515	2506458	777648
甘肃	1609886	1584542	25344	32974
青海	1415440	1356224	59216	281171
宁夏	472280	472280		
新疆	7254730	6921736	332994	133189

2-B-4.3 各地区中央总承包和专业承包企业建筑业总产值和竣工产值

单位：万元

地　　区	建筑业总产值	#装饰装修产　　值	#在外省完成的产值	按构成分组 建筑工程产　　值	安装工程产　　值	其他产值	竣工产值
全　　国	**266976146**	**5376163**	**172937168**	**237938337**	**24255318**	**4782492**	**99469711**
北　　京	39531257	2501102	33125993	37836146	1450892	244218	17336126
天　　津	15875718	60990	9239646	13862595	1650849	362275	5772963
河　　北	7453531	433822	5468710	6039212	1154210	260110	3540588
山　　西	9969377	75277	7084403	8887044	944306	138027	4504543
内 蒙 古	925983	8987	484094	834259	67063	24662	255173
辽　　宁	10285051	113902	4902675	8458643	1548277	278131	4052842
吉　　林	1978424	26609	1065453	1305572	520825	152028	501679
黑 龙 江	2105427	6973	587517	972108	1103251	30068	1098125
上　　海	17111344	395511	14414438	15530079	1359903	221363	6458422
江　　苏	8329618	33535	5694317	6482433	1669219	177965	3552694
浙　　江	1844938	2156	749541	1425760	336447	82731	783413
安　　徽	7502129	89922	4828117	6582152	759719	160258	1734679
福　　建	3913206	60764	1414476	3666690	231902	14614	1764424
江　　西	3369806	59799	2367748	2986694	356797	26315	851609
山　　东	10918863	137305	7082250	9323904	1427591	167368	3626634
河　　南	16074424	138510	10150412	13709219	2115226	249978	4987800
湖　　北	31758199	172885	22712066	28896331	2219585	642282	7651212
湖　　南	10211763	219553	7317517	9249355	699028	263380	6074339
广　　东	16633124	470322	8385009	15857738	605361	170025	6294546
广　　西	1723240	1312	964215	1254376	440135	28729	1227402
海　　南	9940				9940		
重　　庆	4447635	80500	3140333	4235524	208804	3307	2353537
四　　川	15972295	187947	7862400	14085523	1283733	603039	4747549
贵　　州	3431288	7088	1225406	2887010	393967	150311	1499092
云　　南	2107288		805605	1983969	101646	21674	325791
西　　藏							
陕　　西	12710163	65254	9296395	11964978	628564	116621	3711205
甘　　肃	1617516		881679	1350581	215712	51224	513637
青　　海	1637395		897687	1432646	99893	104856	311287
宁　　夏	472280		169285	431199	34545	6536	302003
新　　疆	7054925	26141	619783	6406600	617927	30398	3636400

2-B-4.4 各地区中央总承包和专业承包企业房屋建筑面积

地区	房屋建筑施工面积（万平方米）	#本年新开工	#实行投标承包面积	#本年新开工	房屋建筑竣工面积（万平方米）	房屋建筑面积竣工率（%）
全国	**126128.3**	**41829.9**	**107339.0**	**37903.2**	**20655.4**	**16.4**
北京	31754.7	11322.5	28256.5	10884.6	5266.7	16.6
天津	6183.2	2201.8	6093.2	2184.8	1072.3	17.3
河北	2546.1	542.9	2529.1	526.5	314.4	12.3
山西	2500.4	484.9	2470.6	477.7	113.8	4.6
内蒙古	474.9	262.5	470.2	257.8	92.5	19.5
辽宁	3847.3	1269.1	3178.8	1032.8	458.0	11.9
吉林	244.6	189.6	210.4	140.6	76.0	31.1
黑龙江	71.3	38.6	60.1	30.0	40.6	57.0
上海	10223.7	3145.1	10103.2	3125.7	1484.7	14.5
江苏	2409.0	733.1	2404.7	733.1	437.9	18.2
浙江	53.8	31.8	12.4	11.3	17.3	32.2
安徽	3764.1	1106.3	3763.7	1106.3	609.6	16.2
福建	2747.8	659.4	2693.8	656.6	283.6	10.3
江西	573.3	173.3	550.2	173.0	130.7	22.8
山东	3654.5	1235.5	2999.2	1235.5	610.4	16.7
河南	4043.0	1695.0	2451.9	897.6	385.4	9.5
湖北	12690.2	3690.0	8447.3	3679.5	1706.3	13.4
湖南	7667.2	2104.5	5667.9	1392.3	1621.9	21.2
广东	14048.9	4752.0	9280.8	3422.7	1841.5	13.1
广西	249.0	89.8	171.3	58.1	34.7	13.9
海南						
重庆	1622.7	387.0	1577.8	387.0	736.6	45.4
四川	4057.4	1026.2	3628.2	942.3	699.2	17.2
贵州	3246.6	1555.0	3236.6	1548.2	501.4	15.4
云南	238.5	113.7	196.9	105.3	82.6	34.6
西藏						
陕西	2461.8	711.5	2310.2	667.5	351.9	14.3
甘肃	220.3	70.3	217.7	69.1	53.8	24.4
青海	237.9	40.2	237.9	40.2	24.5	10.3
宁夏	179.4	46.0	174.8	46.0	68.2	38.0
新疆	4116.8	2152.3	3943.9	2071.1	1538.6	37.4

2-B-4.5　各地区按主要用途分的中央总承包和专业承包企业房屋建筑竣工面积

单位：万平方米

地　区	合计	住宅房屋	商业及服务用房屋	商厦房屋（批发和零售用房）	宾馆用房屋（住宿用房）	餐饮用房屋（餐饮用房）	商务会展用房屋	其他商业及服务用房屋（居民服务业用房）
全　国	**20655.4**	**12616.7**	**2694.7**	**1810.0**	**257.5**	**45.5**	**132.5**	**449.1**
北　京	5266.7	2890.2	1153.7	986.7	96.1	4.0	30.9	36.0
天　津	1072.3	618.8	50.5	32.8	15.2		0.1	2.5
河　北	314.4	214.7	11.1	9.0		0.2		1.9
山　西	113.8	61.3	1.9					1.9
内蒙古	92.5	20.2	4.0		4.0			
辽　宁	458.0	308.2	37.8	14.3				23.5
吉　林	76.0	55.2						
黑龙江	40.6	2.4						
上　海	1484.7	600.8	240.9	153.8	45.6	3.2	3.3	35.0
江　苏	437.9	202.6	19.6	18.9	0.7			
浙　江	17.3	1.1	1.2			1.2		
安　徽	609.6	538.7	8.0			8.0		
福　建	283.6	202.0	26.1	8.2		2.1		15.8
江　西	130.7	74.9	33.6	33.6				
山　东	610.4	271.9	44.7	11.7	3.2			29.7
河　南	385.4	141.1	136.4	20.4		0.3	23.7	92.1
湖　北	1706.3	1042.9	311.0	180.0	21.2	2.3	38.0	69.5
湖　南	1621.9	1240.7	110.0	104.5	5.5			
广　东	1841.5	1315.8	192.9	143.0	5.6	14.3	27.9	2.1
广　西	34.7	27.9	1.9					1.9
海　南								
重　庆	736.6	542.0	26.8				1.0	25.8
四　川	699.2	373.8	90.0	36.9	41.3	3.0	5.5	3.3
贵　州	501.4	351.1	96.0	23.3	3.9		0.1	68.7
云　南	82.6	41.3	0.1	0.1				
西　藏								
陕　西	351.9	233.5	0.9		0.1			0.8
甘　肃	53.8	44.0						
青　海	24.5	19.7						
宁　夏	68.2	16.9	3.9			3.9		
新　疆	1538.6	1163.0	91.8	33.0	15.0	2.9	2.2	38.7

2-B-4.5 续表 单位：万平方米

地区	办公用房屋	科研、教育和医疗用房屋	科学研究用房屋	教育用房屋	医疗用房屋（卫生医疗用房）	文化、体育和娱乐用房屋	厂房及建筑物	#厂房	仓库	其他未列明的房屋建筑物
全国	**1282.2**	**727.9**	**203.1**	**297.4**	**227.4**	**244.0**	**2614.5**	**2218.6**	**125.7**	**349.8**
北京	466.1	268.2	117.5	72.4	78.3	52.1	344.3	314.2	20.0	71.9
天津	47.7	31.8		7.4	24.4	16.5	273.9	268.8	12.4	20.7
河北	7.1	11.1	1.5	7.3	2.4		59.8	34.6		10.6
山西	11.4	7.6		7.6			23.9	12.3		7.8
内蒙古	12.1	10.6		10.6			45.6	45.6		
辽宁	36.5	8.2		5.3	2.9	3.4	57.8	39.7		6.2
吉林		7.0			7.0		13.8	13.5		
黑龙江							21.5	17.9		16.7
上海	56.3	82.2	9.9	54.1	18.2	23.4	468.0	453.0	0.4	12.6
江苏	56.9	12.7	2.6	3.2	7.0		139.8	135.1		6.3
浙江	0.2						13.4	0.7		1.5
安徽	16.7						46.0	31.0	0.3	
福建	2.9	8.3		8.3		1.5	38.5	19.5	2.1	2.3
江西						4.3	17.6	9.7		0.4
山东	138.3	34.6	7.6	6.0	21.0	24.2	77.4	48.0		19.3
河南	12.5	15.4	8.0	0.8	6.6		78.9	22.7	0.6	0.5
湖北	50.6	17.8		17.8		9.0	226.5	205.1	33.8	14.8
湖南	77.1	11.2		5.0	6.2	28.5	109.8	94.3		44.5
广东	99.8	20.8	8.4	9.3	3.1	12.8	167.5	138.5	4.0	27.9
广西	0.1						0.6	0.6		4.2
海南										
重庆	15.4	29.9	12.2	4.0	13.7	8.6	113.9	113.5		
四川	40.4	36.7	20.1	12.5	4.1	37.0	98.3	77.5	11.5	11.4
贵州	3.7	40.0	15.2	24.7	0.2	2.7	7.4	2.7		0.5
云南	20.5						18.6			2.1
西藏										
陕西	22.4	26.8		1.3	25.6	0.1	38.2	15.4		30.0
甘肃	1.2						1.3	0.5		7.3
青海							4.8			
宁夏	7.9	2.2		2.2		1.5	26.3	26.3	7.1	2.3
新疆	78.4	44.6		37.8	6.8	18.3	81.0	77.9	33.4	28.0

2-B-4.6　各地区按主要用途分的中央总承包和专业承包企业房屋建筑竣工价值

单位：万元

地　区	合计	住宅房屋	商业及服务用房屋	商厦房屋（批发和零售用房）	宾馆用房屋（住宿用房）	餐饮用房屋（餐饮用房）	商务会展用房屋	其他商业及服务用房屋(居民服务业用房)
全　国	**42516861**	**22715911**	**6591034**	**4002380**	**795736**	**91006**	**425896**	**1276016**
北　京	12316435	5724489	2802152	2026203	406325	5308	135602	228714
天　津	2137630	1196348	124514	91671	29127	45	100	3571
河　北	529166	314765	15839	13135		400		2303
山　西	252030	101276	3739					3739
内蒙古	166916	32746	11562		11562			
辽　宁	936127	455854	74379	19392				54987
吉　林	121644	45291						
黑龙江	86021	2385						
上　海	3607675	1362895	684955	459748	101876	21840	24820	76671
江　苏	864853	314714	25740	24598	1143			
浙　江	33734	3517	1736			1736		
安　徽	1061272	901395	9483			9483		
福　建	487524	360849	34644	9436		2301		22907
江　西	203042	126694	40651	40651				
山　东	1421882	466944	50893	10645	7737			32511
河　南	647451	226018	176747	23891		374	34188	118294
湖　北	3895527	1903992	1305816	592201	99178	2453	135456	476528
湖　南	3082528	2219575	231903	226619	5284			
广　东	3684283	2495508	426233	301968	11131	30061	79462	3611
广　西	52504	36494	4780					4780
海　南								
重　庆	1473777	1002836	57506				1662	55844
四　川	1368201	672096	175068	68094	82280	5970	11139	7586
贵　州	809559	534906	157101	31156	13837	45	58	112006
云　南	67061	45672	168	96	72			
西　藏								
陕　西	693867	350435	2243		299			1943
甘　肃	106025	86225						
青　海	55110	35612						
宁　夏	112235	24638	7251			7251		
新　疆	2242782	1671745	165933	62878	25886	3738	3410	70022

2-B-4.6 续表 单位：万元

地区	办公用房屋	科研、教育和医疗用房屋	科学研究用房屋	教育用房屋	医疗用房屋(卫生医疗用房)	文化、体育和娱乐用房屋	厂房及建筑物	#厂房	仓库	其他未列明的房屋建筑物
全国	**3355808**	**1972741**	**602426**	**741345**	**628970**	**842560**	**5649280**	**4831717**	**185101**	**1204426**
北京	1427251	855953	379931	240599	235424	234824	973419	919823	48652	249694
天津	112379	110090	40	24557	85493	56417	425545	405155	30381	81956
河北	7845	22840	3142	13698	6000		128133	63014		39745
山西	29868	21365		21365			71408	40334		24374
内蒙古	28345	27517		27517			66746	66746		
辽宁	93051	20363		13530	6833	5461	259689	208054		27332
吉林		37000			37000		39354	37376		
黑龙江							48364	40804		35272
上海	239211	243765	24151	133616	85998	69304	971448	922999	774	35323
江苏	127756	27794	5473	7043	15278		328597	315308		40252
浙江	185						25888	1184		2407
安徽	25861						123801	59935	732	
福建	3625	23536		23536		1899	56978	28185	2631	3362
江西						3537	30598	22677		1563
山东	310168	101246	51019	10567	39660	186655	266449	195627		39528
河南	29756	40877	21073	1630	18174		172471	62377	817	766
湖北	121427	34040		34040		43369	392596	367145	31721	62568
湖南	212329	29997		10036	19961	73425	194839	154786		120460
广东	266546	63814	17228	40397	6190	23705	310764	263201	7868	89844
广西	156						899	899		10176
海南										
重庆	29857	36545	14743	5381	16421	50162	296872	296294		
四川	128395	73552	39875	25879	7798	74275	195631	155595	20302	28884
贵州	5314	89502	45700	43628	174	3800	18384	5940		553
云南	9000						6927			5294
西藏										
陕西	37338	39792		4349	35443	169	54641	43777		209250
甘肃	2509						9018	1296		8273
青海							19498			
宁夏	16162	4776		4776		3083	42267	42267	8889	5169
新疆	91475	68378	52	55201	13125	12476	118058	110919	32334	82383

2-B-4.7　各地区中央总承包和专业承包企业施工机械设备情况

地　区	年末自有施工机械设备总台数（台）	年末自有施工机械设备总功率（千瓦）	年末自有施工机械设备净值（万元）	技术装备率（元/人）	动力装备率（千瓦/人）
全　国	**940750**	**39097728**	**12105883**	**47119**	**15.2**
北　京	37908	2059399	585473	34722	12.2
天　津	33614	1877048	1252154	179680	26.9
河　北	44868	1303909	289685	37129	16.7
山　西	28031	2126227	412992	32993	17.0
内蒙古	4909	253694	44842	45300	25.6
辽　宁	51115	1860232	332556	25180	14.1
吉　林	11149	257925	60929	19316	8.2
黑龙江	25929	594616	132979	34165	15.3
上　海	34619	1677066	709270	103640	24.5
江　苏	60799	1516543	320325	34829	16.5
浙　江	16197	385850	152572	84650	21.4
安　徽	21517	765140	192266	19517	7.8
福　建	11707	321906	77610	24371	10.1
江　西	7735	239972	56415	11060	4.7
山　东	35200	1595467	468453	21113	7.2
河　南	62622	3884163	807681	68463	32.9
湖　北	179911	5214122	1459581	52162	18.6
湖　南	41117	1355986	260075	38476	20.1
广　东	28086	1613504	856863	36549	6.9
广　西	16431	624385	60915	18466	18.9
海　南					
重　庆	9737	746681	214491	36757	12.8
四　川	70492	3287381	2377253	134424	18.6
贵　州	12976	333588	60592	11230	6.2
云　南	18165	860762	195812	85485	37.6
西　藏					
陕　西	31632	2121564	454151	31457	14.7
甘　肃	8310	480575	44481	16090	17.4
青　海	10031	444911	69269	30348	19.5
宁　夏	1302	30184	10285	21498	6.3
新　疆	24641	1264928	145913	16419	14.2

2-B-4.8 各地区中央总承包和专业承包企业主要生产效益指标

地区	建筑业企业个数(个)	直接从事生产经营活动的平均人数(人)	按总产值计算的劳动生产率(元/人)	人均竣工产值(元/人)	人均施工面积(平方米/人)	人均竣工面积(平方米/人)
全国	**1288**	**4599901**	**580395**	**216243**	**274.2**	**44.9**
北京	177	351299	1125288	493486	903.9	149.9
天津	56	246680	643575	234026	250.7	43.5
河北	44	87467	852154	404791	291.1	35.9
山西	52	262826	379315	171389	95.1	4.3
内蒙古	7	9500	974719	268603	499.9	97.4
辽宁	112	174465	589519	232301	220.5	26.3
吉林	35	31329	631499	160132	78.1	24.3
黑龙江	25	64353	327168	170641	11.1	6.3
上海	56	225413	759111	286515	453.6	65.9
江苏	35	152639	545707	232751	157.8	28.7
浙江	19	23665	779606	331043	22.7	7.3
安徽	25	113718	659713	152542	331.0	53.6
福建	21	94910	412307	185905	289.5	29.9
江西	21	69597	484188	122363	82.4	18.8
山东	60	234075	466469	154935	156.1	26.1
河南	67	371700	432457	134189	108.8	10.4
湖北	65	256709	1237128	298050	494.3	66.5
湖南	32	296729	344144	204710	258.4	54.7
广东	76	246728	674148	255121	569.4	74.6
广西	13	31382	549117	391116	79.3	11.1
海南	1	193	515000			
重庆	25	101495	438212	231887	159.9	72.6
四川	61	371809	429583	127688	109.1	18.8
贵州	19	62632	547849	239349	518.4	80.0
云南	9	44993	468359	72409	53.0	18.4
西藏						
陕西	60	320379	396723	115838	76.8	11.0
甘肃	25	21389	756238	240141	103.0	25.2
青海	9	21923	746885	141991	108.5	11.2
宁夏	6	15147	311797	199381	118.5	45.0
新疆	75	294757	239347	123369	139.7	52.2

2-B-4.9 各地区中央总承包和专业承包企业营业额

单位：万元

地区	企业营业额	在境外完成的营业额	企业总产值	#建筑业总产值
全国	**320015670**	**21854807**	**298160863**	**266976146**
北京	49903828	8362969	41540859	39531257
天津	17537359	834963	16702396	15875718
河北	8842068	298367	8543700	7453531
山西	10221834	157887	10063947	9969377
内蒙古	1024871		1024871	925983
辽宁	16800958	398633	16402325	10285051
吉林	2225497	196257	2029240	1978424
黑龙江	2921178	117855	2803323	2105427
上海	19485659	610035	18875624	17111344
江苏	9716206	748264	8967941	8329618
浙江	2567137	53809	2513328	1844938
安徽	8525653	524182	8001471	7502129
福建	4126340	172118	3954222	3913206
江西	3672615	68159	3604456	3369806
山东	14260632	1653374	12607258	10918863
河南	18882016	948705	17933311	16074424
湖北	38495849	2543694	35952155	31758199
湖南	10991992	711815	10280177	10211763
广东	17904136	853682	17050454	16633124
广西	2184913	156204	2028709	1723240
海南	9940		9940	9940
重庆	4895597	5273	4890324	4447635
四川	21278999	768548	20510451	15972295
贵州	3503874	38034	3465841	3431288
云南	2743228	536758	2206471	2107288
西藏				
陕西	14984011	563198	14420813	12710163
甘肃	1660751	767	1659984	1617516
青海	1836279	106502	1729777	1637395
宁夏	482661	1736	480925	472280
新疆	8329591	423019	7906572	7054925

2-B-4.10 各地区中央总承包和专业承包企业资产构成

单位：万元

地区	资产合计	#流动资产合计	#存货	#非流动资产合计	#固定资产合计
全国	**322234911**	**240295189**	**59430928**	**81939722**	**24753263**
北京	89189756	55139047	9548755	34050709	2482654
天津	20756747	14736749	3433089	6019998	2677830
河北	7709788	6263517	1920361	1446271	780363
山西	12484283	10263994	1508819	2220289	555837
内蒙古	1006472	806889	294620	199583	112169
辽宁	9815754	8469796	2380883	1345958	657369
吉林	1699802	1386969	394579	312833	188031
黑龙江	2918873	2598959	518065	319915	235088
上海	19076624	13855431	3792737	5221193	1301245
江苏	7459805	6056340	1805517	1403465	606193
浙江	2218705	1815111	540666	403595	251651
安徽	7639197	6101408	1374499	1537789	471807
福建	2647270	2145784	509816	501486	181362
江西	1886405	1644325	439818	242081	182925
山东	11921455	9761346	2795022	2160110	1430834
河南	16360070	13977552	3265945	2382518	1288381
湖北	32693794	24534128	8354936	8159666	5395171
湖南	7996515	6291490	1694090	1705025	371798
广东	17140036	13443601	3413606	3696435	1325296
广西	1561397	1272772	564256	288625	148812
海南	10428	9779		649	429
重庆	3904052	3155224	593207	748828	452674
四川	15471924	13298123	4553700	2173801	1043864
贵州	2392366	2164020	734050	228346	119133
云南	2084566	1590932	509889	493634	331647
西藏					
陕西	14870661	12402518	2703582	2468143	943715
甘肃	1946491	1553870	330747	392621	120729
青海	1433906	1001430	273117	432476	416326
宁夏	357335	315524	115006	41811	32849
新疆	5580434	4238562	1067552	1341872	647086

2-B-4.11　各地区中央总承包和专业承包企业固定资产情况

单位：万元

地　区	固定资产合计	固定资产原价	固定资产折旧	#本年折旧	在建工程
全　国	**24753263**	**37331629**	**18244831**	**3291532**	**1632383**
北　京	2482654	3761457	1681588	367102	263760
天　津	2677830	3870461	1575466	324019	165899
河　北	780363	1279402	567686	102211	56644
山　西	555837	1125099	635565	112217	9121
内蒙古	112169	191896	82989	14034	2620
辽　宁	657369	1377446	783899	82505	35997
吉　林	188031	381336	214700	66359	10066
黑龙江	235088	513255	295018	30039	16036
上　海	1301245	2311701	1219246	129799	114819
江　苏	606193	1440230	903690	92638	63544
浙　江	251651	483336	256016	33002	13878
安　徽	471807	801970	343396	68144	13234
福　建	181362	326039	157711	21065	13033
江　西	182925	267139	141811	19356	48331
山　东	1430834	1916247	984752	177406	52604
河　南	1288381	2336946	1155477	245365	51596
湖　北	5395171	4909354	2273507	469363	248650
湖　南	371798	707640	402118	75910	47092
广　东	1325296	2036130	893994	166650	131073
广　西	148812	297084	192587	20592	37899
海　南	429	685	256	93	
重　庆	452674	706313	294309	42271	39101
四　川	1043864	2162914	1157241	218035	32926
贵　州	119133	251169	134535	17658	2028
云　南	331647	545412	218837	47805	4990
西　藏					
陕　西	943715	1876701	1026795	209979	71261
甘　肃	120729	223817	121115	20033	1890
青　海	416326	256204	143398	24375	6243
宁　夏	32849	60859	28653	5171	597
新　疆	647086	913389	358477	88338	77453

2-B-4.12 各地区中央总承包和专业承包企业负债及所有者权益

单位：万元

地区	负债合计	#流动负债	#应付账款	所有者权益	#实收资本
全国	**253186980**	**226924214**	**98140565**	**69047931**	**36829107**
北京	61036739	50802411	21090892	28153017	12086359
天津	15728635	14237971	7045811	5028112	2948104
河北	6231177	5816485	2597094	1478611	1059821
山西	10803245	10445703	4471173	1681039	1096947
内蒙古	866596	849658	269795	139876	100295
辽宁	8291761	7849490	3540214	1523992	1186764
吉林	1447688	1315835	696235	252114	374134
黑龙江	2656805	2600160	1205745	262069	339728
上海	14958365	13757056	5936448	4118259	2559901
江苏	5949991	5831040	2485628	1509814	843495
浙江	1659026	1596553	799236	559680	286440
安徽	6490474	6372550	3102295	1148723	673135
福建	2168448	2114811	895890	478822	328577
江西	1591695	1564798	806197	294710	219998
山东	10172696	9571026	4217279	1748759	1096501
河南	13629954	12768822	5620016	2730116	1668153
湖北	27475517	22858815	10493269	5218277	1961554
湖南	6645090	6174752	3071487	1351426	697756
广东	13814629	12213981	5658898	3325407	2134184
广西	1295731	1235861	440243	265666	188603
海南	3930	3930	3778	6498	3000
重庆	3202858	2980457	1288810	701193	520612
四川	12970603	12282222	3135284	2501321	1413349
贵州	1986720	1933803	824354	405646	216368
云南	1715515	1558725	489546	369052	155739
西藏					
陕西	12542219	11313255	5094719	2328442	1711859
甘肃	1634911	1558659	634877	311580	264487
青海	1123960	915202	473466	309946	121250
宁夏	352069	341268	161284	5266	26848
新疆	4739936	4058916	1590603	840499	545145

2-B-4.13 各地区中央总承包和专业承包企业实收资本

单位：万元

地区	合计	国家资本	集体资本	法人资本	个人资本	港澳台资本	外商资本
全国	**36829107**	**16681712**	**123112**	**18367491**	**1622124**	**33515**	**1153**
北京	12086359	6903110	9655	3998041	1172659	2770	124
天津	2948104	585342	248	2177583	184931		
河北	1059821	316843	16743	726176	60		
山西	1096947	471991	810	623847	300		
内蒙古	100295	22163	230	77902			
辽宁	1186764	765273	23043	353931	44077	440	
吉林	374134	59706	6654	300774	7000		
黑龙江	339728	130793	3165	205770			
上海	2559901	730648	5765	1822845	143		500
江苏	843495	551646	2400	265143	24306		
浙江	286440	118155	11610	154126		2549	
安徽	673135	373631		298967	538		
福建	328577	68383		260194			
江西	219998	150714	2699	57250	9335		
山东	1096501	604317	910	473845	17429		
河南	1668153	496594		1168585	2975		
湖北	1961554	852315	1000	1105624	2615		
湖南	697756	123168		573727	500		362
广东	2134184	461630	167	1632759	11707	27756	167
广西	188603	164639		23963			
海南	3000			3000			
重庆	520612	365154	25101	107529	22828		
四川	1413349	1166077	3121	167187	76964		
贵州	216368	110242	609	104812	705		
云南	155739	117942	250	37548			
西藏							
陕西	1711859	399183	1960	1309079	1636		
甘肃	264487	223607		40879			
青海	121250	21900		99350			
宁夏	26848	13940	4159	8749			
新疆	545145	312608	2812	188307	41417		

2-B-4.14 各地区中央总承包和专业承包企业收入情况

单位：万元

地区	主营业务收入	#主营业务成本	#主营业务税金及附加	其他业务收入	#其他业务成本	#其他业务利润
全国	**301370328**	**274401607**	**8092519**	**2542705**	**3263253**	**397511**
北京	52915851	48759677	1145563	325096	800981	83454
天津	17434291	15630658	470015	49319	80759	11785
河北	7602928	6794434	198165	59708	79766	4029
山西	10796261	9726143	275276	34739	36529	4479
内蒙古	1013049	879058	31390	4751	4082	134
辽宁	10395230	9411664	290166	48548	141455	6190
吉林	1913455	1757443	47597	84707	83632	-674
黑龙江	2649085	2494862	43486	10401	4763	4950
上海	19430560	17702196	532425	76364	61210	13541
江苏	9296385	8428866	254888	46502	39190	4380
浙江	2545647	2233840	57500	12552	8644	3588
安徽	7989972	7188035	241384	45905	138624	6883
福建	4077113	3730371	130427	22637	20411	1821
江西	3581631	3358670	104743	7402	9188	1653
山东	12750331	11710062	322539	85348	78327	12162
河南	18819053	17004114	489074	56201	292149	17131
湖北	34251990	30708928	1136258	738072	659050	67878
湖南	9586673	8809932	275151	25162	15051	9031
广东	18368147	16716934	443814	53278	34938	17996
广西	1689986	1569336	45763	18120	12438	4889
海南	13758	11273	446			
重庆	4676359	4272278	141849	9638	7583	1695
四川	16439251	14869812	481704	403514	383104	81311
贵州	3226267	2951532	107476	13974	10027	1072
云南	2152900	1947958	47866	5943	4212	1421
西藏						
陕西	16430442	15170155	493618	43071	23709	14717
甘肃	1821206	1739122	38729	31698	32226	150
青海	1780536	1585324	40628	26051	21629	5924
宁夏	534838	522352	16688	8899	1659	7145
新疆	7187135	6716583	187890	195106	177919	8778

2-B-4.15 各地区中央总承包和专业承包企业费用情况

单位：万元

地区	管理费用	#税金	销售费用	财务费用	#利息收入	#利息支出
全国	**9391340**	**302621**	**320163**	**1781636**	**1677662**	**2997894**
北京	1411617	19470	29843	324561	778795	967991
天津	630004	39946	12397	168122	59100	192945
河北	354123	5848	21447	62955	9770	66676
山西	440480	4090	4026	48295	59743	104092
内蒙古	28085	1601	315	20133	260	19458
辽宁	401895	14353	2980	52794	25429	72959
吉林	79286	7067	8225	10767	4063	6330
黑龙江	86036	13092	6868	10300	5824	7999
上海	601990	9126	37039	113038	151858	236639
江苏	253795	6273	4775	41758	15372	46596
浙江	139100	3078	1870	4530	3304	6261
安徽	267663	3667	4589	-32465	48507	21841
福建	98236	1532	815	20146	2014	16955
江西	81206	839	1579	-2282	3079	5939
山东	399155	9322	14707	33284	80251	106792
河南	612494	8524	13951	117347	91763	170624
湖北	1140570	13736	87077	263684	94283	320379
湖南	281998	4684	2071	31496	55997	71085
广东	389510	8120	3939	170808	32909	176864
广西	63218	1609	1677	16941	1973	15413
海南	1372	38		-26	26	
重庆	126034	3069	14528	22573	7256	22216
四川	584833	102313	21031	99811	45268	93566
贵州	75846	1076	800	18164	2643	18577
云南	52355	1164	1535	13688	8315	14679
西藏						
陕西	448446	5114	13667	65081	75497	138757
甘肃	58014	1045	1913	13597	1668	13840
青海	77388	556	202	11791	82	8432
宁夏	15598	744	639	7567	21	586
新疆	190993	11527	5662	53178	12593	53403

2-B-4.16 各地区中央总承包和专业承包企业利润及税金情况

单位：万元

地区	利润总额	#应交所得税	税金总额	主营业务税金及附加	管理费用中的税金
全国	**9400676**	**1445818**	**8395140**	**8092519**	**302621**
北京	2596135	319847	1165033	1145563	19470
天津	657922	115779	509960	470015	39946
河北	146469	38331	204013	198165	5848
山西	395795	19722	279366	275276	4090
内蒙古	42967	11205	32991	31390	1601
辽宁	149823	27832	304519	290166	14353
吉林	9811	8835	54663	47597	7067
黑龙江	50637	4789	56578	43486	13092
上海	806588	110891	541551	532425	9126
江苏	297272	59454	261162	254888	6273
浙江	120469	33879	60578	57500	3078
安徽	264240	61578	245051	241384	3667
福建	95629	26990	131958	130427	1532
江西	26876	6133	105582	104743	839
山东	328373	67120	331861	322539	9322
河南	313541	79629	497597	489074	8524
湖北	1017147	144049	1149995	1136258	13736
湖南	271559	48053	279835	275151	4684
广东	559168	101876	451934	443814	8120
广西	-5246	7660	47372	45763	1609
海南	736	184	484	446	38
重庆	103807	15279	144918	141849	3069
四川	542655	37364	584018	481704	102313
贵州	74453	17348	108552	107476	1076
云南	78577	16006	49031	47866	1164
西藏					
陕西	345026	34894	498732	493618	5114
甘肃	-16231	4698	39774	38729	1045
青海	78430	8193	41184	40628	556
宁夏	-23499	1082	17433	16688	744
新疆	71550	17122	199417	187890	11527

2-B-4.17 各地区中央总承包和专业承包企业应收工程款及企业亏损情况

地区	应收工程款(万元)	企业个数(个)	#亏损企业个数	亏损企业的比重(%)
全国	**54065384**	**1288**	**126**	**9.8**
北京	9284383	177	18	10.2
天津	4734600	56	2	3.6
河北	1717937	44	9	20.5
山西	2344025	52	6	11.5
内蒙古	233159	7	1	
辽宁	2485084	112	11	9.8
吉林	536936	35	9	25.7
黑龙江	327402	25	6	24.0
上海	3606291	56	5	8.9
江苏	1591177	35	3	8.6
浙江	306179	19		
安徽	1852600	25		
福建	501071	21		
江西	319836	21	1	4.8
山东	2768360	60	5	8.3
河南	3044814	67	9	13.4
湖北	4686174	65	2	3.1
湖南	1512919	32	2	6.3
广东	3286301	76	5	6.6
广西	183944	13	3	23.1
海南		1		
重庆	768303	25		
四川	2250512	61	9	14.8
贵州	728014	19	2	10.5
云南	337231	9	2	22.2
西藏				
陕西	2607864	60	1	1.7
甘肃	485236	25	4	16.0
青海	258057	9	1	11.1
宁夏	134061	6	2	33.3
新疆	1172915	75	8	10.7

2-B-4.18 各地区中央总承包和专业承包企业主要经济效益指标

地区	产值利润率(%)	产值利税率(%)	资本利润率(%)	资本利税率(%)	人均利润(元/人)	人均利税(元/人)	资产负债率(%)
全国	**3.5**	**6.7**	**25.5**	**48.3**	**20437**	**38687**	**78.6**
北京	6.6	9.5	21.5	31.1	73901	107065	68.4
天津	4.1	7.4	22.3	39.6	26671	47344	75.8
河北	2.0	4.7	13.8	33.1	16746	40070	80.8
山西	4.0	6.8	36.1	61.5	15059	25688	86.5
内蒙古	4.6	8.2	42.8	75.7	45229	79956	86.1
辽宁	1.5	4.4	12.6	38.3	8588	26042	84.5
吉林	0.5	3.3	2.6	17.2	3132	20580	85.2
黑龙江	2.4	5.1	14.9	31.6	7869	16660	91.0
上海	4.7	7.9	31.5	52.7	35783	59807	78.4
江苏	3.6	6.7	35.2	66.2	19476	36585	79.8
浙江	6.5	9.8	42.1	63.2	50906	76504	74.8
安徽	3.5	6.8	39.3	75.7	23236	44785	85.0
福建	2.4	5.8	29.1	69.3	10076	23979	81.9
江西	0.8	3.9	12.2	60.2	3862	19032	84.4
山东	3.0	6.0	29.9	60.2	14029	28206	85.3
河南	2.0	5.0	18.8	48.6	8435	21822	83.3
湖北	3.2	6.8	51.9	110.5	39623	84420	84.0
湖南	2.7	5.4	38.9	79.0	9152	18582	83.1
广东	3.4	6.1	26.2	47.4	22663	40980	80.6
广西	-0.3	2.4	-2.8	22.3	-1672	13424	83.0
海南	7.4	12.3	24.5	40.7	38130	63192	37.7
重庆	2.3	5.6	19.9	47.8	10228	24506	82.0
四川	3.4	7.1	38.4	79.7	14595	30302	83.8
贵州	2.2	5.3	34.4	84.6	11887	29219	83.0
云南	3.7	6.1	50.5	81.9	17464	28362	82.3
西藏							
陕西	2.7	6.6	20.2	49.3	10769	26336	84.3
甘肃	-1.0	1.5	-6.1	8.9	-7588	11007	84.0
青海	4.8	7.3	64.7	98.7	35775	54561	78.4
宁夏	-5.0	-1.3	-87.5	-22.6	-15514	-4005	98.5
新疆	1.0	3.8	13.1	49.7	2427	9193	84.9

2-B-4.19　各地区地方总承包和专业承包企业签订合同情况

单位：万元

地区	合同总额	上年结转合同额	本年新签合同额
全国	**2161109900**	**781948839**	**1379161062**
北京	69216450	30848564	38367886
天津	31544864	11934833	19610031
河北	67868138	24027433	43840706
山西	27848576	9130299	18718276
内蒙古	20870854	9336624	11534230
辽宁	98021914	26886013	71135902
吉林	27038887	8406554	18632333
黑龙江	26293082	7614296	18678786
上海	74525216	34160102	40365115
江苏	314137454	110257839	203879615
浙江	342083985	136415185	205668800
安徽	65114385	22220145	42894240
福建	89730663	32026314	57704349
江西	54654097	15652752	39001345
山东	102916473	31299800	71616673
河南	76740674	23514316	53226358
湖北	81055556	24821088	56234468
湖南	77774213	31072768	46701445
广东	125786064	52225987	73560077
广西	43966815	17625794	26341021
海南	5642445	2559882	3082563
重庆	70861408	26489824	44371584
四川	96757793	34929195	61828598
贵州	24389764	9677754	14712010
云南	42041339	14439254	27602085
西藏	1109733	299470	810264
陕西	44882798	15539592	29343205
甘肃	23753524	7430054	16323470
青海	4505436	1497575	3007862
宁夏	8655847	2900533	5755313
新疆	21321454	6709005	14612449

2-B-4.20 各地区地方总承包和专业承包企业承包工程完成情况

单位：万元

地区	直接从建设单位承揽工程完成的产值	自行完成施工产值	分包出去工程的产值	从建设单位以外承揽工程完成的产值
全国	**1316584179**	**1292992329**	**23591850**	**43692158**
北京	34134276	32103146	2031130	3009206
天津	20906243	20202873	703370	865771
河北	44589132	44340052	249081	655427
山西	20323099	20266138	56960	108141
内蒙古	14635304	14606360	28944	179276
辽宁	75458534	75035484	423051	971374
吉林	20154894	19974953	179942	161031
黑龙江	22586914	22565249	21665	48683
上海	37178795	30391455	6787340	4556417
江苏	199501108	199126513	374596	12479968
浙江	196874780	194962656	1912124	5192648
安徽	41462021	41114710	347311	1038310
福建	49754996	49469753	285244	1234542
江西	30916135	30216465	699670	1113492
山东	73245794	72738281	507513	1019603
河南	53419667	53220146	199522	737444
湖北	51971977	51329816	642161	1564675
湖南	42082237	41893309	188928	733355
广东	64548126	59385519	5162607	2620403
广西	20889522	20803386	86137	372184
海南	2875536	2831647	43890	21487
重庆	42424780	41329289	1095491	1535243
四川	55302695	54711673	591022	1415113
贵州	10285531	10246766	38764	113472
云南	26567560	26455722	111838	503020
西藏	778857	758590	20267	11371
陕西	26900094	26462366	437728	831105
甘肃	15427850	15302974	124876	288137
青海	2490576	2478919	11657	20795
宁夏	5215807	5055403	160404	161518
新疆	13681338	13612718	68621	128946

2-B-4.21　各地区地方总承包和专业承包企业建筑业总产值和竣工产值

单位：万元

地　区	建筑业总产值	#装饰装修产值	#在外省完成的产值	按构成分组			竣工产值
				建筑工程产值	安装工程产值	其他产值	
全　国	**1336684487**	**90721703**	**334162964**	**1183555277**	**109571344**	**43557866**	**837291994**
北　京	35112352	8460464	13521297	33419310	1293517	399525	18460787
天　津	21068644	939789	2348057	17173332	2800775	1094537	10752137
河　北	44995479	2059172	11332914	38269993	3818808	2906679	23967313
山　西	20374279	817258	1561213	17006022	2345624	1022634	9432164
内蒙古	14785635	255277	362276	13092649	829091	863896	8827414
辽　宁	76006857	8715976	4284873	63415272	9083226	3508359	49773060
吉　林	20135984	964902	945795	17836951	1529875	769158	14069285
黑龙江	22613932	697983	1592339	19091020	2839092	683820	11505103
上　海	34947872	5447367	10538196	28579574	5400498	967799	20849141
江　苏	211606481	11608144	83316603	198662702	11235032	1708747	162870273
浙　江	200155304	12271509	100006895	182161960	13420273	4573071	123819000
安　徽	42153019	1718460	5816271	35909816	3411341	2831862	24867358
福　建	50704295	2200500	18599779	47195787	3159394	349114	31668762
江　西	31329957	2123766	9376250	27075128	2074926	2179903	20702288
山　东	73757884	4517700	7240370	62452952	8999469	2305462	42735418
河　南	53957590	2974553	7337783	47297140	4721528	1938922	34654666
湖　北	52894492	3373385	8689204	45611881	5350670	1931941	36143423
湖　南	42626663	1803790	9597171	36432356	2725904	3468403	28778051
广　东	62005922	11960018	12163370	52561393	7436848	2007682	34151502
广　西	21175570	811114	3085318	18450941	1586064	1138565	12047141
海　南	2853134	222744	173356	2443137	165313	244684	2013622
重　庆	42864532	1600307	7050375	38598735	2669231	1596565	23019195
四　川	56126786	2077020	7961493	49882134	4421662	1822990	34509316
贵　州	10360238	306278	1115633	9220770	600024	539445	4434077
云　南	26958742	542593	851552	24190903	2017401	750438	15627826
西　藏	769961	24913	89	642418	41943	85601	415095
陕　西	27293471	1287195	2966625	23805772	2673896	813803	13449450
甘　肃	15591112	505476	1675490	13780082	1324056	486974	8595729
青　海	2499715	53352	116288	2054004	295018	150693	1385688
宁　夏	5216921	111128	236969	4952537	226965	37420	4075327
新　疆	13741664	269574	299120	12288607	1073881	379176	9692383

2-B-4.22 各地区地方总承包和专业承包企业房屋建筑面积

地区	房屋建筑施工面积（万平方米）	#本年新开工	#实行投标承包面积	#本年新开工	房屋建筑竣工面积（万平方米）	房屋建筑面积竣工率（%）
全国	**1005874.6**	**474969.3**	**794781.0**	**384769.3**	**380865.5**	**37.9**
北京	17504.4	5393.9	15826.1	5140.8	3683.3	21.0
天津	6817.6	2794.0	5604.5	2242.9	2563.2	37.6
河北	33913.9	16700.7	28425.0	14246.4	12493.7	36.8
山西	10606.8	4223.3	8719.5	3199.2	3608.3	34.0
内蒙古	8364.7	4283.7	6887.1	3610.7	3538.1	42.3
辽宁	38441.6	23138.5	27828.6	17086.7	19328.3	50.3
吉林	12274.2	7665.8	8334.1	5806.8	6268.1	51.1
黑龙江	8103.5	4704.2	5963.5	3667.6	4349.5	53.7
上海	19834.1	7525.7	16825.1	6316.6	5589.1	28.2
江苏	194364.9	85640.2	172871.6	76792.0	68555.2	35.3
浙江	184963.7	79274.5	152467.2	66649.6	61532.1	33.3
安徽	32510.0	16321.4	23878.1	13032.0	14241.5	43.8
福建	45506.2	18823.9	33442.8	13701.0	13577.4	29.8
江西	22571.0	13270.7	16203.4	10049.5	11750.4	52.1
山东	60935.4	31151.9	48902.3	25950.0	23126.8	38.0
河南	39365.7	21631.8	32837.2	19128.2	17793.7	45.2
湖北	36247.8	23031.3	26670.1	18083.5	21067.4	58.1
湖南	35861.0	17352.9	28999.3	14598.0	14269.1	39.8
广东	38348.3	16852.6	21095.0	10073.3	12597.6	32.9
广西	18067.1	7344.5	15121.4	6255.6	5752.9	31.8
海南	2195.4	775.1	1837.3	669.2	914.7	41.7
重庆	28261.9	13152.9	17292.1	8682.2	11503.7	40.7
四川	43320.3	20808.8	27355.7	14108.2	17512.7	40.4
贵州	9020.9	3681.6	5826.0	2293.2	1971.1	21.9
云南	15464.3	8199.5	10576.0	5508.3	6635.4	42.9
西藏	201.6	168.2	151.5	139.7	123.4	61.2
陕西	18318.5	7612.3	15096.3	6422.5	6052.2	33.0
甘肃	10099.1	5502.9	7608.6	4351.4	3922.8	38.8
青海	920.4	429.8	575.3	304.4	442.0	48.0
宁夏	4497.0	2114.4	4186.4	1943.0	1871.4	41.6
新疆	8973.2	5398.4	7374.1	4716.7	4230.4	47.1

2-B-4.23　各地区按主要用途分的地方总承包和专业承包企业房屋建筑竣工面积

单位：万平方米

地区	合计	住宅房屋	商业及服务用房屋	商厦房屋(批发和零售用房)	宾馆用房屋(住宿用房)	餐饮用房屋(餐饮用房)	商务会展用房屋	其他商业及服务用房屋(居民服务业用房)
全　国	**380865.5**	**255119.3**	**23229.9**	**9655.0**	**3395.2**	**1145.5**	**1309.1**	**7725.1**
北　京	3683.3	2382.6	279.9	107.0	42.9	10.8	15.2	104.0
天　津	2563.2	1577.4	181.1	90.8	4.7	2.8	5.1	77.8
河　北	12493.7	8969.1	561.7	254.0	74.7	19.7	18.2	195.0
山　西	3608.3	2628.5	175.3	43.2	42.1	8.7	14.4	67.0
内蒙古	3538.1	2687.2	210.7	54.6	30.4	6.4	11.2	108.1
辽　宁	19328.3	14331.3	794.5	317.2	76.6	77.7	9.4	313.5
吉　林	6268.1	4694.8	233.0	92.7	33.2	3.8	18.3	85.1
黑龙江	4349.5	3561.6	209.7	43.2	15.3	12.1	5.2	133.8
上　海	5589.1	2927.2	702.4	351.7	46.4	1.5	67.0	235.8
江　苏	68555.2	48794.8	3125.8	1425.0	684.6	245.2	330.8	440.1
浙　江	61532.1	33207.5	5084.4	2530.6	765.4	229.8	344.3	1214.2
安　徽	14241.5	9144.5	732.9	325.2	66.4	13.8	19.5	308.0
福　建	13577.4	9099.9	678.1	228.6	81.4	26.9	45.8	295.5
江　西	11750.4	7653.1	810.5	244.6	127.8	47.0	28.8	362.3
山　东	23126.8	16350.9	1300.0	542.1	96.4	53.8	71.9	535.8
河　南	17793.7	12523.0	875.5	261.5	187.7	88.5	39.5	298.3
湖　北	21067.4	14139.9	1250.9	579.9	248.9	37.3	23.1	361.7
湖　南	14269.1	9990.8	909.2	432.6	132.0	18.2	43.1	283.4
广　东	12597.6	7279.3	928.5	315.7	98.9	33.5	35.6	444.9
广　西	5752.9	3730.8	252.1	69.2	68.5	8.3	9.2	96.9
海　南	914.7	547.6	108.3	44.0	20.1	6.8	11.0	26.5
重　庆	11503.7	8628.9	698.6	192.0	42.7	47.2	35.1	381.6
四　川	17512.7	13164.1	1181.0	361.7	166.8	54.6	65.0	532.8
贵　州	1971.1	1138.1	137.8	78.4	14.8	3.1	4.2	37.2
云　南	6635.4	4433.1	637.8	197.3	88.6	20.1	13.3	318.5
西　藏	123.4	74.3	7.7	5.6	0.7	0.1	0.1	1.1
陕　西	6052.2	4312.3	417.4	143.3	74.2	28.9	8.9	162.0
甘　肃	3922.8	2859.9	213.1	78.3	18.3	9.8	3.2	103.6
青　海	442.0	287.3	23.5	3.4	3.4	0.5	2.0	14.1
宁　夏	1871.4	1094.9	183.2	102.5	3.9	3.0	4.2	69.6
新　疆	4230.4	2904.6	325.3	139.0	37.4	25.6	6.3	117.1

2-B-4.23 续表 单位：万平方米

地区	办公用房屋	科研、教育和医疗用房屋	科学研究用房屋	教育用房屋	医疗用房屋（卫生医疗用房）	文化、体育和娱乐用房屋	厂房及建筑物	#厂房	仓库	其他未列明的房屋建筑物
全国	**22045.3**	**15804.5**	**1492.6**	**10748.0**	**3563.9**	**3326.5**	**50861.4**	**34266.7**	**2517.3**	**7961.3**
北京	316.5	180.4	44.2	115.0	21.1	39.7	343.0	257.0	14.5	126.7
天津	145.5	77.2	9.6	59.1	8.5	23.0	415.4	220.9	36.9	106.6
河北	754.0	583.5	64.3	433.4	85.8	86.8	1084.1	707.4	40.9	413.6
山西	267.7	237.1	11.6	194.5	31.0	27.2	201.2	131.6	17.7	53.6
内蒙古	186.5	147.6	4.9	120.9	21.7	14.4	107.8	74.0	6.7	177.2
辽宁	707.9	417.4	21.7	287.2	108.5	75.2	2391.1	1298.2	147.7	463.2
吉林	254.6	143.0	8.6	111.2	23.2	40.8	651.2	303.2	22.2	228.5
黑龙江	147.0	126.7	4.1	70.7	51.9	23.2	208.9	113.7	16.5	55.9
上海	365.0	183.2	33.1	100.1	50.0	40.8	1165.7	775.5	85.7	119.1
江苏	3377.0	1967.8	233.8	1301.7	432.3	476.2	9582.2	7692.8	379.4	852.0
浙江	4418.6	1828.9	261.4	1145.2	422.3	715.2	14813.8	10776.8	545.8	917.9
安徽	1068.2	701.5	20.6	539.2	141.7	117.0	1974.9	1225.7	76.9	425.6
福建	752.8	529.8	72.0	376.6	81.2	131.5	2196.4	1289.6	87.1	101.7
江西	854.3	592.5	63.8	427.7	101.0	179.4	1335.4	732.8	69.7	255.5
山东	994.9	895.0	58.7	595.0	241.3	174.6	2858.7	1808.3	220.6	332.2
河南	1292.8	1060.3	104.5	727.0	228.8	151.1	1465.8	795.6	126.5	298.8
湖北	1396.6	1043.6	128.8	529.2	385.6	274.6	2385.1	1208.8	121.7	455.0
湖南	810.5	775.2	55.0	517.2	203.0	105.8	1235.1	783.3	67.9	374.6
广东	716.0	584.2	69.5	387.8	126.9	72.4	2440.3	1579.4	124.1	452.8
广西	425.3	557.7	34.9	374.9	147.9	111.0	445.8	293.1	35.7	194.6
海南	61.8	89.2	7.4	59.5	22.4	19.0	23.1	15.8	11.7	54.0
重庆	406.8	323.9	21.2	218.1	84.5	90.5	888.8	523.4	54.5	411.8
四川	664.4	659.1	35.1	463.6	160.4	106.1	1309.9	817.6	96.2	332.0
贵州	175.6	285.7	4.6	219.4	61.8	20.6	113.9	79.5	6.5	92.9
云南	356.2	575.4	32.8	401.0	141.6	72.8	346.7	213.8	26.5	186.8
西藏	23.2	9.4	1.4	7.3	0.7	2.3	1.9	0.1	1.2	3.5
陕西	355.6	368.8	31.8	265.1	71.9	46.6	387.6	205.8	37.6	126.3
甘肃	186.6	304.1	30.9	222.7	50.5	38.3	218.3	137.0	18.0	84.5
青海	51.3	46.7	0.1	38.3	8.3	5.9	14.9	6.3	2.2	10.2
宁夏	186.5	204.3	2.4	195.1	6.8	14.0	70.7	66.9	3.9	113.9
新疆	325.6	305.4	20.0	244.0	41.4	30.7	183.8	132.9	14.8	140.2

2-B-4.24　各地区按主要用途分的地方总承包和专业承包企业房屋建筑竣工价值

单位：万元

地区	合计	住宅房屋	商业及服务用房屋	商厦房屋（批发和零售用房）	宾馆用房屋（住宿用房）	餐饮用房屋（餐饮用房）	商务会展用房屋	其他商业及服务用房屋（居民服务业用房）
全国	**542158868**	**360415876**	**36151552**	**14555641**	**5417536**	**1797233**	**2199401**	**12181741**
北京	8369990	4694545	624056	284052	89887	21136	33204	195776
天津	4813978	2779230	312936	159147	10779	7076	10627	125307
河北	17299684	11655294	897271	457037	98885	24368	22985	293996
山西	5086812	3471806	273948	45765	69565	16367	22757	119494
内蒙古	5178116	3705325	341015	86188	46871	13128	17900	176929
辽宁	27426227	20060584	1063666	446994	92713	106937	17208	399814
吉林	8521799	6402567	340178	134496	28736	4974	24947	147024
黑龙江	6641023	5301530	332233	67008	20331	17539	11031	216324
上海	10668611	4892153	1400702	330643	144951	2844	238089	684175
江苏	110044445	77462110	5498227	2454902	1239510	442621	518061	843132
浙江	90489043	52193866	8322645	4083692	1284675	403669	587472	1963137
安徽	16442727	10762550	935155	443516	114231	15770	29185	332454
福建	20055416	13944163	1105240	345126	164003	38653	74995	482464
江西	13274917	8476728	1002003	262744	209406	55702	27408	446743
山东	29185544	20128557	1889942	749598	135562	78257	124182	802344
河南	20501202	14308978	1024417	324291	197263	93102	42135	367626
湖北	26775816	17779471	1647547	812517	314163	43717	32423	444727
湖南	17877501	12187573	1290358	556804	226270	24399	59808	423077
广东	18516899	11134787	1646532	425744	146609	25503	59988	988687
广西	7608629	4810775	336199	81311	87619	11544	9283	146442
海南	1376385	847930	153141	62257	27311	8058	11967	43548
重庆	15636345	11653845	1006212	278824	51379	69658	45618	560734
四川	23491154	17571429	1753987	507482	218213	124772	108117	795402
贵州	2699464	1444900	269227	194732	26676	3637	5461	38721
云南	9443516	6083924	995564	291538	126851	34297	20457	522422
西藏	260954	151484	17562	13366	1748	249	209	1990
陕西	9154115	6365996	604976	214836	139082	48893	16569	185596
甘肃	6405505	4317119	385162	144744	37915	19651	5761	177090
青海	688200	442134	37517	6403	5544	1252	4278	20040
宁夏	2377454	1446436	227765	146770	4931	5463	9709	60893
新疆	5847400	3938088	416170	143114	55858	33998	7568	175632

2-B-4.24 续表

单位：万元

地区	办公用房屋	科研、教育和医疗用房屋	科学研究用房屋	教育用房屋	医疗用房屋（卫生医疗用房）	文化、体育和娱乐用房屋	厂房及建筑物	#厂房	仓库	其他未列明的房屋建筑物
全国	**35116798**	**25176835**	**2656820**	**16199840**	**6320175**	**6064514**	**63670038**	**43643101**	**3186086**	**12377171**
北京	936532	540663	132372	345027	63264	221002	778764	576188	28507	545922
天津	381453	155806	20848	126800	8158	111131	697248	395057	42065	334109
河北	1039841	993294	146111	706855	140328	133436	1717458	1252772	56356	806733
山西	457583	394584	19133	321223	54229	70831	322657	230627	28016	67387
内蒙古	386904	259251	8933	195045	55274	36844	171280	112431	10921	266576
辽宁	1167542	738044	49859	448751	239435	166589	3413757	1859624	164436	651609
吉林	395508	207181	12462	158014	36705	58753	847821	370736	27367	242426
黑龙江	265240	236018	12018	120108	103892	39276	371760	206247	23028	71939
上海	1154575	527935	107187	253969	166780	120191	2200797	1622285	154171	218086
江苏	6153178	3883040	566211	2328405	988423	1126344	13629753	10903205	580870	1710924
浙江	7312414	3064700	417712	1822484	824504	1225973	16357632	12022045	582800	1429015
安徽	1365409	822573	24334	632137	166103	145054	1919644	1156287	67266	425076
福建	1147112	841769	140777	565460	135532	245395	2488687	1505757	135291	147760
江西	1051246	742638	88950	509166	144523	218195	1464543	820196	65826	253738
山东	1443721	1408104	91924	870844	445336	315182	3135033	1972379	268820	596185
河南	1613559	1325145	122971	882200	319973	198092	1562582	840514	129239	339191
湖北	1913138	1410320	133057	720630	556633	463603	2731326	1356705	125637	704775
湖南	1146793	1054982	73874	673755	307353	151352	1466159	966020	113125	467160
广东	1109507	973122	135878	578436	258807	111951	2763833	1845767	155681	621487
广西	564781	754400	38704	497053	218643	144013	655853	465392	47029	295581
海南	85090	137874	7079	95597	35199	29017	33380	19804	12789	77165
重庆	539300	507631	32740	322221	152670	116826	1067646	669640	86231	658656
四川	967579	985455	45679	668320	271455	135692	1595799	1019797	86507	394706
贵州	217449	382801	5825	276693	100283	26810	214171	172639	18097	126010
云南	532543	904529	55842	613366	235322	117801	526626	320433	36775	245753
西藏	52679	20499	3053	15396	2049	2563	3299	383	2907	9962
陕西	575816	544524	55830	380720	107974	168003	635495	358233	52465	206840
甘肃	339956	547230	76144	387327	83759	76957	509850	296720	40733	188499
青海	83756	76145	199	63365	12581	6127	20686	12925	4415	17421
宁夏	235732	271526	3803	255804	11919	19920	82195	76821	5207	88674
新疆	480864	465056	27315	364669	73072	61594	284308	215474	33510	167810

2-B-4.25　各地区地方总承包和专业承包企业施工机械设备情况

地　区	年末自有施工机械设备总台数（台）	年末自有施工机械设备总功率（千瓦）	年末自有施工机械设备净值（万元）	技　术装备率（元/人）	动　力装备率（千瓦/人）
全　国	**10526530**	**215142038**	**48835852**	**11433**	**5.0**
北　京	87679	2384156	492605	15552	7.5
天　津	80103	2497235	480963	17613	9.1
河　北	824880	9991494	1527302	14070	9.2
山　西	184382	3970702	819424	16210	7.9
内蒙古	99791	2238246	488489	12729	5.8
辽　宁	368926	15796749	2256352	12481	8.7
吉　林	65900	2278121	508798	11679	5.2
黑龙江	108587	2240406	637041	16212	5.7
上　海	125066	2343629	574403	7944	3.2
江　苏	1766789	46631565	6863414	9110	6.2
浙　江	1020744	19985268	4402748	6472	2.9
安　徽	468756	10385465	1577056	9461	6.2
福　建	284914	6889605	1489925	6676	3.1
江　西	174043	4191298	903881	7260	3.4
山　东	722829	15464800	2869491	10984	5.9
河　南	738499	12463114	2062989	9178	5.5
湖　北	1099019	8987735	1859174	11573	5.6
湖　南	508442	10707409	1529446	11678	8.2
广　东	526108	9634498	2219070	12296	5.3
广　西	145811	2175437	442162	6063	3.0
海　南	8365	180315	31181	4009	2.3
重　庆	176864	3865699	790310	4810	2.4
四　川	243201	4658767	985266	4287	2.0
贵　州	53189	1456426	202174	5540	4.0
云　南	139257	4256276	11035295	135739	5.2
西　藏	4084	123368	41979	16600	4.9
陕　西	234177	3526140	717585	9588	4.7
甘　肃	149977	2934106	489886	8515	5.1
青　海	16093	318353	110705	12849	3.7
宁　夏	29109	701296	135375	12848	6.7
新　疆	70946	1864360	291362	11102	7.1

2-B-4.26 各地区地方总承包和专业承包企业主要生产效益指标

地区	建筑业企业个数（个）	直接从事生产经营活动的平均人数（人）	按总产值计算的劳动生产率（元/人）	人均竣工产值（元/人）	人均施工面积（平方米/人）	人均竣工面积（平方米/人）
全国	**77631**	**45665492**	**292712**	**183353**	**220.3**	**83.4**
北京	2932	475285	738764	388415	368.3	77.5
天津	1517	570033	369604	188623	119.6	45.0
河北	2340	1145311	392867	209265	296.1	109.1
山西	2129	790932	257598	119254	134.1	45.6
内蒙古	866	527193	280460	167442	158.7	67.1
辽宁	5785	2230005	340837	223197	172.4	86.7
吉林	1823	526072	382761	267440	233.3	119.1
黑龙江	1983	954886	236823	120487	84.9	45.5
上海	2758	956105	365523	218063	207.4	58.5
江苏	9060	7672248	275808	212285	253.3	89.4
浙江	5820	6709336	298324	184547	275.7	91.7
安徽	2621	1644175	256378	151245	197.7	86.6
福建	2602	2363891	214495	133969	192.5	57.4
江西	1603	1053343	297434	196539	214.3	111.6
山东	5648	2813147	262190	151913	216.6	82.2
河南	4667	2150981	250851	161111	183.0	82.7
湖北	3146	1479643	357481	244271	245.0	142.4
湖南	1951	1677056	254176	171599	213.8	85.1
广东	4255	1795318	345376	190225	213.6	70.2
广西	1052	679025	311853	177418	266.1	84.7
海南	143	71350	399879	282218	307.7	128.2
重庆	2380	1503542	285090	153100	188.0	76.5
四川	3273	2339876	239871	147484	185.1	74.8
贵州	587	323417	320337	137101	278.9	60.9
云南	2215	945522	285120	165283	163.6	70.2
西藏	168	25084	306953	165482	80.4	49.2
陕西	1330	885593	308194	151869	206.8	68.3
甘肃	1199	560482	278173	153363	180.2	70.0
青海	370	109803	227654	126198	83.8	40.3
宁夏	507	197853	263677	205978	227.3	94.6
新疆	901	488985	281024	198214	183.5	86.5

2-B-4.27　各地区地方总承包和专业承包企业营业额

单位：万元

地区	企业营业额	在境外完成的营业额	企业总产值	#建筑业总产值
全　国	**1760665995**	**12945079**	**1747720916**	**1336684487**
北　京	42835294	1034863	41800431	35112352
天　津	22311020	148123	22162897	21068644
河　北	46579832	163898	46415934	44995479
山　西	21322288	52019	21270268	20374279
内蒙古	15048846	180594	14868252	14785635
辽　宁	77751896	103205	77648690	76006857
吉　林	20601106	60844	20540262	20135984
黑龙江	23366026	451796	22914230	22613932
上　海	42466513	380334	42086179	34947872
江　苏	578532742	3706349	574826393	211606481
浙　江	204460510	611752	203848759	200155304
安　徽	44559368	1134872	43424496	42153019
福　建	51239853	113385	51126468	50704295
江　西	32460616	372191	32088424	31329957
山　东	80000889	754375	79246514	73757884
河　南	56520500	253394	56267106	53957590
湖　北	54750122	737432	54012690	52894492
湖　南	43766827	357153	43409674	42626663
广　东	65840878	131074	65709804	62005922
广　西	21814791	164260	21650531	21175570
海　南	3041679	11588	3030091	2853134
重　庆	45006882	269818	44737064	42864532
四　川	58535786	808415	57727371	56126786
贵　州	10480772	38894	10441878	10360238
云　南	28220462	419953	27800509	26958742
西　藏	821525	1938	819587	769961
陕　西	28123851	272419	27851432	27293471
甘　肃	17859445	156590	17702854	15591112
青　海	2617033	32443	2584591	2499715
宁　夏	5325084		5325084	5216921
新　疆	14403564	21111	14382453	13741664

2-B-4.28 各地区地方总承包和专业承包企业资产构成

单位：万元

地区	资产合计	#流动资产合计	#存货	#非流动资产合计	#固定资产合计
全国	**978709560**	**777090600**	**171841347**	**201618960**	**105717135**
北京	47641878	39429257	8717703	8212621	2236281
天津	24108327	20611076	3690532	3497251	1832136
河北	30211309	23961114	4542478	6250195	4361411
山西	21717978	15886568	3127041	5831410	2183224
内蒙古	16880429	13158937	2037157	3721492	2146552
辽宁	45217034	35802177	6059668	9414858	5667239
吉林	17593227	14332016	1740771	3261211	2153668
黑龙江	15114179	12102765	2180368	3011414	2058687
上海	53675388	45313438	8573604	8361950	2747762
江苏	126777930	104385309	24931473	22392621	13113608
浙江	96105447	77361306	21251200	18744141	9691607
安徽	28901890	22613017	4498617	6288874	3776418
福建	28625764	23074632	5387834	5551132	3556421
江西	17426066	13006307	2955792	4419759	2643852
山东	69853234	55859098	13037191	13994137	8389734
河南	33112634	24373467	5702503	8739167	5848596
湖北	30825025	23512558	5666360	7312467	4651550
湖南	21808528	15852718	3197743	5955810	3597393
广东	71075556	57112615	12315673	13962941	5607140
广西	12277675	9544740	1879079	2732934	1452034
海南	2054140	1571488	236767	482652	160681
重庆	36352719	28811095	7920312	7541624	3301506
四川	45491448	33820181	9171310	11671267	3767986
贵州	12126286	9874899	3366567	2251388	765559
云南	23840391	17575035	2692359	6265356	3100569
西藏	981351	568398	59796	412954	267296
陕西	18966973	14895378	2933575	4071595	2617869
甘肃	11672789	8086081	1723500	3586708	2131630
青海	2736627	2017823	285936	718804	353761
宁夏	4921252	4056579	800789	864673	532556
新疆	10616085	8520530	1157652	2095555	1002410

2-B-4.29　各地区地方总承包和专业承包企业固定资产情况

单位：万元

地　区	固定资产合计	固定资产原价	固定资产折旧	#本年折旧	在建工程
全　国	**105717135**	**131615563**	**48242480**	**8458255**	**12899513**
北　京	2236281	3630257	1674646	247362	320586
天　津	1832136	2575825	1038501	167110	114113
河　北	4361411	5170743	1756580	289749	465150
山　西	2183224	2956630	1133442	191197	231760
内蒙古	2146552	3005330	1047728	261704	107053
辽　宁	5667239	7412495	2817769	451591	570608
吉　林	2153668	2363370	809580	139752	233852
黑龙江	2058687	2587909	951474	117980	181499
上　海	2747762	4037410	1833426	239553	295333
江　苏	13113608	16319617	6048018	1061523	1615409
浙　江	9691607	13036839	4825232	816238	1041975
安　徽	3776418	4406973	1494699	287816	495660
福　建	3556421	4477107	1400104	267507	297075
江　西	2643852	2959882	899522	185170	300828
山　东	8389734	10425251	3743702	667223	744728
河　南	5848596	7063096	2323751	420955	663425
湖　北	4651550	5634650	1911153	401887	543799
湖　南	3597393	4486477	1640382	255054	359119
广　东	5607140	7412553	3100228	610647	854358
广　西	1452034	1596940	546384	84295	175897
海　南	160681	124402	53981	7273	69718
重　庆	3301506	3281777	1164198	218127	668200
四　川	3767986	4235497	1623560	263056	801651
贵　州	765559	773751	289411	66623	194889
云　南	3100569	3563323	1357120	227457	601142
西　藏	267296	255742	84426	10487	37580
陕　西	2617869	2930761	990145	229338	392072
甘　肃	2131630	2325615	632914	100707	277732
青　海	353761	502592	208406	28570	40744
宁　夏	532556	673607	260789	40997	89972
新　疆	1002410	1389143	581211	101308	113586

2-B-4.30 各地区地方总承包和专业承包企业负债及所有者权益

单位：万元

地区	负债合计	#流动负债	#应付账款	所有者权益	#实收资本
全　国	**626401646**	**569834413**	**155518669**	**352201747**	**204008622**
北　京	36859632	34457074	11067712	10779237	7167030
天　津	18745565	17171604	6279025	5342230	3313806
河　北	18997408	17313579	6114787	11213901	6444679
山　西	14846909	12759919	5120073	6871069	4321341
内蒙古	10882808	9930448	2632605	5997621	2618017
辽　宁	28496532	24438518	7033080	16699376	8543653
吉　林	9858732	8643486	2720214	7734495	5306854
黑龙江	9916297	9173856	3103857	5197882	3726455
上　海	39358392	37128993	9003198	14315993	7935513
江　苏	76668008	72350402	20482271	50109987	23074803
浙　江	58741415	55063822	11086405	37364032	19481068
安　徽	18393559	15779307	3416983	10478631	6846298
福　建	15969641	14836732	2578457	12655655	8819052
江　西	9350260	8412554	1461300	8075806	4990274
山　东	46235099	42870462	12114589	23618136	13491969
河　南	17490153	15564811	4192744	15622481	9875178
湖　北	17362483	14653560	4650730	13462542	7846874
湖　南	11332281	9625051	2418913	10476247	5764913
广　东	46830587	41500568	10365305	24217802	13749892
广　西	8073997	7073108	1147040	4203678	2865809
海　南	1240519	1172455	232421	813621	542355
重　庆	25525273	22586941	6255272	10827446	6302208
四　川	29632184	26856510	6791156	15858618	11931020
贵　州	7986795	7122974	1678399	4139491	1675697
云　南	15389664	13612012	3305070	8447922	5370931
西　藏	451321	394919	127333	530031	374092
陕　西	11856351	10966184	3980748	7110623	5260656
甘　肃	7401607	6665589	2225261	4271406	2584654
青　海	1635704	1522669	436331	1100924	851167
宁　夏	3414794	3271633	1079821	1506459	947827
新　疆	7457678	6914675	2417571	3158407	1984539

2-B-4.31　各地区地方总承包和专业承包企业实收资本

单位：万元

地区	合计	国家资本	集体资本	法人资本	个人资本	港澳台资本	外商资本
全国	**204008622**	**20920407**	**11711958**	**62005090**	**107908881**	**794443**	**667844**
北京	7167030	1030242	341906	2876496	2751910	87081	79395
天津	3313806	456960	250232	1116075	1466845	11028	12665
河北	6444679	799916	490577	1678014	3473090	2655	428
山西	4321341	794584	238697	1342510	1938136	6539	875
内蒙古	2618017	181715	144106	635225	1656590	200	182
辽宁	8543653	915097	543216	2703409	4096264	233526	52142
吉林	5306854	307037	188172	3011373	1785460	14737	75
黑龙江	3726455	551593	373874	1054301	1732515	1233	12940
上海	7935513	970718	482907	2480673	3759132	138391	103692
江苏	23074803	1140137	776982	6719153	14229761	72815	135954
浙江	19481068	549979	478307	4907644	13485225	36139	23774
安徽	6846298	654224	284115	1479349	4419371	6046	3193
福建	8819052	531333	268190	1998951	5982682	32150	5746
江西	4990274	857189	384843	1244572	2489517	3002	11151
山东	13491969	1334707	1332078	4863991	5929011	19059	13123
河南	9875178	919046	737979	2526601	5676056	12104	3392
湖北	7846874	896600	474514	2194026	4254136	25298	2299
湖南	5764913	918381	545816	1509796	2777932	7261	5726
广东	13749892	1125696	786856	5626739	6018818	56584	135199
广西	2865809	480409	227303	940379	1210261	6361	1096
海南	542355	106199	71638	202852	161520	147	
重庆	6302208	656814	215729	1826130	3539477	8832	55227
四川	11931020	1219067	523855	3105299	7076030	5745	1024
贵州	1675697	745813	135176	395691	399017		
云南	5370931	1129322	311037	1570406	2352792	4576	2798
西藏	374092	27350	30069	193839	122834		
陕西	5260656	752028	588646	1750493	2163650	614	5226
甘肃	2584654	360941	251626	864958	1104407	2259	463
青海	851167	152095	70286	333679	295108		
宁夏	947827	123927	42348	239747	541805		
新疆	1984539	231289	120881	612719	1019531	60	59

2-B-4.32 各地区地方总承包和专业承包企业收入情况

单位：万元

地区	主营业务收入	#主营业务成本	#主营业务税金及附加	其他业务收入	#其他业务成本	#其他业务利润
全国	**1209610183**	**1053317949**	**41794107**	**11137759**	**21978791**	**1701794**
北京	40343643	36228721	1152682	346370	232300	124799
天津	22761282	19677073	625565	213150	886406	35768
河北	39496643	34390741	1337842	800138	1076313	37408
山西	19068909	16937751	609991	602276	606611	59331
内蒙古	14634739	12019023	540936	82907	379601	32185
辽宁	67235641	56512190	2343267	298127	2291469	40548
吉林	18674852	15430015	644346	125307	1032082	15177
黑龙江	15628226	13371410	553395	104881	381299	5726
上海	44551758	40353759	1105544	491830	691730	181292
江苏	172880650	151054773	6133169	1829513	1615808	158937
浙江	160968953	145183556	5480695	1098421	1304055	177137
安徽	35744238	30381771	1217934	445472	1329526	38330
福建	46071648	40783384	1720915	195765	430158	40212
江西	29301187	25652916	1050513	210655	369235	35476
山东	67483709	57614045	2297457	916263	1308722	119341
河南	49460206	41636743	1883812	379210	968180	82267
湖北	49587894	42009365	2021134	210760	590795	42625
湖南	39604087	34118083	1646127	208638	620186	23080
广东	70761793	61730243	2291064	524172	682169	144553
广西	18784768	16827963	649414	170805	353290	26880
海南	2741340	2449217	92388	41878	43865	1196
重庆	41042119	35330848	1401043	269774	1333796	52167
四川	49073783	41888063	1708776	511120	1490553	70729
贵州	9566116	8486299	366974	82721	195988	18119
云南	23400777	20061649	837841	435016	611452	65972
西藏	691716	563031	24958	7102	8659	1605
陕西	23672322	20492252	817979	112583	335549	11599
甘肃	14438572	12397188	504353	207353	431528	26075
青海	2664143	2366140	82879	13219	44850	1703
宁夏	5291601	4785612	167980	66423	58003	14297
新疆	13982868	12584126	483136	135912	274613	17261

2-B-4.33 各地区地方总承包和专业承包企业费用情况

单位：万元

地区	管理费用	#税金	销售费用	财务费用	#利息收入	#利息支出
全国	**38117596**	**2029345**	**5689243**	**8564153**	**1214815**	**7849023**
北京	1836552	29649	290576	252371	34918	376407
天津	736009	23615	79302	144559	114366	154577
河北	1023858	45728	110109	198668	31678	151265
山西	807153	33508	87732	120006	13233	76103
内蒙古	536538	24228	23607	157276	3317	123027
辽宁	2626287	196308	254540	364905	42818	267511
吉林	611797	39031	57234	110365	2442	69927
黑龙江	636950	40628	66883	68752	9226	54469
上海	1751323	29424	131839	197280	40052	178608
江苏	5078501	239639	694510	1399155	187499	1372741
浙江	3148125	145121	446174	1205468	190548	1206394
安徽	1086578	55041	211156	290020	38546	247712
福建	1251631	74715	182693	163286	43801	152399
江西	756606	44681	152521	145465	15807	112247
山东	2260301	158260	319876	549102	30143	452179
河南	1832431	141258	368771	406044	26553	244715
湖北	1748978	127158	419590	328097	23573	292978
湖南	1296742	95484	264214	231472	25403	171924
广东	2604993	109399	389611	564027	31750	560285
广西	549562	23270	49397	136837	7708	102776
海南	60601	3810	5659	3722	571	2187
重庆	1266462	69230	199283	386586	54959	329839
四川	1584064	111439	398585	455797	184000	539205
贵州	249099	8984	13824	81373	8803	70505
云南	782133	37271	186062	241430	20256	212124
西藏	40478	1632	11037	3291	1711	1925
陕西	810283	60298	129280	138917	16233	120034
甘肃	525295	34250	83919	118007	13350	97599
青海	86641	3982	19406	9883	-2261	11130
宁夏	151399	7800	7810	42167	753	37691
新疆	380227	14505	34044	49825	3059	58541

2-B-4.34 各地区地方总承包和专业承包企业利润及税金情况

单位：万元

地区	利润总额	#应交所得税	税金总额	主营业务税金及附加	管理费用中的税金
全国	**51391870**	**11670163**	**43823452**	**41794107**	**2029345**
北京	901345	200559	1182331	1152682	29649
天津	773518	198638	649180	625565	23615
河北	1508907	346880	1383570	1337842	45728
山西	501524	130104	643499	609991	33508
内蒙古	1051874	243367	565164	540936	24228
辽宁	2996417	766067	2539575	2343267	196308
吉林	900876	226933	683377	644346	39031
黑龙江	619128	142299	594023	553395	40628
上海	1126322	242981	1134969	1105544	29424
江苏	8695990	1880796	6372808	6133169	239639
浙江	5184373	1218361	5625816	5480695	145121
安徽	1613147	310185	1272974	1217934	55041
福建	1758205	579560	1795629	1720915	74715
江西	1255521	307569	1095195	1050513	44681
山东	3838660	757126	2455717	2297457	158260
河南	2807403	615182	2025069	1883812	141258
湖北	2779281	631598	2148292	2021134	127158
湖南	1633590	320241	1741611	1646127	95484
广东	3077550	758612	2400463	2291064	109399
广西	449464	129087	672684	649414	23270
海南	127341	54521	96198	92388	3810
重庆	2193971	441168	1470274	1401043	69230
四川	1961644	429079	1820215	1708776	111439
贵州	249757	56052	375958	366974	8984
云南	1119426	211377	875112	837841	37271
西藏	48405	6903	26590	24958	1632
陕西	1052914	190372	878278	817979	60298
甘肃	604987	108841	538603	504353	34250
青海	67900	12021	86861	82879	3982
宁夏	144967	50066	175780	167980	7800
新疆	347462	103617	497641	483136	14505

2-B-4.35　各地区地方总承包和专业承包企业应收工程款及企业亏损情况

地　区	应收工程款(万元)	企业个数(个)	#亏损企业个数	亏损企业的比重(%)
全　国	**209106698**	**77631**	**9377**	**12.1**
北　京	7320709	2932	609	20.8
天　津	5696832	1517	241	15.9
河　北	8271439	2340	266	11.4
山　西	6562738	2129	408	19.2
内蒙古	4536520	866	110	
辽　宁	10399188	5785	736	12.7
吉　林	5003167	1823	269	14.8
黑龙江	3800460	1983	439	22.1
上　海	8964192	2758	527	19.1
江　苏	34091179	9060	434	4.8
浙　江	16807299	5820	581	10.0
安　徽	6345483	2621	235	9.0
福　建	4360935	2602	299	11.5
江　西	3214961	1603	116	7.2
山　东	18286530	5648	496	8.8
河　南	5393181	4667	347	7.4
湖　北	7158689	3146	270	8.6
湖　南	4472426	1951	156	8.0
广　东	11619021	4255	667	15.7
广　西	1953814	1052	213	20.2
海　南	306285	143	27	18.9
重　庆	8067764	2380	278	11.7
四　川	7515755	3273	401	12.3
贵　州	1592256	587	111	18.9
云　南	5085318	2215	329	14.9
西　藏	219603	168	20	11.9
陕　西	4563153	1330	172	12.9
甘　肃	2914384	1199	189	15.8
青　海	535267	370	115	31.1
宁　夏	1413343	507	96	18.9
新　疆	2634806	901	220	24.4

2-B-4.36 各地区地方总承包和专业承包企业主要经济效益指标

地　区	产值利润率(%)	产值利税率(%)	资本利润率(%)	资本利税率(%)	人均利润(元/人)	人均利税(元/人)	资产负债率(%)
全　国	**3.8**	**7.1**	**25.2**	**46.7**	**11254**	**20851**	**64.0**
北　京	2.6	5.9	12.6	29.1	18964	43841	77.4
天　津	3.7	6.8	23.3	42.9	13570	24958	77.8
河　北	3.4	6.4	23.4	44.9	13175	25255	62.9
山　西	2.5	5.6	11.6	26.5	6341	14477	68.4
内蒙古	7.1	10.9	40.2	61.8	19952	30673	64.5
辽　宁	3.9	7.3	35.1	64.8	13437	24825	63.0
吉　林	4.5	7.9	17.0	29.9	17125	30115	56.0
黑龙江	2.7	5.4	16.6	32.6	6484	12705	65.6
上　海	3.2	6.5	14.2	28.5	11780	23651	73.3
江　苏	4.1	7.1	37.7	65.3	11334	19641	60.5
浙　江	2.6	5.4	26.6	55.5	7727	16112	61.1
安　徽	3.8	6.8	23.6	42.2	9811	17554	63.6
福　建	3.5	7.0	19.9	40.3	7438	15034	55.8
江　西	4.0	7.5	25.2	47.1	11919	22317	53.7
山　东	5.2	8.5	28.5	46.7	13645	22375	66.2
河　南	5.2	9.0	28.4	48.9	13052	22466	52.8
湖　北	5.3	9.3	35.4	62.8	18783	33302	56.3
湖　南	3.8	7.9	28.3	58.5	9741	20126	52.0
广　东	5.0	8.8	22.4	39.8	17142	30513	65.9
广　西	2.1	5.3	15.7	39.2	6619	16526	65.8
海　南	4.5	7.8	23.5	41.2	17847	31330	60.4
重　庆	5.1	8.5	34.8	58.1	14592	24371	70.2
四　川	3.5	6.7	16.4	31.7	8384	16163	65.1
贵　州	2.4	6.0	14.9	37.3	7722	19347	65.9
云　南	4.2	7.4	20.8	37.1	11839	21095	64.6
西　藏	6.3	9.7	12.9	20.0	19297	29897	46.0
陕　西	3.9	7.1	20.0	36.7	11889	21807	62.5
甘　肃	3.9	7.3	23.4	44.2	10794	20404	63.4
青　海	2.7	6.2	8.0	18.2	6184	14094	59.8
宁　夏	2.8	6.1	15.3	33.8	7327	16211	69.4
新　疆	2.5	6.1	17.5	42.6	7106	17283	70.2

C. 总承包建筑业企业

2-C-1　各地区总承包企业签订合同情况

单位：万元

地　区	合同总额	上年结转合同额	本年新签合同额
全　国	**2671488960**	**1085036657**	**1586452302**
北　京	169742967	83575901	86167066
天　津	63776255	28642039	35134216
河　北	80151680	31899242	48252439
山　西	53926067	24902323	29023744
内蒙古	22244111	10571607	11672505
辽　宁	106412318	36928562	69483756
吉　林	31160590	12270706	18889884
黑龙江	29310281	10405181	18905100
上　海	114410914	55115815	59295099
江　苏	308580709	115977123	192603586
浙　江	324249853	132072779	192177074
安　徽	76866094	28703167	48162927
福　建	93449424	35481482	57967942
江　西	59367876	19533375	39834501
山　东	123681848	44129157	79552691
河　南	114123479	44354783	69768696
湖　北	149386732	54953217	94433515
湖　南	109708613	47473009	62235604
广　东	149893329	69790611	80102718
广　西	45046149	18735400	26310750
海　南	5483257	2521542	2961716
重　庆	80844897	31725096	49119802
四　川	128657535	54457047	74200488
贵　州	31676370	13692619	17983751
云　南	46062963	18486567	27576396
西　藏	1078580	290288	788292
陕　西	77224859	32968279	44256580
甘　肃	26602070	8731090	17870980
青　海	7567321	3032636	4534685
宁　夏	9054277	3047976	6006301
新　疆	31747541	10568042	21179500

2-C-2 各地区总承包企业承包工程完成情况

单位：万元

地区	直接从建设单位承揽工程完成的产值			从建设单位以外承揽工程完成的产值
		自行完成施工产值	分包出去工程的产值	
全国	**1430402214**	**1392525134**	**37877081**	**43390283**
北京	66530248	56701459	9828789	6374857
天津	31159596	29673071	1486525	1438170
河北	48116429	47938479	177950	1122035
山西	27215613	27147130	68483	90189
内蒙古	14685800	14659942	25858	189972
辽宁	70580475	70299132	281343	814826
吉林	19804380	19626622	177758	105260
黑龙江	20556655	20364753	191902	29647
上海	47323222	40011978	7311244	3532438
江苏	189034683	188360196	674487	9495812
浙江	184563796	182644177	1919619	3563390
安徽	44546884	44090500	456384	1023366
福建	49063871	48779445	284427	814888
江西	31526215	30859136	667079	1062983
山东	76557259	75658893	898366	989892
河南	62280085	61938792	341294	790046
湖北	77842245	77174260	667985	1752443
湖南	48506044	48368195	137849	1345096
广东	64884006	58584103	6299903	1895985
广西	21599902	21526447	73455	434622
海南	2765797	2726300	39497	16923
重庆	43517088	42412076	1105013	1218803
四川	64479098	63491825	987274	2358419
贵州	13177975	13139702	38274	86583
云南	25938288	25842745	95543	414397
西藏	756150	736357	19793	11151
陕西	38787645	35908310	2879335	1457138
甘肃	16148660	16021667	126992	272379
青海	3660648	3591803	68845	298452
宁夏	5259777	5105219	154559	158745
新疆	19533681	19142422	391259	231378

2-C-3　各地区总承包企业建筑业总产值和竣工产值

单位：万元

地　区	建筑业总产值	#装饰装修产　值	#在外省完成的产值	按构成分组			竣工产值
				建筑工程产　值	安装工程产　值	其他产值	
全　国	**1435915416**	**42415959**	**464126640**	**1310379888**	**89207078**	**36328450**	**838420456**
北　京	63076316	5281942	41433941	60681518	1846855	547943	30206702
天　津	31111242	221548	11290932	28288779	2236561	585902	14060948
河　北	49060514	1789994	16101043	42634112	3864041	2562361	25558462
山　西	27237319	523038	8104577	23904837	2493875	838607	12383259
内蒙古	14849914	236911	817577	13419508	633971	796434	8627765
辽　宁	71113958	4159901	7886998	63764434	5007385	2342139	43568202
吉　林	19731882	630246	1913259	17736692	1261415	733775	12743536
黑龙江	20394400	235129	1771606	17160508	2677997	555894	11135281
上　海	43544416	2115908	22154681	38170782	4573135	800499	23078170
江　苏	197856007	2180837	82301172	188203518	8067845	1584644	149375032
浙　江	186207567	7265655	95523126	172407495	9844713	3955359	115227430
安　徽	45113866	842777	9610890	40371723	2712734	2029409	23590990
福　建	49594333	923467	18244485	47347129	1950891	296314	30504956
江　西	31922119	1030977	10761677	28137619	2073235	1711265	19858543
山　东	76648784	2442939	13406802	67122314	7914562	1611908	41623817
河　南	62728838	1488281	16296905	56835540	4612008	1281290	35225367
湖　北	78926703	2203240	30029367	70976875	6184923	1764906	40178575
湖　南	49713290	1369195	16040054	44177675	2367347	3168268	32834153
广　东	60480088	2044607	12332950	55096664	3932300	1451124	31082201
广　西	21961069	643221	4039237	19197198	1726912	1036959	12754582
海　南	2743222	202488	165814	2400583	118182	224458	1963972
重　庆	43630879	887969	9526888	40696182	1637975	1296722	23595316
四　川	65850244	1394838	14098076	59735801	4121879	1992563	35912908
贵　州	13226285	217669	2317254	11757303	834566	634415	5701443
云　南	26257142	219221	1527581	24418687	1278705	559750	14364129
西　藏	747508	23613	89	634043	28895	84570	397052
陕　西	37365447	1160810	11697853	34183489	2329195	852763	16148879
甘　肃	16294047	378971	2488558	14532332	1322893	438821	8598906
青　海	3890255	38838	981706	3372405	313045	204805	1577940
宁　夏	5263964	38236	371332	5043217	179292	41455	4064605
新　疆	19373800	223496	890211	17970925	1059747	343128	12477337

2-C-4 各地区总承包企业房屋建筑面积

地 区	房屋建筑施工面积（万平方米）	#本年新开工	#实行投标承包面积	#本年新开工	房屋建筑竣工面积（万平方米）	房屋建筑面积竣工率（%）
全 国	**1115811.0**	**506673.9**	**893481.0**	**416889.2**	**393281.3**	**35.2**
北 京	49132.5	16660.1	44013.7	15984.5	8924.8	18.2
天 津	12953.0	4973.9	11685.9	4419.5	3507.0	27.1
河 北	35928.7	16875.3	30738.3	14679.3	12567.1	35.0
山 西	12956.9	4613.3	11142.2	3668.9	3663.3	28.3
内 蒙 古	8764.6	4515.7	7328.1	3845.5	3601.8	41.1
辽 宁	41728.6	23934.4	30690.8	17852.4	19389.6	46.5
吉 林	11959.5	7513.8	8300.6	5780.2	6078.1	50.8
黑 龙 江	8088.5	4689.2	5974.4	3676.4	4372.1	54.1
上 海	29809.0	10536.2	26853.8	9386.9	6978.9	23.4
江 苏	195898.2	85860.7	174706.7	77164.9	68597.1	35.0
浙 江	180429.5	76327.4	150263.2	65076.3	58712.9	32.5
安 徽	35942.6	17179.4	27431.5	13956.2	14619.7	40.7
福 建	47695.3	19101.1	35887.6	14156.8	13628.1	28.6
江 西	22832.6	13258.5	16624.1	10118.1	11694.7	51.2
山 东	63258.3	31535.0	51282.1	26773.4	22955.5	36.3
河 南	42581.3	22744.5	34872.1	19720.3	17767.3	41.7
湖 北	48010.1	26210.9	34453.5	21378.7	22243.5	46.3
湖 南	43436.0	19410.4	34625.0	15971.0	15825.3	36.4
广 东	51391.2	20899.9	29533.0	12874.4	14344.7	27.9
广 西	18209.0	7417.9	15257.1	6308.5	5758.9	31.6
海 南	2192.2	773.6	1835.7	668.8	912.1	41.6
重 庆	29640.2	13415.6	18787.2	9022.0	12140.4	41.0
四 川	46525.1	21261.5	30636.2	14733.7	17697.4	38.0
贵 州	12168.5	5169.8	9041.5	3830.8	2464.7	20.3
云 南	15286.2	8119.4	10613.6	5539.1	6522.8	42.7
西 藏	197.8	165.7	150.3	138.9	120.7	61.0
陕 西	20345.1	8122.4	17065.9	6906.9	6271.9	30.8
甘 肃	10166.8	5488.9	7791.7	4393.5	3891.9	38.3
青 海	1139.4	451.7	813.2	344.5	447.8	39.3
宁 夏	4664.5	2153.4	4356.1	1984.0	1930.5	41.4
新 疆	12479.7	7294.1	10725.7	6534.9	5650.7	45.3

2-C-5　各地区按主要用途分的总承包企业房屋建筑竣工面积

单位：万平方米

地　区	合计	住宅房屋	商业及服务用房屋	商厦房屋（批发和零售用房）	宾馆用房屋（住宿用房）	餐饮用房屋（餐饮用房）	商务会展用房屋	其他商业及服务用房屋(居民服务业用房)
全　国	**393281.3**	**265258.2**	**25555.8**	**11342.4**	**3603.2**	**1161.5**	**1415.5**	**8033.3**
北　京	8924.8	5268.2	1433.1	1093.5	138.8	14.7	46.1	140.0
天　津	3507.0	2092.3	229.0	121.8	19.7	2.5	5.0	80.0
河　北	12567.1	9026.2	566.3	263.0	74.7	13.5	18.2	196.9
山　西	3663.3	2682.3	177.1	43.2	42.1	8.6	14.4	68.8
内蒙古	3601.8	2679.5	214.6	54.6	34.4	6.4	11.2	108.1
辽　宁	19389.6	14508.6	812.1	323.1	74.9	74.3	8.5	331.3
吉　林	6078.1	4582.5	199.4	76.2	20.0	1.9	18.3	83.0
黑龙江	4372.1	3554.2	209.5	43.2	15.3	12.1	5.2	133.7
上　海	6978.9	3505.7	929.8	494.0	90.9	4.7	70.3	269.8
江　苏	68597.1	48829.7	3118.8	1439.8	679.3	242.6	328.2	428.9
浙　江	58712.9	33134.8	5011.2	2512.7	764.2	230.3	334.8	1169.2
安　徽	14619.7	9596.3	730.5	319.8	65.6	21.1	19.5	304.4
福　建	13628.1	9285.0	694.5	234.3	80.3	27.3	45.8	306.8
江　西	11694.7	7629.7	834.0	276.7	125.6	45.9	25.0	360.9
山　东	22955.5	16420.1	1325.4	539.6	99.6	53.8	71.9	560.5
河　南	17767.3	12571.7	982.0	275.4	182.7	82.6	58.9	382.4
湖　北	22243.5	14870.0	1543.7	759.4	267.1	37.3	60.4	419.4
湖　南	15825.3	11180.4	1015.8	536.8	137.5	18.1	43.1	280.3
广　东	14344.7	8567.4	1112.9	455.0	100.8	47.6	63.4	446.0
广　西	5758.9	3740.1	253.9	69.1	68.5	8.3	9.2	98.8
海　南	912.1	546.8	107.5	44.0	19.6	6.6	10.9	26.4
重　庆	12140.4	9137.5	716.8	191.6	42.7	46.9	35.9	399.7
四　川	17697.4	13228.9	1229.1	381.3	208.0	57.5	69.9	512.4
贵　州	2464.7	1483.2	233.3	101.7	18.4	3.1	4.3	105.8
云　南	6522.8	4372.2	620.9	189.7	81.2	19.4	12.8	317.8
西　藏	120.7	72.4	7.7	5.6	0.7	0.1	0.1	1.1
陕　西	6271.9	4445.8	411.2	143.3	73.7	28.9	6.5	158.8
甘　肃	3891.9	2852.5	209.5	76.4	17.8	9.6	3.0	102.8
青　海	447.8	292.5	23.4	3.4	3.4	0.5	2.0	14.1
宁　夏	1930.5	1111.1	186.9	102.3	3.9	6.9	4.2	69.6
新　疆	5650.7	3990.6	416.1	171.9	51.7	28.3	8.4	155.8

2-C-5 续表 单位：万平方米

地区	办公用房屋	科研、教育和医疗用房屋	科学研究用房屋	教育用房屋	医疗用房屋（卫生医疗用房）	文化、体育和娱乐用房屋	厂房及建筑物	#厂房	仓库	其他未列明的房屋建筑物
全国	**23094.7**	**16386.5**	**1686.2**	**10953.6**	**3746.7**	**3415.1**	**49105.3**	**33370.4**	**2519.6**	**7946.1**
北京	772.7	448.3	161.5	187.4	99.4	91.5	681.6	566.3	34.5	194.8
天津	192.4	108.1	9.4	65.9	32.8	39.3	671.0	476.8	48.7	126.2
河北	751.2	588.4	65.7	434.5	88.2	86.8	1094.2	728.3	40.4	413.6
山西	277.8	243.4	11.6	200.8	31.0	27.2	177.1	116.8	17.7	60.8
内蒙古	197.8	158.2	4.9	131.5	21.7	14.4	153.4	119.5	6.7	177.2
辽宁	741.5	419.4	20.4	288.0	110.9	76.8	2228.2	1177.3	147.4	455.7
吉林	248.2	147.1	8.6	108.6	29.9	37.7	620.6	281.8	22.1	220.5
黑龙江	142.9	126.7	4.1	70.7	51.9	21.2	228.5	129.8	16.5	72.6
上海	420.8	264.2	42.9	153.0	68.2	64.2	1583.1	1220.3	79.9	131.2
江苏	3423.5	1974.3	236.3	1302.3	435.7	475.5	9556.3	7700.0	378.7	840.2
浙江	4411.0	1806.2	260.5	1143.0	402.6	598.4	12498.3	8865.0	483.7	769.5
安徽	1068.6	700.3	20.6	538.1	141.6	116.9	1926.3	1231.5	64.0	416.7
福建	751.7	537.8	72.0	384.7	81.2	129.5	2042.1	1223.4	83.5	104.0
江西	849.2	591.3	63.7	426.7	100.9	178.1	1288.9	690.9	69.7	253.9
山东	1126.0	915.3	65.0	590.3	260.0	194.9	2423.4	1532.4	205.0	345.5
河南	1300.9	1057.5	108.7	715.5	233.3	145.0	1295.4	684.1	124.3	290.7
湖北	1405.7	1040.1	128.8	529.3	382.0	278.8	2557.2	1371.4	153.8	394.3
湖南	886.5	786.4	55.0	522.3	209.2	134.3	1335.0	872.1	67.9	419.0
广东	813.8	603.3	77.9	395.4	130.0	84.7	2556.2	1689.2	127.7	478.7
广西	424.3	557.6	34.9	374.8	147.9	110.8	437.9	289.5	35.3	198.9
海南	61.3	89.2	7.4	59.5	22.4	19.0	22.6	15.3	11.7	54.0
重庆	420.5	347.9	33.5	220.5	93.9	99.1	955.5	618.1	53.7	409.4
四川	664.4	686.9	54.9	468.7	163.2	142.6	1337.3	855.0	105.4	302.7
贵州	179.2	325.3	19.8	243.9	61.6	23.3	121.1	82.1	6.5	92.8
云南	373.3	559.6	31.7	388.4	139.4	72.1	321.9	189.1	20.5	182.3
西藏	22.7	9.0	1.4	6.9	0.7	2.3	1.9	0.1	1.2	3.5
陕西	365.2	392.3	31.8	266.2	94.3	44.8	423.8	219.3	36.6	152.3
甘肃	172.1	300.3	30.7	220.1	49.5	35.7	215.7	137.4	15.3	90.7
青海	47.9	46.3	0.1	37.9	8.3	5.9	19.5	6.3	2.2	10.0
宁夏	194.3	206.5	2.4	197.4	6.8	15.5	89.0	85.3	11.0	116.2
新疆	387.3	349.4	20.0	281.4	48.0	48.9	242.4	196.1	48.1	167.9

2-C-6 各地区按主要用途分的总承包企业房屋建筑竣工价值

单位：万元

地区	合计	住宅房屋	商业及服务用房屋	商厦房屋（批发和零售用房）	宾馆用房屋（住宿用房）	餐饮用房屋（餐饮用房）	商务会展用房屋	其他商业及服务用房屋(居民服务业用房)
全国	**577108812**	**380311750**	**42370566**	**18440598**	**6180831**	**1858176**	**2601945**	**13289015**
北京	20622522	10411944	3424156	2309724	495603	25951	168806	424072
天津	6894804	3948598	435185	249638	39853	6587	10511	128595
河北	17551783	11774029	907750	470173	98885	19408	22985	296300
山西	5300561	3568035	277327	45765	69565	16307	22757	122932
内蒙古	5307216	3701695	352577	86188	58433	13128	17900	176929
辽宁	27936169	20340965	1107926	449976	90097	100564	16383	450905
吉林	8392769	6269502	328582	128434	27606	2773	24946	144823
黑龙江	6701172	5291876	332131	67008	20331	17539	11031	216222
上海	14193937	6242235	2080036	786491	246585	24684	262910	759367
江苏	110535806	77624641	5490276	2472176	1228446	440003	517503	832148
浙江	88422712	52106203	8246694	4079665	1283248	404669	575760	1903352
安徽	17307423	11580942	936017	439494	113844	24949	29158	328572
福建	20374958	14284546	1127626	350940	161723	38982	74995	500986
江西	13319430	8508643	1035600	302408	207770	54859	24959	445604
山东	30002000	20399402	1892226	727507	143280	78246	124157	819036
河南	20838323	14439025	1177618	342434	193845	87875	73973	479491
湖北	29968751	19312932	2939039	1403821	413041	44549	167549	910079
湖南	20884143	14347244	1517472	783213	231554	24270	59808	418627
广东	22122753	13599215	2067571	725137	156285	55484	139450	991215
广西	7628754	4826784	340907	81254	87609	11541	9283	151220
海南	1375305	847664	152681	62257	26994	7973	11928	43530
重庆	17015862	12623108	1053777	278324	51379	69603	47264	607207
四川	24266733	17858473	1888523	560174	300463	130726	119001	778158
贵州	3502521	1975903	425892	225887	40263	3652	5519	150571
云南	9290396	5998431	982055	281603	124366	34157	20371	521558
西藏	257065	149384	17562	13366	1748	249	209	1990
陕西	9592361	6522707	597467	214836	139257	48893	12363	182119
甘肃	6388006	4333470	383405	144093	37426	19459	5569	176858
青海	713193	453123	37487	6403	5544	1252	4248	20040
宁夏	2477951	1469454	234504	146258	4931	12714	9709	60893
新疆	7923434	5501579	580500	205953	80860	37131	10940	245616

2-C-6 续表 单位：万元

地 区	办公用房屋	科研、教育和医疗用房屋	科学研究用房屋	教育用房屋	医疗用房屋(卫生医疗用房)	文化、体育和娱乐用房屋	厂房及建筑物	#厂房	仓 库	其他未列明的房屋建筑物
全 国	**38137954**	**26998269**	**3250747**	**16842887**	**6904635**	**6711070**	**66284897**	**46364744**	**3296920**	**12997386**
北 京	2338267	1396087	511774	585626	298688	454875	1744789	1489012	77134	775270
天 津	493461	263599	19997	149991	93611	167411	1101721	792577	71917	412912
河 北	1040286	1007736	149252	712156	146328	133436	1812273	1307285	56170	820103
山 西	486721	414866	19133	341505	54229	70831	364822	252290	28007	89953
内蒙古	413809	286768	8933	222562	55274	36844	238026	179177	10921	266576
辽 宁	1255962	755758	49121	460989	245648	170880	3485733	1946142	163777	655169
吉 林	389008	237440	12447	152383	72610	54049	848308	379931	27223	238657
黑龙江	256699	236018	12018	120108	103892	35776	418523	245450	23028	107122
上 海	1393486	769228	131338	385113	252778	189496	3117826	2538433	148795	252837
江 苏	6267557	3900688	571539	2331345	997804	1120757	13841737	11134979	580576	1709575
浙 江	7305582	3052133	415964	1819859	816309	1085193	14860495	10769182	547429	1218984
安 徽	1373225	821975	24334	631639	166003	144915	1982168	1199202	63366	404816
福 建	1146575	865036	140777	588746	135513	244117	2420676	1470389	135292	151091
江 西	1045129	741975	88907	508620	144448	215663	1453690	810471	65826	252903
山 东	1749906	1491735	140757	868034	482944	494846	3088328	1986600	258811	626746
河 南	1639821	1354764	142211	875466	337087	194224	1569146	809068	128711	335015
湖 北	1975248	1414812	133043	732152	549617	498951	3073547	1682881	156458	597765
湖 南	1357737	1084979	73874	683791	327314	224777	1651262	1116032	113125	587548
广 东	1373161	1034052	153106	615949	264997	135295	3040642	2086722	163408	709409
广 西	561170	754335	38704	496988	218643	143723	649170	463882	46908	305757
海 南	84892	137874	7079	95597	35199	29017	33222	19646	12789	77165
重 庆	568114	535861	47484	325656	162722	166987	1330462	948584	85511	652042
四 川	1041078	1046713	85505	684137	277070	209611	1712737	1145907	106165	403433
贵 州	222514	471936	51525	320185	100225	30610	232288	178536	18097	125282
云 南	538182	899951	55781	609623	234547	117522	475462	277880	33573	245219
西 藏	51790	19599	3053	14496	2049	2563	3299	383	2907	9962
陕 西	583628	577600	55830	384731	137039	163247	686187	398231	50065	411459
甘 肃	313835	541453	75952	383532	81969	72444	512034	297987	36767	194598
青 海	80365	75446	199	62666	12581	6127	39760	12925	4415	16471
宁 夏	251894	276302	3803	260580	11919	23003	114855	109480	14096	93843
新 疆	538855	531555	27310	418665	85580	73880	381708	315481	65653	249704

2-C-7　各地区总承包企业机械设备情况

地　区	年末自有施工机械设备总台数(台)	年末自有施工机械设备总功率(千瓦)	年末自有施工机械设备净值(万元)	技　术装备率(元/人)	动　力装备率(千瓦/人)
全　国	**9878809**	**222608291**	**55689194**	**13685**	**5.5**
北　京	87396	3599030	890933	27001	10.9
天　津	77310	3522023	1449065	57641	14.0
河　北	839435	10601874	1660907	15584	9.9
山　西	178561	5391397	1064206	20360	10.3
内蒙古	99930	2313908	489462	13246	6.3
辽　宁	310226	11967718	2031172	13005	7.7
吉　林	66339	2196497	499685	12596	5.5
黑龙江	122388	2668749	716940	20602	7.7
上　海	117413	3363924	1150997	17751	5.2
江　苏	1401642	41417388	6250964	9019	6.0
浙　江	899291	18129249	4041613	6381	2.9
安　徽	429269	10191997	1609887	10111	6.4
福　建	248433	6489905	1421048	6878	3.1
江　西	168540	4074369	897366	7292	3.3
山　东	674231	15385657	2964130	11484	6.0
河　南	673808	14703427	2578563	12462	7.1
湖　北	1231342	12987422	3118745	18068	7.5
湖　南	441695	10018834	1681218	13226	7.9
广　东	452770	9855122	2827495	17152	6.0
广　西	146607	2673226	481778	6560	3.6
海　南	7540	176193	28997	3852	2.3
重　庆	160428	4109339	889719	5603	2.6
四　川	286501	7406458	3226487	14324	3.3
贵　州	63562	1738613	256428	6393	4.3
云　南	144535	4749568	11112755	146085	6.2
西　藏	3967	120663	39336	16356	5.0
陕　西	256676	5183032	1110306	13176	6.2
甘　肃	147385	3226997	501720	8906	5.7
青　海	24609	742364	174059	17808	7.6
宁　夏	26658	622455	122181	12837	6.5
新　疆	90322	2980893	401032	12732	9.5

2-C-8 各地区总承包企业主要生产效益指标

地区	建筑业企业个数（个）	直接从事生产经营活动的平均人数（人）	按总产值计算的劳动生产率（元/人）	人均竣工产值（元/人）	人均施工面积（平方米/人）	人均竣工面积（平方米/人）
全国	**46167**	**45221961**	**317526**	**185401**	**246.7**	**87.0**
北京	891	644113	979274	468966	762.8	138.6
天津	449	689420	451267	203953	187.9	50.9
河北	1646	1136262	431771	224935	316.2	110.6
山西	1034	920330	295952	134552	140.8	39.8
内蒙古	710	502581	295473	171669	174.4	71.7
辽宁	2409	1994364	356575	218457	209.2	97.2
吉林	1042	493901	399511	258018	242.1	123.1
黑龙江	1309	848351	240400	131258	95.3	51.5
上海	1311	997838	436388	231282	298.7	69.9
江苏	5013	7012769	282137	213004	279.3	97.8
浙江	3636	6262693	297328	183990	288.1	93.8
安徽	1689	1579434	285633	149364	227.6	92.6
福建	1614	2247314	220683	135740	212.2	60.6
江西	1289	1060839	300914	187197	215.2	110.2
山东	3796	2790687	274659	149153	226.7	82.3
河南	2429	2253858	278318	156289	188.9	78.8
湖北	1953	1587120	497295	253154	302.5	140.2
湖南	1457	1841781	269920	178274	235.8	85.9
广东	2487	1585115	381550	196088	324.2	90.5
广西	785	687555	319408	185506	264.8	83.8
海南	111	69093	397033	284251	317.3	132.0
重庆	1517	1496772	291500	157641	198.0	81.1
四川	2242	2510861	262262	143030	185.3	70.5
贵州	448	369798	357662	154177	329.1	66.6
云南	1476	886522	296182	162028	172.4	73.6
西藏	152	24013	311293	165349	82.4	50.2
陕西	1178	1137167	328584	142010	178.9	55.2
甘肃	808	547254	297742	157128	185.8	71.1
青海	260	120581	322626	130861	94.5	37.1
宁夏	336	196939	267289	206389	236.8	98.0
新疆	690	726636	266623	171714	171.7	77.8

2-C-9　各地区总承包企业营业额

单位：万元

地　区	企业营业额	在境外完成的营业额	企业总产值	#建筑业总产值
全　国	**1899625781**	**33166432**	**1866459348**	**1435915416**
北　京	77941315	9161171	68780144	63076316
天　津	33256628	941797	32314831	31111242
河　北	51925657	431778	51493879	49060514
山　西	28330316	183779	28146536	27237319
内蒙古	15187905	180594	15007312	14849914
辽　宁	78992669	466140	78526529	71113958
吉　林	20390079	254702	20135377	19731882
黑龙江	21792402	484316	21308087	20394400
上　海	52643378	901905	51741473	43544416
江　苏	564868001	4166705	560701296	197856007
浙　江	190688352	626265	190062087	186207567
安　徽	48324875	1606542	46718333	45113866
福　建	50235584	285502	49950082	49594333
江　西	33204644	409254	32795390	31922119
山　东	85694808	2353008	83341801	76648784
河　南	67016907	1106426	65910481	62728838
湖　北	87117843	3013806	84104037	78926703
湖　南	51497043	1043486	50453557	49713290
广　东	64566959	935320	63631639	60480088
广　西	22989996	318299	22671697	21961069
海　南	2903562	7477	2896086	2743222
重　庆	45890218	259657	45630562	43630879
四　川	73342044	1489309	71852736	65850244
贵　州	13406526	76927	13329598	13226285
云　南	27969197	951404	27017793	26257142
西　藏	798838	1938	796900	747508
陕　西	40332967	796451	39536516	37365447
甘　肃	17624252	156446	17467806	16294047
青　海	4145959	110575	4035384	3890255
宁　夏	5351825	1736	5350089	5263964
新　疆	21195033	443720	20751313	19373800

2-C-10 各地区总承包企业资产构成

单位：万元

地 区	资产合计	#流动资产合计	#存货	#非流动资产合计	#固定资产合计
全 国	**1133634622**	**884034752**	**203348672**	**249599870**	**111259572**
北 京	123095974	83233647	16121193	39862328	3425578
天 津	36440678	29439006	5925348	7001672	3031084
河 北	34551677	27570818	5838146	6980859	4639380
山 西	30328946	23053474	4062227	7275472	2194296
内 蒙 古	16782351	13079561	2160750	3702790	2125821
辽 宁	43132505	34876894	6902152	8255611	4858013
吉 林	17007586	13888427	1887682	3119159	2055953
黑 龙 江	15800354	12919968	2302749	2880386	2040897
上 海	63846988	51344191	10692294	12502797	3424400
江 苏	114302787	94433532	23700475	19869255	11298473
浙 江	82440374	67409693	18912442	15030681	8198004
安 徽	32332989	25410851	5224759	6922138	3676423
福 建	26731206	21502585	5053386	5228621	3217091
江 西	17291881	13027273	2985709	4264608	2570369
山 东	73055959	58875082	14573298	14180877	8434946
河 南	42975354	33511690	7953439	9463664	6085567
湖 北	58460031	44040353	13076010	14419679	9352126
湖 南	27181057	20117674	4523114	7063383	3614091
广 东	67817776	52778415	11684271	15039361	5785917
广 西	12832507	10008289	2290576	2824218	1487332
海 南	1871193	1430119	182621	441075	147197
重 庆	36046769	28578765	7721811	7468004	3315481
四 川	54364458	42010158	12243855	12354301	4114539
贵 州	13522132	11334854	4035168	2187278	815094
云 南	23151389	17035857	2873473	6115532	3001038
西 藏	946548	546231	57386	400317	259503
陕 西	31723481	25529830	5082299	6193650	3322400
甘 肃	12349760	8753250	1903647	3596510	2064880
青 海	3837243	2771034	524406	1066210	719491
宁 夏	4634684	3850970	790452	783714	489639
新 疆	14777987	11672262	2063536	3105725	1494549

2-C-11 各地区总承包企业固定资产情况

单位：万元

地区	固定资产合计	固定资产原价	固定资产折旧	#本年折旧	在建工程
全国	**111259572**	**143164220**	**56199971**	**9897540**	**12327102**
北京	3425578	5664686	2651539	494834	341965
天津	3031084	4421097	1900202	381072	155339
河北	4639380	5751446	2046487	346592	490172
山西	2194296	3292681	1452750	247272	194541
内蒙古	2125821	2987325	1048189	260027	107151
辽宁	4858013	6644895	2723788	395920	469970
吉林	2055953	2362942	871961	178202	219544
黑龙江	2040897	2754886	1116146	131234	172932
上海	3424400	5336784	2593084	299063	355927
江苏	11298473	14768395	5754234	942189	1404047
浙江	8198004	11095503	4094061	683013	811223
安徽	3676423	4538681	1597902	313302	439350
福建	3217091	4086715	1269031	230323	252714
江西	2570369	2892334	925811	187192	334158
山东	8434946	10530340	4095381	728216	706964
河南	6085567	8131169	3065885	580250	618037
湖北	9352126	9652514	3848342	800143	696328
湖南	3614091	4727506	1842411	296434	370579
广东	5785917	7770937	3191399	573549	813182
广西	1487332	1723721	669825	94562	209089
海南	147197	105629	44769	5710	67316
重庆	3315481	3434695	1244204	219635	659715
四川	4114539	5495688	2371815	419915	699814
贵州	815094	959819	394801	78492	165300
云南	3001038	3563544	1354294	227107	563814
西藏	259503	247471	82470	10128	36285
陕西	3322400	4551170	1898102	416577	406709
甘肃	2064880	2308340	663317	101947	253968
青海	719491	680156	317108	48126	44899
宁夏	489639	613257	236326	36361	86696
新疆	1494549	2069896	834342	170155	179376

2-C-12 各地区总承包企业负债及所有者权益

单位：万元

地区	负债合计	#流动负债	#应付账款	所有者权益	#实收资本
全国	**777459061**	**701752464**	**223849597**	**356099899**	**199262943**
北京	88365277	76125079	29217635	34728593	16126428
天津	29416346	26798921	11695492	7015670	4602707
河北	23361815	21355973	8118268	11189862	6578388
山西	23322419	21003246	8682392	7006527	4264385
内蒙古	11035584	10094637	2690641	5746767	2509298
辽宁	29635178	25850638	8744832	13487935	7092278
吉林	10088635	8935863	3004687	6918950	5016259
黑龙江	11309160	10536238	3990644	4491194	3466043
上海	49017617	45813435	13377138	14829370	8449751
江苏	71157859	67349006	18924496	43144973	19398224
浙江	49839776	46694503	9431765	32600598	16699697
安徽	22370904	19820112	5918576	9934352	5578252
福建	15665192	14685934	2914281	11065546	7697365
江西	9709776	8848535	1933704	7582104	4651614
山东	51090668	47451898	14972323	21965292	12618740
河南	28279005	25721692	8950902	14696349	9113087
湖北	41790659	34687484	14286415	16669372	8415017
湖南	16433479	14421770	5045279	10747578	5777385
广东	48086103	42203078	11841790	19707139	10703685
广西	8754680	7759799	1483909	4077827	2766798
海南	1119222	1053998	216494	751971	497651
重庆	25717496	22889482	6845749	10329273	5747410
四川	38337863	35211738	8881496	16026585	11819753
贵州	9265650	8466120	2341145	4256482	1664580
云南	15337963	13540676	3376510	7810621	4808299
西藏	438750	382537	123630	507798	354342
陕西	22908128	20823219	8645190	8815353	6538905
甘肃	8395947	7636904	2675584	3953813	2451362
青海	2562725	2258450	847008	1274518	852872
宁夏	3389259	3264464	1124330	1245425	788993
新疆	11255924	10067036	3547292	3522062	2213378

2-C-13　各地区总承包企业实收资本

单位：万元

地　区	合计	国家资本	集体资本	法人资本	个人资本	港澳台资本	外商资本
全　国	**199262943**	**34975570**	**9911286**	**66725387**	**86893207**	**334868**	**422627**
北　京	16126428	7694876	284878	5649322	2420042	34065	43246
天　津	4602707	990172	194755	2713587	699008	5185	
河　北	6578388	1038385	441285	2114321	2982396	2000	
山　西	4264385	1171535	174786	1571945	1342074	3579	465
内蒙古	2509298	184823	117363	666469	1540261	200	182
辽　宁	7092278	1487152	419917	2334864	2820439	898	29009
吉　林	5016259	327374	149341	3100117	1424937	14414	75
黑龙江	3466043	623660	285805	1074438	1471051	150	10940
上　海	8449751	1561441	449882	3802370	2477463	97457	61138
江　苏	19398224	1514289	583949	5511919	11665274	35976	86816
浙　江	16699697	609639	354483	4066175	11638062	14499	16839
安　徽	5578252	933585	211585	1495725	2931739	5483	136
福　建	7697365	542738	174673	1854146	5102187	19390	4231
江　西	4651614	939062	347981	1130131	2221420	1869	11151
山　东	12618740	1845212	1146239	4596185	5012715	14077	4311
河　南	9113087	1315245	640941	2893935	4251094	10584	1288
湖　北	8415017	1601328	400885	2865179	3529097	18028	500
湖　南	5777385	910691	493709	1890924	2481392	670	
广　东	10703685	1335253	700388	4918866	3625827	33006	90345
广　西	2766798	598915	209177	894627	1056867	6116	1096
海　南	497651	106116	68340	184097	138952	147	
重　庆	5747410	955814	209060	1651622	2868588	8409	53917
四　川	11819753	2199531	432803	2933046	6250285	3771	317
贵　州	1664580	846266	124619	362751	330945		
云　南	4808299	1195240	284756	1350322	1973742	2838	1400
西　藏	354342	26170	27251	183933	116989		
陕　西	6538905	1116944	571787	2818778	2026171		5226
甘　肃	2451362	547735	223652	766454	911463	2059	
青　海	852872	161688	55316	390302	245565		
宁　夏	788993	105023	38835	227306	417829		
新　疆	2213378	489669	92845	711531	919333		

2-C-14 各地区总承包企业收入情况

单位：万元

地区	主营业务收入	#主营业务成本	#主营业务税金及附加	其他业务收入	#其他业务成本	#其他业务利润
全国	**1340513495**	**1184990811**	**44749664**	**11348474**	**21651887**	**1685987**
北京	79209598	72715835	1897557	529212	919570	162421
天津	33858247	30064790	944425	172348	783943	33510
河北	43869120	38479641	1432728	844833	1114294	38082
山西	26761606	24043673	806006	574499	576927	50772
内蒙古	14807294	12231113	542617	65965	352527	30641
辽宁	64018458	54804555	2211130	205316	2110962	25820
吉林	18317851	15418361	613492	189014	1022728	10482
黑龙江	16148430	14139707	526539	101490	341548	8632
上海	54067391	49593556	1379076	466668	584436	176421
江苏	161211616	141918362	5697890	1480342	1327830	116211
浙江	148548530	134675148	5140927	871767	998760	143897
安徽	39485897	34221555	1328421	439757	1276468	34784
福建	45217077	40363031	1686875	138063	375156	25233
江西	30119352	26619000	1069095	187620	355212	34018
山东	72390335	62978685	2383336	893032	1231017	111535
河南	61029856	53125689	2129124	361470	887026	80114
湖北	78264457	68116468	2960926	835532	1086580	97542
湖南	45971262	40247808	1800985	214245	618517	29787
广东	66226058	58774691	2072442	383988	542561	112550
广西	19612638	17676954	667139	157202	334087	27851
海南	2612936	2335138	88991	41177	43308	957
重庆	41899109	36428936	1433066	195265	1202597	36092
四川	59193260	51399774	1995507	776819	1591694	128693
贵州	12280228	11026603	461065	92322	189061	16870
云南	22992911	19836318	806318	387407	570702	59489
西藏	672422	548118	24289	5851	7457	1453
陕西	37431301	33378382	1234302	151244	297245	25929
甘肃	15291402	13347754	510698	223215	448528	22709
青海	4079086	3641835	111072	32063	58122	7177
宁夏	5339248	4894611	168995	47269	34848	14565
新疆	19586518	17944724	624631	283481	368179	21751

2-C-15 各地区总承包企业费用情况

单位：万元

地区	管理费用	#税金	销售费用	财务费用	#利息收入	#利息支出
全国	**37499684**	**1940805**	**4107190**	**9174052**	**2727914**	**9662057**
北京	2429075	36059	68294	538257	791078	1290951
天津	1006211	48157	34906	266187	157833	302382
河北	1194585	45791	105919	241049	38466	198131
山西	1005123	30006	56705	153813	71551	165343
内蒙古	502892	24118	21273	170870	3243	124765
辽宁	2017762	158755	134241	333461	44448	273796
吉林	521678	33857	48768	110409	6102	70003
黑龙江	570801	46995	58845	72788	12940	55089
上海	1625890	29542	66894	272815	185578	375622
江苏	4210243	200321	467549	1298154	190838	1159681
浙江	2534312	114564	323852	1018339	173121	1020551
安徽	1108280	47193	145066	230746	83083	250079
福建	1023925	60714	129180	158315	40831	148301
江西	702193	40152	140260	133297	17079	110364
山东	2211513	142034	237880	516859	108457	510439
河南	1994495	115336	289135	407982	113067	374923
湖北	2576858	128524	436060	556791	113462	556486
湖南	1371019	91239	231924	253232	79164	234801
广东	1871252	88570	135816	599906	51048	610559
广西	540769	21901	40319	148888	9869	113698
海南	53313	3675	5243	2908	667	1439
重庆	1157586	62410	152685	376399	53754	323005
四川	1847119	200789	358808	501923	226940	590598
贵州	287571	9146	12135	91568	7142	77372
云南	685399	32537	152873	232315	27009	207769
西藏	38457	1603	10801	3220	1707	1732
陕西	1144379	60706	132213	194936	89416	251997
甘肃	502402	32419	74703	126013	13626	106869
青海	142377	2806	8148	24244	670	18930
宁夏	131335	6979	6721	42059	566	31411
新疆	490873	23905	19975	96310	15159	104973

2-C-16 各地区总承包企业利润及税金情况

单位：万元

地区	利润总额	#应交所得税	税金总额	工程结算税金及附加	管理费用中的税金
全国	**52443227**	**11295466**	**46690469**	**44749664**	**1940805**
北京	3121133	427277	1933615	1897557	36059
天津	993671	227983	992583	944425	48157
河北	1487275	348647	1478520	1432728	45791
山西	783669	128158	836013	806006	30006
内蒙古	1032226	240210	566735	542617	24118
辽宁	2481442	632641	2369886	2211130	158755
吉林	779181	202787	647350	613492	33857
黑龙江	539185	123648	573534	526539	46995
上海	1677490	271911	1408618	1379076	29542
江苏	7754223	1685457	5898211	5697890	200321
浙江	4648042	1104888	5255491	5140927	114564
安徽	1579459	325777	1375615	1328421	47193
福建	1639428	550649	1747589	1686875	60714
江西	1154664	281852	1109247	1069095	40152
山东	3571969	706963	2525369	2383336	142034
河南	2518797	577917	2244460	2129124	115336
湖北	3486392	706497	3089450	2960926	128524
湖南	1726360	331923	1892224	1800985	91239
广东	2618352	622945	2161012	2072442	88570
广西	416840	130008	689041	667139	21901
海南	124721	52784	92666	88991	3675
重庆	2119667	427148	1495476	1433066	62410
四川	2319522	426908	2196296	1995507	200789
贵州	300849	67491	470211	461065	9146
云南	1091518	203273	838855	806318	32537
西藏	46977	6714	25892	24289	1603
陕西	1280888	203080	1295008	1234302	60706
甘肃	535816	105005	543117	510698	32419
青海	134379	18649	113878	111072	2806
宁夏	101543	45046	175974	168995	6979
新疆	377552	111230	648536	624631	23905

2-C-17　各地区总承包企业应收工程款及企业亏损情况

地　区	应收工程款（万元）	企业个数（个）	#亏损企业个数	亏损企业的比重（%）
全　国	**225214035**	**46167**	**4477**	**9.7**
北　京	14247401	891	164	18.4
天　津	8822564	449	47	10.5
河　北	9268333	1646	165	10.0
山　西	7976410	1034	163	15.8
内蒙古	4556476	710	85	12.0
辽　宁	10109261	2409	279	11.6
吉　林	4894205	1042	134	12.9
黑龙江	3658199	1309	247	18.9
上　海	10573099	1311	209	15.9
江　苏	29735110	5013	152	3.0
浙　江	13781028	3636	276	7.6
安　徽	7299903	1689	127	7.5
福　建	3963781	1614	168	10.4
江　西	3084183	1289	67	5.2
山　东	19027310	3796	320	8.4
河　南	7175815	2429	123	5.1
湖　北	10595759	1953	87	4.5
湖　南	5473944	1457	79	5.4
广　东	9782325	2487	341	13.7
广　西	1987242	785	150	19.1
海　南	283442	111	18	16.2
重　庆	7967854	1517	114	7.5
四　川	8458428	2242	232	10.3
贵　州	2090990	448	75	16.7
云　南	4801883	1476	148	10.0
西　藏	212316	152	15	9.9
陕　西	6744857	1178	140	11.9
甘　肃	3130675	808	80	9.9
青　海	721257	260	70	26.9
宁　夏	1387622	336	59	17.6
新　疆	3402366	690	143	20.7

2-C-18 各地区总承包企业主要经济效益指标

地区	产值利润率 (%)	产值利税率 (%)	资本利润率 (%)	资本利税率 (%)	人均利润 (元/人)	人均利税 (元/人)	资产负债率 (%)
全国	**3.7**	**6.9**	**26.3**	**49.8**	**11597**	**21922**	**68.6**
北京	4.9	8.0	19.4	31.3	48456	78476	71.8
天津	3.2	6.4	21.6	43.2	14413	28811	80.7
河北	3.0	6.0	22.6	45.1	13089	26101	67.6
山西	2.9	5.9	18.4	38.0	8515	17599	76.9
内蒙古	7.0	10.8	41.1	63.7	20538	31815	65.8
辽宁	3.5	6.8	35.0	68.4	12442	24325	68.7
吉林	3.9	7.2	15.5	28.4	15776	28883	59.3
黑龙江	2.6	5.5	15.6	32.1	6356	13116	71.6
上海	3.9	7.1	19.9	36.5	16811	30928	76.8
江苏	3.9	6.9	40.0	70.4	11057	19468	62.3
浙江	2.5	5.3	27.8	59.3	7422	15814	60.5
安徽	3.5	6.6	28.3	53.0	10000	18710	69.2
福建	3.3	6.8	21.3	44.0	7295	15071	58.6
江西	3.6	7.1	24.8	48.7	10884	21341	56.2
山东	4.7	8.0	28.3	48.3	12800	21849	69.9
河南	4.0	7.6	27.6	52.3	11175	21134	65.8
湖北	4.4	8.3	41.4	78.1	21967	41433	71.5
湖南	3.5	7.3	29.9	62.6	9373	19647	60.5
广东	4.3	7.9	24.5	44.7	16518	30152	70.9
广西	1.9	5.0	15.1	40.0	6063	16084	68.2
海南	4.5	7.9	25.1	43.7	18051	31463	59.8
重庆	4.9	8.3	36.9	62.9	14162	24153	71.3
四川	3.5	6.9	19.6	38.2	9238	17985	70.5
贵州	2.3	5.8	18.1	46.3	8135	20851	68.5
云南	4.2	7.4	22.7	40.1	12312	21775	66.3
西藏	6.3	9.7	13.3	20.6	19563	30345	46.4
陕西	3.4	6.9	19.6	39.4	11264	22652	72.2
甘肃	3.3	6.6	21.9	44.0	9791	19715	68.0
青海	3.5	6.4	15.8	29.1	11144	20588	66.8
宁夏	1.9	5.3	12.9	35.2	5156	14092	73.1
新疆	1.9	5.3	17.1	46.4	5196	14121	76.2

2-C-19　各地区按资质等级划分的总承包企业单位数

单位：个

地　区	合计	特级	一级	二级	三级及以下
全　国	**46167**	**311**	**5234**	**16816**	**23806**
北　京	891	35	256	267	333
天　津	449	8	117	140	184
河　北	1646	7	180	691	768
山　西	1034	5	87	329	613
内蒙古	710	2	67	216	425
辽　宁	2409	31	223	641	1514
吉　林	1042	2	65	319	656
黑龙江	1309	3	119	515	672
上　海	1311	14	155	477	665
江　苏	5013	32	534	1746	2701
浙　江	3636	40	680	1156	1760
安　徽	1689	3	160	681	845
福　建	1614	3	176	527	908
江　西	1289	1	128	505	655
山　东	3796	15	330	1427	2024
河　南	2429	17	255	937	1220
湖　北	1953	12	259	807	875
湖　南	1457	11	187	511	748
广　东	2487	35	377	629	1446
广　西	785	2	55	243	485
海　南	111	2	22	49	38
重　庆	1517	2	177	635	703
四　川	2242	10	193	1119	920
贵　州	448	2	44	137	265
云　南	1476	3	71	510	892
西　藏	152	1	3	94	54
陕　西	1178	5	169	680	324
甘　肃	808	5	59	312	432
青　海	260	1	11	117	131
宁　夏	336	1	13	115	207
新　疆	690	1	62	284	343

2-C-20 各地区按资质等级划分的总承包企业从业人员

单位：人

地　区	合计	特级	一级	二级	三级及以下
全　国	**40693809**	**4044727**	**16190055**	**12695347**	**7763680**
北　京	329964	79149	192007	32358	26450
天　津	251395	14912	121545	78809	36129
河　北	1065756	62901	307691	477079	218085
山　西	522693	38320	191729	171257	121387
内蒙古	369527	4741	136562	129857	98367
辽　宁	1561822	100101	353051	553691	554979
吉　林	396690	18280	65828	137902	174680
黑龙江	348001	42084	98318	108491	99108
上　海	648395	59983	307865	205722	74825
江　苏	6931120	1213991	2580606	1876100	1260423
浙　江	6333663	1232841	3228960	1260496	611366
安　徽	1592219	63990	690300	549542	288387
福　建	2066159	54363	1080477	588256	343063
江　西	1230633	47904	558477	368395	255857
山　东	2581059	191378	906894	890119	592668
河　南	2069209	153521	631818	776176	507694
湖　北	1726073	196420	660001	604881	264771
湖　南	1271150	59277	389398	470682	351793
广　东	1648445	113120	781637	419132	334556
广　西	734362	86640	372728	168881	106113
海　南	75281	1471	41976	22446	9388
重　庆	1587877	2082	698161	570556	317078
四　川	2252528	61171	703678	1061634	426045
贵　州	401123	39438	207375	87553	66757
云　南	760706	25693	190724	316648	227641
西　藏	24050	85	258	18209	5498
陕　西	842651	25146	399050	321910	96545
甘　肃	563346	35109	147604	212773	167860
青　海	97744	16781	7519	54354	19090
宁　夏	95177	1968	16008	44714	32487
新　疆	314991	1867	121810	116724	74590

2-C-21　各地区按资质等级划分的总承包企业建筑业总产值

单位：万元

地　区	合计	特级	一级	二级	三级及以下
全　国	**1435915416**	**256694668**	**673549051**	**320729498**	**184942199**
北　京	63076316	25958820	32480444	3169144	1467908
天　津	31111242	6704029	17703481	4862131	1841601
河　北	49060514	9079184	22524626	12351882	5104824
山　西	27237319	4394521	15822879	4292860	2727059
内蒙古	14849914	446125	6481903	4740387	3181498
辽　宁	71113958	5990442	23128093	20765800	21229622
吉　林	19731882	688573	5795443	6510149	6737717
黑龙江	20394400	1958568	8970479	5282283	4183070
上　海	43544416	15703168	17961209	7490445	2389594
江　苏	197856007	48208245	81545365	41909619	26192779
浙　江	186207567	47072769	97193529	28632056	13309213
安　徽	45113866	3686584	23773312	11950966	5703005
福　建	49594333	1972414	28241544	12792061	6588315
江　西	31922119	559330	17795468	8662157	4905163
山　东	76648784	8769270	37999907	18697429	11182178
河　南	62728838	14328576	23767217	14892270	9740775
湖　北	78926703	20807644	35834564	16169564	6114930
湖　南	49713290	10706326	21095013	10531350	7380601
广　东	60480088	8260481	35328192	9438169	7453246
广　西	21961069	2397467	12562957	4202386	2798258
海　南	2743222	49112	1573067	763728	357316
重　庆	43630879	1095213	21794773	13687422	7053472
四　川	65850244	9182739	25271956	21866001	9529548
贵　州	13226285	1001480	9187821	1772724	1264260
云　南	26257142	2340837	9059816	9464353	5392137
西　藏	747508	586	40888	604874	101160
陕　西	37365447	2184180	23956218	8774995	2450055
甘　肃	16294047	1593343	6827960	4636286	3236458
青　海	3890255	1256093	625866	1620855	387441
宁　夏	5263964	43022	1476182	2386771	1357989
新　疆	19373800	255527	7728881	7808382	3581011

2-C-22 各地区按资质等级划分的总承包企业签订合同额

单位：万元

地区	合计	特级	一级	二级	三级及以下
全国	**2671488960**	**625816412**	**1326198913**	**480853078**	**238620558**
北京	169742967	89093591	72228819	5986352	2434206
天津	63776255	15010209	39136127	7390459	2239461
河北	80151680	14916386	42871193	16268072	6096029
山西	53926067	11327695	33739909	5634107	3224356
内蒙古	22244111	1745466	9649690	6817937	4031019
辽宁	106412318	14342594	39735506	26329670	26004548
吉林	31160590	1738169	11172445	9943250	8306726
黑龙江	29310281	3222319	13221315	8542368	4324279
上海	114410914	59588052	38727558	13032383	3062921
江苏	308580709	81678675	135448387	59148627	32305020
浙江	324249853	87806853	169413822	46942872	20086306
安徽	76866094	6235724	44512828	18645650	7471892
福建	93449424	4030992	59884844	20312080	9221507
江西	59367876	1604200	38014135	12960781	6788760
山东	123681848	19664636	64534983	25788621	13693609
河南	114123479	35567523	47607970	19532586	11415400
湖北	149386732	44277057	74462640	22784511	7862524
湖南	109708613	38320040	44917560	17200144	9270869
广东	149893329	32063709	88797018	17434412	11598190
广西	45046149	7531286	27163999	6604670	3746195
海南	5483257	49870	3468205	1482586	482596
重庆	80844897	2969671	46465792	22834611	8574823
四川	128657535	24136512	57558780	34332807	12629435
贵州	31676370	2026695	24144369	3321360	2183946
云南	46062963	7467080	18773234	13470620	6352030
西藏	1078580	586	70190	879149	128656
陕西	77224859	12081937	49441287	12364396	3337240
甘肃	26602070	3970844	12296573	6384212	3950441
青海	7567321	2572451	1463920	3000059	530891
宁夏	9054277	188541	2818632	3817762	2229342
新疆	31747541	587050	14457184	11665965	5037342

2-C-23　各地区按资质等级划分的总承包企业竣工产值

单位：万元

地　区	合计	特级	一级	二级	三级及以下
全　国	**838420456**	**130102875**	**358632216**	**216423824**	**133261542**
北　京	30206702	11226532	15845586	2146008	988576
天　津	14060948	2003305	8079717	2429685	1548241
河　北	25558462	2843411	11271844	7889647	3553560
山　西	12383259	2655091	5721669	2308270	1698230
内蒙古	8627765	217964	3036139	3032130	2341532
辽　宁	43568202	3046700	11571714	14252431	14697358
吉　林	12743536	251623	2769325	4454638	5267951
黑龙江	11135281	866852	3824352	3069130	3374948
上　海	23078170	8636067	8599078	4419478	1423547
江　苏	149375032	34959858	58933902	34149064	21332208
浙　江	115227430	28873873	57268046	19683978	9401533
安　徽	23590990	879363	10971577	7603107	4136943
福　建	30504956	1322161	17103555	7988865	4090375
江　西	19858543	255628	9182760	6488492	3931662
山　东	41623817	3990255	18461424	11693003	7479136
河　南	35225367	5467288	12194090	10202489	7361500
湖　北	40178575	5986689	17653729	12054495	4483663
湖　南	32834153	7067786	12232648	7802218	5731501
广　东	31082201	3239404	17208303	5813241	4821254
广　西	12754582	1533638	6656514	2765609	1798821
海　南	1963972	29845	1124066	539213	270849
重　庆	23595316	176732	10265352	8308354	4844878
四　川	35912908	2180140	12813871	14477436	6441461
贵　州	5701443	499891	3371589	966855	863107
云　南	14364129	576951	3835710	6057450	3894018
西　藏	397052	586	1965	311974	82528
陕　西	16148879	460114	9701945	4770296	1216524
甘　肃	8598906	513657	2842309	3118667	2124273
青　海	1577940	68186	390307	854463	264984
宁　夏	4064605	47477	1346114	1633755	1037259
新　疆	12477337	225811	4353017	5139386	2759123

2-C-24 各地区按资质等级划分的总承包企业房屋施工面积

单位：万平方米

地区	合计	特级	一级	二级	三级及以下
全国	**1115811**	**228949**	**509766**	**243103**	**133993**
北京	49132	23756	23637	1271	468
天津	12953	2585	8409	1536	424
河北	35929	6750	14880	10033	4266
山西	12957	668	8584	2322	1383
内蒙古	8765	471	3454	2691	2148
辽宁	41729	5304	10217	12794	13413
吉林	11960	545	2613	4340	4462
黑龙江	8089	614	3271	2244	1959
上海	29809	13873	10800	4220	915
江苏	195898	56602	78589	37552	23156
浙江	180430	55120	90066	24436	10808
安徽	35943	920	19722	10837	4463
福建	47695	2780	29722	10741	4452
江西	22833	739	10592	7152	4350
山东	63258	8216	28021	17043	9978
河南	42581	7994	16506	10987	7094
湖北	48010	8742	22248	12421	4598
湖南	43436	11873	15114	10219	6230
广东	51391	10941	26061	8783	5607
广西	18209	1987	10526	3656	2040
海南	2192	18	1495	460	219
重庆	29640	857	16876	7836	4071
四川	46525	4205	19886	16019	6416
贵州	12169	359	9455	1276	1079
云南	15286	841	6096	5375	2974
西藏	198		2	174	22
陕西	20345	691	12328	5969	1357
甘肃	10167	897	4556	2770	1944
青海	1139	190	223	546	181
宁夏	4664	18	1507	1970	1170
新疆	12480	393	4311	5430	2346

2-C-25 各地区按资质等级划分的总承包企业房屋竣工面积

单位：万平方米

地区	合计	特级	一级	二级	三级及以下
全国	**393281**	**55756**	**151418**	**112253**	**73854**
北京	8925	4039	4388	387	112
天津	3507	401	2210	678	218
河北	12567	1166	4208	4949	2244
山西	3663	181	1788	969	726
内蒙古	3602	88	1023	1278	1213
辽宁	19390	1379	3536	6807	7668
吉林	6078	189	1020	2063	2806
黑龙江	4372	112	1431	1212	1618
上海	6979	2202	2817	1509	450
江苏	68597	16773	24707	15799	11318
浙江	58713	14936	28850	10402	4525
安徽	14620	202	6195	5340	2882
福建	13628	769	7176	3925	1758
江西	11695	130	3964	4532	3069
山东	22956	2079	8313	7345	5219
河南	17767	2481	5135	5635	4517
湖北	22244	2792	9318	7205	2928
湖南	15825	2565	4645	4775	3839
广东	14345	1330	6961	3181	2872
广西	5759	389	2597	1601	1172
海南	912	16	519	253	124
重庆	12140	56	5644	3903	2538
四川	17697	820	5120	7817	3940
贵州	2465	71	1419	398	577
云南	6523	103	1876	2651	1893
西藏	121			105	15
陕西	6272	142	3062	2455	613
甘肃	3892	227	1223	1410	1032
青海	448		71	266	110
宁夏	1930	4	682	723	521
新疆	5651	116	1519	2679	1336

2-C-26 各地区按资质等级划分的总承包企业自有施工机械设备台数

单位：台

地区	合计	特级	一级	二级	三级及以下
全国	**9878809**	**844470**	**3493247**	**3618292**	**1922800**
北京	87396	9093	61067	11080	6156
天津	77310	6569	45796	16866	8079
河北	839435	109298	405667	198710	125760
山西	178561	7093	62972	57934	50562
内蒙古	99930	3569	27864	48036	20461
辽宁	310226	14980	108155	91799	95292
吉林	66339	5096	27289	18334	15620
黑龙江	122388	18284	41680	35228	27196
上海	117413	21828	44936	37720	12929
江苏	1401642	204049	521371	421468	254754
浙江	899291	100441	423143	247529	128178
安徽	429269	17009	130894	158241	123125
福建	248433	11366	84454	98884	53729
江西	168540	1	62468	57698	48373
山东	674231	35118	222008	231517	185588
河南	673808	81795	223210	221632	147171
湖北	1231342	82868	238246	832020	78208
湖南	441695	34469	104578	154540	148108
广东	452770	11010	180962	131294	129504
广西	146607	2602	49312	55585	39108
海南	7540	120	4240	1751	1429
重庆	160428	225	70105	67263	22835
四川	286501	23012	103911	114696	44882
贵州	63562	3826	36199	12414	11123
云南	144535	18350	28674	52261	45250
西藏	3967	4	29	2993	941
陕西	256676	9616	101022	130377	15661
甘肃	147385	3081	36009	55152	53143
青海	24609	8897	4976	7705	3031
宁夏	26658	150	4179	11609	10720
新疆	90322	651	37831	35956	15884

2-C-27　各地区按资质等级划分的总承包企业自有施工机械设备总功率

单位：万千瓦

地　区	合计	特级	一级	二级	三级及以下
全　国	**22261**	**3047**	**8956**	**6356**	**3903**
北　京	360	74	238	34	13
天　津	352	54	233	46	20
河　北	1060	229	412	291	128
山　西	539	120	209	114	97
内蒙古	231	6	69	116	41
辽　宁	1197	107	491	269	330
吉　林	220	11	110	50	48
黑龙江	267	44	106	73	43
上　海	336	81	162	73	19
江　苏	4142	685	1364	1424	669
浙　江	1813	189	849	465	309
安　徽	1019	15	410	306	288
福　建	649	13	247	232	158
江　西	407		212	120	76
山　东	1539	107	642	444	345
河　南	1470	413	500	377	180
湖　北	1299	346	407	380	166
湖　南	1002	140	319	293	250
广　东	986	57	455	231	243
广　西	267	7	114	89	57
海　南	18		12	3	3
重　庆	411	2	200	159	49
四　川	741	120	329	211	80
贵　州	174	28	95	24	27
云　南	475	86	115	153	121
西　藏	12			9	3
陕　西	518	53	285	154	27
甘　肃	323	15	166	84	58
青　海	74	41	8	20	5
宁　夏	62		9	31	22
新　疆	298	3	188	79	29

2-C-28 各地区按资质等级划分的总承包企业实收资本

单位：万元

地区	合计	特级	一级	二级	三级及以下
全国	**199262943**	**25997287**	**70200386**	**62026191**	**41039079**
北京	16126428	9836465	4577981	1073169	638814
天津	4602707	1147167	2487913	668171	299456
河北	6578388	274100	2930734	2355416	1018138
山西	4264385	595670	1409438	1145484	1113793
内蒙古	2509298	68965	785886	918542	735905
辽宁	7092278	623594	2290733	2009064	2168887
吉林	5016259	60000	973828	1070579	2911851
黑龙江	3466043	277114	908571	1449680	830679
上海	8449751	1919228	3540806	2100941	888776
江苏	19398224	1450845	6206312	6737247	5003820
浙江	16699697	1532538	7492546	4597485	3077127
安徽	5578252	379940	1754142	2148897	1295273
福建	7697365	121818	3110520	2538945	1926082
江西	4651614	52175	1758720	1769207	1071512
山东	12618740	708513	4670673	3999928	3239625
河南	9113087	1295662	2632105	3127879	2057441
湖北	8415017	1104305	2929126	2871014	1510573
湖南	5777385	637546	2043168	1842177	1254493
广东	10703685	987690	5050557	2657280	2008159
广西	2766798	95485	936801	1054327	680185
海南	497651	685	262126	171310	63530
重庆	5747410	200300	2172676	2305607	1068827
四川	11819753	1114658	2768890	5862199	2074006
贵州	1664580	140382	796591	424156	303451
云南	4808299	158622	1380787	1753673	1515217
西藏	354342	1700	10553	270015	72075
陕西	6538905	814254	2830280	2366131	528240
甘肃	2451362	193600	560344	1018194	679224
青海	852872	94300	111593	454719	192260
宁夏	788993	28218	88886	373607	298282
新疆	2213378	81748	727100	891148	513382

2-C-29　各地区按资质等级划分的总承包企业资产

单位：万元

地区	合计	特级	一级	二级	三级及以下
全　国	**1133634622**	**257606956**	**500590471**	**240316206**	**135120989**
北　京	123095974	74181492	40936454	5019822	2958205
天　津	36440678	9442782	20318255	4549708	2129933
河　北	34551677	3988483	18933791	7895147	3734257
山　西	30328946	9939536	13322682	4157014	2909714
内蒙古	16782351	630628	6494359	6314816	3342547
辽　宁	43132505	4559115	18484365	10144847	9944178
吉　林	17007586	570686	5609368	5187177	5640355
黑龙江	15800354	2543693	5672862	5251744	2332055
上　海	63846988	20343848	28357258	11149397	3996484
江　苏	114302787	17577391	45270179	30420032	21035185
浙　江	82440374	16406318	39985959	16499506	9548591
安　徽	32332989	5612857	14926266	7804494	3989372
福　建	26731206	691833	14212822	7755557	4070994
江　西	17291881	628343	8727515	5195357	2740666
山　东	73055959	10135299	34415497	18157263	10347901
河　南	42975354	11463580	16692847	9522614	5296314
湖　北	58460031	22176434	22105139	9966243	4212215
湖　南	27181057	7069844	10700622	5845583	3565008
广　东	67817776	9909044	37983912	12293081	7631740
广　西	12832507	1078254	5791437	3969566	1993250
海　南	1871193	45457	1126661	518327	180748
重　庆	36046769	2703935	18605680	9906745	4830409
四　川	54364458	13259143	20424955	15063825	5616536
贵　州	13522132	1172746	9424894	1832055	1092436
云　南	23151389	2033563	9282075	7575516	4260235
西　藏	946548	1700	39797	765648	139403
陕　西	31723481	6374491	17499362	6247667	1601960
甘　肃	12349760	1198545	5935322	3069346	2146546
青　海	3837243	1173918	603048	1579514	480763
宁　夏	4634684	101800	1320462	1847263	1365159
新　疆	14777987	592198	7386627	4811331	1987831

2-C-30 各地区按资质等级划分的总承包企业所有者权益

单位：万元

地区	合计	特级	一级	二级	三级及以下
全国	**356099899**	**65112494**	**129352930**	**98339175**	**63295300**
北京	34728593	25356551	7170763	1407852	793426
天津	7015670	1662891	3581742	1092861	678177
河北	11189862	841455	4824451	3786279	1737678
山西	7006527	1822916	2123913	1609627	1450071
内蒙古	5746767	87222	1948100	2236501	1474944
辽宁	13487935	1426651	4497330	3818869	3745085
吉林	6918950	84252	1599584	1634275	3600840
黑龙江	4491194	292790	1255146	1848667	1094590
上海	14829370	4313241	5597622	3489511	1428997
江苏	43144973	5546605	14840588	12909107	9848674
浙江	32600598	5522823	15123829	7559067	4394879
安徽	9934352	836694	3604620	3498547	1994491
福建	11065546	273379	4870924	3473537	2447706
江西	7582104	88179	2892195	2941604	1660126
山东	21965292	1978317	8303968	6866188	4816819
河南	14696349	2311735	4498314	4783031	3103269
湖北	16669372	3703415	5867213	4798396	2300349
湖南	10747578	1585822	3971008	3081324	2109423
广东	19707139	1976488	10090545	4594924	3045182
广西	4077827	239669	1386564	1505952	945642
海南	751971	35243	365994	261507	89227
重庆	10329273	320082	4290682	3884764	1833745
四川	16026585	2412833	4812510	5907748	2893493
贵州	4256482	162536	3122611	544054	427280
云南	7810621	451068	2095984	3073065	2190504
西藏	507798	1700	23176	387284	95638
陕西	8815353	1118908	3713023	3227944	755478
甘肃	3953813	260166	1204263	1498139	991244
青海	1274518	270526	160052	618997	224944
宁夏	1245425	35430	210642	581003	418350
新疆	3522062	92909	1305574	1418551	705028

2-C-31 各地区按资质等级划分的总承包企业负债

单位：万元

地区	合计	特级	一级	二级	三级及以下
全国	**777459061**	**192494452**	**371237540**	**141943733**	**71783337**
北京	88365277	48824941	33765691	3611970	2162675
天津	29416346	7779891	16736514	3450474	1449468
河北	23361815	3147028	14109340	4108868	1996579
山西	23322419	8116621	11198769	2547387	1459644
内蒙古	11035584	543406	4546260	4078315	1867603
辽宁	29635178	3132465	13987035	6319259	6196421
吉林	10088635	486434	4009784	3552902	2039515
黑龙江	11309160	2250903	4417715	3403077	1237465
上海	49017617	16030607	22759636	7659887	2567487
江苏	71157859	12030786	30429592	17510970	11186511
浙江	49839776	10883495	24862130	8940439	5153711
安徽	22370904	4776163	11321646	4294739	1978356
福建	15665192	418454	9341898	4282020	1622820
江西	9709776	540164	5835320	2253753	1080540
山东	51090668	8156982	26111528	11291075	5531083
河南	28279005	9151845	12194533	4739583	2193045
湖北	41790659	18473019	16237926	5167848	1911867
湖南	16433479	5484022	6729614	2764258	1455585
广东	48086103	7932557	27893366	7689116	4571066
广西	8754680	838585	4404873	2463614	1047608
海南	1119222	10214	760667	256820	91521
重庆	25717496	2383853	14314997	6021981	2996664
四川	38337863	10846299	15612445	9156077	2723042
贵州	9265650	1010210	6302283	1288001	665156
云南	15337963	1582496	7186091	4502451	2066924
西藏	438750		16621	378364	43765
陕西	22908128	5255583	13786339	3019724	846482
甘肃	8395947	938379	4731058	1571207	1155302
青海	2562725	903393	442996	960517	255820
宁夏	3389259	66369	1109821	1266260	946809
新疆	11255924	499289	6081053	3392780	1282803

2-C-32 各地区按资质等级划分的总承包企业营业收入

单位：万元

地区	合计	特级	一级	二级	三级及以下
全国	**1351861970**	**256188926**	**633450294**	**295667963**	**166554786**
北京	79738810	34235804	39228096	3996254	2278656
天津	34030595	7380548	19467476	5266868	1915703
河北	44713953	8659473	20716273	10836782	4501425
山西	27336105	4914663	15695325	4098537	2627580
内蒙古	14873259	547753	6309501	4984058	3031947
辽宁	64223774	5155385	22426356	18913268	17728765
吉林	18506865	772507	5861417	6134755	5738186
黑龙江	16249920	2146337	6470242	4107648	3525693
上海	54534059	20149157	20943559	10368570	3072773
江苏	162691958	38311296	67214238	35007810	22158614
浙江	149420297	36216378	76328925	24998996	11875999
安徽	39925654	3517417	20931957	10415926	5060354
福建	45355140	1587369	25925257	11823940	6018574
江西	30306972	562530	16823508	8300913	4620021
山东	73283367	8700238	36627814	17598424	10356891
河南	61391327	14957164	23539579	14026605	8867979
湖北	79099989	23293280	35022090	14978144	5806474
湖南	46185507	9508375	20044613	9799336	6833182
广东	66610046	9734759	39241690	10013704	7619893
广西	19769840	2235722	11027872	4008597	2497649
海南	2654113	31089	1553907	774086	295031
重庆	42094374	1850620	21042013	12742324	6459417
四川	59970080	9544002	24222513	18679739	7523826
贵州	12372551	978006	8501296	1678317	1214932
云南	23380318	2375520	8697541	7771474	4535784
西藏	678272	586	42310	533898	101479
陕西	37582545	5438981	22169513	7892848	2081203
甘肃	15514618	1663994	6793889	4184005	2872729
青海	4111149	1387636	636073	1642246	445194
宁夏	5386517	74210	1539047	2328442	1444819
新疆	19869999	258129	8406406	7761449	3444015

2-C-33　各地区按资质等级划分的总承包企业利税总额

单位：万元

地　区	合计	特级	一级	二级	三级及以下
全　国	**99133696**	**17425834**	**39347512**	**25467103**	**16893246**
北　京	5054748	3039768	1728032	211777	75171
天　津	1986254	437879	959948	376029	212397
河　北	2965795	496755	1123548	882243	463250
山　西	1619681	421997	691907	301805	203972
内蒙古	1598960	17217	580075	594264	407405
辽　宁	4851327	415620	1283659	1645243	1506806
吉　林	1426530	20985	366463	465008	574075
黑龙江	1112719	84072	295972	312922	419753
上　海	3086109	1102684	1216299	592635	174491
江　苏	13652434	3092976	5252171	3073975	2233311
浙　江	9903533	2218721	4981416	1769031	934366
安　徽	2955074	245918	1351641	845919	511596
福　建	3387017	111039	1733018	1003535	539426
江　西	2263911	53249	987763	731401	491498
山　东	6097338	577633	2493624	1777013	1249068
河　南	4763257	761873	1404636	1453914	1142834
湖　北	6575842	1395895	2754343	1638555	787050
湖　南	3618585	605283	1370099	901680	741523
广　东	4779364	583762	2443938	913564	838101
广　西	1105881	95583	517323	281828	211147
海　南	217387	2239	105210	77840	32097
重　庆	3615143	58482	1422647	1317728	816287
四　川	4515818	924267	1322911	1509485	759156
贵　州	771059	20935	503872	146603	99649
云　南	1930372	151432	500428	751586	526926
西　藏	72869	268	6654	51122	14824
陕　西	2575896	299020	1222627	816106	238143
甘　肃	1078934	64494	283128	370164	361148
青　海	248257	108668	33682	75968	29939
宁　夏	277517	3489	52674	127262	94092
新　疆	1026088	13632	357809	450899	203749

2-C-34 各地区按资质等级划分的总承包企业利润总额

单位：万元

地区	合计	特级	一级	二级	三级及以下
全国	**52443227**	**9682448**	**18746141**	**14182098**	**9832541**
北京	3121133	2287311	723572	104069	6181
天津	993671	212536	438149	191769	151217
河北	1487275	226351	509163	463867	287894
山西	783669	318083	200102	156109	109375
内蒙古	1032226	199	348678	410298	273050
辽宁	2481442	254762	544476	902569	779636
吉林	779181	-206	189121	245880	344385
黑龙江	539185	32897	103640	158628	244021
上海	1677490	588582	672189	329165	87554
江苏	7754223	1708847	2968893	1731178	1345304
浙江	4648042	965221	2305417	887523	489881
安徽	1579459	145796	673362	454704	305598
福建	1639428	60589	797404	505898	275537
江西	1154664	34638	477223	379199	263604
山东	3571969	308371	1338457	1099501	825640
河南	2518797	323666	636077	845857	713197
湖北	3486392	628808	1401048	968362	488174
湖南	1726360	301314	591816	441665	391566
广东	2618352	360351	1224769	543575	489657
广西	416840	18938	164841	131146	101915
海南	124721	390	51362	53158	19811
重庆	2119667	31861	747548	825993	514266
四川	2319522	528449	539716	807546	443810
贵州	300849	6104	172565	82379	39801
云南	1091518	92132	217361	454576	327448
西藏	46977	246	5150	31515	10066
陕西	1280888	137591	488442	506610	148244
甘肃	535816	25371	76713	212789	220942
青海	134379	77131	16369	26449	14430
宁夏	101543	1291	2363	54823	43066
新疆	377552	4830	120153	175298	77271

2-C-35 各地区按资质等级划分的总承包企业税金总额

单位：万元

地区	合计	特级	一级	二级	三级及以下
全国	**46690469**	**7743386**	**20601372**	**11285005**	**7060706**
北京	1933615	752457	1004460	107708	68990
天津	992583	225344	521799	184260	61180
河北	1478520	270404	614385	418376	175355
山西	836013	103914	491805	145696	94597
内蒙古	566735	17018	231396	183965	134355
辽宁	2369886	160859	739183	742674	727170
吉林	647350	21191	177341	219127	229690
黑龙江	573534	51176	192332	154294	175732
上海	1408618	514102	544110	263470	86937
江苏	5898211	1384129	2283278	1342797	888007
浙江	5255491	1253500	2675999	881508	444484
安徽	1375615	100122	678279	391216	205998
福建	1747589	50450	935613	497637	263889
江西	1109247	18612	510540	352202	227894
山东	2525369	269262	1155167	677512	423428
河南	2244460	438207	768559	608057	429637
湖北	3089450	767087	1353295	670193	298876
湖南	1892224	303969	778283	460015	349957
广东	2161012	223410	1219169	369989	348444
广西	689041	76645	352482	150682	109232
海南	92666	1850	53848	24682	12286
重庆	1495476	26622	675099	491735	302020
四川	2196296	395817	783195	701939	315345
贵州	470211	14831	331307	64224	59848
云南	838855	59300	283067	297010	199478
西藏	25892	22	1504	19607	4758
陕西	1295008	161429	734184	309496	89899
甘肃	543117	39123	206415	157375	140205
青海	113878	31538	17313	49519	15509
宁夏	175974	2199	50311	72439	51027
新疆	648536	8802	237655	275601	126478

2-C-36 各地区按资质等级划分的总承包企业主营业务收入

单位：万元

地区	合计	特级	一级	二级	三级及以下
全国	**1340513495**	**253416419**	**628218365**	**293664898**	**165213813**
北京	79209598	33940302	39056155	3952344	2260798
天津	33858247	7346472	19381635	5235278	1894861
河北	43869120	8079608	20537445	10779017	4473050
山西	26761606	4892214	15200123	4059813	2609456
内蒙古	14807294	546232	6292525	4946509	3022028
辽宁	64018458	5142733	22366643	18862764	17646319
吉林	18317851	756788	5829061	6026784	5705219
黑龙江	16148430	2142306	6411802	4089350	3504973
上海	54067391	20120070	20704005	10195031	3048285
江苏	161211616	38207753	66245592	34856308	21901963
浙江	148548530	35850558	76093458	24793388	11811126
安徽	39485897	3480416	20573356	10389278	5042848
福建	45217077	1587369	25823425	11794581	6011702
江西	30119352	559964	16697303	8261263	4600822
山东	72390335	8547642	36088917	17502878	10250898
河南	61029856	14899447	23420966	13904745	8804698
湖北	78264457	22719854	34841265	14942910	5760429
湖南	45971262	9483726	19896266	9771803	6819467
广东	66226058	9675694	39065436	9962439	7522490
广西	19612638	2232432	10977385	3932657	2470165
海南	2612936	31089	1539754	747220	294873
重庆	41899109	1835371	21001320	12709644	6352774
四川	59193260	9238509	24043589	18498870	7412292
贵州	12280228	968085	8447389	1669243	1195511
云南	22992911	2366803	8509369	7636287	4480452
西藏	672422	586	41130	530759	99947
陕西	37431301	5417844	22100307	7845708	2067441
甘肃	15291402	1657580	6637639	4148163	2848020
青海	4079086	1363909	633573	1639010	442595
宁夏	5339248	73554	1528254	2297526	1439914
新疆	19586518	251512	8233281	7683326	3418398

2-C-37　各地区按资质等级划分的总承包企业管理费用

单位：万元

地　区	合计	特级	一级	二级	三级及以下
全　国	**37499684**	**5950380**	**15069093**	**9778703**	**6701508**
北　京	2429075	873126	1211006	190103	154839
天　津	1006211	283878	522686	127367	72280
河　北	1194585	67177	674150	307894	145364
山　西	1005123	166204	527761	192659	118499
内蒙古	502892	17936	211863	144844	128250
辽　宁	2017762	91902	635700	587734	702426
吉　林	521678	15540	108684	191435	206019
黑龙江	570801	47467	192546	202869	127919
上　海	1625890	550204	556198	351454	168034
江　苏	4210243	682234	1430083	1170329	927597
浙　江	2534312	313869	1149560	637125	433758
安　徽	1108280	170140	435226	308066	194848
福　建	1023925	23936	428052	336864	235074
江　西	702193	6440	308128	229496	158129
山　东	2211513	227903	990594	579673	413343
河　南	1994495	456510	658742	536255	342988
湖　北	2576858	799820	917772	589301	269965
湖　南	1371019	270421	473128	350906	276563
广　东	1871252	173824	992677	372993	331758
广　西	540769	35552	240873	152920	111425
海　南	53313	957	25149	17756	9450
重　庆	1157586	24133	407105	463702	262646
四　川	1847119	362774	550463	630408	303474
贵　州	287571	13448	162835	63822	47467
云　南	685399	46483	216601	246698	175616
西　藏	38457	2	2888	26365	9201
陕　西	1144379	135073	585966	333218	90122
甘　肃	502402	30316	177479	152786	141820
青　海	142377	52577	17640	54473	17687
宁　夏	131335	1387	36747	51329	41872
新　疆	490873	9146	220792	177860	83076

2-C-38 各地区按资质等级划分的总承包企业财务费用

单位：万元

地区	合计	特级	一级	二级	三级及以下
全国	**9174052**	**1805979**	**4388065**	**1993471**	**986537**
北京	538257	309861	223571	2452	2373
天津	266187	69095	182596	11874	2622
河北	241049	14419	143412	55151	28067
山西	153813	27745	90717	23531	11820
内蒙古	170870	15607	71180	57924	26159
辽宁	333461	39502	119877	115054	59029
吉林	110409	3320	53247	28595	25248
黑龙江	72788	4208	27989	23733	16858
上海	272815	130289	101860	23639	17027
江苏	1298154	269970	571447	295589	161148
浙江	1018339	220346	547106	178774	72113
安徽	230746	-10633	135629	76124	29626
福建	158315	5652	91426	47709	13529
江西	133297	7208	63431	40467	22191
山东	516859	51313	259842	133696	72008
河南	407982	107100	151832	88272	60778
湖北	556791	221411	197336	94361	43684
湖南	253232	51420	109171	50461	42181
广东	599906	137209	338138	75805	48755
广西	148888	23331	61556	51095	12905
海南	2908	333	1196	849	531
重庆	376399	21136	200642	107318	47303
四川	501923	67088	195881	175192	63762
贵州	91568	13231	63703	8683	5950
云南	232315	12197	100403	82726	36989
西藏	3220	1	-6	2454	771
陕西	194936	-20551	137598	61517	16372
甘肃	126013	2649	64231	30997	28136
青海	24244	10636	5769	7207	631
宁夏	42059	-77	15046	17840	9251
新疆	96310	964	62243	24384	8719

2-C-39　各地区按资质等级划分的总承包企业应收工程款

单位：万元

地　区	合计	特级	一级	二级	三级及以下
全　国	**225214035**	**38775819**	**108512015**	**49630852**	**28295349**
北　京	14247401	6461050	6904209	533586	348556
天　津	8822564	1656146	5683388	1023374	459657
河　北	9268333	1975156	4755034	1793191	744952
山　西	7976410	1429747	4684539	1140861	721263
内蒙古	4556476	182125	2272549	1402256	699546
辽　宁	10109261	1267280	4211511	2240702	2389767
吉　林	4894205	264413	2144681	1444659	1040452
黑龙江	3658199	246523	1671424	1283445	456807
上　海	10573099	3756387	4890682	1297544	628486
江　苏	29735110	3889784	12162548	8416554	5266224
浙　江	13781028	3074083	6263394	2679227	1764325
安　徽	7299903	1265341	3644989	1607689	781884
福　建	3963781	122695	1861666	1170897	808523
江　西	3084183	209811	1796510	656008	421855
山　东	19027310	2985443	9426642	4004575	2610650
河　南	7175815	1970597	2951236	1484965	769017
湖　北	10595759	2914214	4773368	2074337	833840
湖　南	5473944	1057272	2332655	1200488	883528
广　东	9782325	986435	5976887	1527288	1291716
广　西	1987242	158553	1018774	521382	288532
海　南	283442	1071	138567	116122	27683
重　庆	7967854	590750	3773279	2632574	971251
四　川	8458428	677355	3797741	2854099	1129233
贵　州	2090990	97674	1439290	358497	195530
云　南	4801883	337894	1934513	1654372	875104
西　藏	212316	586	16314	167683	27733
陕　西	6744857	586758	4541189	1323763	293147
甘　肃	3130675	341092	1310158	861405	618020
青　海	721257	190406	111187	331743	87922
宁　夏	1387622	8191	421890	622891	334650
新　疆	3402366	70988	1601201	1204678	525499

D. 专业承包建筑业企业

2-D-1　各地区专业承包企业签订合同情况

单位：万元

地　区	合同总额	上年结转合同额	本年新签合同额
全　国	**222743621**	**59622216**	**163121406**
北　京	16264458	5275568	10988891
天　津	7736968	2262722	5474246
河　北	3722444	793946	2928498
山　西	3819143	1140020	2679124
内蒙古	1030568	320081	710487
辽　宁	18362233	4525010	13837223
吉　林	2570229	412614	2157615
黑龙江	3719546	478713	3240832
上　海	11365308	3659020	7706288
江　苏	24849069	5572078	19276991
浙　江	22441591	6644820	15796771
安　徽	5917523	1171080	4746443
福　建	7193305	1729970	5463334
江　西	3709120	1005515	2703605
山　东	9760227	1859238	7900989
河　南	8811725	1750510	7061215
湖　北	7832709	2048159	5784551
湖　南	4674679	1172057	3502622
广　东	29168794	8721456	20447338
广　西	1893872	659860	1234013
海　南	174435	41638	132797
重　庆	5758071	1839541	3918531
四　川	9423690	3665442	5758248
贵　州	605959	190846	415113
云　南	3590229	724718	2865511
西　藏	31153	9182	21972
陕　西	3797499	898083	2899416
甘　肃	1138887	239137	899750
青　海	305041	65862	239179
宁　夏	618902	145641	473261
新　疆	2456245	599691	1856554

2-D-2　各地区专业承包企业承包工程完成情况

单位：万元

地区	直接从建设单位承揽工程完成的产值			从建设单位以外承揽工程完成的产值
		自行完成施工产值	分包出去工程的产值	
全　国	**157226826**	**153801712**	**3425114**	**13943505**
北　京	9288180	8791003	497176	2776289
天　津	5984979	5491975	493004	341145
河　北	3289433	3214299	75134	174197
山　西	3068931	3055975	12956	50362
内蒙古	846251	843152	3099	18553
辽　宁	15149889	14989896	159993	188055
吉　林	2347284	2311270	36014	71256
黑龙江	4314946	4305924	9023	19036
上　海	7240829	7018010	222820	1496790
江　苏	18888096	18766312	121785	3313779
浙　江	14437430	14155273	282157	1637402
安　徽	4512707	4442513	70194	98769
福　建	4641447	4580859	60589	442309
江　西	2759726	2727051	32676	50594
山　东	7894377	7774042	120336	253921
河　南	7011590	6946867	64724	356309
湖　北	5569476	5463925	105551	262062
湖　南	3064177	3013098	51079	112038
广　东	17586344	16908773	677571	1250185
广　西	857045	844363	12682	93378
海　南	119679	115287	4393	4565
重　庆	3451140	3358699	92441	322589
四　川	6063723	5992494	71229	256342
贵　州	547067	537898	9169	27343
云　南	2752808	2720266	32542	88623
西　藏	22707	22233	474	221
陕　西	2551422	2486572	64850	151616
甘　肃	889077	865850	23227	48732
青　海	245367	243340	2027	3515
宁　夏	428309	422464	5845	2773
新　疆	1402388	1392032	10356	30756

2-D-3　各地区专业承包企业建筑业总产值和竣工产值

单位：万元

地　区	建筑业总产值	#装饰装修产值	#在外省完成的产值	按构成分组			竣工产值
				建筑工程产值	安装工程产值	其他产值	
全　国	**167745217**	**53681907**	**42973492**	**111113726**	**44619584**	**12011907**	**98341248**
北　京	11567293	5679624	5213349	10573939	897555	95799	5590212
天　津	5833120	779231	296771	2747147	2215063	870910	2464151
河　北	3388496	703000	700581	1675093	1108976	604427	1949438
山　西	3106337	369497	541040	1988229	796055	322054	1553448
内蒙古	861705	27353	28793	507400	262182	92123	454822
辽　宁	15177951	4669977	1300550	8109481	5624119	1444351	10257700
吉　林	2382526	361265	97989	1405830	789285	187411	1827427
黑龙江	4324960	469827	408250	2902620	1264346	157994	1467947
上　海	8514800	3726970	2797953	5938871	2187266	388663	4229393
江　苏	22080091	9460842	6709748	16941617	4836406	302068	17047935
浙　江	15792675	5008010	5233310	11180225	3912007	700443	9374983
安　徽	4541282	965605	1033498	2120245	1458326	962711	3011048
福　建	5023168	1337796	1769770	3515349	1440405	67415	2928230
江　西	2777645	1152588	982322	1924204	358489	494952	1695354
山　东	8027963	2212065	915817	4654542	2512498	860922	4738235
河　南	7303176	1624783	1191290	4170819	2224747	907610	4417098
湖　北	5725987	1343030	1371904	3531337	1385332	809318	3616060
湖　南	3125136	654148	874633	1504036	1057586	563515	2018238
广　东	18158958	10385732	8215429	13322466	4109909	726584	9363846
广　西	937741	169205	10296	508118	299287	130336	519961
海　南	119851	20256	7542	42554	57071	20226	49650
重　庆	3681288	792838	663820	2138077	1240060	303151	1777415
四　川	6248837	870129	1725817	4231855	1583516	433466	3343957
贵　州	565241	95696	23785	350476	159425	55341	231726
云　南	2808888	323372	129576	1756184	840343	212362	1589488
西　藏	22453	1300		8375	13048	1031	18043
陕　西	2638188	191639	565167	1587261	973266	77661	1011776
甘　肃	914582	126505	68611	598330	216875	99377	510459
青　海	246855	14515	32269	114246	81866	50743	119035
宁　夏	425237	72892	34922	340518	82218	2501	312725
新　疆	1422788	72218	28691	724282	632061	66446	851446

2-D-4　各地区专业承包企业房屋建筑面积

地区	房屋建筑施工面积（万平方米）	#本年新开工	#实行投标承包面积	#本年新开工	房屋建筑竣工面积（万平方米）	房屋建筑面积竣工率（%）
全国	**16191.8**	**10125.3**	**8639.1**	**5783.3**	**8239.6**	**50.9**
北京	126.6	56.3	68.9	41.0	25.1	19.8
天津	47.8	21.9	11.9	8.2	128.5	268.6
河北	531.3	368.3	215.8	93.7	241.1	45.4
山西	150.3	94.9	47.9	8.1	58.9	39.2
内蒙古	75.0	30.4	29.2	23.0	28.8	38.4
辽宁	560.3	473.2	316.5	267.2	396.7	70.8
吉林	559.3	341.6	243.8	167.2	266.0	47.6
黑龙江	86.2	53.6	49.2	21.3	18.0	20.8
上海	248.9	134.6	74.5	55.4	95.0	38.2
江苏	875.6	512.5	569.6	360.1	396.0	45.2
浙江	4588.0	2979.0	2216.4	1584.7	2836.5	61.8
安徽	331.5	248.3	210.3	182.2	231.4	69.8
福建	558.7	382.2	249.0	200.8	232.9	41.7
江西	311.8	185.6	129.4	104.4	186.5	59.8
山东	1331.6	852.4	619.4	412.2	781.7	58.7
河南	827.4	582.3	416.9	305.4	411.8	49.8
湖北	927.9	510.5	663.9	384.3	530.2	57.1
湖南	92.2	46.9	42.2	19.3	65.6	71.2
广东	1006.0	704.7	842.7	621.6	94.4	9.4
广西	107.0	16.4	35.7	5.3	28.7	26.8
海南	3.2	1.5	1.6	0.4	2.6	81.8
重庆	244.4	124.3	82.6	47.2	99.9	40.9
四川	852.5	573.5	347.7	316.7	514.5	60.3
贵州	99.0	66.7	21.1	10.6	7.8	7.9
云南	416.6	193.7	159.3	74.5	195.2	46.9
西藏	3.8	2.5	1.1	0.8	2.8	72.3
陕西	435.1	201.4	340.5	183.1	132.1	30.4
甘肃	152.6	84.3	34.6	27.0	84.8	55.6
青海	18.9	18.3	0.0	0.0	18.8	99.5
宁夏	12.0	7.0	5.0	5.0	9.1	75.5
新疆	610.3	256.5	592.4	252.9	118.3	19.4

2-D-5 各地区按主要用途分的专业承包企业房屋建筑竣工面积

单位：万平方米

地区	合计	住宅房屋	商业及服务用房屋					
				商厦房屋（批发和零售用房）	宾馆用房屋（住宿用房）	餐饮用房屋（餐饮用房）	商务会展用房屋	其他商业及服务用房屋(居民服务业用房)
全国	**8239.6**	**2477.8**	**368.7**	**122.6**	**49.6**	**29.5**	**26.2**	**140.9**
北京	25.1	4.6	0.5	0.1	0.2	0.1		0.1
天津	128.5	103.9	2.7	1.8	0.2	0.3	0.2	0.3
河北	241.1	157.6	6.4			6.4		
山西	58.9	7.6	0.1			0.1		
内蒙古	28.8	28.0						
辽宁	396.7	130.8	20.2	8.3	1.8	3.4	1.0	5.7
吉林	266.0	167.5	33.6	16.5	13.2	1.9		2.1
黑龙江	18.0	9.8	0.2					0.2
上海	95.0	22.3	13.5	11.5	1.1			0.9
江苏	396.0	167.6	26.6	4.1	6.1	2.6	2.6	11.2
浙江	2836.5	73.8	74.4	18.0	1.2	0.7	9.5	45.1
安徽	231.4	86.8	10.4	5.4	0.7	0.7		3.6
福建	232.9	16.9	9.8	2.6	1.1	1.7		4.5
江西	186.5	98.3	10.1	1.5	2.2	1.1	3.9	1.4
山东	781.7	202.7	19.3	14.2				5.0
河南	411.8	92.4	29.9	6.5	5.0	6.2	4.2	8.0
湖北	530.2	312.8	18.3	0.6	3.0	2.2	0.7	11.7
湖南	65.6	51.1	3.4	0.3		0.1		3.1
广东	94.4	27.7	8.6	3.7	3.7	0.2		0.9
广西	28.7	18.5	0.1	0.1				
海南	2.6	0.8	0.8		0.5	0.2	0.1	0.1
重庆	99.9	33.4	8.5	0.4		0.3	0.1	7.7
四川	514.5	309.0	41.9	17.3	0.1	0.1	0.7	23.8
贵州	7.8	6.0	0.4		0.3	0.1		0.1
云南	195.2	102.3	17.0	7.7	7.4	0.7	0.5	0.7
西藏	2.8	1.9						
陕西	132.1	100.0	7.0		0.6		2.4	4.0
甘肃	84.8	51.3	3.6	2.0	0.4	0.2	0.2	0.8
青海	18.8	14.5						
宁夏	9.1	0.8	0.2	0.2				
新疆	118.3	77.1	1.0		0.7	0.2		

2-D-5 续表

单位：万平方米

地区	办公用房屋	科研、教育和医疗用房屋	科学研究用房屋	教育用房屋	医疗用房屋(卫生医疗用房)	文化、体育和娱乐用房屋	厂房及建筑物	#厂房	仓库	其他未列明的房屋建筑物
全国	**232.8**	**145.9**	**9.4**	**91.8**	**44.6**	**155.4**	**4370.6**	**3114.8**	**123.3**	**365.1**
北京	9.9	0.2	0.2			0.2	5.7	4.9	0.1	3.8
天津	0.8	1.0	0.3	0.7		0.2	18.2	12.9	0.6	1.1
河北	10.0	6.2		6.2			49.7	13.7	0.6	10.6
山西	1.3	1.3		1.3			48.0	27.0		0.5
内蒙古	0.8									
辽宁	2.9	6.3	1.3	4.5	0.5	1.8	220.8	160.6	0.3	13.6
吉林	6.4	2.9		2.6	0.2	3.1	44.4	34.9	0.1	8.0
黑龙江	4.1					2.0	1.9	1.9		
上海	0.5	1.3		1.3			50.6	8.2	6.3	0.5
江苏	10.3	6.2	0.1	2.6	3.5	0.7	165.8	127.8	0.7	18.1
浙江	7.8	22.7	0.9	2.2	19.6	116.8	2328.9	1912.5	62.2	149.8
安徽	16.3	1.1		1.1	0.1	0.1	94.5	25.1	13.2	8.9
福建	4.0	0.2		0.2		3.5	192.8	85.7	5.7	
江西	5.2	1.2	0.1	1.0	0.1	5.6	64.1	51.6		2.0
山东	7.2	14.3	1.3	10.7	2.3	3.9	512.7	324.0	15.6	6.0
河南	4.5	18.3	3.8	12.3	2.2	6.1	249.4	134.2	2.8	8.5
湖北	41.5	21.3		17.7	3.6	4.8	54.4	42.5	1.7	75.4
湖南	1.2						9.9	5.5		0.1
广东	1.9	1.7		1.7		0.4	51.6	28.7	0.3	2.0
广西	1.2					0.2	8.4	4.2	0.3	
海南	0.5						0.5	0.5		
重庆	1.7	5.8		1.6	4.2		47.2	18.9	0.7	2.4
四川	40.3	8.9	0.2	7.4	1.3	0.6	70.8	40.1	2.4	40.7
贵州	0.1	0.4		0.2	0.3		0.2			0.6
云南	3.4	15.8	1.0	12.6	2.2	0.8	43.5	24.7	6.0	6.6
西藏	0.5	0.4		0.4						
陕西	12.9	3.4		0.2	3.2	1.8	2.0	1.9	1.0	3.9
甘肃	15.7	3.9	0.2	2.6	1.1	2.6	3.9	0.1	2.7	1.1
青海	3.4	0.4		0.4			0.2			0.2
宁夏							8.0	8.0		
新疆	16.6	0.6		0.4	0.2	0.1	22.4	14.7	0.1	0.3

2-D-6 各地区按主要用途分的专业承包企业房屋建筑竣工价值

单位：万元

地区	合计	住宅房屋	商业及服务用房屋	商厦房屋(批发和零售用房)	宾馆用房屋(住宿用房)	餐饮用房屋(餐饮用房)	商务会展用房屋	其他商业及服务用房屋(居民服务业用房)
全国	**7566918**	**2820037**	**372020**	**117422**	**32441**	**30063**	**23353**	**168742**
北京	63902	7090	2052	530	610	494		418
天津	56804	26980	2266	1180	53	534	216	283
河北	277066	196031	5360			5360		
山西	38282	5048	360			60		300
内蒙古	37816	36376						
辽宁	426185	175473	30119	16411	2615	6373	825	3896
吉林	250674	178356	11596	6062	1131	2201		2202
黑龙江	25872	12039	101					101
上海	82349	12814	5622	3900	243			1479
江苏	373492	152183	33692	7324	12207	2619	558	10984
浙江	2100065	91180	77687	4027	1427	736	11712	59785
安徽	196577	83003	8621	4022	387	304	27	3882
福建	167982	20467	12258	3622	2279	1972		4385
江西	158529	94779	7055	987	1636	844	2449	1139
山东	605426	196098	48609	32736	19	10	25	15819
河南	310330	95971	23546	5748	3418	5601	2349	6430
湖北	702592	370530	14324	897	300	1621	330	11176
湖南	75886	59904	4789	210		130		4449
广东	78428	31080	5194	2575	1455	80		1083
广西	32379	20485	72	58	10	3		1
海南	1079	265	459		317	85	39	18
重庆	94261	33574	9941	500		55	16	9370
四川	592622	385052	40531	15402	29	16	255	24830
贵州	6502	3903	436		250	30		156
云南	220181	131165	13678	10031	2556	140	87	864
西藏	3889	2100						
陕西	255621	193723	9752		125		4206	5421
甘肃	123524	69874	1757	652	490	192	192	232
青海	30117	24623	30				30	
宁夏	11739	1620	512	512				
新疆	166748	108254	1603	38	884	605	38	38

2-D-6 续表

单位：万元

地区	办公用房屋	科研、教育和医疗用房屋				文化、体育和娱乐用房屋	厂房及建筑物		仓库	其他未列明的房屋建筑物
			科学研究用房屋	教育用房屋	医疗用房屋（卫生医疗用房）			#厂房		
全国	**334651**	**151307**	**8499**	**98298**	**44510**	**196005**	**3034422**	**2110074**	**74266**	**584210**
北京	25516	529	529			951	7395	6999	25	20346
天津	371	2297	891	1366	40	137	21072	7634	529	3154
河北	7399	8397		8397			33318	8501	186	26374
山西	730	1083		1083			29243	18672	9	1808
内蒙古	1440									
辽宁	4631	2650	738	1292	620	1169	187713	121536	659	23771
吉林	6500	6741	15	5632	1094	4704	38866	28181	143	3769
黑龙江	8542					3500	1601	1601		90
上海	300	2472		2472			54420	6852	6150	572
江苏	13378	10146	145	4103	5897	5587	116612	83534	295	41600
浙江	7017	12567	1747	2625	8195	140780	1523026	1254046	35370	212438
安徽	18045	598		498	100	139	61277	17021	4633	20260
福建	4162	269		250	19	3177	124989	63553	2630	31
江西	6117	663	43	546	75	6068	41451	32402		2398
山东	3984	17615	2185	13378	2052	6991	313154	181406	10009	8967
河南	3495	11257	1833	8365	1060	3868	165906	93823	1346	4941
湖北	59317	29548	14	22518	7016	8021	50375	40968	900	169578
湖南	1386						9735	4774		72
广东	2892	2884		2884		361	33955	22246	141	1921
广西	3766	65		65		290	7581	2408	121	
海南	197						158	158		
重庆	1042	8315		1946	6369		34056	17351	720	6614
四川	54896	12294	50	10062	2182	356	78693	29485	644	20157
贵州	249	367		136	231		267	43		1281
云南	3361	4579	61	3743	775	279	58091	42553	3202	5827
西藏	889	900		900						
陕西	29525	6716		338	6378	4925	3949	3779	2400	4631
甘肃	28630	5777	192	3795	1790	4513	6834	30	3965	2174
青海	3391	699		699			423			950
宁夏							9608	9608		
新疆	33484	1880	57	1205	617	191	20657	10911	191	488

2-D-7 各地区专业承包企业机械设备情况

地　区	年末自有施工机械设备总台数（台）	年末自有施工机械设备总功率（千瓦）	年末自有施工机械设备净值（万元）	技　术装备率（元/人）	动　力装备率（千瓦/人）
全　国	**1588471**	**31631475**	**5252542**	**11444**	**6.9**
北　京	38191	844525	187145	12043	5.4
天　津	36407	852260	284053	31090	9.3
河　北	30313	693529	156081	15968	7.1
山　西	33852	705532	168210	15575	6.5
内蒙古	4770	178032	43870	18169	7.4
辽　宁	109815	5689263	557736	14755	15.1
吉　林	10710	339549	70042	9933	4.8
黑龙江	12128	166273	53080	6329	2.0
上　海	42272	656771	132676	9269	4.6
江　苏	425946	6730720	932775	13427	9.7
浙　江	137650	2241869	513708	10544	4.6
安　徽	61004	958608	159436	9205	5.5
福　建	48188	721606	146488	7416	3.7
江　西	13238	356901	62930	9633	5.5
山　东	83798	1674610	373814	14761	6.6
河　南	127313	1643850	292107	9848	5.5
湖　北	47588	1214435	200010	12484	7.6
湖　南	107864	2044561	108303	10209	19.3
广　东	101424	1392880	248438	6360	3.6
广　西	15635	126596	21298	7645	4.5
海　南	825	4122	2184	7968	1.5
重　庆	26173	503041	115082	10147	4.4
四　川	27192	539690	136033	6118	2.4
贵　州	2603	51401	6338	3564	2.9
云　南	12887	367470	118352	15743	4.9
西　藏	117	2705	2643	21330	2.2
陕　西	9133	464672	61429	12258	9.3
甘　肃	10902	187684	32647	8241	4.7
青　海	1515	20900	5915	5262	1.9
宁　夏	3753	109025	23478	15682	7.3
新　疆	5265	148395	36243	9978	4.1

2-D-8　各地区专业承包企业主要生产效益指标

地　区	建筑业企业个数（个）	直接从事生产经营活动的平均人数（人）	按总产值计算的劳动生产率（元/人）	人均竣工产值（元/人）	人均施工面积（平方米/人）	人均竣工面积（平方米/人）
全　国	**32752**	**5043432**	**332601**	**194989**	**32.1**	**16.3**
北　京	2218	182471	633925	306362	6.9	1.4
天　津	1124	127293	458244	193581	3.8	10.1
河　北	738	96516	351081	201981	55.0	25.0
山　西	1147	133428	232810	116426	11.3	4.4
内蒙古	163	34112	252610	133332	22.0	8.4
辽　宁	3488	410106	370098	250123	13.7	9.7
吉　林	816	63500	375201	287784	88.1	41.9
黑龙江	699	170888	253087	85901	5.0	1.1
上　海	1503	183680	463567	230259	13.5	5.2
江　苏	4082	812118	271883	209919	10.8	4.9
浙　江	2203	470308	335794	199337	97.6	60.3
安　徽	957	178459	254472	168725	18.6	13.0
福　建	1009	211487	237517	138459	26.4	11.0
江　西	335	62101	447279	272999	50.2	30.0
山　东	1912	256535	312938	184701	51.9	30.5
河　南	2305	268823	271672	164313	30.8	15.3
湖　北	1258	149232	383697	242311	62.2	35.5
湖　南	526	132004	236746	152892	7.0	5.0
广　东	1844	456931	397411	204929	22.0	2.1
广　西	280	22852	410354	227534	46.8	12.6
海　南	33	2450	489188	202653	13.1	10.7
重　庆	888	108265	340026	164173	22.6	9.2
四　川	1092	200824	311160	166512	42.5	25.6
贵　州	158	16251	347819	142592	60.9	4.8
云　南	748	103993	270104	152846	40.1	18.8
西　藏	16	1071	209649	168467	35.6	25.8
陕　西	212	68805	383430	147050	63.2	19.2
甘　肃	416	34617	264200	147459	44.1	24.5
青　海	119	11145	221494	106806	16.9	16.8
宁　夏	177	16061	264764	194711	7.5	5.6
新　疆	286	57106	249149	149099	106.9	20.7

2-D-9　各地区专业承包企业营业额

单位：万元

地　区	企业营业额	在境外完成的营业额	企业总产值	#建筑业总产值
全　国	**181055884**	**1633454**	**179422431**	**167745217**
北　京	14797807	236661	14561146	11567293
天　津	6591751	41289	6550462	5833120
河　北	3496243	30487	3465756	3388496
山　西	3213806	26127	3187679	3106337
内蒙古	885812		885812	861705
辽　宁	15560185	35699	15524486	15177951
吉　林	2436524	2399	2434125	2382526
黑龙江	4494801	85335	4409466	4324960
上　海	9308794	88463	9220331	8514800
江　苏	23380947	287909	23093038	22080091
浙　江	16339295	39295	16300000	15792675
安　徽	4760147	52512	4707635	4541282
福　建	5130608		5130608	5023168
江　西	2928587	31097	2897490	2777645
山　东	8566713	54741	8511972	8027963
河　南	8385609	95673	8289936	7303176
湖　北	6128128	267320	5860808	5725987
湖　南	3261776	25481	3236295	3125136
广　东	19178055	49436	19128618	18158958
广　西	1009708	2166	1007542	937741
海　南	148057	4111	143945	119851
重　庆	4012261	15435	3996826	3681288
四　川	6472740	87654	6385086	6248837
贵　州	578121		578121	565241
云　南	2994493	5306	2989186	2808888
西　藏	22687		22687	22453
陕　西	2774895	39166	2735729	2638188
甘　肃	1895944	912	1895032	914582
青　海	307353	28370	278983	246855
宁　夏	455920		455920	425237
新　疆	1538122	410	1537712	1422788

2-D-10　各地区专业承包企业资产构成

单位：万元

地　区	资产合计	#流动资产合计	#存货	#非流动资产合计	#固定资产合计
全　国	**167309850**	**133351038**	**27923603**	**33958812**	**19210827**
北　京	13735660	11334658	2145264	2401002	1293357
天　津	8424396	5908819	1198273	2515577	1478882
河　北	3369420	2653813	624693	715606	502393
山　西	3873315	3097089	573633	776227	544766
内蒙古	1104550	886265	171026	218285	132900
辽　宁	11900283	9395078	1538399	2505204	1466594
吉　林	2285443	1830558	247668	454885	285745
黑龙江	2232698	1781755	395684	450943	252878
上　海	8905025	7824679	1674047	1080346	624606
江　苏	19934949	16008117	3036515	3926831	2421327
浙　江	15883779	11766724	2879424	4117054	1745253
安　徽	4208099	3303574	648357	904525	571802
福　建	4541827	3717831	844263	823996	520692
江　西	2020591	1623359	409902	397232	256408
山　东	8718730	6745361	1258915	1973369	1385622
河　南	6497350	4839329	1015009	1658021	1051410
湖　北	5058788	4006333	945286	1052455	694594
湖　南	2623986	2026534	368718	597453	355100
广　东	20397815	17777801	4045008	2620014	1146520
广　西	1006564	809223	152759	197341	113513
海　南	193375	151149	54146	42227	13914
重　庆	4210002	3387553	791708	822448	438699
四　川	6598914	5108146	1481155	1490768	697311
贵　州	996521	704065	65449	292456	69598
云　南	2773568	2130110	328775	643458	431178
西　藏	34804	22166	2410	12637	7793
陕　西	2114154	1768066	554858	346088	239184
甘　肃	1269521	886701	150600	382820	187480
青　海	333290	248219	34648	85071	50596
宁　夏	643904	521133	125343	122770	75765
新　疆	1418532	1086830	161668	331702	154947

2-D-11 各地区专业承包企业固定资产情况

单位：万元

地区	固定资产合计	固定资产原价	固定资产折旧	#本年折旧	在建工程
全国	**19210827**	**25782973**	**10287340**	**1852247**	**2204795**
北京	1293357	1727028	704696	119630	242381
天津	1478882	2025189	713765	110058	124673
河北	502393	698698	277779	45368	31623
山西	544766	789048	316258	56142	46340
内蒙古	132900	209901	82529	15711	2522
辽宁	1466594	2145046	877880	138176	136635
吉林	285745	381765	152320	27908	24375
黑龙江	252878	346278	130345	16786	24603
上海	624606	1012327	459589	70289	54225
江苏	2421327	2991453	1197474	211973	274906
浙江	1745253	2424672	987188	166227	244630
安徽	571802	670261	240193	42658	69543
福建	520692	716431	288785	58248	57393
江西	256408	334687	115522	17334	15002
山东	1385622	1811158	633074	116414	90368
河南	1051410	1268874	413344	86070	96984
湖北	694594	891489	336318	71107	96121
湖南	355100	466611	200089	34530	35632
广东	1146520	1677747	802823	203748	172249
广西	113513	170302	69147	10325	4707
海南	13914	19458	9468	1655	2403
重庆	438699	553394	214303	40763	47586
四川	697311	902723	408986	61176	134762
贵州	69598	65101	29145	5789	31617
云南	431178	545191	221663	48155	42317
西藏	7793	8270	1956	359	1294
陕西	239184	256291	118837	22740	56624
甘肃	187480	241093	90711	18793	25654
青海	50596	78640	34696	4818	2088
宁夏	75765	121210	53116	9807	3873
新疆	154947	232636	105345	19491	11663

2-D-12　各地区专业承包企业负债及所有者权益

单位：万元

地　区	负债合计	#流动负债	#应付账款	所有者权益	#实收资本
全　国	**102129565**	**95006163**	**29809638**	**65149778**	**41574786**
北　京	9531093	9134406	2940969	4203662	3126961
天　津	5057855	4610653	1629344	3354672	1659203
河　北	1866770	1774091	593613	1502650	926112
山　西	2327734	2202376	908855	1545581	1153904
内蒙古	713820	685470	211759	390730	209015
辽　宁	7153115	6437371	1828461	4735433	2638139
吉　林	1217785	1023457	411762	1067659	664729
黑龙江	1263942	1237779	318958	968756	600140
上　海	5299140	5072614	1562508	3604882	2045663
江　苏	11460140	10832436	4043403	8474828	4520075
浙　江	10560665	9965872	2453877	5323113	3067811
安　徽	2513130	2331745	600702	1693001	1941181
福　建	2472896	2265610	560066	2068931	1450264
江　西	1232179	1128817	333792	788412	558658
山　东	5317127	4989589	1359544	3401603	1969731
河　南	2841102	2611942	861857	3656248	2430244
湖　北	3047341	2824891	857585	2011447	1393410
湖　南	1543892	1378032	445122	1080094	685284
广　东	12559112	11511471	4182413	7836070	5180391
广　西	615047	549170	103374	391517	287614
海　南	125227	122387	19705	68148	47704
重　庆	3010636	2677917	698334	1199366	1075411
四　川	4264924	3926994	1044944	2333354	1524616
贵　州	707865	590657	161608	288656	227484
云　南	1767216	1630061	418106	1006353	718371
西　藏	12571	12381	3703	22233	19749
陕　西	1490442	1456219	430277	623712	433610
甘　肃	640571	587344	184554	629173	397779
青　海	196938	179421	62790	136352	119546
宁　夏	377603	348437	116775	266300	185682
新　疆	941689	906555	460881	476843	316306

2-D-13 各地区专业承包企业实收资本

单位：万元

地区	合计	国家资本	集体资本	法人资本	个人资本	港澳台资本	外商资本
全国	**41574786**	**2626549**	**1923784**	**13647195**	**22637798**	**493091**	**246371**
北京	3126961	238477	66683	1225214	1504527	55786	36274
天津	1659203	52130	55725	580072	952768	5844	12665
河北	926112	78373	66035	289869	490753	655	428
山西	1153904	95039	64721	394411	596362	2960	410
内蒙古	209015	19055	26973	46658	116329		
辽宁	2638139	193219	146342	722476	1319902	233068	23134
吉林	664729	39369	45485	212030	367523	324	
黑龙江	600140	58726	91235	185633	261464	1083	2000
上海	2045663	139926	38790	501148	1281812	40934	43054
江苏	4520075	177495	195433	1472378	2588792	36839	49138
浙江	3067811	58495	135434	995595	1847163	24190	6935
安徽	1941181	94270	72531	282591	1488170	563	3056
福建	1450264	56977	93517	404999	880495	12761	1516
江西	558658	68841	39560	171691	277432	1133	
山东	1969731	93812	186749	741650	933725	4983	8812
河南	2430244	100394	97038	801251	1427937	1520	2104
湖北	1393410	147587	74629	434471	727654	7270	1799
湖南	685284	130858	52107	192599	297040	6591	6088
广东	5180391	252072	86634	2340632	2404698	51335	45021
广西	287614	46134	18126	69715	153394	245	
海南	47704	83	3298	21755	22568		
重庆	1075411	66153	31770	282037	693718	422	1310
四川	1524616	185613	94174	339441	902708	1974	707
贵州	227484	9789	11166	137752	68777		
云南	718371	52023	26530	257632	379050	1738	1398
西藏	19749	1180	2818	9907	5845		
陕西	433610	34267	18819	240795	139116	614	
甘肃	397779	36814	27974	139384	192944	200	463
青海	119546	12307	14970	42727	49543		
宁夏	185682	32844	7672	21190	123976		
新疆	316306	54229	30849	89495	141615	60	59

2-D-14　各地区专业承包企业收入情况

单位：万元

地区	主营业务收入	#主营业务成本	#主营业务税金及附加	其他业务收入	#其他业务成本	#其他业务利润
全国	**170467016**	**142728745**	**5136962**	**2331990**	**3590157**	**413319**
北京	14049896	12272563	400688	142255	113711	45832
天津	6337326	5242941	151154	90121	183222	14043
河北	3230451	2705533	103279	15014	41784	3355
山西	3103563	2620221	79260	62516	66213	13037
内蒙古	840494	666968	29710	21694	31156	1678
辽宁	13612413	11119299	422302	141359	321962	20918
吉林	2270455	1769097	78450	21000	92987	4021
黑龙江	2128881	1726565	70342	13792	44513	2044
上海	9914927	8462399	258894	101526	168504	18412
江苏	20965419	17565277	690168	395673	327168	47107
浙江	14966069	12742248	397268	239206	313939	36828
安徽	4248313	3348251	130896	51620	191682	10429
福建	4931684	4150725	164467	80339	75412	16801
江西	2763466	2392586	86162	30437	23212	3111
山东	7843705	6345422	236660	108578	156032	19968
河南	7249403	5515169	243761	73941	373304	19284
湖北	5575428	4601825	196467	113300	163265	12960
湖南	3219498	2680207	120293	19556	16720	2324
广东	22903882	19672487	662436	193462	174546	49999
广西	862115	720345	28038	31723	31642	3918
海南	142162	125352	3843	701	558	239
重庆	3819369	3174189	109827	84147	138783	17770
四川	6319773	5358100	194973	137814	281962	23347
贵州	512155	411228	13385	4373	16954	2321
云南	2560766	2173290	79389	53552	44962	7903
西藏	19295	14913	669	1252	1202	152
陕西	2671463	2284026	77295	4410	62013	388
甘肃	968376	788556	32385	15835	15226	3516
青海	365592	309628	12435	7207	8358	450
宁夏	487192	413352	15673	28053	24815	6877
新疆	1583486	1355984	46395	47536	84353	4288

2-D-15　各地区专业承包企业费用情况

单位：万元

地　区	管理费用	#税金	销售费用	财务费用	#利息收入	#利息支出
全　国	**10009252**	**391161**	**1902216**	**1171737**	**164563**	**1184859**
北　京	819093	13061	252125	38675	22635	53448
天　津	359802	15404	56793	46494	15632	45141
河　北	183397	5784	25637	20574	2982	19811
山　西	242510	7591	35053	14488	1426	14852
内 蒙 古	61731	1711	2649	6539	334	17719
辽　宁	1010420	51906	123278	84238	23799	66674
吉　林	169405	12241	16692	10723	403	6254
黑 龙 江	152185	6725	14906	6264	2110	7379
上　海	727423	9007	101984	37503	6333	39625
江　苏	1122053	45591	231736	142758	12033	259656
浙　江	752913	33636	124191	191659	20731	192105
安　徽	245961	11514	70679	26810	3970	19474
福　建	325941	15532	54328	25117	4984	21053
江　西	135619	5368	13840	9885	1806	7822
山　东	447944	25548	96703	65527	1938	48532
河　南	450429	34446	93587	115409	5249	40415
湖　北	312690	12370	70607	34990	4393	56871
湖　南	207722	8928	34361	9735	2235	8207
广　东	1123251	28949	257734	134929	13611	126590
广　西	72012	2977	10755	4890	-188	4490
海　南	8660	173	416	789	-70	747
重　庆	234911	9889	61126	32761	8460	29050
四　川	321779	12964	60809	53686	2328	42173
贵　州	37373	915	2489	7969	4304	11710
云　南	149090	5898	34724	22803	1562	19034
西　藏	2021	30	236	71	5	193
陕　西	114349	4706	10734	9062	2315	6794
甘　肃	80907	2876	11129	5591	1392	4571
青　海	21653	1732	11460	-2570	-2850	632
宁　夏	35662	1565	1728	7674	208	6866
新　疆	80347	2127	19731	6693	494	6971

2-D-16　各地区专业承包企业利润及税金情况

单位：万元

地　区	利润总额	#应交所得税	税金总额	工程结算税金及附加	管理费用中的税金
全　国	**8349319**	**1820515**	**5528123**	**5136962**	**391161**
北　京	376347	93129	413749	400688	13061
天　津	437769	86434	166558	151154	15404
河　北	168101	36564	109063	103279	5784
山　西	113650	21667	86852	79260	7591
内蒙古	62616	14363	31420	29710	1711
辽　宁	664798	161258	474208	422302	51906
吉　林	131506	32982	90691	78450	12241
黑龙江	130580	23440	77067	70342	6725
上　海	255420	81960	267901	258894	9007
江　苏	1239039	254793	735758	690168	45591
浙　江	656799	147352	430903	397268	33636
安　徽	297928	45986	142410	130896	11514
福　建	214406	55900	179999	164467	15532
江　西	127733	31850	91529	86162	5368
山　东	595064	117283	262209	236660	25548
河　南	602147	116894	278207	243761	34446
湖　北	310037	69150	208836	196467	12370
湖　南	178789	36371	129221	120293	8928
广　东	1018366	237543	691385	662436	28949
广　西	27378	6739	31015	28038	2977
海　南	3356	1921	4016	3843	173
重　庆	178111	29299	119716	109827	9889
四　川	184777	39534	207937	194973	12964
贵　州	23362	5909	14299	13385	915
云　南	106485	24110	85287	79389	5898
西　藏	1428	189	698	669	30
陕　西	117052	22185	82001	77295	4706
甘　肃	52940	8534	35260	32385	2876
青　海	11951	1565	14167	12435	1732
宁　夏	19925	6102	17238	15673	1565
新　疆	41460	9510	48522	46395	2127

2-D-17 各地区专业承包企业应收工程款及企业亏损情况

地区	应收工程款（万元）	企业个数（个）	#亏损企业个数	亏损企业的比重（%）
全国	**37958046**	**32752**	**5026**	**15.3**
北京	2357691	2218	463	20.9
天津	1608868	1124	196	17.4
河北	721043	738	110	14.9
山西	930353	1147	251	21.9
内蒙古	213203	163	26	16.0
辽宁	2775012	3488	468	13.4
吉林	645899	816	144	17.6
黑龙江	469663	699	198	28.3
上海	1997384	1503	323	21.5
江苏	5947246	4082	285	7.0
浙江	3332451	2203	305	13.8
安徽	898180	957	108	11.3
福建	898225	1009	131	13.0
江西	450614	335	50	14.9
山东	2027580	1912	181	9.5
河南	1262181	2305	233	10.1
湖北	1249103	1258	185	14.7
湖南	511401	526	79	15.0
广东	5122997	1844	331	18.0
广西	150516	280	66	23.6
海南	22843	33	9	27.3
重庆	868213	888	164	18.5
四川	1307839	1092	178	16.3
贵州	229280	158	38	24.1
云南	620667	748	183	24.5
西藏	7287	16	5	31.3
陕西	426160	212	33	15.6
甘肃	268946	416	113	27.2
青海	72067	119	46	38.7
宁夏	159782	177	39	22.0
新疆	405355	286	85	29.7

2-D-18　各地区专业承包企业主要经济效益指标

地　区	产值利润率 (%)	产值利税率 (%)	资本利润率 (%)	资本利税率 (%)	人均利润 (元/人)	人均利税 (元/人)	资产负债率 (%)
全　国	**5.0**	**8.3**	**20.1**	**33.4**	**16555**	**27516**	**61.0**
北　京	3.3	6.8	12.0	25.3	20625	43300	69.4
天　津	7.5	10.4	26.4	36.4	34391	47475	60.0
河　北	5.0	8.2	18.2	29.9	17417	28717	55.4
山　西	3.7	6.5	9.8	17.4	8518	15027	60.1
内蒙古	7.3	10.9	30.0	45.0	18356	27567	64.6
辽　宁	4.4	7.5	25.2	43.2	16210	27773	60.1
吉　林	5.5	9.3	19.8	33.4	20710	34992	53.3
黑龙江	3.0	4.8	21.8	34.6	7641	12151	56.6
上　海	3.0	6.1	12.5	25.6	13906	28491	59.5
江　苏	5.6	8.9	27.4	43.7	15257	24317	57.5
浙　江	4.2	6.9	21.4	35.5	13965	23127	66.5
安　徽	6.6	9.7	15.3	22.7	16694	24674	59.7
福　建	4.3	7.9	14.8	27.2	10138	18649	54.4
江　西	4.6	7.9	22.9	39.2	20569	35307	61.0
山　东	7.4	10.7	30.2	43.5	23196	33417	61.0
河　南	8.2	12.1	24.8	36.2	22399	32748	43.7
湖　北	5.4	9.1	22.3	37.2	20775	34770	60.2
湖　南	5.7	9.9	26.1	44.9	13544	23333	58.8
广　东	5.6	9.4	19.7	33.0	22287	37418	61.6
广　西	2.9	6.2	9.5	20.3	11980	25553	61.1
海　南	2.8	6.2	7.0	15.5	13700	30090	64.8
重　庆	4.8	8.1	16.6	27.7	16451	27509	71.5
四　川	3.0	6.3	12.1	25.8	9201	19555	64.6
贵　州	4.1	6.7	10.3	16.6	14376	23175	71.0
云　南	3.8	6.8	14.8	26.7	10240	18441	63.7
西　藏	6.4	9.5	7.2	10.8	13329	19850	36.1
陕　西	4.4	7.5	27.0	45.9	17012	28930	70.5
甘　肃	5.8	9.6	13.3	22.2	15293	25479	50.5
青　海	4.8	10.6	10.0	21.8	10723	23435	59.1
宁　夏	4.7	8.7	10.7	20.0	12406	23139	58.6
新　疆	2.9	6.3	13.1	28.4	7260	15757	66.4

2-D-19 各地区按资质等级划分的专业承包企业单位数

单位：个

地区	合计	一级	二级	三级及以下
全国	**32752**	**3664**	**9239**	**19849**
北京	2218	376	570	1272
天津	1124	109	264	751
河北	738	87	223	428
山西	1147	57	363	727
内蒙古	163	13	55	95
辽宁	3488	228	618	2642
吉林	816	65	191	560
黑龙江	699	80	262	357
上海	1503	217	375	911
江苏	4082	418	949	2715
浙江	2203	333	549	1321
安徽	957	88	279	590
福建	1009	140	388	481
江西	335	40	117	178
山东	1912	157	598	1157
河南	2305	215	855	1235
湖北	1258	166	484	608
湖南	526	57	108	361
广东	1844	338	465	1041
广西	280	31	77	172
海南	33	12	9	12
重庆	888	125	293	470
四川	1092	105	369	618
贵州	158	12	62	84
云南	748	69	258	421
西藏	16	1	9	6
陕西	212	52	76	84
甘肃	416	37	180	199
青海	119	3	44	72
宁夏	177	10	65	102
新疆	286	23	84	179

2-D-20　各地区按资质等级划分的专业承包企业从业人员

单位：人

地　区	合计	一级	二级	三级及以下
全　国	**4589742**	**1691123**	**1291436**	**1607183**
北　京	155397	69576	36438	49383
天　津	91365	20914	24780	45671
河　北	97744	29091	30805	37848
山　西	108002	15972	43829	48201
内蒙古	24145	5396	9387	9362
辽　宁	378006	82369	93636	202001
吉　林	70516	11153	19126	40237
黑龙江	83867	9974	23403	50490
上　海	143145	56769	36783	49593
江　苏	694691	274117	175982	244592
浙　江	487205	271654	104662	110889
安　徽	173198	70934	59087	43177
福　建	197521	80524	58815	58182
江　西	65329	26462	20345	18522
山　东	253245	60625	87215	105405
河　南	296609	91028	103681	101900
湖　北	160207	60442	51689	48076
湖　南	106083	15856	32700	57527
广　东	390651	239847	60769	90035
广　西	27861	6326	8655	12880
海　南	2741	1355	804	582
重　庆	113416	41915	34499	37002
四　川	222339	84029	80508	57802
贵　州	17784	2365	7539	7880
云　南	75180	17064	27390	30726
西　藏	1239	8	924	307
陕　西	50112	17773	23779	8560
甘　肃	39613	11767	12382	15464
青　海	11239	1936	3725	5578
宁　夏	14971	2681	7297	4993
新　疆	36321	11201	10802	14318

2-D-21 各地区按资质等级划分的专业承包企业建筑业总产值

单位：万元

地区	合计	一级	二级	三级及以下
全国	**167745217**	**83604598**	**40095371**	**44045247**
北京	11567293	7707095	1948808	1911390
天津	5833120	2900436	1241776	1690909
河北	3388496	1405203	1043193	940100
山西	3106337	874293	1243143	988902
内蒙古	861705	188165	355973	317568
辽宁	15177951	4533807	3662513	6981631
吉林	2382526	522961	604487	1255078
黑龙江	4324960	572229	1547225	2205506
上海	8514800	5272513	1571994	1670293
江苏	22080091	11567939	4924456	5587696
浙江	15792675	10297853	2544128	2950694
安徽	4541282	2065637	1360832	1114813
福建	5023168	2448192	1295851	1279126
江西	2777645	1598546	767118	411981
山东	8027963	2832811	2444820	2750332
河南	7303176	2813117	2334330	2155730
湖北	5725987	2975218	1624298	1126471
湖南	3125136	986069	972335	1166733
广东	18158958	13659958	1974115	2524885
广西	937741	341799	322479	273463
海南	119851	67361	23929	28561
重庆	3681288	1582464	1090451	1008373
四川	6248837	2961771	1977778	1309288
贵州	565241	273485	139661	152096
云南	2808888	1056931	879996	871962
西藏	22453	175	16792	5487
陕西	2638188	1329951	1033896	274341
甘肃	914582	295607	257634	361341
青海	246855	38702	91571	116582
宁夏	425237	112906	172790	139541
新疆	1422788	321406	627003	474379

2-D-22　各地区按资质等级划分的专业承包企业签订合同额

单位：万元

地　区	合计	一级	二级	三级及以下
全　国	**222743621**	**121192597**	**49078777**	**52472247**
北　京	16264458	11582893	2233757	2447808
天　津	7736968	3942507	1588160	2206301
河　北	3722444	1640200	1076286	1005958
山　西	3819143	1166952	1551935	1100256
内蒙古	1030568	326169	390708	313690
辽　宁	18362233	6654961	4139053	7568219
吉　林	2570229	608662	642152	1319414
黑龙江	3719546	646060	1452833	1620653
上　海	11365308	7364116	1908799	2092393
江　苏	24849069	13773350	5233650	5842069
浙　江	22441591	14756609	3467409	4217573
安　徽	5917523	2979702	1558285	1379537
福　建	7193305	3497580	1813143	1882582
江　西	3709120	2153832	1056199	499089
山　东	9760227	3843548	2933309	2983370
河　南	8811725	3702939	2706270	2402516
湖　北	7832709	4448399	2029727	1354583
湖　南	4674679	1837052	1253276	1584351
广　东	29168794	22487853	2732901	3948040
广　西	1893872	456051	490297	947524
海　南	174435	99140	41730	33566
重　庆	5758071	3085544	1288008	1384519
四　川	9423690	5181813	2840327	1401551
贵　州	605959	205010	163991	236958
云　南	3590229	1549060	999772	1041397
西　藏	31153	276	24619	6259
陕　西	3797499	2119723	1398669	279107
甘　肃	1138887	356064	323906	458918
青　海	305041	42863	128116	134062
宁　夏	618902	221266	222800	174836
新　疆	2456245	462405	1388690	605150

2-D-23 各地区按资质等级划分的专业承包企业竣工产值

单位：万元

地区	合计	一级	二级	三级及以下
全国	**98341248**	**44880078**	**24840233**	**28620936**
北京	5590212	3334629	948397	1307186
天津	2464151	940406	579665	944080
河北	1949438	725442	728953	495043
山西	1553448	246782	731144	575522
内蒙古	454822	43097	215334	196392
辽宁	10257700	2701441	2557764	4998495
吉林	1827427	422538	487980	916909
黑龙江	1467947	233304	389921	844723
上海	4229393	2537757	745440	946196
江苏	17047935	8523784	4062679	4461472
浙江	9374983	5714071	1627022	2033891
安徽	3011048	1317477	981656	711916
福建	2928230	1342524	783414	802292
江西	1695354	952525	435131	307698
山东	4738235	1326245	1554287	1857704
河南	4417098	1508237	1465610	1443252
湖北	3616060	1801551	1052153	762357
湖南	2018238	433080	786648	798510
广东	9363846	6954942	1062654	1346250
广西	519961	160274	211839	147849
海南	49650	39104	6731	3815
重庆	1777415	716825	533207	527384
四川	3343957	1295185	1220492	828281
贵州	231726	52048	74434	105245
云南	1589488	530996	552677	505815
西藏	18043	175	13301	4567
陕西	1011776	587361	330602	93813
甘肃	510459	185666	115760	209034
青海	119035	27217	50199	41620
宁夏	312725	87703	139455	85566
新疆	851446	137696	395687	318063

2-D-24　各地区按资质等级划分的专业承包企业房屋施工面积

单位：万平方米

地区	合计	一级	二级	三级及以下
全　国	**16192**	**6428**	**5394**	**4370**
北　京	127	81	6	39
天　津	48	3	12	33
河　北	531	98	333	100
山　西	150	18	81	50
内蒙古	75		69	6
辽　宁	560	180	88	293
吉　林	559	40	92	427
黑龙江	86	2	73	11
上　海	249	83	83	82
江　苏	876	356	108	412
浙　江	4588	3264	847	477
安　徽	332	61	192	79
福　建	559	462	67	29
江　西	312		184	128
山　东	1332	371	534	426
河　南	827	174	363	290
湖　北	928	185	442	301
湖　南	92	1	45	46
广　东	1006	372	108	527
广　西	107	43	50	14
海　南	3	3		
重　庆	244	62	79	103
四　川	853	183	422	247
贵　州	99		90	9
云　南	417	142	156	119
西　藏	4		4	
陕　西	435	183	228	24
甘　肃	153	50	56	47
青　海	19		18	1
宁　夏	12		5	7
新　疆	610	11	559	41

2-D-25 各地区按资质等级划分的专业承包企业房屋竣工面积

单位：万平方米

地区	合计	一级	二级	三级及以下
全国	**8240**	**3274**	**2744**	**2222**
北京	25	18	1	6
天津	128	1	14	113
河北	241	25	148	68
山西	59	2	23	33
内蒙古	29		25	4
辽宁	397	122	73	202
吉林	266		50	216
黑龙江	18	2	5	11
上海	95	42	15	38
江苏	396	116	92	189
浙江	2836	1966	600	270
安徽	231	40	137	54
福建	233	166	51	16
江西	186		114	73
山东	782	242	302	238
河南	412	108	186	118
湖北	530	178	155	198
湖南	66	1	28	37
广东	94	28	22	44
广西	29	9	16	3
海南	3	3		
重庆	100	22	52	26
四川	514	65	328	122
贵州	8			8
云南	195	47	88	60
西藏	3		3	
陕西	132	20	100	12
甘肃	85	41	8	36
青海	19		18	1
宁夏	9		5	4
新疆	118	9	87	22

2-D-26　各地区按资质等级划分的专业承包企业自有施工机械设备台数

单位：台

地　区	合计	一级	二级	三级及以下
全　国	**1588471**	**563436**	**502380**	**522655**
北　京	38191	20257	6965	10969
天　津	36407	15312	12553	8542
河　北	30313	13392	10767	6154
山　西	33852	8155	14541	11156
内 蒙 古	4770	2545	1082	1143
辽　宁	109815	34715	26465	48635
吉　林	10710	4148	2477	4085
黑 龙 江	12128	4512	5583	2033
上　海	42272	22158	8725	11389
江　苏	425946	96573	152135	177238
浙　江	137650	65723	39256	32671
安　徽	61004	16518	31788	12698
福　建	48188	20048	14731	13409
江　西	13238	7672	3514	2052
山　东	83798	26353	26905	30540
河　南	127313	64278	34192	28843
湖　北	47588	17633	15710	14245
湖　南	107864	8233	36168	63463
广　东	101424	61793	18661	20970
广　西	15635	3095	10919	1621
海　南	825	807	6	12
重　庆	26173	14063	8576	3534
四　川	27192	16924	5839	4429
贵　州	2603	1237	572	794
云　南	12887	5196	4082	3609
西　藏	117	2	113	2
陕　西	9133	4330	3583	1220
甘　肃	10902	4243	3113	3546
青　海	1515	908	209	398
宁　夏	3753	625	1706	1422
新　疆	5265	1988	1444	1833

2-D-27 各地区按资质等级划分的专业承包企业自有施工机械设备总功率

单位：万千瓦

地区	合计	一级	二级	三级及以下
全国	**3163**	**1246**	**1041**	**876**
北京	84	51	15	18
天津	85	35	23	27
河北	69	32	18	19
山西	71	16	24	31
内蒙古	18	9	4	6
辽宁	569	333	91	145
吉林	34	10	11	13
黑龙江	17	7	6	4
上海	66	27	17	22
江苏	673	155	293	225
浙江	224	81	94	49
安徽	96	38	32	25
福建	72	27	18	27
江西	36	22	9	5
山东	167	49	47	71
河南	164	82	46	36
湖北	121	34	43	44
湖南	204	11	166	27
广东	139	86	18	36
广西	13	4	5	4
海南				
重庆	50	39	7	5
四川	54	38	9	7
贵州	5	3	1	2
云南	37	15	11	11
西藏				
陕西	46	24	20	2
甘肃	19	9	4	6
青海	2	1		1
宁夏	11	2	6	3
新疆	15	7	4	4

2-D-28　各地区按资质等级划分的专业承包企业实收资本

单位：万元

地　区	合计	一级	二级	三级及以下
全　国	**41574786**	**11911982**	**13622651**	**16040153**
北　京	3126961	1501564	690620	934777
天　津	1659203	718066	334341	606796
河　北	926112	242120	318103	365889
山　西	1153904	129944	435563	588396
内蒙古	209015	44849	67725	96441
辽　宁	2638139	665655	626539	1345946
吉　林	664729	110799	212877	341054
黑龙江	600140	111684	264732	223725
上　海	2045663	596049	423132	1026483
江　苏	4520075	1375751	1216191	1928133
浙　江	3067811	1359538	744928	963345
安　徽	1941181	245024	1341697	354459
福　建	1450264	388389	478704	583172
江　西	558658	130647	187650	240361
山　东	1969731	380454	747695	841582
河　南	2430244	652035	897765	880444
湖　北	1393410	372190	629960	391260
湖　南	685284	136737	218821	329726
广　东	5180391	1484909	1619834	2075648
广　西	287614	64315	112175	111124
海　南	47704	23305	9889	14510
重　庆	1075411	255782	591311	228318
四　川	1524616	315435	539809	669373
贵　州	227484	107091	55136	65256
云　南	718371	150419	251879	316073
西　藏	19749	50	16436	3264
陕　西	433610	200078	152494	81038
甘　肃	397779	66899	179346	151534
青　海	119546	6378	51827	61342
宁　夏	185682	34286	78061	73335
新　疆	316306	41540	127414	147353

2-D-29 各地区按资质等级划分的专业承包企业资产

单位：万元

地区	合计	一级	二级	三级及以下
全国	**167309850**	**71425963**	**44921574**	**50962313**
北京	13735660	8130816	2712929	2891915
天津	8424396	4067198	1546056	2811143
河北	3369420	1273055	996762	1099603
山西	3873315	746685	1454821	1671810
内蒙古	1104550	214554	365680	524316
辽宁	11900283	3823706	2942247	5134330
吉林	2285443	555253	646825	1083365
黑龙江	2232698	314462	1113148	805089
上海	8905025	3985019	1667542	3252464
江苏	19934949	8735104	4793604	6406240
浙江	15883779	9501775	2690425	3691579
安徽	4208099	1446437	1333301	1428360
福建	4541827	1431929	1541988	1567911
江西	2020591	847197	663528	509866
山东	8718730	2928287	2908122	2882321
河南	6497350	2195145	2298210	2003995
湖北	5058788	2331866	1629110	1097812
湖南	2623986	704766	885121	1034100
广东	20397815	10762339	5079458	4556018
广西	1006564	229883	362608	414073
海南	193375	98864	36550	57962
重庆	4210002	1862245	1249498	1098258
四川	6598914	2461301	2315945	1821668
贵州	996521	448113	199307	349101
云南	2773568	706004	1088593	978971
西藏	34804	194	22439	12171
陕西	2114154	951782	915003	247369
甘肃	1269521	320705	398881	549934
青海	333290	39878	134696	158716
宁夏	643904	105413	310593	227898
新疆	1418532	205991	618584	593957

2-D-30　各地区按资质等级划分的专业承包企业所有者权益

单位：万元

地　区	合计	一级	二级	三级及以下
全　国	**65149778**	**23435570**	**18828419**	**22885790**
北　京	4203662	2200190	852431	1151041
天　津	3354672	1798962	606056	949654
河　北	1502650	463009	481739	557903
山　西	1545581	173153	607378	765050
内蒙古	390730	91863	132013	166854
辽　宁	4735433	1344802	1205801	2184831
吉　林	1067659	246124	302992	518543
黑龙江	968756	144334	382374	442049
上　海	3604882	1145739	728382	1730761
江　苏	8474828	3117067	2171599	3186163
浙　江	5323113	2877695	1103635	1341784
安　徽	1693001	539328	597133	556541
福　建	2068931	656093	671194	741644
江　西	788412	240562	266239	281611
山　东	3401603	782951	1325910	1292742
河　南	3656248	1044436	1364262	1247551
湖　北	2011447	698728	751086	561633
湖　南	1080094	183500	353525	543070
广　东	7836070	3759331	2248520	1828219
广　西	391517	85020	146507	159990
海　南	68148	34951	16944	16253
重　庆	1199366	425945	457301	316120
四　川	2333354	583947	820656	928751
贵　州	288656	123352	72527	92777
云　南	1006353	217475	348299	440579
西　藏	22233	91	16402	5740
陕　西	623712	245598	270680	107435
甘　肃	629173	107998	195835	325340
青　海	136352	9105	54911	72335
宁　夏	266300	36860	137984	91457
新　疆	476843	57364	138107	281373

2-D-31 各地区按资质等级划分的专业承包企业负债

单位：万元

地区	合计	一级	二级	三级及以下
全国	**102129565**	**47989636**	**26087524**	**28052406**
北京	9531093	5930586	1860497	1740010
天津	5057855	2267434	939048	1851373
河北	1866770	810046	515024	541700
山西	2327734	573532	847443	906759
内蒙古	713820	122691	233667	357462
辽宁	7153115	2478745	1736446	2937924
吉林	1217785	309129	343833	564823
黑龙江	1263942	170128	730774	363040
上海	5299140	2839280	938157	1521704
江苏	11460140	5618057	2622006	3220077
浙江	10560665	6624080	1586790	2349795
安徽	2513130	907109	735511	870510
福建	2472896	775837	870794	826266
江西	1232179	606635	397289	228256
山东	5317127	2145336	1582212	1589580
河南	2841102	1150710	933949	756443
湖北	3047341	1633138	878024	536179
湖南	1543892	521266	531596	491030
广东	12559112	7003008	2828558	2727546
广西	615047	144863	216100	254083
海南	125227	63912	19606	41708
重庆	3010636	1436301	792197	782138
四川	4264924	1877354	1494653	892917
贵州	707865	324761	126780	256324
云南	1767216	488529	740294	538393
西藏	12571	102	6038	6431
陕西	1490442	706184	644323	139934
甘肃	640571	212931	203047	224594
青海	196938	30772	79785	86381
宁夏	377603	68554	172609	136441
新疆	941689	148628	480477	312585

2-D-32　各地区按资质等级划分的专业承包企业营业收入

单位：万元

地区	合计	一级	二级	三级及以下
全　国	**172799006**	**84845365**	**43603506**	**44350135**
北　京	14192151	9327483	2415805	2448863
天　津	6427447	3125666	1395876	1905904
河　北	3245465	1398952	928382	918131
山　西	3166079	867055	1254911	1044114
内蒙古	862188	194420	337384	330383
辽　宁	13753772	4070680	3342421	6340671
吉　林	2291455	529292	584283	1177880
黑龙江	2142673	362323	760089	1020260
上　海	10016453	5870527	1791633	2354294
江　苏	21361092	11018381	4659860	5682851
浙　江	15205275	9500957	2505278	3199040
安　徽	4299933	1841342	1370544	1088048
福　建	5012023	2348766	1407781	1255476
江　西	2793903	1635114	747157	411632
山　东	7952283	2777812	2467720	2706751
河　南	7323344	3025452	2265758	2032134
湖　北	5688727	2977795	1561256	1149676
湖　南	3239054	999862	1040573	1198619
广　东	23097345	14140171	5993308	2963865
广　西	893838	241542	350150	302147
海　南	142863	92974	28611	21278
重　庆	3903516	1775659	1152122	975735
四　川	6457588	3069468	1995634	1392486
贵　州	516528	180146	148171	188211
云　南	2614318	987977	807202	819139
西　藏	20546	175	15620	4751
陕　西	2675873	1589019	848114	238740
甘　肃	984211	341956	271295	370960
青　海	372800	64092	191735	116972
宁　夏	515245	118295	241288	155662
新　疆	1631022	372015	723545	535462

2-D-33 各地区按资质等级划分的专业承包企业利税总额

单位：万元

地区	合计	一级	二级	三级及以下
全国	**13877443**	**6288328**	**3537697**	**4051418**
北京	790096	547390	120643	122063
天津	604327	335810	91752	176765
河北	277164	104421	86078	86666
山西	200502	47048	78974	74479
内蒙古	94036	18170	43135	32731
辽宁	1139006	267139	331334	540533
吉林	222197	41284	55741	125172
黑龙江	207647	20715	69458	117474
上海	523321	300511	114177	108633
江苏	1974797	1008669	418790	547339
浙江	1087703	653991	190158	243554
安徽	440338	174226	153218	112895
福建	394405	189311	108477	96617
江西	219262	107875	67536	43851
山东	857273	230044	278378	348851
河南	880354	320472	264131	295751
湖北	518873	225464	158132	135277
湖南	308010	66473	103817	137720
广东	1709751	1104685	328312	276755
广西	58393	14535	21629	22229
海南	7372	3178	2439	1755
重庆	297826	125251	97335	75240
四川	392714	159469	103965	129280
贵州	37661	13128	11124	13410
云南	191773	56721	57083	77969
西藏	2126	-25	1682	469
陕西	199053	90512	87647	20894
甘肃	88200	30927	23147	34126
青海	26118	7060	9813	9245
宁夏	37163	3890	19850	13423
新疆	89982	19986	39743	30253

2-D-34　各地区按资质等级划分的专业承包企业利润总额

单位：万元

地　区	合计	一级	二级	三级及以下
全　国	**8349319**	**3732819**	**2125479**	**2491021**
北　京	376347	286289	45776	44283
天　津	437769	261576	54699	121494
河　北	168101	60946	54316	52839
山　西	113650	28506	42868	42276
内蒙古	62616	8934	32092	21590
辽　宁	664798	140940	210072	313786
吉　林	131506	26312	32094	73100
黑龙江	130580	8557	42942	79081
上　海	255420	145023	62915	47482
江　苏	1239039	644909	250783	343347
浙　江	656799	405457	112012	139331
安　徽	297928	116244	105671	76013
福　建	214406	101344	62412	50650
江　西	127733	58852	42316	26565
山　东	595064	146938	198805	249321
河　南	602147	213520	179117	209510
湖　北	310037	129953	97321	82763
湖　南	178789	27560	67418	83812
广　东	1018366	662219	171187	184960
广　西	27378	5115	10645	11618
海　南	3356	992	1429	935
重　庆	178111	72877	63542	41691
四　川	184777	64870	40711	79196
贵　州	23362	10514	6418	6430
云　南	106485	24485	31831	50169
西　藏	1428	-32	1155	305
陕　西	117052	49684	55720	11648
甘　肃	52940	17287	14812	20842
青　海	11951	4163	2982	4807
宁　夏	19925	-451	12192	8184
新　疆	41460	9240	19227	12993

2-D-35 各地区按资质等级划分的专业承包企业税金总额

单位：万元

地区	合计	一级	二级	三级及以下
全国	**5528123**	**2555509**	**1412217**	**1560398**
北京	413749	261102	74867	77780
天津	166558	74233	37054	55271
河北	109063	43475	31761	33827
山西	86852	18543	36106	32203
内蒙古	31420	9236	11043	11141
辽宁	474208	126199	121262	226747
吉林	90691	14973	23646	52072
黑龙江	77067	12158	26516	38393
上海	267901	155488	51261	61152
江苏	735758	363760	168007	203992
浙江	430903	248534	78146	104223
安徽	142410	57982	47547	36882
福建	179999	87967	46065	45967
江西	91529	49024	25220	17286
山东	262209	83106	79573	99531
河南	278207	106952	85014	86241
湖北	208836	95511	60811	52514
湖南	129221	38913	36400	53908
广东	691385	442466	157125	91794
广西	31015	9420	10984	10611
海南	4016	2186	1010	819
重庆	119716	52374	33793	33549
四川	207937	94599	63255	50083
贵州	14299	2614	4706	6980
云南	85287	32236	25252	27800
西藏	698	7	527	164
陕西	82001	40828	31927	9246
甘肃	35260	13640	8336	13284
青海	14167	2897	6831	4439
宁夏	17238	4341	7658	5239
新疆	48522	10746	20516	17260

2-D-36 各地区按资质等级划分的专业承包企业主营业务收入

单位：万元

地区	合计	一级	二级	三级及以下
全国	**170467016**	**84064416**	**42960201**	**43442399**
北京	14049896	9252869	2391595	2405432
天津	6337326	3099804	1367833	1869688
河北	3230451	1394503	923479	912469
山西	3103563	865438	1238205	999920
内蒙古	840494	193887	334160	312448
辽宁	13612413	4056884	3308171	6247357
吉林	2270455	525654	580878	1163923
黑龙江	2128881	361957	754805	1012118
上海	9914927	5828029	1777803	2309096
江苏	20965419	10885572	4589057	5490790
浙江	14966069	9358978	2466494	3140597
安徽	4248313	1831026	1343519	1073767
福建	4931684	2337628	1370482	1223574
江西	2763466	1634205	725294	403967
山东	7843705	2753076	2419310	2671319
河南	7249403	3010599	2219937	2018867
湖北	5575428	2905638	1553520	1116269
湖南	3219498	997367	1031909	1190222
广东	22903882	14036011	5949148	2918724
广西	862115	234268	332719	295128
海南	142162	92910	28574	20678
重庆	3819369	1735839	1120930	962599
四川	6319773	3042910	1956593	1320271
贵州	512155	179629	146671	185855
云南	2560766	975445	797211	788110
西藏	19295	175	14453	4667
陕西	2671463	1585827	847142	238494
甘肃	968376	338830	265393	364152
青海	365592	62041	188299	115253
宁夏	487192	118181	224731	144280
新疆	1583486	369236	691884	522366

2-D-37 各地区按资质等级划分的专业承包企业管理费用

单位：万元

地区	合计	一级	二级	三级及以下
全国	**10009252**	**3540295**	**2795020**	**3673937**
北京	819093	370772	192383	255939
天津	359802	139283	82357	138162
河北	183397	71333	54054	58010
山西	242510	56971	92710	92829
内蒙古	61731	7758	29770	24203
辽宁	1010420	321794	216433	472193
吉林	169405	33388	58397	77621
黑龙江	152185	16479	52885	82822
上海	727423	235413	154219	337792
江苏	1122053	400997	281671	439385
浙江	752913	325178	146942	280793
安徽	245961	77637	91417	76907
福建	325941	106704	111339	107898
江西	135619	69700	39466	26453
山东	447944	117840	146838	183266
河南	450429	134860	173046	142523
湖北	312690	142100	95256	75334
湖南	207722	43943	80888	82891
广东	1123251	517303	303371	302577
广西	72012	15472	24675	31865
海南	8660	5440	1755	1464
重庆	234911	87370	62050	85491
四川	321779	87485	113509	120785
贵州	37373	6652	12365	18356
云南	149090	35963	51100	62027
西藏	2021	41	1548	433
陕西	114349	49992	46252	18105
甘肃	80907	41334	19926	19647
青海	21653	2774	8257	10621
宁夏	35662	4557	18683	12423
新疆	80347	13766	31458	35124

2-D-38　各地区按资质等级划分的专业承包企业财务费用

单位：万元

地区	合计	一级	二级	三级及以下
全　国	**1171737**	**554200**	**344230**	**273308**
北　京	38675	28926	6196	3553
天　津	46494	21459	9673	15362
河　北	20574	3144	9747	7684
山　西	14488	3596	4403	6489
内蒙古	6539	3939	271	2329
辽　宁	84238	34909	23029	26300
吉　林	10723	838	4402	5483
黑龙江	6264	1159	608	4498
上　海	37503	19623	9477	8403
江　苏	142758	69734	38069	34955
浙　江	191659	122092	32782	36785
安　徽	26810	10841	8623	7347
福　建	25117	10699	6665	7753
江　西	9885	3269	4855	1761
山　东	65527	21457	19103	24966
河　南	115409	18963	82203	14244
湖　北	34990	18794	9908	6288
湖　南	9735	2060	2106	5569
广　东	134929	96293	18043	20593
广　西	4890	935	1610	2345
海　南	789	720	90	-21
重　庆	32761	19306	8677	4778
四　川	53686	23585	19242	10860
贵　州	7969	5092	1093	1784
云　南	22803	4878	12303	5622
西　藏	71		67	4
陕　西	9062	4196	2543	2324
甘　肃	5591	1803	1784	2004
青　海	-2570	111	377	-3058
宁　夏	7674	1288	3203	3184
新　疆	6693	493	3080	3121

2-D-39 各地区按资质等级划分的专业承包企业应收工程款

单位：万元

地区	合计	一级	二级	三级及以下
全国	**37958046**	**17935509**	**10002381**	**10020157**
北京	2357691	1536409	422668	398614
天津	1608868	716804	370372	521692
河北	721043	320621	180386	220037
山西	930353	204590	369045	356719
内蒙古	213203	62751	87336	63116
辽宁	2775012	951907	614124	1208982
吉林	645899	178257	206522	261120
黑龙江	469663	98199	227003	144461
上海	1997384	976800	356991	663594
江苏	5947246	2967167	1327783	1652297
浙江	3332451	2182629	548716	601106
安徽	898180	280808	313804	303569
福建	898225	344012	289078	265135
江西	450614	210185	136170	104258
山东	2027580	650296	710687	666597
河南	1262181	402666	478904	380611
湖北	1249103	683211	326477	239416
湖南	511401	154744	193351	163306
广东	5122997	3208238	1243436	671322
广西	150516	31566	51773	67178
海南	22843	13393	7574	1876
重庆	868213	396602	266523	205088
四川	1307839	575467	457790	274583
贵州	229280	113822	53589	61870
云南	620667	240149	209524	170994
西藏	7287		3255	4033
陕西	426160	260191	112247	53721
甘肃	268946	72710	104240	91996
青海	72067	7788	29768	34511
宁夏	159782	27003	91458	41321
新疆	405355	66528	211789	127038

E. 劳务分包建筑业企业

2-E-1　各地区劳务分包企业生产经营情况

单位：万元

地　区	建筑业总产值	营业收入	主营业务税金及附加	利润总额	应付职工薪酬
全　国	**21349898**	**21390940**	**753126**	**406212**	**11711746**
北　京	412389	409484	10972	4668	166945
天　津	1310033	1332004	52178	20759	522801
河　北	186186	186491	9563	7837	99270
山　西	122127	124599	1828	796	34254
内蒙古	55688	34958	1341	5241	11405
辽　宁	200217	190827	6854	5905	60600
吉　林	45370	43434	1514	-1533	11878
黑龙江	37791	53931	908	1097	17131
上　海	1246100	1243475	29118	5999	183800
江　苏	2389848	2274621	76762	78292	1432426
浙　江	4595126	4669485	156612	24045	2977586
安　徽	941141	985228	42591	39855	436547
福　建	3506204	3554995	116306	16921	3113838
江　西	15786	18409	650	1014	12002
山　东	325537	322463	11496	17593	62955
河　南	1042520	1030606	35100	49673	448847
湖　北	684536	624706	24614	33084	365151
湖　南	748735	668685	31038	27743	241580
广　东	633275	699459	23956	8749	297567
广　西	517638	593410	18819	619	77434
海　南					
重　庆	1247404	1211688	46978	17799	662019
四　川	675023	644510	37995	16217	357565
贵　州	25662	25728	801	130	20635
云　南	67238	71253	1754	7743	4763
西　藏	5483	9030	432	1800	1056
陕　西	57063	56172	2896	10532	19768
甘　肃	41302	41639	2294	339	5665
青　海	8940	6859	164	74	4609
宁　夏	13291	15664	142	311	11589
新　疆	192249	247130	7449	2910	50062

注：本表数据为所有具有资质等级的有工作量的劳务分包建筑业企业数据，后表同。

2-E-2 各地区劳务分包企业个数和人员情况

地区	企业个数（个）	从事主营业务活动的从业人员平均人数（人）	从业人员期末人数（人）	#工程技术人员	#现场施工工人
全国	**7240**	**2958679**	**3173894**	**212038**	**2583695**
北京	130	30132	35850	5698	32193
天津	400	112857	122952	4165	107044
河北	171	40622	39139	3926	33439
山西	96	19146	20716	1295	18153
内蒙古	74	5238	4518	824	2931
辽宁	262	19233	21763	1480	16248
吉林	47	6130	9696	264	6750
黑龙江	84	7973	3415	560	1927
上海	323	104975	112544	6077	100248
江苏	1134	312612	343487	36210	284326
浙江	508	659726	659897	42017	631100
安徽	344	148836	160723	12493	123849
福建	452	710588	738017	19512	568934
江西	26	2466	3423	398	2549
山东	230	20110	28939	2861	20293
河南	1100	151705	185034	20297	140861
湖北	368	95013	105539	14541	84912
湖南	384	83554	88995	11985	52084
广东	174	77998	84335	5468	74429
广西	58	38223	46668	720	34452
海南					
重庆	277	164620	194931	8542	127581
四川	355	119856	136143	10431	100935
贵州	20	2122	1447	125	728
云南	58	2648	2298	411	1319
西藏	5	368	239	55	158
陕西	19	6731	6913	335	4325
甘肃	29	4480	1749	219	1149
青海	19	903	1006	189	581
宁夏	21	2731	3740	132	3780
新疆	72	7083	9778	808	6417

附　录

主要指标解释

主要指标解释

研究与试验发展（R&D）　指在科学技术领域，为增加知识总量、以及运用这些知识去创造新的应用而进行的系统的、创造性的活动，包括基础研究、应用研究、试验发展三类活动。

R&D 人员　指报告期企业内部从事 R&D 活动的人员。包括直接参加 R&D 项目活动的人员，R&D 项目管理人员，以及为 R&D 活动提供资料文献、材料供应、设备维护等直接服务的人员。

研究人员　指 R&D 人员中具备中级以上职称或博士学历（学位）的人员。

全时人员　指在报告期企业R&D人员中实际从事R&D活动的时间占制度工作时间 90%及以上的人员。

R&D 人员折合全时当量　指报告期企业 R&D 全时人员（全年从事 R&D 活动累积工作时间占全部工作时间的 90%及以上人员）工作量与非全时人员按实际工作时间折算的工作量之和。例如：有 2 个 R&D 全时人员(工作时间分别为 0.9 年和 1 年)和 3 个 R&D 非全时人员(工作时间分别为 0.2 年、0.3 年和 0.7 年)，则 R&D 人员折合全时当量＝1+1+0.2+0.3+0.7=3.2(人年)。

R&D 经费内部支出　指企业在报告年度用于内部开展 R&D 活动的实际支出。包括用于 R&D 项目（课题）活动的直接支出，以及间接用于 R&D 活动的管理费、服务费、与 R&D 有关的基本建设支出以及外协加工费等。不包括生产性活动支出、归还贷款支出以及与外单位合作或委托外单位进行 R&D 活动而转拨给对方的经费支出。

日常性支出　指企业在报告年度为开展 R&D 活动而发生的人员劳务费，及其各项管理费用和购买非资产性的材料、物资费用等他日常支出。

资产性支出　指企业在报告年度为开展 R&D 活动而进行建造、购置、安装、改建、扩建固定资产，以及进行设备技术改造和大修理等实际支出的费用。

政府资金　指企业 R&D 经费内部支出中来自各级政府部门的各类资金。

企业资金　指企业 R&D 经费内部支出中来自本企业的自有资金和接受其他企业委托而获得的经费。

R&D 经费外部支出　指报告期企业委托外单位或与外单位合作进行 R&D 活动而拨给对方的经费。

R&D 项目　指报告期企业在当年立项并开展研究工作、以前年份立项仍继续进行研究的研究开发项目或课题，包括当年完成和年内研究工作已告失败的研发项目或课题。

企业办研发机构　指企业自办或与外单位合办，在管理上同生产系统相对独立（或者单独核算）的专门研究开发机构。

研发机构人员　指报告期末企业办研发活动机构中从业人员合计。

机构经费支出　指报告期企业办研发机构用于内部开展研发活动实际支出的总费用，包括机构人员劳务费（含工资）支出、机构业务费支出、管理费支出、固定资产购建支出以及其他维持机构正常工作的日常费用等的支出总和。

新产品　指采用新技术原理、新设计构思研制、生产的全新产品，或在结构、材质、工艺等某一方面比原有产品有明显改进，从而显著提高了产品性能或扩大了使用功能的产品。

专利申请数　指企业在报告期内向国内外知识产权行政部门提出专利申请并被受理的件数。

发明专利申请数　指企业在报告期内向国内外知识产权行政部门提出发明专利申请并被受理的件数。

有效发明专利数　指报告期末企业作为专利权人在报告期拥有的、经国内外知识产权行政部门授权且在有效期内的发明专利件数。

有效发明专利数中境外授权　指报告期末企业作为专利权人拥有的、经国外及港澳台知识产权行政部门授予且有效期内的发明专利件数。

拥有注册商标　指企业在报告期末拥有的注册商标件数。包括在境内和境外注册的商标件数，一件商标在境内外同时注册时只统计一件。

拥有注册商标中境外注册　指企业在报告期末拥有的在国外或港澳台注册的商标件数。

形成国家或行业标准　指报告期企业在自主研发或自主知识产权基础上形成的经有关部门批准的国家或行业标准项数。

研究开发费用加计扣除减免税　指企业在报告期按有关政策和税法规定税前加计扣除的研究开发活动费用所得税。

高新技术企业减免税　指新技术企业在报告期高按照国家有关政策依法享受的企业所得税减免额。

引进技术经费支出　指企业在报告期用于购买境外技术的费用支出，包括产品设计、工艺流程、图纸、配方、专利等技术资料的费用支出，以及购买关键设备、仪器、样机和样件等的费用支出。

消化吸收经费支出　引进技术的消化吸收指对引进技术的掌握、应用、复制而开展的工作，以及在此基础上的创新。引进技术的消化吸收经费支出包括：人员培训费、测绘费、参加消化吸收人员的工资、工装、工艺开发费、必备的配套设备费、翻版费等。

购买国内技术经费支出　指企业在报告期购买境内其

他单位科技成果的经费支出。包括购买产品设计、工艺流程、图纸、配方、专利、技术诀窍及关键设备的费用支出。

技术改造经费支出 指企业在报告期进行技术改造而发生的费用支出。技术改造指企业在坚持科技进步的前提下，将科技成果应用于生产的各个领域（产品、设备、工艺等），用先进工艺、设备代替落后工艺、设备，实现以内涵为主的扩大再生产，从而提高产品质量、促进产品更新换代、节约能源、降低消耗，全面提高综合经济效益。